SHU

XUE

JIA

CI

DIAN

数学家
辞典

杜瑞芝 编著

上海辞书出版社

杜瑞芝（1946.4— ），女，汉族，天津市人。1968年毕业于吉林大学数学系，1981年毕业于辽宁师范大学数学系研究生班，1985年获理学硕士学位。曾任大连理工大学和辽宁师范大学教授。早年从事常微分方程边值问题研究，取得有价值的结果。20世纪80年代初转向数学史研究，在阿拉伯数学史、数学通史、数学家传记和数学传播与交流等方向均有较系统的工作。20世纪90年代从事数学课程电化教学的探索，在大连理工大学主持编制了三部电视教学片，其中有两部由高等教育出版社出版（1994，1998）。获国家自然科学基金数学天元基金资助3项和吴文俊数学与天文丝路基金资助1项。在《数学研究与评论》《数学的实践和认识》《自然科学史研究》《数学译林》和高校学报等刊物上发表研究论文和译文约50篇。独著和主编著作、辞典8种，主编丛书3套，参编著作7种。代表作有：论文《中世纪伊斯兰世界的平行线理论》（1990），《希腊数学著作的传播》（2000）；著作《上下求索——徐利治》（2001），《科学公主——科瓦列夫斯卡娅》（2005）；主编《数学史辞典》（2000），《数学史辞典新编》（2017），《数学家传奇丛书》（9册，2018）。《数学史辞典》2001年获第四届国家辞书奖二等奖。

鸣谢辽宁师范大学对本辞典出版的大力支持和帮助！

序　　言

杜瑞芝教授是我的忘年朋友，学习和工作都十分认真、努力。她几十年研究数学史，著作颇多。她主编的《数学史辞典》是国内第一部关于数学史的辞典，具有开创性，已成为我经常使用的工具书。前不久，她邀我给她编著的《数学家辞典》作序。她退休多年，仍笔耕不辍，为数学史研究贡献力量，令人钦佩。我已年逾九旬，但头脑尚清晰，还能接受所托，十分高兴。

数学是人类智慧的结晶，是全人类宝贵的精神财富。今天数学的繁荣昌盛，实得力于历代数学工作者的辛勤劳动。饮水必须思源，数典不可忘祖，他们的丰功伟绩，理应载入史册。希望广大读者通过了解数学家们的成长历程和研究成果，更加深刻地认识数学这一学科的重要性。也希望越来越多的优秀人才投身于数学研究，为我国的科技事业发展奠定坚实的基础。

这本辞典收录了近现代数学家 1 500 余人的传略，记述他们的生平事迹和主要贡献。辞典的编排体系新颖，不仅可以查阅，还适宜通篇阅读，获取更多的数学和数学史知识。所引用的资料翔实准确，信息量大，内容有不少独到之处，不少内容是别处难以找到的。我很高兴向广大读者推荐这本书。

王梓坤

2022 年 12 月 8 日于北京泰康之家燕园

前　言

本辞典收录近现代数学家1 500余人的传略，记述他们的生平事迹和主要贡献。法国数学家热尔岗(1771—1859)在1810年创办了世界上最早的数学期刊《纯粹与应用数学年刊》，不久又出现刘维尔和克雷尔创办的数学杂志，这几种杂志为数学思想的传播和交流提供了重要载体，对推动近代数学的发展作出重要贡献。本辞典以热尔岗的传记为首个条目，收录范围大致如下：

1.《中国大百科全书：数学》(1988)列有专条的近现代数学家。

2. 吉利斯皮(C.C.Gillispie)主编的《科学家传记辞典》18卷(1970—1990)中的近现代数学家基本全收。

3.《苏联大百科全书》第三版30卷(1981)中的近现代数学家基本全收。

4. 梁宗巨先生主编的《数学家传略辞典》(山东教育出版社，1989)中的近现代数学家基本全收。

5. 中国科学院数学物理学部的院士收录到2000年之前当选的数学家。

6. 国际数学家大会上颁发的菲尔兹奖、阿贝尔奖，以及沃尔夫数学奖的获得者全部收录(截至2023年)。

不少新增补的当代数学家在国内是第一次介绍。

辞典的词条按数学家出生年代的先后顺序编排，是编年体与传记体相结合的一种尝试。突出以人物串史，便于读者查阅，或更具研究价值。深入阅读可发现一些颇有价值和有趣的课题，如用统计学的方法探讨近现代数学中心的迁移、几大数学奖项的分布，著名学派的活动，数学杂志的作用，以数学家名字命名的小行星，埃菲尔铁塔上刻有名字的数学家，等等。

辞典引用的资料力求详实准确，每一位数学家尽可能利用最新和最可靠的资料给出他们的生卒年、月、日及生卒地点(一些小城镇或乡村附有原文)，主要生平和数学贡献，代表作及出版年代。著名数学家的经典著作、早期重要数学期刊等还附有原文。

凡有据可查的，尽量给出数学家之间的师承关系(比如丘成桐师从陈省身、陈省身师从布拉施克，外尔师从希尔伯特、希尔伯特师从林德曼），通览全书，可描绘出数学家师承关系的树图。还给出著名数学家在各大科学院、学术团体、世界名校重要职位任职的衔接情况；以及一些城市名称的历史变革，各大科学院、著名大学名称的变化等。以上形成的相关信息链，展现出一代代数学家是怎样相互传承推动数学发展的，也可提升辞典内容的内在关联性。

中科院院士、著名数学家王梓坤先生得知我的工作后，十分高兴。他虽年逾九旬，但头脑仍很清晰，欣然为辞典作序，对我的工作予以鼓励和肯定；王青建教授对本辞典的编写给予了大力支持，并提供了1901年以后出生的部分数学家条目的文稿；武玉鹏同志在辞典的成书过程中协助我做了大量的具体工作。上海辞书出版社陈为众编审、科技室静晓英主任和责任编辑董放、周天宏等同志为本辞典的编辑和出版付出了大量艰苦细致的工作，在此一并表示最诚挚的感谢。

更要特别感谢辽宁师范大学为本辞典提供的出版资助。

在辞典出版之际，特别怀念先师梁宗巨先生(1924—1995)，我于1979年成为梁先生最早的研究生之一，是梁先生引领我走上学习和研究数学史的道路，他严谨的治学态度始终影响着我。今年是先师诞辰100周年，谨以此书纪念梁宗巨先生百岁诞辰，为其毕生奋斗的数学史事业添砖加瓦。

本辞典的编写历时6载，数易其稿。由于资料分散、来源各异、语种多样、详略不一，需要进行仔细甄别以取得可靠材料。对现代数学概念和术语要经过不断学习和反复推敲尽量取得准确表达。事实上，辞典的编著不仅是对近现代数学通史和数学家传记的研究过程，也是学习现代数学和开阔眼界的过程。由于水平有限，不妥之处在所难免，恳请广大读者批判指正，以便进一步修订。

在辞典的编著过程中，参考了大量中外数学史文献、数学著作以及有关杂志中的文章和其他资料。书末的“主要参考文献”中未能全部一一列出，还请有关作者谅解。

大、中专院校数学专业的学生，数学教师，研究和运用数学的专家、学者，乃至广大的数学爱好者、科技工作者，都能从本辞典中得到有用的数学和数学史知识，了解千百年来数学家献身科学的事迹和精神。在新时代践行科学精神的引领下，相信《数学家辞典》的读者群体将不断扩大。

杜瑞芝

2023年11月30日于大连

目　录

凡　例

一、本辞典收录1771年及以后出生的近现代数学家1 500余人。

二、外国数学家一般以姓的中文译名列作词目，全名在词目后用外文标出。中国、日本等国数学家则列出中文全名，中国数学家不加注外文。

三、人物译名一般根据“名从主人”的原则译出，对至今仍习用的译名，根据“约定俗成”的原则沿用。除正名外，释文中亦给出一些常用的其他译名。

四、国名、地名和组织机构名等按事件发生时的原名为主，适当括注今名。

五、本辞典收有“重要数学奖简介及历届获奖情况”(菲尔兹奖、沃尔夫数学奖、阿贝尔奖等)、“本辞典提及的1771年以前出生的数学家”等附录，供参考。

六、本辞典按数学家出生年代的先后顺序编排。书末附有“词目音序索引”“词目外文索引”，供读者查阅。

七、本辞典所收资料截至2022年底，之后发生的情况，在时间和技术允许的条件下酌情增补或修改。

词 目 表

1771—1800

1801—1850

1851—1900

1901—1950

1951—1987

热尔岗(Gergonne, Joseph Diez, 1771.6.19—1859.5.4) 法国数学家。生于南锡,卒于蒙彼利埃。早年就读于巴黎综合工科学校,不久参加法国大革命,先后在国民自卫军、反普鲁士志愿军中服务,1794 年入沙隆炮兵学校学习。1795—1816 年任尼姆中央学校数学教授。1809 年获博士学位。1816 年任蒙彼利埃大学数学和天文学教授,1830—1844 年任该校校长。是近代射影几何学的创始人之一,数学研究深受蒙日的影响。发现了射影几何的基本原理——对偶原理,首先使用"对偶"一词,并于 1825—1826 年间开始以平行的两栏形式发表一系列对偶的定理,突出表现了互为对偶的定理间的联系。与庞斯列、麦比乌斯、沙勒、普吕克等人所展开的讨论使一般对偶原理的表述更加清晰。还利用对偶原理发现了一系列十分奇特的结果。如与庞斯列证明了后来称为"九点圆定理"的定理。另在几何定理证明中强调解析方法,开辟了几何学发展的新方向。1810 年,为了应对当时数学家发表论文的困难,创办世界上最早的数学期刊《纯粹与应用数学年刊》(Annales de mathématiques pures et appliquées),通常也称为《热尔岗年刊》。从创刊起至 1831 年陆续出版了 22 卷。本人在该刊上共发表 200 多篇论文,该杂志还刊登了许多著名数学家的文章,包括庞斯列、施泰纳、普吕克、沙勒等,甚至还有伽罗瓦的第一篇论文。这份杂志的发行激发后来的刘维尔和克雷尔也创办了自己的杂志,为 19 世纪数学的传播与交流作出很大贡献。1813 年当选都灵科学院院士。1833 年、1839 年先后被授予法国荣誉军团骑士和军官勋章。

鲍迪奇(Bowditch, Nathaniel, 1773.3.26—1838.3.16) 美国数学家、天文学家、航海家。生于塞勒姆,卒于波士顿。14 岁起自学代数学和微积分,精通多国语言。17 岁开始自学牛顿的《自然哲学的数学原理》(Philosophiae naturalis principia mathematica)。利用所学语言和文字研读各国数学和天文学文献。1799 年当选美国文理科学院院士。最重要的科学贡献是于 1818 年完成了拉普拉斯的《天体力学》(Traité de mécanique céleste)前 4 卷的英文翻译并作出注释。这项工作是一个漫长的数学和天文学理论的研究过程,对美国天文学的发展意义重大。热爱航海,早年在波士顿当海员,后逐渐精通航海术,被认为是现代海上导航的创始人。在实用导航指南中发现了许多错误,由此编著了《新美国实用航海术》(1802),包含大量的公式和表格。此书很快为美国海军部使用,成为每艘海军船只的必备资料,再版约 60 次。1816 年获哈佛大学名誉博士学位。1818 年以后,陆续当选爱丁堡皇家学会、英国皇家学会会员和爱尔兰皇家学院院士。美国有以其名字命名的海洋勘测船。月球上有以其名字命名的陨石坑。

伍德豪斯(Woodhouse, Robert, 1773.4.28—1827.12.28) 英国数学家。生于诺里奇,卒于剑桥。1790 年进入剑桥大学凯斯学院学习,1795 年以数学一等荣誉学位毕业并获史密斯奖。1798 年在该校获硕士学位。之后留校工作，1820 年成为卢卡斯数学教授，1822—1827 年任普卢姆天文学和哲学教授。1824—1827 年任剑桥天文台第一任台长。1802 年当选英国皇家学会会员。主要贡献在数学哲学和数学史方面。研究了微积分的理论基础，在《解析计算原理》(1803)中讨论了几何法和分析法的作用和区别、符号表示的重要性以及虚数的本质等问题。极力宣扬拉格朗日提出的分析法、微分符号和微积分的理论基础。借助形式的永恒性，为发散级数进行辩护，指出等式 $\frac{1}{1-r}=1+r+r^2+r^3+\cdots$ 中等号不仅表示数值上相等，且具有更深刻的意义。认为无论这个级数收敛还是发散，这个等式都成立。还出版了平面三角学和球形三角学的教科书。在数学史方面，发表了关于变分法和等周问题历史的论文，著有《18 世纪变分学史》(1810)等。还撰有实用天文学的论著。

布沙拉(Boucharlat, Jean-Louis, 1773.6.13—1848.1.6)　法国数学家、诗人。生于里昂，卒于巴黎。早年在巴黎综合工科学校学习，毕业后留校任教三年。之后任皇家军事学院数学教授。1809 年获博士学位。热爱文学，擅长诗歌，曾任巴黎雅典娜大学的文学教授，讲授文学课程，出版诗集。同时坚持数学研究，主要贡献在解析几何和微积分方面，特别研究了二阶曲面理论。于 1820 年出版的著作《微积分学基础》在法国享有盛名，还被译为其他国家文字。其德文译本是政治家马克思开始学习微积分的第一本著作，由此开始对于微分学中一些问题的独立思考，留下了大量的数学手稿。著作还有《二阶曲线和曲面理论》(1810)和《力学原理》(1815)等。当选多个科学院和学术团体的成员。1839 年获法国荣誉军团骑士勋章。

费朗克尔(Francoeur, Louis-Benjamin, 1773.8.16—1849.12.15)　法国数学家、天文学家。生于巴黎，卒于巴黎市枫丹白露。早年先后就学于哈考特学院、巴黎艺术学院及巴黎综合工科学校。1800 年，发表第一篇关于理论力学的论文。之后在圣安东尼中央学校讲授数学，1804 年成为教授。1809 年任巴黎理学院(1808 年筹建，1811 年建院，1970 年解散)第一位代数学讲座教授，还讲授大地测量学和概率计算。主要致力于编写大学教科书，内容涉及数学、理论力学、天文学和技术科学等多个学科。著作以简明易学而广为流传。如《理论力学基础》(1800)、《线性设计的教学法》(1820)、《解析几何》(1838)和《实用天文学》(1830)等。还主编了大型技术辞典。1824 年获法国荣誉军团骑士勋章。1842 年当选法国科学院院士。还是多个科学院和学术团体的成员，包括圣彼得堡科学院、爱丁堡皇家学会等。1839—1845 年任维里-沙蒂隆市市长。

弗里斯(Fries, Jakob Friedrich, 1773.8.23—1843.8.10)　德国哲学家、数学家。生于巴比，卒于耶拿。早年在神学院接受培训，1795 年到莱比锡大学和耶拿大学学习哲学。1801 年获耶拿大学博士学位。经历一段游学，于 1805—1816 年任海德堡大学哲学和基础数学教授。1816 年任耶拿大学理论哲学讲座教授。是德国后康德主义哲学家，将牛顿的数学和康德(I. Kant, 1724—1804)的哲学融为一体，建立起自己的一套数理哲学，对宇宙结构和自然科学的发展提出新的见解和预测。最重要的哲学著作是《对人类学的理性新批判》(3卷,1807)。另有光学、概率论和实验物理学等方面的专著。

罗特,H. A.(Rothe, Heinrich August, 1773.9.3—1842) 德国数学家。生于德雷斯顿,卒于埃尔兰根。1789年进入莱比锡大学攻读法律,不久转学数学,1792年在兴登堡指导下获硕士学位。后留校任教,1796年成为副教授。1800年当选格丁根科学院通讯院士。1804年任埃尔兰根大学讲座教授。1818年当选利奥波第那科学院院士。是组合分析学的开拓者之一,证明了一系列反演公式,包括拉格朗日在1770年给出但未经证明的函数反演公式,建立了函数方程和幂级数乘积之间的联系。对行列式和线性方程组理论也进行了大量研究。开发了一种可视化排列的技术,现在被称为罗特图。著有《以通用符号表示的组合反演公式——分析师的需求》(1793)和《组合积分理论》(1820)等。

格雷戈里(Gregory, Olinthus Gilbert, 1774.1.29—1841.2.2) 英国数学家、力学家。生于亨廷顿郡(今剑桥郡)亚克斯利(Yaxley),卒于伦敦附近的伍尔维奇(Woolwich)。自学成才。19岁时就出版关于天文学和哲学等方面的教科书,并以"剑桥数学教师"之名发表有关数学和天文学的论文。1803年任伍尔维奇皇家军事学校数学讲师,1821年升任教授,至1838年退休。主要从事应用数学与力学研究,是工程力学的创始人之一。代表作有《三卷数学教程》(1811)和《平面和球面三角基础》(1816)等。多年担任《绅士日记》和《女士日记》编辑,为《天文年历》提供所需的数据。1825年参与创建伦敦大学,为英国教育事业作出贡献。曾任伦敦哲学学会的副主席,还是皇家天文学会的创始成员(1820)。

莫尔韦德(Mollweide, Karl Brandan, 1774.2.3—1825.3.10) 德国天文学家、数学家。生于沃尔芬比特尔,卒于莱比锡。1793年进入赫尔姆施泰特大学学习,受教于普法夫。1800—1811年任哈雷大学数学和天文学教授。1811—1816年任莱比锡大学天文台的天文学家。1812年任天文学教授,麦比乌斯是他的第一批学生之一。1814年任该校数学讲座教授,1820—1823年任人文学院院长。1806年当选格丁根科学院通讯院士。主要贡献是发明球体"莫尔韦德投影法"(即保形投影绘图法)和建立被称为莫尔韦德公式的三角恒等式。编著出版多种论著,涉及算术、代数、分析、立体几何、三角学、解析几何、二次曲线论和概率论等分支。曾用投影绘图法绘制一幅世界地图。

毕奥(Biot, Jean Baptiste, 1774.4.21—1862.2.3) 法国数学家、物理学家、天文学家。生于巴黎,卒于同地。早年在国立路桥学校和巴黎综合工科学校学习,受到拉普拉斯、拉格朗日和蒙日等人影响。1800年成为法兰西学院的数学物理学教授。1803年当选法兰西学院成员。1809年任巴黎理学院第一位天文学讲座教授。1840—1842年任理学院院长,1849年退休后任名誉教授。1856年当选法国科学院院士。科学贡献有:1803年,向科学院提交的对当年坠地的拉艾格尔陨石的完整的科学研究报告,被认为是陨石非陆地来源的第一批证据。主要数学贡献在解析几何方面,建立了三种圆锥曲线的标准方程及其切线方程的简单形式;首先把正弦、余弦作为单位圆周上点的坐标来研究。在数学物理、大地测量和天文学方面也有很多贡献，十分注意把数学方法应用到物理学和天文学的研究中去。共发表论文、回忆录、评述和著作等计300余种，数学著作有《解析几何》(1802)等。是英国皇家学会、瑞典皇家科学院和其他多个国家科学院和学术团体的成员。获得包括法国荣誉军团指挥官勋章在内的多种荣誉。

朗克雷(Lancret, Michel Ange, 1774.12.15—1807.12.17)　法国数学家、工程师。生于巴黎，卒于同地。1794年进入中央公共工程学院(巴黎综合工科学校前身)学习，除工程课程外，还学习蒙日的几何学。毕业后于1798年成为桥梁公路工程师，同年被选入艺术和科学委员会并派往埃及，考察尼罗河两岸的地形、灌溉工程以及古代墓碑等各种古迹，研究古埃及文明。1799年当选埃及研究所数学部成员。1801年任负责埃及测绘的委员会秘书。发表过多种关于埃及地形测量、建筑以及经济管理方面的论文，绘制了许多墓碑的图样。在数学方面，对微分几何理论的发展作出贡献。研究了空间曲线理论，证明了曲线的曲率、挠率与该曲线的配极曲线尖点间关系的定理(该定理虽早已被傅里叶得到，但未发表)，求得了挠率的显式。还探讨可展曲面的性质和可展曲面凸棱理论。主要论著有《论双曲率曲线》(1802)和《论平面曲线、双曲率曲线和可展曲面的展形》等。

安培(Ampére, André-Marie, 1775.1.22—1836.6.10)　法国物理学家、数学家、化学家。生于里昂，卒于马赛。自学成才，阅读了许多有关自然史、哲学和数学的书籍，并掌握了拉丁文。1800年前后，在里昂担任数学教师。1802年，任布雷斯地区的布尔格中央大学物理和化学教授。1805年定居巴黎，先后任教于巴黎综合工科学校、巴黎理学院和法兰西学院。1824年任法兰西学院的实验物理教授。1814年成为国家科学艺术研究所(法国科学院前身)成员。1827年成为英国皇家学会外籍会员。还是柏林、斯德哥尔摩等科学院的相应成员。通过将数学引入物理学，为数学的发展作出贡献。主要数学贡献是发展了偏微分方程、曲线积分、曲面积分等理论。特别是在偏微分方程论方面，提出通解的定义，给出构造二阶偏微分方程解的方法。一类二阶非线性偏微分方程称为蒙日-安培方程，在微分几何发展中起到作用。在电磁学领域最著名的贡献是得到安培定律，创立了分子电流学说，奠定了电动力学的初步基础。为了纪念他的功绩，后人把电流强度单位定名为“安培”(简记为A)。是在埃菲尔铁塔上刻有名字的72位科学家之一。

波尔约，F.(Bolyai, Farkas, 1775.2.9—1856.11.20)　匈牙利数学家。生于特兰西瓦尼亚(今属罗马尼亚)的一个小镇博利亚(Bolya)，卒于毛罗什瓦沙尔海(今罗马尼亚特尔古穆列什)。少年时期就表现出算术和语言方面的才能，掌握多种语言。1796年后相继就学于耶拿大学和格丁根大学。在格丁根与高斯结为挚友，常在一起探讨深奥的数学问题。1804年回国在家乡的一所加尔文主义福音学院任数学、物理和化学教授。主要工作是探讨几何、算术、代数和分析的严格和系统的基础。对几何基础，特别是平行公设问题尤其产生兴趣，并致力于该公设的试证，但只是求得几个等价命题。还著有《算术原理》(1830)和诗歌、音乐、戏剧方面的书。

艾德里安(Adrain, Robert, 1775.9.30—1843.8.10) 爱尔兰—美国数学家。生于爱尔兰安特里姆郡卡里克弗格斯(Carrickfergus),卒于美国新泽西州新不伦瑞克。早年受过良好教育,但数学主要靠自学。1798年之后举家搬到美国普林斯顿,在美国的各个学校教授数学,1801—1805年任约克郡学院院长,1809—1813年任格罗斯学院的数学教授,其后相继受聘于哥伦比亚大学和宾夕法尼亚大学。主要贡献是对最小二乘法的研究。并不知道高斯在1809年发表的这方面的工作,也不像高斯和勒让德那样从天文计算出发,而是从考查测量中的误差出发。1808年,首先发表了误差的正态律的两个证明,给出著名的最小二乘法的配方法。还研究过丢番图代数、等截曲线和悬链线;在1818年关于地球形状及引力的论文中,算出地球的平均直径和扁率,扁率计算结果为1/319(拉普拉斯的数值是1/336,近代数值为1/297)。还研究了统计学中其他一些问题。是美国第一种数学杂志《数学通讯》(1804年创刊)的编辑和主要撰稿人。被认为是美国当时最具创意的数学家之一。1812年当选美国哲学会会员。1813年当选美国文理科学院院士。

英曼(Inman, James, 1776—1859.2.2) 英国数学家、天文学家。生于英格兰坎布里亚郡加斯代尔(Garsdale),卒于朴次茅斯。早年在塞德伯的寄宿学校接受教育,后进入剑桥大学圣约翰学院学习。1800年以数学一等荣誉学位毕业并获史密斯奖。1805年获硕士学位。曾参加澳大利亚环球探险航行。1808—1839年在皇家海军学院任数学教授。1810年,任海军建筑学院首任院长。1812年,与航海家弗林德斯(M. Flinders, 1774—1814)通过实验发明海洋罗盘校正的弗林德斯棒。1820年获神学博士学位,同年当选皇家天文学会会员。成功地指导了至少十艘英国战舰的设计和建造,编制了英国的航海表。著有《英国海员实用导航与航海天文学》(1821),此书第3版中介绍了一种新的三角函数——半正矢以及简化的球面三角实用解法等。还著有《算术、代数和几何》(1810)与《平面和球面三角学》(1826)等。

扬德拉(Jandera, Josef Ladislav, 1776.2.19—1857.7.27) 捷克数学家、神学家。生于霍日采,卒于布拉格。早年在一所耶稣会学校学习神学,1802年成为牧师。之后在查尔斯大学学习哲学和数学,1804年毕业,获哲学博士学位。1805年,继他的老师数学家怀德拉(S. Vydra, 1741—1804)之后任查尔斯大学数学教授和数学系主任,1828年任该校校长。对捷克数学教育的普及作出了贡献。在怀德拉的支持下,在1806年编写了捷克第一部算术教科书。后又编写《指数运算的开端》(1812)和《算术方法指南》(1830)等。当选为捷克皇家波希米亚科学院院士。1855年获布拉格的荣誉市民称号。

热尔曼(Germain, Marie-Sophie, 1776.4.1—1831.6.27) 法国数学家。生于巴黎,卒于同地。父亲当过法国议员和银行商。早年得益于藏书丰富的家庭图书馆,在自学了拉丁文和希腊文后,开始攻读牛顿和欧拉的著作。1794年研读拉格朗日在巴黎综合工科学校的讲课笔记后,写出学习心得,化名男性名字勒布朗(Le Blanc)去信向拉格朗日求教,得到拉格朗日的赞许。拉格朗日成为她的数学导师。还与勒让德、高斯等长期通信,探讨数学问题。后来由高斯推荐获格丁根大学名誉博士学位。对费马大定理进行过专门研究，证明了定理的第一种情形当 $p<100$ 时成立，这个结果通常称为热尔曼定理。在声学和弹性理论方面也有贡献，1816 年以关于弹性理论的论文获法国科学院大奖。还以四阶偏微分方程的形式给出弹性表面的一般振动原理的表达式，发展了已有的结果。其弹性理论对建造巴黎埃菲尔铁塔起到重要作用。还在 1831 年提出过微分几何中的平均曲率概念。哲学著作对当时的数学家和物理学家也有一定的引导作用。著有《弹性表面理论的研究》(1821)等。法国科学院于 2003 年设立了索菲亚·热尔曼数学奖。

沈钦裴(19 世纪上半叶) 中国数学家。字侠侯。江苏元和(今苏州)人。1807 年中举人。后任荆溪县(今江苏宜兴)训导。深入研究古典数学名著，对几种比较难读的数学名著作注疏和解题详草，工作比较精细。曾校正李潢《九章算术细草图说》(1820)，对"均输"一章增补较多。还校注秦九韶《数书九章》中大衍求一术，遗稿录入其弟子宋景昌《数书九章札记》中。著有 2 卷《四元玉鉴细草》(1821)。1829 年写成稿本 6 册(上述两种手稿本现藏北京图书馆)。对朱世杰的消元法和垛积术有精辟见解。又著《重差图说》稿本(1824)，现藏中国科学院自然科学史研究所。

霍内-朗斯基(Hoëné-Wroński, Józef Maria, 1776.8.23—1853.8.9) 波兰—法国数学家、哲学家。生于波兰沃尔什滕，卒于法国塞纳河畔讷伊。早年在一所炮兵学校学习。1794 年作为炮兵军官参加对华沙的防御战斗，1797 年退役并前往德国和法国巴黎、马赛等地研修数学、哲学和法律。1811 年定居巴黎，成为法国公民。曾在马赛的天文台工作，其间继续从事科学研究，发表学术作品。所构思的哲学体系对当时的科学界有较大影响。主要数学贡献是探讨了代数方程理论、函数的幂级数展开式、无穷乘积、连分数、微分方程和差分方程等方面的问题，得到了许多有价值的方法和结果。特别是在与拉格朗日探讨微分方程求解问题时，引入一种计算微分方程解空间的函数行列式，并给出其计算方法。该行列式 1882 年由苏格兰数学家缪尔命名为"朗斯基行列式"，在线性微分方程理论中起着重要作用。著有《数学哲学和算法技术导论》(1811)和《各阶方程的通解》(1812)等。

巴洛(Barlow, Peter, 1776.10.13—1862.3.1) 英国数学家、物理学家。生于诺维奇，卒于肯特郡查尔顿。自学成才。1801 年以竞选优胜者资格获伍尔维奇皇家军事学院教职，至 1847 年。1820 年成为英国土木工程师协会名誉会员，1823 年当选英国皇家学会会员，1825 年获科普利奖章。主要研究数学和物理学中的有关问题，在伦敦《女士日记》(一种严肃的科学杂志)上发表了许多数学论文，还出版了多种数学、物理学著作。其中《数论初探》(1811)、《新数学哲学辞典》(1814)和《新数学用表》(1814)等较著名。后者简称"巴洛表"，列出 1 至 10 000 所有整数的因子、平方、立方、平方根、立方根、倒数及其双曲对数。巴洛表定期重印直到 1965 年。还发明调正航海罗盘的方法，改进了望远镜的透镜，制造了后被称为"巴洛透镜"的透镜。

普安索(Poinsot, Louis, 1777.1.3—1859.12.5) 法国数学家、力学家。生于巴黎，卒于同地。1794 年进入中央公共工程学院(巴黎综合工科学校前身)学习,1797年到国立路桥学校学习。1800年成为一名土木工程师,但兴趣在数学。1804—1809年,到巴黎博纳帕特中学任数学教员。其间与数学家德朗布尔共同担任帝国大学的督学。1809年回母校巴黎综合工科学校担任分析学与力学教授。1813年成为国家科学艺术研究所(法国科学院前身)成员,1826年当选圣彼得堡科学院外籍名誉院士。是几何力学的创立者,研究了如何将作用于刚体的力系统分解为单一力和一对力。发表了许多关于几何学、力学,特别是静力学的著作。在数论方面也有所贡献,研究了原根、丢番图方程、关于两个平方差的数的表达式等问题。积极领导了19世纪前期法国数学界的几何学复兴活动。按照他的建议,巴黎理学院设立了高等几何教授职位。还发展了正星形多边形理论,发现了几种正星形多面体,被称为"普安索体"。还运用几何方法探讨了力学问题。著有《静力学原理》(1803)和《多边形和多面体》(1809)等。是在埃菲尔铁塔上刻有名字的72位科学家之一。

高斯(Gauss, Johann Carl Friedrich, 1777.4.30—1855.2.23) 德国数学家、物理学家、天文学家。生于不伦瑞克,卒于格丁根。是近代数学的奠基者之一,在数学史上影响之大,可和阿基米德、牛顿、欧拉并列。幼时就表现出超人数学天赋。1792—1795年在家乡的卡罗琳学院学习,其间开始研读如牛顿、欧拉和拉格朗日等数学家的著作。1795年进入格丁根大学学习。第二年发现正十七边形的尺规作图法,并给出正多边形可用尺规作出的条件,解决了自欧几里得以来长期悬而未决的问题。1798年转入赫尔姆施泰特大学,1799年由普法夫指导获博士学位。1807年以后一直在格丁根大学任教授。1802年当选圣彼得堡科学院外籍院士。1804年当选英国皇家学会外籍会员。1820年成为爱丁堡皇家学会外籍会员。1838年获科普利奖章。研究范围几乎遍及数学的所有领域,在数论、代数学、非欧几何、复变函数和微分几何等都作出开创性贡献。还把数学应用于天文学、大地测量学和磁学的研究。发明了最小二乘法原理,用来计算一颗小行星的轨道参数,这颗行星定名为谷神星。数论研究总结在所著《算术研究》(Disquisitiones Arithmeticae, 1801)中,其中第一次介绍"同余"概念及二次互反律。这部著作奠定了近代数论的基础,也是数学史上不可多得的经典著作之一。对代数学的重要贡献是证明了代数基本定理,其存在性证明开创了数学研究的新途径。在1816年左右得到非欧几何的原理,发现椭圆函数的双周期性,但这些工作在生前都没发表。还深入研究复变函数,建立了一些基本概念并发现了著名的柯西积分定理。1828年出版了《关于曲面的一般研究》(Disquisitiones generales circa superficies curvas),全面系统地阐述了空间曲面的微分几何学,并提出内蕴曲面理论。曲面理论后来由黎曼进一步发展。还著有《天体沿圆锥曲线绕日运动的理论》(1809)、《无穷级数的一般研究》(1813)等。学生中许多成为有影响的数学家,如戴德金、黎曼、狄利克雷、库默尔、麦比乌斯和数学史家M. B. 康托尔等。其去世后由许多著名数学家参与、历时67年出版了12卷《高斯全集》(1863—1929)。2002年国际数学联盟和德国数学会联合设立高斯奖,是国际数学界最高奖项之一。第1001号小行星

(1923)命名为“高斯星”。

黑希特(Hecht, Daniel Friedrich, 1777.7.8—1833.3.13[一说 3.30]) 德国数学家、力学家。生于艾本施托克附近的索萨(Sosa),卒于弗赖贝格。1798 年到威滕伯格大学学习法律、哲学、统计学和数学。父亲去世后中断学业成为一名矿工。1803—1807 年在弗赖贝格矿业学院学习,毕业后成为一名矿山经理。1816 年任弗赖贝格矿业学院的数学教授,1826 年升任讲座教授。发表多篇数学论文,编制了数学用表。除了讲授数学,还教授力学、矿物勘探学和矿山机械学等课程。以撰写通用的高中数学和几何学教科书著称。代表作《算术与几何教科书》(2 卷,1812—1814)多次再版。

布里松(Brisson, Branabé, 1777.10.11—1828.9.25) 法国数学家、水利工程师。生于里昂,卒于讷韦尔。1793 年进入国立路桥学校学习,次年到中央公共工程学院(1795 年更名为巴黎综合工科学校)继续学习。1800 年后在桥梁公路部门服务,先后接受莱茵河运河及圣昆廷运河的修建工作。在数学方面,曾对偏微分方程理论进行研究,论述了一类线性微分方程和应用有限差分的一次方程的解法(1808,1823),其方法对柯西的同类工作有一定帮助。1820 年校订出版蒙日的《画法几何学》(Géométrie descriptive)第 4 版,1827 年又出版蒙日的《影子和透视理论》。

沃尔夫拉姆(Wolfram, J.,约 1778—?) 荷兰数学家、计算专家。生平不详,在英国皇家学会担任过助理。曾制作了一个从 1 到 10 000 的具有 48 位小数的自然对数表。还计算了具有 63 位和 88 位小数的素数的对数。著有《对数与三角补充表》等。

冈珀茨(Gompertz, Benjamin, 1779.3.5—1865.7.14) 英国数学家、统计学家。生于伦敦,卒于同地。未进入大学学习,自学数学和天文学。1798 年开始给《大众数学手册》投稿,并多次获得杂志年度奖项。1810 年,到伦敦证券交易所工作,后来成为斯皮塔佛德(Spitalfields)数学会的成员,该学会 1820 年与伦敦天文学会合并。撰写了多篇关于天文仪器理论、光的像差等方面的论文。1819 年成为英国皇家学会会员,还是 1834 年皇家统计学会的创始成员,以及许多其他学术团体的成员。是保险统计科学的开拓者和研究关于死亡和概率问题的专家。于 1824 年出任英国联合保险公司精算师兼总管。1825 年,为皇家学会制定一系列新的死亡率表,发现了一个有趣的规律:初生婴儿有较高的死亡率,随后每年都有下降,直到 10～15 岁青春期时死亡率达到最低点。青春期之后,死亡率急剧增加,大约每 10 年翻一番,这个趋势一直持续到 80 岁。这个规律称作冈珀茨死亡率定律。这个定律同样适用于不同历史时期的不同国家,也适用于其他动物。给出的数学模型是对马尔萨斯人口模型的改进。为皇家学会制定了一系列新的死亡率表,保险公司使用它来计算人寿保险的成本。是牛顿忠实的拥趸者,保留使用并捍卫牛顿的流数法及符号。还曾研究复数的性质及其应用。

法勒(Farrar, John, 1779.7.1—1853.5.8) 美国数学家、教育家。生于马萨诸塞州林肯,卒于该州坎布里奇。1803 年毕业于哈佛大学。之后到菲利普斯学院学习神学。1805 年任哈佛大学的希腊语导师。1807—1836 年任哈佛大学数学与自然哲学教授。在此期间,重新制定教学计划,将现代数学引入课程。极力主张将牛顿的流数符号转变为莱布尼茨的算法体系。翻译了拉克鲁瓦和勒让德等欧洲数学家的经典教材，成为哈佛大学、美国的军事院校和其他高等学校的教科书。还参与创建哈佛天文观测台的工作。撰写了力学、电学、磁学、光学、天文学等通用名词的著作，为哈佛大学的科学研究与教学作出贡献。1808年当选美国文理科学院院士。是《北美评论》和美国国家科学院《回忆录》等科学期刊的定期撰稿人。

布尔东(Bourdon, Pierre Louis Marie, 1779.7.16—1854.3.15)　法国数学家。生于阿伦松，卒于巴黎。1796年进入巴黎综合工科学校学习。毕业后在军事学校和几所高中任教。1811年以力学和天文学两篇论文由巴黎理学院审查获科学博士学位，成为法国第一位科学博士。1821年后任巴黎理学院的督导员，1835年任总督导和大学皇家理事会成员。是法国通行的初等数学教科书的作者。编写的初等代数书《代数原理》(1817)再版了20多次，初等算术书《算术原理》(1821)发行了40多个版本。还著有《代数在二维和三维几何中的应用》，其中包括二维和三维的解析几何。著作译成英文后得到德·摩根等数学家的赞赏。英译本1831年出现在美国，对美国大学数学教育产生积极影响。曾获法国荣誉军团指挥官勋章。

维斯科瓦托夫(Висковатов, Василий Иванович, 1780.1.6—1812.10.20)　俄国数学家。生于圣彼得堡，卒于同地。1796年进入俄罗斯帝国炮兵和工程师军事学院学习，毕业后在军事和技术学校任教。1803年当选圣彼得堡科学院院士。1810年任铁路工程研究所的纯粹数学和应用数学教授。在19世纪上半叶俄国新的先进教育科学思想的宣传中，是古里耶夫的积极拥护者。主要贡献在连分数理论、数学分析和变分法等方面。建立了分式有理函数展开为连分数的独特方法。将拉格朗日使用的相应概念翻译成俄语，第一次使用俄语术语“衍生函数”。

施魏卡特(Schweikart, Ferdinard Karl, 1780.2.28—1857.8.17)　德国数学家。生于埃尔巴赫，卒于哥尼斯堡(今俄罗斯加里宁格勒)。1796年到马堡大学攻读法学，两年后在耶拿大学获法学博士学位，后又在哥尼斯堡大学获哲学博士学位。之后在埃尔巴赫当执业律师。1803—1807年担任皇家宗室的导师。以后在吉森大学(1809—1812)、哈尔科夫大学(1812—1816)、马堡大学(1816—1821)和哥尼斯堡大学(1821年以后)任法学教授。业余时间钻研数学。在所出版的唯一一部数学专著《平行线理论》(1807)中指出欧几里得平行公设不可证明，建议把平行公设驱除出欧氏几何。还明确表示存在比欧几里得几何更一般的几何体系。1818年，写信给高斯，介绍一种自创的三角形内角和小于两直角的几何理论，称之为“星空几何”。其工作可认为是双曲几何的开端，对非欧几何的问世起到促进作用。后来鼓励外甥陶林努斯从事平行线理论和几何学的研究。

克雷尔(Crelle, August Leopold, 1780.3.17—1855.10.6)　德国数学家、工程学家。生于普鲁士弗里岑附近艾希沃德，卒于柏林。自幼受其父影响，喜爱建筑学。自学成才后在普鲁士内政部任土木工程师。1816—1826年参与了德国各地新公路和铁路的设计和建造工作。一直对数学感兴趣，1816年靠自学在海德堡大学获数学博士学位。在博士论文中首次提出并研究了后来被称为“布罗卡尔点”的性质。1828年任普鲁士教育部数学顾问，在高中、职业学校和师范学校教授数学。欣赏并提倡法国的数学教育方法，强调思想启蒙和逻辑思维的重要性，并身体力行开展教学改革，取得一定成效。最大功绩是举荐和培养数学人才，以及创办数学杂志。在施泰纳和阿贝尔的建议下，于1826年创办了《纯粹与应用数学杂志》(Journals für die reine und angewandte Mathematik，亦称《克雷尔杂志》)。该杂志是第一种与学院无关的数学期刊，既是19世纪早期的主要数学期刊，也是至今仍存在的最古老的数学期刊。许多著名数学家，如阿贝尔、雅可比、施泰纳、狄利克雷、普吕克、艾森斯坦、库默尔、魏尔斯特拉斯等都是通过在该杂志上发表论文而崛起的。其本人在此刊物上也发表过一些有关数学、技术和数学用表等方面的文章，翻译了拉格朗日和勒让德等人的著作(1823—1824)。还出版算术、代数、几何和大地测量学的教科书。1828年成为柏林科学院院士。1834年成为俄国圣彼得堡科学院通讯院士。还是其他多个国家学术团体的成员。

利特罗夫(Littrov, Joseph Johann von, 1781.3.13—1840.11.30) 奥地利数学家、天文学家。生于捷克波希米亚的霍绍夫斯基廷(Horšovský Týn)，卒于奥地利维也纳。1799年进入布拉格大学学习法学和神学，1802年毕业后任某伯爵的私人教师。之后在维也纳和布拉格继续攻读数学和天文学。1807年任波兰克拉科夫大学教授和天文台台长。1809—1816年任俄国喀山大学天文学教授，并领导该校天文台的观测工作。1819年以后一直任维也纳大学天文学教授和天文台台长。主要从事数学、天文学和光学研究。在天文著作中，给出了不同体系历法的算术理论，并使用了连分数。还以发明光学仪器而闻名。在数学方面，推广了圆外旋轮线，研究了许多圆彼此之间作相对转动时某定点的运动曲线，即高阶本轮线。是英国皇家学会、圣彼得堡科学院和利奥波第那科学院的相应成员。1838年获维也纳大学博士学位。3卷天文学教科书《天堂的奇迹》(1834—1836)到1963年共出了11版。数学著作有《解析几何学》(1823)等。创造了唯一一个保角的、复古的地图投影，称为“利特罗夫投影”。月球上有以他的名字命名的火山口。

泊松(Poisson, Siméon Denis, 1781.6.21—1840.4.25) 法国数学家、力学家、物理学家。生于皮蒂维耶，卒于上塞纳河索镇。1798年进入巴黎综合工科学校，得到拉格朗日和拉普拉斯等人的赏识，毕业后留校任教，1806年接替傅里叶的教授职位。1809年巴黎理学院刚筹建时，任力学讲座教授，至1840年。1812年成为国家科学艺术研究所(法国科学院前身)成员。1818年当选英国皇家学会外籍会员。1820年成为爱丁堡皇家学会会员。科学生涯开始于研究微分方程及其在摆的运动及声学理论中的应用。应用数学方法研究各类力学和物理问题，并由此得到数学上的发现。对积分理论、行星运动理论、热物理学、弹性理论、电磁理论、位势理论和概率论等都有重要贡献。所著《力学教程》(2卷，1811年初版，1833年增补为第2版)在很长时间内是标准教科书。在天体力学方面，研究月亮和行星理论的有关问题，探讨太阳系的稳定性并导出被干扰运动的微分方程，推广了拉格朗日和拉普拉斯的有关研究。1813 年在研究球体引力和引力方程的论文中，修订了拉普拉斯位势方程，导出著名的泊松方程。在数学物理方面，研究各种热传导问题，并使用了三角函数、拉格朗日多项式、拉普拉斯曲面调和函数等数学工具。所著《热的数学理论》(4 卷，1835)是这一领域研究成果的总结。还解决了电学和磁学中的许多问题，是最早把位势理论移植到电磁学的学者之一。还研究了内弹道学和流体力学中的应用问题，奠定了偏差理论的基础。在弹性理论方面，利用分子间相互作用的理论导出弹性体的运动方程，给出了该方程的一般积分法，引入所谓的"泊松常数"。对概率论的重要贡献在于改进了概率论的应用方法，特别是用于统计方面的方法。在 1837 年的论文《关于判断的概率研究》中，提出描述随机变量的泊松分布。还推广了"大数定律"，并导出在概率论与数理方程中有重要应用的泊松积分。在纯粹数学方面也作出了许多贡献。在一般方程论方面，使用独创的消元法；在级数论方面，提出发散级数的可和性理论；在定积分和傅里叶级数方面的研究成果为狄利克雷和黎曼继续研究开辟了方向。一生共发表 300 多篇论著。先后获法国荣誉军团骑士(1814)、军官(1824)和指挥官(1837)勋章。1832 年获科普利奖章。是在埃菲尔铁塔上刻有名字的 72 位科学家之一。

阿特金森(Atkinson, Henry, 1781.6.28—1829.1.31)　英国数学家、天文学家。生于诺森伯兰，卒于纽卡斯尔。是一位中学校长的儿子，13 岁时在父亲要求下参与巴文顿中学的教学，成年后又在不同学校任教员，并在伍德本和斯坦福德汉姆等地开办学校。课余时间钻研数学、天文学和哲学。1808 年搬到纽卡斯尔，在教学的同时开始发表论文。1809 年加入纽卡斯尔文学和哲学学会。在纽卡斯尔文学和哲学学会、伦敦天文学会杂志和一些数学杂志发表多篇论文，内容涉及高阶代数方程的新解法，对牛顿和莱布尼茨追随者们工作的比较以及关于木星卫星、月球起源等数学和天文学方面的研究。发现的求解高次方程的方法后来被霍纳等人所发展。

布雷(Bret, Jean Jacques, 1781.9.25—1819.1.29)　法国数学家。生于德龙省，卒于格勒诺布尔。1800 年入巴黎综合工科学校学习土木工程。1804 年开始任中学的数学教师，1811 年任格勒诺布尔理学院教授，直至去世。1812 年获理学博士学位。在《热尔岗年刊》上发表了约 20 篇文章，大部分内容是关于平面和空间解析几何的，比较有名的是对二次曲线和二次曲面理论的研究。例如，曾给出确定有心二次曲线轴长的三次方程。对行列式理论(如关于多项式结式次数的贝祖定理)和代数方程理论(特别是提出了实根界限定理)也有研究，还围绕代数方程根的个数是否与其次数相等这一基本定理进行了讨论。

波尔查诺(Bolzano, Bernard, 1781.10.5—1848.12.18)　捷克数学家、哲学家。生于布拉格，卒于同地。1796 年入布拉格大学哲学院攻读哲学、物理学和数学。1800 年又入神学院学习。1805 年任布拉格大学哲学教授，1818 年任哲学系主任。1815 年成为波希米亚皇家学会会员。对数学和逻辑学甚感兴趣。是 19 世纪将严格论证导入分析学的主要学者之一，对分析基础的建立作出重要贡献。1816 年建立了序列和级数收敛的正确概念，对极限、变量有较深入理解。在《纯粹分析的证明》(Rein analytischer Beweis, 1817)一书中给出了函数的连续性的恰当定义。后来又正确地区别了连续性与可微性的差异,并在数学史上首次(1834)给出了处处不可微的连续函数的例子。还首次运用了实数理论中的确界原理:如果性质 M 不是对变量 x 的所有值成立,而是对小于某个 u 的所有 x 的值成立,则必存在一个值 U,它是使 M 不成立的所有(非空)x 的集的最大下界。对无穷理论的研究是 G. 康托尔的集合论的先驱。对建立无穷集合理论有重要见解,其哲学意义比数学意义更大。坚持实无穷集合的存在性,强调两个集合的等价概念(即两集合元素间存在着一一对应),注意到无穷集合的真子集可以同整个集合等价。惜在当时并没有引起注意,著作《无穷的悖论》在他逝世两年后(1850)才出版。

普兰纳(Plana, Giovanni Antonio Amedeo, 1781.11.6—1864.1.20) 意大利数学家、天文学家。生于沃盖拉,卒于都灵。1800 年进入巴黎综合工科学校学习,成为拉格朗日唯一的意大利籍学生。后娶拉格朗日的侄女为妻。1803 年学成回国,经傅里叶介绍任皮埃蒙特一所炮兵学校的数学教授。1811 年又在拉格朗日推荐下任都灵大学天文学教授,指导都灵天文台的工作。1815 年后任都灵大学微积分讲座教授。1844 年世袭为男爵。1841 年当选都灵科学院院士,1851 年任科学院院长。还是其他多个国家科学院和学术团体的相应成员。是 19 世纪上半叶意大利颇有影响的科学家,把数学应用于多个领域,研究月球理论、弹性理论、静电感应、热力学和大地测量学中的数学问题。用近 20 年时间,编制了关于月球运行的数据表。在纯粹数学方面,主要研究概率演算、欧拉积分和椭圆函数论。代表作有《月球运行理论》(3 卷,1832)等。1834 年获科普利奖章。1840 年获英国皇家天文学会金奖。月球上有以其名字命名的陨石坑。

特奎姆(Terquem, Olry, 1782.6.16—1862.5.6) 法国数学家。生于梅斯,卒于巴黎。早年在犹太学校学习。1801 年进入巴黎综合工科学校,1804 年获博士学位。毕业后相继在美因茨的帝国中学和炮兵学校任教。1815 年任巴黎中央炮兵团的数学教授,1821—1826 年任炮兵团的图书馆馆员,1852 年后任应用学科教授,直至退休。创办《新数学年鉴》(1842 年创刊)和《工科学校和师范学校考生公报》(1855 年创刊)。前者是专门研究数学史的期刊。数学研究在几何学方面,在费尔巴哈之前得到并证明了有关九点圆性质的定理,称为特奎姆定理。还研究代数曲线的性质。出版了一些初等数学教科书,以及天文学和科学史方面的著作。1852 年获法国荣誉军团军官勋章。

布里昂雄(Brianchon, Charles-Julien, 1783.12.19—1864.4.29) 法国数学家。生于塞夫尔,卒于凡尔赛。1804 年进入巴黎综合工科学校学习,成为蒙日的学生。1808 年毕业后加入拿破仑的炮兵部队。1818 年任皇家炮兵警卫学校教授。为射影几何学在法国的复兴作出重要贡献。第一篇论文题为《论二次曲面》(1806)。文中给出著名的布里昂雄定理:如果一个六边形的各边与一条圆锥曲线相切,那么连接对顶点的三条对角线共点。在此之前,帕斯卡曾经得到它的对偶命题。还与庞斯列合著关于确定等轴双曲线方法的论文(1820),文中首次使用了"九点圆"这一术语,并给出"九点圆定理"的第一个完整证明(但他们不是第一个发现这个定理的)。另著有《二阶曲线注记》(1817)、《截线理论的应用》(1818)等。

克里斯蒂(Christie, Samuel Hunter, 1784.3.22—1865.1.24) 英国数学家、物理学家。生于伦敦,卒于特威克纳姆。1800 年入剑桥大学三一学院学习数学,1803 年获得史密斯奖学金,1805 年以二等数学荣誉学位毕业。从 1806 年起,在伍尔维奇皇家军事学院讲授数学,1838 年任教授,直至 1854 年退休。1826 年成为英国皇家学会会员。1837—1854 年任学会秘书。1833 年获皇家学会贝克奖章。第一个观察到铁的慢速旋转如何产生极性,发现了比较不同厚度电线的电阻的方法,也就是惠斯通电桥原理。为皇家军事学院学生编写过初等数学教程。

贝塞尔(Bessel, Friedrich Wilhelm, 1784.7.22—1846.3.17) 德国天文学家、数学家。生于普鲁士明登(今属德国),卒于哥尼斯堡(今俄罗斯加里宁格勒)。15 岁辍学当商行学徒,业余钻研天文、地理和数学。20 岁时发表了一篇关于彗星轨道测量的论文,推算出彗星的轨道。1810 年,任新建的哥尼斯堡天文台台长,直至逝世。1811 年被授予格丁根大学名誉博士学位。1812 年当选柏林科学院院士。主要贡献在天文学方面,以出版《天文学基础》(1818)为标志发展了实验天文学。还编制基本星表,测定恒星视差,预言伴星的存在,并导出了用于天文计算的贝塞尔公式。数学研究在常微分方程方面,由分离变量所得到的一类常微分方程叫作贝塞尔方程,即 $x^2y''+xy'+(x^2-n^2)y=0$,其中 n 是参数,可以是复数,x 也可以是复数。系统研究了这类方程的解,并由此引进了第一类和第二类贝塞尔函数,讨论了该函数的一系列性质及其求值方法,为解决有关的物理和天文问题提供了重要工具。由于对三角函数系的研究,导出了著名的贝塞尔不等式。该不等式在逼近论、傅里叶分析和正交多项式理论等方面都有应用。在大地测量方面也有贡献,用三角测量法测出地球的形状和大小,提出贝塞尔地球椭球体的观点(算出了地球的扁率)。发明的三角器械和方法被广泛应用。还是法国、瑞典、美国和荷兰等国科学院的相应成员。两次获英国皇家天文学会金质奖章。

迪潘(Dupin, Pierre Charles François, 1784.10.6—1873.1.18) 法国数学家、经济学家、教育家。生于涅夫勒省瓦尔济(Varzy),卒于巴黎。1801 年进入巴黎综合工科学校学习,师从数学家蒙日。1803 年毕业后成为一名海军工程师。从 1807 年起,负责修复希腊科孚岛受损的港口武器库。通过在科孚岛的科学讲座影响了希腊科学的复兴,学生 G. 卡兰迪诺(G. Carandino, 1784—1834)是 19 世纪 20 年代希腊数学学院的创始人。1813 年,参与创建了土伦海事博物馆。1818 年当选法国科学院院士。1819—1854 年任巴黎工艺美术学院教授。在学院所作的数学和力学的公开讲演,深受广大听众欢迎。1822 年成为瑞典皇家科学院的外籍院士。数学贡献主要在画法几何学和微分几何学方面。在《几何学的发展》(1813)一书中阐述了曲面上的共轭渐近线、"迪潘指标图"以及"迪潘定理",还研究了共焦二次曲面等特殊情形。《几何学和力学的应用》(1822)是上述著作的续篇,详细论述并推广了蒙日的研究结果,改进了马吕斯(E. L. Malus,

1775—1812)的定理。还创造了最早的等值线图,引进了曲面在一点的仿射法线的概念。于1826年制作出版了法国第一张脉石地图。是圣彼得堡、爱丁堡等科学院的相应成员。1840年获法国荣誉军团大军官勋章。

纳维(Navier, Claude Louis Marie Henri, 1785.2.10—1836.8.21) 法国工程师、数学物理学家。生于第戎,卒于巴黎。1802年就读于巴黎综合工科学校,1804年转到国立路桥学校继续学习。1806年毕业后留校工作,1808年任该校总工程师,曾指导法国多座桥梁的建造。1819年开始在国立路桥学校教授应用力学课程。1824年当选法国科学院院士。1831年接替柯西的职位担任综合工科学校的微积分和力学教授。主要贡献在流体力学方面。在19世纪20年代早期,就与柯西探讨弹性数学理论的各个方面,这使他在1827年能够最早提出描述黏性不可压缩流体动量守恒的运动方程,该方程现称为纳维-斯托克斯方程。还得到了三维空间的弹性介质方程。是建筑力学的创立者之一。代表作有《弹性体平衡与运动法则》(1821)等。是在埃菲尔铁塔上刻有名字的72位科学家之一。

霍纳(Horner, William George, 1786.6.9—1837.9.22) 英国数学家。生于布里斯托尔,卒于巴斯。14岁开始在布里斯托尔的金斯伍德中学接受教育,16岁时成为该校助教,1806—1809年任该校校长。1809年以后在巴斯兴办古典神学院,直至去世。撰写了大量关于函数方程、数论和近似计算方面的文章。最重要的数学贡献是在1819年7月1日,在英国皇家学会宣读其论文《用连续逼近法解各阶数值方程的新方法》,给出用一种连续逼近法求解任意次数的方程的方法,即"霍纳方法"。事实上,此方法在15年前就由意大利数学家鲁菲尼得到,故该法也称"鲁菲尼-霍纳方法"。但此法早在500多年前就被中国数学家秦九韶所发现。在19世纪至20世纪初西方数学文献中霍纳方法被广泛引用。还积极研究光学理论与实践。1834年,在论文《Dædaleum——一种新的光学错觉仪器——的性质》中公布了他发明的一种有趣的、被称为佐特罗佩(Dædaleum)的光学装置,给人一种运动的错觉。

勒费比尔(Lefébure de Fourcy, Louis, 1787.8.25—1869.3.12) 法国数学家。生于圣多明各的太子港,卒于巴黎。1803—1805年就学于巴黎综合工科学校。毕业后到庞特莱沃伊学院任教。1807年担任综合工科学校数学分析助教。1811年以力学和天文学两篇论文获得巴黎理学院第一个数学博士学位。1817年到路易大帝中学任教,负责数学技能训练。年轻的作家维克多·雨果(Victor Hugo, 1802—1885)曾是他的学生。1820年任圣路易斯皇家学院数学教授。1825年返回母校综合工科学校,1826—1861年一直担任学校入学考试招生考官。1838年任该校微积分教授。1839年成为拉克鲁瓦的助手,1843年接任拉克鲁瓦职位,担任巴黎理学院的微积分讲座教授,至1863年。主要贡献在画法几何学方面,对球面几何与直线几何也有深入研究。编著出版了一系列关于代数、解析几何、三角学等方面的著作,如《解析几何教材》(1827)、《画法几何学》(2卷,1829—1830)、《三角学原理》(1830)和《代数学教材》(1833)等。这些著作成为当时工科学校的标准教材,多次再版。曾获法国荣誉军团军官勋章。

佩列沃希科夫（Перевощиков，Дмитрий Матвеевич，1788.4.28—1880.9.15） 俄国天文学家、数学家。生于西什科耶弗，卒于圣彼得堡。1805年成为新建的喀山大学的首批34名学生之一，1808年毕业。1809—1816年在辛比尔斯克的学校教授数学和物理。1813年获得了喀山大学的硕士学位。1816年开始做私人授课教师。1818年移居莫斯科，任辛比尔斯克前副省长的家庭教师。1818年底到莫斯科大学物理-数学系，讲授数学、力学和天文学等多种课程。1819年成为副教授，1826年任教授。1846年后相继任系主任、副校长和校长等职。1830—1832年领导兴建了莫斯科大学天文台。1851年移居圣彼得堡。1855年当选圣彼得堡科学院院士。为在俄国普及天文学、数学和物理学作出了贡献，编写了俄国第一批天文学教科书，以及实验物理教材、天体力学和天文学史等方面的著作。还对罗蒙诺索夫的科学遗产进行整理和研究。数学方面的代表作有《三维解析几何基础》(1822)、《高斯计算行星的方法》(1853)和13卷《便携式数学百科全书》(1826—1837)等。

菲涅耳（Fresnel，Augustin Jean，1788.5.10—1827.7.14） 法国数学家、物理学家、工程师。生于布罗利耶，卒于阿夫赖城。1806年毕业于巴黎综合工科学校，后又进入国立路桥学校学习，1809年毕业并成为工程师。1823年当选法国科学院院士。1825年当选英国皇家学会外籍会员。是波动光学的奠基人之一，把惠更斯原理和干扰原理结合起来(现称惠更斯-菲涅耳原理)，于1818年创立了光的衍射理论。1821年论证了光波的横向性，解释了光的偏振现象，为晶体光学奠定了基础。研制成功以他的姓氏命名的反射镜和透镜，建立了有关的数学理论。还研究了波动曲面，计算了与此有关的奇异定积分，现称“菲涅耳积分”。推出了反射定律和折射定律的定量规律，即菲涅耳公式。还算出光在运动媒质中传播时的“曳引系数”，后为实验所证实。曾展望19世纪数学的发展远景，预言“大自然并不为分析学的困难所阻碍”，用以描述这一世纪数学与自然界的关系。获得多种荣誉和奖励，如1819年获法国科学院大奖，1824年获法国荣誉军团勋章，1827年获拉姆福德奖章等。是在埃菲尔铁塔上刻有名字的72位科学家之一。

庞斯列（Poncelet，Jean-Victor，1788.7.1—1867.12.22） 法国数学家。生于梅斯，卒于巴黎。1810年毕业于巴黎综合工科学校，成为蒙日的学生。之后进入梅斯炮兵与工程应用学院学习，不久参加拿破仑发动的侵俄战争，战败被俘。在监狱里先着手研究解析几何的理论，后来又研究圆锥曲线的射影性质。研究的射影方法与蒙日不同，采用的是中心射影法，经过刻苦钻研终于得到射影几何学的原理。所得研究成果记录在他所称的“萨拉托夫笔记本”中，其大部分内容纳入50年后出版的《分析与几何应用》(2卷，1862—1864)。1814年获释。1822年整理在战俘营中得到的主要研究成果，写成《论图形的射影性质》(Traité des propriétés projectives des figures)并出版。1824—1835年任梅斯炮兵与工程应用学院力学教授。1831年选入巴黎理学院继任拉普拉斯的职务。1834年成为法国科学院院士。1837—1848年任巴黎理学院物理和实验力学第一任讲座教授。1848—1850年以将军军衔任巴黎综合工科学校校长。1842 年当选为英国皇家学会外籍会员。还是圣彼得堡科学院、柏林科学院等科学院和学术团体的相应成员。主要贡献在射影几何与应用力学方面，是射影几何学的创始人。首先提出并研究图形经过任意中心射影保持不变的性质，其中最重要的概念是交比。为了使所得结果具有普遍性，引进“无穷远”元素。研究了二次曲线和曲面的配极理论，并由此导致一般的对偶原理。还直观地讨论了一类图形在一定范围内连续变动时所保持的性质，并应用于虚元素。他的工作对 19 世纪射影几何的研究和发展有重大影响。在《应用力学教程》(1826)一书中完整地介绍了建筑材料的力学性能方面的知识。1850 年获法国荣誉军团指挥官勋章。1868 年法国科学院设立了庞斯列奖，著名数学家克莱布什、庞加莱、希尔伯特等都曾获此奖。是埃菲尔铁塔上刻有名字的 72 位科学家之一。

格尔林(Gerling, Christian Ludwig, 1788.7.10—1864.1.15)　德国数学家、物理学家、天文学家。生于汉堡，卒于马堡。1809 年进入赫尔姆施泰特大学学习神学，其间旁听普法夫的数学讲座。1810 年转到格丁根大学，开始学习数学。1812 年在高斯指导下获博士学位，同年成为卡塞尔文法学校教师。1817 年后任马堡大学数学、物理和天文学教授，直至去世。曾三度担任马堡大学副校长。是包括格丁根科学院在内的多个学术团体的成员。在大地测量学方面，使用高斯开发的测量技术，创建了必要的地面测量网络，为现代地形图和土地测量奠定了基础。和高斯关于探讨该问题的约 60 封信件于 1927 年公之于世。重视培养人才，普吕克是他指导的优秀博士生。著有《实用几何的平差计算》等。

项名达(1789—1850)　中国清朝数学家。生于乾隆五十四年，卒于道光三十年。原名万准，字步莱，号梅侣。浙江仁和(今杭州市余杭区仁和镇)人，祖籍安徽歙县。1816 年后相继中举人、进士，官任知县。但未就职退而专攻算学，曾任余杭苕南书院主讲，并在杭州紫阳书院执教。1846 年休职还家。著有《勾股六术》(1825)、《三角和较术》(1843)、《开诸乘方捷术》(1845)、合刊为《下学盦算学三种》。对三角函数的幂级数展开式有深入研究，推广了明安图和董佑诚的结果，得到两个新公式；还以逐次逼近法得到开高次方程的递推公式等。用初等方法求得椭圆周长的级数表达式与近代椭圆积分所得的结果完全相同。还据此推出圆周率的倒数公式。与友人戴煦共同讨论求二项式 n 次根的简法，在《开诸乘方捷术》中提出了幂指数为 $1/n$ 的二项式定理以及用逐次逼近法开 n 次方的递推公式。晚年汇为《象数一原》6 卷(1849)，因年老病重未及完稿，由戴煦补写成《椭圆求周图解》(1857)。

罗士琳(1789—1853)　中国清朝数学家。生于乾隆五十四年，卒于咸丰三年。字次璆，号茗香。安徽歙县人。因长期寄居江苏甘泉(今江苏扬州市)，所以自称甘泉人。早年师从阮元，初期以学经、史为主，兼及六艺，后转向研习天文、历算，与当时算学名家焦循、李锐等有广泛交往。对古代数学经典进行了详细的研读和校勘，在此基础上写出自己的心得和研究成果。是清代数学著述最为丰富的数学家之一，著有 10 余种近 50 卷算书。1844 年将其发表的著作合刊为《观我生室汇稿》。最重要的数学成就是对传统中算“四元术”的阐发。参照当时所能找到的两种抄本和新刻元大德本，呕心竭力 12 年，在研读和校勘的基础上补出了全书各题算式演草，使原来的 3 卷增至 24 卷，撰成《四元玉鉴细草》。其后，在北京觅得朱世杰另一部著作《算学启蒙》的朝鲜刻本，同样加以校注后使之出版。由于他的工作，“四元术”在衰落数百年之后重新被人们认识和理解。在比例论、解多元方程组方面也有独到见解。还深入研究了三角形，尤其是勾股形的性质，用初等方法系统研究了弧矢论。在中国数学史上第一次给出了椭圆台和椭圆锥的体积计算公式。其《续畴人传》比较翔实地记述了当代学者的生平事迹和学术成就，并加以个人的评论，比原《畴人传》更能体现时代精神，成为中国较早的专门研究数学史的专著。

霍奇金森（Hodgkinson, Eaton, 1789.2.26—1861.6.18） 英国数学家、力学家。生于柴郡安德顿镇，卒于兰开夏郡索尔福德。父亲早逝影响学业，失学后务农。1811 年，移居曼彻斯特从事典当业。利用业余时间钻研了欧拉、拉格朗日、拉普拉斯等人的著作，并成为博物学家 J. 道尔顿（J. Dalton, 1766—1844）的学生和朋友。自学成才。是把数学应用于结构设计的先驱者。主要研究不同材料的梁的变形、铸铁的弯曲特性等各种工程和结构力学问题，在应用数学方面取得了较多成果。在一系列包括铸铁和大理石在内的材料强度实验中测量材料柱的强度，以确定最强的构造梁，并最终设计了“霍奇金森梁”。1841 年当选英国皇家学会会员。1847 年成为伦敦大学学院的工程力学教授。曾获皇家奖章。

柯西（Cauchy, Augustin-Louis, 1789.8.21—1857.5.23） 法国数学家、力学家。生于巴黎，卒于索镇。1805 年入巴黎综合工科学校学习，受教于拉克鲁瓦和安培等人。两年后转到国立路桥学校继续学习，1809 年成为工程师。1813 年放弃工程师的职业，开始从事理论科学研究。1816 年成为巴黎综合工科学校教授，并当选法国科学院院士。1830 年因政治原因流亡国外。之后曾在意大利都灵大学授课，并到布拉格担任家庭教师。1848 年 2 月革命后恢复了综合工科学校的职位。1849 年又任巴黎理学院数学与天文学讲座教授。早在大学期间，就开始研读拉格朗日和拉普拉斯的著作。1811 年解决了拉格朗日向他提出的“凸多面体的角是否由其面数所决定”的问题，第二年又给出了费马多角数问题的解答。1816 年获法国科学院大奖。最重要的数学贡献在微积分学、复变函数论和微分方程等方面。在微积分学方面，发现并阐明了级数收敛准则和一些判别法，提出关于极限理论的 ε 定义的方法，把整个极限过程用不等式来描述。这种定义方法后经魏尔斯特拉斯改进成为 $\varepsilon-\delta$（或 $\varepsilon-N$）方法沿用至今。还给出如今通用的函数连续性的概念和定积分的第一个确切定义以及广义积分的定义等。1821 年，得到有广泛应用的级数形式的重要不等式，后经完善称为柯西-布尼亚科夫斯基-施瓦茨不等式。在复变函数论方面，系统地总结了复数理论，探讨了柯西-黎曼条件，建立了柯西积分定理和公式，还研究了留数定理。在微分方程方面，深入考察并证明解的存在唯一性定理。还利用傅里叶变换来研究线性偏微分方程，提出偏微分方程中的柯西问题。在代数学方面，发现行列式和矩阵的许多性质以及二次型的正交变换方法,推广鲁菲尼定理等。对力学和天文学也有许多贡献。著作甚丰,共出版了7部专著和发表800多篇论文,数量上仅次于欧拉。以《分析教程》(Cours d'analyse de I'École royale Polytechnique, 1821)、《关于定积分理论的报告》(1825年完成,1827年出版)和《关于积分限为虚数的定积分的报告》(Mémoire sur la théorie des intégrales définies, 1825年完成,1874年出版)最为著名。1882年开始出版全集,至1974年已达27卷。除法国科学院外,还是18个国家科学院和学术团体的成员。是在埃菲尔铁塔上刻有名字的72位科学家之一。

马格努斯, L. I.(Magnus, Ludwig Immanuel, 1790.3.15—1861.9.25) 德国数学家。生于柏林,卒于同地。父亲早逝后在叔父的银行工作。自学数学,特别研究欧几里得几何学。1813—1815年,到拿破仑部队中担任志愿炮手。1816年开始在中学任教,1826—1834年在柏林的私立学校教授数学。1834—1843年在柏林储蓄存款机构担任首席营收官。主要贡献在射影几何方面。1820—1825年在热尔岗的《纯粹和应用数学年刊》上发表多篇研究论文。后又在《克雷尔杂志》上发表关于空间解析几何的命题和定理综述等文章。1831年,发表的一篇关于反演变换(但瑞士数学家施泰纳似乎更早就用过这种变换)的论文奠定了反演几何学的基础。还系统地建立了球极投影的基本公式。1834年被波恩大学授予名誉博士学位。主要论著有《解析几何中的习题和定理集》(1833)和《空间解析几何中的习题和定理集》(1837)等。

斯特朗(Strong, Theodore, 1790.7.26—1869.2.1) 美国数学家。生于马萨诸塞州南哈德利,卒于新泽西州新不伦瑞克。1812年毕业于耶鲁学院(1886年更名为耶鲁大学)。毕业后任刚组建的汉密尔顿学院的数学导师,1816—1827年任数学和自然哲学教授。1827年应聘到新泽西州新不伦瑞克的罗格斯大学任教授,并长期担任副校长,直至1863年退休。1835年获罗格斯大学法学博士学位。1832年任美国文理科学院副研究员。1863年成为美国国家科学院的创始院士。还是美国哲学会和其他几个学术团体的成员。主要贡献在数学分析和高等代数等方面。在19世纪20年代开始将莱布尼茨的分析概念和符号引入美国。在代数学中解决了三次方程不可约的情形。给出二段弧的和与差的正、余弦值的几何证明。著有《初等和高等代数》(1859)和《微积分》(1869)等。

麦比乌斯(Möbius, August Ferdinand, 1790.11.17—1868.9.26) 亦译默比乌斯。德国数学家、天文学家。生于瑙姆堡附近的休普福塔(Schulpforta),卒于莱比锡。3岁丧父,由叔父抚养成人。自幼偏爱数学。1809年入莱比锡大学学习法律,后改修数学、物理学和天文学。1813年随高斯和普法夫学习天文学和数学,1815年在普法夫指导下获博士学位。1816年任副教授,1829年当选柏林科学院通讯院士,1844年任莱比锡大学天文学与高等力学教授,1848年任该校天文台台长。1846年当选格丁根科学院院士。主要贡献在天文学和数学方面,代表作《重心的计算》(1827)发展了19世纪的射影几何学,与庞斯列、沙勒等人的综合观点不同,注重发展代数方法。该书引入了射影几何和仿射几何的若干基本概念和原理,讨论射影变换的一些性质，还为高维几何理论的创立作出大胆尝试。如揭示了对偶原理与配极之间的关系，并对交比概念给出更完善的处理等。还出版有《静力学手册》(1837)。是拓扑学的先驱，最著名的成就是发现了三维欧几里得空间中的一种奇特的二维单面环状结构——即著名的“麦比乌斯带”。这是在1858年应答法国科学院悬赏征答多面体几何理论时得到的。麦比乌斯带奇妙的单侧性引起许多数学家的兴趣，对拓扑学的产生和发展起到推动作用。对数论和组合学也进行了深入研究，提出了著名的麦比乌斯变换、麦比乌斯函数和麦比乌斯反演公式等。

董佑诚(1791—1823)　中国清朝数学家。生于乾隆五十六年，卒于道光三年。字方立，江苏阳湖(今常州)人。18岁与友人研习数学，掌握了诸家算法。1818年中举人。对三角函数幂级数展开式的研究有重要贡献，代表作为《割圆连比例图解》3卷。首创以垛积术处理无穷幂级数的方法，在椭圆求周问题上也作出贡献。在京师时从友人朱鸿处见到明安图的《割圆密率捷法》第1卷抄本以后，了解到传教士杜德美向中国学者介绍的三个无穷级数公式及明安图的另外六个公式(杜氏九术)。通过较为复杂的计算找到了关于弧、弦、矢三者关系的4个幂级数公式，以此作为“立法之原”，可以推出全部“九术”，简化了明安图的结果。还在研究中发现，分割次数无限增多，则弧与弧可相互转化。这一方法体现了更鲜明的微积分思想，即所谓“方圆”互通的思想，比明安图更深刻。还著有《椭圆求一术》1卷、《堆垛求积术》1卷、《椭圆求周术》1卷和《斜弧三边求角补术》1卷。由其兄董基诚将其遗稿9种16卷于1827年刻于北京，名为《董方立遗书》。

萨帕尔斯基(Sapalski, Franciszek, 1791.4.1—1838.4.2)　波兰数学家。生于华沙，卒于克拉科夫。1810年进入华沙炮兵工程学校学习，毕业时获中尉军衔。1812—1813年参加拿破仑军队。1813—1815年到巴黎留学，1816年返回波兰，在雅盖隆大学任画法几何学副教授。1817年获博士学位。1817—1833年任雅盖隆大学应用数学和画法几何系教授和系主任。1825年成为克拉科夫市政参议院成员。还是华沙科学之友协会成员。主要数学贡献在解析几何和画法几何方面。代表作有《关于立体测量或画法几何理论的论述》(1818)和《画法几何学教程》(第1卷，1822)。后者是第一部波兰文的画法几何学教科书，该书第2卷在他去世后才出版。

皮科克(Peacock, George, 1791.4.9—1858.11.8)　英国数学家。生于达灵顿附近的登顿，卒于剑桥郡伊利。1809年入剑桥大学三一学院，1812年获数学荣誉学位和史密斯奖。1814年获得奖学金并开始担任学院的讲师。1816年获硕士学位。1818年当选英国皇家学会会员，是皇家天文学会的创始人之一(1820)。1822年后兼任神职多年。1837年任剑桥大学朗兹天文学和几何学教授。1839年获神学博士学位，并任剑桥郡伊利大教堂的教长。主要数学贡献在代数学方面。在1830年出版的《代数通论》(A Treatise on Algebra, 1842—1845，2卷本修订版)一书中试图概括算术的基本定律，并由此出发赋予代数学类似欧几里得几何那样的演绎结构。在该书第2版中特别指出：“运用算术和代数法则获得的一切结论，在符号代数中也同样成立。前者在形式上是普遍的，在数值上却是特殊的。而在符号代数中，结论无论在形式上还是数值上都是一致的。”首先认识到代数学的纯粹符号特性，提出了“等价型的不变性原理”，推动了抽象代数的发展。还是一位科学活动家，在学生时代就与巴贝奇等人共同创立剑桥分析学会，后来又成为剑桥哲学学会和不列颠科学促进协会的重要成员。对 19 世纪英国数学的复兴起到推动作用。早年就注意到欧洲大陆迅速发展的微积分理论，和巴贝奇等人一起在 1816 年翻译出版了拉克鲁瓦的微积分教程。本人也撰写这方面的论著，把欧洲大陆丰富的微积分成果引入剑桥。用莱布尼茨先进的微积分符号和研究方法取代牛顿的流数符号和几何表示法，促使英国与欧洲大陆的分析学合流，改变了海峡两岸数学研究长期隔离的状况。

恩克（Encke, Johann Franz, 1791.9.23—1865.8.26） 德国天文学家、数学家。生于汉堡，卒于斯潘道。1811 年进入格丁根大学，在高斯的指导下学习数学和天文学。其间曾两次到军队服役，1816 年返回格丁根大学。曾在哥达附近的天文台工作多年。和高斯一直保持通信来往，1825 年由其指导获博士学位。1825—1863 年任柏林天文台台长，1844 年成为柏林大学的天文学教授。主要研究彗星和小行星的运行周期，测量从地球到太阳的距离，并对土星进行观测。1818 年，最早算出一颗新彗星的轨道，并预言它将在 1822 年返回到近日点。后预言得到应验，成为继哈雷彗星之后，第二颗按预言回归的彗星，这颗彗星被命名为“恩克彗星”。他也因此于 1824 年获得英国皇家天文学会的第一枚金质奖章（1830 年第二次获奖章），1828 年获皇家奖章。1825 年当选柏林科学院院士和英国皇家学会外籍会员。指导了柏林科学院 1825—1859 年的《恒星图》制作，出版了 1828—1863 年的柏林《天文年鉴》。晚年计算出的太阳距离在当时是最精确的数值。数学贡献在代数学方面，利用与罗巴切夫斯基相类似的方法研究了代数方程根的近似计算，在某些条件下获得重要结果。1836 年当选瑞典皇家科学院的外籍院士，还是其他多个国家科学院和学术团体的成员。曾获法国科学院的拉朗德奖等。

巴贝奇（Babbage, Charles, 1791.12.26—1871.10.18） 英国数学家、哲学家、发明家。生于伦敦，卒于马里波恩。1810 年入剑桥大学三一学院学习，毕业后留校工作。1816 年当选英国皇家学会会员。1820 年成为爱丁堡皇家学会会员。1828—1839 年任剑桥大学卢卡斯数学教授。早年曾参与创建多个科学学会，如分析学会（1813）、天文学会（1820）、不列颠科学促进协会（1831）、伦敦统计学会（1834）等。贡献包括数学、哲学、机器发明和制造等多方面。数学贡献主要是努力向英国引进欧洲大陆的分析学成果，特别是引进了莱布尼茨的微积分符号，开始改变英国数学长期落后于欧洲大陆的状况。还和皮科克、赫舍尔一起把拉克鲁瓦的《微积分学初等教程》（1802）译成英文，定名为《微积分学》（1816）。该书马上成为当时英国最先进的微积分教科书。还是研制现代电子计算机的先驱者，首先建立了带有程序控制的自动计算机的原理。1822 年制成一台差分机的模型，以后又研制了一台更先进的差分机，这些工作包含了现代电子计算机的基本思想和主要组成部分。发表了多种数学、哲学和机械制造等方面的论著。1824 年获皇家天文学会金质奖章。

赫舍尔(Herschel, John Frederick William, 1792.3.7—1871.5.11) 英国天文学家、数学家、物理学家。生于白金汉郡斯劳,卒于肯特郡科灵伍德。是著名天文学家 F. W. 赫舍尔(1738—1822)的儿子。早年接受家庭教育。1813 年以数学一等荣誉学位毕业于剑桥大学圣约翰学院,并获史密斯奖。是 19 世纪初期英国接受并研究莱布尼茨微积分原理及符号(d-主义)的代表人物之一。1816 年,与巴贝奇等人翻译和出版欧洲大陆所使用的微积分学教程。著有《有限差分学例题汇编》(1820)。最早创设 $\sin^{-1}x$, $\tan^{-1}x$ 符号表示反三角函数,这些符号后来为英、美等国所采用,但欧洲大陆则多用 $\arcsin x$, $\arctan x$ 等符号。受其父影响,后半生主要从事天文学研究。参与创建皇家天文学会的工作,编制了南天星云表和双星表,并测定了许多恒星的亮度,在恒星天文学方面作出很大贡献。所著《天文学大纲》一书流传很广。该书由伟烈亚力和李善兰译为中文,名为《谈天》,由上海墨海书局出版(1859),是中国最早的较完整的近代天文学译本。获得多项奖励:科普利奖章(1821)、法国科学院拉朗德奖(1825)、皇家天文学会金奖(1826、1836)和皇家奖章(1836、1840)等。

欧姆(Ohm, Martin, 1792.5.6—1872.4.1) 德国数学家。生于埃尔兰根,卒于柏林。是物理学家 G. S. 欧姆(Ohm, Georg Simon, 1787—1854)的弟弟。于 1811 年在埃尔兰根大学获得博士学位。之后任私人数学讲师。1821 年移居柏林,最初任柏林大学的私人助教,1824 年任副教授,1839 年晋升为教授。其间还在建筑学院和炮兵工程学院等校授课。是圣彼得堡科学院(1826)和巴伐利亚科学院(1832)的外籍院士。1849—1852 年任普鲁士众议院议员。主要贡献在复变函数和无穷级数方面。著有《建立一个完全相容数学系统的尝试》(9 卷,1822—1852),明确阐述实数系扩充的原则,建立了完整的算术有序体系和形式代数基础,给出了复数的运算法则,特别是指出了负数的对数运算,还引进了符号 $\sqrt{-1}$。还研究发散级数,赞同当时关于发散级数的理论,指出用无穷级数(不考虑其敛散与否)去表示一个函数是合适的,一个无穷级数的值仅当级数收敛时才有意义。在教科书《纯基础数学》(1825;第 2 版,1835)中首次使用黄金分割一词来表示古希腊关于线段的中末比,后来得到推广。

科里奥利(Coriolis, Gaspard-Gustave de, 1792.5.21—1843.9.19) 法国数学家、力学家。生于巴黎,卒于同地。1808 年就学于巴黎综合工科学校。1816 年由柯西推荐担任该校分析学教师。1829 年担任新建的中央艺术与制造学校(后来的巴黎中央学校)几何与力学教授。1832 年担任国立路桥学校应用力学教授。1836 年当选法国科学院院士。1838 年任巴黎综合工科学校教务主任。主要贡献在经典力学的基础理论方面。在 1829 年的论文《机械功效的计算》中,首先提出"功"的概念,并把动能概念扩展到旋转系统。1835 年发表著名论文《关于物体系统相对运动的方程》,讨论了转动系统(如水车)中能量的转化和守恒关系。在数学上给出了一个旋转系统内的惯性力,即所谓的科里奥利力(以及科里奥利加速度),很快在流体力学领域成功应用。1835 年,发表了一篇关于球体碰撞的数学著作《台球比赛中的数学理论》,被认为是这一主题的经典之作。主要论文有 44 篇,均刊于法国科学院学报。是在埃菲尔铁塔上刻有名字的 72 位科学家之一。

卡兰德雷利(Calandrelli, Ignazio, 1792.10.27—1866.2.12) 意大利天文学家、数学家。生于罗马附近的扎加罗洛,卒于罗马。15 岁进入神学院学习,1814 年获哲学学位,1816 年毕业并成为神父。1816 年开始致力于研究牛顿、拉普拉斯和拉格朗日等人的科学著作。曾在波伦亚大学和罗马大学担任天文学教授。1845—1848 年任波伦亚天文台台长。1848 年任罗马的卡比托利欧天文台台长。主要致力于历法研究和大行星、小行星和彗星的观测及轨道计算。密切观察了 1816 年的月食和 1819 年的彗星。在观测和计算的基础上编制了一份《恒星目录》。对意大利天文学有很大贡献。是山猫学院院士,曾获得多种学术奖励。将天文观测与数学演绎融合在一起。主要数学著作有《代数和几何原理》(1836—1837)和《平面和立体解析几何原理》(1842)等。1988 年发现的第 8269 号小行星以其名字命名。

罗巴切夫斯基(Лобачевский, Николай Иванович, 1792.12.1—1856.2.24) 俄国数学家。生于下诺夫哥罗德,卒于喀山。1807 年入喀山大学学习,1811 年获硕士学位并留校工作。1816 年任副教授,1822 年升任教授。曾任物理-数学系主任、图书馆馆长和喀山大学校长(1827—1846)等职。是非欧几里得几何学的创始人之一。从 1816 年开始试作欧几里得《几何原本》(Elements)中的平行公设(第五公设)的证明。把全部几何命题按照是否依赖于平行公设而分为两部分,不靠平行公设的那部分通称“绝对几何学”。从绝对几何中的命题“在一个平面上,过直线 AB 外一点至少可作一条直线与 AB 不相交”出发,在严密的推导下得到一系列前后一贯的命题,由此构成了逻辑上无矛盾且与绝对几何不相冲突,但又与欧几里得几何不同的新几何体系,并命名为“虚几何学”,后人称为“罗巴切夫斯基几何学”。1826 年 2 月 23 日,在喀山大学公开发表“虚几何学”原理。这一天被后世公认为是非欧几何学诞生的日子。由于所提出的公设与直觉不一致,所建立的命题初看起来又近乎荒唐,所以报告没有引起任何人的兴趣。以后陆续用俄文、法文、德文发表自己的工作。去世后,高斯对其学说予以肯定,其工作逐渐引起人们重视。直到 1868 年,意大利数学家贝尔特拉米发表著名的论文《非欧几何解释的尝试》,给出罗巴切夫斯基几何学的直观解释,其发现才最终得到确认。除此之外,在无穷级数论、积分学和概率论等方面,也有出色工作。1834 年,得到了高次代数方程的一种简捷的近似解法,称为罗巴切夫斯基-格拉费方法。还是一位杰出的教育家和管理者,创立了喀山数学学派和喀山数学教育学派。在担任喀山大学校长期间表现出卓越的行政管理才能,数年之后喀山大学成为俄国第一流的学府。1842 年由高斯推荐成为格丁根科学院通讯院士。代表作有《具有完善的平行线理论的新几何学原理》(Новые начала геометрии с полной теорией параллельных, 1835—1838)、《论几何学基础》(1829—1830),和《平行线理论的几何研究》(德文版,1840;俄文版,1845)等。为纪念罗巴切夫斯基诞辰 100 周年,1892 年喀山物理数学学会提议,并与 1895 年正式设立了罗巴切夫斯基奖。1992 年俄罗斯科学院又设立了罗巴切夫斯基奖章。第 1858 号小行星(1972)命名为“罗巴切夫斯基星”。

霍普金斯(Hopkins, William, 1793.2.2—1866.10.13) 英国数学家、地质学家。生于诺丁汉郡索尔河的金斯顿,卒于剑桥。早年在诺福克学习实用农业,1822 年入剑桥大学圣彼得学院(今彼得豪斯学院)学习,1827 年以数学荣誉学位毕业,1830 年获硕士学位,任私人数学及物理教师。特别招收剑桥大学数学优秀生进行培养。到 1849 年,经他执教的 200 名毕业生,其中有 17 人获得数学一等荣誉学位。有多人成为著名学者,如斯托克斯、凯莱、麦克斯韦、汤姆森、劳思和托德亨特等。1837 年当选英国皇家学会会员。1851—1852 年任伦敦地质学会主席。1853 年任英国科学促进协会主席。数学著作主要有 2 卷本《三角学原理》(1833—1847)等。还将数学运用于地质学和物理学研究,为此曾在 1850 年获伦敦地质学会的沃拉斯顿奖章。在地质学方面,探讨了地壳的隆起及其对地表断裂的影响、飘砾的迁移、地球内部的性质、气候变化的原因等,建立数学模型解释地质现象。去世后剑桥大学哲学学会专门设立了一项奖金来纪念他。

库利克(Kulik, Jakob Philipp, 1793.5.1—1863.2.28) 奥地利数学家。生于奥地利伦贝格(今乌克兰利沃夫),卒于波希米亚布拉格(今属捷克)。早年就读于利沃夫大学哲学系,后又学习法律。1814 年参加在奥洛穆茨举办的数学竞赛获胜而取得教师资格。1816 年到布拉格大学攻读博士学位,同时在奥洛穆茨、格拉茨和布拉格等地的学校讲授数学、物理学和天文学。1822 年获得博士学位。1826 年任布拉格大学高等数学教授,直到 1863 年去世。编制了大量实用的数学用书,包括数学手册和千年历法表等。最大成就是编制素数因子表,未能发表的 4 212 页的手稿涵盖了 100 330 200 之内的所有数字的因子表(2、3 和 5 除外)。这份手稿现保存在奥地利科学院档案馆。在数学分析和力学方面也作出一些贡献,著有《高等分析教材》(1831,第 2 版,1844)和《高等力学原理》(1846)等。向捷克数学家和物理学家协会捐赠了大量的数学书籍。

格林,G.(Green, George, 1793.7.14—1841.5.31) 英国数学家、物理学家。生于英格兰诺丁汉郡斯嫩顿,卒于诺丁汉。从幼年开始长期在父亲经营的磨坊里工作,坚持自学数学。40 岁时被录取到剑桥大学凯斯学院学习,1838 年以数学荣誉学位毕业,1839 年当选学院研究员。受法国数学学派拉普拉斯、拉格朗日和泊松等人的影响。将分析学应用于电磁领域并在数学物理中做了一系列重要工作。第一篇论文《数学分析在电磁理论中的应用》(An Essay on the Application of mathematical Analysis to the Theories of Electricity and Magnetism)完成于 1828 年,但直到去世后(1850)才由于汤姆森的努力而发表。文中发展了电磁理论,给出了著名的“格林函数”与“格林定理”,对位势理论的发展起了奠基性作用,这篇论文成为近代位势论的经典文献之一。其他著作致力于用分析方法解决引力、水波、声音和光的传播等。还发展了能量守恒定律,得出了弹性理论的基本方程。其中包含了许多数学思想,如变分法中著名的狄利克雷原理、超球面函数的概念以及今天数学物理中使用的WKB方法等。还是率先发展 n 维函数分析的数学家之一。其工作孕育了以汤姆森、斯托克斯、麦克斯韦等人为代表的剑桥数学物理学派。以他的名字命名的术语还有格林公式、格林曲线、格林算子、格林测度、格林空间等。

西伯(Seeber, Ludwig August, 1793.11.14—1855.12.9) 德国数学家、物理学家。生于卡尔斯鲁厄,卒于同地。1819—1822年在卡尔斯鲁厄的军事学校担任教师。1822—1834年担任弗赖堡大学物理学教授。1834—1840年任卡尔斯鲁厄大学教授。数学研究在数论、代数学和几何学等方面。1831年解决了正三元二次型的等价性问题,建立了西伯定理,得到高斯的称赞,并于1847年由狄利克雷简化。还将数学应用于固体,特别是晶体结构的研究。著有《正三元二次型性质的研究》(1831)和《对欧几里得几何体系的补充》(1840)等。

沙勒(Chasles, Michel Floréal, 1793.11.15—1880.12.18) 法国数学家。生于埃佩尔农,卒于巴黎。早年在路易大帝中学读书。1812年入巴黎综合工科学校学习,师从泊松。1813年发表了关于单叶双曲面射影作图的文章,很有创见。1814年获博士学位。之后投身商界,但仍保持对历史和数学的兴趣。于1837年完成数学史著作《几何方法的起源与发展的历史概述》(德文版,1839;英文版,1841)。书中特别针对当时重分析轻几何的现象,强调几何方法的优越性。指出"几何方法可以得到简单的、直观上明显的证明和结论"。1841年任巴黎综合工科学校教授。1846—1880年任巴黎理学院高等几何学讲座教授。是法国几何学派的代表人物,利用几何方法研究代数方程解的个数问题(1846),创立了枚举几何学。著作《高等几何教程》(1852)对法国、德国和英国的数学教育有较大影响。曾提出一个关于二次曲线的著名问题,被称为沙勒猜想,后来由阿尔方解决。在另著《算术史》(1843)中对数系的渊源进行了探讨。1851年当选法国科学院院士。还是英国皇家学会、圣彼得堡科学院等多个科学机构和学术团体的相应成员。1861年获法国荣誉军团指挥官勋章。1865年获科普利奖章。是在埃菲尔铁塔上刻有名字的72位科学家之一。

当德兰(Dandelin, Germinal Pierre, 1794.4.12—1847.2.15) 法国—比利时数学家、军事工程师。生于法国巴黎附近的勒布尔歇(Le Bourget),卒于比利时布鲁塞尔。幼年时随全家移民比利时,早年在根特求学。1813年到巴黎综合工科学校学习。1814年到拿破仑的军队中作战,担任内务部长。1817年成为荷兰公民(后划归为比利时人),在当地部队任工程师。1822年当选比利时皇家科学院院士。1825—1830年任列日大学采矿工程学教授。之后在那穆尔和列日等地负责建筑军事防御工程。主要贡献在几何学、代数和概率论等方面,对圆锥曲线有深入研究。在论文《抛物线焦距几个显著性质的注记》(1822)中给出了"当德兰定理"。此外在代数方程理论中得到了通过方程系数确定方程近似解的数值方法(1823),后被称为"当德兰-格拉费方法"。在几何学中有当德兰球体,是指一个或两个球,这些球都与一个直圆锥和它的切割平面相切,由此来研究圆锥曲线的特性。还发表了有关立体投影、概率论和天文学等方面的论文。

休厄尔(Whewell, William, 1794.5.24—

1866.3.6) 英国哲学家、数学家。生于兰开夏郡兰开斯特，卒于剑桥。1812 年进入剑桥大学三一学院学习，1816 年获数学一等荣誉学位和史密斯奖。1818 年任三一学院的研究员和导师。1820 年当选英国皇家学会会员。1825 年被任命为牧师，定期在大学里布道。1828—1832 年任矿物学教授，1838—1855 年任道德哲学教授。1841—1866 年任三一学院院长。1845 年成为爱尔兰皇家学会会员。研究兴趣十分广泛，在物理学、地质学、天文学、经济学、历史和科学哲学等学科均有贡献。主要数学贡献在微分几何方面。1849 年引入内蕴方程(亦称休厄尔方程)，并用以研究连续渐伸线和渐屈线。还首先使用曲线的"自然方程""自然坐标"等术语。在早期的力学和动力学著作中积极采用欧洲大陆的数学符号和分析手法，稍后的著作又兼顾几何方法。在科学哲学方面，以伦理学和归纳法理论的著作而闻名。十分强调归纳推理方法的作用。是最早研究科学史的学者之一，著有《归纳科学史》(1837)和 2 卷《科学思想史》(1858)等。还创造了许多新的术语，如"科学家"一词就是他 1833 年提出来的。1837 年获皇家奖章。月球上有以其名字命名的陨石坑。

陶林努斯(Taurinus, Franz Adolph, 1794.11.15—1874.2.13) 德国数学家。生于巴特柯尼希，卒于科隆。曾在海德堡、吉森和格丁根等地学习。1822 年以后定居科隆，以私人学者身份从事数学研究。在舅父——数学家施魏卡特的鼓励下，从事平行线理论和几何学的研究。认识到欧几里得平行公设不能证明，与其他公设是相互独立的，有可能选取与欧几里得平行公设相矛盾的、另外的公设来建立逻辑上相容的几何。但认为这些几何不能应用于物质空间，只有欧几里得几何对于物质空间才是正确的。在论著《平行线理论》(1825)和《几何原理》(1826)中，以三角形的内角和小于两个直角为前提，推导出被称为"星空几何"、即双曲几何学的一些公式，并利用它们成功解决了许多初等问题；通过运用虚半径的球面几何学，还提出椭圆几何学能在球面上实现。这一观念后来首先为黎曼所接受。还曾与高斯通信讨论他的这些思想。其工作实质上区分了三种类型的几何：欧几里得几何、椭圆几何和双曲线几何。《几何原理》一书出版后，没有引起人们足够的重视，但其工作还是为后世所肯定。

戴维斯(Davies, Thomas Stephens, 1795.1.1—1851.1.6) 英国数学家、科普作家。出生地不详，卒于肯特。1817 年和 1819 年分别在《利兹通讯》和《数学知识库》上发表文章。之后又在各种数学、哲学及其他科学杂志，包括《剑桥和都柏林数学期刊》和《绅士和女士日记》上发表大量科普文章、评论和注记。1831 年当选爱丁堡皇家学会会员。1833 年成为英国皇家学会会员。1834 年任皇家陆军学校数学教授。主要数学贡献是发展了球面几何的新体系。还研究了梯形、平面三角形的对称性质和帕斯卡六角星形的性质，以及布里昂雄定理。对立体几何也有深入研究。兴趣广泛，发表有关于地磁学、力学及考古等方面的论文。主要著作《重要问题的解法》(1840)，长达 560 页，涵盖数学及其他学科共计 4 000 个基本问题和趣味问题的解法。发表了大量论著，其长篇目录载于 1885 年 4 月《威斯敏斯特评论》第 70—83 页。

霍尔姆博(Holmboe, Bernt Michael, 1795.3.23—1850.3.28) 挪威数学家。生于文·瓦尔德雷斯,卒于克里斯蒂安尼亚(今奥斯陆)。1810年到克里斯蒂安尼亚教会学校接受早期教育,毕业后投入军队。1815年,成为皇家弗雷德里克大学(奥斯陆大学前身)的助教。1818年初回到母校任教。在那里遇到阿贝尔,发现了阿贝尔非凡的数学才能,对他进行单独辅导。并与阿贝尔成为挚友,资助阿贝尔到欧洲大陆去求职。阿贝尔去世后,又负责编纂出版了阿贝尔的传记和2卷全集。1826年受聘为皇家弗雷德里克大学的讲师,1834年晋升为纯粹数学讲座教授,直至去世。同时还在克里斯蒂安尼亚军事学院任教。本人也有几部关于初等数学和微积分的著作。其中《数学教科书1》(1825)和《数学教科书2》(1827)对挪威数学的兴起和发展有积极影响。

里夏尔(Richard, Louis Paul Émile, 1795.3.31—1849.3.11) 法国数学家。生于雷恩,卒于巴黎。1814年开始从事教学工作,先后在杜埃公立中学、蓬蒂维学校和圣路易斯高中任教,还曾任杜埃公立中学的学监。1820年到巴黎,在路易大帝中学任教,这所中学主要为巴黎综合工科学校和巴黎高等师范学校输送学生。1822年获高级数学教师资格,并担任这个职位27年,直至去世。是一位非常有才华的老师,了解当时数学研究的最新成果,并用以充实和丰富自己的教学内容。发现并指导伽罗瓦在学生时代就开始数学研究。认识到伽罗瓦工作的重要性,保留了伽罗瓦的作业记录,并在伽罗瓦去世12年后,将这些记录交给了埃尔米特。19世纪几位著名数学家也都出自他的门下,包括勒维耶、塞雷和埃尔米特等,并指导他们在预科时代就研习欧拉、高斯和拉格朗日的论著。

拉梅(Lamé, Gabriel, 1795.7.22—1870.5.1) 法国数学家、工程师。生于图尔,卒于巴黎。早年在路易大帝中学学习。1814年进入巴黎综合工科学校,1817年毕业。1818年又就读于巴黎矿业学院,毕业后到俄国圣彼得堡大学执教(1820—1832)。曾参与俄国公路和桥梁的修筑,1832年回国。1832—1843年任巴黎综合工科学校教授。1836年兼任矿山总工程师,参与铺设了巴黎的第一批铁路。1843年当选法国科学院院士。1844年后在巴黎理学院数学物理及概率系任教,1851年受聘讲座教授,至1870年去世。主要贡献在微分方程、微分几何、数论、热力学和应用力学和工程建筑等方面。在探讨偏微分方程的变换和求解中,引入了新的曲线坐标系,把拉普拉斯方程变换成可解的常微分方程,该方程也称拉梅方程,其解称为拉梅函数或椭圆调和函数。还把椭球坐标应用于研究弹性物体的数学理论、光在晶体中的传播理论等。在对曲线坐标的研究中导致证明了当$n=7$时费马大定理不成立,即方程$x^7+y^7=z^7$不可能有正整数解(1840)。还把对热力学、应用力学的研究用于公路桥梁的建筑上。著有《曲线坐标及其各种应用》(1859)和《热的分析理论》(1861)等。是在埃菲尔铁塔上刻有名字的72位科学家之一。

汉森(Hansen, Peter Andreas, 1795.12.8—1874.3.28) 丹麦—德国天文学家、数学家、大地测量学家。生于丹麦石勒苏益格,卒于德国哥达。早年跟随父亲从事钟表的制作与经营。1820年到哥本哈根求学,1821—1825年在新建的阿尔托纳天文台担任天文学家舒马赫(H. C. Schumacher，1780—1850)的助手。1825 年任哥达附近的西伯格天文台台长，1857 年在哥达镇新建一个天文台，并在那里工作至去世。对天体力学特别是天体测量学有重要贡献。数学贡献体现在大地测量学中。提出了著名的汉森问题：从地球表面到已知三角形的三顶点引连线，如何依据这些连线相交的角度来测定它们的长度。有效地解决了远距离的测量问题。1843 年当选法国科学院通讯院士。还是瑞典皇家科学院、圣彼得堡科学院等多个国家科学院和学术团体的相应成员。获柏林科学院(1830)、法国科学院(1850)的奖项，以及伦敦学会的皇家奖章(1842、1860)和科普利奖章(1850)等。月球上有以其名字命名的陨石坑，第 4775 号小行星(1927)以其名字命名。

沃伦(Warren，John，1796—1852)　英国数学家。在剑桥工作。主要贡献在代数学方面。与哈密顿、德·摩根共同研究新的代数公理和代数运算的一般概念。1828 年发表了关于负数平方根的几何表示法的论文。

凯特勒(Quetelet，Lambert Adolphe Jacques，1796.2.22—1874.2.17)　比利时数学家、天文学家、统计学家。生于根特，卒于布鲁塞尔。幼时丧父，早年在根特中学学习。1815 年到根特专科学校任教，并自学数学。1819 年在根特大学以关于圆锥曲线的研究论文获数学博士学位。1820 年当选布鲁塞尔皇家科学院院士，1832—1833 年任科学院院长，1833 年以后任科学院秘书。1826 年以后在比利时国家统计局工作。1828 年开始任布鲁塞尔皇家天文台的研究员。1836 年成为布鲁塞尔军事院校的天文学和数学教授。在结识了数学家拉普拉斯和傅里叶之后对概率论和微积分产生兴趣。在统计学、几何学、天文学、气象学、地球物理学等方面都有贡献，被认为是 19 世纪比利时的通才。是现代社会统计的创始人。1846 年组织了比利时的第一次人口普查。在这次普查中，研究并运用了数理统计学理论，引入了所谓普通人的概念，首次提到正态分布以及高次的二项分布规律。在几何学方面，证明了法向线汇经任意多次折射后仍为法向线汇。还创立了人体测量科学并建立了体重指数表，称为凯特勒指数。是爱丁堡皇家学会(1835)、英国皇家学会(1839)和瑞典皇家科学院的外籍成员。创建了几种科学协会，促进了不同国家科学家之间的国际交流。1852 年，由他发起在布鲁塞尔召开了首届国际统计学大会。代表作有《论人及其能力的发展：社会物理学测试》(1835)等。第 1239 号小行星(1932)命名为“凯特勒星”。

加洛韦(Galloway，Thomas，1796.2.26—1851.11.1)　英国数学家。生于苏格兰赛明顿，卒于伦敦市布卢姆茨伯里。1812 年，进入爱丁堡大学跟随华莱士学习数学，1820 年获硕士学位。1823 年于桑德赫斯堡的皇家军事学院任数学教师，1833 年被聘为天文学教授。同年任友好人寿保险公司的精算师，直到 1851 年去世。1834 年成为英国皇家学会会员。业余时间钻研数学和天文学，研究课题涉及双星、分点岁差、概率论、地球的形状等。以匿名作者身份在《爱丁堡评论》和各种科学期刊上发表了多篇科学论文。最著名的是发表在 1847 年《哲学通讯》上的《关于太阳系的自行运动》。为第 7 版《大英百科全书》撰写多个词条，所撰写“概率论”还作为论文单独发表。1848 年获皇家奖章。

施泰纳（Steiner，Jakob，1796. 3. 18—1863.4.1） 瑞士数学家。生于瑞士伯尔尼州乌岑斯托夫，卒于伯尔尼州伯尔尼。出身于贫苦农民家庭，14 岁前在家放牧。18 岁时离家出走，幸遇教育家裴斯泰洛齐（J. H. Pestalozzi，1746—1827），到他的学校学习。很快对数学产生浓厚兴趣，不久便兼任该校数学教师。1818 年到德国海德堡以当家庭教师为生并自修几何学。1822 年入柏林大学学习，同学中有雅可比。在这里还结识了克雷尔和阿贝尔，与阿贝尔积极建议克雷尔创办数学刊物，不久在 1826 年诞生了《克雷尔杂志》。1832 年获哥尼斯堡大学名誉博士学位。1834 年任柏林大学特聘教授并当选柏林科学院院士。是近代射影几何学的奠基人。主要著作是《几何图形相互依赖性的系统发展》（Systematische Entwicklung der Abhängigkeit geometrischer Gestalten voneinander，1832），其中深刻讨论了对偶原理，建立了射影几何的严密系统，推广 L. N. M. 卡诺关于完全四边形的工作到空间多边形上，完成了点列、线束、二次曲线及曲面的理论，还讨论了圆锥曲线和“帕斯卡六角形”的性质等。推崇纯粹综合几何方法，强调几何直观，反对解析方法，但思想走向极端。不承认有正负号的和虚的几何元素，指斥它们是“几何学中的鬼蜮”，甚至厌恶代数的或分析的推导。是当时几何学中“综合”与“解析”之争中“综合”派的代表人物。这场争论反映了当时几何学发展的水平及其局限性，同时也促进了几何学的进一步发展。对组合数学也有深入研究，于 1853 年在《克雷尔杂志》上发表两篇文章，研究后来被称为“施泰纳系列”的区组设计问题。中国数学家陆家羲对此作出了重要贡献。去世时留下一大笔钱捐赠给柏林科学院设立施泰纳奖，奖励贫困学生以使他们获得受教育的机会。学生施罗特编辑出版了其遗著《基于射影性质的圆锥曲线理论》（1867）。

卡诺，N. L. S.（Carnot，Nicolas Leonard Sadi，1796. 6. 1—1832. 8. 24） 法国力学家、数学家。生于巴黎，卒于同地。是数学家 L. N. M. 卡诺的长子。16 岁时进入巴黎综合工科学校学习，师从泊松，与沙勒同学。1814 年毕业后投身法国军队，成为军事工程师，1828 年退役。把数学方法特别是分析学的方法应用于力学研究中。1824 年出版了唯一一部著作《热动力的思考》（英文版，1897）。书中提出卡诺循环和卡诺定理。卡诺定理第一次指出了热与力的关系，指出热机的最大热效率只和其高温热源和低温热源的温度有关。该定理为全新的学科——热力学奠定了基础，因此他被称为“热力学之父”。克劳修斯和汤姆森继承他的工作，建立了热力学第二定律并提出熵的概念。

布拉什曼（Брашман，Николай Дмитриевич，1796.6.25—1866. 5. 25） 捷克—俄国数学家、力学家。生于奥匈帝国罗乌西诺夫，卒于莫斯科。早年接受家庭教育之后到维也纳理工学院学习，师从捷克数学家利特罗夫。1824 年到圣彼得堡，在专科学校里讲授数学和物理。1825—1834 年在喀山大学工作。1834 年转到莫斯科大学任应用数学教授。1839 年加入俄国国籍。1855 年当选圣彼得堡科学院通讯院士。主要贡献在解析几何、流体力学和最小作用原理等方面。编著的解析几何教程和力学论著曾先后两次获奖。为莫斯科大学理论力学和实用力学的教学与科研奠定了基础。是莫斯科数学会的创始人，还创办了学会的刊物《数学汇刊》——俄国最古老的数学期刊。1864—1866年任莫斯科数学会第一任主席。在去世的那一年出版了《数学汇刊》第1卷。还在莫斯科大学设立了优秀数学论文奖，曾授予茹科夫斯基、恰普雷金等人。学生切比雪夫和索莫夫后来都成为著名的数学家。

别内梅(Bienaymé, Irénée-Jules, 1796.8.28—1878.10.19)　法国数学家。生于巴黎，卒于同地。1815年进入巴黎综合工科学校学习，毕业后到圣西尔军事学校任数学教师。两年后到民政局财政管理部门任职。1848—1851年担任巴黎理学院概率论讲座教授。1851年以后成为政府的统计顾问。1852年当选法国科学院院士。主要研究概率统计及其在金融、人口、自然资源和社会科学方面的应用。1853年的论文《支持拉普拉斯在最小二乘法中发现概率定律的思考》中就对弱大数定律的切比雪夫不等式(1867年发表)给出了类似的描述，建立了独立随机变量总和的方差公式，称“别内梅公式”。还扩展了拉普拉斯的线性最小平方逼近等理论。之后又将切比雪夫的俄文论文《别内梅-切比雪夫不等式》(1867)译成法文出版。是法国数学会的创始会员之一，1875年担任学会主席。

埃廷斯豪森(Ettingshausen, Andreas von, 1796.11.25—1878.5.25)　德国数学家、物理学家，生于德国海德堡，卒于奥地利维也纳。早年就读于维也纳大学，1817年获博士学位并成为维也纳大学数学和物理学的兼职教授。1819年任因斯布鲁克大学物理学教授。1821年开始任维也纳大学高等数学教授，1834—1848年兼任物理学教授。1848年到维也纳理工学院任工科教授。维也纳科学院院士、格丁根科学院通讯院士和奥地利科学院创建者(1847)之一。是奥地利数学物理学研究的先驱，最早制造了一种使用电感应发电的电磁机器，还从事光学理论研究。著有《现代物理学原理》(1857)。数学研究涉及数学分析、代数学和微分几何等方面。在《组合分析》(1826)中首次引用了二项式展开式系数的组合符号 $\binom{n}{k}$。数学著作还有《高等数学教程》(1827)。

波根多夫(Poggendorff, Johann Christian, 1796.12.29—1877.1.24)　德国物理学家、科学史家。生于汉堡，卒于柏林。1820年进入柏林大学学习，1823年任柏林科学院气象观察员。1824年接替物理学家基尔伯特(L. W. Gilbert, 1769—1824)编辑当时欧洲最重要的科学杂志《物理学年鉴》，直至1876年。1838年获柏林大学名誉博士学位和特聘教授职位。1854年当选格丁根科学院院士。还是柏林科学院(1839)、瑞典皇家科学院(1845)、圣彼得堡科学院(1868)和美国文理科学院(1874)的相应成员。主要贡献在物理学和科学史方面。最大的贡献是编著了一部4卷本《精密科学史传记文学辞典》，第1、2卷于1863年出版；第3、4卷在他去世后的1898年、1904年依次出版。其中包括大量数学家，天文学家、物理学家和化学家的十分宝贵的史料，是一部著名的科学家传记辞典，这部辞典至今还在出版。

格鲁纳特(Grunert, Johann August, 1797.2.2—1872.6.7)　德国数学家，物理

学家。生于哈雷，卒于格赖夫斯瓦尔德。1815年后在哈雷大学和格丁根大学学习，受教于普法夫和高斯。1820年在普法夫指导下获博士学位。1821—1833年在托尔高和勃兰登堡的几所中学任教。1833年受聘格赖夫斯瓦尔德大学教授，直至去世。1839年任该校校长。是巴伐利亚、匈牙利、瑞典、奥地利和德国等国科学院和学术团体的成员。编著的中等数学教材、学习指南和辞典多次再版，流传甚广。如《平面、球面和球体三角学原理》(1837)、《解析几何原理》(1839)和《平面和立体几何》(1857)等。1841年创办19世纪中叶科学界的重要期刊《数学和物理学档案》(1841—1920)并一直担任编辑至去世。

杜阿梅尔(Duhamel Jean-Marie Constant, 1797.2.5—1872.4.29) 法国数学家、物理学家。生于圣马洛，卒于巴黎。1814年进入巴黎综合工科学校，1816年学校一度解散，又到巴黎高等师范学校和巴黎理学院学习，获得巴黎理学院的理学学士学位。1819年开始在中学任教，并创办大学的预科学校。1826—1829年任路易大帝中学的教师和督学。1830年开始在综合工科学校任职，1834年任教授，1851年任分析学讲座教授，直至1869年。1834年在巴黎科理院获博士学位。1835—1840年和1849—1869年曾两度兼任巴黎理学院高等代数讲座教授。1841—1849年，还兼任巴黎高等师范学校教授。1840年当选法国科学院院士。在傅里叶和泊松的工作基础上研究热力学定律，从而推广了傅里叶定理。以偏微分方程的理论和应用来研究热力学和声学。建立的杜阿梅尔定理是一种获得非齐次线性偏微分方程解的方法。还研究无穷小的性质，建立无穷小序列的收敛准则等。著作有2卷本《工科分析教程》(1840—1841)、2卷本《力学教程》(1845—1846)和5卷本《微积分学原理》(1866—1872)等。其最出色的学生是J. L. F. 贝特朗。

圣维南(Saint-Venant, Adhemar Barre de, 1797.8.23—1886.1.6) 法国力学家、几何学家。生于维利耶-昂-比耶尔(Villiers-en-Biere)，卒于圣旺。1813年进入巴黎综合工科学校学习，后又到国立路桥学校学习。毕业后作为土木工程师在政府的道路和桥梁工程部门任职20余年，同时致力于科学研究。1843年任国立路桥学校土木工程师，1852年后在该校教授数学。主要探索力学理论及其应用。1843年发表了描述黏性流体物质运动的纳维-斯托克斯方程的正确推导。还扩展了纳维关于梁的弯曲理论(1864)，处理了弹性圆柱体的扭转并研究流体的非平稳流动。1844年引入“副法线”概念，次年还首次在法国引入了矢量微积分。研究成果被收入法国大专学校教材中，其工作对力学研究和数学发展均起了促进作用。1865年获法国荣誉军团军官勋章。1868年当选法国科学院院士。

孔德(Comte, Isidore Auguste Marie François Xavier, 1798.1.19—1857.9.5) 法国哲学家、社会学家、数学家。生于蒙彼利埃，卒于巴黎。1814—1816年就读于巴黎综合工科学校。1832—1842年回母校教授分析和力学。是实证主义的创始人。从事科学方法论的研究，曾提出著名的神学、形而上学和实证主义三大阶段(也就是虚构阶段、抽象阶段和科学阶段)学说，强调自然科学、社会科学和宗教在实证主义上的统一性。1842年正式提出“社会学”的名称，呼吁建立一种基于科学的新学说，建立起社会学的框架与构想,开创了社会学这一学科,被称为"社会学之父"。主要著作有《实证哲学教程》(6卷,1830—1842)和《实证政治体系》(4卷,1851—1854)等。其基本思想被数学家拉普拉斯、拉格朗日、傅里叶等人袭用,对法国数学和物理学传统有所影响。在数学方面,著有《初等几何》(1843),还给数学下过定义,称之为"间接度量的科学"。

施陶特(Staudt, Karl Georg Christian von, 1798.1.24—1867.6.1) 德国数学家。生于罗滕堡帝国自由城(今德国陶伯河畔罗滕堡),卒于埃尔兰根。1819—1822年在格丁根大学师从高斯学习数学和天文学,1821年发表计算小行星轨道的论文。1822年获埃尔兰根大学博士学位。1827—1835年在纽伦堡的预科学校教授数学。1835年成为埃尔兰根大学教授,直到去世。主要数学贡献在射影几何学方面。在庞斯列、施泰纳的射影几何中,交比和射影坐标仍是用度量来定义的,关键问题是:能否不依赖任何度量,完全独立地建立射影几何的体系。其以非常严密的方式解决了这个难题。著作《位置几何学》(Geometrie der Lage, 1847)和《位置几何学续》(1856—1860)完全摆脱了代数和度量的关系,以一种全新的方式建立起纯粹的射影几何理论。完善了虚点、虚线和虚平面的概念,以精巧的方法给出其几何解释,建立起全新的射影几何学,使综合射影几何学形成一个较完美的体系。还用尺规作出圆内接正17边形。对伯努利数也有研究,得到施陶特-克劳森定理。1863年当选巴伐利亚科学院院士。第30417号小行星(2000)命名为"施陶特星"。

古德曼(Gudermann, Christoph, 1798.3.25—1852.9.25) 德国数学家。生于菲嫩堡,卒于明斯特。早年在格丁根大学和柏林大学学习,1822年在高斯指导下获博士学位。1823年任克莱韦文法学校的教师。1832年到明斯特附近的神学和哲学院担任数学教师,1839年成为全职教授。在这里第一次开设椭圆函数课,学生中有为考取中学教师资格而来听课的魏尔斯特拉斯,其受到此课程的极大影响,奠定了日后研究解析函数论的基础。主要研究球面几何与特殊函数理论,在1838年关于椭圆函数的论文中引入了幂级数一致收敛的概念,创立"古德曼函数"。著有《球面解析概论》(1830)、《模函数与模积分理论》(1844)等。

博比耶(Bobillier, Étienne, 1798.4.17—1840.3.22) 法国几何学家、力学家。生于隆勒索涅,卒于香槟地区沙隆。1817年就学于巴黎综合工科学校,曾师从泊松。次年因生活拮据退学,到沙隆的国立高等工艺美术学校讲授数学课程。在法国革命期间曾到国民警卫队任职。1832年返回沙隆,担任首席讲师,1834年成为教授。主要贡献在几何学方面,以类似于解析几何和射影几何的方法来处理曲线或曲面问题,第一个使用倒数极坐标变换来研究圆锥曲线。还研究了悬链线的静力学性质。性格孤僻,除与庞斯列有过一段交往外,与当时的科学界联系甚少。在《纯粹与应用数学杂志》等杂志上发表了40余篇论文,编著的教材《代数学原理》(1825—1826)和《几何学教程》(1832)非常受欢迎,去世后仍长时间继续出版。月球上的一个火山口以他的名字命名。

富斯,П. Н.(Фусс, Павел Николаевич, 1798.6.1—1855.1.22) 俄国数学家。生

于圣彼得堡,卒于同地。数学家N. 富斯之子,欧拉之曾外孙。受其父影响自幼喜爱数学,1815年进入圣彼得堡科学院学习,并开始独立发表论文。1818年任科学院数学部副教授。1823年当选科学院通讯院士,1826年成为院士。同年接替父亲的职务,任圣彼得堡科学院的秘书。早年曾发表《对欧拉〈代数学〉第二卷第十二章关于三次方程解法问题的评注与补充》(1821)、《法国新度量衡与俄国度量衡对照表》(1817)和一些专题论文,如《高阶抛物线》等。还翻译了父亲的四部著作。后来转向整理、编辑欧拉著作的目录和出版欧拉未发表的作品。获俄罗斯帝国圣安娜一级勋章、普鲁士王国红鹰勋章和瑞典皇家北极星勋章。

诺伊曼,F. E.(Neumann, Franz Ernst, 1798.9.11—1895.5.23) 德国数学家、矿物学家、物理学家。生于约阿希姆斯塔尔(今捷克亚希莫夫),卒于哥尼斯堡(今俄罗斯加里宁格勒)。1817年进入柏林大学学习神学,1818年转入耶拿大学学习科学。1823年,发表了关于晶体学的研究论文,获得一定的声誉。1825年于柏林大学取得博士学位。1826年始任教于哥尼斯堡大学,1829年升任矿物学及物理学讲座教授。早期研究晶体学。19世纪30年代,在贝塞尔、雅可比等人影响下,开始致力于数学和物理学的研究。对元素的比热理论、光的动态理论、电流传导等的数学理论均作出贡献。如以数学方式确立了电流感应定律;使用最小二乘法对仪器进行误差分析,提高了测量精度。推动了球面调和理论的发展。还是一位很有影响力的教师,与雅可比在德国的大学里首创数学-物理学讨论班。1862年当选英国皇家学会外籍会员。还是格丁根等多个欧洲科学院的相应成员。1886年获科普利奖章。其子C. G. 诺伊曼也是数学家和理论物理学家。

科丁顿,H.(Coddington, Henry, 1799 [一说1798]—1845.3.3) 英国自然哲学家、物理学家、数学家。生于爱尔兰奥尔德布里奇(Oldbridge),卒于意大利罗马。1816年入英国剑桥大学三一学院学习,1820年以数学一等荣誉学位和第一名史密斯奖获得者身份毕业。1823年获硕士学位。之后任三一学院研究员和导师。1832—1845年任赫特福德郡韦尔教区的牧师。1829年成为英国皇家学会会员,还是皇家天文学会和皇家地理学会的成员,以及英国科学协会的首批会员之一。主要贡献在物理学方面。在数学方面,匿名出版过一本《微分学原理》。

顾观光(1799—1862) 中国清代数学家、天文学家、医学家。生于嘉庆四年,卒于同治元年。字宾王,号尚之,别号武陵山人。江苏金山县人。早年为太学生,后屡次科举考试未中,遂继承祖业行医。道光年间应钱熙祚之聘,前往杭州文澜阁藏书楼校书。诊病之余,系统研究了中国历代的历法和数学名著。早期致力于古籍的整理和研究,中年转向对数理天文的研究,稍晚则着重于中西数学的比较研究。著作甚丰,涉及天文、地理、历法、数学等。代表作有《算剩初编》《算剩续编》《算剩余稿》《九数外录》等。其中《九数外录》10篇基本上包括了当时西法算术的精要。主张"中西之法可互相证,而不可互相废"。曾校订李善兰翻译的《几何原本》后9卷。还校正了传刻本《周髀算经》文中27处错误。他的《周髀算经校勘记》和《读周髀算经书后》论文，发挥了关于《周髀算经》盖天说的思想。在对古天文学的研究中，将中国古代历法与西历、回历加以比较，探求用新的方法来计算古历法中闰年误差日的数值计算。用数学中的“演积术”推断出《开元占经鲁历》，创立了一种以日法中的朔日余数辗转相减的办法，使日法在百万数以上都可求。其著作被汇刻为《武陵山人遗书》。

安德森，H.J.（Anderson，Henry James，1799.2.6—1875.10.19） 美国科学家、数学家。生于美国纽约市，卒于印度拉合尔（今属巴基斯坦）。1818 年毕业于哥伦比亚学院，随后进入哥伦比亚大学医学院学习。兴趣不在医学，努力自学并兼听数学、天文学和文学课程。于 1821 年、1824 年和 1850 年先后获三个博士学位。1825—1851 年任哥伦比亚大学数学和天文学讲座教授，后任名誉教授。1831 年当选美国文理科学院副研究员。1850 年去欧洲进行科学考察，曾担任死海探险队的地质专家。还是美国观测金星的科学考察队成员。1848—1849 年，美国政府出版了他的远征报告《圣地部分地质勘测》。

杨，J. R.（Young，John Radford，1799.4—1885.3.5） 英国数学家。生于伦敦，卒于同地。自学成才。幼年时期就有数学天赋，受数学家 O. G. 格雷戈里辅导学习。1823 年，发表《代数基础论文》，介绍欧洲大陆的数学分析方法。1833 年任爱尔兰贝尔法斯特学院数学教授，1849 年被解聘。从此更专注于数学研究，发表了大量论文，包括几个原创性的发现。如 1844 年证明了决定方程的虚根数的牛顿法则，并于 1866 年加以完善；1847 年，在《剑桥哲学通讯》中发表《从某些分析结果看连续性原理》；1848 年在《爱尔兰皇家学院通讯》中发表了论文《欧拉定理的一种推广》等。代表作还有《微分学基础》(1831)和《代数方程的理论与解法》(1835)等。

格拉费（Gräffe，Karl Heinrich，1799.11.7—1873.12.2） 德国数学家。生于不伦瑞克，卒于瑞士苏黎世。1821 年进入不伦瑞克卡罗琳学院（后来的不伦瑞克工业大学）学习，1824 年转到格丁根大学，参加了高斯等数学家的讲座。1825 年获博士学位。1828 年赴瑞士苏黎世，到一所新成立的技术学院执教，讲授数学、力学、实用几何和物理学多门课程，1833 年升任教授。同年到苏黎世大学任私人讲师，1860 年任该校副教授。主要贡献在代数学方面，以代数方程近似解的数值方法而闻名。其方法发表在柏林科学院有奖征文的论文《高阶数值方程求解》(1837)中（独立于当德兰和罗巴切夫斯基）。该方法后被称为“当德兰-格拉费方法”，亦称“罗巴切夫斯基-格拉费方法”，在现代计算数学中有着广泛应用。

徐有壬（1800—1860.6） 中国清朝数学家。生于嘉庆五年，卒于咸丰十年。字君青，亦字钧卿。顺天宛平（今北京）人，原籍浙江乌程（今湖州市）。1829 年中进士，1858 年官至江苏巡抚。1860 年 6 月太平军攻克苏州，死于巷战。精于历算，名列晚清八大数学家之位，与邹伯奇、李善兰、罗士琳、项名达、顾观光、夏鸾翔、戴煦齐名。主要数学贡献在三角函数和反三角函数的幂级数展开式方面。曾研读《四元玉鉴》，撰写《截球解义》，阐明球面积与同径同高的圆柱面积相等之理，其以缀术研究级数之法，为后人所引用。对圆和垛积问题研究较深，其垛积拓差之法，集项名达、戴煦、李善兰之大成。一生著述很多，遗稿刻本传世的有《务民义斋算学》9 种 16 卷，于1872 年刊印。其中数学著作有《测圆密率》3 卷、《造表简法》1 卷、《截球解义》1卷、《弧三角拾遗》1 卷和《椭圆求周术》1卷。挖掘了朱世杰等古代数学家的思想方法，并结合西学，对幂级数的展开进行了拓展。

塔尔博特（Talbot，William Henry Fox，1800.2.11—1877.9.17） 英国化学家、数学家、摄影师。生于多塞特郡梅尔伯里(Melbury)，卒于威尔特郡拉克（Lacock）。1821 年毕业于剑桥大学三一学院，获数学荣誉学位。1825 年获硕士学位。之后作为一名职业科学家和发明家游学于欧洲大陆。相继当选英国皇家学会(1831)和爱丁堡皇家学会(1858)会员。还是皇家天文学会和英国科学促进协会会员。对数学、化学、光学、电学、语言学都有研究。在数学方面，从 1822 年开始不断向皇家学会提交论文，系统地讨论了椭圆积分，阐明了阿贝尔定理可从方程根的对称函数及部分分式中推断出来。1838 年获皇家奖章。1842年获拉姆福德奖章。

费尔巴哈（Feuerbach，Karl Wilhelm，1800.5.30—1834.3.12） 德国数学家。生于耶拿，卒于埃尔兰根。是著名哲学家 L.费尔巴哈（L. Feuerbach，1804—1872）的兄长，其父也是几何学家。早年在埃尔兰根大学和弗赖堡大学学习，1822 年获博士学位后任埃尔兰根中学教师。主要贡献在几何学方面，在论文《直线三角形某些特殊点的性质》(1822)中发现并证明了“九点圆定理”(亦称费尔巴哈定理)。九点圆亦称费尔巴哈圆，指三角形三条边的中点、三条高的垂足和各顶点与垂心连线的三个中点所在的同一圆周。证明了九点圆与该三角形的内切圆及三个旁切圆均相切。论著还有《三棱锥分析研究的平面图》(1827)。文中用坐标和投影方法分析三角形金字塔的结构原理。在 1827 年独立发现空间点的齐次坐标原理。

马伊纳尔迪（Mainardi，Gaspare，1800.6.27—1879.3.9） 意大利数学家。生于阿比亚泰格拉索，卒于莱科。早年在米兰和帕维亚的大学学习。1822 年成为帕维亚大学助教，1825 年任数学代课教师，同时在神学院教书。1829 年应聘到吉斯莱里学院任教，1840 年成为教授，1859 年任微积分讲座教授。1851 年当选山猫学院院士。主要贡献在微分方程、微分几何和代数不变量等方面。1856 年，解决了根据已知基本二次型定义曲面的问题，并建立了两个有关的微分方程。1868—1869 年，科达齐也独立得到这些方程。现这两方程称“科达齐-马伊纳尔迪方程”。高斯的特征方程加上这两个方程可以唯一地确定空间的一张曲面。

克劳森（Clausen，Thomas，1801.1.16—1885.5.23） 丹麦数学家、天文学家。生于石勒苏益格公国斯诺拜克（Snogbaek）（今属丹麦），卒于俄国多帕特（今爱沙尼亚塔尔图）。早年自学语言学、数学和天文学。1824—1827 年任奥尔托纳天文台助理，其间在汉森指导下进一步学习数学。具有超强的计算能力，不久就发表了关于天文计算的论文。1828 年开始在德国慕尼黑光学研究所任职。1842 年为多帕特天文台所聘用，1866—1872 年任天文台台长。1844 年获哥尼斯堡大学名誉博士学位。1848 年当选英国皇家学会外籍会员。1854 年、1856 年分别当选格丁根和圣彼得堡科学院通讯院士。共出版和发表 150 多种论著，内容涉及纯粹数学、应用数学、天文学、地理学和地球物理等多门学科。数学研究主要在特殊函数和数论等方面。得到把高斯超几何级数的平方表示为广义超几何级数的公式。所引入的单变量超越特殊函数被称为克劳森函数。1840 年独立于施陶特发表了关于伯努利数的研究结果，现称为施陶特-克劳森定理。长于计算，1847 年将 π 值计算到 247 位小数，是当时的最高纪录；1853 年，计算出素数 $10^{17}-1$ 的整数分解；1854 年又算出第六个费马数 $F_6=2^{2^6}+1=2^{64}+1$ 的两个素因子（67 280 421 310 721×274 177），是当时所知的最大的费马合数。因计算出 1870 年的彗星轨道而获丹麦皇家科学院奖励。

米勒，W.H.（Miller，William Hallowes，1801.4.6—1880.5.20） 英国矿物学家、数学家。生于威尔士卡马森郡兰多维（Llandovery），卒于剑桥。早年在剑桥大学圣约翰学院学习，1826 年以数学荣誉学位毕业，1829 年成为该学院的研究员。1832 年获得该学院矿物学教授职位，直至 1870 年。1838 年当选英国皇家学会会员，1870 年获得皇家学会奖章。1870 年任国际计量委员会成员。1874 年当选爱丁堡皇家学会名誉会员。主要是一位矿物学家，于 1839 年出版的《晶体学》奠定了现代晶体学的基础。两部数学著作《流体静力学和流体动力学基础》（1831）与《初等微分学》（1833）多次再版发行，被广泛使用。

拉贝（Raabe，Joseph Ludwig，1801.5.15—1859.1.22） 瑞士数学家、物理学家。生于加利西亚的布罗迪（今属乌克兰），卒于瑞士苏黎世。家境十分贫困，很早就帮助父母谋生。1820 年到奥地利维也纳综合技术学校学习数学。在数学家利特罗夫的辅导下，开始向《克雷尔杂志》提交论文。1831 年移居苏黎世，1833 年任苏黎世大学的私人讲师。1855 年成为新建的苏黎世综合工科学校的教授。主要贡献在分析学、几何学、代数学和应用数学等方面。在级数论中，建立了一种重要的收敛准则，被称为拉贝判别法，发展了达朗贝尔收敛准则。还借助于定积分导出了空间坐标系中球面三角的主要公式，得到了伯努利多项式的有限表达式。也因建立 Γ 函数中的拉贝积分而闻名。在《克雷尔杂志》等刊物上发表了多篇重要论文，还著有 3 卷本《微积分学》（1839—1847）和 2 册《数学通报》（1857—1858）等。

普吕克（Plücker，Julius，1801.6.16—1868.5.22） 德国数学家、物理学家。生于埃尔伯费尔德，卒于波恩。早年在波恩大学、海德堡大学和柏林大学接受教育。1823 年到巴黎留学，受到法国几何学派的影响。1824 年在格尔林的指导下获马堡大学博士学位。1828 年成为波恩大学副教授。1834—1836 年任哈雷大学教授。1836 年以后任波恩大学数学和物理学教授。曾两度任波恩大学校长。1867 年当选法国科学院院士。是英国皇家学会、巴伐利亚和格丁根科学院的相应成员。对物理实验很有兴趣，长期专心于实验物理学研究。还是阴极射线研究的先驱者之一，该研究后来导致了电子的发现。其数学贡献主要在几何学方面。在当时几何学中“综合”与“解析”之争中，是解析派的代表人物。按照蒙日的传统，发展了解析几何的方法和技巧，追求几何作图与解析算式的完美结合，尽可能避免不必要的方程和计算。典型的例子是对于帕斯卡定理的证明。晚年与助手 C. F. 克莱因合作，发展了线几何理论，极有成效地运用了射影几何的代数方法，引进了最一般的齐次坐标，现称为普吕克坐标；对无穷远元素、虚圆点，特别是对偶原理，给出完满的解析表示。特别引进了直线坐标，讨论了平面上的一般代数曲线，证明了著名的普吕克公式。著有《解析几何的发展》(1828；1831年再版)，《解析几何系统》(1835)和《代数曲线理论》(1839)等。其著作语言精练而有特色，被称为方程式语言艺术的大师。1866年获科普利奖章。

莫斯利(Moseley，Henry，1801.7.9—1872.1.20)　英国教士、数学家、科学家。生于莱姆河畔纽卡斯尔，卒于格洛斯特郡奥尔维斯顿。早年在朴次茅斯的海军学校学习。1819年进入剑桥大学圣约翰学院，师从皮科克和W.休厄尔。1826年毕业，获数学荣誉学位。1828年任西蒙克顿地区的牧师。1831—1844年任伦敦国王学院自然与实验哲学和天文学教授。1836年在母校圣约翰学院获硕士学位。1839年当选英国皇家学会会员。1854年成为奥尔维斯顿的英国圣公会牧师。是最早向英国数学界介绍纳维和庞斯列等法国数学家工作的学者。推广了纳维建筑力学方面的理论。出版了流体静力学、水文学和天文学等方面的专著。另有工程建筑、战舰的稳定性等方面的论文多种。为伦敦出版的《大都会百科全书》撰写《积分学》(1837)等文章。所著《工程与建筑的机械原理》(1843)被美国西点军校选用为教材。还在《哲学杂志》《剑桥哲学学会通讯》等期刊上发表数十篇关于自然哲学和数学的论文。1870年获圣约翰学院名誉博士学位。

艾里(Airy，George Biddel，1801.7.27—1892.1.2)　英国天文学家、数学家。生于诺森伯兰郡阿尼克，卒于大伦敦格林尼治。早年在赫里福德和科尔切斯特皇家文法学校接受教育，1819年入剑桥大学三一学院学习，1823年以数学一等荣誉学位毕业，并获得数学硕士学位，同年获史密斯奖。1824年成为三一学院研究员，1826年任剑桥大学卢卡斯数学教授。1835—1881年任英国皇室的第七任皇家天文学家，其间四次当选皇家天文学会主席，相继任剑桥大学天文台和格林尼治天文台台长。1836年当选英国皇家学会会员。1840年成为瑞典皇家科学院外籍院士，1859年当选荷兰皇家文理科学院外籍院士。对天文学和数学都作出了重要贡献。在担任皇家天文学家期间，为格林尼治天文台安装新的设备，保留了数千次观察记录。1851年在格林尼治确立了新的本初子午线。调查了行星运动和潮汐，还改进了金星和月球的轨道运动理论，推算出地球的密度，解决了固体力学中二维问题的计算方法。1826年发表《月球和行星理论的数学评论》，以后又继续这方面的研究，建立了确定太阳视差和太阳运动的奔赴点的方法。因没有及时处理1845年J.C.亚当斯的计算结果，使英国失去发现海王星的机会。1838年，在研究光的强度的同时，得到一类柱函数，称为艾里函数，并把它应用于各种问题之中。共发表500多篇论文，出版10多部专著。获皇家奖章(1845)和科普利奖章(1831)。

古诺(Cournot，Antoine Augustin，1801.8.28—1877.3.31)　法国应用数学家、经济学家。生于上索恩省格雷，卒于巴黎。1821年进入巴黎高等师范学校，不久转入巴黎理学院学习。1823年获数学学士学位。1823—1833年担任帝国元帅劳伦斯（de Gouvion Saint-Cyr Laurent，1764—1830）的私人秘书和其子的家庭教师。同时继续自己的学业，1829 年获数学博士学位。科学论文引起数学家泊松的关注，1834 年被推荐为里昂科学院的分析和力学教授。先后担任格勒诺布尔学院的院长、法国公共教育总监、第戎学院院长，还曾出任国家本科考试委员会首席考官。是首先比较系统地运用数学方法来研究经济学的学者，被认为是数理经济学的奠基人之一。著作《财富理论的数学原理研究》(1838)常被作为数理经济学的开端。书中第一次定义和绘制需求曲线以说明价格和需求之间的关系，指出当边际成本（额外生产一个单位的成本）等于边际收入（出售一个额外单位实现的收入）时，生产者可获得利润最大化。还引入了“需求弹性”的概念（但没有使用这个术语）。另著《机会论与概率论》(1843)在概率论中占有比较重要的地位。书中提出了“客观概率”“主观概率”和“哲学概率”等概念，还为探讨数学哲学作出尝试。定义了“科学”概念，称之为“逻辑方法组成的知识”，并对科学进行了分类。1973—1989 年出版个人《全集》10 卷，包括数学、力学、函授、报刊文章，以及学术生涯和社会工作的各种文件等。

奥斯特罗格拉茨基（Остроградский，Михаил Васильевич，1801.9.24—1862.1.1）俄国数学家、力学家。生于波尔塔瓦省帕申那亚（今属乌克兰），卒于波尔塔瓦（今属乌克兰）。1816—1820 年在哈尔科夫大学学习，但因不信奉宗教而未获得毕业文凭。1822—1828 年到巴黎深造，其间参加了柯西、拉普拉斯、泊松和傅里叶等人的数学、物理学和天文学讲座，取得长足进步。1826 年，向法国科学院递交一篇研究柱形容积中波的传播的论文，得到赞许并公开发表。1828 年返回俄国后，在圣彼得堡科学院、各军事学院和工科学校执教。1830 年当选圣彼得堡科学院院士。是俄国理论力学学派的创始人和彼得堡学派的奠基者之一。数学研究涉及分析学、理论力学、数学物理、概率论、数论和代数学等领域。最重要的数学工作是在 1828 年研究热传导理论的过程中，证明了关于三重积分和曲面积分之间关系的公式（现称“奥斯特罗格拉茨基-高斯公式”）。1834 年，又把这一公式推广到 n 重积分的情形。得到了二重积分与三重积分的变换公式；建立了有理函数的积分法——奥斯特罗格拉茨基方法；给出了非保守系统的一般变分原理的某些结果，并推广到变分法的一般等周问题；引进了共轭算子的概念；证明了某些算子特征函数系的正交性。在力学方面，对球形射弹的飞行进行了大量的理论研究和实验，建立了偏心射弹在空中运动的微分方程。还研究了天体力学和分析力学，首次证明了关于可能位移原理和最小作用原理的广义定理。很重视理论联系实际。如为减轻检查员的劳动量，着手解决产品检验的统计方法，颇有成效。发表了大量论文，仅数学和力学方面就有 80 余篇。编写教科书《初等几何教程》《天体力学教程》和《代数和超越分析讲义》等。还是意大利都灵科学院、罗马科学院和法国科学院的相应成员。

普拉托（Plateau，Joseph Antoine Ferdinand，1801.10.14—1883.9.15） 比利时数学家、物理学家。生于布鲁塞尔，卒于根特。1817—1822 年在布鲁塞尔皇家雅典学校学习。1822 年进入列日大学学习物理和数学，1829 年在凯特勒指导下获博士学位。1835年任根特大学实验物理学教授。1836年当选比利时科学院院士。是英国皇家学会和荷兰皇家文理科学院的外籍成员。数学贡献在变分法方面，研究了空间内以已知闭曲线为边界的极小曲面问题，现称为普拉托问题。在微分几何方面也有建树。在物理学方面贡献是在1832年根据视觉滞留现象发明了一种被称为“费纳奇镜”（或称“频闪光器”）的装置，可播放连续动画，是早期无声电影的雏形。还研究了毛细现象和表面张力，从对肥皂薄膜的观察中提出普拉托极小曲面问题。1843年由于持久性的观察试验导致失明。

阿贝尔（Abel，Niels Henrik，1802.8.5—1829.4.6） 挪威数学家。生于挪威西海岸斯塔万格附近的芬岛，卒于弗鲁兰。13岁入克里斯蒂安尼亚教会学校学习，15岁时遇数学教师霍尔姆博，受其悉心指导，通过阅读牛顿、欧拉、拉格朗日、高斯的著作，开阔了视野，很快推进到当时数学研究的前沿阵地。1821年进入皇家弗雷德里克大学学习。1824年，解决了困扰数学界200多年的五次方程求解问题，证明了一般五次方程不可能用根式求解，开辟了研究近世代数方程论的道路。论文以小册子的形式刊行，也送给了高斯，但没有引起反响。1825年在德国结识了克雷尔，与施泰纳建议克雷尔创办了著名数学刊物《纯粹与应用数学杂志》，也称《克雷尔杂志》。在杂志头3卷发表了22篇包括方程论、无穷级数、椭圆函数论等方面的论文，其中有著名的《高于四次的一般方程的代数求解之不可能性的证明》（Démonstration de l'impossibilité de la résolution algébrique des équations générales qui passent le quatrieme degré）。但在欧洲大陆没有谋到合适的职位，1827年贫病交加回到挪威，两年后病逝。在生前，才能和研究成果没有得到社会的认可。对数学的贡献是多方面的。除了五次方程以外，还研究了更广一类的代数方程，后人发现这是具有满足交换律的伽罗瓦群的方程。为纪念他，人们称交换群为阿贝尔群。还是公认的椭圆函数论的奠基人之一。发现了椭圆函数的加法定理、双周期性，并引进椭圆积分的反演。为椭圆函数论的研究开拓了道路。还研究无穷级数，得到一些判别准则以及关于幂级数求和的定理。成为分析学严格化的推动者。1881年叙洛夫和M. S. 李编辑出版了阿贝尔的2卷论文集。2002年，为纪念阿贝尔诞辰200周年，挪威政府设立阿贝尔奖，2003年开始颁奖。月球有以其名字命名的陨石坑。

波尔约，J.（Bolyai，János，1802.12.15—1860.1.27） 匈牙利数学家。生于匈牙利特兰西瓦尼亚的克劳森堡（今罗马尼亚克卢日—纳波卡），卒于奥地利毛罗什瓦沙尔海（今罗马尼亚特尔古穆列什）。父亲F. 波尔约是一位数学教授，在格丁根大学学习时与高斯结为密友。少年时期在父亲指导下学习高等数学。1818—1822年在维也纳皇家军事学院学习，毕业后到陆军工程兵团服役，1833年退伍。1834年回乡务农，并从事数学研究。是非欧几里得几何学的创始人之一。早在大学期间，就醉心于平行线理论的研究，很快就发现证明欧几里得平行公设是不可能的，因而决心创立新的几何学。在1823年得到非欧几何的基本原理，并写成论文，作为其父的一部初等数学著作的附录发表，标题为《绝对空间的科学》（Scientiam Spatii absolute veram exhibens），共26页，内容十分简洁和概括,是一个完整的、无矛盾的非欧几里得几何体系。1832年,其父把《附录》寄给高斯,高斯虽称道J. 波尔约的工作,但表示不能公开赞扬,因为他自己早已得到相似的结果(未发表)。生前未得到应有的荣誉。还曾致力于复数理论的研究,预言了哈密顿的虚数表示法。1905年,匈牙利科学院建立了以他命名的国际数学奖——波尔约奖,奖励那些为数学进展作出重大贡献的人。数学家庞加莱、希尔伯特和物理学家爱因斯坦都曾获得该奖。《绝对空间的科学》一文已被列入世界第一流的科学经典。月球上有以其名字命名的陨石坑,第1441号小行星(1937)命名为"波尔约星"。

科佩(Koppe, Karl Friedrich August, 1803.1.16—1874.11.10) 德国数学家、教育家。生于约翰内斯堡,卒于索斯特。索斯特高中数学和物理学教授。编著多部关于算术、代数、平面三角学、立体测量,以及物理学方面的教科书和自学教程。其中《纯数学的基础》(3卷,1867—1873)和《代数分析的基础》(1870)等教科书在德国风行了几十年。第一次提出"纯循环小数"和"混合循环小数"等术语,还首次使用动词"求对数"。还著有《自然历史教学指南》(1854)。

布利萨德(Blissard, John, 1803.5.23—1875.12.10) 英国数学家、逻辑学家、牧师。生于英格兰北安普敦,卒于伯克郡汉普斯特德·诺里斯。1822年进入剑桥大学圣约翰学院学习,1826年以二等数学荣誉学位毕业,获得学士学位。1829年后任伯克郡汉普斯特德·诺里斯教区的牧师,业余还从事数学研究。19世纪50年代末至60年代在剑桥的《纯粹与应用数学季刊》(1836年创刊)上发表近10篇论文。主要数学贡献是在1861—1868年创造了独具一格的符号演算法,即"哑演算",亦称为布利萨德演算,它在本质上区别于当时流行的各种算法。在1861年的论文《一般方程理论》,描述了一个系统,该系统允许特定的数字序列被代数处理为相应的幂,从而产生有效的公式。也就是后来所谓的发生函数法。20世纪40年代,E. T. 贝尔在论文《布利萨德符号法的历史及发明者的生活》中,论述了布利萨德符号演算法在组合分析和数论中的真正意义,由此布利萨德的发生函数才为人所知。

施图姆, J. C.-F.(Sturm, Jacques Charles-François, 1803.9.29—1855.12.18) 瑞士—法国数学家。生于瑞士日内瓦,卒于法国巴黎。幼年攻读古典语言,16岁时就能即席翻译希腊语、拉丁语。后转向数学,在日内瓦学院学习。毕业后任家庭教师,不久投身于巴黎科学界,向安培、柯西与傅里叶等人学习和研讨物理和数学问题。1827年同物理学家科拉东(J.-D. Colladon, 1802—1893)因研究不可压缩流体的论文而获法国科学院大奖。1829年,解决了自笛卡儿时代以来数学家们关心的一个问题——在变量的给定范围内确定实系数代数方程的实根的个数,建立了著名的施图姆定理。1833年入法国籍。同年撰写了关于二阶常微分方程的一篇著名论文,文中研究了形为 $L\frac{\mathrm{d}^2V}{\mathrm{d}x^2}+M\frac{\mathrm{d}^2V}{\mathrm{d}x}+NV=0$ 的方程,其中L、M和N是x的连续函数,V为未知函数。首次考虑了这类方程的特征值与特征函数问题,后与刘维尔合作得到若干重要结果。后来称二阶常微分方程的边值问题为施图姆-刘维尔问题。1840 年任巴黎理学院力学讲座教授，直至去世。先后当选柏林科学院、圣彼得堡科学院、法国科学院和英国皇家学会相应成员。在射影几何、曲线和曲面的微分几何以及几何光学方面也有重要工作。还写过多部分析和力学论著，其中《理工科分析教程》和《理工科力学教程》在去世后仍多次再版，在半个世纪内被视为经典之作。1840 年获科普利奖章。1847 年获法国荣誉军团军官勋章。是在埃菲尔铁塔上刻有名字的 72 位科学家之一。

贝拉维蒂斯(Bellavitis, Giusto, 1803.11.22—1880.11.6)　意大利数学家。生于维琴察省巴萨诺・德尔格拉帕，卒于巴萨诺附近的南特兹布伦塔(Tezze sul Brenta)。没有受过正规的学校教育，在父亲的教导下自学数学。1834 年开始发表论文，之后陆续发表了大约 100 篇论文，出版 25 部著作。内容涵盖数学、物理、化学、天文学、大地测量学乃至社会科学等各方面。相继在威尼斯学院和维琴察学院任教。1845 年通过竞赛取得帕多瓦大学数学教授职位，同年被该校授予哲学和数学名誉博士学位。先后主讲画法几何、代数和解析几何等课程。1850 年，成为美国国家科学院外籍院士。1866 年任意大利王国参议员。1879 年当选山猫学院院士。在数学上的重要成就之一是建立了向量的等价意义——两条线段 AB 和 CD 如果它们平行且具有相同的长度和方向，则它们是等价的，这是一种新的解析几何方法，为格拉斯曼的向量分析和哈密顿的四元数理论铺平道路。在代数几何方面，引入了曲面分类的新标准，完善了牛顿关于平面 3 次曲线的理论；在代数学方面，推进了鲁菲尼关于求任意次代数方程的数值解的工作；还研究数论和同余理论。在画法几何、欧拉积分和椭圆积分、概率论、误差论、数学史等许多方面也作出了贡献。

多普勒(Doppler, Christian Andreas, 1803.11.29—1853.3.17)　奥地利数学家、物理学家、天文学家。生于奥地利萨尔茨堡，卒于意大利威尼斯。高中毕业后到帝国皇家理工学院(后来的维也纳工业大学)学习哲学和数学，1825 年毕业。后到维也纳大学学习高等数学、力学和天文学。1829 年毕业留校任助教，其间完成了第一篇数学和电学论文。1835 年开始在布拉格理工学院工作，1841—1847 年任几何学教授。1847—1849 年任舍姆尼茨矿业与森林技术学院数学和物理学教授。1850—1853 年任维也纳大学实验物理学教授兼实验室主任。1842 年在皇家波希米亚科学学会发表了著名的论文——《关于双星和天空中其他一些星星的彩色光》，提出多普勒效应。该效应阐明了当波源和观测者有相对运动时，观测者接收到的频率与波源发出的频率不同的现象，在声学、光学、天文学等方面都有广泛应用。多普勒效应在 1852 年曾受到奥地利数学家佩茨瓦尔的批判，但他用以批判的数学论证是错误的。多普勒为了维护其理论做出了正确的反驳。还著有光学、电学和几何学方面的著作。月球上有以其名字命名的陨石坑。

穆瓦尼奥(Moigno, Abbé François-Napoléon-Marie, 1804.4.15—1884.7.14)　法国数学家、物理学家、牧师。生于斯科夫河畔盖梅内，卒于圣丹尼。在圣安妮的耶稣会学院接受早期教育，1822 年之后在蒙鲁日学习神学课程，课外自学数学和物理。1830 年到瑞士布里格学习语言，掌握了拉丁语、希腊语、希伯来语和阿拉伯语。

1833—1836 年到瓦尔普雷斯尔皮伊的神学院任教职。1836 年回到巴黎教会学校任数学教授。1848—1851 年任路易大帝中学的牧师。与著名科学家柯西、阿拉戈和安培等保持通信往来。长期编辑出版科普期刊,开展科学评论。创办并主编《宇宙》(1852—1863)和《世界》(1863—1871)等科学杂志。还著有多种数学著作,最著名的是根据柯西的方法编写的《微积分学教程》(第 1 卷,1843)。还著有《分析力学教程》(1868)和《圣书与科学》(1884)等。翻译了英语和意大利语的几本科学著作。月球上有以其名字命名的陨石坑。

韦吕勒(Verhulst, Pierre François, 1804.10.28—1849.2.15) 比利时社会学家、数学家。生于布鲁塞尔,卒于同地。早年在家乡学习古典文学,1822 年进入根特大学学习数学。1825 年获博士学位。曾在布鲁塞尔的私立大学和皇家军事学院任教。1841 年成为比利时皇家科学院院士,1848 年当选科学院院长。曾同统计学家凯特勒合作,致力于社会统计学研究。1838 年,着手研究人口增长的课题。在论文《关于人口增长规律的评论》(1838)中提出一个非指数模型来描述动物种群的进化。指出人口增长不但与现有人口相关,还与可利用资源有关,即存在一个人口的承载量。首先将营养因素反映到种群数学模型方面,导出了后来被广泛称为逻辑斯谛的方程(最初发表的时候叫韦吕勒方程)。在 1845 年的论文《人口增长规律的数学研究》中作出论证,推断阻碍人口增长的因素正比于“过剩”人口对总人口的比率,进而给出了比利时人口的上极限为 9 400 000 人(到 1967 年比利时的实际人口约为 9 581 000,2013 年人口约为 10 951 266 人)。指出人口增长起初阶段大致是按指数增长,然后随着时间增长变得饱和,增加变慢,最后达到成熟时停止增加。关于人口增长规律的工作,为现代人口理论的研究提供了许多有价值的材料。数学著作还有《椭圆函数论基础》(1841)等。

杰拉德(Jerrard, George Birch, 1804.11.25—1863.11.23) 英国数学家。生于康沃尔郡博德明,卒于诺福克郡朗斯特拉顿。1827 年毕业于都柏林大学三一学院。之后到伦敦大学任教,曾担任数学与自然哲学课程考官。是英国科学促进协会会员。主要研究方程理论,不愿接受阿贝尔关于 5 次代数方程不可解的结论,利用德国数学家契恩豪斯的有理变换方法,把一般五次方程变换成三项式方程 $x^5+px+q=0$ 求解。1832—1835 年,在《数学研究》杂志上连续发表 3 篇论文阐述自己的法则。虽与布灵的方法类似,但更具有一般性,即可将任何 n 次方程化为不含 x^{n-1}、x^{n-2} 和 x^{n-3} 项的形式。1858 年发表进一步研究的论文《论方程的解法》。为埃尔米特用椭圆模函数解五次方程开辟了道路。还研究方程组的代数解问题。在《哲学杂志》和《英国皇家学会会刊》上发表了多篇文章。

雅可比(Jacobi, Carl Gustav Jacob, 1804.12.10—1851.2.18) 德国数学家。生于普鲁士波茨坦,卒于德国柏林。12 岁时入波茨坦大学预科学校学习。1821 年入柏林大学学习,1825 年获哲学博士学位。1826 年到哥尼斯堡大学任教,1832 年成为教授。是第一位被任命为德国大学教授的犹太数学家。1844 年移居柏林,接受普鲁士国王的津贴,开始在柏林大学任教。在哥尼斯堡大学任教 18 年间,形成了以他为首的数学学派，同贝塞尔和F. E. 诺伊曼三人成为复兴德国数学的核心人物，在德国的大学里首创数学讨论班。在《克雷尔杂志》上发表了大量的论文，在纯粹数学和应用数学上都有杰出贡献。最突出的成就是和阿贝尔相互独立地奠定了椭圆函数论的基础，代表作为《椭圆函数论新基础》(Fundamenta nova theoriae functionum ellipticarum, 1829)。还将椭圆函数论应用到数学物理领域。对行列式理论也作了奠基性的工作，1841年发表长篇论文，给出了函数行列式求导公式，引进了“雅可比行列式”，提出这些行列式在多重积分的变量替换和解偏微分方程中的作用。还涉及代数学、变分法、复变函数论、微分方程和数学史等方面。善于把不同的数学分支联系起来研究，不仅把椭圆函数引进数论研究中，得到了同余论和型理论的一些结果，还引进到积分理论中。现在数学中的许多定理、公式和恒等式、方程、积分、曲线、矩阵、根式及多种数学符号的名称都冠以雅可比的名字。1844年当选柏林科学院院士。还是英国皇家学会、爱丁堡皇家学会以及瑞典等国科学院的成员。逝世后，由魏尔斯特拉斯主编，柏林科学院陆续出版了7卷《雅可比著作集》(1881—1891)。

布尼亚科夫斯基(Буняковский, Виктор Яковлевич, 1804.12.15—1889.12.12) 俄国数学家。生于波尔多尔斯克省巴尔，卒于圣彼得堡。早年受到良好的家庭教育。1820—1825年到欧洲留学，在巴黎曾参加拉普拉斯和傅里叶等多位数学家的讲座。1825年在巴黎理学院获博士学位。先后在第一武备中学、海军学校、交通道路学院和圣彼得堡大学任教。1836年当选圣彼得堡科学院院士，1864—1889年任科学院副院长。1858年后还兼任沙俄政府统计和保险部门的总监。和切比雪夫共同创立俄国数学领域最早和最具实力的彼得堡学派。共发表科学论文168篇，内容涉及数论、概率论及其应用、数学分析、几何学和代数学等领域。在数论方面，对叠合、相关性二次定律的研究在俄国产生过较大影响。最重要的科学成就在概率论方面。专著《概率论的数学基础》(1846)除了对概率论本身所作的独创性论述外，还阐明了这一学科的历史发展过程及其在保险事业和人口统计问题中的应用，有力地促进了概率论在俄国的发展和应用。在数学分析方面，独立发现了(积分形式的)施瓦兹不等式

$$\int_a^b |\varphi(x)|^2 \mathrm{d}x \cdot \int_a^b |\psi(x)|^2 \mathrm{d}x \geqslant \left| \int_a^b \varphi(x) \cdot \psi(x) \mathrm{d}x \right|^2 。$$

还与奥斯特罗格拉茨基和切比雪夫共同为提高俄国数学教育的水平作出重要贡献。编著的《纯粹和应用数学辞典》(1839)的第1卷对普及数学教育和统一科学术语起到指导作用。还编著了一系列中学数学教科书，改进了俄国算盘的式样。是当时俄国多所大学和许多科学学会的名誉成员。去世后，圣彼得堡科学院设立了以他的名字命名的优秀数学著作奖。

戴煦(1805—1860) 中国清朝数学家。生于嘉庆十年，卒于咸丰十年。字鄂士，号鹤墅，又号仲乙。浙江钱塘(今杭州市)人。少年时就对数学有浓厚兴趣，青年时期写成《重差图说》一书，内容深入浅出，文字通俗易懂。一生致力于数学研究，淡于功名进取。与当时的数学家罗士琳、徐有壬及李善兰等人均有交往。尤其与项名达成为

忘年好友，两人同时研究对数函数展开式、三角函数对数的幂级数展开式和椭圆求周等问题，共同发现了指数为有理数的二项式定理。项名达去世后代为续成遗著《象数一原》。在研究国外传入中国的对数时，发明了“图表法”，这一方法数据正确，简便易行。其方法在中国数学史上有许多超越前人之处，特别是对数表和三角函数对数表的研制方法更为突出。著述甚丰，代表作有《对数简法》和《四元玉鉴细草》等。英国传教士艾约瑟(J. Edkins, 1823—1905)曾将其著作译成英文寄给英国算学公会。成就也涉及书画篆刻领域(其兄长为书画家戴熙)。1860 年 2 月太平军攻克杭州时，随其兄投井自尽。

狄利克雷(Dirichlet, Johann Peter Gustav Lejeune, 1805. 2. 13—1859. 5. 5) 德国数学家。生于迪伦，卒于格丁根。在贝多芬文法学校接受早期教育。1822 年赴巴黎法兰西学院和巴黎理学院学习，接触到法国多位著名的数学家，深受傅里叶影响。曾担任法国著名将领福伊(Maximilien Foy, 1775—1825)子女的家庭教师。1826 年回国，1827 年由泊松和傅里叶指导获柏林大学获博士学位。先后任教于布雷斯劳大学和柏林军事学院。1828 年以后在柏林大学任教，1839 年升任教授。1855 年接替高斯的职位，受聘为格丁根大学教授。是柏林科学院、法国科学院、圣彼得堡科学院和英国皇家学会的相应成员。对 19 世纪数学的发展有重要贡献。是解析数论的创始人之一，其首篇论文是关于费马大定理当 $n=5$ 时的证明；后来亦证明了 $n=14$ 的情形。所著《数论讲义》(Vorlesungen über Zahlentheorie, 1863 年由戴德金出版)对高斯的《算术研究》做出清楚解释并有自己的创见。在 1837 年的论文中，首次使用了狄利克雷级数 $\sum_{n=1}^{\infty} a_n n^{-s}$($a_n$，$z$ 为复数)，证明了在任何算术序列 $\{a+bn\}$(a，b 互素)中，必定存在无穷多个素数，这就是著名的狄利克雷定理。此论文是解析函数论的第一篇重要论文。在数学分析和数学物理等方面也作了大量卓有成效的工作，是最早倡导分析严格化方法的数学家之一。1829 年发表《关于三角级数的收敛性》，得到给定函数 $f(x)$ 的傅里叶级数收敛的第一个充分条件。后提出函数关系 $y=f(x)$ 是 x 与 y 之间的一种对应的现代观念。在数学物理方面，修改了高斯提出的关于位势理论的一个原理，引入狄利克雷原理，还论述了著名的第一边值问题(现称“狄利克雷问题”)及其应用。主要论文收在《狄利克雷论文集》(2 卷，1889—1897)中。

哈密顿(Hamilton, William Rowan, 1805.8.3—1865.9.2) 英国数学家、物理学家。生于爱尔兰都柏林，卒于都柏林附近的敦辛克(Dunsink)。早年受到良好的家庭教育，少年时就开始学习并逐次掌握多种欧洲语言。13 岁时对数学发生兴趣，自学了克莱罗、牛顿和拉普拉斯等人的著作。1823 年入都柏林大学三一学院学习。1827 年任三一学院天文学教授，同时获爱尔兰皇家天文学家的称号。同年定居敦辛克，在敦辛克天文台工作，从此潜心钻研数理科学。1832 年当选爱尔兰皇家学院院士，1837—1845 年任学院院长。1835 年被授予爵士头衔。同年获皇家奖章。还是英国皇家学会会员和其他一些国家科学院相应成员。对分析力学的发展作出了重要贡献。首先建立了光学的数学理论，然后把这种理论移植到动力学中去。在1834年发表的论文《动力学的一种普遍方法》中，提出了“哈密顿最小作用原理”，即用一个变分式推导出各种动力学定律。把广义坐标和广义动量作为典型变量来建立动力学方程——哈密顿典型方程。还建立了与系统的总能量有关的哈密顿函数，这些工作推动了变分法和微分方程理论的进一步研究，在现代物理中得到广泛应用。主要数学贡献是发现了四元数。1833年，在研究复数 $x+yi$ 的基础上试图建立三维复数，未获成功。最终(1843)考虑到具有四个分量的新数 $t+x\mathbf{i}+y\mathbf{j}+z\mathbf{k}$，称之为四元数，并建立了它的运算法则。四元数的发现为向量代数和向量分析的建立奠定了基础，而四元数系又构成了以实数域为系数域的有限维可除代数，因此对代数学的发展具有重要意义。最重要的数学著作是《四元数讲义》(Lectures on Quaternions，1853)。月球上有以其名字命名的陨石坑。

明金(Миндинг，Фердинанд Готлибович，1806.1.23—1885.5.13) 德国—俄国数学家。生于普鲁士卡利什(今属波兰)，卒于俄国多帕特。1828年毕业于柏林大学，1829年获博士学位。1830年开始在柏林大学任编外讲师。1843年任俄国多帕特大学的应用数学教授，任职达40年之久。1864年入俄国籍，同年当选圣彼得堡科学院通讯院士。1879年获圣彼得堡科学院名誉院士称号。主要贡献在几何学方面，是继高斯之后研究微分几何(特别是内蕴几何学)的重要人物。1830年以后发表了多篇论文，研究规则曲面、可展曲面和旋转曲面，并确定了具有恒定曲率的曲面和它的一些重要结果。后来贝尔特拉米将这种曲面称为一个伪球，并发现罗巴切夫斯基的几何局部发生在它上面。发现伪球上的三角学是通过用双曲线函数替换三角函数得到的。引入一个后来称为测地曲率的量，并证明它只与内蕴几何有关。还得到一个曲面与其他曲面相叠合的充分必要条件。代表作有《关于曲面上曲线的注释》(1830)和《曲面的内蕴几何学》(1865)等。数学研究还涉及微分方程、连分数理论、代数函数、阿贝尔积分和变分法等方面。对微分方程积分法的研究也有重要意义。

柯克曼(Kirkman，Thomas Penyngton，1806.3.31—1895.2.3) 英国数学家、牧师。生于兰开夏郡博尔顿，卒于曼彻斯特附近的鲍顿(Bowdon)。早年随父在家乡经商。1829年入爱尔兰都柏林大学三一学院担任私人授课教师，同时开始学习数学等科目，1833年获硕士学位。1835年返回英国任英国圣公会的牧师。1839年以后担任兰开夏郡克罗夫特教区的教区长，并终生任此职。1857年当选英国皇家学会会员。在神学方面，追随主教科伦索(J. W. Colenso，1814—1883)的哲学立场，强烈反对唯物主义，出版了许多关于神学的小册子。任教职的闲暇时间钻研数学，与当时的数学家凯莱、德·摩根等人交往。研究了初兴的拓扑学、群论、复四元数与组合数学中的有关理论。在19世纪40年代，获得了施泰纳三重系统的存在定理，该定理确立了组合设计理论基础。在1850年的论文中提出的“15个女生问题”是组合数学中的一个有趣问题：“一个宿舍有15个女生，每天3人一组，分为5组出外散步，一周7天，使每人和其他任一人恰有一次同组，应怎样分法?”这个问题的解决并不难，但如果推广到 n 个人，就成为数学史上的著名难题,被称为"柯克曼女生问题"。该问题引起数学家的广泛讨论,直到20世纪60年代,由中国数学家陆家羲解决。共发表60余篇科学论文,代表作有《多面体理论在枚举结果和计数中的应用》(1862)和《群的完整理论》(1863)等。

德·摩根(De Morgan, Augustus, 1806.6.27—1871.3.18) 英国数学家、逻辑学家。生于英属印度马杜赖,卒于伦敦。1823—1827年在剑桥大学三一学院学习,受教于皮科克和W.休厄尔等人,获数学荣誉学位。1828年任伦敦大学数学教授,1831年辞职,1836—1866年继任该职。积极参与伦敦数学会的创建工作,1865—1866年任第一任主席。还是英国皇家学会会员。主要贡献在分析学、代数学、逻辑学和数学史等方面,他的工作对19世纪数学产生很大影响。在分析学方面,在著作《微积分》(1842)中,给出了一种确定形如 $\sum \frac{1}{\varphi(n)}$ 的无穷级数收敛性的法则;在代数学中,认为代数学实际上是一系列"运算",这些运算可以建立在任何符号(不一定是数字)的集合上,根据一定的公设来进行。他的工作促进了代数摆脱算术的束缚。提出的"双重代数"有助于建立复数性质的几何表示。最大贡献在逻辑学方面,建立了一套适合推理的符号,提出关系逻辑,以代数的方法研究逻辑演算。建立的德·摩根定律尤为著名,即:

非(P且Q)=(非P)或(非Q);

非(P或Q)=(非P)且(非Q)。

由此引出的关系也被称为"德·摩根二重性"。是后来布尔代数的先声。代表作《形式逻辑》(Formal Logic, 1847)和《三角学和双重代数》(1849)等。还撰写了算术、代数、三角、应用概率论等方面的教科书,均以一丝不苟、逻辑清晰著称。还研究数学史,发表过牛顿和哈雷的传记,刊行了17世纪科学家的通讯录。最早试图解决四色问题,并作了某些推进。在1835年所著的代数学教科书于1859年由中国数学家李善兰和英国人伟烈亚力译成中文,定名为《代数学》,这是中国翻译的第一本西方代数学著作。去世后伦敦数学会设立德·摩根奖章,1884年开始颁发。月球上有以其名字命名的陨石坑。

布斯(Booth, James, 1806.8.25—1878.4.15) 爱尔兰数学家、教育家。生于莱特里姆郡拉瓦,卒于白金汉郡斯通。1825年进都柏林三一学院学习。依次于1832年、1840年和1842年获学士、硕士和博士学位。1840年到英国,创建布里斯托尔学院,1840—1843年任院长。1842年任英国圣公会牧师。1843—1848年任利物浦大学学院副院长。1854年以后担任教堂的牧师或主教。1846年当选皇家学会会员,1859年成为皇家天文学会会员。主要数学贡献在几何学方面。独立于普吕克于1873年引进了切线坐标,称"布斯坐标"。还研究了椭圆积分、锥形截面和被称为"河马"的双循环代数曲线(称"布斯椭圆")等。著有《一种新分析方法在曲线和曲面理论中的应用》(1843)和2卷《某些新几何方法》(Ⅰ,1873;Ⅱ,1877)等。还致力于数学教育,发表多篇关于数学教育、考试制度、教育机构与社会现状的文章和讲义。

科芬,J.H.(Coffin, James Henry, 1806.9.6—1873.2.6) 美国数学家、气象学家。生于马萨诸塞州威廉斯堡,卒于宾夕法尼亚州伊斯顿。1828年毕业于马萨诸塞州阿默斯特学院。毕业后在几所学院和大学任教。1838年开始气象学研究。1840—1843年在马萨诸塞州威廉姆斯学院工作，其间在该州最高点格雷洛克山顶上安装了一台探测并自动读取风向和风速的装置，用以研究关于风的理论。1846年后与史密森尼气象研究所合作。其著作《北半球的风》(1853)被称为气象学史上最重要的著作。1846—1873年，在伊斯顿的拉斐特学院任数学和自然哲学的讲座教授。1859年获博士学位。主要数学研究在几何学方面，著有《解析几何》和《圆锥曲线》等。

佩茨瓦尔(Petzval, Józeph Miksa, 1807.1.6—1891.9.17) 匈牙利数学家、物理学家、发明家。生于匈牙利斯皮什贝拉(今属斯洛伐克)，卒于奥地利维也纳。1826年进入佩斯大学几何学院学习哲学和数学。其间，研读了拉克鲁瓦、拉普拉斯和拉格朗日的著作。1828年毕业并获工程学学位，之后成为佩斯市的防洪和排水专家。1832年获博士学位并在佩斯大学教授力学和数学，1835年成为教授。1837—1877年任维也纳大学教授。1873年当选匈牙利科学院院士。主要数学贡献是独立发现了拉普拉斯变换(也称“佩茨瓦尔变换”)，并最早系统研究该变换在线性常微分方程中的应用。为计算和设计光学仪器作出重要贡献，被认为是几何光学、现代摄影和电影摄影的主要创始人之一，以对光学系统中像差方面的广泛研究而闻名，使得现代相机的构建成为可能。月球上的一个火山口以他的名字命名。

泽德维茨(Seudewitz, F., 1807.1.11—1852.4.14) 德国数学家。生于爱尔福特，卒地不详。主要贡献在射影几何学方面。1847年给出利用两束共线的平面单值对应的关系构造任何二阶曲面的方法，构造出具最小母线的曲面，以及从它们的射影变换构造三维空间曲线。比施泰纳更早地发现了圆锥曲线簇的度量性质。

泰特，T. T.(Tate, Thomas Turner, 1807.2.28—1888.2.18) 英国数学家、教育家。生于阿尼克，卒于利物浦。早年在爱丁堡的一位建筑师的指导下学习。1835年任约克医学院的讲师。1840年以后相继在巴特西和克奈勒的培训学校教授数学等课程，1856年退休。撰写多部关于数学、力学、绘画和自然科学的教科书。其中《几何学原理、测量学、三角学、土地测量和水平测量》(1848)使用多年并被翻译成印度斯坦语。1851年当选皇家天文学会会员。对数学教育颇有研究。遵循裴斯泰洛齐(J. H. Pestalozzi, 1746—1827)的教育思想，通过“常识科学”方法实施教学改革，包括使用物理对象或视觉等感官进行辅助教学20年，颇见成效。还著有《教育哲学》(1854)和《工人数学》(1856)等。

法尔(Farr, William, 1807.11.30—1883.4.14) 英国统计学家、流行病学家。生于什罗普郡肯利，卒于伦敦。1826年师从一位药剂师学医，1828—1831年赴巴黎学习流行病学和统计学，回国后继续在伦敦大学深造。1833年开始医学实践，从事医学统计工作。发现了统计规律在疾病和死亡中的重要意义。1839年加入皇家统计学会。1857年在牛津大学获民法博士学位。是英国流行病学家、医学统计学的奠基人之一。多年从事人口普查工作，负责收集英格兰和威尔士的官方医疗系统的统计数据，研究公共卫生领域的人口统计学。最重要的贡献是创建了国家生命统计系统，该系统在40多年的使用中趋于完善。首次对不同职业的死亡率进行比较。为流行病学的定量研究打下了坚实的理论基础。还对健康和婚姻状况的相关性进行研究。去世后，皇家统计学会和卫生学会编辑出版了他的纪念文集《人口统计学》(1885)。

利斯廷(Listing, Johann Benedikt, 1808.7.25—1882.12.24)　德国数学家、物理学家。生于美因河畔法兰克福，卒于格丁根。1825—1830年在预科学校学习。1830年进入格丁根大学主攻数学和建筑学，兼修地磁学等广泛科目。数学科目师从高斯，1834年获博士学位。1834—1837年参加西西里岛埃特纳火山的考察活动。1837年开始任汉诺威高等工业学院应用数学和物理学教师。1839年任格丁根大学物理学教授，1849年后任数学教授。1861年当选格丁根科学院院士。1879年成为爱丁堡皇家学会名誉会员。主要数学贡献在拓扑学方面。当时的拓扑学还被称为“位置分析”，著作《拓扑学初步》(1847)中最早使用Topologie这个词语作为所讨论的课题的名称。通过该书，Topologie被普遍接受并使用(其中文译音即“拓扑”)，书中完成了拓扑学的某些奠基性的工作。在论文《空间复形的概述或多面体欧拉定理的推广》(1862)中，论述了有关“麦比乌斯带”的内容。和麦比乌斯同时但彼此独立地发现了这一单侧曲面，这是拓扑学中最有趣的问题之一。还进一步研究了具有高阶扭曲带形的性质。发现的拓扑不变量被称为利斯廷数。还试图推广欧拉多面体公式 $V-E+F=2$ 到单纯复形。

凯兰(Kelland, Philip, 1808.10.17—1879.5.8)　英国数学家。生于萨默塞特郡邓斯特，卒于斯特灵郡艾伦。1834年毕业于剑桥大学女王学院，获数学一等荣誉学位和史密斯奖，并成为学院的研究员。1837年获硕士学位。1838年接任华莱士成为爱丁堡大学数学讲座教授。1838年当选英国皇家学会会员。1839年成为爱丁堡皇家学会会员，1878—1879年任该学会主席。不仅是一位优秀的数学教师，还是一位颇有成效的改革家。参与并推动了苏格兰大学系统的教育改革。数学著作有《代数学基础》(1839)、《示范性数学原理讲义》(1845)和《四元数导论》(与P. G. 泰特合著，1873)等。还从事热浪、光波和水波方面的研究。

里歇洛(Richelot, Friedrich Julius, 1808.11.6—1875.3.31)　德国数学家。生于哥尼斯堡(今俄罗斯加里宁格勒)，卒于同地。1825年到哥尼斯堡大学预科班学习，不久进入大学成为雅可比的学生。1831年以分割圆周为257个等份的论文获得博士学位。毕业后留校工作，1832年成为副教授，1844年任教授。1843年任数学系主任。1858—1859年任该校校长。1842年当选柏林科学院院士。1854年当选巴伐利亚科学院通讯院士。是雅可比的继承人，雅可比离开哥尼斯堡学派后，又主持学派活跃了大约30年。主要贡献在椭圆函数和超椭圆积分方面。用德语、法语和拉丁语发表了大量论文。

迪普雷(Dupré, Athanase Louis Victoire, 1808.12.28—1869.8.10)　法国物理学家、数学家。生于瑟里谢，卒于雷恩。1826年进入巴黎高等师范学校学习，1829年以第一名的成绩毕业。1829—1847年在雷恩皇家学院任教。1847年任雷恩理学院数学教授，1866年任院长。对数学和物理学的几个分支都有研究，主要贡献在数论方面。1858年在法国科学院组织的数学大奖赛中，提交了一篇数论研究的论文，指出了勒让德研究中一个引理的错误，因而获得奖金。对物理学的贡献主要集中在热力学方面，在科学院发表了近 40 篇相关论文。代表作《热力学理论》(1869)是 19 世纪 60 年代的热力学经典著作，激发了一些工程师，特别是马西厄(F. Massieu, 1832—1896)，以及稍晚的 J. W. 吉布斯的研究兴趣，推动了热力学理论的发展。1863 年获法国荣誉军团骑士勋章。1866 年再次以关于数论的研究论文分享了法国科学院的鲍廷奖。

刘维尔(Liouville, Joseph, 1809.3.24—1882.9.8) 法国数学家。生于圣奥梅尔，卒于巴黎。1825 年进入巴黎综合工科学校学习，两年后转到国立路桥学校继续学习。1836 年在泊松指导下于巴黎理学院获数学科学博士学位。之后在巴黎综合工科学校和法兰西学院任教授。1855 年任巴黎理学院理论力学讲座教授。1839 年当选法国科学院院士。还是英国皇家学会、圣彼得堡科学院和瑞典科学院的外籍成员。首要贡献是在 1836 年创办法文杂志《纯粹与应用数学杂志》(Journal de Mathématiques Pures et Appliquées)，并连任 40 年主编。该杂志以迅速传播数学研究的新成果而著称，刊登过许多著名数学家的优秀论文。1846 年，整理了伽罗瓦的部分遗稿，在该杂志上率先发表伽罗瓦的论文《论方程的根式可解性条件》，使后者在代数学方面的独创性工作得以问世。该杂志通常被称为《刘维尔杂志》，它对 19 世纪法国数学的发展起到重要作用。在数学、力学和天文学等方面均有丰硕成果。发表的近 400 篇论著涉及上述学科的十几个分支。在函数论方面，把椭圆函数视为复变数的双周期函数，建立起椭圆函数的一套理论。建立了解析函数一般理论中的刘维尔定理——平面上任何有界的整函数恒等于常数。在微分方程方面，与 J. C.-F. 施图姆合作开创了微分方程边值问题的研究方向，指出某些微分方程的解可以通过解相应的积分方程得到，还可利用发散级数来求解的近似值等。对数论的研究兴趣始于费马大定理，后来又研究了 e 的超越性，建立了有关代数数丢番图逼近的一个基本定理，首次证明了超越数的存在性。指出下述形式的任何数都是超越数：$\sum_{n=1}^{\infty}\frac{a_n}{10^{n!}}$。式中 $a_i\,(i=1,2,3,\cdots)$ 是从 0 到 9 的任意正整数。这类超越数被称为“刘维尔数”。还对超越数进行了具体的分类。1875 年获法国荣誉军团指挥官勋章。月球上有以其名字命名的陨石坑。

皮尔斯，B.(Peirce, Benjamin, 1809.4.4—1880.10.6) 美国数学家、天文学家。生于马萨诸塞州塞勒姆，卒于马萨诸塞州坎布里奇。1825—1829 年就读于哈佛大学，1833 年开始在哈佛大学任数学与自然哲学教授，1842 年后兼任天文学教授直至去世。其间 1867—1874 年还兼任美国海岸勘测局局长。1834 年成为美国文理科学院院士。1852 年当选英国皇家学会的外籍会员。1863 年成为美国国家科学院的创始成员之一。1867 年当选格丁根科学院的外籍院士。在数学、统计学、天体力学和数学哲学等方面均有重要工作。在数学方面，因在分析力学和线性代数领域的贡献而闻名。对(实数域或复数域上的)有限维代数一般结构的研究取得了显著成果。在《线性结合代数》(1864，1872 年新版)一书中，定义并给出了线性结合代数的概要，指出其中的加法具有实数和复数的通常性质。1870 年首次引入了幂等和幂零的术语来描述这些代数元素，还引进了两个代数的张量乘积的概念，并将其应用于代数的分类。1860 年左右，给出了柯克曼女生问题一个具有代表性的答案，被认为是当时最好的解法。还证明了没有少于四个素数因子的奇完全数。在天文学方面，编著了彗星轨道一览表，计算了天王星和海王星的轨道及其摄动，研究了土星光环的数学理论，主持《天文年鉴》的编撰工作。在统计学方面，提出了异常值的统计处理标准。在数学哲学中，因提出“数学是得出必要结论的科学”的说法而闻名。代表作还有《分析力学系统》(1855，1872 年再版)和《物理和天体力学》(1855)等。儿子 C. S. 皮尔斯也是数学家和哲学家。月球上有以其名字命名的陨石坑。第 29463 号小行星(1997)亦以其名字命名。

格拉斯曼(Grassmann, Hermann Günther, 1809.4.15—1877.9.26)　德国数学家、语言学家。生于普鲁士斯德丁(今波兰什切青)，卒于同地。1827 年入柏林大学学习神学、哲学和古典语言文学，后来自学数学和物理学。从 1831 年直至逝世，几乎都在斯德丁的中等学校任教，教授数学、物理、化学和矿物学等课程。1847 年任高级教师，1852 年任预科学校教授。业余时间从事科学研究。从 1830 年开始研究数学和物理学。1832 年提出一种新的几何理论，使拉格朗日《分析力学》(Mécanique analytique)一书的数学论证得到简化，并对拉普拉斯《天体力学》中有关潮汐部分的理论给以独特推导。在《线性扩张论》(Die lineare Ausdehnungslehre，1844，1862 年再版)中首次提出 n 维欧几里得空间理论的系统学说，引入矢量的一般运算，建立了格拉斯曼代数和格拉斯曼流形的结构，以及外微分形式的计算。还发展了所谓“代数乘法”的运算，从而产生了后来被称为多项式环的代数结构。与哈密顿同时分别建立超复数理论，开创了张量分析研究。另著《算术课本》(1861)对算术的基础作了科学论述，并讨论无理数的基本理论。还曾用自己的计算方法研究 n 阶曲线；提出矩阵化为三角式的方法，并论述了该方法与射影变换分类间的关系等。这些工作对后来的数学发展有重大影响，然而却超出了当时数学家们的接受能力，直到晚年才得到认可和重视。对电学、声学、植物学和语言学都有研究。1872 年获杜宾根大学名誉博士学位，1876 年当选美国东方学会外籍会员。

巴纳德(Barnard, Frederick Augustus Porter, 1809.5.5—1889.4.27)　美国数学家、科学家、教育家。生于马萨诸塞州谢菲尔德(Sheffield)，卒于纽约市。患有遗传性耳聋。1828 年毕业于耶鲁学院。1831—1838 年间相继在康涅狄格州聋哑学校和纽约聋哑教学研究所任教。1838—1854 年任阿拉巴马大学数学、化学、自然哲学和自然科学史教授。1854 年接受密西西比大学教授职位，1856—1861 年任该校校长。1859 年获耶鲁学院博士学位。1860—1863 年在美国海岸勘测局任职。1864—1889 年任哥伦比亚大学第 10 任校长。晚年还促成哥伦比亚大学建立女子学院(1889)，后该学院命名为巴纳德女子学院。是美国科学促进会(AAAS)的创建者之一，1866 年任该会主席。1860 年当选美国文理科学院院士。主要论著有《算术论》(1830)、《具有符号插图的分析语法》

(1836)和《科学进展》(1869)等。根据他的遗嘱，哥伦比亚大学设立了巴纳德科学荣誉服务奖。

普拉特(Pratt, John Henry, 1809.6.4—1871.12.28)　英国数学家。生于英国伦敦，因霍乱卒于印度加济布尔。1833年以数学荣誉学位毕业于剑桥大学凯斯学院，并成为学院的研究员。1836年获硕士学位。之后一段时间留在剑桥任私人讲师。1838年被选派担任东印度公司的牧师，在印度度过余生。1850年任加尔各答总执事。在闲暇时间努力钻研数学，并保持与英国学术界的长期交流。1866年当选英国皇家学会会员。将数学方法应用于研究大地测量学和地球科学，取得突出成果。所著《机械哲学的数学原理》(1836)一书经多年修订扩充、再版、几次更名，1860年以《论引力、拉普拉斯函数和地球形状》的书名出版。其中描述了数学在引力物理学中的应用，包含为确定地球形状而作的大量计算。接受印度测量师的委托，检查因喜马拉雅山脉群对铅垂线的吸引而导致的勘测误差。由此发展了一种地球地壳流体平衡的理论，这种理论成为等静压原理的基础。还出版了几部受欢迎的宗教著作。

梅纳布雷亚(Menabrea, Luigi Federico, 1809.9.4—1896.5.24)　法国—意大利数学家、政治家、工程学家。生于法国萨沃伊地区尚贝里，卒于法国圣卡辛。1828年移居意大利都灵，同年进入都灵大学学习工程学和数学，1833年获得工程师资格并获数学博士学位。同年任军事要塞巴德的工程师。1835年任都灵军事学院力学教授。1846—1860年任都灵大学建筑学教授。后又跻身政界。参加过若干重要的战役，1860年当选意大利参议员，获得中将军衔，并受封为伯爵。1867—1869年担任意大利总理。是都灵科学院和山猫学院的成员，还是法国科学院的通讯院士。是19世纪意大利著名科学家之一。1840年在都灵举办的第二届意大利科学家大会上，英国数学家巴贝奇展示了自己研制的分析机，引起他的研究兴趣。于1842年发表了《查尔斯·巴贝奇的分析机概念》，书中描述了计算机体系结构和编程的许多方法。该书很快被艾达·拜伦译成英文。在弹性理论和工程结构理论方面也均有建树。第一个明确地阐述"弹性原则"或可称为"最小功原理"，成为该学科的创始人之一。对分析力学、军事工程学和教育科学均有积极影响。第27988号小行星(1997)命名为"梅纳布雷亚星"。

丁取忠(1810.1.9—1877.4.27)　中国清朝数学家。生于嘉庆十四年，卒于光绪三年。字肃存，号果臣，又号云梧。湖南长沙人。自小喜爱算学。1860年应湖北巡抚胡林翼之邀，到武昌做幕宾。晚年与其弟子在长沙近郊白芙堂从事数学研究和著述，形成以他为首的数学团体。1851年修订一部残缺算书，撰成第一部数学专著《数学拾遗》。该书中"多发明古今算家未尽之旨"，提出了求三元一次方程组整数解的新方法。其中对百鸡问题给出了一个较为简易的解法，被时人推广。1852年撰《舆地经纬度里表》初稿，1860年又加以校订。1871年撰《粟布演草》1卷，讨论用高次方程来解决整存整取的复利息问题。1874年撰《对数详解》5卷。还应李善兰之请，核校其《天算或问》1卷。晚年除个人撰述外，把主要精力用于培养学生、刊印算学著作上。聚集黄宗宪、左潜、曾纪鸿等一批学生，从事数学书籍的整理编辑与刻印。费时六七年，终于共同编辑成一部大型著作《白芙堂算学丛书》。该书共23种85卷，多次刊刻、翻印，流传甚广。

库默尔(Kummer, Ernst Eduard, 1810.1.29—1893.5.14)　德国数学家。生于普鲁士勃兰登堡州索劳(今波兰扎雷)，卒于柏林。1828年入哈雷大学学习神学和哲学，不久转学数学。1831年获数学博士学位。1831—1841年在预科学校执教，其间发现了克罗内克的数学天分。1839年当选柏林科学院通讯院士(1855年转为正式院士)。1842年，在狄利克雷和雅可比的推荐下成为布雷斯劳大学教授。1855年接替狄利克雷的职位，任柏林大学数学教授，至1883年退休。1850年代以后几次担任柏林大学校长。魏尔斯特拉斯1856年来到柏林大学执教，他们共同努力于1861年在柏林大学开办了德国第一个纯粹数学讨论班，吸引了世界各地杰出的青年数学家。克罗内克1855年重返柏林，从此柏林成为世界领先的数学中心之一。三位数学家的亲密友谊维持了20年之久。1863—1878年担任柏林科学院物理数学部秘书。1868年当选法国科学院外籍院士，还是英国皇家学会及其他多个科学团体的相应成员。主要贡献在数论、几何学和函数论等方面。在函数论方面，研究了超几何级数，首次对这些级数的单值群的代换进行计算。发明的级数变换法在级数的数值计算中有广泛应用。在几何学方面，研究了一般射线系统，并用纯代数方法构造了一个四次曲面，它有16个孤立的二重点，16个奇异切平面。现在称该曲面为库默尔曲面。在数论中，研究费马大定理，创立了比定理本身更重要的理想数理论。这不但使他证明了当 $p < 100$(除37，59，67外)时费马大定理成立，而且为代数学、函数论和方程论等学科提供了一个新的有效工具，因此获法国科学院大奖。提出的理想数理论为一般理想理论的创立和现代代数数论奠定了基础。1849年在给克罗内克的信中提出关于分圆域的类群的猜想。主要论文由法国数学家韦伊收集、编辑为2卷《库默尔论文集》(1975)。

刘彝程(19世纪中后期人)　中国清朝数学家。字省庵。江苏兴化人。受家学影响，潜心钻研数学。1873年任上海广方言馆算学教习。1875年兼上海求志书院算学科主持，至1898年告病退休。20余年培养了许多数学人才。书院规定每年考四次数学。所拟算学考题，力求新颖准确。把历年的试题及解答汇编成书，如1896年著有《求志书院算学课艺》1卷和《广方言馆算学课艺》1卷(与沈善蒸合著)，1899年著《简易庵算稿》4卷等。主要贡献是对二次不定方程整数解的研究。例如，1883年春出一试题，相当于求二次不定方程 $x^2+xy+y^2=z^2$ 的整数解。解答是

$$x=m^2-n^2,\ y=2mn-m^2,$$
$$z=m^2-mn+n^2。$$

《简易庵算稿》中还讨论了其他类型二次不定方程的解法和排列组合问题。还对割圆术、开方术、堆垛术以及《测圆海镜》等作过系统的研究，颇有所得。还撰有《割圆阐率》《开方阐率》《对数问答》等书稿，但均未及刻印。

黄宗宪(19世纪中后期人)　中国清朝数学家。生卒年不详，字玉屏，号小谷。湖南新化人。自幼喜摆习筹算。1871年到长沙拜丁取忠为师，从事数学研究，成为以

丁取忠为首的白芙堂数学团体的重要成员之一。其间，常与左潜、曾纪鸿等人共同研讨数学问题，为《白芙堂算学丛书》的出版作了大量的校订工作。1876 年冬随郭嵩焘赴英，任公使馆监印官，后任驻西班牙使馆供事，是晚清既有突出研究成果又有机会最早赴欧的数学家。著有《古琴古砚斋算术》5 种 8 卷。还与左潜、曾纪鸿合著《圆率考真图解》1 卷。著作中以《求一术通解》(1874)最重要，由左潜参定。在该书中，从研究和改进秦九韶的大衍求一术出发，得到反乘率概念，再独立研究出反乘率新术，在计算上更体现出传统数学的算法化倾向，也有利于后人理解。不仅解答了一次同余式组问题，而且用“求一术”解决了二元一次不定方程问题。还重视游学和培养学生，在各地的讲学获得很高评价。

李善兰(1811.1.22—1882.12.9) 中国清朝数学家、天文学家、翻译家和教育家。生于嘉庆十五年十二月二十八日，卒于光绪八年十月二十九日。原名心兰，字竟芳，号秋纫，别号壬叔。生于浙江海宁。幼年就读于私塾，得到良好的家庭教育。10 岁时读《九章算术》，15 岁时读懂了欧几里得《几何原本》前 6 卷，以后又寻阅各种数学书籍，包括李冶的《测圆海镜》、戴震的《勾股割圆记》等数学名著。经常与数学家顾观光、张文虎、汪曰祯、戴煦、罗士琳及徐有壬等人进行学术交流。1845 年前后发表了具有解析几何思想和微积分方法的研究成果——“尖锥术”。1852—1866 年任上海墨海书馆编译。1868—1874 年任京师同文馆天文算学总教习。从 1852 年开始与英国传教士伟烈亚力等人合作，翻译西方自然科学著作多种。1852—1859 年，他们合作翻译出版了《几何原本》后 9 卷，完成了明末徐光启、利玛窦未竟之业；又译《代数学》《代微积拾级》《谈天》《重学》《圆锥曲线说》《植物学》等西方近代科学著作。还与伟烈亚力、傅兰雅(J. Fryer)合译过《奈端数理》(即牛顿《自然哲学的数学原理》)，可惜没有译完。这是解析几何学、微积分学、哥白尼日心说、牛顿力学、近代植物学传入中国的开端。在译书工作中，李善兰创造了许多数学名词。今天经常用到的“代数”“常数”“函数”“变数”“微分”“积分”“切线”“法线”“渐近线”等均出自他之手。1867 年在南京整理出版 20 多年来的各种天算著作，定名为《则古昔斋算学》。其中《垛积比类》4 卷是其最出色的著作之一，书中包含着不少独特的创见，特别引入了李善兰恒等式。1868 年后从事数学教育多年。其间审定了《同文馆算学课艺》《同文馆珠算金》等数学教材，培养了一大批数学人才，是近代中国数学教育的鼻祖。还著有《考数根法》《粟布演草》《测圆海镜解》和《九容图表》等。《考数根法》撰成于 1872 年，列为“则古昔斋算学十四”，是中国最早的素数论专著。在判别一个自然数是否为素数时，李善兰证明了著名的费马素数定理，并指出了其逆定理不真。

勒维耶(Le Verrier, Urbain Jean Joseph, 1811.3.11—1877.9.23) 亦译勒韦里耶。法国天文学家、数学家。生于圣洛，卒于巴黎。1831 年进入巴黎综合工科学校学习。1835 年到盖-吕萨克(J. L. Gay-Lussac, 1778—1850)的化学实验室工作。1836 年任斯坦尼斯拉斯学院的导师和数学教师。1837 年回母校教授天文学，同时钻研天体力学。1846 年任巴黎理学院天体力学讲座教授。1846 年当选法国科学院院士。1847 年成为英国皇家学会外籍会员。

1854—1870年、1873—1877年两度出任巴黎天文台台长。继续拉普拉斯的研究工作,更严密地论证了太阳系的稳定性。还研究行星理论并编制行星星历表。最著名的贡献是仅用数学计算预测到海王星的存在和位置。1845年和英国天文学家J. C. 亚当斯同时分别用微分方程方法推算出当时还没有被发现的海王星的位置。1846年9月23日,柏林天文台的天文学家伽勒(J. G. Galle, 1812—1910)根据他的报告,只花一小时,就在离他的计算位置不到1°的地方发现了一颗新的行星。后来这颗行星被命名为海王星。由于这一成就,1846年获科普利奖章。海王星的发现肯定了牛顿万有引力定律的正确性,在当时被认为是最重要的科学事件,也作为在科学技术中成功应用数学方法的典型事例而载入科学史册。还是近代法国气象学的创始人。1868年和1876年两次获英国皇家天文学会金质奖章。是在埃菲尔铁塔上刻有名字的72位科学家之一。

哈特(Hart, Andrew Searle, 1811.3.14—1890.4.13) 爱尔兰数学家。生于利默里克,卒于多尼加尔郡基尔德里。1833年毕业于都柏林三一学院,1839年获硕士学位,1840年获法学博士学位。从1835年开始即在三一学院任职,1858年任高级研究员。1886年受封为爵士。主要研究测地线和曲线理论,在《剑桥和都柏林数学杂志》《爱尔兰皇家学院学报》和《纯粹与应用数学季刊》上发表了多篇研究论文,最重要的是发表于1861年的《关于平分三角形三边的圆的特奎姆定理的扩展》,其中给出的哈特定理是对费尔巴哈定理的推广。对力学也有贡献,著有《力学基础》(1844)等。

黑塞(Hesse, Ludwig Otto, 1811.4.22—1874.8.4) 德国数学家。生于哥尼斯堡(今俄罗斯加里宁格勒),卒于慕尼黑。1832年进入哥尼斯堡大学学习,师从雅可比、贝塞尔和里歇洛等数学家。1840年在雅可比指导下获博士学位。毕业后留校任教,1845年被任命为副教授。1855年任哈雷大学教授。1856—1868年任海德堡大学数学教授。1868年任新成立的慕尼黑皇家高等技术学校(1970年更名为慕尼黑工业大学)教授。是格丁根科学院和柏林科学院的通讯院士。1869年当选巴伐利亚科学院院士。1871年成为伦敦数学会名誉会员。主要贡献在几何学和代数行列式等方面。探讨了二阶曲面理论,解决了当9个点给定时求作曲面的第10个点的问题;把西尔维斯特等人的结果应用于三次曲线的研究中,为此引入黑塞矩阵和黑塞行列式,还阐明了用行列式进行代数消元的方法。研究代数变换的几何解释,补充了普吕克关于曲线拐点分布的证明,其研究工作揭示了射影几何同点几何的关系。主要研究论文都发表在《克雷尔杂志》上。主要论著有《空间解析几何讲义》(1861)、《直线解析几何讲义》(1865)和《行列式的基本研究》(1872)等。培养了C. G. A. 迈尔、施勒德、韦伯和M. 诺特等优秀的博士生。1872年获柏林科学院施泰纳奖。第25029号小行星(1998)命名为"黑塞星"。

卢米斯(Loomis, Elias, 1811.8.7—1889.8.15) 美国数学家、气象学家和天文学家。生于康涅狄格州威灵顿,卒于纽黑文。1830年毕业于耶鲁学院。毕业后留校担任学生导师。1833年到巴黎留学。1836—1844年应聘为西储大学的数学和自然哲学教授,任职期间于1838年创建了卢米斯天文台(美国第二古老的天文台)。1844—

1860年任纽约大学的自然哲学和数学教授。1861年后任耶鲁学院教授。1845年当选美国文理科学院院士。1873年成为美国国家科学院院士。在数学、天文学和气象学方面均有贡献。在美国各种科学杂志上发表了多篇研究论文。1846年绘制出版了美国第一张天气图。当1859年9月发生极强地磁风暴(由太阳耀斑引起)时,卢米斯立刻收集并整理了对这一现象的解释,发表了9篇关于这次地磁风暴的论文。他编著了多部高发行量的教科书,其《解析几何与微积分》(1835)一书在1859年由中国清代李善兰与英国伟烈亚力合作翻译成中文,名为《代微积拾级》,这是西方微积分著作的第一部中文译本。随后,中文版被日本学者翻译成日文并在日本出版。因此,卢米斯的工作在近代数学知识向东方的传播中发挥了重要作用。

伽罗瓦(Galois, Évariste, 1811.10.25—1832.5.31) 法国数学家。生于拉雷讷堡(Bourg-la-Reine),卒于巴黎。幼时受到良好的家庭教育。1823年进入路易大帝中学学习。1827年开始自学勒让德、拉格朗日、高斯和柯西等人的原著,不久遇到数学教师里夏尔。被发现数学才能,开始数学研究。发现了n次多项式可以用根式解的充要条件,解决了长期困扰数学界的问题。还得到许多后来称为伽罗瓦理论的重要结果。1830年进入巴黎高等师范学校学习,由于参加政治斗争被学校除名,并两次入狱。1832年5月,由于政治和爱情的纠葛,死于一场决斗。是近世代数的创始人之一,与阿贝尔并称为现代群论的创始人。深入研究了一个方程能用根式求解所必须满足的本质条件,建立了方程的根的“容许”置换。这些置换通过添加方程的根的域构成了自同构群。由此得到了代数方程能用根式求解的充分必要条件是自同构群可解。提出的“伽罗瓦域”“伽罗瓦群”和“伽罗瓦理论”都是近世代数所研究的重要课题。由此可以推出五次以上一般代数方程根式不可解,以及用圆规、直尺(无刻度)三等分任意角和作倍立方体不可能等结论。其工作是19世纪数学中最杰出的成就之一。但其生前未获应有荣誉。直到1846年,由刘维尔整理部分遗稿并附注释的论文《论方程的根式可解性条件》(Mémoire sur les conditions de résolubilité des équations par radicaux)才在《纯粹与应用数学杂志》上发表。1870年,若尔当在其著作《置换与代数方程论》中对伽罗瓦理论作出长篇论述,其工作才被完全理解。伽罗瓦理论对近代数学发展产生的广泛而深远的影响已渗透到数学的多个分支。

布鲁姆(Blum, A., 1812—1877) 法国数学家、教育家、工程师。早年就学于巴黎综合工科学校,毕业后任海军炮兵军官。1835年投身教育事业,编著了多种数学教科书。研究数学教育学,曾与俄国数学家奥斯特罗格拉茨基共同编著出版了《教学思考》(1860)。

尚克斯(Shanks, William, 1812.1.25—1882.6) 英国业余数学家。生于诺森伯兰郡科森赛德,卒于达勒姆郡霍顿利斯普林。早年经历不详。1847年移居霍顿利斯普林,开办一所寄宿学校。工作之余从事计算工作,以圆周率π值的计算而著称。借助于梅钦的等式

$$\frac{\pi}{4}=4\arctan\frac{1}{5}-\arctan\frac{1}{239},$$

在1853年分别将π值算至530位和607

位10进小数。1873年又将位数推进到707,虽然后人在第528位上发现错误,但他的结果仍被认为是π值计算史上的一座重要里程碑。还计算e和欧拉常数γ到多位小数。发表了一份高达6万的素数表,还计算出2,3,5和10的自然对数到小数点后137位。1853年出版《数学奉献;包括对圆的计算》,其中包括他计算的π的近似值。1854—1874年,在英国皇家学会会刊上发表了9篇数学纪事。

瓦保斯(Wappäus, Johann Eduard, 1812.5.17—1879.12.16)　德国统计学家、地理学家。生于汉堡,卒于格丁根。早年在格丁根大学和柏林大学学习,师从地理学家C.里特(C. Ritter, 1779—1859)。1838年获得格丁根大学的私人讲师资格,1845年晋升为副教授。1854年任格丁根大学地理和统计学教授。1860年成为格丁根科学院院士。是当时德国人口统计学界的领导人,曾代表汉诺威政府多次参加国际统计大会。最广为人知的工作是编辑出版了新版(第7版)《斯坦-赫歇尔曼地理和统计手册》(1847—1871)。两度(1848—1863,1874—1879)担任《格丁根学者报》的主编。还著有《一般人口统计学》(2卷,1859—1861)和《平均寿命的概念和统计意义》(1860)等。

格佩尔(Göpel, Adolph, 1812.9.29—1847.6.7)　德国数学家。生于罗斯托克,卒于柏林。少年时到意大利旅居,曾到比萨大学旁听数学和物理学课程。1827年返回柏林在预科学校学习。1829年进入柏林大学,学习数学、哲学、自然科学以及历史和文献学等科目,1835年获博士学位。之后在大学预科学校和皇家图书馆任职。主要贡献是发展了雅可比在阿贝尔函数和θ函数方面的工作,开创了超椭圆函数的研究。深入研究了关于阿贝尔积分的反函数、椭圆积分的推广以及相应黎曼曲面的较高亏格g的相关函数。椭圆函数对应于$g=1$并且是双周期的,他研究了$g=2$的"超椭圆"函数,指出"超椭圆"函数是四倍周期函数,引进了格佩尔四元组概念。他的工作在当时最活跃、竞争最激烈的数学研究领域取得了突破。但是他与柏林数学界除了克雷尔外几乎没有交流。雅可比了解到他研究的价值后,于1847年3月把他的论文提交到《克雷尔杂志》,不幸的是他突发急病去世。雅可比在格佩尔去世后发表论文介绍他关于超椭圆函数的研究,他的工作才为世人了解。后来他的其他论文也在《克雷尔杂志》上发表。超椭圆函数理论为解决数学分析、几何和力学的有关问题提供了重要工具。

洛朗,P. A.(Laurent, Pierre Alphonse, 1813.7.18—1854.9.2)　法国数学家、光学家。生于巴黎,卒于同地。1830—1832年在巴黎综合工科学校学习,是当届最优秀的学生之一。毕业后到梅斯炮兵与工程应用学院任工程师,曾被派往阿尔及利亚工作。1840年返回法国后花费6年时间探讨液压工程结构,为该结构理论研究奠定了基础。数学研究主要在幂级数理论方面。1843年向法国科学院递交大奖赛论文《变分计算》(因投递太晚,未进入评选),其中包含他的重要研究成果。同年,在论文《柯西定理的推广,……》(1843,1863年正式发表)中独立给出柯西正在研究的复变函数论中的一些结果。证明了当一个函数$f(z)$在其孤立点a上不连续时,可以在以a为圆心的同心圆环上用$(z-a)$的升幂及降幂展开式来代替泰勒展开式。即

$f(z)=\sum_{n=-\infty}^{n=+\infty}a_n(z-a)^n$。这种展开后来就被称为洛朗展开式或洛朗级数,是泰勒级数的重要推广。这项工作对幂级数理论的发展以及解决固体热平衡问题和弹性现象非常有用,受到广泛重视。还撰写过关于偏微分方程、光波现象及偏振理论等方面的论文。论文大都在科学院会议纪要里保存着。

史密斯,A.(Smith, Archibald, 1813.8.10—1872.12.26) 英国数学家、律师。生于北拉纳克郡格林黑德,卒于伦敦。1828年进入格拉斯哥大学学习法律,然后到剑桥大学三一学院学习,1836年获数学一等荣誉学位和史密斯奖,并当选三一学院研究员。1839年获硕士学位。1841年由伦敦律师协会授予大律师资格,担任股权人的律师,业余时间钻研科学。1837年当选爱丁堡皇家学会会员。1856年成为英国皇家学会会员。是《剑桥数学杂志》的创始人之一。科学工作主要在数学及其应用方面。将数学应用于磁学研究,得到了修正航海罗盘观测的实用公式。与人合作(1862)编著了一部《海军实用手册》,以确定由船舶上的铁器引起的罗盘偏差。该手册还被译成俄、德、法和西班牙文。为此,1864年获格拉斯哥大学名誉博士学位。1865年获皇家奖章。1866年俄国沙皇亚历山大二世赠送他一枚镶嵌钻石的金质罗盘。还著有《矫正船舶上罗盘偏差的图解法》(1855)等。还是首次将对称法用于解析几何的英国学者之一。

施勒夫利(Schläfli, Ludwig, 1814.1.15—1895.3.20) 瑞士数学家。生于伯尔尼州格拉斯维尔,卒于伯尔尼。1829年进入伯尔尼预科学校学习微积分。1831年到伯尼尔学院继续深造,1834年学院改为伯尼尔大学,他转而学习神学。1836—1847年在图恩的高中任教,课余到伯尼尔大学旁听数学。1843年偶遇数学家施泰纳,为其与德国数学家雅可比、狄利克雷和博尔夏特等进行学术交流充当翻译,并陪同他们到意大利游学,从此步入数学研究生涯。1848年执教于伯尔尼大学,1853年任教授,直至1891年退休。1868年当选意大利米兰科学院通讯院士,1871年与1883年又分别成为格丁根科学院和意大利山猫学院的相应成员。1870年获柏林科学院施泰纳奖。主要贡献在几何学和函数论方面。在凯莱和黎曼之前就开创了多维几何体的研究。他的工作在高维度概念的发展中起到关键作用。1850—1852年,着手写作《多重连续性理论》(1852),称所研究对象为n维线性几何学。定义了n维球体并计算了它的体积,创立若干特殊函数来论述n维欧几里得空间的正则体和高维球的正则剖分等理论,引入"施勒夫利符号",解决了正则多胞形等一系列问题。但是该书在生前没有发表,直至去世后的1901年才得以出版。在Γ函数、贝塞尔函数和椭圆模函数等方面也均有建树。晚年还自学梵文,将印度吠陀经典译成德文。

卡塔兰(Catalan, Eugène Charles, 1814.5.30—1894.2.14) 比利时数学家。生于布鲁日,卒于列日。1825年移居巴黎,1833年入巴黎综合工科学校学习,曾一度辍学。1835年毕业后在沙隆工艺美术学院教授数学。1838年,在刘维尔推荐下获得综合工科学校画法几何的教学职位。1841年在刘维尔指导下获得博士学位,接着前往查理曼学院教授画法几何。1848年后在查理曼高中任教数年。1865年返回比利时任列日大学分析学讲座教授，同年当选布鲁塞尔科学院院士。1883 年任比利时科学院的数论讲座教授。共发表 200 多种涉及各数学领域的论著。在微分几何中，证明了关于极小曲面的卡塔兰定理。和雅可比同时解决了多重积分的变量替换问题，建立了有关公式。1844 年，在写给《克雷尔杂志》编辑部的信中提出了著名的猜想：方程 $x^a - y^b = 1$ ($a, b > 1$; $x, y > 0$ 均为正整数) 没有大于 1 的正整数解，除非平凡情形 $3^2 - 2^3 = 1$。卡塔兰猜想 2002 年由罗马尼亚数学家米赫伊列斯库 (Preda V. Mihăilescu, 1955—) 证明。在函数论、贝努利数和其他领域也有贡献。计算出的交错级数 $\sum_{i=1}^{\infty} \frac{(-1)^{i-1}}{(2i-1)^2}$ 的和为 0.915 965 594 177…，称为卡塔兰常数，在组合问题中有应用。还是多个国家科学院和学术团体的相应成员。

旺策尔（Wantzel, Pierre-Laurent, 1814.6.5—1848.5.21） 法国数学家。生于巴黎，卒于同地。1828 年进入查理曼学院预科班，1832 年以第一名的成绩进入巴黎综合工科学校学习，1834 年到国立路桥学校继续学习。1841 年任路桥学校工程师和应用力学教授。此外，还在巴黎的多所学校教授数学和物理学课程。受韦达、笛卡儿、高斯和阿贝尔等人工作的启发，对几何作图和代数方程根式可解性问题发生极大兴趣。1837 年还是一名初级工程师时，就在《刘维尔杂志》上发表文章《判别几何问题是否可尺规解决的方法研究》，严格证明了只使用直尺和圆规，倍立方体问题和三等分任意角问题是无法完成的，因而被誉为当代的伽罗瓦。在同一篇论文中，还确定了哪些正多边形是可作图的问题。证明了正多边形可作图当且仅当它的边数是 2^n 与不同费马素数的乘积。高斯曾给出任何一个正 n 边形可尺规作图的充分条件，旺策尔则证明了这个条件也是必要的，从而结束了由高斯开始的关于可作图正多边形的论证。1845 年又证明不可能通过根式来求解所有代数方程。给出一个更明确的论证：对于三次方程的不可约情形，如果不使用虚数，就不可能将它的三个实根“代数地”(即只用根式)表示出来。对曲线积分也颇有研究。

西尔维斯特（Sylvester, James Joseph, 1814.9.3—1897.3.15） 英国数学家。生于伦敦，卒于同地。早年就读于剑桥大学圣约翰学院，1837 年毕业。1838 年到伦敦大学学院讲授自然哲学。1839 年成为英国皇家学会会员。1841 年在都柏林大学三一学院获得硕士学位。同年受聘为美国弗吉尼亚大学数学教授，不久辞职。1843 年返回伦敦。1846 年进入内殿法学会进修，1850 年取得律师资格。不久与在律师学会学习的凯莱结为好友并开始了长期合作。1855—1870 年任伍尔维奇皇家军事学院数学教授。1868 年当选伦敦数学会主席。1876 年再次赴美，任约翰斯·霍普金斯大学首任数学教授直到 1883 年。其间创办《美国数学杂志》(American Journal of Mathematics, 1878)，为发展美国数学研究作出贡献。1883 年任牛津大学萨维尔几何学教授。和凯莱、哈密顿等人共同开创了自牛顿以来英国纯粹数学研究的繁荣局面。在代数方程论、行列式和矩阵理论、不变量理论、线性结合代数、标准型、数论和概率论等方面均有重要贡献。考察了数值方程的根的实性和施图姆定理，证明了牛顿关于虚根数目的法则，推导出施图姆函数的简单表达式并推广了施图姆定理。同凯莱一起，发展了行列式理论，创立了代数形式的理论，共同奠定了关于代数不变量的理论基础。在数论方面也作出突出工作，成功地应用柯西剩余定理，推进了欧拉关于线性不定方程组的整数解的枚举问题，特别是发展了整数分拆理论和丢番图分析。在微分方程、椭圆函数和 θ 函数方面也有建树，著有《椭圆函数论》(1876)。创造了许多数学名词，如当代数学中常用到的术语：矩阵、不变式、判别式、雅可比行列式等。一生发表了 300 多篇论文，还担任《纯粹和应用数学季刊》和《剑桥和都柏林数学杂志》的编辑。曾获得皇家奖章(1861)、科普利奖章(1880)和德·摩根奖章(1887)，还获得都柏林、爱丁堡、牛津、剑桥等大学授予的名誉学位。去世后，由 H. F. 贝克编辑出版了 4 卷《西尔维斯特论文集》(1904—1908)。

伟烈亚力(Wylie, Alexander, 1815.4.6—1887.2.10)　英国传教士、汉学家。生于伦敦，卒于同地。早年在苏格兰就学，所学课程包括拉丁文、几何、代数等。通晓汉语及多种语言文字。1846 年来华，被派遣到上海协助管理伦敦传道会印刷局墨海书馆，并致力于传道。1857 年创办上海第一份中文月刊《六合丛谈》，任主编。1867 年在上海出版《在华新教传教士纪念录》一书，记录 19 世纪初以来，来华的 338 位传教士小传及其著作。这是一本研究基督教在华传教历史的重要文献。在华 30 年，前后共推销 100 万部新约圣经。1877 年返回伦敦定居。在西学东渐方面作出重要贡献。在墨海书馆结识中国第一报人王韬、数学家李善兰等中国学者，翻译了多种西方科学著作。与王韬合作有《西国天学源流》等，又与李善兰合作翻译欧几里得《几何原本》后 9 卷，称为《续几何原本》(前 6 卷由利玛窦和徐光启合译)，1859 年刊行。与李善兰合译的书籍还有《代数学》(原著德·摩根)和《代微积拾级》(原著卢米斯)等。这两部书第一次将分析数学引入中国，不但在中国影响很大，而且还传到日本并翻译成日文出版。1852 年在《北华捷报》上发表论文《中国数学科学札记》，在文中最早向西方学界介绍中国古代的算筹，指出筹算所使用的十进位制，比欧洲和阿拉伯早几个世纪；详述了《九章算术》《数书九章》《测圆海镜》等中国古代数学经典著作。指出秦九韶《数书九章》中的“玲珑开方”法领先于英国数学家霍纳 1819 年发表的高次代数方程解法近 600 年。在他 4 部最著名的著作中，有 3 部是关于汉学的。其中《中国文献录》(1867)介绍了 2 000 多部包括古典文学、数学、医学和科学技术等方面的中国古典文献。嗜好购书，尤其好访古旧书店，后将在中国积累的大约 2 万本中文书籍和古董书籍出售给皇家亚洲学会(1869)和牛津大学图书馆(1882)。

索莫夫(Сомов, Иосиф [Осип] Иванович, 1815.6.13—1876.5.8)　俄国数学家、力学家。生于莫斯科省克林区奥特腊达村，卒于圣彼得堡。1835 年毕业于莫斯科大学物理-数学系，后在莫斯科商业学校和贵族学院讲授数学。1841 年获硕士学位。同年迁居圣彼得堡，任圣彼得堡大学副教授，1847 年获数学博士学位，1856 年任应用数学教授。1862—1870 年任铁路工程兵团研究所所长。1852 年当选圣彼得堡科学院通讯院士，1862 年成为正式院士。1866 年被圣彼得堡大学授予名誉教授称号。在力学、数学和数学物理等方面均有大量的研究。1838年，发表了第一部论著《某些高阶代数方程理论》。最早在彼得堡大学讲授椭圆函数论课程，并研究椭圆函数及其在力学中的应用，撰写了《椭圆函数论基础》(1850)一书。后半生主要研究力学问题，用几何方法研究理论力学，提出在当时比较新颖的向量法。在此基础上，把微分参数理论广泛地应用于场论之中。还研究固体在绕某一定点的旋转问题，特别研究了欧拉、普安索、拉格朗日和泊松工作中出现的例子。还著有《波动运动的解析理论》(1847)、《解析几何学》(1857)，以及俄国通用的中学教科书《初等代数》(1862)等。

科芬，J. H. C.(Coffin, John Huntington Crane, 1815.9.14—1890.1.8)　美国数学家、天文学家。生于缅因州的威斯卡西特(Wiscasset)，卒于华盛顿。1834年毕业于鲍登学院。1836年投身美国海军，服役同时在军中讲授数学。1844—1853年任华盛顿特区美国海军天文台数学教授。1853—1865年任美国海军学院数学、天文学和航海学教授。1865年任美国星历和航海年鉴编辑部门的总监，主编《航海年鉴》，1877年退休。1884年获鲍登学院名誉博士学位。1851年当选美国文理科学院院士。还是美国国家科学院创始院士(1863)和美国哲学学会会员(1869)。编著的《航海与航海天文学》(1868)长期以来一直作为美国海军教育的标准教科书。发表了多篇数学论文。

魏尔斯特拉斯(Weierstrass, Karl Theodor Wilhelm, 1815.10.31—1897.2.19)亦译外尔斯特拉斯。德国数学家。生于德国西部威斯特伐利里的奥斯滕费尔德村(Ostenfelde)，卒于柏林。早年遵从父命进入波恩大学学习法律和财政，但专业兴趣在数学上。在校期间，就开始研读拉普拉斯、雅可比，特别是阿贝尔的著作。1838—1840年在明斯特学院(明斯特大学前身)学习数学和物理学。其间特别对古德曼的椭圆函数理论产生极大兴趣，为日后研究函数理论打下基础。1842—1855年先后在几个小城镇的中学任教。业余坚持数学研究。1854年，在《克雷尔杂志》上发表了成名之作《关于阿贝尔函数论》。当年哥尼斯堡大学授予他名誉博士学位。1856年担任柏林皇家工业学校(1879年并入柏林工业大学)教授，同年当选为柏林科学院院士，并由库默尔推荐成为柏林大学助理教授，1865年晋升为教授。1881年成为英国皇家学会外籍会员，1895年获科普利奖章。是把严格的论证引进分析学的一位大师，其批判精神对19世纪数学产生很大影响，在数学史上起到承前启后的作用。在严格的逻辑基础上建立了实数理论，用单调有界序列来定义无理数，给出了数集的上、下极限，极限点和连续函数等严格定义。在1861年构造了一个著名的处处不可微的连续函数

$$f(x)=\sum_{n=0}^{\infty}a^n\cos(b^n\pi x)$$

其中$0<a<1$，$ab>1+3\pi/2$，b为奇数。完善了由柯西引进的用不等式描述的极限定义，引用$\varepsilon-\delta$定义，为分析学的算术化作出重要贡献。在解析函数论中也有重要贡献，建立了解析函数的幂级数展开定理和多元解析函数基本理论，得到代数函数论及阿贝尔积分中的某些结果。在变分法方面，给出了带有参数的函数的变分结构，研究了变分问题的间断解。在微分几何方面，研究了测地线和最小曲面。在线性代

数方面,建立了初等因子理论并用来化简矩阵。一生培养了大批有成就的数学人才,其中著名的有施瓦兹、米塔-列夫勒、G.康托尔、闵科夫斯基、柯尼希贝格、肖特基、I. L.富克斯,以及俄国女数学家柯瓦列夫斯卡娅。其研究成果大都是通过向学生讲授传播的。1894—1927年柏林科学院建立的专门委员会编辑出版了《卡尔·魏尔斯特拉斯数学著作》(Mathematische Werke von Karl Weierstrass)。月球上有以其名字命名的陨石坑。第14100号小行星(1997)亦以其名字命名。

布尔,G.(Boole, George, 1815.11.2—1864.12.8) 英国数学家、逻辑学家。生于英格兰林肯郡林肯市,卒于爱尔兰科克。早年接受父亲的教育,学习数学和拉丁文,又自学希腊文等。由于家境窘迫,16岁时就开始在利物浦的中学执教。曾创办中学,经营寄宿学校,同时自修数学。1841年发表代数不变量的研究论文,引起凯莱的极大兴趣。1844年发表著名论文《数学分析中的一个普遍方法》,不久获皇家奖章。1849年分别获得牛津大学和都柏林大学的名誉博士学位,同年受聘为爱尔兰科克女王学院(今为科克大学)的第一位数学教授,直至去世。1857年当选英国皇家学会会员。最大的贡献是创立了逻辑代数。1847年,针对当时哲学界对数学的偏见,深入研究逻辑问题,发表了第一本有关论著《逻辑的数学分析》,阐明了语言符号化的基本思想。经过几年的实践修改,又于1854年出版逻辑代数的代表作《思维规律的研究》(An Investigation of the Laws of Thought),系统地归纳了这一新兴理论。利用代数语言使逻辑推理更简洁清晰,从而建立起一种所谓逻辑科学。用等式表示判断,把推理看成是等式的变换。这种变换的有效性不依赖人们对符号的解释,只依赖于符号的组合规律。他的工作为逻辑代数化作出了决定性贡献,给19世纪数学带来新的转机,并成为后来计算机理论的基础。为纪念他的功绩,人们称这一新学科为布尔代数。还把多年的教学经验汇编成教科书《微分方程》(1859)和《差分演算》(1860)。去世后,其妻继续发表论文,追述布尔理论产生的原因及过程。

艾达·拜伦(Ada Byron, Augusta,或Ada Lovelace, 1815.12.10—1852.11.27) 英国数学家。生于伦敦,卒于马里波恩。父亲是诗人拜伦(G. G. Byron, 1788—1824),母亲是一位数学家。1835年,与威廉·金(William King)结婚后称为洛夫莱斯(Lovelace)伯爵夫人。早年接受母亲的科学训练,对数学和逻辑产生浓厚兴趣。1834年与英国数学家巴贝奇(也被称为"计算机之父")开始了长期合作。1842—1843年间,在翻译意大利数学家梅纳布雷亚对巴贝奇最新计算机设计说明书所作的备忘录时,附加了详细的注记,说明了用计算机进行伯努利数的运算方式。这项工作被认为是世界上第一个计算机程序设计流程图。这种程序包括控制的条件传送,运算的循环累积等。程序中还阐明了现代程序设计的原理。她引进的术语"工作单元"和"循环"已为现代计算机程序设计所采用。还指出了计算机的能力远远超越单纯的计算或数字处理等问题。她的注记在计算机的早期历史中有重要地位。为了纪念她对现代计算机软件工程所产生的重大影响,20世纪70年代末,美国国防部把一种高级程序语言命名为Ada语言,该语言被公认为是第四代计算机语言的主要代表。

弗勒内(Frenet, Jean Frédéric, 1816.2.7—1900.6.12) 法国数学家、天文学家。生于多尔多涅省佩里格,卒于同地。1840年进入巴黎高等师范学校学习,然后转到图卢兹大学继续深造。1847年获巴黎理学院博士学位,同年成为图卢兹大学教授。1848年任里昂科学学院(现里昂大学)数学教授,兼任学院天文台台长。著作量少质高,附有详细的推导和历史性评价。最重要的贡献是对微分几何的空间曲线理论的研究。代表作是完成于1847年的论文《关于双曲率曲线的若干性质》(1852年发表)。文中给出的6个公式描述了在三维欧几里得空间中沿着连续可微曲线移动的粒子的运动学特性。1851年,另一位法国数学家塞雷也独立地得到几个公式,现在称这些公式统称为弗勒内-塞雷公式,这就是经典曲线论的基本公式或弗勒内标架的微分公式,只是当时用于编写这些公式的矢量符号和线性代数尚未使用。编著的《微积分习题集》广为流行,1856—1917年共出了7个版本。在天文学方面,于1853—1858年在里昂科学院的回忆录中发表了大量观测记录。

塞斯蒂尼(Sestini, Benedict, 1816.3.20—1890.1.17) 数学家、天文学家。生于意大利佛罗伦萨,卒于美国马里兰州弗雷德里克(Frederick)。早年在格里高利大学学习哲学和神学。1844年被聘为格里高利大学高等数学教授。1848年移居美国。1848—1869年在华盛顿的乔治城学院(今乔治城大学)讲授数学和自然哲学。其间还在乔治城天文台继续研究太阳黑子,在华盛顿的贡扎加学院讲授高等数学。还是一名优秀的建筑师,曾参与制定马里兰州伍德斯托克耶稣会学院的建筑计划。1869—1884年在该学院任教。出版了一系列关于代数,几何和三角学,解析几何和无穷小分析的教科书,如《解析几何学》(1852)、《代数学》(1855—1857)和《几何与无穷小分析手册》(1871)等。还发表了《宇宙学原理》(1878)和《星色目录》(1845—1847)等天文学著作。

德洛奈(Delaunay, Charles Eugène, 1816.4.9—1872.8.5) 法国数学家、天文学家。生于巴尔斯河畔吕西尼,卒于瑟堡。1834年进入巴黎综合工科学校学习,1836年以第一名的成绩毕业。自学拉普拉斯的著作使他对天体力学产生了浓厚兴趣。随后进入矿业学院接受工程师培训。1841年在巴黎理学院以变分法研究地球运动的论文获博士学位。同年在巴黎理学院开设物理天文学课程。1845年之后相继在矿业学院、圣巴比学院、巴黎理学院和综合工科学校任教授、讲座教授。1855年当选法国科学院院士。1869年当选英国皇家学会的外籍会员。1870—1872年任巴黎天文台台长。1870年获得英国皇家天文学会的金奖。其月球理论的研究对推进行星运动理论和数学理论的发展都有较大价值。数学研究在微分几何方面。1841年,发现了一种特殊曲线(称德洛奈曲线),这种曲线是由椭圆和双曲线沿直线移动时其焦点的轨迹所描绘出的。还对恒定平均曲率的旋转曲面(称为德洛奈曲面)进行了分类。著有《月球运动理论》(2卷,1860—1867)。是在埃菲尔铁塔上刻有名字的72位科学家之一。月球上有以其名字命名的陨石坑。1872年夏,与同伴在划船事故中溺水身亡。

罗森海因(Rosenhain, Johann Georg, 1816.6.10—1887.5.14) 德国数学家。生

于德国哥尼斯堡，卒于柏林。1834 年入哥尼斯堡大学，受教于雅可比和里歇洛等数学家。大学期间就对椭圆函数等课题进行研究，还协助编辑雅可比的讲义。在雅可比指导下以研究双变量的周期函数而获博士学位。1844—1848 年任布雷斯劳大学讲师，主讲阿贝尔积分。1848 年加入军队。1851—1857 年在维也纳大学任教。1857—1886 年任哥尼斯堡大学副教授。1856 年当选格丁根科学院院士。1859 年成为柏林科学院通讯院士。最重要的工作是研究亏格 g 等于 2 的曲线上阿贝尔积分的逆问题。于 1851 年提交的相关论文《论一阶超椭圆积分的逆——二元四周期函数》解决了法国科学院悬赏五年之久的难题，因而获得科学院大奖。

巴伊马(Bayma, Joseph, 1816.11.9—1892.2.7) 数学家、哲学家、科学家。生于意大利皮埃蒙特，卒于美国加利福尼亚州圣克拉拉(Santa Clara)。1861—1868 年任英国斯托尼赫斯特(Stonyhurst)学院哲学教授。1868 年移居美国。1872—1880 年在旧金山大学圣伊格内修斯学院任数学教授、院长。1880 年以后定居圣克拉拉，在当地的小学讲授数学，至去世。以宗教哲学、数学和立体化学等方面的工作而闻名。发表了数篇有影响的宗教哲学方面的文章。在数学方面，出版了代数学、几何学、解析几何、平面和球面三角以及无穷小分析等方面的著作。有遗著《真实的哲学》。

费雷尔(Ferrel, William, 1817.1.29—1891.9.18) 美国数学家、地球物理学家、气象学家。生于宾夕法尼亚州贝德福德[今富尔顿(Fulton)]，卒于西弗吉尼亚州马丁斯堡(Martinsburg)。早年自学天文和地理。1844 年毕业于马歇尔学院，之后到密苏里州和田纳西州教书。1858—1867 年在美国海岸勘测局供职。1882 年到美国陆军的信号部门服务，1886 年退休。最早用数学方法解决气象问题，把气象学从观察、描述以及唯图像的一般定律，上升到用精确的数学方法来讨论的严格层次。提出了中纬度大气环流的详细解释，1850 年开始用牛顿的数学原理探讨日月运行对潮汐的影响，成为第一个用定量方法研究潮汐现象的科学家，以建立地球旋转气流方向定律而著称。1856 年在《纳什维尔医学和外科学报》上发表了关于海浪、水流和风暴的文章，对大气环流给出划时代的数学解释。之后又作出更多的数学描述，写成论文《地球自转对其地表物体相对运动的影响》，分别于 1859 年和 1860 年在《朗克尔数学周报》杂志上连载发表。在流体动力学方程的基础上建立了大气一般循环的理论模型，从而促进了现代动力气象学的形成。还发明有预报潮汐高潮与低潮的机器。著有《气象学探索》(3 卷，1877—1882)。

博尔夏特(Borchardt, Carl Wilhelm, 1817.2.22—1880.6.27) 德国数学家。生于柏林，卒于柏林附近的鲁德斯多夫(Rudersdorf)。父亲是一位富商，早年聘请数学家施泰纳和普吕克做他的家庭教师。1836 年进入柏林大学学习，曾受教于狄利克雷。1839 年又到哥尼斯堡大学，在贝塞尔和雅可比等人指导下深造，1843 年由雅可比指导获得博士学位。1848 年到柏林大学任教，成为魏尔斯特拉斯的挚友。1856 年当选柏林科学院院士。还是巴伐利亚、格丁根和俄罗斯科学院的成员。于 1846 年发表第一篇论文后，推广了库默尔关于确定行星的长期摄动方程(特征方程)

的结果,并借助于行列式证明了在这种情况下施图姆函数可表为平方和的形式,由此得出特征方程的根是实数。以后又陆续发表关于将行列式理论应用于代数方程,以及有关对称函数、消元理论和插值理论的论文。对算术-几何平均(AGM)、极大问题和弹性理论也有研究。1855—1880年接替克雷尔任《纯粹与应用数学杂志》主编,编辑了该杂志的第57—90卷。在此期间,该杂志被称为"博尔夏特杂志"。

杰诺基(Genocchi, Angelo, 1817.3.5—1889.3.7) 意大利数学家。生于皮亚琴察,卒于都灵。1838年毕业于帕尔马大学法律系并留校任教,1846年取得律师资格。自学数学。1848年移居都灵,任都灵大学法学教授。1859年开始任都灵大学代数和几何课教授,1862年后任微积分讲座教授。是最早在意大利大学微积分课程中引入柯西和拉格朗日的严谨性的数学家之一。1873年任都灵大学校长。主要贡献在数论、级数论和积分学等方面。数论中有以其名字命名的杰诺基数。还和蒂伊共同开创了非欧几里得力学的研究。去世后,皮亚诺继承了他的研究工作。杰诺基共发表近180篇论文,还著有《微积分学原理》(1884)一书。1862年当选都灵科学院院士,1885—1889年任科学院院长。1886年当选意大利国会参议员。

布里奥(Briot, Charles Auguste, 1817.7.19—1882.9.20) 法国数学家、物理学家。生于杜布省圣希波利特(Saint Hippolyte),卒于布尔格达奥特。1838年进入巴黎高等师范学校学习,后结识低一级的布凯。1842年获巴黎理学院理学博士学位。之后多年从事教学工作,曾担任奥尔良高中第一位数学教授,之后和布凯同在里昂大学任职,从此开始长期合作。1851年到巴黎的高中和预科学校任教,同时在巴黎综合工科学校兼课。1864年成为巴黎高等师范学校教授。1867年当选格丁根科学院外籍院士。1870年接替拉梅担任巴黎理学院概率计算和数学物理讲座教授。数学研究主要在分析学领域,与布凯共同研究复变函数论和常微分方程,引入全纯、亚纯等术语,研究微分方程在奇点邻域内的解,这些研究都是柯西工作的继续。共同编辑出版了《双周期函数理论》(1859)、《椭圆函数论》(1875)和《阿贝尔函数理论》(1879)等。还出版了关于光的数学理论和热力学理论的论著,编写的一些教科书再版多次,流行很广。1882年获庞斯列奖。

布罗赫(Broch, Ole Jacob, 1818.1.14—1889.2.5) 挪威数学家、物理学家、经济学家。生于挪威腓特烈斯塔,卒于法国塞夫尔。自幼表现出数学天赋,1835年进入皇家弗雷德里克大学学习,毕业后到巴黎、柏林和哥尼斯堡留学,对光学和统计学产生了兴趣。1843年与好友尼森(H. Nissen, 1815—1874)在奥斯陆共同创建了尼森拉丁语科学学校。1847年获博士学位。同年创建斯堪的纳维亚半岛的第一家人寿保险公司。1850年接替霍尔姆博成为皇家弗雷德里克大学数学讲座教授,同时在克里斯蒂安尼亚军事院校兼职。1862年作为克里斯蒂安尼亚的代表人物进入政界。1875年当选法国科学院院士。在数学、物理学和经济学等方面均有建树,其数学研究推动了挪威数学的发展。坚持数学教育与实际应用相结合,编著了多种教科书,如《三角学手册》(1851)、《高等数学教程》(1861)等。因其科学和政治上的贡献获得多项荣誉,如获挪威皇家圣奥拉夫大十字勋章、法国荣誉军团大军官勋章和瑞典皇家北极星勋章等。

巴尔策(Baltzer, Heinrich Richard, 1818.1.27—1887.11.7) 德国数学家、教育家。生于迈森,卒于吉森。1836 年入莱比锡大学学习哲学和数学,1841 年获哲学博士学位。曾在开姆尼茨和德累斯顿等地的学校任教。1864 年成为撒克逊科学院院士。1869 年受聘为吉森大学教授。主要贡献在数学基础、代数学和几何学等方面。所著《行列式的理论与应用》(1857;第 5 版,1881)是关于行列式的第一部德语教科书,多次再版;《数学基础》(2 卷,1860—1862)的第 2 卷对德语国家了解非欧几何有很大促进作用;《解析几何》(1882)亦享有盛名。还积极宣传罗巴切夫斯基和 J. 波尔约的非欧几何思想,对数学史也有一定研究。

约阿希姆斯塔尔(Joachimsthal, Ferdinand, 1818.3.9—1861.4.5) 德国数学家。生于普鲁士戈德堡(今属波兰),卒于布雷斯劳(今波兰弗罗茨瓦夫)。先后在柏林大学、哥尼斯堡大学和哈雷大学学习,受教于狄利克雷、施泰纳、雅可比和贝塞尔等数学家。1840 年获哈雷大学博士学位。之后在柏林的皇家中学和法国的预科学校任教。1847 年被聘到柏林大学,1852 年成为教授。1853 年转到哈雷大学任教授。1855 年到布雷斯劳大学接替库默尔的讲座教授职位。主要贡献在解析几何和微分几何等方面。1846—1861 年在《克雷尔杂志》上发表了多篇关于曲面、曲线理论和行列式理论的论文。相关的一些曲面、定理、方程和符号等以他的名字命名,还把行列式理论应用到几何研究中。所著《平面解析几何原理》(1863)和《微积分在双曲面曲线一般理论中的应用》(1872)在他去世后出版。

普赖斯(Price, Bartholomew, 1818.5.14—1898.12.29) 英国数学家、牧师。生于格洛斯特郡科恩圣丹尼斯(Coln St. Dennis),卒于牛津。早年就学于牛津大学彭布罗克学院,毕业后留院任教。1845 年成为学院导师和数学教师。1853 年被聘为牛津大学塞德利自然哲学教授,直至 1898 年。1892—1898 年任彭布罗克学院院长。1895—1898 年兼任阿宾顿学校校长。曾任牛津大学博德利图书馆的馆长和格林尼治天文台的顾问。是英国皇家学会会员和女王学院的名誉院士。著有《微分学》(1848)和《无穷小微积分》(4 卷,1852—1860)。后者包括积分学、变分法、引力理论和分析力学等内容。

邹伯奇(1819—1869) 中国清朝科学家、数学家。生于嘉庆二十四年,卒于同治八年。字一鹗,又字特夫、徵君。生于广东南海县(今佛山市南海区),卒于同地。近代广东第一位科学家。精通天文学、数学和几何光学,对测量学也有深入的研究。对计算尺的构造和使用、二项式 n 次根和对数的幂级数展开式等均有研究。此外又制作过不少科学仪器,还是中国摄影的先驱之一,成功拍摄人物肖像。一生“好覃思而懒著述”,留下的成书甚少,大量遗稿只为备忘而记,很不系统。去世后,部分书稿在广东一些学者的资助下,才得以印刷流传。遗著汇刻为《邹徵君遗书》(1874),收录了《格术补》和《对数尺记》等著作。《格术补》(1844)是中国 19 世纪最重要的一部具独创性几何光学著作,书中有关于小孔成像的描述。该遗书的附录《夏氏算学 4 种》和《徐氏算学 3 种》分别为夏鸾翔和徐有壬所著。另生前还与丁取忠、左潜合著《粟布演草》第 2 卷，被收入《白芙堂算学丛书》。

马里(Marie, Charles-François-Maximilien, 1819.1.1—1891.4.27) 法国数学史家、数学家。生于巴黎，卒于同地。1838 年毕业于巴黎综合工科学校，之后到梅斯炮兵与工程应用学院学习，1841 年获中尉军衔。由于对数学的浓厚兴趣，不久就辞去军职返回巴黎，成为实证主义哲学家、数学家孔德的学生。1862 年由刘维尔和庞斯列推荐被任命为综合工科学校的力学教授，至 1890 年退休。主要数学贡献是编著出版了一套百科全书式的著作《数学史》。该书包括两部分：《虚变量函数论》(3 卷，1874—1876)和《数学和物理科学史》(12 卷，1883—1888)。所使用的虚数图示法与众不同。1889 年获法国科学院弗朗克尔奖。还曾相继(1876，1880)获法国荣誉军团骑士、军官勋章。

科克尔(Cockle, James, 1819.1.14—1895.1.27) 英国数学家、大法官。生于英格兰埃塞克斯郡大奥克利，卒于伦敦。中学期间就显露出数学天赋。1837 年进入剑桥大学三一学院学习数学，1838 年同时进行法律专业培训。先后于 1841 年、1842 年和 1845 年获学士、硕士和博士学位。1846 年成为律师。1863—1879 年任澳大利亚(英国殖民地)昆士兰州最高法院首席大法官。1869 年被封为爵士。早在 1854 年就当选英国皇家天文学会会员，1865 年成为英国皇家学会会员。回国后加入伦敦数学会，1886—1888 年任学会主席。始终保持着对数学和物理学的研究兴趣。一生共发表了 100 多篇关于代数学、微分方程、流体动力学和磁学等方面的论文。与凯莱一起研究线性代数，最初研究高阶线性微分方程，后转向一般的五次代数方程的解。以自创和独立的方法揭示了代数方程和微分方程之间的重要关系，并激励他人阐述和完善他的理论。首次发现并推广了具有微分不变性的函数的性质。对社会科学也表现出浓厚兴趣，1863—1879 年担任昆士兰哲学学会主席。根据遗嘱，1897 年他的遗孀向大英博物馆捐赠了他在 1864—1877 年发表的科学和数学论著。

亚当斯，J. C.(Adams, John Couch, 1819.6.5—1892.1.21) 英国数学家、天文学家。生于康沃尔郡拉奈斯特，卒于剑桥。1839 年进入剑桥大学圣约翰学院学习，获数学一等荣誉学位和史密斯奖，1843 年毕业并当选学院研究员。1857—1858 年任圣安德鲁斯大学数学教授，1859—1892 年任剑桥大学朗兹天文学和几何学讲座教授，1861 年兼任剑桥大学天文台台长。1849 年当选英国皇家学会和爱丁堡皇家学会会员。曾两度任英国皇家天文学会主席(1851—1853，1874—1876)。是独立发现海王星的两人之一(另一人是法国的勒维耶)。早在 1841 年 7 月 3 日(当时还是剑桥大学的学生)，就在日记中写道："本周初拟定计划，准备在我获得学位之后立即研究天王星运动的不规则性，以判断它是否受到天王星外面一颗尚未发现的行星的干扰。"1845 年 9—10 月分别向剑桥天文台和格林尼治天文台报告，提供这个尚未发现的新行星位于何处的精确数据，但均未受到重视。直到 1846 年 9 月 23 日柏林天文台根据勒维耶的计算发现了这颗行星很久以后，剑桥天文台才把它辨认出来。还研究月球运动长期加速现象和狮子座流星雨的轨道,并预言了 1866 年 11 月流星雨的再现。由此被英国皇家学会授予科普利奖章(1848),皇家天文学会授予金质奖章(1866)。55 岁时转向数学研究,求出了 31 个伯努利数,从而使已知的伯努利数增加了一倍;又算出精确到 263 位小数的欧拉常数值。还参与了编纂牛顿著作的数学部分。1848 年剑桥大学设立了亚当斯奖。退休之后推辞担任皇家天文学家的职务,还谢绝授予的爵位。月球上有以其名字命名的陨石坑。

阿龙霍尔德(Aronhold, Siegfried Heinrich, 1819.7.16—1884.3.13) 德国数学家、物理学家。生于东普鲁士安格堡(今属波兰),卒于柏林。1841—1845 年在哥尼斯堡大学学习,之后又入柏林大学深造,得到数学家雅可比的指导。此后几年靠私人授课谋生。1851 年获哥尼斯堡大学博士学位。之后相继在柏林炮兵工程学院、皇家建筑学院等学校任教。1862 年到柏林皇家工业学校(1879 年并入柏林工业大学)接替魏尔斯特拉斯的教职,1864 年任讲座教授。1879 年任新柏林工业大学副校长。1869 年当选格丁根科学院通讯院士。是最早研究不变量理论的德国数学家,引入所谓的符号表示法,导出了阿龙霍尔德微分方程。主要成果收集在著作《不变量理论基础》(1863)中。在平面曲线理论方面,与黑塞共同完善了普吕克的 3 次曲线 9 拐点问题的证明,建立了 4 阶平面曲线上的有关定理。在《克雷尔杂志》和柏林科学院的月刊上发表多篇研究论文。1869 年和 1883 年两次获得格丁根皇家科学协会红鹰奖。

斯托克斯(Stokes, George Gabriel, 1819.8.13—1903.2.1) 英国物理学家、数学家。生于爱尔兰斯莱戈郡斯克林(Skreen),卒于剑桥。1837 年进入剑桥大学彭布罗克学院学习,1841 年以数学一等荣誉学位和第一名史密斯奖获得者身份毕业,同时当选学院研究员。1849—1903 年任剑桥大学卢卡斯数学教授。1902 年任彭布罗克学院院长。1851 年当选英国皇家学会会员。1854—1885 年任皇家学会秘书。1885—1890 年任皇家学会主席。是继牛顿之后第一位同时获得卢卡斯教授、皇家学会秘书及主席三个职位的学者。还当选威斯敏斯特议会议员(1887—1891),受封为爵士(1889)等。是 19 世纪英国剑桥数学物理学派的重要代表人物之一。深受法国应用数学学派的影响,系统地探讨了流体动力学、固体的弹性理论、弹性固体中波的变化,包括光的衍射等问题。在 1845 年发表的论文《运动中流体的内摩擦理论》中,把任一点附近的介质的一般运动分解为平移、转动和扭曲三种形式,并应用于黏性流体的研究,导出了著名的黏性不可压缩流体动量守恒的运动方程,现称为“纳维-斯托克斯方程”(法国物理学家纳维也曾得到这个方程)。1857 年在复平面 Z 中解微分方程时引出斯托克斯现象与斯托克斯直线。建立的斯托克斯公式是向量分析的基本定理,具有广泛应用。当 20 世纪数学家引入外微分形式后,人们才认识到,外微分形式的斯托克斯公式正是单变量微积分基本定理在多变量情形下的推广。还计算过光学中出现的广义积分值。斯托克斯的科学论文基本上都收录在他的 5 卷《数学物理学论文集》(1880—1905)中。1893 年获科普利奖章。月球上有以其名字命名的火山口,火星上有以其名字命名的陨石坑。

塞雷(Serret, Joseph-Alfred, 1819.8.30—

1885.3.2） 法国数学家、天文学家。生于巴黎，卒于凡尔赛。1838—1840 年在巴黎综合工科学校学习，之后到烟草学院继续深造，1842 年获烟草工程师资格。1847 年获巴黎理学院博士学位。1848—1862 年任综合工科学校入学考试审查官。1848—1849 年短期替代费朗克尔在巴黎理学院讲授代数和微积分。1861—1863 年成为法兰西学院分析和天体力学教授。1863—1885 年任巴黎理学院微积分讲座教授。1860 年当选法国科学院院士。长期从事微分几何和天文学的研究，与弗勒内共同建立了微分几何中切线、次法线和法线的方向导数等公式（1852），对曲面理论和空间曲线理论作出了奠基性的工作，其中 9 个公式称为弗勒内-塞雷公式。在天文学方面，研究了天体运动扰动理论的一般原理、关于天体围绕其重心的旋转运动，以及理论天文学中所使用的分析方法等。研究还涉及函数论、伽罗瓦群论、微分方程论、数论及力学等方面。撰写的《高等代数讲义》（1849）和《微积分讲义》（1867—1868）成为同类教材的范本，对法国数学教育产生积极影响。还参与法国科学院编辑蒙日和拉格朗日著作集的工作。

布凯（Bouquet，Jean-Claude，1819.9.7—1885.9.9） 法国数学家。生于法国杜布省莫尔托（Morteau），卒于巴黎。1839—1842 年在巴黎高等师范学校和巴黎理学院学习。1843 年获巴黎理学院数学科学博士学位。1845—1852 年任里昂理学院数学教授。1852—1867 年相继任巴黎波拿巴高中和路易大帝中学数学教师。1868 年以后任巴黎高等师范学校讲师、教授，讲授画法几何和微积分。1874—1884 年任巴黎理学院物理和实验力学教授、讲座教授。1875 年当选法国科学院院士。与好友布里奥长期合作，从事分析数学的研究，合作编写了一些颇受欢迎的教科书。他们简化微分方程解的存在性的控制函数或优势函数方法，开创了奇点问题的研究，引进全纯和亚纯函数概念，建立了将函数展开为无穷级数的条件。他们的研究成果是柯西工作的继续。他们在椭圆函数方面的工作使柯西的分析方法得到重视。还共同编著了椭圆函数和阿贝尔函数的几部专著。另外，在微分几何方面，发表过若干有关空间直线系和正交曲面的文章。1858 年、1884 年先后获法国荣誉军团骑士和军官勋章。

萨尔蒙（Salmon，George，1819.9.25—1904.1.22） 英国数学家、神学家。生于爱尔兰都柏林，卒于同地。1833 年入都柏林三一学院主修古典文学和数学，1838 年以数学一等荣誉学位毕业。1841 年当选三一学院研究员，并开始在数学系执教。1845 年被任命为爱尔兰教堂牧师，同时获得三一学院的神学讲师职位。1858—1867 年任三一学院数学讲师，1866—1888 年任学院神学教授，1888—1904 年任学院教务长。1863 年当选英国皇家学会会员。1881 年成为爱丁堡皇家学会会员。1902 年成为不列颠学院首批院士。还是其他国家多个学术团体的成员。从事数学教学和研究 25 年，主要贡献在代数几何方面。研究代数形式的不变量与共变量理论在曲线、曲面几何中的应用，先后发表 40 多篇论文。出版多部重要的教科书：《圆锥曲线》（1848）、《高阶平面曲线》（1852）、《现代高等代数概论》（1859）和《三维解析几何》（1862）等。这些著作都被译成当时几乎所有的西欧文字，数次出版广泛流传。晚年发表了许多神学著作。1868 年获皇家奖章，1889 年获科普利奖章。

博内(Bonnet, Pierre-Ossian, 1819.12.22—1892.6.22) 法国数学家。生于蒙彼利埃，卒于巴黎。1838 年以后相继在巴黎综合工科学校和国立路桥学校学习，毕业后成为一名工程师。1844 年放弃工程师职务进入巴黎综合工科学校，从事数学教学与研究。1852 年在巴黎理学院获博士学位。1862 年当选法国科学院院士。1868 年在综合工科学校任沙勒的研究助手，1871 年任研究主任。1878—1892 年(接替勒维耶)任巴黎理学院天体力学讲座教授。1883 年任法国经度管理局的教授。以研究曲线和曲面的微分几何而著名。于1844 年提出测地曲率和挠率的概念，给出一系列有关定理的证明，其中之一是测地线沿曲面上一条封闭曲线的线积分公式，称为高斯-博内定理。还证明了曲面弯曲时测地曲率的不变性。1844—1867 年，发表了一系列关于曲面微分几何方面的论文。在文中强调了曲面上特殊坐标系如等温坐标和切线坐标的用途，研究了几种特殊曲线的性质等。在大地测量学、制图学、级数理论(收敛准则)、代数学和数学物理学等领域亦有著述。共发表 90 余种论著。

皮瑟(Puiseux, Victor, 1820.4.16—1883.9.9) 法国数学家、天文学家、力学家。生于瓦兹河谷省阿让特伊(Argenteuil)，卒于汝拉省伏龙特奈(Frontenay)。1836—1841 年在巴黎高等师范学校学习，与稍晚入学的布凯和布里奥结为好友。1841 年获巴黎理学院博士学位。1841—1845 年任皇家雷恩学院数学教授。1849—1855 年和 1862—1868 年曾两度在巴黎高等师范学校数学系执教。1857 年接替柯西任巴黎理学院数学天文学讲座教授，至 1883 年。1868—1872 年在法国经度管理局任职。1871 年当选法国科学院院士。主要贡献在复变函数论、微分几何学、数学分析和天体力学等方面，共发表 40 余篇数学和天文学方面的研究论文。在柯西工作的基础上，修正、完善并发展了单复变函数理论，对形如 $f(u, z)=0$ 的代数方程所定义的函数，成功地区分出不同分支并给出了相应的级数的展开式；最先给出判别极点、本性奇点、分支点等几个不同类型奇点的方法；确定了代数函数微分的积分，将非单值函数的存在方式归类。还研究了分数幂级数的应用，形如

$$f=\sum_{k=k_0}^{+\infty} c_k T^{k/n}$$

的级数被称为皮瑟级数。其研究是后来黎曼建立黎曼曲面理论的先驱性工作。曾获法国荣誉军团军官勋章。还是第一个(1848)登上阿尔卑斯山脉中的佩尔沃山的人，这座山后来就以其名字命名。

凯西(Casey, John, 1820.5.12—1891.1.3) 英国数学家。生于爱尔兰利默里克郡基尔贝尼，卒于都柏林。在米切尔斯敦地方学校接受早期教育，之后被国家教育委员会授予教师资格，曾任基尔肯尼市中央示范学校校长。1858 年以学生身份进入都柏林大学三一学院学习，1862 年获学士学位。1862—1873 年任金斯顿学院的数学导师，1873—1881 年任爱尔兰天主教大学的高等数学和数学物理学教授。1881—1891 年执教于都柏林大学学院。1875 年当选英国皇家学会会员。1866 年成为爱尔兰皇家学院院士，1878 年获学院授予的金质奖章。还拥有都柏林三一学院(1869)

和爱尔兰皇家大学(1885)的名誉博士学位。主要研究三次变换、圆锥曲线、欧几里得几何等方面的问题。最著名的工作是得到描述一个与其他四个圆相切的圆彼此之间数量关系的凯西定理,这是阿波罗尼斯问题的延伸。还提出了关于欧几里得几何的几个新颖观点。和勒穆瓦纳被认为是现代圆和三角形几何的共同创始人。代表作有《四次圆纹曲面和球面》(1881)、《点、线、圆和圆锥曲线的解析几何》(1885)和《欧几里得前六卷的续集》(1886)等。

肖韦内特(Chauvenet, William, 1820.5.24—1870.12.13) 美国数学家、天文学家。生于宾夕法尼亚州米尔福德(Milford),卒于明尼苏达州圣保罗(Saint Paul)。1836 年在掌握了拉丁语和希腊语后进入耶鲁学院学习数学,1840 年以优异成绩毕业。1841 年到密西西比号航空母舰上服役,被任命为海军数学教授。1845 年到安纳波利斯美国海军学校(1850 年重组为海军学院)任教授。10 余年间为提升海军官兵的科学素养作出贡献。1859 年任华盛顿大学数学、天文学和自然哲学教授,1862—1870 年任该校校长。其间极力扩大学校规模、增添基础设施、扩大招生人数和引进几十位教授。是美国国家科学院的 50 位创始成员之一,1868—1870 年任科学院副院长。1869 年当选美国文理科学院院士。主要贡献在三角学和几何学领域,以及将数学原理应用于天文学和导航方面。发表了平面和球面三角学和基础几何方面的多篇论文。编著的教科书《球面天文学》(1863)、《天文仪器的理论和使用:最小二乘法》(1863)以清晰简洁而闻名。美国数学协会于 1925 年设立了肖韦内特奖,数学家哈代、卡茨和陈省身等均获此奖。

容凯尔(Jonquières, Ernest Jean Philippe Fauque de, 1820.7.3—1901.8.12) 法国数学家、海军军官。生于卡庞特拉,卒于穆昂-萨尔图。1835 年进入布雷斯特海军学院学习,毕业后到法国海军服役达 36 年之久,军衔至海军中将(1879)。1879—1881 年任罗什福尔省海事省长。在巴黎履行公职时研习了数学家沙勒和庞斯列的几何著作,对数学发生浓厚兴趣。利用业余时间长期从事数学研究,在几何、代数、数论等几方面均有贡献,而以几何学的成就最为突出。运用射影几何的方法研究初等几何,探讨了当时流行的平面曲线、曲线束、代数曲线、代数曲面、多面体理论和计算几何等问题;推广了曲线的射影生成理论;发现了所谓双有理变换。这种变换在非齐次坐标下有形式 $x'=x$, $y'=\dfrac{\alpha y+\beta}{\gamma y+\delta}$,其中 α、β、γ 是 x 的函数,且 $\alpha\delta-\beta\gamma\neq 0$。1862 年,由于 4 阶平面曲线的工作获得法国科学院大奖(奖金的三分之二)。1884 年当选法国科学院院士。获法国荣誉军团大军官勋章。

佩克(Peck, William Guy, 1820.10.16—1892.2.7) 美国数学家。生于康涅狄格州利奇菲尔德(Litchfield),卒于格林尼治。1844 年毕业于美国西点军校,被任命为中尉工程师。1844—1845 年参加了弗雷蒙特(J. C. Frémont, 1813—1890)的第三次探险活动。1846 年被召回西点,担任自然哲学助教、数学副教授。1855 年从军队辞职。1853 年获得哈特福德三一学院硕士学位。1855 年以后相继任密歇根大学、哥伦比亚大学和哥伦比亚矿业学校教授。1863 年获哥伦比亚大学法学博士学位。与岳父——西点军校教授戴维斯(C.

Davies, 1798—1876)合作,汇编了《数学词典与数学科学百科全书》(1855)。还著有《算术手册》(1874)、《代数手册》(1875)和《几何与圆锥曲线手册》(1876)等书。

洛希(Roche, Édouard Albert, 1820.10.17—1883.4.27) 法国天文学家、数学家。生于蒙彼利埃,卒于同地。早年在蒙彼利埃大学学习,1844年获博士学位。之后到巴黎访学三年。1847年回到母校任教,1852年成为天文学和数学教授,直至去世。1848年当选法国科学院通讯院士。主要贡献在天体力学方面。利用数学理论和方法研究拉普拉斯的星云假说,发表了一系列重要论文。特别是在1873年计算出一颗大卫星在不被行星潮汐力瓦解的条件下能靠近行星的最短距离,被称为洛希极限或洛希半径。另一著名的工作是对轨道力学的发展。提出的洛希瓣描述一个小物体环绕着另两个物体时会被后者捕获的限制;而洛希球近似于一个天体面对另一个较重物体的扰动时的引力影响球。在气象学方面也有重要论著。在数学方面,于1864年发表在《纯粹与应用数学杂志》上的论文《关于泰勒公式的概述》中第一次提出了一般形式的泰勒级数的余项公式。曾获法国荣誉军团骑士勋章。

鲍尔, G. C.(Bauer, Gustav Conrad, 1820.11.18—1906.4.3) 德国数学家。生于奥格斯堡,卒于慕尼黑。1837年就学于奥格斯堡理工学校,以后又在埃尔兰根大学、维也纳大学和柏林大学学习。1842年在狄利克雷指导下获埃尔兰根大学博士学位。不久又到巴黎理学院在刘维尔等数学家指导下继续深造。1845—1853年担任摩尔达维亚王室继承人的家庭教师。之后在慕尼黑大学数学系任不支薪讲师。1865年任慕尼黑大学副教授,1869年升任教授,1900年成为名誉教授。指导的博士生伯克哈特后来成为爱因斯坦博士论文的评阅人之一。1871年当选巴伐利亚科学院院士,1884年成为利奥波第那科学院院士。数学研究涉及代数学和几何学,在球面调和函数、伽马函数和广义连分数等方面发表了多篇有价值的论文。以鲍尔-穆尔变换和鲍尔的圆锥截面而闻名。著有《代数学讲义》(1903)等。

托德亨特(Todhunter, Issac, 1820.11.23—1884.3.1) 英国数学家、数学史家。生于英格兰东苏塞克斯郡拉伊(Rye),卒于剑桥。幼年丧父。早年接受私立学校教育,后到伦敦大学读夜校,1844年取得数学金牌成绩。在德·摩根的建议下于1844年进入剑桥大学圣约翰学院学习,1848年获数学一等荣誉学位和史密斯奖。1849年当选学院的研究员,1849—1864年在该学院执教。之后多年担任私人讲师。1874年成为圣约翰学院的名誉研究员。1862年当选英国皇家学会会员,1871—1873年担任该学会理事。还是伦敦数学会的创始会员(1865)。从事数学教学多年,是19世纪数学教育界最具影响的人物之一。曾对当时兴起的几何教学改革提出批评,坚持欧几里得几何学在数学课程中的中心地位;还极力维护严格的考试制度,认为这是取得和保证高标准数学教学的基础。编写的数学教科书很受欢迎,其中《代数学》(1858)和《欧几里得》(1862)都再版达15次以上。这些著作内容完整而透彻,推理严密细致,是许多学生的必读之书。"数学归纳法"一词的采用和推广,就归功于《代数学》一书。在数学史领域也有突出贡献,代表作有《19世纪变分学发展史》(1861)、

《从帕斯卡时代到拉普拉斯时代的概率论史》(1865)和《从牛顿时代到拉普拉斯时代关于地球引力和形状的数学理论之发展》(1873)等。这些著作至今仍有较高参考价值。对变分法中的间断解理论进行过深入的探讨,其论文获得1871年剑桥大学的亚当斯奖。

海涅(Heine, Heinrich Eduard, 1821.3.16—1881.10.21) 德国数学家。生于柏林,卒于哈雷。1838年以后相继到格丁根大学、柏林大学、哥尼斯堡大学学习,曾受教于高斯和狄利克雷。1842年在柏林大学获得哲学博士学位。1844年获波恩大学私人讲师资格,1848年5月成为副教授。不久被聘为哈雷大学教授,1864—1865年担任该校校长。先后当选柏林科学院通讯院士、格丁根科学协会会员。在高斯百岁诞辰的1877年获高斯奖章(区别于高斯奖)。主要贡献在数学分析和应用数学等方面。建立了联系函数极限和数列极限之间关系的海涅定理。应用该定理可把函数极限问题归结为数列问题,因而又称为归结原则。阐述了函数项级数特别是傅里叶级数的一致收敛的概念,证明了连续函数级数的一致收敛性定理。1872年,在证明函数的一致连续性时,利用了闭区间具有有限开覆盖的性质,较早地掌握了覆盖定理的意义。这个定理后来被称为海涅-波莱尔覆盖定理。还给出了无理数的算术定义,研究了球函数(勒让德多项式)、拉梅函数、贝塞尔函数及其相关的课题。大约发表了50篇论文。重要著作《球函数、理论与应用手册》(1861)是关于球函数的标准读本。

邦孔帕尼(Boncompagni, Baldassarre, 1821.5.10—1894.4.13) 意大利数学家、科学史家。生于罗马的一个贵族家庭,卒于同地。早年师从数学家多特雷尔(B. Dotterel)和天文学家卡兰德里(I. Calandrelli)学习数理科学,逐渐对科学史产生兴趣。1847年,成为山猫学院院士。曾在意大利和其他国家几所院校任教,是波伦亚科学院、都灵科学院、摩德纳科学院和柏林科学院的成员。1850—1862年致力于中世纪数学史的研究。1851年发表的第一批论文是对12世纪杰拉德(克雷莫纳的)的译著和13世纪天文学家工作的研究。1857—1862年重新考证斐波那契的生平,确定了他的作品"Liber Abaci"的两个新抄本。指出它最初抄本写于1202年,后来的抄本写于1228年。其间编辑出版了斐波那契的部分著作,包括第一部现代版本的斐波那契的《算盘书》(Liber Abaci);还整理出版了花拉子米算术著作的拉丁文译本手稿。1868年,创办最早的科学史杂志《数理科学的历史与文献通报》,并担任主编。这是科学史研究的首批杂志之一,1868—1887年每年出版一卷。内容包括意大利语、英语、法语、德语和拉丁语的原创文章、评论和摘要,以及数学、物理、化学、天文学、地球科学和数学史领域的最新出版物和发现,还包括中世纪科学和从阿拉伯世界向欧洲基督教世纪传播的科学知识、印度和中国数学、伽利略的工作等,对科学史研究作出重要贡献。还整理了拉格朗日、高斯等著名数学家的文集。

切比雪夫(Чебышев, Пафнутий Львович, 1821.5.16—1894.12.8) 俄国数学家、力学家。生于卡卢加省奥卡托沃(Окатово),卒于圣彼得堡。1837年进入莫斯科大学学习,受教于数学家布拉什曼,1841年毕业,1846年获硕士学位。1847

年任圣彼得堡大学副教授，1850—1882 年任教授。1849 年获博士学位，并获圣彼得堡大学最高数学荣誉奖。1859 年当选圣彼得堡科学院院士。是彼得堡学派的奠基人和领袖，学术风格对这一学派有直接影响。在数论、概率论、函数逼近论、积分学及其相关学科都作出重要贡献。在数论方面，从本质上推进了素数分布问题的研究。1852 年，发表了《论素数》一文，证明了对任一自然数 n $(n>3)$，在 n 与 $(2n-2)$ 之间至少有一个素数，从而证明了 J. L. F. 贝特朗提出的猜想。还给出了不超过 x 的素数个数函数 $\pi(x)$ 的准确估计：

$$0.921\,29<\frac{\pi(x)}{x/\ln x}<1.105\,55。$$

研究了用有理数逼近实数的问题，发展了丢番图逼近理论，为数论研究开辟了新方向。在概率论方面，1866 年发表的《论平均数》标志着独创性工作的开始。首先证明了切比雪夫不等式，然后建立了证明极限定理的新方法——矩法，用切比雪夫不等式证明了一般形式的大数定律，研究了独立随机变量的和函数的收敛条件，证明了这种和函数可以按 $n^{-\frac{1}{2}}$ 的方幂渐近展开（n 为变量的个数）。使概率论的发展进入新的阶段。在数学分析方面研究了无理函数的可积性，解决了有限形式下椭圆积分问题，证明了著名的微分二项式可积性条件定理，对正交多项式理论和内插法理论也作出贡献。还研究了用多项式、三角函数和有理函数逼近连续函数的问题。1854 年发表了关于函数逼近论的首篇论文《论平行四边形机械原理》，将函数逼近的思想与算法应用于机器设计，推导出了一个旋转运动的物体对具有一定自由度的杠杆的结构公式（现在称为切比雪夫公式），证明了最佳逼近多项式的一系列性质。还是一位优秀的教师，培养了一批包括佐洛塔廖夫、A. M. 李亚普诺夫、科尔金、马尔可夫（老）等著名的数学家和一批优秀的机械师。是法国科学院、柏林皇家科学院、英国皇家学会、意大利皇家科学院与瑞典皇家科学院等 24 个科学院及学术团体的相应成员。几乎所有的俄国大学都授予他荣誉职位。1890 年荣获法国荣誉军团骑士勋章。去世后，先后出版了他的论文集（1899—1907）、全集（1944—1951）和选集（1955）。1944 年苏联科学院设立了切比雪夫奖。第 2010 号小行星（1969）命名为“切比雪夫星”。

纳格尔（Nagel, Christian August, 1821.5.17—1903.10.23） 德国数学家、大地测量学家。生于格林伯格，卒于德累斯顿。1841—1844 年在德累斯顿技术学院学习工程学，之后几年担任铁路和大地测量员。1852 年成为德累斯顿理工学院首位大地测量学教师，1858 年升任教授。负责收藏和保管学院实用几何与大地测量方面的资料和仪器。最重要的工作是为萨克森王国的地籍边界进行三角测量。1862—1890 年，使用实用几何仪通过建立三角网络获得了王国的原始地界尺寸，为制作精确的地图奠定了基础。1872 年获萨克森王国一级骑士十字勋章。1884 年当选萨克森王国枢密院议员。1888 年成为利奥波第那科学院院士。数学贡献主要在代数几何方面，其中有一些定理和术语是他引进的，并以他的名字命名。

库尔曼（Culmann, Karl, 1821.7.10—1881.12.9） 德国数学家、工程师。生于德国莱茵普法尔茨州巴特贝格扎伯恩

(Bad Bergzabern)，卒于瑞士苏黎世。早年就读于卡尔斯鲁厄大学，1841 年毕业后成为巴伐利亚州桥梁和铁路建设工程师。在数学教师施纽伦(L. C. Schnürlein)指导下钻研数学。1849—1851 年到美国和英国游学，研究和比较桁架桥的设计，并开发新的建筑技术。1855 年任苏黎世联邦理工学院工程学讲座教授，直至去世。1880 年获苏黎世大学博士学位。是静力分析图示法的创始人。用图解方法计算和处理钢结构(如屋顶桁架和钢桥)中的力。著有《图解静力学》(1866)。书中给出结构分析图示法的基本原理，讲解了测量几何结构的过程和力的近似计算方法，出版后立即得到广泛应用。对当时的工程师产生很大影响。其学生科奇林(M. Koechlin，1856—1946)是埃菲尔铁塔的设计师之一。

凯莱(Cayley, Arthur, 1821.8.16—1895.1.26) 英国数学家。生于萨里郡里士满，卒于剑桥。17 岁时考入剑桥大学三一学院，受教于皮科克和霍普金斯。1842 年获数学一等荣誉学位和史密斯奖。毕业后留校讲授数学。1846 年转攻法律，三年后成为律师，履职 14 年，其间仍业余研究数学，陆续发表了 200 多篇论文，并结识了当时也任律师的西尔维斯特，开始了长期的友谊与合作。1863 年返回剑桥大学，任该校新创设的第一位萨德勒(Sadler)纯粹数学教授，直至 1895 年逝世。是英国纯粹数学近代学派的带头人，和西尔维斯特同是代数不变量理论的奠基人。在 G.布尔 1841 年工作的影响下，首创代数不变式的符号表示法，给代数形式以几何解释，然后再用代数观点去研究几何学。1843 年，第一次引入 n 维空间概念，详细讨论了四维空间的性质，为复数理论提供佐证，并为射影几何开辟了道路。还是矩阵论的创立者，1858 年发表《矩阵理论的研究报告》，首先引入矩阵概念以化简记号，确定矩阵的符号及名称，讨论矩阵性质，得到凯莱-哈密顿定理，因而成为矩阵理论的先驱。矩阵理论和不变量思想产生很大影响，特别对现代物理的量子力学和相对论的创立起到推动作用。1849—1854 年，推广了置换群的概念，开始抽象群的研究。作为丰产的科学家，在数学、理论力学、天文学等方面发表了近千篇论文，数学论文几乎涉及纯粹数学的所有领域，收集在 14 卷的《凯莱数学论文集》中。还著有《椭圆函数专论》(1876)。在推动剑桥大学接受女学生的过程中起了很大作用。获得牛津大学、都柏林大学和莱顿大学等多所大学的名誉博士学位；1852 年当选英国皇家学会会员；还是剑桥哲学会、伦敦数学会(1868—1870 年任会长)、皇家天文学会的成员；以及其他多个国家科学院和学术团体的相应成员。1859 年获皇家奖章，1882 年获科普利奖章，1884 年获德·摩根奖章等。

亥姆霍兹(Helmholtz, Hermann Ludwig Ferdinand, 1821.8.31—1894.9.8) 德国数学家、物理学家、生理学家。生于波茨坦，卒于柏林附近夏洛滕堡。早年在柏林皇家医学院学习，1842 年获医学博士学位。毕业后曾任柏林慈善医院的助理、随军医生和解剖学教师等职。1849 年以后相继在柏林、哥尼斯堡、波恩和海德堡等地的大学任生理学教授。1871 年任柏林大学物理学教授。1877—1878 年任柏林大学校长。1878—1894 年任柏林物理技术研究所所长。1883 年成为普鲁士贵族。是 19 世纪最有影响力的自然科学家之一，对医学、生理学、物理学和数学均有重大贡献，而且一直致力于哲学认识论的研究。确信"世界是物质的，而物质必定守恒"。1847 年，第一次以数学方式提出能量守恒定律。在数学中，主要研究了黎曼空间的几何、黎曼度量和数学物理中的退化波动方程等课题。建立的描述电磁波的椭圆型偏微分方程称为亥姆霍兹方程。由他提出，后经 M. S. 李改进的有关黎曼度量的论断以及所谓的亥姆霍兹-李空间问题的重要性在许多自然科学领域中都得到了证实。1860 年当选英国皇家学会外籍会员，1873 年获科普利奖章。还是爱丁堡皇家科学院(1864)和柏林科学院(1870)院士，以及其他多个国家科学院和学术团体的相应成员。第 11573 号小行星(1993)命名为"亥姆霍兹星"。

赛德尔(Seidel, Philipp Ludwig von, 1821.10.24—1896.8.13) 德国数学家、天文学家。生于茨韦布吕肯，卒于慕尼黑。在数学教师施纽伦(L. C. Schnürlein)的辅导下，于 1840 年进入柏林大学学习，之后又到哥尼斯堡大学和慕尼黑大学学习。1846 年获博士学位。1847 年之后任私人讲师。1851 年到慕尼黑大学任教，1855 年升任教授。先后当选格丁根科学院、巴伐利亚科学院(1861;通讯院士，1851)和柏林科学院院士(1863)。1870 年成为利奥波第那科学院院士。在建立数学分析基础的严密性上有一定创见，继承了狄利克雷等人的工作，1847 年第一次使用函数数列一致收敛和非一致收敛的概念，纠正了柯西 1821 年的一个错误结论。1874 年，发表了关于解线性方程组数值迭代的方法，这种方法在数值数学中被称为高斯-赛德尔方法。还出版过有关概率论、最小二乘法及天文学、光学的论著。其中的突出成就是用概率方法首次精确给出恒星和行星光度测量的方法。月球上有以其名字命名的陨石坑。

克劳休斯(Clausius, Rudolf, 1822.1.2—1888.8.24) 波兰-德国数学家、物理学家。生于普鲁士科斯林(今波兰科沙林)，卒于德国波恩。1840 年进入柏林大学学习数学和物理，师从 L. I. 马格努斯、狄利克雷和施泰纳等人。1847 年获博士学位。不久成为柏林炮兵工程学院的物理学教授，并在柏林大学担任私人讲师。1855—1867 年在苏黎世联邦理工学院任数学物理学教授。1867—1869 年任维尔茨堡大学教授。1869 年开始任波恩大学教授，直至去世。1870 年在普法战争中组织了一支救伤队，因伤致残，因此被授予铁十字勋章。主要从事热的理论研究，被认为是热力学学科的创始人之一。最重要的论文《论热的移动力》于 1850 年发表，首次阐述了热力学第二定律的基本思想，成为该定律最著名的表述形式(克劳休斯表述)。1865 年，给出了熵的概念的第一个数学论述。1868 年当选英国皇家学会外籍会员，1880 年成为利奥波第那科学院成员。还是其他多个国家科学院和学术团体的相应成员。1870 年获荷兰科学院惠更斯奖。1879 年获科普利奖章。1883 年获庞斯列奖。1882 年获维尔茨堡大学的名誉博士学位。月球上有以其名字命名的环形山。

高尔顿(Galton, Francis, 1822.2.16—1911.1.17) 英国人类学家、生物统计学家、数学家。生于伯明翰，卒于萨里郡黑斯尔米尔。是生物学家 C. R. 达尔文(C. R. Darwin, 1809—1882)的表弟。1839 年进入伦敦国王学院学习医学、生理学、植物学和化学，成绩优秀。不久，兴趣转移到数学和自然哲学上，1840—1844 年在剑桥大学三一学院学习数学，1845 年获得学士学位。后又到伦敦大学学院继续攻读医学，1847 年获硕士学位。1845—1852 年深入非洲腹地探险，对气象学、地理学作出贡献。1853 年加入皇家地理学会。1860 年当选英国皇家学会会员。在皇家学会各委员会和气象理事会积极工作了 40 多年。是现代优生学的创立者，创造了术语“自然与培育”。曾在《自然遗传》(1889) 一书中应用百分位数法和四分位偏差法代替离差度量。在数理统计中最先引入相关与回归，以及标准偏差等概念，开创了生物统计学研究的先河。是第一个应用统计方法研究人类差异和智力遗传关系的人，并以问卷调查所收集的数据为研究依据。发明一种被称为“高尔顿钉板”的装置，用于证明随机变量近似于正态分布。共发表 340 多种论文和专著，还涉及人体测量学、实验心理学、指纹学等领域，其中数学始终起着重要的作用。1909 年受封为爵士。1886 年、1910 年获皇家奖章和科普利奖章。

贝特朗(Bertrand, Joseph Louis François, 1822.3.11—1900.4.5)　法国数学家、经济学家、科学史家。生于巴黎，卒于同地。幼年丧父，在叔父杜阿梅尔的教导下学习，11 岁就免费进入巴黎综合工科学校，学习审计课程。16—17 岁获得了两个学士学位和一个科学博士学位。其博士论文研究了热力学的数学理论。1841—1844 年任圣路易斯高中数学教师。之后相继在综合工科学校、高等师范学校和拿破仑中学任教。1856 年接替 J. C.-F. 施图姆任工科综合学校的分析学和力学教授。1862 年任法兰西学院数学和物理学教授。1856 年成为法国科学院院士。1874—1900 年担任科学院常务秘书。1875 年当选英国皇家学会外籍会员。在数学、经济学和科学史等领域都有贡献。在数学中，以对数论、概率论的研究著称。在 1845 年猜测，当 $n > 3$ 时，n 和 $(2n-2)$ 之间至少有一个素数，俄国数学家切比雪夫在 1852 年证明了这个猜测。在曲线与曲面理论、微分方程及其在分析力学上的应用、级数论、函数论、电学等方面也多有著述。在《概率计算》(1889) 一书中提出著名的贝特朗悖论。博弈论中也有一个以他的名字命名的悖论。对科学史也十分感兴趣，撰写过天文学家阿拉戈 (F. Arago, 1786—1853) 的科学回忆录和数学家帕斯卡和达朗贝尔著作的评述等文章。曾获法国荣誉军团大军官勋章。

德汉(De Haan, David Bierens, 1822.5.3—1895.8.12)　荷兰数学家、科学史家。生于阿姆斯特丹，卒于莱顿。1843 年在莱顿大学完成本科学习，1847 年获该校博士学位。1848—1853 年在预科学校任物理和数学老师，其间发表了大量的初等数学和数学教育方面的论文。1856 年当选荷兰皇家文理科学院院士。1863 年任莱顿大学数学物理学副教授，1867 年晋升为教授，1892 年以后任名誉教授。1872—1873 年任该校校长。主要研究微积分的理论、性质、变换公式和计算方法以及某些椭圆积分的计算等。还发表了一些精算数学和关于数学史的文章。最重要的工作是在 1858 年编著出版一部广为流行的大型《定积分表》。以后又多次出版了它的修订本、增订本和勘误表。1862 年的修订本中包含 8 339 个积分公式，并阐明了基本积分原理。对数学史，特别是荷兰数学史的研究作出突出贡献。1888 年以后参与编辑惠更斯的著作。拥有一个庞大的涵盖数学、科学史和教育科学的私人图书馆(现存于莱顿大学图书馆)。培养的博士生包括数学家斯豪特。

埃尔米特(Hermite, Charles, 1822.12.24—1901.1.14) 法国数学家。生于法国洛林地区的迪约兹(Dieuze),卒于巴黎。在路易大帝中学接受早期教育,1842 年入巴黎综合工科学校学习,由于先天残疾第二年即被学校除名。自学 5 年后获得了巴黎理学院的学士学位。1848 年回综合工科学校任入学考试委员会成员,1863—1869 年任主考官。1862—1873 年兼任巴黎高等师范学校教授。1869 年后,接替杜阿梅尔任综合工科学校分析学讲座教授和巴黎理学院高等代数讲座教授。是继柯西之后法国杰出的分析学家。在特殊函数论、数论、高等代数、数学分析等方面都做了很有价值的工作。研究了椭圆函数和阿贝尔函数的除法和变换,应用椭圆函数解五次方程,解决了相关的力学问题;推广了高斯研究整系数有限二次型的方法,证明了它对任意多个变量其类数仍是有限的;深入考察了矩阵理论,证明了若矩阵 $M=M^*$,则其特征根为实数。研究的一类正交多项式后来被称为埃尔米特多项式(也称切比雪夫多项式);分析了多项式族与多变数的相似性,研究了整数用代数形式表示的问题;引入了复二次型,被称为埃尔米特二次型。在 1873 年证明了数 e 的超越性。主要著作收集在由皮卡编辑出版的 4 卷本《埃尔米特著作集》(1905—1917)中。1856 年当选法国科学院院士。还是英国皇家学会和圣彼得堡科学院等多个国家科学院和学术团体的相应成员。培养了包括庞加莱和斯蒂尔杰斯在内的多位著名的数学家。曾获瑞典皇家北极星勋章和法国荣誉军团大军官勋章。靠近月球北极有以其名字命名的陨石坑。

夏鸾翔(1823—1864) 中国清朝数学家。生于道光三年,卒于同治三年。字紫笙,浙江钱塘(今杭州市)人。为专攻数学,师从项名达,与戴煦结为世交。后游广州,结识邹伯奇、吴嘉善等数学家,系统学习数学。数学研究涉及画法几何学、方程数值解法、组合论、解析几何学、微分几何学等方面,著述甚丰。早期著作《视学简法》(已失传)主要研究画法几何问题,约成书于 1850 年。《少广缒凿》是探讨高次方程数值解法的专著,书中给出 14 个公式,在未引入微积分概念的情况下,得出了与牛顿法等价的结果。《洞方术图解》讨论“贾宪数”,得到了相当于现代组合恒等式的命题,其完整性和系统性在中国数学史上超越前人。还创造了组合计数函数“夏鸾翔数”,讨论了等间距有限差分的一般意义和性质。《致曲术》《致曲线》与《致曲图解》是中国最早系统研究西方近代数学的著作。《致曲术》代表了中国数学界在 19 世纪 60 年代对圆锥曲线的研究水平。最后一部著作《万象一原》(1862),是中国数学家自己写的第一部应用微积分原理的著作。书中利用微积分方法解决戴煦、项名达等人在求弧长、面积和体积时所遇到的问题和困难,有一些新的结果。

胡厄尔(Hoüel, Guillaume Jules, 1823.4.7—1886.6.14) 法国数学家、天文学家。生于法国卡尔瓦多斯省唐镇,卒于卡昂附近佩里耶。1847 年毕业于巴黎高等师范学校。之后陆续在几所高中任教。1855 年在巴黎理学院获博士学位。1859 年开始主持波尔多科学学院的纯粹数学讲座,直至逝世。精通多种语言，通过编译将其他国家许多重要的数学成果引入法国，其中包括哈密顿的四元数理论、黎曼的复数理论和非欧几何理论等。深入研究欧几里得平行公设，发表了对欧几里得几何基本原理的批判性论文。1867 年，将罗巴切夫斯基和 J. 波尔约非欧几何著作译成法文。其 4 卷本《复数基本原理》(1874)讨论了代数运算的性质，并使用四元数和矢量代数来描述球形三角学。还著有《初等几何基本原理的合理阐述》(1863)和《微积分教程》(1878—1881)等。还探讨了行星摄动理论。1884 年获庞斯列奖。

施勒米尔希(Schlömilch, Oskar Xavier, 1823.4.13—1901.2.7)　德国数学家。生于魏玛，卒于德累斯顿。早年在耶拿、柏林和维也纳的大学里学习数学和物理，在柏林大学师从狄利克雷。1844 年在耶拿大学获博士学位，之后留校任教。1849 年任德累斯顿综合技术学校(今德累斯顿工业大学)高等数学和分析力学教授。1874 年出任萨克森州的教育部长。在纯粹数学和应用数学方面作了大量工作。编辑出版一系列教科书和手册，如《数学分析手册》(1845)和《有限差分教程》(1848)等，把柯西的分析方法介绍到德国，影响甚广。1857 年研究第一类贝塞尔函数时得到一种后来被称为"施勒米尔希级数"的无穷级数。泰勒级数有一种余项公式称为施勒米尔希公式。1856 年，创办德国的《数学物理杂志》。首次(1857)发表一种几何剖分悖论，通过视错觉帮助学生逻辑推理(不要依赖于图形)。还著有《高等分析概要》(2 卷，1862)和《数学手册》(2 卷，1879—1881)等。1853 年当选撒克逊科学院院士，还是瑞典皇家科学院(1862)和利奥波第那科学院(1863)院士。

艾森斯坦(Eisenstein, Ferdinand Gotthold Max, 1823.4.16—1852.10.11)德国数学家。生于柏林，卒于同地。15 岁开始自学欧拉和拉格朗日的著作，1840 年到柏林大学参加狄利克雷和其他数学家的讲座。1842 年得到高斯的著作《算术研究》，对数论产生兴趣。次年结识哈密顿并获得一份阿贝尔关于高次方程无一般解的论文，被强烈吸引，从此开始数学研究。1843 年考入柏林大学，受到洪堡(A. Humboldt, 1769—1859)和克雷尔等人的器重。1844 年在《克雷尔杂志》上发表 25 篇论文。1845 年经雅可比推荐，获布雷斯劳大学名誉博士学位。1846 年去格丁根拜见高斯，获高度赞赏。1851 年当选格丁根科学院的通讯院士。1852 年成为柏林科学院院士。主要贡献在数论及椭圆函数论方面。早期工作涉及三次、四次及高次互反律和三元二次型。后来研究椭圆函数论，引进的艾森斯坦级数是研究模形式和模函数的重要工具。所建立的多项式不可约判别法被称为艾森斯坦判别法，给出了判定整系数多项式不能分解为整系数多项式乘积的充分条件。根据高斯定理，这个判别法也是多项式在有理数域不可约的充分条件。还研究了三次型。其著作收集在他的《数学著作集》(2 卷，1975)中。第 20174 号小行星(1996)命名为"艾森斯坦星"。

贝克尔(Becker, Karl Martin Ludwig, 1823.10.2—1896.6.20)　德国统计学家。生于奥尔登堡大公国施特罗豪森，卒于柏林。1838—1842 年在奥尔登堡军事学校学习，毕业后投身军旅。1851—1853 年在格丁根大学和柏林大学学习经济学和统计学。1853年参与筹建奥尔登堡统计局，1855年担任评估员，1863年起任局长；还是柏林帝国统计局的创建人之一，1872—1891年任局长。以统计研究的组织者著称。主要从事人口统计领域的工作。改进了统计调查的组织，促进了统计结果的及时公布。创办了《奥尔登堡大公国统计新闻》、《德意志帝国统计月刊》(1873—1876年为季刊，1877年以后为月刊)和《德意志帝国统计年鉴》。扩大了德国人口普查的范围，发表过人口流动和人口死亡数据调查表，以及对某一时段死亡率的计算等。是众多国家和国际统计学会的名誉会员。1877年获杜宾根大学名誉博士学位。

贝蒂(Betti, Enrico, 1823.10.21—1892.8.11) 意大利数学家。生于皮斯托亚(今托斯卡纳)，卒于比萨。幼年丧父，在母亲的教养下长大。1846年毕业于比萨大学并获得物理学和数学学位。1848年参加意大利独立战争。1849年后在皮斯托亚和佛罗伦萨的中学教授数学，课余从事数学研究。1857年被聘为比萨大学高等代数教授。同年与卡索拉蒂等人访问柏林、巴黎和格丁根等欧洲主要数学中心，并在那里结识了黎曼。1859年任比萨大学分析和几何学讲座教授，1864年任数学物理学讲座教授，直至去世。曾担任比萨大学校长和比萨高等师范学院院长。1862—1867年任国会议员，1884年任参议员。是意大利统一后对数学的复兴起到重大作用的数学家之一。早期的工作涉及刚发表不久的伽罗瓦理论，把伽罗瓦的理论与鲁菲尼及阿贝尔的工作联系起来，对当时还不太为人所知的代数方程根式解的条件给以明确的表述和证明，为古典代数学向抽象代数学的发展铺平了道路。在拓扑学方面，1871年引进一种重要的拓扑不变量。为纪念他，法国数学家庞加莱称之为“贝蒂数”。在黎曼的影响下研究数学物理，弹性理论中的互反定理被称为贝蒂定理(或麦克斯韦-贝蒂定理)。还应用格林方法于弹性理论和热学研究。对函数论特别是椭圆函数论也颇有研究。培养了包括阿尔泽拉、迪尼、恩里克斯和沃尔泰拉在内的一批著名数学家。论文收集在他的《数学著作集》(2卷，1908—1915)中。1851年当选山猫学院院士。1860年成为意大利国家科学院院士。1871年成为伦敦数学会名誉会员。还是其他多个国家科学院和学术团体的成员。

阿姆斯勒(Amsler-Laffon, Jakob, 1823.11.16—1912.1.3) 亦称“阿姆斯勒-拉丰”。瑞士数学家、物理学家、工程师。生于瑞士布鲁格附近施塔尔登，卒于沙夫豪森。1843年进入耶拿大学学习，之后转到哥尼斯堡大学学习神学，其间遇到数学家F. E. 诺伊曼，开始学习数学与物理学。与基尔霍夫和阿龙霍尔德是同学。1848年获得了博士学位，同年回到瑞士。其后在苏黎世沙夫豪森等地任教。1854年以后主要从事精密数学仪器的研制。1892年当选法国科学院通讯院士。在数学、物理学方面均有较大贡献。发表了关于磁分布、热传导和引力理论的多篇论文；推广了艾弗里的椭球引力定理和泊松的研究结果。1854年发明了极面积仪，该仪器能测出任意封闭曲线所包围的面积，其原理在《关于极面积仪》(1856)一文中加以论述。极面积仪至今仍是工程建筑、地理学、应用数学等领域不可缺少的仪器。还发明了其他几种精密仪器，并多次在世界博览会上获奖。还发表了多篇关于精密仪器和工程计算方面的论著。

克罗内克(Kronecker, Leopold, 1823.12.7—1891.12.29) 德国数学家。生于普鲁士利格尼茨(今波兰莱格尼察),卒于柏林。1841年入柏林大学学习哲学,并参加了数学、天文、化学和古代语言等方面的讲座。其间曾到波恩大学、布雷斯劳大学短期学习。1845年由恩克和狄利克雷指导,以关于代数数域的研究论文获柏林大学博士学位,之后返乡。1855年重返柏林,库默尔和魏尔斯特拉斯等人也陆续来到柏林大学,柏林的数学研究团队就此形成。其以很快的速度发表一系列论文,内容涉及数论、椭圆函数论和代数学,特别探讨了这些学科的相互依赖性。1861年当选柏林科学院院士。之后一直在柏林大学义务开设一系列数学讲座。1880年成为《克雷尔杂志》的编辑,1883年接任库默尔为柏林大学教授,1884年当选英国皇家学会外籍会员。还是伦敦数学会名誉会员、法国科学院和圣彼得堡科学院外籍院士。主要贡献在数论、代数学、函数论、拓扑学和数学基础等方面。努力统一数论、代数学和分析学的理论;深入探讨椭圆模函数理论,并用来解一般的五次方程;发展了库默尔的“理想数”理论,创立了有理函数域论,引进了在域上添加代数量生成扩域的概念和模系的概念,因而使代数数的理论独立于代数基本定理;发现有理数域的任一阿贝尔扩张一定是一分圆域的子域,并于1880年提出著名猜想——克罗内克青春之梦:椭圆函数具有复数乘法的模方程与虚二次域的阿贝尔扩张有类似性。这一猜想引起许多数学家的兴趣,希尔伯特对此也作过重要工作。日本数学家高木贞治1920年证明了这个猜想。还提出研究代数曲线的重要方法。在数学基础的大论战中,是直觉主义流派的代表人物之一,激烈反对魏尔斯特拉斯和G.康托尔等人的观点。名言“上帝创造了整数,其他一切都是人为的”,反映了他对当时的分析学所持的批判态度。著作由亨泽尔编辑成《克罗内克全集》(5卷,1895—1931)出版。

达维多夫(Давидов, Август Юльевич, 1823.12.27—1886.1.3) 俄国力学家、数学教育家。生于俄国库尔兰省利巴夫(今拉脱维亚利耶帕亚),卒于莫斯科。早年受到良好的家庭教育。1841年进入莫斯科大学学习物理和数学,受教于数学家布拉什曼。1845年毕业,毕业论文《论无限运动》获金质奖章。1848年获硕士学位,1852年获理学博士学位。1850—1885年在莫斯科大学任教,1859年晋升为教授,1875年以后任名誉教授。两度(1863—1873,1878—1880)任物理-数学系主任。1864年参加创立莫斯科数学会的工作,并于1866—1885年任数学会主席。数学研究在偏微分方程、定积分,以及概率论在统计学中的应用等方面。积极参与初等数学教育改革。编著了数十种高质量的中、高等数学教科书,并几十次印刷出版,在俄国风行了很长时间。在力学方面,首次利用分析方法确定浮体的平衡位置,还研究了毛细现象和一般的平衡理论之间的关系。其工作对茹科夫斯基有很大影响。

科达齐(Codazzi, Delfino, 1824.3.7—1873.7.21) 意大利数学家。生于洛迪,卒于帕维亚。毕业于帕维亚大学数学系。之后长期在洛迪和帕维亚的预科学校任教,同时致力于微分几何的研究。1859年参加法国科学院的有奖竞赛——求给定线性元素的所有曲面,提交了一篇很有价值的论文并获奖。1865 年被聘为帕维亚大学代数学和解析几何学教授，任职至 1873 年去世。1867—1871 年发表系列论文《空间曲面的曲线坐标》，独立推导出科达齐-马伊纳尔迪方程(或称高斯-科达齐方程)，对曲面的微分几何作出重要贡献。微分几何中还有以他的名字命名的科达齐张量。此外还发表过等距线、测地三角形、保积映射及浮体稳定性等方面的论著。

基希霍夫(Kirchhoff, Gustav Robert, 1824.3.12—1887.10.17)　德国自然科学家。生于哥尼斯堡，卒于柏林。1847 年毕业于哥尼斯堡大学，大学期间参加了雅可比、F. E.诺伊曼和狄利克雷等数学家组织的数学物理讨论班。毕业后到柏林大学短期任教。1850—1854 年任布雷斯劳大学教授。1854 年由化学家本生(R. W. E. Bunsen, 1811—1899)推荐任海德堡大学教授。1875 年回到柏林大学任理论物理讲座教授，直到逝世。与本生合作对光谱进行研究，于 1859 年提出、并于 1861 年证明了热辐射定律。在数学方面，推进了亥姆霍兹关于波动方程初值问题的工作，所得到的公式对于解三维空间波动方程起到了重要作用。1861 年当选柏林科学院院士。1865 年成为英国皇家学会外籍会员。还是格丁根科学院、俄罗斯科学院、爱丁堡皇家学会和利奥波第那科学院的相应成员。月球上有以其名字命名的陨石坑。

达斯(Dase, Johann Martin Zacharias, 1824.6.23—1861.9.11)　德国心算专家。生于汉堡，卒于同地。童年时即表现出非凡的心算能力，且具有良好的空间取向能力和明显的秩序感，喜欢玩多米诺骨牌。没有接受过正规的学校教育。1839 年后，在德国、奥地利和英国公开进行心算表演，有“计算神童”之称。如在 6 分钟内用心算求出两个 20 位数的乘积，在 40 分钟内得到两个 40 位数字的乘积。经过 6 小时缜密的心算，算出了重单位数 $R_{11}=\overbrace{11\cdots1}^{11\text{位}}$ 是一个复合数。最令人印象深刻的计算，是在 54 秒内算出 79 532 853×93 758 479 的结果。1844 年，利用类似的梅钦公式

$$\frac{\pi}{4}=\arctan\frac{1}{2}+\arctan\frac{1}{5}+\arctan\frac{1}{8},$$

用大约两个月的时间算出精确到小数点后 200 位的圆周率 π 值。1850 年，在维也纳编辑出版了当时最完整的自然对数表——《数字自然对数的表》。还根据高斯的提议，计算一些大数的因子。到 1861 年，计算出从 600 万到 900 万所有数字的因子。去世后在汉堡陆续出版了从 6 000 001 到 7 002 000 的因子表(1862)，1863 年补充了从 7 002 001 到 8 010 000 的因子表，到 1865 年又公布了从 8 010 001 到 9 000 000 的因子表。

汤姆森(Thomson, William, 1st Baron Kelvin, 1824.6.26—1907.12.17)　英国物理学家、数学家。第一代开尔文男爵。生于爱尔兰贝尔法斯特，卒于苏格兰拉格斯附近的内特哈尔(Netherhall)。10 岁进入格拉斯哥大学预科班学习。1841 年到剑桥大学彼得豪斯学院学习数学和物理，被电磁学所吸引。1845 年以数学一等荣誉学位和史密斯奖获得者身份毕业。从 1846 年开始在哥拉斯格大学工作，任自然哲学教授达 53 年。1851 年当选英国皇家学会会员，1890—1895 年任该学会主席。1877 年当选法国科学院外籍院士。1866 年由维多利亚女王封为爵士，1892 年晋升为第一代开尔文男爵。1904 年任格拉斯

哥大学校长。是19世纪杰出的数学物理学家,是热力学第二定律的两个主要奠基人之一(另一人是克劳休斯),还是绝对温标(又称开尔文温标)的创始人。在电磁学、流体力学、光学、地球物理,及其工程应用等方面都有杰出贡献。物理学中有许多概念和术语以他的名字命名。对数学也有一定贡献,在入大学之前就对傅里叶的《热的分析理论》感兴趣,并学习英国仍抵制的"大陆"数学。以笔名连续发表三篇论文为傅里叶辩护。在1841年的论文《论均质固体中热的匀速运动及其与电学数学理论的联系》中,建立了热传导和静电的数学理论之间的关系。麦克斯韦指出这是汤姆森最有价值的科学思想的来源。其数学论著收集在《数学与物理学论文》(5卷,1882)中。获1856年皇家奖章、1883年科普利奖章。还获得当时几乎全世界的主要大学所能授予的名誉学位。

奥尔曼(Allman, George Johnston, 1824.9.28—1904.5.9) 英国数学家、数学史家。生于爱尔兰都柏林,卒于同地。1844年毕业于都柏林大学三一学院。从1853年开始担任爱尔兰女王大学的数学教授,直到1893年退休。1854年获都柏林三一学院法学博士学位,1882年获都柏林大学名誉博士学位。1884年当选英国皇家学会会员。主要贡献在数学史方面,对古代数学史特别是希腊数学史有独到研究。除了发表一些关于数学家的研究论文外,尤以《从泰勒斯到欧几里得的希腊几何学史》(1889)而著称。书中追溯了几何和算术的兴起和进步,并为数学早期发展的历史提供了新的视角。该书多次再版,获得了很高声望,特别获得法国科学史家P.塔内里的称赞。还发表了一些关于高等几何研究的文章,如《关于椭球的吸引力以及克莱罗定理的新证明》(1855)和《抛物面的某些性质》(1874)等。为《大英百科全书》第9版撰写了一些数学和数学家的文章。

布廖斯基(Brioschi, Francesco, 1824.12.22—1897.12.13) 意大利数学家、水力学家。生于米兰,卒于同地。1845年毕业于帕维亚大学,并获博士学位。1852—1861年任该校应用数学教授。1860年当选山猫学院院士,1884年起任学院院长。1878年成为伦敦数学会名誉会员。1863年创办高级技术研究所(后更名为米兰理工大学),自任所长兼数学和水力学教授。1865年,任意大利第八届议会参议员。1870—1882年为执行委员会成员。对行列式理论、型论、阿贝尔函数和椭圆函数变换理论均有研究,特别是用椭圆模函数来解五次方程,又借助超椭圆函数解六次方程。在数学物理学、力学和水力学等方面也作了许多工作。曾校订达·芬奇的科技著作,保存了重要的科技史料。和贝蒂一起编辑出版了欧几里得《几何原本》的前6卷。十分重视纯粹数学的应用,对意大利数学研究的方向有较大影响。还为意大利《数理科学年鉴》转为国际性期刊(1857)作出贡献。1887年制作完成了一幅较完整的意大利河流地图。

斯波蒂斯伍德(Spottiswoode, William, 1825.1.11—1883.6.27) 英国数学家、物理学家。生于伦敦,卒于同地。早年在拉勒姆学校、伊顿公学和哈罗学校接受教育,之后进入牛津大学贝利奥尔学院学习数学和物理,1845年毕业留校任数学讲师。1846年接管其父的出版公司,很快成为著名的出版商。在经营出版业务的同时从事数学研究。曾到俄国、克罗地亚和匈牙利等地游学。1853 年当选英国皇家学会会员，1878—1883 年任该学会主席。1870 年加入伦敦数学会，1870—1872 年任学会主席。主要数学贡献在高等代数，特别是在行列式理论、符号的一般运算，以及分析在几何和力学中的应用等方面。还在物理学中广泛应用了行列式理论。著有《分析冥想》(1847)和《行列式的基本定理》(5 卷，1851)等。曾获得剑桥、牛津、都柏林和爱丁堡等大学的名誉博士学位。还是一位有成就的语言学家。

迪布鲁诺(di Bruno, Francesco Faà, 1825.3.29—1888.3.27) 意大利数学家。生于皮埃蒙特大区亚历山德里亚，卒于都灵。1840 年进入都灵皇家军事学院，1846 年毕业后被任命为中尉。参加了 1848 年第一次意大利独立战争，1850 年离开军队前往巴黎，到综合工科学校师从柯西学习数学，在其指导下于 1856 年获博士学位。回到都灵后曾在法国国家天文台工作。1857 年以后在都灵大学和军事学院等校教授数学和天文学。与穆瓦尼奥和埃尔米特一直保持密切联系，共同探讨数学问题。在《刘维尔杂志》《克雷尔杂志》《科学院院刊》和《美国数学杂志》等期刊上发表了约 40 篇数学论文。在 1855—1857 年陆续发表的论文中，包含最著名的结果——两个函数复合的导数公式，被称为迪布鲁诺公式。此外在椭圆函数理论和二次型理论方面也有重要建树。最著名的论著是《二次型理论》(1876)，译成德文后流传更广，得到哥尔丹的高度赞扬。代表作还有《消元法的一般理论》(1859)和《计算误差初论》(1869)等。还发明了一些科学仪器，设计并申请了盲人写字机的专利。最优秀的学生有塞格雷和皮亚诺等。还是巴黎理学院和都灵大学名誉博士。

巴尔末(Balmer, Johann Jakob, 1825.5.1—1898.3.12) 瑞士数学家、物理学家。生于劳森，卒于巴塞尔。曾在德国卡尔斯鲁厄大学和柏林大学攻读数学博士课程，1849 年在巴塞尔大学以对摆线的研究获得博士学位。此后至其逝世，一直在巴塞尔女子中学任教，其间 1865—1890 年在巴塞尔大学兼课。在光谱学方面颇有成就，首次(1885)发现了原子光谱线频率之间的数学关系，成功地建立了氢元素的谱线公式(巴尔末公式)；阐明了氢光谱中谱线的频率形成一个收敛系列，称为巴尔末系列。还研究了元素氦与锂的光谱。其数学贡献主要在画法几何学方面。第 12755 号小行星(1993)以其名字命名。

皮叶克尼斯(Bjerknes, Carl Anton, 1825.10.24—1903.3.20) 挪威数学家、物理学家。生于克里斯蒂安尼亚(今奥斯陆)，卒于同地。1844 年就学于皇家弗雷德里克大学，1848 年获采矿工程学位后到孔斯贝格银矿工作。1852 年开始任中学数学教师。1856—1857 年到格丁根大学和巴黎理学院深入学习数学，师从柯西、拉梅和狄利克雷。特别是狄利克雷的讲座深深吸引了他，使他的研究兴趣从纯粹数学转向流体动力学。1861 年回母校开设应用数学讲座，1866 年升任教授，1869 年转为纯粹数学教授。在皇家弗雷德里克大学和奥斯陆的军事学院教授数学几十年，数学家 M. S.李是他培养的博士生。在流体动力学方面取得了重要成果。根据数学物理学的方法研究了可变体积的球通过无摩擦流体的运动，从而进一步计算两个此类球同时运动的情形。还提出了引力的一个机械解释。这项研究在 1881 年巴黎第一届国际电力博览会上获得金奖。

瓦先科-扎哈尔琴科（Ващенко-Захарченко, Михаил Егорович, 1825.11.12—1912.8.27） 俄国数学家。生于波尔塔瓦省马利耶维奇镇（Малиевка），卒于基辅。1844年进入基辅大学学习数学。两年后到巴黎留学，曾到法兰西学院和巴黎综合工科学校参加柯西、塞雷和刘维尔等数学家的讲座。1854年回到俄国，1855年成为基辅军事学校的数学教师。1862年获硕士学位。1862—1863年在基辅女子学院教授物理。1864年作为私人讲师在基辅大学里讲授概率论和数论。1867年获纯数学博士学位。同年成为基辅大学特聘教师，1868年升任教授。其数学研究及教育实践活动对俄国数学的发展产生了很大影响。博士论文《复合函数的黎曼理论》（1866）是所论问题的首批俄文文献。所著《数学史》（1883）记叙了古代和中世纪的数学，至今仍有重要意义。翻译、撰写前言并作注释的欧几里得《几何原本》（1880）一直是人们研究有关问题的重要史料。专著《符号运算及其在线性微分方程积分法中的应用》是对运算微积分的早期研究结果。还编辑出版了关于初等几何、行列式理论、解析几何和代数分析方面的教科书，为俄国的数学教育作出了贡献。

巴塔利尼（Battaglini, Giuseppe, 1826.1.11—1894.4.29） 意大利数学家。生于那不勒斯，卒于同地。早年在那不勒斯的路桥学校学习数学，1848年毕业。之后在罗马和那不勒斯等地的大学任教。1860年，被任命为那不勒斯大学高等几何教授。培养了卡佩利等多位优秀学生。1863年在那不勒斯创办了《数学学报》，对非欧几何在意大利的传播和推广起到重要作用。去世后该杂志更名为《巴塔利尼数学杂志》。还翻译了罗巴切夫斯基和J.波尔约的非欧几何著作。在著作《罗巴切夫斯基的虚几何学》（1867）中，解析地推导了罗巴切夫斯基公式。1885年，把德国数学家内托有关置换理论的论著译成意大利文。第8155号小行星（1988）命名为“巴塔利尼星”。

斯托尼（Stoney, George Johnstone, 1826.2.15—1911.7.5） 英国数学物理学家。生于爱尔兰奥法利郡比尔（Birr），卒于伦敦。1848年毕业于都柏林大学三一学院，获学士学位。1848—1852年任比尔天文台天文学家威廉·帕森斯（W. Parsons, 1800—1867）的助理，并继续钻研数学和物理。1852年获三一学院硕士学位。1852—1857年任高威女王学院自然哲学教授。1857—1882年任爱尔兰女王大学行政秘书。1882—1893年任爱尔兰公务员入职审查官。利用业余时间独自进行科学研究，在各种期刊上发表约75篇学术论文。把数学应用于各种科学问题，在数学、物理学、天文学等方面都有所贡献。最著名的工作是在1891年引入“电子”一词来表示“基本电量单位”。其研究为诺贝尔奖获得者J. J. 汤姆森最终发现电子奠定了基础。是爱尔兰皇家科学院院士和皇家都柏林协会会员，长期担任都柏林协会的秘书和副主席。1861年当选英国皇家学会会员，1898年任副主席。1902年获都柏林大学名誉博士学位。

沃普克（Wöpcke, Franz, 1826.5.6—1864.3.25） 德国历史学家、东方学家和数学家。生于德国德绍，卒于法国巴黎。1843年就学于柏林大学，在数学家恩克和考古学家托尔肯（E. H. Toelken, 1795—

1878)指导下于1847年获博士学位。之后到波恩大学学习阿拉伯语,1850年在波恩成为一名私人授课教师。1850年后到巴黎访学数年。1855年又到波斯访学,收集阿拉伯著作手稿。1856—1858年在柏林的预科学校担任数学和物理教师。主要致力于研究阿拉伯代数学和印度、阿拉伯数学对西方数学的影响。共出版约30种有关著作、译著及论文。以出版和翻译不同版本的中世纪阿拉伯数学手稿,以及研究印度—阿拉伯数字系统传播的历史而闻名。翻译的作品包括奥马·海亚姆的代数书(1851)和凯拉吉的代数书(1853);论文包括阿拉伯数字的引入和传播(1859,1863)、关于印度数字传播的备忘录(1863),以及关于斐波那契数学著作的阿拉伯来源和影响等。提出阿拉伯数学(包括阿拉伯数字)来自印度,并于公元2世纪分别传入罗马和西阿拉伯的观点。数学史家D. E. 史密斯和卡尔平斯基在他们的著作中经常以沃普克的工作为参考资料。对曲线和曲面理论也有研究,还论述了n阶方程与函数理论等问题。

德·康伯鲁斯(De Comberousse, Charles Jules Felix, 1826.7.31—1897.8.20) 法国数学家。生于巴黎,卒于同地。1850年毕业于巴黎中央学校。1850—1854年任该校应用力学教授。1854年后任几所中等学校数学教师。1862年返回母校,任运动学和应用力学教授至1890年。为工科和师范学校编写了多部教材,以与儒歇合著的供工科学校考生使用的《数学教材》(1862)和2卷几何书《平面几何学》《空间几何学》最为著名,多次再版发行。还著有《初等几何》(1873)等。曾荣获法国荣誉军团骑士勋章。

黎曼(Riemann, Georg Friedrich Bernhard, 1826.9.17—1866.7.20) 德国数学家。生于德国萨克森州布雷斯伦茨,卒于意大利马焦雷湖上的塞那斯加。1846年入格丁根大学学习哲学和神学,不久转向数学,成为高斯晚年的学生。1847年后到柏林就读,在那里得到狄利克雷、雅可比、施泰纳和艾森斯坦等数学家的培养。1849年回到格丁根,1851年获博士学位。1854年成为格丁根大学讲师,1859年接替狄利克雷的讲座教授职务。同年当选利奥波第那科学院院士。是19世纪极富创造性的数学家之一,在复变函数论、傅里叶级数、几何学基础、素数分布等方面都有重要贡献。在博士论文《单复变函数的一般理论基础》(Grundlagen für eine Allegemeine Theorie der Functionen einer verännderlichen Complexen Grösse)中,把单值解析函数推广到多值情形,用拓扑学方法研究复变函数论,发展成黎曼曲面论。为19世纪复变函数论的全面发展奠定了基础。在1854年的就职论文《关于用三角级数表示函数的可能性》(1868年发表)中,讨论了函数的傅里叶级数及其收敛性问题。还举例阐明函数的连续性与可微性之间的区别。在1854年的就职演说《关于几何基础的假设》(Über die Hypothesen, welche der Geometrie zu Grunde liegen,1868年由戴德金发表)已成为著名的数学史文献。其中发扬了高斯关于曲面的微分几何研究,阐述了曲率和流形的概念,建立了黎曼空间的概念,为几何学开拓了更广阔的研究领域——黎曼几何学。这些工作后来成为广义相对论的数学基础。1859年,在利奥波第那科学院院刊上发表了题为《论小于给定数的素数个数》的论文,将素数分布的

问题归结为对函数

$$\zeta(z)=\sum_{n=1}^{\infty}\frac{1}{n^{z}},\ z=x+\mathrm{i}y$$

的研究。$\zeta(z)$ 现称为黎曼 ζ 函数。提出了关于黎曼 ζ 函数的 6 个猜想，包括著名的黎曼猜想：$\zeta(s)$的全体非平凡零点都位于直线 $\sigma=1/2$ 上。使用解析函数的工具研究数论，开创了解析数论这一新的分支。黎曼猜想于 2000 年被列入千禧年大奖难题之一。在阿贝尔函数、积分论、椭圆函数论、超几何级数、微分方程等方面都有所建树。在数学物理方面也发表了一些有创造性的论文。培养的博士生罗赫和泽林也成为杰出的数学家。是英国皇家学会外籍会员、柏林科学院外籍院士、法国科学院通讯院士等。去世后，由戴德金和韦伯编辑的《黎曼全集》于 1876 年出版。月球上有以其名字命名的陨石坑。

史密斯，H. J. S.（Smith, Henry John Stephen, 1826.11.2—1883.2.9） 英国数学家。生于爱尔兰都柏林，卒于英国牛津。童年接受母亲和家庭教师的教育。1845 年进入牛津大学贝利奥尔学院学习，1849 年以数学和古典学科双学士学位毕业，同年开始在贝利奥尔学院讲授数学，1851 年晋升为研究员。1860 年任牛津大学萨维尔几何学教授，次年当选英国皇家学会会员。1865 年加入伦敦数学会，1874—1876 年任数学会主席。在数论、几何学、代数学和分析学等领域都有建树。在数论方面，继续高斯、狄利克雷、艾森斯坦等数学家的研究，在 1859—1865 年连续向不列颠协会提交数篇研究报告，给出一系列清晰精确、形式完美的论证结果，包含有大量独到见解。将高斯的若干定理由实变量推广到复变量，其中 n 个不定元的一般理论为后继数学家所推崇。在以后的十几年中不断补充完善数论理论，并因此与德国数学家闵科夫斯基共享 1883 年的法国科学院大奖。其他贡献包括：由数论导致椭圆函数的研究；证明“如果能画出一条圆以外的二次曲线，则可实现用直尺圆规三等分任意角和倍立方体作图问题”；引进增广矩阵和非增广矩阵等术语（1861）；给出黎曼意义下不可积函数的第一个例子（1875）等。论文集《史密斯数学论文汇编》（2 卷，1894）由格莱舍编辑。

维纳，L. C.（Wiener, Ludwig Christian, 1826.12.7—1896.7.31） 德国数学家、物理学家、哲学家。生于达姆施塔特，卒于卡尔斯鲁厄。1843—1847 年在吉森大学攻读工程学和建筑学。1848 年在达姆施塔特高等工艺学校（后来的工业大学）任教师，先后讲授物理、力学、水利学和画法几何学等课程，1852 年升任教授。1850 年获哲学博士学位。在该校一直工作至去世，并三次当选该校校长。主要贡献在画法几何和数学模型的构造方面。在主要著作《画法几何学教程》（2 卷，1884—1887）中，总结了大量画法几何文献的内容和多年的教学经验，用简单的方法讨论了画法几何的基本问题，给出了平面主线的各种应用，还尽可能地化简特殊问题并寻求最简单的图解法。这部著作是对沙勒同类著作的重要补充。还以制作数学模型而出名。1869 年，用熟石膏制作了一个三阶曲面的模型，这个模型分别在伦敦（1876）、慕尼黑（1893）和芝加哥（1893）等地的数学教具展览会上展出。

谢苗诺夫-天山斯基（Семёнов-Тян-Шанский, Пётр Петрович, 1827.1.14—

1914.3.11） 俄国统计学家、地理学家。生于梁赞，卒于圣彼得堡。1848 年毕业于圣彼得堡大学物理-数学系。1849 年加入俄罗斯帝国地理学会。不久到柏林大学师从洪堡（A. Humboldt，1769—1859）和地理学家李特尔（Ritter，Carl，1779—1859）学习地质地理学。1856—1857 年考察了以前欧洲人无法进入的天山，绘制了天山山脉的地形及海拔分区的第一张略图，并以实地考察发现反驳了洪堡早期有关天山起源于火山的观点，出版了关于天山的第一部系统论著《天山游记》（1858）。在半个世纪后尼古拉二世授权他在姓氏后加上“天山斯基”（Тян-Шанский，意为“天山的”）的荣誉。还曾多次发起对中亚细亚的考察，领导出版了多卷本的俄国地理汇编。1873 年当选圣彼得堡科学院名誉院士，同年任地理学会副会长。是一位杰出的统计学家，1875—1897 年担任俄国内政部统计委员会主席，其间统筹建立正规的官方统计系统。1897 年组织了俄国第一次人口普查。还把统计学方法应用于地理学，领导出版了多卷本的俄国地理汇编，编辑了俄国地理统计词典。获得俄国和欧洲各国学术机构授予的多项奖励和各种荣誉。

贝茨（Beez，Richard Emil Ludwig，1827.5.27—1902.3.28） 德国数学家。生于哥达，卒于普劳恩。1846 年进入莱比锡大学学习，1850 年获博士学位。后来大部分时间在不同的预科学校任数学教师，编著了关于几何、三角、平面测量和立体测量方面的教学指南。业余时间钻研数学。主要贡献在微分几何学方面。在论文《高阶流形的曲率测度理论》（1876）中，建立了 n 维空间中的 $(n-1)$ 维曲面理论，并证明了在 n $(n>3)$ 维空间的基本条件下，$(n-1)$ 维度的超曲面不能变形。这个结果被称为贝茨定理。曾试图证明多维几何的矛盾性，但却证明了其相容性。代表性论文还有《高阶流形的黎曼曲率测度》（1879）等。

穆塔德（Moutard，Théodore Florentin，1827.7.27—1901.3.13） 法国数学家、工程学家。生于上莱茵省苏尔茨（Soultz），卒于巴黎。1844 年在巴黎综合工科学校就读，后转学到矿业学院。1849 年毕业后服务于法国采矿工程兵团，1878 年任总工程师，1890 年任一级矿业总监。1875 年后在矿业学院兼任分析和力学教授。主要研究代数曲面理论、微分几何和偏微分方程理论。关于椭圆函数的注记、纯几何的与代数分析的主要方法之间的各种联系，以及两个圆锥同时内切和外切多边形的解析研究等论文，作为附录发表在庞斯列的著作《分析与几何应用》（2 卷，1862—1864）中。1899 年获法国荣誉军团指挥官勋章。

彼得松（Петерсон，Карл Михайлович，1828.5.25—1881.4.19） 俄国数学家。生于俄国里加（今属拉脱维亚），卒于莫斯科。1847 年进入多帕特大学学习，师从数学家明金。1853 年毕业后曾到莫斯科一贵族家庭担任家庭教师。1865 年以后在莫斯科彼得保罗学校任数学教师。积极参加由布拉什曼和达维多夫在莫斯科大学所创办的科学小组活动，后来成为莫斯科数学会的创始人之一。主要研究微分几何学和偏微分方程理论，由此奠定了莫斯科几何学派的基础。在 1853 年的学士论文《论曲面的变形》中就研究了当时很流行的曲面变形理论，阐述了曲面微分几何的新方法，还补充了高斯的有关工作。建立的方程（称为高斯-彼得松方程）是曲面理论的基础。可惜这篇论文未能得到及时发表。1857

年,意大利数学家马伊纳尔迪重新发现并发表了这方面的结果。论文《曲面上曲线之间的比率和关系》(1866)、《论曲面上的曲线》(1867)和著作《关于曲线和曲面》(1868)都讨论了曲面的微分几何学。他在这方面的工作直到20世纪初才获得普遍认可。对偏微分方程,通过统一的方法推导出了当时已知的几乎所有类型方程的一般解。1879年被敖德萨新罗西斯基大学(今敖德萨大学)授予名誉博士学位,以表彰对偏微分方程特征理论的贡献。

贝桑特(Besant, William Henry, 1828.11.1—1917.6.2)　英国数学家。生于朴次茅斯,卒于剑桥。1844年获得奖学金进入剑桥大学科珀斯克里斯蒂学院学习,1850年获得数学一等荣誉学位和史密斯奖。1854年担任皇家天文学会研究员,1853—1889年在剑桥大学圣约翰学院执教,他的学生包括伯恩塞德和马修斯等。1871年成为英国皇家学会会员。1883年,获剑桥大学理学博士学位。主要研究几何学、分析学和动力学等方面的问题。著作有《初等流体力学》(1863)和《圆锥截面几何研究》(1869)等。小说家W.贝桑特(1836—1901)是他的弟弟。

施罗特(Schröter, Heinrich Eduard, 1829.1.8—1892.1.3)　德国数学家。生于哥尼斯堡(今俄罗斯加里宁格勒),卒于布雷斯劳(今波兰弗罗茨瓦夫)。1848年进入哥尼斯堡大学学习数学和物理学,1854年由里歇洛指导获博士学位。1855年获得布雷斯劳大学教师资格,1861年成为教授。1874—1875年任该校校长。早年在柏林大学留学两年,在那里跟随狄利克雷和施泰纳研习数学,特别潜心研究综合几何学。从1857年开始陆续发表研究论文。施泰纳去世后,编辑出版了施泰纳关于圆锥曲线射影性质的遗作(1867)。在《由投影生成的二阶曲面和三阶空间曲线的结构》(1880)中分别发展了二阶曲面和三阶曲线的理论,创立以他的名字命名的三次平面曲线的六点生成法和两种三次曲面的生成法。还在四阶曲线的探讨中得出许多重要结果,著有《第一类四阶空间曲线的几何基础》(1890)。其研究延续了施泰纳的工作,充实了综合几何学的内容。1876年获柏林科学院施泰纳奖。先后当选柏林科学院、格丁根科学院和利奥波第那科学院的相应成员。

费勒斯(Ferrers, Norman Macleod, 1829.8.11—1903.1.31)　英国数学家。生于厄普顿圣伦纳德斯的普林克纳什公园(Prinknash Park),卒于剑桥。早年在伊顿公学接受教育,之后进入剑桥大学凯斯学院学习,1851年获数学一等荣誉学位和史密斯奖,第二年当选学院研究员。1853年获博士学位。之后前往伦敦学习法律,1855年获得律师资格。不久成为神职人员。1866年任凯斯学院首席数学讲师,并主持数学荣誉学位的审查。1880—1903年任该学院院长,1884—1885年任剑桥大学副校长。1877年当选英国皇家学会会员。主要研究三线坐标、拉格朗日方程和流体动力学中的有关课题。首先提出用非全息系统扩展运动方程,给出调和函数空间中任意点的位势。代表作有《三线坐标初论》(1861)、《拉格朗日方程的扩展》(1872)和《关于椭球体、椭球壳、椭圆薄层和可变密度椭圆环的势》(1876)等。还为数学杂志和文献的编辑出版作出重要贡献。1855—1891年,与西尔维斯特等人共同编辑和出版《纯粹与应用数学季刊》杂志。1871年收集并校订了G.格林的论著。

康托尔，M. B.（Cantor，Moritz Benedikt，1829.8.23—1920.4.9） 德国数学家、数学史家。生于曼海姆，卒于海德堡。1848年入海德堡大学学习，不久转入格丁根大学，在高斯和韦伯等人的指导下学习数学、天文学和物理学。1851年在海德堡大学获得博士学位。之后到柏林留学，参加了狄利克雷的讲座。1853年任海德堡大学私人讲师，1863年任教授，1877年为名誉教授。19世纪50年代末，在巴黎访问沙勒，受其影响对数学史研究产生了浓厚兴趣。是第一位尝试将数学史研究建立在一般哲学原理基础上的科学家，而不是将其视为仅仅编纂史实及其年表。从1860年起在海德堡大学开设数学史讲座。是当时德国的《数理化评论》(1856—1860)、《数学物理杂志》(1860年起)和《数学史论文集》(1877—1899)的编辑。最重要的著作是4卷本的《数学史讲义》(Ⅰ，1880；Ⅱ，1892；Ⅲ，1894—1896；Ⅳ，1908)。这部专著全面、科学地阐述了数学发展的历史，已成为数学史的经典著作。在《德国人物传》等杂志上发表了一系列数学家(包括费尔巴哈、高斯、卡尔达诺、达·芬奇和哥白尼等)的传记和科学史以及纯粹数学方面的论文。早期著作还有《数学对人类文化生活的贡献》(1863)等。1877年当选利奥波第那科学院院士。月球上一个火山口以其名字命名。

克里斯托费尔（Christoffel，Elwin Bruno，1829.11.10—1900.3.15） 德国数学家、物理学家。生于普鲁士蒙乔伊(今德国蒙绍)，卒于斯特拉斯堡。1850年进入柏林大学学习数学、物理和化学课程，数学受教于狄利克雷。1856年以关于均质体内电流运动的论文获博士学位。之后回到家乡继续研习黎曼、狄利克雷和柯西的数学及数学物理著作，开始发表关于微分几何的研究论文。1859年受聘为柏林大学讲师。1862年任苏黎世综合工科学校数学教授。1868年、1869年相继当选柏林科学院和格丁根科学院的通讯院士。1872年后任斯特拉斯堡大学教授，与同事共同建立了数学研究所。数学工作涉及微分几何学、数值分析、函数论、位势理论、微分方程、不变式理论等。是黎曼微分几何理论的追随者，在1869年发表的几篇论文中，研究了两个齐次二阶微分形式相互转换的充分必要条件，由此发展了微分不变式的理论，其中运用了后来所谓的协变微分法，并引入了第一类和第二类克里斯托费尔符号。1877年对不连续曲面介质中的平面波传播进行了研究，这是微波理论的早期工作。1880年得到了“黎曼曲面上第一类线性独立积分类数等于亏格g”的结论。这些成果为张量微积分的发展开辟了道路，也为后来的广义相对论提供了数学基础。在复变函数的保角映射方面也有贡献，推广了施瓦兹的从圆内到三角形内保角映射的论述，建立了一般的圆内到多角形内保角映射的公式。共发表35篇论文，有大部分原创研究通过讲座发布。

牛顿，H. A.（Newton，Hubert Anson，1830.3.19—1896.8.12） 美国数学家、天文学家。生于纽约州舍伯恩(Sherburne)，卒于康涅狄格州纽黑文(New Haven)。1850年毕业于耶鲁学院。1853年受聘到母校任教，1855年晋升为教授。任职期间培养了E. H.穆尔和吉布斯等优秀的博士生。曾到巴黎理学院参加沙勒的射影几何学讲座，对他后来的数学研究有较大影响。

在求与已知三个圆相切的圆的方程等问题方面发表了多篇研究论文。在天文学方面,以研究流星和彗星的规律和相互关系而著称。是美国国家科学院的创始成员,1888年获得科学院的史密斯金奖。曾担任美国科学促进会主席和美国数学会副主席。还是美国哲学学会和其他多个学术机构的成员。

克雷莫纳(Cremona, Antonio Luigi Gaudenzio Giuseppe, 1830.12.3—1903.6.10) 意大利数学家。生于帕维亚,卒于罗马。1849年进入帕维亚大学学习土木工程,1853年获博士学位。之后在帕维亚任私人家庭教师,并在克雷莫纳镇等地的中学教授数学。课余从事数学研究。1860—1867年任波伦亚大学教授。1867年到米兰理工学院讲授高等几何,1872年晋升为教授。1877年任罗马大学高等数学讲座教授。是伦敦数学会名誉会员(1871)、英国皇家学会外籍会员(1879)、爱丁堡皇家学会外籍会员(1883)、意大利王国参议员和教育部长。是意大利代数几何学派的奠基人之一。发展了任意维射影空间的射影平面与有理平面的双有理变换理论,称为克雷莫纳变换。在意大利、法国的数学杂志上发表了一系列论文,其中阐述三次曲面理论的文章荣获1866年柏林科学院施泰纳奖。还应用可易图形在图解静力学中解决几何问题;通过射影几何中的变换引申出图形的若干性质等。著有《平面曲线几何理论导引》(1861)、《平面图形的几何变换》(1863)和《射影几何原理》(1873)等。意大利统一后,在意大利高等数学教学改革中发挥了重要作用。写过多部有影响的几何教科书,培养了一批颇有成就的学生。其中贝尔蒂尼将克雷莫纳变换用于曲线和曲面的简化奇点,给出射影平面所有对合变换的分类,推进了意大利代数几何学派的研究。

劳思(Routh, Edward John, 1831.1.20—1907.6.7) 英国数学家。生于加拿大魁北克,卒于英国剑桥。11岁时来到英格兰,1847年进入伦敦大学学院,师从德·摩根学习数学,1849年获得了学士学位,1853年获硕士学位。之后又就读于剑桥大学彼得豪斯学院,受教于托德亨特和霍普金斯,1854年获数学一等荣誉学位和史密斯奖,1855年当选彼得豪斯学院的研究员。之后担任私人数学导师,成为培训本科生准备数学荣誉学位考试的杰出教练员。在教学上取得巨大成功,30多年间培训的700多名学生中有480人获得荣誉学位,其中28位获得一等荣誉学位,43位获史密斯奖。是伦敦数学会的创始成员之一,并于1866年成为皇家天文学会的成员。1872年当选英国皇家学会会员。1883年成为彼得豪斯学院的名誉院士。还获得多所院校的名誉博士。除了担任学位教练员,还从事数学研究。主要贡献是定义和系统化了现代力学的数学方法,并提出了多个对现代控制系统理论发展至关重要的思想。著有《从分析学的观点来看牛顿的〈原理〉》(合著,1855)和《刚体系统动力学》(1860;1897年第6版)等书。1877年获剑桥大学亚当斯奖。

泰特,P. G.(Tait, Peter Guthrie, 1831.4.28—1901.7.4) 英国物理学家、数学家。生于苏格兰达尔基斯,卒于爱丁堡。1847年进入爱丁堡大学学习数学和自然哲学,1848年转入剑桥大学彼得豪斯学院继续攻读,1852年获得数学一等荣誉学位和史密斯奖。1854—1860年受聘女王学院数学教授。1860—1901年任爱丁堡大学自然哲学教授,其间与汤姆森共同撰写了数学物理教科书《自然哲学论》(1867)。1861年当选爱丁堡皇家学会会员。是热力学理论研究的先驱者之一,1875年与人合作,运用英国科学家克鲁克斯(W. Crookes, 1832—1919)的辐射计进行实验,给出了辐射计动力学第一个满意的解释。参与当时学术界的几次大论争。某些著作带有狭隘的民族主义情感。在数学领域,发表《四元数概论》(1873),积极推广和扩大哈密顿四元数的影响,与吉布斯和亥维赛的向量法则抗衡。还以对拓扑学的早期研究而闻名,在研究纽结理论时提出了三个猜想(都已解决)。在图论的研究中提出了"泰特猜想"(1884):每个3连通的平面立方图都有一个哈密顿循环(沿着边缘)通过它的所有顶点。该猜想于1946年被英国密码破译者托特(W. T. Tutte, 1917—2002)举出反例予以否定。1883年成为爱丁堡数学会创始会员。1886年获皇家奖章。

伯伯里(Burbury, Samuel Hawksley, 1831.5.18—1911.8.18) 英国数学家。生于凯尼尔沃思,卒于伦敦。相继在什鲁斯伯里学校和剑桥大学圣约翰学院学习,1854年获数学荣誉学位并成为学院研究员。1857年又获文学硕士学位。1858年到剑桥律师协会工作。1860年开始在剑桥律师学会执业,因耳疾转到众议院任职,至1908年退休。在从事法律工作的过程中,与在剑桥的沃森(H. W. Watson, 1827—1903)合作,从事数学和物理学研究,共同发表多篇关于动力学中广义坐标的应用以及电磁学数学理论方面的论文。他承继了麦克斯韦的工作,力图置电磁学和静电学于更规范的数学基础之上。1890年当选英国皇家学会会员。与沃森合作的著作有《广义坐标在材料动力学中的应用》(1879)和《电磁学的数学理论》(2卷,1885—1889)等。

麦克斯韦(Maxwell, James Clerk, 1831.6.13—1879.11.5) 英国物理学家、数学家。生于苏格兰爱丁堡,卒于剑桥。1847年进入爱丁堡大学。1850年到剑桥大学三一学院学习,1854年获数学荣誉学位和史密斯奖。1855年任三一学院研究员。1856—1860年任马里沙尔学院教授。1860—1865年任伦敦国王学院自然哲学教授。1856年当选爱丁堡皇家学会会员,1861年当选英国皇家学会会员。1865年返回剑桥大学,1871年创建卡文迪什实验室并任首任主任,至1879年。最大贡献是建立了光的电磁理论,1873年出版的《电磁通论》(2卷),被认为是继牛顿《自然哲学的数学原理》之后一部最重要的物理学经典。得到电磁场的基本方程,称为麦克斯韦方程,被认为是物理学中第二次大统一(第一次是牛顿的万有引力定律)。对数学物理的发展起到重要的推动作用。在数学方面,利用数理统计的方法导出了分子运动的麦克斯韦速度分布律;对向量分析和系统的微分算子理论进行了深入的研究,促进了向量分析的发展。

马内姆(Mannheim, Victor Mayer Amédée, 1831.7.17—1906.12.11) 法国数学家。生于巴黎,卒于同地。1848年就学于巴黎综合工科学校,受教于沙勒和庞斯列。两年后到梅斯炮兵与工程应用学院学习,毕业后成为法国炮兵部队的军官。1859年任巴黎综合工科学校讲师,1864—1891年任画法几何学教授。同时继续军旅生涯,1890年获上校军衔并退役。1872

年加入法国数学会，1877 年任学会主席。在学生时代(约 1851)就改进了几种角度测量仪和一种计算尺(模拟计算的机械仪器)，建立马内姆版本的计算尺，其修改版本“马内姆计算尺”至今仍在使用。主要数学研究在几何学方面，在曲面理论、运动图形理论、射影几何、画法几何和微分几何等分支均有所建树。受到沙勒工作的影响，进一步研究了投影的度量性质，并在运动几何学中应用了他的研究成果。对曲面理论作出重要贡献，推进了菲涅耳关于波动曲面的研究。大部分工作收录在著作《包含运动几何学的工科画法几何教程》(2 卷，1880)和《运动几何学原理与发展》(1894)中。1872 年获庞斯列奖。1878 年成为伦敦数学会名誉会员。

乌里扬诺夫(Ульянов, Илья Николаевич, 1831.7.31—1886.1.24)　俄国数学教育家、政治家。生于阿斯特拉罕，卒于辛比尔斯克。革命家列宁的父亲。1850 年在阿斯特拉罕中学毕业并获银质奖章。之后进入喀山大学物理-数学系学习，1854 年毕业。1855 年以后在奔萨和下诺夫哥罗德等地的预科学校任物理和数学教师。1869 年任辛比尔斯克省国民教育学校督察员，1874 年后任该校校长。1877 年获得现役国务委员(俄国四级贵族)的民事军衔。主张各民族人民一律平等，积极开展教育普及工作。多年来从事教育工作，为改进数学、物理、地理和天文学等课程的教学进行不懈的努力。建议普通中学开设有关数学题材的课程——函数概念、直角和斜角坐标系概念及其在绘图中的应用，二元、三元一次和二次不定方程的解法，圆锥曲线主要性质的研究等。赞成罗巴切夫斯基的教育思想，为使教育与实践相结合，为教会学生掌握各种解决实际问题的方法做了大量工作。获得多种勋章和奖励。

戴德金(Dedekind, Julius Wilhelm Richard, 1831.10.6—1916.2.12)　德国数学家。生于不伦瑞克，卒于同地。1848 年进入不伦瑞克卡罗琳姆学校学习数学。1850 年到格丁根大学继续求学，成为高斯晚年的得意门生。1852 年获博士学位。1854 年到格丁根任教，与狄利克雷和黎曼结为好友。1858—1862 年应邀任瑞士苏黎世综合工科学校教授。1862 年返回家乡，在不伦瑞克理工学院执教，直至逝世。主要贡献在实数理论和代数数论方面。当时的微积分学还缺乏严密的逻辑基础，对无理数还没有严密的分析和论证。从 1858 年教授微积分的时候就开始准备为微积分奠定一个稳定的基础。当年晚些时候得到了实数和直线上的点有着一一对应的关系，从而有理数和无理数可以构成一个(无空隙的)实数的连续系统。进而提出用所谓“戴德金分割”来定义无理数，并对连续性理论进行深入研究，为实数理论的建立作出了重要贡献。直到 1872 年，《连续性与无理数》(Stetigkeit und irrationale Zahlen)出版，与 G. 康托尔、魏尔斯特拉斯等人成为现代实数理论的奠基人。曾为自然数建立一套集合论公理，不久皮亚诺引用了戴德金的结果，整理出一套等价但更简单的公理，沿用至今。在代数数论方面，建立了现代代数数和代数数域的理论。其代数数理论是高斯的复整数和库默尔代数数的推广。后又用另一种方法重建代数数中的唯一因子分解定理。在 1871 年出版的《数论讲义》及在其 1879 年、1894 年的修订版本中，深入研究各种代数结构，特别引入环的概念和理论，以及重要的理想概念，给出理想子环的一般定义。后把满足理想唯一分解条件的整环称作戴德金环。在代数数论方面的工作对19世纪数学产生了深远影响。在《数的意义》(1888)(直译《数字是什么,应该是什么?》)一书中提出完全数学归纳法的逻辑理论以及算术本质的概念,还涉及实数系的完备性问题,并用映射等概念研究了集合论的某些问题。是开创数学基础研究新纪元的主要代表之一。还编辑出版狄利克雷和黎曼的全集。是格丁根(1862)、柏林(1880)、法国(1900)等多所科学院的相应成员,还获得克里斯蒂亚尼亚(奥斯陆)大学、苏黎世大学和布伦瑞克大学名誉博士学位。1931—1932年A. E. 诺特和奥尔等人编辑出版了戴德金的《数学著作集》。

杜布瓦-雷蒙(Du Bois-Reymond, Paul David Gustav, 1831.12.2—1889.4.7) 德国数学家。生于柏林,卒于弗赖堡。于1849年追随其兄长生理学家E. 杜布瓦-雷蒙(1818—1896)进入苏黎世大学攻读医学。1854年转到哥尼斯堡大学和柏林大学学习数学和物理。1859年在库默尔指导下获柏林大学博士学位。1861—1865年在预科学校执教。1865年任海德堡大学讲师,1868年任副教授。1869—1874年任弗雷堡大学教授。1874—1883年任杜宾根大学教授。1884年后任柏林工业大学教授。1874年当选巴伐利亚科学院院士。1883年成为利奥波第那科学院院士。主要贡献在微分方程和实变函数论方面。最早运用蒙日的特征线思想研究偏微分方程,引入了偏微分方程的标准分类法,将有关的结果从二阶方程推广到n阶的情形。1868年给出并证明了定积分中值定理。在此基础上系统研究任意函数展开为傅里叶级数及该级数的收敛性问题。在《关于傅里叶级数》(1873)一书中首先给出了连续函数的傅里叶级数可能发散的情形,以及发散的傅里叶级数对应的连续函数的构造。1873年给出一个在已知区间上连续但没有导数的函数的例子并作出证明。在《一般函数论》(1882)中,提出容量概念(测度概念的雏形),广泛地讨论了函数理论的基本概念,对确立实变函数的基本概念有重要作用。

伊姆舍涅茨基(Имшенецкий, Василий Григорьевич, 1832.1.16—1892.6.5) 俄国数学家、力学家。生于伊热夫斯克,卒于莫斯科。1853年毕业于喀山大学。之后到中学及预科学校任课,课余进行数学研究。1860年任喀山大学数学教师。1862年到法国留学,在数学家拉梅、刘维尔、塞雷和贝特朗的指导下深造。1865年获硕士学位,1868年获博士学位。1868年任喀山大学副教授,1869年升任教授,1871年离开喀山大学。1873年任哈尔科夫大学教授,同时成为哈尔科夫数学会的创始人之一。后又创立并领导了圣彼得堡数学会。1881年当选圣彼得堡科学院院士,同年到圣彼得堡技术学院任教。主要研究偏微分方程理论。硕士论文研究了一阶偏微分方程的积分法,给出了一阶偏微分方程的某种解法(后来以他的名字命名),发展并推广了雅可比等提出的方法。在博士论文《二元二阶偏微分方程积分法的研究》中概述并改进了求解二阶偏微分方程的蒙日-安培方法,还对具有二阶偏导数的积分方程的一种变分方法提出新的应用。这些工作在一阶和二阶偏微分方程理论的发展中都发挥了重要作用。博士论文被许多研究者引用,还被译成法文和德文。

道奇森(Dodgson, Charles Lutwidge, 1832.1.27—1898.1.14) 英国数学家、逻辑学家、童话作家。生于柴郡达斯伯里,卒于萨里郡吉尔福德。1850 年进入牛津大学学习,1854 年获数学一等荣誉学位毕业。同年获得文学学士学位。1855 年以后在基督教教堂担任数学讲师。同时具有数学和文学天赋。擅长编著儿童幻想故事,最流行的是以刘易斯·卡罗尔(Lewis Carroll)为笔名写的《爱丽斯漫游奇境》。在数学方面,主要研究线性代数、几何学、数理逻辑和娱乐数学等。以本名出版了著作《行列式的初等理论》(1867)、《平面代数几何教学提纲》(1860)、《逻辑游戏》(1887)和《欧几里得和他的现代对手》(1879)等。在最后一部书中反对改革古典几何的教学方法,对非欧几何提出异议。在去世后出版的《符号逻辑第二部分》中,最早使用了游戏版本的"维恩图"。还发明了一种称为"双拼"的文字谜题。

菲德勒(Fiedler, Otto Wilhelm, 1832.4.3—1912.11.19) 德国—瑞士数学家。生于德国开姆尼茨,卒于瑞士苏黎世。早年在开姆尼茨工学院和弗里堡矿业学院任教,自学数学。1858 年在麦比乌斯指导下获莱比锡大学博士学位。1864 年任布拉格技术大学画法几何学教授。1867 年移居苏黎世。1867—1907 年任联邦理工学院画法几何教授。1875 年加入瑞士国籍。通过翻译和出版英国数学家萨蒙的分析学、投射几何和代数几何教科书而闻名。是以中心射影为基础的现代画法几何学的创立者之一。著有《现代几何与代数二元型基础》(1862)和《空间解析几何》(2 卷,与萨蒙合作,1863—1865)等书。1884 年获柏林科学院施泰纳奖。1889 年当选利奥波第那科学院院士,1906 年成为巴伐利亚科学院院士。1907 年获维也纳科技大学名誉博士学位。

斯托克韦尔(Stockwell, John Nelson, 1832.4.10—1920.5.18) 美国天文学家、数学家。生于马萨诸塞州北安普敦,卒于俄亥俄州库亚霍加县(Cuyahoga County)。自幼和叔父在农场生活。12 岁目睹月全食时既惶恐又兴奋,由此引起对天文学的强烈好奇。1846 年海王星的发现更激励他自学微积分,不久就能解决天文学中遇到的数学问题。1852 年购入拉普拉斯的四部天文学巨著用以自学。同年出版了第一部天文学作品。其工作很快被天文学家们发现,被称为农民天文学家。1854 年到美国海岸勘测局担任人工计算师。1876 年在西储大学获博士学位。1881 年任凯斯应用科学院的数学和天文学教授。1889 年当选美国文理科学院院士。还是美国科学促进会和美国天文学会成员。主要贡献涉及月球运动理论和行星轨道及日食的计算。著有《论月球平均运动的特征方程》(1867)和《八大行星轨道元素长期变化实录》(1872)等。

诺伊曼,C. G.(Neumann, Carl Gottfried, 1832.5.7—1925.3.27) 德国数学家、理论物理学家。生于哥尼斯堡(今俄罗斯加里宁格勒),卒于莱比锡。是 F. E. 诺伊曼的儿子。早年在哥尼斯堡大学和哈雷大学学习,1855 年在里歇洛和黑塞指导下获博士学位。先后在哈雷大学、巴塞尔大学和杜宾根大学执教。1868 年任莱比锡大学教授,至 1911 年退休。1893 年当选柏林科学院通讯院士,1895 年成为巴伐利亚科学院通讯院士,还是多个学术团体的成员。主要成就在偏微分方程、常微分方程、积分方程和函数论等方面。特别对偏微分方程边值问题有深入研究，首创解决狄利克雷问题的算术平均法。对平面凸边界曲线和空间凸边界曲面的情形证明了狄利克雷问题解的存在性。位势理论中的第二边值问题就以他的名字命名。还是积分方程理论研究的创始人之一，首创“对数位势”的概念。还发展了代数函数的黎曼理论，证明了一个单连通平面区域可以映射到一个圆内。1868 年，与克莱布什共同创办德国数学杂志《数学年刊》(Mathematische Annalen)。

李普希茨（Lipschitz, Rudolf Otto Sigismund, 1832.5.14—1903.10.7） 亦译利普希茨。德国数学家。生于哥尼斯堡（今俄罗斯加里宁格勒）附近，卒于波恩。1847 年入哥尼斯堡大学，不久转入柏林大学跟随狄利克雷学习数学，1853 年获得博士学位。1857 年任柏林大学私人讲师。1862 年任布雷斯劳大学教授。1864 年起任波恩大学讲座教授。C. F. 克莱因曾是他的学生和助手。还是 C. F. 克莱因博士论文的评审人(1868)。1874—1875 年任波恩大学校长。先后当选巴黎、柏林、格丁根、俄罗斯和罗马等科学院的成员。在数论、贝塞尔函数论、傅里叶级数、常微分方程、分析力学、位势理论及微分几何学等方面均有贡献。其中在微分方程和微分几何方面的成就尤为突出。1873 年，提出了著名的“李普希茨条件”，对柯西提出的微分方程初值问题解的存在唯一性定理做出改进，得到柯西-李普希茨存在性定理。存在性定理的证明有力地推进了对微分方程定性理论以及解的近似计算的研究。是黎曼事业的继承者之一，黎曼于 1854 年系统地阐述了高维流形微分几何的主要内容，并于 1868 年发表了研究 n 维流形的度量结构的文章。从 1869 年起对黎曼的思想做出进一步阐述和推广，其中对 n 维黎曼流形的子流形性质以及对微分不变量的研究，取得了开创性成果，因此被认为是协变微分的奠基人之一。这一工作后来被 C. G. 里奇富有成效地用于张量分析研究。著作《分析基础》(2 卷，1877—1880)从有理整数论到函数理论作出系统阐述。在代数数论领域，引进相应的符号表示法及其计算法则，建立起被称为“李普希茨代数”的超复数系。

布尔，E.(Bour, Edmond, 1832.5.19—1866.3.8) 法国数学家、力学家、工程师。生于法国上索恩省格雷，卒于巴黎。1852 年毕业于巴黎综合工科学校，之后到圣埃蒂安矿业学院授课，一年后回到母校讲授工程学。1855—1859 年担任采矿工程师。1859 年再次返回母校教授画法几何学。同年参加法国科学院关于微分几何的大奖赛，以论文《曲面变形理论》而荣获 1861 年数学大奖，同年成为力学教授，直至去世。一生留下了若干数学分析、代数、微分几何、理论力学、应用力学和天体力学等方面的颇有价值的著述。1862 年，在研究恒定负曲率曲面的微分几何的过程中，首次引入正弦-戈登方程，这是一种 2 维非线性双曲型偏微分方程，由于有多种孤子解而备受瞩目。1866 年春因患传染病不幸早亡。

儒歇（Rouché, Eugène, 1832.8.18—1910.8.19） 法国数学家。生于加尔省索米耶尔，卒于吕内勒。1854 年毕业于巴黎综合工科学校。之后任南特中学和查理曼中学教师。1858 年获博士学位。1858—1877 年任巴黎中央学校招生考官，1867 年任该校几何学教授。1877—1883 年任综合工科学校招生考官。1884—1905 年任

巴黎艺术学校画法几何学教授。是法国数学会成员，1883—1884年任学会主席。1896年当选法国科学院院士。数学研究涵盖函数级数、画法几何、线性代数、有理数的分解、定积分和概率论等方面。在解析函数论中发现了后来以他的名字命名的儒歇定理：若在复平面若尔当曲线C上的每一点Z，恒有$|f(z)|>|g(z)|$，则$f(z)=0$与$f(z)+g(z)=0$在c内部有相同数目的零点。在线性代数中，根据线性方程组的增广矩阵和系数矩阵的秩来确定线性方程组的解数，建立了线性方程组可解的儒歇-卡佩利定理。编写了多部教科书，以与德·康伯鲁斯合著的2卷几何教科书——《平面几何学》和《空间几何学》——最为著名。这两本书摆脱官方教学大纲，注入新的数学思想，因此大受欢迎，多次再版，直至2010年仍有复制本。

叙洛夫(Sylow, Peter Ludvig Mejdell, 1832.12.12—1918.9.7)　亦译西罗。挪威数学家。生于克里斯蒂安尼亚(今奥斯陆)，卒于同地。1850年在克里斯蒂安尼亚教会学校毕业，1853年进入皇家弗雷德里克大学学习。1856—1858年在尼森女子中学讲授数学。1858—1898年在腓特烈夏尔德(今哈尔登)中学执教。1861年获大学奖学金到柏林、巴黎等地访学。1862年回到皇家弗雷德里克大学任代课教师，讲授伽罗瓦理论。1898年由数学家M. S. 李推荐，任该校的特别讲座教授，至1918年。利用课余时间从事数学研究，特别研究和整理了阿贝尔的遗作，并发现了一些阿贝尔生前未发表的结果。1873—1881年同M. S. 李合作编纂了阿贝尔著作的新版本，1902年又与人合作出版了阿贝尔的通信集。在椭圆函数论、复数乘法理论、置换群论等方面多有建树。1872年发表论文《关于置换群的定理》，首次推广了柯西关于群论的一个命题，得到了有限群论中最重要的结果：如果p是素数，并且一个群的阶可被p^α整除，但不能被$p^{\alpha+1}$整除，则此群包含且仅包含一组共轭的p^α阶子群。还证明了“每个p^α阶的群都是可解的”，即其极大不变子群序列的指数都是素数。这些定理统称为叙洛夫定理，是研究群论特别是有限群结构的重要工具。1883年当选格丁根科学院院士。1894年，获哥本哈根大学名誉博士学位。

华蘅芳(1833—1902)　中国清朝数学家、翻译家、教育家。生于道光十三年，卒于光绪二十八年。字若汀，江苏金匮(今无锡市)人。与李善兰、徐寿(1818—1884)齐名，被誉为中国近代科学事业的先行者。少年时酷爱数学，常读中国古代算经以及明清以来的数学著作。青年时到上海向李善兰请教，受李善兰推荐习西方的代数学和微积分学。1861年与同乡好友徐寿受聘到曾国藩的安庆军械所，绘制机械图并造出中国最早的轮船“黄鹄”号。一生与洋务运动关系密切，成为当时有代表性的科学家之一。1865年参与筹划创设江南制造总局。1868年局内增设翻译馆，与徐寿积极从事并专门介绍西方先进的科学技术，分门别类地进行系统编译。与外国人合译出版了12种171卷近代科技著作，内容涉及数学、地质学、矿物学、航海、气象、天文学等。同英国人傅兰雅(J. Feyer, 1839—1928)共译出数学著作《代数术》25卷、《微积溯源》8卷、《三角数理》12卷、《代数难题解法》16卷、《决疑数学》10卷、《合数术》11卷、《算式解法》14卷等。这些书介绍了西方的代数学、三角学、微积分学和概率论，所含数学知识比李善兰所译的书丰富许多，其译文亦流畅易懂。是继李善兰之后引进西算影响最大的人。数学著作《开方别术》《数根求解》《开方古义》《积较术》《学算笔谈》《算草丛书》被收入文集《行素轩算稿》中，刊印过多次。1876 年上海格致书院成立后，前往执教 10 余年，并参加院务管理工作。1887 年到李鸿章创办的天津武备学堂任教习。1892 年到武昌的两湖书院和自强学堂讲授数学。1896 年回到江南制造局的工艺学堂，任数学教习。1898 年回到家乡，在无锡竢实学堂任教。其弟华世芳也是晚清著名数学家。

克莱布什（Clebsch, Rudolf Friedrich Alfred, 1833.1.19—1872.11.7） 亦译克勒布施。德国数学家。生于哥尼斯堡（今俄罗斯加里宁格勒），卒于格丁根。1850 年进入哥尼斯堡大学学习，师从数学家黑塞和雅可比，1854 年毕业。随后在多所中学任教。在柏林大学获得数学物理学博士学位。1858—1863 年在卡尔斯鲁厄大学任分析力学教授。1863—1868 年任吉森大学教授。1868 年到格丁根大学任讲座教授，直至去世。1864 年当选格丁根科学院院士。还是柏林科学院和巴伐利亚科学院的成员。1868 年与 C. G. 诺伊曼共同创办了《数学年刊》杂志。早年的研究兴趣在数学物理方面，1862 年出版《弹性固体理论》。还与哥尔丹合作，引入了球形谐波的克莱布什-哥尔丹系数，现在已广泛应用于量子力学。之后在雅可比的影响下转而研究变分法和偏微分方程。后来又不断扩展研究领域，在代数不变量和代数几何方面也作出了奠基性工作。用曲线术语叙述第一类阿贝尔积分。为了对曲线进行分类，首次引入连通、亏格等概念，证明了一系列有关定理。完成了由阿龙霍尔德开创的关于不变量的符号演算法，讨论了各种有理曲面，特别是一般三次曲面的平面表示，并得到第一个代数曲面的双有理不变量，成为代数曲面论研究的开创者之一。与哥尔丹合写的《阿贝尔函数论》(1866)在研究纯代数几何的黎曼理论方面迈出了本质性的一步。1868 年，他们使用构造性方法给出任意次数二元型的基具有限完备系的存在性证明，得到“哥尔丹-克莱布什定理”：每个二元型 $f(x_1, x_2)$ 都具有一个以有理整不变量与协变量所组成的有限完备系，将不变量理论提高到一个新阶段。同年获得法国科学院刚刚设立的庞斯列奖。对 19 世纪后期的德国数学有较大影响。1871 年被授予伦敦数学会名誉会员。

富克斯，I. L.（Fuchs, Immanuel Lazarus, 1833.5.5—1902.4.26） 德国数学家。生于普鲁士波森（今波兰波兹南），卒于柏林。1854 年进入柏林大学学习，师从魏尔斯特拉斯和库默尔等数学家。1858 年获博士学位。先后在炮兵工程学校，以及格丁根、海德堡等地的大学任教。1884 年接替库默尔任柏林大学讲座教授。1899 年任柏林大学校长。1882 年当选利奥波第那科学院院士。还是格丁根、圣彼得堡和法国、瑞典等国科学院的相应成员。1892 年任《纯粹与应用数学杂志》编辑。早年受库默尔和魏尔斯特拉斯的影响研究函数论，曾一度转向高等几何和数论，后来主要研究微分方程理论。1865 年以后发表了一系列有创见的文章，例如在线性微分方程领域建立起“富克斯理论”，引入“基础解系”来描述线性微分方程几个线性无关的解，还讨论基础解系的存在性等。对微分方程理论的发展起到重要推动作用。还利用超几何级数解线性方程，证明了定义在复数域上的 n 阶线性方程满足初始条件的解的存在性等。全部论文收集在《论文全集》(3卷，1904—1909)中。第 22497 号小行星(1997)命名为“富克斯星”。

拉盖尔(Laguerre, Edmond Nicolas, 1834.4.9—1886.8.14)　法国数学家。生于巴勒迪克，卒于同地。1854 年毕业于巴黎综合工科学校。1854—1864 年任炮兵军官，其间坚持钻研数学问题。1864 年后返回母校任教，直至去世。1883—1886 年兼任法兰西学院数学物理学教授。1881 年任法国数学会主席。1885 年当选法国科学院院士。主要贡献在几何学、分析学和近似方法等方面。在 19 岁时就发表了论文《论焦点》，研究复射影平面上线条之间的角度，成为最早探讨复射影平面理论的学者之一，继承了沙勒和庞斯列的工作。还建立了用交比定义的角的度量公式，论证了方程论中的笛卡儿符号法则，并将其推广。研究了二阶线性微分方程(拉盖尔方程)

$$xy'' + (1+x)y' - ny = 0$$
$$(n=0,\ 1,\ 2,\ \cdots)$$

及其被称为拉盖尔多项式的解。该多项式在量子力学中有广泛应用。还研究积分的连分式展开式，推出一些有价值的结果。在当时的主要数学期刊上发表了 140 多篇论文。著有《解数值方程的注记》(1880)、《数值方程理论》(1884)和《方向几何学研究》(1885)等。其论文全集分两集出版(第 1 集，1898；第 2 集，1905)。1887 年获庞斯列奖。

皮尔斯，J. M.(Peirce, James Mills, 1834.5.1—1906.3.21)　美国数学家，生于马萨诸塞州坎布里奇，卒地不详。是著名数学家 C. S. 皮尔斯的兄长。1853 年毕业于哈佛大学，之后又到法学院和神学院学习，1859 年毕业。从 1854 年起在哈佛大学任职近 50 年，1869 年晋升为教授。1885 年起任珀金斯天文学和数学讲座教授。1872 年后相继任哈佛大学研究生院院长和文理学院院长。是一流的教师和管理人员。主要数学研究在解析几何和四元数方面。在四元数方面做的一些原创性研究具有一定的历史意义。著有《解析几何教科书》(1857)。还编著了《四位数学用表》(1896)，包括三角函数表及对数表，流传很广。

维恩(Venn, John, 1834.8.4—1923.4.4)　英国数学家、逻辑学家、哲学家。生于赫尔河畔金斯顿，卒于剑桥。1853 年入剑桥大学凯斯学院学习，1857 年获得数学专业学位并当选学院的研究员，担任此职直至去世，1903—1923 年任该学院的院长。1862 年开始在学院讲授逻辑和概率论，并开设有关讲座。1883 年当选英国皇家学会会员，同年获剑桥大学理学博士学位。在概率论和逻辑学方面有突出贡献。著作《机会逻辑》(1866)开创性地提出概率应该由预测事物发生的频率来决定，而不是其他假设。修正了棣莫弗的一个经典概率定义——“在 m 次试验中，成功 s 次，则成功的概率为 s/m”，将其改为：在 m(m 为一个大数)次试验中，成功 s 次，则成功的概率为 s/m 当 m 趋向无穷大时的极限值。但此定义仍然有缺点，为此进一步研究了彼得堡悖论(或称彼得堡问题)。其最著名的成就是系统解释并发展了逻辑的几何表示方法。1880 年发表论文《命题和推理的图解表达》(此文已收入《符号逻辑》书中)

介绍自创的集合归类的图示方法——做出一系列简单闭曲线(圆或更复杂的形式),将平面分为许多区域,利用这种图表阐明了演绎推理的基本原理。为了进一步明确起见,还引入了一些数学难题作为实例。今天,这种逻辑图称为维恩图(虽然之前莱布尼茨已运用过逻辑图),在集合论、概率论、逻辑学、统计学、竞赛数学和计算机科学方面都有应用。著作《符号逻辑》(1881)进一步发展了G.布尔的理论,澄清了G.布尔著作《思维规律的研究》(1854)中的一些含混和矛盾的概念。

塞林,E.(Selling, Eduard, 1834.11.5—1920.1.31) 德国数学家、计算器发明者。生于安斯巴赫,卒于慕尼黑。早年在格丁根大学和慕尼黑大学学习数学,师从数学家赛德尔。1859年在黎曼的指导下获得博士学位。1860年由克罗内克推荐任维尔茨堡大学的副教授,讲授数学和天文学,直至1906年退休,成为名誉教授。数学贡献在数论和正定二次型理论方面。在1873年发表的论文《关于二元和三元二次型》被翻译成法文,引起多位数学家的赞誉。还研究了与不定三次型等价的难题。1877年后开始关注保险,并参与政府重建巴伐利亚州的养老金制度的工作。为了应对大量的计算,研制成功一种新型的计算器,在1886年获得专利,并在1893年的芝加哥世界博览会上获奖。后不断改进,第三台计算器1894年又获得专利。著有《一种新型计算器》(1887)等书。

瓦尔拉(Walras, Marie-Esprit-Léon, 1834.12.16—1910.1.5) 法国—瑞士经济学家、数学家。生于法国埃夫勒,卒于瑞士克拉朗。1854年就读于巴黎矿业学院。之后曾担任过银行经理、记者、浪漫小说家和铁路职员等。在父亲(经济学家奥古斯特·瓦尔拉,1801—1866)及同学古诺的影响下开始研究政治经济学,1870年任洛桑大学政治经济学教授,至1892年退休。其间曾在日内瓦大学兼课,还兼任瑞士一家保险公司顾问。开创了以他为首的、后来以"洛桑学派"著称的经济学学派。著作《纯粹政治经济学或社会财富理论纲要》(1874)是最早用数学方法对一般经济均衡理论进行全面分析的著作之一。提出了边际效用价值,并在此基础上研究一个经济体在什么条件下才能使生产与消费、供给与需求处于平衡状态,建立了一般均衡理论体系。奠定了数理经济学的基础,也因此被誉为一般均衡理论之父。

拉道(Radau, Jean Charles Radolphe, 1835.1.22—1911.12.21) 德国—法国天文学家、数学家。生于普鲁士的安格堡(今属波兰),卒于法国巴黎。早年在哥尼斯堡大学学习,1855—1856年在哥尼斯堡天文台工作。1858年和地理学家达巴迪(A. d'Abbadie, 1810—1897)一同到法国游学,其间担任《两个世界的回顾》杂志的编辑。还为埃塞俄比亚大地测量提供计算和地图。1871年获博士学位。1873年入法国籍。主要研究三体问题、声学和大地测量学。对大气折射的研究于1884年和1892年两次获法国科学院奖励。1897年当选法国科学院院士。著有《声学,或声音现象》(1867)和《三体问题和微扰动理论》(1881)等。在研究地球静水图形时,发现了一种变换(后来称为拉道变换),该变换改进了克莱罗微分方程的积分法,给出一个更好的近似值,称为"拉道近似值"。曾获法国荣誉军团骑士勋章。

纽康(Newcomb, Simon, 1835.3.12—

1909.7.11) 亦译纽科姆。加拿大—美国天文学家、数学家。生于英属北美华莱士(今属加拿大),卒于美国华盛顿。1854—1856年在马里兰州的乡村学校任教。业余时间学习数学和天文学,研读了牛顿和拉普拉斯的著作。1857年就读于哈佛大学劳伦斯学院,1858年获理学学士学位。1861—1877年任华盛顿海军天文台的数学教授。亲自监造当时美国最大的26英寸折射望远镜。1869年当选美国国家科学院院士,1883—1889年任科学院副院长。1871年以后在美国海军天文台和美国航海年鉴局工作,1877年任局长。之后开始制定天文常数系统,修订天文历法,校订天体数据。繁复困难的计算成为他一生中最重要的工作。1884—1893年兼任约翰斯·霍普金斯大学的数学和天文学教授。1885—1900年担任《美国数学杂志》主编。1897—1898年担任美国数学会会长,卸任后创建美国天文学会并任第一任会长(1899—1905)。当选多个国家主要科学学会的名誉成员,并获得多种奖项,包括1874年获英国皇家天文学会金质奖章,1890年获科普利奖章等。代表作《通俗天文学》(1878;中译本,当代世界出版社,2006)长销不衰。1908年在罗马国际数学家大会上作1小时大会报告。

斯特凡(Stefan, Josef, 1835.3.24—1893.1.7) 奥地利物理学家、数学家。生于克拉根福附近的圣彼得,卒于维也纳。1853年进入维也纳大学学习数学和物理,1857年获得数学和物理学士学位。1858年取得任职资格,1863年成为维也纳大学数学和物理学教授,1866年任物理研究所所长,1876—1877年任维也纳大学校长。是奥地利科学院院士和欧洲多个科学机构成员。共发表近80篇科学论文,在气体动力学理论、磁学理论、热力学等方面都作出重要贡献。最著名的是对热辐射问题的研究,1879年提出斯特凡定律,表明黑体的总辐射与其热力学温度的四次方成正比。现该定律称斯特凡-玻尔兹曼定律。在数学物理中还有一些相关的概念以及问题、等式、方程、公式等以他的名字命名,如偏微分方程中的斯特凡方程,斯特凡问题,斯特凡条件等。1865年获奥地利科学院的伊格纳斯·利本奖。还是一位诗人,早年发表了多首诗歌。

马蒂厄(Mathieu, Émile Léonard, 1835.5.15—1890.10.19) 法国数学家、物理学家。生于梅斯,卒于南锡。1855年入巴黎综合工科学校学习拉丁语和希腊语。不久转向数学,师从数学家拉梅,1859年毕业并获博士学位。之后在各地高中和预科学校任数学教师,同时在课余时间努力撰写科学论文。1867年在奥地利科学大会上获得金奖。1874年到南锡高中任数学教师,直至去世。在博士论文中论述有关置换群的问题,建立了马蒂厄群。后转向数学物理的研究,扩展了一类源于物理问题的偏微分方程的形式与解法,其工作对波动方程的理论研究有所推动。1868年引入椭圆坐标,同时给出相应的函数表达式,后人称之为"马蒂厄函数"。1873年又在《数学物理教程》一书中讨论了有关椭球体等问题,进一步引入其他一些新函数和变换。以6卷《数学物理专著》(1873—1890)的形式发表系列研究。其第1卷是研究解数学物理微分方程的技巧,介绍了马蒂厄函数对静电的应用;其他各卷涉及毛细作用、静电和静磁学、电动力学以及弹性理论等的研究等。代表作还有《分析动力学》

(1878)。第27947号小行星(1997)命名为“马蒂厄星”。

杰文斯(Jevons, William Stanley, 1835.9.1—1882.8.13) 英国逻辑学家、经济学家。生于兰开夏郡利物浦,卒于萨塞克斯郡滨海贝克斯希尔。15岁进入伦敦大学学院学习自然科学。1854年到澳大利亚悉尼做经济分析员,从此对政治经济学产生兴趣。1859年回到英国,再次进入伦敦大学学院,相继获得学士和硕士学位,1863年毕业。1866年任曼彻斯特大学欧文学院教授,1875年转任伦敦大学学院政治经济学教授。1872年当选英国皇家学会会员,1880年任伦敦统计学会(英国皇家统计学会前身)副主席。1882年夏游泳时不幸溺水身亡。1862年发表了关于政治经济学的一般数学原理的论文,表达出经济学也是一门数学科学的观点。之后又发表了关于黄金价值暴跌和英国煤炭供应问题的论文,得到公众认可。在著作《政治经济学理论》(1871)中应用数学工具解决经济问题,提出了价值的边际效用理论,成为边际效用学派的创始人之一和数理经济学学派早期代表人物。还积极推广G.布尔的符号逻辑学说,研究概率论中的问题。还著有《纯粹逻辑;数与量之间的逻辑》(1864)和《科学原理》(1874)等。

梅雷(Méray, Hugues Charles Robert, 1835.11.12—1911.2.2) 法国数学家。生于索恩河畔沙隆,卒于第戎。1854—1857年就读于巴黎高等师范学校。毕业后担任公立中学教师。1866年到里昂大学主持数学讲座,1867年任第戎大学教授,直至退休。主要贡献是在1869年的论文《关于由给定变量极限所定义的数的性质说明》中首次给出了用有理数定义无理数的方法,然后建立严格的实数结构,这种结构基于柯西有理数序列的等价类考虑。这是最早出现在印刷品文献中的关于无理数理论的连贯而严谨的表述。惜当时在法国没有引起足够重视。直到1872年人们发现他的定义与G.康托尔发表的“基本序列极限”的定义实质相同时才得到高度肯定,认为他的研究是分析算术化道路上重要的一步。后在著作《无穷小分析新纲要》(1872)中重新阐述了这一理论,并发展了建立于幂级数基础之上的复变函数论。于1900年在巴黎举办的国际数学家大会上作特邀演讲。

贝尔特拉米(Beltrami, Eugenio, 1835.11.16—1900.2.18) 意大利数学家。生于克雷莫纳,卒于罗马。1853年进入帕维亚大学学习,受教于应用数学教授布廖斯基,1856年获博士学位。之后到伦巴第-威尼斯铁路部门和布雷拉天文台工作,并继续研究数学。1862年后相继任波伦亚大学、比萨大学和罗马大学教授。1876—1891年任帕维亚大学数学物理学讲座教授。1873年当选山猫学院院士,1898年任该学院院长。1892年成为英国皇家学会名誉会员。是意大利统一后对数学复兴起到重大作用的人物之一,在非欧几何学、微分几何学、解析函数论、数学物理等方面都有较大贡献。在1868年发表的《非欧几何解释的尝试》一文中,给出罗巴切夫斯基创立的非欧几何学的直观解释,建立了某种伪球面与罗氏平面间的等距关系。使发现了30余年的罗巴切夫斯基几何得到确认。后又把罗巴切夫斯基几何的表示推广到n($n>2$)维流形,并研究了某些特殊的伪球面,使130多年前萨凯里在非欧几何学方面的工作不致湮没。在微分几何学方面,引入了微分参数(被称为贝尔特拉米参数),论证了其在曲面论中的作用,是微分几何中不变式理论应用的起点,推动了微分几何学、微分不变式理论及解析函数论等方面的发展。1872 年后转向应用数学,对位势论、波理论、热力学、光学和热传导等均有研究。特别是用几何方法研究分析问题,对数学物理学的发展有一定影响。几何学中许多概念和公式,如微分参数、映射、曲率公式等都以他的名字命名。论著收集于 4 卷《贝尔特拉米数学文集》(1902—1920)中。

卡索拉蒂(Casorati, Felice, 1835.12.17—1890.9.11) 意大利数学家。生于帕维亚,卒于卡斯泰焦。早年在帕维亚大学学习,曾受教于布廖斯基。1858 年后与布廖斯基和贝蒂等人多次到格丁根、柏林和巴黎,与克罗内克、魏尔斯特拉斯和黎曼等数学家进行交流,促使意大利数学逐渐融入欧洲主流数学。1859 年后相继任帕维亚大学副教授、教授和讲座教授。1868—1875 年到米兰大学执教。1875 年返回帕维亚大学。主要贡献在函数论、常微分方程和数学史方面。研究了解析函数在本性奇点附近的性态,提出并证明了下列定理:如果 a 是 $f(z)$ 的本性奇点,则对任何复数 C,存在收敛于 a 的点列 $z_n(n=1, 2, \cdots)$,使 $f(z_n) \to c(n \to \infty)$。这一定理通常称为卡索拉蒂-魏尔斯特拉斯定理。为判定线性差分方程组的基本解组,引进了所谓卡索拉蒂行列式和矩阵,其元素是某差分方程组的解,并由此给出一个判定定理。在代表作《复变函数论》(1868)中,对该理论的发展给出了历史描述。1875 年当选山猫学院院士。还是格丁根(1877)、波伦亚(1885)、柏林(1886)等科学院以及多个学术团体的相应成员。

魏恩加滕(Weingarten, Julius, 1836.3.2—1910.6.16) 亦译外恩加滕。德国数学家。生于柏林,卒于弗赖堡。早年在柏林贸易学校学习,1852 年进入柏林大学学习数学和物理,特别师从狄利克雷学习位势理论。后又到柏林工艺学院学习化学。1858—1864 年在柏林任中学教师。1864 年在哈雷大学获博士学位,并获得了柏林大学的奖项。先后在柏林建筑学院和夏洛滕堡技术学院任教,1871 年晋升为教授。1905 年由于健康原因迁居布赖斯高地区弗赖堡,在那里以名誉教授身份执教至 1908 年。主要贡献在微分几何学方面。对于曲面的曲率线的研究成果于 1857 年获柏林大学的奖励。还研究了 19 世纪微分几何最主要的课题——求已知曲面的等距面问题。在研究曲面的无穷小变形的基础上,建立了一个已知曲面的所有等距面,并发表了几篇很有价值的学术论文。1894 年获法国科学院大奖。在微分几何中,有以他的名字命名的方程、变换、定理、函数、偏差公式等,特别是恒定平均曲率或恒定高斯曲率的曲面现在称为魏恩加滕曲面。1886 年当选格丁根科学院通讯院士。1890 年成为利奥波第那科学院院士,1899 年当选意大利山猫学院外籍院士。

斯图德尼奇卡(Studnička, František Josef, 1836.6.27—1903.2.21) 捷克数学家、教育家。生于波希米亚的索贝斯拉夫(Soběslav),卒于布拉格。1857 年进入维也纳大学哲学系学习,并兼修地理学。1861 年毕业并获哲学博士学位和教师任职资格。1862—1864 年在预科学校讲授数学和物理学。1864—1871 年在布拉格理工学院任教。1871 年被任命为布拉格大学的数学教授，直至去世。其间曾任讲座教授和哲学系主任，1888—1889年任该校校长。是捷克数学家联盟、捷克及其他多个国家学术团体的成员。还从事地理、天文和气象学研究。在代数、数论、函数论、数学史、物理、地理和气象学等方面共发表论著320多种。主要数学贡献在行列式和四元数理论等方面。编著了一批大、中学数学教科书，代表作有《高等数学基础》(3卷，1868—1871)、《地理数学》(1882)和《一般地理、天文、数学和自然地理》(1881)等。

麦科尔(MacColl, Hugh, 1837.1.11—1909.12.27) 苏格兰—法国数学家、逻辑学家。生于苏格兰阿盖尔郡斯特朗申，卒于法国滨海布洛涅。早年由其兄长辅导学习。1858—1865年在英格兰的几所初等学校任教。1865年移居法国，曾在社区学校讲授数学和英语。1870年后任私人教师。1873年以旁听生身份在伦敦大学学习数学，1876年获学士学位。是《教育时报》的记者和固定撰稿人，与杰文斯、C. S. 皮尔斯以及罗素等均有过交流和辩论。主要贡献在逻辑学方面，导出一套符号逻辑体系，将命题与类的逻辑计算进行比较分析，为G.布尔、罗素、A. N. 怀特海等人的研究提供了有价值的参考，被广泛应用于他们的论著中。主要论著有系列论文《等价语句的演算》(8篇，1877—1896)、《符号推理》(1897—1906)、《符号逻辑》(1903—1904)和《符号逻辑及其应用》(1906)等。

列特尼科夫(Летников, Алексей Васильевич, 1837.1.13—1888.3.10) 俄国数学家、教育家。生于莫斯科，卒于同地。早年在康斯坦丁诺夫斯基测量学院(1856)和莫斯科大学(1860)接受教育。1860年后在莫斯科测量研究所和技术学院教授数学。1868年成为技术学院教授，1879年后兼任学院的教学督导。1868年和1874年先后在莫斯科大学获硕士和博士学位。1884年当选圣彼得堡科学院通讯院士。1885年任莫斯科亚历山大商学院院长。数学研究涉及解析几何、微分方程和函数论等领域。代表性论著有《论某些微分方程的可积性条件》(1866)和《与特殊积分理论有关的研究》(1874)等。1868年把罗巴切夫斯基的德文论著《平行线理论的几何基础》译成俄文，并在它的前言中对非欧几何进行了肯定性的评述，这种评述在俄文文献中是首次出现。是莫斯科数学会的创始人之一(1864)。还为俄国国民教育提出一些有益方案，对教育改革作出了贡献。

科尔金(Коркин, Александр Николаевич, 1837.3.3—1908.9.1) 俄国数学家。生于沃洛格达州日多维诺沃，卒于圣彼得堡。1854年进入圣彼得堡大学物理-数学系学习，师从切比雪夫。学习期间以论文《论极大值和极小值》(1856)获金质奖章。1858年毕业后到海洋学院给学生军团讲授数学。1860年获硕士学位并返回母校工作。不久到法国和德国留学，参加了拉梅、刘维尔和库默尔等数学家的讲座。1868年在索莫夫和切比雪夫指导下获博士学位，同年晋升教授。与切比雪夫一起为建立彼得堡数学学派作出了重要贡献。数学研究主要在偏微分方程和数论方面。在硕士论文中建立了一种积分变换，这种变换比通常的变换优越：进行一次变换，方程和未知数的个数就减少一个，反复进行这种变换，最后可得原方程组的一般积分。对数论的研究引起许多数学家的注意。还研究了二项式方程的解法，得到很好的结果。和佐洛塔廖夫共同研究含有4个或5个变量的正定二次型的最小值问题，在数学界产生很大影响。在圣彼得堡大学执教近50年，在海洋学院兼课30年左右。编写了一系列专著和教材，培养了大量的科学人才。有许多学生后来都成为著名的科学家，包括A. H. 克雷洛夫、格拉韦和И. И. 伊万诺夫等。1886年获授功勋教授称号。

哥尔丹(Gordan, Paul Albert, 1837.4.27—1912.12.21) 亦译哥丹。德国数学家。生于布雷斯劳(今波兰弗罗茨瓦夫)，卒于埃尔兰根。早年接受家庭教育，1855年到柏林大学参加库默尔的数论讲座，由此激起对数学的研究兴趣。1857—1862年在布雷斯劳、哥尼斯堡和柏林的几所大学求学，师从雅可比，1862年获得博士学位。之后到格丁根向黎曼请教函数论方面的问题。1863年应克莱布什邀请到吉森，从阿贝尔函数理论的研究开始进行了长期合作。1864年任吉森大学副教授。1874年移居埃尔兰根，1875年任埃尔兰根大学数学教授，至1910年退休。主要贡献在代数几何学方面。与克莱布什合著的《阿贝尔函数论》(1866)从一些基本理论入手，用代数方法获得了许多结果，如给出代数曲线亏格和阿贝尔定理的新证明等，开辟了代数几何研究的新方向。1868年，他们使用构造性方法给出任意次数的二元型的基或有限完备系的存在性证明，得到克莱布什-哥尔丹定理——每个二元型$f(x_1, x_2)$都具有一个以有理整不变量与协变量所组成的有限完备系，将不变量理论提高到一个新阶段。在寻找多元型的类似结果上，也得到了许多有关结果，如三元二次型、三元三次型以及一组(含两个或三个)三元二次型的完备系等，因此被誉为“不变量之王”。这一不变量理论由他唯一的博士生A. E. 诺特继承和发展，成为现代代数领域的重要分支。还参与C. F. 克莱因的代数方程研究，从20面体群与五次方程的关系着手，讨论与七次方程相关的168阶群和与六次方程相关的360阶群，再次推进不变量理论和方程论的研究。还简化了重要常数e和π的超越性证明。1874年当选利奥波第那科学院院士。1878年获伦敦数学会荣誉会员称号。还是巴伐利亚科学院、柏林科学院和法国科学院的通讯院士。1894年任德国数学家协会主席。

巴赫曼，P. G. H. (Bachmann, Paul Gustav Heinrich, 1837.6.22—1920.3.31) 德国数学家。生于柏林，卒于魏玛。1855年进入柏林大学学习，第二年转到格丁根大学，参加了多位数学家的讲座，特别得到狄利克雷和库默尔的指导，1862年获博士学位。1864年后任教于布雷斯劳大学，1875—1890年任明斯特大学教授。之后专心著述并发展他的音乐才华。对代数学和数论方面进行了深入研究，推导出关于三元二次型自同构的算术公式。著有《二次型算术》(1898)。撰写的5卷《数论》(1892—1923)汇集并评价了该领域中的丰富成果，包括各种定理的证明和研究方法。在《迄今为止——费马问题的进展》(1919)一书中对300年来历代数学家为证明费马猜想所做的研究给出详细评述。在《无理数性质的讲座》(1892)一文中创建“区间套”原理，用来建立无理数理论，为后世所沿用。对数学史也有一定贡献，曾研究并撰写高斯的传记。

莱克西斯(Lexis, Wilhelm, 1837.7.17—1914.8.24) 德国数学家、统计学家和经

济学家。生于埃施韦勒，卒于格丁根。1855年进入波恩大学学习数学和物理，1859年获博士学位。之后到海德堡，在化学家本生(R. W. Bunsen，1811—1899)的研究室工作。以后相继任斯特拉斯堡(1872)、弗赖堡(1876)、布雷斯劳(1884)和格丁根(1887)等大学的教授。1893年开始在德国政府内阁供职。1910年当选格丁根科学院院士。主要数学贡献在数理统计方面，1877年引进了离差和标准差的概念。最主要的工作是在1879年的论文《统计序列的稳定性理论》中给出统计序列稳定性的定量分析，引进莱克西斯比率(或称词汇比率)。指出这种序列的项按照某一特殊规律变化，建立了估计这些项独立性的最简单的准则，称为莱克西斯准则。在人口统计和货币与保险问题方面的工作十分重要且影响深远。建立了关于人口统计的莱克西斯图表。和别内梅及其继承者博尔特克维茨等为创立数理统计学科做了重要准备。出版物涉及人口学、经济学和数理统计学，如《人口统计理论导引》(1875)和《人口与道德统计理论》(1903)等。1891—1897年负责编辑出版《国民经济和统计年鉴》，也被称为《康拉德年鉴》。

库尔策(Curtze，Ernst Ludwig Wilhelm Maximilian，1837.8.4—1903.1.3) 德国数学史家、语言学家。生于德国巴伦施泰特，卒于索恩(今波兰托伦)。1857年在预科学校毕业后，进入格赖夫斯瓦尔德大学学习语言学，掌握了古典语言、法语和意大利语。其间受到格鲁纳特的强烈影响，开始研究科学史。1862年开始相继在索恩的预科学校、文法学校和高中执教，1888年成为高级教师，至1896年退休。是19世纪德国最重要的数学史学家之一，擅长解读数学家原始手稿，被认为是中世纪数学原始文献研究的杰出专家。对哥白尼的多篇论文进行了研究和评注，1875年出版附有哥白尼的亲笔签名的主要作品《哥白尼的遗产》。1899年又发表了哥白尼的传记文章。解读并发表了大量数学家的手稿，其中包括布拉德沃丁、班努穆萨兄弟、萨克罗博斯科、约丹努斯、雷格蒙塔努斯和奈里济等人的手稿，还挖掘出之前未知名的手稿。长期为数学史和科学史杂志撰文，发表了关于12世纪的算法、中世纪与文艺复兴时期数学史文献研究等多方面的论文。还将多种数学名著由意大利文译成德文，包括当代意大利数学家克雷莫纳、布廖斯基和贝尔特拉米等人的著作。与数学史家M. B. 康托尔通信达30多年，为数学文献的交流作出贡献。是利奥波第那科学院、帕多瓦科学院和波尔多物理与自然科学学会等学术机构的相应成员。

蒂利(Tilly，Joseph Marie de，1837.8.16—1906.8.4) 比利时数学家。生于伊珀尔，卒于斯哈尔贝克。早年从军，1858年受命在军团学校讲授几何学，后长期任炮兵军官。曾任安特卫普兵工厂厂长和军事学校校长。1870年当选比利时皇家科学院通讯院士，1878年成为正式院士，1887年任科学院院长。在非欧几何学、非欧几里得力学、数学史、军事科学等方面均有贡献。1860年，在《几何原理探究》一文中，讨论了欧几里得第五公设，独立得到了罗巴切夫斯基几何学的内容。长期以来一直脱离数学界孤立地工作着。直到1870年发表论著《抽象力学研究》，探讨了罗巴切夫斯基空间，并首先创建了非欧几里得力学这一新的力学学科，才引起法国数学家胡厄尔的关注。他们通信探讨学术问题长达15年。在《论几何学与力学的基本原理》(1878)中,从两点间距离的概念出发,阐述了黎曼、罗巴切夫斯基和欧几里得的几何学,指出每一类几何学都只需以二三个公理为基础。1892年出版的《一般解析几何论文集》是对多年几何学研究的综合,是他最重要和最高水平的学术成果。书中强调5个点中任意两点之间的10个距离间的基本关系,提出了"几何学是距离的数学物理"的观念。

布加耶夫(Бугаев, Николай Васильевич, 1837.9.26—1903.6.11) 俄国数学家。生于格鲁吉亚的杜舍季镇,卒于莫斯科。1855年进入莫斯科大学学习,成为布拉什曼和达维多夫的学生。1859年毕业后投身军旅,1860年到尼古拉耶夫工程学院进修并任教,1863年获硕士学位。之后到法国和德国留学,参加了魏尔斯特拉斯、库默尔和刘维尔等多位数学家的讲座。1865年返回莫斯科大学,1866年获博士学位,1869年任教授,曾两度(1887—1891;1893—1897)任物理-数学系主任。1879年当选圣彼得堡科学院通讯院士。主要研究分析数学和数论。建立了级数收敛性的一般理论,根据这种理论,可以把当时已知的所有判断级数收敛性的法则统一起来。其许多结果后来又被切萨罗和埃尔米特所证实。倡导俄国数学家用俄语写作和发表论著,推动了俄文数学术语的发展。还是莫斯科数学会及其刊物《数学汇刊》(Математический сборник)的创始人之一,1891—1903年任学会主席。培养了包括叶戈洛夫和索宁在内的多位优秀的博士生。

柯尼希贝格(Königsberger, Leo, 1837.10.15—1921.12.15) 德国数学家、数学史家。生于普鲁士波森(今波兰波兹南),卒于海德堡。1857年进入柏林大学学习。参加了魏尔斯特拉斯关于椭圆函数论的讲座。还参加了库默尔的讲座。1860年获博士学位。1861—1864年在柏林军事学校为学员教授数学和物理。1864年以后相继在格赖夫斯瓦尔德大学、德累斯顿大学和维也纳大学任教;1884年任海德堡大学教授,至1914年退休。1893年当选柏林科学院通讯院士,1909年成为海德堡科学院院士。在分析数学和分析力学等多个领域都有贡献,特别是在椭圆函数和微分方程方面。早期工作深受魏尔斯特拉斯的影响,代表作有《椭圆函数讲义》(1874)和《超椭圆积分理论讲义》(1878)。《微分方程理论》(1889)一书扩展了魏尔斯特拉斯、I. L. 富克斯和庞加莱的工作。在海德堡大学,与数学史学家M. B. 康托尔是友好同事,由此对数学史研究产生兴趣,以编著亥姆霍兹的传记(2卷,1902)和雅可比的传记(1904)而闻名。1904年,在海德堡国际数学家大会的全体会议上作纪念雅可比诞辰100周年的演讲。

若尔当(Jordan, Marie Ennemond Camille, 1838.1.5—1922.1.22) 亦译约当。法国数学家。生于里昂,卒于巴黎。1855年进入巴黎综合工科学校学习,1861年获博士学位。之后曾任矿业工程师。从1873年起在巴黎综合工科学校任教,1879年到法兰西学院任讲座教授,在两校兼职直到1912年退休。1881年当选法国科学院院士,1916年任科学院院长。1885—1921年担任《纯粹与应用数学杂志》的主编和发行人。在代数学、分析学、拓扑学和集合论等方面都有重要贡献。在线性代数方面,提出的一类正规标准型矩阵被称为若尔当矩

阵。系统地发展了有限群论和伽罗瓦理论，证明了“若尔当-赫尔德定理”的前半部分。最早开展无限群研究，首先用形如

$$x' = \sum_{i=1}^{n} a_{ij} x_i,\ i = 1, 2, \cdots, n$$

的线性变换来表示置换群。证明的有限群定理，对于研究对称群的子群、复数域上一般线性群的有限子群均具有重要意义。利用相似矩阵和特征方程的概念，证明矩阵可化为标准型，现称为“若尔当标准型”。在著作《置换与代数方程》(Traité des substitutions et des équations algébriques, 1870)中，首次对伽罗瓦理论进行全面而清晰的介绍，在数学界有很大影响，成为此后30年间群论的权威著作。建立了有界变差函数的概念，并证明这种函数可以表示为两个增函数之差；对平面或 n 维空间的任意集合引入外测度概念。编写的3卷《分析教程》(1882—1887)是19世纪的标准教科书，它的出版标志着在法国基于魏尔斯特拉斯思想的现代分析的诞生。书中给出曲线的“若尔当定义”，并证明了拓扑学中的若尔当定理：一个简单闭曲线将平面分成内、外两部分。其证明的缺陷由美国数学家维布伦补充(1905)。培养了不少优秀的学生，其中最著名的有C. F. 克莱因和M. S. 李等人。1890年获法国荣誉军团军官勋章。1895年当选圣彼得堡科学院通讯院士。1907年获伦敦数学会名誉会员称号。1919年当选英国皇家学会外籍会员。1920年9月担任斯特拉斯堡国际数学家大会的名誉主席。

莱维，M. (Lévy, Maurice, 1838.2.28—1910.9.30)　法国数学家、工程师。生于里博维莱，卒于巴黎。1854年进入巴黎综合工科学校学习，师从圣维南。1856年到国立路桥学校求学，1858年毕业。后担任土木工程师、塞纳河航行事务局职员和总视察员等职。1867年获理学博士学位。1874年在法兰西学院担任J. L. F. 贝特朗的助理和副教授。1875—1885年任巴黎中央学校教授。1885年回到法兰西学院继任塞雷的分析和天体力学教授职位。1883年当选法国科学院院士。还是圣彼得堡科学院(1889)和美国文理科学院(1893)的外籍院士。主要从事数学和工程学的研究，将射影几何方法应用于图解静力学，发展了几何变换理论。在应用力学方面，代表作《图解静力学及其在建筑艺术中的应用》(1874)出版后受到工程技术人员的普遍欢迎。在微分几何学、力学、运动学、流体动力学等学科也有建树。曾获法国荣誉军团军官勋章。

希尔，G. W. (Hill, George William, 1838.3.3—1914.4.16)　美国数学家、天文学家。生于纽约市，卒于纽约州西奈阿克。1855年进入罗格斯学院学习，其间得到斯特朗的指导，研读了大量数学和天文学经典著作。1859年毕业并获学士学位。同年发表了关于吊桥几何曲线的研究论文。1862年，在罗格斯学院获硕士学位。1861年到美国海军天文台的航海年鉴办公室工作，长达数十年之久。其间曾到华盛顿等地参加制定星历表。喜欢独立工作，1860年代早期开始研究月球理论，1892年退休后在西尼亚克的家庭农场进行数学和天文学研究。1898—1901年到哥伦比亚大学讲授天体力学。为常微分方程理论和天体力学作出了突出贡献。根据欧拉的思想，用新方法研究三体问题及月球的运动，创立了周期系数的线性齐次微分方程的数学

理论，其中探讨了无穷齐次线性方程组及相关的无穷行列式问题。以希尔微分方程而闻名。对木星和土星理论的研究，是19世纪数理天文学的重要成果之一。著有《月球近地点的运动》(1877)和《月球理论研究》(1878)等。《希尔全集》于1905—1907年出版，庞加莱为文集作导言。1894—1896年任美国数学会主席。美国国家科学院院士。英国皇家学会、法国科学院和比利时科学院相应成员。1887年获得英国皇家天文学会金质奖章。1909年获科普利奖章。

汉布格尔，M.(Hamburger, Meyer, 1838.4.5—1903.6.9)　德国数学家。生于普鲁士波森(今波兰波兹南)，卒于德国柏林。1856年入柏林贸易学院学习化学。其间有机会参加魏尔斯特拉斯的数学讲座，对数学产生兴趣。不久转到柏林大学学习数学、物理和哲学。之后在柏林犹太社区男子学校担任高级教师。1865年获哈雷大学数学博士学位。1879年作为私人讲师在柏林建筑学院授课。1885年任柏林工业大学教授，讲授函数论、变分法和位势理论等。1895年当选利奥波第那科学院院士。还是德国数学协会和物理学会的成员。主要贡献在函数论、常微分方程和偏微分方程等方面。发表多篇关于偏微分方程组中普法夫问题和常微分方程及其解在奇异点附近性质的研究论文。对球面函数理论和数论也作出一定贡献。与I. L. 富克斯、柯尼希贝格被称为来自波森的“数学家三巨头”。

雷耶(Reye, Karl Theodor, 1838.6.20—1919.7.2)　德国数学家。生于丽思布特尔，卒于维尔茨堡。早年在汉堡、汉诺威、苏黎世和格丁根等地大学学习。在格丁根参加了黎曼关于偏微分方程的讲座，深受影响。1861年在格丁根大学获博士学位。之后在汉诺威理工学院任教。从1863年开始在苏黎世理工学院任不支薪讲师，1867年任教授。1870—1872年任亚琛理工学院教授。1872—1909年任斯特拉斯堡大学几何学教授，1886—1887年任该大学的校长。1877年当选格丁根科学院通讯院士。最初的研究兴趣在力学和气象学方面。1860年代转向几何学，特别是投影几何和综合几何学。是点系列几何学的创立者之一，研究了二次曲线，二次、三次和四次曲面和二次线汇中的有关问题，推广了代数曲线和代数曲面的配极理论。共发表70余篇研究论文。以代表作《几何学》(2卷，1866—1868)中引入的雷耶构形而闻名。雷耶构形是由12个点、16条直线和12个平面组成的。这部著作多次扩充再版，并译成多种文字。1898年出版了其英译本《位置几何讲义》。代表作还有《球体的合成几何学》(1879)。还为阿波罗尼斯问题的三维扩展开发了一个新的解决方案，即构造同时与四个给定球体相切的所有可能球体。

蒂勒(Thiele, Thorvald Nicolai, 1838.12.24—1910.9.26)　丹麦天文学家，数学家。生于哥本哈根，卒于同地。早年在哥本哈根大学学习，1860年获硕士学位，1866年以研究双星的论文获博士学位。1861年成为哥本哈根大学天文台助理，1875—1906年任天文学教授兼天文台台长，1900年任哥本哈根大学校长。还担任一家人寿保险公司的首席精算师近40年。1873年成为丹麦数学会创始会员。1901年参与创立丹麦精算师协会。作为一名天文学家，对双星轨道进行了早期观测。研究了可见双星室女座 γ 的轨道，提出了一种计算这类轨道的新方法，因苏格兰天文学家英尼斯（R. Innes，1861—1933）后来为之补全了一些力学计算公式，此方法称为蒂勒-英尼斯方法。数学研究在精算数学方面，著名的贡献之一是建立了描述保费准备金所满足的微分方程（由格拉姆公布），因此被认为是现代精算数学的创始人之一。最早提出布朗运动的数学理论，介绍了累积量和似然函数。为了分析天文观测、人寿保险中的各种数据，利用最小二乘法探讨了系统误差和偶然误差理论。还试图借助于数字计算，发现某些元素谱线的分布规律；为寻求三体问题的解答，建立了蒂勒变换，也称蒂勒-伯劳变换。还研究过数论中的二次同余问题。著有《概率微积分和最小二乘法》（1889）、《基本观测理论》（1897；英译本，1903）和《插值法》（1909）等。第 1586 号小行星（1939）命名为“蒂勒星”。

吉布斯（Gibbs，Josiah Willard，1839.2.11—1903.4.28） 美国物理学家、数学家。生于涅狄克州纽黑文，卒于同地。10 岁就进入霍普金斯学校学习。1854 年进入耶鲁学院学习，1858 年毕业。1863 年获耶鲁学院工程学博士学位。之后到巴黎、柏林和海德堡等地留学，参加了刘维尔和沙勒的讲座。三年后回国继续在母校任职，1871 年成为数学物理学教授，直至去世。是热力学和统计力学的创始人之一。与麦克斯韦和玻尔兹曼一起创建了统计力学（统计力学这个术语是由他提出的），将热力学定律解释为物理过程统计特性的结果，因而发展为统计力学。代表作《统计力学基本原理》于 1902 年出版。主要数学贡献在向量分析方面，对向量分析发展成为一门独立的数学分支起到重要作用。拒绝接受哈密顿的四元数理论，认为格拉斯曼的代数方法更合用一些。写的小册子《向量分析基础》（1881—1884）最初是为私人交流而印刷的，但却产生了很大影响。后被编入 E. B. 威尔逊的著作《向量分析》（1901）之中。文中形式地定义了向量函数的导数（以向量为自变量）。对数学物理，特别是对偏微分方程解的理论和三角级数理论等也作出了贡献。推动了数学方法在不同物理领域内的应用。1879 年当选美国国家科学院院士。1892 年成为伦敦数学会名誉会员。1897 年当选英国皇家学会外籍会员，1901 年获科普利奖章。还是柏林科学院和法国科学院院士，还获得多所大学的名誉博士学位。

汉克尔（Hankel，Hermann，1839.2.14—1873.8.29） 德国数学家、数学史家。生于哈雷，卒于杜宾根附近的施兰贝格。从 1857 年开始，先后在莱比锡大学、格丁根大学和柏林大学学习，受教于麦比乌斯、黎曼和魏尔斯特拉斯等数学家。1862 年在麦比乌斯指导下获莱比锡大学博士学位。1867 年被聘为埃尔兰根大学教授。1869 年后到杜宾根大学工作。主要贡献在复数和超复数理论、函数论和数学史等方面。在复数和超复数的研究方面，发表了《复数系统理论》（1867），其中修正了形式律的皮科克不变性，证明了复数的代数是满足算术基本定理的最一般的代数。在函数论方面，强调点集的测度性质，系统阐述了黎曼可积性准则，讨论了函数的分类及各类函数的可积性，并提出了构造以有理点为奇点的函数的方法。还举出了一个在无穷多个点上不可微的连续函数的例子，给出所谓汉克尔函数（或称第三类贝塞尔函数）的意义。在线性代数中，有一类矩阵称为汉克尔矩阵。还是著名的数学史家,深通希腊文,精读许多古希腊数学原著。著作《近几世纪数学的发展》(1869)和《古代与中世纪数学史》(1874)均享有盛名。

迈尔(Mayer, Christian Gustav Adolph, 1839.2.15—1908.4.11) 德国数学家。生于莱比锡,卒于奥地利博尔扎诺附近的格里斯(Gries,今属意大利)。父亲是商人和银行家。因不愿继承父业,先后到莱比锡、格丁根、海德堡和哥尼斯堡等地的大学学习数学和物理学。1861年在黑塞指导下获海德堡大学博士学位。1862—1865年在哥尼斯堡大学任助教,与在那里留学的韦伯和旺格林结为挚友,共同探讨数学问题。1866年获莱比锡大学任职资格,1867—1871年任私人讲师,讲授多门数学课程。1871年任副教授,1890—1900年任教授。主要贡献在偏微分方程的积分理论、变分学及分析力学等领域。著有《关于单重积分最大最小值的判定》(1868)、《最小作用原理的历史》(1877)和《一阶偏微分方程的雅可比-哈密顿积分法》(1871)等。得到了许多与同时代数学家不谋而合的结果。1871—1907年与C. F. 克莱因(主要为《数学年刊》的编辑事宜)保持通信联系,来往信件计186封,记录了与C. F. 克莱因和M. S. 李之间的学术交流。是撒克逊科学院、格丁根科学院和德国利奥波第那科学院的成员。

塞乌滕(Zeuthen, Hieronymus Georg, 1839.2.15—1920.1.6) 亦译措伊滕。丹麦数学家、数学史家。生于格里姆斯楚普,卒于哥本哈根。1857—1862年在哥本哈根大学学习纯粹数学和应用数学,取得硕士学位。后赴巴黎,师从数学家沙勒学习几何学。回国后于1865年在哥本哈根大学获博士学位。1871年任哥本哈根大学副教授,1886年升任教授。曾两度担任该校校长。1871—1888年担任《数学期刊》的编辑。还长期担任丹麦皇家科学院的秘书。主要贡献在枚举几何学、代数几何和数学史等方面。提出了一种确定圆锥系统特征的新方法,研究了几何学中的枚举法。著有《几何枚举法教程》(1914)。建立的包含不变量的双有理变换后来被塞格雷所发展。还是研究希腊和文艺复兴时期的数学史,以及研究解析几何史和无穷小分析史的专家,共撰写了40多种关于数学史的论文和书籍,涵盖了多个主题和不同时期的数学史。著作《古代和中世纪数学史》(1896)及《16和17世纪数学史》(1903)被译为多种文字,广为流传。1875年成为伦敦数学会名誉会员。相继在1897年苏黎世、1904年海德堡和1908年罗马国际数学家大会上作特邀演讲。

巴尔比耶(Barbier Joseph Émile, 1839.3.18—1889.1.28) 法国数学家、天文学家。生于圣伊莱尔-科特,卒于圣热内斯特。早年在巴黎圣奥梅尔学院和亨利四世学院学习,1857—1860年在巴黎高等师范学校学习。1860年发表了关于等宽曲线的研究论文,文中研究了比丰投针问题。1861年到尼斯的公立中学任教。由于不适应教学很快转到巴黎天文台任助理天文学家。其间设计了一个新型的温度计,还发表了20多篇关于球面几何学和球面三角学的论文和研究报告。1865年离开天文台,不久出现精神问题。15年后,受J. L. F. 贝特朗的鼓励重返数学研究。之后数年之内,又发表了10多篇研究论文,涉及迪潘指标线、多面体、微积分和数论等方面的问题。以关于等宽曲线的巴尔比耶定理而著称。还研究并推进了 J. L. F. 贝特朗的组合学研究，得到了贝特朗投票定理的一般化结果。1882 年以数学论文获法国科学院的弗朗克尔奖。

彼得森（Petersen，Julius Peter Christian，1839.6.16—1910.8.5） 丹麦数学家。生于索罗，卒于哥本哈根。1856 年进入哥本哈根理工学院（后来的丹麦技术大学）学习土木工程，1860 年毕业后在私立高中执教。1862 年入哥本哈根大学学习数学，与塞乌滕成为好友。1871 年获博士学位，同年任教于哥本哈根理工学院。1877 年任哥本哈根大学数学教授，直至退休。1881—1887 年在哥本哈根军事院校任兼职教授。是丹麦数学会的创始成员之一（1873）。早期主要研究几何学，19 世纪 60 年代后，研究涉及代数、数论、分析学、数理经济学、密码学、组合学及力学诸领域。撰写了多部教科书和数十篇论文。编写的数学教科书在丹麦影响甚大，其中《几何作图题的解法和原理》（1868）包含了 400 道几何作图问题。该书原文为丹麦文，1879 年后陆续被译成英、德、法等 8 种文字，中译本于 1933 年由中华书局出版。还是图论的先驱，所著《正则图理论》（1891）是第一篇提出“正则图”概念和理论的论文，给出了彼得森定理，标志着图论的诞生。1898 年又给出了彼得森图。还著有《代数方程理论》（1878）和《函数论讲义》（1898）等。

皮尔斯，C. S.（Peirce，Charles Sanders，1839.9.10—1914.4.19） 美国哲学家、逻辑学家、数学家。生于马萨诸塞州坎布里奇，卒于宾夕法尼亚州米尔福德。是 B. 皮尔斯的儿子。12 岁时读了哲学家怀特利（R. Whately，1787—1863）的逻辑学著作，对逻辑推理开始着迷。1855—1858 年在哈佛大学学习，其间研读康德的哲学著作《纯粹理性批判》，深受影响。1861 年进入哈佛大学劳伦斯学院继续学习。1862 年获文学硕士学位，1863 年获理学学士学位。1859—1891 年，在美国海岸勘测局及后来的美国海岸与大地勘测局间断性地从事各种科学工作。1867 年当选美国文理科学院成员，1877 年当选美国国家科学院院士。1879—1884 年在约翰斯·霍普金斯大学担任数学系逻辑学讲师。发表了大量的关于逻辑学、数学、哲学、科学方法论和符号学方面的论文。在逻辑史和科学史中去探求逻辑方法系统。认为，数学是研究“什么是逻辑地可能的，或逻辑地不可能的”科学，数学家不必关心什么是实际存在。他的逻辑学包含了许多现在称为认识论和科学哲学的内容。认为逻辑是符号学的正式分支。此外，还定义了诱导推理的概念，以及严格的数学归纳和演绎推理。早在 1886 年，就看到逻辑运算可以通过电气开关电路来实现。几十年后，这种认识用于生产数字计算机。在哲学上，是美国实用主义流派的开创人。作为一位数学家，在线性结合代数、群论、格论、数理逻辑、实数理论等方面均有建树。例如，独立证明了具有有限个原始单元的、有乘法单位元素的实系数线性结合代数，只有实数、复数和实四元数三种；利用矩阵理论，提出了幂零代数的范例；引入了群论中正则表示的概念；推进了关系逻辑的研究，发展了命题演算理论，把命题与命题函数区别开来，并引入了两个变量的命题函数；考察了无穷与连续性问题，探讨了无穷集的势及其阿列夫表示；把椭圆函数和雅可比椭圆积分、拓扑映射等理论应用到实际中去，对共形投影地图感兴趣，发明和使用了椭圆函数的梅花形投影地图。被认为是所处时代最伟大的逻辑学家和哲学家。

罗赫(Roch, Gustav Adolph, 1839.12.9—1866.11.21) 德国数学家。生于德国德累斯顿，卒于意大利威尼斯。早年在德累斯顿大学和莱比锡大学学习化学和电磁学。1861年到格丁根大学，在物理学家韦伯(W. E. Weber, 1804—1891)的指导下学习。还参加了黎曼的讲座。两年后又到柏林大学，在那里参加了克罗内克和魏尔斯特拉斯等数学家的讲座。1862年在莱比锡大学获得博士学位。1863年任哈雷大学私人讲师，举办了有关阿贝尔函数的几次讲座，1866年晋升为副教授。主要贡献在代数几何学方面。研究黎曼面上的函数，在论文《代数函数中的任意常数》(1865)中，将黎曼曲面的拓扑性质与曲面上定义的亚纯函数的性质联系起来，以黎曼不等式为出发点，加以引申，得到一系列定理，现在统称为黎曼-罗赫定理。这个定理是代数几何学的中心定理，有着广泛应用。20世纪20年代被推广到代数曲线上，20世纪50年代由希策布鲁赫和格罗滕迪克推广到更高维度，被称为希策布鲁赫-黎曼-罗赫定理。早年还发表过电动力学和磁学的文章。代表作还有《第二类积分和θ函数的平均值》(1866)等。

默滕斯(Mertens, Franz Carl Josef, 1840.3.20—1927.3.5) 波兰—奥地利数学家。生于普鲁士波兹南省施罗达(Schroda，今属波兰)，卒于奥地利维也纳。早年进入柏林大学学习。1865年由库默尔和克罗内克指导在柏林大学获博士学位。之后历任雅盖隆大学副教授、教授。1884—1894年任格拉茨理工学院教授，1885年任学院院长。1894—1911年任维也纳大学数学教授，1911年成为名誉教授。主要贡献在解析数论、无穷级数、代数不变量和位势论等方面。研究素数分布理论，于1874年证明了关于素数倒数序列的公式，称默滕斯公式。还给出狄利克雷素数定理的简单证明。给出了一个关于无穷级数的柯西乘积收敛性的定理，现称默滕斯定理。1886年，证明了代数不变量理论中的关于二次型组的定理：每个二元型$f(x_1, x_2)$都具有一个以有理整不变量与协变量所组成的有限完备系，这一定理通常称为哥尔丹定理。共发表论文近130篇。指导了包括赫利在内的多位博士生。1894年当选奥地利科学院院士，1900年成为柏林科学院通讯院士。

布尔梅斯特(Burmester, Ludwig Ernst Hans, 1840.5.5—1927.4.20) 德国数学家。生于荷尔斯泰因州奥斯马尔申(Othmarschen，今属汉堡市)，卒于慕尼黑。少年时期对电话和电报技术发生兴趣，后求学于德累斯顿、格丁根及海德堡等地的大学。1865年在格丁根大学获博士学位。1866—1869年在波兰的预科学校执教。1872年到皇家撒克逊理工学院任私人讲师，同年任画法几何学教授。1887—1912年任慕尼黑皇家高等技术学校画法几何和运动学教授。1884年当选利奥波第那科学院院士。1909年成为巴伐利亚科学院院士。1906年被授予汉诺威大学名誉博士学位。主要贡献在几何学方面，特别对平面运动学理论有深入研究。著有《规则曲面照明的理论与表示》(1871)、《立体透视纲要》(1883)和《运动学教材，第1卷：平面运动》(1888)等。发展了由机械工程专家勒洛(F. Reuleaux,

1829—1905)建立的理论和方法,其中平面机制被解释为具有一维自由度的欧几里得平面相对运动的集合。还以发明布尔梅斯特模具而闻名。

鲍尔,R. S.(Ball, Robert Stawell, 1840.7.1—1913.11.25) 爱尔兰天文学家、数学家。生于爱尔兰都柏林,卒于剑桥。1857年进入都柏林三一学院学习数学和自然科学,1860年以优秀成绩毕业。1865—1867年跟随天文学家威廉·帕森思(W. Parsons, 1800—1867)学习和工作。1867年成为都柏林皇家科学院应用数学和力学教授。1874—1892年任爱尔兰皇家天文学家和都柏林大学邓辛克天文台教授。1886年被封为爵士。1892—1913年任剑桥大学朗兹天文学和几何学讲座教授,1892年任剑桥大学天文台台长。还是剑桥国王学院研究员、英国皇家学会会员、爱尔兰皇家学院院士和爱丁堡皇家学会会员。1899—1900年任英国数学协会主席。主要贡献是研究螺旋动力学。1876年出版《螺钉理论:刚体动力学研究》,并据此于1879年获爱尔兰皇家学院的坎宁安奖章。1908年发表《球面天文学论文》,从球面三角学和天球开始,考虑大气折射和光的像差,并介绍了新型望远镜的基本用法。写了一些关于天文学的畅销书,多次被邀请参加皇家机构的圣诞讲座。第4809号小行星(1928)以其名命名。

诺伊贝格(Neuberg, Joseph Jean Baptiste, 1840.10.30—1926.3.22) 卢森堡—比利时数学家。生于卢森堡市,卒于比利时列日。早年在卢森堡的预科学校读书,1859—1862年在比利时根特大学科学系学习。毕业后在尼维尔、阿尔隆、布鲁日和列日等地的师范学校和大学任教。1866年加入比利时国籍。1884年到列日大学任教,1887年晋升教授,至1910年退休,1911年以后为名誉教授。与勒穆瓦纳和布罗卡尔被认为是19世纪末复兴现代三角形几何的主要人物和联合奠基者。在各类期刊发表了大量相关文章,研究内接和外切圆锥曲线的三角形几何、四面体的坐标、各种代数曲面的性质,包括由连杆机构产生的直纹曲面和曲线的几何性质等。特别以研究"诺伊贝格圆"著称,建立了一些以他的名字命名的几何术语。还著有17世纪比利时数学家圣樊尚的传记——《格雷戈里·圣樊尚的生活和工作》(1911)。参与多种数学期刊的编辑。1881年创建一种小学数学期刊《数学》,是当时最著名和实用的期刊。1891年当选比利时皇家科学院院士,1911年任科学院院长。是比利时数学会的创始会员(1921),还是多个学术团体的相应成员。曾获荷兰王国、卢森堡大公国和比利时国王授予的多种勋章。

勒穆瓦纳(Lemoine, Émile Michel Hyacinthe, 1840.11.22—1912.2.21) 法国数学家。生于坎佩尔,卒于巴黎。1860年毕业于巴黎综合工科学校,之后在巴黎任私人教师。几年后改行作土木工程师,业余爱好数学和音乐。战争期间在法国军队服役,还到国家军事学校执教。退役后直到1896年一直在巴黎任土木工程师。1896年后任巴黎综合工科学校教授。主要贡献在几何学方面,以对三角形几何的研究而闻名,奠定了现代三角形几何的基础。在1873—1874年向法国科学进步协会(他是其创始成员之一)提交的两篇论文中,提出有关几何结构的陪位重心(也常称作勒穆瓦纳点)学说。后来经过多年补充完善，逐渐形成一套包括基本公式在内的三角形几何理论。以他的名字命名的还有"勒穆瓦纳圆""勒穆瓦纳线"等。主要论文还有《几何学或几何构造的艺术》(1888)和《数学科学中的简单性度量》(1896)等。对数论也进行了深入而有趣的研究，提出了勒穆瓦纳猜想：每个大于 3 的奇数都可以表示为 $2p+q$ 的形式，其中 p 和 q 是素数。于 1894 年创刊《数学传媒人》并担任第一任主编多年。1902 年获法国科学院弗朗克尔奖。

施图姆，F. O. R.(Sturm, Friedrich Otto Rudolf, 1841.1.6—1919.4.12)　德国数学家。生于布雷斯劳(今波兰弗罗茨瓦夫)，卒于同地。1859—1863 年在布雷斯劳大学学习数学和物理，1863 年以论文《三次曲面的几何研究》获得博士学位，导师是施罗特。之后继续研究这一课题，并于 1864 年与克雷莫纳共同获得柏林科学院的施泰纳奖。1864—1872 年任高中教师。1872 年成为达姆施塔特工学院画法几何和图解静力学教授。1878 年获明斯特大学全职教授职位。1892 年，返回家乡，在布雷斯劳大学任教授至 1910 年。1890 年成为德国数学会的创始成员之一。主要贡献在综合几何学方面，以研究射影表示中的三次曲面理论而著称。完成了施泰纳所未竟的多项工作。著有《画法几何原理》(1874)、《三次曲面的综合研究》(1887)、《一维和二维线几何》(3 册，1893—1896)等，著作《仿射几何学理论》(4 册，1908—1909)影响甚广。还研究了五次曲面。指导了包括特普利茨在内的一批博士生。

科尔尼(Cornu, Marie Alfred, 1841.3.6—1902.4.12)　法国物理学家、数学家。生于奥尔良，卒于罗莫兰汀(Romorantin)。早年在巴黎综合工科学校和矿业学校学习。1867 年开始担任综合工科学校教授，直至退休。主要贡献是在物理光学方面。于 1878 年获得法国科学院拉卡兹奖和拉姆福德奖章。在计算菲涅耳衍射的光强度时引入后被称为科尔尼螺线的曲线。1872—1874 年进行了三次大地测量，最后一次测量得到巴黎天文台和蒙特利尔塔之间最精确的结果。1878 年当选法国科学院院士，1896 年担任科学院院长。1897—1899 年任法国天文学会主席。还是其他多个国家科学院的相应成员。1890 年获法国荣誉军团军官勋章。

劳登(Loudon, James, 1841.5.24—1916.12.29)　加拿大数学家，物理学家。生于多伦多，卒于同地。早年就学于多伦多大学，1862 年获得学士学位，1864 年获硕士学位。毕业后留校担任学生导师。1875 年成为大学学院的数学和自然哲学教授，1887 年任物理学教授。1892—1906 年担任多伦多大学第 4 任校长，是第一位出生于加拿大本土的校长。1901 年访问英国，参加了格拉斯哥大学的 450 周年纪念活动，并获得了该大学的名誉博士学位。1901—1902 年任加拿大皇家学会会长。发表有多篇关于数学和物理学方面的论文，编有两本数学教科书《代数基础》(1873)和《初等代数》(1876)。

约翰逊，W. W.(Johnson, William Woolsey, 1841.6.23—1927.5.14)　美国数学家。生于纽约州奥韦戈，卒于巴尔的摩。早年在耶鲁学院学习，1862 年获得学士学位。1862—1864 年任美国航海年鉴办公室助理。1864—1869 年任美国海军学院教授。1870—1880 年相继在凯尼恩学院和马里兰州圣约翰学院任教。1881

年返回海军学院任教授，至1921年退休。1915年获圣约翰学院博士学位。在微积分、微分方程以及误差理论等方面均有所建树。是第一个探讨15拼图（也称为宝石拼图）可解性条件的数学家。著有《常微分和偏微分方程理论》（1881）、《微积分基本理论》（1889）、《笛卡儿坐标系中的曲线画法》（1884）和《误差和最小二乘法理论》（1893）等。纽约数学会的创始成员之一（1888，1894年改为美国数学会），1892—1893年任学会理事，参与了《美国数学会通报》的创刊。

波赫哈默尔（Pochhammer，Leo August，1841.8.25—1920.3.24） 德国数学家。生于施滕达尔，卒于基尔。1859年入柏林大学学习，1863年在库默尔指导下获得博士学位。1874年到基尔大学任教，1877年任该校数学教授，至1919年退休，1893—1894年任基尔大学校长。在大学校长的任职讲演中，积极主张妇女接受高等教育。主要数学研究在微分方程理论和超几何级数论方面，特别注重研究各种物理背景下的微分方程。1870年，把某类蒂索-波赫哈默尔微分方程的一个解命名为广义超几何函数，还引进了广义超几何级数的符号，称为波赫哈默尔符号，后经英国数学家巴恩斯改进。

洛朗，M. P. H.（Laurent，Matthieu Paul Hermann，1841.9.2—1908.2.19） 法国数学家。生于卢森堡埃希特纳赫，卒于巴黎。在法国波尔多长大，早年在巴黎综合工科学校和梅斯炮兵与工程应用学院学习。1865年以关于复变函数连续性的研究论文在南锡大学获博士学位。1866年任综合工科学校的学生导师，1870—1871年参加德法战争，1871年恢复工作，同年任某保险公司精算师。1889年成为巴黎农学院教授。是法国保险统计公司的创始人之一。曾任《纯粹与应用数学杂志》和《新数学年鉴》的编辑。撰写了30多部专著、教科书和大量论文，内容涉及无穷级数、代数方程、微分方程、数理统计和解析几何等方面。代表作有《级数论》（1862）、《留数论》（1865）、《分析论文》（7篇，1885—1891）和《数理统计》（1908）等。此外对概率论、理论力学也有研究。为法国大百科全书数学卷编写了130多篇文章。1905年获法国荣誉军团骑士勋章。

普里姆（Prym，Friedrich，1841.9.28—1915.12.15） 德国数学家。生于北莱茵-威斯特法伦州的小镇迪伦（Düren），卒于波恩。1859年入柏林大学学习，师从数学家克里斯托费尔。1861年到海德堡大学学习化学。不久又到格丁根大学听黎曼三个学期的函数论和偏微分方程课程。1863年以论文《超椭圆函数的新理论》在柏林大学获博士学位，导师是库默尔和欧姆。1867年成为维尔茨堡大学教授，1869—1909年任讲座教授。两次担任大学学院的院长，1897—1898年任大学校长。是巴伐利亚科学院（1872）、利奥波第那科学院（1883）和格丁根科学院（1891）的成员。主要贡献在函数论方面。发展了由黎曼建立起来的函数理论，特别是θ函数，超几何函数理论。在超椭圆积分的研究中也得到重要结果，向数学界解释和推广黎曼的超椭圆函数理论。

施勒德（Schröder，Friedrich Wilhelm Karl Ernst，1841.11.25—1902.6.16） 德国数学家、逻辑学家。生于曼海姆，卒于卡尔斯鲁厄。自幼受父亲影响喜爱科学，1860年在家乡的预科学校毕业后进入海德堡大学，在黑塞、基尔霍夫和本生（R. Bunsen，1811—1899）的指导下学习数学、物理和化学，1862 年获博士学位。之后到哥尼斯堡大学在 F. E. 诺伊曼指导下继续深造。1865 年到苏黎世联邦理工学院任讲师。不久后到卡尔斯鲁厄和巴登-巴登等地的预科学校执教。1874 年任达姆施塔特工业大学教授。两年后任卡尔斯鲁厄大学数学教授，直至退休。主要工作在函数论、数学基础和组合分析等领域。从 1871 年开始研究迭代函数时引进了以他的名字命名的施罗特函数方程，它在复动力学中起着重要作用。是数理逻辑史上的一个重要人物，总结和扩展了 G. 布尔、德·摩根以及 C. S. 皮尔斯在理论代数和符号逻辑方面的工作。还是康托尔集合论的早期信奉者，其工作为 20 世纪数理逻辑的发展铺平了道路。代表作《逻辑代数讲座》（3 卷，1890—1905）详细介绍了代数逻辑，系统化了当代形式逻辑的各种体系，提供了代数理论的资料和大量的逻辑史书目。

索霍茨基（Сохоцкий，Юлиан Васильевич，1842.2.2—1927.12.14） 波兰—苏联数学家。生于俄属华沙，卒于苏联列宁格勒（今俄罗斯圣彼得堡）。在华沙接受了中学教育后于 1860 年入圣彼得堡大学物理-数学系学习，不久因参加波兰武装起义而中断学习，1865 年返回学校，1866 年毕业。数学知识大部分是自学的。1867 年获圣彼得堡大学的硕士学位。留校后担任私人讲师，1873 年获数学博士学位，并升任副教授。1882 年成为教授，直到 1923 年退休。是圣彼得堡数学会创始会员（1890），1892 年任学会主席。主要贡献在复变函数论方面。在硕士论文中研究并证明了解析函数在其本性奇点邻域内的性质。博士论文又研究了柯西型积分的极限值，所建立的索霍茨基定理由普勒梅利于 1908 年重新证明并发现是解决黎曼-希尔伯特问题的主要定理。这些结果被广泛地应用于力学中。在高等代数和代数数论方面也作出重要贡献。著作《高等代数》（1882）和《数论》（1888）被俄国各学校广泛使用。

韦伯（Weber，Heinrich Martin，1842.3.5—1913.5.17） 德国数学家。生于海德堡，卒于斯特拉斯堡。早年在海德堡、莱比锡和哥尼斯堡等地学习，1863 年由黑塞指导在海德堡大学获博士学位。不久任该校私人讲师，1869 年任副教授。之后相继在苏黎世、哥尼斯堡、夏洛滕堡、马堡和格丁根等地大学任教。曾任哥尼斯堡大学和马堡大学的校长。1895 年后任斯特拉斯堡大学教授，1900—1901 年任该校校长。是柏林科学院、格丁根科学院和其他多个国家科学院的院士，还是德国数学会的创始会员之一。1895—1904 年任德国数学家协会主席。主要贡献在代数数论、分析学、代数函数、代数几何学和数学物理等方面。论证了阿贝尔积分理论中最一般形式的阿贝尔定理；与戴德金合作撰写重要论文《变量的代数函数论》（1882），将单变量代数函数域的研究与数论联系起来。最著名的工作是证明了克罗内克定理：有理数域的任一阿贝尔扩张一定是一分圆域的子域。善于使用分析工具解决物理问题，著作《数学物理中的偏微分方程》（2 卷，1900—1901）是其后几十年该领域研究者的必读书。在微分方程论中，有著名的韦伯函数和韦伯相似性定理等。所著《代数教程》（1895—1896）促进了 20 世纪初期代数及其邻近学科的发展。还与韦尔施泰因合作编纂了

《初等数学百科全书》(3 卷,1903—1907;中译本名《数学全书》,商务印书馆,1935)。黎曼去世后,和戴德金共同编辑出版了《黎曼全集》。培养了众多优秀学生,其中包括闵科夫斯基和希尔伯特等人。

布西内斯克(Boussinesq, Joseph Valentin, 1842.3.13—1929.2.19) 法国数学家、物理学家。生于圣昂德雷德桑戈尼,卒于巴黎。早年在蒙彼利埃理学院学习语言和数学,1861 年获数学学士学位。1866—1872 年相继在阿格德、维甘和加普等地的中学任教。其间研读拉梅的论文受到启发,开始发表科学论文。1867 年以研究热传导的论文获理学博士学位。1873—1886 年任里尔理学院教授,并在北方工业学院(今里尔中央理工学院)讲授微积分。1886 年到巴黎理学院,先后任实验力学教授(1886—1896)和数学物理与概率论教授(1896—1918)。1872 年获庞斯列奖。1886 年当选法国科学院院士。对流体动力学、振动理论、光学和热力学理论都作出重要贡献。1871 年发表了支持物理学家实验观测的数学理论,并在 1877 年首先引入了科尔泰沃赫-德弗里斯方程,这是浅水表面波浪单向运动所满足的偏微分方程。后来这个方程被荷兰数学家科尔泰沃赫和德弗里斯(Gustav de Vrie, 1866—1934)于 1895 年重新发现,因此得名。著有《液体、旋转和搅动的流动理论》(1897),对湍流和流体动力学作出重要研究。在寻求特殊问题解的过程中对分析数学发生了兴趣。研究了流体动力方程中的非解析积分,还发现了与一些物理不确定因素相应的微分方程的渐近解。

卢卡斯(Lucas, Françis Édouard-Anatole, 1842.4.4—1891.10.3) 法国数学家。生于亚眠,卒于巴黎。毕业于巴黎高等师范学校。之后在勒维耶领导的巴黎天文台工作。在 1870—1871 年的普法战争中担任炮兵军官。后在穆林中学(1872—1876)、路易大帝中学(1876—1879)和查理曼中学(1879—1890)执教,课余致力于数论中素数理论和因子分解的研究。以研究斐波那契数列而闻名,以他的名字命名的有卢卡斯数列和卢卡斯数。1875 年,给出了形如 $\sum_{n=1}^{N} n^2 = M^2$ 的丢番图方程的解。还设计了验证素数的方法。1857 年就试图验证 $2^{127}-1$ 为素数,经过 19 年的努力,1876 年设计了新方法终于证明 $2^{127}-1$ 是素数,成为当时确认的最大的梅森素数,也是应用计算机之前人工验证的最大素数。后来 D. H.莱默改进了此方法(1930),之后该方法称为卢卡斯-莱默素性验证法。还于 1876 年重新发现了布利萨德演算。著有《列奥纳多·比萨的几部著作及若干高等算术问题研究》(1877)和《数论》(1891)等。对数学游戏十分感兴趣,其《数学游戏》(4 卷,1882—1894)和《有趣的算术》(1895)以问题新颖奇妙而盛行一时。1891 年因意外事故身亡。

施托尔茨(Stolz, Otto, 1842.7.3—1905.10.25) 奥地利数学家。生于蒂罗尔州哈尔,卒于因斯布鲁克。1860 年进入因斯布鲁克大学学习,1863 年转入维也纳大学,1864 年获哲学博士学位,并留校任教。1869—1871 年到柏林大学深造,受教于魏尔斯特拉斯、库默尔和克罗内克等人。之后又到格丁根大学听克莱布什和 C. F. 克莱因的专题讲座。1872 年受聘为因斯布鲁克大学副教授,1876 年升任教授,1890—1891 年任该校校长。是奥地利科学院和巴伐利亚科学院的成员。早期的论文主要是关于解析几何以及球面三角理论的，后来受魏尔斯特拉斯的影响，转向实分析的研究，得到一些有价值的结果。例如得到关于闭区间上连续函数凸性的定理等。还特别研究了级数(包括二重级数)的收敛、不定式的极限和积分法，第一次系统地阐述了二重级数的柯西收敛的充要条件；推广了阿贝尔的幂级数连续性定理(称为施托尔茨连续性定理)；研究实数的非阿基米德扩展，给出和拓广了容量的概念；重新考察了无穷大和无穷小理论。在 1881 年发表论文《波尔查诺在无穷小分析史上的意义》，最先肯定了波尔查诺对建立 $\varepsilon-\delta$ 方法的贡献。在《一般算术教程》(1885—1886；第 2 版，1900—1902)中，首次证明了每一个无理数都可以表示为唯一的一个不循环小数。编写的几本教科书流传很广。还著有《微积分学基础》(1893—1899)等。

达布(Darboux, Jean-Gaston, 1842.8.14—1917.2.23)　法国数学家。生于朗格多克省尼姆，卒于巴黎。1864 年毕业于巴黎高等师范学校，1866 年在沙勒指导下获博士学位。1867—1872 年在路易大帝中学任教。1873—1881 年回到高等师范学校任职。1873 年后在巴黎理学院兼职担任刘维尔和沙勒的副手，1881 年接替沙勒任巴黎理学院高等几何学讲座教授，1889—1903 年任巴黎理学院院长，1903 年后任名誉院长。1884 年当选法国科学院院士，还是圣彼得堡科学院、英国皇家学会和多个研究机构和学术团体的成员。主要贡献在微分几何学、微分方程和积分学方面。系统地研究了曲面和曲线的微分几何，并写成两部专著《曲面的一般理论》(4 卷，1887—1896)和《正交系与曲线坐标》(1898)。对微分几何学的研究导出一些偏微分方程和理论力学方面的结果。发展了微分方程的积分法，特别是总结了拉普拉斯方程的级数解法，并应用于所有二阶偏微分方程；对一阶偏微分方程的奇解理论的发展也有重要贡献。还深入研究了非线性常微分方程的蒙日方法，建立达布方程。在积分论方面，引进了“达布和”“上积分”“下积分”等概念，得到“有界函数黎曼可积的充要条件是其不连续点集的测度为零”的定理等。对黎曼积分论的发展起到重要作用。在解析函数论、球函数、正交函数、代数函数以及数学物理等方面也都取得了重要成果，许多数学概念、定理、公式和问题等都以他的名字命名。1870 年，创办了《数理科学通报》。1910 年获法国荣誉军团军官勋章。1875 年获庞斯列奖，1916 年获西尔维斯特奖章。1908 年在罗马国际数学家大会上作 1 小时大会报告。培养的博士生 É. 嘉当、É. 波莱尔、皮卡和斯蒂尔杰斯等都成为著名数学家。

罗尚尼斯(Rosanes, Jacob, 1842.8.16—1922.1.6)　德国数学家。生于奥匈帝国布罗迪(Brody，今属乌克兰)，卒于德国布雷斯劳(今波兰弗罗茨瓦夫)。1860—1865 年在柏林大学和布雷斯劳大学学习，开始学习化学，后来在施罗特影响下学习数学和物理，还受教于李普希茨和 P. G. H. 巴赫曼等数学家和物理学家。1865 年获得博士学位，并留校工作。1873 年成为副教授，1876 年升任教授。1903—1904 年任布雷斯劳大学校长。主要贡献在代数几何学和不变量理论等方面。独立于 M. 诺特证明了代数几何学中一个基本的定理：一个平面克雷莫纳变换可由一系列二次的和线性的变换构成；还证明了所有平面上一对一的代数变换必然是克雷莫纳变换。在不变量理论方面，研究并给出了一种型表示为其他型的幂和的条件。培养的博士生有施泰尼茨和特普利茨等。还是一位著名的国际象棋大师。

布里尔（Brill，Alexander Wilhelm von，1842.9.20—1935.6.8） 德国数学家。生于达姆施塔特，卒于杜宾根。1860 年进入卡尔斯鲁厄大学学习建筑与数学，1863 年到吉森大学师从克莱布什学习数学，1865—1866 年获得资助到柏林大学深造。1867 年回到吉森大学获数学博士学位。1869—1875 年任达姆施塔特技术学校（1877 年更名为达姆施塔特工业大学）和慕尼黑皇家高等技术学校教授。1884—1919 年任杜宾根大学教授。曾任德国数学家协会主席（1907）。主要研究代数函数论，是代数函数中代数几何理论的奠基人之一。用 M. 诺特的方法研究代数曲线，证明了黎曼-罗赫定理。1894 年，与 M. 诺特对代数函数论的几何方向进行了系统总结。还是几何模型制作专家，与 C. F. 克莱因制作的部分几何模型现仍保存在伦敦科学博物馆。对相对论和数学物理也多有研究。著有《相对性原理》（1912）、《代数曲线和代数函数讲义》（1925）和《普通力学讲座》（1928）等。培养的博士生有诺贝尔奖获得者普朗克（M. Planck，1858—1947）等。

斯特拉特（Strutt，John William，1842.11.12—1919.6.30） 英国物理学家、数学家，生于埃塞克斯郡马尔登（Maldon），卒于威瑟姆。1861—1865 年在剑桥大学三一学院学习数学，1865 年获数学一等荣誉学位和史密斯奖，1868 年获硕士学位。1873 年继承父亲的爵位成为第三代瑞利男爵，同年当选英国皇家学会会员。1876—1878 年任伦敦数学会主席。1879—1884 年任剑桥大学卡文迪什实验物理学教授。1884 年后在自己的庄园进行实验研究。1887—1905 年任皇家科学研究所自然哲学教授。1905—1908 年任皇家学会会长。1908—1919 年任剑桥大学校长。研究了一些重要气体的密度，并在这些研究中发现了氩气而获 1904 年的诺贝尔物理学奖。发表有数百篇涵盖物理学和应用数学不同主题，如关于贝塞尔函数、拉普拉斯函数和贝塞尔函数之间的关系以及勒让德函数的研究论文。代表作为《声学理论》（2 卷，1877—1878）。曾获皇家奖章（1882）和科普利奖章（1899）。1890 年获德·摩根奖章。

博贝列夫（Бобылёв，Дмитрий Константинович，1842.11.23—1917.3.5） 俄国力学家、物理学家、数学家。生于哈尔科夫省彼切涅吉镇（Печенеги），卒地不详。早年在米哈伊洛夫炮兵学院和圣彼得堡大学学习。1873 年和 1877 年分别获硕士和博士学位。相继在圣彼得堡大学和铁路工程师学会执教，1886 年任教授。1896 年当选圣彼得堡科学院通讯院士。还是莫斯科数学会和圣彼得堡数学会的成员。在流体动力学、电学和磁学等方面所作的贡献对俄国物理学派的发展具有重要意义。在数学方面，主要研究微分方程理论。多年从事教育工作，培养了大量的优秀学生，其中最杰出的是 A. M. 李亚普诺夫。

李，M. S.（Lie，Marius Sophus，1842.12.17—1899.2.18） 挪威数学家。生于努尔菲尤尔埃，卒于克里斯蒂安尼亚（今奥斯陆）。1865 年毕业于皇家弗雷德里克大学。1869 年获奖学金到柏林留学，与 C. F. 克莱因在一起工作并结为好友。第二年在巴黎又结识了达布和若尔当，受到法国学派影响。1871年回国在母校执教，1872年在皮叶克尼斯指导下获博士学位。1873—1881年同叙洛夫合作研究并编纂了阿贝尔著作的新版本。1886年到莱比锡大学接替C. F. 克莱因的职务主持数学讲座，12年后返回挪威。1878年成为伦敦数学会名誉会员。1892年当选法国科学院外籍院士。1895年成为英国皇家学会外籍会员和美国国家科学院外籍院士。主要贡献在以他的名字命名的李群和李代数方面。1870年，从求解微分方程入手，依靠微分几何和射影几何的方法建立起一种变换，将空间直线簇和球面一一对应。并发现，这种对应是连续的，能将微分方程的解表示出来并加以分类。由此，引入了一般的连续变换群概念(1874)，证明了一系列定理来发展他的理论。以微分方程的自同构群为工具，对二维群和三维群进行分类。在以后的多年中，和助手恩格尔继续丰富完善连续群论学说，出版了3卷本的专著《变换群论》(1888—1893)，后人为纪念他的贡献，将连续群改称“李群”。与舍弗斯共同编纂了《带有无穷小变换的微分方程讲义》(1891)、《连续群讲义》(1893)和《切触变换几何》(1896)等，使得李群理论不仅基础更加牢固，而且应用愈加广泛。李群已成为理论物理中的必不可少的工具。为研究李群，还创立了“李代数”——一种由无穷小变换构成的代数结构，并研究了二者之间的对应关系。李代数现已成为现代代数学的重要分支。在代数不变量理论、微分几何学、分析基础和函数论等方面也有建树。他的工作在20世纪初由法国数学家É. 嘉当等人加以发展。1897年获首届罗巴切夫斯基奖。1922—1937年恩格尔等人编辑并出版M. S. 李的6卷著作集。

阿斯科利(Ascoli, Giulio, 1843.1.20—1896.7.12)　意大利数学家。生于的里雅斯特，卒于米兰。1868年毕业于比萨高等师范学校。1872年任米兰理工大学代数和微积分教授。1879年以后任皇家高等技术学院数学教授。是伦巴第科学与文学研究所的成员。主要贡献在实变函数论和傅里叶级数方面。首先把康托尔点集论推广到函数集合上，从而把函数看成空间里的点。1884年引进了函数族在一点的同等连续概念，这是实变函数理论中的一个基本概念。之后和阿尔泽拉共同研究了连续函数族的紧致性的充分条件，建立了“同等连续且一致有界的函数族的任意序列中必可选出紧一致收敛的子序列”的定理，称为阿尔泽拉-阿斯科利定理，它在现代分析数学中占有重要位置。

施瓦兹(Schwarz, Hermann Amandus, 1843.1.25—1921.11.30)　德国数学家。生于普鲁士西里西亚省黑姆斯多夫(今波兰杰兹诺曼瓦)，卒于柏林。早年在柏林贸易学院(今柏林工业大学)学习化学。后来受库默尔和魏尔斯特拉斯的影响转而攻读数学，在他们指导下于1864年在柏林大学获博士学位。1867—1869年任哈雷大学副教授。1868年与库默尔的一个女儿结了婚。1869年任苏黎世联邦理工学院教授，1875—1892年任格丁根大学数学讲座教授。1892年接替魏尔斯特拉斯在柏林大学的教授职位。同年当选柏林科学院院士和伦敦数学会名誉会员。还是利奥波第那科学院、巴伐利亚科学院、法国科学院和圣彼得堡科学院的成员。是继克罗内克、库默尔和魏尔斯特拉斯等人之后的德国数学领袖之一。主要贡献在复变函数论、偏微分方程、几何学和变分法等方面。有很强的几何直觉能力，善于将几何融入分析领域，为综合几何学的发展开辟了道路。突出工作之一是“补救”了黎曼关于映射定理证明中的缺陷，这一工作巩固了黎曼理论的基础。还给出任意多角形保角映射到半平面的函数的一般解析公式，创立了保角映射中的施瓦兹引理。1873年，首次指出多元二阶混合偏导数相等的条件。用直圆柱作为反例，说明曲面的面积不能简单地用内接多面体表面积的极限去定义。给出在体积相同的立体之中，表面积最小的是球的严格证明(1884)。用完全初等的方法给出皮亚诺定理(在内接于三角形的所有三角形中，垂心三角形的周长最小)的漂亮证明，因此垂心三角形亦称为施瓦兹三角形。在微分方程的解析理论方面，引入“施瓦兹函数”，证明了薄膜振动方程第一特征函数的存在性(1885)，从而导出一类著名的偏微分方程。还证明了内积空间关于范数的重要不等式(1885)：

$$\|(f, g)\| \leqslant \|f\| \cdot \|g\|$$

该不等式(最初由柯西以级数形式提出，布尼亚科夫斯基证明了其积分形式)已成为函数论的重要工具。在讲授无穷级数时提出有趣的“蠕虫爬绳问题”。培养了20多位博士生，有多位后来成为著名数学家，如克贝、费耶、利赫滕斯坦和策梅罗等。1890年出版了2卷《数学论文集》。

盖泽(Geiser, Karl Friedrich, 1843.2.26—1934.5.7)　瑞士数学家。生于朗根塔尔，卒于屈斯纳赫特。叔祖父是数学家施泰纳，早年受其指导学习数学。1859—1861年到苏黎世理工学院学习，1861年后到柏林大学，受教于魏尔斯特拉斯和克罗内克，1863年毕业。1866年在施勒夫利指导下获伯尔尼大学博士学位。1873—1913年任苏黎世理工学院高等数学和综合几何学教授。1888年当选利奥波第那科学院外籍院士。主要研究代数几何，以“盖泽对合”和“盖泽最小曲面”而闻名。发表多篇研究论文，如《关于圆锥曲线的法线》(1866)、《二维和三维曲面理论》(1868)和《关于最小代数曲面的注记》(1871)等。著有《综合几何学导论》(1869)。还发表了施泰纳的部分遗作。对瑞士数学教育的发展也有许多贡献。是1897年在苏黎世举办的国际数学家大会的组织者之一。

本特利(Benteli, Emmanuel Albrecht, 1843.4.10—1917.11.10)　瑞士数学家。生于伯尔尼州施瓦岑埃格(Schwarzenegg)，卒于伯尔尼。1860—1863年在苏黎世理工学院学习土木工程。1865年到伯尔尼联邦水文测量局任职。1869年获几何学硕士学位。之后在伯尔尼多所学校教授画法几何。1889—1914年任皇家商业学校校长。1874年后成为伯尔尼大学自由讲师，1902年任该大学哲学与自然科学学院几何学教授。主要应用数学方法研究水文测量和气象学，发表了多篇关于中心准线的应用和透视研究的论文。曾绘制出瑞士第一张降雨量图表。推动了伯尔尼大学画法几何和技术制图的教学。1909年获伯尔尼大学名誉博士学位。是瑞士自然科学协会会员。

帕施(Pasch, Moritz, 1843.11.8—1930.9.20)　德国数学家。生于布雷斯劳，卒于巴特洪堡。1860年进入布雷斯劳大学学习，受教于李普希茨、P. G. H. 巴赫曼和施罗特，还结识了罗尚尼斯。1865年在施罗特指导下获博士学位。之后到柏林大学师从魏尔斯特拉斯和克罗内克继续深造。1870年任吉森大学讲师，1875年升任教授。1893—1894年任该校校长。1911年退休后继续从事数学研究。80岁寿辰时获法兰克福大学和弗赖堡大学名誉博士学位。致力于数学研究达65年之久，在几何基础、代数几何学等领域均有重要贡献。所著《新几何学讲义》(1882)是一本开辟新方向的著作，揭开了20世纪数学公理化运动的序幕。在书中考察了未定义概念、公理的本质等许多基本问题，给出第一个射影几何的公理系统，并建立起第一个直线上点的顺序的公理集。建立射影几何学的方法是把无穷远处的点、线和面，加到真正的点、线和面中去，然后用施陶特和C. F. 克莱因的投影作图法引进坐标，最后引进射影变换的代数表示。还提出了著名的帕施公理：在同一平面内，如果一条直线与一个三角形的一条边相交，那么它也同该三角形的另一条边相交。还著有《微积分学导论》(1882)、《分析基础》(1908)和《数学与逻辑》(1919)等。

塔内里，P.（Tannery, Paul, 1843.12.20—1904.11.27） 法国科学史家。生于伊夫林省芒特拉若利，卒于巴黎附近的庞坦。是J. 塔内里的哥哥。1863年毕业于巴黎综合工科学校，之后又到烟草应用学院学习。1874年作为烟草工程师被派往波尔多负责烟草厂的建设，后相继在勒阿弗尔、巴黎、洛特加龙、波尔多及庞坦等地监管烟草厂。工作之余进行学术研究。1892—1897年受聘为法兰西学院的科学史教授，主讲希腊和拉丁哲学。在科学史领域做过许多工作，主要研究兴趣在数学史方面。深入探讨古代希腊、中世纪西欧及拜占庭的哲学、天文学和数学，发表了250多篇论文、注释和评论。数学史方面的著作有《希腊几何学》(1887)和《希腊科学史》(1887)等。编辑出版了2卷本的《丢番图全集》(1893—1895)。与人合作编辑了5卷本的《费马选集》(1891—1922)和《笛卡儿选集》(1897—1909)。《笛卡儿选集》包含笛卡儿著作的评注与通信集，它的出版重新激起学术界对笛卡儿哲学的兴趣。其论著几乎被全部编辑在17卷本的《科学回忆录》(1912—1950)中。1904年在海德堡的国际数学家大会上作特邀演讲。

吕罗特（Lüroth, Jakob, 1844.2.18—1910.9.14） 德国数学家。生于曼海姆，卒于慕尼黑。1862年在波恩大学学习天文学，由于视力不佳而中断。1863年进入海德堡大学学习数学，1865年在黑塞指导下获博士学位。之后相继到柏林大学师从魏尔斯特拉斯，到吉森大学师从克莱布什继续深造。1867年在海德堡大学短期任教后于1868年到卡尔斯鲁厄大学任职，1869年任教授。1880年到慕尼黑皇家高等技术学校接替C. F. 克莱因的教授职位。1883年成为弗赖堡大学的教授，直至退休。在解析几何、不变量理论和统计学等方面均有建树。在《比较可能误差的两个值》(1876)中发表了关于t-分布的计算，后来英国数学家戈塞特1908年重新发现了这一统计测试，现一般称为“戈塞特测试”。以他的名字命名的有“吕罗特四次式”“吕罗特定理”和“克莱布什-吕罗特方法”等。对代数几何、应用数学、天文学及力学的一些问题也有研究。著有《机械平面图》(1881)和《数值计算讲座》(1900)。前者大量使用了矢量微积分。是巴伐利亚皇家科学院(1882)、利奥波第那科学院(1883)和海德堡科学院(1909)的成员。1904年在海德堡国际数学家大会上作特邀演讲。

玻尔兹曼(Boltzmann, Ludwig Eduard, 1844.2.20—1906.9.5) 奥地利物理学家、数学家。生于维也纳,卒于杜伊诺。1863年入维也纳大学学习,1866年获博士学位。1869年成为格拉茨大学教授。之后相继在海德堡、柏林和维也纳大学任数学和物理学教授。1876年返回格拉茨大学,1887年任该校校长。1890年受聘为慕尼黑大学理论物理学教授。1885年当选奥地利皇家科学院院士,还是瑞典皇家科学院和英国皇家学会相应成员。1903年成为奥地利数学会创始会员。最大的成就是发展了统计力学,解释和预言了如何通过原子特性来预测物质的可见特性(即物理特性),并从统计概念出发,阐明了热力学第二定律的统计性质。在分子运动中发现了熵和概率之间的对数关系,给出著名的玻尔兹曼熵公式。建立的理想气体内部粒子运动所满足的一阶偏微分方程,现称为玻尔兹曼方程。主要数学贡献在于把偏微分方程理论、数理统计和数学物理方法应用于物理研究之中。著作有《力学原理教程》(1897—1904)、《动力学气体理论教程》(1896—1898)等。

芒西翁(Mansion, Paul, 1844.6.3—1919.4.16) 比利时数学家、科学史家。生于休伊附近的马尔尚(Marchin),卒于根特。1862—1865年在根特大学附属师范学院学习。毕业后在根特大学土木工程学院教授高等代数、解析几何和画法几何学,同时攻读博士。1867年获得博士学位。1867—1892年先后任根特大学副教授、教授和微积分讲座教授,1892年又任概率论讲座教授,至1910年退休。从1884年起,同时教授数学史。1887年当选比利时皇家科学院院士,1903年任科学院院长。还是其他多个学术团体的相应成员。1874年与卡塔兰创办《新数学通讯》。1880年与诺伊贝格创办《数学纲要》杂志,长期担任这两种期刊的编辑。主要贡献在非欧几何、数学史和微分方程等方面。

缪尔(Muir, Thomas, 1844.8.25—1934.3.21) 苏格兰数学家。生于南拉纳克郡,卒于南非开普敦郊区的隆德博斯(Rondebosch)。1868年在格拉斯哥大学获博士学位,毕业后在圣安德鲁斯大学和格拉斯哥大学任学生导师。不久到欧洲大陆旅行,会见了多位顶尖的数学家,见识到欧洲大陆数学的惊人进步。1871—1874年在格拉斯哥大学任职。1874—1892年在格拉斯哥高中任教。1892—1915年在南非任教育总监,并在开普敦大学工作。1874年当选爱丁堡皇家学会会员,1888—1891年任学会的副主席。1884年任爱丁堡数学会主席。1900年当选英国皇家学会会员。1915年被乔治五世国王封为爵士。主要贡献在行列式理论方面。1882年发表一篇关于行列式理论的论文,重新发现了35年前凯莱所证明的关于斜对称矩阵行列式的重要引理。之后一直致力于行列式理论和历史的研究。从1906年起,陆续发表了5卷《历史发展中的行列式理论》(1906—1929),最后一卷(1929)将理论发展论述至1920年。曾两获爱丁堡皇家学会基斯奖章。

诺特,M.(Noether, Max, 1844.9.24—1921.12.13) 德国数学家。生于曼海姆,卒于埃尔兰根。A. E. 诺特之父。14岁患

小儿麻痹症，留下行走不便的后遗症。完成中学学业后自学大学数学。1865 年入海德堡大学学习，1868 年获博士学位。之后到吉森大学任教，结识了克莱布什以及后来长期合作的布里尔。1870 年任该校不支薪讲师，1874 年任副教授。1875 年任埃尔兰根大学副教授，1888—1919 年升任教授。1887 年当选巴伐利亚科学院通讯院士。还是柏林、哥本哈根、都灵和格丁根等科学院相应成员，以及英国皇家学会外籍会员。1899 年任德国数学家协会主席。是 19 世纪代数几何学的带头人之一，对学科的发展起到承上启下的作用。深入研究代数几何学的中心课题，代数簇在双有理变换之下的不变性质，证明通过二次变换可把平面代数曲线的奇点化简。1873 年在论文《关于代数函数理论的一个定理》中证明了诺特定理。另一个定理给出了过曲面 $\Phi(x, y, z)=0$ 和 $\Psi(x, y, z)=0$ 的交线的曲面方程具有形式 $A\Phi+B\Psi=0$ 的条件。还把这个定理加以推广，这直接导致多项式理想理论。1882 年，同阿尔方关于空间曲线分类的论文分享了柏林科学院的施泰纳奖。关于代数曲面的公式是黎曼-罗赫定理的特殊情形。1894 年，和布里尔对代数函数论的几何方向进行了系统总结。

阿尔方（Halphen，Georges Henri，1844.10.30—1889.5.23） 法国数学家。生于鲁昂，卒于凡尔赛。1866 年毕业于巴黎综合工科学校。普法战争期间到军队服役。1872 年开始在综合工科学校任职。1878 年获数学博士学位。主要贡献在解析几何学、代数几何学、微分不变量理论、椭圆函数论、线性微分方程理论等方面。1873 年解决了沙勒猜想：给出一族依赖于一个参数的二次曲线，问有多少条二次曲线可以满足给定的边值条件。沙勒得到一个公式，但证明不够完善（故自称猜想），阿尔方得到了圆满解答。还深入探讨了奇点理论以及其他有关平面代数曲线的问题，如首先将奇点归类，给出平面代数曲线亏格的一般公式，推广了黎曼、M. 诺特等人的工作，对直到 20 次的所有空间代数曲线做出完整分类。在微分不变量方面的工作是 M. S. 李的研究的先导。还试图简化椭圆函数的理论，从而促进其有更广泛的应用。1880 年获法国科学院数学大奖，1882 年，与 M. 诺特分享柏林科学院的施泰纳奖，1883 年获庞斯列奖。1884 年任巴黎综合工科学校考官。1886 年当选法国科学院院士。还是意大利山猫学院（1887）的成员。代表作为《椭圆函数及其应用的论述》（3 卷，1886—1891，第 3 卷为遗作）。

旺格林（Wangerin，Friedrich Heinrich Albert，1844.11.18—1933.10.25） 德国数学家。生于波美拉尼亚湾格赖芬伯格（Greiffenberg），卒于哈雷。1862 年在哈雷大学师从海涅和 C. G. 诺伊曼学习数学和物理。1864 年转到哥尼斯堡大学继续学习，在 F. E. 诺伊曼指导下于 1866 年获博士学位。1866—1867 年在波森、柏林等地的预科学校任教。1876—1882 年在柏林大学任副教授。1882 年成为哈雷大学教授，1910—1911 年任该校校长，1919 年退休。对位势理论和球面函数有深入的研究，计算了某些卵形面和旋转曲面的势，代表作是 2 卷集《位势理论和球面函数》（第 1 卷，1909；第 2 卷，1921）。在微分几何和数学物理方面也做过一些工作。还对数学史和物理学史发生兴趣，曾研究过高斯、欧拉、兰伯特和拉格朗日的生平和贡献。

1883 年当选利奥波第那科学院院士，1906—1921 年任该科学院院长。1869—1921 年，担任《数学进展》杂志的编辑。

埃奇沃斯(Edgeworth, Francis Ysidro, 1845.2.8—1926.2.13) 英国经济学家、统计学家、数学家。生于爱尔兰朗福德郡埃奇沃思敦，卒于牛津。早年接受私人教师的教育。后就读于都柏林三一学院和牛津大学巴利奥尔学院，1869 年毕业。1877 年获律师资格。1880 年在伦敦国王学院任教，1888 年任政治经济学教授。1891—1922 年任牛津大学德拉蒙德政治经济学教授。1891 年《经济杂志》创刊，任首任编辑(1891—1926)。1912—1914 年任皇家统计学会主席。主要贡献在概率论、统计学及其应用、误差理论和政治经济学等方面。是把数学应用于经济学的创始人之一。共发表 300 多种论著，最著名的著作为《数理心理学》(1881)。1907 年获皇家统计学会盖伊金质奖章。

康托尔，G.(Cantor, Georg Ferdinand Ludwig Philip, 1845.3.3—1918.1.6) 德国数学家。生于俄国圣彼得堡，卒于德国哈雷。1862 年入苏黎世理工学院学习工程技术，第二年转入柏林大学攻读数学和神学，受教于数学家库默尔、魏尔斯特拉斯和克罗内克等。1867 年获博士学位。1872 年在哈雷大学任私人讲师，1877 年成为教授，1913 年退休。德国数学会的主要创建者之一，并担任第一届主席(1890—1893)。集合论的创始人。关于无穷集合的工作起源于对三角级数的研究(1871)。在 1872 年的论文中提出了以基本序列(即柯西序列)定义无理数的思想，并初步提出以高阶导出集的性质作为对无穷集合的分类准则。1872 年在瑞士结识了戴德金，之后时常通信讨论数学问题。1873 年底，在给戴德金的信中称成功证明了实数集合是不可数的。1874 年发表关于集合论的第一篇论文《关于全体实代数数的一个性质》，公开表达了上述证明，并指出一切实代数数与正整数可以建立一一对应关系，从而证明了超越数是存在的并且有无穷多。这篇论文的发表标志着集合论的诞生。之后又发表一系列论文来发展和完善自己的理论。构造了实变函数论中著名的“康托尔集”，给出测度为零的不可数集的一个例子。1877 年，证明了 n 维形体上的点和直线上的点可以构成一一对应。1879—1884 年又着重研究无穷数和超限数理论，引进势、基数和序数等概念。记自然数集合的基数为 $\aleph_0$，实数集合的基数记为 C，并证明了 $2^{\aleph_0}=C$，还建立了相关的运算法则。1878 年提出了著名的连续统假设：实数集的子集除了有穷子集、可数无穷子集以及与实数集本身等势的子集外，再没有别样的子集(1900 年希尔伯特在巴黎国际数学家大会上所做的著名讲演中把连续统假设列为当时未解决的 23 个数学问题中的第一个)。这一工作给数学发展带来一场革命，其理论很难被立即接受。其首要反对者是克罗内克，C. F. 克莱因也不赞成这一新观点。由于长期遭到反对，使精神抑郁状态发展为精神分裂，最终病逝于精神病院。然而，历史终究给出公正评价，集合论在 20 世纪初已逐渐渗透到各数学分支，成为分析理论、测度论、拓扑学及数理科学中必不可少的工具。希尔伯特把这一思想称为“数学家的乐园”和“数学思想最惊人的产物”；罗素将它誉为“这个时代所能夸耀的最巨大的工作”，并与数学家弗雷格发展和完善了集合论。代表作为《关于超限数理论的基础》(Beiträge zur Begründung der transfiniten Mengenlehre, 1895—1897,英译本,1915)。1901 年成为伦敦数学会名誉会员。1904 年获西尔维斯特奖章。1905 年成为爱丁堡皇家科学院外籍院士。第 16246 号小行星(2000)命名为“康托尔星”。

叶尔马科夫(Ермаков, Василий Петрович, 1845.3.11—1922.3.16) 俄国数学家。生于莫吉廖夫省戈麦尔附近的捷留赫镇,卒于基辅。1868 年毕业于基辅大学。1877 年获纯粹数学博士学位。1874—1899 年在基辅大学工作,1879 年任教授。1899 年后到基辅理工学院工作。1884 年当选圣彼得堡科学院通讯院士。在微分方程论,数学分析、变分法、近似计算理论等方面有多种著述。在 1870 年的论文《级数收敛的一般理论》中提出了一种判定级数收敛性的新方法。十分注意研究和改进大学数学教学方法,发表了多篇关于教改的文章。1884—1886 年,编辑出版《初等数学杂志》。是基辅物理数学学会的创始人之一(1889)。

克利福德(Clifford, William Kingdon, 1845.5.4—1879.3.3) 英国数学家、哲学家。生于英国埃克塞特,卒于葡萄牙马德拉。1860 年进入伦敦国王学院学习,三年后到剑桥大学三一学院。1867 年获数学一等荣誉学位(第二名)和史密斯奖,1868 年成为三一学院研究员。1871 年任伦敦大学学院数学和力学教授。1874 年当选英国皇家学会会员。还是伦敦数学会会员。主要贡献在非欧几何和射影几何方面。1873 年把黎曼的《关于几何基础的假设》译成英文,开始研究黎曼空间理论。1876 年发表的《物质的空间理论》发展了黎曼的空间观念,并把黎曼等人的非欧几何引入英国。在轨迹分类、黎曼曲面的拓扑结构方面有独到见解,并创设了一种具有特殊性质的二次曲面,被称为“克利福德曲面”,后经 C. F. 克莱因等人进一步研究,以克利福德-克莱因空间著称。这些工作为广义相对论的建立提供了理论依据。在代数学方面,继哈密顿和格拉斯曼之后,引入新的超复数——八元数,又称为复四元数,并推广为更一般的“克利福德代数”(1873),还将其成功地应用于非欧几里得空间中运动的研究。哲学方面的代表作为《观察与思考》(1879)。

布罗卡尔(Brocard, Pierre René Jean-Baptiste Henri, 1845.5.12—1922.1.16) 法国数学家、气象学家。生于法国科梅尔西市维尼奥(Vignot),卒于英国肯辛顿。1865—1867 年就学于巴黎综合工科学校,后投身于法国军队。1873 年加入新组建的法国数学会,1875 年又加入法国科学进步协会和气象学会。后被派到非洲任职,参与阿尔及尔气象研究所的创办。主要研究三角形几何。于 1881 年向法国科学进步协会提交了论文《对三角平面一个新圆的研究》宣布布罗卡尔圆的发现,并由此产生了相应的布罗卡尔点(是刻画三个圆相关位置的特殊点)、布罗卡尔三角形等概念。布罗卡尔点早在 1816 年就被克雷尔首次发现,但并未被当时的人们所注意。布罗卡尔再次发现后,引起一大批数学家的兴趣,一时形成了一股研究“三角形几何”的热潮。现在称与布罗卡尔点有关的几何为布罗卡尔几何。

达尔文(Darwin, George Howard, 1845.7.9—1912.12.7) 英国数学家、天文学家。生于肯特郡,卒于剑桥。是进化论

创始人 C. R. 达尔文(C. R. Darwin, 1809—1882)的次子。早年接受私人教师授课,后到剑桥大学圣约翰学院和三一学院就读。1868 年获数学二等荣誉学位和史密斯奖。1871 年获硕士学位。之后考取律师资格,1874—1878 年在律师事务所任职。1878 年重返科学研究。1883 年受聘为剑桥大学天文学和实验哲学教授,终生保留此职。对地球物理、行星轨道和太阳系的成因等问题进行深入探讨,较著名的工作是有关三体问题,特别是对太阳、地球、月球系统的研究。应用数学原理对宇宙进行动力学分析和描述,开创所谓"宇宙起源的数学学说",从而解释了许多星系现象,如旋转的任何椭圆体的潮汐摩擦对双星系演化的影响等。英国皇家学会和皇家天文学会会员。1884 年获皇家奖章。1892 年获皇家天文学会金质奖章。1899—1901 年任皇家天文学会主席。1905 年受封为爵士。1911 年获科普利奖章。1902 年获得弗雷德里克大学数学博士学位。是 1908 年罗马国际数学家大会的特邀演讲者和 1912 年剑桥国际数学家大会主席。在 1912 年的大会上作关于纯粹数学和应用数学特征的报告。著有《太阳系中的潮汐和同类现象》(1898)等。1907—1916 年出版了《科学论文集》(5 卷)。火星上有以其名字命名的火山口。

迪尼(Dini, Ulisse, 1845.11.14—1918.10.28) 意大利数学家。生于比萨,卒于同地。早年在比萨高等师范学校学习,成为贝蒂的学生。1865 年获奖学金留学巴黎,在埃尔米特和 J. L. F. 贝特朗指导下开始发表论文。1866 年到比萨大学讲授高等代数和大地测量学,1871 年升任分析和高等几何讲座教授。1888—1890 年任比萨大学校长。1908—1918 年任母校高等师范学校校长。1913 年,在比萨建立了"工程师应用学院",后来成为工程学院,任第一任院长。1901 年成为伦敦数学会名誉会员。还是一位政治家,曾任意大利参议员。主要贡献在数学分析和微分几何方面。是意大利第一批以更严格的方法重新研究数学分析的数学家之一。在微分几何方面,集中研究了曲面的微分性质,包括由法国的刘维尔、梅斯尼埃以及贝尔特拉米提出的一些问题。代表作《实变函数的理论基础》(1878)和《无穷小分析教程》(2 卷,1907—1915)。还出版有关于傅里叶级数(建立了傅里叶级数收敛的迪尼准则)和积分方程等方面的著作,这些著作中包含许多独创思想。

里博库尔(Ribaucour, Albert, 1845.11.28—1893.9.13) 法国数学家、土木工程师。生于法国里尔,卒于阿尔及利亚菲利普维尔(今斯基克达)。1865 年进入巴黎综合工科学校学习,两年后到国立路桥学校继续攻读,1870 年毕业,成为一名土木工程师。1870—1886 年相继在约纳省和普罗旺斯等地修筑运河等工程建筑。1886 年被派往阿尔及利亚修建铁路和港口。精于本职,所负责的法国迪朗斯运河工程曾获得 1889 年巴黎博览会金质奖章。利用业余时间钻研数学,也曾在巴黎综合工科学校兼职讲授几何学。主要贡献在微分几何学方面,运用曲面上的运动三面体研究极小曲面问题,推得一系列有意义的结果。还探讨了圆汇和球汇的有关性质,发展了球面的包络、三重正交系、四次圆纹曲面和常曲率曲面理论。1870—1880 年发表多篇相关的研究论文。曾两获法国科学院奖金。

古德内尔芬格(Gudnelfinger, Sigmund, 1846.2.14—1910.12.13) 德国数学家。生于亚格斯特河畔基希贝格(Kirchberg),卒于达姆施塔特。早年在杜宾根、海德堡、哥尼斯堡等地大学学习数学和物理。曾师从克莱布什和哥尔丹。1867年在吉森大学获博士学位。1869年在杜宾根大学任职,同年与汉克尔等同事创办数学讨论班。1873年成为教授。1879年在达姆施塔特理工学院任解析几何和微积分教授,至1907年退休。1888年当选利奥波第那科学院院士。主要研究代数形式的不变量理论及代数曲线的几何应用,如把几个变量的二次形式转化为线性函数的平方和,以及射影空间中的四次曲面(称为古德内尔芬格四次曲面)等问题。著有《锥形截面的解析几何学讲义》(1895)。1895年获柏林科学院的施泰纳奖。1897年获巴伐利亚科学院金质奖章。

米塔-列夫勒(Mittag-Leffler, Magnus Gustaf, 1846.3.16—1927.7.7) 瑞典数学家。生于斯德哥尔摩,卒于同地。自幼得到良好的家庭教育。1865年进入乌普萨拉大学学习,1872年获博士学位。1873年留学巴黎、格丁根和柏林等地,得到埃尔米特、魏尔斯特拉斯等数学家的指导。1877—1881年任芬兰赫尔辛基大学教授。1881年回国,任斯德哥尔摩大学教授,1891—1892年任该校校长。1883年当选瑞典皇家科学院院士。还是大约30个学术团体和科学院的成员,包括英国皇家学会(1896)和利奥波第那科学院(1897)等。是当时以魏尔斯特拉斯为首的分析学派的主要成员之一,在分析学和复变函数论方面做出许多经典性的工作。推广了魏尔斯特拉斯的亚纯函数表示公式,证明了在任意一个区域上亚纯函数皆可表示为两个函数的商,其中每一个都在该区域内解析。这一结果后来被称为米塔-列夫勒定理。在矩阵理论方面,引进了以他的名字命名的一类无穷矩阵。著述共119种。还是一位卓越的数学教育家和组织家。创办(1882)并任45年主编的《数学学报》(Acta mathematica)是欧洲的重要数学杂志。1884年,破格聘任俄国女数学家柯瓦列夫斯卡娅为斯德哥尔摩大学的讲师、教授(世界上第一位女数学教授)。培养了本迪克松和弗雷德霍姆等学生。还任波伦亚、牛津、剑桥等多所大学的名誉教授,拥有多个名誉博士学位。19世纪80年代创办米塔-列夫勒研究所。1900年和1908年两次在国际数学家大会上作1小时大会报告。

内托(Netto, Eugen Otto Erwin Johannes, 1846.6.30—1919.5.13) 德国数学家。生于哈雷,卒于吉森。1866年入柏林大学学习,受教于克罗内克、魏尔斯特拉斯和库默尔等数学家,1870年获博士学位。之后到柏林的公立中学任教。1879年任斯特拉斯堡大学副教授。1882年任柏林大学副教授,讲授高等代数、变分微积分、力学、傅里叶级数和组合几何学等多门课程。1888年任吉森大学教授,至1913年退休,1913年后为名誉教授。主要贡献在群论和组合学等方面。发表和出版了大量的研究论文,专著和教材,还为德国《数学百科全书》撰写多篇关于组合数学、概率计算、数列和虚数的文章。在1877年的论文中给出群论中叙洛夫定理的新证明。以组合学和群论的早期著作而闻名。其《置换理论及其对代数的应用》(1882)一书是抽象群论发展的里程碑。它统一了置换群论和数论中隐含着的群论思想,探讨了同构和同态的概念。该书不久便被译成意大利文和英文,有效地扩大了抽象群论在数学中的影响。还著有《组合学教程》(1901)和《群与置换理论》(1908)等。对维数的深入探讨开启了对空间填充曲线的研究。

波列茨基(Поречкий, Платон Сергеевич, 1846.10.15—1907.8.22) 俄国天文学家、数学家。生于耶利扎韦格勒(Елисаветград),卒于切尔尼戈夫地区若维奇(Жоведь,今属乌克兰)。1870年毕业于哈尔科夫大学并留校工作。1873年获硕士学位。1874年任普尔科沃天文台观测员。1876年任喀山大学天文台的天文学家,参加子午线、彗星和火星等观测。1889年因健康问题退职。主要数学贡献在数理逻辑方面。著有《数理逻辑基础》(1884)和《解逻辑等式的方法和数理逻辑逆方法》(1884)等,是俄国最早的一批数理逻辑著作。

贝尔蒂尼(Bertini, Eugenio, 1846.11.8—1933.2.24) 意大利数学家。生于弗利,卒于比萨。1863年进入波伦亚大学学习工程学,后转到比萨大学学习数学,师从数学家克雷莫纳,1867年获数学学士学位。1870年起,先后在米兰、罗马和比萨等地的大学从事教学活动,培养出许多学生,如贝尔左拉里、富比尼和斯科尔扎等。1880—1892年任帕维亚教授。意大利代数几何学派的创始人之一,主要研究代数几何、多维空间的射影几何和画法几何等方面。从投影角度研究代数几何,最早理解克雷莫纳变换的不变属性的重要性,将克雷莫纳变换用于曲线和曲面的简化奇点,给出射影平面所有对合变换的分类。建立的两个基本定理,称为贝尔蒂尼定理。著有《关于欧拉多面体》(1869)、《超空间投影几何》(1906)和《多维空间投影几何》(1924)等。

茹科夫斯基(Жуковский, Николай Егорович, 1847.1.17—1921.3.17) 俄国力学家、数学家。生于俄国弗拉基米尔省奥列霍沃,卒于莫斯科。1868年毕业于莫斯科大学。之后在莫斯科第二女子中学任教,1872年之后在莫斯科高等技术学校工作,1874年任副教授,1876年获硕士学位,1887年始任教授,直至去世。1882年在莫斯科大学获博士学位。1886年兼任莫斯科大学教授。还在莫斯科商学院和莫斯科铁路工程师学院兼课。1894年当选圣彼得堡科学院通讯院士。1905年任莫斯科数学会主席。是现代空气动力学和航空科学的开拓者,被列宁称为“俄罗斯航空之父”。在数学、水力学和天文学等领域都作出贡献。1918年创建茹科夫斯基中央空气流体动力学研究所,并任第一任所长。在数学上,主要研究偏微分方程的理论及其近似积分法,还首先把复变函数广泛地应用于流体力学和空气动力学中。在复变函数论中,有著名的茹科夫斯基函数,把这种保角映射卓有成效地应用于各种飞机机翼截面的研究,还建立了关于解析函数边界性质的茹科夫斯基定理。著有《飞机动力学基本介绍》(1916)、《飞机设计稳定性研究》(1918)等。其教学活动和科研实践对俄国科技队伍的形成和发展起到重大作用。为了表彰他的功绩,1947年1月设立茹科夫斯基奖。1956年在莫斯科市内建立了茹科夫斯基科学博物馆。

阿尔泽拉(Arzelà, Cesare, 1847.3.6—1912.3.15) 意大利数学家。生于拉斯佩齐亚的圣斯泰法诺迪马格拉(今属意大利),卒于同地。1869年毕业于比萨高等师范学校。之后到比萨大学在贝蒂指导下完成势能理论的博士论文，1871年获博士学位。相继在马切拉塔、比萨、萨沃纳、佛罗伦萨和巴勒莫等地任教。1880年任波伦亚大学微积分学教授，1884年任高等分析讲座教授。主要贡献在实变函数论方面。发表了多篇高水平的研究论文，引进“广义一致收敛性”的概念，给出在某区间上连续函数序列一致收敛的充分必要条件，和阿斯科利共同研究了连续函数族的紧致性的条件，建立了“等度连续且一致有界的函数族的任意序列中必可选出紧一致收敛的子序列”的定理，称为阿尔泽拉-阿斯科利定理，它在现代分析方法中占有重要地位。还研究无穷级数的逐项积分问题，证明了积分号下可以取极限的定理。撰写的多部广为使用的教科书，在意大利大、中学数学教学史上占有重要地位。1907年当选山猫学院院士，并与G. 卡斯泰尔诺沃共同分享了1907年山猫学院皇家数学奖。

佐洛塔廖夫（Золотарёв, Егор Иванович, 1847.4.12—1878.7.19） 俄国数学家。生于圣彼得堡，卒于同地。1867年毕业于圣彼得堡大学，1869年获硕士学位，1874年以关于代数整数的研究论文获博士学位。1876年任该校物理-数学系教授。之后访问柏林，参加了库默尔、魏尔斯特拉斯的讲座，访问巴黎时又得到埃尔米特的指导。与科尔金共同研究了正定二次型对于变量整体的最小值问题，特别是当变量的个数 $n=4$ 或 5 时，彻底地解决了这一极值问题。在1874年的博士论文中，阐明了代数整数的可除性理论，发展了库默尔引入的思想，研究了代数数域中的整数环，给出了这种环的可分性理论。还将整函数理论应用于椭圆积分。借助于函数的最佳逼近理论还解决了切比雪夫提出来的有关积分问题。

基灵（Killing, Wilhelm Karl Joseph, 1847.5.10—1923.2.11） 德国数学家。生于锡根附近的布尔巴赫（Burbach），卒于明斯特。1865年进入明斯特大学学习数学。1868—1872年在预科学校任教。1872年在柏林大学由魏尔斯特拉斯和库默尔指导获博士学位。之后在布劳恩斯贝格的神学院讲授数学。1892年成为明斯特大学教授。主要贡献在李代数、李群和非欧几里得几何等方面。1878年开始发表关于非欧几里得几何空间形式的论文，并于1880年和1885年进一步完善，给出了双曲几何的模型。在1880年左右独立于挪威数学家M. S. 李引进了李代数。1888—1890年，作为对李群进行分类的必要步骤，将复杂的有限单李代数分类，引进嘉当子代数和嘉当矩阵的概念。由此得出结论：除了少数孤立的例外，唯一简单的李代数是与线性、正交和辛群相关的代数。还引进根系的概念，并对根系进行分类。1894年，与É. 嘉当共同研究了所有复合单群的结构。“基灵型”概念在李群和李代数的理论中起着基本作用。著作《几何基础导引》（1893）于1900年获罗巴切夫斯基奖。以他的名字还命名了一些定理、类、方程、多项式和向量场等。

法瓦罗（Favaro, Antonio, 1847.5.21—1922.9.30） 意大利数学家、科学史家。生于帕多瓦，卒于同地。1866年毕业于帕多瓦大学数学系，后进入都灵应用学院工程专业学习，1869年毕业。1870年到帕多瓦大学任教，1872年成为教授，讲授图解静力学、数学分析、射影几何学和数学史等课程。是包括山猫学院等多个学院和科学学会的相应成员。主要贡献在图解静力学和数学史方面。研究了莱因德纸草书，撰写了大量的介绍数学家生平传记、科学贡献等方面的论著。其中仅伽利略的传记文章就发表了20多篇，并在1890—1909年作为伽利略著作国家版本的策展人。还发表了关于卡瓦列里和塔尔塔利亚等数学家的研究论文。

波谢（Поссе，Константин Александрович，1847.10.28—1928.8.24） 俄国—苏联数学家。生于俄国诺夫戈罗德省基赫维斯基，卒于苏联列宁格勒（今俄罗斯圣彼得堡）。1868年毕业于圣彼得堡大学物理-数学系。1871年后在铁路工程师学院等校任教。1873年在圣彼得堡大学获数学硕士学位，之后作为私人教师在校讲授解析几何，1880年任副教授；1882年获博士学位，1886年升任教授。1890年成为圣彼得堡数学会会员。1916年当选圣彼得堡科学院名誉院士（1922年以后为苏联科学院的名誉院士）。主要贡献在分析数学的研究和教学方面。发表了大量论文，如《与勒让德函数相似的函数》（1873）、《关于二元变量的ω函数》（1882）和《积分与和式的极限值问题》（1885）等。编著的《微积分学教程》（1891）多次再版，在俄国各大学广泛使用了几十年。

格林希尔（Greenhill，Alfred George，1847.11.29—1927.2.10） 英国数学家。生于伦敦，卒于同地。1866年就读于剑桥大学圣约翰学院，1870年获二等数学荣誉学位和史密斯奖。曾短期担任皇家印第安工程学院应用数学教师。1873—1876年任剑桥大学伊曼纽尔学院的研究员和讲师。1876年任伍尔维奇皇家军事学院的数学讲座教授，直到1908年退休。主要数学贡献在椭圆函数论方面，对数学在动力学、流体动力学、弹性理论和静电学的应用也有深入研究，特别是将椭圆积分应用于电磁理论。著有《椭圆函数的应用》（1892）、《流体静力学理论》（1894）和《机械飞行动力学》（1912）等。1888年当选英国皇家学会会员，1906年获皇家奖章；1890—1892年任伦敦数学会会长，1902年获德·摩根奖章；1908年获封爵士。还是法国科学院外籍院士。1904年在海德堡国际数学家大会上作1小时大会报告。

曾纪鸿（1848—1881） 中国清朝数学家。生于道光二十八年，卒于光绪七年。字栗诚。湖南湘乡人。晚清重臣曾国藩的次子。一生淡泊仕途而酷爱数学，精通天文、地理、舆图等科目。早年成为长沙数学家丁取忠的弟子，在白芙堂研究数学，是白芙堂数学团体的重要成员之一。1874年与左潜、黄宗宪同著《圜率考真图解》1卷。据此书丁取忠的序记载，曾纪鸿采用并改进了数学家欧拉的方法，删繁就简，用几何图形证明了

$$\frac{\pi}{4}=\arctan\frac{1}{2}+\arctan\frac{1}{3},$$

$$\frac{\pi}{4}=\arctan\frac{1}{4}+\arctan\frac{1}{5}+\arctan\frac{5}{27}+\arctan\frac{1}{12}+\arctan\frac{1}{13}。$$

并且利用反正切的幂级数展开式 $\arctan x=x-\frac{1}{3}x^3+\frac{1}{5}x^5-\frac{1}{7}x^7+\cdots$ 计算π的值到100位有效数字，这在当时中国是一个了不起的成就。《畴人传》的作者诸可宝评价它在本国“从古所未有”。后有人曾对他是否算得100位精确数字有质疑，2019年

中国学者高红成发现此书新版本,经分析佐证,认为曾氏的确计算出了 π 的百位真值。曾纪鸿还曾校对李善兰的《算书》,对其中的错误多加纠正,还预言数千年后地球运行岁差与绕太阳运行的自转速率都能够推算出来。与多位数学家合著的几部著作收入《白芙堂算学丛书》。

祖特尔(Suter, Heinrich, 1848.1.4—1922.3.17) 瑞士数学史家。生于苏黎世州黑丁恩,卒于多尔纳赫。1863 年入苏黎世州立学校就读,掌握了拉丁语和希腊语,其后陆续进入联邦理工学院、苏黎世大学和柏林大学,学习数学、物理、天文、历史及哲学,曾受教于克里斯托费尔、雷耶和盖泽。1871 年在苏黎世大学以长篇论文《数学科学史》获得博士学位。该论文分两部分于 1873 年和 1875 年出版并译成俄文。1876—1886 年在阿尔高州立学校讲授数学和物理。1886—1918 年在苏黎世州立学校任教,1922 年获苏黎世大学名誉哲学博士学位。40 岁以后开始学习并掌握了阿拉伯语、叙利亚语和波斯语,从而精于研究伊斯兰的数学和天文学史。特别研究了科学史和文明史的关系,主张依据思想和概念的发展来探讨数学史。发表 40 多篇论文,主要刊载在《数学文献》(1889—1912)上。出版多部专著,代表作有《数学家目录》(1892)和《阿拉伯数学家和天文学家及其工作》(1900)等,后者收录了 8 至 17 世纪阿拉伯国家约 500 名学者的信息。1914 年翻译出版了花拉子米天文学著作的拉丁文译本。最后一部著作是《希腊人和阿拉伯人对数学史的贡献》(1922)。

京特,A. W. S.(Guenther, Adam Wilhelm Siegmund, 1848.2.6—1923.2.3) 德国数学家、地理学家和自然科学史家。生于纽伦堡,卒于慕尼黑。1865 年入埃尔兰根大学学习数学和物理,之后相继在海德堡、莱比锡、柏林和格丁根等地学习自然科学各科目,普法战争期间曾中断学业,1872 年获博士学位。后被聘为埃尔兰根大学的数学讲师,曾在慕尼黑和安斯巴赫等地讲授数学。1886 年任慕尼黑皇家高等技术学校的地理学教授,1911—1913 年任该校校长。1877 年成为利奥波第那学者协会会员。1905 年当选巴伐利亚科学院院士。其科学研究紧密联系学科发展史,内容涉及纯粹数学及其历史,以及地理、物理、气象、天文学等学科。数学贡献在行列式、双曲线函数、抛物线对数和三角学等方面。著有《数理地理学手册》(1889)、《数学史》(1907)等书。

塔内里,J.(Tannery, Jules, 1848.3.24—1910.12.11) 法国数学家。生于塞纳河畔芒特,卒于巴黎。P. 塔内里的弟弟。1869 年毕业于巴黎高等师范学校,之后到雷恩和卡昂的公立高中讲授数学。1872 年返回母校任教,1874 年在埃尔米特指导下获得博士学位。1876 年后一直担任《数学通报》的编辑,为通报撰写了 200 多部著作的书评。1875 年成为巴黎理学院的物理和实验力学教授。从 1884 年至其逝世,任巴黎高等师范学校的研究员和学术顾问。1903 年后还兼任巴黎理学院的微积分学教授。是法国国民教育高级委员会和其他几个教育委员会的成员。1907 年当选法国科学院院士。数学研究是多方面的,研究过富克斯定理及其在确定椭圆函数周期的线性微分方程中的应用,得到了库默尔的 24 种积分;给出欧拉方程的展开式;探讨了二次型的相似变换、三次型的不变量和对称函数等。著有《单变量函数论导引》(1886)和《数学概念》(1903)等。对数学史和数学哲学也颇有研究,研究一些著名数学家的笔记和信件,特别出版了伽罗瓦的一些未发表的手稿和刘维尔与狄利克雷的通信集等。1909 年 6 月 13 日,在伽罗瓦出生地拉雷讷堡为伽罗瓦竖立了一块纪念碑。

梅里曼(Merriman, Mansfield, 1848.3.27—1925.6.7) 美国工程师、数学家。生于康涅狄格州绍辛顿,卒于纽约市。1871 年毕业于耶鲁学院谢菲尔德科学学校。1906 年在宾夕法尼亚大学获理学博士学位。1878—1907 年在利哈伊大学任土木工程教授,1907 年后任该校土木和水利工程顾问。著有关于水力学和桥梁建筑等方面的著作。在数学方面,主要研究数学优化技术,发展了最小二乘法理论。著有《最小二乘法原理》(1877)、《精密测量与大地测量》(1899)等,还编制了一些数学用表。

科尔泰沃赫(Korteweg, Diederik Johannes, 1848.3.31—1941.5.10) 荷兰数学家。生于斯海尔托亨博斯,卒于阿姆斯特丹。早年在家乡就读于一所军事专科学校,后来到代尔夫特理工学院(后改为技术学院,今代尔夫特理工大学)学习。由于对数学和力学的兴趣,转到公办高中任教。1876 年进入乌得勒支大学学习数学,次年去阿姆斯特丹大学攻读博士学位,1878 年以研究弹性管中波的传播速度的论文获博士学位。1881 年任该校数学、力学和天文学教授,直至 1918 年退休。主要贡献在应用数学领域,特别是数学在电学、统计力学、理论力学、流体动力学以及热力学中的应用,最著名的工作是 1895 年在《哲学》杂志上发表的浅水表面波浪单向运动所满足的偏微分方程。整理了惠更斯的许多著作,1911—1927 年出版了惠更斯全集,对 17 世纪数学史的研究作出重要贡献。

舒伯特(Schubert, Hermann Cäsar Hannibal, 1848.5.22—1911.7.20) 德国数学家。生于普鲁士波茨坦(今属德国),卒于德国汉堡。1867 年进入柏林大学学习数学和物理学,1870 年获博士学位。之后到专科学校和中等学校讲授数学课程。1887—1909 年任约翰内姆大学教授。共发表了 63 篇论著,主要研究枚举几何学。在 1870 年的博士论文《特征理论》中就开始进行这项研究,后来不断补充完善,给出了涉及代数几何部分的问题与定理。1874 年因解决塞乌滕提出的三次空间曲线特征理论的扩充问题而赢得丹麦皇家科学院的金质奖章。1879 年汇集多年研究成果写成《枚举几何计算》一书,书中包括贝祖理论、阿波罗尼奥斯理论和阿尔方理论,并提出"数的守恒原理",但未能对此加以严格论证。1900 年在巴黎召开的国际数学家大会上,希尔伯特提出了 23 个尚待解决的数学问题,其中第 15 问题就是"舒伯特枚举演算的严格基础",要求就所提出的数的守恒原理给以严格论证。该问题在 1912 年由意大利数学家塞韦里给予纯代数处理,但严格基础仍未建立。对数学游戏也很有兴趣,探讨过某些棋类和纸牌的数学原理。于 1897 年出版了第一本休闲数学书《休闲数学》,影响广泛,1900 年再版时已扩大到 3 卷,去世后仍继续再版,到 1967 年已出版至第 13 版,1903 年被译成英文出版。

埃米尔·韦尔(Weyr, Emil, 1848.9.1—1894.1.25) 捷克数学家。生于布拉格,卒于奥地利维也纳。爱德华·韦尔之兄。

1865—1868 年在布拉格理工学院学习数学，曾受教于菲德勒。1869 年在莱比锡大学获博士学位。然后任布拉格大学的私人讲师。曾到法国和意大利访学，与沙勒和克雷莫纳等人探讨数学问题。1875 年任维也纳大学数学教授。1872 年当选捷克数学家和物理学家联盟主席，是该联盟刊物《数学和物理学档案》(1874 年创刊)的创始人和编辑。1891 年成为捷克皇家科学院最早的 19 位创始人之一。是奥地利科学院和利奥波第那科学院的相应成员。与其弟爱德华·韦尔同是奥地利几何学派的主要代表人物。主要贡献在代数曲线、画法几何与射影几何等方面。以高超的技巧和独创性得到了综合几何许多进一步的结果，还在对合理论和有理曲线的相互映射方面作出了重要贡献。共出版了 150 多种论著。兄弟合作编写了《高等几何基础》(1871)和《射影几何基础》(3 卷，1871—1878)。还著有《古埃及人的几何学》(1884)。1890 年与奥地利数学家埃舍里希(G. R. von Escherich，1849—1935)共同创立了杂志《数学与物理学月刊》。

布龙斯(Bruns，Ernst Heinrich，1848.9.4—1919.9.23)　德国数学家、天文学家、大地测量学家。生于柏林，卒于莱比锡。1866 年进入柏林大学学习，师从库默尔和魏尔斯特拉斯学习数学，1871 年获得了博士学位。1872—1873 年到俄国普尔科沃天文台工作。1876 年任柏林大学数学副教授。还先后到普鲁士军事学院和波茨坦大地测量学院工作。1882 年成为莱比锡大学的天文学教授和莱比锡天文台台长。同年当选利奥波第那科学院院士。1906 年成为柏林科学院院士。主要工作是深入研究了地球轮廓理论和天体力学中的多体问题。在三体问题中，有著名的庞加莱-布龙斯定理。对一些天文观测结果进行数学研究，涉及椭圆积分的周期和曲线拟合等问题，并编著成书。还编著了一些概率论方面的著作，特别建立了统计问题的内插法理论。著有《地球的形状》(1878)和《关于多体问题的积分》(1887)等。

格拉泽纳普(Глазенап，Сергей Павлович，1848.9.25—1937.4.12)　苏联天文学家、数学家。生于巴甫洛夫斯科耶，卒地不详。1870 年毕业于彼得堡大学，并留校工作直至退休。1927 年当选苏联科学院通讯院士，1929 年成为名誉院士。1932 年获授俄罗斯联邦共和国功勋科学家的称号。在天文学和大地测量学方面作出重要贡献。编写了平面三角和球面三角方面的教科书和一系列数学用表(四位和五位的对数表等)。

格莱舍(Glaisher，James Whitbread Lee，1848.11.5—1928.12.7)　英国数学家、天文学家。生于肯特郡刘易舍姆，卒于剑桥。1867 年入剑桥大学三一学院，1871 年获数学一等荣誉学位并当选研究员。毕业后留校任教，曾任维特根斯坦的(非学术)导师。大学期间即开始数学研究，发表关于正弦积分、余弦积分和指数积分的论文，同时编制了自己计算的积分表。1875 年当选英国皇家学会会员。1884—1886 年任伦敦数学会主席。1886—1888 年和 1901—1903 年两次任皇家天文学会主席。还是其他多个科学团体成员。一生未婚，致全力于科学研究，共发表近 400 篇关于天文学和特殊函数(特别是椭圆模函数)理论、数论、数学史和数值表计算等方面论文和笔记。1871 年担任《数学信使》总编辑。1878 年兼任《数学季刊》编辑。将特殊函数应用于数论研究，建立了关于整数分拆的格莱舍定理。对数值计算的早期历史很感兴趣，曾研究史蒂文、纳皮尔、布里格斯等数学家的工作，以及十进制的开端、对数的发明和数学符号"＋"和"－"的历史等。对天文学也作出了重要贡献。1913 年获西尔维斯特奖章，1908 年获德·摩根奖章。获都柏林大学和曼彻斯特大学名誉博士学位。兴趣广泛，尤其爱好陶器收藏，是当时最重要的陶器收藏家之一。

弗雷格（Frege, Friedrich Ludwig Gottlob, 1848.11.8—1925.7.26） 德国数学家、数理逻辑学家、哲学家。生于梅克伦堡-施韦林州维斯马，卒于巴特克莱嫩。早年在耶拿和格丁根求学，哲学家洛采（R. H. Lotze）的逻辑观念对他日后逻辑思想的形成有重要影响。1873 年获博士学位，以后一直在耶拿大学工作，1879 年任助教，1896 年任教授。执教同时致力于数学基础、数学哲学和逻辑理论的研究，1918 年退休。是数理逻辑的奠基人之一。在《概念语言》（Begriffsschrift, 1879）中扩展了变量和命题函数的运用范围，给出逻辑的公理基础，并建立起一套逻辑符号系统，给出第一个初步自足的命题演算系统和量词理论，首次提供了现代意义下的数理逻辑的一个体系。后来又在《算术基础》（1884）中将算术概念表示为逻辑概念，再用逻辑方法推导出数的定义和规律。提出这种数学可以化归为逻辑的思想，尽管没能像罗素和 A. N. 怀特海那样进行全面推导和精详论证，但仍不失为逻辑主义的创始人之一。1893 年和 1903 年《算术基本规律》2 卷本相继问世，书中以精细的风格对逻辑系统进行了补充，使符号逻辑（即数理逻辑）初具规模，开始走上蓬勃发展的道路。还引入逻辑函数（后来成为数理逻辑的一个新分支）概念。还是杰出的哲学家，绝大部分著作都有明显的哲学特征。认为："一个好的数学家，至少是半个哲学家；一个好的哲学家，至少是半个数学家。"直接把传统哲学对思维内容和认识能力的探讨，转向对语言表达形式和语言内部框架的考虑。认为对语言意义的分析，是哲学研究的主要任务。这些工作标志着西方分析哲学的开端，他因此被誉为当代分析哲学的真正奠基者。但长期未得到理解和承认，直到 20 世纪初，罗素对他的著作深入研究后甚为称颂，其学术地位才得以确立。

盖根鲍尔（Gegenbauer, Leopold Bernhard, 1849.2.2—1903.6.3） 奥地利数学家。生于下奥地利州阿斯珀霍芬（Asperhofen），卒于下奥地利州吉斯许布尔（Gieshuübl）。1866 年进入维也纳大学学习历史与语言学，一年后学习数学与物理。1869 年毕业并取得教师资格。之后任公立高中教师。1873—1875 年赴柏林留学，受教于魏尔斯特拉斯、库默尔和克罗内克等数学家。1875 年获博士学位，同年受聘为罗马尼亚切尔诺夫策大学副教授。1879 年获该校名誉博士学位。1879—1893 年在因斯布鲁克大学任教，1881 年成为教授。1893 年后任维也纳大学教授，1897—1898 年任校长。主要贡献在数论、函数论和积分论等方面。研究了一类特殊函数（称为盖根鲍尔函数），发展了正交多项式理论中的某种球多项式（盖根鲍尔多项式）。在 1875 年的博士论文中就引入了该多项式，并在后续的几篇论文中进行深入研究。盖根鲍尔多项式是盖根鲍尔微分方程的特解，并且是相关勒让德多项式的扩展，在势能理论和谐波分析中起着重要作用。还引入了以他的名字命名的方程、函数、变换、级数、积分不等式、偏微分算子,以及傅里叶-盖根鲍尔和、高斯-盖根鲍尔正交等概念。发表了约300篇论文,其内容大都涉及以上相关问题。1883年当选奥地利科学院院士。1900年当选利奥波第那科学院院士。

索宁(Сонин, Николай Яковлевич, 1849.2.22—1915.2.27) 俄国数学家。生于图拉,卒于彼得格勒(今俄罗斯圣彼得堡)。1869年毕业于莫斯科大学物理-数学系。1871年获硕士学位,之后到华沙大学任教。1873—1877年到法国留学。曾参加埃尔米特、塞雷、达布和贝特朗等数学家的讲座。1874年在莫斯科大学获数学博士学位。1872—1893年在华沙大学任教,1877年任教授。曾两度代理华沙大学校长。1893年当选圣彼得堡科学院院士。还是圣彼得堡数学会会员。1894年定居圣彼得堡,在高等女子学校和圣彼得堡大学开设数学讲座。1899年以后在圣彼得堡大学从事行政管理工作。1909年应C. F. 克莱因的邀请加入国际数学教育委员会(1909—1914)。早年从事级数论的研究,发表过有关论著。如《泰勒级数的余项》《约翰·伯努利级数》等。在博士论文中,研究了二阶偏微分方程的积分法,后来又发表了某些关于微分方程理论的论著。最重要的贡献是对某些特殊函数的研究,如Γ函数、柱形函数、伯努利多项式和正交多项式等。所著《定积分的某些不等式》提供了研究正交函数系的方法,所得到的有关正交多项式的主要结果与定积分的近似计算密切相关,推广了切比雪夫的结果。

克莱因,C. F.(Klein, Christian Felix, 1849.4.25—1925.6.22) 德国数学家。生于普鲁士杜塞尔多夫,卒于格丁根。1865年入波恩大学学习,第二年成为普吕克的助手。1868年由普吕克指导在波恩大学获博士学位。普吕克去世后,继续完成普吕克未完成的线几何学著作。经过短期服兵役后于1871年任格丁根大学数学讲师。1872—1875年任埃尔兰根大学教授。1875—1880年任慕尼黑皇家高等技术学校教授。1880—1886年任莱比锡大学讲座教授。1886年返回格丁根大学任教授,直至1913年退休。是19世纪末至20世纪初最重要的数学家之一。1871—1873年,发表了两篇题为《论所谓的非欧几里得几何学》的论文,在射影空间中适当引进度量而得到双曲几何和椭圆几何。之后又从变换群的观点出发,对各种几何学进行综合研究。1872年在埃尔兰根大学的就职演说《对于近代几何学研究的比较考察》,即著名的《埃尔兰根纲领》(Erlanger Programm)中阐述了他的主要观点。其中给出了几何学的明确定义:"给出一个流形和这个流形的一个变换群,建立关于这个群的不变性理论。"据此观点,实现了把当时几种貌似毫无关系的几何学进行了统一和分类。《埃尔兰根纲领》中的研究方法在以后几十年里产生很大影响,群论在数学中的地位也大为提高。还从事函数论研究,所著《代数函数及其积分的黎曼理论》(1882)对黎曼面的理论作了深刻论述。对椭圆模函数理论也有很大贡献,与庞加莱同是椭圆模函数研究的创始人。在数学的其他领域也有许多建树。例如,卓有成效地研究了代数曲线奇点间的关系;通过讨论正二十面体建立起一般五次代数方程的完整理论等。还是一位十分出色的科学组织者,对格丁根大学的数学教育和科研进行了一系列改革,提倡加强应用数学的分量。经过他的努力，希尔伯特和闵科夫斯基先后来到格丁根，从而形成强大的格丁根学派，为格丁根后来成为世界数学研究中心奠定了基础。1912—1916 年任国际数学教育委员会主席。1913 年成为柏林科学院通讯院士。著作还有《高观点下的初等数学》(与弗里克合著，1908 年初版；英译本，1939；中译本，湖北教育出版社，1995)和《19 世纪数学发展史》(1926—1927)等。前者使具初等数学基础的读者从中获得教益和启发，后者总结了他所处时代的数学成就，是一部数学史的名著。其著作译成中文的还有《几何三大问题》(商务印书馆，1933)，在这本书中对古希腊留下的三大作图问题作了严格而又系统的分析。还积极参与《数学年刊》和《数学百科全书》的编撰工作。论文收在 1921—1923 年出版的 3 卷本《克莱因全集》中。1875 年成为伦敦数学会名誉会员，1893 年获德·摩根奖章；1885 年当选英国皇家学会外籍会员，1912 年获科普利奖章。1897 年在第一届国际数学家大会上作 1 小时大会报告。

斯帕雷的马格努斯(Magnus de Sparre, Louis Marie, 1849.5.12—1933.2.27)　法国数学家、弹道学专家。生于瑞士萨伦施泰因市曼嫩巴赫(Mannenbach)，卒于法国里昂。1868 年进入巴黎综合工科学校学习。毕业后到海军炮兵部队任职。1877 年到里昂天主教大学任教，1882 年成为教授，1901 年担任该校校长。法国科学院院士，1909 年获庞斯列奖。1890 年当选里昂科学院和美术学院成员。将数学计算应用于研究弹道学和傅科摆。著有《关于大轨迹的计算》(1923)和《抛射体围绕其重心的运动》(1927)等书。曾获荣誉军团骑士勋章。

肯普(Kempe, Alfred Bray, 1849.7.6—1922.4.21)　英国数学家、律师。生于肯辛顿，卒于伦敦。1872 年毕业于剑桥大学三一学院，曾受教于凯莱。同年发表了他的第一篇数学论文《用力学方法解 n 次方程的一般方法》，之后获硕士学位。1881 年成为英国皇家学会会员，1897 年当选皇家学会理事会成员。1912 年获封爵士。从 1873 年开始律师职业，在不同地区从事法律工作，直至担任英国最重要教区的法律总顾问。获杜伦大学教法会博士学位。1872—1874 年担任伦敦数学会主席。业余时间研究数学。1877 年发表《如何作直线：关于联动的讲义》，讲述用一种联动装置可以做出任何代数曲线。1879 年发表了关于四色定理的“证明”。11 年后，被在牛津大学就读的希伍德指出此“证明”上的漏洞。但是，此“证明”仍是 100 年后发现的计算机辅助证明的基础。论文中介绍的两个基本思想为 K. I. 阿佩尔和哈肯在 1976 年提出的证明提供了基础。

伍德沃德(Woodward, Robert Simpson, 1849.7.21—1924.6.29)　美国数学家、地球物理学家。生于密歇根州罗切斯特，卒于华盛顿。1872 年毕业于密歇根大学，之后 10 年在美国陆军工兵部队从事湖泊勘测工作，对地质学和天文学产生兴趣。1884—1890 年任美国地质调查局的天文学家。1890 年开始在美国海岸和大地测量局任职。1893 年任哥伦比亚大学力学和物理学教授，主讲力学、数学和物理学等课程。1904—1920 年任华盛顿卡内基科学研究所所长。1897 年后在各种科学学会任职：美国数学会(1899—1900 年任学会主席)、纽约科学院、华盛顿哲学学会、华盛顿文学学会和华盛顿科学院等。1896 年当选美国国家科学院院士。获密歇根大学、威斯康星大学、宾夕法尼亚大学、哥伦比亚大学和约翰斯·霍普金斯大学名誉学位。1884—1924 年任《科学》编辑。1888—1889 年任《数学年鉴》编辑。把地球作为研究对象,指出"地球是最大的实验室,是人类可利用的最大博物馆"。把数学方法和技巧带进了这个实验室和博物馆,通过改进计算公式得到高度精确的实验数据。代表作有《大地测量学:关于印第安纳州霍尔顿市和西弗吉尼亚州圣奥尔本斯市基线的测量》(1891—1893)和《史密森尼地理表》(1894)等。

弗罗贝尼乌斯(Frobenius, Ferdinand Georg, 1849.10.26—1917.8.3) 德国数学家。生于柏林-夏洛滕堡,卒于柏林。1867 年进入格丁根大学学习,不久转到柏林大学,受教于克罗内克、库默尔和魏尔斯特拉斯等数学家。1870 年在魏尔斯特拉斯指导下获柏林大学博士学位。之后在公立高中任教,1874 年任柏林大学副教授,1875—1892 年任苏黎世联邦理工学校(今苏黎世联邦理工学院)教授,1892 年接替克罗内克的职位任柏林大学教授直至退休。1893 年当选柏林科学院院士。主要贡献在群论方面,将代数方程、几何和数论的结果相结合,于 1895 年提出抽象群的概念,并对群表示论和群的特征理论进行系统研究。在 1896 年的论著《群特征标》中,引进有限群的特征标理论,为此建立"秩"的概念,还研究了特征多项式的性质等。还把有关结果推广到无限群上。1897 年对有限群引进可约和完全可约表示的概念,证明了正则表示包含所有不可约表示。1897—1910 年,与人合作证明了一系列群表示论的基本结果,如任何表示由若干不可约表示组成,引进诱导表示的概念等。由此不仅可以导出有限群论的一些重要结果,如关于表示重数的弗罗贝尼乌斯定理等,而且还可以推广到连续群的表示论上。在超复数系、微分方程的级数解、解析函数的幂级数和发散级数等方面也有建树。还著有《可换元素群》(1879)和《有限群》(1895)等。主要论文收集在《弗罗贝尼乌斯全集》(3 卷,1968)中。博士生有兰道和 I. 舒尔。

博贝宁(Бобынин, Виктор Викторович, 1849.11.20—1915.11.25) 俄国数学史家。生于斯摩棱斯克省的一个小村镇席利(шили),卒于图拉。1872 年毕业于莫斯科大学,获硕士学位。之后在预科学校和军团教授数学和物理等课程。1882 年开始在莫斯科大学教授数学史课,为从事数学史研究及普及数学史教育作出突出贡献。硕士论文《古埃及人的数学》(1882 年发表)是研究莱因德纸草书的早期文献。1884 年创办杂志《物理数学科学的过去和现在》。许多关于数学史和数学哲学的研究论文都发表在该杂志上。所编著的《俄罗斯物理数学文献目录》(3 卷,1885—1900)至今仍具有宝贵的参考价值。还是通用俄语百科辞典《布罗克豪斯和埃夫隆百科全书》(1890—1907)的作者之一。

兰姆(Lamb, Horace, 1849.11.29—1934.12.4) 英国数学家、地球物理学家。生于柴郡斯托克波特,卒于剑桥。1866 年进入曼彻斯特的欧文斯学院学习,第二年转到剑桥大学三一学院学习数学,受教于斯托克斯和麦克斯韦。1872 年获一等荣誉学位和史密斯奖并成为三一学院的研究员兼讲师。1875 年受聘为澳大利亚阿德莱德大学数学教授并任数学系主任。1885年回到英国,在维多利亚大学(今曼彻斯特大学)任数学讲座教授,直至1920年。1884年当选英国皇家学会会员,还是爱丁堡皇家学会和大不列颠航空研究委员会的成员。曾获皇家奖章(1902)和科普利奖章(1924)。1902—1904年任伦敦数学会主席,1911年获德·摩根奖章。1931年受封为爵士。在应用数学方面有重要贡献,运用数学方法研究了流体力学、声学、电磁学、弹性振动、航空学、地震学和潮汐理论中的诸多问题,取得了一系列成果。代表作《流体运动的数学理论》(1878)对数学方法的应用做出系统阐述。所著《流体动力学》(1895)和《声音动力学理论》(1910)是该分支的标准著作,至今仍在刊行。

拜尔利(Byerly, William Elwood, 1849.12.13—1935.12.20) 美国数学家。生于宾夕法尼亚州费城,卒于该州斯沃斯莫尔(Swarthmore)。1873年获哈佛大学博士学位,成为第一个从哈佛大学获得数学博士学位的人。1873—1876年任康奈尔大学助理数学教授,1876—1881年任哈佛大学助理教授,1881—1913年任帕金斯数学教授。哈佛大学的拜尔利数学教授席位是以其名字命名的。美国文理科学院院士。以出色的教学和编著经典教科书而闻名。著有《微分学基础》(1879)、《积分学基础》(1881)及《变分学导引》(1917)等。

克尼格(König, Julius, 1849.12.16—1913.4.8) 匈牙利数学家。生于杰尔,卒于布达佩斯。早年就学于奥地利维也纳大学和德国海德堡大学。1870年在柯尼希贝格指导下于海德堡大学获博士学位。博士论文《关于椭圆函数模方程的理论》于1871年发表。获得学位后前往柏林大学,参加了魏尔斯特拉斯和克罗内克的讲座。魏尔斯特拉斯关于椭圆函数论的讲座对他有很大影响。1874年成为布达佩斯科技大学教授。曾三度担任大学校长。1889年当选匈牙利科学院院士,并担任科学院秘书19年。晚年在教育部任职。主要贡献在数学分析、代数学、集合论、数学基础等方面。其偏微分方程论文获得匈牙利科学院奖,其中处理了化二阶微分方程的积分为全微分方程组的积分的问题。1903年出版的《代数变量一般导引》一书,在多项式理想理论、多项式的判别式、消元法及丢番图问题等课题上有新的建树。1904年在海德堡举行的第三届国际数学家大会上,发表了一场讲演驳斥G.康托尔的连续统假说,曾轰动一时,但不久发现错误。继续研究集合论,著有《逻辑、算术和集合论新基础》(1914)。对匈牙利中学数学教学作出重要贡献,制定了中学数学教学大纲的代数部分,并编写了一些优秀的教科书。去世后匈牙利科学院设立了克尼格奖。

柯瓦列夫斯卡娅(Ковалевская, Софья Васильевна, 1850.1.15—1891.2.10) 俄国数学家、作家。生于莫斯科,卒于瑞典斯德哥尔摩。早年受到良好的家庭教育并表现出超常的数学天赋。为进一步深造,1868年与古生物学家柯瓦列夫斯基"假婚",之后共同来到德国。在海德堡大学学习一年后,1870年到柏林成为魏尔斯特拉斯的学生。经过四年的刻苦努力,写出了3篇杰出的论文。在第一篇论文《偏微分方程论》(1875)中,把柯西提出来的偏微分方程解的存在定理推广到含r阶导数的方程组的情况,这一工作受到数学界一致称赞。现在这一定理通常被称为柯西-柯瓦列夫斯卡娅定理。另外两篇论文分别是关于阿贝尔积分和土星光环的。1874年7月，经魏尔斯特拉斯推荐，格丁根大学破格授予她博士学位。返回俄国后曾一度脱离学术界。1881年重返数学研究。1883年，经米塔-列夫勒推荐，受聘为斯德哥尔摩大学讲师，1884年晋升为副教授，1889年任教授。1888年，向法国科学院提交了一篇题为《关于刚体绕固定点旋转的问题》的论文，用超椭圆函数积分解决了刚体绕定点旋转的难题，因而获得法国科学院鲍廷奖。1889年当选圣彼得堡科学院通讯院士。共发表10篇科学论文，还发表一些文学作品，以《童年的回忆》最为著名，已被译成多种文字。

亥维赛(Heaviside, Oliver, 1850.5.18—1925.2.3) 英国物理学家、数学家、电机工程师。生于伦敦市卡姆登镇(Camden Town)，卒于德文郡托基(Torquay)。未受过正规的高等教育，早年是电报和电话员，1874年因患耳疾辞职，从此隐居农村。在舅父——电报发明人惠斯通(S.C. Wheatstone, 1802—1875)的鼓励下系统自学，在物理和数学两方面都取得重要成就。将麦克斯韦方程组改写为人们所熟知的形式。发表了一系列论文，1892年出版《电磁学论文集》(2卷)。1892年，把拉普拉斯变换应用于电机工程，发展成一套算子微积分(或称运算微积)理论，但没有给出严格的数学论证。在著作《电磁理论》(3卷，1893—1921)中，预言了电离层的存在，此预言仅比肯涅利(A. E. Kennelly, 1861—1939)晚几个月，后电离层被称为肯涅利-亥维赛层。解释了哈密顿和格拉斯曼的向量分析，给出向量代数的现代形式。是三维向量代数的创始人之一。创造了后来以他的名字命名的亥维赛展开和亥维赛函数。1891年当选英国皇家学会会员。格丁根大学曾授予他名誉博士学位。

格拉姆(Gram, Jorgen Pedersen, 1850.6.27—1916.4.29) 丹麦数学家。生于石勒苏益格公国努斯楚普，卒于哥本哈根。早年在哥本哈根大学求学，1873年获数学硕士学位，1879年获理学博士学位。1875年后在哈夫尼亚保险公司任职，1884年成立自己的保险公司，1910—1916年任丹麦保险委员会主席。是一位业余数学家，主要贡献在概率论、数值分析和数论等方面。继续切比雪夫关于函数逼近理论的工作，指出正交函数展开式与最佳二次逼近的关系。在研究用最小二乘法可解的问题时，提出了一个由n维向量的内积所组成的特殊行列式，被称为格拉姆行列式，还证明了这个行列式的一些性质。研究把线性无关向量系进行正交化的过程，被称为格拉姆-施密特正交化过程。1884年，以论文《小于给定数的素数的研究》获丹麦皇家科学院的金奖。1888年当选该科学院院士。还致力于黎曼ζ函数的研究。1883—1889年任丹麦《数学杂志》的编辑，其间用丹麦语编写了《数学年鉴》。

鲍尔，W. W. R.(Ball, Walter William Rouse, 1850.8.14—1925.4.4) 英国数学史家。生于伦敦市汉普斯特德，卒于剑桥郡埃尔姆赛德。早年在伦敦大学学院学习数学、逻辑和道德哲学。1870年进入剑桥大学三一学院就读，1874年毕业并获数学一等荣誉学位和史密斯奖。1875年成为剑桥大学三一学院研究员。之后一直在三一学院工作。以《数学史概述》(1888；第4版，1960)和《数学史入门》(1895)两部著作闻名于世。还是一位业余魔术师，也是世界上最古老的魔术社团之一——剑桥俱乐部的创始人之一(1919)。1892 年出版了《数学娱乐与随笔》,目前已出版到第 14 个版本(后 4 个版本由考克斯[H. S. M. Coxeter]修订),内容涵盖地图着色、魔术方块、棋盘问题和棋盘格等主题,还包含许多数学魔术的早期范例,以及机械娱乐、弦乐数字,以及蜜蜂及其蜂巢等章节。还著有《剑桥数学研究史》(1889)、《初等代数》(1890)、《牛顿的〈原理〉》(1893)等。

普林斯海姆(Pringsheim, Alfred, 1850.9.2—1941.6.25) 德国数学家。生于普鲁士西里西亚省奥劳(今波兰奥瓦瓦),卒于瑞士苏黎世。1868 年以后攻读于柏林大学和海德堡大学,1872 年在柯尼希贝格指导下获博士学位。1877 年开始在慕尼黑大学任私人教师,1886—1901 年任副教授,1901 年升任教授。1898 年当选巴伐利亚科学院院士。还是格丁根科学院和利奥波第那科学院的成员。1906 年担任德国数学家协会主席。1933 年开始遭到迫害,1939 年移居苏黎世。是魏尔斯特拉斯的追随者,在数学分析、函数论、级数论、连分数理论和数学史等方面均有所贡献。研究正系数幂级数的奇点,得到重要结果。一个二重级数收敛性的准则是以他的名字命名的。还深入探讨了整超越函数理论,给出了柯西积分定理的一个严密简洁的证明。由 $\tan z$ 的连分式展开推出,当 z 是有理数时,$\tan z$ 及 π 都是无理数等。引入了连分数的“无条件收敛”一词,并给出了现在称为普林斯海姆的收敛准则。还收藏并研究伯努利家族的数学文稿。酷爱音乐,是一位优秀的钢琴家。

丘贝尔(Czuber, Emanuel, 1851.1.19—1925.8.22) 捷克—奥地利数学家。生于波希米亚布拉格(今捷克首都),卒于奥地利萨尔茨堡。1869 年就读于布拉格的德国技术大学。1875—1886 年在德国国立中学任教。1886 年任布尔诺德国技术大学的教授,1890—1891 年任该校校长。1891 年任维也纳技术大学的教授,直至 1921 年退休。1894—1895 年任该校校长。主要研究概率论及其相关领域,还致力于精算数学研究。著有《观察误差理论》(1891)、《概率论的发展及其应用》(1898)、《概率计算及其在误差补偿中的应用,统计与人寿保险》(第 1 版,1903;第 2 版,1908;1968 年再版)和《统计研究方法》(1921)等。1900 年,为德文版《数学科学百科全书》撰写关于概率计算的文章。还编写了一些有关微积分和高等数学入门的教科书。1918 年获得慕尼黑皇家高等技术学校的名誉博士学位。

哈雷特(Haret, Spiru, 1851.2.15—1912.12.17) 罗马尼亚数学家、天文学家、政治家。生于雅西(Iasi),卒于布加勒斯特。1869 年进入布加勒斯特大学,攻读数学和物理学。1870 年到布加勒斯特的尼丰(Nifon)神学院担任教职,一年后返回学校继续学习,1874 年毕业,获得数学和物理学学位。之后去巴黎理学院继续深造,1878 年在皮瑟指导下以论文《行星轨道主轴的不变性》获得博士学位,成为第一位获得博士学位的罗马尼亚人。回国后任布加勒斯特大学理论力学教授。1892 年当选罗马尼亚科学院院士。是罗马尼亚第一代数学家之一。以数学方法对天体力学进行定量研究,其结果为庞加莱的工作提供了新方法,其工作标志着天体力学旧时代的结束和新时代的开始。1897—1910 年三次担任罗马尼亚公共教育部长,其间建立了现代罗马尼亚教育体系,对罗马尼亚的教育作出了卓越贡献。1911 年,编著出版了《社会机制》一书,试图建立一个科学系统以描述控制社会和经济现象的力量,是社会科学数学化的开创性工作,是最早将数学模型应用于社会问题的研究。

克里斯托尔(Chrystal, George, 1851.3.8—1911.11.3) 苏格兰教育家、数学家、物理学家。生于阿伯丁郡老梅尔德鲁姆(Old Meldrum),卒于爱丁堡。1871 年毕业于阿伯丁大学,次年入剑桥大学彼得豪斯学院深造,深受麦克斯韦的影响。1875 年获数学一等荣誉学位和史密斯奖。毕业后任剑桥大学科珀斯·克里斯蒂学院的研究员和讲师,并协助麦克斯韦实验室的工作。1877—1879 年任圣安德鲁斯大学雷吉乌斯数学教授。1879 年之后任爱丁堡大学数学讲座教授。在此后长达 32 年的任职期间里,为苏格兰的高等教育,特别是数学教育作出突出贡献。曾提出学位考试和师资培训计划,创立专业委员会,为苏格兰建立教育体系。其数学研究涉及非欧几何、线几何学、行列式理论、圆锥曲线论、微分方程和整数拆分等方面。著有《代数学:大、中专学校基础教程》(第 1 卷,1886,第 2 卷,1889;1904 年第 5 版),内容除一般代数,还有数论、连分数、无穷级数、极限、概率论、双曲函数以及初等复变函数等。还为《不列颠百科全书》第 9 版撰写了众多科学文章。1880 年当选爱丁堡皇家学会会员。1883 年成为爱丁堡数学会创始会员。1911 年获皇家奖章。

迪克斯坦(Dickstein, Samuel, 1851.5.12—1939.9.29) 波兰数学家、数学史家、教育家。生于华沙,卒于同地。1866—1869 年在华沙师范学院学习。1870—1876 年就读于华沙的俄国大学,1876 年获得硕士学位。大学期间在中学兼授数学,其后继续在中学任教。在俄国控制的教育体制下,始终致力于建立波兰自己的科学组织、振兴波兰的科学教育。1878—1888 年在华沙管理自己开办的学校。并于 1888 年参加创办波兰第一种数学物理学杂志,以后陆续创办其他几种科学和教育杂志。使波兰科学家能在本国发表自己的研究成果。还发起创建了几个科学学会,参与创建华沙图书馆,并出版了一系列波兰文科学教科书。对波兰科学的发展作出很大贡献。1915 年任华沙大学数学教授,1921 年获华沙大学名誉博士学位。1939 年在德军轰炸华沙时丧生,其家人亦在此期间全部丧生。主要数学贡献在代数学和数学史方面。致力于弘扬波兰数学家的贡献,如在 1896 年出版了霍内-朗斯基的专刊。为表彰其对数学教学、普及和数学史研究的贡献,波兰数学会于 20 世纪 70 年代设立了迪克斯坦奖。

哈纳克(Harnack, Carl Gustav Axel, 1851.5.19—1888.4.3) 德国数学家。生于俄国多帕特,卒于德国德累斯顿。1869 年进入多帕特大学学习数学和物理学。毕业后到埃尔兰根大学师从 C. F. 克莱因继续深造,1875 年以论文《关于椭圆函数在三次曲线几何中的应用》获博士学位。同时在《数学年刊》上发表多篇相关的研究论文。在莱比锡大学和达姆施塔特理工学院短期任职后,于 1877 年开始任德累斯顿理工学院的教授和数学系主任。1885 年当选撒克逊科学院院士。主要贡献在函数论和三角级数等方面。在《微积分学原理》(1881)中,首次给出点集的(外)容量概念,称为施托尔茨—哈纳克容量。这一概念后来由若尔当、É. 波莱尔和勒贝格发展为测度论。这部著作受到广泛赞誉，并且被翻译成英文。和赫尔德共同提出的广义积分概念对推广杜布瓦-雷蒙唯一性定理和建立积分第二中值定理具有重要意义。还研究了调和函数，在著作《对数位势和平面上单值位势函数基本理论》(1887)中给出了著名的哈纳克原理——调和函数序列的一致极限仍为调和函数。多篇论文被大量引用，有多个术语和概念(不等式、原理和定理等)以他的名字命名。

肖特基(Schottky, Friedrich Hermann, 1851.7.24—1935.8.12) 德国数学家。生于布雷斯劳(今波兰弗罗茨瓦夫)，卒于柏林。1870—1874年在布雷斯劳大学学习。之后到柏林大学受教于魏尔斯特拉斯、库默尔和亥姆霍兹，1875年获得博士学位。1878年之后任布雷斯劳大学讲师，1882—1892年在苏黎世工业大学任教授。1892—1902年任马堡大学教授。1902年到柏林大学接替I. L. 富克斯的教授席位，直到1922年退休。1902年当选柏林科学院院士。1911年当选格丁根科学院通讯院士。主要从事函数论的研究，是最早研究多重连通域保角映射的学者。在1875年的博士论文《多连通平面域上的保角映射》中，建立的定义于 $|z|<1$ 内的函数 $f(z)$ 的绝对估计方法被称为"肖特基定理"。发现了后来由庞加莱和C. F. 克莱因对其进行了全面深入研究的自守函数。发表了大量论文和多部著作，对正则函数的边界上的振幅、椭圆函数、阿贝尔函数、θ 函数、黎曼函数等方面的理论均有创见。对特殊函数的研究(1887)推动了庞加莱级数理论的发展。在黎曼工作的基础上对阿贝尔函数进行深入研究。在1888年论文里对阿贝尔变体与雅可比变体的研究已成为复变量函数理论的经典结果。专著《三个变量的阿贝尔函数理论概论》(1880)体现了黎曼的开创精神和魏尔斯特拉斯严谨性的完美结合。培养了克诺普和克贝等众多博士生。

韦尔斯(Wells, Webster, 1851.9.4—1916.3.23) 美国数学家。生于马萨诸塞州波士顿，卒于该州阿灵顿。1873年毕业于马萨诸塞理工学院并获学士学位。之后长期在该校任教，相继任讲师、副教授和教授(1893—1911)。以编写一系列数学教科书和数学用表而闻名。编写的30多部教科书(含系列教材)在美国的中学和大专院校被广泛使用。内容包括大学代数、近世代数、高中代数、对数概论、平面和球面三角学、平面和立体几何、三角学大全等。以《大学代数》(1880)、《代数高级教程》(1904)和《代数教科书》(1906)最为著名。去世后还有多部教材持续再版。

舒斯特(Schuster, Arthur, 1851.9.12—1934.10.14) 德国—英国物理学家、数学家。生于德国美因河畔法兰克福，卒于英国伯克郡耶尔多尔(Yeldall)。早年接受私人导师教育，1868年到日内瓦学院就学。1869年到英国曼彻斯特，1875年加入英国国籍。1873年获海德堡大学理学博士学位。随后在格丁根大学和剑桥大学卡文迪什实验室工作。1881年后任曼彻斯特大学物理学教授，为曼彻斯特大学成为物理学研究中心作出贡献。1879年当选英国皇家学会会员。还是爱丁堡皇家学会和美国国家科学院的相应成员。主要贡献在光谱学、电化学、光学、X射线摄影，以及调和分析在物理学中的应用等方面。1897年独立发现了有关的里德伯—舒斯特定律。代表作有《数学对物理学发展的影响》

(1882)和《光的理论》(1904)等。1893 年获皇家奖章，1926 年获拉姆福德奖章，1931 年获科普利奖章。

勒佩奇(Le Paige, Constantin, 1852.3.9—1929.1.26) 比利时数学家。生于列日，卒于同地。1875 年毕业于列日大学。同年获博士学位，导师是卡塔兰。毕业后留校工作，历任讲师、副教授、教授(1885—1922)。其间曾任天体物理研究所所长。1895—1898 年任列日大学校长。1878 年当选列日皇家科学学会会员。1890 年当选比利时皇家科学院院士。还是利奥波第那科学院、意大利山猫学院和波希米亚等科学院的成员。早年从事代数形式的理论研究，发表大量论文。后来转为代数曲线、代数曲面、不变量和对合理论等的研究。最突出的成果是用 19 个点来确定一个三次曲面。发展了沙勒和施泰纳的结果。对数学史十分感兴趣，出版了斯吕塞与帕斯卡、惠更斯和沃利斯等数学家的往来书信。还撰写了关于数学符号史、天文学史(尤其是比利时天文学史)的多篇论著，以及多部天文学著作。爱好收藏，藏品包括瓷瓶、古旧手稿、珍贵书籍及各种插图等。

林德曼(Lindemann, Carl Louis Ferdinand, 1852.4.12—1939.3.6) 德国数学家。生于汉诺威，卒于慕尼黑。1870 年进入格丁根大学学习，深受克莱布什的影响(1872 年克莱布什去世后，编辑和修订克莱布什几何学讲座的笔记于 1876 年出版)。1872 年以后到埃尔兰根和慕尼黑等大学求学。1873 年在 C. F. 克莱因指导下获博士学位。之后到牛津、剑桥、伦敦和巴黎等地访学，结识了若尔当、埃尔米特等数学家。后来辗转任教于维尔茨堡、弗赖堡和其他国内外大学。1883 年任哥尼斯堡大学教授，1893 年接受慕尼黑大学的教职，直至 1924 年退休。1884 年当选利奥波第那科学院院士。1895 年成为巴伐利亚科学院通讯院士。1912 年获圣安德鲁斯大学名誉学位。主要科学研究涉及数学、理论力学、电子理论和光谱理论。最突出的贡献是第一个给出圆周率 π 的超越性(即 π 不是任何有理系数的代数方程的根)的证明，其结果发表在论文《关于鲁多尔夫数》(1882，发表于《柏林科学院会议录》)和《关于数 π》(1882，发表于《数学纪事》)中。鲁多尔夫数即圆周率。1882 年获柏林科学院施泰纳奖。利用了 1873 年埃尔米特论证 e 的超越性的结果，由公式 $e^{i\pi}+1=0$ 推知 $i\pi$ 为超越数，从而得到 π 的超越性。该结论彻底解决了困惑人们两千年的化圆为方问题，指出以尺规作图化圆为方是不可能的。还写过有关数码历史的论文(1896)，与妻子共同翻译校订出版了庞加莱的部分著作(1904)，为其思想在德国的传播起了重要作用。培养了包括希尔伯特在内的 60 多名博士生。

爱德华·韦尔(Weyr, Edward, 1852.6.21[一说 6.22]—1903.7.23) 捷克数学家。生于布拉格，卒于波希米亚扎波里(今属捷克)。埃米尔·韦尔的弟弟。1868—1869 年就读于布拉格技术大学，同时在费迪南德大学学习数学。1872 年之后到格丁根、巴黎和柏林等地访学，得到埃尔米特和塞雷等数学家的指导。1873 年以论文《关于代数空间曲线》在格丁根大学获博士学位。1874 年在捷克理工大学任教，1881 年升任教授。1875 年后任捷克数学家和物理学家联盟常任秘书。1878 年当选波尔多自然科学与自然科学学会的会员。以射影几何和微分几何的研究著称。撰写了大量的研究论文和著作，内容涵盖圆锥截面、合成几何、仿射几何、曲线的微分几何、曲面的微分几何和代数曲线等方面。1871—1878年与其兄埃米尔·韦尔共同编写3卷射影几何著作。还从事代数学的研究，特别是研究线性代数、矩阵和超复杂系统。其重要的结果之一是推广了西尔维斯特关于解单边方程的结果。1890年发表的论文《关于双线性型理论》中建立的韦尔矩阵标准型，其性能优于若尔当标准型。还研究无穷级数和椭圆函数。多次获得捷克皇家科学学会奖励。1897年当选莫斯科数学会的外籍会员。

伯恩塞德(Burnside, William, 1852.7.2—1927.8.21) 英国数学家。生于伦敦帕丁顿，卒于肯特郡科特利。6岁时成为孤儿。到基督教寄宿学校学习。1871年进入剑桥大学圣约翰学院，成为贝桑特的学生。1873年转到彭布罗克学院，受教于斯托克斯、J. C. 亚当斯和凯莱等人。1875年毕业并获数学一等荣誉学位和史密斯奖。1875—1885年担任彭布罗克学院讲师。1885年后任格林尼治皇家海军学院的数学教授。1893年当选英国皇家学会会员。1906—1908年任伦敦数学会主席。对复变函数论、几何学、群论、数学物理、组合数学和概率论等不同数学分支均有贡献。最大成就在群论方面，其核心工作在群表示论方面。用英文写了第一篇关于群论的文章，并且是第一个从现代抽象观点发展群论的人。所著《有限阶群论》(1897)是英国第一部有关群论的专著，1911年再版后风行一时，成为该分支的代表作。提出并解决了群论中的许多重要问题。例如，利用群特征标他证明了一个素数阶的可迁群是可解的或二重可迁的(1901)，每一个 $p^a \cdot q^b$(p, q 为素数) 阶的群是可解的。提出著名的伯恩塞德猜想：除了只含素数个元素的循环群外，一切有限单群都含偶数个元素。这个猜想于1963年由美国数学家J. G. 汤普森和奥地利数学家费特解决。还提出另一个重要问题：一个有限生成的群，如果其所有元素都是有限阶的，那么该群是否有限？这个问题于1964年由苏联数学家举出反例而得到否定回答。提出的关于有限群的狭义伯恩塞德问题于1990年由俄罗斯数学家泽尔曼诺夫圆满解决。共发表论文150余篇。1899年获德·摩根奖章。1901年获都柏林大学名誉博士学位。1904年获皇家奖章。

埃内斯特伦(Eneström, Gustav, 1852.9.5—1923.6.10) 瑞典数学史家、数学家、统计学家。生于诺拉，卒于斯德哥尔摩。1871年在乌普萨拉大学获得理学学士学位。1875年后相继在乌普萨拉大学图书馆、瑞典皇家国家图书馆和瑞典最高行政法院图书馆任职。主要贡献在数学史、代数学和统计学方面。搜集了17世纪以来的大量的数学史资料，这些资料后来成为维莱特纳所著的《从笛卡儿到19世纪中期的数学》一书的重要参考。还研究了欧拉的科学生涯，为欧拉的所有著作、论文和重要信件共866种进行评介和分类，提供从E1到E866的编号，称为“埃内斯特伦编号”，为后人研究欧拉的著作提供很大方便。还创办并出版了国际数学史杂志《数学宝藏》(30卷，1885—1915)。在代数方程理论中，研究了代数方程的根在复平面上的位置，建立了关于根的上限估计的定理。与日本数学家掛谷宗一(1886—1947)共同研究包含实数多项式根的环，得到相关的定理。1918年获隆德大学名誉博士学位。

卡朗德罗(Callandreau, Pierre Jean Octave, 1852.9.18—1904.2.13) 法国数学家、天文学家。生于昂古莱姆,卒于巴黎。1872 年进入巴黎综合工科学校,1874 年毕业后进入巴黎天文台成为勒维耶的助理。几年后到巴黎理学院师从皮瑟学习天体力学,1880 年获博士学位。1882 年指挥法国驻海地考察团观察金星过境。1883 年获法国科学院拉朗德奖。1893 年成为综合工科学校的天文学和大地测量学教授。同年当选法国科学院院士。主要研究三体问题、通过计算考察行星轨道长期变化和小规模扰动问题等。还对巴黎天文台的历史记录做出重要的理论研究。著有《差分计算》(1885)、《关于行星图形理论的记录》(1888)和《天体力学》(与蒂斯朗[F.-F. Tisserand, 1845—1896]合著,1889—1896)等。

阿布丹克-阿巴卡诺维奇(Abdank-Abakanowicz, Bruno, 1852.10.6—1900.8.29) 波兰数学家、发明家和电气工程师。生于俄国乌克梅尔(今立陶宛乌克梅尔盖),卒于法国圣莫代福塞。毕业于里加理工学院,获得大学教师资格后在利沃夫技术大学任教。1881 年移居法国。相继在里加、里沃夫和巴黎等地工作。主要贡献是在 1879 年制造了一个积分仪,1880 年获得专利。当仪器的指针沿函数 $f(x)$ 的图形描画时,显像部分就自动画出原函数 $F(x)=\int f(x)\mathrm{d}x$ 的曲线。该仪器原理见德劳内著《数学机器简明教程》(中译本,1953)。还获得其他多项发明专利,如万花尺、火车用电铃以及电弧灯等。被法国政府聘为电气化专家和里昂市电气化的首席工程师。著有《积分仪,积分曲线及应用》(1886,德译本,1889)。1889 年获法国荣誉军团大十字勋章。

基谢廖夫(Киселёв, Андрей Петрович, 1852.12.12—1940.11.8) 俄国—苏联数学教育家。生于俄国奥廖尔省姆岑斯克,卒于列宁格勒(今俄罗斯圣彼得堡)。1871 年进入圣彼得堡大学物理-数学系学习,1875 年毕业。之后在沃罗涅日皇家中学和小学任教,教授数学、力学、物理和绘图等课程。1901 年退休后专心从事初等数学的教学研究,吸取法国和德国中等教育及教材的优点,编著出版了一系列初等数学教程,其中《中学算术系统教程》(1884)、《初等代数》(1886)和《初等几何》(1892—1893)最负盛名,印刷出版几十次,为各中等学校广泛采用。1937—1938 年,这些算术、代数和几何课本经改编后列为苏联中学的标准教科书。中华人民共和国成立初期(1950 年前后),东北人民政府教育部组织编译了苏联中学的系列教科书,其教程当选中国中学的试用教材。曾获得国家多种荣誉和奖励,还有以他的名字命名的中学和校址。

克韦多(Quevedo, Leonardo Torres y, 1852.12.28—1936.12.18) 西班牙数学家、力学家、工程师。生于坎塔布里亚莫列多市的小镇伊古尼亚(Iantaña),卒于马德里。1870 年入西班牙道路工程师兵团学校学习,其间曾服兵役,1876 年完成学业。之后开始漫长的欧洲游学,以第一手的方式了解当时的科学和技术的进步。1899 年定居马德里,在皇家精确物理和自然科学研究院工作,1910 年后任该研究院院长。是现代数字计算机的先驱,主要贡献在机械化计算和自动化技术方面。在

1914年和1920年两次证明，可以使用机电部件来实现巴贝奇计算机的所有齿轮功能。还制造了解代数方程的机械仪器、解微分方程的仪器和电动计算机。这种电动计算机根据运算程序能够输出数字和它们的运算符号。猜测自动化装置可构造适应某种检验的“思维”函数，指出自动化装置只能满足于事先构造的内嵌思维。1910年着手建造的国际象棋自动机，被认为是世界上第一个计算机游戏。1916年获西班牙国王奖励。1920年成为西班牙皇家学院院士和法国科学院相应成员。1922年获巴黎大学名誉博士学位。

里奇（Ricci，Curbastro Gregorio，1853.1.12—1925.8.6）　意大利数学家。生于卢戈，卒于波伦亚。早年在罗马大学、波伦亚大学和比萨高等师范学校学习，1875年在迪尼和贝蒂指导下获博士学位。1877—1878年到慕尼黑访学，接触到许多数学家。回国后曾一度在比萨高等师范学校任教，1880年以后一直在帕多瓦大学任数学物理教授。最重要的贡献是创立了张量微积分。通过研究黎曼的微分不变量、李普希茨的二次型以及克里斯托费尔的共变求导等概念而创立了绝对微分学理论（现称张量分析）。1896年，发表了内蕴几何学论文，对任意黎曼簇上的线汇和绝对微分学的应用作了进一步研究。还发现了在广义相对论中有重要作用的缩短张量，后称为里奇张量。1900—1911年和学生列维-齐维塔进一步发展了张量分析，但直到爱因斯坦在广义相对论中使用了里奇理论之后，张量分析才受到普遍重视，成为理论物理的重要工具。共发表论文60余篇，还著有《绝对微分法及其应用》（与列维-齐维塔合著，1900）。是威尼斯学院（1892）、山猫学院（1899）、帕多瓦学院（1905）和都灵科学院（1918）等多所科研机构的成员。

平凯莱（Pincherle，Salvatore，1853.3.11—1936.7.10）　意大利数学家。生于奥地利里雅斯特（今属意大利），卒于意大利波伦亚。1869年进入比萨高等师范学校学习，师从数学家贝蒂。1874年毕业后到中学任教。1877—1878年到德国柏林在魏尔斯特拉斯指导下继续深造。在巴勒莫大学短期任职后于1880年任波伦亚大学讲座教授，至1928年退休。主要贡献在泛函分析和泛函方程方面，是泛函分析理论的奠基人之一。1880年发表论文《魏尔斯特拉斯的解析函数理论》，把魏氏的分析思想引入意大利。深入研究了拉普拉斯变换、迭代问题以及级数理论。著有《拉普拉斯变换及其应用》（1887）和《分布运算及其在分析中的应用》（与阿马尔迪合著，1901）等。论文《广义超几何函数》（1888）深入研究了广义超几何微分方程的解。1915年在波伦亚大学出版无穷微积分学的教学讲义，深受学生欢迎并多次再版。编写的中学教科书也颇为有名。创建了意大利数学联盟并任首届主席（1922—1936）。是山猫学院（1904）和都灵科学院（1918）院士。1921年当选爱丁堡皇家科学院外籍院士。1924年在多伦多国际数学家大会上作1小时大会报告。还担任1928年波伦亚国际数学家大会主席，成功地促成法国和德国数学家的和解，并重新接纳德国数学家参加大会。

舍恩弗利斯（Schoenflies，Arthur Moritz，1853.4.17—1928.5.27）　德国数学家。生于普鲁士兰茨贝格（现波兰戈茹夫），卒于德国美因河畔法兰克福。1870—1875年就学于柏林大学，在库默尔和魏尔斯特拉斯的指导下学习数学(也受到 C. F. 克莱因的影响),1877 年获理学博士学位。之后到中学任教。1892—1899 年任格丁根大学应用数学讲座教授。1899 年后相继任哥尼斯堡大学(1899—1911)和法兰克福大学(1911—1922)教授。早年研究传统几何学和机械运动理论,后转向欧几里得运动群和正则空间的分割理论,把群论应用于晶体学。在代表作《结晶体系与结晶结构》(1891)中给出 230 种结晶体群。还研究 n 维欧氏空间中的拓扑嵌入问题,几何拓扑中的舍恩弗利斯定理是对若尔当定理的强化。还发表过皮亚诺曲线、集合论、射影几何等方面的论著,并为德国百科全书撰写多篇文章(集合论、运动学和投影几何等)。1896 年当选利奥波第那科学院院士。还是列日皇家科学院和柏林科学院的成员。

贝克, A. L.(Baker, Arthur Latham, 1853.5.7—1934) 美国数学家。生于辛辛那提,卒地不详。1886 年研究生毕业于格丁根大学,1889 年获拉斐特学院名誉博士学位。曾从事律师、出版工作。历任中学校长、罗彻斯特大学数学教授等职。著有《图解代数学》(1892)、《椭圆函数》(1890)、《立体几何基础》(1894)、《几何技巧》(1905)和《四元数作为代数运算的结果》(1911)等书。

洛伦茨, H. A.(Lorentz, Hendrik Antoon, 1853.7.18—1928.2.4) 荷兰物理学家、数学家。生于阿纳姆,卒于哈勒姆。1870 年入莱顿大学学习,1875 年获科学博士学位。1878 年成为莱顿大学的数学和理论物理学教授,直至 1912 年退休。主要科学贡献是创立了经典电子论,奠定了相对论和量子理论的基础。在以太学说的基础上,提出了运动与静止参考系之间时间、空间坐标变换形式,称为洛伦茨变换。1902 年,与物理学家塞曼(P. Zeeman, 1865—1943)共同获得诺贝尔物理学奖。在数学方面,编著了 2 卷集的《高等数学原理》,其中包括解析几何和微积分的基本内容,并给出它们在自然科学中的应用。1881 年当选荷兰皇家文理科学院院士。1905 年当选英国皇家学会外籍会员,1920 年当选爱丁堡皇家学会外籍会员,还是其他多个国家科学院和学会的相应成员。1908 年在罗马国际数学家大会上作 1 小时大会报告。1908 年获拉姆福德奖,1917 年获美国富兰克林研究所富兰克林奖,1918 年获科普利奖章。还获得剑桥大学和巴黎大学等校的名誉博士学位。月球上有以其名字命名的陨石坑。

瓦西里耶夫(Васильев, Александр Васильевич, 1853.8.5—1929.10.6) 俄国—苏联数学家。生于喀山,卒于莫斯科。1874 年毕业于圣彼得堡大学。1879 年到欧洲留学。在柏林参加了魏尔斯特拉斯、克罗内克、C. F. 克莱因等人的讲座;在巴黎又参加了埃尔米特的讲座。回国后于 1887 年任喀山大学教授。科学研究涉及面广:研究了在分式线性变换中有限群的不变函数;探讨了代数方程组根的分离问题;引进多维空间几何及其位势理论;等等。是喀山物理数学学会的创始人之一。1921 年彼得格勒数学会重建,担任该学会主席。1906 年成为柏林数学会会员。1929 年当选国际科学史研究院通讯院士,成为该研究院第一位苏联籍院士。出版和发表了一系列著作、小册子和论文。代表作有《方程组根的分离》(1874)、《类似于双周期函数的有理函数》(1880)和《魏尔斯特拉斯教授在现代数学发展中的作用》

(1885)等。1912—1915 年任《数学新思想》文集的编辑。从 19 世纪 90 年代开始，广泛宣传罗巴切夫斯基的几何思想，编辑出版罗巴切夫斯基的《几何论文全集》(1883—1886)。还发表了一系列关于罗巴切夫斯基的研究论文，特别是传记文章。

霍尔斯特德(Halsted, George Bruce, 1853.11.23—1922.3.16) 美国数学家、数学教育家。生于新泽西州纽瓦克，卒于纽约市。曾在普林斯顿大学获得文学学士(1875)和文学硕士(1878)学位。后进入约翰斯·霍普金斯大学，成为西尔维斯特的第一位学生，在其指导下于 1879 年获哲学博士学位。1879—1884 年受聘于普林斯顿大学。1884—1903 年在得克萨斯大学任纯粹与应用数学系讲座教授。1903—1914 年先后在马里兰州圣约翰学院和科罗拉多州立教育学院等院校任教。是美国数学会会员，并任美国科学促进会副主席。还是英国、意大利、西班牙、法国、德国和俄国等国数学会的成员。主要研究几何学的基础，建立了双重椭圆形几何的公理系统，并将非欧几里得几何学引入美国。翻译和评介了罗巴切夫斯基、J. 波尔约、萨凯里、庞加莱等人的著作。根据希尔伯特公理撰写的《有理几何学》(1904)，被译成法语、德语和日语。为《美国数学月刊》撰写了 90 余篇文章，包括对笛卡儿和欧拉工作的研究以及许多数学家的传记。还出版了多部关于综合几何和射影几何方面的著作。对数学教育也颇有研究，培养出狄克森和 R. 穆尔(R. Moore, 1882—1974)等学生，后者以创立大学数学教学的“穆尔方法”而著称。

布劳恩米尔(Braunmühl, Antonvon, 1853.12.22—1908.3.7) 德国数学家、数学史家。生于梯弗里斯(今格鲁吉亚)第比利斯，卒于慕尼黑。1873 年进入慕尼黑大学学习数理天文课程和文化史。后又到慕尼黑皇家高等技术学校继续深造，其间参加了布里尔和 C. F. 克莱因等数学家的讲座。1878 年返回慕尼黑大学，在赛德尔指导下获博士学位。1888 年任该校数学教授，1893 年开设数学史课程。1897 年成为利奥波第那科学院院士。主要工作在综合几何学、三角学和数学史方面。参加了 M. B. 康托尔的 4 卷本《数学史讲义》的编写工作，在第 4 卷(1908 年出版)中撰写了 18 世纪三角学和几何学的发展史并编制相关表格。还曾在慕尼黑举办国际数学史研讨会。所著《三角学史讲义》(1900—1903)，是 20 世纪初这方面的重要著作。

费奥多罗夫(Фёдоров, Ёвграф Степанович, 1853.12.22—1919.5.21) 俄国晶体学家、几何学家、矿物学家。生于奥伦堡，卒于彼得格勒(今圣彼得堡)。从 15 岁开始就对多胞形产生浓厚兴趣。早年在圣彼得堡军事学校学习，毕业后在工兵营服役。1875 年入圣彼得堡工艺学院学习。1879 年又入矿业学院学习，1883 年以优异成绩毕业。1883—1893 年在俄国地质委员会任职。其间到北乌拉尔进行地质研究。1894 年任该地矿区勘探主管。1895 年以后任莫斯科农业学院的地质学教授。1896 年当选巴伐利亚科学院院士，1919 年成为俄罗斯科学院院士。1901 年获莫斯科大学矿物学和地质学博士学位。是现代结构晶体学和矿物学的奠基人之一，在晶体构造理论和几何晶体学方面取得了重大成就。在 1891 年推导出一切晶体结构都有 230 个对称空间群(又名费氏空间群)，这些空间群现在已成为结构分析的数学基础。这一结论后来为X射线分析所证实。同年，德国数学家舍恩弗利斯也得到相同的结果（他们一直在激烈地讨论这个课题）。他还证明，只有17种可能的墙纸组可以平铺欧几里得平面。深入研究了所谓“新几何学”，其中，代替“点”的基本元素是圆、球、向量、平面以及其他几何对象。数学专著有《新几何学——绘图基础》(1907)等。1944年，苏联科学院设立了费奥多罗夫奖。

华世芳（1854—1905） 中国清末数学家。生于咸丰四年，卒于光绪三十一年。字若溪，号蔓斋。生于江苏金匮（今无锡市）。华蘅芳之弟。年轻时即喜读家中收藏的大量数学书籍。25岁时为华蘅芳与傅兰雅合译的《代数难题解法》作校核。1884年撰写了《近代畴人著述记》，共收33人传记。第二年又撰写《答数界限》和《连分数学》。前者论述有关连分数的理论；后者论述一次不定方程整数解的组数。两书后合编入《恒河沙馆算草》(1894)。1894年任湖北武昌自强学堂数学教习。1896年任常州龙城书院和江阴南菁书院主讲。编有《龙城书院课议》(1896—1901)等。1905年任上海南洋公学总教习，不久又任北京商部高等实业学堂教员。后因积劳成疾病逝。

埃曼努埃尔（Emmanuel, David, 1854.1.31—1941.2.4） 罗马尼亚数学家。生于布加勒斯特，卒于同地。1873年到巴黎求学，1879年在皮瑟指导下获巴黎理学院博士学位。回国后于1882年任布加勒斯特大学高等代数和函数论教授。1888年首次开设群论和伽罗瓦理论的课程。主要研究椭圆函数理论，特别是阿贝尔积分。将魏尔斯特拉斯与柯西的思想方法结合起来，取得了多项原创成果。创建了罗马尼亚数学学派，以毕生精力在罗马尼亚普及数学教育，把现代数学和严格的数学方法引进罗马尼亚。培养的学生有齐采伊卡、拉列斯库和斯托伊洛夫等。1929年任第一届罗马尼亚数学家大会主席。1936年成为罗马尼亚科学院的名誉院士。著有《伪椭圆积分》(1904)、《函数论讲义》(1924—1927)等。

皮尔斯，B. O.（Peirce, Benjamin Osgood, 1854.2.11—1914.1.14） 美国数学家、物理学家。生于马萨诸塞州贝弗利，卒于该州坎布里奇。1872年入哈佛大学主修物理，1876年毕业。之后到德国莱比锡继续深造，学习如何把数学方法应用于理论物理学中。1879年获莱比锡大学哲学博士学位。1880年在柏林亥姆霍兹实验室工作，不久即回国。1881年任教于哈佛大学，1888年任霍利斯(Hollis)数学与自然哲学讲座教授。1899年参与创建美国物理学会并曾任主席。曾任美国数学会副主席。1906年当选美国国家科学院院士。1910年获哈佛大学的名誉博士学位。是美国应用数学领域的领军人物，主要贡献在偏微分方程和傅里叶级数及其应用方面。著有《牛顿位势函数理论基础》(1888)等。所著《积分简表》(1889；中译本，新亚出版社，1953)流传颇广。1926年出版了他的《数学和物理论文集，1903—1913》，其中包含56篇论文。

庞加莱（Poincaré, Jules Henri, 1854.4.29—1912.7.17） 法国数学家、理论天文学家。生于南锡，卒于巴黎。1873年以第一名的成绩考入巴黎综合工科学校，师从埃尔米特。两年后转入巴黎高等矿业学校学习工程，1879年取得工程学学位。同时在埃尔米特指导下准备博士论文。1879

年以微分方程方面的论文获巴黎理学院博士学位，旋即任卡昂大学讲师。1881 年成为巴黎理学院分析学讲师。1883 年任巴黎综合工科学校分析教学导师(至 1897 年辞职)。1886—1896 年任巴黎理学院数学与天文学讲座教授，1896 年后任该学院分析力学和天体力学讲座教授，直至去世。被公认是 19 世纪过渡到 20 世纪初时期的领袖数学家，是继高斯之后对数学及其应用具有全才的人物。著述甚丰，一生共发表论文达 500 篇，著作数十种，内容涉及纯粹数学与应用数学、力学和实验物理以及理论天文学等。在概率论的著作中很早就提出了具有基本意义的遍历性概念。在不到 30 岁时就发展了自守函数，即在分式线性变换群下不变的函数的概念，并发现其中有些函数同非欧几何中的变换有密切联系。在天体力学方面，对轨道论，特别是三体问题作出重大贡献。发展了强有力的新数学方法，包括渐近展开和积分不变量理论；对微分方程的积分曲线在奇点附近的性态做出基本性的研究，从而创立了微分方程的定性理论，并综述于 3 卷巨著《天体力学新方法》(Les methodes nouvelles de la mécanique céleste, 1892—1899)和《天体力学讲义》(1905)中。对现代数学最重要的影响是创立代数拓扑学。由 6 篇系列论文组成的专著《位置分析》(Analysis situs, 1895)是早期拓扑学的系统性著作。其中创立了用剖分研究流形等新方法，还建立许多新概念，提出一些未解决的问题，为这门学科的发展奠定坚实基础。19 世纪末，又开始多复变量解析函数的研究，揭示了多复变量解析函数本质上的独特性。1904 年，提出了数学上最著名的猜想之一——庞加莱猜想(单连通的三维闭流形必与三维球面同胚)，该猜想于 2006 年被俄罗斯数学家佩雷尔曼证明。在数论和旋转流体的平衡理论方面也有很大贡献。1906 年，独立得到狭义相对论中的许多结果。还致力于向公众介绍科学和数学的意义和重要性，所著《科学与假设》(1901)、《科学的价值》(1905)、《科学与方法》(1908)等被译成多种文字出版。1886 年和 1900 年两次任法国数学会主席。1887 年当选法国科学院院士，1906 年当选法国科学院院长，1908 年当选法兰西学院院士。曾获庞斯列奖(1885)、英国皇家天文学会金质奖章(1900)、西尔维斯特奖章(1901)、首届波尔约奖(1905)以及天文学领域的布鲁斯奖(1911)等奖项。多次(1897 年、1900 年和 1908 年)在国际数学家大会上作 1 小时大会报告。第 2021 号小行星(1936)命名为“庞加莱星”。

韦罗内塞(Veronese, Giuseppe, 1854.5.7—1917.7.17)　意大利数学家。生于威尼斯附近的基奥贾，卒于帕多瓦。1873 年到苏黎世工业学校学习工程和数学。之后到罗马大学深造，1877 年在克雷莫纳指导下获博士学位。1880—1881 年到莱比锡大学在 C. F. 克莱因带领下从事研究工作。通过竞赛获得帕多瓦大学代数几何学讲座教授席位(1881—1917)，直至去世。是山猫学院院士和意大利一些其他学会的成员，还是帕多瓦市议会议员和参议员。主要贡献在射影几何、模型理论和超限数等方面。深入研究了多维空间的射影几何，成为这门学科的主要奠基人，对意大利几何学学派产生了很大影响。发现一种五维空间中的二维曲面：$x_1=u^2$，$x_2=u\cdot v$，$x_3=v^2$，$x_4=u$，$x_5=v$，此处 x_1，x_2，x_3，x_4，x_5 是五维空间中的非齐次坐标，u 和 v 是两个独立参量。此曲面称为韦罗内塞曲面。从射影学观点看，研究韦罗内塞曲面相当于研究平面内的全部二次曲线。还探讨了几何学基础问题，是最早(1890)研究非阿基米德几何学的数学家之一，曾证明了阿基米德公设的独立性。代表作《几何基础》(1891)受到皮亚诺和G. 康托尔的质疑，但获得了列维-齐维塔和希尔伯特的支持。还编著了多部实用的中学数学课本。培养了包括G. 卡斯泰尔诺沃和列维-齐维塔等在内的学生。1908年在罗马国际数学家大会上作1小时大会报告。

冯·曼戈尔特(von Mangoldt, Hans Carl Friedrich, 1854.5.18—1925.10.27) 德国数学家。生于德国魏玛，卒于波兰格但斯克。1873年进入格丁根大学学习。1876年转到柏林大学继续学习，1878年在魏尔斯特拉斯和库默尔指导下获哲学博士学位。之后到斯特拉斯堡的文法学校讲授数学。1884年任汉诺威皇家技术大学数学教授。1886年任亚琛工业学院教授，1898—1901年任该校校长。1904年任新建立的波兰格但斯克工业大学教授和校长。1919年任德国数学家协会主席。1924年当选格丁根科学院通讯院士。主要贡献在数论方面，对黎曼的开创性论文《论小于给定数的素数个数》中的论述提供了两个严格证明(黎曼本人仅给出了这些论述的部分证明)，为素数定理的解决作出贡献。黎曼-冯·曼戈尔特公式描述了黎曼 ζ 函数零点的分布。编著的《高等数学导引》(3卷，1911—1914)广为流行，多次再版。

梅林(Mellin, Robert Hjalmar, 1854.6.19—1933.4.5) 芬兰数学家。生于利明卡，卒于赫尔辛基。1875年毕业于黑麦林纳大学，随后到赫尔辛基大学继续深造，在米塔-列夫勒指导下于1882年获哲学博士学位。1881—1884年曾多次到柏林和斯德哥尔摩访学，在魏尔斯特拉斯、克罗内克和米塔-列夫勒的指导下深入研究函数理论。1884年任斯德哥尔摩大学讲师。同年任新成立的赫尔辛基综合技术学院的数学教授，1904—1907年任该学院院长。该学院于1908年改为赫尔辛基工业大学，成为新大学的第一位数学教授，直至1926年退休。是1908年成立的芬兰科学院的创始院士。主要研究函数论及其在微分方程、积分方程和数理方程中的应用。建立的梅林积分变换在 Γ 函数、超几何函数、狄利克雷级数、黎曼 ζ 函数和相关的数论函数中得到广泛应用。还将梅林积分变换扩展到多变量，并将其应用于解偏微分方程。以芬兰语、德语、法语和瑞典语发表45种论著，成为芬兰函数论学派在国际上的第一位重要代表人物。曾获芬兰科学与文学学会和科德林基金会的奖项。

莫罗佐夫(Морозов, Николай Александрович, 1854.7.7—1946.7.30) 俄国—苏联学者。生于雅罗斯拉夫尔省博罗克(Борок)，卒于同地。俄国革命者，曾参与行刺亚历山大二世。1875年后被监禁30年，其间努力学习科学知识。1905年获释后，在圣彼得堡大学教授化学和天文学。发表了大量关于数学、物理、化学、天文学和历史方面的著作，以及诗歌、小说和故事等方面的作品。1932年获授苏联科学院名誉院士。数学著作有《向量代数起源于纯数学》(1909)、《函数》(1912)和《自然界和数学中的相对性原理》(1922)等。回忆录《我的一生》(2卷)于1965年再版。

麦克马洪(MacMahon, Percy Alexander, 1854.9.26—1929.12.25) 英国数学家。生于马耳他斯利马,卒于英格兰博格诺里季斯。1871年进入伍尔维奇皇家军事学院学习,次年成为中尉。1873年开始在印度服务了5年;1877年到大英帝国皇家炮兵部队服役,1881年晋升为上尉。1882—1888年任皇家军事学院数学讲师。1891年以后到炮兵学院任教官,至1898年退役。1897年获牛津大学萨维尔几何学教授席位。1883年加入伦敦数学会,1894—1896年任学会主席。1890年当选英国皇家学会会员。1917年当选皇家天文学会主席。主要从事数论、枚举组合学和线性代数的研究,以对称函数和平面分拆的研究著称。在专著《组合分析》(1915)中证明了麦克马洪定理,还解决了拉丁方等问题。获柏林三一学院和剑桥学院等多所院校的名誉学位,还获得皇家奖章(1900)、西尔维斯特奖章(1919)和德·摩根奖章(1923)。

尤尔,S. C.(Juel, Sophus Christia, 1855.1.25—1935.1.24) 丹麦数学家。生于兰讷斯,卒于哥本哈根。1871—1875年入丹麦技术大学学习,1876年到哥本哈根大学学习数学,1879年获数学硕士学位,1885年获博士学位。其后执教于哥本哈根理工学院,1897年成为教授。其间在哥本哈根大学兼课。1889—1915年任《数学杂志》编辑。主要贡献是对射影几何、代数曲线、多面体和椭圆旋转面的研究。在射影几何学中,推广了施陶特的结果,并独立获得了与塞格雷相似的结果。提出含有无穷个逐段光滑连接的凸弧的初等曲线的概念,研究3阶和4阶曲线,发展了曲线的阶的理论。出版的射影几何专著有《关于射影几何的一些基本结构》(1890)、《关于二阶和三阶曲线上的点的参数确定》(1896)和《对数和椭圆函数理论的几何概论》(1896)等。还编写了有关立体几何学,理性力学和工科数学教科书。1922年当选芬兰科学院院士。1925年成为挪威文理科学院外籍院士和丹麦数学协会的名誉会员。在1928年波伦亚国际数学家大会上作学术报告。1929年获奥斯陆大学名誉博士学位。

菊池大麓(Kikuchi, Dairoku, 1855.3.17—1917.8.19) 日本数学家、教育家。生于江户(今东京),卒于东京。1867年和1871年两次赴英国,先后于伦敦大学学院和剑桥大学圣约翰学院求学。在伦敦大学学院与皮尔逊成为亲密的同窗和朋友。1877年取得剑桥大学数学-物理学学士学位,成为第一位从剑桥大学毕业的日本学生。同年回国,不久将皮尔逊的数学著作译成日文出版。1881年又被剑桥大学授予文学硕士学位。1877年在东京帝国大学(今东京大学)理学部任教,成为日本本土第一位数学教授。1898—1901年任该校校长。1901—1903年任日本教育大臣。1889年当选日本帝国学士院院士,1909年任第二任院长。1890—1912年任日本枢密院顾问官。在数学方面,在日本促进了以希腊数学为基础的数学研究,同时对保存和算文献、阐明其内容作出很大贡献。创立了日本的射影几何研究传统,后来中国数学家苏步青留日学习射影几何、微分几何,就是继承这个传统。对明治维新以来的日本学术发展有重要贡献。编著了多部中学数学教科书,其中初等几何学教科书(立体几何学和平面几何学两部)是日本使用最广泛的教科书,被称为“菊池的几何”。此外,还撰写了平面三角学和解析几何学等方面的著作。发表许多启蒙论文以促进数学进步。培养了藤泽利喜太郎和高木贞治等多位日本数学家。还对地震学颇有研究,是日本地震学会的成员。曾获英国曼彻斯特大学、格拉斯哥大学,以及美国格罗斯大学的名誉博士学位。

卡佩利(Capelli, Alfredo, 1855.8.5—1910.1.28) 意大利数学家。生于米兰,卒于那不勒斯。1877年毕业于罗马大学并获硕士学位。之后到帕维亚大学任卡索拉蒂的助理。其间赴柏林访学,受到魏尔斯特拉斯和克罗内克的影响。与魏尔斯特拉斯定期通信,建立了紧密联系。1881年任巴勒莫大学的代数分析教授。1886年之后任那不勒斯大学代数学教授,直到1910年去世。共发表80多篇研究论文,内容涉及代数形式理论、置换理论、代数方程论、椭圆函数和保角映射等。在《置换群的同构》(1878)中独立发现了群论中的叙洛夫定理。在《代数分析教程》(1886)中系统地论述了雅可比函数理论,还给出了线性方程组可解的判定准则。还著有《对凯莱Ω运算化为普通极运算的探讨》(1887)。以他的名字命名的有卡佩利恒等式、儒歇-卡佩利定理和卡佩利参数等。是山猫学院院士和多个学术团体的成员。

阿佩尔,P. É.(Appell, Paul Émile, 1855.9.27—1930.10.24) 法国数学家、物理学家。生于斯特拉斯堡,卒于巴黎。普法战争期间移居南锡,在南锡中学与庞加莱结为终生好友。1873年进入巴黎高等师范学校,1876年在巴黎理学院获数学博士学位。1885—1912年任巴黎理学院理论力学讲座教授,1912—1920年任分析力学和天体力学讲座教授,1920—1925年任理学院校长。1892年当选法国科学院院士。两次(1885,1923)任法国数学会主席。在分析学、函数论、微分方程、射影几何学、微分几何学、理论力学等方面都有突出贡献。研究了椭圆函数、超几何函数理论,把其中的许多经典性结论推广到二元或多元的情形;讨论了摆线问题解中椭圆函数虚周期的物理意义,阐明了双周期性的物理学来源;探讨了函数序列问题,引入了所谓阿佩尔多项式序列。1885年,由于解决了蒙日提出的“切割和填充”问题获法国科学院鲍廷奖。基于同代数方程的相似性,研究了线性微分方程问题,并利用代数函数、椭圆函数之类的简单函数求解。在理论力学方面,建立的完整系和非完整系中皆为有效的阿佩尔运动方程颇为有名。共发表论文260余篇,还编著了多种教科书。第一次世界大战后,担任国际联盟法国协会的总书记。获法国荣誉军团大十字勋章。第988号小行星(1922)命名为“阿佩尔星”。

古恰(Guccia, Giovanni Battista, 1855.10.21—1914.10.29) 意大利数学家。生于两西西里王国巴勒莫(今属意大利),卒于同地。早年就学于巴勒莫大学,后进入罗马大学,成为数学家克雷莫纳的学生,1880年获博士学位。1889年任巴勒莫大学高等几何讲座教授,直至去世。于1884年筹建巴勒莫数学会,创办《巴勒莫数学会报告》(1884)。该期刊陆续发表了希尔伯特、M. 诺特、庞加莱等著名的数学家以及古恰本人的高水平研究论文,在相当长时间内保持着很高的声誉。是意大利代数几何学派的成员,主要研究克雷莫纳变换,曲线分类以及曲线和曲面的射影性质等。发表约50篇有关问题论文。

克雷格(Craig, Thomas, 1855.12.20—1900.5.8) 美国数学家。生于美国宾夕

法尼亚州卢塞恩县皮茨顿,卒于马里兰州巴尔的摩。1871 年进入伊斯顿的拉法耶特学院学习。1875 年毕业,获得土木工程学位。之后到新泽西州一所高中担任数学教师,同时自学数学。1876 年进入新建的约翰斯·霍普金斯大学,成为最早的 15 名学生之一。1878 年在西尔维斯特指导下获博士学位,成为最早获得该校博士学位的学生之一。之后留校,讲授数学、物理学和力学等多门课程,1892 年升任教授。主要贡献在微分几何和常微分方程及其应用等方面。1894—1899 年任《美国数学杂志》编辑。在该杂志上发表了多篇关于椭圆函数理论、椭球体几何学和曲面的度量性质等方面的论文。著有《曲面变形理论中的常微分方程》(1879)、《流体运动的数学原理》(1879)和《线性微分方程论》(1889)等。

比安基(Bianchi, Luigi, 1856.1.18—1928.6.6) 意大利数学家。生于帕尔马,卒于比萨。1873 年进入比萨高等师范学校学习,师从贝蒂和迪尼,1877 年获博士学位。之后到德国慕尼黑大学和格丁根大学留学,受到黎曼、M. S. 李和 C. F. 克莱因等人数学思想的很大影响。1881 年回到意大利,在比萨大学讲授微分几何、射影几何和解析几何等课程,1886 年任副教授,1900 年升任教授。1896 年后兼任比萨高等师范学校教授。是意大利代数几何学派的领袖人物之一。1898 年,成功完成了一个(足够对称的)黎曼流形等距的三维李群的 9 种可能的等距类列表,被称为比安基分类,通常也称为比安基群。1902 年,又重新发现了关于黎曼张量的恒等式,今称为比安基恒等式。还研究度量微分几何,发现了所有容许运动连续群的黎曼几何——在这种几何中一个物体可以连续移动而不产生形变。以上这些结果在爱因斯坦的相对论中都得到了应用。在《微分几何教程》中(3 卷,1894—1909)正式使用"微分几何"这一术语。还研究了非欧几里得几何学,证明欧几里得几何中的一些结果可以通过其他更为复杂的手段在非欧几里得几何中得到。还出版了关于代数方程组和伽罗瓦置换群、复变函数、椭圆函数和连续变换群方面的著作。1924 年当选伦敦数学会名誉会员。

舒尔,F. H.(Schur, Friedrich Heinrich, 1856.1.27—1932.3.18) 德国数学家。生于普鲁士波森(今波兰波兹南),卒于布雷斯劳(今波兰弗罗茨瓦夫)。1875 年入布雷斯劳大学学习天文学和数学,不久转到柏林大学学习,1879 年在库默尔指导下获博士学位。1880 年到莱比锡大学执教,1884 年成为 C. F. 克莱因的助教,1885 年升任副教授并兼任塔尔图大学教授。1892 年之后相继任亚琛工业大学、卡尔斯鲁厄大学(1904—1905 年任该校校长)、斯特拉斯堡大学和布雷斯劳大学教授。1910 年任德国数学会主席。1927 年当选巴伐利亚科学院院士。主要贡献在微分几何和变换群方面。许多成果总结在 1909 年出版的《几何基础》中,该书于 1912 年获罗巴切夫斯基奖。还著有《解析几何教程》(1898)和图形静力学方面的书。获卡尔斯鲁厄大学名誉博士学位。

希尔,M. J. M.(Hill, Micaiah John Muller, 1856.2.22—1929.1.11) 英国数学家。生于印度孟加拉湾的贝兰布尔,卒于英格兰米德尔塞克斯郡戈尔德斯格林。早年就学于伦敦大学学院,1873 年获学士学位,1876 年获硕士学位。1880—1884

年任梅森学院(后来的伯明翰大学)数学教授。1891年获剑桥大学理学博士学位。1884年后任伦敦大学学院的纯粹数学教授,1900—1926年任伦敦大学参议院议员。1909—1911年任伦敦大学副校长。1894年当选英国皇家学会会员,1926—1927年任伦敦数学协会主席。还长期担任伦敦数学会理事会成员,1894—1895年任学会副主席。主要贡献在流体动力学和数学教学方面。以希尔球形旋涡和希尔四面体著称。著有《欧几里得〈原本〉第5和第6卷》(1900)、《比例论》(1912)和《论数学教学》(1927)等。是向英国数学界推荐(1912)拉马努金研究成果的数学家之一。

普济纳(Puzyna, Józef, 1856.4.18—1919.3.30) 波兰数学家。生于新马丁诺夫,卒于斯特里杰。1878年进入利沃夫大学学习,1882年获博士学位。同年赴柏林留学,成为魏尔斯特拉斯的学生。两年后返回利沃夫大学工作,1889年任教授,1905年任大学校长。1900年成为克拉科夫技能学院(1918年改建为波兰艺术与科学学院)的成员。1917年任利沃夫数学会主席。主要贡献在复变函数论方面。著有2卷本的《解析函数论》(1898—1900),发表了20多篇研究论文。1894年,在利沃夫创办了数学研讨班,为波兰数学的发展作出重要贡献。培养了包括斯坦因豪斯、谢尔品斯基、鲁杰维奇在内的一批学生。是波兰百科全书的编辑,撰写了数学方面的一些文章。

马尔可夫(老) (Марков, Андрей Андреевич[старший], 1856.6.14—1922.7.20) 俄国—苏联数学家。生于梁赞,卒于彼得格勒(今俄罗斯圣彼得堡)。1874年进入圣彼得堡大学物理-数学系学习,受教于佐洛塔廖夫和切比雪夫等数学家。1878年毕业并继续攻读研究生,1880年获硕士学位。同年留校从事教学工作。1884年由切比雪夫指导获物理-数学博士学位。1886年任副教授,1893年升任教授,1905年退休。同年被授予功勋教授称号,继续在大学里讲授概率论课程。1896年当选圣彼得堡科学院院士。还是圣彼得堡数学会的名誉会员。是彼得堡学派的代表人物之一,主要贡献在概率论、数论、函数逼近论和微分方程等方面。在概率论方面,深入研究并发展了切比雪夫的矩方法,使中心极限定理的证明成为可能。还推广了大数定律和中心极限定理的应用范围。在1906—1912年,发表了一系列论著,提出并研究了一种能用数学分析方法研究自然过程的一般图式,后来这种图式被称为马尔可夫链。推动了概率论的发展,特别是促进了概率论新分支——随机过程论的发展。一类重要的随机过程又叫马尔可夫过程。所创建的概率论的研究方向,改变了概率论的内容,促使它成为与自然科学和技术直接有关的最重要的数学方法之一。在数论方面,解决了求已知行列式的极值二次式的难题。在数学分析方面,发展了力矩理论、函数逼近论和连分式的解析理论及其应用。在数理统计和数的几何等方面也取得很多成果。共发表70多种论著,其中《有限差分计算》(第2版,1910)和《概率演算》(1900)已成为经典著作。其子马尔可夫(小)与他完全同名,也是著名数学家。月球上有以其名字命名的陨石坑。

皮卡(Picard, Charles Émile, 1856.7.24—1941.12.11) 法国数学家。生于巴黎,卒于同地。自幼好学,兴趣广泛。1874年以第一名和第二名的成绩分别考取了巴黎高等师范学校和巴黎综合工科学校。他选择了前者，1877年毕业并获得数学博士学位，导师是达布。1879年任图卢兹大学教授，1881年同时任教于巴黎高等师范学校和巴黎综合工科学校。1885年任巴黎理学院讲师，1886—1897年接替布凯任理学院高等分析讲座教授，1897—1931年接替埃尔米特任高等代数讲座教授。1889年当选法国科学院院士，1917—1941年任法国科学院常务秘书。是英国皇家学会、伦敦数学会和苏联科学院等30多所重要科研机构和学术团体的相应成员，并被多所大学授予名誉博士学位。1886年获庞斯列奖，还获其他多项科学奖励。主要贡献在解析函数论、微分方程、代数几何学和力学等方面。在解析函数论中，于1879年提出皮卡第一定理——不恒等于常数的整函数除了至多有一个例外值之外，可以取得任何有限的值。次年又得到皮卡第二定理。这两个定理成为复变函数论许多新方向的起点。1883—1888年将庞加莱自守函数的方法推广到二元复变函数，进而研究了代数曲面(1901)，导致了"皮卡群"的建立。推广了逐步逼近法，证明了含复变量的微分方程和积分方程的解的存在唯一性定理。将数学分析理论应用于弹性理论、热力学、电学，在物理学上也取得了一些成果。是当时法国最杰出的数学家之一。逝世后，法国科学院颁发了以他的名字命名的奖章。著有《分析数学专论》(1891—1896)、《泛函方程讲义》(1928)、《二元代数函数论》(合著，Ⅰ，1897；Ⅱ，1906)等。还是一位优秀的教师，培养了阿达马、班勒卫和韦伊等博士生。1908年在罗马国际数学家大会上作1小时大会报告。1920年担任斯特拉斯堡国际数学家大会主席。

鲁迪奥(Rudio, Ferdinand, 1856.8.2—1929.6.21)　德国—瑞士数学家、科学史家。生于德国威斯巴登，卒于瑞士苏黎世。1874年进入苏黎世联邦理工学院学习土木工程、数学和物理。1877—1880年到柏林大学继续深造，在库默尔和魏尔斯特拉斯的指导下于1880年获得博士学位。1881年开始在母校联邦理工学院任教，1889年升任教授，至1928年退休。1894—1919年兼任该校图书馆馆长。在群论、代数、几何、数学史等方面皆有所贡献。在博士论文中，通过微分方程的约化，确定了曲率中心形成的二阶共焦面的曲面理论(即库默尔问题)；编著的《解析几何原理》(1908)已成为经典教科书。在数学史著作中，论述了化圆为方问题、希波克拉底的月牙形、辛普利休斯关于求积的工作等。还撰写了苏黎世自然科学协会(1746—1896)的科学活动史。最重要的贡献之一是从1909年开始主持编辑第一部欧拉著作集，亲自担任总编辑，负责出版了30余卷。还协助组织在苏黎世召开的第一届国际数学家大会，担任大会的秘书长，并在开幕式上作题为"关于国际数学家大会的目标和组织"的重要演讲。1919年被苏黎世大学授予名誉博士学位。

龙格(Runge, Carl David Tolmé, 1856.8.30—1927.1.3)　德国数学家、物理学家。生于不来梅，卒于格丁根。1876年进入慕尼黑大学学习文学与哲学，后转入柏林大学攻读数学与物理。1880年在魏尔斯特拉斯的指导下获博士学位。1886—1904年任汉诺威皇家技术大学教授，从事光谱学研究，以谱线测量工作而闻名。1904年受聘于格丁根大学，成为该校第一位应用数学教授，其间 1909—1910 年曾到美国哥伦比亚大学讲学。1920—1925 年任格丁根大学物理研究所所长。发展了解析函数的多项式逼近理论，得到了解析函数论中多种有价值的结果。证明了有理整系数不定方程 $f(x,y)=0$ 在有理整数环上有无限多个解的一个必要条件；给出了代数方程的数值解方法，把牛顿等人所首创的三种传统解法作为特殊情形包括进去。1895 年，研究得出关于微分方程数值积分的龙格-库塔程序和其他一些计算方法，这些方法对于现代数字计算机仍然适用。著有《平面解析几何》(1908)和《数值计算讲座》(合著，1924)等。月球上有以其名字命名的陨石坑。

迈耶(Meyer, Friedrich Wilhelm Franz, 1856.9.2—1934.6.11)　德国数学家。生于马格德堡，卒于哥尼斯堡(今俄罗斯加里宁格勒)。早年在莱比锡大学学习，1878 年在慕尼黑大学获博士学位。后又在柏林大学跟随魏尔斯特拉斯、库默尔和克罗内克等著名数学家深造。1880—1888 年在杜宾根大学任教。1888—1897 年在克劳斯塔尔矿业学院(后来的理工大学)任数学教授。1897 年后任哥尼斯堡大学教授，至 1924 年退休。1890 年成为德国数学家协会创始会员，1902 年任该协会主席。1890 年当选利奥波第那科学院院士。还是柏林数学会和巴伐利亚科学院的相应成员。其主要贡献在几何学领域，特别是在代数几何与射影不变量理论方面发表了有影响的论著。另在代数曲线、位势理论等方面也多有著述。共发表 130 多篇论文，出版 20 余部著作。为《数学进展》杂志写过 2 000 多篇评论，可说是 20 世纪前 30 年在德国了解数学全貌的唯一的数学家。倡导并与韦伯、C. F. 克莱因共同组织编纂了世界上第一部大型《数学百科全书》(1898—1935)。负责主编第 1 卷《算术与代数》(1898—1904)，还撰写了关于不变量理论、曲面理论、位势论和三角形几何等方面的多篇文章。

霍布森(Hobson, Ernest William, 1856.10.27—1933.4.19)　英国数学家。生于德比，卒于剑桥。早年在德国皇家矿业学院德比学校和剑桥大学基督学院接受教育，1878 年以数学一等荣誉学位毕业。之后留校任教，1879 年任基督学院讲师，1904 年获斯托克斯讲师职位，1910—1931 年任萨德勒纯粹数学教授。1893 年当选英国皇家学会会员，1907 年获皇家奖章。1900—1902 年担任伦敦数学会主席，1920 年获德·摩根奖章。主要研究涉及数学分析、三角学、实变函数、球面函数及一般球面调和理论。于 1907 年出版的《实变函数论》是第一本关于测度和积分的英语书籍。著作《实变函数论与傅里叶级数》(初版，1907；第 3 版，1927)，是 20 世纪初该学科的标准著作之一。书中介绍了波莱尔-勒贝格测度和积分，包含作者本人关于一般收敛定理和正交函数级数收敛性等方面的研究成果，还涉及一般拓扑学的内容，为分析学的主流发展开辟了新方向。还著有《三角学专论》(1891)等。

迪克(Dyck, Walther Franz Anton von, 1856.12.6—1934.11.5)　德国数学家。生于慕尼黑，卒于同地。曾在慕尼黑、柏林及莱比锡大学学习，1879 年在 C. F. 克莱因指导下获慕尼黑大学博士学位。随后留校任 C. F. 克莱因的学术助手。1884 年起任慕尼黑皇家巴伐利亚技术大学(今慕尼黑技术大学)教授，曾两度担任该校校长。

1887 年当选利奥波第那科学院院士。1892 年成为巴伐利亚科学院院士。1901 年和 1912 年两度任德国数学家协会主席。1903 年参与德国自然科学技术博物馆的创建工作。是德国《数学百科全书》的编委会主席,并就该项目在 1908 年罗马国际数学家大会上作 1 小时大会报告。于 1906 年开始编辑出版开普勒全集,包括其所有信件,生前编辑了前 6 卷,后 2 卷分别在 1953 年和 1963 年出版。数学研究在函数论、群论、拓扑、位势论及微分方程的积分曲线等方面,特别为推广高斯-博内定理作出重要贡献。

亚历山德罗夫,И. И.(Александров, Иван Иванович, 1856.12.25—1919.12.19) 俄国数学家。生于弗拉基米尔,卒于莫斯科。早年就学于圣彼得堡大学物理-数学系,1878—1906 年在坦博夫男子学校讲授数学、自然科学和音乐美术等课程。1906 年转到莫斯科几所中等学校任教。主要研究数学教学法,发表了 30 多种有关数学方法论的著作和论文。在编著的小册子《几何作图题解法》(1881)中研究几何作图解题方法,其解题思想对解决建筑中的几何问题具有重要的指导作用。该书已被译为法文和德文,也有中译本(商务印书馆,1954)。另著《算术解题法》(1887)对改进和提高算术教学法有很大影响。

斯蒂尔杰斯(Stieltjes, Thomas Jan, 1856.12.29—1894.12.31) 荷兰数学家。生于荷兰兹沃勒,卒于法国图卢兹。1873 年进入代尔夫特技术学校(今代尔夫特理工大学)学习,并自学高斯和雅可比的数学著作。1877—1883 年任莱顿天文台助理。1884 年获授莱顿大学荣誉学位。稍后迁居巴黎,在埃尔米特的鼓励和帮助下转向数学研究。1885 年当选荷兰皇家科学院院士。1886 年在巴黎高等师范学校以一篇关于渐进级数的论文获数学博士学位,导师是埃尔米特和达布。同年任图卢兹大学教授,1889 年任微积分学讲座教授,直至去世。最重要的贡献是推广了黎曼积分概念。1894 年发表了论文《连分式研究》(Recherches sur les fractions continues, 1894—1895),文中提出了在解析函数论和一元实变函数论中本质上是全新的问题。为了表示一个解析函数序列的极限,引进了一种新的积分——斯蒂尔杰斯积分,这种积分后来成为研究一般测度上积分的开端,在现代数学中起着重要作用。还研究了发散级数,1886 年独立于庞加莱给出了这种级数的正式定义,以后又继续研究发散级数的连分式展开(1894),为连分式解析理论的研究奠定基础。与此相关,还提出了"矩量问题",研究了正交多项式、近似积分法等经典分析课题。在常微分方程、偏微分方程、Γ 函数、椭圆函数、插值理论等方面也均有建树。

皮尔逊(Pearson, Karl, 1857.3.27—1936.4.27) 英国应用数学家、生物统计学家。生于英格兰大伦敦伊斯灵顿,卒于英国萨里郡冷港,1875 年入剑桥大学国王学院,受教于多位数学、哲学和宗教等方面的著名学者,1879 年毕业,获数学荣誉学位。之后到德国海德堡大学、柏林大学继续深造。1882—1884 年,作为律师协会成员在伦敦各地演讲,参加社会活动。1884—1911 年任伦敦大学学院戈德斯米德应用数学与力学教授。1911—1933 年任高尔顿实验室主任,又任应用统计系教授。1896 年当选英国皇家学会成员,还是爱丁堡皇家学会会员。是现代统计学的奠基人之一，是从数学角度对统计学进行研究的第一人。1894—1912 年，发表了 18 篇题为《数学对进化论的贡献》的系列论文，开创了现代数理统计学的研究。受高尔顿进化论的影响，将统计学应用于生物遗传和进化论中的诸问题，得到了生物统计学和社会科学统计学的一些基本法则。引进术语“众数”“标准差”和“变差系数”等。为了描述自然现象的非对称分布特性，研究出所谓偏倾斜率曲线。在其几何学讲稿的基础上撰写的《科学语法》(1892)流传甚广，是科学哲学方面的一部名著。还著有《统计学家和生物测定学家用表》(1914)、《死亡的可能性和进化论的其他研究》(1897)和《F. 高尔顿的生活、书信和工作》(3 卷：Ⅰ，1914；Ⅱ，1924；Ⅲ，1930)等。1901 年，与高尔顿等人创办了著名的《生物统计学》杂志，并于 1907—1936 年担任主编。还担任过《优生学纪事》的编辑(1925—1933)。哲学思想属于马赫主义的，否认自然规律的客观性质，断言人是自然法则的创造者。这一观点曾受到列宁的尖锐批判。1898 年获达尔文奖章。1911 年获圣安德鲁斯大学和伦敦大学授予的名誉博士学位。

迪德尼(Dudeney, Henry Ernest, 1857.4.10—1930.4.24)　英国趣味数学家。生于英格兰梅菲尔德，卒于英格兰刘易斯。19 世纪末 20 世纪初著名的趣味数学家，与美国同时期的萨姆·劳埃德(Samuel Loyd, 1841—1911)齐名。早年仅接受过初等教育。幼年时就对棋类产生兴趣，9 岁开始在报纸上发表自己创作的谜题。所设计与发表的趣味问题涉及代数、几何、逻辑等多个领域。最著名的几何学发现是将一个正三角形分割成四块并拼成一个正方形的方法。还发明了一种叫口头算术的运算技巧。为《斯特兰德》杂志撰写数学游戏和趣味数学的文章 30 多年。出版多部书籍，代表作有《坎特伯雷趣题集》(1907)、《数学娱乐》(1917)和《现代拼图》(1926)等。去世后，他妻子编辑了他的《拼图与奇题》(1931)和《拼图矿》。部分著作已收录到中译本《加德纳趣味数学系列》丛书(上海科技教育出版社，2017)。

博尔查(Bolza, Oskar, 1857.5.12—1942.7.5)　德国数学家。生于伯格察伯恩，卒于弗赖堡。1875 年就学于柏林大学物理系，1878 年转学数学。先后在斯特拉斯堡大学、格丁根大学和柏林大学受教于克里斯托费尔、雷耶、施瓦兹和魏尔斯特拉斯。1886 年在 C. F. 克莱因指导下获格丁根大学博士学位。1888 年赴美国，在约翰斯·霍普金斯大学、克拉克大学和芝加哥大学任教多年，培养了多位博士生，包括狄克森和布利斯等。1910 年回国。研究工作涉及椭圆积分、椭圆函数与超椭圆函数、积分方程和变分学等方面。最大贡献是对混合型泛函的一种特定形式的条件极值问题的研究。提出了更具一般性博尔查问题。代表作《变分学讲义》(1904)以不同语种出版。还编著了椭圆函数和积分方程的讲义。1912 年当选利奥波第那科学院院士。从 1914 年开始，研究兴趣转向宗教心理学和印度宗教等方面。1929 年以后又回归数学研究。

李亚普诺夫，A. M.(Ляпунов, Александр Михайлович, 1857.6.6—1918.11.3)　俄国数学家、力学家。生于雅罗斯拉夫尔，卒于敖德萨(今属乌克兰)。1876 年入圣彼得堡大学物理-数学系学习，不久转到数学系。在切比雪夫、佐洛塔廖夫等人的影响下，大学期间就开始科学研究。1880年毕业后留校工作,1892年在切比雪夫指导下获博士学位,同年晋升教授。1893—1902年任哈尔科夫大学教授,1899—1902年任该校校长。1901年当选圣彼得堡科学院院士,1902—1917年在科学院应用数学系从事研究。1917年到敖德萨大学短期任职。其妻子去世后,自杀身亡。是意大利山猫学院外籍院士(1909)和法国科学院通讯院士(1916)。是切比雪夫所创立的彼得堡学派的杰出代表,主要贡献在概率论、微分方程和数学物理等方面。在概率论方面,创立了特征函数法,实现了研究方法上的突破,从而给出了中心极限定理的简单而严密的证明,此方法在现代概率论中得到广泛应用。是常微分方程运动稳定性理论的创始人。在博士论文《运动稳定性的一般问题》(1892)中提出了解决运动稳定性问题的普遍方法,建立了一种具有特殊性质的函数(称为李亚普诺夫函数),把解的稳定性与否和这个函数联系起来,建立了解的稳定性曲线。建立的研究方法很快被应用到常微分方程的各分支。对位势理论的研究为数学物理方法的发展开辟了新途径。1898年发表的论文《关于狄利克雷问题的某些研究》具有重要意义,奠定了解边值问题经典方法的基础。还提出了许多以他的名字命名的数学定理、方法和概念。月球上有以其名字命名的火山口。

拉莫尔(Larmor, Joseph, 1857.7.11—1942.5.19) 爱尔兰—英国数学家、物理学家。生于爱尔兰安特里姆郡马赫拉格尔(Magheragall),卒于爱尔兰唐郡霍利伍德(Holywood)。早年就学于贝尔法斯特女王大学和剑桥大学圣约翰学院,1880年毕业并获数学一等荣誉学位和史密斯奖。1883年获硕士学位。1880—1885年在爱尔兰高威女王学院任教。1885年回到圣约翰学院担任讲师。1901年获格拉斯哥大学名誉博士学位。1903—1932年任剑桥大学卢卡斯数学教授。1892年当选英国皇家学会会员。1910年成为爱丁堡皇家学会名誉会员。还是法国、美国、意大利等国科学院的外籍院士。主要研究电学、动力学、热力学及相关的数学问题。论文《最小作用作为动力学和物理学的基本公式》(1884)首先阐述了最小作用原理的含义。1895年指出存在拉莫尔进动的现象。最著名的著作是《以太与物质》(1900),其中再次提出洛伦茨变换、时间膨胀和长度收缩等运动学效应,推动了电磁理论的发展。获多所大学的荣誉学位。1918年获庞斯列奖,还获伦敦数学会和皇家学会多项奖励:1914年获德·摩根奖章,1915年获皇家奖章,1921年获科普利奖章。多次在国际数学家大会上作1小时大会报告(1912,1920)和特邀演讲(1924,1928)。月球上有以其名字命名的火山口。

安德拉德(Andrade, Jules Charles Frederick, 1857.9.4—1933.2.25) 法国数学家、物理学家和钟表匠。生于巴黎,卒于滨海卡约(Cayeux-sur-Mer)。早年在巴黎综合工科学校求学。到炮兵部队服役后在雷恩、蒙波利埃和贝桑松等地大学任教。后在贝桑松大学的计时法研究所任教授达26年。研究机械时钟的构造与制作,研制出计算面积的一种仪器。1874年,从理论上证明了这种仪器的数学原理。著有《物理力学讲义》(1898;新版,2010)、《计时法》(1908)和《运动,时间和面积的测量》(1911)等。1921年当选法国科学院通讯院士。四次(1897、1904、1908和1924)在国际数学家大会上作学术报告。1917 年获庞斯列奖。1923 年获荣誉军团骑士勋章。

克鲁格(Krüger, Johann Heinrich Louis, 1857.9.21—1923.6.1) 德国数学家、大地测量学家。生于埃尔策,卒于同地。1877 年进入柏林皇家技术学校(后来的柏林技术大学)学习数学,其间对大地测量学产生兴趣,1883 年以论文《椭球体的测地线,及其何时不再是最短线的研究》获博士学位。之后到皇家普鲁士大地测量研究所工作,先后任研究助理、研究员和副主任,至 1922 年退休。主要贡献在大地测量方面。1900 年受格丁根科学协会委托处理高斯留下的大地测量方面的遗作。编辑了高斯的大地测量记录,深入研究了三角测量的方法,发展了高斯的数学思想,包括在平面地图上绘制曲面的数学方法。精心制作了一个把椭球面保角映射到平面的数学仪器。1912 年发表了题为《地球椭球面在平面上的保角映射》的论文,为 1923 年引入的高斯-克鲁格投影法(或称高斯-克鲁格坐标系)奠定了基础。该投影法被许多国家使用。1910 年当选利奥波第那科学院院士。1918 年当选格丁根科学院通讯院士。1921 年获授柏林技术大学名誉博士学位。

柯尼希斯(Koenigs, Gabriel, 1858.1.17—1931.10.29) 法国数学家、物理学家。生于图卢兹,卒于巴黎。早年在图卢兹学习,1879 年进入巴黎高等师范学校继续深造,受教于数学家达布,1882 年获博士学位。之后在贝桑松理学院和图卢兹大学任教。1886 年返回高等师范学校执教,同时任法兰西学院分析力学讲座教授,至 1895 年。1895 年任巴黎理学院力学助理教授,1897 年任物理和实验力学讲座教授。1890 年因在微分几何方面的研究获法国科学院鲍廷奖,1893 年又获庞斯列奖。1897 年当选法国数学会主席。1918 年成为法国科学院院士。主要贡献在微分几何中直纹曲面、直线线汇和线丛的理论、数学分析中的迭代理论等方面。把数学研究同物理学结合起来,运用庞加莱的积分不变式原理,成功地解决了分析力学中的一些问题。著有《直纹几何及其应用》(1895)、《某些函数方程积分的研究》(1884)和《运动学教程》(1897)等。还发表了大量研究论文。1910 年以后转向热力学研究。第一次世界大战之后当选国际数学联盟执行委员会秘书长。利用职务之便将与法国交战的数学家排除在 1920 年和 1924 年的数学家代表大会之外。

克拉泽(Krazer, Karl Adolf Joseph, 1858.4.15—1926.8.7) 德国数学家。生于祖斯马豪森,卒于卡尔斯鲁厄。早年在斯特拉斯堡、莱比锡、柏林和格丁根等地大学求学。1881 年在格丁根大学获博士学位,1883 年成为维尔茨堡大学不支薪讲师。1889 年任斯特拉斯堡大学教授。1902 年后在卡尔斯鲁厄大学任数学教授,并两度担任该校校长。是利奥波第那科学院院士(1889)和海德堡科学院成员(1909)。著有《θ 函数教科书》(1903)、《函数图形表示的历史》(1915)和《阿贝尔函数与广义 θ 函数》(1921)等。为《数学百科全书》撰写了几篇重要文章,参与欧拉著作的出版。

吉布森(Gibson, George Alexander, 1858.4.19—1930.4.1) 苏格兰数学家。生于格林劳,卒于格拉斯哥。1874 年入格拉斯哥大学学习,1881 年获硕士学位后留校任教，1891年任数学讲师。其间于1885年到柏林大学留学，参加了魏尔斯特拉斯、库默尔和克罗内克的讲座。1895年到苏格兰西部的技术学院任数学教授。1909—1927年任格拉斯哥大学数学教授。1888—1889年任爱丁堡数学会主席。1889年当选爱丁堡皇家学会会员。1905年获爱丁堡大学法学名誉博士学位。著有《微积分基础》(1901)和《图论基础》(1905)等教科书。热衷于数学史研究，编写的《18世纪末之前的苏格兰数学史概论》(1927—1928)是当时的权威著作。

古尔萨(Goursat，Édouard Jean-Baptiste，1858.5.21—1936.11.25)　法国数学家。生于洛特省兰萨茨，卒于巴黎。1876年进入巴黎高等师范学校学习，受教于布里奥、埃尔米特和达布等数学家，1881年由达布指导获理学博士学位。1881—1885年在图卢兹大学任教，1885—1897年在巴黎高等师范学校任教，主要教授数学分析课程，其讲义成为他著名教程的基础。1897—1931年(接替皮卡)任巴黎理学院高等分析讲座教授；1931—1933年(接替皮卡)任高等代数讲座教授。1895年当选法国数学会主席。1919年当选法国科学院院士。主要贡献在分析数学方面，是19世纪末法国研究数学分析的先驱。1900年在《关于柯西解析函数的一般定义》一文中改进了柯西解析函数的定义，删除了柯西积分定理中关于导数连续性的条件，证明了"如果 $f'(z)$ 存在则必连续，且 $\int f(z)\mathrm{d}z=0$"。这一结果被称为"柯西-古尔萨定理"。还撰写过有关线性偏微分方程理论及其有理变换的论文(1881)，对偏微分方程中柯西-柯瓦列夫斯卡娅定理的证明作出改进。非常注重研究结果的应用，在超椭圆积分、不变量理论和曲面理论等方面得到大量成果。编著的《数学分析教程》(2卷，1902—1905)作为当时高校的标准教科书多次印刷，在30多年内被许多国家(包括中国)使用。到20世纪30年代，修改和完善这部教科书，成为布尔巴基学派诞生的重要推动力。获得多项奖励和荣誉，如1891年获庞斯列奖，先后获法国荣誉军团骑士、军官和指挥官勋章等。

福赛思(Forsyth，Andrew Russell，1858.6.18—1942.6.2)　英国数学家。生于苏格兰格拉斯哥，卒于英国伦敦。1877年就学于剑桥大学三一学院，成为凯莱的学生。1881年以数学一等荣誉学位毕业并当选三一学院研究员。1882年主持利物浦大学学院数学讲座。1884年返回剑桥大学担任教授，1895—1910年任萨德勒纯粹数学教授。1913—1923年任伦敦帝国理工学院的讲座教授。1886年当选英国皇家学会会员。1900年成为爱丁堡皇家学会会员。1904—1906年任伦敦数学会主席。主要贡献在分析数学和微分几何等方面。所著《复变函数论》(1893)被认为是自牛顿《原理》以来对英国数学影响最大的专著之一，它将欧洲大陆的分析数学引进英国，为英国数学现代化起到引航作用。还著有《变分学》(1927)、《理想空间的内蕴几何学》(2卷，1935)、《微分方程论》(6卷，1890—1906)、《曲线和曲面微分几何讲义》(1912)和《二元复变函数导论》(1914)等。1897年获皇家奖章。1908年在罗马国际数学家大会上作1小时大会报告。

约翰逊，W. E.(Johnson，William Ernest，1858.6.23—1931.1.14)　英国逻辑学家。生于剑桥，卒于北安普敦。1879年进入剑

桥大学国王学院攻读数学和道德科学，1883年以道德科学一等荣誉学位毕业。之后在剑桥地区担任各种临时职业达19年之久。1902年回到国王学院担任新建立的锡德威克(Sidgwick)道德科学讲师，后升为研究员，讲授逻辑学和数理经济学。1923年当选不列颠学院院士。主要贡献在逻辑学和概率论方面，其《逻辑演算》(1892)一书，以“合取”和“否定”为基本符号，给布尔命题和函数逻辑以完美的描述。还著有3卷《逻辑学》(1921—1924)、《思维分析》(1918)。对概率论基础的论述影响了J. M. 凯恩斯等人，发展了概率论的逐次性法则。所著《效用曲线的纯理论》(1913)是著名的数理经济学著作。获曼彻斯特(1922)和阿伯丁(1926)等大学的名誉学位。

菲利波夫(Филиппов, Михаил Михайлович, 1858.7.12—1903.6.25) 俄国数学家、文学家。生于基辅州欧科基诺，卒于圣彼得堡。少年时期曾学习法、德、英语，以及拉丁语和希腊语等多种语言。先后就学于新罗西斯克大学和圣彼得堡大学的物理-数学系。1892年，在德国海德堡大学以论文《线性齐次微分方程的不变量》获自然哲学博士学位。是一位百科全书式的学者，涉猎数学、文学、哲学、物理学、化学和经济学，还从事科学普及和编著百科全书等工作。1894—1901年，在彼得堡组织出版科学哲学杂志《科学评论》，列宁和其他一些政治家都曾在这家杂志担任编辑，发表文章。数学著作有《代数运算的化简》《概率论初步》《罗巴切夫斯基及其几何学》等。是圣彼得堡数学会会员。

米约(Milhaud, Gaston, 1858.8.10—1918.10.1) 法国数学家、科学哲学家。生于尼姆，卒于巴黎。1878年就学于巴黎高等师范学校和巴黎综合工科学校，师从数学家达布。毕业后于1882—1890年在勒阿弗尔大学讲授数学。1890年任蒙彼利埃大学数学教授，1895年后任哲学教授。1909—1918年任巴黎人文学院(索邦大学文学院前身)哲学史的讲座教授。以研究希腊科学而著称，同时擅长于科学史及其与哲学关系等问题的探讨。著有《希腊科学起源探讨》(1893)、《逻辑确定性的条件和限制》(1900)、《学者笛卡儿》(1921)和《库尔诺研究》(1927)等。

皮亚诺(Peano, Giuseppe, 1858.8.27—1932.4.20) 意大利数学家、逻辑学家、语言学家。生于库内奥附近的斯皮内塔(Spinetta)，卒于都灵。1876年进入都灵大学学习，毕业留校担任其导师杰诺基的助手。1880年获博士学位。1895年升任教授，还兼任都灵军事学院教授。是研究数理逻辑和数学基础的先驱。所著《算术原理，一种新方法》(Arithmetices principia, nova methodo exposita, 1889)完成了对自然数的公理化的处理(建立了皮亚诺公理)。1891年创立《数学杂志》，并在这个杂志上用数理逻辑的符号给出了他的自然数公理。在逻辑符号上有许多创新，例如用∈表示“属于”，以及集合的“交集”“并集”等现代符号，从而使逻辑推理更加简洁。花费10多年时间，编著了5卷本的《数学公式》(1895—1908)，囊括了数学各分支的4 200多条定理，并完全采用纯粹数理逻辑的符号予以表示和证明。还将其公理化方法应用于其他分支，给出了几何学上的几个公理系统。1890年给出填满一个正方形的曲线——皮亚诺曲线(分形曲线的早期示例)，由此引进一个比较严格的容度概念，从而使区域面积概念严密化。在常微分方程领域，第一个证明了当$f(x, y)$连续时，一阶微分方程 $y'=f(x, y)$可解。在代数型理论、向量分析、数值计算、数学史等方面也均有建树。对20世纪数学的发展有重要影响。是多所科学机构，包括都灵科学院的成员。1897年在第一届国际数学家大会上作1小时大会报告。对世界语的研究和推广也有很大贡献，1908年任世界语研究所所长。第9987号小行星（1997）命名为“皮亚诺星”。

范因（Fine, Henry Burchard, 1858.9.14—1928.12.22） 美国数学家。生于宾夕法尼亚州钱伯斯堡，卒于新泽西州普林斯顿。早年就学于新泽西学院（1896年更名为普林斯顿大学），受霍尔斯特德的影响研究数学。1884年后到德国莱比锡和柏林等地访学，受教于C. F. 克莱因和克罗内克，在C. F. 克莱因的指导下于1885年获博士学位。回国后在新泽西学院任教，1890年成为教授，曾任教务长（1903）和科学系主任（1909）。为新泽西学院转变为现代型的普林斯顿大学发挥了重要作用。去世后，普林斯顿大学以他的名字设立了亨利·伯查德高级教授席位。参与创建美国数学会的工作，1911—1912年任该学会主席。主要贡献是对牛顿逼近论的研究（1916），另外有微分方程、数字方程的克罗内克定理（1914）和代数数系等问题的著述。所撰教科书以简明扼要、深入浅出见长。其中最著名的是《代数学》（1905）和《微积分》（1927）。分别被译成中文，前者命名为《范氏大代数》（1940），在中国广为流传，被用作教科书达半个世纪之久，至今仍有参考价值。

安贝尔，M. G.（Humbert, Marie Georges, 1859.1.7—1921.1.22） 法国数学家。生于巴黎，卒于同地。1877年入巴黎综合工科学校学习，毕业后成为矿山工程师。随后任教于母校及巴黎矿业学院，1895年升任教授。1885年在若尔当指导下获数学博士学位。1901年当选法国科学院院士，1904—1912年任若尔当的助理。1912—1921年接替若尔当任法兰西学院高等数学讲座教授。1893年任法国数学会主席。将代数曲线和曲面理论及相关的分析和数论问题结合起来研究。发展了代数函数理论并将其应用于几何学，解决了2类超椭圆曲面上左旋曲线分类的难题；探讨了某些奇点的性质及存在这类奇点的阿贝尔函数，给出了超椭圆函数变换及其复数乘法两大问题的完全解，得到了如下的结果：到自身的某些曲面的变换群的存在与否构成了曲面几何和曲线几何的区别。最重要的工作之一是将这些理论应用于数论而完善了埃尔米特的工作。1891年获庞斯列奖。

卡约里（Cajori, Florian, 1859.2.28—1930.8.14） 瑞士—美国数学家、数学史家。生于瑞士图西斯附近的圣艾格南（St. Aignan），卒于美国加利福尼亚州伯克利。1875年移居美国。1876—1878年进入威斯康星州师范学校学习，毕业后在乡村学校任教。1883年相继进入威斯康星大学和约翰斯·霍普金斯大学学习，1886年获硕士学位。1894年在图兰大学获哲学博士学位。先后任图兰大学应用数学教授和科罗拉多学院数学物理学教授。1898年后任科罗拉多学院数学系主任、工程系主任。1918年任伯克利加利福尼亚大学数学史讲座教授，这是美国第一位数学史讲座教授。几乎是单枪匹马地在美国创立了数学史这门学科，撰写了约 12 本书，并发表了大量关于数学史的论文和报告。所著《数学史》(1894)是第一本试图以流行和易读的方式介绍数学历史的著作。最重要的著作是《数学符号史》(2 卷，1928—1929)。还著有《初等数学史》(1898；中译本，商务印书馆，1931）和《物理学史》（增订本1928；中译本，内蒙古人民出版社，1981）等。其他研究包括北美和南美的早期数学、数学教学法和 17 世纪数学家传记等。1917—1918 年任美国数学协会主席，1923 年当选美国科学促进会副主席。1924 年在多伦多国际数学家大会上作学术报告。曾获得三所大学的法学博士学位。月球上有以其名字命名的陨石坑。

切萨罗（Cesàro, Ernesto, 1859.3.12—1906.9.12） 意大利数学家。生于那不勒斯，卒于托雷安农齐亚塔。早年就读于列日矿业学院，其间曾到巴黎访问，参加埃尔米特和达布等数学家的讲座。1886—1891 年在巴勒莫大学教授数学。1887 年获罗马大学名誉博士学位。1891 年后任那不勒斯大学分析学讲座教授，直至去世。数学贡献是多方面的，共发表论著 259 种，涉及数论、微分几何学、数学分析的应用、符号代数和概率论等内容。19 岁时解决了某些拓扑方面的问题，24 岁时发表成名之作《算术的各种问题》(1883)。同年又开始研究内蕴几何学，经过十几年的努力，出版了该学科的奠基性著作《内蕴几何学教程》(1896)，书中解释了分形曲线的构造，并给出皮亚诺曲线函数的解析形式，得到“切萨罗曲线”等相关结果，并在一般情况下讨论了曲面和多维空间的性质。还深入研究发散级数，1890 年在按柯西法则求解级数相乘问题时，提出了“切萨罗方法”，即算术平均求和法。1906 年秋，为救溺水的儿子不幸身亡。

沙图诺夫斯基（Шатуновский, Самуил Осипович, 1859.3.25—1929.3.27） 俄国—苏联数学家。生于乌克兰大兹纳缅卡，卒于敖德萨(今属乌克兰)。早年在圣彼得堡的技术学院和交通学院求学，未及完成学业即作为旁听生到圣彼得堡大学听课，被切比雪夫的数学讲座吸引，从而转向数学研究。经过多年在各城镇私人讲授数学课和坚持研究，在 1897 年进入敖德萨自然科学家学会数学部兼职。1905 年通过硕士考试获得敖德萨大学教职，1917 年获博士学位，1920 年晋升为教授。是敖德萨数学学派的创始人之一。数学研究主要在数学基础、代数学、数论和数学分析等方面。独立于希尔伯特，建立了测量直线图形面积的公理化体系(1897)，发展了多面体体积测量的理论。研究了广义的极限概念并给出一种定义，这一定义在现代拓扑学和分析中有重要作用。在博士论文《代数作为函数模块比较的理论》(1917)中明确指出，“排中律”形式转移到无限集时在逻辑上是行不通的。这篇论文实质上给出了伽罗瓦理论的一种新结构。还写了多篇很有价值的初等数学论文，如解线性三角函数问题的方法等。

胡尔维茨（Hurwitz, Adolf, 1859.3.26—1919.11.18） 德国数学家。生于德国希尔德斯海姆，卒于瑞士苏黎世。1877 年进入慕尼黑皇家高等技术学校学习，不久到柏林大学深造，师从库默尔、魏尔斯特拉斯和克罗内克。1880 年又成为 C. F. 克莱因的学生，1881 年以模函数的论文在莱比锡大学获博士学位。此后在柏林、格丁根和苏黎世等地的大学任教。1884—1892 年应邀到哥尼斯堡大学，成为希尔伯特与闵科夫斯基的老师，三人很快结为终生挚友。1892年后任瑞士苏黎世技术大学讲座教授。主要贡献在代数学、数论、函数论、级数论等方面。曾探讨模函数理论以及重要的数论课题——判别式为负的二元二次型的类数的关系。运用分割二次曲面为三角形的方法，得到了类数的非算术无穷和，并把这种研究推广到三元型。与C. F. 克莱因合作，研究代数黎曼面理论，证明了亏格大于1的代数黎曼面的自同构群是有限的。1895年在论文《方程只有负实部根的条件》中给出了著名的胡尔维茨定理——多项式的所有根均位于左半平面的一个条件。这个结果在控制理论等稳定性研究中很有价值。还探讨了具有二次范数的实代数问题，证明了实数、复数、实四元数和虚四元数是仅有的满足乘法定律的线性结合代数。著有《四元数数论讲义》(1919)和《广义函数和椭圆函数论讲义》(1922)等。其论文集由他的同事波伊亚等人于1932年整理出版。1897年在第一届国际数学家大会上作1小时大会报告。1913年获授伦敦数学会名誉会员。

延森(Jensen, Johan Ludvig William Valdemar, 1859.5.8—1925.3.5)　丹麦数学家、工程师。生于纳克斯考，卒于哥本哈根。1876年进入哥本哈根技术学院(今丹麦技术大学)学习，其间对数学产生极大兴趣。1881年受聘于国际贝尔电话公司的哥本哈根分部，1890年任总工程师。业余时间从事数学研究，在黎曼猜想、代数方程论、整函数论、Γ函数和无穷级数理论等方面都取得了有价值的成果。在研究黎曼猜想过程中得到著名的“延森定理”(1899)，即表示圆域上一个全纯函数绝对值的对数的平均值的定理；1906年证明了在凸函数论中起重要作用的延森不等式，使许多经典不等式成为其特例。

布里斯托尔(Bristol, William Henry, 1859.7.5—1930.6.18)　美国数学家、教育家、发明家。生于康涅狄格州沃特伯里(Waterbury)，卒地不详。1884年毕业于斯蒂文斯理工学院并获得工程学学位。1886年开始在母校任职，1899—1906年任数学教授。1889年与其父兄共同创建了布里斯托尔公司。到1915年，公司制造了包括测量和记录温度、电力、压力、运动、时间、流量和湿度等的多种大型工业仪器，以及多种录音设备、扩音器和有声动画装置等。一生获近100项专利，这些专利使工业技术取得重大进展，获得了全球认可。1890年获约翰·斯科特奖章。1894年获富兰克林研究所爱德华·朗斯特雷斯奖章。还在世界各地的博览会上获得奖牌。

梅谢尔斯基(Мещерский, Иван Всеволодович, 1859.8.10—1935.1.7)　俄国—苏联数学家、力学家。生于俄国阿尔汉格尔斯克，卒于苏联列宁格勒(今俄罗斯圣彼得堡)。1878年进入圣彼得堡大学物理-数学系学习数学和力学，1882年毕业后留校在不同院系任职。1889年获硕士学位。1897年获博士学位。1891—1919年在圣彼得堡高等女子学院授课。1902年以后任圣彼得堡理工学院力学系教授，1907—1908年任学院院长，1915年获名誉教授称号。还是圣彼得堡数学会会员。主要贡献在理论力学及其应用方面。1886年用数学方法得到了围绕非对称楔形流动的复杂情况的解，推广了博贝列夫的有关结果。还以研究可变质量物体的运动而闻名，在1893年的圣彼得堡数学会会议上，提交报告《变质量质点的动力学》(1897 年发表)，考察具有变质量物体运动的一般理论问题，指出了反作用力的产生对物体运动的影响；讨论了许多运动物体质量发生变化的情况。关于变质量粒子运动的工作为苏联 1945 年后开发的火箭技术奠定了基础。编著的《理论力学习题集》(1914)共出版了 51 版，被意、法、德、美等多国采用为高等工科学校标准教学用书。

赫尔德(Hölder，Otto Ludwig，1859.12.22—1937.8.29)　德国数学家。生于斯图加特，卒于莱比锡。1877 年入柏林大学学习，受教于克罗内克、魏尔斯特拉斯和库默尔等数学家。1882 年在杜宾根大学由杜布瓦-雷蒙指导获博士学位。1884 年又在格丁根大学获得第二个博士学位，才得以任该校的不支薪讲师，至 1889 年。1890—1896 年任杜宾根大学教授。1896—1899 年任哥尼斯堡大学教授。1899 年接替 M. S. 李任莱比锡大学讲座教授，至 1927 年退休。1918 年任莱比锡大学校长。1899 年当选撒克逊科学院院士。1918 年任德国数学家协会主席。1927 年当选巴伐利亚科学院通讯院士。主要贡献在数学分析、级数论、解析函数、群论、几何学和数学基础等方面。在数学分析方面，建立了有广泛应用的赫尔德不等式(1884)，它包含了施瓦兹不等式向一般指数情形的推广。在莱比锡大学的就职讲演《数量公理和测度学说》(1900 年出版)中证明了阿基米德公理可以从戴德金的连续性概念推导出来，这是公理化测度论的起点。在级数论方面，推广了弗罗贝尼乌斯关于发散级数可和性的研究，建立了赫尔德求和法；还考察了不必连续或不必有界的函数的傅里叶级数的收敛性，并首先把傅里叶系数定义为非正常积分的新形式。在解析函数论方面，给出关于本性奇点性质的魏尔斯特拉斯定理的完整证明，研究了其幂级数在收敛圆周上发散的解析函数；还建立了群论中有重要意义的若尔当-赫尔德序列和若尔当-赫尔德定理，研究了抽象群自同构。在几何学和数学基础方面，著有《几何学中的观察与思考》(1900)和《数学方法论》(1924)等。很注意研究与物理学密切相关的数学问题，例如论证了哈密顿变分原理对于非完整运动同样是有效的。

史密斯，D. E.(Smith，David Eugene，1860.1.21—1944.7.29)　美国数学家、数学史家。生于纽约州科特兰，卒于纽约市。1881 年毕业于锡拉丘兹大学。1887 年获博士学位。多次留学欧洲。1884—1887 年从事律师职业。1884—1891 年在科特兰师范学校(最初是兼职)讲授数学。1891—1898 年任密歇根师范学院教授。1901—1926 年任哥伦比亚师范学院教授。1920—1921 年任美国数学协会主席。还是国际科学史学会的创始人，并于 1927 年担任学会主席。编著了系列数学教材和数学史专著。其中《近代数学史》(1896，中译本名《西洋近世算学小史》，商务印书馆，1935)、《印度—阿拉伯数码》(与卡尔平斯基合著，1911)、《日本数学史》(与三上义夫合著，1914)和《数学史》(2 卷，1923—1925)等都是数学史的经典著作。在《日本数学史》一书中，以 63 页篇幅介绍中国古代数学，并指出古代中印数学有相互的影响和交流。还翻译、编辑了 C. F. 克莱因和德·摩根的著作，并在多种杂志上发表过大量数学史文章。1915—1917 年，曾与中国数学史家李俨多次通信，试图共同编写一部英文版的中国数学史著作，但由于各种原因终未能实现。向哥伦比亚大学捐赠了 20 000 余册图书和大量数学家(包括牛顿、笛卡儿、莱布尼茨和伯努利等人)的手稿、肖像和通信等。

古茨默(Gutzmer, Karl Friedrich August, 1860.2.2—1924.5.10) 德国数学家。生于普鲁士新罗登(今德国诺伊施塔特),卒于哈雷。1881 年开始在柏林大学接受私人讲师授课并参加数学讲座,1884 年注册为正式生。曾受教于克罗内克和魏尔斯特拉斯,1887 年完成学业。1893 年在旺格林指导下获哈雷大学博士学位。先后在柏林工业大学(1894—1896)、哈雷大学(1896—1899)、耶拿大学(1899—1905)任教。1905 年后任哈雷大学教授,直至去世。1914—1915 年任哈雷大学校长。1900 年当选利奥波第那科学院院士,1921 年任科学院院长。主要贡献在微分方程和函数论方面。发表《关于某些高阶偏微分方程》(1893)、《关于某些线性微分方程》(1894)和《单值解析函数论》(1906)等论著。还研究数学在科学技术及经济学等方面的应用。是一位优秀教师,十分注重教材教法的改进。1908—1913 年担任德国数学与科学教学委员会主席。撰写了德国数学会的历史。

莱尔希(Lerch, Matyáš, 1860.2.20—1922.8.3) 捷克数学家。生于南波希米亚的米利诺夫(今属捷克),卒于捷克斯洛伐克苏希采(今属捷克)。6 岁时因为一次事故致双腿残障。经过努力于 1880 年入捷克技术学院学习。1884—1885 年就读于柏林大学,受教于魏尔斯特拉斯、克罗内克、龙格和 I. L. 富克斯,1885 年获博士学位。之后相继在捷克技术学院、瑞士弗里堡大学、布尔诺捷克技术研究所任职。1920 年成为马萨里克大学第一位数学教授。1900 年以对数论的研究获法国科学院大奖。是捷克数学家和物理学家联盟的名誉会员(1907)。1909 年获捷克大学名誉博士学位。共发表 250 余篇论文,内容涉及特殊函数、无穷级数、解析函数、椭圆函数、积分方程、数论、数值方法和几何等多个领域。在亚纯函数辅助参数的引进、级数的快速收敛原理以及算子演算方面均有建树。有一种特殊函数以他的名字命名。在算子微积分中,建立了某种三角展开式导数的莱尔希公式。

汤普森, D. W.(Thompson, D'arcy Wentworth, 1860.5.2—1948.6.21) 苏格兰生物学家、数学家和博物学家。生于爱丁堡,卒于圣安德鲁斯。1877—1880 年在爱丁堡大学学习解剖学和化学,1880—1883 年在剑桥大学三一学院攻读动物学和生理学。1884 年开始在邓迪大学学院担任自然历史教授 32 年。1917 年任圣安德鲁斯自然历史系主任,至 1948 年退休。共发表和出版 300 多种科学文章和书籍,内容涉及生物数学、动物学、化学、自然历史、哲学和博物学等多个学科领域。是第一位生物数学家,尝试将生物现象简化为数学问题,认为只有纯数学才能理解所有动植物,在物质世界的研究中,数量、顺序和位置是获得确切知识的三大线索。著有《生长和形态》(1917),其中运用数学方法研究了形态学问题,革新了当时的生物学理论。在该书"关于相关形态的比较"一章中,依据笛卡儿坐标法制图,论证了相关有机形态的有序变化。这部著作对胚胎学、分类学、古生物学、生态学的研究有很大影响。1885 年当选爱丁堡皇家学会会员。1916 年成为英国皇家学会会员,并在 1934—1939 年担任学会主席。1946 年获达尔文勋章。

沃尔泰拉(Volterra, Vito, 1860.5.3—1940.10.11) 意大利数学家。生于安科纳,卒于罗马。1878年进入佛罗伦萨大学学习,第二年被比萨高等师范学校录取,受教于数学家迪尼和贝蒂。两年后又转入比萨大学,1882年在贝蒂指导下获博士学位。1883年成为比萨大学力学教授。1892年贝蒂去世后继任数学物理学讲座教授。1893年兼任都灵大学的力学教授。1900年任罗马大学数学物理系主任。1887年当选山猫学院院士,1923—1926年任学院院长。还是伦敦数学会和爱丁堡皇家学会成员。1905年任意大利王国的参议员。在第一次世界大战以及后来的反法西斯斗争中,为完善飞艇装置作出贡献,并因此获战争功绩十字勋章。19世纪末至20世纪初,多次到法国和德国访问,结识当地多位数学家,从而成为国际数学界的重要成员。数学贡献涉及数学物理、积分方程、积分微分方程、泛函分析、集合论、弹性理论和天体力学等多个领域。是积分方程理论的创始人。1896年给出了第二类积分方程的解法,以及第一类积分方程化为第二类积分方程的方法。还发现第一类积分方程是某种线性方程组的极限形式。这两类积分方程均以他的名字命名。得到积分微分方程的构造法,引进泛函微分的一般概念,还建立了泛函方程的特征理论。1918年以后,致力于研究数学在生物学中的有趣应用,例如研究大鱼吃小鱼现象,导出沃尔泰拉生存竞争方程。重要著作收集在《数学论文集》(5卷,1954—1962)中。最重要的著作是《泛函理论和积分微分方程》(1930)。1932年,因政治原因移居国外,相继在法国、西班牙、比利时、捷克斯洛伐克和瑞士等国讲学。是至今唯一一位在国际数学家大会上作过4次1小时大会报告的数学家(1900、1908、1920、1928)。获法国荣誉军团大军官勋章。月球上的一个火山口和第14072号小行星(1996)以其名字命名。

皮耶里(Pieri, Mario, 1860.6.22—1913.3.1) 意大利数学家。生于卢卡,卒于同地。1876—1880年在波伦亚皇家技术学校学习,1881—1884年就学于比萨高等师范学校,毕业后在比萨的公立中学任教。1886年任都灵军事学院教授,并兼任都灵大学的射影几何教授。1900—1908年在卡塔尼亚大学教授射影几何与画法几何。1908年后执教于帕尔马大学。是意大利代数几何学派的成员之一,主要从事射影几何学的教学和研究。在皮亚诺工作的影响下深入研究数学基础理论,特别是几何学的公理化。共发表论文50余篇,编著出版了射影几何学的教科书。1895年,用点、线、段这三个不定义概念构造出射影几何学的公理体系。1896年又构造出高维空间射影几何学体系。对于普通几何学的公理体系的建立,只用两个不定义概念——点和运动。还给出了第一个复射影几何学的公理系统,并尝试用不同的不定义概念集去构造各种几何学。还探讨了算术基础问题。例如,用逻辑学的观点来解释整数的概念,把“数”和“数的后继项”作为算术的原始概念。发表近60篇研究论文,著有《军事院校学生用射影几何教程》(1891)。1908年被授予意大利王冠骑士的荣誉。

布吕克纳(Brueckner, Max, 1860.8.5—1934.11.1) 德国数学家。生于萨克森州齐陶,卒于包岑。早年入莱比锡大学学习,

1886年在C. F. 克莱因等数学家指导下以研究保角映射的论文获博士学位。1887年后在齐陶和包岑两地的预科学校执教。主要研究多维几何问题，以制造几何模型，特别是星形和均匀的多面体模型而闻名，研制的第一个星体是由一个二十面体和三个八面体的复合体组成的。这些工作详载于所著《多边形与多面体》(1900)中。涵盖了当时在多面体方面所知的全部内容，是多面体研究史上的里程碑之一。有专家评价其为"均匀多面体的美丽照片……成为后世人们创作的灵感。"1930—1931年，将自己的200多件模型藏品捐献给海德堡大学，并于1931年获该校名誉博士学位。还著有《四维几何基础》(1894)等。曾四次(1904、1908、1912和1928)在国际数学家大会上作学术报告。

莫利(Morley, Frank, 1860.9.9—1937.10.17) 英国数学家。生于英格兰伍德布里奇，卒于美国马里兰州巴尔的摩。1879—1884年就学于剑桥大学国王学院。1884—1887年在中学执教。1887年定居美国(但始终保留英国国籍)。同年被任命为宾夕法尼亚大学学院的讲师，第二年晋升为教授。1898年获博士学位。1900年后任约翰斯·霍普金斯大学数学教授。主要贡献在几何学方面。1899年，发现了欧几里得几何学中关于三等分角线的一个新奇定理(称莫利定理)：如果任何三角形的角被三等分，则由相邻角的三等分线相交点作成的三角形是等边的。所著《解析函数导论》(与哈克尼斯合著，1898)是当时流行的教科书。曾担任《美国数学杂志》的编辑达30年之久。1919—1920年任美国数学会主席。还是一位出色的国际象棋手。

索米利亚纳(Somigliana, Carlo, 1860.9.20—1955.6.19) 意大利物理学家、数学家。生于科莫，卒于卡萨诺瓦兰扎。先后在帕维亚大学和比萨高等师范学校学习，师从贝尔特拉米和贝蒂，与同学沃尔泰拉建立了终生友谊。1887—1903年在帕维亚大学任教，1892年成为教授。1903—1935年任都灵大学数学物理教授。主要贡献在数学物理、地球物理学和大地测量学等方面。在数学物理中有索米利亚纳张量和索米利亚纳积分方程。还发展了贝蒂和魏恩加滕的弹性理论。领导了意大利冰川学委员会。1908年当选山猫学院院士，1936年转为宗座科学院院士。

怀特海，A. N.(Whitehead, Alfred North, 1861.2.15—1947.12.30) 英国逻辑学家、数学家、哲学家。生于英格兰肯特郡拉姆斯盖特，卒于美国马萨诸塞州坎布里奇。1884年毕业于剑桥大学三一学院，获数学一等荣誉学位(导师是劳思)，并成为学院的研究员。先后在三一学院(1885—1910)、伦敦大学学院(1911—1924)和美国哈佛大学(1924—1937)任教授。早期的研究兴趣在代数学方面。1898年发表第一部著作《泛代数》，提出新的观点，由此开始了泛代数的研究。作为三一学院主考官，1890年发现了刚入学的罗素的才华，很快成为忘年朋友，并在数理逻辑和科学哲学的研究中成为密切合作者，被认为是数学基础三大学派之一的逻辑主义学派的创始人。提出逻辑是可靠的，全部数学可以从逻辑推导出来，因而是逻辑的一种延拓。合著的《数学原理》(Principia Mathematica，3卷，1910—1913)一书对逻辑主义学派的基本观点进行了论述，已成为重要的历史文献。书中所使用的符号或者来自皮亚诺，或者由 A. N. 怀特海本人所发明。罗素则处理若干哲学问题——主要是逻辑类型论的设计。尽管他们的预想没有实现(因为在推导过程中使用了逻辑以外的公理)，但他们的工作大大地推动了数理逻辑的发展。他在教育学方面也有重大贡献，认为教育的目的不在于向学生填塞知识，而在于鼓励和指导学生独立发展。其教育和哲学著作已被译成多种文字。其《过程与实在》(1929；中译本，商务印书馆，2012)成为西方形而上学的经典著作之一，曾在美国引起热烈讨论。1903 年当选英国皇家学会会员，1925 年获西尔维斯特奖章。1931 年当选英国科学院院士，1945 年获荣誉勋章。还获得多所大学，包括曼彻斯特、圣安德鲁斯、哈佛和耶鲁等大学的名誉博士学位。

马修斯(Mathews, George Ballard, 1861.2.23—1922.3.19) 英国数学家。生于伦敦，卒于利物浦。早年就学于伦敦大学学院和剑桥大学圣约翰学院，是贝桑特的学生。1883 年以数学一等荣誉学位(导师是劳思)毕业并当选圣约翰学院的研究员。1884—1896 年任新建的北威尔士班戈大学数学系主任。1896 年返回剑桥大学执教，至 1906 年。1906 年返回班戈大学，1911 年受聘为特别讲师。1897 年当选英国皇家学会会员。主要从事古典数论、射影几何、代数学和特殊函数的研究。两卷集《数论》(1892)包括高斯二次型理论，讨论了素数和黎曼关于素数的结果；《代数方程》(1907)论述了伽罗瓦理论及群论的相关课题。另著有《贝塞尔函数及其在物理学中的应用》(1895)和《射影几何》(1914)等。

本迪克松(Bendixson, Ivar Otto, 1861.8.1—1935.11.29) 瑞典数学家。生于斯德哥尔摩，卒于同地。1878 年入斯德哥尔摩皇家理工学院就读，次年转到乌普萨拉大学，1881 年毕业并获硕士学位。之后到新建的斯德哥尔摩大学学院继续深造，师从米塔-列夫勒。1890 年获乌普萨拉大学博士学位。之后在斯德哥尔摩大学学院和皇家理工学院执教。1905 年被聘为斯德哥尔摩大学学院高等分析教授，1907 年获得该校名誉博士学位，1911—1927 年任该校校长。主要贡献在微分方程和集合论等方面。早年研究集合论、数学基础和点集拓扑学中的课题，得到有价值的成果。是微分方程定性理论的创始人之一。1900 年后，开展了由法国数学家庞加莱所开创的微分方程解的拓扑性质的研究，建立了方程 $X\mathrm{d}x+Y\mathrm{d}y=0$(其中 X,Y 是 x 和 y 的多项式)具有有限个极限环的定理，被称为本迪克松定理。还研究了产生极限环的各种情形及性质、孤立奇点的分类等问题。在常微分方程定性理论中，有著名的庞加莱-本迪克松环域定理、本迪克松球变换和本迪克松准则等。主要成果发表在 1901 年的论文《由微分方程定义的曲线》中。

布拉利-福尔蒂(Burali-Forti, Cesare, 1861.8.13—1931.1.21) 意大利数学家。生于阿雷佐，卒于都灵。1879 年就学于比萨大学，受教于迪尼、比安基、贝蒂和沃尔泰拉等数学家。1887 年开始在都灵皇家军事学院任教授，当皮亚诺到军事学院兼职时成为其学术助手及合作者。以评论康托尔超限序数理论时所发现的悖论而著名。在 1897 年 3 月 28 日的一次数学会议上宣读的论文中发现了著名悖论——布拉利-福尔蒂悖论：“存在超限数(或序型)a、b，使得 a 既不等于 b，又不小于 b，也不大于 b。”其悖论可以概括为：将所有序数做成一类，它所具有的序数大于所有的序数。这一悖论现常称为“最大序数悖论”，它和罗素悖论、康托尔悖论共同触发了第三次数学危机。此外的主要数学成就是对向量分析基础和线性变换及其各种应用的研究。还与意大利数学家、物理学家马科隆戈(R. Marcolongo，1862—1943)进行了长期的、有成效的合作，写出一系列有关相对论的文章和著作。为皮亚诺数理逻辑学的普及和发展也作出重要贡献。代表作有《数量论》(1893)；《数理逻辑》(1894；第 2 版，1919)等。

希伍德(Heawood, Percy John, 1861.9.8—1955.1.24) 英国数学家。生于英格兰纽波特，卒于英格兰达勒姆。1880 年就读于牛津大学埃克塞特学院，受教于 H. J. S. 史密斯等数学家。1883 年获学士学位，1887 年获硕士学位。同年到达勒姆学院(后称达勒姆大学)任教，1910 年升任教授，1926—1928 年任副校长，1939 年退休。花了 60 年的时间致力于四色定理的研究。于 1890 年发表了题为《地图颜色定理》的第一篇论文，指出肯普证明中的错误，并在同一篇论文中，证明了五种颜色就足够(即五色定理)。还研究了较高地表面上的地图着色，并根据表面的连通性确定了此类地图的着色数的上限(这个上限在 1968 年才被证明是实际最大值)。之后不断发表(1897—1949)关于四色问题的论文，在 1949 年就该主题发表的最后一篇论文被赋予与他的第一篇论文相同的题目。在连续分数、逼近理论和二次剩余等方面也有研究。在《数学公报》上发表了多篇论文和注记，内容主要涉及几何问题。

莫林(Молин, Федор Эдуардович, 1861.9.10—1941.12.25) 俄国—苏联数学家。生于里加(今属拉脱维亚)，卒于托木斯克。1883 年毕业于多帕特大学并留校工作。1885 年获硕士学位，1892 年获纯粹数学博士学位。1900—1917 年任托木斯克技术学院数学教授。1917 年被聘为新成立的托木斯克大学教授，1937 年任数学系主任。还在托木斯克师范学院兼职多年，为两校的教学与科研建立了密切联系。主要贡献在群论、超复数理论和椭圆函数论等方面。对齐次置换群理论、不可约置换群、线性置换群的不变量以及椭圆函数的线性变换等均有论述。为超复数系统建立了基本单位的某种形式，以及它们与群和矩阵的关系，证明了关于超复数系统结构的定理，为超复数系统一般理论的研究作出贡献。在有限阶可结合代数理论中，得到一个关于复数域内简单可结合代数同构性质的定理(后称为莫林定理)。著有《无穷小计算》(1903)和《微积分学》(1909)等。1934 年，俄罗斯联邦共和国授予他功勋科学家的称号。

柯尔(Cole, Frank Nelson, 1861.9.20—1926.5.26) 美国数学家。生于马萨诸塞州阿什兰，卒于纽约市。1878 年进入哈佛大学学习。1883—1885 年访问莱比锡大学，师从 C. F. 克莱因学习数学。在其指导下以论文《对六阶一般方程式理论的研究》于 1886 年获博士学位。先后在哈佛大学(1887—1888)、密歇根大学(1888—1895)和哥伦比亚大学(1895—1926)任教。主要贡献在数论，特别是在素数和群论方面。1892 年将德国数学家内托的重要著作《置换理论及其在代数中的应用》译成英文。这是第一部关于群论的英文书，激发了英语世界对群论研究的兴趣，1964 年重印。最著名的工作是1903年证明了 $2^{67}-1$ 为合数。是美国数学会的组织和领导人之一，1896—1920年担任学会秘书长达25年，并主编《美国数学会通报》21年。去世后，美国数学会设立了柯尔奖(柯尔代数奖和柯尔数论奖)，1928年开始颁发。

希思(Heath, Thomas Little, 1861.10.5—1940.3.16)　英国数学史家。生于英国林肯郡巴内比勒沃尔德(Barnetby le Wold)，卒于萨里郡阿什特德。1879年进入剑桥大学三一学院学习，获得了数学和古典文学的一等学位。1885年成为学院的研究员，1920年任名誉研究员。从1884年开始到1926年退休一直在英国财政部和国债局工作。是研究希腊数学史的专家。在大学期间就为《大英百科全书》撰写了有关希腊数学家的文章，以后一直利用业余时间研究数学史。1897年出版了阿基米德著作《方法》的手抄本，当时没有引起注意。直到1906年丹麦学者海伯格(J. L. Heiberg, 1854—1928)重新发现，才引起世人的重视。将欧几里得、阿基米德、阿波罗尼奥斯、丢番图和阿利斯塔克等希腊数学家的著作译成英文。其中《欧几里得原本13卷》(1908年初版，1925年再版，1956年新版)是《几何原本》的标准英译-评注本，书中的注文不仅仅是原文的诠释，还可看作是2 000多年来研究《几何原本》的历史总结。著有《希腊数学史》(1921)、《希腊数学手册》(1931)、《希腊天文学》(1932)以及《亚里士多德的数学》(1949)等。是英国皇家学会会员(1912)、英国科学院院士(1932)。1922—1923年任数学协会的主席。

伯克哈特(Burkhardt, Heinrich Friedrich Karl Ludwig, 1861.10.15—1914.11.2)　德国数学家。生于施韦因富特，卒于慕尼黑。1879年之后相继在柏林、格丁根和慕尼黑大学学习，曾受教于魏尔斯特拉斯、布里尔和施瓦兹等著名数学家。1887年在鲍尔指导下于慕尼黑大学获博士学位。之后任格丁根大学助教，1889年获教师资格。1897—1908年任苏黎世大学教授，1908年以后任慕尼黑皇家高等技术学校教授。主要致力于椭圆函数理论、无穷级数、群论和数学史的研究，也发表一些有关微分方程、微分几何和数学物理等方面的论著。2卷本《复变量解析函数理论导引》(1897—1899)非常成功地阐述了代数函数、椭圆函数和阿贝尔函数的经典理论，还介绍了过去30年里这些重要理论的发展。这部著作影响广泛，1903—1921年4次再版。还指导了爱因斯坦博士论文(1905)。为《数学百科全书》撰写了几篇重要文章，包括《三角级数与积分》。在数学史方面的著作有《鲁菲尼和群论的开端》(1892)和《振荡函数与数理微分方程积分的发展》(1904—1908)等。1897年，积极筹备和组织第一届国际数学家大会的召开。作为大会委员会的成员参加了1904年在海德堡和1912年在剑桥举行的数学家大会。

恩格尔(Engel, Friedrich, 1861.12.26—1941.9.29)　德国数学家。生于德国开姆尼茨附近，卒于吉森。早年在莱比锡大学和柏林大学师从C. F. 克莱因和M. S. 李学习数学，1883年于莱比锡大学获博士学位。自1885年起先后在莱比锡(1885—1904)、格赖夫斯瓦尔德(1904—1913)及吉森(1913—1931)等大学任教。是M. S. 李的得力助手及合作者，协助M. S. 李并与其合著3卷集专著《变换群论》(1888—1893)，1922—1937年编辑并出版M. S. 李的著作集共6卷(第7卷在恩格尔逝世近20年后出版)。又编辑格拉斯曼的著作。与施特克尔合著非欧几里得几何历史(1898—1913),并将罗巴切夫斯基的主要俄文著作译成德文。是撒克逊科学院、圣彼得堡科学院、柏林科学院和挪威文理科学院的相应成员。曾获罗巴切夫斯基奖。

亨泽尔(Hensel, Kurt, 1861.12.29—1941.6.1) 德国数学家。生于哥尼斯堡(今俄罗斯加里宁格勒),卒于马堡。曾在波恩大学、柏林大学学习,受到李普希茨、魏尔斯特拉斯、克罗内克等名师的指导。1884年获哲学博士学位。1901年起任马堡大学教授,直至1930年退休。曾任《纯粹与应用数学杂志》的编辑。1931年获奥斯陆大学名誉博士学位。在函数论、代数学、数论等方面都有重要贡献。在函数论方面,克罗内克-亨泽尔法提供了代数函数域的算术基础。与兰茨贝格共同撰写的《代数函数理论》(1902,1965年重印)一书是单变量代数函数理论的经典著作。在代数学方面,证明了矩阵的最小多项式的唯一性。提出了P-进数的概念,通过进一步的工作将P-进数发展成一套系统的理论。P-进数法则已成为解决代数数论问题的有效工具,在二次型、数域上的代数以及数论的研究中都得到有效运用。著有《单变量代数函数理论及其在代数曲线和阿贝尔积分中的应用》(1902)、《代数数论》(1908)和《数论讲义》(1913)等。1895—1930年编辑出版了5册克罗内克的著作集。

希尔伯特(Hilbert, David, 1862.1.23—1943.2.14) 德国数学家。生于哥尼斯堡(今俄罗斯加里宁格勒),卒于格丁根。1880年入哥尼斯堡大学,与同学闵科夫斯基及年轻的副教授胡尔维茨结成挚友。1885年在林德曼指导下获哲学博士学位。之后外出访学:在莱比锡受到C. F. 克莱因的器重;到巴黎结识了庞加莱、若尔当等人;回国途中又顺访了柏林的克罗内克。1893年任哥尼斯堡大学教授。1895年受聘为格丁根大学教授,直至退休。与C. F. 克莱因共同努力,使格丁根在20世纪初的30年间成为国际数学研究与教育的中心,自己成为格丁根学派的带头人。是20世纪最伟大的数学家之一。数学贡献是巨大的和多方面的,研究领域涉及代数不变量、类域论、几何基础、变分法、积分方程、无穷维空间、物理学和数学基础等。1888年,解决了代数不变量问题,采用直接的、非算法的方法,证明了不变量系的有限整基的存在定理。1898年,在论文《相对阿贝尔域理论》中概括地提出了类域论,后经高木贞治、E. 阿廷等人发展成为一门完整学科。1899年出版《几何基础》(Grundlagen der Geometrie,第9版,1962)一书,其中第一次给出了完备的欧几里得几何公理体系,奠定了现代公理化方法的基础。1900年,在巴黎国际数学家大会上发表演说《数学问题》(The Problems of Mathematics),提出了20世纪数学面临的23个问题。对这些问题的研究有力地推动了20世纪数学发展的进程。1901年,用对角线方法证明了狄利克雷原理,丰富了变分法的经典理论。对积分方程及无穷维空间理论也有深入工作,建立了希尔伯特空间理论(1904—1912)。1909年,证明了数论中的华林定理。1912—1922年,专注于理论物理领域,其目标是用公理化方法整理近代物理学的重要分支,获得很多成果。1918年后,发展了早期关于几何基础的工作,提出“希尔伯特方案”，其主要思想被概括为所谓“形式主义计划”。由此产生了证明论(或称元数学)，成为数理逻辑的五大主要部分之一。这方面的代表作是与阿克曼合著的《数理逻辑基础》(1928)以及与伯奈斯合著的《数学基础》(2 卷，初版，1934—1939；再版，1968—1970)。1928 年在波伦亚国际数学家大会作 1 小时大会报告《数学基础问题》。还是一位出色的教师，讲课极富魅力，体现了重视基础和技巧的特点。直接培养的博士生就有 69 人，其中卓有成就的数学家就有布卢门塔尔、哈尔、E. 施密特、外尔、斯坦因豪斯、赫克、库朗，等等。1902 年后，一直是德国《数学年刊》的主编之一。享有很高的国际声誉并获得多种国际上的重大奖励，如 1903 年获罗巴切夫斯基奖和庞斯列奖，1906 年获德国科特尼乌斯科学奖，1910 年获匈牙利科学院的波尔约数学奖等。是美国国家科学院、伦敦数学会和英国皇家学会等许多国家科学院和学术团体的成员。主要论文收集在 3 卷《希尔伯特论文集》(1932—1935；1970 年再版)中。月球上一个陨石坑和第 12022 号小行星(1996)均以其名字命名。

穆尔(Moore, Eliakim Hastings, 1862.1.26—1932.12.30) 美国数学家。生于俄亥俄州玛丽埃塔，卒于芝加哥。1879 年进入耶鲁大学学习数学和天文学课程。1885 年在 H. A. 牛顿指导下获理学博士学位。之后到格丁根大学和柏林大学留学，参加了克罗内克、魏尔斯特拉斯等数学家的讲座。1886 年回国，相继在西北大学(1886—1887，1889—1892)、耶鲁大学(1887—1889)和芝加哥大学(1892—1931)任教。1891 年成为教授。1896—1931 年任芝加哥大学数学系主任。数学贡献涉及几何学、代数学、群论、数论、函数论、积分方程、分析学和拓扑学等众多学科。1892—1900 年主要研究群论，证明了每个有限域都是伽罗瓦域，还研究了有限单群的性质。1900 年，开始研究几何基础，改写了希尔伯特的几何公理，使“点”是唯一的原始概念。1902 年，进一步指出希尔伯特几何公理之一是多余的。建立的公理系统被认为是元数学和模型理论的出发点之一。1906 年后开始研究分析基础，在半序有向集上建立的广义极限概念在现代拓扑学和分析学中有重要作用，著有《一般分析形式简介》(1906)。对美国 19 世纪末 20 世纪初数学的发展产生了重要影响。在芝加哥大学期间指导了 30 多位博士生，其中 G. D. 伯克霍夫、狄克森和维布伦等后来都成为卓有成就的数学家。对美国的数学教育和科学组织的创建也作出积极贡献。在任美国数学会主席期间(1901—1902)曾提出中学数学课程改革的方案。是美国国家科学院院士、美国文理科学院院士和美国哲学学会会员，还是许多其他国家大学与科学团体的相应成员，获得多所大学的名誉学位。2002 年美国数学会设立了穆尔荣誉奖。

麦考莱，F. S.(Macaulay, Francis Sowerby, 1862.2.11—1937.2.9) 英国数学家。生于威特尼，卒于剑桥。1879 年进入剑桥大学圣约翰学院，1882 年以数学一等荣誉学位毕业。先后在金斯伍德(1883—1885)和伦敦圣·保罗学校(1885—1911)教授数学。1928 年当选英国皇家学会会员。主要从事代数几何和代数多项式及模理论的研究。撰写了多篇关于代数几何和多项式理想的论文，研究了代数曲线、黎曼-罗赫定理和代数多项式，做了重要的开拓性工作。

1915年,在多项式环中发现了理想的一次分解,这类似于将数字分解为一次幂的乘积。代表作有《几何圆锥曲线》(1895)和《模系统的代数理论》(1916)等。

劳多什(Rados, Gusztáv, 1862.2.22—1942.11.1) 匈牙利数学家。生于佩斯,卒于布达佩斯。1879—1883年在布达佩斯技术与经济大学学习数学。1884—1885年到莱比锡师从C. F. 克莱因深造。1885年开始在约瑟夫综合技术大学任教,1893年升任教授。1896—1933年负责管理该校的图书馆。主要研究数论、线性代数和微分几何。代表作《线性代数、代数和微分几何》(1882)影响颇广。两次(1897年苏黎世,1908年罗马)在国际数学大会上作学术报告。1894年当选匈牙利科学院通讯院士,1907年成为正式院士。1905年任匈牙利科学院波尔约奖评审委员会委员。是布达佩斯数学物理学会的创始成员,1913年任副主席,1931年任主席。1936年因对行列式定理的推广而赢得匈牙利科学院大奖赛。

克内泽尔,A.(Kneser, Adolf, 1862.3.19—1930.1.24) 德国数学家。生于格吕索,卒于布雷斯劳。先后在罗斯托克大学、柏林大学和海德堡大学学习,受教于克罗内克、库默尔和魏尔斯特拉斯等数学家,1884年获博士学位。在马尔堡和布雷斯劳任教几年之后于1890年成为多帕特大学教授。1900—1905年任柏林矿业学院数学系主任。1905年任布雷斯劳大学教授,1911—1912年任该校校长。是柏林科学院(1923)和俄国科学院(1924)的通讯院士。1929年担任德国数学家协会主席。在代数函数、方程理论、分析学和几何学等方面均有所贡献。早期著作有《代数函数论》(1887)。1888年后转向分析学,研究椭圆函数作为收敛幂级数商的可表示性问题。接着探讨空间曲线理论,发现了四极点定理(1912);还研究了与施图姆-刘维尔方程的特征函数有关的级数理论和积分方程解的渐近表示法则;运用第二变分公式,讨论了分解曲线族及其包络的问题。所引入的一些变分学术语,如“极值曲线”“强极值”“弱极值”等至今仍在使用。还著有《变分理论》(1900)和《积分方程及其在数学物理学中的应用》(1911)等。儿子H. 克内泽尔和孙子M. 克内泽尔都是著名数学家。

施图迪(Study, Christian Hugo Eduard, 1862.3.23—1930.1.6) 德国数学家。生于科堡,卒于波恩。自1880年开始,先后在耶拿大学、斯特拉斯堡大学、莱比锡大学和慕尼黑大学学习。1884年在慕尼黑大学获得博士学位。之后相继在莱比锡、马尔堡、格丁根和格赖夫斯瓦尔德等地的大学执教。还曾到美国约翰斯·霍普金斯等大学巡回讲学。1904—1927年任波恩大学讲座教授。是格丁根科学院(1911)、柏林科学院(1923)和巴伐利亚科学院(1927)的通讯院士。主要靠自学掌握和研究数学,其思想方法具有高度的个性化。十分注意数学的严密性,曾用反例对舒伯特的“数的守恒原理”进行反驳,这一原理后来终于被加上了适当的条件限制。主要贡献在几何学和不变量理论方面。系统地构造出扩充欧几里得复空间R_2和R_3上的解析几何。与富比尼合作,将度量概念引入上述空间中,详尽地研究了迷向曲线并引入迷向参量。他运用不变量理论,试图证明几何定理独立于坐标,取得很大成功;从新观点出发,推导出球面三角学和其他数学分支的许多公式，讨论了 R 和 C 上的具有直到 4 个生成元的所有代数，其中包括哈密顿的四元数。在著作《动力几何》(1903)中，深入考察了欧几里得运动和刚体力学中的相关课题。代表作还有《三元形式理论的方法》(1889)和《四元数理论的主要定理》(1900)等。

多卡涅（d'Ocagne, Philbert Maurice, 1862.3.25—1938.9.23） 法国数学家、工程师和科学史家。生于巴黎，卒于勒阿弗尔。1880 年进入巴黎综合工科学校学习。毕业后于 1885—1891 年在罗什福尔和瑟堡等地任水利工程员。从 1882 年起，陆续在法国几个主要期刊和美国数学杂志上发表论文。1894 年任法国国立路桥学校天文和大地测量学教授。1901 年任法国总勘测局副主任，1908 年任总工程师。1912 年成为综合工科学校几何学教授。1920 年任法国道路与桥梁工程的总督察。曾担任法国数学会主席(1901)，1922 年当选法国科学院院士。长于应用数学，在实用几何学方面，尤其在图解演算和图算系统化理论上作出重要贡献，引入了共线图计算方法。在称之为诺模图(数学函数近似计算的二维图)的图表上，可以给出代数方程式的图形计算法，成为图算法学科的开创人。在画法几何、微分几何和射影几何、图解静力学、近似计算等方面共发表 200 多种论著，代表作有《图算法论》(亦称《诺模图论》，1899)和《图形计算和诺模图》(1908)等，前者被译成多国文字。对科学史也很感兴趣，发表过诸多数学家、物理学家和天文学家的传记和回忆文章。还探讨了法国的数学运动、女性的智力、拿破仑与科学家等广泛而有趣的课题。

罗杰斯，L. J.（Rogers, Leonard James, 1862.3.30—1933.9.12） 英国数学家。生于牛津，卒于同地。1884 年毕业于牛津大学贝利奥尔学院，1887 年获硕士学位。1888 年任伦敦大学约克郡学院(1904 年成为利兹大学)数学教授。1924 年当选英国皇家学会会员。主要研究椭圆函数、θ 函数、超几何级数、q -级数等。1894 年研究组合论和超几何学中的级数。在论文《无穷乘积的展开》中证明了一些恒等式，这些恒等式后来由拉马努金在 1913 年再次发现，因此称为罗杰斯-拉马努金恒等式。在系列论文《不等式中一个定理的推广》中独立发现了赫尔德不等式。还是一位优秀的钢琴演奏家。

卡利埃（Charlier, Carl Wilhelm Ludwig, 1862.4.1—1934.11.4） 瑞典天文学家、数学家。生于厄斯特松德，卒于隆德。1887 年毕业于乌普萨拉大学。之后在乌普萨拉和斯德哥尔摩工作。1897—1929 年任隆德大学教授和隆德大学天文台台长。主要贡献在天体力学和星系天文学方面。对银河中的恒星及其位置和运动进行了广泛的统计研究，并试图以此为基础开发银河模型，并在 1908 年提出了等级宇宙模型。还研究了特洛伊群小行星的运动。在数学方面，主要研究了概率论与数理统计。1905 年，得到随机变量和的分布函数的级数表达式，称为卡利埃级数。这种级数表达式是在切比雪夫、埃尔米特用多项式逼近函数的一般思想的基础上建立起来的。著作有《天体力学》(2 卷，1902—1907；第 2 版，1927)和《恒星统计报告》(1921)等。还将牛顿的《自然哲学的数学原理》译成瑞典文。月球和火星上有以其名字命名的陨石坑。第 8677 号小行星(1992)以其名字命名。

凯泽(Keyser, Cassius Jackson, 1862.5.15—1947.5.8) 美国数学家。生于俄亥俄州的罗森,卒于纽约市。1883 年毕业于俄亥俄州师范学院(今俄亥俄北方大学),获学士学位并留校工作。1892 年在密苏里大学获得了第二个本科学位。之后到纽约州立师范学校和华盛顿大学任职。1901 年获哥伦比亚大学博士学位后留校工作,1904—1927 年任该校阿兰德数学教授,1910—1916 年任系主任。培养了两名博士生 E. T. 贝尔和波斯特。是美国科学促进会和美国数学会成员。主要研究数学基础,对几何学、逻辑学和数学哲学都有所贡献。著有《四维空间中点的平面几何》(1902)、《新无限与旧神学》(1915)和《数学哲学》(1922)等。

洛里亚(Loria, Gino, 1862.5.19—1954.1.30) 意大利数学家、数学史家。生于曼图亚,卒于热那亚。1879 年入图灵大学学习,1883 年在德奥维迪奥(E. D'Ovidio, 1842—1933)指导下获博士学位。1883—1884 年在帕维亚大学任职,1884—1886 年任都灵大学助理教授。1886 年任热那亚大学高等几何副教授,1891 年任教授,至 1935 年退休。其间还开设数学史和数学教育讲座。在射影几何、特殊代数曲线、代数几何和椭圆函数方面均有建树,对代数概念在几何学中的应用亦有创见。最重要的贡献是对数学史特别是希腊数学史的研究。保存了大量数学家传记和手稿等历史资料。其大部分数学史著作都成为经典,包括《古希腊的精密科学》(1893;第 2 版,1914)、《几何学主要理论的过去和现在、历史和参考书目》(第 2 版,1896;后多次再版)、《画法几何的起源和历史》(1921)、《古代数学史》(3 卷,1929—1933)和《从文明之初到 19 世纪末期的数学史》(3 卷,1929—1933;1950 年再版)等。此外,还著有约 50 本数学家传记。主编《数学史杂志》(21 卷,1898—1922)。当选多个国家研究机构和学术团体的成员。曾多次在国际数学家大会上提交论文和作学术报告。第 27056 号小行星(1998)命名为"洛里亚星"。

坎贝尔(Campbell, John Edward, 1862.5.27—1924.10.1) 英国数学家。生于爱尔兰利斯本,卒于牛津。1884 年毕业于贝尔法斯特女王大学,之后进入牛津大学学习一年,1887 年成为赫特福德学院研究员。1905 年当选英国皇家学会会员。1918—1920 年任伦敦数学会主席。主要贡献在代数学、微分几何和概率论等方面。在 1897 年提出了李代数的指数乘法公式,庞加莱(1899)和 H. F. 贝克(1902)随后详细阐述了这一公式。后来由豪斯多夫(1906)对其进行几何系统化,该公式被称为坎贝尔-贝克-豪斯多夫公式。1903 年,在《M. S. 李有限连续群论》中总结了以上工作,将 M. S. 李的思想介绍给了英国数学家。在概率论中,以坎贝尔定理、坎贝尔-豪斯多夫公式著称。还著有《微分几何教程》(1924)等。

布伦,H. K.(Brunn, Herman Karl, 1862.8.1—1939.9.20) 德国数学家。生于意大利罗马,卒于德国慕尼黑。早年在慕尼黑大学学习数学和物理,1884—1885 年到柏林大学留学,师从魏尔斯特拉斯、克罗内克和 I. L. 富克斯。1887 年回到慕尼黑获博士学位。之后曾到军队服役。1896 年成为慕尼黑皇家高等技术学校的图书管理员,1912 年被聘为高级管理员,1920 年任图书馆馆长。从 1905 年开始兼任慕尼黑大学的名誉教授。主要研究凸集和拓扑学，并奠定了凸体几何理论的基础。还深入研究拓扑学中的纽结理论，代表性论文有《卵形线与卵形面》(1887)和《关于链环》(1892)等。前者给出关于欧几里得空间的紧子集的体积(或更普遍的勒贝格测度)的不等式，称为布伦-闵科夫斯基不等式；后者包括布伦链环。在1897年苏黎世国际数学家大会上作学术报告。还是一位翻译家，翻译出版了贡戈拉的诗歌作品，以及哲学家兰贝恩(J. Langbehn，1851—1907)的回忆录等。

伊万诺夫，И. И.(Иванов，Иван Иванович，1862.8.11—1939.12.17)　俄国—苏联数学家。生于俄国圣彼得堡，卒于同地。1886年毕业于圣彼得堡大学。1891—1896年在圣彼得堡大学、1896—1902年在圣彼得堡女子学院工作。1902—1935年任圣彼得堡理工学院教授和数学系主任。1902年以《关于素数计数的某些问题》获纯粹数学博士学位，文中得到关于素数分布的某些结果，继续了切比雪夫的有关工作。1924年当选苏联科学院通讯院士。主要贡献在代数数论和素数理论方面。在1891年的论文《复整数》中发展了佐洛塔廖夫和戴德金的代数数论。

理查德(Richard，Jules Antoine，1862.8.12—1956.10.14)　法国数学家。生于法国谢尔省布莱，卒于安德尔省沙托鲁。曾在图尔、第戎、沙托鲁等地的公立中学执教。1901年在巴黎理学院获博士学位。对几何学和集合论基础进行过深入研究，在多家杂志上发表研究论文。1903年发表了关于数学哲学的文章，文中在希尔伯特、施陶特和H. C. R. 梅雷的工作基础上讨论了公理投影几何。然后在1908年，发表《关于几何公理的性质》，提出几何学可以建立在任意选择的公理基础上。在1905年的论文《数学原理与集合问题》中提出了著名的理查德悖论——由集合论和自然语言的语义的对立而产生。理查德悖论后经罗素等人简化(1906)。

施特克尔(Stäckel，Paul Gustav，1862.8.20—1919.12.12)　德国数学家、科学史家。生于柏林，卒于海德堡。1880年进入柏林大学学习，受教于克罗内克、库默尔、旺格林和魏尔斯特拉斯。1885年获博士学位。1886—1887年服兵役。后辗转执教于柏林、哈雷、哥尼斯堡、基尔、卡尔斯鲁厄等地。1912年后任海德堡大学讲座教授。在函数论、力学、微分几何学、线性微分方程、集合论、数论和数学史等方面均有著述。还汇编出版了欧拉、兰伯特、高斯、波尔约和雅可比等数学家的手稿和通信，阐述了18世纪中叶和19世纪初的数学进展，还撰写了函数论历史和非欧几里得几何史的专著。代表作有《从欧几里得到高斯的平行线理论》(与恩格尔合著，1895)。对数学教育也颇有研究。1905年任德国数学家协会主席。是利奥波第那科学院(1895)和海德堡科学院(1911)院士，格丁根科学院(1906)通讯院士。

索博特卡(Sobotka，Jan，1862.9.2—1931.5.10)　捷克数学家。生于奥地利雷普尼库(Řepníky)。卒于捷克布拉格。1881—1886年在布拉格捷克技术大学学习。1886年毕业留校任技术助理。后到苏黎世联邦理工学院学习工程学。1895年成为维也纳工业大学的画法几何助教，1897年任副教授。1899—1904年任新成立的布尔诺理工大学的第一位画法几何教授。1904年任查尔斯大学文学院的数学教授，1920 年任理学院教授，直至去世。主要贡献在综合几何学和画法几何学方面，包括平行投影的基本成像方法和曲面曲线的构造几何学等。在平行轴测方面的工作尤其重要，提出的索博特卡结构，给出了角轴测图和相关矩形直径之间的关系。共发表了 100 多篇论文，涉及微分几何、射影几何、初等几何、运动学几何等方面。著有《平行投影的画法几何》(1906)、《微分几何》(1909)和《论几何关系》(1916)等。

安多耶(Andoyer, Henri, 1862.10.1—1929.6.12) 法国天文学家、数学家。生于巴黎，卒于同地。1884 年毕业于巴黎高等师范学校，1887 年获博士学位。曾在图卢兹天文台工作。1892 年任巴黎理学院讲师，1912 年接替庞加莱任分析力学和天体力学讲座教授。1896 年成为法国数学会会员。1913 年当选英国皇家天文学会外籍会员。1919 年当选法国科学院院士。主要从事天文学的教学与研究，在天体力学摄动理论、三体及多体问题的特殊情况、月球运动理论等方面皆有建树。把数学方法运用于天文学研究与计算，发展了计算星历表的特殊方法。建立了利用三角函数以任意精确度求解一般运动方程的法则。1911 年，在没有机器和他人帮助的条件下，编制出版了 14 位数每隔 10″的正弦和正切对数表。为巴黎理学院编著了 10 多部天文学和数学方面的教科书。获法国荣誉军团军官勋章。

阿德勒(Adler, August, 1863.1.24—1923.10.17) 奥地利数学家。生于奥地利西里西亚奥帕瓦(今属捷克)，卒于维也纳。早年在维也纳大学和捷克理工大学学习，曾受教于数学家埃米尔·韦尔。1884 年获得博士学位。之后相继在克拉根福、皮尔森、卡罗琳塔尔和布拉格等地的学校执教。1902 年前往格丁根，参加了希尔伯特关于几何基础的讲座，并作了笔记，为后来这些讲座的出版提供了资料，这些笔记现存放在格丁根数学研究所。1905 年在维也纳数学会举办了专题讲座。主要从事几何学，特别是画法几何学的研究。发表了数十篇关于直纹面和空间曲线的论文。著有《几何作图理论》(1906)。书中应用反演理论得到马斯凯罗尼圆规问题的新证明。

图埃(Thue, Axel, 1863.2.19—1922.3.7) 挪威数学家。生于顿斯贝格，卒于奥斯陆。少年时期因阅读庞斯列的几何著作而对数学着迷。1883 年入奥斯陆大学学习，1889 年获得博士学位。1890—1892 年在德国莱比锡大学和柏林大学继续深造。1903 年任奥斯陆大学应用数学教授。主要贡献在初等数论、级数论和应用数学等方面。发表了 35 篇关于数论的论文，以丢番图方程方面的原创性工作而闻名。1909 年，发表论文《关于代数数的近似值》，阐明了 $y^3-2x^3=1$ 一类的丢番图方程不可能被无限多对整数 x、y 所满足。后在 1920 年由 C. L. 西格尔扩展，又在 1958 年由 K. F. 罗特再次扩展，最终发展成为图埃-西格尔-罗特定理。还发表多篇论文研究并试图解决有限半群的字问题(1947 年波斯特证明其不可判定)。在应用数学方面的主要著作有《虚拟速度原理》(1913)等。是挪威文理科学院(1894)和挪威皇家科学学会(1895)成员。于 1916—1922 年担任《数学学报》(瑞典)的编辑。

贝尔左拉里(Berzolari, Luigi, 1863.5.1—1949.12.10) 意大利数学家。生于那不勒斯，卒于帕维亚。1880—1884 年在帕维亚

大学学习数学。之后在帕维亚和维杰瓦诺的高中任教,兼任帕维亚大学的助理讲师。1888 年获大学任职资格,1893 年任都灵大学射影几何学讲座教授。1899 年任帕维亚大学代数分析讲座教授,直到 1935 年退休。其间 1924—1925 年在米兰大学兼职。曾两次(1909—1913、1920—1922)担任帕维亚大学校长。曾任意大利数学联盟主席和伦巴第科学与文学研究所的所长。山猫学院院士和都灵、波伦亚等科学院所的成员。主要贡献在代数几何方面。发表了多篇关于超空间曲线的射影微分不变量、由给定代数曲线所确定的圆锥、关于代数形恒等式的几何意义以及对合变换等方面的论文。和塞格雷、塞韦里等人同时得到了一些重要结果,这些结果发展了普吕克、黎曼和凯莱等人的研究工作。代表作有《有理曲线论》(1898)和 2 卷集《几何分析》(1911—1916; 1920—1922 年和 1925—1942 年再版)等。参与筹划和编辑意大利《初等数学百科全书》,并撰写多篇文章。1906—1936 年,在相关期刊上发布了 40 多篇数学家去世的讣告和纪念文章。

菲尔兹(Fields, John Charles, 1863.5.14—1932.8.9)　加拿大数学家、教育家。生于安大略省哈密尔顿,卒于该省多伦多。1880 年就学于多伦多大学。1887 年在美国约翰斯·霍普金斯大学获博士学位。两年后任美国阿勒格尼大学教授。1892 年到巴黎、柏林等地学习和工作。1902 年回国后执教于多伦多大学。1907 年当选加拿大皇家学会会员,还是英国皇家学会、苏联科学院等许多科学团体的相应成员。在代数函数理论中有一定建树,不依靠几何直觉而以完全代数化的方式研究并解决问题,如证明了黎曼-罗赫定理(1906)等。是第一个在加拿大推进研究生教育的人;全力主持筹备了 1924 年多伦多国际数学家大会(这是第一次在欧洲之外召开的国际数学家大会)。这次大会对于促进北美的数学发展和数学家之间的国际交流产生了深远影响。去世前立下遗嘱,把自己遗产加到多伦多国际数学家大会的剩余经费中,作为基金设立一个国际数学奖项,这一奖项定名为菲尔兹奖。1936 年在奥斯陆国际数学家大会上举行第一次颁奖活动。以后一般每 4 年颁发一次,每次获奖者 2～4 名。到 2022 年为止,已有 64 位数学家获奖。菲尔兹奖是国际上最高的数学奖之一,对数学事业的发展起了很大的推动作用。

米勒,G. A.(Miller, George Abram, 1863.7.31—1951.2.10)　美国数学家、数学史家。生于宾夕法尼亚州林维尔,卒于伊利诺伊州厄巴纳。1882 年进入米伦贝格学院学习。先后于 1887 年、1890 年获学士和硕士学位。1888—1893 年任伊利诺伊州尤里卡学院数学教授。1892 年由柯尔指导获坎伯兰大学博士学位。1895—1897 年留学欧洲,参加了 M. S. 李和若尔当的讲座。以后执教于斯坦福大学(1901—1906)和伊利诺伊大学(1906—1931)。在有限群理论、数学史和数学教育等方面共发表了 800 多篇论文,以研究群论的文章居多。研究了非阿贝尔群,引入换位子和换位子子群的概念,枚举出 8、9 和 10 阶的有限群。主要著作有《有限群论及其应用》(与布利希弗尔特、狄克森合著,1916)。在数学史方面,发表关于群论的奠基人、数学史上的重要事件和对现代数学研究的一些思考等方面的论文。著有《数学历史文献导引》(1916)和《初等数学史》

(未发表)等。是美国国家科学院院士和英国、法国、印度等多个外国科学团体的成员。1909—1915 年担任《美国数学月刊》的编辑。1921—1922 年担任美国数学协会主席，于 1922 年发表主旨讲演，呼吁人们注意数学文献中的矛盾和不准确之处。

克雷洛夫，A. H.（Крылов，Алексей Николаевич，1863.8.15—1945.10.26）俄国—苏联数学家、力学家、船舶制造家。生于俄国辛比尔斯克省维夏加村(今楚瓦什共和国克雷洛沃镇)，卒于苏联列宁格勒(今俄罗斯圣彼得堡)。1884 年从海军学校毕业后曾在水文地质管理局罗盘部工作。在那里研究了罗盘偏差问题，并写出第一篇科学论文。不久进入海军学院造船系，1890 年毕业后留校工作。此后在海军学院工作了 50 年，军衔至舰队将军(1916)，1919—1920 年任学院院长。其间在圣彼得堡理工学院和铁路工程师学院兼课。是(圣彼得堡和苏联)科学院院士。在船舶理论方面取得了重要成果，开创了许多新颖的具有实际意义的研究课题。在炮兵学和外弹道学方面，制造了一系列船舶和炮兵仪器，为俄国和苏联造船事业作出重要贡献。在数学和力学方面也做了大量研究工作。在《近似计算》(1916)一书中，把在物理学和各种技术部门中所遇到的近似计算加以系统研究，并建立了近似计算的严密科学理论。改进了三角级数收敛性的方法(现称克雷洛夫方法)。1931 年提出解特征方程的方法，许多法国和德国数学家都曾研究过这个问题。还制造了苏联第一台能够进行微分方程积分法的计算机(1904)。对牛顿、欧拉、高斯等人的经典著作进行了研究，发表了一系列关于牛顿、拉格朗日和切比雪夫等数学家生平的作品，如《牛顿及其在世界科学中的意义》(1943)等。主要论著收入《克雷洛夫文集》(12 卷，1936—1956)和《克雷洛夫选集》(1958)中。一些著作被译成中文，有《近似计算讲义》(高等教育出版社，1958)和《论几种数学物理微分方程》(高等教育出版社，1959)等。获俄国和苏联政府多项奖励。为纪念他，其出生地维夏加村于 1962 年更名为克雷洛沃镇，1972 年苏联科学院设立了克雷洛夫奖。

塞格雷(Segre，Corrado，1863.8.20—1924.5.18) 意大利数学家。生于萨卢佐，卒于都灵。1879 年入都灵大学学习，1883 年获博士学位。毕业后留校任代数和解析几何课程助教，1888 年成为射影几何讲座教授，直至去世。还在大学的附属师范学院兼职任教，1916 年任教师培训学院院长。1889 年当选都灵研究院院士。1901 年成为山猫学院院士。1913 年获伦敦数学会名誉会员称号。长期担任意大利《纯粹与应用数学年刊》(Annali di Matematica pura Applicata)编辑。主要从事空间几何学研究。早年受 C. F. 克莱因《埃尔兰根纲领》的影响，探讨高维空间在线性变换下不变的几何性质，给出一套探索高维空间性质的方法，并创立关于直线的新体系。写出了一系列有关代数曲线的性质和直纹曲面双有理变换的论文，发展了塞乌滕关于包含不变量的双有理变换，被称为“塞乌滕-塞格雷变换”。1890 年转向黎曼曲面性质的研究，建立起二重复形理论。1907 年以后，研究了 n 维空间中由二阶线性偏微分方程定义的曲面，得到“塞格雷线”的有关结果。共发表近 130 种论著，代表性论文有《任意维线性空间中二阶曲面的研究》(1883)和《关于奇异曲面是双二阶曲面的二阶复形的注记》(1883)等。还为德国《数学百科全书》撰写过关于超空间理论的长篇文章。对20世纪的代数几何学发展产生了很大影响,与贝尔蒂尼、韦罗内塞、G. 卡斯泰尔诺沃、塞韦里等人领导的意大利代数几何学派对代数几何学与代数曲面的研究有很大推动。1904年在海德堡国际数学家大会上作1小时大会报告。

格拉韦(Граве, Дмитрий Александрович, 1863.9.6—1939.12.29) 俄国—苏联数学家。生于俄国诺夫哥罗德省基里洛夫(今属沃洛格达省),卒于苏联基辅(今属乌克兰)。1881年入圣彼得堡大学学习,受教于切比雪夫、科钦、佐洛塔廖夫和马尔可夫(老)等数学家。1885年毕业,1889年获硕士学位,1897年获博士学位。1890—1896年在铁路工程师学院和圣彼得堡女子学院任教。1897—1899年在哈尔科夫大学工作,1899—1939年在基辅大学工作。1919年当选乌克兰科学院院士。1924年当选苏联科学院通讯院士,1929年后为名誉院士。是俄国第一个代数学派的创始人。所有创造活动都受到彼得堡数学学派思想的影响。在博士论文中研究并解决了制图投影问题,求出了球向平面等势射影的所有可能(计11种),证明了子午圈与纬圈射影成为圆或直线,还证明了切比雪夫提出的“地球表面任何部分向平面(地图)上的最佳投影在图形的边界上都具有相同比例”的定理。在代数学中,简化了伽罗瓦理论的叙述,还借助于泛函数阐明了理想理论,得到了用根式可解的5次方程的某些类型。十月革命之后积极参加苏联科学文化的建设和高等学校的改革活动,并从事应用数学和力学方面的研究,取得了一定成就。发表了大约180种论文、专著和教材,重要的著作有《群论》(1908)、《椭圆函数论初步》(1910)和《数论简明教程》等。

扎伦巴(Zaremba, Stanisław, 1863.10.3—1942.11.23) 波兰数学家。生于奥匈帝国罗曼诺夫卡(今属乌克兰),卒于波兰克拉科夫。早年在俄国圣彼得堡技术学院学习工程,1886年获得工程学学位。之后到法国巴黎留学,1889年在巴黎理学院由达布和皮卡指导获数学博士学位。1889—1900年在法国的学校任教,其间建立了波兰数学家与法国数学家之间的联系。回国后任克拉科夫大学教授。1919年当选克拉科夫数学会第一任主席,该学会在1920年改名为波兰数学会。多年担任《波兰数学会年鉴》的编辑。1925年当选苏联科学院外籍院士。1930年获克拉科夫雅盖隆大学的名誉博士学位。主要从事偏微分方程(混合边界问题)和古典分析(势能理论)的研究。推广了极限概念,研究了三重积分的极大值问题。1909年,在研究椭圆方程时,发现在一个去心球里对某种边界条件,狄利克雷问题是不可解的。为波兰数学学派成功走向世界作出贡献。在数学物理学和晶体学方面也有重要建树。编写了多部关于理论算术、数学分析、数理逻辑和理论力学等方面的专著和教科书。

杨,W. H.(Young, William Henry, 1863.10.20—1942.7.7) 英国数学家。生于伦敦,卒于瑞士洛桑。1881年进入剑桥大学彼得豪斯学院学习,毕业后在学院任私人辅导教师。1896年与C. F. 克莱因的女博士生G. C. 杨结婚,从此开始数学研究。之后辗转于格丁根、日内瓦、剑桥和伦敦各地大学任职。1913—1917年任印度加尔各答大学哈丁纯粹数学讲座教授。兼任利物浦大学哲学和数学史教授。1919 年任威尔士大学学院数学系主任。主要贡献在实变函数论、傅里叶级数、正交级数和多元函数微分学等方面。独立于勒贝格(两年后)发现了勒贝格积分,对测度和积分的定义与勒贝格给出的定义完全不同,虽然其本质上是等价的。其思想由李特尔伍德和哈代进一步发展。与妻子共同撰写了 200 多篇论文和 4 部著作。著有《微分学基本理论》(1910)和《点集理论》(1906)等。1907 年当选英国皇家学会会员,1928 年获西尔维斯特奖章。1922—1924 年任伦敦数学会主席,1917 年获德·摩根奖章。1929—1936 年任国际数学联盟主席。还获得加尔各答大学、日内瓦大学和斯特拉斯堡大学的名誉博士学位。两次(1924 年多伦多,1928 年波伦亚)在国际数学家大会上作 1 小时大会报告。

韦伯斯特(Webster, Arthur Gordon, 1863.11.28—1923.5.15) 美国数学家、物理学家。生于马萨诸塞州布鲁克莱恩,卒于马萨诸塞州伍斯特。1885 年以优异成绩毕业于哈佛大学。之后到柏林大学深造,在亥姆霍兹指导下于 1890 年获得博士学位。1892 年到克拉克大学任助理教授和物理实验室主任,1900 年升任教授。曾在克拉克大学举办理论物理学的研究生讲座,其讲义已作为三本教科书出版。是美国物理学会的创始人(1899),1903 年任学会主席。同年当选美国国家科学院院士。主要贡献在偏微分方程、电磁学、声学和力学等方面。著有《数理电磁学》(1897)和《数学物理中的偏微分方程》(遗著,与塞格合著,1927)等。

班勒卫(Painlevé, Paul, 1863.12.5—1933.10.29) 法国数学家、政治家。生于巴黎,卒于同地。1883 年进入巴黎高等师范学校学习,毕业后又到巴黎理学院深造,师从布凯和皮卡等数学家。1887 年由皮卡指导获数学博士学位。之后在里尔大学、巴黎理学院和巴黎综合工科学校任教。1912—1920 年任巴黎理学院分析力学和天体力学讲座教授。1900 年当选法国科学院院士。1913 年当选伦敦数学会名誉会员。主要数学贡献在代数曲线及代数曲面理论、微分方程的奇点理论、超越函数等方面。在研究积分仅有固定分支点和本质奇点的二阶有理微分方程时,导出了 6 种新的超越函数,现在称为班勒卫超越函数。还将研究成果应用于分析力学,取得重要成果。曾在 1904 年海德堡国际数学家大会上作 1 小时大会报告,还多次获得数学奖。1906 年进入众议院,以后历任教育部长、陆军部长、航空部长等职,并在 1917 年第一次世界大战时期和 1925 年财政危机时期两度出任法国总理。第 953 号小行星(1921)命名为“班勒卫星”。

麦考莱,A.(McAulay, Alexander, 1863.12.9—1931.7.5) 数学家、物理学家。生于英格兰贝德福德郡卢顿,卒于澳大利亚霍巴特州桑迪湾。先后就读于金斯伍德学校、曼彻斯特大学欧文斯学院和剑桥大学凯斯学院,1886 年获硕士学位。1888—1892 年在澳大利亚墨尔本奥蒙德学院执教,1893 年到新建的塔斯马尼亚大学工作,成为该校第一位数学和物理学教授,至 1929 年退休。主要研究矢量分析,是四元数理论的积极支持者。著有《四元数在物理学中的应用》(1893)、《八元数——克利福德双四元数的发展》(1898)等。还编制了大信息量的五位对数表,为计算人员和工程师提供足以使用 50 年之久的数学用表。晚年发表了关于相对论的几篇论文。

斯捷克洛夫（Стеклов, Владимир Андреевич, 1864.1.9—1926.5.30） 俄国—苏联数学家、物理学家。生于俄国下诺夫哥罗德，卒于苏联加斯普拉。1882年进入莫斯科大学学习，1883年转入哈尔科夫大学，成为A. M. 李亚普诺夫的学生。毕业后留校任教，1896年成为教授。1902年获得数学博士学位。1912年当选圣彼得堡科学院院士。1925年当选乌克兰科学院院士。是苏联数学物理学派的创始人、彼得堡学派的优秀代表。在数学物理方面，主要研究物体的热传导、转动物体的平衡问题和静电学中的一些问题。在微分方程、数学分析、弹性理论和流体力学等方面也有重要成果。首先引进了正交函数系的封闭性概念，并在此基础上研究函数展开为已知的正交函数的问题，同时还建立了函数平滑化的特殊方法，即斯捷克洛夫函数法。共发表论著约150种。十月革命胜利后，领导组建了苏联科学院物理-数学研究所。这个研究所后来分为三个所，其中之一就是以他的名字命名的斯捷克洛夫数学研究所。还组建了全苏地震预报网。月球上有以其名字命名的陨石坑。

哈克尼斯（Harkness, James, 1864.1.24—1923.12） 加拿大数学家。生于英国的德比，卒地不详。早年就学于剑桥大学三一学院，1885年获学士学位毕业，1889年获硕士学位。后到美国布林莫尔学院担任数学教授，其间借鉴最新的德文文献开设“阿贝尔积分和函数”课程。1903年任加拿大麦吉尔大学数学教授。1908年成为加拿大皇家学会会员。还是美国数学会和伦敦数学会的外籍会员。曾担任美国数学会副会长。主要研究函数论。与英国数学家莫利合作著有《函数论》(1893)和《解析函数论导引》(1898)。还为德国《数学百科全书》撰写“椭圆函数”的文章。

布赖恩(Bryan, George Hartley, 1864.3.1—1928.10.13) 英国数学家、航空学先驱。生于英国剑桥，卒于意大利博尔迪盖拉。早年就读于剑桥大学彼得豪斯学院，1886年获数学一等荣誉学位，1890年获硕士学位。1896年获博士学位后任北威尔士班戈大学讲师，不久任纯粹数学和应用数学讲座教授。1895年当选英国皇家学会会员。1907—1908年任英国数学协会主席。以现代数学方法研究飞行理论，是将刚体力学的基本方程应用于飞机稳定性的先驱。于1911年建立的飞机运动方程式称为布莱恩方程，是分析飞机飞行动力学、闭环控制以及飞行模拟器设计的基础。著有《静止或阵风中飞机运动方程的标准形》(1921)。曾获海军建筑师学会(1901)金奖和航空学会(1914)金奖。

奥斯古德（Osgood, William Fogg, 1864.3.10—1943.7.22） 美国数学家。生于马萨诸塞州波士顿，卒于该州贝尔蒙特。1886年毕业于哈佛大学。之后到德国格丁根大学和埃尔兰根大学深造，1890年由M. 诺特指导获埃尔兰根大学博士学位。同年回国，任哈佛大学教员、助教，1903年升任教授，1918—1922年任数学系主任。在哈佛大学数学系从事教学与科研达43年之久，1933年退休后获名誉教授称号。1899—1902年担任《数学年刊》的编辑，1904—1905年任美国数学会主席。1904年当选美国国家科学院院士。曾参加编写C. F. 克莱因主编的《数学百科全书》。退休后到中国北京大学讲学(1933—1935)。撰写了大量论文，内容涉及连续函数序列的收敛性、微分方程解的性质、单连通区域映射的黎曼定理、保角映射、变分演算、解析函数的单值化以及填满空间的曲线等问题，得到了一系列重要而深刻的结果。译成中文的著作有《奥氏初等微积分学》（商务印书馆，1936）、《高等微积分》（商务印书馆，1951）等。为纪念他和 G. D. 伯克霍夫、格劳斯坦三位美国数学家，美国数学会于 1970 年设立斯蒂尔奖。

库尔沙克（Kürschák，József，1864.3.14—1933.3.26） 匈牙利数学家。生于布达，卒于布达佩斯。1881—1886 年就读于布达佩斯大学。此后曾在布达佩斯的教师培训学校和高中任教。1890 年获博士学位。1891 年后任布达佩斯皇家约瑟夫技术大学（今布达佩斯技术与经济大学）教授，同时兼顾中学数学教育。1914 年当选匈牙利科学院院士。还是荷兰科学协会的名誉会员。为建立赋值论——域的算术理论的基础——作出贡献。首先使用公理化方法讨论乘法赋值，利用"赋值"成功地推广了绝对值的概念，证明了任何赋值域能以添加新元素而扩充为一个代数封闭的"完全"域（即封闭的和自稠密的）。在变分法方面，研究了微分方程在切触变换下的不变性；给出二阶微分表达式属于多重积分变分的微分方程的充要条件。在数论方面，简化了希尔伯特-华林猜想的证明。是一位优秀的数学教育家，作为国家公共教育委员会的成员，为匈牙利高中数学课程的改革作出贡献。发展了世界上最早的国家级数学竞赛——匈牙利数学奥林匹克，是 1894 年以来一年一度的高中毕业年龄组数学竞赛的主要组织者。该竞赛自 1949 年以后以他的名字命名。许多学生成为一流的数学家和物理学家，其中最著名的是冯·诺伊曼。还编辑和出版了 J. 波尔约关于非欧几何学的文献。

闵科夫斯基（Minkowski，Hermann，1864.6.22—1909.1.12） 德国数学家。生于俄国阿列克索塔（今属立陶宛），卒于德国格丁根。8 岁时随全家移居哥尼斯堡（今俄罗斯加里宁格勒）。早年在哥尼斯堡大学学习，其间与希尔伯特、胡尔维茨结为终身挚友。1885 年在林德曼指导下获数学博士学位。相继在波恩、哥尼斯堡、苏黎世和格丁根等地的大学任数学教授。1881 年，法国科学院宣布 1883 年大奖的课题是把一个整数表示为五个整数平方之和。17 岁的闵科夫斯基提交的论文大大超过了原题的范围，给出了更一般结果。与英国数学家 H. J. S. 史密斯分享了这项大奖。此后，不断深入数论领域，在代数数论，特别是有理系数的二次型理论方面作出突出贡献。通过三个不变量刻画了有理系数二次型在有理系数线性变换下的等价性，完成了实系数正定二次型的约化理论（1905），现称为闵科夫斯基约化理论。当用几何方法研究 n 元二次型的约化问题时，得到了十分精彩而清晰的结果。把用这种方法建立起来的数的理论称为"数的几何"，专著《数的几何》（1896）系统地总结了在这一领域的工作，为 20 世纪 20 年代赋范空间理论的建立奠定基础。另一重要贡献是与爱因斯坦共同建立了狭义相对论。1907 年发表的《时间与空间》，提供的四维时空数学结构被称为"闵科夫斯基空间"。这种新的时空观奠定了相对论的数学基础。在格丁根与希尔伯特共同领导数学讨论班。1909 年，因急性阑尾炎引起的并发症去世。希尔伯特于 1911 年主编出版了闵科夫斯基的《全集》（共包括 29 种论著）。第

12493号小行星(1997)以其名字命名。

施勒辛格(Schlesinger, Ludwig, 1864.11.1—1933.12.16) 德国数学家。生于匈牙利瑙吉松博特(今斯洛伐克特尔纳瓦),卒于德国吉森。早年在普雷斯堡求学,后到德国海德堡大学和柏林大学学习数学和物理学,师从I. L. 富克斯和克罗内克,1887年获柏林大学博士学位。1889年任柏林大学副教授,1897年任波恩大学教授。同年任匈牙利科洛斯瓦大学(今为罗马尼亚克卢日大学)数学教授,1906—1907年任该校数学科学学院院长。1911年任德国的吉森大学教授,至1930年退休。1902年当选匈牙利科学院院士,1909年成为利奥波第那科学院院士。1912年获罗巴切夫斯基奖章。主要贡献在常微分方程、几何学、函数论等方面,发表了多篇研究论文。1912年在《克雷尔杂志》上发表《论一类具有固定临界点的任意阶微分系统》,给出解决希尔伯特第二十三问题的特例,文中提出的施勒辛格变换和施勒辛格方程在微分几何中有重要作用。还著有《自同构函数》(1924)和3卷集的《线性微分方程手册》(1895—1898)等。对数学史也有重要贡献,如将笛卡儿的《几何学》(La Géométrie)翻译成德文出版(1894);撰写了关于高斯的相关论文并出版高斯的某些著作(1912);分3卷编辑出版了I. L. 富克斯最重要的著作等。还考察确定了J. 波尔约的出生地,并组织举办了J. 波尔约百年诞辰纪念活动。

麦克唐纳(MacDonald, Hector Munro, 1865.1.19—1935.5.16) 苏格兰数学家、物理学家。生于爱丁堡,卒于阿伯丁。1886年以优异成绩毕业于阿伯丁大学。1886—1889年在剑桥大学卡莱尔学院攻读研究生,获得数学一等荣誉学位,1891年获史密斯奖。1901—1908年任卡莱尔学院研究员(1914年成为荣誉研究员)。1907年起任阿伯丁大学的法院法官,其余生一直担任此职。1901年获亚当斯奖,同年当选英国皇家学会会员,1916年获皇家奖章。1916—1918年任伦敦数学会主席。1934年获格拉斯哥大学名誉博士学位。数学研究涉及收敛级数与渐近展开的联系、贝塞尔函数的零点与加法定理、贝塞尔积分、球面调和函数、傅里叶级数等方面。在物理学中,主要贡献在电磁波理论等。

兰茨贝格(Landsberg, Georg, 1865.1.30—1912.9.14) 德国数学家。生于布雷斯劳(今波兰弗罗茨瓦夫),卒于基尔。1883—1889年在布雷斯劳大学和莱比锡大学学习,受教于C. F. 克莱因、迪克、C. G. A. 迈尔和F. H. 舒尔等数学家。1890年获博士学位。其后任教于海德堡大学(1893—1904)和布雷斯劳大学(1904—1906),1906年任基尔大学教授。主要研究高维流形中的曲线理论及其与变分学、刚体力学的联系。在单变量代数函数论方面,考察了十分重要的黎曼-罗赫定理,将黎曼函数理论方法与意大利几何方法和魏尔斯特拉斯的算术方法相结合,是现代抽象代数函数论的先声。与亨泽尔共同撰写的《代数函数理论》(1902,1965年重印)一书是单变量代数函数理论的经典著作。

威曼(Wiman, Anders, 1865.2.11—1959.8.3) 瑞典数学家。生于哈马洛夫,卒于隆德。1885年进入隆德大学学习数学,1887年获学士学位。1891年取得教师资格,同时继续在隆德攻读博士学位。1892年任隆德大学的数学讲师,1893年获博士学位。1901年后任乌普萨拉大学代数和数论教授。曾主持米塔-列夫勒研究所的工作，1908年开始任《数学学报》(瑞典)的编辑。1903年成为乌普萨拉皇家科学学会的会员(1938年后为名誉会员)。1905年当选瑞典皇家科学院院士。1920年成为英国皇家学会外籍会员。主要贡献在解析函数、代数几何学，以及群论在几何和函数论中的应用等方面。在整函数理论中，给出了整函数及其导数在该函数最大模量附近的渐进公式，被称为威曼定理。还深入研究了代数方程的可解问题。1904年在海德堡国际数学家大会上作学术报告。

韦西奥(Vessiot, Ernest, 1865.3.8—1952.10.17) 法国数学家。生于马赛，卒于萨瓦省拉堡歇(La Bauche)。父亲是马赛公立中学教师，后任督学。早年在马赛公立中学读书，1884年进入巴黎高等师范学校。1892年获博士学位。先后在里尔、图卢兹、里昂、巴黎等地的大学任教。1918—1920年、1934—1935年先后任巴黎理学院微积分学、分析力学与天体力学讲座教授。1935年后任巴黎高等师范学校校长。1943年当选法国科学院院士。主要贡献是把连续群的概念应用于微分方程的研究上，推广了皮卡的结果，论证了对于微分方程的一组 n 个无关解，存在具有常系数的变换群。在线性有理变换群方面的工作发展了德拉克的研究成果，同时也推广了É. 嘉当在微分方程组的积分法上的结果。把这些研究结果应用于天体力学、波的传播和相对论等方面。在第一次世界大战期间被指派研究弹道学问题。编写了一些实用教科书，其中与蒙泰尔合著的《高等数学大纲》有中译本(商务印书馆，1947)。

狄克逊，A. C.(Dixon, Alfred Cardew, 1865.5.22—1936.5.4) 英国数学家。生于诺斯阿勒顿，卒于诺斯伍德。数学家 A. L. 狄克逊的哥哥。1883年进入剑桥大学三一学院，受教于格莱舍、W. W. R. 鲍尔、福赛思和凯莱等数学家。1886年毕业并获得数学一等荣誉学位。1888年被任命为三一学院研究员，并获得史密斯奖。1893年任爱尔兰高威女王学院(今高威大学学院)数学系主任。1901年开始任贝尔法斯特女王学院(今女王大学)数学系主任。1904年当选英国皇家学会会员，1930—1931年任伦敦数学会主席。主要贡献在积分方程论和泛函微分方程方面。独立于弗雷德霍姆从事弗雷德霍姆积分方程的早期工作。还研究常微分方程和偏微分方程、阿贝尔积分、自同构函数和泛函方程等方面的问题。1905年，证明了无穷离散集合的存在性。还研究了与贝塞尔函数相关的函数，建立一种描述修正贝塞尔函数之间关系的公式，称为狄克逊公式。著有《椭圆函数的基本性质》(1894)一书。

维廷格(Wirtinger, Wilhelm, 1865.7.15[一说7.19]—1945.1.16) 奥地利数学家。生于多瑙河畔伊布斯，卒于同地。1884年入维也纳大学学习数学，受教于埃米尔·韦尔和冯·埃舍里希(G. von Escherich, 1849—1935)，1887年获博士学位。毕业后到德国留学，在格丁根大学参加了 C. F. 克莱因关于阿贝尔函数和偏微分方程的讲座，并与 C. F. 克莱因成为终生好友。1890年开始在维也纳大学任教，同时任维也纳技术大学教学助理。1895年晋升为教授。曾主持因斯布鲁克大学的数学讲座。1903—1935年任维也纳大学讲座教授。共发表80余篇高水平的研究论文，内容涉及复分析、几何、代数、数论、不变量理论、李群和纽结理论等。最重要的著作是《θ函数研究》(1895)。书中将黎曼函数理论与C. F. 克莱因的思想相结合，得到有重要意义的结果，并由此获得格丁根哲学学院颁发的贝内克奖。对数学史和数学哲学也颇感兴趣。曾举办数学史(特别是关于古希腊数学家)研讨会。还著有《关于一些数学术语的近期发展》(1906)。1907年获西尔维斯特奖章，成为继庞加莱和G. 康托尔之后该奖的第三位获得者；1905年当选奥地利科学院院士；还是柏林科学院、格丁根科学院、意大利山猫学院和巴伐利亚科学院的相应成员；获汉堡大学和奥斯陆大学名誉博士学位。1904年在海德堡国际数学家大会上作1小时大会报告。

卡斯泰尔诺沃，G.(Castelnuovo, Guido, 1865.8.14—1952.4.27)　意大利数学家。生于威尼斯，卒于罗马。1886年毕业于帕多瓦大学，曾受教于韦罗内塞。之后到罗马大学进修。1887年到都灵大学任教，受到塞格雷的影响开始研究代数曲线理论。1891—1935年任罗马大学射影几何和解析几何教授，同时在多所研究院兼职。1901年当选山猫学院院士，1932年担任学院院长。1949年当选意大利共和国参议员。还是法国科学院外籍院士。主要贡献在代数几何方面。1890年代初发表了三篇关于线性系统的著名论文，首次系统地使用了特征序列和伴随系。在代数曲线理论中，有以他的名字命名的不等式和准则。突出的成就是在建立了代数曲面和有关曲线关系的克罗内克-卡斯泰尔诺沃定理(1894)。和恩里克斯合作研究代数曲面理论，利用曲面的黎曼-罗赫定理将代数曲面分类，联合发表了多篇研究论文。代表作有《解析几何和射影几何》(1903)、《概率论》(1919)和《现代微积分的起源》(1938)等。1907年与阿尔泽拉共同获山猫学院皇家数学奖。1928年在波伦亚国际数学家大会上作1小时大会报告。

科捷利尼科夫(Котельников, Александр Петрович, 1865.10.20—1944.3.6)　俄国—苏联数学家、力学家。生于俄国喀山，卒于莫斯科。中学毕业时以优秀成绩获银质奖章。1884年进入喀山大学学习，毕业后在中学任教几年。1893年开始在喀山大学任教，1896年获硕士学位。1899年获博士学位，同年任基辅大学教授和数学系主任。1904—1914年任喀山大学数学系教授兼系主任。1914年—1924年任基辅理工学院理论力学系主任。1924年后任莫斯科高等技术学校教授，直至去世。主要贡献是把四元数理论和复数理论应用于几何学和力学。奠定了非欧几里得空间中向量运算的基础，还为罗巴切夫斯基几何和黎曼几何提出了重要释义。首先在力学教科书中应用了向量运算。代表作是《相对原理和罗巴切夫斯基几何学》(1927)。还编辑了罗巴切夫斯基和茹科夫斯基的著作集。

博尔(Боль, Пирс Георгиевич, 1865.10.23—1921.12.25)　俄国—拉脱维亚数学家。生于俄国利沃尼亚省瓦尔卡(今属拉脱维亚)，卒于拉脱维亚里加。1884年就学于多帕特大学物理-数学系，1893年获硕士学位，1900年获博士学位。曾在里加理工学院(1895—1919)和拉脱维亚大学(1919—1921)任教，1901年开始任教授。主要贡献在微分方程、拓扑学和拟周期函数等方面。博士论文对一阶微分方程组的拓扑方法研究有新突破，首次引进并讨论了拟周期函数。在1904年的论文

《机械系统在平衡位置附近的运动》中,研究了拟微分方程拟线性系统中稳定流形和不稳定流形的存在性和光滑性问题。作为研究的辅助结果,证明了球到自身的连续映射具有不动点,这个著名的结果后来被称为布劳威尔不动点定理。在研究三体问题时得到关于拟正则函数的一个著名定理。在研究长期摄动理论时(1909)涉及满足一定条件的函数的分数部分的均匀分布问题,对该问题的研究后来发展出数论的重要分支。

尼尔森,N.(Nielsen, Niels, 1865.12.2—1931.9.16) 丹麦数学家。生于厄斯莱乌(Ørslev),卒于哥本哈根。1885—1891 年在哥本哈根大学学习。毕业后继续攻读博士学位并在中学任教。1895 年获得博士学位。1903—1906 年任大学附中的督导员。1905 年开始在哥本哈根大学任教,1909 年成为教授。主要贡献在特殊函数和数论方面。以延森提出的理论为基础研究特殊函数。对各种特殊函数,尤其是 γ 函数以及阶乘序列的研究作出贡献。编撰了多种广泛使用的手册和教科书:其中《柱函数理论手册》(1904)给出了贝塞尔函数关于整数阶偏导数的公式;《Γ 函数理论手册》(1906)汇集了 20 年的研究成果,是自勒让德从事伽马函数研究以来的第一项重要工作;还著有《对数积分理论和相关的超越函数》(1906)。在数论方面,主要研究伯努利数和费马方程,得到有价值的结果。还编撰出版了关于丹麦数学史和法国数学史的著作,以及包括 76 位数学家和 153 位数学家的两本传记作品。

阿达马(Hadamard, Jacques Salomon, 1865.12.8—1963.10.17) 法国数学家。生于凡尔赛,卒于巴黎。1888 年毕业于巴黎高等师范学校,曾受教于 J. 塔内里、埃尔米特、达布、P. É. 阿佩尔、古尔萨和皮卡等数学家。1892 年在皮卡指导下获理学博士学位。先后在比丰中学、波尔多理学院、巴黎大学、法兰西学院、巴黎综合工科学校和中央技术大学任教,多次担任讲座教授。1912 年当选法国科学院院士,还是美国、英国、苏联等许多国家科学机构的成员和许多大学的名誉博士。早期的贡献在解析函数论,特别是泰勒级数的解析延拓理论方面,在 1892 年的论文中,第一次把集合论引进复变函数论,得到的许多重要结果成为函数论的基础。著作《泰勒级数及其解析延拓》(1901)有很大影响。之后深入研究 ζ 函数,解决了长期未果的素数分布问题,在 1896 年证明了重要素数定理:当小于 n 的素数趋于无穷大时,不超过 n 的素数个数的增长与 $n/\ln n$ 同速,从而奠定了解析数论的基础。在偏微分方程方面,给出了适定问题的提法,还建立了基本解的概念,明确了定解问题的含义。提出的发散积分的有限部分对解柯西问题有重要意义。对泛函分析也有重要贡献,著作《变分法教程》(1910)奠定了泛函分析的基础。书中建议以"泛函"一词来代替"线函数",特别给出了用弧段上的连续函数所定义的线性泛函的一般表达式,成为里斯基本公式的先导。另外,1893 年给出著名的行列式不等式,相关的矩阵今天称为阿达马矩阵。1928 年在波伦亚国际数学家大会上作 1 小时大会报告。曾到过中国、苏联和美国等国进行学术交流活动。1936 年来中国清华大学讲学三个月(同时期来访者还有美国数学家 N. 维纳)。1932—1939 年任国际数学教育委员会主席。很关心中学的数学教育问题,其初等数学讲义在法国中学颇为流行。最著名的博士生有弗雷歇、P. P. 莱维和韦伊等。法国被占领期间，移居美国。出版了《数学领域中的发明心理学》(An Essay Psychology of Invention in the Mathematical Field，1945；中译本，大连理工大学出版社，2016)，论述了以“无意识思维”为核心的数学发明心理过程。该书被译成多种文字，是数学教育和数学方法论方面的经典著作。最后一部著作《偏微分方程论》在1964年被译成中文出版。一生著述达300余种。学生P. P. 莱维和S. 芒代尔布罗等人于1968年编辑出版了他的2 296页的4卷著作集。作为历史上高龄的数学家之一，到晚年仍然思想活跃，曾经主持过布尔巴基讨论班。多次获得法国科学院奖励。如庞斯列奖(1898)和庞加莱金质奖章(1962)等。从1923年开始依次被授予法国荣誉军团军官、指挥官、大军官和大十字勋章。1956年获法国国家科学研究中心金奖。

科瑟拉(Cosserat, Eugène Maurice Pierre, 1866.3.4—1931.5.31)　法国数学家、天文学家。生于亚眠，卒于图卢兹。1883年入巴黎高等师范学校学习，与阿达马和班勒卫同学。曾受教于P. É. 阿佩尔、达布、皮卡和柯尼希斯等数学家。1886年底被任命为图卢兹天文台的助理研究员。1889年在巴黎理学院获博士学位。1894年在图卢兹大学理学院任教，1896年成为教授。1908年后任图卢兹天文台台长。1919年当选法国科学院院士。早期主要从事对双星、行星和彗星的观测。其数学研究主要在几何学方面，在博士论文中研究了普吕克用直线构成空间的概念的扩展，讨论了用圆产生的空间的无穷小性质。该项研究于1889年获庞斯列奖。1896年以后，与他的长兄、工程师F. 科瑟拉(1852—1914)合作从事弹性力学研究，通过研究曲面变形发展了弹性理论和连续介质的一般问题。共同发表了关于连续介质的运动学、可变形物体理论和理论运动学等方面的20多部论著。他们的工作得到庞加莱和É. 嘉当等人的赞许。从1889年开始参加《图卢兹科学院年鉴》的编辑工作，1896年后一直任年鉴编委会的秘书，为法国天文学年鉴的编辑作出贡献。

博尔托洛蒂(Bortolotti, Ettore, 1866.3.6—1947.2.17)　意大利数学家、数学史家。生于波伦亚，卒于同地。1889年毕业于波伦亚大学，曾受教于阿尔泽拉。1892—1893年到巴黎留学。1893—1900年在罗马大学执教。1900年任摩德纳大学的微积分学教授，1913—1919年任摩德纳大学数学系主任，1919年后任波伦亚大学解析几何教授，直至1936年退休。早期研究拓扑学，以后转向分析学，研究课题涉及差分演算、连分数算法及其推广、函数的无穷大阶、无限算法的收敛、级数和广义积分的和及渐近状态等。还是一位数学史家，主要研究1200—1800年的意大利数学史。1924年在波伦亚大学的档案中发现了16世纪后期波伦亚大学教授P. 波纳索尼(Paolo Bonasoni)的《代数几何》(1575)一书，将其出版。这本书包含了比同时期相关论述更为几何化的代数方法，是数学史上有价值的事件。1929年，出版了先前遗失的邦贝利的《代数学》(L'Algebra)手稿第4和第5卷(1966年再版)。还研究过鲁菲尼、斐波那契、费罗、塔尔塔利亚、托里拆利、卡尔达诺和费拉里等数学家的手稿和著作。对亚述人、巴比伦人和埃及人的数学成就作出较客观评价。在1924年多伦多、1928 年波伦亚国际数学家大会上作学术报告。

弗雷德霍姆（Fredholm, Erik Ivar, 1866.4.7—1927.8.17） 瑞典数学家。生于斯德哥尔摩，卒于斯德哥尔摩郡丹德吕德。1885 年就学于斯德哥尔摩技术学校，不久转到乌普萨拉大学。1888 年又转到斯德哥尔摩大学深造，成为米塔-列夫勒的学生。1893 年获乌普萨拉大学哲学博士学位，1898 年又获理学博士学位。1898—1906 年任斯德哥尔摩大学数学物理讲师，1906 年后任力学和数学物理学教授，直至退休。1902 年到瑞典国家保险公司兼职，1904—1907 年兼任保险公司精算师。还曾在国际度量衡委员会任职。主要贡献在积分方程和希尔伯特空间的算子理论方面。1899 年，在给米塔-列夫勒的信中，提出一种积分方程，即弗雷德霍姆积分方程，研究并指出它的解可以表示为两个整函数的商。1899 年到巴黎与庞加莱、皮卡和阿达马进行了关于狄利克雷问题的学术交流。1900 年发表论文《关于解狄利克雷问题的新方法》，对现今称为第二种弗雷德霍姆积分方程的核，建立了以他的名字命名的行列式和一阶子式，并证明了它们都是整函数。还给出了一个重要定理，即弗雷德霍姆第二定理。第一定理是 1903 年给出的。这直接导致希尔伯特空间和一般函数空间理论的发展。一生仅发表过几篇论文，但意义重大。是瑞典科学院、法国科学院、意大利国家山猫学院和芬兰科学学会的相应成员。1908 年获庞斯列奖。第 21659 号小行星（1999）以其名字命名。

彼尔庞特（Pierpont, James, 1866.6.16—1938.12.9） 美国数学家。生于康涅狄格州纽黑文，卒于加利福尼亚州圣马特奥。早年在伍斯特理工学院学习，最初学习机械工程，后转向数学。1886 年毕业后去欧洲留学，先后在柏林和维也纳学习，1894 年获维也纳大学博士学位。回国后在耶鲁大学任职，1898 年成为教授。主要贡献在伽罗瓦方程理论、分析学特别是积分理论等方面。在著作《实变函数论讲义》（2 卷，1905—1912）中介绍了类似于勒贝格积分的积分定义，但未被当代数学家所接受。1905 年，给出了多元函数可微分的定义。20 世纪 20 年代，兴趣转向非欧几何。还著有《单复变函数》（1914）等。1924 年在多伦多国际数学家大会上作 1 小时大会报告。

佐拉夫斯基（Żorawski, Kazimierz, 1866.6.22—1953.1.23） 波兰数学家。生于什丘琴（今白俄罗斯休钦），卒于纳鲁托维奇（Narutowicz）。1884 年进入华沙大学学习数学，1888 年毕业。后到德国莱比锡和格丁根深造，师从 M. S. 李和恩格尔，研究连续变换群（即李群）和微分方程理论。1891 年以研究李群在微分几何中的应用的优秀论文获莱比锡大学博士学位（相当于硕士学位）。1893 年在克拉科夫雅盖隆大学获数学博士学位。在积分不变式方面的研究发展了 M. S. 李提出的研究微分不变式的方法。之后相继在利沃夫技术学院和克拉科夫雅盖隆大学任教，1898 年成为教授。1900 年扎伦巴也被任命为雅盖隆大学的教授，他们共同建立了一个研讨主流数学的克拉科夫数学学派。他们的工作推动了波兰数学的长足进步，代表了波兰先进的数学。1926 年成为华沙大学的教授，直到 1935 年退休。是波兰数学会的创始人之一（1920）。1920 年入华沙科学学会，1926—1931 年担任该学会会长。是波兰科学院有爵位的院士(1953)。在微分形式论、微分几何和流体力学等方面也均有突出的研究成果。以德文发表研究论文《关于平面的无穷小变换(满足特定几何条件的)》(1901)和《关于多重积分的性质……》(1913),成为同时代波兰数学家中第一个走到世界数学最前沿的人。

贝克,H. F.(Baker, Henry Frederick, 1866.7.3—1956.3.17) 英国数学家。生于剑桥,卒于同地。1884年入剑桥大学圣约翰学院学习,1887年获得数学一等荣誉学位,1888年当选研究员,1889年获史密斯奖。整个职业生涯都在剑桥,1890—1895年任讲师期间受到凯莱的影响。1903—1914年,一直使用凯莱的数学讲义。1914—1936年任朗兹天文学和几何学教授。对剑桥大学乃至英国的数学研究和教学产生了重要影响。1898年当选英国皇家学会会员。1897年任剑桥哲学学会秘书,1910—1911年任该学会会长。1910—1912年任伦敦数学会主席。在世纪更替时,到德国和意大利访学,研究代数函数论和双有理几何。在20世纪30年代,创立了每星期六下午的研讨会或称"茶会"——和年轻的数学家们边饮茶边讨论当前大家都感兴趣的数学问题。主要从事几何学、代数学、椭圆函数论和三角级数论等方面的研究。最著名的著作是6卷集的《几何原理》(1922—1933)。还著有《阿贝尔定理与θ函数的相关理论》(1897,1995年再版)、《多重周期函数导论》(1907,2005年再版)和《平面几何概论》(1943,1971年再版)等。1904—1912年编辑出版了《西尔维斯特数学著作集》(4册)。1905年获德·摩根奖章,1910年获西尔维斯特奖章。还是爱丁堡数学会(1926)和爱丁堡皇家学会(1943)的成员。

瓦莱-普桑(Vallée-Poussin, Charles Jean Gustave Nicolas Baron de la, 1866.8.14—1962.3.2) 比利时数学家。生于比利时鲁汶,卒于同地。早年在鲁汶天主教大学学习工程学,获学士学位。后转向学习物理和数学,1891年获博士学位。同年成为该校数学分析课程的助理教授。1892年任讲座教授,从1893年开始任数学系主任长达50余年。1914—1918年任美国哈佛大学客座教授。1918—1925年到瑞士、法国、西班牙和美国等国的大学和研究所访问和讲学。1909年当选比利时皇家科学院院士。还是法国、美国、意大利和西班牙等国学术团体相应成员以及国际数学协会名誉主席。1928年由比利时国王授予男爵头衔。主要贡献在微分方程、数论、函数逼近论、三角级数论等方面。1896年在论文《素数理论的分析研究》中证明了素数定理,解决了困扰数学家达一个世纪的难题(阿达马在同一年也独立地证明了素数定理),还对$\pi(x)$与对数积分$\mathrm{li}\,x$之间的差作出了估计;推进了黎曼猜想关于ζ函数零点研究的进展;在函数逼近论方面,运用奇异积分方法,得到了用指定次数的多项式逼近函数的更好的结果;在三角级数论方面,证明了唯一性定理,推导出收敛性的检验法等。《分析教程》(2卷,1903—1906)多次再版,长期作为分析课程的标准教材。还著有《对数势、扫描和共形表示》(1949)等。在1920年斯特拉斯堡国际数学家大会作1小时大会报告,并担任新成立的国际数学联合会的主席。

特罗普克(Tropfke, Johannes, 1866.10.14—1939.11.10) 德国数学家、数学史家。生于柏林,卒于同地。1884年进入柏

林大学学习，1889 年获预科学校教师资格。1889 年以椭圆积分方面的论文在哈雷大学获博士学位，导师是 I. L. 富克斯。之后在弗里德里希和多罗森施塔特等地中学任教，1907 年被授予教授职称。1912—1932 年任基尔施纳高中的首任校长。主要研究初等数学史。撰写了 7 卷本的《初等数学史系列讲义》(1—3 卷，1921—1924；4—7 卷，1930—1940)。其第 2 版对初等数学各分支进行了全面的阐述，旨在丰富和提高中学数学教学的内容。还编著了多种中学数学教材。1930 年获得阿克曼-特布纳纪念奖。1929 年当选国际科学史研究院首批院士。1939 年获柏林科学院莱布尼茨银奖。

陶伯(Tauber，Alfred，1866.11.5—1942.7.26) 捷克—奥地利数学家。生于斯洛伐克普雷斯堡(今布拉迪斯拉发)，卒于德国特莱西恩施塔特(今捷克特雷津)。1884 年进入维也纳大学学习，1888 年在冯·埃舍里希(G. R. von Escherich，1849—1935)和埃米尔·韦尔指导下获博士学位。1891 年后在该校任教。1899 年同时受聘于维也纳工业大学。1908 年任维也纳大学助理教授。1892—1912 年还在维也纳福尼克斯保险公司数学部门工作，并长期担任维也纳商会和商业法庭的顾问。主要贡献在函数论、Γ 函数、位势论、线性微分方程理论、保险数学等方面。最重要的论文是《无穷级数论的一个定理》(1897)。1826 年，阿贝尔证明了幂级数的极限定理，即阿贝尔极限定理。陶伯在这篇论文中证明，只要给出一附加条件，阿贝尔定理的逆定理也是成立的。它后来被李特尔伍德等人命名为陶伯定理，所述附加条件被称为陶伯条件。论文《抵押保险》(1897)和 1909 年作为数学专家在第六届保险科学国际会议发表的重要意见是对保险业的重要贡献。还帮助保险公司研制死亡率表。1942 年死于德尔辛斯塔特集中营。

舍弗斯(Scheffers，Georg Wilhelm，1866.11.21—1945.8.12) 德国数学家。生于霍尔茨明登附近的阿尔滕多夫村(Altendorf)，卒于柏林。1884—1888 年在莱比锡大学学习数学和物理学，曾受教于 C. F. 克莱因和 M. S. 李，1890 年在 M. S. 李指导下获博士学位。1891—1896 年在莱比锡大学任教。1896 年任达姆施塔特技术大学副教授，1900 年升任教授。1907—1935 年任柏林工业大学数学系教授，1911—1912 年任该校校长。1910 年当选利奥波第那科学院院士。主要贡献在微分几何学方面，发表多篇论文对 M. S. 李的基本思想进行阐述，协助 M. S. 李完成其重要著作《切触变换几何》(第 1 卷，1896)。编写的教科书《微积分在几何中的应用》(2 卷，1901—1902)和《文理科通用数学教材》(1916)深入浅出，通俗易懂，数次再版受到普遍欢迎。还修订了塞雷于 1870 年代出版的《微积分学讲义》。还写了许多其他书籍，例如出版精美小册子来介绍著名的地图投影方法并附有历史注释等。

布朗(Brown，Ernest William，1866.11.29—1938.7.22) 英国—美国数学家、天体力学家。生于英格兰赫尔，卒于美国康涅狄格州纽黑文。1887 年以数学一等荣誉学位毕业于剑桥大学基督学院。之后继续攻读研究生，1891 年获得硕士学位。随后到美国宾夕法尼亚州哈弗福德学院任教。1907 年任耶鲁大学数学教授。获耶鲁大学、哥伦比亚大学等多所大学的名誉博士学位。1914 年当选美国国家科学院院士。1915—1916 年任美国数学会主席，1923 年加入美国籍。1928—1931 年任美国天文学会主席。是近代月球运动理论的奠基人。1919 年发表《月球运动表》，简化了计算月球位置的步骤。还研究了行星的运动并计算了特洛伊小行星的轨道，对由月球运动的研究提出了地球自转速度不均匀的学说。著有《行星理论》(与 C. A. 舒克合作，1933)等。是英国皇家学会会员，1914 年获皇家学会勋章。1912 年在英国剑桥国际数学家大会上作 1 小时大会报告《太阳系的周期性》。

韦埃克(Ver Eecke, Paul, 1867.2.13—1959.10.14)　比利时数学家、数学史家、工程师。生于梅宁，卒于贝尔赫姆。曾在列日大学学习采矿专业，1891 年毕业。1894 年起在比利时劳动监察局任工程师，直到 1932 年退休。利用业余时间从事科学研究，对科学史特别是数学史的研究作出重要贡献。从青年时代就开始钻研古代希腊数学，特别是阿基米德的著作。1921 年，将阿基米德全集译成法文出版。其后，又把许多其他希腊数学家的著作翻译成法文，包括阿波罗尼奥斯、丢番图、帕普斯、欧几里得(《光学》)、普罗克洛斯(对欧几里得《几何原本》的评注)等。在译作中加上引言，对古代数学家所生活的时代进行考证。又以脚注的形式，用现代数学符号对他们的成果给出证明。此外，还把斐波那契的《平方数书》(1225)由拉丁文译成法文，1952 年在布鲁日出版；撰有论文《用历史的观点考察古尔丁定理》(1932)等。是比利时数学会、比利时科学史协会(1946—1950 年任主席)和国际科学史研究院(1947)的成员。

克劳福德(Crawford, Lawrence, 1867.3.14—1951.4.5)　数学家。生于苏格兰格拉斯哥，卒于南非开普敦。早年在格拉斯哥大学学习，获得奖学金后到剑桥大学国王学院深造，1890 年获数学一等荣誉学位，之后当选研究员。1893 年，任伯明翰梅森学院的数学讲师。1903 年入选爱丁堡皇家学会。1899 年移居南非，同年任南非开普敦学院(1918 年改名为开普敦大学)的数学教授，1918—1938 年任开普敦大学教授。是南非科学促进协会会员，1916 年当选协会主席。还被选为南非皇家学会会员，1936—1941 年任学会会长。1944 年当选开普敦市议员。主要研究双曲函数的应用、行列式估值和三等分角等问题。对数学史也颇有兴趣，著有《18 世纪数学家爱德华·华林》(1942)等文章。

布劳(Burrau, Carl Jensen, 1867.7.29—1944.10.8)　丹麦天文学家、数学家。生于丹麦埃尔西诺(今赫尔辛格)，卒于根措夫特。早年在哥本哈根大学学习。1893—1898 年在该校天文台任职。1906—1912 年在哥本哈根大学开设应用数学讲座。以研究三体问题而闻名。对周期轨道问题进行了系统研究，特别研究两个等质量彼此围绕旋转的运动轨道。为寻求三体问题的解答，与蒂勒合作建立了蒂勒-布劳变换。在 1895 年的论文中研究使用贝塞尔的经典方法从恒星位置的照片中识别出相关常数的方法。还从事精算数学研究，获得很好结果。著有《保险统计基础》(1925)。

科洛索夫(Колосов, Гурий Васильевич, 1867.8.24—1936.11.7)　俄国—苏联数学家、力学家。生于俄国诺夫哥罗德州乌斯季(Усть)，卒于苏联列宁格勒(今俄罗斯圣彼得堡)。1889 年毕业于圣彼得堡大学。

1893年获硕士学位。1908年获博士学位。1893年开始在圣彼得堡大学力学实验室工作，并任圣彼得堡通信工程师学会的教师。1903—1913年在尤里耶夫大学任教。1913年返回圣彼得堡大学任教授，1916年成为理论力学系主任。1930年后主持列宁格勒大学力学讲座。1931年当选苏联科学院通讯院士。还是圣彼得堡数学会会员。在大学期间就对刚体围绕定点的旋转运动问题产生兴趣，发表了获奖论文。首次应用复变解析函数的方法研究弹性理论的平面问题，取得一定成果。在刚体力学中有科洛索夫-穆斯赫利什维利（科洛索夫的学生）公式，该公式根据一个复变量的两个解析函数来表达应力张量和位移矢量的分量。该公式首先由科洛索夫发表在论文《复变函数理论在弹性数学理论的平面问题中的应用》（1909）中。代表性论文还有《复变量在弹性理论中的应用》（1935）。

博谢（Bôcher，Maxime，1867.8.28—1918.9.12） 美国数学家。生于美国马萨诸塞州波士顿，卒于该州坎布里奇。父亲是马萨诸塞理工学院的现代语言学教授。1883年就学于哈佛大学，主修数学和自然科学。1889年到格丁根师从C. F. 克莱因、施瓦兹和I. 舒尔等数学家，1891年在C. F. 克莱因指导下以论文《位势函数的级数展开》获博士学位。该论文1894年译成英文出版。1891年回哈佛任教，1904年晋升教授。是美国国家科学院（1909）和美国数学会等多个研究机构和科学团体的成员，1909—1910年任美国数学会主席。主要研究微分方程、级数论和高等代数。发表研究论文100余篇，以他的名字命名的有博谢定理、博谢方程等。著有《高等代数引论》（合著，1907）和《线性微分方程理论中的斯图姆方法及其现代发展》（合著，1917）等。还编写了三角学和解析几何等科目的入门课本。1912年在剑桥国际数学家大会上作1小时大会报告。1923年美国数学会设立博谢纪念奖。

拉姆齐，A. S.（Ramsey，Arthur Stanley，1867.9.9—1954.12.31） 英国数学家。生于哈克尼，卒地不详。是F. P. 拉姆齐的父亲。早年在剑桥大学巴特利文法学校和抹大拉学院学习。1889年以数学一等荣誉学位毕业，1893年获硕士学位。1890—1897年于苏格兰爱丁堡的费蒂斯学校任教。1897年任抹大拉学院研究员和数学导师，1915—1952年任该学院院长。编著了几部供中学高年级和大学一年级使用的数学和物理学教科书，如《现代平面几何》（合著，1894）、《流体力学》（合著，1913）、《初等几何光学》（1914）、《初等微积分：初学适用》（1932）和《牛顿吸引力论导引》（1940）等。

狄克逊，A. L.（Dixon，Arthur Lee，1867.11.27—1955.1.20） 英国数学家。生于约克郡皮克灵，卒于肯特郡桑德盖特。数学家A. C. 狄克逊的弟弟。1889年毕业于牛津大学伍斯特学院，随后留在该校工作。1891年到默顿学院数学系（该系由14世纪数学家布拉德沃丁创办）深造，1898年任研究员。1922年任牛津大学韦恩弗利特纯粹数学教授，直到1945年退休。1912年当选英国皇家学会会员。还是伦敦数学会的成员，1924—1926年任该学会主席。主要贡献在解析数论以及代数理论在几何学、椭圆函数、超椭圆函数和双曲函数中的应用等方面。1908年发表了一系列关于代数结式（即西尔维斯特行列式）的论文，推进了凯莱的工作。还发表了多篇关于研究三次曲面上的曲线和舒尔二次曲面的性质等方面的论文。职业生涯的后期，与 W. L. 费拉尔（W. L. Ferrar，1893—1900）就解析数论、求和公式、贝塞尔函数和其他分析课题联合发表了 10 多篇系列研究论文。还是一位优秀的运动员并有出色的音乐天赋。

库蒂拉（Couturat，Louis，1868.1.17—1914.8.3） 法国逻辑学家、数学家。生于巴黎附近里索朗日，卒于里索朗日附近默伦（Melun）。自幼喜爱古典文学，擅长逻辑推理。1887 年进入巴黎高等师范学校，师从 J. 塔内里、皮卡、若尔当等人学习数学。1892 年获硕士学位。1895 年成为图卢兹大学的哲学教授。1897 年到卡昂大学开设数学哲学讲座，两年后回到巴黎任教。主要贡献在逻辑学和数学基础方面。论文《无限数学》（1896）主张实无限并给出逻辑数学的精确定义，以此论文于 1896 年被巴黎大学授予最高荣誉博士学位。另一篇论文《柏拉图神话》（1896）剖析了柏拉图的辩证思想。1899 年开始整理研究莱布尼茨的著作，受这些著作严谨缜密的论证体系启发寻求一种基于逻辑原理之上的国际通用语言。虽未完成，但为后人的探索指明方向。1901 年出版《莱布尼茨的逻辑》一书。1897 年开始与罗素通信，内容涉及几何基础、逻辑中的延伸与内涵、罗素悖论、选择公理，以及与庞加莱、皮亚诺、康德等人的争论问题等，数量多达 198 封。还著有《逻辑代数》（1905）和《数学原理》（1905）等。

弗拉索夫，A. K.（Власов，Алексей Константинович，1868.1.28—1922.5.21） 俄国数学家。生于弗拉基米尔省波克罗夫县弗拉索夫卡村（Власовка），卒于莫斯科。1892 年毕业于莫斯科大学物理-数学系，后留校工作。1903 年到格丁根大学深造，1911 年获纯粹数学博士学位。同年，因政治原因离开莫斯科大学。1917 年才任莫斯科商学院的教授，不久返回莫斯科大学工作。主要研究射影几何，深入研究了帕斯卡定理，为把射影几何应用于画法几何和图解法奠定了基础。著作《高等数学教程》于 1914 年首次发行，以后又多次出版（中译本分 2 卷 4 分册，商务印书馆，1953—1954；1956 年高等教育出版社再版）。

杨，G. C.（Young，Grace Chisholm，1868.3.15—1944.3.29） 英国数学家。生于伦敦附近黑斯尔米尔（Haslemere），卒于英格兰萨里郡克罗伊登。1889 年进入剑桥大学格顿学院学习数学，四年后毕业。之后到德国格丁根攻读博士学位，成为 C. F. 克莱因的学生。以论文《球面三角学的代数群理论研究》在 1895 年获博士学位，成为在德国第一位正式获博士学位的女性（1874 年柯瓦列夫斯卡娅是在缺席情形下被授予的）。1896 年返回英国，与 W. H. 杨结婚。婚后与丈夫共同从事数学研究，在实变函数论、傅里叶级数、正交级数和多元函数微分学等方面作出贡献。合作发表了 200 多篇论文，出版 4 部著作。合作的第一本书《第一本几何书》（1905）是关于儿童折纸技巧的，被译成 4 种语言。还出版了两本儿童读物。

沃罗诺伊（Вороной，Георгий Феодосьевич，1868.4.28—1908.11.20） 俄国数学家。生于茹腊夫卡（今属乌克兰），卒于波兰华沙。1889 年毕业于彼得堡大学并留校工作。1894 年获硕士学位并被聘为华沙大学教授。1897 年获博士学位，导师是马尔可夫（老）。1907 年当选圣彼得堡科学院通讯院士。贡献主要在数论方面。在博士论文《连分数算法推广》(1897)中提出的优越方法,奠定了三次不定方程一般理论的基础。在数的几何和多面体几何方面也有所发现。与闵科夫斯基共同创立了数的几何这门科学,建立了一系列定理。著作《简单平行多面体的研究》(1908—1909)与费奥多罗夫的研究工作密切相关,发展了二次型理论和几何学,他们的工作推动了多面体理论的发展,使之形成一个独立的几何学分支。还以沃罗诺伊图闻名,该图是根据到一组有限点的距离将一个平面划分为多个区域。此图在计算几何中有着广泛应用。在解析数论中解决了一个经典问题,得到准确结果。还著有《渐近函数论中的一个问题》(1903)和《超越函数及其在级数求和中的应用》(1903)等。

博尔特克维茨(Bortkiewicz, Ladislaus Josephowitsch, 1868.8.7—1931.7.15) 俄国—德国数学家、统计学家、经济学家。生于俄国圣彼得堡,卒于柏林。1890 年毕业于圣彼得堡大学法律系,后又攻读政治经济学和统计学。之后留在德国,1893 年在格丁根大学获博士学位。执教于斯特拉斯堡大学(1895—1897)和柏林大学(1901—1931)。是瑞典科学院、英国皇家统计学会、美国统计协会和国际统计研究院的成员。主要贡献在应用统计学和数理经济学方面。在 1898 年出版的著作《小数定律》中指出,当人们的推断靠的是某种顿悟或经验时,经常会导致系统性偏差。这本书使普鲁士士兵被马踢死的数据闻名于世:该数据显示了在 20 年间 14 个骑兵团中,每年被马踢死的士兵数量,这些数据遵循泊松分布。该书还研究了儿童自杀的数据。另外还发表大量政治经济学论著,对古典经济学和马克思经济学(经济转型问题)作出贡献。

帕多阿(Padoa, Alessandro, 1868.10.14—1937.11.25) 意大利数理逻辑学家。生于威尼斯,卒于热那亚。早年在帕多瓦大学和都灵大学学习,曾师从数学家皮亚诺,1885 年毕业。之后相继在皮内罗洛、罗马和卡利亚里等地的高中和技术学院执教。1908—1924 年受聘于热那亚技术学院,1924 年到热那亚哥伦布中学任教。1932—1936 年任热那亚大学数理逻辑讲师。是皮亚诺数理逻辑学派的重要成员,首先给出了一种理论的原始项不能用该系统内其余的原始项来定义的方法,这种方法在 1900 年巴黎举行的国际哲学大会上公开发表。发表了多篇数理逻辑和数学教育的著名论文,如 1903 年发表的一篇关于公理和非矛盾公理兼容性的长篇论文,回应了集合论中出现的问题。代表作还有《论演绎逻辑发展的最后阶段》(1912)和《直觉数学》(1923)等。1934 年获山猫学院的皇家数学奖。1935 年获意大利皇家科学院颁发的奖项。

豪斯多夫(Hausdorff, Felix, 1868.11.8—1942.1.26) 德国数学家。生于布雷斯劳(今波兰弗罗茨瓦夫),卒于波恩。曾在莱比锡、弗赖堡和柏林等地的大学学习。1891 年于莱比锡大学获天文学博士学位。之后完成一年兵役,又在莱比锡天文台担任两年计算员。1896 年后成为莱比锡大学私人讲师,1902 年晋升为教授。1913 年成为格赖夫斯瓦尔德大学第一位数学教授。1921 年后任波恩大学教授。第二次世界大战期间受到严重迫害,1942 年自杀。在集合论、拓扑学、连续群理论、泛函分析、数论、概率论和几何学等许多数学分支都有所建树。1908 年,把连续统假设推广到任意序数,提出“广义连续统假设”。最重要的贡献是在集合论和点集拓扑学方面。1914 年与弗雷歇同时分别研究了 G. 康托尔提出的关于集的连通性概念等,提出了一般度量空间和拓扑空间的集合理论。引入一套公理并建立起拓扑空间(后被称为豪斯多夫空间)理论。专著《集论纲要》(1914)对拓扑学和度量空间理论的发展有重要意义,影响很大,从而被公认为是一般拓扑学的奠基人。这一著作将序型分类,研究序型的有序积、有序集表示等问题。引入的极大原理可用来代替超限归纳法,与后来常用的佐恩(Zorn)引理等价。还提出 R^3 中单位球的分解,后导致巴拿赫-塔斯基分球悖论;又提出测度问题:是否存在使 R^n 的每个子集均可测的有限可加测度?1923 年证明了当 $n=1,2$ 时有无穷多个解,当 $n\geqslant 3$ 时无解。在数学分析方面研究了有限区间的矩量问题及矩量的性质,还得出求和法及有关傅里叶级数的定理;在连续群理论方面,导出群论符号的指数公式,给出华林问题的简单证明,并提出任意非整数维数(豪斯多夫维数)等。对现代数学的形成和发展有重要影响,现代数学中有多个术语是以他的名字命名的。译成中文的著作有《集论》(科学出版社,1960)等。还是一个文学爱好者,写过许多诗歌和剧本。

索末菲(Sommerfeld, Arnold Johannes Wilhelm, 1868.12.5—1951.4.26) 德国物理学家、数学家。生于哥尼斯堡,卒于慕尼黑。1886 年入哥尼斯堡大学学习,受教于希尔伯特、胡尔维茨和林德曼等数学家。1891 年在林德曼指导下获博士学位,并留校工作。还曾在格丁根大学、克劳斯塔尔矿业研究院和亚琛大学执教,1898 年成为教授。1906 年任慕尼黑大学理论物理学讲座教授,至 1935 年退休。1922—1923 年任美国威斯康星大学客座教授。主要贡献在理论物理学方面,主要研究原子结构和原子光谱理论,还从事电磁理论,相对论和量子理论的研究。最重要的贡献是把单复变函数理论应用于偏微分方程的边值问题,进而应用于衍射现象的研究。1895 年,建立了折射现象严密的数学论证,得到柱面函数(贝塞尔函数)的积分表达式。还把贝塞尔方程特解之间的区别转化为复平面上积分曲线的差异来研究。发表了大量论著,包括论文《衍射数学理论》(1896)和 6 卷本系列教科书《理论物理讲义》(1943—1952)等。德语世界近三分之一的理论物理学教授都曾是他的学生。1924 年成为伦敦数学会名誉会员。1926 年当选英国皇家学会外籍会员。还被选为包括巴伐利亚科学院(1908)、美国国家科学院(1929)在内的多个国家科学院和学术团体的相应成员,获得多所大学的名誉学位。月球上有以其名字命名的陨石坑。

拉斯克(Lasker, Emanuel, 1868.12.24—1941.1.11) 德国数学家、国际象棋手。生于普鲁士柏林兴(今波兰巴林内克),卒于美国纽约市。早年在柏林、格丁根和海德堡的大学学习数学和哲学。1900 年在 M. 诺特的指导下于埃尔兰根大学获博士学位,该博士论文发表在皇家学会《哲学学报》上。曾在美国杜兰大学和英国维多利亚大学任数学讲师。数学贡献主要在代数几何方面。发展了多项式环的理想理论,研究了形式多项式理想,还给出判定已知多项式是否属于一个理想的方法。将理想分解为主理想的结果为 A. E. 诺特建立理想的抽象理论提供了基础，对诺特环理论发展有一定影响。具有初级分解特性的环被称为“拉斯克环”，相关的定理称为拉斯克-诺特定理。中学期间就在国际象棋方面表现出非凡才华。1889 年赢得了德国象棋大师的头衔，在 1894—1921 年保持了 27 年国际象棋世界冠军称号。撰写的《国际象棋常识》(德语版，1896；英译本，1897)是公认的经典。1933 年，先逃到英国，然后是苏联，最后到美国。

卡甘（Каган, Вениамин Фёдорович, 1869.3.9—1953.5.8） 俄国—苏联数学家。生于立陶宛科夫诺，卒于莫斯科。是数学家西奈的外祖父。1892 年毕业于基辅大学。1897 年获圣彼得堡大学硕士学位。1897—1922 年在敖德萨大学任教，1907 年在马尔可夫(老)指导下获纯粹数学博士学位，1917 年成为教授。1922 年到莫斯科大学，任微分几何系教授和系主任。主要贡献在几何基础和张量分析等方面。在深入研究罗巴切夫斯基几何的基础上，于 1902 年提出了与希尔伯特截然不同的公理和定义，其公理体系是以作为运动群不变量的距离概念为依据的，与黎曼及 M. S. 李的公理体系相接近。1905—1907 年，编著出版了 2 卷本的《几何学原理》。书中提出了欧几里得空间公理体系，包括对公理的无矛盾性和独立性的详细分析。是苏联张量微分几何学学派的创始人。在张量计算方面，所建立的次射影空间是对罗巴切夫斯基空间的推广。共发表 100 多篇论文，还撰写了非欧几里得几何学的历史，以及罗巴切夫斯基的详细传记和全集(1946—1951 年出版了 5 卷)。还热心于科学出版工作，曾担任苏联国家出版社科学部主任 10 年之久。主编了《苏联大百科全书》的数学和自然科学卷。

恰普雷金（Чаплыгин, Сергей Алексеевич, 1869.4.5—1942.10.8） 俄国—苏联数学家、力学家。生于俄国梁赞省拉宁堡(今恰普雷金城)，卒于新西伯利亚。1886 年进入莫斯科大学学习，成为茹科夫斯基的学生。1890 年毕业后留校工作，1894 年任副教授。1902 年在茹科夫斯基指导下获博士学位。1896 年后在莫斯科技术学校、莫斯科交通大学和莫斯科女子学院任教，1903 年任教授。1905—1918 年担任女子学院院长。1918 年和茹科夫斯基共同创建中央空气流体动力学研究所，并于 1931 年在该所创办和领导了空气动力学实验室。1929 年当选苏联科学院院士。主要贡献在流体力学、空气动力学和应用数学等方面。在 1910 年发表的论文《论平面平行流对堵塞体的压力》中提出如下假说：当气流顺利流过机翼时，它的尖后缘必定是机翼上下两面气流的会合线。这一假说和茹科夫斯基定理一起解决了气流在流线型物体上的作用力问题，被称为恰普雷金-茹科夫斯基假说。从这个假说出发，导出计算气流在阻塞体上的压力的恰普雷金公式。后期的工作解决了一系列气体动力学的复杂问题。在数学上，研究微分方程、复变函数论在弹性平面理论中的应用等。在微分方程积分法中提出一种近似解法，现称为恰普雷金法。还研究了变分法中的有关问题，取得一定成果。1948—1950 年出版了他的 4 卷论文集。科学成就得到苏联政府的高度评价。1900 年获圣彼得堡科学院的金质奖章。苏联科学院还设立了以他的名字命名的奖项。月球上有以其名字命名的陨石坑。

嘉当，É.（Cartan, Élie Joseph, 1869.4.9—

1951.5.6）法国数学家。生于伊泽尔省多洛米约，卒于巴黎。早年因家贫无力上大学，后得到学校职员杜伯斯特（A. Dubost，1844—1921，后来成为法国参议院议长）的资助进入巴黎高等师范学校学习，1891年毕业。1894年在巴黎理学院由达布指导获博士学位。后辗转于蒙彼利埃、里昂和南锡等地的大学执教。1912—1940年先后任巴黎理学院微积分、理论力学和高等几何的讲座教授。1931年当选法国科学院院士，1947年成为英国皇家学会外籍会员。主要贡献在连续群、李代数、微分方程和几何学等多方面。是20世纪上半叶最重要的数学家之一，对现代数学的发展有重要影响。早期的工作是M. S. 李和基灵工作的继续，1894年发表《有限维连续变换群的构造》，在文中修正了基灵的工作，对复数域上单李代数完全分类给出严格证明。在解决单李代数的表示时，发现了旋量（1913），提出正交群李代数的旋表示。旋量后来在量子力学中起到重要作用。对李群研究的第二个方面是讨论李群的拓扑性质。用一种极富创见性的方法计算李群的贝蒂数，断言德拉姆上同调群的维数就是贝蒂数（这一断言后来由德拉姆证明），用左不变微分式来代替微分式，将贝蒂数的计算转化为纯算术问题，从而最终得到解决。在偏微分方程方面，发展了普法夫的方程组理论，表现出强烈的几何倾向，从而在无限李群、微分几何学、分析力学和广义相对论等方面又得出深刻结果。1920年后，在相对论发展的影响下，对微分几何学进行了一系列值得称道的工作。发展了一般流形上活动标架法，创立了仿射联络、射影联络、保角联络的几何学，发现和研究对称黎曼空间，对联络进行深入探讨。提出的广义空间是纤维丛概念的前身，是对克莱因几何学与黎曼几何学的统一。共发表186篇论文，出版约40部专著和教材。代表作有《黎曼空间的几何》（1925）、《有限连续群理论及位置分析》（1930）、《连续群理论与广义空间理论》（1935）、《旋量理论》（1938）等。其《全集》3卷6册于1952—1955年出版。1937年获罗巴切夫斯基奖。曾三次（1924，1932，1936）在国际数学家大会上作1小时大会报告。月球上有以其名字命名的陨石坑。其子H. 嘉当也是数学家。

富特旺勒（Furtwängler，Friedrich Pius Philipp，1869.4.21—1940.5.19） 奥地利数学家。生于普鲁士汉诺威市埃尔策（Elze），卒于维也纳。1889年入格丁根大学学习。受教于包括C. F. 克莱因、赫尔德在内的多位数学家，对C. F. 克莱因的数论课程尤其有兴趣。1895年获博士学位。服兵役后相继在格丁根、波茨坦、波恩和亚琛等地任教。1912年任维也纳大学数学教授，直至1938年退休。1927年当选维也纳科学院院士。1931年成为柏林科学院的通讯院士。主要贡献在代数学和数论方面。深入研究了割圆域的算术、幂剩余符号的互反律、希尔伯特范数剩余符号等。证明了类域论的4个基本定律（1907），提出了类域塔问题。1912年，改进了费马大定理的一个判定准则。最大的成就是1930年对主理想定理的证明，该定理解答了希尔伯特的一个猜想。对大地测量学也作出重要贡献。

艾博特（Abbott，Percival William Henry，1869.6.7—1954.1.29） 英国数学家。毕业于伦敦大学。1895—1919年在伦敦的理工科学校教授数学，1919—1934

年任学校校长。编辑过《技术杂志》等期刊。著有《数学用表与公式》(1918)和《数值三角学》(1918)。还编著了代数、几何、三角、微积分以及机械技术等方面的自学教材。

热加尔金(Жегалкин, Иван Иванович, 1869.8.3—1947.3.28) 俄国—苏联数学家。生于俄国奥尔洛沃州姆采斯克(Мценск),卒于莫斯科。1893年毕业于莫斯科大学。之后在莫斯科的中等学校和女子学院任教。1902年后到莫斯科大学工作。1908年获硕士学位。1911年,因政治原因被迫离开学校。1918年返回莫斯科大学,1923年任教授,直至逝世。1935年获物理-数学博士学位。主要贡献在数学基础、数理逻辑和实变函数论等方面。组织了苏联第一期数理逻辑讨论班,许多学员后来都成为著名的学者。建立的逻辑代数(称为热加尔金代数)就是模数为2的剩余类算术,解决了一系列谓词演算的可解性问题。硕士学位论文《超限数》(1907)是第一篇关于集合论的俄文专论。参与编写的数学分析教程被广泛采用。

韦尔施泰因(Wellstein, Joseph, 1869.10.17—1919.6.24) 德国数学家。生于韦茨拉尔,卒于同地。1894年由韦伯指导获斯特拉斯堡大学博士学位。1895年任该校不支薪讲师。1898年任吉森大学副教授,1904年返回斯特拉斯堡大学任教授。以解释罗巴切夫斯基几何而著称。和韦伯合编的《初等数学百科全书》(3卷,1903—1907)广为流传,被译成多种语言。其中译本书名为《数学全书》,由商务印书馆于1935年出版,分算术、代数、分析三册。

鲍利(Bowley, Arthur Lyon, 1869.11.6—1957.1.21) 英国数学家、统计学家、经济学家。生于布里斯托尔,卒于萨里。在基督公学接受初等教育后获剑桥大学三一学院奖学金继续学习,1891年获学士学位。之后继续在剑桥深造,在经济学家A.马歇尔(A. Marshall,1842—1924)影响下了解到统计学原理中包含许多数学,进而努力钻研数学。1893—1899年在皮尔黑德的圣约翰学校讲授数学。1895年到新创建的伦敦经济学院任兼职讲师。之后历任伦敦大学、牛津大学等校数学、经济学以及统计学教授,直到1936年退休。1922年成为不列颠学院的院士。1938—1939年任计量经济学会会长。是皇家统计学会会员(1907,1938—1940年任主席)、国际统计学家协会会员(曾任名誉主席)。从19世纪90年代开始研究英国经济统计数据,率先在社会调查中使用抽样技术,从事贸易、工资和收入的统计工作。在20世纪20—30年代深入研究国民收入,提出的不变工资份额的鲍利定律影响深远。著有《统计基础》(1901)和《纯粹数学一般教程》(1913)等。1935年获皇家统计学会盖伊金质奖章。

斯奈德(Snyder, Virgil, 1869.11.9—1950.1.4) 美国数学家。生于艾奥瓦州迪克森,卒于纽约州伊萨卡。1886—1889年就读于艾奥瓦州立大学,获得理学学士学位。不久到格丁根大学继续深造,1895年在C. F. 克莱因指导下以论文《李氏球面几何的线性复形》获得博士学位。1895年到康奈尔大学任教,1899—1903年在意大利留学。1910年晋升教授,至1938年退休。1942—1944年先后担任布朗大学和佛罗里达州罗林斯学院的客座教授。1919年当选美国文理科学院院士。还是德国数学会的成员。长期任《美国数学会通报》编辑(1903—1921)。1916年开始任美国数学会副主席,1927—1928年任主席。主要贡献在代数几何方面,共发表20余篇研究论文,内容涉及球体的线性复合体,度量面,以及环状、管状等可展曲面和它们的渐近线和曲率线等。被认为是C. F. 克莱因几何遗产的主要继承人之一。以高度的理想主义致力于数学教学改革,并以自己的独创性思想指导学生进行研究。在康奈尔大学指导了近40名博士生。编著了多部有特色的教科书,如《微分学》(合著,1898)、《微积分学》(合著,1902)、《平面与立体几何》(合著,1911年)和《空间解析几何》(合著,1914年)等。

叶戈洛夫(Егоров, Дмитрий Фёдорович, 1869.12.22[一说12.2]—1931.9.10) 俄国—苏联数学家。生于莫斯科,卒于喀山。1891年毕业于莫斯科大学。1893年后在该大学工作。1901年在布加耶夫指导下获博士学位。1904年任教授。1902—1903年到德国和法国留学,参加了多位数学家,如达布、阿达马、勒贝格和庞加莱、C. F. 克莱因、希尔伯特和闵科夫斯基的讲座。1923—1931年任莫斯科数学会主席。1929年当选苏联科学院院士。还是法国数学会外籍会员。是俄国最有影响的数学家之一,主要成就在实变函数论、微分几何、积分方程论、变分学等方面。博士论文研究三重正交系统和位势曲面,为微分几何作出重要贡献。在实变函数中,发现了关于收敛的可测函数列的一个重要定理:已知区间上几乎处处收敛的可测函数列在依测度任意接近该区间的完全集上一致收敛。这个定理后称为叶戈洛夫定理,出现于1911年在法国科学院发表的论文《关于可测函数的序列》中。该定理的发现成为莫斯科学派进一步研究实变函数论的新起点。著作还有《变分学原理》(1923)等。是一位出色的教育家,培养了卢津、斯杰潘诺夫、普里瓦洛夫、彼得罗夫斯基等数学家。

夏普(Sharpe, Francis Robert, 1870.1.23—1948.5.18) 数学家。生于英国沃灵顿,卒于美国新泽西州大洋城。早年就读于曼彻斯特大学和剑桥大学。1892年获硕士学位。1901—1904年在加拿大金斯顿女王大学教授数学。1905年到康奈尔大学攻读研究生兼任教学助理,1907年由麦克马洪(J. McMahon,1856—1922)指导获得博士学位。1910年入美国籍。1919—1938年任康奈尔大学数学教授。1923—1926年任系主任。1938年以后为名誉教授。是美国数学会成员。1917—1939年任学会会刊副主编。早期的兴趣在应用数学领域,尤其是流体动力学领域,1905—1912年在美国各种数学期刊上发表了多篇有关的研究论文。之后转向代数几何学研究,也发表了数篇论文。是美国国家科研委员会任命的六名数学家之一,他们共同编著的《代数几何选题》于1928年出版。

科克(Koch, Niels Fabian Helge von, 1870.1.25—1924.3.11) 瑞典数学家。生于斯德哥尔摩,卒于同地。1887年进入了斯德哥尔摩大学,成为米塔-列夫勒的学生,1892年获博士学位。之后在乌普萨拉大学和斯德哥尔摩皇家技术学院任教。1911年接替米塔-列夫勒职位,任斯德哥尔摩大学教授。主要贡献在数论、无穷线性方程组、无穷矩阵、微分方程、曲线理论等方面。在无穷矩阵论方面的工作被弗雷德霍姆用来解积分方程(1903),成为泛函分析的先导。还以发现科克曲线(亦称科克雪花)而著称。该分形曲线于1904年发现,其特征的证明发表在1906年的论文《研究平面曲线理论问题的一种初等几何方法》中。科克曲线是从一单位线段开始,先截去中间1/3部分,代之以两段1/3长的相交于60°角的线段;然后再对每个1/3长(共4条)线段重复上述过程,以至无穷。可以证明,科克曲线是在有限面积内的无限长曲线。它是处处连续而无处可微的,曲线上两点无论如何"靠近",它们之间依然相隔一段无限长的科克曲线。1900年在巴黎国际数学家大会上作学术报告。

费尔(Fehr, Henri, 1870.2.2—1954.11.2) 瑞士数学家、教育家。生于苏黎世,卒于日内瓦。早年在日内瓦、苏黎世和巴黎等地学习,1892年后在日内瓦的中学讲授数学,1895—1900年在苏黎世联邦理工学院任教。1899年在日内瓦大学获博士学位。1900年任日内瓦大学理学院的代数和高等几何学教授,直至1945年。先后任理学院院长、日内瓦大学副校长和校长。擅长科学和教育管理。1905—1909年,担任瑞士数学教师协会主席。在1908年罗马召开的国际数学家大会上,授权他和C. F. 克莱因等人组建了国际数学教育委员会。以后的40多年中,一直担任该委员会的秘书长。于1910年参与创立瑞士数学会,并在1913—1915年任该学会的第二任主席。与法国数学家莱山特(Ch. A. Laisant, 1841—1920)共同创办国际数学杂志《数学教育》,在去世前一直担任该杂志的主编50余年。多次参与国际数学家大会的组织工作(1924年任大会副主席,1932年是组委会成员),并于1904年、1908年、1912年和1924年在大会上作特邀报告。主要数学著述在矢量微积分、格拉斯曼的矢量分析和数学教育研究等方面。

卡斯劳(Carslow, Horatio Scott, 1870.2.12—1954.11.11) 英国数学家、物理学家。生于苏格兰海伦斯堡,卒于澳大利亚新南威尔士州布拉多(Burradoo)。1887年进入格拉斯哥大学学习数学和物理学,以及拉丁语、希腊语、道德哲学和逻辑学,1891年获数学和物理学一等荣誉硕士学位。后在剑桥和格拉斯哥等地大学任教。1896—1897年留学格丁根。1901年当选爱丁堡皇家学会会员。1903年移居澳大利亚,任悉尼大学数学系主任。主要贡献在几何学、傅里叶级数、积分理论和热传导的数学理论等方面。著有《微积分学导论》(1905)和《非欧平面几何学及三角学》(1916;中译本,商务印书馆,1939)等。还曾把意大利数学家博诺拉所著非欧几何著作(1906)译成英文。

林德勒夫(Lindelöf, Ernst Leonhard, 1870.3.7—1946.6.4) 芬兰数学家。生于俄国赫尔辛福斯(今芬兰赫尔辛基),卒于同地。1887年到赫尔辛福斯大学学习数学(当时该城在俄国控制之下),之后到斯德哥尔摩、巴黎和格丁根等大学深造。1893年获博士学位。1895年到赫尔辛基大学任教,1903年升任教授,直至1938年退休。1907年任《数学学报》(瑞典)编辑。主要从事微分方程和解析函数论的研究。探讨了柯西的留数理论在函数论中的作用,将米塔-列夫勒的结果应用于泰勒级数的渐近研究中,考虑了傅里叶级数的类似级数并将其应用于Γ函数和黎曼函数,特别研究了奇点附近函数的性质等。代表作有《库默尔微分方程的积分法》(1890)和《留数计算及其在函数理论中的应用》(1905,此书还被译成多种语言出版)等。

还编写了经典教科书《微积分及其应用》(4卷,1920—1946)和《函数论导引》(1936)。还著有斯堪的纳维亚数学的历史和教育方面的专著。

巴舍利耶(Bachelier, Louis, 1870.3.11—1946.4.28) 法国数学家。生于勒阿弗尔,卒于圣-塞尔滨海。1892年到巴黎理学院学习,1900年在庞加莱指导下获博士学位。1909—1914年以自由教授身份在巴黎大学开设有关概率论的讲座。第一次世界大战期间投身军队。从1919年开始,先后在贝桑松大学、第戎大学和雷恩大学任教。1927年得到贝桑松大学终身教授职位。主要研究概率论及其应用,将连续性概念引入概率论中,并以时间为变量,研究了概率的变化和概率链理论。在博士论文《投机理论》(1900)中模拟了被称为布朗运动的随机过程,介绍了布朗运动的第一个数学模型及其在股票期权估值中的应用,是第一篇在金融研究中使用高等数学的论文。因此被认为是金融数学和随机过程研究的先驱。尽管对布朗运动理论的论述比爱因斯坦(1905)的更精致、更数学化,但是他的工作在几十年后才得到肯定。还著有《赌博的数学理论》(1901)、《多变量概率》(1910)、《游戏,运气和机会》(1912)和《推测与概率计算》(1938)等。2007年,法国科学院、英国伦敦数学会和美国工业与应用数学学会联合发起设立巴舍利耶奖。

勒鲁瓦(Le Roy, Édouard, 1870.6.18—1954.11.9) 法国数学家、哲学家。生于巴黎,卒于同地。1892年就学于巴黎高等师范学校,1898年获博士学位。后在几所高中任教,1909年成为圣路易斯高中的数学教授。业余研究哲学问题。1921年任法兰西学院教授。主要研究偏微分方程和级数理论。对数学基础问题也很感兴趣,在哲学基本原理问题上有一定创见。特别关注科学与道德的关系,1919年当选法国道德和政治科学院院士。著有《热传导方程的积分》(1898)、《关于发散级数和泰勒展开式定义的函数》(1899)和《科学与哲学》(1899)等。

迪拉克(Dulac, Henri, 1870.10.3—1955.9.2) 法国数学家。生于瓦尔省法扬斯,卒于同地。1892年毕业于巴黎综合工科学校,获数学博士学位。之后在格勒诺布尔、阿尔及尔(今阿尔及利亚)和普瓦捷的大学教授数学分析课。1911年到里昂科学院主持纯数学讲座。第一次世界大战期间在法国军队中任军官。战后任里昂大学微积分讲座教授,并在里昂中央学院主讲微积分。曾任巴黎高等师范学校考官和招生委员会主席、法国科学院通讯院士。荣获法国荣誉军团军官勋章。主要研究微分方程的奇点和极限环理论。证明了由挪威数学家本迪克松提出的关于方程 $X\mathrm{d}x+Y\mathrm{d}y=0$($X$、$Y$ 是 x 和 y 的多项式)具有有限多个极限环的定理。还发表了微分方程的积分、微分方程组的解、由一阶微分方程定义的曲线等方面的论文。著有《关于微分方程奇异点的研究》(1904)等。还出版了欧拉的部分作品。

恩里克斯(Enriques, Federigo, 1871.1.5—1946.6.14) 意大利数学家、哲学家、科学史家。生于意大利里窝那,卒于罗马。1891年毕业于比萨高等师范学校,师从数学家G.卡斯泰尔诺沃。1894年到波伦亚大学讲授画法几何和射影几何,1896年任教授。1922年任罗马大学高等数学和高等几何学教授。1938年失去教职,1944年返回大学执教直至去世。是意大利代数几何学派的重要人物，和G. 卡斯泰尔诺沃合作研究代数曲面理论，利用曲面的黎曼-罗赫定理将代数曲面分类，联合发表了多篇研究论文。发展了代数几何方法，奠定了代数曲面中的曲线的线性系理论，为建立代数曲面的内蕴理论做了重要工作。对多维微分几何也作出贡献。编写的《射影几何教程》(1898)和《画法几何教程》(1920)在当时影响很大。还著有《逻辑的历史》(1927)和《代数曲面》(1949)等。致力科学史的研究，创办意大利国立科学史学院，出版意大利文欧几里得《几何原本》并加历史注释。1906年创建意大利哲学学会，后又参与创办科学杂志、数学杂志并任主编。还主持了意大利百科全书中数学部分的编撰。1912年在剑桥国际数学家大会上作1小时大会报告。

法诺(Fano, Gino, 1871.1.5—1952.11.8) 意大利数学家。生于曼图亚，卒于维罗纳。1888年就学于图灵大学，是塞格雷的学生。学习期间将C. F. 克莱因的《埃尔兰根纲领》译为意大利文。1893年到格丁根进修一年，回国后执教于罗马(1894)、墨西拿(1899)等地。1901—1938年任图灵大学教授。之后到瑞士、美国各地访学，开设讲座。主要从事n维空间的射影几何与代数几何研究，对直线几何、有限几何、代数曲面、流形、双有理切触变换、非欧几何及有理系数线性微分方程等方面均有建树，证明了三维空间中存在无理对合，得到了任意维度和素数阶的有限投射空间的一些结果。在几何学基础方面发表的类似研究结果早于希尔伯特大约10年，并更易于理解和接受。著有《画法几何教程》(1914)和《解析几何和射影几何教程》等。

波莱尔，É.(Borel, Félix Edouard Justin Émile, 1871.1.7— 1956.2.3) 法国数学家。生于阿韦龙省圣阿夫里克(Saint Affrique)，卒于巴黎。1889年入巴黎高等师范学校学习，毕业后在里尔大学任教。1893年由达布指导获巴黎高等师范学校博士学位。1896年回母校任教。1909—1920年、1920—1941年先后任巴黎理学院函数论、概率计算的讲座教授。第一次世界大战期间，配合其老师——数学家兼政治家班勒卫组织为战事服务的科学研究。曾多次到国外游学，1920年随班勒卫来中国进行学术交流。主要贡献是把G. 康托尔的集合论与古典分析的方法结合起来，建立近代实变函数理论，以建立海涅-波莱尔有限覆盖定理和可数集测度为零的定理著称。系统发展了级数可和性理论，用无穷积分建立发散级数表达式，引进可和与绝对可和性概念等。许多贡献都是从博士论文《关于函数论的某些问题》中提出的观点出发而得到的。在非解析开拓、应用概率、丢番图近似和解析函数值分布理论以及对策论等方面也做了许多工作。1921年当选法国科学院院士，后积极从事政治、社会活动，曾任市长、地方议员和海军部长等职。还积极参与筹建法国国家科学研究中心，1928年协助建立庞加莱研究所，并任所长，直至去世。1898年获法国科学院大奖、1901年获庞斯列奖。1905年任法国数学会主席。出版和发表了大量论著和教材。主编的函数论丛书(1898—1952)对函数论的普及有很大作用。两次(1912，1928)在国际数学家大会上作1小时大会报告。月球上有以其名字命名的陨石坑。

尤尔，G. U.(Yule, George Udny, 1871.2.18—1951.6.26) 英国统计学家。生于苏格兰哈丁顿附近的蒙哈姆，卒于剑桥。

1887年进入伦敦大学学院攻读工程学，1890年获学士学位。1893年在伦敦大学学院开设统计学讲座，开始统计学的研究，师从皮尔逊。1895年入选英国皇家统计学会，1924—1926年任该学会会长。1911年获英国皇家统计学会盖伊金质奖章。1912年到剑桥大学任教，至1931年退休。1922年当选圣约翰学院院士，同年成为英国皇家学会会员。主要贡献在数理统计、回归理论、相关理论等方面。和格森伍德(M. Greenwood，1880—1949)共同奠定了随机分布理论的基础。研究了振荡的时间序列。概率论中有著名的尤尔过程。研究课题注重理论联系实际，比如对农业人口、贫困人口以及相关比例关系的统计计算等。著作《统计学理论导引》(1911)共出14个版本。还著有《文学词汇的统计研究》(1944)等。

伽辽金(Галёркин，Борис Григорьевич，1871.3.4—1945.7.12)　俄国—苏联数学家、工程师。生于波洛茨克，卒于列宁格勒(今俄罗斯圣彼得堡)。1893年进入圣彼得堡实用技术学院学习数学和工程学，1899年毕业后在哈尔科夫机车厂和圣彼得堡北方机械厂任工程师。1909年回母校任教。1909—1914年考察并研究欧洲各地的建筑工程。1920年任圣彼得堡实用技术学院结构力学系主任，在列宁格勒通讯工程师学院和列宁格勒大学兼职。1934年获技术科学和数学两个专业的博士学位。1935年当选苏联科学院院士。1940年后任苏联科学院力学研究所所长。研究结构力学和弹性理论中最困难的问题，并用现代数学方法来处理。在解弹性理论中的微分方程时，提出了有效的积分法(精确的和近似的)——伽辽金法。还应用边值问题的近似解法成功地解决了变分法、数学物理和函数方程等方面的一些问题。研究成果被应用于苏联的建筑事业。领导了全苏建筑工程技术学会，曾任苏联最大的水力发电站和其他重要设施的规划和施工顾问。著有《弹性薄板》(1937)。1952—1953年苏联科学院出版了他的文集。

德拉克(Drach，Jules Joseph，1871.3.13—1949.3.8)　法国数学家。生于圣玛丽欧米讷，卒于滨海卡瓦莱尔。1889年进入巴黎高等师范学校，1898年在J. 塔内里指导下获博士学位。先后执教于克莱蒙费朗、里尔、普瓦捷和图卢兹等地大学。1913年任巴黎理学院助理教授，1920—1941年相继任分析力学、高等分析和高等代数讲座教授。1929年当选法国科学院院士。主要贡献在数论、偏微分方程和微分几何等方面。利用M. S. 李、皮卡和韦西奥的结果，试图将伽罗瓦理论扩展到一般的微分方程中，借助对满足有理系统的超越数的逻辑分类去探讨微分方程的积分理论，引入有理性群的概念。代表性论文有《数的超越性》(1892)、《超越数的整合与分类的一般理论》(1898)、《具有积分曲面渐近线特征的一阶偏微分方程》(1947)等。

施泰尼茨(Steinitz，Ernst，1871.6.13—1928.9.29)　德国数学家。生于德国西里西亚省劳拉许特(今属波兰)，卒于基尔。1890年到布雷斯劳大学学习，一年后转到柏林大学，参加了弗罗贝尼乌斯、克罗内克和普朗克(M. Planck，1858—1947)等教授的讲座。1893年返回布雷斯劳大学，1894年在罗尚尼斯指导下获博士学位。1897年任柏林夏洛滕堡理工大学不支薪讲师。1910—1920年任教于布雷斯劳技术学院。

1920年任克里斯蒂安·阿尔布雷希茨大学数学系主任，成为该大学于1665年成立以来的第一位数学系主任，直至去世。1897年加入德国数学会。主要贡献是对代数中的抽象域进行了综合研究，著有《域的代数理论》(1910)。证明了对于每一个域 K，存在一个唯一的代数封闭域 K'，使得 K' 是 K 的代数扩张。还研究了伽罗瓦方程理论在域中的有效性问题。在数论、集合论、无穷级数、多面体几何和位置分析等方面也发表了一些重要论著，如《包含拓扑元素的多面体理论讲义》(1934)等。

爱泼斯坦(Epstein, Paul, 1871.7.24—1939.8.11) 德国数学家。生于美因河畔法兰克福，卒于多恩布施。1890年进入斯特拉斯堡大学学习，1895年在克里斯托费尔指导下以关于超椭圆积分理论的论文获博士学位。后在斯特拉斯堡的技术学校任教，1903—1918年任斯特拉斯堡大学讲师，后任该大学非终身教授。1919年在歌德大学法兰克福分校讲学并任该校教授。因受到迫害失去教职，后自杀身亡。以对数论的研究著称，在论文《关于一般 ζ 函数的理论》(第一部分，1903；第二部分，1906)中，引入一类狄利克雷级数，根据给定的二次型推广了黎曼 ζ 函数，证明了这些函数的函数方程、解析延拓和克罗内克极限公式。这些函数称为爱泼斯坦 ζ 函数。对连分式理论、阿贝尔函数以及数学史和数学教育也有一定贡献。论文还有《关于麦比乌斯连分式和初等连分式》(1918)和《歌德与数学》(1924)等。2014年，歌德大学在建校100周年之际，为他修建了纪念碑。

策梅罗(Zermelo, Ernst Friedrich Ferdinand, 1871.7.27—1953.5.21) 德国数学家。生于柏林，卒于弗赖堡。早年学于柏林、哈雷和弗赖堡等地大学，参加了弗罗贝尼乌斯、I. L. 富克斯、E. 施密特和施瓦兹等教授的讲座。1894年在I. L. 富克斯和施瓦兹指导下获柏林大学博士学位，博士论文为《变分法研究》(1894)。后在柏林大学任普朗克(L. Planck, 1858—1947)的助教，在其指导下开始研究流体力学。1899年到格丁根大学执教，1905年任教授。1910—1916年任苏黎世大学数学系主任。1916—1926年任弗赖堡大学教授。1935年离职，1946年复职。主要贡献在集合论、变分法和统计学等方面。首先把G. 康托尔的集合论加以公理化，1904年证明了“每一个集合在某种重新排列下都能够良序化”的定理，称为策梅罗定理。为证明上述定理，引用了一个特殊公理——称为策梅罗选择公理：对于给定的非空且两两不相交的集合的任何一个总体，总可以在每个之中选取一个元素，构成一个新的集合。策梅罗选择公理的利用对集合论的进一步研究起到推动作用，有多种等价形式，已应用于几乎每一个数学分支，成为一个独立的研究领域。1908年发表集合论基础研究的论文，建立了第一个集合论公理体系。该体系只包含由公理本身的叙述所定义的基本概念和关系，例如集合的概念和集合的属于关系，只有公理所提供的集合性质才可以用。该体系由德国数学家弗伦克尔改进，形成著名的策梅罗-弗伦克尔(ZF)公理体系，使数学基础得到进一步巩固，影响极其深远。这种体系后来又被伯奈斯和哥德尔进一步完善和简化，现称之为伯奈斯-哥德尔集合论公理体系。

京特，Н. М.(Гюнтер, Николай Максмович, 1871. 12.17—1941. 5.4) 俄国—苏联数学家。生于圣彼得堡，卒于同地。1894年毕

业于圣彼得堡大学物理-数学系，获学士学位。后留校担任马尔可夫(老)的助教。曾在康斯坦丁诺夫斯基炮兵学校和铁路工程技术学院等校任教。1904 年获硕士学位，1906 年任教授。不久成为圣彼得堡大学数学系微分方程和积分方程学科的带头人，1915 年获博士学位。1924 年当选苏联科学院通讯院士。早期的数学研究在常微分方程和偏微分方程的一般理论方面，后广泛使用实变函数和泛函分析的方法研究数学物理中的各种课题，取得突出成绩。证明了流体动力学方程在极一般的条件(对方程的限制尽可能地少)下解的存在性和唯一性。在偏微分方程论和位势理论方面的专著很有影响。发表 140 多篇研究论文。主编的《高等数学习题集》(1912)曾译成多国文字，包括 3 卷本的中译本(商务印书馆，1953—1954)和德文版。在本国不断再版，到 2003 年已出第 13 版。积极开展国内外学术交流，多次参加各种国际数学会议，如在海德堡(1904)和多伦多(1924)举办的国际数学家大会。

阿伦斯，W.(Ahrens, Wilhelm Ernst Martin Georg, 1872.3.3—1927.5.23) 德国数学家、趣味数学作家。生于吕布茨，卒于罗斯托克。早年在罗斯托克大学、柏林大学和弗赖堡大学求学，1895 年获博士学位。后在比利时安特卫普、德国马格德堡等地执教。其间曾到莱比锡大学学习，对 M. S. 李的工作产生兴趣。受其工作启发，在汉堡数学会的杂志上发表论文《具有不变子群的变换群》(1902)。是科普作家，特别对数学游戏感兴趣。所著《数学娱乐和游戏》(1902)多次再版。为数学科学百科全书撰写了相关的文章。著有《数学家轶事》(1916)，介绍许多数学家的奇闻逸事。发表了大量数学游戏方面的文章，是多个期刊相关专栏的作者。

莫尔顿(Moulton, Forest Ray, 1872.4.29—1952.12.7) 美国天文学家、数学家。生于密歇根州勒罗伊，卒于伊利诺伊州威尔梅特(Wilmette)。1890 年到阿尔比恩学院就学。1895 年进入芝加哥大学继续深造，1899 年获博士学位。后留校历任助教、讲师、副教授，1912 年任教授。还在其他一些大学兼职任教。第一次世界大战期间任陆军少校，在马里兰州阿伯丁试验场服务。战争结束后返回芝加哥大学继续执教，直到 1926 年辞职，任芝加哥公用事业电力和照明公司董事。数学研究在常微分方程和射影几何学方面，有以他的名字命名的方法和平面。十分注重数学在天文学中的应用。与地质学家托马斯·钱伯林(C. Thomas Chamberlin, 1843—1928)提出了关于太阳系起源和演化的钱伯林-莫尔顿星子假说(1904)，对太阳系的形成和地球起源问题提出独到见解，为巴林格陨石坑起源提供了重要的理论基础。是弹道理论研究的先驱之一，对当时高速电子计算机的研制有所推动。著有《天体力学》(1902)、《外弹道学的新方法》(1926)和《微分方程》(1930)等。月球上有以其名字命名的陨石坑。

罗素(Russell, Bertrand Arthur Willian, 1872.5.18—1970.2.2) 英国数学家、哲学家、逻辑学家。生于威尔士蒙茅斯郡拉文斯克罗夫特(Ravenscroft)，卒于威尔士彭林代德赖斯(Penrhyndeudraeth)。早期接受家庭教育，1890 年入剑桥大学三一学院学习数学、逻辑学和哲学，1893 年获数学荣誉学位。1895 年以论文《论几何学基础》(1897 年修订后出版)获任三一学院研究员，1910 年任逻辑和数学哲学特别讲师。1916 年因反战宣传被学院解职。被监禁 6 个月之后成为自由撰稿人和记者，还创办过实验学校。1931 年成为第三代罗素伯爵。1938—1944 年到美国芝加哥大学和洛杉矶加利福尼亚大学任客座教授。1944 年后返回三一学院任研究员。1908 年当选英国皇家学会会员。1911 年任亚里士多德学会主席。1901 年开始与 A. N. 怀特海合作，试图用逻辑将全部数学推导出来，写成 3 卷本巨著《数学原理》(1910—1913)，对数理逻辑的发展产生了重要影响。提出"罗素悖论"(1903)，对 20 世纪初关于数学基础的论战，以及由此导致的第三次数学危机产生过重大影响。因在从逻辑推导数学的过程中使用了两条非逻辑公理——选择公理和无穷公理，晚年承认逻辑主义是不可行的。追求以洛克和休谟为代表的英国经验哲学路线。1946 年著《西方哲学史》。其学术活动还涉及物理学、历史、文学、宗教、政治和教育等多方面。第一次世界大战后访问苏俄，会见了列宁、托洛茨基和高尔基等人。1920 年应邀来中国讲学一年。发表 2 000 多篇文章，出版 60 多部著作，还写过许多小册子。1932 年获德·摩根奖章。1934 年获西尔维斯特奖章。1949 年获大不列颠帝国荣誉勋章。1950 年获诺贝尔文学奖。1955 年与爱因斯坦一起发表了《罗素-爱因斯坦宣言》，呼吁削减核武器。1963 年与友人及崇拜者创设了"罗素和平基金会"。

布利希弗尔特(Blichfeldt, Hans Frederick, 1873. 1. 9—1945. 11. 16) 丹麦—美国数学家。生于丹麦伊拉尔，卒于美国加利福尼亚州帕洛阿尔托。15 岁时举家移民美国。1896 年毕业于斯坦福大学，后到德国入莱比锡大学深造，1898 年在 M. S. 李指导下以论文《关于三维空间的一类变换群》获博士学位。随即返回斯坦福大学任教，1913 年任教授，1927—1938 年任数学系主任。专攻群论和数论，对丢番图近似、线性齐次群的阶、数的几何理论、线性方程组的近似整数解、有限直射群及特征根等问题也有研究，以他的名字命名的有布利希弗尔特原理、球密度的布利希弗尔特上限。他的贡献随着李群的应用愈加显示出其重要性。1912 年当选美国数学会副主席。著有《有限直射群》(1917)、《有限群理论及其应用》(合著，1916)等。

列维-齐维塔(Levi-Civita, Tullio, 1873. 3.29—1941.12.29) 意大利数学家、物理学家。生于帕多瓦，卒于罗马。1892 年毕业于帕多瓦大学，1893 年在C. G. 里奇指导下获博士学位。1894 年在帕维亚理学院附属师范学院任教。1898 年到帕多瓦大学讲授理论力学，1902 年成为教授。1918 年又任罗马大学高等分析教授，两年后任力学讲座教授。1938 年被解职。主要贡献在绝对微分学、张量分析、分析力学、天体力学和流体力学等方面。与 C. G. 里奇合作的《绝对微分法及其应用》(1900)给出了绝对微分学的系统算法，为张量分析和拓扑学的发展开辟了道路，使爱因斯坦的广义相对论等问题的解决成为可能。1917 年引入以他的名字命名的弯曲空间中的平行概念，促进了拓扑学中广义空间的近代微分理论的发展，对黎曼几何学的发展也产生了很大影响。还对解决三体问题作出重要贡献，1923—1927 年出版的 3 卷本《理论力学教程》(与阿马尔迪合著)是这方面的经典著作。代表作还有《经典力学与相对论》(1924)、《绝对微分计算》(1925)等。一生论著达200多种。全集(4卷)收集了1893—1928年的数学论文。1922年获西尔维斯特奖章。1930年当选英国皇家学会外籍会员。是伦敦数学会、爱丁堡皇家学会等学术团体的成员。

耶尔姆斯列夫(Hjelmslev, Johannes, 1873.4.7—1950.2.16) 丹麦数学家。生于赫宁,卒于哥本哈根。1890年进入哥本哈根大学学习,1897年获博士学位。1905年任丹麦技术学校几何学教授。1917—1943年任哥本哈根大学教授,1928—1929年任该校校长。瑞典皇家科学院和丹麦皇家科学院的成员。主要研究几何基础、群论和数学史。早期研究画法几何的基本原理及其在变图形教学中的应用。在群论中,建立了耶尔姆斯列夫群和平面。研究非阿基米德几何学的一个特例。引进耶尔姆斯列夫变换,将整个双曲面映射成具有限半径的圆。著有《画法几何学》(1914)、《自然几何学四讲》(1923)和《射影几何基础》等。受塞乌滕的影响对数学史产生兴趣,主要研究17世纪丹麦数学家莫尔的《欧几里得概要》,并于1928年重新出版。

林鹤一(Hayashi, Tsuruichi, 1873.6.13—1935.10.4) 日本数学家、数学史家。生于德岛市,卒于岛根县松江市。1897年毕业于东京帝国大学(今东京大学)数学系,后留校任助理教授。不久辞职,任松山中学教师和东京高等师范学校的讲师。1911年任东北帝国大学教授。同年自费创办日本第一种数学专业杂志《东北数学杂志》,不仅刊登东京帝国大学教师的研究成果,还向世界各国广泛募集论文,为日后日本的数学发展作出了重大贡献。编著了多部算术、代数、几何和三角等方面的教科书、丛书和启蒙书等。晚年在和算研究方面十分活跃,发现关孝和的《解伏题之法》中包含了世界上最初的矩阵式理论。还组织成立了日本中等教育数学会(今日本数学教育学会),致力于提高中学教师的素质。

勒维(Loewy, Alfred, 1873.6.20—1935.1.25) 德国数学家。生于拉维奇(今为波兰波兹南),卒于弗赖堡。先后就学于布雷斯劳、慕尼黑、柏林、格丁根等地大学。1894年在林德曼和G. C. 鲍尔指导下获慕尼黑大学博士学位。1897年开始在弗赖堡大学任教,1902年任教授。发表70余篇论文和多部著作,内容涉及线性群论、微分方程和统计数学等。代表作有《关于具虚共轭变量的双线性形式》(1898)、《非零行列式实二次型的特征》(1899)、《线性置换群理论》(1900)和《可约线性齐次微分方程》(1903)等。翻译出版了阿贝尔、傅里叶、J. C.-F. 施图姆和帕斯卡等人的部分论著。

卡拉西奥多里(Carathéodory, Constantin, 1873.9.13—1950.2.2) 希腊数学家。生于柏林,卒于慕尼黑。早年在比利时的军事学校求学,毕业后受雇于英国政府到埃及参加水利工程建设。1900年返回柏林,开始研究数学。两年后到格丁根大学深造,1904年在闵科夫斯基指导下获博士学位。后在德国、波兰、土耳其、希腊等地执教。1913年到格丁根大学继任C. F. 克莱因的教授职位。1919年任柏林大学教授。同年当选柏林科学院院士。1920年被希腊政府召回筹建士麦那爱奥尼亚大学(后来的爱琴大学),并任校长。1922年后在雅典大学任教。1924年应邀到慕尼黑大学接替林德曼的教授职位。在函数论、变分法和测度论等许多数学分支都有贡献。其专著《实变函数论》(第3版,1918)继É.波莱尔、勒贝格之后建立了实函数的严密体系。研究函数值分布论,简化了在单位圆上单连通域的保角映射的定理,给出边界对应的定理。发展了变分法,把光滑曲线的理论推广到有角曲线上,著作《变分法与一阶偏微分方程》(1935)推进了拉格朗日问题的解法。在《几何光学》(1937)中应用变分法建立起一套完整的数字计算方法;在测度论方面进行了公理化研究,所提出的测度扩张法被大学教程普遍采用。对热力学和狭义相对论也有贡献,创造了热力学公理化公式。1932年在苏黎世国际数学家大会上作1小时报告。5卷《著作全集》于1954—1957年出版。

蓬佩尤(Pompeiu, Dimitrie, 1873.9.22—1954.10.7) 罗马尼亚数学家。生于布罗斯卡,卒于布加勒斯特。早年毕业于布加勒斯特师范学校,1898年到巴黎大学深造,1905年在庞加莱指导下获博士学位。后返回罗马尼亚,在雅西大学任教。1912年任布加勒斯特大学教授。1934年当选罗马尼亚科学院院士。主要从事数学分析、复变函数论和理论力学的研究。1904年研究班勒卫提出的一致解析函数奇异性的问题,推翻了"在某数域上具有奇异点集合的单值函数在这些点上是不连续的"的论断,构造了一个在它的奇点所形成的完全集上连续的单值函数,称为蓬佩尤函数。这些结果在他的博士论文《关于复变函数的连续性》中发表。作为解析函数的自然延伸,开创了多角形函数理论,引入了一种特殊类型的导数的概念,即复函数的极导数,推广了柯西公式,称为柯西-蓬佩尤公式。共发表125篇科学论文。1929年发表的论文《关于若干线性方程组及多变量函数积分的一个性质》约被1 000篇文章引用。1912—1913年,引进并研究了"导出域"的概念,对解析函数论、几何学和偏微分方程论的研究产生了重要影响。

库利奇(Coolidge, Julian Lowell, 1873.9.28—1954.3.5) 美国数学家。生于布鲁克莱恩,卒于坎布里奇。早年在哈佛大学学习,后到牛津大学巴利奥尔学院就读,1897年获学士学位。1897—1899年在格罗顿学校任教。1899年开始在哈佛大学执教,1902年为助理教授。1902年到欧洲都灵和波恩留学,1904年,在施图迪指导下以论文《椭圆和球面空间中的对偶射影几何》获波恩大学博士学位。1904年返回哈佛,1918年任教授,1927年任数学系主任,直至1940年退休。第一次世界大战期间,曾在法国的美国陆军海外远征军中任职,因此获授法国荣誉军团骑士勋章。是美国文理科学院院士,1925年任美国数学协会主席。主要研究几何学和概率论。有非欧几里得几何(1909)、复域几何(1924)和平面代数曲线(1931)等方面的专著。所著《数学概率论导引》(1925)是该学科早期的英语课本。晚年致力于数学史研究,所著《几何方法史》(1940)、《圆锥曲线与二次曲面史》(1943)和《业余爱好者的数学》(1949)流传很广。中国数学家姜立夫是他培养的博士生。

齐采伊卡(ȚiȚeica, Gheorghe, 1873.10.4—1939.2.5) 罗马尼亚数学家。生于奥匈帝国图努塞文(今属罗马尼亚),卒于布加勒斯特。早年在布加勒斯特大学学习,1897年进入巴黎高等师范学校深造。师从达布、P.É.阿佩尔、古尔萨、皮卡、埃尔米特、庞加莱和É.波莱尔等数学家。1899年由达布指导获博士学位。1900年回国，任布加勒斯特大学解析几何学教授，直至去世。1913年当选罗马尼亚科学院院士，1928年任科学院副院长。是多个国家科学院与学会的外籍成员。多次担任罗马尼亚数学会主席，参与创办数学杂志和自然杂志。是罗马尼亚微分几何学派的创始人，以研究微分几何著称。开创了曲面仿射微分几何的研究，发展了S曲面的新理论。引入一类以他的名字命名的曲线、曲面和方程等。著有《关于循环同余和三重共轭系统》(1899)、《格的射影微分几何》(1927)、《曲线的微分射影微分几何》(1931)和《空间曲线的仿射几何》(1937)等。

施瓦茨席尔德（Schwarzschild，Karl，1873.10.9—1916.5.11） 德国天文学家、数学家。生于美因河畔法兰克福，卒于波茨坦。1890年后到斯特拉斯堡大学和慕尼黑大学学习，1896年获博士学位。1897年任维也纳天文台助理。1901—1909年任格丁根大学教授。1909年任波茨坦天体物理观测站主任。1912年当选柏林科学院院士。1914年投身德国军队，协助技术部门进行弹道设计工作。战争期间染天疱疮不幸早亡。是现代理论天体物理学的创始人之一。在恒星大气理论、恒星内部结构理论、应用天体物理学、恒星动力学和相对论等方面都作出重大贡献。把许多数学方法应用于天文学。研究了恒星统计的积分方程理论，得到了有关方程的全部解法，首次求出反映万有引力规律的爱因斯坦方程的准确解。建立了辐射平衡的数学理论，研制成恒星大气辐射平衡模型。指出在离大质量天体中心某一距离处，任何物质和辐射都不能溢出。此距离称为施瓦茨席尔德半径。第837号小行星(1916)以其名字命名。

惠特克（Whittaker，Edmund Taylor，1873.10.24—1956.3.24） 英国数学家、物理学家。生于兰开夏郡绍斯波特，卒于爱丁堡。1895年毕业于剑桥大学三一学院，获数学荣誉学位。1896—1906年任该学院研究员，1897年获泰森数学和天文学奖章。1906—1911年任都柏林三一学院安德鲁斯天文学教授，主讲数学物理。1911—1946年任爱丁堡大学教授、数学系主任。主要贡献在数学物理、数值分析、解析动力学和相对论等方面，发表研究论文约120篇。早期论文是关于微分方程的。1902年发表的论文中得到三维空间拉普拉斯方程最一般的解法。提出了一种超几何方程(以他的名字命名)，这种方程的解称为惠特克函数，是贝塞尔函数的特殊情形。在发表的10篇有关相对论的文章中，给出在弯曲的时空连续体中距离的定义，推广了电磁学中一般相对论的公式等。编著的《现代分析教材》(1902)流传很广。还研究了解析动力学中的许多基本课题。在《质点和刚体的分析动力学》(1904)一书中，系统阐述了与哈密顿方程有关的理论。在爱丁堡大学组建了英国最早的数学实验室并开设了数值分析讲座。把讲稿整理成《观测微积分》(合著，1924)。前4章有中译本，名为《内插法》(中国科学图书仪器公司，1936)。撰写了关于自然哲学史的一些著作。1910年出版了《以太和电学理论发展史》，介绍笛卡儿、洛伦兹、爱因斯坦和闵科夫斯基等人的贡献。1905年当选英国皇家学会会员，1931年获西尔维斯特奖章，1954年获科普利奖章。1928—1929年任伦敦数学会主席，1935年获德·摩根奖章。1912年当选爱丁堡皇家学会会员，1939—1944年任学会主席。是意大利山猫学院、比利时皇家科学院和印度数学会等学术机构和团体的相应成员。获圣安德鲁斯大学、柏林大学等大学的名誉博士学位。培养了包括哈代、H. 贝特曼、李特尔伍德和沃森在内的一批学生。

普勒梅利(Plemelj, Josip, 1873.12.11—1967.5.22) 南斯拉夫数学家。生于奥地利布莱德(今属斯洛文尼亚),卒于南斯拉夫卢布尔雅那(今属斯洛文尼亚)。1894年进入维也纳大学学习。1898年以论文《具有唯一周期系数的线性齐次微分方程》获博士学位。后前往德国,师从弗罗贝尼乌斯、I. L. 富克斯、C. F. 克莱因和希尔伯特等数学家继续深造。1902—1906年任维也纳大学私人教授,1906年任维也纳技术大学助理教授。1907年到切尔尼夫茨大学任教,1912—1913年任数学系主任。1919年切尔尼夫茨大学纳入新成立的斯洛文尼亚大学,当选第一任校长。同时任该校文学院数学教授,1945年后任自然科学与技术学院教授,至1957年退休。1923年当选南斯拉夫科学院院士。是塞尔维亚、巴伐利亚等科学院成员。主要贡献在复变函数论、积分方程、位势理论、代数和数论等方面。是最早研究弗雷德霍姆的线性积分算子基本理论的数学家之一。1908年给出了具有给定的单值群的黎曼函数类,从而解决了黎曼-希尔伯特问题(给出了三个普勒梅利公式)。1912年发表了对$n=5$时费马最后定理的简单证明。关于位势理论的研究总结在著作《位势论研究》(1911)中。

贝尔,R. L.(Baire, René-Louis, 1874.1.21—1932.7.5) 法国数学家。生于巴黎,卒于尚贝里。1891年进入巴黎高等师范学校学习,参加了J. 塔内里、古尔萨,以及巴黎理学院埃尔米特、皮卡和庞加莱的讲座。毕业后在中学任教。曾到意大利深造。1899年以对实变函数的研究论文获巴黎高等师范学校博士学位。1901年任蒙彼利埃理学院讲师。1904年任法兰西学院研究员。1905年到第戎理学院任教,1907年任分析学教授。1922年当选法国科学院通讯院士。在集合论、实变函数论、数学分析等方面均有建树,对法国数学的发展有着重要影响。研究了连续函数的极限函数在任何完备集上逐点不连续的问题,推进了半连续性理论和超限数理论。1899年引入了一类函数,即规定连续函数为0类函数,0类函数序列的极限函数(但非0类函数)为1类函数,1类函数序列的极限函数(但非0类也非1类函数)为2类函数,依此类推,对每一个自然数n,可以引入n类函数的概念。所有这些类函数统称为贝尔函数,贝尔函数的全体称为贝尔函数类。贝尔函数类的引入,扩大了实变函数的研究范围。主要著作有《无理数、极限与连续理论》(1905)和《广义分析教程》(2卷,1907—1908)等。当儒瓦是他培养的博士生。

狄克森(Dickson, Leonard Eugene, 1874.1.22—1954.1.17) 美国数学家、数学史家。生于艾奥瓦州独立城,卒于得克萨斯州哈灵根。早年就读于得克萨斯大学和芝加哥大学,1896年在E. H. 穆尔指导下获芝加哥大学数学博士学位。后到巴黎和莱比锡深造,先后师从M. S. 李与若尔当。回国后在加利福尼亚大学、得克萨斯大学等校短期任教。1910—1939年任芝加哥大学教授。1913年当选美国国家科学院和美国文理科学院院士。是英国、法国和捷克等国科学院或学会的外籍成员。

1917—1918 年任美国数学会主席，1928 年获数学会首届柯尔奖。分别于 1936 年、1941 年获哈佛大学和普林斯顿大学名誉博士学位。发表 250 多篇论文、出版 18 部著作，内容涉及多个领域。主要研究代数学和数论，是美国第一位涉足抽象代数领域的数学家。在对有限线性群的研究中，推广了伽罗瓦、若尔当等人的结果。给出了有限域论的第一个广泛表述，扩展了 É. 嘉当和韦德伯恩等人的线性结合代数理论，并研究了不变量理论与数论的关系。运用维诺格拉多夫的分析结果证明了理想华林定理。对数论史作了详尽的研究，1919—1923 年出版 3 卷本《数论史》：第 1 卷《可除性与素数》(1919)；第 2 卷《丢番图分析》(1920)；第 3 卷《二次与高次型》(1923)。基本涵盖了从古至 20 世纪 20 年代的各种数论思想。对美国数学学派的发展起到重要作用。培养了包括艾伯特、B. W. 琼斯和中国数学家杨武之在内的大量博士生。还著有《代数方程理论导引》(1903；中译本《代数方程式论入门》[吴在渊译])、《线性代数》(1914)、《代数及其运算》(1923)和《近世代数理论》(1926)等。两次(1920，1924)在国际数学家大会上作 1 小时大会报告。

丘普罗夫（Чупров, Александр Александрович, 1874.2.18—1926.4.19） 俄国数学家、统计学家。生于俄国卡卢加州莫萨尔斯克，卒于瑞士日内瓦。1896 年毕业于莫斯科大学物理-数学系。1897—1901 年到柏林大学、巴黎大学和斯特拉斯堡大学学习政治经济学，1901 年在经济学家克纳普(G. F. Knapp，1842—1926)指导下获经济学博士学位。1902—1917 年任圣彼得堡理工学院统计系主任。1917 年当选圣彼得堡科学院通讯院士。后到斯德哥尔摩和德累斯顿等地任职和休养。主要研究数理统计、人口统计和农业经济学。在 1909 年出版的《统计理论概要》一书中，强调逻辑方法和数学方法在统计学中的应用，影响了俄国统计界多年。该书包括了概率论的一些基本原理，着重于以大数定律为基础对客观概率的频数进行解释；还包括了统计试验序列的稳定性理论。扩展了离差理论。导致统计学界对样本矩的期望的广泛研究，并把离差理论应用于样本调查理论。传播了统计理论中的现代"随机"观点，导出了样本统计的采样分布等。从大数定理导出了估计量的一致性概念。统一了俄国和英国统计学的概念和方法。

巴恩斯（Barnes, Ernest William, 1874.4.1—1953.11.29） 英国数学家、自然科学家。生于伯明翰，卒于萨塞克斯。早年在伯明翰爱德华国王学院和剑桥大学三一学院学习。1897 年获数学荣誉学位，1898 年获史密斯奖。毕业后在三一学院从事研究工作，1907 年在 W. W. R. 鲍尔指导下获理学博士学位。1909 年当选英国皇家学会会员。曾辅导来三一学院深造的拉马努金，培养的著名博士生有李特尔伍德。1915—1919 年任英国圣公会的圣殿大师。1924—1952 年任伯明翰主教。是一位自由主义的神学家，著有《基督教的兴起》(1947)。主要数学贡献在特殊函数论方面。研究并改进了德国数学家波赫哈默尔引进的广义超几何级数及其符号，这种级数称为巴恩斯广义超几何函数，还深入研究了 Γ 函数和其他分析问题。

亨廷顿（Huntington, Edward Vermilye, 1874.4.26—1952.11.25） 美国数学家。生于纽约州克林顿，卒于马萨诸塞州坎布

里奇。在哈佛大学获文科学士(1895)和硕士(1897)学位后到威廉姆斯学院任教两年。1899年赴德国留学，1901年在韦伯和雷耶指导下获斯特拉斯堡大学博士学位。后回国任哈佛大学讲师，1915年任副教授，1919年任力学教授，至1941年退休。1913年当选美国文理科学院院士。1919年任美国数学协会主席，1924年任美国数学会副主席，1933年当选美国哲学学会会员。1941年任美国科学促进会副主席。主要贡献在数学的逻辑基础方面，为许多数学系统设计了公理集，给出了群、阿贝尔群、布尔代数、欧式几何、实数域和复数的公理。讨论了公理独立性和完备性的问题。1933年证明了布尔代数可以用一个二进制和一个一元运算来定义，即亨廷顿定理。擅长通过一系列模型来证明公理的相互独立性，促进了元数学和模型理论的产生。其著作《连续统与其他类型的序列秩序》(1917)长期被用作点集论和超限数论的标准入门书。对统计问题也很感兴趣，提出了一种美国国会代表的分配方法，于1941年开始采用。

哈托格斯(Hartogs, Friedrich Moritz, 1874.5.20—1943.8.18) 比利时数学家。生于比利时布鲁塞尔，卒于德国慕尼黑。1892年开始相继在汉诺威技术学院、柏林技术学院和柏林大学就读。受教于弗罗贝尼乌斯、I. L. 富克斯和施瓦兹等数学家，还参加了物理学家普朗克(M. Planck, 1858—1947)的物理学讲座。1903年在普林斯海姆指导下获慕尼黑大学博士学位，论文是《多变量解析函数理论》。后留在慕尼黑大学工作，1912年任副教授。1922年任法兰克福大学正教授，1927年成为讲座教授。1933年后长期遭受迫害，1943年自杀。主要贡献在复变函数论方面。1906年，在仅假定偏导数存在的条件下，证明了多变量复变函数的全纯性，称为哈托格斯全纯性定理。揭示了多复变量解析函数与单复变量情形的差异，为多复变量解析函数的研究奠定了基础。在复变函数理论中，以他的名字命名的还有函数域、正则定理、开拓定理以及哈托格斯-洛朗级数。证明了集合论的良序定理(1915)。著有《多元解析函数领域的最新研究》(1907)和《良序问题》(1915)等。

桑代克(Thorndike, Edward Lee, 1874.8.31—1949.8.9) 美国数学家、心理学家、教育家。生于美国马萨诸塞州威廉斯堡，卒于纽约州蒙特罗斯。1897年获哈佛大学硕士学位，1898年获哥伦比亚大学哲学博士学位。几乎终生在哥伦比亚大学师范学院执教，1904年起任教授。以教育心理学之父闻名。通过动物实验(迷笼实验)的方法，总结出三条学习定律——准备律、练习律和效果律。把联想和习惯融进自己的理论体系，把联想主义改变成联结主义，即最早的刺激—反应学习理论，为教育心理学奠定了科学基础。由此创立了新的数学教育心理学体系。1912年当选美国心理学会主席，1917年当选美国国家科学院院士。发表和出版507种书籍、专论和学术论文。在数学教育心理学方面，著有《教学原理》(1905)、《算术心理学》(1922)和《代数心理学》(1923)等。

斯特默(Størmer, Fredrik Carl Müertz, 1874.9.3—1957.8.13) 挪威数学家、天体物理学家。生于希恩，卒于奥斯陆。1892年入皇家弗雷德里克大学(今奥斯陆大学)学习，1898年获硕士学位。后到法国和德国留学。在巴黎理学院度过两个学年，师从皮卡、庞加莱、班勒卫、若尔当、达布和古尔萨等数学家。后又到格丁根留学。1903年获博士学位。回国后任皇家弗雷德里克大学数学教授，直到1946年离职。1903年开始深入研究极光，对地球偶极子磁场中带电微粒的轨道进行数学分析。为研究宇宙线粒子在地球附近的运动以及地球辐射带的发现打下理论基础。在挪威组织了观测极光与特殊类型云图的观测台站网，利用某种照相方法成功地确定极光的高度和位置。其著作《极光》(1955)是他在这方面工作的总结。数学方面，在数论、级数、函数论和常微分方程数值解法等方面均有贡献，尤以对数论的研究而闻名。研究关于数 π 的梅钦公式（arctan $1/n$ 的有理组合），得到三种类似的公式，由此发现这种形式的102种表示法，加速了 π 的近似值的计算。以挪威语和法语两种版本发表了阿贝尔未曾发表的论文。1902年与他人合作编辑出版了M. S. 李的遗作。是斯堪的纳维亚学院、英国皇家学会、苏联科学院和法国科学院的成员。获牛津大学、哥本哈根大学和巴黎大学名誉学位。1922年获授英国科学院詹森勋章。两次(1924，1936)在国际数学家大会上作1小时大会报告。1936年任奥斯陆国际数学家大会主席。月球上有以其名字命名的陨石坑。

鲍尔，M.（Bauer，Mihály，1874.9.20—1945.2.6） 匈牙利数学家。生于布达佩斯，卒于同地。16岁进入布达佩斯技术经济大学学习，师从劳多什和克尼格。18岁与劳多什合作完成第一篇论文。获奖学金后于1895—1896年出国留学。回国后于1900年任布达佩斯技术经济大学助理教授，1909年任私人讲师，1918年任教授，至1936年退休。主要贡献在代数数论方面。特别研究了理想理论在代数中的应用，建立了所谓的无效应方程。研究有理数域的有限扩张，证明在至多有限个例外的情况下，如果在两个扩张中有理数能完全分解为相同的素数，那么这两个扩张是相等的。得到关于有限伽罗瓦扩张合成中素理想分解的更一般的结果，推进了克罗内克的工作。证明了在算术级数中有关素数个数的狄利克雷定理。代表作有《关于代数数域理论》(1916)和《关于算术级数理论》(1916)等。

利布曼（Liebmann，Karl Otto Heinrich，1874.10.22—1939.6.12） 德国数学家。生于斯特拉斯堡，卒于慕尼黑-索林。1895—1897年在莱比锡、耶拿和格丁根的大学学习。1897年任格丁根大学助教，1898—1910年在莱比锡大学任职，1905年任副教授。1910—1920年在慕尼黑工业大学任教，1915年成为教授。1920年任海德堡大学教授，并多次担任理学院院长。1935年退休。是萨克森、巴伐利亚和海德堡科学院的成员。主要贡献在微分几何方面。特别研究了三维空间的特殊曲面，证明了球面是唯一正曲率封闭解析曲面（无奇异点），从而是唯一能用来作为二重椭圆几何的欧几里得模型。证明了凸的封闭曲面不能弯曲（利布曼定理）。给出了差分方程的一种数值解法——利布曼法。著有《综合几何学》(1934)、《非欧几里得几何》(1905)和《切触变换、历史和不变量理论》(1914)等。1908年将意大利数学家博诺拉的《非欧几里得几何，对其发展的批判性历史阐述》译成德文并做了补充。还将罗巴切夫斯基的几何著作译成德语。

维莱特纳（Wieleitner，Heinrich，1874.10.31—1931.12.27） 德国数学家、数学史

家。生于因河畔瓦瑟堡,卒于慕尼黑。早年在慕尼黑跟随私人教师学习和研究数学。1901年由林德曼指导获慕尼黑大学博士学位。后辗转于多个高中任教,曾任两所中学的校长。业余时间潜心研究数学和数学史。1919年当选利奥波第那科学院院士。1928年后在慕尼黑大学讲授数学史,1930年成为名誉教授。1929年当选国际科学史学会会员。主要贡献在代数曲线理论和数学史方面。延续了京特和布劳恩米尔的数学史研究,对从古代到19世纪的数学进行了十分严谨的历史研究,所发表的每部论著都可以追溯到原始资料,被认为是继P.塔内里、埃内斯特伦和塞乌滕之后最好的数学史家。共发表了约150篇论著。主要有《高阶代数曲线理论》(1905)、《特殊平面曲线》(1908)、《现代数学的诞生》(2卷,1924—1925)、《数学史》(2卷,1911—1923;俄译本将其合并,定名为《从笛卡儿到19世纪中叶的数学》[1960])和《数学史原始资料》(4卷,1927—1929)等。

博诺拉(Bonola, Robert, 1874.11.14—1911.5.16)　意大利数学家、数学史家。生于波伦亚,卒于同地。1898年毕业于波伦亚大学。在巴勒莫大学短期执教后于1901年任帕维亚大学助教,1908年任射影和画法几何学讲师。1911年任罗马女权研究所数学教授。主要贡献在非欧几里得几何学和数学史方面。著作《非欧几里得几何,对其发展的批判性历史阐述》由扎尼奇利(Zanichelli)于1906年出版(1975年重印),被译成多种文字,如1908年由利布曼译成德语并补充,1912年由卡斯劳译成英语,1955年又经人整合了罗巴切夫斯基和J.波尔约的文章再版。是意大利《初等数学百科全书》的主要撰稿人之一。

舒尔,I.(Schur, Issai, 1875.1.10—1941.1.10)　德国数学家。生于俄国莫吉廖夫(今属白俄罗斯),卒于巴勒斯坦特拉维夫(今属以色列)。1894年进入柏林大学学习数学和物理,在弗罗贝尼乌斯和I.L.富克斯的指导下于1901年获博士学位。1903—1913年任柏林大学讲师,1913—1919年任波恩大学副教授,1919年任柏林大学教授。1922年当选柏林科学院院士。1929年成为苏联科学院通讯院士。1939年移居巴勒斯坦。追随弗罗贝尼乌斯研究群的表示理论,以发现“舒尔函数”和证明“舒尔定理”而著称。第一个通过线性函数变换来研究所谓“表示”,并首先在代数数域问题上使用了“舒尔指数”,重建了群的特征理论(1905)。对矩阵理论、代数方程论、数论、无穷级数理论、积分方程和函数论等领域均有论述。在柏林建立了一个研究群表示论的学派。培养了近30名博士生,包括布饶尔、普吕弗和E.霍普夫等数学家。对现代数学的发展有很大影响。发表了大量有影响的论文,1973年德国施普林格出版社出版了他的3卷论文集。

普朗特(Prandtl, Ludwig, 1875.2.4—1953.8.15)　德国数学家、空气动力学家。生于巴伐利亚弗赖辛(Freising),卒于格丁根。1894年进入慕尼黑皇家高等技术学校学习。毕业后成为力学教授弗普尔(A. Föppl,1854—1924)的助教。1900年获博士学位。后任机械工程师,开始接触流体动力技术。1901年到汉诺威大学任教。1904年在海德堡国际数学家大会上发表开创性的论文,不久由C.F.克莱因推荐到格丁根大学任教授,直到去世。是流体动力学与空气动力学的奠基者。以严谨的方法为空气动力学基本原理奠定了数学基础。在边界层理论、风洞实验技术、机翼理论、紊流理论等方面都作出了重要贡献。著有《流体动力学与空气动力学四讲》(1927)。空气流体动力学中关于边界层的基本方程称为普朗特积分-微分方程。在量纲分析中有无量纲的普朗特数。培养了很多科学家,包括匈牙利空气动力学家冯·卡门。

布罗米奇(Bromwich, Thomas John I'anson, 1875.2.8—1929.8.24) 英国数学家。生于英国伍尔弗汉普顿,卒于北安普敦。1892年就学于剑桥大学圣约翰学院。1895年获数学一等荣誉学位。1897年成为圣约翰学院的讲师。1902—1907年任戈尔韦女王学院数学教授。1907年返回圣约翰学院执教。1909年获理学博士学位。1906年当选英国皇家学会会员。曾任伦敦数学会秘书(1911—1919)和副主席(1919—1920)。在代数学和分析学以及应用数学方面都有重要工作。发表80余篇论文和多部著作。以《二次型及其通过不变因子的分类》(1906)和《无穷级数导引》(1908)而闻名。在斯托克斯的影响下,将数学应用于电磁学研究。1916年发表《动力系统中的法线坐标》,改进了亥维赛备受批评的算子微积分的形式。

三上义夫(Mikami, Yoshio, 1875.2.16—1950.12.31) 日本数学史家。生于广岛县高田郡甲立村(今安艺高田市甲立),卒于同地。早年入东北大学附中学习,自学英文和德文数学书籍。1905年开始研究日本数学史和中国数学史。1911年入东京帝国大学(今东京大学)哲学系学习。后任教于东京科技学院。1949年获日本东北大学博士学位。从文化史的视角研究中国数学史,1913年用英文发表成名作《中国和日本的数学的发展》。1914—1937年和中国数学史家李俨通信数十封探讨中国数学史的相关问题。1926年所著《中国算学之特色》于1929年被译成中文,收入商务印书馆《万有文库》。还著有《从文化史上看日本的数学》等。1929年成为国际科学史学会通讯会员。

阿马尔迪(Amaldi, Ugo, 1875.4.18—1957.11.11) 意大利数学家。生于维罗纳,卒于罗马。1898年毕业于波伦亚大学。1903—1905年任卡利亚里大学教授。后到摩德纳大学(1905—1919)和帕多瓦大学(1919—1924)任教。1924年到罗马大学,先后在建筑学院和理学院工作,1950年退休。1940年当选都灵科学院院士。是山猫学院和多个学术机构的成员。主要研究连续变换群理论,在解析几何和拉普拉斯积分变换等方面作出贡献。著有《分布运算及其在分析中的应用》(与平凯莱合著,1901)、《几何基础》(与恩里克斯合著,1904)和《理性力学教程》(与列维-齐维塔合著,1920)等。编著的初等几何教科书也很有影响。

高木贞治(Takagi, Teiji, 1875.4.21—1960.2.28[一说2.29]) 日本数学家。生于岐阜附近和古村,卒于东京。早年在东京帝国大学(今东京大学)求学,1898年由日本文部省派往德国留学,先后在柏林和格丁根等地学习和研究数学。曾受教于希尔伯特,深受其数学思想的影响。在此期间,局部解决了"克罗内克青春之梦"的猜想,即证明了高斯数域上任意阿贝尔扩张均可由双纽线函数的分点值来生成。1901年回到日本。1903年获东京帝国大学理学博士学位。1904年成为教授。1925年当选帝国学士院院士,1932年当选国际数学家大会副主席兼第一届菲尔兹奖评委会成员。1936年退休。1940年获日本最高科学荣誉文化勋章。主要贡献在代数数论方面。致力于“克罗内克青春之梦”的研究,把类域的定义作了推广,证明了一个代数数域的任何阿贝尔扩张都可以表示为该数域上的类域,从而创立了类域论并最终证明了“克罗内克青春之梦”的猜想。研究结果发表在1920年东京帝国大学理学部的纪要上。是近代日本学者的第一篇具有国际水平的论文。由此被认为是日本近代数学的开创者。他的26篇论文收集在《高木贞治文集》(1973)中,主要是代数数论方面的研究成果。著有《代数的整数论》(1948)等。为提高日本数学教育水平作出了重要贡献。编写了大量的中小学教科书。对数学史也颇有研究,著有《近世数学史谈》(1933)等。

莱维,B.(Levi, Beppo, 1875.5.14—1961.8.28) 意大利数学家。生于意大利都灵,卒于阿根廷罗萨里奥。1892年进入都灵大学学习,受教于数学家塞格雷和皮亚诺等人,1896年由塞格雷指导获博士学位。后留校任助教。1899—1906年在中学任教。1906年后相继在卡利亚里大学、帕尔马大学(1910—1928)和波伦亚大学(1928—1938)执教。1938年被解除职务,1939年移居阿根廷,任罗萨里奥国立大学教授。创办了阿根廷第一种数学期刊《数学纪事》。早年研究代数曲面和曲线上的奇点,证明了代数曲面上奇点求解程序可以有限步结束。后转向勒贝格积分和丢番图几何的研究,证明了勒贝格积分的一些基本结果,包括称为莱维引理的结果。还研究了椭圆曲线的算术等。著有《有限项的常微分和偏微分解析方程组》(1944)。发表了关于逻辑学、微分方程、复变函数以及分析与物理关系的研究论文。是波伦亚科学院和宗座科学院院士。1956年获宗座科学院数学奖。1999年意大利数学联盟出版了他的论文选集(1897—1926)。

勒贝格(Lebesgue, Henri Léon, 1875.6.28—1941.7.26) 法国数学家。生于瓦兹省博韦,卒于巴黎。1894—1897年在巴黎高等师范学校学习,师从É.波莱尔,在其指导下于1902年获巴黎理学院博士学位。后相继在雷恩大学、普瓦捷大学和巴黎理学院执教,1922年任法兰西学院高等数学讲座教授,同年当选法国科学院院士。1924年成为伦敦数学会名誉会员。1934年当选英国皇家学会的外籍会员。是比利时、丹麦和罗马尼亚等国科学机构和团体成员。主要贡献在测度论和积分论方面。是勒贝格积分理论的创始人,博士论文《积分、长度、面积》(Intégrale, longueur, Aire;1902)改进了É.波莱尔的测度理论,建立了“勒贝格测度”和“勒贝格积分”等概念,采取先定义测度后定义积分的方法,在定义积分时又采取划分值域而不是划分定义域的方法,使积分归结为测度,从而使黎曼积分的局限性得到突破,进一步发展了积分理论。这是现代积分论的开端,并成为傅里叶级数理论和位势论发展的转折点。在《积分与原函数的研究》(1904)中,证明了有界函数黎曼可积的充要条件是其不连续点的集合为零测度集,从而解决了黎曼可积性的问题。指出了在勒贝格积分意义下微积分学基本定理的条件,研究了曲线可求长的理论,并发现了有界变差函数是几乎处处可微的事实。把微分、积分理论推广到 n 维空间,推进更广的积分概念的发展。晚年从事数学教育、初等几何和数学史的研究。雅尼谢夫斯基和蒙泰尔是他培养的博士生。论文收集在《勒贝格全集》(5卷)中。1914年获庞斯列奖。月球上有以其名字命名的陨石坑。

维塔利(Vitali, Giuseppe, 1875.8.26—1932.2.29)　意大利数学家、力学家。生于拉韦纳，卒于波伦亚。1895年后相继在波伦亚大学、比萨高等师范学院和比萨大学学习，受教于迪尼和比安基，1899年毕业后成为迪尼的助手。1904—1923年在热那亚各中学执教，业余坚持数学研究。1923年任摩德纳大学微积分教授。1930年任波伦亚大学数学系主任。先后当选都灵科学院(1928)、山猫学院(1930)和波伦亚科学院(1931)的成员。主要贡献在经典分析、函数论、泛函分析和几何学等方面。最早研究了可测函数的性质，给出了第一个勒贝格不可测的实数集的例子，称为维塔利集。给出黎曼可积函数的不连续点定理。引入绝对连续函数的概念，建立了维塔利覆盖定理、解析函数列的极限函数的解析性的定理、积分与极限符号可交换次序的定理，以及在无限表示论中的维塔利-哈恩定理等。成功地为全纯函数的函数空间建立了基本的拓扑性质，包括全纯函数族的相容性定理。著有《无穷小分析教程》(1925)、《希尔伯特空间的几何学》(1929)和《实变函数的现代理论》(合著，1934)等。1928年在波伦亚国际数学家大会上作学术报告。

阿奇博尔德(Archibald, Raymond Clare, 1875.10.7—1955.7.26)　加拿大—美国数学家、数学史家。生于加拿大新斯科舍省科尔切斯特(Colechester)，卒于加拿大新不伦瑞克省萨克维尔(Sackville)。1894年毕业于阿利森山大学，获数学学士学位和小提琴教师资格。后赴美国入哈佛大学学习，1897年获硕士学位。1900年在雷耶指导下获斯特拉斯堡大学博士学位。1900—1907年在艾利森山大学教授数学和小提琴。1908年接受美国布朗大学的邀请，历任数学系讲师、副教授等职，1923—1943年任教授，1943年后任名誉教授。1917年当选美国文理科学院院士。是国际科学史学会和美国数学史学会的创始会员。还是国际科学史研究院、美国数学会、法国数学协会、伦敦数学会等多个研究机构和学术团体的成员。获阿利森山大学和布朗大学等校的名誉博士学位。在20多种期刊上发表了1 000多篇数学史相关文章。著作包括人物评传、数学史文献、数学年表和初等数学教学法等方面。在布朗大学创建了一个数学图书馆。1921—1941年任美国数学会图书馆管理员。担任过多家数学和数学史杂志的编辑。著作《数学史大纲》(1932)流传颇广。曾获国际科学史研究院的奖励。

拉德尔(Radl, F., 1876.1.10—1956.12.30)　捷克数学家。生卒地不详。在布尔诺、克拉托维和塔博尔等地任中学教师约20年，后入巴黎大学哲学系学习，1920年毕业。后在捷克高等技术学校任教。发表30多种关于数学和物理学的论著。主要贡献在线性微分方程方面，建立了解微分方程的新的算子方法。为高等技术学校编写了大量数学教科书。

施密特，E.(Schmidt, Erhard, 1876.1.13—1959.12.6)　德国数学家。生于多帕特，卒于柏林。曾在多帕特学校、柏林大学和格丁根大学求学。1905年在希尔伯特的指导下以关于积分方程的研究论文获博士学位。毕业后相继在波恩、苏黎世、埃尔

兰根和布雷斯劳等地执教。1917年后在柏林大学工作，1929—1930年任该校校长。1918年当选柏林科学院院士，1942年成为巴伐利亚科学院外籍院士。曾两度任德国数学家协会主席（1927—1928，1935—1936），1946—1958年任利奥波第那科学院数学研究所所长。1948年创办《数学通讯》杂志并任第一任主编。是现代泛函分析理论的创始人之一。主要贡献是建立积分方程和希尔伯特空间理论，化简并扩展了希尔伯特积分方程中的许多结果。1907—1908年发表了奠基性论文《线性和非线性积分方程理论》，将特征函数的概念推广到带非对称核的积分方程上，得到希尔伯特-施密特定理。第二年又将这些理论做了补充，使线性泛函和算子的抽象理论初具规模。在他创立的一般空间（即希尔伯特空间）中引入了记号 $\|z\|$ 表示 z 的范数，后又引进（强）闭子空间概念。在 n 维欧几里得空间、多维双曲空间和球面空间中扩展了等周不等式，得到一些新结果。是最早将一般欧几里得空间概念推广到更复杂、更抽象的理想结构几何的数学家。还撰写过有关偏微分方程和函数论方面的专著。培养的许多学生后来成为著名的数学家，如博赫纳、布饶尔、H. 霍普夫等。

艾森哈特（Eisenhart, Luther Pfahler, 1876.1.13—1965.10.28） 美国数学家。生于宾夕法尼亚州约克，卒于新泽西州普林斯顿。1892—1896年在葛底斯堡学院学习。1900年获约翰斯·霍布金斯大学博士学位。后在普林斯顿大学任教，直到1945年退休。长期参与美国数学会的工作，1914年任副主席，1931—1932年任主席。长期担任《数学年鉴》和《美国数学会汇刊》的编辑。是美国国家科学院院士，1945—1949年任科学院副院长。主要贡献在微分几何方面。受到法国数学学派特别是达布很大影响。早期致力于曲面变形理论的研究，指出一个曲面变形规定了一点和它的像点的线汇，在一般情况下线汇包含两个可展曲面族。认识到在所有已知情况下，与已知曲面及其像相交的曲面形成一个具有特殊性质的曲线网。1921年开始研究黎曼几何及其推广。在研究递归域及调和空间的问题时，得到了艾森哈特定理（1923）。著有《曲面变换》（1923）、《黎曼几何》（1926）和《用张量演算的微分几何导论》（1940）等。

范德武德（Van der Woude, Willem, 1876.1.15—1974.9.23） 荷兰数学家。生于西弗里西亚，卒于乌赫斯特海斯特。早年在格罗宁根大学学习。1901—1916年在代芬特尔的中学任教。1908年在格罗宁根大学获博士学位。1916—1947年任莱顿大学数学和力学教授。分别在1934—1935年、1941—1943年和1945年三度担任莱顿大学校长。1926年当选荷兰皇家科学院院士。1923—1940年，四次担任荷兰皇家数学会主席。主要贡献在几何学（特别是仿射几何、保形几何和初等几何）、代数学、不变量理论、阿贝尔积分和相对论等方面。著有《椭球和超椭球上的相交法线》（1908）。《两条代数曲线的相交系》（1916）等。1924年在多伦多国际数学家大会上作学术报告。

科瓦莱夫斯基（Kowalewski, Hermann Waldemar Gerhard, 1876.3.22—1950.2.21） 德国数学家。生于波美拉尼亚的阿尔特·贾沙根，卒于格雷弗尔芬。1893年后相继在哥尼斯堡大学和莱比锡大学学习，是 M. S. 李的学生，1898 年在 M. S. 李和 C. G. A. 迈尔指导下获博士学位。后在格赖夫斯瓦尔德、波恩、科隆、布拉格、德累斯顿、慕尼黑等地大学执教。在行列式理论、变换群理论、微分几何、积分方程和斯蒂尔杰斯积分等多方面都有建树，特别以引进矩阵符号而著称（1909）。1901 年，把切萨罗的自然几何著作从意大利文译成德文，并进行了深入研究。著有《积分及其几何应用》(1910)、《波尔查诺的不可微连续函数》(1910)和《行列式理论入门》(1925)等。

格伦瓦尔德（Grunwald，Josef，1876.4.11—1911.7.1） 捷克数学家。生于布拉格，卒于同地。1899 年获布拉格大学博士学位。1903 年又获维也纳大学博士学位。先后执教于维也纳(1903)及布拉格(1906)等地大学。主要贡献在射影几何方面。把平面几何和立体几何与电影图像联系起来建立相关的图解原则。还研究偶数基、复数基、对偶数基空间的射影问题。二维射影空间中的二级锥面以他的名字命名。

蒙泰尔（Montel，Paul Antoine，1876.4.29—1975.1.22） 法国数学家。生于尼斯，卒于巴黎。1897 年毕业于巴黎高等师范学校，后在中学任教，1907 年在É. 波莱尔和勒贝格指导下获博士学位。后又回到中学执教。1918 年，在巴黎大学获得第一个大学职位。1941—1946 年任巴黎理学院院长。1937 年当选法国科学院院士。主要贡献在解析函数论和拓扑学方面。在解析函数论中，1912 年引进了“正规函数族”（指具有某种收敛性质的函数族）的概念，给出了解析函数族是正规族的蒙泰尔定理，简化了函数论中的经典结果，在复变函数论中有着广泛应用。在线性拓扑空间中，建立了蒙泰尔空间，简称 M-空间。研究多项式的系数与其零点在复平面上的位置之间的关系。被法国和其他国家的主要大学授予名誉博士称号。著有《正规解析函数族及其应用》(1927)和《单叶和多叶函数》(1933)等。与韦西奥合著的《高等数学大纲》有中译本（商务印书馆，1947）。

布利斯（Bliss，Gilbert Ames，1876.5.9—1961.5.8） 美国数学家。生于伊利诺伊州芝加哥，卒于该州哈维。1893 年就读于芝加哥大学，1900 年在博尔查指导下获博士学位。1902—1903 年到格丁根大学访学，得到C. F. 克莱因和希尔伯特等数学家的指导。返回美国后，在密苏里大学和普林斯顿大学短期任教后于 1908 年任芝加哥大学副教授，1927—1941 年任数学系主任。1916 年当选美国国家科学院院士。是现代变分理论的奠基人之一。简化并推进了魏尔斯特拉斯的工作，对于泛函的极值问题，改进了欧拉的必要条件和勒让德、雅可比等人的充分条件。其工作对美国数学的发展颇有影响。第一次世界大战期间，运用变分法研究弹道学理论，设计了新的炮弹射击表。1918 年，与维布伦一起到阿伯丁试验场指导炮弹发射。在微分方程、微分几何学、泛函分析和位势理论等方面也有建树。是许多科学团体成员，1921—1922 年任美国数学会主席。1925 年获第一届肖韦内特奖。著有《基本存在定理》(1913)、《变分学》(1925)和《代数函数》(1933)等。

戈塞特（Gosset，William Sealy，1876.6.13— 1937.10.16） 英国统计学家、化学家。生于坎特伯雷，卒于比肯斯菲尔德。早年就学于温切斯特学院及牛津新学院。分别于 1897 年和 1899 年获数学和化学的两个一等荣誉学位。后到都柏林的吉尼斯啤酒厂做统计工作。1906—1907 年到伦敦大学学院的皮尔逊实验室和高尔顿实验室学习和工作。1922 年在酿酒厂建立了一个统计部门,做了大量的统计工作,一直经营到 1934 年。1935 年到伦敦皇家公园吉尼斯啤酒厂任首席酿酒师,1937 年晋升为全吉尼斯的首席酿酒师。是现代统计学的先驱,开创了小样本实验设计和分析,对不确定性的逻辑采取了统计方法。以笔名“学生”发表了 21 篇学术论文,引入均值、方差、方差分析、样本等概率论基本概念,提出 t -分布和统计意义上的 t -测试及其应用,为现代数理统计学奠定了基础。研究二项式的泊松极限,以及均值、标准差和相关系数的抽样分布。与许多统计学家通信,经常和费希尔、内曼和皮尔逊讨论统计问题。去世后,皮尔逊出版了他的《学生论文集》(1942)。

布卢门塔尔(Blumenthal, Ludwig Otto, 1876.7.20—1944.11.12) 德国数学家。生于美因河畔法兰克福,卒于特莱西恩施塔特集中营。曾在格丁根、慕尼黑、巴黎等地大学学习数学。1898 年在希尔伯特指导下获博士学位,成为希尔伯特的第一位博士。后执教于德国亚琛、瑞士等地。1905 年任亚琛工业大学讲座教授,1933 年被免职,1939 年到荷兰乌得勒支避难。主要研究复变函数及其在数论中的应用,在模函数和无限阶整函数理论方面多有建树,推广了球函数理论。通过复变换推进了茹科夫斯基空气动力学方面的工作。著有《无限阶整函数理论原理》(1910)等。1906—1938 年任《数学年刊》执行主编。1924 年任德国数学协会主席。

斯科尔扎(Scorza, Bernardino Gaetano, 1876.9.29—1939.8.6) 意大利数学家。生于莫拉诺卡拉布罗,卒于罗马。1899 年毕业于比萨大学,曾受教于迪尼和比安基。后任比萨大学和都灵大学射影几何和画法几何助教。1902—1912 年在特尼、巴里和巴勒莫等地高中执教。1912 年后陆续在卡利亚里、帕尔马、卡塔尼亚和那不勒斯等地大学任教。1934 年任罗马大学教授,直至去世。1923—1932 年任意大利国家公共教育委员会成员。1932—1939 年任国际数学教育委员会副主席。1926 年当选山猫学院院士。主要贡献在射影几何(代数曲线和曲面理论)、黎曼矩阵、代数学和群论等方面。完成了由恩里克斯和 G. 卡斯泰尔诺沃开始的关于双有理变换的几何的研究。1921 年后主要研究一般代数理论,解决了数论和有限群论中的一些问题。编著了大量中等数学教育的出版物。去世后,其子出版了他的《抽象群》(1942)。

维尔钦斯基(Wilczynski, Ernest Julius, 1876.11.13—1932.12.14) 德国—美国数学家。生于德国汉堡,卒于美国科罗拉多州丹佛。幼年随父母移居美国芝加哥,后返回德国求学,1897 年获柏林大学博士学位。后相继在加利福尼亚大学、伊利诺伊大学、芝加哥大学任教,1914 年任教授。1919 年当选美国国家科学院院士。是现代射影微分几何的创始人。发明了一些新方法,使曲线射影微分几何理论更加深刻,并把这些方法推广到曲面问题上去,研究了由两个二阶齐线性微分方程所表示的直纹面。发表 77 种论著。其中最重要的是《曲线和直纹曲面的射影微分几何》(1906)。与斯劳特(H. E. Slaught, 1861—1937)合著的《大学代数及其应用》(1916)有中译本《威斯两氏大代数》(商务印书馆,1934)。曾任美国数学会副主席、美国数学协会委员、《美国数学会汇刊》副主编。

哈代(Hardy, Godfrey Harold, 1877.2.7—1947.12.1) 英国数学家。生于克兰利，卒于剑桥。1896年考入剑桥大学三一学院，以数学荣誉学位毕业。1900年当选三一学院研究员，第二年获史密斯奖。1903年获硕士学位。后任三一学院讲师，1919年任牛津大学萨维尔几何学教授。20世纪20年代末曾到美国普林斯顿讲学，1931年回到剑桥大学，任萨德勒纯粹数学教授至1942年。1910年当选英国皇家学会会员，1920年获皇家奖章，1940年获西尔维斯特奖章。受到多个科学院和大学的奖励。1947年当选法国科学院外籍院士。两次担任伦敦数学会主席，1929年获德·摩根奖章。1900—1911年，主要研究无穷级数收敛和积分理论等方面的课题。1911年开始与数学家李特尔伍德长期合作，研究丢番图分析、堆垒数论、积性数论、黎曼ζ函数、不等式、三角级数等内容。共同完成了关于华林问题的新证明，推进了这个问题的进展。共同建立了20世纪上半叶具有世界先进水平的英国剑桥分析学派。1914年，发现并帮助了印度青年数学家拉马努金。与拉马努金合作完成了多项研究课题，特别在整数的分拆理论上取得一系列成果，对近代堆垒数论的发展有重要意义。培养了许多优秀的数学人才，中国数学家华罗庚就曾是他的学生。在20世纪初用定量的方法研究生物学，与德国医生温伯格(W. Weinberg, 1862—1937)各自独立地得到群体遗传平衡定律，称为哈代-温伯格定律。共发表300多篇论文(其中不少是与李特尔伍德合作的)和多种著作。1940年出版的《一个数学家的辩白》被认为是数学家心灵最好的自白，拥有广泛的读者。同年还出版了《拉马努金：关于他的生活和工作12讲》。1966年出版了他的7卷全集。著作被译成中文的有《傅里叶级数》(1944；中译本，上海科学技术出版社，1978)等。1932年获美国数学协会肖韦内特奖。

兰道(Landau, Edmund Georg Herman, 1877.2.14—1938.2.19) 德国数学家。生于柏林，卒于同地。早年攻读于柏林大学，1899年在弗罗贝尼乌斯和I. L. 富克斯指导下获博士学位，后留校工作。1909年任格丁根大学教授，成为闵科夫斯基的继承人。1934年被大学解聘。1935年后应邀到英国剑桥大学和比利时布鲁塞尔大学等校任教。曾当选德国几个科学院的院士，是圣彼得堡科学院、罗马科学院和伦敦数学会的外籍成员。主要贡献在解析数论、单变量解析函数论、算术的公理化等方面。1903年，证明了高斯所提出的素数定理，并把它应用于代数数域上的素理想分布。著作《素数分布论讲义》(1909)首次系统地阐述了解析数论的内容，具有较高的学术价值。另一部著作《分析基础》(1930；中译本，高等教育出版社，1958)从皮亚诺的自然数公理出发，建立了整数、有理数、无理数和复数的算术。在函数论方面也做了重要工作，推广了皮卡的著名定理，著有《函数论的某些最新成果介绍及证明》(1916)。写作风格以精练简洁著称，称为兰道风格。1912年在剑桥国际数学家大会上作1小时大会报告。

金斯(Jeans, James Hopwood, 1877.9.11—1946.9.16) 英国数学家、物理学家、天文学家。生于兰开夏郡绍斯波特，卒于萨里郡多金。早年在北伍德和坎伯韦尔学习，1896年进入剑桥大学三一学院学习。

1900 年以数学一等荣誉学位毕业并获史密斯奖，1901 年当选学院研究员。1904—1909 年任普林斯顿大学应用数学教授。1906 年当选英国皇家学会会员，后任该学会秘书。1919 年获皇家奖章。1925—1927 年任英国皇家天文学会会长。获牛津大学、约翰斯·霍普金斯大学、曼彻斯特大学等大学的名誉博士学位。主要贡献在物理学和天文学方面。在电磁的数学理论、量子理论、气体动力学、辐射理论和天体演化等方面都有重要著述。从理论上证明“金斯不稳定性”，即万有引力产生的一种不稳定性。与阿瑟·艾丁顿（Arthur Eddington，1882—1944）同是英国宇宙学说的创始人。著有《天文学与宇宙学》（1928）和《电磁的数学理论》（1908）。退休后撰写了大量科普作品，所著《环绕我们的宇宙》（1929）流传很广，其中译本名为《宇宙之大》（开明书店，1935）。

哈梅尔（Hamel，Georg Karl Wilhelm，1877.9.12—1954.10.4） 德国数学家、力学家。生于迪伦，卒于兰茨胡特。早年在亚琛、柏林和格丁根学习，曾受教于施瓦兹、I. L. 富克斯、弗罗贝尼乌斯、普朗克和 C. F. 克莱因等数学家。1901 年在希尔伯特指导下获博士学位，其论文《关于度量最短的几何图形》推进了希尔伯特第四问题的解决。后任教于捷克的布尔诺以及亚琛、柏林、杜宾根、慕尼黑等地大学。1935 年任德国数学会主席。1938 年当选柏林科学院院士。1953 年成为巴伐利亚科学院院士。主要贡献在函数论、数学基础、微分方程理论（摄动理论）和泛函分析等方面。1905 年使用选择公理，引入“哈梅尔基”，将实数的基础构造成有理数上的向量空间。在特殊函数方程中，研究了加性函数方程 $f(x+y)=f(x)+f(y)$ 的性质。著有《积分方程》（1937）等。在理论力学和流体动力学方面也有较大贡献。研究了力学公理体系。其力学教科书《力学原理》（1912）影响颇广。还有其他贡献，如曾研究柏林工程师冯·克里哈（A. von Kryha，1891—1955）发明的克里哈密码机。1927 年成功计算出该密码机密钥空间的大小，其结果被国际克里哈机械公司广泛引用，以推断克里哈密码机的不可破解性。

梅森（Mason，Charles Max，1877.10.26—1961.3.23） 美国数学家。生于威斯康星州麦迪逊，卒于加利福尼亚州克莱尔蒙特。早年在威斯康星大学学习工程和数学，获理学学士学位。1900 年到格丁根，在希尔伯特指导下于 1903 年以研究常微分方程边值问题的论文获格丁根大学博士学位。后任马萨诸塞理工学院数学讲师。1904—1908 年任耶鲁大学数学助理教授。1908 年任威斯康星大学数学副教授，1909—1925 年任物理系教授。1917—1919 年任国家潜艇委员会成员。1925—1928 年任芝加哥大学校长。1929—1936 年任洛克菲勒基金会主席。是美国国家科学院院士及美国科学促进会、美国数学会和物理学会会员。1911—1917 年任《美国数学会汇刊》副主编。主要贡献在微分方程、变分学和电磁理论方面，研究矩阵代数与积分方程的关系和渐近表示等问题。此外，还发明了潜水艇探测器。

里茨（Ritz，Walther，1878.2.22—1909.7.7） 瑞士物理学家、数学家。生于瑞士锡永，卒于德国格丁根。1897 年进入苏黎世理工学院学习工程，不久转学物理。1900 年到格丁根大学继续学习，受到福格特（W. Voigt，1850—1919）和希尔伯特的影响，完成了关于原子光谱线的论文，获博士学位。1903年在莱顿大学听取了H. A. 洛伦茨关于电动力学问题和新电子理论的讲座。后辗转于波恩、巴黎和苏黎世等地从事研究工作。1908年任格丁根大学私人讲师。同年，从经验上发现了以他的名字命名的里茨并合原理——由两个已知谱线的加减组合，能找到新的谱线。主要数学贡献是得到求微分方程边值问题近似解的一种直接方法，将通常不可解的微分方程转换为解矩阵方程，是有限元法的理论准备，也称里茨变分原理。代表作《广义电动力学的批判性研究》(1908)，对麦克斯韦-洛伦茨的电磁理论提出批判。月球上有以其名字命名的陨石坑。

伯恩斯坦，F.(Bernstein, Felix, 1878.2.24—1956.12.3) 德国—美国数学家。生于德国哈雷，卒于瑞士苏黎世。1896—1900年在慕尼黑、哈雷、柏林和格丁根等地学习，师从G. 康托尔、希尔伯特和C. F. 克莱因等数学家。1901年由希尔伯特指导获格丁根大学博士学位。后到哈雷大学讲授数学。1911年任格丁根大学数理统计学副教授。1918年创办了数学统计研究所，讲授生物数学和保险统计学。1921年任教授。1934年被免职，同年移居美国，1940年加入美国籍。先后在哥伦比亚、纽约和锡拉丘兹大学任教。1948年回格丁根大学任名誉教授。对纯粹数学和应用数学进行了多方面研究。1897年首先证明了集合的等价定理：如果集合A和集合B的一个子集等价，集合B也和集合A的一个子集等价，那么集合A与集合B等价。这是集合论的基本定理(通常称伯恩斯坦定理)，由此可建立基数概念。在探讨集合论的同时，还研究集合论在纯数学以外其他领域的一些应用。对数论、拉普拉斯变换、凸函数和等周问题也有贡献。对用数学方法处理遗传问题很感兴趣，1924年通过统计分析澄清了血型的遗传和种群繁殖等问题。著有《集合论研究》(1901)、《代数数域的类域》(1903)和《关于超限数序列》(1905)等。

法图(Fatou, Pierre Joseph Louis, 1878.2.28—1929.8.10) 法国数学家、天文学家。生于洛里昂，卒于波尔尼谢。1898年进入巴黎高等师范学校攻读数学。1901年毕业后到巴黎天文台实习，1904年任助理天文学家，1928年任天文学家，在天文台工作直至去世。1907年在班勒卫指导下以一篇关于三角函数级数和泰勒级数的研究论文获巴黎高等师范学校博士学位。该文研究了单位圆中的调和函数的性质以及任意测度上的泊松积分，建立了法图定理。是勒贝格积分首次应用于具体分析问题的研究。他还从事解析函数有理迭代的研究，最早介绍和研究朱利亚集，建立了与朱利亚集互补的法图集。1917—1920年，建立了新的数学分支——全纯函数动力学，发现了法图-比伯巴赫域。对20世纪分析学的发展产生了很大影响。在天文学方面，用概率论方法对恒星与行星的位置测定、双星测量、天文仪器常数等进行了研究。1904年加入法国数学会，1926—1927年任数学会主席。1923年获法国荣誉军团骑士勋章。代表性论文有《三角级数和泰勒级数》(1906)和《关于函数方程》(1920)等。

波波维奇(Popovici, C. Constantin, 1878.3.12[一说3.24]—1956.11.26) 罗马尼亚数学家、天文学家。生于雅西，卒于布加勒斯特。1896—1900年就读于雅西

理学院数学系。1904 年获得奖学金进入巴黎大学深造。1908 年以关于偏微分方程的研究论文获博士学位。1910 年任雅西科学院天文学系副教授。不久又到巴黎专攻天文学，并在多个天文台实习。回国后相继任雅西大学天文学、大地测量学和天体力学副教授、教授。1913 年领导建成雅西天文台，并任台长至 1937 年。1938—1940 年任布加勒斯特科学院天文系教授，并任布加勒斯特天文台台长至 1943 年。共发表 100 多种科学论文和专著。主题涵盖分析数学（积分方程、积分微分方程、积分泛函方程、微分泛函方程或泛函方程）和天体力学。泛函方程理论中有以他的名字命名的一些概念和解法。对恒星周围宇宙尘埃的分布、彗尾的形成、太阳系的年龄、光压对天体运动的影响等进行了深入研究。特别对轨迹的几何理论和运动稳定性的研究取得多项成果。是法国数学会和意大利巴勒莫数学会的成员。1946 年获授罗马尼亚科学院名誉院士称号。

卡斯纳（Kasner，Edward，1878.4.2—1955.1.7） 美国数学家。生于纽约市，卒于同地。早年在纽约大学和哥伦比亚大学学习，1897 年获硕士学位，1899 年在柯尔指导下获博士学位。后赴德国莱比锡大学参加C. F. 克莱因和希尔伯特的讲座。一年后回到纽约，在哥伦比亚大学巴纳德学院任教，1905 年任讲师，1910 年任教授。是美国和法国数学会的会员，1906 年任美国数学会副会长。1917 年当选美国国家科学院院士。1954 年获哥伦比亚大学名誉博士学位。主要数学贡献在微分几何方面。注意到在数学物理、分析学和代数学中，许多命题的本质都是纯几何的，完全可以用空间关系来表述。在《数学和想象力》（1940）一书中首次使用谷歌尔（googol）一词，指 1 后有 100 个 0。由此派生出谷歌尔普勒克斯（googolplex），即 10 的谷歌尔次方。谷歌（google）搜索引擎就是源于谷歌尔一词。该书通过数学的多样性，展示它如何作为一门艺术和一门科学，引领创造力超越想象和直觉。既是数学谜题的合集，也是一本有趣的数学思想史。还著有《反演群的不变量》（1900）和《当前的几何问题》（1905）等。学生有道格拉斯等。

格罗斯曼（Grossmann，Marcel，1878.4.9—1936.9.7） 匈牙利—瑞士数学家。生于匈牙利布达佩斯，卒于瑞士苏黎世。早年在苏黎世联邦理工学院学习，1900 年毕业。后成为菲德勒的助手，1902 年获博士学位。在高中任教几年后于 1907 年回到母校，任画法几何学教授。是瑞士数学会的创始人之一（1910），1916—1917 年任学会主席。主要贡献在微分几何方面，发现了万有引力定律可以表示为绝对微分几何的形式。是爱因斯坦的同窗好友与合作者。在爱因斯坦创建广义相对论遇到数学上的困难时，把绝对微分学介绍给他，还强调了黎曼几何和张量理论对广义相对论的重要性。与爱因斯坦合作完成的《广义相对论和引力论大纲》（1913）和《场方程的协方差性质》是建立爱因斯坦引力理论的两篇基本论文。还著有《画法几何学》（1915—1932，共出 7 版）和《机械师的画法几何学》（1915—1927，共出 3 版）等。从 1975 年起举行纪念格罗斯曼的国际会议。第三届会议于 1982 年在中国上海举行。

利赫滕斯坦（Lichtenstein，Leon，1878.5.16—1933.8.21） 波兰—德国数学家。生于俄属华沙（今属波兰），卒于波兰扎科帕内。1898 年入柏林夏洛滕堡技术大学学习,1901 年获机械工程学位。1902—1920 年任西门子和哈尔斯克工厂电气工程师。1902 年开始自学数学,1906 年注册为柏林大学学生,参加了施瓦兹、弗罗贝尼乌斯和兰道等数学家的讲座。1908 年获夏洛滕堡技术大学工程学博士学位,1909 年又在施瓦兹指导下获柏林大学数学博士学位。在柏林和明斯特短期工作后于 1921 年任莱比锡大学数学系教授。1918 年参与创办了《数学杂志》并任执行编辑多年。1919—1927 年任《数学进展》主编。数学研究涉及位势理论、保角映射、椭圆型方程理论、非线性积分方程和积分微分方程等方面。解决了椭圆型微分方程理论中"绍德尔边界"问题。以引入关于保角参数的最优定理而闻名。将一类积分微分方程划归为积分方程组。在不可压缩液体动力学方面也作出了贡献。著有《几类非线性积分方程和积分微分方程及其应用讲义》(1931)。培养了多位博士生,包括 E. 凯勒和温特纳等。

勒文海姆(Löwenheim, Leopold, 1878.6.26—1957.5.5) 德国数学家。生于克雷菲尔德,卒于柏林。1896—1900 年在柏林大学学习数学和自然科学。1904 年后在柏林的预科学校任教,课余时间从事数学研究。1906 年加入柏林数学会。1908—1919 年发表了一系列关于数理逻辑的重要论文,扩展了 C. S. 皮尔斯、施勒德和 A. N. 怀特海的工作。1934 年被迫退休,大部分作品毁于战乱。第二次世界大战后重新开始执教。主要贡献在数学基础和数理逻辑方面。1915 年,在论文《相对运算中的可能性》中证明了任何一阶谓词运算的正确结构公式,以及对任何无穷域都满足的这些公式的任意组合在可数域内是可实施的。这一结果被推广为数学基础中的一个重要定理——斯科伦-勒文海姆定理。和斯科伦共同解决了所有只含一元谓词的公式集合的判定问题。代表性论文有《关于逻辑类演算中的解析问题》(1908)和《关于区域演算中的变换》(1913)等。

凯洛格(Kellogg, Oliver Dimon, 1878.7.10—1932.8.27[一说 7.26]) 美国数学家。生于宾夕法尼亚州林伍德,卒于缅因州格林维尔。1895 年进入普林斯顿大学学习,1900 年获硕士学位。1901 年赴德国柏林和格丁根深造,在希尔伯特指导下于 1902 年获格丁根大学博士学位。同年返回普林斯顿大学任教。1905—1918 年在密苏里大学任教,1910 年任教授。1919—1932 年在哈佛大学任教,1927 年任教授。主要研究泛函分析、复变函数论和狄利克雷问题的解。还研究常微分方程的奇点理论。1905 年,和希尔伯特共同解决了黎曼问题。在泛函分析中,和 G. D. 伯克霍夫共同证明了(1922)布劳威尔不动点原理,并把这一原理推广到无穷维函数空间,建立了伯克霍夫-凯洛格不变方向定理。著有《位势论基础》(1929;1967 年再版)和《微积分在力学中的应用》(合著,1909)等。

卡尔平斯基(Karpinski, Louis Charles, 1878.8.5—1956.1.25) 美国数学家、数学史家。生于纽约州罗切斯特,卒于佛罗里达州温特黑文。1901 年毕业于康奈尔大学。同年赴德国斯特拉斯堡大学深造。1903 年在韦伯指导下获博士学位。回国后短期任奥斯威戈师范学校理化教师。1904 年起在密歇根大学历任助教、副教授和教授(1919)。是美国数学会、美国数学协会、美国科学进步协会(1939 年任副主席)和国际科学史学会主席(1943—1944)。主要以数学史家闻名。著有《罗伯特(切斯特的)的花拉子米〈代数学〉拉丁文译本》(1915)、《印度-阿拉伯数码》(与 D. E. 史密斯合著,1911)和《算术史》(1925)等。编著了多部大学数学教科书、数学著作书目和地图集等,对美国地图学也有很大贡献。

弗雷歇(Fréchet, Maurice René, 1878.9.2—1973.6.4) 法国数学家。生于马利尼,卒于巴黎。1900 年进入巴黎高等师范学校学习,是阿达马的学生和助手,1906 年获博士学位。1910—1919 年任普瓦捷大学力学教授。1920—1927 年任斯特拉斯堡大学高等分析教授和数学研究所所长。1928—1933 年任庞加莱研究所概率论讲师。1933—1949 年历任巴黎理学院普通数学、微积分学和概率论讲座教授。当选波兰科学院(1929)、爱丁堡皇家学会(1947)和荷兰科学院(1950)的相应成员。1956 年成为法国科学院院士。主要贡献在泛函分析、拓扑学、概率统计和微积分等方面。开创了抽象空间理论的研究,利用康托尔集合论的完整思想,对函数空间概念加以一般化,然后引进一类函数空间,建立导集、闭集、完全集、紧集、列紧集等一系列概念。1906 年,引进泛函的一般概念,把泛函定义为一个集合上的实值函数,又给出了泛函的连续性和可微性的定义,证明了关于泛函的许多定理,还对泛函的集合和序列引进一致收敛、紧致性和等度连续等概念。奠定了抽象空间的理论基础。在建立线性泛函和算子的抽象理论方面,也做出了有影响的工作。独立于 F. 里斯,也发现了勒贝格平方可积函数空间中的表示定理。是抽象空间拓扑理论的创始人。在抽象拓扑中,建立了度量空间、致密性、完备性、可分离性等重要概念,有一类拓扑空间被称为弗雷歇空间。在数学分析和概率论方面也有建树,例如开展关于连续曲线求长问题的研究,建立既非独立又非互斥的复合事件的概率公式等。著有《抽象空间》(1928)、《概率计算的现代理论研究》(第 1 卷,1937;第 2 卷,1938)等。与 20 世纪许多数学家都有联系,他们之间的大量信件保存在法国科学院的档案中,部分地展示了当代数学的起源和发展。培养了不少学生,中国数学家关肇直和华裔数学家樊-都是他的学生。两次(1928,1936)在国际数学家大会上作 1 小时大会报告。

克拉索夫斯基, Ф. Н.(Красовский, Феодосий Николаевич, 1878.9.26—1948.10.1) 俄国—苏联数学家、天体测量学家。生于俄国加利奇(Галич),卒于莫斯科。1900 年毕业于莫斯科测绘学院。1900—1903 年在普尔科沃天文台学习。1907 年到莫斯科测绘学院任教,1917 年任教授,1919—1921 年任学院院长。1907—1918 年在莫斯科技术学校兼职。1924—1930 年,领导了苏联的天文和大地测量工作。1928 年创建了苏联大地测量、航空射影和制图的中央研究所,并于 1930 年任所长。1939 年当选苏联科学院通讯院士。把数学方法应用于测绘工作,领导了测定地球椭球体(称为克拉索夫斯基椭球体)体积的工作,得到的结果是长半轴(即赤道半径)为 6 378 245 米,扁率为 1∶298.3。成为苏联和其他一些国家大地测量与制图的标准。著有《国家三角测量的方案和程序》(1928)。

德恩(Dehn, Max Wilhelm, 1878.11.13—1952.6.27) 德国数学家。生于汉

堡，卒于美国北卡罗来纳州黑山。早年就学于弗赖堡大学和格丁根大学，1900年在希尔伯特指导下获博士学位。后在明斯特大学、基尔大学和布雷斯劳大学任职。1921年任法兰克福大学教授，1935年被驱逐。1940年移居美国，先后执教于几所大学。1945—1952年在北卡罗来纳州黑山学院任职。是挪威文理科学院、印度数学协会等学术机构和团体的成员。以几何学、拓扑学和群论方面的工作而闻名。是一位直觉几何学家，受希尔伯特几何公理化工作的影响，证明了勒让德关于三角形内角和的定理。随后(1900)构建了一个反例，否定地解决了希尔伯特第三问题，这也是第一个获得解决的希尔伯特问题。1907年，与希加德(P. Heegaard，1871—1948)共同撰写了拓扑学的第一批系统论文。由此开始从拓扑学角度考虑自然产生的群，制定了有关群表示的重要问题，即词问题和同构问题。1910年给出了一个关于拓扑流形的重要定理——德恩引理的证明(后发现证明不完善)。对数学史也有研究，曾在法兰克福大学主持一个很有影响的数学史研讨会。著有《三角形内角的勒让德和》(1900)、《关于三维空间的拓扑学》(1910)和《两个三叶结》等。还写过静力学、射影平面方面的论著。

武卡谢维奇(Łukasiewicz, Jan, 1878.12.21—1956.2.13)　波兰数学家、逻辑学家。生于奥匈帝国伦贝格(今乌克兰利沃夫)。卒于爱尔兰都柏林。早年在伦贝格大学学习数学和哲学，1897年毕业。后到利沃夫大学深造，1902年在哲学家特沃多夫斯基(K. Twardowski，1866—1938)指导下获博士学位。1906年任利沃夫大学哲学与逻辑学讲师，1911年任教授。1915年任华沙大学教授，1920—1939年两次任华沙大学校长。1919—1920年任波兰教育部长。第二次世界大战期间曾在华沙的地下大学秘密执教，后流亡德国和比利时。1946年任都柏林大学教授并当选都柏林皇家科学院院士。与列什涅夫斯基创立了华沙逻辑学派。主要贡献在于将数理逻辑视为探究数学基础和实证科学方法论的工具，用现代方法重新处理古典逻辑和中世纪的逻辑理论，推进了演绎科学方法论和数理逻辑的研究。撰写了关于不矛盾原则和排中律的文章(1910)，开发了三值命题演算(1917)并研究了多值逻辑。1920年引入了一种逻辑连接词，即“波兰符号”，用于简化命题逻辑。为塔斯基进一步的研究奠定了基础。著有《数理逻辑基础》(1928)和《从现代形式逻辑的观点看亚里士多德的三段论》(1951；1957年再版)等。

富比尼(Fubini, Guido, 1879.1.19—1943.6.6)　意大利数学家。生于威尼斯，卒于美国纽约市。1896年进入比萨高等师范学校攻读数学，在迪尼和比安基指导下于1900年获博士学位。后在卡塔尼亚大学、热那亚大学、都灵理工大学和都灵大学任教。1928—1937年任意大利《纯粹与应用数学年刊》编辑。20世纪30年代末移居美国。1939年任普林斯顿大学教授。是20世纪初意大利数学界的代表人物，其数学研究涉及数学分析、偏微分方程、多复变函数论、群论、射影微分几何学、变分法、积分化简、概率分析等多个领域。最早使用微分形式研究射影几何，是射影微分几何学的先驱者之一。在群论方面，建立了通过线性群和运动群理论判定连续群的准则。在积分论方面，给出的把高维勒贝格积分化为累次低维积分的定理(富比尼定理)，是积分论中最重要的定理之一。对非欧几里得几何中的若干问题也作过论述。第一次世界大战期间，研究炮弹发射的准确度，后继续研究数学在物理学中的应用，曾对动力学、电学和声学理论提出精辟见解。代表作有《不连续群和自守函数理论导引》(1908)、《数学分析讲义》(1920)和《射影微分几何》(2卷，与切赫合著，1926—1927)等。是意大利几所科学院的成员。1919年获山猫学院皇家数学奖。

卡迈克尔(Carmichael, Robert Daniel, 1879.3.1—1967.5.2)　美国数学家。生于亚拉巴马州库萨县古德沃特，卒于堪萨斯州约翰逊县梅里厄姆。1898年在莱恩维尔学院获学士学位。后在长老会学院任教。1909年到普林斯顿大学进修，1910年由G. D. 伯克霍夫指导获博士学位。1911—1915年在印第安纳大学任教。1915—1947年在伊利诺伊大学历任教授、数学系主任和研究生院院长。1921—1923年任美国数学协会副主席，1923年任主席。主要贡献在数论、积分法和运算微积分等方面。在数论方面，以对卡迈克尔数(满足费马小定理描述的素数性质的合数)的研究而闻名。1910年发现了最小的卡迈克尔数561，后被证明存在无限多个卡迈克尔数。数论中还有以他的名字命名的猜想、定理和函数。其工作在数论和素数研究中具有重要意义。利用逐步逼近法来研究差分方程，取得了一定成果。得到了关于斯蒂尔杰斯积分更普遍的分部积分法公式。在关于运算微积分的论文中，叙述了符号算法的原则，总结了英国数学家在这一领域中的基本成就。著有《相对论》(1913)和《丢番图分析》(1915)等。在1931年和1937年发表了探讨了施泰纳系统的著作。

爱因斯坦(Einstein, Albert, 1879.3.14—1955.4.18)　德国—瑞士—美国科学家。生于德国符腾堡乌尔姆(Ulm)，卒于美国新泽西州普林斯顿。1896年进入苏黎世联邦理工学院学习物理学和数学，与格罗斯曼成为同窗好友(及后来的合作者)。1900年毕业。1901年获瑞士国籍。1902年任职于瑞士专利局做审查员，业余时间进行科学研究。1905年发表了6篇划时代的论文，在物理学的三个不同领域中取得了历史性成就，特别是狭义相对论的建立和光量子论的提出，导致了物理学理论的革命。1905年在物理学家克莱纳(A. Kleiner, 1849—1916)和数学家伯克哈特指导下获苏黎世大学哲学博士学位，论文题目是《分子大小的新测定法》。1911年任布拉格大学教授。1912年任苏黎世联邦理工学院教授。1914年到柏林科学院工作。1933年移居美国，任普林斯顿高等研究院教授，直至去世。1940年入美国籍。提出一系列科学理论，最先断言物质和能量的相当性；对时间、空间和引力都赋予完整的新概念。其相对论对科学和哲学作出革命性探索。所建立的质能方程 $E=mc^2$ 表明物质粒子可转变为巨大的能量。利用刚刚兴起的绝对微分学的数学工具，创建了广义相对论，反过来又推动了黎曼几何学与张量分析的发展。1950年发表新的统一场论论文。1921年以光电效应方面的研究成果获诺贝尔物理学奖。1925年获科普利奖章。1929年获德国物理学会第一届普朗克奖章。瑞士和美国的几个学术机构和团体设立了多项以他的名字命名的奖项。月球上一个特色陨石坑和第2001号小行星(1973)均以其名字命名。

塞韦里(Severi, Francesco, 1879.4.13—1961.12.8) 意大利数学家。生于阿雷佐,卒于罗马。早年在图灵大学学习工程学,在塞格雷影响下转学数学,1900年在其指导下获博士学位。先后在波伦亚和比萨当过私人讲师。1905—1914年在帕多瓦大学任教,其间曾任工程学院院长。1921年任罗马大学代数几何系主任,1923—1925年任该校校长。1910年当选山猫学院院士。1919年入选意大利国家科学院,1949—1961年任科学院院长。是意大利其他学术机构以及多个外国学术机构的相应成员。获包括法国科学院鲍廷奖在内的多项奖励。是意大利代数几何学派的重要成员之一。撰写了400多种学术论文、专著和教材,内容涉及数学、科学史、教育和哲学等学科。突出贡献在几何领域,对枚举几何、射影几何、画法几何、代数曲面几何、代数簇几何和阿贝尔簇等均有著述。给出特征线性系的完备性证明,完善了代数曲面上的双有理不变量理论,并推广到任意维的代数簇。两次(1924,1932)在国际数学家大会上作1小时大会报告。

威尔逊(Wilson, Edwin Bidwell, 1879.4.25—1964.12.28) 美国数学家、物理学家、统计学家。生于康涅狄格州哈特福德,卒于马萨诸塞州布鲁克莱恩。早年就读于哈佛大学,1899年获学士学位。毕业后入耶鲁大学深造,受教于吉布斯,1901年获博士学位。曾在耶鲁大学任数学教师,后到马萨诸塞理工学院工作,1917年任该院物理系主任。1922年任哈佛公共卫生研究学会的人口统计学教授,并领导美国统计学会和纽约社会科学研究委员会。曾任华盛顿自然科学学会会员,1945年退休后任海军研究机关顾问。是美国国家科学院(1949—1953年任副院长)和美国文理科学院(1927—1931年任院长)院士,还是英国皇家统计学会会员。主要数学贡献在射影几何学、微分几何学、微积分学、概率论和数理统计学等方面。与吉布斯同为向量分析的创始人。1901年出版的包括吉布斯工作在内的《向量分析》具有广泛影响。把概率论和数理统计学应用于人口统计方面,并研究了误差理论在生物学和天文学中的应用。在统计推断方面,改进了区间估计。在1927年的论文中阐明了如何严格地构造一个估计区间,使之以一定的概率包含固定参数在内,这个区间称为置信区间。其著作《高等微积分》(1912)在近代美国同类书中享有盛誉。还研究理论物理,曾发表空气动力学和相对论的文章,并以《航空学》(1920)一书著称。在流行病学、社会学和经济学等学科也有贡献。

冈比耶(Gambier, Bertrand Olivier, 1879.8.31—1954.1.10) 法国数学家。生于维莱博卡日,卒地不详。1899年进入巴黎高等师范学校学习,1904年毕业后留校任教。1907年后相继在巴尔-伊杜克学院和蒙彼利埃学院讲授数学。1909年在巴黎理学院获博士学位,并任雷恩理工学院讲师,1913年任教授。1922—1948年任里尔大学教授。1943年任法国数学会主席。主要贡献在微分几何、代数几何和微分方程等方面。早期研究微分方程理论,继承并完成了班勒卫(班勒卫方程)的工作。后主要研究微分几何。还研究天文学中的一些应用问题。发表200多种科学论著。著有《具有固定临界点的二阶和一阶微分方程的一般积分》(1909)和《从无穷小的角度研究的曲面变形》(1927)等。多次获法国科学院各种奖励,获法国荣誉军团骑士

(1926)、军官(1950)勋章。

哈恩(Hahn, Hans, 1879.9.27—1934.7.24) 奥地利数学家、哲学家。生于维也纳,卒于同地。早年在法国斯特拉斯堡和德国慕尼黑、格丁根等地求学,1902 年获维也纳大学博士学位。1909—1914 年在奥匈帝国的切尔诺维茨大学任教,第一次世界大战中在奥匈帝国军队服役。1917—1920 年在波恩大学任教。1921—1934 年任维也纳大学教授。1926 年任德国数学会主席。主要贡献在变分法、函数论、泛函分析和傅里叶积分等方面。是最早提出测度和积分的抽象理论的学者之一,其中有一些理论以他的名字命名。在实变函数论方面,指出连续弧作为点集可以有局部连通的连续统的特征,并称之为皮亚诺连续统。与波兰数学家巴拿赫等在 20 世纪 20 年代初分别独立地引入赋范线性空间的概念,证明了共鸣定理,成为泛函分析中巴拿赫空间理论的奠基人之一。他们建立的线性泛函开拓定理在线性空间理论中有重要作用。在无限表示论中有维塔利-哈恩定理。著有《实函数论》(1921)等。在哲学方面,追随马赫的逻辑实证论和经验批判主义。以他为主要代表人物,在 20 世纪 20 年代建立了一个自然科学和哲学的学派——维也纳学派(20 世纪影响最广泛、持续最长久的哲学流派之一,代表了自然科学对哲学的挑战)。培养了包括哥德尔和门格尔在内的博士生。1928 年在波伦亚国际数学家大会上作学术报告。

杨,J. W.(Young, John Wesley, 1879.11.17—1932.2.17) 美国数学家、教育家。生于俄亥俄州哥伦布,卒于新罕布什尔州汉诺威。早年在俄亥俄州立大学学习,1899 年获哲学学士学位,1901 年获文学硕士学位,1904 年由 G. A. 米勒指导获康内尔大学数学博士学位。1903—1911 年相继在西北大学、普林斯顿大学、伊利诺伊大学、堪萨斯大学和芝加哥大学任教。1911 年任达特茅斯学院教授,曾两度(1911—1919,1923—1925)任该院数学系主任。1916—1923 年任美国数学教育委员会主席。1929—1930 年任美国数学协会主席。主要研究射影几何学、群论、数学基本概念、数学史和数学教育等方面的课题。与维布伦一起为投影几何建立了一组公理,1910—1918 年,合作出版了《射影几何学》(2 卷),书中使用他们的公理简化了多种几何,还证明了维布伦-杨定理。还著有《代数学和几何学的基本概念》(1911)、《数学简史》(1930,由 D. E. 史密斯作序)和《解析几何》(1936)等。

萨默维尔(Sommerville, Duncan Mclaren Young, 1879.11.24—1934.1.31) 苏格兰数学家。生于印度拉贾斯坦邦贝阿沃尔,卒于新西兰惠灵顿。早年就学于苏格兰圣·安德鲁斯大学,1902 年获硕士学位,1905 年获博士学位,后留校任教至 1915 年。1911 年当选爱丁堡皇家学会会员。1915 年移民新西兰,任惠灵顿维多利亚大学纯粹数学和应用数学教授,至 1934 年退休。1926 年当选新西兰皇家天文学会会员。1928 年获新西兰皇家学会赫克托奖。主要从事几何学研究。1910 年,应用投影度量把几何学分类。还对蜂巢产生兴趣,由此研究用全等三角形和四面体划分空间问题,并将结果推广到 n 维空间。重要著作有《非欧几里得几何基础》(1914)、《n 维几何引论》(1929)、《谷歌图书中的分析圆锥曲线》(1933)和《三维解析几何》(1934)。在天文学、化学等学科也有一定贡献。还是一位水彩画家，创作了一系列新西兰风景画。

克雷洛夫，H. M.（Крылов，Николай Митрофанович，1879.11.29—1955.5.11）俄国—苏联数学家、力学家。生于圣彼得堡，卒于莫斯科。1902 年毕业于圣彼得堡矿业学院。1912—1917 年任该学院教授。1917 年获数学博士学位。1917—1922 年任克里米亚大学教授。1922 年任乌克兰科学院物理-数学部主任。1928 年当选苏联科学院院士。数学研究主要在内插法、微分方程的近似积分法、非线性力学和数学物理等方面，共发表了约 180 种论著。在近似积分法中，建立了有效的误差估计公式。在证明有关微分方程近似解的收敛性时，首次引用无穷阶行列式理论来进行研究。从 1932 年起，与学生 H. H. 博戈柳博夫共同研究非线性振动和动力系统的一般理论等课题，研究成果在技术部门得到了应用。在常微分方程理论中，还共同建立了克雷洛夫-博戈柳博夫均值法。著有《数学物理问题的近似解法》（1931）和《非线性力学导引》（与 H. H. 博戈柳博夫合著，1937；英文版，1943）。1961 年乌克兰科学院出版了他的 3 卷文集。

迈勒（Myller，Alexandru，1879.12.3—1965.7.4） 罗马尼亚数学家。生于布加勒斯特，卒于雅西。早年在布加勒斯特理工学院学习，师从哈雷特和埃曼努埃尔等数学家。1902 年到德国格丁根大学深造，在 C. F. 克莱因和希尔伯特指导下发表一系列论文，建立了希尔伯特积分方程的新理论。1906 年获博士学位。回国后到布加勒斯特大学工作。1910 年任雅西大学解析几何教授。为雅西大学现代数学教育做了大量奠基性工作，在国际数学竞赛中推出了雅西团队。为雅西大学培养了第一位博士生。1944—1945 年任雅西大学校长。1935 年当选罗马尼亚科学院院士。其工作使罗马尼亚数学家在世界数学舞台上崭露头角。主要贡献在数学分析、微分方程和积分方程理论、微分几何等方面。将希尔伯特在微分方程和积分方程理论方面的结果扩展到任意微分方程，使用泛函方法解决数学物理问题等。在微分几何方面也作出了原创性贡献。著有《积分方程理论》（1905）等书。获罗马尼亚政府多项奖励。1959 年获德国柏林洪堡大学名誉博士称号。

罗曼诺夫斯基（Романовский，Всеволод Иванович，1879.12.4—1954.12.6） 俄国—苏联数学家。生于俄国韦尔尼（今哈萨克斯坦阿拉木图），卒于乌兹别克塔什干。1906 年毕业于圣彼得堡大学。先后在华沙大学（1911—1915）、顿斯科伊大学（1915—1918）和中亚细亚大学（1918）任副教授、教授。1919 年后到乌兹别克科学院数学研究所工作。1935 年获物理-数学博士学位。1943 年当选乌兹别克科学院院士。积极参加了中亚细亚大学的建校工作。主要研究概率论和数理统计。在概率论中，发展了研究马尔可夫链的解析方法和代数方法。主要结果编入专著《疏散的马尔可夫链》（1949；中译本科学出版社，1958）中。是苏联数理统计学派的创始人之一。把数理统计方法应用于工业产品的质量检验。在数学分析、偏微分方程积分法和代数学等方面也取得了许多成果。共发表论著 140 多种。去世后，在塔什干出版了《罗曼诺夫斯基选集》（2 卷，1961—1964）和《数理统计》（2 册，1961—1963）等。

维拉(Villat, Henri Rene Pierre, 1879.12.24—1972.3.19) 法国数学家、力学家。生于巴黎,卒于同地。1899年毕业于巴黎高等师范学校,后在卡昂中学任教,佩雷斯是他的学生。1911年在布里渊和皮卡指导下获巴黎大学科学博士学位。1911—1919年任蒙彼利埃科学院讲师,1919年任斯特拉斯堡大学教授。1920年参加筹备斯特拉斯堡国际数学家大会。1927—1950年任巴黎理学院流体力学讲座教授。1922—1970年长期担任法国《纯粹与应用数学杂志》编辑。1932年当选法国科学院院士,1948年任科学院院长。主要数学贡献在复变函数和微分方程方面。通过对微分积分方程解的研究来解决流体力学和现代空气动力学中的各类问题。著有《流体力学》(1930)和《黏性流体教程》(1940)等。1917年获法国科学院法兰克奖,1927年获庞斯列奖。

冯祖荀(1880—1940) 中国数学家、数学教育家。字汉叔,生于浙江杭县(今杭州市),卒于北京。中国现代数学的早期代表人物之一。1904年入日本京都第一高等学校就读,后转至京都帝国大学理学部研读数学。留学期间,与其他留学生发起成立了"北京大学留日学生编译社",出版了中国最早的科技译刊之一《学海》杂志。毕业后归国,历任北京大学理科学长,沈阳东北大学理学院教授、数学系主任,北平师范大学数学系主任,北京大学理学院教授兼数学系主任。和秦汾、王仁辅、胡浚济、江泽涵等为建设北京大学数学系作出重要贡献。多次担任该系主任。初步探索出一套中国现代大学数学系的办学模式,课程设置亦逐渐完善。擅长分析学方面的学科,在北京大学数学系讲授多门有关课程。培养了傅种孙等学生。20世纪30年代,为促进北京大学数学系教学改革和国际学术交流做了大量工作。1929年和张贻惠发起成立中国数理学会。1935年中国数学会在上海成立,当选9位董事之一。

里斯,F.(Riesz, Frigyes Frédéric, 1880.1.22—1956.2.28) 匈牙利数学家。生于奥匈帝国杰尔(今属匈牙利),卒于匈牙利布达佩斯。早年在苏黎世联邦理工学院和布达佩斯大学学习,1902年获博士学位。后到德国格丁根大学深造。1911—1919年在科洛兹瓦尔(今克卢日)的弗朗茨·约瑟夫大学任讲座教授。该校1921年迁往塞格德后继续执教。1920年代初,与哈尔合作在塞格德创办了波尔约数学研究所及学术刊物《数学科学学报》。1946年调入布达佩斯大学工作。1936年当选匈牙利科学院院士。是法国科学院通讯院士和其他多个科学团体的相应成员。获布达佩斯大学和巴黎大学等校的名誉博士学位。是泛函分析的创始人之一。深入研究 L^p 函数空间,为巴拿赫空间理论做了大量基础性工作。1907年和菲舍尔相互独立地得到里斯-菲舍尔定理,阐明了 L^2 可积函数的空间与平方和收敛序列的希尔伯特空间 l^2 等价,这是对早期量子论数学理论基础方面的一个重大贡献。1909年发现里斯表示定理,成为泛函分析发展史上的一个里程碑。在积分方程、勒贝格积分理论、点集拓扑、遍历理论、射影几何学、复变函数论、傅里叶分析和函数逼近论等方面也有建树。培养了多位数学家。1952年,与他的学生B.瑟凯法尔维-纳吉合著的《泛函分析讲义》,先以法文出版,后有英、德等文译本,中译本分2卷于1963年和1980年出版。1932年在苏黎世国际数学家大会上作1小时大会报告。其弟M. 里斯也是数学家。

费耶(Fejér, Lipot或Leopold, 1880.2.9—1959.10.15) 匈牙利数学家。生于佩奇，卒于布达佩斯。1897年在匈牙利数学竞赛中获优胜奖。先后就读于布达佩斯大学和柏林大学。1902年由施瓦兹指导获布达佩斯大学博士学位，1902—1905年在该校任教。其间到格丁根和巴黎参加了希尔伯特、皮卡和阿达马的讲座。1905—1911年任科洛兹瓦尔(今克卢日)弗朗茨·约瑟夫大学数学系主任。1911年任布达佩斯大学教授和高等分析教研室主任。是匈牙利数学学派的创始人和代表人物之一，匈牙利分析数学的学术带头人。主要从事调和分析理论的研究，明确阐述了可和性在傅里叶级数理论中的作用和价值，得到费耶定理和费耶可和性等一系列重要结果(1900—1910)。为探索正交函数的展开指出方向，是研究现代发散级数一般理论和奇异积分理论的先导，对勒贝格、M. 里斯、哈代等数学家的同类工作有很大帮助。对函数的逼近理论和构造理论、机械求积方法、复变量分析也有著述，研究了一系列有关问题，如任意若尔当曲线的性质，复变量拉格朗日插值中的龙格问题等。1908年当选匈牙利科学院通讯院士，1930年成为正式院士。1950年任波尔约学会名誉主席，还兼任许多国外科学团体的相应成员。培养的博士生有多人成为数学家，如爱尔特希、冯·诺伊曼、波利亚、拉多和M. 里斯等。

洛特卡(Lotka, Alfred James, 1880.3.2—1949.12.5) 奥地利—美国数学家、生物统计学家。生于奥匈帝国伦贝格(今乌克兰利沃夫)，卒于美国纽约市。自幼随双亲游历，曾在法国、德国和英国读书。1909年获美国康奈尔大学硕士学位，1912年获英国伯明翰大学博士学位。后到美国专利局、国家标准局及人寿保险公司等处任职。1911—1914年任《科学美国人副刊》编辑。1938年和1942年分别任美国人口协会和美国统计协会主席。主要贡献在人口统计理论方面。论述了整个生物世界所处的“数学-物理状态”，总结了韦胡尔斯和沃尔泰拉等人的工作，提出了有性物种繁殖的数学理论，并定义了稳定种群的概念。与沃尔泰拉同时开发捕食者-猎物模型，彼此独立地建立了洛特卡-沃尔泰拉方程。1926年制定了科学生产力定律，为科学计量学铺平了道路。著有《生物物理学基础》(1925)、《生物种群分析理论》(1934；1939年再版)等。

伯恩斯坦，C. H.(Бернштейн, Сергей Натанович, 1880.3.5—1968.10.26) 俄国—苏联数学家。生于敖德萨(今属乌克兰)，卒于莫斯科。1898年毕业于法国巴黎大学，后到巴黎综合工科学校学习，1904年在皮卡和希尔伯特指导下获巴黎大学数学博士学位。1907年成为教授。1914年在哈尔科夫大学又获纯粹数学博士学位。1907—1933年在哈尔科夫大学任教，1933—1941年相继在列宁格勒综合技术学院、列宁格勒大学和苏联科学院数学研究所工作。1925年当选乌克兰科学院院士，1929年成为苏联科学院院士。是多个国家科学院或学术团体的相应成员。主要贡献在偏微分方程、函数构造论、多项式逼近理论和概率论等方面。在偏微分方程方面，以解决希尔伯特第十九问题(1904)及试解第二十问题(1908)而著称。创立了一种求解二阶偏微分方程边值问题的新方法(伯恩斯坦方法),推动了偏微分方程理论的发展。1912 年发表关于连续函数对固定次数多项式的最佳逼近的论文,奠定了函数构造论的基础,推进了切比雪夫所创立的多项式逼近理论。在概率论方面,最早提出(1917)并发展了概率论的公理化结构,建立了关于独立随机变量之和的中心极限定理,研究了非均匀马尔可夫链。用随机微分方程对概率论方法进行研究。对变分法、泛函分析以及现代数学的其他分支也有贡献。其主要著作收入 1952—1964 年出版的《伯恩斯坦文集》(4 卷)。在国际上有相当影响,在数学中有以他的名字命名的定理、多项式、不等式及求和法等。1932 年在苏黎世国际数学家大会上作 1 小时大会报告。

比焦夫斯基(Bydžovský, Bohumil, 1880.3.14—1969.5.6) 捷克数学家。生于奥匈帝国杜克科夫,卒于捷克斯洛伐克因德日赫城堡。1898 年入查尔斯大学学习,师从数学家爱德华·韦尔,1903 年获博士学位。后在布拉格附近的中学任教。1911—1917 年在布拉格理工大学任代课教师。1917 年任查尔斯大学编外教授,1920 年任在职教授。1929 年成为捷克皇家科学院院士。第二次世界大战期间曾被关入集中营。战后返回查尔斯大学继续任教,至 1957 年。1946—1947 年任查尔斯大学校长。1949 年任捷克斯洛伐克国家研究委员会主席。1952 年当选捷克斯洛伐克科学院院士。主要贡献在解析几何、线性代数和代数几何学方面。出版了关于无限群,矩阵和行列式理论以及几何构型等方面的论著。在不同学校执教近 60 年,为本国数学教育作出重要贡献。编著的高中数学和几何学教科书被广泛使用。发表了有关几何学史和数学教育史方面的论著。多次(1920、1924、1928、1936)在国际数学家大会上作学术报告。

斯卢茨基(Слуцкий, Евгений Евгеньевич, 1880.4.19—1948.3.10) 俄国—苏联数学家、统计学家、经济学家。生于俄国雅罗斯拉夫尔省诺沃姆镇(Новом),卒于莫斯科。1899 年进入基辅大学物理-数学系学习,1902 年因参加学生骚乱被开除学籍。后到德国慕尼黑学习。1905 年再次进入基辅大学法学院,1911 年以金牌奖章毕业。1913—1926 年在基辅商业学校讲授政治经济学和统计学,1920 年任教授。1926—1934 年先后在中央统计局和国家计划委员会工作。1934—1938 年任莫斯科大学教授。1939 年后在苏联科学院斯捷克洛夫数学研究所工作。是苏联最早研究数理统计的学者之一,和罗曼诺夫斯基、Н. В. 斯米尔诺夫等人共同奠定了苏联数理统计研究的基础,在平稳随机过程和平稳序列统计方面取得了重要成果。对具有离散光谱的稳定过程的工作也很有价值。后来辛钦和科尔莫戈罗夫又推进了他的研究。对概率论逻辑结构的研究也取得了一定成绩。编著的《分布曲线理论的相关理论和要素》(1912)是现代统计学一些重要方法的研究手册。1960 年,苏联科学院出版了他的著作选集。

佩龙(Perron, Oscar, 1880.5.7—1975.2.22) 德国数学家。生于弗兰肯塔尔,卒于慕尼黑。1898 年进入慕尼黑大学学习数学和物理学,还曾到柏林大学学习。1902 年在林德曼指导下以关于刚体在外力作用下绕其重心转动的论文获博士学位。后相继任慕尼黑、杜宾根、海德堡等大学教授,1951 年退休。1934 年任德国数学会主席。

1956 年获杜宾根大学名誉博士学位，1960 年获美因茨大学名誉博士学位，1959 年获巴伐利亚功勋勋章。共发表 200 多种论著，涵盖积分学、微分方程、矩阵以及代数、连分式、几何和数论中的问题。以提出佩龙悖论而闻名：假设最大的自然数是 N。那么如果 $N>1$，则有 $N^2>N$，与定义矛盾，因此 $N=1$。在位势理论中，提出一种研究狄利克雷问题上、下函数的方法，这种方法 1939 年由布勒洛改进，称佩龙-布勒洛方法。在积分论中，推广了积分概念，引进佩龙积分和佩龙-斯蒂尔杰斯积分。在常微分方程理论方面，研究了某些类型方程解的渐近性态和稳定性。还研究了正规偏微分方程组的解法。80 岁才结束教学，但仍继续进行研究。82 岁又发表关于非欧几里得几何学的论文。1964—1973 年发表了 18 篇论文。著有《无理数》(1921；第 2 版，1939)、《连分数》(2 卷，1913；第 3 版，1954)等。

维布伦(Veblen，Oswald，1880.6.24—1960.8.10)　美国数学家。原籍挪威。生于美国艾奥瓦州迪科拉，卒于缅因州布鲁克林。早年在艾奥瓦大学学习，1898 年获学士学位。后到哈佛大学学习，1900 年获第二个学士学位。1903 年由 E. H. 穆尔指导获芝加哥大学博士学位。1905—1932 年在普林斯顿大学任教。20 世纪 30 年代初参与创建普林斯顿高等研究院，并任该研究院第一位数学教授。后在该研究院工作，至 1950 年退休。1923—1924 年任美国数学会主席。在几何基础、拓扑学、微分几何学和近代物理等方面均有建树，为美国数学学派的建立作出较大贡献。1903 年开始研究欧几里得几何和非欧几里得几何的逻辑基础。和希尔伯特的体系不同，仅从“点”和“序”两个原始概念出发，对欧几里得几何进行了细致的公理化处理。考察了序的简单三项关系的性质，探讨了分析基础和有限射影几何。论证了若尔当曲线定理，补足了若尔当证明中的缺陷；依据序和线性连续的概念定义曲线，进而研究了初兴的拓扑学理论。其《拓扑学》(1922)在当时是仅有的一部系统的拓扑学著作，长期影响该领域的研究。在微分几何学方面，讨论了路线几何、射影相对性、二次微分型不变式，特别是考虑了局部微分几何及其向整体微分几何的过渡，给出了整体可微流形的第一个合理定义。还著有《射影几何学》(与 J. W. 杨合著，第 1 卷，1910；第 2 卷，1918)和《微分几何基础》(与 J. H. C. 怀特海合著，1932)等。前者首次提出射影几何的公理化体系。是美国国家科学院院士，当选丹麦、法国、波兰等多个国家科学院的外籍院士，还是伦敦数学会和爱丁堡皇家学会成员。获授多所大学的名誉博士学位。两次(1928，1932)在国际数学家大会上作 1 小时大会报告。1961 年美国数学会设立了维布伦几何奖。

菲特尔(Fueter，Karl Rudolf，1880.6.30—1950.8.9)　瑞士数学家。生于巴塞尔，卒于布伦嫩。在巴塞尔接受初等教育后于 1899 年入格丁根大学学习，1903 年在希尔伯特指导下获博士学位。后在巴黎、维也纳、伦敦和马堡等地继续进修。1908 年后相继任巴塞尔大学和卡尔斯鲁厄大学数学教授。1916 年任苏黎世大学教授，1920—1922 年任该校校长。1910 年参与创立瑞士数学会并任第一任主席。1927 年起任欧拉著作编辑委员会主任，在施佩泽的协助下，为编辑和出版《欧拉全集》作出重要贡献。主要研究代数数论和四元数理论。与波利亚首先证明了唯一的二次多项式配对函数是康托尔多项式，该结果称为菲特尔-波利亚定理。在函数论、阿贝尔群、理想理论和椭圆函数论等方面也有研究或著述。著作《综合数论》(1917)多次再版。两次(1932,1936)在国际数学家大会上作1小时大会报告。

利茨曼(Lietzman, Karl Julius Walther, 1880.8.7—1959.7.12) 德国数学家、数学教育家。生于德罗森，卒于格丁根。1904年由希尔伯特指导获格丁根大学博士学位。后在巴门和耶拿的中学任教。1919—1946年任格丁根中学(后来的格丁根文法学校)校长。1914年任德国第一种教学法杂志(1870年创刊)的主编。1918年当选利奥波第那科学院院士。1920年任格丁根大学数学教学法讲师，1934年任名誉教授。以研究数学教育和撰写科普作品而闻名。积极参与C. F. 克莱因中学数学课程的改革计划，为中学数学课程编写和修订教材。多卷集《数学教学方法论》在1916—1985年多次再版并补充内容，对数学教师的学科教学培训产生了持久的影响。格丁根文法学校以他的名字命名。1928—1932年任国际数学教育委员会的秘书。1937年任德国数学家协会主席。编写了一系列关于数学教育和初等数学的教科书和教学指南。

奇波拉(Cipolla, Michele, 1880.10.28—1947.9.7) 意大利数学家。生于巴勒莫，卒于同地。早年在比萨高等师范学校学习，在比安基和迪尼的影响下对代数学产生兴趣。1902年获巴勒莫大学博士学位。1904—1911年任中学教师，课余从事数学研究。1911—1923年任卡塔尼亚大学的代数分析教授。1923年任巴勒莫大学教授，直至退休。主要贡献在数论、有限群理论、分析、数学基础以及数学史和教学法的方面。代表作是3卷本《有限群理论及其应用》(1919—1923)。内容包括抽象群理论、代换群理论和伽罗瓦代数方程理论等。为大学和中学编写一系列教科书，发表了大约100种论著。代表作还有《关于所有根都是单位根的代数方程》。因其在数学和数学教育方面的贡献获多项奖励。当选意大利几个研究院的成员。

布特鲁(Boutroux, Pierre Léon, 1880.12.6—1922.8.15) 法国数学家、历史学家、科学哲学家。生于巴黎，卒于同地。父亲是哲学家É. 布特鲁(É. Boutroux,1845—1921)，母亲是数学家庞加莱的妹妹。早年学于巴黎高等师范学校。1905年任蒙彼利埃大学数学讲师。1908年开始任普瓦捷大学积分学教授，并在南锡大学兼职。1913—1914年赴美国任普林斯顿大学数学系主任。第一次世界大战中投身法国军队，1920年回到法兰西学院，成为学院第一位科学史教授，并于1920—1922年任科学史系主任。在数学方面主要研究多值函数和微分方程的奇点问题。在数学史和科学哲学方面做了许多开创性工作。其代表作2卷本《数学分析原理，历史和评论》(第1卷,1914;第2卷,1919)包含了对1920年代整个数学领域的全面概览，既有知识体系，也有历史分析。另一著作《古今数学家的科学理想》(1920)强调了科学史的统一性。还著有《笛卡儿的想象力和数学》(1900)等。多次(1904, 1908,1920)在国际数学家大会作学术报告。1908年编辑出版了附有相关文献与注释的帕斯卡的著作。积极参加庞加莱的科学与哲学作品的出版工作。

沃姆尼茨基(Łomnicki, Antoni Marian, 1881.1.17—1941.7.3[一说 7.4]) 波兰数学家。生于奥匈帝国伦贝格(今乌克兰利沃夫),卒于同地。早年在利沃夫大学和德国格丁根大学学习,1903 年获数学博士学位。曾在中学任教多年,注重中学数学教学法的研究,编写初等几何教科书。1919 年到利沃夫理工大学讲授数学,1920 年成为教授,后任数学系主任、副校长。1938 年成为华沙科学学会成员。培养了大批工程技术人才,编著了多种流行的数学教科书以及技术人员实用教科书。是利沃夫数学学派的创始人之一。主要数学贡献在测度论、分析学、概率论和数学制图等方面。在 1923 年的论文中,首先把概率解释为一种测度。著有《数学制图》等。1941 年死于集中营。

赫格洛茨(Herglotz, Gustav, 1881.2.2—1953.3.23) 德国数学家、物理学家。生于波希米亚沃伦(今捷克沃拉里),卒于德国格丁根。1899 年进入维也纳大学学习数学和天文学,1900 年转慕尼黑大学学习,1902 年获天文学博士学位。后到格丁根大学,1902—1904 年任 C. F. 克莱因的助教,1907 年任副教授。1909—1925 年任莱比锡大学教授。1925 年回到格丁根大学,任应用数学讲座教授,直到 1947 年退休。1927 年当选格丁根科学院院士。主要贡献在函数论、运算微积分、微分几何、数论和应用数学等方面。建立了微分几何中的赫格洛茨定理——在三维实空间的每个闭凸面上至少有三条闭合大地线。调和分析中有赫格洛茨定理,全纯函数中有赫格洛茨积分表示等。研究了某类狄利克雷级数的解析延拓问题等。还以在相对论和地震学方面的著作而闻名。在狭义相对论、广义相对论、流体动力学和衍射理论方面均有建树。求解了某种阿贝尔型积分方程,该方程将测量的地震走时与地震波的关系反演为速度-深度函数。该结果可以根据地震数据构建地球模型。指导了包括 E. 阿廷在内的至少 25 名博士生。

布劳威尔(Brouwer, Luitzen Egbertus Jan, 1881.2.27—1966.12.2) 荷兰数学家。生于奥弗希(今鹿特丹郊区),卒于布拉里克姆。16 岁进入阿姆斯特丹大学学习物理学,1904 年获硕士学位,1907 年在科尔泰沃赫指导下获博士学位。1909 年任阿姆斯特丹大学私人讲师,1912 年任教授,至 1952 年退休。获奥斯陆大学和剑桥大学名誉博士学位。是荷兰皇家科学院、利奥波第那科学院、美国哲学学会、英国皇家学会等学术机构和科学团体的相应成员。主要贡献在数学基础和拓扑学方面,是数学基础研究中直觉主义学派的创始人和主要代表。在 1907 年的博士论文《论数学基础》(Over de Grondslagen der Wiskunde)中创立了直觉主义理论体系。把数学思维理解为一种构造性的程序,声称数学基础只可能建立在这个程序上,人们对数学的认识由直觉决定,不依赖于经验和逻辑。在 20 世纪初关于数学的逻辑基础的大论战中,既反对罗素和希尔伯特的观点,又不同意庞加莱关于数学存在性的看法。还反对 G. 康托尔关于实无穷的讨论,坚持数学对象必须可以构造,试图用直觉主义观点构造微积分、代数学、初等几何甚至函数论等学科。在 1908 年发表的《逻辑原理的不可靠性》中否定数学证明中排中律的普遍有效性。在拓扑学方面,引进了连续映射的单纯逼近和映射的拓扑度的概念,证明了 n 维区域的拓扑不变性。在此基础上，建立了布劳威尔不动点定理，并证明了维数的拓扑不变性(1912)，对拓扑学作出重要贡献。还发现平面上不可分解的连续统是可数多个单连通区域的公共边界，把若尔当曲线定理推广到 n 维空间等。对希尔伯特第五问题也有贡献。论文收集在《布劳威尔全集》(2卷，1975)中。

托尔曼(Tolman, Richard Chace, 1881.3.4—1948.9.5)　美国数学物理学家、物理化学家。生于马萨诸塞州西牛顿，卒于加利福尼亚州帕萨迪纳。早年在马萨诸塞理工学院学习，1903年获化学工程学学士学位。1904年进入诺伊斯物理化学研究实验室学习和工作。1910年在化学家诺伊斯(A. A. Noyes, 1866—1936)指导下获博士学位。1912—1916年在加利福尼亚大学任教，1916年任伊利诺伊大学教授。第一次世界大战期间为政府开发化学炸药。1922年任加利福尼亚理工学院物理化学和数学物理教授，直至去世。其间曾任研究生院院长。1922年当选美国文理科学院院士。1923年成为美国国家科学院院士。第二次世界大战期间任政府高级科学顾问。主要贡献在统计力学、相对论、热力学和宇宙学等方面。1909年与人合作发表了关于狭义相对论的论文，是在该领域中最早由美国人撰写的论文。1927年出版《统计力学及其在物理和化学中的应用》；1938年又重新编写为《统计力学原理》，涵盖了统计力学在经典和量子系统中的应用。还著有《相对论、热力学和宇宙学》(1934)。

冯·卡门(von Kármán, Theodore, 1881.5.11—1963.5.6)　匈牙利—美国数学家，空气动力学家。生于匈牙利布达佩斯，卒于德国亚琛(Aachen)。1902年毕业于布达佩斯皇家理工综合大学，后留校任教。1906年到格丁根大学留学，深受C. F. 克莱因、希尔伯特和普朗特的影响。1908年在普朗特的指导下获博士学位。1908—1912年在格丁根大学任教。1912年任德国亚琛航空研究所所长，同时兼任亚琛工业大学航空和力学系主任。1930年移居美国，1936年入美国籍。曾任美国多所大学教授。参与创建美国加利福尼亚理工学院空气动力学研究中心并任主任，创建喷气推进实验室。1946年成为美国空军科学咨询团第一任主席，创建了国际宇航科学院和冯·卡门流体动力学研究所。培养了一大批空气动力学专家，包括中国的钱学森、郭永怀、林家翘等。是近代空气动力学的奠基人之一，开创了数学和基础科学在航空航天和其他技术领域的应用。早年在普朗特指导下完成空气动力实验，研究边界层分离现象，提出“卡门涡街”理论。1926年阐明并建立“湍流”概念。其他贡献包括非弹性屈曲理论、圆柱流中的非稳定尾流、稳定和非稳定流中的翼型、边界层和超音速空气动力学等。在传热导和晶体学等其他领域也有贡献。许多相关概念以他的名字命名。在数学物理方面，以他的名字命名的有卡门势理论、卡门条纹；在薄层理论中，有卡门非线性方程等。1963年获美国第一枚国家科学奖章。著有《工程中的数学方法》(合著，1940；中译本，科学出版社，1959)等。1928年在波伦亚国际数学家大会上作1小时大会报告。

特普利茨(Toeplitz, Otto, 1881.8.1—1940.2.15)　德国数学家。生于布雷斯劳(今波兰弗罗茨瓦夫)，卒于耶路撒冷。早年在布雷斯劳大学专攻代数几何，1905年在罗尚尼斯和施图姆指导下获博士学位。1906—1913年在格丁根大学学习和工作。1913年到基尔大学任教,1920年任教授。1928—1933年任波恩大学教授。1938年移居耶路撒冷,在希伯来大学任职。主要研究无穷线性型、双线性型、二次型以及相伴无穷矩阵等课题,并把所得的结果应用于积分方程论、傅里叶级数、复变函数论等各分析学领域。与赫林格合作发表《积分方程与无穷多元方程》(1927),给出了正规双线性型等重要概念。20世纪30年代,同G. 克特(G. Köthe,1905—1989)合作,发展了无限维坐标空间的理论,为普通线性算子理论的产生作出了贡献,推进了更一般的局部凸空间理论的研究。建立了在发散序列论中起基本作用的"特普利茨条件"。对数学史也颇有研究,与诺伊格鲍尔等人合著《数学史的起源与研究》(1930)。还探讨希腊数学同哲学的关系,著有《无穷小分析的发展》(1949)等。

理查森(Richardson, Archibald Read, 1881.8.21—1954.11.4) 英国数学家。生于伦敦,卒于南非开普敦。毕业于伦敦帝国理工学院,后留校任教。1914—1919年在英国远征军服役,1918年受重伤致残。1920—1940年任斯旺西大学数学教授。退休后到南非开普敦定居。1946年当选英国皇家学会会员。主要贡献在近世代数、二次型及不变量理论方面。与李特尔伍德合作研究了不变量和群表示论。引入了矩阵的内元概念,研究舒尔函数,并为它们的乘法运算建立了理查森-李特尔伍德法则。

尼科尔森(Nicholson, John William, 1881.11.1—1955.10.3) 英国数学家、物理学家。生于达灵顿,卒于牛津。1898—1901年在曼彻斯特大学学习数学和物理学,后到剑桥大学三一学院深造。相继执教于剑桥大学、贝尔法斯特女王学院、伦敦国王学院和牛津巴利奥尔学院,1912年后任数学教授。主要从事原子物理学和天体物理学研究,创建将角动量量化为 $h/2\pi$ 的原子模型,创建核和量子理论。对日冕和星云光谱做了细致探讨,1911年提出了星云的天文光谱研究结果,提出几种尚未被发现的元素的存在。1917年当选英国皇家天文学会会员。还是伦敦物理学会副主席。1919年获剑桥大学亚当斯奖。

韦德伯恩(Wedderburn, Joseph Henry Maclagen, 1882.2.2—1948.10.9) 英国—美国数学家。生于苏格兰福弗尔,卒于美国普林斯顿。1898年进入爱丁堡大学学习,1903年获数学一等荣誉学位,同年当选爱丁堡皇家学会会员。后到莱比锡大学、柏林大学和芝加哥大学深造。1905—1909年在爱丁堡大学任教,在此期间任爱丁堡数学会会刊编辑,1908年在克里斯托尔指导下获科学博士学位。1909年到美国普林斯顿大学任教。第一次世界大战期间,志愿加入英国陆军作战。战争结束后返回普林斯顿继续执教,至1945年退休。1912—1928年任《数学纪事》主编。1933年当选英国皇家学会会员。是狄克森和E. H. 穆尔学派的代数学家,在环论和矩阵理论的研究上取得了重要进展。主要贡献是得到韦德伯恩定理(1905):任何有限除环都是交换域。结合代数的基本定理之一称为韦德伯恩-阿廷定理。1908年,证明了关于半单代数完整分类的定理。1914年,举出了第一个非交换域的例子,它关于中心(与域中一切元素都可交换的元素的全体)的阶是 n^2。共发表约40种论著,著有《超复数》(1908)和《矩阵教程》(1934)等。

巴纳赫维奇(Banachiewicz, Tadeusz, 1882.2.13—1954.11.17) 波兰天文学家、数学家、大地测量学家。生于华沙,卒于克拉科夫。早年在华沙大学学习,1905年到格丁根深造。1906—1910年在俄国普尔科沃天文台工作,1910—1915年转到喀山大学天文台工作。1915年任塔尔图大学副教授。1919年任克拉科夫大学教授和克拉科夫天文台台长。1932—1938年任国际天文联合会副主席。是波兰天文学会首任主席和波罗的海三国大地测量委员会副主席。1946年当选英国皇家天文学会会员。1952年当选波兰科学院院士。是多所大学的名誉博士。主要从事天体力学研究,改进并发展了测定行星和彗星椭圆形轨道的高斯法,发明了一种用于精确观测日食的天文仪器。数学研究在矩阵论方面。提出了"克拉科夫矩阵",简化了天文学、大地测量学和天体力学方面的计算。提出的矩阵理论也适用于自动化理论的数学研究。在数学、天文学、天体力学、地球物理学和大地测量学等方面的论著达500余种。月球上一座环形山和第1286号小行星(1933)以其名字命名。

克贝(Koebe, Paul, 1882.2.15—1945.8.6) 德国数学家。生于卢肯瓦尔德,卒于莱比锡。1900年后相继在基尔科技大学和柏林大学学习。1905年在施瓦兹和肖特基指导下获博士学位。1907—1910年在格丁根大学任教。1910—1914年任莱比锡大学副教授,1914—1926年任耶拿大学教授。1926—1945年任莱比锡大学教授。是撒克逊、普鲁士、海德堡和格丁根以及芬兰科学院的相应成员。主要研究复变函数论,特别是拟保角映射理论。1907年,证明了用自守函数将解析关系普遍单值化的定理,解决了希尔伯特第二十二问题,还把这个定理加以推广。在1907—1909年发表的四篇系列论文中对黎曼曲面的均匀化进行了统一处理。猜测关于单叶解析函数图像中圆盘半径的"克贝四分之一定理",1916年比伯巴赫证明了他的猜想,相关函数 $f(z)=z/(1-z)^2$ 称为克贝函数。复变函数中还有某些函数、定理、引理和常数以他的名字命名。

谢尔品斯基(Sierpiński, Wacław, 1882.3.14—1969.10.21) 波兰数学家。生于华沙,卒于同地。1899年就学于华沙大学,成为俄国数论专家沃罗诺伊的学生。1903年获该校数学物理金质奖章。1906年获克拉科夫雅盖隆大学哲学博士学位,导师是扎伦巴和沃罗诺伊。1907年后到格丁根大学和利沃夫大学访学,后相继在利沃夫和华沙等地的中学和大学任教。1919年任华沙大学教授,1921年任华沙大学校长,同年当选波兰科学院院长。1928年任波兰数学会主席。第二次世界大战在莫斯科羁留期间与卢津等苏联数学家建立友谊并共同研究数学,1945年回到华沙。是法国科学院、丹麦科学院和伦敦数学会等10多个学术机构和团体的成员。获牛津大学、格拉斯哥大学和奥斯陆大学等多所大学的名誉学位。参与创办波兰《数学基础》(Fundamenta Mathematicae)杂志(1920),获波兰一等科学奖(1949)。是波兰数学学派的创始人之一,发表和出版700多篇论文和约50本著作,主要探讨集合论和数论,建立了以他的名字命名的几个重要定理。其中影响较大的专著有《连续统假设》(1934)、《基数与序数》(1958)、《初等数论》(1964)等。恢复出版了国际性的数论杂志

《算术学报》,并任主编。在拓扑学研究中给出以他的名字命名的一类图形,如面积为零的“谢尔品斯基三角形”、体积为零而表面积无穷大的“四面体”和“谢尔品斯基曲线”等。培养了大批优秀的博士生,包括马祖尔凯维奇、内曼和鲁杰维奇等。1932年在苏黎世国际数学家大会上作1小时大会报告。

诺特,A. E.(Noether, Amalie Emmy, 1882.3.23—1935.4.14) 德国数学家。生于德国埃尔兰根,卒于美国布林莫尔。是数学家M. 诺特的长女。1900年入埃尔兰根大学,1907年在数学家哥尔丹的指导下获博士学位。1919年在希尔伯特和C. F. 克莱因的支持下任格丁根大学私人讲师。1922年任编外副教授。1928—1929年应邀访问苏联,与П. С. 亚历山德罗夫和庞特里亚金等数学家进行学术研讨和交流。1932年与E. 阿廷同获阿克曼-特布纳纪念奖。1933年赴美国,任布林莫尔学院数学教授,并在普林斯顿高等研究院兼职。是抽象代数的奠基人之一。1907—1919年,主要研究代数不变式及微分不变式。20世纪20年代后转向交换代数与“交换算术”的研究,提出交换环、环的理想和诺特模等概念。论文《环中的理想论》(Idealtheorie in Ringbereichen, 1921)和《代数数域和代数函数域上理想理论的抽象构造》(1926)是抽象代数的经典论著。一类满足升链条件的环称为诺特环。20年代末至30年代中期,又研究非交换代数与“非交换算术”。1932年证明了“代数数域上的中心可除代数是循环代数”。在格丁根大学工作期间,领导了一个代数学派,对欧洲数学界有很大影响。同П. С. 亚历山德罗夫和H. 霍普夫关于组合拓扑学的讨论,使群、模等概念进入组合拓扑学,从而导致代数拓扑学的兴起。数学思想通过荷兰数学家范德瓦尔登的《近世代数学》(第1卷,1930;第2卷,1931)而得到广泛传播。主要论文收集在《诺特全集》(1983)中。1932年在苏黎世国际数学家大会上作1小时大会报告。去世后,爱因斯坦写了讣文,称她是“自女性接受高等教育以来最非凡的数学创造天才”。月球上一个环形山和第7001号小行星(1955)均以其名字命名。

克赖希克(Kraitchik, Maurice Borisovich, 1882.4.21—1957.8.19) 比利时数学家。生于俄国明斯克,卒于布鲁塞尔。曾任布鲁塞尔自由大学副教授、索菲娜某运输和工业企业工程师和比利时高等研究所所长。第二次世界大战期间移民美国,在纽约市新社会研究学院讲授“数学娱乐”课程。主要研究数论和趣味数学。1931—1939年,编辑出版了一本关于休闲数学的月刊——《狮身人面像》。编著的数论教科书和趣味算术问题汇编(包括古典的和现代的问题)在西欧有很大影响。倡导召开了两次关于趣味数学的国际会议(1935年在布鲁塞尔;1939年在巴黎)。著有《数论研究》(1924)、《数学游戏或娱乐》(1930)和《数学娱乐》(1953)等。1953年以提出“双信封”谜题(或称交换悖论)而闻名。

贝特曼,H.(Bateman, Harry, 1882.5.29—1946.1.21) 英国数学家、物理学家。生于英国曼彻斯特,卒于美国加利福尼亚州帕萨迪纳。1900年入剑桥大学三一学院,1903年获数学一等荣誉学位,1905年获史密斯奖,1906年获硕士学位。后到利物浦大学和曼彻斯特大学任教。1910年移居美国,执教于布林莫尔学院。1912—

1917年在约翰斯·霍普金斯大学从事研究和教学工作。1913年在莫利指导下获博士学位。1917年任斯鲁普技术学院(加利福尼亚理工学院前身)教授。1928年成为英国皇家学会会员,1930年当选美国国家科学院院士,1935年成为美国数学会副主席。主要研究偏微分方程、积分方程及其在电学、电磁学、地震波、核衰变等物理领域中的应用。致力于寻求用特殊函数和积分变换求解偏微分方程。晚年又将这些特殊函数和积分变换整理成册。以他的名字命名的有贝特曼展式、贝特曼变换、贝特曼多项式和贝特曼函数等。研究H. A.洛伦茨和爱因斯坦的电磁方程不变性问题,论证了保持系统绝对变化且独立于电磁场的一般变换群是四维空间的保角映射。发表约200篇论文,出版多部著作,如《基于麦克斯韦方程组的电波和光波运动的数学分析》(1915)、《数学物理中的偏微分方程》(1932)和《微分方程的数值积分》(1933)等。

拉列斯库(Lalescu, Traian, 1882.7.12—1929.6.15) 罗马尼亚数学家。生于布加勒斯特,卒于同地。1903年毕业于布加勒斯特大学。1905年赴巴黎学习,在皮卡指导下于1908年获巴黎大学数学博士学位。回国后在布加勒斯特理工大学任教。是蒂米什瓦拉理工学院的创建人之一,1920年任第一任校长。主要研究具有对称核的积分方程,博士论文《沃尔泰拉方程》是罗马尼亚数学家在积分方程领域的第一个重要贡献。特别研究积分方程理论及其在微分方程中的应用。代表作有《积分方程理论概述》(1912)等。在函数方程、三角级数、数学物理、几何、力学、代数和数学史等方面也多有研究。

克诺普(Knopp, Konrad, 1882.7.22—1957.4.20) 德国数学家。生于德国柏林,卒于法国阿讷西。就读于瑞士洛桑大学和德国柏林大学,师从施瓦兹、弗罗贝尼乌斯、肖特基、兰道和I.舒尔。1907年由肖特基指导获博士学位。相继任教于日本长崎商学院(1908)和中国青岛德华学院(1910—1911)。1911年返回德国到军事学院任教。第一次世界大战期间入伍,在战争中受伤。1915年任哥尼斯堡大学副教授,1919年任教授。是德国《数学杂志》创刊人之一(1918)。1926年任杜宾根大学数学系主任,至1950年退休。主要贡献在广义极限论、复变函数论和无穷级数等方面。著有《无穷级数的理论与应用》(1922)和《函数论基础》(1936;中文本,1937)等。修订了冯·曼戈尔特的《高等数学导引》第6版,之后此书以二人合著本出现。

佐里斯基(Zaurirski, Sigismond, 1882.9.29—不详) 波兰数学家、科学哲学家。生于波兰别列佐维卡马拉(Berezowica Mala),卒地不详。早年在利沃夫大学求学,1905年获博士学位。1910年到柏林大学和巴黎大学深造。1929年任波兹南大学科学方法论教授。主要研究数学方法论、数理逻辑及其应用。著有《因果律与函数关系》(1912)、《模态命题》(1914)、《逻辑与数学的关系》(1927)和《新逻辑学及其在现代科学中的应用》(1932)等。

范迪弗(Vandiver, Harry Shultz, 1882.10.21—1973.1.9) 美国数学家。生于宾夕法尼亚州费城,卒于得克萨斯州奥斯汀。早年自学数学和天文学。1904—1905年在宾夕法尼亚大学旁听研究生课程。1917—1919年在美国海军预备队服役。1919—1924年任康奈尔大学数学讲师,

1924年任得克萨斯大学纯粹数学副教授，1925年任教授。1947年任该校应用数学和天文学特聘教授，直到1966年退休。主要贡献在近世代数(半群、半环、有限域)和数论方面。毕生致力于费马大定理的证明。1928年证明了：对于 $n<619$，方程 $x^n+y^n=z^n$ 没有正整数解。后用计算机验证了对于小于2 000的所有素数费马大定理成立。1920年独立于库默尔提出关于分圆域的类群的猜想，称为“库默尔-范迪弗猜想”。1931年因对费马大定理的研究论文获美国数学会柯尔奖。1934年当选美国国家科学院院士。1945年获宾夕法尼亚大学名誉博士学位。发表170余篇论文。除数论外，还涉及分圆域、伯努利数、互易定律、有限域、因子分解、半群和半环等方面。著有《有限代数理论》(1912)、《数论史》(与狄克森合著，1919)和《费马最后定理》(1929)等。

默塞尔(Mercer, James, 1883.1.15—1932.2.21)　英国数学家。生于利物浦附近的布特尔，卒于伦敦。1907年毕业于剑桥大学三一学院，获数学一等荣誉学位和史密斯奖。1909年当选三一学院研究员。受业于A. N. 怀特海、惠特克和哈代。第一次世界大战期间在军队服役，参加了日德兰海战。曾于利物浦大学和剑桥大学任教。1922年当选英国皇家学会会员。1926年因病退休。是英国研究积分方程和正交级数理论的先驱。在积分方程理论和正交函数级数中任意函数展开的理论研究中取得显著进展。在论文《正、负型函数及其与积分方程理论的联系》(1909)中给出了算子核的特征函数展开式一致收敛的定理，称为默塞尔定理。该定理后来被推广到其他各种情况。

贝尔，E. T.(Bell, Eric Temple, 1883.2.7—1960.12.21)　英国—美国数学家。生于苏格兰阿伯丁，卒于美国沃森维尔。在英格兰接受中等教育。1902年到美国，在斯坦福大学学习文学，1904年获学士学位。1908年到华盛顿大学读(兼职)研究生，1909年获文学硕士学位。1911年进哥伦比亚大学学习，1912年在柯尔和凯泽指导下获哲学博士学位。后回华盛顿大学任数学讲师，1921年任教授。1924年后转到芝加哥大学和哈佛大学任教，并任加利福尼亚理工学院数学教授。1931—1933年任美国数学协会主席。还曾任美国数学会、美国科学促进会副主席，以及美国多种数学杂志编辑。是美国国家科学院院士。1924年其《算术释义》获博谢纪念奖。在数论、数值分析、多周期函数、丢番图分析和数学史等方面都作出贡献。引进贝尔级数，利用生成函数方法研究形式幂级数的收敛性。以他的名字命名的有贝尔多项式、贝尔数等。撰写了很多数学史和科普方面著作。其中《数学精英》(1937；中译本，1991)和《数学的发展》(1945)广泛流行。前者于2004年在中国再次翻译出版，书名为《数学大师：从芝诺到庞加莱》。有数学史家对其著作中大部分历史的准确性提出质疑。

米泽斯(Mises, Richard von, 1883.4.19—1953.7.14)　奥地利数学家、空气动力学家。生于奥匈帝国伦贝格(今乌克兰利沃夫)，卒于美国波士顿。早年在维也纳科技大学学习数学、物理和工程。1907年由哈梅尔指导获博士学位。1909—1918年任斯特拉斯堡大学应用数学教授。1920年任柏林大学应用数学教授和应用数学所所长。1933年离开德国接受土耳其伊斯坦布尔大学的职位。1939年移居美国，在哈佛大学任教，1944年任该校戈登麦凯空气动力学和应用数学教授。早期工作集中于空气动力学，尤其在边界层流理论和机翼设计理论方面取得重要成果。第一次世界大战中，为奥地利空军研制军用飞机，作为驾驶员参战。关于飞行理论的著作曾一再增订出版。在弹性理论、塑性理论、湍流理论以及数值分析等方面也有创见。主要数学成就在概率论和数理统计学方面。给出概率的频率和统计的公理化定义。继承19世纪频率理论的先驱者泊松和维恩等人的思想，克服了他们的某些缺陷和不严格性，提出了概率的频率学说，并指出具有概率的事件必须满足的基本公设——随机性公设。在《概率、统计和真理》(1928)一书中建立了频率的极限理论。是学术期刊《应用数学与力学杂志》的创始人与编辑(1921—1933)。在哲学上是一个实证主义者，所著《实证主义：人类认识研究》(1951)总结了对生活和科学的观点。在概率统计方面的观点也受其哲学思想的影响。

凯恩斯(Keynes, John Maynard, 1883.6.5—1946.4.21)　英国经济学家、数学家。生于剑桥，卒于萨塞克斯郡费尔。1905年毕业于剑桥大学国王学院。1906年进入国家政府部门工作，不久被派往印度公司服务。业余从事概率论的研究。两年后回剑桥大学经济系任职，同时受聘于皇家委员会，协理有关印度方面的财经与流通问题。1913年出版重要著作《印度货币与金融》，其中包含对“黄金交换标准”的描述。1915年开始任职于英国财政部。1919年，作为英方的主要代表出席巴黎和会。是英国皇家学会会员及其他多个学术机构成员，曾任英国上议院议员。创立宏观经济学，开创了经济学的“凯恩斯革命”。影响最大的著作是《就业、利息与货币通论》(1936)。探讨了特殊商品的供需，各种生产原料的分配、收入的分配等问题，对20世纪20年代资本主义世界经济萧条的研究很有价值。主要数学贡献在概率论方面，著有《概率论》(完成于1911年，1921年出版)。该书采用了许多现代的数学符号，并试图为概率论建立一个坚实的数学基础。

斯豪滕(Schouten, Jan Arnoldus, 1883.8.28—1971.1.20)　荷兰数学家。生于新阿姆斯特尔，卒于埃珀。1901年进入代尔夫特技术学院学习电气工程，成为电气工程师后到西门子电器公司实习，1908年毕业。后任鹿特丹电力工程部检查员。1914年在母校获博士学位，同年因张量分析方面的创造性工作任该校数学教授，1938—1939年任校长。1948—1953年任阿姆斯特丹大学教授。是阿姆斯特丹数学研究中心的创始人之一，1950—1955年任中心主任。1933年当选荷兰皇家科学院院士。1954年当选阿姆斯特丹数学会理事。是张量分析的创始人，撰写有关论文180余篇和6本专著。内容涉及张量分析及其在微分几何学、李群、相对论、统一场论和微分方程中的应用等。发现了黎曼流形的流通性(1919)和凯勒流形的基本性质(1931)，指出环柄几何问题的要点所在，并对“里奇计算”做出奠基性的工作。张量分析和微分几何中的一些术语以他的名字命名。著有《里奇微积分：张量分析及其几何应用简介》(1924；第2版，1954)和《微分几何新方法介绍》(1935)等。培养和影响了包括斯特罗伊克在内的一批数学家。任

1954年在荷兰阿姆斯特丹举办的第12届国际数学家大会主席。

赫林格(Hellinger, Ernst, 1883.9.30—1950.3.28) 德国—美国数学家。生于德国斯特利高(今波兰斯切戈姆),卒于美国芝加哥。曾在海德堡大学、布雷斯劳大学、格丁根大学学习。1907年由希尔伯特指导获格丁根大学博士学位,并留校任助教。1909—1914年在马堡大学任教。后任法兰克福大学教授。1936年被大学开除,1939年移居美国,同年到伊利诺伊州埃文斯顿的西北大学任教。1944年入美国籍。1945年任教授。在泛函分析、数学史等方面均有所贡献。研究含无穷多个变量的二次型的正交不变量,引入了一类新的积分——赫林格积分,所建立的希尔伯特-赫林格二次型理论有较大影响。在希尔伯特自伴算子理论中,有赫林格-哈恩定理。编辑出版过希尔伯特、C. F. 克莱因的一些著作。同特普利茨合著的《积分方程与无穷多元方程》(1927)给出了正规双线性型等重要概念,曾多次印行。

莱维,E. E.(Levi, Eugenio Elia, 1883.10.18—1917.10.28) 意大利数学家。生于都灵,卒于科尔蒙斯。1900年入比萨高等师范学院学习,受业于比安基。1904年毕业留校成为迪尼的助手。1909年任热那亚大学无穷小分析教授。第一次世界大战中自愿服役,在卡波雷托战役中阵亡。主要贡献在复分析、微分几何、李群、偏微分方程和变分法等方面。引进了莱维分解来研究李代数。建立伪凸性的概念研究多复变量函数的定义域;在偏导数微分算子理论的研究中提出了参数法,该方法广泛应用于伪微分算子的研究。著有《具有实特征的二元线性方程组的柯西问题》(1908)、《两个及以上复变量解析函数的本性奇点的研究》(1910)和《关于二阶偏微分方程解的存在定理》(1911)等。1912年获意大利国家科学院金质奖章。

菲尼科夫(Фиников, Сергей Павлович, 1883.11.15—1964.2.27) 俄国—苏联数学家。生于俄国诺夫哥罗德,卒于莫斯科。是数学家叶戈洛夫的堂弟和学生。1901年进入莫斯科大学物理-数学系,1906年毕业留校工作,1910年获硕士学位,并任助教。因受卡索案(教育部长卡索[Л. А. Кассо,1865—1914]解雇莫斯科大学一批教授的案件)牵连1911年被解雇。1918年重返校园,同年任教授。1922年在数学力学研究所兼职。1935年获物理-数学博士学位。在É. 嘉当的思想方法影响下,在苏联开创了现代射影微分几何的研究,建立了苏联微分几何学派。1933年在莫斯科大学领导举办全苏微分几何研讨会。1953年当选莫斯科数学会名誉会员。在曲面变形理论和射影理论中得到了一系列基本结果。发表100多篇论文和多部著作。著有《曲面论》(1934)和《射影微分几何》(1937)等。

贝瓦尔德(Berwald, Ludwig, 1883.12.8—1942.4.20) 捷克—德国数学家。生于布拉格,卒于罗兹(今属波兰)。1900年举家迁往慕尼黑,1902年进入慕尼黑大学学习,1908年获博士学位。1922年任布拉格大学讲师,1924年任教授。1942年遭迫害去世。主要贡献在微分几何、射影几何、变分学、仿射平面、黎曼几何等方面,发表54篇论文。将黎曼曲率的概念扩展到芬斯勒空间(即具有芬斯勒测度的微分流形),建立了芬斯勒几何和喷雾几何(即路径空间的微分几何)的基本理论,和É. 嘉当的研究发展了二维芬斯勒空间的一般理论，对芬斯勒几何的发展起到推动作用。微分几何中一些重要概念以他的名字命名，如贝瓦尔德曲率、贝瓦尔德喷雾等。

卢津（Лузин，Николай Николаевич，1883.12.9—1950.2.28） 俄国—苏联数学家。生于伊尔库茨克，卒于莫斯科。1901年进入莫斯科大学物理-数学系学习，受教于叶戈洛夫。1905年和1910年两次出国留学，受到数学家阿达马、É. 波莱尔、勒贝格和兰道的影响。1916年在叶戈洛夫指导下获博士学位。1917年任莫斯科大学教授。1927年后主要在苏联科学院斯捷克洛夫数学研究所工作。1929年当选苏联科学院院士。是波兰科学院外籍院士，以及波兰、印度、比利时、法国和意大利的数学会的名誉会员。是莫斯科数学学派的创始人和代表人物。早期从事实变函数论的研究和教学，论文《积分与三角级数》(1915)对测度论的发展有重要影响。1916—1920年，与苏斯林、П. С. 亚历山德罗夫合作创建了描述性集合论。发现了射影集，并进行深入研究。提出关于L^2可积函数的傅里叶级数一定几乎处处收敛的猜测。在解析函数的边界性质、曲面的变形问题、解析集合论等问题上都有重要贡献。还为开辟经典分析和微分几何的应用范围作出贡献。培养了大批人才，数学家科尔莫戈罗夫、辛钦、П. С. 亚历山德罗夫和П. С. 诺维科夫等都是他的学生。著有《解析集合论讲义及其应用》(1930；中译本，科学出版社，1958)。对苏联高等学校教材的建设也作出重要贡献，编著了微积分学教材。对数学史感兴趣，在职业生涯后期，发表了关于牛顿和欧拉的重要文章。1928年当选波伦亚国际数学家大会副主席，并作1小时大会报告。1945年获授苏联政府劳动勋章。火星上有以其名字命名的陨石坑。

涅克拉索夫（Некрасов，Александр Иванович，1883.12.9—1957.5.21） 俄国—苏联数学家、力学家。生于莫斯科，卒于同地。1901年进入莫斯科大学物理-数学系学习，深受茹科夫斯基影响。1906年毕业后在莫斯科的中学任教。1911年获数学与天文学硕士学位。1912年后相继在莫斯科大学、茹科夫斯基中央空气流体动力学研究所和苏联科学院力学研究所工作。1918年成为教授。1946年当选苏联科学院院士。1906年以《论木星的卫星》一文获得金质奖章。1922年以在重液体表面的平稳波动的研究获茹科夫斯基奖。数学贡献主要在线性积微分方程和具对称核的非线性积分方程方面。将数学应用于流体力学和空气力学，发表了关于波浪理论、漩涡理论、喷射流理论和空气动力学等方面的重要论著，在许多理论和实际问题中广泛应用数学理论。著有《理论力学在矢量表示中的应用》(2卷，1932—1933)和《重液体表面稳定波的精确理论》(1951)等。

当儒瓦（Denjoy，Arnaud，1884.1.5—1974.1.21） 亦译当茹瓦。法国数学家。生于热尔省欧什，卒于巴黎。1902年进入巴黎高等师范学校，师从É. 波莱尔和皮卡。1909年由R. L. 贝尔指导获博士学位。1909—1914年于蒙彼利埃大学任教。1917年任荷兰乌得勒支大学教授。1922年到巴黎理学院执教，1931—1955年相继任巴黎理学院微积分、分析力学、高等几何、函数论和拓扑学等课程的讲座教授。1931—1933年任法国数学会主席。1942年当选法国科学院院士，1962年任科学院院长。1954年当选国际数学联盟副主席。是苏联、罗马尼亚等科学院名誉院士,以及莫斯科数学会等学术团体成员。主要贡献在实变函数论方面。解决了有关原函数的经典问题。1912年推广了黎曼积分和勒贝格积分,引进了一种以他的名字命名的当儒瓦积分。在复变函数论、拟解析函数论、拓扑学和连续统理论等方面也做了重要工作。在复变函数论方面,研究了无限阶超越整函数,建立了关于半纯函数的零点和极点的定理。在连续统理论中,给出一个不可分解的连续统的例子。建立的环面上的微分方程定性理论已由其后的数学家所发展。在描述集合论的拓扑问题中,得到一系列重要结果。建立了关于三角级数绝对收敛性的当儒瓦-卢津定理。多次(1908,1920,1928,1950)在国际数学家大会上作学术报告。1930年获庞斯列奖。1970年获罗蒙诺索夫奖章。获法国荣誉军团指挥官勋章。第19349号小行星(1997)以其名字命名。

斯莱博津斯基(Ślebodziński, Władysław, 1884.2.6—1972.1.3) 波兰数学家。生于皮兹尼卡,卒于弗罗茨瓦夫。1903年进入雅盖隆大学学习,1908年毕业留校任教。在佐拉夫斯基指导下获博士学位。1921年后在波兹南的高中任教,1930年代兼任波兹南大学和华沙大学客座讲师。第二次世界大战期间,因在地下大学秘密教学被监禁。在奥斯威辛等三个集中营中幸存下来。1945年兼任布雷斯劳大学和布雷斯劳理工大学教授,1951年后任弗罗茨瓦夫理工大学(原布雷斯劳理工大学)教授。1949—1960年任波兰科学院数学研究所研究员。是波兰科学院期刊《数学讨论会》创始人之一。1961—1963年任波兰数学会主席。主要贡献在现代微分几何方面,引进李-导数的概念,研究流形M上的张量场,向量场或函数沿着某个向量场的求导运算。领导了波兰微分几何和连续群理论的研究班。著有关于微分形式的专著《外部形式及其应用》(Ⅰ,1954;Ⅱ,1963)。获弗罗茨瓦夫理工大学(1965)、波兹南理工大学(1967)和弗罗茨瓦夫大学(1970)名誉博士学位。培养了10余位博士生。

热夫雷(Gevrey, Maurice-Joseph, 1884.3.13—1957.9.19) 法国数学家、力学家。生于福弗尼,卒于同地。1919年到勃艮第大学任教,1920年成为教授。主要研究椭圆型和抛物型偏微分方程,其中以他的名字命名了一些函数类、变换和跃度公式。多次获法国科学院的奖励。1970年,法国国家科学研究中心出版了《莫里斯·热夫雷作品集》。

弗兰克(Frank, Philipp, 1884.3.20—1966.7.21) 奥地利物理学家、数学家、哲学家。生于奥地利维也纳,卒于美国马萨诸塞州坎布里奇。早年在维也纳大学学习物理学,1907年在玻尔兹曼指导下获理论物理学博士学位。1910—1912年任维也纳大学讲师。1912年,由爱因斯坦推荐任布拉格德意志大学理论物理学教授,至1938年。1938年移居美国,在哈佛大学教授物理、数学和科学哲学课程。在变分学理论、傅里叶级数、函数空间理论、哈密顿几何光学、薛定谔波动力学和相对论等方面均有贡献。对科学哲学和教育理论也有独到见解。著有《力学和物理学中的微分和积分方程》(2卷,与米泽斯合著,1925)和《爱因斯坦:他的生平与时代》(1947)等。

伯克霍夫,G. D.(Birkhoff, George David, 1884.3.21—1944.11.12) 美国数

学家。生于密歇根州奥维塞尔，卒于马萨诸塞州坎布里奇。1902年进入芝加哥大学学习，一年后转到哈佛大学，1905年获学士学位，1906年获硕士学位。1907年在E. H. 穆尔指导下获芝加哥大学博士学位。执教于威斯康星大学（1907—1909）、普林斯顿大学（1909—1912）和哈佛大学（1912—1944）。是美国国家科学院、美国文理科学院、法国科学院和罗马科学院的院士或外籍院士，美国哲学学会、伦敦和爱丁堡数学会的成员。曾任美国数学会主席（1925—1926）、美国科学促进会主席（1936—1937）。是美国20世纪前期最重要的数学家。主要研究领域在数学分析和分析学在动力学中的应用、线性微分方程、差分方程和广义黎曼问题等方面。1913年，在论文《庞加莱几何定理的证明》中证明了庞加莱提出的关于三体问题的几何定理。把冯·诺伊曼提出的弱形式遍历定理推广到强形式的遍历定理。研究常微分方程的解以及与之相关的任意函数的展开；还运用矩阵方法对差分方程论做出有价值的研究。在引力理论、美学的数学理论等方面也都有创造性的工作。培养了许多博士生，如卡迈克尔、H. M. 莫尔斯、M. H. 斯通和惠特尼等。著有《相对论与现代物理学》（1923）、《动力系统》（1928）、《基础几何学》（1941）和《美学标准》（1933）等。1923年获首届博谢纪念奖。曾两次（1928，1936）在国际数学家大会上作1小时大会报告。1967年美国数学会和美国工业与应用数学学会设立了伯克霍夫奖。其子G. 伯克霍夫也是数学家。

恩斯库格（Enskog, David, 1884.4.22—1947.6.1） 瑞典物理学家、数学家。生于西艾姆特维克（Västra Ämtervik），卒于斯德哥尔摩。1903年进入乌普萨拉大学学习，1907年获学士学位后，留校从事气体扩散的实验性工作，后转向理论研究。1911年获博士学位。曾任高中数学和物理教师。1917年后与英国数学家查普曼合作研究气体动力学理论中的相关课题。1922年到德国格丁根大学留学，1923年又到慕尼黑大学学习。1930年在查普曼推荐下任瑞典皇家理工学院数学和力学教授。主要研究气体动力学理论，通过扩展麦克斯韦-玻尔兹曼方程发展了该理论。和查普曼的方法融合后称为查普曼-恩斯库格方法。还研究与气体分子运动理论有关的非线性微分积分方程。1941年当选瑞典皇家工程院院士，1946年获瑞典皇家科学院金质奖章。1947年当选瑞典皇家科学院院士。

吴在渊（1884.5.23[一说4.29]—1935.7.21） 中国数学家。生于江苏武进（今属常州市），卒于上海。自学成才。1904年任北京高等农业学校数学教员，后历任北京高等实业学校、清华学校等校讲师。1912年在上海参与大同大学的创建，并任数学系主任。毕生从事数学教育，早年主攻初等数学教育。在编纂教科书方面成就突出。与胡敦复合编《新中学算术》《新中学几何学》《高级几何学》等。在大同大学教学数十年，逐渐摸索出中国自己的教育途径。结合实际编写《微积分学纲要》《高等代数学》《高等几何学》等十几种教材，对中国高等数学教育起到促进作用。翻译了大量教学参考书，如《代数方程式论入门》（狄克森著）和《微积分学》（彼得森著）等。对数论颇有研究，是中国近代数论早期研究者之一。论文《整数之一性质》（1926）研究数环问题。所著《数论初步》（1931）是中国最早介绍数论的著作。还有其他著述多种。参加《算学名词汇编》(中国科学社)的审定。

基尼(Gini, Corrado, 1884.5.23—1965.3.13) 意大利统计学家、经济学家。生于莫塔-迪利文扎,卒于罗马。1905年毕业于波伦亚大学,1908年任该校统计学不支薪讲师,次年在卡利亚里大学法学院任统计学教职,1910年任统计学教授。1913年转任帕多瓦大学统计系教授。1925年任罗马大学经济政策与统计学教授,1927年起任该校统计系主任直至退休,1955年成为名誉教授。1926年创立意大利国家统计局并任统计研究所所长(1926—1932)。1941年任意大利统计协会主席直至去世。是意大利统计学派的创始人,发表了800多篇论文。创立和指导了多种科学期刊。是意大利和其他多个国家科学机构和学术团体的成员或主席。获各种荣誉和奖项,包括多所大学的名誉学位。在数理统计方面的主要贡献是在1912年提出和发展了以他的名字命名的基尼系数。研究了基尼弥散系数。著有《统计方法备忘录》(Ⅰ,1939;Ⅱ,1959)和《统计学中的逻辑》(1962)等。

赫利(Helly, Eduard, 1884.6.1—1943.11.21) 奥地利数学家。生于维也纳,卒于美国芝加哥。早年在维也纳大学学习,1907年在维廷格和默滕斯指导下获博士学位。1907—1908年到格丁根留学,师从希尔伯特、闵科夫斯基和龙格。回国后在中学任教,担任私人教师多年。第一次世界大战期间应征加入奥地利军队,受枪伤后被俄军俘虏,1920年回到奥地利。1921—1938年在维也纳大学任职。1938年移居美国,任新泽西州两所学院的教授。1941年后在伊利诺伊理工学院兼职。主要贡献在拓扑学和泛函分析方面。1912年证明了哈恩-巴拿赫定理的特殊情况,比哈恩的证明早15年,比巴拿赫早20年。证明了线性泛函的一致有界性原理——巴拿赫-斯坦因豪斯定理。建立的赫利选择原理和关于函数弱收敛性的赫利定理在泛函分析中有大量应用。1913年发现关于欧几里得空间凸体交集的定理(首次发表在1923年),该定理还应用于拓扑学及函数逼近问题。在拓扑向量空间中有闵科夫斯基-赫利方法。研究了黎曼-斯蒂尔杰斯积分,得到了在斯蒂尔杰斯积分符号下对积分函数取极限值的定理,称为赫利定理。著有《线性泛函运算》(1912)和《具有公共点的凸体集》(1923)等。

奇维斯特克(Chwistek, Leon, 1884.6.13—1944.8.20) 波兰数学家、逻辑学家、艺术家。生于奥地利克拉科夫(今属波兰),卒于俄国莫斯科附近的巴尔维卡。1903年后相继在克拉科夫大学、雅盖隆大学学习美术、哲学和数学等课程,1906年获博士学位。1907年获教师任职资格,后到中学任教。1908—1909年到格丁根大学进修,参加了庞加莱的讲座。1913—1914年到巴黎学习绘画。1919年成为波兰数学会的创始会员之一。1922年后相继在雅盖隆、利沃夫和第比利斯等地讲授数学、数理逻辑和数学分析,1938年成为教授。1943年到莫斯科参加在苏联的波兰爱国者联盟工作。主要数学贡献在数学论证和数理逻辑方面。试图通过证明现存的公理系统不一致来反对公理方法。在20世纪30年代研究并建立了科学哲学的一般体系,其工作译成英文发表在著作《科学的极限》(1948)中。在数理逻辑方面的工作进一步发展了A. N. 怀特海和罗素的思想体系,扩展了逻辑类型理论。是逻辑应用的先驱者之一，提倡使用武卡谢维奇的“波兰符号”。是前卫画家，在绘画艺术领域发展了现实多样性理论。

莱夫谢茨（Lefschetz，Solomon，1884.9.3—1972.10.5） 美国数学家。生于俄国莫斯科，卒于美国普林斯顿。在巴黎长大，1905年毕业于巴黎中央理工学校，同年移民美国。1911年获克拉克大学博士学位。相继任教于内布拉斯加大学、堪萨斯大学和普林斯顿大学，1924年任普林斯顿大学教授。1945年后任墨西哥国立大学数学研究所客座教授。1958年退休后领导巴尔的摩马丁公司高级研究所的数学团队，支持人造卫星的发射。1928—1958年任《数学年刊》主编。1925年当选美国国家科学院院士。1935—1936年任美国数学会主席。1961年成为英国皇家学会外籍会员。晚年获许多大学的名誉博士学位。主要贡献在代数几何学、多维代数流形、代数拓扑学和微分方程理论等方面。早期工作是在古典代数几何学中运用拓扑观念，弥补了意大利代数几何学的一些不严格之处。1923—1942年主要研究代数拓扑学。研究多面体的不动点理论，1926年证明了以他的名字命名的不动点定理，推广了布劳威尔的工作。写于1930年的《拓扑学》后修定为《代数拓扑学》(1942)，这是第一次出现“代数拓扑学”的名称。1942年后转向常微分方程和控制理论的研究。还著有《位置分析与代数几何》(1924)、《微分方程的几何理论》(1957；中译本，上海科学技术出版社，1965)和《非线性控制系统的稳定性》(1965)等。重要论文收集在《莱夫谢茨文选》(1971)中。1919年获法国科学院鲍廷奖。1924年获博谢纪念奖。1964年获美国国家科学奖章。1970年获斯蒂尔奖。

瓦利龙（Valiron，Georges，1884.9.7—1955.3.17） 法国数学家。生于里昂，卒于巴黎。1908年毕业于巴黎高等师范学校，后到中学任教。1914年在É. 波莱尔指导下获巴黎理学院博士学位。1915—1919年到法国炮兵部队服役。1919—1931年在斯特拉斯堡大学任教(1922年任教授)。1931—1941年在巴黎理学院讲授概率计算和数学物理等课程。1941—1955年任巴黎理学院微积分学讲座教授。1938年任法国数学会主席。主要贡献在解析函数论方面，在整函数、全纯函数、亚纯函数和陶伯定理等方面取得实质性进展。其中一些定理用他的名字命名。关于分析数学的论文分为《函数论》(1942)和《函数方程》(1945)出版，被翻译成多种语言。还著有《狄利克雷级数的一般理论》(1926)和《亚纯函数的正规与拟正规族》(1929)等。1932年在苏黎世国际数学家大会上作1小时大会报告。1948年获庞斯列奖。1954年获法国荣誉军团指挥官勋章。培养了多位博士生，如L. 施瓦尔茨和中国数学家庄圻泰等。

戈卢别夫（Голубев，Владимир Васильевич，1884.12.3—1954.12.4） 俄国—苏联数学家、力学家。生于莫斯科州谢尔吉耶夫，卒于莫斯科。1908年毕业于莫斯科大学，是叶戈洛夫的学生。1916年获纯粹数学硕士学位，同年赴萨拉托夫大学任教，1930年任教授。曾任萨拉托夫大学校长。1932年起在莫斯科大学力学和数学学院工作。1933—1935年、1944—1952年两次担任该学院院长。1932年至去世，还兼任茹科夫斯基空军工程学院航空力学系主任。1934年当选苏联科学院通讯院士。1935年由叶戈洛夫指导在莫斯科大学获物理-数学博士学位。主要研究解析函数论、微分方程的解析理论、边界层理论和空气力学。解析函数论中有“戈卢别夫-普里瓦洛夫定理。”得到了某些非线性微分方程的积分法。在边界层理论中,有以他的名字命名的积分变换。深入研究了微分方程的定性理论,讨论了刚体运动的微分方程和复数域中的微分方程。把数学方法广泛应用于空气力学,取得了重要成果。著有《微分方程解析理论讲义》(1941;中译本,高等教育出版社,1956)和《刚体绕不动点运动的方程的积分讲义》(1953)等。还撰写了一些有关科学史方面的著作。多次获苏联政府奖励。

霍斯廷斯基(Hostinský, Bohuslav, 1884.12.5—1951.4.12) 捷克数学家、理论物理学家。生于奥匈帝国布拉格新城,卒于捷克斯洛伐克布尔诺。高中毕业后在布拉格艺术学院学习数学和物理。1907年获哲学博士学位,后在高中任代课教师。1908—1909年到巴黎大学进修。1912年获布拉格大学高等数学任课资格,1920年任马萨里克大学理学院理论物理学教授兼系主任,直至去世。是捷克多个科学协会的成员,积极参加捷克数学家和物理学家联盟布尔诺分部的活动,1942—1945年任该分部主席。早年致力于微分几何研究,后专注于对理论物理有意义的数学问题。主要研究气体动力学理论、概率运算和震荡理论。对俄国数学家马尔可夫(老)工作的研究,引起数学界关注。发表约140篇论文,著有《曲线和曲面的微分几何》(1915)、《刚体力学》(1924)、《几何概率》(1926)和《线性无穷小运算》(与沃尔泰拉合著,1938)等。

萨斯(Szasz, Otto, 1884.12.11—1952.12.19) 匈牙利数学家。生于匈牙利阿尔萨斯,卒于美国俄亥俄州辛辛那提。早年在布达佩斯大学学习,其间到格丁根、慕尼黑和巴黎游学,参加了C. F. 克莱因、希尔伯特、闵科夫斯基和特普利茨等数学家的讲座。返校后于1911年在费耶指导下获博士学位。后任布达佩斯大学私人讲师。1914年任法兰克福大学私人讲师,1920年任教授。1933年移居美国。在马萨诸塞理工学院和布朗大学短期工作后,1936年任辛辛那提大学教授,直至去世。1939年获匈牙利数学和物理学会克尼格奖。主要贡献在幂级数和傅里叶级数、可和性理论、连续函数的逼近理论等方面。早年研究某些连分数的收敛问题,概括了佩龙的一些结果,并证明了佩龙的一个猜想。在1916年的论文《用幂的线性组合逼近连续函数》中给出了C. H. 伯恩斯坦在相关结果的一个更简单的证明,还证明了兰道关于幂级数部分和的最大模问题。研究了与F. 里斯工作相关的幂级数问题,给出了一个非常简单的证明。在傅里叶级数方面,发展了C. H. 伯恩斯坦、哈代和李特尔伍德等人的研究成果。其论文集于1955年出版。

普朗谢雷尔(Plancherel, Michael, 1885.1.16—1967.3.4) 瑞士数学家。生于弗赖堡州布西,卒于苏黎世。1903—1907年在弗里堡大学理学院学习。受教于莱尔希和荷兰数学家达尼亚尔(M. F. Daniels, 1860—1918),1907年获博士学位。在瑞士服完兵役后到格丁根大学和巴黎大学深造,在格丁根大学参加了C. F. 克莱因、希尔伯特和兰道的课程。在巴黎受教于皮卡和勒贝格等数学家。回国后1911—1920年历任弗里堡大学、弗里堡理工科大学教授。1918—1919 年任瑞士数学会主席。1920 年任苏黎世联邦理工学院讲座教授，至 1955 年退休。1931—1935 年任理工学院院长。主要贡献在分析数学、数学物理和代数学方面。通过研究各种正交函数系统，它们的可和性以及用傅里叶级数、傅里叶积分和更一般的积分变换来表示这类系统中的函数，将经典傅里叶理论的结果推广到更一般的希尔伯特空间。成果之一是得到调和分析中的普朗谢雷尔定理，把有关结果应用于双曲和抛物线型偏微分方程理论。通过 M. 里斯的方法对变分问题的解和遍历理论作出了贡献。在代数学中，得到了关于二次型的一些结果及其应用、无穷多变量方程组的可解性和交换代数理论的定理。研究群的酉表示，建立了普朗谢雷尔公式和普朗谢雷尔测度。在积分几何学方面，提出了关于极限球面的重要定理。两次（1924，1928）在国际数学家大会上作学术报告。1932 年任苏黎世国际数学家大会副主席。

洼田忠彦（Kubota，Tadahiko，1885.2.27—1952.10.31） 日本数学家。生于东京，卒于同地。1908 年毕业于东京大学。后到东京第一大学任教。1911—1915 年到仙台东北帝国大学任助教。1915 年任教授，直至 1946 年退休。1949—1952 年任文部省数理统计研究所所长。主要贡献在几何基础、解析几何、微分几何和近世几何等方面。特别对卵形线、对数螺线以及类似曲线的研究尤为深入。1925 年证明了柯西曲面公式的一般 n 维情况。发表论著 180 多种，著有《解析几何学》（1937）、《微分几何学》（1940）、《近世几何学》（1947）和《卵形线和卵形面的微分几何学》（1934）等。培养了包括苏步青在内的 20 多位博士。

托内利（Tonelli，Leonida，1885.4.19—1946.3.12） 意大利数学家。生于加利波利，卒于比萨。1902 年入波伦亚大学学习，师从平凯莱、恩里克斯和阿尔泽拉，1906 年由阿尔泽拉指导获博士学位。1913 年任职于卡利亚里大学，讲授代数分析。1914 年任帕尔马大学无穷小分析讲座教授。第一次世界大战期间短期服役，后在波伦亚大学、比萨大学和罗马大学任教授。是山猫学院院士和美国国家科学院外籍院士。获意大利国家科学院多项奖励。主要贡献在变分法方面，最早研究了变分法中的直接方法。在《变分法基础》（Ⅰ，1922；Ⅱ，1924）中，试图以积分的极小曲线存在性定理代替微分方程的存在性定理。引进了泛函的下半连续性的概念，研究了曲线的集合，给出了一些曲线的极限存在性定理，研究了通常的含参变量积分和非参变量积分。导出了变分法的标准形式问题的四个典型的必要条件，证明了在所考虑的曲线类中存在一条曲线使积分达到极大值，建立了有关绝对极值和相对极值的定理。在三角级数、一元和多元实变函数论、积分方程等方面也有贡献。1924 年在多伦多国际数学家大会上作学术报告，1928 年在波伦亚国际数学家大会上作 1 小时大会报告。

皮科内（Picone，Mauro，1885.5.2—1977.4.11） 意大利数学家。生于莱尔卡拉弗里迪，卒于罗马。1903 年进入比萨高等师范学院学习，师从迪尼和比安基。1907 年在比安基指导下获博士学位，毕业后留校任迪尼的助手。1913 年任都灵理工学院理论力学和无穷小分析课程的助教。1916 年应召入伍，其间应用数学建模和数值分析技术解决了重炮的射击问题，获多项奖励。1919年后相继在卡塔尼亚大学、卡利亚里大学和那不勒斯大学任教。1932年后任罗马大学数学分析教授，至1960年退休。1927年在那不勒斯创建了计算应用研究所，汇集数十位专家开展纯粹数学及应用数学研究，特别为高级计算思维的发展作出贡献，1975年研究所以他的名字命名。主要数学研究在常微分方程和偏微分方程等方面，涉及调和函数，傅里叶、拉普拉斯和勒让德级数以及变分的微积分等内容。最著名的成果之一是得到了带参数的二阶齐次线性常微分方程的皮科内恒等式，以及由此得到的斯图姆-皮科内比较定理。著有《高等分析笔记》(1940)、《泛函分析教程》(1946)和《数学分析讲义》(1954)等。获多所大学名誉博士学位；当选山猫学院、意大利国家科学院以及波兰、罗马尼亚等国许多协会和科学院的相应成员；获山猫学院、那不勒斯皇家学会、国家高级数学研究所和罗马大学科学学院等机构的各种奖励和奖章。

巴尔杜斯(Baldus, Richard, 1885.5.11—1945.1.28)　德国数学家。生于希腊塞萨洛尼基，卒于德国慕尼黑。1904年到慕尼黑大学和埃尔兰根大学求学，1910年在M.诺特指导下以关于直纹曲面的研究论文获博士学位。1911年取得教师资格，1919年任卡尔斯鲁厄大学几何教授，1923—1924年任该校校长。1932年到慕尼黑皇家高等技术学校教授几何学，1934年继任迪克的教授席位。1933年任德国数学会主席。是海德堡科学院(1929)和巴伐利亚科学院(1935)院士。主要研究几何学，特别是对非欧几里得几何、双曲平面几何和几何公理有深入研究。著有《数学中的形式主义和直觉主义》(1924)和《平面和空间直射变换的分类》(1928)等。1928年在波伦亚国际数学家大会上作学术报告。

李特尔伍德(Littlewood, John Edensor, 1885.6.9—1977.9.6)　英国数学家。生于罗切斯特，卒于剑桥。1907年毕业于剑桥大学三一学院，获数学一等荣誉学位。1908年当选三一学院研究员。1907—1910年在曼彻斯特大学任教。1910年返回剑桥，1928—1950年任劳斯·鲍尔纯粹数学讲座教授。1911年与哈代开始长期合作。共同建立了英国剑桥分析学派。1916年当选英国皇家学会会员，1929年获皇家奖章。1941—1943年任伦敦数学会主席，先后获德·摩根奖章和科普利奖章。1943年获西尔维斯特奖章。1957年当选法国科学院外籍院士。是瑞典、荷兰、丹麦皇家科学院的相应成员。获多所大学荣誉学位。早年曾试图解决黎曼关于整函数的假设，证明了阿贝尔型定理和幂级数的陶伯型定理。1911年后与哈代共同对解析数论进行了系统研究，给出了小于已知数的素数个数的渐近表达式的余项估计；使用圆法研究华林问题取得首次突破，并研究广义华林问题；改善了幂级数相乘的方法及其乘积的系数估计表达式，并广泛应用于各领域。他们对丢番图逼近理论、级数和积分的可和性、三角级数求和法等方面也进行了深入研究。合作发表了100多篇论文。还同美国数学家佩利合作，研究傅里叶级数和幂级数，建立了李特尔伍德-佩利理论，在现代调和分析中占有重要地位。著有《函数论讲义》(1944)和《不等式》(与哈代、波利亚合著，1934；修订版，1952；中译本，人民邮电出版社，1965)等。2卷本全集于1982年出版。

施佩泽(Speiser, Andreas, 1885.6.10—1970.10.12) 瑞士数学家。生于巴塞尔，卒于同地。1904 年入格丁根大学学习。受教于 C. F. 克莱因、希尔伯特和闵科夫斯基等数学家。1909 年在希尔伯特指导下获博士学位。后到伦敦和巴黎游学。1911 年后相继于法国斯特拉斯堡大学、瑞士苏黎世大学和巴塞尔大学任教。1924—1925 年任瑞士数学会主席。主要贡献在近世代数、数论和黎曼曲面理论方面。1927 年翻译出版了狄克森的《代数及其运算》的德文版，并在书中增加了关于理想理论的附录。所著《有限阶群理论——应用于代数数、方程和晶体学》(1923；第 2 版，1927；第 3 版，1937)是关于群论的经典著作，论述了伽罗瓦理论、初等数论及其应用等。在伽罗瓦理论中有希尔伯特-施佩泽定理。研究数学史，1937 年开始担任《欧拉全集》的主编，至 1965 年共编辑欧拉著作 35 卷。在 1947 年出版的《欧拉作品的分类》中列出了欧拉所有的作品，给出了它们的原始出版地点和它们在欧拉全集中的位置。编辑了兰伯特的著作集。

杰普曼(Депман, Иван Яковлевич, 1885.7.17—1970.3.26) 俄国—苏联数学教育家、数学史家。生于爱沙尼亚塔尔瓦斯图教区(今维尔扬迪)，卒于苏联列宁格勒(今俄罗斯圣彼得堡)。1912 年毕业于圣彼得堡大学。后到中学任教。1917—1925 年在维亚特卡师范学院工作，1922 年任教授。1925 年后到列宁格勒师范学院执教。主要从事数学史和数学方法论的研究，发表有关的论著和小册子 100 多种。包括数学教师手册和儿童科普读物，其中最受欢迎的是《数学史》(1950)和《数字世界》(1966)。一些通俗数学读物有中译本，如《数学故事》(1954；中译本，科学普及出版社，1957)和《数学归纳法》(中译本，人民教育出版社，1959)等。

特恩布尔(Turnbull, Herbert Western, 1885.8.31—1961.5.4) 英国数学家。生于伍尔弗汉普顿郊区的泰滕霍尔，卒于威斯特摩兰郡格拉斯米尔。早年在剑桥大学三一学院攻读数学，获硕士学位，1909 年获史密斯奖。后相继执教于剑桥大学圣凯瑟琳学院(1909)、利物浦大学(1910)、中国香港大学(1912)和中国香港圣斯蒂芬学院(1915)。1919—1926 年任牛津大学圣约翰学院研究员。1921 年任圣安德鲁斯大学雷吉乌斯讲座教授，至 1950 年退休。1932 年当选英国皇家学会会员。主要贡献在代数不变量和二次型方面，发展了克莱布什和哥尔丹的符号演算理论。著有《行列式、矩阵与不变量的理论》(1928)、《方程理论》(1929)等。研究数学史的一些课题，著有《牛顿的数学发现》(1945)和《伟大的数学家》(1929；第 2 版，1963)等，后者记述了从泰勒斯、毕达哥拉斯到作者所处时代的数学家的传略和历史。

布拉施克(Blaschke, Wilhelm Johann Eugen, 1885.9.13—1962.3.17) 奥地利数学家。生于奥地利格拉茨，卒于德国汉堡。早期接受父亲(中学几何教师)的数学训练，1908 年由维廷格指导获维也纳大学博士学位。后到意大利和德国受教于希尔伯特和 C. F. 克莱因等数学家。相继在布拉格、莱比锡和哥尼斯堡等地大学任教，1919 年后任汉堡大学教授。培养了大批博士生，包括陈省身和施佩纳等人。主要贡献在凸几何、仿射微分几何和积分几何等领域。将解析工具用于几何学，是微分几何学的创立者之一。著作《圆与球》

(1916;第3版,1956)是第一本专门论述凸集的著作。建立了关于凸体序列的一个紧性定理,称为布拉施克选择定理,并用其证明了一个严格的凸几何不等式——布拉施克不等式。还著有《微分几何讲义》(3卷,1921—1929)和《积分几何讲义》(1955)等。

哈尔(Haar, Alfréd, 1885.10.11—1933.3.16) 匈牙利数学家。生于布达佩斯,卒于塞格德。1903年赢得第一届全国数学竞赛奖后进入布达佩斯大学学习。1905年留学格丁根大学,1909年在希尔伯特指导下获博士学位,后在格丁根大学任私人讲师。1912年回国,任弗朗茨·约瑟夫大学教师,1917年升为教授,该校搬到塞格德后任塞格德大学教授。1920年与F. 里斯合作创办《数学科学学报》杂志;1922年,他们又创建波尔约数学研究所。1931年当选匈牙利科学院通讯院士。主要贡献在傅里叶分析、变分法、偏微分方程和群论等方面。把傅里叶级数的发散、求和、振荡等概念推广到其他正交系,并发现了某些正交系的奇异性质。1910年提出第一个小波规范正交基——哈尔系,是小波理论的思想萌芽。用变分法的直接法研究了求空间内以所给闭曲线为边界的极小曲面问题(普拉托问题);建立了正规一阶偏微分方程解的存在唯一性定理。最著名的工作是建立了群论的哈尔测度理论。在《连续群理论中的测度》(1933)一文中,证明了"每一个局部紧群都具有不变测度",该测度称为哈尔测度。该定理已成为近世代数学和拓扑学的基石,对拓扑群(连续群)理论的发展十分重要。培养了B. 瑟凯法尔维-纳吉等博士生。

布伦,V.(Brun, Viggo, 1885.10.13—1978.8.15) 挪威数学家。生于利耶尔,卒于德洛巴克。1903年进入奥斯陆大学学习。1910年后到格丁根和巴黎等地留学,参加兰道的讲座。1914年后在挪威部队服役。1923年任挪威皇家理工学院教授,1946年任奥斯陆大学教授。同年任挪威皇家科学和文学学会主席。主要贡献在数论方面。1915年,基于埃拉托塞尼筛法建立了一种新筛法,称为布伦筛法,推进了哥德巴赫猜想和孪生素数猜想的研究进展。用该法证明存在无限多的整数 n 和 $n+2$,它们至多有9个素数因子。证明孪生素数的倒数之和,即

$$\left(\frac{1}{3}+\frac{1}{5}\right)+\left(\frac{1}{5}+\frac{1}{7}\right)+\left(\frac{1}{11}+\frac{1}{13}\right)+\left(\frac{1}{17}+\frac{1}{19}\right)+\cdots$$

会收敛到一个有限的数值,称为布伦常数——2002年的近似值为1.902 160 583 104;1919—1920年开发了一个多维连分数算法,并将其应用于音乐理论中。得到布伦-蒂奇马什关于函数 $\pi(x, q, l)$——不超过 x 且与 q 同余 l 的素数的个数——的定理。著有《埃拉托塞尼筛法与哥德巴赫定理》(1920)等。在组合分析中,引进了排列数的更一般的定义。1962年出版了一部论述古代挪威计算技巧的著作。1958年获挪威文理科学院贡纳鲁斯奖章。还获多种奖励和荣誉,是挪威文理科学院院士,当选奥斯陆、特隆赫姆、乌普萨拉等科学学会和芬兰科学院等学术机构和团体的相应成员。1966年获汉堡大学名誉博士学位。

诺伦德(Nörlund, Niels Erick, 1885.10.26—1981.7.4) 丹麦数学家、天文学家。生于斯劳厄尔瑟,卒于哥本哈根。1903年进入哥本哈根大学学习,受教于几位数学

家和天文学家，特别被N.尼尔森的函数论和蒂勒的天体运行轨道及三体问题所吸引。读书期间任哥本哈根大学天文台助理和蒂勒的助手。1910年获天文学硕士学位和数学博士学位。1912—1922年任瑞典隆德大学教授。1916年任米塔-列夫勒创办的《数学学报》编辑。同年当选丹麦皇家科学院院士。1924年任哥本哈根大学教授，至1955年退休。主要贡献在实变函数论和差分方程理论等方面。在差分法中，建立了一种函数求和法，称为诺伦德求和法。著作《差分学讲义》(1924)是第一本从函数论角度发展差分微积分理论的书，收录了当时与线性差分方程解的解析和渐近性有关的最新研究成果。还著有《线性有限差分方程》(1929)等。1920年在斯特拉斯堡国际数学家大会上作1小时大会报告。因在数学和大地测量方面的贡献而获多项荣誉和奖励：当选包括瑞典、法国、意大利、英国在内的十几个国家科学机构的相应成员，以及获多所大学的荣誉学位。还有以其名字命名的山脉和地段。

卡卢察(Kaluza, Theodor Franz Eduard, 1885.11.9—1954.1.19)　德国数学物理学家。生于普鲁士威廉斯塔尔(1899年并入奥珀伦[今波兰奥波莱])，卒于格丁根。1903年进入哥尼斯堡大学学习，1909年在W. F. 迈耶指导下获博士学位。后留校任私人讲师。1929年，由爱因斯坦推荐任基尔大学教授。1935—1954年任格丁根大学教授。为了完成爱因斯坦的统一场论，在数学方面做了一些重要的工作。在4维黎曼流形的基础上，引入了5维流形的概念，用来解释电磁效应，以谋求重力和电磁现象的统一描述。其理论发表在1921年的论文《论物理学的统一问题》中。电磁场中带电微粒的运动也可被该5维空间的短程线方程所刻画。数学著作有《实用高等数学》(合著，1938)等。

外尔(Weyl, Claude Hugo Hermann, 1885.11.9—1955.12.8)　德国数学家。生于汉堡附近的埃尔姆斯霍恩，卒于瑞士苏黎世。1904年入慕尼黑大学学习数学和物理，1905—1906学年到格丁根大学学习。1908年在希尔伯特指导下获博士学位，后留校任私人讲师。1913年任瑞士苏黎世联邦理工学院教授。1930年回格丁根大学继承希尔伯特的教授席位。1933年任格丁根数学研究所所长，同年任美国普林斯顿高等研究院教授，1951年退休。是20世纪上半叶最重要的数学家之一。早期工作在分析学方面。其博士论文中把希尔伯特及其学生关于积分方程的工作推广到积分上限为无穷的情形。后又研究奇异特征值问题。在1913年发表的著作《黎曼曲面的概念》中第一次给黎曼曲面奠定了严格的拓扑基础。1915—1933年，在拓展黎曼几何的同时，研究与物理有关的数学问题，试图解决引力场与电磁场的统一理论，对以后发展起来的各种场论和广义微分几何学有深远影响。20世纪20年代初，从一般空间问题进而研究连续群的表示，1925—1927年关于李群的研究是他最出色的工作之一。把经典有限群的结果扩张到紧群上去，又通过“酉技巧”扩张到非紧的半单群上。引进的外尔群是数学中的重要工具。量子力学产生后，首先把群论应用到量子力学中。在关于数学基础问题的论战中，他赞同布劳威尔的直觉主义，反对非构造性的存在证明，反对G.康托尔的超穷数。主要著作还有《空间，时间，物质》(1918)、《连续统》(1918)、《群论与量子力学》(1928)和《典型群：它们的不变量和表示》(1939)等。1968 年，施普林格出版社出版了《外尔全集》(4 卷)。1927 年获罗巴切夫斯基奖。1928 年在波伦亚国际数学家大会上作 1 小时大会报告，1936 年在奥斯陆国际数学家大会上作学术报告。1923 年当选利奥波第那科学院院士。1936 年当选英国皇家学会外籍会员。1939 年成为伦敦数学会名誉会员。是美国国家科学院和美国文理科学院的外籍院士。获多所大学的名誉博士学位。月球上一个火山口和第 32267 号小行星(2000)均以其名字命名。

沃森(Watson, George Neville, 1886.1.31—1965.2.2)　英国数学家。生于德文郡，卒于沃里克郡利明顿酒店。1904 年进入剑桥大学三一学院学习，1907 年以数学一等荣誉学位毕业。1909 年获史密斯奖，1910—1914 年任研究员，后任伦敦大学讲师。1918—1951 年任伯明翰大学教授。1919 年当选英国皇家学会会员。1933—1935 年任伦敦数学会主席。主要贡献在数学分析、特殊函数论、差分微分方程、数论以及函数的渐近展开等方面。在数学分析中，特别研究了积分变换理论；在特殊函数论中，着重研究了超几何函数和贝塞尔函数，引进了以他的名字命名的变换等。发表约 150 篇论文和几部专著。他的《现代分析教程》(1915，与惠特克合著)是一本标准的分析学教科书，发展了分析的基本原理和方法，阐明了这些原理及方法的应用，给出许多特殊函数的性质。还著有《贝塞尔函数论教程》(1922)等。在伯明翰期间，对拉马努金的笔记进行详细研究，扩展了其中的结果，发表总标题为《拉马努金的定理》的数十篇论文。1946 年获西尔维斯特奖章。1947 年获德·摩根奖章。

胡敦复(1886.3.19—1978.12.1)　中国数学家、教育家。胡明复之兄。生于江苏无锡，卒于美国西雅图。早年就读于上海南洋公学、复旦公学。1907 年入美国康奈尔大学主修数学，两年后回国负责庚子赔款和游美学务处考选及遣送留学生的工作。由他经办的三批直接留美学生共 180 人，其中许多人后来成为中国现代科学事业发展的奠基人，如梅贻琦、竺可桢、姜立夫、胡适、赵元任、秉志、周仁等。1911 年任清华学堂第一任教务长。第二年离开清华到上海主持创办大同大学，并两次出任校长(1912—1928，1941—1945)。1925 年后又兼任北京女子大学校长等职。1930 年到上海交通大学任数学系主任。1935 年 7 月，中国数学会成立，胡敦复当选中国数学会董事会主席(至 1948 年)。同年 9 月，主持了《算学名词汇编》的审定工作。还为中国早期大、中学教材建设做了大量奠基性工作。

格罗斯(Gross, Wilhelm, 1886.3.24—1918.10.22)　奥地利数学家。生于莫尔恩，卒于维也纳。1905 年入维也纳大学学习，1910 年获博士学位及教师任职资格。后到格丁根大学进修，1912 年回到奥地利。1913 年任维也纳大学私人讲师，1918 年任副教授。因对变分法的研究获奥地利科学院利本奖。在微分方程、函数论、变分学、测度论、不变量理论，特别是解析函数的奇点理论，以及二重积分的等周问题等方面均有研究。在函数论中，以研究黎曼曲面上亚纯函数的奇点、建立格罗斯星定理而闻名。1918 年死于“西班牙流感”。

列什涅夫斯基(Leśniewski, Stanistaw, 1886.3.30—1939.5.13)　波兰数学家、哲

学家。生于俄国谢尔普霍夫，卒于波兰华沙。早年就读于慕尼黑大学和利沃夫大学，参加了普济纳和谢尔品斯基的讲座。1912年获利沃夫大学理学博士学位。后留校任教。1919年任华沙大学数学哲学教授。1919—1921年波苏战争期间，为波兰总参谋部密码局破解了苏俄密码。是波兰逻辑学派的创始人之一。与武卡谢维奇和塔斯基的研究小组使华沙大学在战乱期间成为世界上最重要的形式逻辑研究中心。1920年参加创建《数学基础》杂志。1927年发表关于数学基础的第一部重要著作《数学基础》。从此到1939年，发表了一系列论文，阐述了他的逻辑和数学理论。主要贡献是构建了三个嵌套式的逻辑系统，并为其赋予了源自希腊语的名称——原型、本体和分体，为逻辑和数学基础的经典方法提供了一种替代方法。其理论克服了罗素在集合论中的悖论。在华沙大学的教学对一代波兰逻辑学家和数学家产生了重要影响。其数学研究集中在集合论上，强调集合在局部和整体意义上的区别。

卡森(Carson, John Renshaw, 1886.6.28—1940.10.31)　美国数学家、工程师。生于宾夕法尼亚州匹兹堡，卒于该州纽霍普。早年进入普林斯顿大学学习，1907年毕业，获理学学士学位。1907—1908年就读于马萨诸塞理工学院，1909年回普林斯顿大学学习电气工程，1912年获理学硕士学位。1912—1914年在普林斯顿大学任电气工程师和物理学讲师。1914—1925年在美国电话电报公司工作，对交流电路理论，特别是滤波器系统和单边带电话的调制作出贡献。1925—1940年在贝尔电话实验室任数学顾问和电气工程师，其间最重要的成就之一是对导波的数学分析。数学研究在复变函数论(其中有以他的名字命名的卡森变换)和运算微积分等方面。和英国数学家布罗米奇同时(1916)提出并用数学方法表示运算微积分。建立的算子$Q(p)$的积分表达式，称为卡森积分。1924年获电气和电子工程师学会颁发的利布曼纪念奖。1937年获布鲁克林理工学院名誉博士学位。1939年获富兰克林研究所的埃利奥特·克雷斯森奖章。著有《电路理论和运算微积分》(1926)。

莱维，P. P.(Lévy, Paul Pierre, 1886.9.15—1971.12.15)　法国数学家。生于巴黎，卒于同地。早年在巴黎综合工科学校学习。大学期间发表第一篇论文(1905)。毕业后到军队服役一年。1907—1910年在高等矿业学院学习工程学，其间在巴黎理学院和法兰西学院参加了达布和皮卡的课程以及阿达马的讲座。1911年在阿达马指导下获巴黎大学博士学位。1913年后任矿业学院数学教授。1920年任巴黎综合工科学校教授。1942年失去教职。1944年回巴黎，继续在高等矿业学院任教。1951—1959年任综合工科学校教授。1950—1962年到美国访学。1963年成为伦敦数学会名誉会员。1964年当选法国科学院院士。同年获法国荣誉军团指挥官勋章。主要贡献在概率论和泛函分析方面。在概率论中，引入分布律的莱维距离、散布函数和集结函数、鞅、局部时等概念，已成为研究分布律收敛的重要工具。在概率论中，有莱维过程、莱维测度和莱维分布等。研究布朗运动的最大值函数与最小值函数以及它们与布朗运动的关系等。奠定了一般极限理论和随机过程论的基础。从事算子运算、函数论、拓扑学和力学等方面的研究。在著作《泛函分析教程》(1922)中最早引用“泛函分析”这个名称。还著有《随机变量的加法理论》(1937)和《随机过程与布朗运动》(1948)等。

福特(Ford, Lester Randolph, 1886.10.25—1967.11.11) 美国数学家。生于密苏里州贝茨市里奇希尔,卒于弗吉尼亚州夏洛茨维尔。1911年毕业于密苏里大学,获学士学位。1912年获硕士学位。后到哈佛大学深造。1914年赴英格兰,任爱丁堡数学会讲师。1917年回哈佛大学,在博谢指导下获博士学位。后相继在莱斯研究所、伊利诺伊理工学院任教。1947—1948年任美国数学协会主席。1942—1946年任《美国数学月刊》主编。主要研究自守函数理论和函数的有理逼近等方面的课题。著有《自守函数》(1929)和《微分方程》(1933)等书。美国数学协会于1964年设立福特奖,奖励发表在《美国数学月刊》或《数学杂志》上的高水平阐述性文章的作者。

勃兰特(Brandt, Heinrich, 1886.11.8—1954.10.9) 德国数学家。生于佛丁根,卒于哈雷。早年就学于格丁根大学,1910年到斯特拉斯堡大学深造,1912年在韦伯指导下获博士学位。1913年任卡尔斯鲁厄大学助教。不久到军队服役,因受重伤截肢而获二级铁十字勋章。1921年起在亚琛工业大学讲授几何学和应用数学。1930年后任哈雷大学数学讲座教授,至1950年退休。主要贡献在四元数理论、理想子环理论、群论和二项式理论等方面。在凯莱代数中,以勃兰特符号、勃兰特条件等著称。推广了群的概念,1926年提出一种称为勃兰特广群的抽象群,这种群在范畴论和同伦论中有许多应用。1932年当选利奥波第那科学院院士。1949年成为撒克逊科学院院士。

里斯,M.(Riesz, Marcel, 1886.11.16—1969.9.4) 匈牙利—瑞典数学家,生于奥地利杰尔(今属匈牙利),卒于瑞典隆德。F. 里斯之弟。1904年进入布达佩斯大学学习,在费耶指导下于1908年获博士学位。1911年应米塔-列夫勒邀请到瑞典,1911—1925年任斯德哥尔摩大学副教授。1926—1952年任隆德大学教授。退休后到美国访学,1962年回隆德。1936年当选瑞典皇家科学院院士。获哥本哈根大学和隆德大学名誉博士学位以及瑞典数学会名誉会员称号。数学研究涉及傅里叶级数、狄利克雷级数、解析函数、矩问题、调和分析和泛函分析、势论和波动方程等方面。以研究的深度和论著的清晰性与F. 里斯齐名。著有《狄利克雷级数的一般理论》(1915,与哈代合著)和《克里福德数与旋量》(1958年完成,1993年出版)等。1988年施普林格出版社出版了他的论文集。培养了克拉默尔和希勒等博士生。

比伯巴赫(Bieberbach, Ludwig, 1886.12.4—1982.9.1) 德国数学家。生于达姆施塔特附近的戈德劳,卒于上奥多夫。早年在海德堡大学和格丁根大学学习。1910年在C. F. 克莱因的指导下获博士学位。1913年在巴塞尔大学任教。1915—1920年在法兰克福大学任教。1921—1945年任柏林大学教授。主要贡献在函数论、微分方程和几何学等方面。深入研究单叶函数和多叶函数,特别是对单位圆内单叶解析函数进行了定量研究。1919—1920年,与芬兰数学家奈旺林纳共同建立了单位圆内单叶函数的系统理论。1916年,提出“单位圆内形如 $z+\sum_{n=2}^{\infty}a_nz^n$ 的单叶解析函

数,应有"$|a_n|\leqslant n$"的猜想,称为比伯巴赫猜想。该猜想于1984年被美国数学家德·布朗基证明。还研究保角映射的某些课题,证明了某些类型的n连通域保角映射到n叶圆盘的可能性等问题。在几何学方面,研究了几何作图可能的条件,证明了如用直角尺和圆规,则三等分角问题和倍立方体问题是作图可能的。著有《函数论教程》(第1卷,1930;第2卷,1931)和《几何作图理论》(1952)等。1932年在苏黎世国际数学家大会上作1小时大会报告。

斯坦因豪斯(Steinhaus, Hugo Dyonizy, 1887.1.14—1972.2.25) 波兰数学家。生于亚斯沃,卒于弗罗茨瓦夫。1905年进入利沃夫大学攻读数学和哲学。第二学年转到格丁根大学继续学习,受到以C. F. 克莱因与希尔伯特为首的数学家群体的影响。1911年在希尔伯特指导下以论文《狄利克雷原理的新应用》获博士学位。后到利沃夫大学工作,1920年任教授。1945年到弗罗茨瓦夫,为战后弗罗茨瓦夫大学数学系的建立和波兰数学的复兴作出重要贡献。如启动利沃夫咖啡馆记录数学问题的新《苏格兰书》,并贡献了10个问题。是波兰科学院院士和波兰数学会的成员。1960年代后任美国圣母大学和英国萨塞克斯大学的客座教授。与巴拿赫长期合作,共同创立了利沃夫数学学派和利沃夫数学会(后发展为波兰数学会),合作研究泛函分析,最著名的工作是建立了一致有界原理,通常称为斯坦因豪斯-巴拿赫定理。在级数论(幂级数、正交级数、傅里叶级数)、概率论、拓扑学和凸体理论等方面也有贡献。是概率论和博弈论的早期研究者之一,给出了第一个对抛掷硬币的公理化测度理论的描述,影响了科尔莫戈罗夫日后完全公理化的工作。发表170余种论著,著有《正交级数论》(合著,1935)等。还编著了大量通俗数学读物,如《数学是什么,不是什么》(1923)、《数学快照》(1937)和《初等数学一百题》(1964)等。其中有多种被译成不同文字。特别以《数学快照》一书而闻名。获华沙大学、弗罗茨瓦夫大学和波兹南大学名誉博士学位。

瑟凯法尔维-纳吉,G.(Szokefalvi-Nagy, Gyula, 1887.4.11—1953.10.14) 匈牙利数学家。生于罗马尼亚伊丽莎白施塔特,卒于匈牙利塞格德。B. 瑟凯法尔维-纳吉的父亲。早年在克卢日-纳波卡求学。师从费耶、施勒辛格等数学家,1909年获博士学位。1911—1912年到格丁根大学深造。1915年获教师资格。先后在克卢日大学和塞格德大学任教。1945—1953年任塞格德大学数学系主任。1934年当选匈牙利科学院通讯院士,1946年成为院士。是波尔约数学会荣誉主席。主要贡献在几何学、代数曲线论和拓扑学方面。特别研究了代数曲线的算术性质、多项式根的分布、有限曲线和曲面理论、球面上闭合曲线的拓扑研究以及几何构造理论等。在几何作图法的理论中也取得一些成果。在发展匈牙利教师培训方面取得很大成就。著有《代数曲线的算术性质》(1910)、《有限几何》(1941)和《几何结构理论》(1943)等。

玻尔(Bohr, Harald, 1887.4.22—1951.1.22) 丹麦数学家。生于哥本哈根,卒于同地。是物理学家N. 玻尔(N. Bohr, 1885—1962)之弟。1904年进入哥本哈根大学学习,又到格丁根大学、剑桥大学和牛津大学深造,与兰道、哈代、李特尔伍德等数学家来往甚密。1910年在兰道指导下获博士学位。1915年任哥本哈根技术学院教授。1930—1951 年任哥本哈根大学教授。主要贡献在狄利克雷级数及其应用方面。博士论文研究了切萨罗可和性在狄利克雷级数理论中的应用。后将算术、几何和函数理论相结合,继续研究狄利克雷级数,特别是函数值的分布理论。在殆周期函数理论方面的工作对后来的数学发展颇有影响。还与兰道合作,探讨了黎曼 ζ 函数理论,得出玻尔-兰道定理(1914)。1932 年在苏黎世国际数学家大会上作 1 小时大会报告。1952 年出版了他的《数学论文集》(3 卷)。还是一位出色的足球运动员,曾入选丹麦国家足球队。

埃文斯(Evans, Griffith Conrad, 1887.5.11—1973.12.8) 美国数学家。生于马萨诸塞州波士顿,卒于加利福尼亚州伯克利。1907 年毕业于哈佛大学,后留校深造。1908 年获硕士学位,1910 年在博谢指导下以对沃尔泰拉积分方程的研究论文获博士学位。后到意大利罗马大学做了两年博士后研究,成为沃尔泰拉的学生。1912 年任莱斯大学助理教授,1916 年任教授。1933 年当选美国国家科学院院士。1933—1949 年任伯克利加利福尼亚大学数学系主任。对该校数学系贡献很大。1955 年退休。1939—1940 年任美国数学会主席。主要贡献在数学理论在经济学中的应用、位势理论、积分方程和积分微分方程等方面。把柯西关于偏微分方程解的存在性定理推广到"静止类型"的积分微分方程,该方程的微分变量与积分变量是不相同的。在狄利克雷问题中,于 1933 年第一次证明了在三维的情形下非正则边界点的集合是容量为零的集合。1935 年,建立了三维空间中的集合的牛顿容量为零的充分必要条件。著有《经济学的数学导论》(1930)、《空间多值调和函数讲义》(1951)和《泛函及其应用》(1964)等。

斯科伦(Skolem, Albert Thoralf, 1887.5.23—1963.3.23) 挪威数学家。生于桑兹瓦尔,卒于奥斯陆。1905 年进入奥斯陆大学学习数学、物理和化学等课程。1915 年到格丁根大学学习数理逻辑、元数学和抽象代数等。1916 年任奥斯陆大学研究员,1918 年任数学讲师。同年当选挪威文理科学院院士。1926 年在图埃指导下(名义上的导师)获奥斯陆大学博士学位。1930—1938 年在卑尔根大学工作。1938 年返回奥斯陆大学任数学教授。发表论文约 180 篇,主要研究数学基础和集合论,也涉及代数学、数论、代数拓扑学、群论、格论等方面。是研究模型论的先驱,1915 年简化了勒文海姆定理的证明,得到了斯科伦-勒文海姆定理。1934 年率先构建了算术和集合论的非标准模型。还建立了一阶逻辑的完整性。其《丢番图方程》(1938)一书,对代数方程的基本理论和集合论的公理体系做了系统阐述。得到关于自然数不能刻画的"斯科伦定理"和有关单李代数自同构特性的"斯科伦-诺特定理"。1962 年获挪威文理科学院贡纳鲁斯奖章。曾任挪威数学会主席和《挪威数学杂志》编辑,是《斯堪的纳维亚数学》创始编辑。1970 年出版了他的《逻辑作品选集》,包含 50 多篇论文。多篇论文被译成英文。

斯米尔诺夫,B. И.(Смирнов, Владимир Иванович, 1887.6.10—1974.2.11) 俄国—苏联数学家。生于圣彼得堡,卒于同地(当时改称列宁格勒)。1910 年毕业于圣彼得堡大学。1912—1930 年在圣彼得堡交通道路工程学院任教,1915 年任教授。1929—1935 年在苏联科学院地震研究所工作。1936年获物理-数学博士学位。不久到列宁格勒大学任职，1937—1952年任该校数学研究所所长。第二次世界大战期间，运用数学和力学方法组织开展军事课题的研究。1943年当选苏联科学院院士。主要贡献在复变函数论、弹性理论和泛函分析等方面。与索伯列夫建立了解决具有平面边界的弹性介质中波动问题的新方法，引进了在具正测度的欧几里得空间中共轭函数的概念。在偏微分方程、变分法、应用数学和数学史等方面也有重要研究成果，特别开辟了地震理论研究的新方向。编撰5卷本《高等数学教程》(1924—1947)。在苏联重印了20多次。中译本由人民教育出版社出版，1952年以来陆续印刷近20次。长期领导物理-数学史委员会的工作，并领导由他创建的列宁格勒数学学派和列宁格勒大学力学研究所。许多学生，如索伯列夫、戈卢津、科钦娜等都成为数学家。曾获苏联政府的多项奖励。

郑之蕃(1887.6.12—1963.10.23) 中国数学家、数学教育家。号桐荪。生于江苏吴江(今属苏州市)，卒于北京。早年在上海先后就读于震旦公学和复旦公学。1907年考取江苏省留学美国官费生，入康奈尔大学数学系。1910年毕业获学士学位。后去哈佛大学深造一年。1911年回国从事教学工作，曾在福建马尾海军学校、上海南洋公学和北京农业专门学校任教。1920年后到北京清华学校工作。1926—1927年去英国剑桥大学访问。1927年任清华学校大学部算学系第一任系主任。1934—1935年任清华大学教务长。1937年后随校南迁，在长沙临时大学及西南联合大学任教。1946年回北平继续在清华大学任教。长期讲授基础课，如高等数学(解析几何与大代数)、近世几何、微积分和微分方程等。翻译出版了美国科恩(A. R. Cohen)的《微分方程初步》，美国舍伍德(G. F. E. Sherwood)和泰勒(A. E. Taylor)合编的《微积分》。20世纪50年代参加了《数学名词》的审定工作，与人合编《汉英辞典》和《英汉辞典》。对中国古代数学也有研究，早年曾发表《四元开方释要》和《墨经中的数理思想》等论文。1935年中国数学会成立，当选9位董事之一。

安德森，O. J. V.(Anderson, Oskar Johann Viktor, 1887.8.2—1960.2.12) 俄国—德国数学家。生于俄国明斯克，卒于德国慕尼黑。曾在俄国喀山大学学习数学，1907—1912年在圣彼得堡理工学院学习经济学，同时任统计学家丘普罗夫的助教。后在俄国圣彼得堡和基辅等地从事教学和研究工作。1918年任基辅大学教授。1920年离开俄国，先后到保加利亚瓦尔纳商学院(1924)和索菲亚大学经济统计研究所(1935)任职。1942年任基尔大学世界经济研究所东方研究室主任以及全职统计学教授。1947年后在慕尼黑大学任职，直到1956年退休。是英国、联邦德国、美国等国统计学协会、国际统计学研究所以及一些经济学研究机构的成员。长期研究统计学在经济学中的应用，在货币的数量理论、指数理论，经济学上的非参数方法、因果分析等方面都有贡献。还发展了时间序列分析的方差差分方法。

薛定谔(Schrödinger, Erwin, 1887.8.12—1961.1.4) 奥地利理论物理学家、数学家。生于维也纳，卒于同地。1906年进入维也纳大学学习物理和数学，1910年获博士学位。后在维也纳物理研究所工作。第一次世界大战期间在军队服役。后相继在耶拿大学、斯图加特大学、布雷斯劳大学和苏黎世大学任教。1921 年任教授。1927 年当选柏林科学院院士。1956 年返回奥地利，任维也纳大学理论物理研究所教授直至去世。主要贡献在数学物理、相对论和原子物理等方面。是量子力学的奠基人之一，提出了量子力学的基本方程，称为薛定谔方程，给出了各种特殊情况下的解法。发展的数学形式和引进的波动函数是研究量子力学及其应用的有力数学工具。提出称为“薛定谔的猫”的思想实验，试图证明量子力学在宏观条件下的不完备性。和 P. A. M. 狄拉克共获 1933 年诺贝尔物理学奖。1937 年获普朗克奖章。

尼科迪姆（Nikodym, Otton Martin, 1887.8.13—1974.5.4） 波兰—美国数学家。生于奥匈帝国加利西亚地区扎布罗托夫，卒于美国尤蒂卡。1911 年毕业于扬·卡齐米日大学(今利沃夫大学)。受教于谢尔品斯基和普济纳等数学家。1911—1924 年在克拉科夫的高中任教。1919 年成为波兰数学协会创始会员。1925 年获华沙大学博士学位。1926—1927 年到巴黎大学进修。后相继在雅盖隆大学、华沙大学和克拉科夫技术大学任教。1946 年到欧洲各国和美国讲学。1948 年移民美国。1948—1965 年在美国俄亥俄州甘比尔的肯扬学院执教。主要贡献在积分论、实变函数论和泛函分析等方面。测度论中有以他的名字命名的收敛定理、有界定理等；巴拿赫空间中有尼科迪姆性质、尼科迪姆集等。利用狄利克雷原理证明了椭圆型线性自伴偏微分方程边值问题解的存在性。研究微分方程的广义解和量子力学的数学基础等。发表 50 多篇论文，出版多部教科书和专著。代表作《量子理论的数学仪器》(1966)专注于研究基于布尔代数的希尔伯特空间的算子理论。十分关注数学教育问题，编撰了关于数学教学法的著作。

斯托伊洛夫（Stoilow, Simion, 1887.9.14—1961.4.4） 罗马尼亚数学家。生于布加勒斯特，卒于同地。1907 年就学于巴黎大学，1910 年获学士学位，1916 年在皮卡的指导下获巴黎理学院博士学位。先后在雅西大学(1919—1921)、切尔诺夫策大学(1921—1939)和布加勒斯特理工大学(1939—1941)任教。1923 年任教授。1941—1961 年任布加勒斯特大学教授，1944—1945 年任该校校长。1948—1951 年任该校数学与物理学院院长。1946—1948 年任罗马尼亚驻法大使，作为罗马尼亚代表团成员参加了 1946 年的巴黎和会。1945 年当选罗马尼亚科学院院士，1949 年任科学院数学研究所首任所长，直至去世。早期研究复数域中的偏微分方程理论，后从事实变函数和拓扑学的研究，给出零测度集的分类。1927 年开始研究解析函数的拓扑理论，成为罗马尼亚复分析学派的创始人。在《解析函数论的拓扑原理教程》(1938)一书中，给出了解析函数的拓扑性质。解决了解析函数论的第二个基本问题——确定黎曼面的覆盖面问题。发表 100 多篇论文和多部著作。主要著有《复变函数论》(第 1 卷，1954；第 2 卷，1958)。1928 年获法国荣誉军团勋章。多次在国际数学家大会上作学术报告。1957 年获授罗马尼亚人民共和国之星勋章。

赫克（Hecke, Erich, 1887.9.20—1947.2.13） 德国数学家。生于德国波森省布克(今属波兰)，卒于丹麦哥本哈根。1905—1910 年先后攻读于布雷斯劳、柏林和格丁根大学，在希尔伯特的指导下于1910年获博士学位。曾任希尔伯特和C. F. 克莱因的助手。1915年任瑞士巴塞尔大学教授。1919年任汉堡大学教授。主要贡献在解析数论方面。定义了代数数域上广义狄利克雷 L 函数(亦称赫克 L 函数),作出了数域上狄利克雷素数定律的模拟。进一步推广特征标的概念，引进量特征标，定义量特征标 L 函数并给出其无穷乘积表示的和函数方程。将二次数域应用于模函数的构造理论，在椭圆模函数的研究上取得进展。建立的赫克算子及其代数性质成为研究模形式的重要工具。研究了高阶的艾森斯坦级数，得出了阿贝尔积分的周期，系统考察了狄利克雷级数与黎曼型函数方程及某些自同构群上函数的联系，揭示了素数同解析函数新的关系，发现了用含偶数个变量的正定二次型表示自然数的方法。对后来代数数论的发展有重要影响。著有《代数数论讲义》(1923)。其论文收集在《数学文集》(1959)中。1936年在奥斯陆国际数学家大会上作1小时大会报告。

伊韦尔森(Iversen, Felix Christian Herbert, 1887.9.22—1973.7.31) 芬兰数学家、天文学家。生于德国吕贝克，卒于赫尔辛基。1904年进入赫尔辛基大学学习，1909年毕业。1911年后在赫尔辛基大学任助教、讲师和副教授，至1954年退休。曾多次前往德国学习，1914年在林德勒夫指导下获博士学位。1922年起专注于教学。编著了关于球面三角学和解析几何学方面的教科书。早年的数学贡献主要在复变函数论方面。研究了产生于解析函数在其本性奇点附近的值分布理论、解析函数的边界性质等课题，将亚纯函数反函数的奇异点进行分类，以关于亚纯函数奇异点的伊韦尔森定理而闻名。1915年构造的一个渐近值集是不可数的整函数的例子。是芬兰和平联盟创始人之一，并于1926—1968年任联盟主席。1951年任联合国协会世界联合会副主席。1954年获国际斯大林和平奖。

戈多(Godeaux, Lucien, 1887.10.11—1975.4.21) 比利时数学家。生于莫尔朗韦，卒于列日。早年在列日大学学习，被意大利代数几何学派，特别是恩里克斯的工作所吸引，1911年获博士学位。后到波伦亚大学、格丁根大学和巴黎大学深造。1920—1925年任军事学校教授。1925年后任列日大学副教授、教授，1958年退休。参与创建比利时数学会(1921)和比利时数学研究中心(1948)。1948—1966年任数学研究中心主任。发表和出版了1 000多篇论文(其中669篇在美国《数学评论》中载有评论)和多部教科书、专著。主要贡献在射影微分几何、代数几何和数学史方面。特别发展了代数曲面的对合理论，一种特殊代数曲面以他的名字命名。著有《射影几何教程》(1933)和《比利时数学史概览》(1943)等。曾获庞斯列奖。是比利时皇家科学院和列日皇家科学院成员。还是多个国家数学团体和研究机构的相应成员。获布鲁塞尔大学、第戎大学等大学的名誉博士学位。

波利亚(Pólya, George, 1887.12.13—1985.9.7) 匈牙利—美国数学家。生于匈牙利布达佩斯，卒于美国加利福尼亚州帕洛阿尔托。1905年入布达佩斯大学学习法律，后在维也纳、格丁根、巴黎等地攻读数学、物理和哲学。1912年在费耶指导下获哲学博士学位。后在格丁根大学

(1912—1913)和巴黎大学(1914)继续深造。受到C. F. 克莱因、希尔伯特、龙格、兰道、皮卡和阿达马等数学家很大影响。1914—1940年在苏黎世联邦理工学院任教。1940年入美国籍,1942年起任斯坦福大学教授。主要数学贡献在概率论、函数论、组合数学、数值分析和数论等方面。在概率论方面,在1921年发表的论文中首创“随机游动”这一术语,证明了定理:在一、二维格网中,只要次数足够大,任意游动的点必然返回它的起始点。在函数论方面,研究了在全平面内没有奇点的单值整函数,引进了“波利亚峰”“波利亚表示”等概念,证明了波利亚间隙定理,特别是对函数零点的研究推动了统计方法的进展。1937年在论文《关于群、图与化学化合物的组合计算方法》中推广了伯恩塞德引理,给出普遍适用的一般计数方法,其中主要定理称为“波利亚计数定理”。长期从事数学教育,对数学思维一般规律深有研究。发表200多种研究论文和专著,主要有《分析的原理与习题》(与赛格合作,1925)、《数学与猜想》(1954;中译本,科学出版社,1984)、《怎样解题》(1957;中译本,科学出版社,1982)和《数学的发现》(英译Mathematical Discovery,2卷,1962—1965;中译本,科学出版社,2006)等。是伦敦数学会和瑞士数学会名誉会员,以及匈牙利科学院、美国国家科学院、美国文理科学院和法国科学院的相应成员。美国工业与应用数学学会、美国数学协会和伦敦数学会先后设立了波利亚奖。多次(1936,1950)在国际数学家大会上作学术报告。

拉东(Radon, Johann, 1887.12.16—1956.5.25) 奥地利数学家。生于奥匈帝国波希米亚的杰钦(今属捷克),卒于维也纳。1905年入维也纳大学学习,1910年获博士学位。1911—1922年,先后在格丁根、布尔诺、汉堡等地大学,以及格赖夫斯瓦尔德大学和埃尔兰根大学工作。1928—1945年任布雷斯劳大学教授。1947年任维也纳大学教授,同年当选奥地利科学院院士。1954—1955年任维也纳大学校长。1948—1950年任奥地利数学会主席。在变分法、实变函数论、泛函分析、微分几何学、相对论的数学理论等方面都有所贡献。利用变分法研究微分几何以及对数位势的狄利克雷问题,发现了在数论中有重要应用的拉东曲线,还得到拉东变换,是医学中X射线断层扫描的理论基础。在实变函数论方面,引入了拉东测度、提出包含勒贝格积分和斯蒂尔杰斯积分的拉东积分,使积分概念得到进一步推广。发表了45篇有重要价值的研究论文。终生热爱古典文学。

拉马努金(Ramanujan, Srinivasa Aaiyangar, 1887.12.22—1920.4.26) 印度数学家。生于泰米尔纳德邦埃罗德,卒于贡伯戈讷姆。出身贫苦,自学成才。1912年在印度数学会杂志上发表论文《伯努利数的一些性质》。后给数学家哈代去信,陈述自己在数论方面的研究,并列举在其他方面得到的定理和猜想。1914年被哈代推荐并资助入剑桥大学三一学院深造。成为哈代和李特尔伍德的合作者。1918年当选剑桥大学三一学院研究员,成为该学院第一位当选的印度人。同年当选英国皇家学会外籍会员。发表了大量的研究论文,内容涉及素数分布理论、整数分拆、椭圆函数、超几何函数、发散级数等领域。例如,给出了整数n的分拆函数$P(n)$的估计式,并证明了$P(n)$的渐近公式。

还利用椭圆函数理论，证明了 $P(n)$ 的同余式的一些结果，并提出一个关于 τ 函数系数大小的猜想。对后来的数学家影响很大。研究工作主要凭直觉，往往缺乏严密证明，但结果大多正确，其原因一直未得到合理解释。2005 年，贡伯戈讷姆的一所研究院（简称 SASTRA）设立了拉马努金奖。哈代在 1940 年出版了《拉马努金：关于他的生活和工作 12 讲》，包含拉马努金已发表和未发表的研究摘要的笔记本，一直有人专门进行分析和研究。

库朗（Courant，Richard，1888.1.8—1972.1.27） 德国—美国数学家。生于德国卢布利尼茨（今属波兰），卒于美国纽约州新罗谢尔。早年在布雷斯劳大学学习，后到苏黎世大学和格丁根大学深造。1907 年到格丁根大学任希尔伯特的学术助手。1910 年在希尔伯特指导下获博士学位。曾在第一次世界大战中服役。1920 年任格丁根大学数学教授。1924 年后主持创建了格丁根数学研究所，1928—1933 年任该所所长。1934 年迁居美国，任纽约大学教授。在纽约大学领导了应用数学小组（于 1947 年发展为数学和力学研究所，1958 年被命名为库朗数学科学研究所）。是格丁根学派的成员，在数学分析、函数论、数学物理、变分法等领域都作出重要贡献。深入研究并发展了狄利克雷原理，并将其应用于保角映射和椭圆型偏微分方程的边值问题。把解边值问题转化为求二次泛函的极值函数来研究。在应用数学方面，领导应用数学小组研究水下声学和爆炸理论，纠正了喷气式飞机喷嘴的错误设计。著有《狄利克雷原理，保角映射和最小曲面》（1950）、《数学物理方法》（与希尔伯特合著；第 1 卷，1953；第 2 卷，1962）和《微积分学教程》（2 卷；中译本定名为《柯氏微积分学》，中华书局，上卷，1949；下卷，1952）。与罗宾斯合著的《什么是数学》（What is Mathematics?，1941；中译本《数学是什么》，湖南教育出版社，1985；中译本，复旦大学出版社，2012）被誉为具有专著性质的高级科普读物，多次再版。

莫德尔（Mordell，Louis Joel，1888.1.28—1972.3.12） 英国数学家。生于美国费城，卒于英国剑桥。1906 年入剑桥大学圣约翰学院学习。1913—1920 年在伦敦大学伯克贝克学院任教。1920—1922 年任曼彻斯特技术学院讲师，1922—1945 年于曼彻斯特大学任教，1923 年任教授。1945—1953 年任剑桥大学萨德勒纯粹数学教授。主要贡献在数论方面，1917 年证明了拉马努金关于 τ 函数的猜想。对不定方程的有理解进行了深入研究，给出了关于代数簇的有理点的重要结果（莫德尔-韦伊定理）。1922 年发表论文证明了庞加莱关于代数曲线亏格的一个猜想（与阿贝尔群有关），推进了丢番图几何的研究。在这篇论文中，提出了莫德尔猜想：“在有理数域 Q 上定义的代数曲线 C 的有理点，当 C 的亏格大于 1 时，只有有限个。”该猜想于 1983 年由德国数学家法尔廷斯证明，从而将费马大定理的研究大大推进了一步。1924 年当选英国皇家学会会员，是奥斯陆科学院、乌普萨拉科学院和波伦亚科学院的外籍院士。1936 年在奥斯陆国际数学家大会上作 1 小时大会报告。1941 年获德·摩根奖章，1943—1945 年任伦敦数学会主席。1949 年获西尔维斯特奖章。获授多所大学的名誉教授和名誉博士称号。著有《丢番图方程》（1969）等。

查普曼（Chapman，Sydney，1888.1.29—

1970.6.16) 英国数学家、地球物理学家。生于英国曼彻斯特附近埃克尔斯，卒于美国科罗拉多州博尔德。1904 年进入曼彻斯特大学，获工程学学位后又到剑桥大学三一学院学习数学，1910 年获数学一等荣誉学位。后任皇家格林尼治天文台助理。1913 年获史密斯奖。1914—1919 年任三一学院数学讲师。1919—1924 年任曼彻斯特大学应用数学讲座教授。1924 年任为伦敦帝国理工学院教授。1946 年任牛津大学塞德利自然哲学讲座教授，兼任女王学院研究员。数学成就主要在随机过程，特别是马尔可夫过程方面。与科尔莫戈罗夫彼此独立地建立了相关的方程组，称为查普曼-科尔莫戈罗夫方程组。1919 年当选英国皇家学会会员。1929—1931 年任伦敦数学会主席。1934 年获皇家奖章。1944 年获德·摩根奖章。1966 年获科普利奖章。是美国、挪威、瑞典和芬兰等国家科学院的相应成员。主要数学著作有《非均匀气体的数学理论》(合著，1939)。月球上有以其名字命名的陨石坑。

特雷夫茨(Trefftz, Erich Immanuel, 1888.2.21—1937.1.21) 德国数学家、力学家。生于莱比锡。卒于德累斯顿。早年在亚琛、格丁根和斯特拉斯堡等地学习，曾受教于希尔伯特和普朗特等数学家。1913 年在米泽斯指导下获斯特拉斯堡大学博士学位。第一次世界大战期间志愿参战，受伤后于 1917 年到亚琛空气动力研究所工作。1919 年任亚琛技术大学数学教授。1922 年开始任德累斯顿技术大学教授兼机械系主任。主要贡献在空气动力学、流体动力学和弹性理论方面。在数学中，研究了变分法中直接求微分方程解的问题，发明了一种求偏微分方程线性齐次边值问题的近似数值解的方法，称为“特雷夫茨方法”。1929 年，获斯图加特大学名誉博士学位。1933 年开始任《应用数学和力学杂志》编辑。

贝里克(Berwick, William Edward Hodgson, 1888.3.1—1944.5.13) 英国数学家。生于英国布拉德福德附近的德利山(Dudley Hill)，卒于班戈。1906 年完成早期教育，获奖学金到剑桥大学卡莱尔学院继续学习，1910 年获数学荣誉学位，1911 年获史密斯奖。后相继在布里斯托尔大学、卡莱尔学院和班戈大学工作。1926 年任班戈大学数学系主任，直至退休。1925—1929 年任伦敦数学会理事会成员。主要研究数论和代数方程理论。尤其擅长数字计算。对已知有理数域的一个单代数扩张，建立计算它的代数整数及所形成的理想数的方法，并研究了代数整数中的环。得到了一般 5 次方程的根能用系数表示的充分必要条件。1927 年出版了《积分基础》一书，使用大量数值计算来代替实际证明。去世后，其遗孀捐资设立了伦敦数学会贝里克奖。

桑索内(Sansone, Giovanni, 1888.5.24—1979.10.13) 意大利数学家。生于西西里海岸恩佩多克莱港(Porto Empedocle)，卒于佛罗伦萨。1906 年进入比萨高等师范学校学习数学，师从比安基和迪尼。1910 年获学位。第一次世界大战期间投身意大利军队，在工程兵团任预备役军官。1924 年后在佛罗伦萨大学任教，1927 年任代数和无穷小分析教授，直至退休。从 1938 年到去世，任《纯粹数学与应用数学年刊》杂志编辑。1947 年当选宗座科学院院士。1953—1958 年任意大利数学联盟主席。发表 180 多种论著，内容涉及群论、数学分析、特殊函数、正交级数论和微分方程论等方面。代表作有《数学分析教程》(1929)、《实数域的微分方程》(2 卷,1948—1949)和《非线性微分方程的定性理论》(合著,1963)等。

菲赫金戈尔茨(Фихтенгольц, Григорий Михайлович, 1888.6.5—1959.6.26) 俄国—苏联数学家。生于俄国敖德萨(今属乌克兰),卒于苏联列宁格勒(今俄罗斯圣彼得堡)。1911 年毕业于敖德萨新罗西斯克大学。后在圣彼得堡帝国理工学院工作,1918 年到圣彼得堡大学(1924 年后称列宁格勒大学)工作。20 世纪 20 年代早期,同时在苏联第二教育学院任教,1929 年成为教授。1935 年在沙图诺夫斯基指导下获物理-数学博士学位。主要贡献在实变函数论、泛函分析和数学方法论等方面。1917 年后成为苏维埃联邦人民教育委员会成员。是苏联数学奥林匹克的发起者之一。编著了一系列高等学校的教科书。其中《微积分学教程》(1947)最负盛名,多次再版,被译成多国文字。其中译本 3 卷 8 分册,从 1955 年以来人民教育出版社多次印刷,为中国各高等院校广泛采用。还著有《数学分析原理》(中译本 2 卷 4 分册,人民教育出版社,1960)、《工程数学》(1933)等。培养坎托罗维奇、索伯列夫和Д. К. 法捷耶夫等学生。

哈默斯坦(Hammerstein, Adolf, 1888.6.7—1941.2.25) 德国数学家。生于曼海姆,卒于基尔。1908 年相继在海德堡和格丁根学习。1914 年,在兰道的指导下完成关于数论研究的博士论文。1914—1919 年在帝国军队服役。1919 年获格丁根大学博士学位。后到杜宾根和柏林继续深造。1924—1935 年相继任柏林大学科学助理、不支薪讲师和副教授。1935—1941 年任基尔大学教授。主要贡献在泛函分析、积分方程论和变分法方面。研究了算子理论,引进了以他名字命名的算子,建立了哈默斯坦泛函等。在积分方程论中,于 1930 年建立形如

$$y(x)=f(x)+\int_B K(x,s)\cdot\phi(y(s))\mathrm{d}s$$

的非线性积分方程,称为哈默斯坦方程。

雅尼谢夫斯基(Janiszewski, Zygmunt, 1888.6.12—1920.1.3) 波兰数学家。生于华沙,卒于波兰利沃夫(今属乌克兰)。曾在苏黎世、慕尼黑、格丁根、巴黎等地大学学习,受教于数学家伯克哈特、希尔伯特和闵科夫斯基等。1911 年在勒贝格指导下获巴黎理学院博士学位。1913 年执教于利沃夫大学,1918 年任华沙大学数学教授。是华沙数学学派及其刊物《数学基础》的创始人之一,在集合论、拓扑学、解析函数论等方面都有较大贡献。1912 年在剑桥国际数学家大会上发表论文《两点之间的不可约连续体》,概述了一条无弧段的曲线(即没有直线段的同胚映像)的性质;1913 年发表关于曲面拓扑的开创性论文《论连续切平面》。拓扑学上的三个定理以他的名字命名,这些定理揭示出弧、平面及一般连续统的拓扑特性。数学家库拉托夫斯基是他培养的博士生。

弗里德曼, A. A.(Фридман, Александр Александрович, 1888.6.16—1925.9.16) 俄国—苏联数学家、物理学家。生于俄国圣彼得堡,卒于同地(当时称列宁格勒)。1910 年毕业于圣彼得堡大学。1913 年获纯粹数学和应用数学硕士学位。1916—1917 年在飞行员军事学校任教官。第一次世界大战期间,加入俄国北方战线担任

导航员。1918—1920年任彼尔姆大学教授。1920年后在圣彼得堡物理气象中心站工作,并在大学兼课。中学时代所发表的数论文章曾得到希尔伯特的赞许。在大学一年级时又以数论的研究论文获金质奖章。1916—1917年发表了关于大气涡流的研究结果。在1922年和1924年的两篇关于宇宙学的论文中指出:宇宙的几何特征在大范围内随时间而变化,进一步建立了动态宇宙模型——弗里德曼宇宙。在流体力学、动力气象学和理论物理学等领域都有建树。主要著有《压缩流体力学实验》(1934)和《空间和时间的世界》(第2版,1965)等。

杰克逊(Jackson, Dunham, 1888.6.24—1946.11.6) 美国数学家。生于布里奇沃特,卒于明尼阿波利斯。1904年就读于哈佛大学,受数学家博谢影响完成第一篇关于连续函数用多项式近似表示的论文。1908年获学士学位,1909年获硕士学位。1909—1911年获奖学金到德国格丁根大学留学,在兰道指导下于1911年获博士学位。同年回国任哈佛大学讲师,1916年任副教授。1919年起任明尼苏达大学教授,直至去世。战争期间被派往华盛顿特区军械部工作,利用数值积分方法计算火炮的射程并编制射程表。曾任美国数学会副主席(1921)、主席(1924—1925)。主要贡献在函数逼近论方面。建立内插三角多项式一致收敛的定理和有关近似值的定理,建立一个刻画近似程度的不等式,称为杰克逊不等式。1935年获肖韦内特奖,同年当选美国国家科学院院士。著有《逼近论》(1930)和《傅里叶级数和正交多项式》(1941)。

达尔穆瓦(Darmois, Georges, 1888.6.24—1960.1.5) 法国数学家、统计学家。生于埃普利,卒于巴黎。1906年进入巴黎高等师范学校学习,受教于É.波莱尔、达布和古尔萨等数学家。1914—1918年到法国炮兵部队服役,研究弹道学和火炮问题。退役后任南锡大学讲师。1921年获数理科学博士学位,1921—1933年任南锡大学教授。1933年后任巴黎大学教授,同时在庞加莱研究所工作。第二次世界大战期间在法国军队服役。1945年任巴黎大学统计研究所所长。1954年后任国际统计学会主席。1955年当选法国科学院院士。主要贡献在统计学、概率计算、相对论和万有引力方面。著有《爱因斯坦引力方程》(1927)、《数理统计学》(1928)、《统计和应用》(1934)和《概率论与数理统计教程》(1945)等。

特雷法尔(Threlfall, William Richard Maximilian Hugo, 1888.6.25—1949.4.4) 德国数学家。生于德累斯顿,卒于上沃尔法赫。1907年进入耶拿大学学习,1910年以化学学位毕业。后前往格丁根学习数学。1915年在德国军队服役。1916年居住在德累斯顿附近庄园里从事数学研究。1921—1922年在莱比锡大学深造,1926年获博士学位。后相继在德累斯顿技术学院、哈雷-维滕贝格大学和法兰克福大学任私人讲师。与学生赛费特成为挚友及合作者。主要贡献在拓扑学和变分法方面。与赛费特合著《拓扑学》(1934;中译本,商务印书馆,1949)、《大范围变分法》(1938;中译本,上海科学技术出版社,1963)和《莫尔斯理论》(1938)等。

达塔(Datta, Bibhutibhusan, 1888.6.28—1958.10.6) 印度数学史家。生于吉大港卡农戈亚帕拉村(Kanungoyapara)(今

属孟加拉国)，卒于拉贾斯坦邦普斯卡拉(Puskara)。1907年进入加尔各答大学学习，1914年获数学硕士学位，1920年获应用数学博士学位。后在加尔各答大学任教，1924—1929年任数学教授。1933年离开大学，1938年化名为斯瓦米·维迪亚兰亚成为苦行僧。主要研究印度的数学史、哲学和宗教。发表关于阿拉伯数字的起源、印度-阿拉伯数字的诠释、π的计算和印度使用零的早期文献等方面的论文。发表70多篇研究论文，成为研究印度数学史的权威。著作《印度数学史，原始资料》(2卷，合著，1935—1938)中包括记数符号、算术和代数的历史等，是研究印度数学史的标准参考书。还著有《绳索科学，印度早期几何学研究》(1932)等。

韦钦金(Ветчинкин, Владимир Петрович, 1888.6.29—1950.3.6) 俄国—苏联学者，数学家。生于俄国库特诺(今属波兰)，卒于莫斯科。1915年毕业于莫斯科高等技术学校，是茹科夫斯基的学生。毕业后留校任教。1918年任茹科夫斯基中央空气流体力学研究所第一批助理。1923年任莫斯科航空工程学院教授。1927年获工程技术科学博士学位。1944年任该校理论力学系主任。1947年成为炮兵科学研究院院士。在空气动力学、飞机制造、风动力学等方面作出重要贡献。在数学领域，主要研究微分方程数值积分法和近似计算等问题。还参加了出版茹科夫斯基著作的工作。

卡尔松(Carlson, Fritz David, 1888.7.23—1952.11.28) 瑞典数学家。生于维默比，卒于斯德哥尔摩。1907年进入乌普萨拉大学学习，1914年由威曼指导获博士学位，之后留校任讲师。1920—1929年任皇家理工学院画法几何学教授。1927年后任斯德哥尔摩大学教授(最初兼职)。1930年开始任《数学学报》(瑞典)编辑。1949—1952年任米塔-列夫勒数学研究所所长。主要贡献在解析函数论和数学物理等方面。在解析函数论中，对狄利克雷级数和黎曼函数理论进行了深入研究。特别研究了狄利克雷级数的奇点和系数之间的关系，得出卡尔松定理。1921年，和兰道共同指出了关于狄利克雷级数的自然边界的重要结果。函数论中有以他的名字命名的波利亚-卡尔松定理以及卡尔松不等式等。是瑞典皇家科学院院士。

雷伊·帕斯托(Rey Pastor, Julio, 1888.8.14—1962.2.21) 西班牙数学家、数学史家。生于西班牙洛格罗尼奥，卒于阿根廷布宜诺斯艾利斯。1904—1909年在萨拉戈萨大学学习。后到马德里大学继续学习，1910年获博士学位。1911年任奥维耶多大学数学分析教授，1914年任马德里大学教授。1911—1913年到柏林大学和格丁根大学访学，在C. F. 克莱因指导下研读《埃尔兰根纲领》，参加了施瓦兹关于最小曲面的讲座。回国后即在奥维耶多大学开设相关课程和讲座。1915年到马德里数学研究所工作。1917年后，同时还在阿根廷的布宜诺斯艾利斯任教。1927年任布宜诺斯艾利斯大学数学分析和高等几何讲座教授。对阿根廷数学水平的提高起到很大推动作用。1941年获授阿根廷政府国家科学奖。数学研究主要在n维空间的综合几何学、保角映射理论和级数求和法等方面。对数学史和哲学也颇有贡献。著有《高等射影几何基础》(1916)、《16世纪西班牙数学家》(1926)和《数学史》(1951)等。还编写了大量教材，内容涉及高等数学、数学分析、代数几何、函数理论和基础数学方法等方面。

亚历山大(Alexander, James Waddell, 1888.9.19—1971.9.23) 美国数学家。生于新泽西州锡布赖特,卒于普林斯顿。1910年毕业于普林斯顿大学,1911年获硕士学位,1915年获博士学位。后留校任讲师。1917—1918年在阿伯丁试验场的美国陆军部门任职。第一次世界大战后回普林斯顿大学,1926年任教授。1930年当选美国国家科学院院士。1933—1951年任普林斯顿高等研究院教授。主要贡献在拓扑学方面。发展了同调论,推广了庞加莱的对偶定理。证明了多面体的对偶定理,该原理为苏联数学家庞特里亚金等进一步发展。得到了曲面连续映射中的不动点和贝蒂数的不变性等结果,证明了两个三维流形可以有相同的贝蒂数、挠系数和基本群,但却不是同胚的。1935年建立了上同调理论,后被推广为现代的形式。关于纽结理论、三维空间一般拓扑、代数几何和函数论等方面的研究结果也很重要。发现的亚历山大多项式在纽结理论中被广泛应用。1928年获博谢纪念奖。1932年在苏黎世国际数学家大会上作1小时大会报告。

马祖尔凯维奇(Mazurkiewicz, Stefan, 1888.9.25—1945.6.19) 波兰数学家。生于俄属华沙(今属波兰),卒于华沙近郊的格罗济斯克。1907年后相继在克拉科夫、利沃夫、慕尼黑和格丁根等地求学。1913年由谢尔品斯基指导获利沃夫大学博士学位。1915年任华沙大学数学教授,曾兼任巴黎大学教授。1937年任华沙大学副校长。当选波兰科学院院士和华沙科学院院士。1933—1935年任波兰数学会主席。延续了在利沃夫建立的咖啡馆数学讨论的传统。是波兰数学学派及其代表刊物《数学基础》的创始人之一,在分析学、点集拓扑学和概率论等方面作出奠基性贡献。将拓扑学应用于解析函数论、集论、曲面和曲线理论,得到诸如欧几里得平面的拓扑结构等结果。在概率论中阐述并证明了大数定律(1922),还建立了随机变量的一般可分空间。其《概率论基础》于1956年出版。对波兰数学教育的发展也作出突出贡献。与雅尼谢夫斯基一起举办华沙拓扑学讨论班,培养了许多数学人才。学生包括库拉托夫斯基、克纳斯特和齐格蒙德等人。1919—1921年,为波兰总参谋部的密码机构破解了苏俄密码。20世纪30年代初期,带领一批助手成功地破译了大部分恩尼格玛(ENIGMA)密码。

伯奈斯(Bernays, Paul Isaak, 1888.10.17—1977.9.18) 瑞士数学家、逻辑学家。生于英国伦敦,卒于瑞士苏黎世。早年在柏林大学和格丁根大学学习数学和物理。1912年在兰道指导下获格丁根大学博士学位。1912—1917年任苏黎世大学私人讲师。1917年到格丁根大学协助希尔伯特工作,1922年任特聘教授。1933年后举家搬到瑞士。1934—1959年任苏黎世联邦高等工业学校教授。曾两次(1935—1936,1959—1960)访问美国,任宾夕法尼亚大学和普林斯顿高等研究院客座教授。是希尔伯特的助手及合作者,主要贡献在数学基础和数理逻辑方面。因力图建立并发展一种统一的数学理论而闻名。与希尔伯特合著的《数学基础》(2卷,初版,1934—1939;再版,1968—1970)是希尔伯特计划的代表作。1956年修订了希尔伯特多次再版的《几何基础》(1899)一书。钻研集合论,试图发现一套公理,以期在此基础上展开统一的数学体系。将多年的研究论文编辑成《公理集合论》(1958),书中整理和简化了冯·诺伊曼关于逻辑和集合论的工作,这些工作后又被哥德尔所发展,该理论称为冯·诺伊曼-伯奈斯-哥德尔集合论。培养了包括根岑和麦克莱恩在内的博士生。是比利时皇家科学院和挪威文理科学院的通讯院士。1976年获慕尼黑大学名誉博士学位。

雅内(Janet, Maurice, 1888.10.24—1983.11.12) 法国数学家。生于格勒诺布尔,卒于巴黎。1907年进入巴黎高等师范学校学习,师从数学家柯尼希斯。1912年访问格丁根大学,回国后先后任南锡大学和卡昂大学教授。1953—1960年任巴黎理学院分析力学和天体力学讲座教授。1948年任法国数学会主席。数学研究涉及许多领域,特别在偏微分方程和微分几何方面有较大贡献。1926年建立微分几何中关于黎曼空间保角嵌入欧几里得空间的雅内定理。偏微分方程理论中有以他的名字命名的雅内基、雅内序列和雅内算法等。曾多次获法国科学院奖励。著有《偏微分方程组讲义》(1929)、《高等分析教程》(1937)和《分析力学和天体力学》(1954—1959)等。多次(1924,1932,1936)在国际数学家大会上作学术报告。

格劳斯坦(Graustein, William Caspar, 1888.11.15—1941.1.22) 美国数学家。生于马萨诸塞州坎布里奇,卒于同地。1910年毕业于哈佛大学,1911年获硕士学位。后到德国波恩大学进修,1913年在施图迪指导下获博士学位。1914年在莱斯大学莱斯研究所任助理教授。后和埃文斯在那里建立数学中心。第一次世界大战期间,在阿伯丁试验场弹道研究中心任陆军中尉。1919年任哈佛大学数学教授,直至去世。1932—1937年任数学系主任。1924年当选美国文理科学院院士。1936—1941年任《美国数学会汇刊》编辑。主要贡献在微分几何方面。发表关于经典微分几何中的不变方法、平行性和等距性、黎曼空间的几何学,以及调和极小曲面等方面的论文。著有《高等几何学导引》(1930)和《微分几何》(1935)等。去世后,其兄弟于1945年出资设立格劳斯坦纪念基金,旨在支持教育平等。

格拉戈列夫(Глаголев, Нил Александрович, 1888.11.21—1945.7.2) 俄国—苏联数学家。生于莫斯科,卒于同地。1912年毕业于莫斯科大学。1916年开始任莫斯科大学物理-数学系讲师。1930年到柏林和格丁根进行学术交流,受教于希尔伯特和兰道等数学家。1931—1945年任莫斯科大学教授。1935年获物理-数学博士学位。1938年后在莫斯科城市教育学院兼职。主要贡献在微分几何、射影几何、图算法和数理统计等方面。领导了苏联第一期图算法科研讲习班并主持全苏图算管理局的工作。研究成果在技术领域,特别是在海军和炮兵部队的军事科学中得到广泛而重要的应用。在图算理论中,应用射影方法第一次采用单行线性级数理论得到新的图算类型。对几何公理问题进行了某些研究,撰写了苏联第一部《图算法理论基础》(1934)。编著了画法几何、射影几何和初等几何方面的教科书,编制数学用表和高等数学习题集等。

安托万(Antoine, Louis Auguste, 1888.11.23—1971.2.8) 法国数学家。生于南锡附近小镇米尔库(Mirecourt),卒于雷恩。1908年考入巴黎高等师范学校学习。

1912年毕业后任圣西尔第戎中学数学老师。第一次世界大战期间投身部队,在战斗中多次受伤至双目失明。获授多种勋章,包括1916年的法国荣誉军团骑士勋章。后在勒贝格和朱利亚等人的帮助下从事数学研究,发明了数学符号的盲文版本。1919年开始在斯特拉斯堡大学攻读博士学位,1921年获博士学位。1922年任雷恩科学学院助理讲师,1925年任教授,直至1957年退休。1961年当选法国科学院院士。主要贡献在拓扑学方面。在一般拓扑中,研究流形上的一种特殊空间——野生空间,或称病态空间。在博士论文《论两个图形及其邻域的同构》中给出安托万项链,即康托尔集在三维欧几里得空间中的拓扑嵌入(其补集不是单连通的)。编写的教科书《微积分:积分》(1948)和《微积分:微分》(1949)以清晰、简洁、严谨而广受欢迎,第2版于1955年出版。

丹尼尔(Daniell, Percy John, 1889.1.9—1946.5.25) 英国数学家、理论物理学家。生于智利瓦尔帕莱索,卒于英格兰谢菲尔德。1907年就读于剑桥大学三一学院,1909年获数学一等荣誉学位。后任利物浦大学讲师。1912—1913年到格丁根大学师从玻恩和希尔伯特。1914年到美国莱斯研究所任职,1920年任教授。1922年获剑桥大学博士学位(缺席)。1923年回国,任谢菲尔德大学教授。1927—1932年任伦敦数学会理事会成员,1929—1931年任学会副主席。主要研究抽象积分。在1918—1928年发表的一系列论文中,把关于勒贝格测度的积分推广为函数空间中的线性泛函,引进了绝对积分的一般概念,亦称丹尼尔积分或丹尼尔-斯通积分。独立于科尔莫戈罗夫得到随机过程理论中丹尼尔-科尔莫戈罗夫扩展定理的结果。对统计数学也有一定贡献。对顺序统计量线性函数的一类估计首次进行数学分析,推导出用于估计尺度和位置参数的最佳加权函数,以及对修正平均数的数学处理。在战时和战后供应部门的统计研究中发挥了重要作用。1920年在斯特拉斯堡国际数学家大会上作学术报告。

邦皮亚尼(Bompiani, Enrico, 1889.2.12—1975.9.22) 意大利数学家。生于罗马,卒于同地。早年进入罗马大学学习,1910年获博士学位,后任其导师G. 卡斯泰尔诺沃的助手。1910—1911年被征召服役。1913—1915年在帕维亚大学任教。1915年开始在罗马大学讲授解析几何学,1922年任米兰理工大学教授。1923—1926年任波伦亚大学的教授。1926年回罗马大学,任画法几何学教授,1939—1959年任数学研究所所长。长期任《数学及其应用通讯》(1940—1959)杂志编辑。1935年成为山猫学院院士。两次(1912,1928)在国际数学家大会作学术报告。在国内和国际上获许多奖项。是许多国家科学院的外籍院士和学术团体的成员。1951—1954年任国际数学联盟的秘书。1949—1952年任意大利数学联盟主席。主要贡献在常微分方程和微分几何方面,系统研究射影微分几何学,推动了该学科的发展。出版射影几何、画法几何、解析几何以及非欧几里得几何等方面的多部教材和著作。

维特根斯坦(Wittgenstein, Ludwig Josef Johann, 1889.4.26—1951.4.29) 奥地利哲学家、数学家。生于奥匈帝国维也纳,卒于英国剑桥。1906年后在柏林和曼彻斯特学习机械工程和航空工程。1911年在弗雷格影响下对数学和逻辑产生兴趣。同年进入剑桥大学三一学院，成为罗素的学生和好友。1914—1918 年自愿参加奥地利军队服役。后任教于维也纳、挪威、爱尔兰等地，其间曾任乡村教师多年。1929 年回剑桥大学，在罗素和 F. P. 拉姆齐指导下获博士学位。后留校讲授哲学，1939 年任教授，1947 年辞职。是分析哲学及其语言学派的主要代表人物。在数学方面，主要研究数理逻辑、数学基础和集合论中的课题。发展了 A. N. 怀特海和罗素的逻辑思想。著有《逻辑哲学论》(1922；被译为多国文字[中译本，商务印书馆，1962，1996 等])和《哲学研究》(遗著，1953)分别代表贯穿其一生的哲学研究的两个互为对比的阶段。还著有《关于数学基础的评论》(1956)和《哲学语法》(1969)等。

加托(Gateaux，René Eugène，1889.5.5—1914.10.3)　法国数学家。生于马恩省维特里-勒弗朗索瓦，卒于朗斯附近的鲁夫罗伊。1907 年进入巴黎高等师范学校学习。1910—1912 年服兵役。1912 年在巴勒杜克高中任教。其间在阿达马和沃尔泰拉工作的基础上研究泛函分析及其在位势理论中的应用。1913 年到罗马，在沃尔泰拉指导下从事研究。1914 年再次从军，在一次军事行动中阵亡。主要贡献在函数论，特别是泛函分析、变分法和最佳控制理论方面。阿达马和沃尔泰拉在其遗作中发现其工作的重要性，特别是他对无穷维空间中实函数积分的深入研究。在泛函分析中有以他的名字命名的微分、导数、泛函和梯度等概念。P. P. 莱维在 1922 年的著作《泛函分析教程》中对其研究进行了扩展。N. 维纳以他提出的概念建立了“维纳测度”。1915 年法国科学院追授他科学院奖，1916 年又追授法兰克奖。他的有关研究论文于 1919 年发表。

吉罗(Giraud，G. J. A.，1889.7.22—1943.3.16)　法国数学家。生于圣艾蒂安，卒地不详。在克莱蒙费朗工作。布尔巴基学派成员。主要贡献在近世代数方面。在范畴论中提出以他的名字命名的吉罗类型定理。曾多次获法国科学院奖励。

汉布格尔，H. L.(Hamburger，Hans Ludwig，1889.8.5—1956.8.14)　德国数学家。生于柏林，卒于科隆。1907 年开始，先后就读于柏林大学、格丁根大学和慕尼黑大学，受教于肖特基、I. 舒尔、希尔伯特和 C. F. 克莱因等数学家。1914 年由普林斯海姆指导获慕尼黑大学博士学位。1915—1916 年在德国军队服役。1919 年开始任柏林大学私人讲师，1922 年任教授。1924—1935 年任科隆大学教授。1939 年离开德国。1941—1947 年在英国南安普敦大学任教。1947—1953 年任土耳其安卡拉大学教授。1954 年任美国康奈尔大学客座教授。主要贡献在偏微分方程论、微分几何、希尔伯特空间中的线性变换、黎曼 ζ 函数和积分概念的发展等方面。研究力矩问题，提出了有关汉布格尔方法。1921—1922 年，指出黎曼 ζ 函数具有的若干重要性质。著有《关于线性齐次微分方程的积分》(1914)、《关于斯蒂尔杰斯矩问题的扩展》(1919)和《卡拉西奥多里猜想的证明》(1940—1941)等。

拉兹马泽(Размадзе，Андрей Михайлович，1889.8.11—1929.10.2)　俄国—苏联数学家。生于俄国萨姆特雷迪亚，卒于苏联第比利斯。1910 年毕业于莫斯科大学。1910—1916 年在姆岑斯克、穆罗姆和波多尔斯克等地任数学教师。1917 年获莫斯科大学硕士学位，并任副教授。1917 年底回格鲁吉亚,参加第比利斯大学的组建工作,1918年任该校教授。1925年在巴黎大学获物理-数学博士学位。主要研究变分学中各种课题。博士论文《关于变分计算中的不连续解》阐述了这一领域的首批研究结果。在他生命的最后几年里,得到变分学中有关周期解和孤立极值问题的结果。这些结果发表在1934年。其研究延续了魏尔斯特拉斯和希尔伯特的工作。写了第一批格鲁吉亚语数学分析教程《分析引论》(1920)和《不定积分理论》(1922)等。去世后,格鲁吉亚科学院数学研究所以他的名字命名。

鲁杰维奇(Ruziewicz, Stanisław Leon, 1889.8.29—1941.7.12) 波兰数学家。生于奥匈帝国加利西亚的波德斯塔杰(Podstaje),卒于波兰利沃夫(今属乌克兰)。1908年进入利沃夫扬·卡齐米日大学学习,1913年在谢尔品斯基指导下获博士学位。后留校工作,1920年任副教授,1924年任教授。1934—1941年任利沃夫外贸学院教授、校长。是波兰利沃夫数学学派的创始人之一。主要贡献在实变函数论与集合论方面。在测度理论中,他提出鲁杰维奇问题(有时也称巴拿赫-鲁杰维奇问题),即n维球面上通常的勒贝格测度是否具有有限可加性和旋转不变性？并且这些性质在所有勒贝格可测集上是否成立？20世纪80年代,马尔古利斯、沙利文和德林菲尔德先后给出某些情形的肯定回答。发表数十种论著。曾在波兰《数学基础》杂志的首卷(1920)上发表文章。

斯杰潘诺夫(Степанов, Вячеслав Васильевич, 1889.9.4—1950.7.22) 俄国—苏联数学家。生于俄国斯摩棱斯克,卒于莫斯科。1912年毕业于莫斯科大学,后到德国深造,参加了希尔伯特和兰道的讲座。1915年开始在莫斯科大学任教,1928年任教授。1929—1938年任国家天体物理研究所地球物理系主任。1939年任莫斯科大学数学力学研究所所长,直至去世。1934年在叶戈洛夫指导下获物理-数学博士学位。1944年任莫斯科数学会副主席。1946年当选苏联科学院通讯院士。主要贡献在微分方程理论、函数论、三角级数和数论等方面。是苏联微分方程定性理论学派的创始人之一。其专著《微分方程定性理论》(与涅梅茨基合著,1947)对常微分方程理论进行了系统阐述,对该理论的发展起到了推动作用。把微分方程理论应用于力学,如研究三体、四体和n体问题等。在实变函数论方面,对后来称为斯杰潘诺夫函数的一类重要函数的性质进行深入研究。培养了很多学生(如涅梅茨基和盖尔丰德等)。其著作《微分方程教程》(1936)多次重印,2006年印至第9版。其中译本由高等教育出版社于1955年出版。

杰弗里,R. L.(Jeffery, Ralph Lent, 1889.10.3—1975) 加拿大数学家。生于新斯科舍省奥弗顿,卒于该省沃尔夫维尔。先后就读于雅茅斯学院和新斯科舍师范学院,1915年毕业。1916年后相继在阿卡迪亚大学、萨斯喀彻温大学和女王大学等校任教。1928年获康奈尔大学博士学位。1937年当选加拿大皇家学会会员。1957—1961年任加拿大数学会主席。主要贡献在实变函数论方面。为积分概念的发展作出贡献,所给出的积分定义,影响仅次于勒贝格-斯蒂尔杰斯积分。1926年在《美国数学月刊》上发表论文《不存在二重积分的二元函数》,给出二元连续实变量有界函数不可积的例子。著有《实变函数论》(1952)、《微积分学》(1955)和《三角级数综述》(1956)等。

布利冈(Bouligand, Georges Louis, 1889.10.13—1979.4.12) 法国数学家,生于洛里昂,卒于巴黎。1912年毕业于巴黎高等师范学校。1914年由皮卡指导获巴黎理学院科学博士学位。后到图尔和雷恩等地中学任教。1921—1938年任普瓦捷理工学院教授,1938年任巴黎大学教授,1948年任几何学讲座教授,至1961年退休。1937年当选法国科学院院士。数学研究涉及分析学、微分几何、理性力学、相对论、分形理论、拓扑学和数学物理等领域。特别对位势函数边界奇点和两个特殊锥面上的微分几何有深入研究。在分形几何中有以他的名字命名的布利冈维数,亦称闵科夫斯基-布利冈维数。著有《理论力学教材(供科学院学生使用)》(1925)、《无穷小几何导论》(1932)和《现代维度定义》(1939)等。

希尔,L. S.(Hill, Lester Sanders, 1890.1.18—1961.1.9) 美国数学家。生于纽约市,卒于同地。早年就读于哥伦比亚大学。1913年获硕士学位。在蒙塔纳大学和普林斯顿大学短期工作后于1916年加入海军预备役。1921—1922年任缅因大学数学副教授。1922年任耶鲁大学讲师,1926年获博士学位。1927—1960年在纽约城市大学亨特学院数学系任教。1945—1946年在法国比亚里茨的美国陆军大学兼职。以研究密码学和密码分析的数学方法著称。1929年发明一种基于线性代数的多字代换密码,称为希尔密码。是第一个可以同时对三个以上符号进行操作的实用密码。第二次世界大战期间,首先将矩阵理论和线性变换方法应用于密码的制作,取得了重要成果。这些成果对于模块化代数编码系统的发展可能很有价值,但一直未发表,作为机密保存在美国国家密码博物馆。

费希尔(Fisher, Ronald Aylmer, 1890.2.17— 1962.7.29) 英国数学家、统计学家、生物学家。生于伦敦,卒于澳大利亚阿德莱德。1909年入剑桥大学凯斯学院攻读数学和理论物理,并对孟德尔遗传学和生物统计产生兴趣。1913—1919年在伦敦金融城任统计员,并在多所院校讲授数学。1919—1933年任罗萨姆斯特德实验站统计员,业余时间进行动物育种试验。1929年当选英国皇家学会会员。1933—1943年任伦敦大学学院高尔顿优生学讲座教授。1943—1957年任剑桥大学贝尔福遗传学讲座教授。1956年后任凯斯学院院长。1959年退休后到澳大利亚定居。是古典统计分析的创始人之一,使统计学成为一门有坚实理论基础并获得广泛应用的学科。主要数学贡献在数理统计学方面,对估计理论、假设检验、实验设计和方差分析等领域都有重要贡献。在著作《理论统计的数学基础》(1922)中,对统计的多元分析、相关系数、样本分布及其在生物遗传方面的应用进行了系统论述。该书是现代统计学的奠基作之一。利用统计方法研究生物学,作出许多重要贡献。发表近300篇论文收集在《费希尔论文集》中。还著有《研究人员用统计方法》(1925)、《自然选择的遗传理论》(1930)、《实验设计法》(1935)和《统计方法与科学推断》(1956)等。多次获英国和其他国家的荣誉:两次(1924,1928)在国际数学家大会上作学术报告;1938年获皇家勋章;1946年获皇家统计学会盖伊金质奖章;1952年获授爵士称号;1955年获科普利奖章;1958年获伦敦林奈学会达尔文-华莱士奖章等。第21451号小行星(1998)命名为“费希尔星”。

德劳内(Делоне, Борис Николаевич, 1890.3.15—1980.7.17) 俄国—苏联数学家。生于俄国圣彼得堡,卒于莫斯科。1913年毕业于基辅大学。先后在基辅大学、基辅综合技术学院、列宁格勒大学和莫斯科大学工作。1932年后在苏联科学院斯捷克洛夫数学研究所工作。1929年当选苏联科学院通讯院士。主要贡献在代数、几何和数论及其交叉学科。建立了具有负判别式的二元三次方程的理论,证明了借助于“递增算法”可以求出这类方程的整数解。在数的几何中,研究出一系列重要的结果。例如,解决了根据点之间的距离定义二维格子的问题,得到“空球法”。其研究在数学晶体学中不但有理论意义也有实用价值。还研究高斯和罗巴切夫斯基的非欧几里得几何理论、数学机器原理和本国数学史,取得一定成果。著有2卷本《解析几何学》(合著,1948—1949;中译本,高等教育出版社,第1卷,1953;第2卷,1957)和《数学机器简明教程》(中译本,高等教育出版社,1953)等。1977年获罗巴切夫斯基奖。

高须鹤三郎(Takasu, Tsurusaburô, 1890.5.29—1972) 日本数学家。生于山口县,卒地不详。1916年毕业于京都大学。1934年起任东北大学教授。1952年后任横滨市立大学教授。是国际数学家协会会员。主要研究微分几何和函数论。著有《高等立体几何》和《解析几何概要》等。

姜立夫(1890.7.4—1978.2.3) 中国数学家、数学教育家。原名姜将佐。生于浙江平阳(今属温州市),卒于广州。1910年考取庚子赔款第二届留美生,入加利福尼亚大学学习。1915年获学士学位,1919年由库利奇指导获哈佛大学博士学位,是继胡明复之后第二位在国外获博士学位的中国数学家。1920年任南开大学教授。1934年后到德国格丁根大学进修两年。抗日战争全面爆发后到西南联合大学任教,主持中央研究院数学研究所的筹建工作。1940—1943年任“新中国数学会”第一届理事会理事长。1946年到美国普林斯顿高等研究院进修。1949年后在广州岭南大学和中山大学任教。曾任第二、三、四届全国政协委员。是最早把现代数学移植到中国的播种人之一,培养了包括陈省身、江泽涵在内的一批数学家。主要研究圆素和球素几何,用二阶实方阵和二阶埃尔米特方阵依次代表圆和球。长期从事编译数学名词、搜集数学文献等基础性工作。主持出版《算学名词汇编》(1938)和《数学名词》(1945)等,还组织翻译出版一批国外的先进教材。1936年与胡明复的妹妹结婚,他们的儿子姜伯驹也是数学家。

卡姆克(Kamke, Erich, 1890.8.18—1961.9.28) 德国数学家。生于西普鲁士马林堡(今波兰马尔堡),卒于内卡河畔罗滕堡。1909年开始在吉森大学和格丁根大学学习数学和物理。第一次世界大战期间志愿参加信号部队服役。1919年在兰道的指导下获格丁根大学博士学位。1920—1926年在明斯特大学任教。1926年任杜宾根大学教授。1937年被迫退休。第二次世界大战后,返回杜宾根大学继续任教授。1946年秋季协助在杜宾根组织数学大会。1948年组织重建德国数学会,并任主席至1952年。1952—1954年任国际数学联盟副主席。主要贡献在微分方程论、集合论、函数论和数论等方面。著有

《实函数微分方程》(1930)和《勒贝格-斯蒂尔杰斯积分》(1956)等。编著的《常微分方程解题手册》(1942;中译本,科学出版社,1977)收集了约 1 650 个方程(组)的解和解法提示,是一部实用工具书。还编著了《偏微分方程解题手册》(1944)。所著《集合论》(1928)是标准的入门教程。

范德科尔普特(Van der Corput, Johannes Gualtherus, 1890.9.4—1975.9.16) 荷兰数学家。生于鹿特丹,卒于阿姆斯特丹。1908—1914 年在莱顿大学学习数学。第一次世界大战期间被征召服兵役。后于 1917 年继续在吕伐登和乌得勒支学习。1919 年获莱顿大学数学博士学位。曾任兰道和当儒瓦的学术助理。在瑞士弗里堡大学短期任教后于 1923—1946 年任格罗宁根大学教授。1946—1953 年任阿姆斯特丹大学教授,其间创建阿姆斯特丹数学中心并任第一任主席。1953 年到美国伯克利加利福尼亚大学和威斯康星大学麦迪逊分校工作。当选荷兰科学院(1929)和比利时皇家科学院(1932)院士。获波尔多大学(1952)和代尔夫特技术学院(1966)名誉博士学位。主要贡献在解析数论方面。研究涉及维诺格拉多夫定理、数值几何、哥德巴赫问题、丢番图近似、黎曼 ζ 函数等方面。1938 年和中国数学家华罗庚等同时(彼此独立地)证明了至多除去密率为零的偶数之外,其他偶数都可以表为两个素数之和。提出估计较为一般的三角和的有效方法,称为范德科尔普特方法。1936 年在奥斯陆国际数学家大会上作 1 小时大会报告。

贡塞特(Gonseth, Ferdinand, 1890.9.22—1975.12.17) 瑞士数学家、哲学家。生于松维利耶,卒于洛桑。1909 年进入苏黎世联邦理工学院学习物理和数学。1915 年任私人讲师。1919—1929 年在伯尔尼大学讲授数学。1929—1960 年任苏黎世联邦理工学院几何基础和科学哲学教授,1947 年后任科学哲学讲座教授。同年与伯奈斯等人一起创立《哲学知识》(或称《辩证法》)杂志。主要贡献在数学基础和逻辑学方面。很早就关注科学和哲学之间的关系,参与了数学家围绕“基础危机”的争议。1926 年出版《数学基础》一书,从方法论角度提出开放哲学的两条原则。在数理逻辑中有贡塞特悖论(1933):假设国会图书馆编辑一本图书目录作为该馆图书之一,其中专门记载该馆的所有不记载自己的图书,试问该图书目录是否记载自己? 1916—1956 年,编著发表 200 多篇论文和 16 种著作。著有《几何与空间问题》(1945—1955)、《时间问题》(1964)和《存储库》(1975)等。

法伊格尔(Feigl, Georg, 1890.10.13—1945.4.20) 德国数学家。生于汉堡,卒于韦克瑟尔堡。1909 年在耶拿大学学习数学和物理学,1918 年在克贝指导下获博士学位。1919 年到柏林大学任 E. 施密特的助教,1927 年任副教授。1935 年后任布雷斯劳大学教授。1928 年当选柏林科学院院士。主要贡献在几何基础和拓扑学方面,特别研究了 n 维流形的不动点定理。在复分析(保形映射)方面也有一定创见。编辑《数学辞典》,由于健康状况生前未能出版,后由施密德和纳斯(J. Naas,1906—1993)继续编著,于 1961 年出版。还致力于教学改革,为数学教育中引入现代公理化体系作出贡献。1928—1935 年任《数学进展年鉴》总编辑,1937—1941 年任《德国数学》编辑。

尼尔森，J.（Nielsen，Jakob，1890.10.15—1959.8.3） 丹麦数学家。生于石勒苏益格公国阿尔斯岛（今属德国），卒于丹麦埃尔西诺（今赫尔辛格）。1908 年进入基尔大学学习，1913 年由兰茨贝格和德恩指导获博士学位。后到德国海军陆战队服役。1920 年开始在布雷斯劳理工大学任教。1926 年当选丹麦皇家科学院院士。1951—1955 年任哥本哈根大学数学教授。1952—1958 年任联合国教科文组织董事会成员。主要贡献在代数学和代数拓扑学方面，是组合群理论的创始人之一，建立曲面和组合群理论中的大部分拓扑学。在 1913 年的论文中研究环形图的映射类群。研究亏格为 1 以及更高亏格的曲面的拓扑变换。与德恩合作发表关于不动点理论和双曲面等距不连续群理论的论文。1921 年证明有限生成的自由群的子群也是自由群（后证明有限生成的假设没有必要）。有些变换、定理和术语以他的名字命名。1936 年在奥斯陆国际数学家大会上作 1 小时大会报告。1986 年出版了他的 2 卷本论文集。

佩雷斯（Pérès，Joseph Jean Camille，1890.10.31—1962.2.12） 法国数学家、力学家。生于克莱蒙-费朗，卒于巴黎。1908 年进入巴黎高等师范学校学习，1915 年在沃尔泰拉指导下获博士学位。1921—1932 年在马赛理学院任理论与应用力学讲座教授，1932 年后到巴黎理学院从事教学及科研，1941—1950 年任理学院理论力学讲座教授，1950—1962 年任流体力学讲座教授。1954—1961 年任巴黎理学院院长。早年研究黎曼曲面的性质，取得一定成果。后在积分方程的研究中推广了沃尔泰拉的一些结果，特别是在可交换函数的合成积、函数的组合理论等方面。对符号演算的探讨也颇有收获，促进了他对于力学的研究。1930 年在马赛创建流体力学研究所。著有《流体力学教程》（合著，1936）。对数学史也有一定研究，在《精确科学》（1930）一书中，全面回顾了 15 世纪以来各时期欧洲数学的发展，研究了 10 多位著名数学家的贡献。是法国科学院（1942）、国际科学史研究院（1948）、都灵科学院（1951）和美国国家科学院（1956）的相应成员。获法国荣誉军团指挥官勋章。

伯拉季斯（Брадис，Владимир Модестович，1890.12.23—1975.5.23） 俄国—苏联数学教育家。生于俄国普斯科夫，卒于苏联加里宁。1915 年毕业于圣彼得堡大学。1920 年到特维尔教育学院任教，1934 年任教授。1955 年当选苏联教育科学院通讯院士，1957 年获教育科学博士学位。以毕生精力为提高中学生计算水平而从事理论和方法上的研究。所著《中学数学教学法》一书，内容包含教学法通论和算术、代数、几何和三角的教学法，多次出版并被译成多种文字，广为流传。其中译本 1953 年由人民教育出版社出版。编辑广泛使用的《四位对数和三角数值表》（1921），称为伯拉季斯表。中译本名为《四位数学用表》（人民教育出版社，1953）。

别列赞斯卡娅（Березанская，Елизавета Савельевна，1891.1.8—1969.12.13） 俄国—苏联数学教育家。生于俄国迈科普，卒于莫斯科。1914 年毕业于圣彼得堡别斯图热夫女子学院，成为俄国第一批女数学教师之一。1920 年后在莫斯科的教育学院和教育研究所从事教学和科研工作。主要贡献在数学教育方面，参与创建苏联中学算术教学法，是师范院校数学教学法科研项目的首批立项人之一。编写的《算术习题集》(1933)在苏联教育界作为标准教材使用。另一著作《算术教学法》(1934)成为苏联中小学教师必备的教学指导书，被译为多国文字。还专门研究八年级学生的代数和分析课程的教学法。74岁时，出版最后一部书《八年制中学数学教材中的立体几何问题》(1964)。获授苏联政府“优秀人民教育工作者”称号。

普里瓦洛夫(Привалов, Иван Иванович, 1891.2.11—1941.7.13) 俄国—苏联数学家。生于俄国下罗莫夫，卒于莫斯科。1909年进入莫斯科大学学习，师从叶戈洛夫和卢津。先后在萨拉托夫大学、莫斯科大学和莫斯科空军工程学院任教。1918年获物理-数学博士学位并成为教授。1939年当选苏联科学院通讯院士。主要贡献在函数论和微分方程等方面，许多研究结果是和卢津共同得到的。他们应用实变函数论的方法研究解析函数的边界性质，解决了某些边界问题。在1918年的博士论文《柯西积分》中提出了卢津—普里瓦洛夫唯一性定理，证明了柯西积分的基本引理和关于奇异积分的定理。奠定了苏联单叶函数理论研究的基础。发表论著70多种。著有《复变函数引论》(1948；中译本，上册，高等教育出版社，1953；下册，商务印书馆，1953；后多次再版)和《解析几何学》(1927；中译本，高等教育出版社，1956)等。

穆斯赫利什维利(Мусхелишвили, Николай Иванович, 1891.2.16—1976.7.15) 俄国—苏联数学家。生于俄国第比利斯，卒于同地(当时属苏联)。1914年于圣彼得堡大学毕业后留校工作，1918—1935年在第比利斯大学任教，1922年任教授。1934年获物理-数学博士学位。1939年当选苏联科学院院士。是苏联格鲁吉亚科学院的创始人之一，1941—1972年任格鲁吉亚科学院院长，1972年后任名誉院长。把解析函数论方法广泛应用于弹性理论，所创立的方法对进一步发展弹性理论、微分方程理论和数学物理方法产生重大影响。著作《弹性数学理论的某些基本问题》(1933)和《奇异积分方程》(1946)分别于1941年和1947年获苏联国家奖金。为高等学校编写了一系列教科书。其中《解析几何学教程》有中译本(高等教育出版社，1954)。

弗伦克尔(Fraenkel, Adolf Abraham Halevi, 1891.2.17—1965.10.15) 德国—以色列数学家。生于德国慕尼黑，卒于以色列耶路撒冷。先后在慕尼黑、柏林、马堡和布雷斯劳等地大学读书。1914年获马堡大学博士学位。后曾在德国军队短期服役。1916年任马堡大学讲座教师。1922年任该校教授。1929年接受耶路撒冷希伯来大学的职位，直至1957年退休。曾任数学系第一任系主任并一度任大学校长。退休后到巴-伊兰大学继续执教。是德国数学会会员(1914—1939)。早年钻研代数环论，不久改攻集合论。1919年出版重要专著《集合论导引》。书中改进了策梅罗已有的形式集合论结果，对其定义和基础加以限制或强化，形成Z-F(策梅罗-弗伦克尔)公理体系，使数学基础得到进一步巩固，影响深远。还对数学史感兴趣，著有《高斯的学术传记材料》(1920)和《格奥尔格·康托尔》(1930)等，发表关于犹太数学和犹太数学家的文章等。

别尔纳茨基(Biernacki, Mieczysław Kwiryn, 1891.3.30—1959.11.21) 波兰数学家。生于卢布林，卒于同地。1909—

1911年在雅盖隆大学学习数学，后到巴黎大学学习。1914—1920年参军服役。后回巴黎大学继续深造，1928年由蒙泰尔指导获博士学位。1929年任波兹南大学数学系副教授，1937年任教授。1944年在卢布林参与创建居里夫人大学，并任数学系主任。1946年当选波兰科学院通讯院士。主要贡献在解析函数论方面，特别是研究了单叶或P-重叶解析函数理论。对经典多项式理论、微分方程论也有贡献。编写的2卷集的微分几何教科书曾风行一时。还著有《多叶函数》(1938)等。1936年获法国荣誉军团军官勋章，1947年获波兰数学会巴拿赫奖。

埃盖尔瓦里(Egerváry, Jenö, 1891.4.16—1958.11.30)　匈牙利数学家。生于德布勒森，卒于布达佩斯。早年在布达佩斯大学(1909—1914)学习。1914年在费耶指导下获布达佩斯大学博士学位。1914—1917年任地震观测站助理。1918年任布达佩斯州立工业学校教师。1922—1927年任赛格德大学私人讲师。1928年任布达佩斯大学私人讲师。1940年到布达佩斯技术大学任教，1941年任教授，1952—1958年任数学系主任。1958年冬因政治问题自杀。1946年当选匈牙利科学院院士。1947年创建匈牙利科学院应用数学研究所，1950年任研究所所长。数学研究涉及分析学的不同领域、微分几何学、应用数学、力学(三体问题)、代数方程根的分布、矩阵理论及其应用、微分方程论等方面。将柯尼希斯定理推广到加权图的情况，后成为组合优化领域的经典结果。1932年获匈牙利科学院克尼格奖。1949年、1953年两次获科苏特奖。

杰弗里，G. B.(Jeffery, George Barker, 1891.5.9—1957.4.27)　英国数学家。生于伦敦，卒于同地。1911年毕业于伦敦大学学院。1914年获硕士学位。1912—1921年任伦敦大学学院助理讲师。1921年获博士学位。1922—1924年任国王学院教授。1924—1945年任伦敦大学学院纯粹数学阿斯特教授。1945年任新成立的伦敦大学教育学院院长。1926年当选英国皇家学会会员。1935—1937年任伦敦数学会主席。1938—1940年任皇家学会副主席。积极参与中学考试委员会和国家教师培训等方面的工作。主要研究流体动力学，弹性力学，相对论以及微分方程的解法。在1922年发表的论文中，描述了黏性流体中椭圆形颗粒的运动，给出杰弗里方程。1923年与佩雷特(W. Perrett, 1873—1946)合作翻译出版了《相对论原理》，其中包括爱因斯坦、H. A. 洛伦茨和闵科夫斯基等人关于相对论的11篇论文，被认为是这些开创性论文的权威英文译本。1926年与鲍德温(O. Baldwin)共同撰写介绍平面引力波的论文，被认为是爱因斯坦场方程在广义相对论中最精确解释之一。

卡纳普(Carnap, Rudolf, 1891.5.18—1970.9.14)　德国—美国哲学家、逻辑学家、数学家。生于德国伍珀塔尔，卒于美国加利福尼亚州圣莫尼卡。1910—1914年就读于耶拿大学，师从弗雷格。第一次世界大战期间在德国军队服役。1921年获博士学位。1926—1931年在维也纳大学任教，1931—1935年任布拉格大学自然哲学教授。1936年赴美国，1936—1952年任芝加哥大学哲学教授。1941年入美国籍。1952—1954年在普林斯顿高等研究院工作。1954—1962年任加利福尼亚大学教授。是美国国家科学院院士及多个学会成员。主要贡献在数学基础及数理逻辑方面，提出卡纳普法则。著有《逻辑和数学基础》(1939)。在哲学方面，是逻辑实证主义代表人物和维也纳学派的主要成员，研究深受罗素和弗雷格的影响。所著《世界的逻辑结构》(1928)被认为是逻辑实证主义哲学的力作。

胡明复(1891.5.20—1927.6.12)　中国数学家。生于江苏无锡，卒于同地。胡敦复之弟。早年考入南京高等商业学堂，学习三年。1910 年考取庚子赔款第二届留美生，进入康奈尔大学文学院。1914 年获康奈尔大学文理学士学位，1917 年获哈佛大学哲学博士学位，成为第一位在国外获博士学位的中国数学家。1917 年回国，到大同大学主持数学系，任数学教授。主要研究在积分方程方面。博士论文《具有边界条件的线性积分—微分方程》是沃尔泰拉、希尔伯特等人早期工作的继续与推广。将第一类、第二类积分方程推广到微分形式，使积分方程变成了积分-微分方程。这篇论文发表在 1918 年 10 月号《美国数学会汇刊》(第 19 卷第 4 期)上，是中国学者在国外发表的最早的现代数学研究论文。参加组织创办中国科学社与《科学》杂志，为传播科学做了大量工作。1927 年夏在乡间溺水身亡。

菲托里斯(Vietoris, Leopold, 1891.6.4—2002.4.9)　奥地利数学家。生于施蒂里亚州巴特拉德克斯堡，卒于蒂罗尔州因斯布鲁克。1910 年入维也纳科技大学学习数学。第一次世界大战期间，成为受雇于意大利战线的士兵。1920 年在维廷格等教授指导下获维也纳大学博士学位。后相继在格拉茨、阿姆斯特丹、因斯布鲁克以及维也纳的大学里任助教、副教授，其间曾在布劳威尔指导下钻研数学。1930 年任因斯布鲁克大学教授，至 1961 年退休。主要贡献在拓扑学和概率论方面，在拓扑学中获得许多重要的研究成果，其中许多概念、定理以他的名字命名，如代数拓扑学中的迈耶-菲托里斯序列、菲托里斯分离复形、菲托里斯的同调性，以及菲托里斯射影定理等。撰写大量关于数学史的文章。是奥地利科学院院士、维也纳科技大学和因斯布鲁克大学名誉博士、奥地利数学会和德国数学会名誉会员等。获奥地利数学会金奖。晚年因高龄而保持生命活力而闻名，定期参加学术会议和滑雪锦标赛，提出“登山几何”“根据力量理论滑雪”和“勘测山区方向的数学原则”等问题。105 岁时还对同行的数学问题进行评议。

安贝尔，P.(Humbert, Pierre, 1891.6.13—1953.11.17)　法国数学家、科学史家。生于巴黎，卒于蒙彼利埃。数学家 M. G. 安贝尔的儿子。1910 年入巴黎综合工科学校学习，1913—1914 年在爱丁堡大学研究班学习，师从惠特克。第一次世界大战期间到法国部队服役，受伤后退役。1918 年获法国科学院数学科学博士学位。后于蒙彼利埃大学科学学院任天文学和微积分学教授 32 年。主要研究椭圆函数理论，引入了安贝尔多项式。对符号演算进行研究并作出贡献。撰有多种数学史和天文学史论著和科普作品，特别对 17 世纪的天文学史有较深入的研究。曾参与法国科学促进协会的组织工作。1928 年在波伦亚召开的国际数学家大会上作学术报告。

科什利亚科夫(Кошляков, Николай Сергеевич, 1891.7.23—1958.9.23)　俄国—苏联数学家。生于俄国圣彼得堡，卒

于莫斯科。1914年毕业于圣彼得堡大学。学习期间对沃罗诺伊的解析数论课程产生很大兴趣。获硕士学位后任彼尔姆大学助教。1919—1925年在塔夫里切斯基国立大学工作，1922年任教授。1925—1941年任列宁格勒大学教授。其间先后在列宁格勒电工学院和苏联科学院斯捷克洛夫数学研究所兼职。1933年当选苏联科学院通讯院士。1936年当选伦敦数学会外籍会员。1942年被捕并判监禁10年。在狱中坚持数学研究，完成论文《有理场和二次域解析理论的某些问题探讨》和《由广义黎曼方程确定的一类超越函数的研究》。后者匿名送到苏联科学院数学研究所审查，得到维诺格拉多夫、C. H. 伯恩斯坦和林尼克的高度评价，1949年以单行本并化名作者出版。1950年获释，1955年平反。主要贡献在高阶超越函数、数学物理方程和数论等方面。著有《数学物理中的常微分方程》(1936)和《数学物理中的偏微分方程》(合著，1970)。1953年获苏联斯大林奖和列宁勋章。

维尔科什(Wilkosz, Witold, 1891.8.14—1941.3.31) 波兰数学家、哲学家。生于奥匈帝国克拉科夫，卒于同地(已属波兰)。早年在雅盖隆大学学习语言学，两年后转到克拉科夫大学和都灵大学学习数学。1918年以论文《绝对连续函数和勒贝格积分理论》获雅盖隆大学博士学位，导师是扎伦巴。1920年获克拉科夫大学教职，1936年任教授。1939年受到迫害被逮捕，因病重获释。后到保险公司供职。主要贡献在实变函数论、微分方程、数学哲学、数理逻辑和集合论等方面。著有《欧几里得平面的拓扑性质》(1931)和《我计算，我思考》(1938)和《人类创造科学》(1946)等。

维诺格拉多夫(Виноградов, Иван Матвеевич, 1891.9.14—1983.3.20) 俄国—苏联数学家。生于俄国普斯科夫省米洛柳布镇(Милолюб)，卒于莫斯科。1914年毕业于彼得格勒大学，并留校任教，曾获物理-数学博士学位。1918—1920年在彼尔姆大学任教，1920年任教授。1920年后在列宁格勒大学和列宁格勒综合技术学院工作。1929年当选苏联科学院院士。1932年后任苏联科学院斯捷克洛夫数学研究所所长。主要贡献在解析数论方面。以建立三角和方法而闻名。1934年提出估计外尔三角和的新方法，对华林问题进行重大改进。1937年证明“任何一个充分大的奇数都能表示为3个素数之和”的结果，通常称为哥德巴赫-维诺格拉多夫定理或三素数定理。为此在1941年获苏联一等国家奖金。一生不断完善和发展估计各种三角和的方法，在许多数论问题上得到重要结果。他的方法已成为解析数论的有力工具，并在分析学、近似计算、概率论及数学物理等领域得到应用。发表140多种论著。其中数论方面的教科书多次出版。其《数论基础》(第12版，2009)已译成中文(高等教育出版社，1956)。还著有《解析数论的新方法》(1937)、《数论中的三角和方法》(第2版，1976；中译本载《数学进展》1卷1期，1955)和《最简整序变量中的三角和方法》(1976)等。是苏联《数学百科全书》(1977—1985)主编。当选多个国家科学院的外籍院士或名誉院士，以及英国皇家学会、伦敦数学会等科学机构和学术团体的成员。多次获国家勋章、奖章及各种荣誉称号。1966年在莫斯科国际数学家大会上作1小时大会报告。1985年，施普林格出版社出版他的《论文选集》。月球上有以其名字命名的火山口。

赖兴巴赫(Reichenbach, Hans, 1891.9.26—1953.4.9) 德国科学哲学家、逻辑学家。生于德国汉堡,卒于美国加利福尼亚州洛杉矶。曾攻读于斯图加特、柏林、慕尼黑、格丁根等地大学,受教于多位数学家和哲学家。1915 年在埃尔兰根大学由哲学家亨塞尔(P. Hensel,1860—1930)和数学家 M. 诺特指导获哲学博士学位。1917—1918 年继续在柏林深造。1920—1926 年在斯图加特工科大学任教。1926 年任柏林大学教授。1928 年在柏林成立了经验哲学学会,亦称“柏林圈”。1933—1938 年在土耳其伊斯坦布尔大学讲授哲学。1938 年赴美,1938—1953 年任洛杉矶加利福尼亚大学教授。1948 年当选美国文理科学院院士。主要贡献在数理逻辑和哲学,空间、时间和相对论以及量子力学等方面。推广并重新系统阐述了逻辑实证主义,特别是论证并预示了盖然性的理论;依照归纳推理法解释了因果关系。著有《从哥白尼到爱因斯坦: 我们世界形象的变化》(1927)、《对概率演算的逻辑和数学基础的研究》(1935)和《科学哲学的兴起》(1951)等。

施密特,O. Ю.(Шмидт, Отто Юльевич, 1891.9.30—1956.9.7) 俄国—苏联数学家、天文学家、地球物理学家。生于俄国莫吉廖夫(今属白俄罗斯),卒于莫斯科。1909 年入基辅大学学习物理和数学,1913 年毕业。1916—1951 年先后在基辅大学、莫斯科林学院和莫斯科大学任教。1924 年任教授。1930—1934 年,领导北极科学考察,发表考察报告《苏联的北极考察》(1934)。1937 年由于出色地组织和完成北极探险获苏联英雄称号。组建北极地带研究所,并任第一任所长。20 世纪 30 年代中期,组建苏联科学院地理研究所地球物理部,后扩建成理论地球物理研究所,并任所长。1934 年当选乌克兰科学院院士。1935 年当选苏联科学院院士。1924—1942 年任《苏联大百科全书》联合创始人兼总编辑。1939—1942 年任苏联科学院副院长。数学研究主要在群论方面。1916 年发表专著《抽象群理论》。书中不仅阐述理论问题,而且指出这一代数领域进一步研究的方向。1927 年证明群的直积分解的同构性定理。1930 年在莫斯科大学组织的群论讨论班成为苏联代数学家的活动中心,并以此为基础创立了莫斯科代数学派。晚年从事宇宙起源问题的研究,提出关于地球起源的问题。

格林,G. M.(Green, Gabriel Marcus, 1891.10.19—1919.1.24) 美国数学家。生于纽约市,卒于哈佛大学斯蒂尔曼医务室。早年在纽约城市学院学习,1912 年获硕士学位,1913 年获博士学位。曾获学院最高数学奖。1914 年后在哈佛大学任教。主要研究射影微分几何,著有《三重曲面系统的射影微分几何》(1913)。

库兹明(Кузьмин, Родион Осиевич, 1891.11.21—1949.3.24) 俄国—苏联数学家。生于俄国维捷布斯克州里亚贝镇,卒于苏联列宁格勒(今俄罗斯圣彼得堡)。1916 年毕业于彼得格勒大学。1918 年开始在彼尔姆大学任教,1921 年任教授,并任该校数学学院副院长。同时兼任列宁格勒综合技术学院、列宁格勒大学教授。1935 年获物理-数学博士学位。1946 年当选苏联科学院通讯院士。其数学研究涉及纯粹数学和应用数学的各分支,对数论和数学分析的贡献尤为突出。对自然数的算术性质进行了大量研究。1930 年证明了

形如 α^{β}(α 为异于 0 和 1 的代数数,β 是实二次无理数)的数的超越性。根据这一结果,$2^{\sqrt{3}}$、$2^{\sqrt{2}}$ 等数都是超越数。还得到了关于 ζ 函数的一些结果。参加编著的数学物理教程和高等数学习题集流传很广。

莫尔斯,H. M.(Morse, Harold Marston, 1892.3.24—1977.6.22) 美国数学家。生于缅因州沃特维尔,卒于新泽西州普林斯顿。1914 年毕业于科尔比学院。1915 年和 1917 年分别获哈佛大学硕士、博士学位。第一次世界大战期间曾在美国远征军中服役。后在康奈尔大学、布朗大学和哈佛大学任教。1935 年任普林斯顿高等研究院教授,直至 1962 年退休。1932 年当选美国国家科学院院士。主要贡献在于把拓扑学方法应用于变分法、常微分方程理论和复变函数论等数学分支。在大范围变分法方面,把庞加莱和 G. D. 伯克霍夫创立的理论发展为现代形式。其理论后被进一步推广和精确化,并应用于微分拓扑学和微分几何学得到各种重要结果,成为微分拓扑学的一个分支。例如,20 世纪 70 年代以来,其临界点理论在偏微分方程的研究中发挥了重要作用。两次(1932,1950)在国际数学家大会上作 1 小时大会报告。1964 年获美国国家科学奖章。著有《大范围变分法》(1934)、《全局分析和微分拓扑中的临界点理论》(合著,1969)和《复变函数论中的拓扑方法》(1947)等。1981 年,施普林格出版社出版《莫尔斯论文选集》。

巴拿赫(Banach, Stefan, 1892.3.30—1945.8.31) 波兰数学家。生于波兰克拉科夫,卒于苏联利沃夫。1910—1913 年在利沃夫工学院学习,课余自学数学。第一次世界大战期间曾做筑路工及兼课维持生计,同时坚持钻研数学。1916 年与斯坦因豪斯合作发表论文并开始长期合作。1919 年起任利沃夫工学院数学讲师。1922 年在利沃夫大学由斯坦因豪斯和特沃罗夫斯基(K. Twardowski,1866—1938)指导获博士学位,并被聘为编外教授,1927 年成为正式教授。先后当选波兰科学院和乌克兰科学院通讯院士。曾任波兰数学会主席。第二次世界大战期间中断数学研究,战后又回到利沃夫大学。是利沃夫学派的开创人之一,现代泛函分析的奠基人。经常到利沃夫咖啡馆(后改为苏格兰咖啡馆)和同事讨论数学问题,许多重要成果都是在咖啡馆讨论得到的。早期工作是关于傅里叶级数的,与斯坦因豪斯的第一篇论文即讨论傅里叶级数部分和的收敛问题,还研究了无穷级数的内积空间。引进了线性赋范空间的概念,建立了其上的线性算子理论。证明了作为泛函分析基础的三个定理:哈恩-巴拿赫延拓定理、巴拿赫-斯坦因豪斯定理(即共鸣定理)、闭图像定理。这些定理概括了许多经典的分析结果,在理论上和应用上都有重要价值。完备的线性赋范空间称为巴拿赫空间。在实变函数论方面,于 1929 年同库拉托夫斯基合作解决了一般测度问题。在集合论方面,于 1924 年同塔斯基合作提出巴拿赫-塔斯基悖论。在正交级数论、测度论、积分论、常微分方程论等方面也有贡献。其主要著作《线性算子理论》(Théorie des opérations linéairés, 1932)被译成多种文字,有很大影响。1936 年在奥斯陆国际数学家大会上作 1 小时大会报告。1946 年波兰数学会设立了巴拿赫奖,1992 年波兰科学院设立了巴拿赫奖章。第 16856 号小行星(1997)以其名字命名。

拉德马赫(Rademacher, Hans, 1892.4.3—1969.2.7)　德国—美国数学家。生于德国汉堡附近的万茨贝克(Wandsbeck),卒于美国宾夕法尼亚州哈弗福德。早年在格丁根大学学习,在赫克、外尔、库朗和兰道等数学家影响下钻研数学,1917 年由卡拉西奥多里指导获博士学位。不久任柏林大学私人讲师。1922 年任汉堡大学教授。1928 年任布雷斯劳大学教授。1934 年离德赴美,先后任斯沃斯莫尔学院和宾夕法尼亚大学教授,1962 年退休。主要贡献在解析数论、实变函数论、数学遗传学和量子理论方面。在解析数论特别是堆垒数论方面有较大贡献:改进了将整数表为素因子的个数尽可能少的两个整数之和的新的筛法;简化了正整数 n 的分拆数 $P(n)$ 的渐近公式,按照这一公式计算出 $P(599)$,所得数值的位数达 24 位,误差却仅为 0.5 左右。著有《解析数论讲义》(1955)和《初等数论讲义》(1964)等。去世后,其著作《戴德金和》(1972)和《从初等观点看高等数学》(1983)等由格罗斯瓦尔德整理出版。与特普利茨合著的《数与形》(1933)被译成多国文字。培养了包括 P. T. 贝特曼和格罗斯瓦尔德在内的 20 多位博士生。在 1950 年坎布里奇国际数学家大会上作学术报告。

门绍夫(Меньшов, Дмитрий Евгеньевич, 1892.4.18—1988.11.25)　俄国—苏联数学家。生于莫斯科,卒于同地。1912 年进入莫斯科工程学校学习,不久转入莫斯科大学,1914 年任卢津的助教。1916 年在卢津和叶戈洛夫指导下提交硕士论文,1918 年获学位。后在下诺夫哥罗德和伊万诺沃等地任教。1922 年回到莫斯科,在森林技术学校和苏联科学院斯捷克洛夫数学研究所任职。1935 年未经论文答辩即获莫斯科大学物理-数学博士学位,同时任教授。1943—1979 年任函数论与分析数学系主任。1953 年当选苏联科学院通讯院士。主要贡献在函数论和数学分析方面。发表 80 多篇论文,对函数理论的发展产生很大影响。在大学时代证明了当儒瓦积分可以推广为波莱尔积分。还得到了关于函数的三角级数展开式的唯一性、一般正交级数的收敛性与可和性、复变量解析函数的单演性等基本结果。在经典分析方面也有重要贡献。一些理论和定理以他的名字命名。

钱宝琮(1892.5.29—1974.1.5)　中国数学史家、数学教育家。字琢如,生于浙江嘉兴,卒于江苏苏州。早年肄业于嘉兴秀水县学堂,1907 年进入苏州江苏铁路学堂学习,1908 年考取浙江省留学欧美官费生,同年 10 月就读于英国伯明翰大学土木工程系。1912 年毕业后回国。先后在苏州中等工业学校(1912)、南开大学(1925)、中央大学(1927)、浙江大学(1928)任数学教师、副教授、教授。1928 年任浙江大学首任数学系主任。1956 年任中国科学院自然科学史研究所研究员。是中国古代数学史和中国古代天文学史研究领域的开拓者之一。1912 年开始从事中算史研究并发表论文,后出版论文集《古算考源》(1933)和专著《中国算学史》(上册,1932)。在南开大学首次开设中国数学史课程,并发表数学史论文数十篇。20 世纪 50 年代以来,出版《中国数学史话》(1957)、《算经十书》(校点,1963)等著作,并主持编写《中国数学史》(1964)、《宋元数学史论文集》等专著。是《科学史集刊》(1958 年创刊)主编。主要著作被整理成《钱宝琮科学史论文选集》(1983)。论文《九章算术盈不足术流传欧洲考》《印度算学与中国算学之关系》等阐述了中外数学的比较和交流。培养了一批数学家和数学史家。20世纪20—40年代曾参加中华学艺社、中国科学社、中国天文学会和中国数学会(作为发起人之一)等重要学术团体。

卡莱曼(Carleman, Torsten, 1892.7.8—1949.1.11) 瑞典数学家。生于维塞尔托夫塔,卒于斯德哥尔摩。1910年进入乌普萨拉大学学习,1917年获哲学博士学位。后到苏黎世、巴黎、格丁根和牛津等地访学。1923年任隆德大学教授,1924年任斯德哥尔摩大学教授。1926年当选瑞典皇家科学院院士。1927年继米塔-列夫勒之后任数学研究所所长,还任《数学学报》编辑。主要贡献在函数论(特别是拟解析函数类、函数逼近论和三角级数)、积分方程论和谱理论方面。在这些理论中,以他的名字命名了一些定理、法则、不等式、积分核、正交多项式等。在解析函数论中,首先给出了$C(M_n)$是拟解析函数族的充要条件,建立当儒瓦-卡莱曼定理。著有《拟解析函数》(1926)、《傅里叶积分及相关问题》(1944)和《气体动力学理论中的数学问题》(1957)等。1932年在苏黎世国际数学家大会上作1小时报告。

博尔加尔斯基(Болгарский, Барис Владимирович, 1892.8.5—1980.4.3) 俄国—苏联数学教育家,数学史家。生于喀山,卒地不详。1917年毕业于喀山大学,后在各类中等学校任教。1932年到喀山师范学院工作。1957年获教育科学博士学位,1959年任教授。主要研究数学教学法和数学史。对罗巴切夫斯基和乌里扬诺夫的数学方法论和数学教育思想有深入研究。著作《数学简史》(1974;1979年再版)为普通中学和师范学院的教师和学生提供了必要的历史资料,有中译本(知识出版社,1984)。

李俨(1892.8.22—1963.1.14) 中国数学史家、铁路工程师。原名禄骥,字乐知。生于福建闽侯(今福州),卒于北京。1912年入唐山路矿学堂,1913年考入陇海铁路局,历任助理工程师、总段长、工务处长、副总工程师等职。从事铁路建设工作40余年。其间自修完成土木工程和数学等大专课程。对工程学和数学颇有研究,著有《微积分学初步》(1936)和《铁路定线法》(1938)等。1955年调入中国科学院,任历史研究所研究员。同年当选中国科学院哲学社会科学部学部委员。1957年任自然科学史研究室主任,直至去世。1959年当选全国人大代表。是中国古代数学史研究专家、中国数学史研究的奠基人、中国科学史事业的开拓者。1911年开始从事中国数学史资料的整理和研究,1917年发表第一篇论文《中国数学史余录》。1919年发表重要连载论文《中国数学源流考略》,第一次用现代方法和观点系统阐述中国数学史。后陆续发表中算史论文百余篇,专著十余种。代表作有《中国算学史》(1937)、《中算史论丛》(5集,1954—1955)、《中国数学大纲》(上、下册,1958)和《中国古代数学史料》(1954)等。曾代表中国出席第八届国际科学史大会(1956),出席全苏科学技术史大会(1959),并分别作大会报告。收集了大量中国古算书,逝世后由其家属捐赠给中国科学院自然科学史研究室。

科伊拉(Koyré, Alexandre Vladimirovich [或 Volfovich], 1892.8.29—1964.4.28) 俄国—法国科学哲学家、数学史家。生于俄

国塔干罗克，卒于法国巴黎。1908—1911年在德国格丁根大学师从哲学家胡塞尔（E. Husserl，1859—1938）和数学家希尔伯特。1912—1914年在法兰西学院和巴黎大学深造。1914—1918年，在法国外籍军团服役。1922年获博士学位，同年开始在巴黎高等教育实践学校任教。1932年在该校创建现代欧洲宗教思想史系，并任系主任直到去世。其间多次到埃及福阿德大学（今开罗大学）任教，将现代哲学研究引入埃及学术界，培养出埃及哲学家巴达维（A. R. Badawi，1917—2002）。1955—1962年，在美国几所大学和研究院任客座教授。是国际哲学研究所秘书长和副主席，美国文理科学院院士。在数学方面，深入研究近现代数学、力学和数学史，特别以研究伽利略、柏拉图和牛顿的生平和贡献而著称。1961年获萨顿奖章。1966年，国际科学史协会以他的名字设立了一项奖金。著有《从封闭世界到无限宇宙》（1957）和《牛顿研究》（1965）等。

德奇（Doetsch，Gustav，1892.11.29—1977.6.9） 德国数学家。生于科隆，卒于弗赖堡。1911—1914年在格丁根、慕尼黑和柏林等地大学学习数学、物理和哲学。1914—1918年在德国军队服役。1920年在兰道指导下获格丁根大学博士学位。1921年后，相继在汉诺威、哈雷、斯图加特和弗赖堡等地大学执教。1939年任德国空军上尉。在空军部创建一个研究所，将数学应用于军事与经济。1946年回弗赖堡大学任教授，1961年退休。主要贡献是发展了拉普拉斯变换理论。编著的《拉普拉斯变换的理论和应用》（1937；中译本，科学出版社，1966）和《拉普拉斯变换手册》（1955）适用于专业研究人员，是同类文献中较全面的。

朱利亚（Julia，Gaston Maurice，1893.2.3—1978.3.19） 法国数学家。生于阿尔及利亚西迪贝勒阿巴斯，卒于巴黎。1911年进入巴黎高等师范学校学习，1914年被征召入伍。在战斗中负重伤失去鼻子。在病床上坚持数学研究，1917年在皮卡和勒贝格指导下获巴黎理学院博士学位。1918年在《纯粹与应用数学杂志》上发表长达199页的论文《关于有理函数迭代的备注》，给出现称朱利亚集的迭代公式$f_c(z)=z^2+c$。20世纪70年代B·B.芒代尔布罗通过计算机实验做出朱利亚集的图像。朱利亚因该论文获法国科学院大奖。后任巴黎综合技术学校教授。1925—1964年历任巴黎理学院微积分、分析力学、高等分析和高等代数等课程的讲座教授。在复变函数论其他方面也有诸多贡献。其中以他的名字命名了一些函数、定理和术语（如亚纯函数的“朱利亚方向”）等。1913—1965年出版232种论著，包括157篇研究论文、30本书和45篇关于科学史或其他主题的文章。著有《复变函数论的发展》（1933）、《单连通面内的保角表示》（1931）等。1968—1970年出版6卷作品集。1934年当选法国科学院院士，1950年任科学院院长。是瑞典和其他欧洲国家科学院成员，曾任法国数学会主席。1932年在苏黎世国际数学家大会上作1小时大会报告。1950年获授法国荣誉军团军官勋章。

皮蒂特（Pettit，Harvey Pierson，1893.4.25—1966） 美国数学家。生于内布拉斯加州沙德伦（Chadron），卒地不详。1922年获伊利诺伊大学博士学位。1923—1926年任伊利诺伊大学数学教授。1926年起任马克特大学数学教授。主要研究射影几何、代数几何以及高次平面曲线。著有《解析几何概论》(与彼得[L. Peter,1878—1951]合著,1942)。

坎佩·德费里特(Kampé de Feriet, Marie-Joseph, 1893.5.14—1982.4.6) 法国数学家、力学家。生于巴黎,卒于维尔诺夫阿斯克。1913年获巴黎大学理学学士学位,后到巴黎天文台实习。1915年获博士学位。1916年到加夫尔海军炮兵实验委员会研究弹道学。1919—1969年在里尔理学院执教,1927年任教授,1930—1969年任力学讲座教授。1934—1945年任里尔流体力学研究所所长。主要贡献是把现代数学应用于力学特别是航空学的各种问题上。发表200多种论著,包括空气动力学和流体动力学方面的多部著作。主要数学贡献是对特殊函数的研究,1937年为推广超几何函数创建二元特殊函数,称为坎佩·德费里特函数,阿佩尔超几何函数是该函数的特例。著有《超几何和超球面函数》(与P. É. 阿佩尔合著,1926)和《坎佩·德费里特超几何函数》(1937)等。晚年获日内瓦大学和波伦亚大学名誉博士学位。

克纳斯特(Knaster, Bronisław, 1893.5.22—1980.11.3) 波兰数学家。生于俄属华沙(今属波兰),卒于波兰弗罗茨瓦夫。1911—1914年在巴黎医学院学习医学和自然科学。1915年入华沙大学学习逻辑和数学,参加雅尼谢夫斯基、马祖尔凯维奇和谢尔品斯基的拓扑讨论班。1920年到波兰军队服役,不久因感染疟疾退役。1924—1930年在意大利疗养期间坚持数学研究。1925年在马祖尔凯维奇指导下获华沙大学博士学位。1929年成为华沙科学学会成员,并主持拓扑学的高级研讨班。1937—1946年任波兰数学会秘书。1939年起任利沃夫大学教授,第二次世界大战期间中断数学研究。1945年后任布雷斯劳大学教授和数学物理学院院长。是弗罗茨瓦夫科学学会创始人之一(1946),担任了多年的董事会成员。为战后波兰数学杂志的恢复出版作出重要贡献。主要贡献在一般拓扑学方面,以其在点集拓扑学方面的研究而闻名。在1922年发表的论文《一个连续统,其中每个子连续统都是不可分解的》中构建了第一个不可分解的连续统的例子。一个不是由两个适当子连续统联合的连续统,称为克纳斯特连续统。善于与其他数学家(如策梅罗、库拉托夫斯基和萨克斯等)合作共同研究和发表论文,培养了多位博士生。获波兰政府多项奖励和勋章。

勒纳(Loewner, Charles, 1893.5.29—1968.1.8) 捷克—美国数学家。生于波希米亚拉尼(今属捷克),卒于美国加利福尼亚州斯坦福。1912年进入布拉格查尔斯大学学习,1917年获博士学位。1917—1922年任布拉格德国技术大学助教。1922—1928年任柏林大学助教、私人讲师。1928—1930年任科隆大学副教授;1930—1939年任查尔斯大学教授。1939年移居美国。1939—1946年在路易斯维尔大学任教,1944—1946年参加布朗大学研究与战争相关的项目。1946—1951年任锡拉丘兹大学教授;1951年任斯坦福大学教授,直至1963年退休。主要研究函数的几何理论,就此主题发表一系列论文,将李群的理论和方法应用于半群,1923年证明了比伯巴赫猜想($n=3$)的特例。研究希尔伯特空间中的非阿基米德测度问题。

在泛函分析及其应用方面也有一定贡献。根据他的笔记1971年出版了他的遗著《连续群论》。

苏博京（Субботин, Михаил Федорович, 1893.6.28—1966.12.26） 俄国—苏联天文学家、数学家。生于俄国奥斯特罗文卡（今属波兰），卒于苏联列宁格勒（今俄罗斯圣彼得堡）。1914年毕业于华沙大学，后留校工作。1915—1922年在南俄国立理工大学任教。1917年获硕士学位，稍后获物理-数学博士学位。1922—1930年任塔什干天文台台长兼中亚大学教授。1930—1960年在列宁格勒大学工作，先后任天文学系和数学力学系主任，其间在普尔科沃天文台兼职。1942—1964年任苏联科学院天文学研究所所长。1946年当选苏联科学院通讯院士。早期工作在函数论和概率论方面。后从事天体力学和理论天文学研究，根据求解欧拉-兰伯特方程的三个观测结果得到计算轨道的新方法：不仅得到具摄动行为的三角级数收敛的可能性，而且给出确定拉普拉斯系数的表达式，以及计算三角函数相关系数的系列公式。在常微分方程数值解法方面，完善并发展了斯特默的方法。发表多篇应用数学和计算数学的论文。其3卷《天体力学教程》（1933—1949）详细论述了天体力学的主要问题。还编写过有关天文学史的著作。月球上有以其名字命名的陨石坑，第1692号小行星（1936）亦以其名字命名。

切赫（Čech, Eduard, 1893.6.29—1960.3.15） 捷克数学家。生于波希米亚斯特拉乔夫（Stračov，今属捷克），卒于布拉格。1912年进入布拉格查尔斯大学学习数学，1915年应征加入奥匈帝国军队服役，3年后回校完成学业，1920年获博士学位。1921—1922年前往意大利都灵与富比尼合作研究。后交替在查尔斯大学（1922—1923，1945—1960）和马萨里克大学（1923—1941）任教，1928年任教授。1947年当选捷克斯洛伐克科学院院士，1952年任科学院院长。主要贡献在射影微分几何和拓扑学方面。建立紧致空间的包络理论，为一般拓扑学提供了有力工具。尤其以称为斯通-切赫紧致和切赫上同调的术语而闻名。在双紧空间上，第一次（1937年）证明了吉洪诺夫在20世纪30年代提出的相关定理。在拓扑连续空间、维数理论、微分几何理论以及中学数学教材的编著方面也多有建树。为推动现代拓扑学研究和交流也作出重要贡献。主要论文有《三阶曲线曲面元》（1921）和《关于双紧致空间》（1937）；著作有《微分射影几何》（2卷，与富比尼合著，1926—1927）、《曲面微分射影几何概论》（1931）和《拓扑空间》（1959）等。

科姆里（Comrie, Leslie Joho, 1893.8.15—1950.12.11） 新西兰天文学家、数学家。生于新西兰普基科希，卒于英国伦敦。1912—1916年就读于奥克兰大学学院，获荣誉学士和硕士学位。第一次世界大战期间参加远征军被炮弹炸掉左腿，康复期间开始研究和使用机械计算器。1920—1922年任英国天文协会计算部门主任。1923年获剑桥大学圣约翰学院博士学位。1924年前往美国斯沃斯莫尔学院和西北大学教授数字分析。1926年到英国皇家格林尼治天文台工作。在天文学中创立了新的算法，于1928年发表《插值法建表》，制作出高精度的数学用表。给出程序编制法以适应计算机需要。1930年主管编修航海天文年鉴时引入标准二分点的概念。第二次世界大战期间，领导一个由30名科学家组成的团队，将战争策略数字化。1950年当选英国皇家学会外籍会员。奥克兰大学的计算机实验室在他去世50周年之际以他的名字命名。月球上有以其名字命名的陨石坑，第3521号小行星(1982)亦以其名字命名。

里特(Ritt, Joseph Fels, 1893.8.23—1951.1.5) 美国数学家。生于纽约市，卒于同地。1913年获华盛顿大学文学学士学位，1917年由卡斯纳指导获哥伦比亚大学数学博士学位。1921年开始在哥伦比亚大学任教，1931年任教授，1942—1945年任数学系主任，1945年任戴维斯数学教授。1932年获乔治华盛顿大学理学博士学位。1933年当选美国国家科学院院士。1938—1940年任美国数学会副主席。主要贡献在微分方程的代数理论和初等函数理论等方面。研究n个函数及其导函数的多项式组，证明每一个这样的无穷多项式组都有一组有限基底。在某种程度上揭示微分方程通解和奇解的关系。著有《从代数观点看微分方程》(1932)和《微分代数学》(1950)等。在《数学年刊》上发表一系列研究论文。1950年在剑桥国际数学家大会作1小时大会报告。

陈建功(1893.9.8—1971.4.11) 中国数学家。字业成，生于浙江绍兴，卒于杭州。1910年入杭州两级师范学堂(今杭州师范大学)读书，1913年、1920年和1926年三次留学日本，1929年获日本东北帝国大学理学博士学位，导师是藤原松三郎。留学期间曾发表十余篇学术论文。1922—1926年在武昌高等师范学校(今武汉大学)任教。后历任浙江大学数学系教授、系主任，中央研究院数学研究所研究员。1947年应邀去美国普林斯顿高等研究院任访问研究员一年。1949年后，历任浙江大学和复旦大学教授、杭州大学副校长、数届中国数学会副理事长等职。主要贡献在分析学方面，发表60多篇论文和近10种专著和译著，内容涉及三角级数、直交函数级数、单叶函数、实变函数论、函数逼近论、广义解析函数及偏微分方程等分支。1928年，和英国数学家哈代、李特尔伍德几乎同时解决了函数用绝对收敛的三角级数表示的问题。是中国函数论方向的学科带头人，与苏步青合作，从1931年起先后在浙江大学、复旦大学和杭州大学举办数学讨论班，培养了大批数学人才。著有《直交函数级数的和》(1954)、《实函数论》(1958)、《三角级数论》(上册，1964；下册，1979)等。1981年出版《陈建功文集》。1955年当选中国科学院物理学数学化学部学部委员。是中国数学学科首批9位学部委员之一。

克拉默尔(Cramér, Harald, 1893.9.25—1985.10.5) 瑞典数学家。生于斯德哥尔摩，卒于同地。1912年进入斯德哥尔摩大学学习数学和化学，1913—1914年开始发表论文，1917年在M. 里斯指导下获博士学位。后留校任助理教授，1929年任数理统计教授，1950—1958年任该校校长。1920—1929年兼任瑞典寿险公司的精算师。1945年、1947年分别获哥本哈根大学及普林斯顿大学名誉博士学位。1958—1962年任瑞典几所大学的名誉校长和瑞典大学联席主席。是瑞典、挪威、美国、英国等国科学院及众多学术团体的相应成员。早年研究解析数论，1921年利用概率论方法得到孪生素数分布的有关结果。是瑞典概率统计学派的带头人之一，主要研究现代概率理论，包括极限定理、破产问题及随机过程的谱表示等，还涉及精算学与保险数学。主要贡献有：概率论极限定理的渐近展开，随机过程稳定性理论和未知参数有效估计理论等。发表的《统计学数学方法》(1946；中译本，高等教育出版社，1960)用测度论方法总结数理统计的发展，是第一部严谨且较系统的数理统计著作，可以看作数理统计学进入成熟阶段的标志。在数理统计中有以他的名字命名的克拉默尔-米泽斯准则。对集体风险论做了奠基性工作，研究预报理论、随机过程的谱表示等。还著有《随机变量与概率分布》(1937)。指导了大量博士生。瑞典科学院设立克拉默尔奖章。

赖德迈斯特(Reidemeister, Kurt Werner Friedrich, 1893.10.13—1971.7.8)　德国数学家。生于德国不伦瑞克，卒于格丁根。曾在弗赖堡大学、慕尼黑大学和格丁根大学学习，受教于魏尔斯特拉斯、兰道等数学家。1921年由赫克指导获汉堡大学博士学位。1923年任维也纳大学副教授，1925—1933年任哥尼斯堡大学教授。1934—1955年任马堡大学教授。1948—1950年在美国普林斯顿高等研究院作访问学者。1955年后在格丁根大学任教。1947—1963年任《数学年刊》编辑。主要贡献在组合论、群论基础上的几何学和组合拓扑学等方面。按照C. F. 克莱因"埃尔兰根纲领"的观点，研究现代几何学中的各种问题。关于纽结理论的研究对群论的发展有较大影响。非常重视数学思想的发展历史，考察古希腊的数学思想和一般数学哲学理论。著有《纽结和群》(1926)、《组合拓扑简介》(1932)和《纽结理论》(1932)等。

熊庆来(1893.10.20—1969.2.3)　中国数学家。字迪之，生于云南弥勒，卒于北京。1907年考入云南高等学堂，进入英法文专修科。1913—1921年在欧洲各大学留学，1920年获法国蒙彼利埃大学理学硕士学位。其间用法文撰写发表多篇论文。回国后曾任东南大学、清华大学教授。1931年重赴巴黎深造，1933年获巴黎大学理学博士学位。回国后继续在清华大学任教。1937—1949年任云南大学校长。1944—1948年任新中国数学会第二届理事会理事长。1949年第三次赴法，继续攻研亚纯函数。1957年回国，任中国科学院数学研究所研究员。曾任全国政协委员。多年从事亚纯函数的研究，发表研究论文50多篇。在博士论文中，建立无穷级亚纯函数的一个一般性理论，是É. 波莱尔的关于有穷级数与有穷级亚纯函数理论的自然推广。推广奈旺林纳第二基本定理，得到一些深入的结果。综合自己和他人的一些研究成果，著成《关于亚纯函数及代数体函数，奈旺林纳的一个定理的推广》。还著有各种专著及教材十余种。培养了一批数学人才，1930年破例推荐华罗庚到清华大学工作。

布洛赫(Bloch, André, 1893.11.20—1948.10.11)　法国数学家、物理学家。生于贝桑松，卒于巴黎。1914年进入巴黎综合工科学校学习。第一次世界大战期间被征召入伍，战争中负伤。1917年由于精神疾病被关进精神病院，直至去世。其间一直钻研数学，并与数学家瓦利龙、阿达马、波利亚等人秘密通信，讨论数学问题，并以化名或与他人合作发表了多篇论文。主要贡献在复分析、非欧几里得几何和数学物理等方面。最早研究了亚纯函数集合的值分布问题。1924年证明了关于单位圆盘上全纯函数性质的布洛赫定理。引入的布洛赫常数被认为是复变函数论中最重要的常数之一。后又从布洛赫定理出发，证明了超越整函数的反函数的黎曼曲面包含一个具有任意大半径的圆盘。提出的布洛赫猜想在1980年由几位日本数学家同时证明。与波利亚研究随机多项式的零点分布问题。主要论文有《关于瓦利龙整函数定理和标准化理论》(1925)、《关于非欧几里得多面体的体积》(1947)和《关于某些代数方程的根》(与波利亚合作，1931)等。在物理学方面也有重要贡献。1948年因在数学物理方面的成就，获法国科学院安里·贝克列尔奖金。

兰格，R. E.(Langer, Rudolph Ernest, 1894.3.8—1968.3.11) 美国数学家。生于波士顿，卒地不详。1922年在G. D. 伯克霍夫指导下获哈佛大学博士学位。1922—1925年在达特茅斯学院任教，1927—1964年任威斯康星大学麦迪逊分校数学教授，1942—1952年任该校数学系主任。1956—1963年任陆军数学研究中心主任。还曾任哈佛、斯坦福、俄亥俄州立等大学访问教授。1949—1950年任美国数学协会主席。1959年当选美国文理科学院院士。主要研究常微分方程的边值问题、渐近解及其逆问题和斯托克斯定理等。以校正变系数线性微分方程的近似解而闻名，其方法称为兰格校正。培养了20余名博士生。著有《相对论与现代物理学》(与G. D. 伯克霍夫合著，1923)、《傅里叶级数：理论的起源和演变》(最新版，2013)和《常微分方程入门》(最新版，2013)等。

何鲁(1894.3.23—1973.9.13) 中国数学家、数学教育家。字奎垣。生于四川广安，卒于北京。早年曾就读于南洋公学以及清华学堂。1912年考取赴法勤工俭学留学生，进入里昂大学学习。1919年，成为第一个在法国获科学硕士学位的中国人。同年回国，先后在南京高等师范学校、上海中法通惠工商学校、大同大学、中国公学、东南大学等校任教。1932年任重庆大学理学院院长，后任重庆大学校长。中华人民共和国成立后，任西南行政公署文委主任。1956年调到北京师范大学数学系任教，后又调到中国科学院工作。为现代数学在中国的传播做了大量工作。著有《行列式详论》(与段子燮合著，1924)、《虚数详论》(与段子燮合著，1924)、《二次方程式详论》(1927)等。也为中学数学教学改革和教材建设作出重要贡献，参加中学数学教科书的撰写工作。是中国早期科学社团的重要组织者。在法留学期间，曾创办“学群”团体，后“学群”并入中国科学社，成为中国早期重要的科学团体。1935年中国数学会在上海成立，当选9位董事之一。曾任数学会杂志《中国数学学报》和《数学杂志》的编委。

芬斯勒(Finsler, Paul, 1894.4.11—1970.4.29) 瑞士数学家、天文学家。生于德国海尔布隆，卒于瑞士苏黎世。早年在斯图加特技术大学攻读本科课程，在格丁根大学攻读研究生课程，受教于希尔伯特和C. F. 克莱因等数学家。1919年在卡拉西奥多里的指导下获博士学位。1922年在科隆大学任教。1927年开始在苏黎世大学执教，1944年任教授。主要贡献在非黎曼几何方面。1918年发表题为《关于一般空间中的曲线和曲面》的开创性论文，首先以芬斯勒测度来代替黎曼测度，这种测度是以坐标及其微分的更一般函数来表示的。一个具有芬斯勒测度的微分流形称为芬斯勒空间(由É. 嘉当于1934年命名);在芬斯勒空间中,建立了芬斯勒几何,从而对黎曼几何进行了一种推广。以数学基础方面的工作而闻名,坚持认为数学中存在超越形式系统的概念领域。发展了一种别样的集合论,希望用这种理论解决罗素悖论所隐含的矛盾。1926年连续发表关于集合论基础的论文,阐述自己的观点。还致力于代数学、数论和概率论的研究。在天文学方面,利用双筒望远镜定期观察天象,于1924年和1937年分别发现两颗彗星,均被哥本哈根天文台确认(第一颗还被命名为芬斯勒彗星),由此获太平洋天文学会多诺霍彗星奖章。

内曼(Neyman, Jerzy, 1894.4.16—1981.8.5) 波兰—美国数学家。生于俄国宾杰里,卒于美国加利福尼亚州奥克兰。1912年入乌克兰哈尔科夫大学学习,曾受教于数学家C. H.伯恩斯坦。1917—1921年任哈尔科夫理工学院讲师。1921年到波兰求学。1924年在谢尔品斯基指导下获华沙大学博士学位,后辗转于伦敦、巴黎、华沙、斯德哥尔摩等地大学任教。1938年任美国伯克利加利福尼亚大学数学教授,直至去世。主要从事统计学研究,是假设检验的统计理论的创始人之一。首先将置信区间的现代概念引进统计假设检验(1937),并与E.皮尔逊(E. Pearson, 1895—1980)修订费希尔的"零假设"实验,建立的内曼-皮尔逊引理是假设检验的基础。将统计理论应用于遗传学、医学诊断、天文学、气象学、农业统计等方面,取得许多成果,被美国、法国、波兰、瑞典等国家的多个科学团体接纳为相应成员。著有《假设检验的方法》(1928)、《基于经典概率论的统计估计理论概述》(1937)和《关于罗纳德·费希尔爵士一篇文章的注释》(1955)等。1954年在阿姆斯特丹国际数学家大会上作1小时大会报告。1966年获英国皇家统计学会的盖伊金质奖章,1968年获美国国家科学奖章。1974年成为伦敦数学会名誉会员。1979年当选英国皇家学会外籍会员。

安德罗诺夫,И. К.(Андронов, Иван Козьмич, 1894.6.2—1975.11.5) 俄国—苏联数学教育家。生于诺沃西耳,卒于莫斯科。1918年毕业于莫斯科教育学院。后在波雷茨克和特维尔等地任乡村教师。1933年到莫斯科地区师范学院执教,主要讲授代数学、初等数学和数学教学法等课程。任数学方法系主任40余年。主要贡献在数学教学法方面。发表数学教学法和数学史方面的论著100多种,编写了13部教科书,指导120多人撰写学位论文并获得学位,为苏联国民教育事业作出较大贡献。著有《算术:数的概念的发展和数的运算》(1959)、《苏联学校数学教育半个世纪的发展历程》(1967)和《实数和复数的数学》(1975)等。1957年当选俄罗斯联邦教育科学院通讯院士。

切博塔廖夫(Чеботарёв, Николай Григорьевич, 1894.6.15—1947.7.2) 俄国—苏联数学家。生于俄国卡明涅茨-波多尔斯基,卒于莫斯科。早年在基辅大学学习,开始研究罗巴切夫斯基的几何学著作,发表第一篇研究论文。1916年毕业并留校任教。1921—1927年在敖德萨大学任教。1927年在格拉韦指导下获物理-数学博士学位,同年任喀山大学教授。后任该校数学和力学研究所所长。1929年当选苏联科学院通讯院士。1932年在苏黎世国际数学家大会上作1小时大会报告。1943年后任喀山物理-数学学会主席。建立喀山数学学派，为喀山数学的发展作出了重要贡献。去世后，苏联科学院设立了切博塔廖夫奖，喀山大学的数学力学研究所以他的名字命名。在非欧几里得几何、代数数论、伽罗瓦理论、李群、丢番图近似和整解析函数等方面都有重要研究成果。1924年解决了关于素数集合无限性的弗罗贝尼乌斯问题，得到关于素数和算术级数的狄利克雷定理的重要推广。1930年第一次给出关于预解式理论的普遍定理。发表了大量论文和著作，其中最著名的有《伽罗瓦理论基础》(第1卷，1934；第2卷，1937)和《李群论》(1940)。一些代数著作被译成中文，如《代数学》(科学出版社，1954)、《代数学引论》(高等教育出版社，1954)和《代数函数论》(上、下册，高等教育出版社，1956)等。1949—1950年出版《切博塔廖夫全集》(3卷)。

希勒(Hille, Carl Einar, 1894.6.28—1980.2.12)　美国数学家。生于美国纽约市，卒于加利福尼亚州拉霍亚。1911年进入瑞典斯德哥尔摩大学学习化学，后在本迪克松和科克引导下转学数学，还受到米塔-列夫勒的影响。第一次世界大战期间，在瑞典军队服役。1918年回校由M. 里斯指导获博士学位。1920年返回美国，先后在哈佛大学(1920—1922)和普林斯顿大学(1923—1933)任教。1933年任耶鲁大学教授，至1962年退休。1947—1948年任美国数学会主席。曾任《数学年刊》(1929—1933)和《美国数学会汇刊》(1937—1943)编辑。1953年当选美国国家科学院院士。还是瑞典皇家科学院院士、伦敦数学会和巴勒莫数学会的成员。早期研究积分方程、微分方程、特殊函数、狄利克雷级数和傅里叶级数等方面，后期转向泛函分析。应用泛函分析来研究经典分析中的问题，其论著十分注重历史视角，尽可能展示众多抽象概念是如何产生和发展的。算子半群中的三个基本定理称为希勒-吉田定理。撰写(包括合著)175篇论文和12本书。著有《泛函分析和半群》(与菲利普斯合著，1948；中译本，上海科学技术出版社，1964)、《解析函数论》(第1卷，1959；第2卷，1964)、《常微分方程讲义》(1969)和《复数域中的常微分方程》(1976)等。曾获瑞典皇家北极星勋章。

辛钦(Хинчин, Александр Яковлевич, 1894.7.19—1959.11.18)　俄国—苏联数学家、教育家。生于俄国康德罗沃，卒于莫斯科。1916年毕业于莫斯科大学并留校任教，成为卢津学派首批成员。不久任伊万诺沃·沃兹涅森斯克教育学院院长。1922年到莫斯科大学数学力学研究所工作，1927年任教授，1932—1934年任该研究所所长。1935年由卢津指导获物理-数学博士学位。1935—1937年到萨拉托夫国立大学执教。1937年回莫斯科大学。1939年当选苏联科学院通讯院士。同年调到该院斯捷克洛夫数学研究所工作。1944年当选俄罗斯教育科学院院士。主要贡献在概率论、分析学、数论等方面。是苏联概率论学派的创始人之一，在极限定理方面取得重要成果：发现重对数定律，给出平稳随机过程的定义并奠定其理论基础。把概率论方法广泛应用于统计力学，研究概率极限理论与统计力学基础的关系。1932年发表排队论的论文，20世纪50年代出版有关专著。研究质量管理中的数学方法。在分析数学方面，引进渐近导数的概念，推广当儒瓦积分，研究可测函数的结构，并把函数的度量理论应用于数论和概率论中。在数论方面取得了一系列重要结果，特别是对丢番图近似理论的研究尤为突出。在连分数的度量理论方面，建立了许多新的原理。发表150多种关于数学和数学史的论著。对高等和中等学校的教育改革也作出贡献。著有《概率论的渐近定律》(1936)、《统计力学的数学基础》(1943)、《数论上的三颗明珠》(1947)、《数学分析简明课程》(1953)和《连分数》(1960)等。学生格涅坚科编辑出版他的著作集。多部著作被译成中文。多次获苏联政府奖励。

斯特罗伊克(Struik, Dirk Jan, 1894.9.30—2000.10.21) 荷兰—美国数学家、数学史家。生于荷兰鹿特丹，卒于美国马萨诸塞州贝尔蒙特。1912年入莱顿大学学习。1917—1924年在代尔夫特技术学院任数学助教，并在莱顿大学继续学习，1922年在斯豪滕指导下获博士学位。1924—1926年在罗马大学和格丁根大学任教，其间开始研究数学史，并与库朗合作翻译C. F. 克莱因的著作《19世纪数学发展史》，同时研究文艺复兴时期的数学。1926年移居美国，1934年加入美国籍。在马萨诸塞理工学院任职，1940年任教授，1960年退休。早年工作受斯豪滕影响颇深。在张量计算、微分几何学、流体动力学和数学史方面均作出显著贡献，还广泛地编著科学史论著。1919年加入荷兰共产党，后成为美国共产党党员。著有《经典微分几何讲义》(1950)、《美国科学的起源》(1957)和《斯蒂文和惠更斯的研究领域》(1979)等。所著《数学简史》(1948)内容简练通俗，并尝试以马克思主义历史观来论述问题。已被译成多种文字，多次再版。中译本于1956年由科学出版社出版。

苏斯林(Суслин, Михаил Яковлевич, 1894.11.15—1919.10.21) 俄国数学家。生于俄国萨拉托夫州克腊萨夫卡村(Красавка)，卒于同地。1913年入莫斯科大学学习，1917年毕业后留校工作。1918—1919年在伊万诺沃理工学院数学系任教。1919年秋死于斑疹伤寒。是现代描述集合论的创始人之一。1916年，首先定义了解析集的概念(与波莱尔集不同)，是一种通过"树"定义的实数集。该公理体系独立于集合论公理体系ZFC。关于全序集合的问题称为苏斯林问题。生前只发表了一篇短评《关于无超限数的可测集 B 的定义》(1917)，但所作的工作具有重要意义，收录在德国数学家豪斯多夫的《集论纲要》第2版(1927)和苏联数学家卢津的《解析集合论讲义及其应用》(1930)中。

霍普夫，H.(Hopf, Heinz, 1894.11.19—1971.6.3) 德国数学家。生于德国布雷斯劳(今波兰弗罗茨瓦夫)，卒于瑞士措利孔。早年在布雷斯劳大学和柏林大学学习。1920年随数学家E. 施密特赴柏林研究拓扑学，1925年获博士学位。同年到格丁根大学深造，深受A. E. 诺特抽象代数的影响，与苏联数学家П. С. 亚历山德罗夫开始长期合作，并于1927—1928年同到美国普林斯顿大学讲学。1931年任苏黎世高等工业学校教授。1955—1958年任国际数学联盟主席。是许多科学机构的成员，曾获多种奖励和荣誉称号。主要贡献在代数拓扑学和微分几何学方面。继承布劳威尔的工作，探讨同调理论和球面同伦理论；推广莱夫谢茨的不动点公式，证明霍普夫扩张和分类定理，建立霍普夫映射度理论，提出霍普夫不变量，引进霍普夫代数(已成为代数拓扑的有效工具)。还研究局部微分几何结构同黎曼空间拓扑结构的关系以及曲线曲面理论。在数论、群论、泛函分析等方面也有所建树。和 П. С. 亚历山德罗夫合著的《拓扑学 Ⅰ》(1935)是当时拓扑学两个分支(代数拓扑学和点集拓扑学)综合发展的结果,推动了拓扑学的发展。主要论著收集在《霍普夫选集》(1964)中。1950 年在坎布里奇国际数学家大会作 1 小时大会报告。1969 年获罗巴切夫斯基奖。

维纳, N. (Wiener, Norbert, 1894.11.26—1964.3.18) 美国数学家。生于美国密苏里州哥伦比亚,卒于瑞典斯德哥尔摩。12 岁进入塔夫茨学院学习,15 岁获数学学士学位。1913 年以关于数理逻辑的论文获哈佛大学哲学博士学位。后到欧洲旅行,师从罗素、哈代、李特尔伍德和希尔伯特等人。1915 年返美后,曾从事多种职业,其间攻读弗雷歇和勒贝格等人的著作,对现代数学有了进一步了解。1919 年任马萨诸塞理工学院讲师。1932 年任该校教授。1933 年当选美国国家科学院院士,并获博谢纪念奖。早年曾运用函数空间上的测度理论来研究布朗运动,相关的测度称为维纳测度,相应的随机过程称为维纳过程。在位势理论、调和分析、积分方程、复数域上的傅里叶变换等方面也作出重要贡献。1935—1936 年在中国清华大学作访问教授,其间与李郁荣共同研究傅里叶变换滤波器。1948 年前后,和一些医学、生物和工程技术人员合作,创立了控制论。所著《控制论》(Cybernetics, 1948)对科学界产生重要影响。曾两次(1936, 1950)在国际数学家大会上作 1 小时大会报告。发表文章 240 余篇,著有 14 本书。1949 年出版《平稳时间序列的外推、内插和平滑及其工程应用》,提出一种滤波理论,开拓了线性控制理论的研究。1950 年出版《人有人的用处:控制论与社会》。晚年口述两本自传:《昔日神童——我的童年和青年时期》(1953;中译本,上海科学技术出版社,1982)和《我是一个数学家》(1956;中译本,上海科学技术出版社,1987)。1964 年出版了《维纳选集》。

赛格 (Szegö, Gábor, 1895.1.20—1985.8.7) 匈牙利—美国数学家。生于奥匈帝国孔海杰什,卒于美国加利福尼亚州帕洛阿尔托。1912 年进入布达佩斯大学学习,师从费耶和库尔沙克等数学家。1913 年和 1914 年到柏林大学和格丁根大学访学,参加了弗罗贝尼乌斯和施瓦兹等数学家的讲座。1915—1918 年应召入伍。1918 年由福特温勒指导获维也纳大学博士学位。后任冯·诺伊曼的私人教师。1921 年任柏林大学不支薪讲师。1926 年任哥尼斯堡大学教授。1934 年移民美国。1938 年任斯坦福大学数学系主任,直至 1966 年退休。早年推广了特普利茨在正交多项式和特普利茨矩阵方面的工作。主要贡献在数学分析、数学物理和微分方程等方面。发表 130 多篇论文。1939 年出版的专著《正交多项式》包含其大部分研究成果,在应用数学的多个领域,包括理论物理学、随机过程和数值分析等产生积极影响。代表作还有《分析中的问题和定理》(1925,与波利亚合著;中译本,上海科学技术出版社,第 1 卷,1981;第 2 卷,1985)、《数学物理中的等周问题》(与波利亚合著,1951)。1928 年获匈牙利科学院克尼格奖。是奥地利科学院通讯院士(1960)和匈牙利科学院名誉院士(1965)。

伯格曼 (Bergman, Stefan, 1895.5.5—1977.6.6) 波兰—美国数学家。生于波

兰琴斯托霍瓦,卒于美国加利福尼亚州帕洛阿尔托。1913 年后相继在布雷斯劳大学、维也纳大学和柏林大学学习。1921 年以傅里叶分析的研究论文获柏林大学博士学位,后留校工作。导师米泽斯和 E. 施密特对他的数学研究影响很大。1933 年,离开柏林大学,先到苏联,后到巴黎,1939 年移居美国。1951 年当选美国文理科学院院士。1952 年任斯坦福大学教授,至 1972 年退休。主要贡献在复分析和偏微分方程论方面。最著名的工作是 1922 年发现复变函数中的核函数,称为伯格曼核函数,由此得到许多重要结果。1949 年研究实解析条件下混合型偏微分方程,建立其中简单情形方程的奇异初值问题解的积分表达式。还有一些相关的定理、函数和方法以他的名字命名。著有《核函数和保角映射》(1950;中译本,1958)和《数学物理中的核函数与椭圆型方程》(合著,1953)等。两次(1950,1962)在国际数学家大会上作学术报告。去世后,其遗孀以他的遗产设立伯格曼奖,奖励在伯格曼核函数理论及其应用等方面所取得的杰出成果。

拉多(Radó, Tibor, 1895.6.2—1965.12.12) 匈牙利—美国数学家。生于奥匈帝国布达佩斯(今属匈牙利),卒于美国佛罗里达州新士麦拿比奇。1913 年进入布达佩斯技术大学学习土木工程。1915 年参加对俄战争时被俘,被监禁 4 年。其间在其狱友、数学家赫利指导下学习数学。1920 年从西伯利亚战俘营逃出,返回匈牙利。后进入塞格德大学专攻数学,师从 F. 里斯、费耶和哈尔,1923 年获博士学位。1922—1929 年执教于塞格德大学并在布达佩斯数学研究所工作。1929 年去美国访问,先后在哈佛大学和莱斯研究所讲学,1930 年任教授。1935 年加入美国国籍。1944—1945 年任普林斯顿高等研究院研究员。曾任《美国数学杂志》编辑和美国科学促进会副主席。1946—1948 年任俄亥俄州立大学数学系主任。在保角映射、实变函数论、变分法、偏微分方程、测度论和积分论、点集和代数拓扑学、曲面论、逻辑、递归函数、图灵程序等方面均有建树。例如,给出黎曼曲面的一种精确定义;证明曲面一般可以进行单形剖分(或者三角形剖分),从而可与二维多面体同胚;研究求空间内以所给闭曲线为边界的极小曲面问题,即普拉托问题;在闭曲线 Γ 为可求长时,用极限过程证明解的存在性。著有《关于普拉托问题》(1933)、《亚调和函数》(1937)、《长度和面积》(1948)和《不可计算函数》(1962)等。1950 年在坎布里奇国际数学家大会上作学术报告。

沃尔什,J. L.(Walsh, Joseph Leonard, 1895.9.21—1973.12.6) 美国数学家。生于华盛顿,卒于马里兰州科利奇帕克。1912 年进入哥伦比亚大学,一年后转到哈佛大学学习。1916 年获理学学士学位,1917 年获硕士学位。1917—1919 年应征入伍。1920 年在博谢和 G. D. 伯克霍夫指导下获哈佛大学博士学位。曾到巴黎和慕尼黑访学,与蒙泰尔和卡拉西奥多里共同研讨数学问题。1921 年任哈佛大学讲师,1935 年任教授,1937—1942 年任数学系主任。第二次世界大战期间再次到海军服役,1946 年返回哈佛大学,1966 年退休。后接受马里兰大学聘请。1936 年当选美国国家科学院院士。1949—1950 年任美国数学会主席。共发表 270 余篇论文、出版 7 部著作,指导了 31 名博士生。主要贡献在函数逼近、正交函数论等方面。研究了某些多项式和有理函数零点的相对位置，保角映射，以及连续函数、解析或调和函数的插值和近似，广义样条函数的性质等。正交函数系统中有沃尔什函数、沃尔什系统和沃尔什变换。著有《复数域中有理函数的插值与近似》(1935)、《样条理论及其应用》(1967，合著)和《解析函数与调和函数临界点的位置》(1950)等。

奈旺林纳(Nevanlinna, Rolf Herman, 1895.10.22—1980.5.28)　芬兰数学家。生于约恩苏，卒于赫尔辛基。1913年入赫尔辛基大学，受教于林德勒夫。1917年获哲学硕士学位，1919年获哲学博士学位。1922年后一直在赫尔辛基大学任教，1926年任教授。1941—1945年任该校校长。曾任芬兰数学会主席。1948年当选芬兰科学院院士。1959—1962年任国际数学联盟主席。20世纪20—30年代，多次到欧洲访问，受到皮卡、É. 波莱尔和阿达马等数学家形成的函数论学派的影响。主要贡献在解析函数论领域，1925年建立亚纯函数的一个一般性理论，从这个理论可以推出一系列关于亚纯函数值分布的结果，因此成为现代亚纯函数理论的创始者。在《皮卡-波莱尔定理与亚纯函数理论》(1929)及《单值解析函数》(1936)两书中发展了这个理论，给出奈旺林纳第一和第二基本定理。由此推出亚纯函数值分布的若干结果，影响很广。在超越整函数、黎曼曲面的分类理论、单位圆盘上的单叶函数、开黎曼面上的阿贝尔积分等方面也颇有研究。另一著作《单值化》(1953)有中译本(科学出版社，1960)。是许多国家大学的名誉博士和科学院的院士或名誉院士。1932年在苏黎世国际数学家大会上作1小时大会报告。1981年国际数学联盟设立奈旺林纳奖。2018年国际数学联盟决议把奈旺林纳奖重新命名为算盘奖章。

贝林凡特(Belinfante, Maurits Joost, 1896.1.30—1944.10.14)　荷兰数学家。生于阿姆斯特丹，卒于奥斯威辛。1923年由布劳威尔指导获阿姆斯特丹大学博士学位。后留校工作，至1941年。主要贡献在级数论、数学基础和数理逻辑方面。指出无穷级数的“正向”收敛性和“负向”收敛性可导致两个不同的定理。研究级数的绝对收敛性与可和性的概念。1932年在苏黎世国际数学家大会上作学术报告。著有《无穷级数》(1923)和《无穷级数直觉理论中的黎曼重组原理》(1939)等。1944年死于奥斯威辛集中营。

亚诺夫斯卡娅(Яновская, Софья Александровна, 1896.1.31—1966.10.24)　俄国—苏联数学家。生于俄国普鲁扎内，卒于莫斯科。早年参加革命工作。1929年毕业于红色教授学院，1931年任教授。1935年由沙图诺夫斯基指导获物理-数学博士学位。1941年起一直在莫斯科大学工作。主要从事数学基础、数理逻辑、数学哲学和数学史的研究。是苏联数学哲学学派创始人。在莫斯科大学组织了数学哲学研讨会。后又组织了数学史研讨会。建立一个研究和编辑卡尔·马克思数学手稿的委员会，于1943年出版了马克思的部分数学手稿，每篇手稿都附有说明文章。20世纪50年代又组织并主持数理逻辑讨论班。著有《黑格尔的数量范畴与数学本质》(1928)、《现代数学哲学中的唯心主义》(1930)和《马克思的数学手稿》(1933)等。还为《哲学百科全书》和《逻辑问题》文集写过许多重要文章。

库拉托夫斯基(Kuratowski, Kazimierz,

1896.2.2—1980.6.18) 波兰数学家、逻辑学家。生于华沙，卒于同地。早年在苏格兰格拉斯哥大学和波兰华沙大学学习。1921年在马祖尔凯维奇和雅尼谢夫斯基指导下获博士学位。1923—1927年任华沙大学副教授。1927年任利沃夫理工学院教授，并任系主任。1934年任华沙大学教授，兼任华沙数学研究所所长。1952年当选波兰科学院院士，1957—1968年任科学院院长。与巴拿赫密切合作，是苏格兰咖啡馆的常客。数学研究涉及集合论、拓扑学、实变函数论、数理逻辑和图论等领域，特别在描述集合论中得到有价值的结果。领导了拓扑学与集合论领域的波兰学派。1921年用集合概念来定义序偶，称集合 $(a,b)=\{\{a\},\{a,b\}\}$ 为一个序偶，进而用序偶来定义函数。使函数概念得到了新的发展。在拓扑学中，使用极限点的概念提出闭包公理(库拉托夫斯基闭包算子)来定义拓扑空间。在不可约连续统理论、维数论中也得到了一些重要的结果。关于非平面图的研究在图论中具有重要意义，证明了图 G 是平面的充分必要条件是它不包含两个同胚的子图。曾任波兰集合论杂志的主编。1963—1966年任国际数学联盟副主席。作为波兰数学大使，在1946—1956年多次出访欧美各国并作巡回演讲。1955年到中国北京、广州和上海进行学术访问。还是多个国家科学院和学术团体的相应成员，获多所大学荣誉学位。著有《在不可分解的连续体上》(1921，与雅尼谢夫斯基合作)、《拓扑学》(第1卷，1933；第2卷，1950；英文版，1966—1968)、《集合论》(与莫斯托夫斯基合著，英文版，1968)和《1920—1970年半个世纪的波兰数学：回忆与反思》(1973)等。

阿克曼(Ackermann, Wilhelm Friedrich, 1896.3.29—1962.12.24) 德国数学家和逻辑学家。生于黑尔沙伊德，卒于吕登沙伊德。早年入格丁根大学学习，成为希尔伯特的学生，1925年以研究关于算术相容性的论文获博士学位。1929—1948年在吕登沙伊德的中学任教，1948年后到当地的专科学校任教，1957年任数学专业高级教师。1961年当选格丁根科学院通讯院士，并任明斯特大学名誉教授。1962年参与德国数理逻辑和精密科学基础研究协会的创立，成为7个创始成员之一。主要贡献在数理逻辑方面，以对谓词逻辑、初等数论和集合论的研究，特别是1955年创建的阿克曼集合论而著称。1928年把希尔伯特在1917—1922年关于数学逻辑的讲座笔记编著成《理论逻辑基础》，中译本为《数理逻辑基础》(科学出版社，1958)。此书包含对一阶逻辑的阐述，并提出其完整性和可判定性的问题。还研究构造集合理论、无类型逻辑和集合理论新公理化的一致性，特别研究了证明论(或称元数学)。还著有《判定问题的可解类型》(1954)等。

杨武之(1896.4.14—1973.5.12) 中国数学家、数学教育家。原名杨克纯，号武之。生于安徽合肥，卒于上海。物理学家杨振宁之父。1918年毕业于北京高等师范学校。1923年通过安徽省官费留学考试，赴美留学。先后到斯坦福大学和芝加哥大学攻读，1926年获硕士学位，1928年在狄克森指导下获博士学位。是中国最早的代数学博士。同年回国，先在厦门大学任教，次年任清华大学教授。1933—1934年代理数学系主任。1934年后去德国访问一年。抗日战争全面爆发后，随校迁往昆明，任新组建的西南联合大学数学系主任。1950年后任复旦大学数学教授。其主要贡献在代数学方面。以研究数论中的华林问题而著称。研究华林问题的推广形式,证明每个正整数都能表示成9个棱锥数之和,推进了华林问题的研究。还研究一个或多个双线性型的代数不变量,运用狄克森的方法,得到系统阐述。培养了许多数学人才,对中国数学和数学教育的发展贡献很大。20世纪30年代初为清华研究生开设群论课,直接受其影响的有陈省身、华罗庚、柯召等学者。

亚历山德罗夫,П. С.(Александров, Павел Сергеевич, 1896.5.7—1982.11.16) 俄国—苏联数学家。生于俄国博戈罗斯克(今俄罗斯诺金斯克),卒于莫斯科。1917年毕业于莫斯科大学。1921年后在莫斯科大学任教。1927年在叶戈洛夫和卢津指导下获博士学位。1929年任教授,同时在斯捷克洛夫数学研究所工作。1932—1964年任莫斯科数学会主席。1953年当选苏联科学院院士。1920年与乌雷松结为挚友。最初研究集合论和函数论,后转向拓扑学。受到莫斯科大学的卢津学派和德国的格丁根学派的影响。是现代拓扑学的奠基者之一,和乌雷松共同创立并发展了紧与列紧空间理论,引入了一系列基本概念和拓扑结构,建立了本质映射定理和同调维数论,并由此导出了一系列对偶性原理的基本规律。是一位杰出的教育家,在莫斯科大学培养了几代数学家,其中最著名的是吉洪诺夫和庞特里亚金。以他为核心的研究队伍成为世界著名的拓扑学派。在数学界建立了广泛的友谊。与科尔莫戈罗夫、阿达马、弗雷歇、巴拿赫等进行访问和交流。是许多国家的科学院和学术团体的相应成员。1969年获苏联社会主义劳动英雄称号。著有《组合拓扑学》(1947)、《集与函数的泛论初阶》(1948)等。与H. 霍普夫合著的《拓扑学》(1935)流传很广。1954年在阿姆斯特丹国际数学家大会上作1小时大会报告。1972年获罗巴切夫斯基奖。

瓦泽夫斯基(Ważewski, Tadeusz, 1896.9.24—1972.9.5) 波兰数学家。生于加利西亚,卒于拉布卡-兹德鲁伊。中学毕业后进入雅盖隆大学学习物理和数学。1921—1923年到巴黎深造,1924年由É. 波莱尔和当儒瓦指导获巴黎大学博士学位。后返回雅盖隆大学,1927年任讲师,1933年任编外教授。第二次世界大战期间曾被关进集中营,获释后继续秘密执教。1945年任全职教授。后倾全力恢复雅盖隆大学被摧毁的教育系统。1957年当选波兰科学院院士,是波兰科学院数学研究所的创建人和克拉科夫微分方程学派的创始人。主要贡献在常微分方程、控制理论、解析空间和拓扑学等方面。将博苏克引入的拓扑空间收缩核概念应用于微分方程解的研究,取得显著成果,被认为是第二次世界大战以来微分方程理论最重要的成就之一。常微分方程理论中有瓦泽夫斯基方法和定理。发表100多篇论文和多部著作。1954年在阿姆斯特丹国际数学家大会全体会议上作学术报告。

拉波-丹尼列夫斯基(Лаппо-Данилевский, Иван Александрович, 1896.10.28—1931.3.15) 俄国—苏联数学家。生于俄国圣彼得堡,卒于德国吉森。1925年毕业于列宁格勒大学。1929年在В. И. 斯米尔诺夫指导下获博士学位。1930年到德国留学。1931年当选苏联科学院通讯院士。主要贡献是建立了矩阵的解析函数理论,并用来解决线性微分方程理论中的问题。用明显的计算形式来解这类问题,为线性方程组的一系列基本结果的建立奠定了基础。去世后,科钦、叶鲁金等人继承了他的工作。著有《矩阵函数理论和线性微分方程组》(1934)和《矩阵函数在常微分方程线性系统理论中的应用》(1957)等。

普吕弗(Prüfer, Ernst Paul Heinz, 1896.11.10—1934.4.7) 德国数学家。生于威廉斯港,卒于明斯特。1915 年进入柏林大学学习。先后受教于弗罗贝尼乌斯、施瓦兹、克贝和 I. 舒尔等数学家。1917—1918 年应召入伍,战后重返大学学习。1921 年在 I. 舒尔指导下以对阿贝尔群的研究论文获博士学位。后在柏林大学和耶拿大学任教学助理。1927 年任明斯特大学讲师,1930 年任教授。主要贡献在阿贝尔群、图论、代数数、纽结理论和斯特姆-刘维尔理论等方面。有一些概念和定理以他的名字命名,如群论中的普吕弗定理,同调代数中的普吕弗环等。发表 15 种出版物,论文有《阿贝尔群论》(1924/1925)、《代数数论的新基础》(1925)和《纽结理论》(1933)等。著作有《对可数基本阿贝尔群分解的研究》(1923)和去世后由他的学生出版的《投影几何》(1935)等。

西格尔, C. L.(Siegel, Carl Ludwig, 1896.12.31—1981.4.5) 德国数学家。生于柏林,卒于格丁根。1915 年入柏林大学学习,1917 年中止学业,加入德国军队。第一次世界大战后,进入格丁根大学继续学习,师从数学家兰道,1920 年获博士学位。1922 年到法兰克福大学任教。1930 年兼任格丁根大学客座讲师。1938 年离开法兰克福大学到格丁根大学任教授。1940 年赴美任普林斯顿高等研究院研究员。1945 年成为终身研究员。1951 年返回格丁根大学,1960 年退休。1956 年成为伦敦数学会名誉会员。1968 年当选美国国家科学院外籍院士。是哥本哈根、格丁根、奥斯陆和斯德哥尔摩等科学院的院士。1936 年在奥斯陆国际数学大会上作 1 小时大会报告。1978 年获首届沃尔夫数学奖。主要贡献在解析数论、二次型的解析理论、多复变函数论、天体力学等方面。在解析数论方面,对丢番图逼近和丢番图方程的研究有重大突破。在超越数理论方面,系统构造了一大批超越数。发展了代数数域的渐近结果,证明关于 ζ 函数与 L 函数的重要定理。发展了二次型理论,研究任意代数系数的二次型,为解决希尔伯特第十一问题取得重要进展。在多复变函数论方面进行了典型域的分类及辛几何的研究,同时为离散子群及相应模函数论开辟了重要方向。在天体力学的三体问题及有关的微分方程方面也有重要工作。著有《多复变量解析函数》(英译本,1948)、《超越数》(1949;中译本,科学出版社,1958)、《天体力学讲义》(与莫泽合著,1971)等。其主要论文收集在《C. L. 西格尔全集》(4卷,1966—1979)中。

波斯特(Post, Emil Leon, 1897.2.11—1954.4.21) 波兰—美国数学家、逻辑学家。生于俄国奥古斯图夫(今属波兰),卒于美国纽约市。7 岁时随父母迁居美国。12 岁时因意外事故失去左臂。1917 年毕业于纽约市立学院并获学士学位。1917—1920 年在哥伦比亚大学深造,1920 年在凯泽指导下获哲学博士学位。后在纽约市的中学任数学教师。1935 年后回到纽约市立学院任教,1936 年任系主任。是现代证明论和现代机器计算理论的开创者之一,在数理逻辑和数学基础方面作出了重要贡献。在1920年的博士论文中,证明了罗素和A. N. 怀特海提出的命题演算的相容性和完备性,系统地运用了真值表法则;讨论了命题逻辑多值系统的建立并引入了多值真值表。1936年,与图灵几乎同时引进了一种理想的计算机器即"图灵机"(亦称"波斯特机"),定义了可计算函数的概念。同年建立了组合生成系统,推动了递归函数理论的研究。1947年,证明了关于有限半群的字问题的递归不可解性(该问题于1914年由挪威数学家图埃提出)。在分析学方面,研究并给出了与拉普拉斯变换相联系的反演公式。1918年当选美国数学会会员,1936年成为美国符号逻辑协会创始会员。其学生M. 戴维斯(M. Davis,1928—)于1994年出版了《可解性、可证明性、可定义性:埃米尔·L. 波斯特的作品集》。

哈特里(Hartree, Douglas Rayner, 1897.3.27—1958.2.12) 英国数学家、物理学家。生于剑桥,卒于同地。1922年毕业于剑桥大学圣约翰学院,获二等荣誉学位。1924年后相继当选圣约翰学院和基督学院研究员。1926年在物理学家卢瑟福(Ernest Rutherford,1871—1937)指导下获哲学博士学位。1929—1937年任曼彻斯特大学应用数学讲座教授。1932年当选英国皇家学会会员。第二次世界大战期间调往后勤供应部工作。1946年后任剑桥大学普鲁默数学物理教授。发展了数值分析的方法,将微分方程和数值分析应用于新的量子理论,推导出原子中电子分布的哈特里方程,并引入一个称为自洽场法的程序,以计算原子和离子的近似波函数和能量。将他的数值分析方法应用于弹道学、大气物理学和流体动力学等领域。对机器计算也很有研究,曾制造出英国第一台微分分析仪。著有《计算仪器和机器》(1949)、《数值分析》(1952)和《原子结构的计算》(1957)等。

特里科米(Tricomi, Francesco Giacomo, 1897.5.5—1978.11.21) 意大利数学家。生于那不勒斯,卒于都灵。1918年毕业于那不勒斯大学。后在帕多瓦和罗马工作,曾任数学家塞韦里的学术助理。1925年任佛罗伦萨大学教授,不久应皮亚诺邀请任都灵大学分析学讲座教授,直到1967年退休。主要贡献在微分方程和积分方程方面,特别是对二阶混合型偏微分方程的研究,以他的名字命名了下列混合型二阶偏微分方程 $yu_{xx}+u_{yy}=0$。证明了该方程某种边值问题解的存在唯一性定理。研究了积分方程的数值解法。著有关于二阶线性偏微分方程和积分方程等方面的著作。其中《论二阶混合型线性偏微分方程》(1923)有中译本(科学出版社,1957)。两次(1928,1932)在国际数学家大会上作学术报告。1940年代曾多次到美国加利福尼亚理工学院进行学术访问和交流。是山猫学院和都灵科学院院士,1973—1976年任都灵科学院院长。

道格拉斯(Douglas, Jesse, 1897.7.3—1965.10.7) 美国数学家。生于纽约市,卒于同地。1916年毕业于纽约市立学院。1917年到哥伦比亚大学攻读研究生,1920年在卡斯纳指导下获博士学位。1926—1930年在普林斯顿、哈佛、巴黎和格丁根等地访问了多个数学中心,得以接近当代许多数学家,对后来的数学研究有很大影响。先后在马萨诸塞理工学院、普林斯顿高等研究院、布鲁克林学院、哥伦比亚大学和纽约市立学院任职。主要贡献在变分法方面,1930年,引进关于边界值的泛函以代替面积泛函,从而解决并推广了普拉托极小曲面问题(亦称肥皂泡问题),因此获1936年首次颁发的菲尔兹奖。后又研究变分问题的逆问题,1941年解决了三维空间变分问题的逆问题。对群论也有突出贡献。发表几十篇各种专题研究论文。代表作有《格林函数与普拉托问题》、《普拉托问题的最一般形式》(1939)和《高拓扑结构的最小曲面》(1939)等。1943年获博谢纪念奖。

考茨基(Koutský, Karel, 1897.10.21—1964.7.2) 捷克数学家。生于奥匈帝国洛乌尼(今属捷克),卒于捷克斯洛伐克布尔诺。早年在库特纳霍拉和布拉格学习,1922年毕业于查理大学理学院。1921—1946年在中学和文法学校任教。1926年获查理大学自然科学博士学位。1946年后在布尔诺大学理学院任教,1952年任教授,并任数学系主任至1963年。1962年当选捷克斯洛伐克数学家和物理学家联盟名誉会员。发表200多篇不同主题的论文,以及25种数学著作。内容涉及拓扑学、数论、几何、数学史、数学教育和数学哲学等方面。是捷克斯洛伐克数学史研究的先驱之一。论文《拓扑格理论》(1952)曾享有盛名。

萨克斯(Saks, Stanistaw, 1897.12.30—1942.11.23) 波兰数学家。生于卡利什,卒于华沙。1915年进入华沙大学学习,受教于马祖尔凯维奇、谢尔品斯基和雅尼谢夫斯基等数学家。1922年在马祖尔凯维奇指导下以对拓扑学的研究论文获博士学位。后参加第三次西里西亚起义,获两枚勋章。起义结束后到华沙理工大学任教,1926年后相继在华沙大学、利沃夫大学和维尔纽斯大学兼课。1931—1932年到美国纽约大学访学。1939—1941年任利沃夫大学教授。是利沃夫数学学派的成员,也是苏格兰咖啡馆的常客。积极参加数学家群体的讨论,为《苏格兰书》提供问题。主要工作在拓扑学、集合论和泛函分析等方面。特别研究实变函数的可微性及“当儒瓦-佩龙积分”的理论。著作《积分理论》(1933)从可数加性集函数的观点系统地发展了积分与微分理论,引起很大反响,被译成多种文字。与齐格蒙德合著的《解析函数》(1938;英译本,1952)是复分析的重要参考书。1938年获波兰科学院奖励。

托马斯(Thomas, Joseph Miller, 1898.1.16—1979.1.8) 美国数学家。生于宾夕法尼亚州里德利帕克,卒于费城。1923年在F. W. 比尔(F. W. Beal)指导下获宾夕法尼亚大学博士学位。曾在哈佛大学和法国巴黎大学短期执教。1935—1965年任杜克大学数学教授。1936—1937年到普林斯顿高等研究院做访问学者。是《杜克数学杂志》创办者(1935)和主编(1935—1944)之一。1937—1938年任美国数学会理事会成员,1945—1946年任学会副主席。是法国数学会外籍会员。主要研究代数方程组与微分方程的解法及其在几何上的应用。1925年与维布伦合作发表关于路径几何投影法的文章。著有《差分系统》(1937)、《方程理论》(1938)和《系统与根》(1962)等。

乌雷松(Урысон, Павел Самуилович, 1898.2.3—1924.8.17) 俄国—苏联数学家。生于俄国敖德萨(今属乌克兰),卒于法国布列塔尼海岸的滨海巴茨。1915年入莫斯科大学学习,1919年毕业后留校任卢津的助教,1921年获博士学位。1920年与П. С. 亚历山德罗夫结为挚友,多次一起出国访学。其研究得到希尔伯特和布劳威尔的赞赏。主要贡献在拓扑学方面,是维数论的创始人之一。研究并得到拓扑空间和度量空间一般理论中的一系列基本结果。建立了乌雷松度量化定理,证明了"每一个正规的拓扑空间是可度量的"和"每一个可分离的度量空间同胚于希尔伯特方体的一个子集"等结果。和 П. С. 亚历山德罗夫共同引进了绝对闭空间和局部紧空间的概念,研究了这些空间的拓扑性质。维数论中有以他的名字命名的门格尔-乌雷松维数。在积分方程论、复变函数和凸几何理论等方面也有一定贡献。主要论文有《沃尔泰拉线性方程解的唯一性》(1922)、《全连续解析函数》(1923)和《一类非线性积分方程》(1923)等。1951 年出版了他的 2 卷《拓扑学和其他数学领域的著作集》。1924 年在游泳时遇风暴去世。

傅种孙(1898.2.27—1962.1.18)　中国数学家、数学教育家。字仲嘉。生于江西高安,卒于北京。1916 年考入北京高等师范学校(今北京师范大学)数理部,1920 年毕业留在该校附中任教。一年后兼任母校数理部讲师,同年考入数学研究科在职学习,两年后获学士学位。1928 年任北京师范大学教授。后相继在北京几所大学和师范学校执教。1937 年随学校迁到陕西,历任西安临时大学、西北联合大学、西北大学教授。1945 年赴英国,在牛津大学、剑桥大学考察两年。回国后历任北京师范大学教授、数学系主任、教务长、副校长。曾任《北京师范大学学报》(自然科学版)主编,《中国数学杂志》(后改为《数学通报》)总编辑。主要贡献是在中国传播现代数学思想和培养数学人才。在中国最早介绍数理逻辑、非欧几里得几何、数学公理化思想。是数论和近世代数的早期传播者。翻译出版《罗素算理哲学》(与张邦铭合译,1922)、《非欧几里得几何学》(1922)、《几何学之基础》(1922)和希尔伯特的《几何基础》(1924)等。还发表论文十余篇,内容涉及几何、代数、数论和组合学等内容。为发展中国数学教育,培养和发现科学人才做大量工作。还编著多种大、中学课本。

阿廷,E.(Artin, Emil, 1898.3.3—1962.12.20)　奥地利数学家。生于维也纳,卒于德国汉堡。早年就读于维也纳大学和莱比锡大学。1921 年由赫格洛茨和赫尔德指导获莱比锡大学博士学位。后相继到格丁根大学和汉堡大学任教。1926 年任汉堡大学教授。1937 年移居美国,先后在圣母大学、印第安纳大学、普林斯顿大学任教。1952 年当选伦敦数学会名誉会员。1957 年当选美国文理科学院院士。1958 年返回汉堡大学。在代数学、群论、数论、几何学、拓扑学、复变函数论、特殊函数论等方面都有突出贡献。早期主要研究二次数域的解析理论和算术理论。在博士论文中,明确地把二次数域的经典理论通过类比移植到特征为 p(奇素数)的数域上的有理函数域的二次扩张上。从而猜想:对相应的 ζ 函数黎曼猜想也成立。该猜想对亏格为 1 的函数域的情形于 1936 年由哈塞局部地证明,一般情形于 1941 年由韦伊完全证明。在高木贞治工作的基础上,于 1927 年完成了任意数域中的一般互反律的证明,是类域论的重大突破。1924 年开始实域的研究,1926 年建立抽象的实域理论(与他人合作),从而解决了希尔伯特第十七问题。同年又在超复数方面作出贡献,扩展了结合环代数的理论。1927 年又解决了希尔伯特第九问题。1945 年建立阿廷环理论,是韦德伯恩代数构造论的重要推广。1925 年开始研究拓扑学,引入辫子群概念,并于 1947 年完善了该理论。著有《Γ 函数引论》(1931)、《伽罗瓦理论》(1942;中译本,上海科学技术出版社,1979)和《几何代数学》(1957)等。论文收集在《阿廷文集》(1965)中。培养了大量博士生,包括 J. T. 泰特、S. 兰格和中国数学家王湘浩、曾炯之等。

亨策尔(Haenzel, Gerhard Karl Theodor, 1898.3.5—1944.3.6) 德国数学家。生于沃林,卒于法国莱斯讷旺。1915—1920 年应召服役。1920—1925 年在柏林理工学院攻读数学、物理和工程学。毕业后留校任哈梅尔的助理和不支薪讲师。1927 年在哈梅尔指导下获工程学博士学位。1933 年任卡尔斯鲁厄大学教授。1940 年获弗赖堡大学数学博士学位。1943 年任明斯特大学数学教授。不久再次被征召入伍,1944 年因政治阴谋被逼自杀。主要研究线几何学、几何与物理的关系、函数论与微分方程和波动力学等。揭示了狄拉克波动方程算子、投影几何和直线几何的各种构型及其与二十面体群的等价性。1936 年在奥斯陆国际数学家大会上作学术报告。论文有《非欧几里得几何及其在物理学中的应用》(1937)和《狄拉克波动方程和二十面体》(1941)等。

威德(Widder, David Vernon, 1898.3.25—1990.7.8) 美国数学家。生于宾夕法尼亚州哈里斯堡,卒于马萨诸塞州阿灵顿。1916 年进入哈佛大学学习,受教于博谢和奥斯古德等数学家。其间于 1918 年到阿伯丁试验场短期工作。1920 年毕业后到法国深造,参加了É. 波莱尔和古尔萨等数学家的讲座。1924 年在 G. D. 伯克霍夫指导下获哈佛大学博士学位。1924—1930 年在布林莫尔学院任教。后执教于哈佛大学,1937 年起任数学教授。1935 年与托马斯共同成为《杜克数学杂志》创始主编。主要研究拉普拉斯变换的实反演公式、卷积变换的表示定理及正温度函数的表示等。在著作《拉普拉斯变换》(1941)中首次解决了狄利克雷 η 函数上的兰道问题。还著有《卷积变换》(合著,1955)和《高等微积分》(1947)等。

曾炯之(1898.4.2—1940.11) 中国数学家。生于江西新建,卒于西康西昌(今属四川)。1915 年考入江西省立第一师范学校学习。毕业后曾任小学教师。1922 年入武昌高等师范学校(今武汉大学)就读,成为陈建功的学生,1926 年毕业。1928 年考取江西省官费留学生,赴德国留学。先后在柏林大学、格丁根大学和汉堡大学攻读。在格丁根大学学习期间,师从数学家 A. E. 诺特,攻读博士学位。A. E. 诺特被解职后,在 E. 阿廷指导下于 1934 年获博士学位。1935 年回国,受聘于浙江大学,两年后任上海北洋工学院教授。抗日战争全面爆发后随校辗转各地。1939 年到国立西康技艺专科学校任高等数学教授。是国际上早期进入抽象代数学领域并作出了重要贡献的中国数学家,在函数域上的代数方面做了重要工作。研究代数封闭域的性质,推广拟代数封闭域,引进 C_i 域的概念(称为曾层次),证明的几个定理(有两个称为曾定理)是关于超越扩张的布饶尔群的研究基础,对二次型理论有重要应用。发表的 3 篇论文皆为函数域上的代数方面的基础性研究。

克内泽尔,H.(Kneser, Hellmuth, 1898.4.16—1973.8.23) 德国数学家。生于俄

国多帕特，卒于德国杜宾根。A. 克内泽尔之子，M. 克内泽尔之父。1916 年进入布雷斯劳大学学习，参加了 E. 施密特的讲座。不久到格丁根大学，1921 年在希尔伯特指导下获博士学位。1922 年任格丁根大学私人讲师。1925—1937 年任格赖夫斯瓦尔德大学教授。1937 年后相继任杜宾根大学副教授、教授。第二次世界大战期间为保存奥伯沃尔法赫数学研究所的图书资料作出重要贡献。1958—1959 年任该研究所所长。对拓扑学、群理论、殆周期函数、微分几何、解析函数的迭代、亚纯函数的值分布和博弈论诸领域均有研究，特别以群论和拓扑学方面的工作而著称。曾任多种数学杂志的编辑。1954 年任德国数学家协会主席和国际数学联盟执行委员会成员。1958 年当选海德堡科学院院士，1963 年成为芬兰科学院和格丁根科学院的相应成员。著有《函数论》(1958，第 2 版，1966)等。

海廷(Heyting，Arend，1898.5.9—1980.7.9)　荷兰数学家、逻辑学家。生于阿姆斯特丹，卒于瑞士卢加诺。1916 年进入阿姆斯特丹大学学习，师从数学家布劳威尔。1922 年获硕士学位。1925 年在布劳威尔指导下获博士学位。后在中学任教。1936 年任阿姆斯特丹大学私人讲师，1948 年任教授，1968 年任名誉教授。1942 年当选荷兰皇家科学院院士。发展了数学基础研究中直觉主义学派的理论，并在此基础上建立了二值符号逻辑。该逻辑规律像其他多值逻辑规律一样，不接受三重和双重否定规律。还与他人共同构造了直觉主义的谓词演算，使布劳威尔的思想更易理解和更广为人知。著有《数学基础研究》(1934)、《直觉主义：导论》(1956；第 2 版，1966；修订版，1971)和《公理射影几何》(1963；第 2 版，1980)等。

彻里(Cherry，Thomas MacFarland，1898.5.21—1966.11.21)　澳大利亚数学家。生于澳大利亚墨尔本郊区格伦·艾瑞斯，卒于墨尔本。1914 年进入墨尔本大学学习，1918 年毕业并获学士学位。短期服役后获资助进入英国剑桥大学三一学院学习数学。在 H. F. 贝克和福勒(R. Fowler，1889—1944)指导下于 1924 年获博士学位，同时获史密斯奖并当选三一学院研究员。后在曼彻斯特和爱丁堡执教。1929 年返回澳大利亚任墨尔本大学数学教授，至 1963 年退休。澳大利亚科学院院士，1961—1965 年任院长。1954 年当选英国皇家学会外籍会员。1956—1958 年任澳大利亚数学会首任主席。1965 年获授爵士称号。主要研究微分方程(特别是动力学和天体力学中的方程)、渐近级数及其在物理学中的应用。著有《常微分方程解的拓扑性质》(1937)、《可压缩流体绕圆柱体的流动》(1947—1949)和《跨音速流动的数值解》(1949)等。热爱登山和勘察，创建了墨尔本登山俱乐部。

哈塞(Hasse，Helmut，1898.8.25—1979.12.26)　德国数学家。生于普鲁士卡塞尔，卒于阿伦斯堡。1918 年入格丁根大学，师从希尔伯特、兰道、A. E. 诺特和赫克等数学家，因对亨泽尔创造的 p-进数极感兴趣而转到马堡大学。在亨泽尔的指导下于 1920 年获博士学位。后相继在基尔大学和哈雷大学任教，1930 年接替亨泽尔任马堡大学教授。1933 年回到格丁根大学任教授。1940 年起在德国海军的研究机构中从事应用数学研究。第二次世界大战期间曾任格丁根大学数学研究所所长。二战后被格丁根大学解职，1948 年在柏林大学恢复教授职位。1950—1966 年任汉堡大学教授。是 A. E. 诺特学派的代数学家，对代数数域理论作出了重要贡献。吸取亨泽尔 p -进数以及局部-全局思想，提出哈塞原理，并利用该原理解决了二次型的有理等价问题。后用同样方法研究代数数域问题，证明了范数定理，进一步于 1931 年与 A. E. 诺特和布饶尔证明了代数的主定理。1934—1937 年转向研究函数域，于 1935—1936 年证明了椭圆同余函数域上相应的黎曼猜想。二战后研究一般阿贝尔数域，特别是类数问题。是多个国家科学院和学术团体的相应成员。1929—1979 年任《纯粹与应用数学杂志》编辑。1936 年在奥斯陆国际数学家大会上作 1 小时大会报告。著有《代数数域理论的最新研究和问题报告》(1926—1927)和《数论讲义》(1950)等。主要论文收集在《哈塞数学文集》(3 卷，1975)中。

凯雷加托(Kerékjártó, Béla, 1898.10.1—1946.6.26)　匈牙利数学家。生于布达佩斯，卒于京约斯。早年在布达佩斯大学学习，1920 年获哲学博士学位。1922 年任塞格德大学不支薪讲师，1929 年任教授。多次出国访学，在格丁根大学、巴塞罗那大学、普林斯顿大学和巴黎大学授课。1938 年任布达佩斯大学教授。1933 年后一直任《科学报》编辑。1934 年当选匈牙利科学院通讯院士。主要贡献在拓扑学和几何基础等方面。继承了布劳威尔和希尔伯特的工作，研究曲面的映射和曲面上的拓扑群，给出开曲面的分类，发展了曲面上局部等度连续映射群理论。撰写了最早的拓扑学教科书之一——《拓扑学讲义第 1 卷：曲面拓扑学》(与维布伦、莱夫谢茨合著，1923)。还著有 2 卷《几何基础》(第 1 卷，1955；第 2 卷，1966)，分别阐述欧几里得几何的基本构造和射影几何。

维戈茨基(Выгодский, Марк Яковлевич, 1898.10.2—1965.9.26)　俄国—苏联数学教育家、数学史家。生于俄国明斯克，卒于苏联皮亚季戈尔斯克。早年在华沙大学求学，后进入莫斯科大学学习，1923 年毕业并留校工作。1933—1935 年在苏联科学院科学技术史研究所兼职。1938 年在 O. Ю. 施密特指导下以研究古巴比伦数学的论文获物理-数学博士学位，同年成为教授。在莫斯科大学工作到 1948 年。1952—1960 年任图拉师范学院教授。主要从事数学教育和数学史研究。是苏联数学史学派创始人之一。与亚诺夫斯卡娅在莫斯科大学举办了数学史研讨班，推动了数学史在苏联的早期研究。主要研究古代巴比伦数学、双设法的历史和 18 世纪数学发展中的问题等。参加了欧几里得《几何原本》俄文新版的翻译。编写 30 余部著作，包括大学数学分析和解析几何的教材，初、高等数学的入门读物等。其《伽利略与宗教裁判所》(1934)在梵蒂冈受到高度关注和赞赏。还著有《约翰·开普勒及其科学活动》(1935)和《古代世界的算术与代数》(1967)等。其《初等数学手册》和《高等数学手册》多次再版，前者还被译为中文。

本克(Behnke, Heinrich, 1898.10.9—1979.10.10)　德国数学家。生于汉堡，卒于明斯特。1918 年后在布雷斯劳大学、柏林大学和格丁根大学学习，曾参加希尔伯特、兰道与赫克的讲座。1923 年由赫克指导获汉堡大学博士学位。曾在汉堡大学和海德堡等大学短期工作。1927 年后任明斯特大学教授，直至 1967 年退休。1945—

1949年任哲学和自然科学系主任。1936年当选利奥波第那科学院院士。1954—1958年任国际数学教育委员会主席。1964—1965年任德国数学家协会主席。获瑞士和德国几所大学的名誉博士学位。主要贡献在解析函数论及其在数学物理中的应用等方面。1939年与他的博士生K.斯坦(K. Stein,1913—2000)根据解析函数的存在性定理证明了连续的黎曼开曲面都是某种复流形,称为本克-斯坦定理。研究多复变函数论中全纯域问题和解析自同构问题。1938—1972年任《数学年刊》编辑。著有《多复变函数论》(合著,1934)、《单复变量函数论》(合著,1955)和《微分几何讲义》(1963)等。撰写了多位数学家生平以及数学教育方面的文章。培养了包括希策布鲁赫在内的30多名博士生。

麦卡洛克(McCulloch, Warren Sturgis, 1898.11.16—1969.9.24) 美国数学家、神经生理学家。生于新泽西州奥兰治,卒于马萨诸塞州坎布里奇。先后在耶鲁大学和哥伦比亚大学学习,1923年获硕士学位。1927年获哥伦比亚大学医学博士学位。后到纽约做实习医生。1934—1941年在耶鲁大学神经生理学实验室工作。1941—1951年任伊利诺伊大学精神病学教授。1952年后在马萨诸塞理工学院电子实验室与N.维纳一起工作。是美国控制论学会创始成员,1967—1968年任学会主席。主要从事有关大脑功能组织和形式神经元理论的研究。1943年与W.皮茨(W. Pitts, 1923—1969)在论文《神经活动中内在思维的逻辑演算》中提出第一个人工神经元是阈值逻辑单元,创建了基于阈值逻辑的计算模型,提出把神经元作为逻辑换向开关元素,这种元素可处于两个稳定状态("开"与"闭")之一。该论文被认为是对神经网络理论、自动机理论和控制论的开创性工作。主要论文还有《我们如何认知宇宙:听觉和视觉形式的感知》(合著,1947)和《控制论多种来源的回顾》(1969)等。1968年获美国控制论学会维纳奖。

芒代尔布罗,S.(Mandelbrojt, Szolem, 1899.1.20—1983.9.23) 波兰—法国数学家。生于波兰华沙,卒于法国巴黎。数学家B. B.芒代尔布罗的叔父。早年在波兰的综合技术学校和华沙大学学习,1919年到乌克兰哈尔科夫大学跟随苏联数学家C. H.伯恩斯坦学习函数逼近理论。1920—1923年到巴黎法兰西学院留学,受教于阿达马、勒贝格、皮卡和古尔萨等数学家,1923年由阿达马指导获巴黎大学科学博士学位。1926年加入法国籍。先后在里尔理学院、克莱蒙费朗大学执教。1938年接替阿达马任法兰西学院分析力学和天体力学讲座教授。1940年逃往美国,在莱斯研究所工作。1945年返回法国,继任法兰西学院的教职。1972年当选法国科学院院士。是布尔巴基学派的创始人之一。主要贡献在函数论和级数论方面,研究课题涉及拟解析函数类、幂级数、无穷阶可微函数理论、傅里叶级数和狄利克雷级数等方面。1954年和1963年,得到傅里叶变换和狄利克雷级数的奇点之间的有趣关系。发表200余篇论文和多部著作。著有《由泰勒级数所表示的解析函数的奇点》(1932)和《傅里叶级数与拟解析函数类》(1935)等。编辑出版《雅克·阿达马的生平和工作》(合著,1965)。1938年获庞斯列奖。

米纳尔(Mineur, Henri Paul, 1899.3.7—1954.5.7) 法国数学家、天文学家、天体物理学家。生于里尔,卒于巴黎。1917年进入巴黎高等师范学校学习，不久到法国军队服役至1919年。1921年毕业后到德国杜塞尔多夫的法语学校讲授数学。1924年以有关函数方程研究的论文获博士学位，1925年到巴黎天文台工作。1936年创建巴黎大学天体物理研究所，并任研究所主任。是法国国家中心天文台和圣米歇尔天文台的创建者之一。在天体力学、分析力学、统计学和数值计算方面都取得重要成果。观察恒星运动的变化，发现银河系中存在逆行轨道的球状星团。发现造父变星的周期亮度定律中的一个重要错误。代表作有《最小二乘法技术》(1938)、《迄今为止的恒星天文学史》(1934)和《数值计算技术》(1952)等。两次获法国科学院奖励。月球上有以其名字命名的陨石坑。

扎里斯基(Zariski, Oscar, 1899.4.24—1987.7.4)　俄国—苏联—美国数学家。生于俄国科布林，卒于美国马萨诸塞州布鲁克莱恩。1918年入基辅大学学习，1921年赴意大利，先后在比萨大学和罗马大学留学，师从G.卡斯泰尔诺沃、恩里克斯和塞韦里等数学家。1924年在G.卡斯泰尔诺沃指导下获博士学位。后继续在意大利深造。1927年移居美国。1927—1945年在约翰斯·霍普金斯大学任教。1936年加入美国籍。1937年任教授。1945年访问巴西圣保罗大学。1946年任伊利诺伊大学教授。1947—1969年任哈佛大学教授。主要贡献在代数几何学与拓扑学方面。早年受意大利古典代数几何学派影响，主要研究与伽罗瓦理论有关的代数几何学问题。到美国后，又受莱夫谢茨影响，致力于研究代数几何的拓扑问题。通过交换代数使代数几何学现代化。又通过引进曲线的 n 重对称积而给出经典黎曼-罗赫定理的拓扑证明。20世纪30年代中期，转向研究代数曲面的奇点解消问题，给出这个问题的纯代数证明。1940年首次证明零特征域上任意维代数簇局部单值化的存在定理，引进扎里斯基拓扑。1944年证明特征为零的域上三维代数簇的奇点可解消。还引进正规簇和正规化概念，并应用于线性系、双有理变换及代数对应等理论之中。1964年后开始研究同奇性理论与饱和性理论，均有重要建树。1943年当选美国国家科学院院士。1944年获美国数学会柯尔代数奖。1965年获授美国国家科学奖章。1981年获斯蒂尔奖，同年又获沃尔夫数学奖。1950年在坎布里奇国际数学家大会上作1小时大会报告。著有《交换代数》(2卷，合著，1958—1960)和《代数曲面》(1971)等。主要论文收集在《扎里斯基文集》(4卷)中。培养了芒福德和塞登伯格等多位博士生。

米歇尔(Michal, Aristotle Demetrius, 1899.5.1—1953.6.14)　土耳其—美国数学家。祖籍希腊。生于土耳其士麦那(今伊兹密尔)，卒于美国加利福尼亚州洛杉矶。1911年移居美国，1924年入美国籍。1921年进入莱斯大学学习，1924年由埃文斯指导获博士学位。相继在芝加哥大学、哈佛大学、普林斯顿高等研究院、得克萨斯大学和俄亥俄州立大学任职。1929年任加利福尼亚理工学院副教授，1938年后任教授、讲座教授。曾任美国海军军械测试站顾问，负责有关海军军械项目中的数学问题。以对泛函分析、现代微分几何和应用数学的研究而著称。著有《巴拿赫空间中的微分计算》(1958)和《矩阵与张量演算》(1955)等。

博鲁夫卡(Borůvka, Otakar, 1899.5.

10—1995.7.22) 捷克数学家。生于奥匈帝国乌赫尔斯基奥斯特洛(今属捷克),卒于捷克布尔诺。1918年进入布尔诺皇家科技大学学习土木工程,1920年转到马萨里克大学学习数学,曾任数学家莱尔希和切赫的助教,1923年获博士学位。后两次到法国巴黎和德国汉堡留学,得到É. 嘉当和布莱施克的指导。1931年回国。在布尔诺大学短期任职后于1934年任马萨里克大学助教,1946年任教授。1965年当选捷克斯洛伐克科学院院士。同年创办数学杂志《数学档案》。是捷克斯洛伐克科学院数学研究所的创始成员(1969)。主要贡献在图论、微分几何、抽象代数和数学分析等方面。以对图论中最小生成树问题的研究而闻名。在论文《关于某个最小问题》(1926)中,通过最小生成树的数学模型解决了高效配电网络问题。给出的关于最小生成树的算法被称为博鲁夫卡算法。著有《群胚和群理论的基础》(1962;英文版,1976)和《二阶线性微分变换》(英文版1971)。曾获多所大学名誉博士称号和科学院所奖励,如1960年获苏联科学院欧拉奖章等。

科钦娜(Кочина[或 Полубаринова-Кочина], Пелагея Яковлевна, 1899.5.13—1999.7.3) 俄国—苏联—俄罗斯应用数学家、力学家、数学史家。生于俄国阿斯特拉罕,卒于莫斯科。1921年毕业于圣彼得堡大学。后到该校地球物理实验室工作,同时在列宁格勒和莫斯科的高等学校任教。1934年任教授。1935年后在苏联科学院斯捷克洛夫数学研究所工作。1940年获物理-数学博士学位。1958年当选苏联科学院院士,同时担任建设西伯利亚分院的任务。1959—1971年在苏联科学院西伯利亚分院流体动力学研究所工作。1971年后转到苏联科学院力学研究所。主要贡献在流体力学和数学史方面。在过滤理论、动力气象学和水上航空力学等方面进行了大量研究。解决了许多与地下水和石油运动有关的课题。著有《地下水运动理论》(英译本,1962)。还研究线性微分方程理论及其在流体力学中的应用。在数学史方面,主要研究柯瓦列夫斯卡娅、魏尔斯特拉斯和米塔-列夫勒的生平和贡献。1985年出版《卡尔·魏尔斯特拉斯,1815—1897》。发表了柯瓦列夫斯卡娅的多种论著,包括传记系列中的《索菲亚·瓦西里耶维奇·柯瓦列夫斯卡娅》(1981)分册。

诺伊格鲍尔(Neugebauer, Otto Eduard, 1899.5.26—1990.2.19) 奥地利—美国数学家、数学史家、科学史家。生于奥地利因斯布鲁克,卒于美国新泽西州普林斯顿。1922年进入格丁根大学学习,与玻尔成为好友,激发了对数学史的研究兴趣。1926年在库朗和希尔伯特指导下获博士学位,后留校工作。1933年移居丹麦。1934—1939年任哥本哈根大学教授。1939年移居美国,大部分时间在布朗大学工作,1947年任该校数学史系教授。1950年后在普林斯顿高等研究院兼职,1980年成为研究院终身研究员。主要研究古代数学和天文学史,特别是古巴比伦、埃及和希腊的有关历史。1928年曾到苏联,研究保存在莫斯科的埃及纸草书。诠释了很多楔形文字的泥板,为巴比伦数学和天文学史的挖掘和研究作出重要贡献。著有《楔形文字数学书》(与A. 萨克斯[A. Sachs, 1915—1983]合著,1945)、《古代精密科学》(1952,第2版,1957)和3卷《古代数学天文学史》(1975)等。其中《古代精密科学》汇集了

20世纪前半个世纪以来关于古埃及和巴比伦数学史的研究成果。参与创办德国《数学文摘》(1931)和美国《数学评论》(1940)。1940—1945年任《数学评论》全职编辑。对数学评论有独到的见解,认为评论的长度并不与论文的重要性成正比。1936年在奥斯陆国际数学家大会上作1小时大会报告。当选多个国家(丹麦、比利时、奥地利、英国、爱尔兰和美国等)科学院的院士。1979年获美国数学协会杰出服务奖。

蒂奇马什(Titchmarsh, Edward Charles, 1899.6.1—1963.1.18) 英国数学家。生于英格兰伯克郡纽伯里,卒于牛津。1917年进入牛津大学学习数学,其间应征服役1年,1922年以一等荣誉学位毕业。1923年在哈代指导下获博士学位。后任教于伦敦大学(1923—1929)、利物浦大学(1929—1931)及牛津大学(1931—1961年任萨维尔几何学教授)。受哈代影响致力于分析数学的研究,涉及傅里叶级数和傅里叶积分、积分方程、单复变量整函数、黎曼ζ函数、二阶微分方程的特征函数等方面。著有《函数论》(1932;修订版,1952)、《傅里叶积分理论导引》(1937)、《大众数学》(1948)和《黎曼ζ函数理论》(1951)等。1931年当选英国皇家学会会员,1955年获西尔维斯特奖章。1945—1947年任伦敦数学会主席,1953年获德·摩根奖章和贝里克奖。1953年获谢菲尔德大学名誉博士学位。1954年在阿姆斯特丹国际数学家大会上作1小时大会报告。

博赫纳(Bochner, Salomen, 1899.8.20—1982.5.2) 德国—美国数学家。生于奥匈帝国克拉科夫附近的博得戈尔泽(Podgòrze,今属波兰),卒于美国得克萨斯州休斯敦。1918年进入柏林大学学习,在E. 施密特指导下于1921年获博士学位。1924年前往哥本哈根、牛津、剑桥等地游学,与玻尔、李特尔伍德合作开展数学研究。1924—1933年在慕尼黑大学任教。1933年前往美国。到普林斯顿大学任教,1946年任教授,1959—1968年任亨利·伯查德高级教授。1938年入美国籍。退休后,1968—1979年又任莱斯大学数学系主任。是美国国家科学院院士。1957—1958年任美国数学会副主席。数学研究涉及函数论、级数论、多元傅里叶积分、函数的积分变换理论、概率论、多复变函数论和泛函分析等方面。在1932年所著《傅里叶积分讲义》中提出了关于正定函数的博赫纳定理和作为广义函数论先导的广义傅里叶变换。在积分理论中,给出巴拿赫空间的函数积分定义,并引进广泛应用的博赫纳积分。多元调和分析中的博赫纳球形是研究多元傅里叶展开的收敛问题及逼近问题的重要工具。泛函分析中有关于正定函数谱表示的博赫纳-辛钦定理,复变函数论中有博赫纳定理和表示法等。还著有《多复变函数论》(1948,与马丁合著)、《傅里叶变换》(1949)、《调和分析与概率论》(1955)等。1969年出版其4卷《论文选集》。1979年获美国数学会的斯蒂尔奖。1950年在坎布里奇国际数学家大会上作1小时大会报告。培养了大量博士生(包括卡拉比、赫尔加森和中国数学家程民德等)。

克鲁尔(Krull, Wolfgang, 1899.8.26—1971.4.12) 德国数学家。生于巴登-巴登,卒于波恩。1919年后相继就读于弗赖堡大学、罗斯托克大学和格丁根大学。在格丁根大学参加了C. F. 克莱因的讲座。A. E. 诺特的工作激起他对代数学的研究兴趣。1922年在勒维指导下获博士学位。1922—1928年在弗赖堡大学任教。1928—1939年任埃尔兰根大学教授。1939年任波恩大学讲座教授。第二次世界大战期间在海军气象部门任职。1946年返回伯恩大学执教,直至退休。1962年获埃尔兰根大学名誉博士学位。是A. E. 诺特、E. 阿廷所创立的德国代数学派的代表人物之一,对诺特环和一般交换环论的发展作出重要贡献。1926年建立了带算子阿贝尔群和群的线性表示两个概念的关系,该问题后由A. E. 诺特进一步发展。1928年发展了无限伽罗瓦扩张理论,建立了克鲁尔拓扑。同年把有限半单模的一般理论推广到任意半单模上。后又引进了局部环的理论。很多重要概念和定理以他的名字命名,如克鲁尔维度、克鲁尔环、克鲁尔交集定理、克鲁尔主理想定理等。1932年后开始研究一般赋值论及局部环理论。著有《理想理论》(1935;第2版,1968)等。1999年出版其2卷《论文选集》。培养了35名博士生。

绍德尔(Schauder, Juliusz Pawel, 1899.9.21—1943.9) 波兰数学家。生于奥匈帝国伦贝格(今乌克兰利沃夫),卒于同地。早年就读于利沃夫的扬·卡齐米日大学(利沃夫大学前身),1923年在斯坦因豪斯的指导下获博士学位。后任中学教师。1932年获奖学金到德国莱比锡留学。1935年任利沃夫大学高级助理。1943年死于战乱。曾与巴拿赫一起从事研究工作,数学研究受到法国数学家阿达马和苏联数学家C. H. 伯恩斯坦的影响。在泛函分析、拓扑学、积分论、椭圆及双曲型偏微分方程等方面做了大量工作。1930年在论文《函数空间中的不动点定理》中把布劳威尔关于欧几里得空间中凸紧集到自身的连续映射的不动点定理推广到线性赋范空间中的凸紧集、巴拿赫空间中的凸紧集、局部凸的线性拓扑空间中的凸紧集到自身的连续映射上。1934年和法国数学家勒雷合作发表论文《拓扑学与函数方程》,应用不动点定理证明了微分方程解的存在性定理。在拓扑学方面还得到其他一些结果。许多定理、概念以他的名字命名,如与双曲型方程相关的绍德尔能量不等式、紧算子理论中的里斯-绍德尔定理、关于微分算子内正则性的绍德尔估算等。1936年在奥斯陆国际数学家大会作学术报告。

奥尔(Ore, Øystein, 1899.10.7—1968.8.13) 挪威数学家、数学史家。生于克里斯蒂安尼亚(今奥斯陆),卒于同地。1922年毕业于奥斯陆大学,1924年在斯科伦指导下获博士学位。后赴格丁根学习A. E. 诺特的抽象代数新方法,还到瑞典米塔-列夫勒研究所和巴黎大学访学。1925年任奥斯陆大学助理研究员。1927年到美国耶鲁大学数学系任教,1929年任教授,1931年任斯特林讲座教授,至1968年退休。1936年在奥斯陆国际数学家大会上作1小时大会报告。是美国文理科学院和奥斯陆科学院院士,美国计量经济学会的创始成员之一。早期工作在抽象代数学领域,在理想理论、非交换环和格论等方面都有贡献。后期研究数学史、数理逻辑、图论以及四色定理等课题。1930年和A. E. 诺特共同整理出版戴德金的3卷论文集。1968年证明了当地图上国家的个数少于40时,四色定理成立。发表约120篇论文和10部著作。著有《赌博学者卡尔达诺》(1953)、《数论及其历史》(1948)、《尼尔斯·亨里克·阿贝尔》(1957)、《图论》(1962)和《四色问题》(1967)等。

柳斯捷尔尼克(Люстерник, Лазаль Аронович, 1899.12.31—1981.7.23) 俄国—苏联数学家。生于俄属波兰兹顿斯卡-伏拉,卒于莫斯科。1922年毕业于莫斯科大学。1926年在卢津指导下获物理-数学博士学位。1931年任莫斯科大学教授。1934—1948年在苏联科学院斯捷克洛夫数学研究所工作,1948—1955年在列别杰夫精密机械与计算机工程研究所工作。1946年当选苏联科学院通讯院士。是叶戈洛夫和卢津所创立的莫斯科学派的代表人物之一。在早期学术论文中,对拓扑学在大范围变分法中的应用提出独到见解。1924年应用有限差分法解决了狄利克雷问题。1929年与施尼雷尔曼共同解决了关于闭测地线的庞加莱问题,并建立了与这种问题相关的数学理论。20世纪30年代转向研究线性和非线性微分方程的特征值问题。和学生长期研究分析学中的拓扑方法。1943—1946年得到关于大范围变分法的最一般的结果。力图把现代集合论思想与经典的几何方法结合起来。20世纪40年代研究计算机科学,取得一定成果。与其他数学家共同编写了一系列高等学校的教科书,有些被译成中文,如《泛函分析教程》(与B. И. 索伯列夫合著;中译本,科学出版社,1955)和《变分学教程》(与M. A. 拉夫连季耶夫合著;中译本,高等教育出版社,1955)等。

科林伍德(Collingwood, Edward Foyle, 1900.1.17—1970.10.25) 英国数学家。生于诺森伯兰郡阿尼克,卒于同地。1918年进入剑桥大学三一学院学习,1922年获二等荣誉学位毕业。同年转到阿伯里斯特威斯大学学习,对复分析发生兴趣。1923—1924年到巴黎大学深造,完成第一篇关于积分函数理论的论文。后回剑桥大学。1929年在李特尔伍德指导下获三一学院博士学位。1930年开始在三一学院任教,开设有关积分和亚纯函数的高级课程。1937年投身军界,第二次世界大战期间以上尉军衔受雇为海军科学家。1945年获大英帝国勋章。战后重返数学研究。主要贡献在解析函数论,特别是亚纯函数论方面。发表数十篇论文和两部专著。有论文《对有限阶积分函数理论的贡献》(1929)和专著《聚值集理论》(与洛沃特[A. J. Lohwater, 1922—1982]合著,1949)等。1954年当选爱丁堡皇家学会会员,1965年当选英国皇家学会会员。1969—1970年任伦敦数学会主席。1962年获授爵士称号。爱好收藏,是中国瓷器专家。

伯基尔(Burkill, John Charles, 1900.2.1—1993.4.6) 英国数学家。生于诺福克郡霍尔特,卒于谢菲尔德。1917年获奖学金到伦敦圣保罗学校就读,短期服兵役后于1919年到剑桥大学三一学院继续学习,1922年获博士学位,1923年获史密斯奖。1924年任利物浦大学教授。1929年回剑桥大学任彼得豪斯学院讲师和研究员,1967年退休。1968—1973年主持彼得豪斯学院工作。1948年获亚当斯奖。1953年当选英国皇家学会会员。主要贡献在经典分析和实变函数论方面。推广了黎曼积分与勒贝格积分,在佩龙积分(1914)、当儒瓦积分(1921)后,引入了伯基尔积分(1951),在积分概念的发展中起到了推动作用。著有《勒贝格积分》(1951)和《常微分方程理论》(1956)等。编著的数学分析教科书被广泛使用。

霍夫曼(Hofmann, Joseph Ehrenfried,

1900.3.7—1973.5.7) 德国数学史家。生于慕尼黑,卒于金茨堡。1919年进入慕尼黑大学,师从数学家迪克等人。毕业后在冈茨堡等地任中学教师。1927年在迪克指导下获博士学位。1939年到柏林大学学习和研究数学史。1940—1945年为柏林科学院编辑了莱布尼茨的作品。其间在奥伯沃尔法赫数学研究所定期组织数学史研讨会。1947年重返冈茨堡的中学执教,至1963年退休。其间在弗赖堡大学、柏林洪堡大学、杜宾根大学和卡尔斯鲁厄大学兼任数学史教授。深入研究微积分的历史,详细记录了牛顿和莱布尼茨关于优先权的争议,以及他们的争论是如何推动微积分建立和早期发展的。发表了18—19世纪几位德国数学家以及约翰·伯努利、欧拉和费马的论著。以编著3卷《数学史》(1953—1957,英译本,1957—1960)著作而闻名。1957年获吉森大学名誉博士学位,同年当选德意志民主共和国科学院通讯院士。1963年当选国际科学史研究院院士。1967年当选比利时科学史学会外籍会员。1958年在爱丁堡国际数学家大会上作学术报告。

英厄姆(Ingham, Albert Edward, 1900.4.3—1976.9.6) 英国数学家。生于英国北安普敦,卒于法国夏蒙尼。1919年进入剑桥大学三一学院学习,以数学一等荣誉学位毕业。1922年成为三一学院研究员,并获史密斯奖。1925年在李特尔伍德指导下获博士学位。1926年到利兹大学从事数学研究。1930年接任F. P. 拉姆齐在剑桥大学国王学院的研究员和讲师职位,直至退休。1945年当选英国皇家学会会员。主要研究黎曼ζ函数、数论、级数论和陶伯定理等。在级数论中,有以他的名字命名的求和法;在数论中,研究孪生素数的性质和格点问题,推广了阿达马和瓦莱-普桑关于素数定理的研究。1937年发表论文《关于两个连续素数之间的差》,得到重要结果。唯一的一部著作《素数的分布》(1932)已成为经典之作。

克卢斯特曼(Kloosterman, Hendrik Douwe, 1900.4.9—1968.5.6) 荷兰数学家。生于荷兰罗特瓦勒,卒于莱顿。1918年进入莱顿大学学习。1922年获硕士学位。后到哥本哈根大学跟随玻尔、到牛津大学跟随哈代学习。1924年获莱顿大学博士学位。1924—1925年服兵役。1926—1928年到格丁根大学和汉堡大学继续深造。1928—1930年在明斯特大学任助教。1930年到莱顿大学任教,1947年任教授,直至去世。1955—1956年在美国密歇根大学任客座教授。1920年入选华沙科学学会,1926—1931年任该学会主席。1950年在坎布里奇国际数学家大会上作学术报告。1950年当选荷兰皇家科学院院士。主要贡献在实变函数论和数论方面。在拟解析函数类和数论中有"克卢斯特曼和",是在1926年研究方程

$$ax_1^2+bx_2^2+cx_3^2+dx_4^2=n$$

时提出来的,开辟了堆垒数论新的研究领域。代表性论文有《形如$ax^2+by^2+cz^2+dt^2$的数字表示法》(1926)和《二进制模块化同余组的特征》(1950)。1986年莱顿大学数学系设立了克卢斯特曼讲座。

尤登(Youden, William John, 1900.4.12—1971.3.31) 美国数学家、统计学家。生于澳大利亚汤斯维尔,卒于美国华盛顿。1907年举家移居美国。1917—1921年就读于罗切斯特大学。1924年获哥伦比亚

大学化学博士学位。毕业后到纽约博伊斯·汤姆森植物研究所工作。1948年供职于国家标准局,参与各种仪器校准和设计工作。主要研究统计学,在统计方法上有所创新。1937年在论文《使用不完全区块复制估计烟草花叶病毒》中使用了“尤登方块”(一种不完全区块设计)。其中介绍并演示了四种新的矩形实验设计的应用,改进了拉丁方结构。其方法和理论在生物学和医学研究中得到广泛应用。1951年当选美国统计协会会员,1969年获该协会威尔克斯奖。1974年根据其手稿出版著作《风险、选择和预测》。

考埃尔(Cauer, Wilhelm, 1900.6.24—1945.4.22) 德国数学家、物理学家。生于柏林,卒于同地。1918年进入柏林夏洛特堡技术学院学习。1921年到波恩大学学习数学和理论物理。1924年到贝尔电话公司德国子公司工作。1926年在哈梅尔指导下获夏洛特堡技术学院博士学位。其博士论文《频率相关的交流电阻》对包含完整网络合成程序作出重大贡献。1928年任格丁根大学库朗数学研究所的研究助理。1936—1939年在飞机公司实验室工作。1939年后到柏林工业大学执教。早年研究广义相对论,但很快转向电气工程。建立了网络合成法,研究电滤波器的分析与合成。论文《泊松积分及其在交流线性电路理论中的应用》(1940)阐述了泊松积分理论在电网理论中的应用。代表作《线性通信网络理论》(1941;英译本,1958)提供了网络合成问题的第一个精准数学描述。

弗伦恰努(Vrănceanu, Gheorghe, 1900.6.30—1979.4.27) 罗马尼亚数学家。生于瓦斯卢伊县的小镇瓦莱亚霍盖(Valea Hogei),卒于布加勒斯特。1919年进入雅西大学学习数学,受教于迈勒和斯托伊洛夫等数学家,1922年毕业。1923年前往格丁根大学,师从希尔伯特。又到罗马大学深造,1924年在列维-齐维塔指导下获博士学位。回国后任雅西大学讲师。1927—1928年先后到法国和美国与É. 嘉当和维布伦一起工作。1929年任切尔诺夫策大学教授。1939年任布加勒斯特大学教授,1948年任几何与拓扑学系主任,直到1970年退休。1955年当选罗马尼亚科学院院士。创办两种罗马尼亚数学杂志并任编辑。1928年在波伦亚国际数学家大会上作学术报告。1975—1978年任国际数学联盟副主席。以研究微分几何和拓扑学而闻名,是罗马尼亚微分几何学派的创始人。在各国期刊上发表了300多篇论文,内容涵盖了现代几何学的各分支,从经典的曲面理论到他发现的非完整空间概念等。1936年提出以非完整空间为基础的统一场论。著有《非完整空间》(1936)、《仿射联络空间理论》(1941)和《微分几何教程》(2卷,1957)等。

布尔加科夫(Булгаков, Борис Владимирович, 1900.8.6—1952.4.29) 俄国—苏联数学家、力学家。生于莫斯科,卒于同地。1923年进入莫斯科大学物理-数学系学习,受教于叶戈洛夫、卢津和О. Ю. 施密特等数学家,1928年毕业。1931年起先后在莫斯科大学、莫斯科高等技术学校和苏联科学院力学研究所工作。1939年获物理-数学博士学位,同年成为教授。1946年当选苏联科学院通讯院士。数学研究主要在代数学和微分方程方面。把微分方程理论应用于振荡理论研究,基于矩阵和算子演算的方法提出一种用于描述线性振荡系统的一般的紧凑形式。还特别研究陀螺仪的应用及相关的动力学，开发了陀螺系统的一般理论，所著《陀螺仪的应用理论》(1939)是研究陀螺仪理论的重要参考书。发展了惯性导航系统的理论基础，开发了非线性控制系统的综合方法等。

文科夫(Венков, Борис Алексеевич, 1900.8.13—1962.12.13) 俄国—苏联数学家。生于俄国普斯科夫州克拉托沃，卒于苏联列宁格勒(今俄罗斯圣彼得堡)。1925年毕业于列宁格勒大学。1928—1934年在苏联科学院斯捷克洛夫数学研究所工作，1933年成为教授，1935年后到列宁格勒大学任职，1936年在Д. К. 法捷耶夫指导下获物理-数学博士学位。主要贡献在代数学和数论方面。在系列论文《四元数算术》(1922—1929)中，首次利用初等方法证明了关于二元二次型类数的狄利克雷公式，大大化简了此前利用分析方法给出的各种证明。在《正定二次型的约化》(1940)一文中，根据沃罗诺伊的思想，得到了当$n>3$时约化正定二次型的重要结果。在几何学中，研究了平行六面体的抽象特征。著有《初等数论》(1937)等。

范·丹齐格(van Danzig, David, 1900.9.23—1959.7.22) 荷兰数学家。生于阿姆斯特丹，卒于同地。13岁发表第一篇数学论文。1917年进入阿姆斯特丹大学学习，师从曼努里(G. Mannoury, 1867—1956)。1927年到代尔夫特技术学院任斯豪滕的助理，1932年任讲师，1938年任教授。1931年在范德瓦尔登指导下获格罗宁根大学博士学位。在德国占领期间被学校解雇。1946年任阿姆斯特丹大学教授，是该校数学中心的联合创始人。1949年当选荷兰皇家科学院院士。1953年为荷兰政府开发了一种数学方法应对北海洪水，得到法定的最低安全标准。主要贡献在拓扑学、统计学和概率论等方面。系统研究了抽象群、环、域的拓扑结构。在一系列题为《拓扑代数》(1932)的论文中详细阐述了相关问题。还著有《关于度量齐次空间》(与范德瓦尔登合著，1928)，《概率论的数学和经验基础》(1941)和《关于生成函数法》(1949)等。1954年在阿姆斯特丹国际数学家大会上作1小时大会报告。

斯米尔诺夫，Н. В.(Смирнов, Николай Васильевич, 1900.10.17—1966.6.2) 俄国—苏联数学家。生于俄国莫斯科，卒于同地。第一次世界大战期间参加救护部队，十月革命后又参加苏联红军。1921年进入莫斯科大学学习。毕业后在莫斯科市各大学任教。1938年到苏联科学院斯捷克洛夫数学研究所工作。同年获物理-数学博士学位。1939年成为教授。1960年当选苏联科学院通讯院士。主要研究数理统计和概率论中的各种课题。在统计学中，和科尔莫戈罗夫建立了关于一维概率分布的非参数测试(称为K-S测试)，得到非参数统计的基本结果。编制许多数理统计用表，解决数理统计和概率论中的若干难题。在自然科学和工程领域大力推广和广泛传播数理统计方法。著有《可变步长的极限分布》(1949)和《概率、正态密度和规范化导数的正态积分表》(1960)等。1970年出版其《概率与数理统计选集》。

拉夫连季耶夫，М. А.(Лаврентьев, Михаил Алексеевич, 1900.11.19—1980.10.15) 俄国—苏联数学家、力学家。生于俄国喀山，卒于莫斯科。1918—1921年在喀山大学学习物理和数学。1921年转学到莫斯科大学，1922年毕业。1927年任莫斯科大学助理教授。1929年任茹科夫斯基中央空气流体动力学研究所高级工程师。1932年和1933年分获工程技术科学博士学位和物理-数学博士学位。1931—1941年在莫斯科大学工作。1934—1939年在苏联科学院斯捷克洛夫数学研究所兼职。1939—1941年、1944—1949年两度担任乌克兰科学院数学研究所所长。1949—1953年任苏联科学院精密机械和计算技术研究所所长。1939年和1946年分别当选乌克兰科学院和苏联科学院院士。1952年后任苏联科学院副院长。1957—1975年任苏联科学院西伯利亚分院院长。是多个国家科学院和学术团体的成员。1975年后在莫斯科物理技术研究所工作。早年师从卢津研究集合论和拓扑学。后研究函数论、微分方程理论、变分法和复变函数论等学科。十分注意把数学方法应用于力学和各种实际问题中。培养了克尔德什、谢多夫、伊什林斯基和马库舍维奇等学生。著有《保角映射及其在某些力学问题中的应用》(1946)和《变分学教程》(与柳斯捷尔尼克合著,1950)等。为高等学校编著了一系列教科书和教学参考书。一些著作被译成中文。1966—1970年任国际数学联盟副主席。获苏联政府多项奖励。1977年获授罗蒙诺索夫金质奖章。

涅梅茨基(Немыцкий, Виктор Владимирович, 1900.11.22—1967.8.7) 俄国—苏联数学家。生于俄国斯摩棱斯克,卒于苏联阿尔泰边疆丘尔查(Чульча)。数学家巴里的丈夫。1925年毕业于莫斯科大学并留校工作。1935年在П. С. 亚历山德罗夫和斯杰潘诺夫指导下获物理-数学科学博士。同年任教授。主要贡献在微分方程定性理论、拓扑学和实变函数论等方面。发表70余篇论文和多部专著,与斯杰潘诺夫合著的《微分方程定性论》(中译本,科学出版社,上册,1956,下册,1959)对常微分方程理论的发展起到推动作用。常微分方程理论中一类在L^p空间上具有良好连续性和有界性的非线性算子称为涅梅茨基算子。

李约瑟(Needham, Joseph Terence Montgomery, 1900.12.9—1995.3.24) 英国人文学者、科学家、科技史家。生于伦敦,卒于剑桥。1917年入剑桥大学学习,1921年获学士学位,1925年获哲学博士学位,同年任剑桥大学凯斯学院教授,并在弗雷德里克·霍普金斯生物化学实验室工作。早年研究生物化学,曾出版《化学胚胎学》《生物化学形态学》和《胚胎学史》等著作,是胚胎生物化学创始人。1937年开始学习中文。1943年初受英国政府的委派在华考察。1948年回到凯斯学院后一直致力于中国科技史的研究,直至1990年退休。1983年任李约瑟研究所首任所长,1990年后任名誉所长。所著《中国科学技术史》出版7卷34分册。1978年出版了中译本《中国科学技术史·第三卷 数学》,内容主要是对中算史的研究,分析了中算史的价值与意义。提出近代中国科技为何停滞不前的"李约瑟难题",涉及中国的政治制度、经济制度、人文传统等多个领域。1941年当选英国皇家学会会员。1971年当选英国科学院院士。1961年获萨顿奖章。是中国科学院和中国社会科学院名誉教授、中国科学院外籍院士(1994)。获中国国家自然科学奖一等奖(1983)、伦敦中国国家科委国际合作奖(1995)等。

齐格蒙德(Zygmund, Antoni, 1900.12.25—1992.5.30) 波兰—美国数学家。生于俄属华沙(今属波兰),卒于美国芝加哥。

1919 年进入华沙大学学习，受教于雅尼谢夫斯基和马祖尔凯维奇等数学家，尤其受萨克斯影响较大。1923 年在马祖尔凯维奇指导下获博士学位。1922—1929 年在华沙理工学院任教。1930 年任波兰维尔纽斯大学（今属立陶宛）数学教授。1940 年赴美国，在多所院校短期执教后于 1947 年加入美国籍，同年任芝加哥大学教授，直到 1980 年退休。指导卡尔德伦获博士学位，并与其共同创立芝加哥分析数学学派。主要贡献在函数论方面，特别是在三角级数和正交级数理论方面（以他的名字命名了一类函数）。专著《三角级数》（与萨克斯合著，1935）1959 年再版时增加许多内容并改为 2 卷，2002 年又出了第 3 版，还被译为许多国家文字。还著有《解析函数》（1938，与萨克斯合著；英译本，1952）、《三角插值法》（1950）、《奇异积分》（1971）和《测度与积分：实分析导论》（1977）等。是波兰、意大利及美国等国科学院院士。1979 年获美国数学会斯蒂尔终身成就奖。

王福春（1901—1947.9.26）　中国数学家。字梦强。生于江西安福，卒于南昌。1922 年考取武昌高等师范学校（今武汉大学）。1927 年毕业留校任助教，后到江西省立葆灵女子中学任教。1929 年到日本东北帝国大学进修，主攻黎曼 ζ 函数和傅里叶级数。1936 年回国，先后在暨南大学、西北农林专科学校、浙江大学、中正大学等校任教。主要贡献在傅里叶级数强性求和、里斯求和、绝对求和，以及黎曼 ζ 函数等方面。1933—1937 年在日本数学杂志上发表系列论文 16 篇。1942—1945 年又发表论文 19 篇。1946 年任中央研究院数学研究所兼职研究员，并两度获民国时期的国家学术奖。

塔斯基（Tarski，Alfred，1901.1.14—1983.10.26）　波兰—美国数学家、逻辑学家、哲学家。生于俄属华沙（今属波兰），卒于美国加利福尼亚州伯克利。1918 年进入华沙大学攻读生物学，很快转向学习数学。1924 年在列什涅夫斯基指导下获博士学位。后相继在波兰师范学院和华沙大学任教，同时在中学兼课。1930 年后到维也纳大学和巴黎访学。1939 年移居美国，先后在哈佛大学、纽约市立学院和普林斯顿高等研究院任临时教职。1942 年获伯克利加利福尼亚大学终身职位，1949 年任教授，1968 年退休。1945 年加入美国籍。研究工作涉及一般代数、几何学、测度论、集合论、数理逻辑和数学基础以及元数学等领域，其中尤以对逻辑语义学的研究最为突出。是波兰逻辑学派的主要代表人物。1924 年和巴拿赫合作提出巴拿赫-塔斯基悖论。1933 年发表论文《形式化语言中的真理概念》，不仅开创了现代逻辑的语义学研究和模型论的早期研究，还是用语义分析方法解决哲学问题的重要成果。他关于真理的定义在语言哲学中产生了很大的影响。追随罗素的工作开展了关于对象语言和元语言的研究。数理逻辑中的许多概念和论断是用他的名字命名的。是美国国家科学院院士和不列颠学院外籍院士，曾任美国符号逻辑学会主席（1944—1946）和国际科学史与科学哲学联合会主席（1956—1957）。1954 年在阿姆斯特丹国际数学家大会上作 1 小时大会报告。著有《演绎科学的逻辑和方法导论》（1941）、《初等代数和几何的判定法》（1948）、《不可判定理论》（与莫斯托夫斯基，R. M. 鲁宾逊合著，1953）和《逻辑学、语义学、元数学》（1956）等。发表了大量论文。曾参与创办

《数学基础》杂志。

彼得罗夫斯基（Петровский, Иван Георгиевич, 1901.1.18—1973.1.15） 俄国—苏联数学家。生于俄国谢夫斯克，卒于莫斯科。早年就读于莫斯科大学物理-数学系，1927 年毕业。后继续攻读研究生，1930 年研究生毕业后留校工作，1933 年成为教授。1935 年在叶戈洛夫指导下获物理-数学博士学位。1940—1944 年任莫斯科大学力学和数学学院院长。1946 年当选苏联科学院院士。1951 年后任莫斯科大学校长。数学研究涉及微分方程理论、代数几何学、概率论、积分方程、函数论和拓扑学等方面。深入研究了实数域内微分方程组的奇点、奇点附近及周期解邻域内积分曲线的性态，柯西问题的解对初值的依赖性等课题。1937 年开始把偏微分方程组分为椭圆型、双曲型、抛物型三种类型并分别进行研究。建立了有界域内热传导方程边值问题解存在的充要条件。把微分方程理论用于研究弹性理论、波的传播、热传导以及气体扩散中的许多具体问题。分析现代科学的状况，探讨科学的逻辑结构及其形成的途径，并提出了有待解决的新问题。为苏联高等学校编著了大量数学教科书，其中《偏微分方程论讲义》（中译本，高等教育出版社，1956）、《积分方程论讲义》（中译本，高等教育出版社，1954）和《常微分方程论讲义》（中译本，商务印书馆，1953）同在 1952 年获斯大林奖金。

布饶尔（Brauer, Richard Dagobert, 1901.2.10—1977.4.17） 德国—美国数学家。生于德国柏林夏洛滕堡，卒于美国马萨诸塞州贝尔蒙特。1919 年入柏林大学，受教于比伯巴赫、卡拉西奥多里、普朗克和赛格等数学家。1926 年在 E. 施密特和 I. 舒尔指导下获博士学位。毕业后在哥尼斯堡大学任教。1933 年赴美，先后在肯塔基大学、普林斯顿高等研究院、密歇根大学、哈佛大学任教。1955 年当选美国国家科学院院士。主要研究代数学，在典型群表示论、单代数和分裂域、有限群模表示论、有限单群、代数数论等方面作出重要贡献。1929 年引进了域上单代数类的布饶尔群。1931 年与哈塞、A. E. 诺特一起证明了代数构造论的主定理。20 世纪 30 年代中期曾任外尔的助手，与外尔合写有关旋量的论文。算出的典型群的贝蒂数，对外尔的《典型群》成书有重要作用。1935 年起通过长期工作建立起系统而深入的有限群模表示理论。1954 年提出的布饶尔纲领对有限群的分类有重要作用。与人合作证明了一系列重要的分类定理。是多个国家科学院和学术团体的成员。1957—1958 年任美国数学会主席。1949 年获柯尔奖。1970 年获美国国家科学奖章。1954 年在阿姆斯特丹国际数学家大会上作 1 小时大会报告。科学论文汇编为《布饶尔论文集》（3 卷）。

施赖埃尔（Schreier, Otto, 1901.3.3—1929.6.2） 德国数学家。生于奥地利维也纳，卒于德国汉堡。1919 年进入维也纳大学学习数学，1923 年获博士学位。1928 年任罗斯托克大学教授，1929 年夏因病早逝。受 E. 阿廷和 A. E. 诺特的影响，在组合群论方面作出突出贡献，在数理逻辑、近世代数和矩阵论方面也有建树。某些著作是与 E. 阿廷合作完成的，特别是共同建立了有序域的抽象理论。著有《解析几何与代数学引论》（合著，第 1 卷，1931，第 2 卷，1935；英译本，1951）等。

安德罗诺夫，A. A.（Андронов, Александр

Александрович, 1901. 4. 11—1952. 10. 31) 俄国—苏联物理学家、数学家和工程师。生于莫斯科，卒于苏联高尔基城(今俄罗斯下诺夫哥罗德)。1920年进入莫斯科高等技术学院电气工程专业学习，不久入莫斯科大学，1925年毕业。1929年获物理-数学博士学位。1931年任高尔基大学教授。1946年当选苏联科学院院士。在微分方程动力系统稳定性方面进行了广泛研究，在振动理论与自动控制论以及电气工程、无线电物理和应用力学等方面都有贡献。特别运用数学方法研究了自振理论，解决了一系列无线电技术和自动控制论中的非线性问题。对微分方程解的定性理论的研究取得重要成果。还从事了大量社会工作并获苏联政府多项奖励。1969年苏联科学院设立了安德罗诺夫奖金。月球上有以其名字命名的陨石坑。著有《振动理论》(合著，1937；中译本，科学出版社，1973/1974)和《粗系统》(与庞特里亚金合著，1937)等。

泽肯多夫(Zeckendorf, Édouard, 1901.5.2—1983.5.16) 比利时数学家、医生。生于列日，卒于同地。1919年入列日大学攻读医学，1925年取得行医资格。第二次世界大战时从军服务。业余时间研究数学，以研究斐波那契数列而著称。该数列的性质“每个正整数都可以唯一地表示为非连续斐波纳契数之和”命名为泽肯多夫定理。曾在《列日皇家科学杂志》上发表了20多篇数学论文，数论中的许多概念是用他的名字命名的。

科钦(Кочин, Николай Евграфович, 1901.5.19—1944.12.31) 俄国—苏联数学家、力学家、地球物理学家。生于俄国圣彼得堡，卒于苏联莫斯科。1923年毕业于彼得格勒大学。1924—1934年在列宁格勒大学工作。1933—1934年兼任气象研究所所长。1935年获物理-数学博士学位。1938年后到莫斯科大学工作，1939—1944年任苏联科学院力学研究所主任。1939年当选苏联科学院院士。科学研究涉及动力气象学、气体动力学、空气流体动力学、数学和理论力学等方面。把数学方法，特别是积分方程论、常微分方程论、矩阵理论和复变函数论中的方法广泛应用于各学科中。编写了大量教科书和专著，其中《向量计算及张量计算初步》一书有中译本(1954)。

尤伟(Euwe, Machgielis, 1901.5.20—1981.11.26) 荷兰国际象棋大师、数学家。生于阿姆斯特丹，卒于同地。1919年进入阿姆斯特丹大学学习数学，师从数学家布劳威尔，1926年以研究向量场的微分不变量的论文获博士学位。后在女子中学教授数学。1945年后任鹿特丹大学教授、蒂尔堡大学计算机科学教授，1971年退休。以马克斯·尤伟(Max Euwe)之名参加国际象棋比赛而闻名。1921年赢得荷兰国际象棋锦标赛冠军。1935年成为第五位国际象棋世界冠军。编写了70多本关于国际象棋的书籍。从直觉主义的角度对国际象棋进行数学分析，使用图埃-莫尔斯序列证明当时的国际象棋平局规则有缺陷，可能使棋局无限进行下去。1959年任荷兰自动数据处理研究中心的主任。1961—1963年主持欧洲原子能委员会所属专业委员会，研究如何利用计算机编制国际象棋程序。1970—1980年任国际象棋联合会主席。

博斯(Bose, Raj Chandra, 1901.6.19—1987.10.31) 印度—美国统计学家、数学

家。生于印度霍尚加巴德，卒于美国科罗拉多州柯林斯堡。1922年毕业于旁遮普大学。1924年获德里大学应用数学硕士学位。后在加尔各答大学任教。1935年任印度统计研究所全职研究员。1940年任加尔各答大学统计系讲师，1945年任系主任。1947年获加尔各答大学博士学位。1949年起任美国北卡罗来纳大学查珀尔希尔分校统计学教授，直到1971年退休。曾任哥伦比亚、伦敦、日内瓦等地多所大学客座教授。是印度国家科学院和美国国家科学院院士。以对实验设计理论和纠错码理论的研究而著称，其中一类重要的纠错码以他的名字命名。在有限几何、组合问题及信息论方面也有不少开创性工作。提出了部分几何、关联方案和强正则图等概念，并对构造对称块差异集进行系统研究。1959年与印度数学家施里克汉德(S. S. Shrikhande，1917—)和美国数学家帕克(E. T. Parker，1926—1991)共同对欧拉在1782年发表的关于正交拉丁方的猜想(对每个n，都不存在两个相互正交的$4n+2$阶拉丁方)举出反例。

沃伊道(Vajda，Steven，1901.8.20—1995.12.10)　匈牙利数学家。生于布达佩斯，卒于英国萨塞克斯郡布赖顿。早年在奥地利维也纳大学就读。1925年获博士学位。曾到格丁根访学。返回维也纳后在保险公司任职。后在海军部从事统计工作，1965年退休，任伯明翰大学运筹学教授。主要贡献是解释了在各种看似无关情境中的双重性含义，例如组合论和图论、博弈论和经济学中的诸问题。著有《游戏理论和线性编程》(1956)、《数学编程》(1961)等。

诺维科夫，П. С.(Новиков，Пётр Сергеевич，1901.8.28—1975.1.9)　俄国—苏联数学家。生于莫斯科，卒于同地。1919年进入莫斯科大学物理数学系学习，学习期间参加苏联红军，1926年毕业。1929—1934年在莫斯科门捷列夫化学技术研究所工作。1935年在卢津的指导下获物理-数学博士学位。1934—1975年在苏联科学院斯捷克洛夫数学研究所工作，1957年后任该研究所数理逻辑部主任。1960年当选苏联科学院院士。主要贡献在集合论、数理逻辑和代数学等方面。读研究生时解决了集合论的难题之一。为了解决集合论的一些重要问题，转向数理逻辑的研究，取得了一些成果。深入研究了连续统理论以及与其相近的射映集合的测度与可测性问题。1952年指出存在具有有限生成元和有限个定义关系的群，对这些群来说没有一种算法能解字的判定问题，由此证明了字的判定问题一般不可解(1955)。在代数学领域，和学生阿江(С. И. Адян，1931—2020)解决了重要的伯恩塞德问题。在拓扑学、函数论和数学物理等方面也有一定贡献。重视数学教育，早年曾在中学和师范学校任教。领导了苏联科学院函数论和数理逻辑的讨论班，创建了苏联数理逻辑学派。为高等学校编写了大量教科书。获苏联政府多种奖励。1987年当选伦敦数学会名誉会员。

凡塔皮(Fantappie，Luigi，1901.9.15—1956.7.28)　意大利数学家。生于维泰博，卒于同地。1922年毕业于比萨大学，是沃尔泰拉的学生和追随者。1926年后相继在佛罗伦萨、巴勒莫、波伦亚、卡利亚里等地的大学执教。1934—1939年在巴西圣保罗大学任职。1939年返回意大利，任罗马大学讲座教授，主讲数学分析，并任该校数学研究所所长。主要贡献在解析函数、泛函分析理论及其在偏微分方程积分法中的应用、算子的符号运算在微分方程论中的应用等方面。1941 年发现负熵与人类生命息息相关，研究由负能量驱动的过程随时间变化的规律及对人类生命产生的影响。1942 年提出物理学和生物学的统一理论，以及同熵概念。1952 年开始研究称为投影相对论的统一物理理论，断言狭义相对论是一个有限情况。著有《物理和生物世界的统一理论》(1943)。1954 年成为宗座科学院院士。1955 年获授意大利文化功勋金奖。

弗里德里希斯(Friedrichs, Kurt Otto, 1901.9.28—1982.12.31) 德国—美国数学家。生于德国基尔，卒于美国新罗谢尔。早年在杜塞尔多夫、弗赖堡和格丁根等地求学，1925 年在库朗指导下获格丁根大学博士学位。后在格丁根、不伦瑞克等地任教。1937 年移居美国，任教于纽约大学。1943 年起任库朗数学科学研究所应用数学教授。1953—1967 年任该研究所副所长、所长。1959 年当选美国国家科学院和美国文理科学院院士。1973 年退休。1972 年获美国国家科学院应用数学奖。1976 年获美国国家科学奖章。主要贡献在数学物理学、偏微分方程理论、弹性力学及流体力学方面。在偏微分方程理论中，利用能量积分，把包含椭圆型、抛物型、双曲型方程的各个方程的适定的边值问题进行了统一论证，称为“弗里德里希斯理论”。还研究了偏微分方程的数值解法。在常微分方程理论、广义函数、微分算子理论及其应用等方面也进行了许多研究。著有《高阶常微分方程讲义》(1965)、《从毕达哥拉斯到爱因斯坦》(1965)、《伪微分算子》(1968)和《希尔伯特空间的谱摄动》(1965)等。

巴里(Бари, Нина Карловна, 1901.11.19—1961.7.15) 俄国—苏联数学家。生于莫斯科，卒于同地。数学家涅梅茨基的妻子。1921 年毕业于莫斯科大学物理-数学系，受到数学家叶戈洛夫、茹科夫斯基和卢津等人的影响。是第一位从莫斯科大学毕业的女性。后继续攻读研究生，1925 年毕业并留校工作。1927—1929 年到巴黎留学，参加了阿达马的讨论班。回国后于 1932 年任教授。1935 年在卢津指导下获物理-数学博士学位。为编辑出版卢津全集作了大量工作。是法国和波兰数学学会的成员。两次参加国际数学家大会(1928, 1958)。主要贡献在实变函数论和正交级数理论方面，还研究了三角级数展开式的系数由所表示的函数唯一确定的问题。发表 50 余篇论文，代表性的有《三角级数展开的唯一性问题》(1949;英译本，1951)和《三角级数》(1961)等。编写高等代数和级数论方面的教科书，还把勒贝格的著作译成俄文。

门格尔(Menger, Karl, 1902.1.13—1985.10.5) 奥地利—美国数学家。生于奥地利维也纳，卒于美国伊利诺伊州芝加哥。经济学家卡尔·门格尔(Carl Menger, 1840—1921)之子。1920 年进入维也纳大学学习物理学。1924 年获博士学位。1925 年获奖学金到阿姆斯特丹大学深造。1927 年任维也纳大学几何学系主任。1928 年在维也纳参与创办数学学术研讨会。同年出版《维数论》，引入现代数学中“维数”的重要概念。1932 年出版《曲线理论》，给出图连通性的基本定理——“n-弧定理”。同年在苏黎世国际数学家大会上作 1 小时大会报告。1937 年移居美国，在印第安纳州和芝加哥等地任职，从事双曲几何、概率几何、函数代数和数学教育的研究与教学，对博弈论和社会科学也有贡献。

卡拉马塔(Karamata, Jovan, 1902.2.1—1967.8.14)　南斯拉夫数学家。生于萨格勒布(今属克罗地亚)，卒于日内瓦。1920年进入贝尔格莱德大学学习工程，后转学哲学和数学。1926年获博士学位。1936年加入塞尔维亚皇家学院，是塞尔维亚科学院数学研究所创始人之一，1948年当选塞尔维亚科学院院士。1950年任贝尔格莱德大学教授，1951年任日内瓦大学数学研究所教授、所长。是瑞士、法国和德国数学会，法国科学发展协会相应成员。主要贡献在数学分析方面，引进了规则变化函数的概念，发现了卡拉马塔-陶伯定理。发表122篇研究论文，15部专著和教科书，以及7篇教学研究论文。如《斯蒂尔切斯积分的理论与应用》(1949)、《复数与初等几何的应用》(1950，1960年再版)等。

斯列坚斯基(Сретенский, Леонид Николаевич, 1902.2.27—1973.8.8)　俄国—苏联力学家、数学家。生于莫斯科，卒于同地。1923年毕业于莫斯科大学。1925年在叶戈洛夫和恰普雷金指导下攻读研究生。1931—1941年在茹科夫斯基中央空气流体动力学研究所工作。1934年任教授并在莫斯科大学兼职。1936年获物理-数学博士学位。1939年当选苏联科学院通讯院士。1951—1962年在苏联科学院海洋水文物理研究所工作。主要贡献在力学、数学和地球物理学方面。数学研究涉及微分方程、积分方程和复变函数论，并把这些理论应用于解决力学和地球物理学中的各种问题。对复变函数论的研究在理论和应用上都有重要贡献。力学上主要致力于液体波运动理论的研究：研究潮汐波理论、有限振幅波、船舶波、船舶中液体振动的各种问题。

霍普夫，E.(Hopf, Eberhard, 1902.4.4—1983.7.24)　奥地利—美国数学家。生于奥地利萨尔茨堡，卒于美国印第安纳州布卢明顿。1926年在德国柏林大学获数学博士学位，导师是E. 施密特。1930年到美国访学。1931—1936年任马萨诸塞理工学院教授。1936年返回德国，1936—1942年任莱比锡大学教授。1949年后定居美国，任印第安纳大学教授。在许多数学领域作出贡献，如经典动力系统(遍历定理)、微分方程、黏性液体运动理论、积分方程(维纳—霍普夫方程)、拓扑学、变分学等数学分支。特别研究了流体的随机速度的分布，建立了它所遵循的方程并证明在非黏性的极限条件下，该方程的解存在且是正态分布的。著有《辐射平衡的数学问题》(1934)、《遍历理论》(1937)、《正线性积分算子的不等式》(1963)等。1950年在坎布里奇国际数学家大会上作学术报道。1981年获斯蒂尔奖。

河口商次(Kawaguchi, Akitsugu, 1902.4.8—1984)　日本数学家。生于熊本县。1925年毕业于东北帝国大学，1928年赴欧美留学。后任北海道帝国大学副教授，1932年任教授。1931年获理学博士学位。主要贡献在几何学方面，1937年建立河口商次特殊空间，对现代微分几何的发展起到了重要作用。

扎兰凯维奇(Zarankiewicz, Kazimierz, 1902.5.2—1959.9.5)　波兰数学家。生于俄国琴斯托霍瓦(今属波兰)，卒于英国伦敦。1919年入华沙大学学习，1923年获数学博士学位。后执教于华沙理工学院和农业学院,1937 年任华沙理工学院教授,但因第二次世界大战延迟到 1948 年才就职。曾任波兰数学会华沙分会主席。1949 年主持数学奥林匹克竞赛,并参与几种杂志的编辑,是国际宇航联合会第十届代表大会主席。数学贡献在拓扑学(建立了割点与延拓理论)、图论(提出了交叉数猜想)、复变函数论中的核论及其应用和数论中的三角形数等。

耶茨(Yates, Frank, 1902.5.12—1994.6.17) 英国统计学家。生于曼彻斯特,卒于哈彭登。早年在私立学校学习,后到剑桥大学圣约翰学院学习数学,1938 年获博士学位。长期领导工、农业部门的调查统计工作。1948 年当选英国皇家学会会员,1966 年获皇家奖章。是英国计算机学会会员(1960—1961 年任主席)、皇家统计学会会员(1967—1968 年任主席)。主要研究数理统计,特别是实验设计与分析及抽样调查理论与应用,将计算机应用于调查统计工作。著有《析因实验设计与分析》(1937)、《生物、农业与医学调查统计表》(与费希尔合著,1938)、《人口普查的抽样法》(1949)等。

朱公谨(1902.7.8—1961.8.28) 中国数学家。字言钧,生于浙江余姚,卒于上海。1919 年入北京清华学校,主修物理和化学。1922 年赴德国格丁根大学深造,参加了希尔伯特、龙格、兰道等数学家的讲座。1927 年在库朗的指导下获博士学位。同年回国,在上海光华大学任教授,1932—1937 年任光华大学副校长。1952 年任上海交通大学教授,1956 年转任西安交通大学教授,1960 年调任上海交通大学教授。博士论文《关于某些类型的单变量函数方程解的存在性证明》是中国现代数学研究的最早文献,主要是用直接法证明一类变分问题解的存在性。主要致力于数学传播、普及和数学教学。1935 年出版《数理丛谈》,深入浅出地介绍了实数理论、复数、群、射影几何、几何原理及来源、微积分以及统计方法等。翻译出版库朗的《柯氏微积分学》(上、下册,1949—1952)和戴德金的《实数探源》(1940)等,编写《高等数学》(1958)等。具有较深的哲学造诣,发表过一些哲学及数理逻辑等方面的论文,如《从高等数学的观点谈初等数学》(1933)、《变分学中之直接方法》(1933)、《数理逻辑纲要》(1934)和《数理逻辑导论》(1935—1936)等。是中国数学会的发起人之一。

克卢格雷亚努(Calugăreănu, Gheorghe, 1902.7.16—1976.11.15) 罗马尼亚数学家。生于雅西,卒于克卢日。1921 年入克卢日大学(后改为罗马尼亚大学)学习。1928 年获巴黎大学博士学位。1942 年任克卢日大学教授,1953—1957 年任数学系主任。1963 年当选罗马尼亚科学院院士。在复变函数论、微分几何学、代数拓扑理论等数学领域作出贡献。著有《复变函数理论的原理》(1963)等。

贝尔,R.(Baer, Reinhold, 1902.7.22—1979.10.22) 德国数学家。生于柏林,卒于瑞士苏黎世。早年在汉诺威和弗赖堡求学。1922 年到格丁根大学进修,受到 A. E. 诺特等数学家的影响。1925 年在 H. 克内泽尔和库朗指导下获格丁根大学博士学位。1928 年在哈雷工作,其间和哈塞合作出版了施泰尼茨的论文《域上的代数理论》。不久转到曼彻斯特工作。1935—1937 年到美国普林斯顿大学高等研究院做访问学者。1938—1956 年任伊利诺伊大学数学教授。1956 年回到德国,任法兰克福大学、梅因大学数学教授，至1967年退休。是美国数学会、德国数学会、伦敦数学会会员。主要贡献在几何基础和抽象代数中的群论和环论等方面。通过对阿贝尔群的研究，认为射影几何是向量空间的所有线性子空间的格。1940年引入内射模的概念，然后开始研究群论在几何学中的作用。把群论应用于射影平面的研究，引出现代组合学的课题。建立的几何代数公式出现在他的论文《射影空间和有限阿贝尔群的统一理论》(1942)中。在《线性代数和射影几何》(1952；第2版，1966)中提出了一种全新的射影几何方法。以他的名字命名的还有贝尔环和贝尔群。

戈拉布(Gołąb, Stanisław, 1902.7.26—1980.4.30) 波兰数学家。生于奥匈帝国特拉夫尼克，卒于波兰克拉科夫。1924年获雅盖隆大学数学硕士学位，1931年获雅盖隆大学博士学位。1948年任矿业学院教授。1949年任波兰科学院数学研究所微分几何部主任。在仿射几何、拓扑、代数、分析、逻辑、泛函和微分方程、数值方法论和数学应用方面均有贡献。著有《闵科夫斯基几何学的问题》(1932)、《张量微积分》(1956)、《几何对象理论的函数方程》(与奥采尔合著，1960)、《仿射几何的基础》(1969)等。

狄拉克(Dirac, Paul Adrien Maurice, 1902.8.8—1984.10.20) 英国物理学家、数学家。生于布里斯托尔，卒于美国佛罗里达州塔拉西。1918年在布里斯托尔大学学习电气工程，1921年获剑桥大学圣约翰学院数学奖学金学习数学。1926年以《量子力学》论文获剑桥大学博士学位。1932年任该校卢卡斯数学教授。1931—1959年，曾几度在美国普林斯顿高级研究院从事研究工作。1969年赴美国，后任佛罗里达州立大学教授。1930年当选英国皇家学会会员，同年发表《量子力学原理》，因研究微观粒子，建立量子力学的波动方程而与薛定谔共获1933年诺贝尔物理学奖。是量子力学完整理论公式的创建者。把相对论力学方法应用到量子理论中，提出了电子在接近光速时所遵从的基本方程(即相对论形式的薛定谔基本方程)，称为狄拉克方程。在理论上预测到正电子的存在。在数学方面，主要贡献是把泛函分析的理论应用于数学物理。有希尔伯特空间中的狄拉克方程、狄拉克-δ广义函数、狄拉克-洛伦茨方程，以及狄拉克矩阵等。是多个科学团体的院士或名誉会员。

法瓦尔(Favard, Jean Aime, 1902.8.28—1965.1.21) 法国数学家。生于佩拉-拉诺尼耶尔，卒于拉特龙什。1921—1924年在巴黎高等师范学校攻读数学和物理学本科学位。1927年获该校数学科学博士学位。1928—1941年在格勒诺布尔大学理学院任教，1933年任教授。1939年到军队服役，任炮兵军官。1940年被俘，在奥地利战俘营开办“营地大学”。1945年获释。同年任巴黎理学院讲师，1950—1958年任学院普通力学讲座教授，1958—1965年任高等几何讲座教授。1957—1965年兼任巴黎综合工科学校分析学教授。1946年任法国数学会主席。主要贡献在实变函数论(法瓦尔覆盖问题)、微分几何和三角级数论等方面。研究了由丹麦数学家玻尔开创的殆周期函数及其应用；以及多项式近似法中的近似度和连续模问题，给出有关的杰克逊定理中正系数的最佳值。著有《空间与维数》《局部微分几何教程》等。获法国荣誉军团军官勋章、法国科学院数学大奖(1938)和朱莉亚奖(1962)等。

苏步青(1902.9.23—2003.3.17)　中国数学家、教育家。原名苏尚龙。生于浙江平阳,卒于上海。中学毕业后到日本求学。1927年毕业于日本东北帝国大学,后进入该校研究院,1931年在洼田忠彦指导下获理学博士学位。同年3月应陈建功之邀回国,历任浙江大学理学院数学系副教授、教授、系主任、校训导长。1941年后任中央研究院数学研究所研究员、院士。1952年后任复旦大学教授、教务长、数学研究所所长、研究生部主任、副校长、校长和名誉校长。1955年当选中国科学院物理学数学化学部学部委员,是中国数学学科首批9位学部委员之一。1988年当选全国政协副主席。主要研究领域为微分几何学。早期对仿射微分几何学和射影微分几何学作出突出贡献——建立了独到的方法,用几何构图来表现曲线和曲面的不变量和协变图形,取得丰富的成果。20世纪40—50年代开始研究一般空间微分几何学,60年代又研究高维空间共轭网理论。70年代后把微分几何运用于工程中的几何外形设计,在中国开创计算几何的研究,获1978年全国科学大奖。是中国数学会的发起人之一,曾任中国数学会学报主编。中华人民共和国成立后,参与筹建中国科学院数学研究所,创办《数学年刊》杂志并任主编。历任中国数学会副理事长、名誉理事长。为国家培养了大批人才。20世纪30年代起,与陈建功一起在浙江大学数学系举办全国最早的数学讨论班,创建的微分几何学派称为"陈-苏学派",亦称"浙大学派"。培养了程民德、谷超豪、夏道行、王元、胡和生、石钟慈、沈昌祥等多位院士和熊全治、杨忠道、周元燊等学者。关心中学数学教育,为提高中学师资质量、改革中学教材做了很多工作。发表论文168篇,1983年出版了《苏步青论文选集》。专著有《射影曲线概论》(1954)、《射影曲面概论》(1964)、《一般空间的微分几何学》(1958)和《现代微分几何学概论》(1961)等。其"K 展空间和一般度量空间几何学"和"射影空间曲线论"项目获1956年国家自然科学奖。还获其他奖励多种。1991年复旦大学数学研究所等单位联合发起设立了苏步青数学教育奖。2003年中国工业与应用数学学会设立了苏步青应用数学奖。第297161号小行星(2008)以其名字命名。

琼斯,B. W.(Jones, Burton Wadssworth, 1902.10.1—1983.12.8)　美国数学家。生于明尼苏达州雷德伍德福尔斯,卒于马萨诸塞州韦尔斯利。1924年获哈佛大学硕士学位,1928年获芝加哥大学数学博士学位。1930年任康奈尔大学数学教授,1948年任科罗拉多大学博尔德分校数学教授,是普林斯顿高等研究院成员。1971年获美国数学协会杰出服务奖。著有《二次型的算术理论》(1950)、《模算术》(1964)等。在结晶体群方面也有贡献。

江泽涵(1902.10.6—1994.3.29)　中国数学家。生于安徽旌德县,卒于北京。1926年毕业于南开大学数学系。1927年赴美留学,在哈佛大学数学系攻读研究生,1930年在数学家H. M. 莫尔斯指导下获博士学位,后在普林斯顿大学工作一年。1931年回国任北京大学数学系教授,1934年任系主任。1935年中国数学会成立后任副理事长。1955年当选中国科学院物理学数学化学部学部委员,是中国数学学科首批9位学部委员之一。曾任北京大学理学院代院长、北京市数学会理事长等职。主要贡献在拓扑学方面，是中国拓扑学研究的奠基人。在莫尔斯临界点理论、覆叠空间、纤维丛以及不动点理论等分支都取得了重要成果。20世纪30年代应用莫尔斯理论得到关于调和函数的临界点的多项成果，并对尼尔森曲面映射理论中万有覆叠的紧化给出了代数化提法。40—50年代确定了不可定向流形的可定向双层覆叠的几个基本性质，并计算了一些重要纤维丛的同调群。60年代又重新研究尼尔森不动点理论，领导科研团队在尼尔森数的计算和实现方面取得重大突破。是把拓扑学引入中国的第一人，20世纪30年代初在国内首次开设拓扑学课程。主持了北京大学先后共6届拓扑学专门化学习班。对北京大学数学系的行政管理和图书资料管理作出了重大贡献。为中国培养了一大批数学人才，包括吴文俊、张禾瑞、王湘浩、程民德、廖山涛、王寿仁等。发表有《非退化牛顿位势的临界点》《论可定向二维闭流形的庞加莱群与扩充万有覆叠》《闭流形的可定向二叶覆叠流形》等十余篇学术论文，著有《不动点类理论》(1979)和《拓扑学引论》(1978)等。

瓦尔德(Wald, Abraham, 1902.10.31—1950.12.13)　罗马尼亚—美国数学家。生于匈牙利科洛兹瓦尔(今罗马尼亚克卢日)，卒于印度特拉万科尔。早年在克卢日大学和维也纳大学学习。1931年在门格尔指导下获博士学位。1931—1937年发表了20多篇关于几何学的研究论文。1938年移民美国，任卡内基公司研究员。1941年后在哥伦比亚大学任教，1944年任教授，1946年任新成立的数理统计系主任。主要从事数理统计学研究，用数学方法使统计学精确化、严密化，取得了很多重要成果。最大贡献是创立了统计决策理论。提出了一般的判决问题，引进损失函数、风险函数、极小极大原则和最不利先验分布等重要概念。还创立了序贯分析法，完善了抽样检查理论。第二次世界大战期间为军需品的检验工作首次提出了序贯概率比检验法，并深入研究了这种检验法的各种特性，如计算两类错误概率及平均样本量等。1948年和沃尔弗维茨(J. Wolfowitz, 1910—1981)合作证明了该检验法的最优性。在概率论、数学规划、数理经济学和几何学等方面也有所建树。在概率论中有瓦尔德恒等式，在数学规划中有瓦尔德准则。著有《序贯分析》(1947)、《统计决策函数》(1950；中译本，上海科学技术出版社1960)等。重要论文收集在《瓦尔德概率统计论文选集》(1955)中。1950年在坎布里奇国际数学家大会上作1小时大会报告。同年因飞机失事遇难。

维格纳(Wigner, Eugene Paul, 1902.11.17—1995.1.1)　匈牙利—美国数学家、理论物理学家。生于匈牙利布达佩斯，卒于美国普林斯顿。1925年获柏林高等技术学校博士学位。1927年工作于格丁根大学。1930年赴美国普林斯顿大学任教，1937年入美国籍，1938年任教授。曾获多所大学名誉博士学位。1942—1945年曾在芝加哥大学参与曼哈顿工程项目。是把李群理论应用于量子物理学的首创者之一。在李群理论中运用了连续性的分析原理。著有《群论及其在原子光谱的量子力学中的应用》(1959)、《数学在自然科学中的不合理有效性》(1960)等。因发现原子核中质子和中子相互作用力的对称性原理而获1963年诺贝尔物理学奖和1972年的爱因斯坦奖。还获多种科学奖项和多个科学团体的成员资格。

维贾伊拉卡文(Vijayraghavan, Tirukkannapuram, 1902.11.30—1955.4.20) 印度数学家。生于马德拉斯,卒于同地。曾任印度数学会秘书、会长。1925—1928年在英国牛津大学和哈代在一起研究代数整数问题,证明了所有与代数整数共轭且异于它的数都位于单位圆 $|Z|<1$ 内。1931年任达卡大学高级讲师,1946年任安得拉大学教授,1949年任拉马努金数学研究所所长。1934年当选印度科学院院士,主要研究陶伯定理、丢番图近似理论、分数的比率分布等问题,得到一些重要结果。

切塔耶夫(Четаев, Николай Гурьевич, 1902.12.6—1959.10.17) 俄国—苏联数学家、力学家。生于俄国喀山省卡拉杜里-塔特(Карадулитат)(今属鞑靼斯坦),卒于苏联莫斯科。1924年毕业于喀山大学,并留校工作。1930年任教授。1938年获物理-数学博士学位。1940—1959年任莫斯科大学教授。1940年组建苏联科学院力学研究所并任力学部主任。1943年当选苏联科学院通讯院士。是喀山数学学派成员,主要贡献在运动稳定性理论、解析力学和数学物理等方面。在莫斯科大学组织一个研究运动稳定性理论的科研小组。继A. M. 李亚普诺夫之后,解决了在某些条件下运动的不稳定性问题,建立切塔耶夫不稳定性定理,提出了解决不稳定运动中的稳定性问题的方法。推广和发展了关于漩涡运动庞加莱方程的理论。提出将李亚普诺夫函数构造为第一积分的组合的方法。代表性论文有《关于动力学的稳定轨迹》(1936),著有《运动稳定性》(1962年再版)等。多次获苏联政府奖励。

莫伊谢耶夫,Н. Д.(Моисеев, Николай Дмитриевич, 1902.12.16—1955.12.6) 俄国—苏联数学家、天文学家。生于俄国彼尔姆,卒于苏联莫斯科。1924年毕业于莫斯科大学。后在国家天体物理研究所任初级研究员。1929年获天文学博士学位。1929—1947年在茹科夫斯基中央空气流体动力学研究所讲授高等数学(1935年后兼职)。1935年获物理-数学博士学位,同年任莫斯科大学数学系教授,1938年起任该学院天体力学系主任,1939—1943年任莫斯科大学斯滕伯格天文台台长。1947年后在苏联火箭与航天部门兼职。是莫斯科天体力学学派的领导人之一,在动态宇宙动力学、天体力学中的轨迹定性理论和运动稳定性理论方面取得了许多成果。编著10多部学术著作。应用定性方法研究彗星形成的理论。在数学方面的主要贡献是给出了解线性微分方程组的两个新方法:定积分法和迭代法。著有《用拉普拉斯和达布变换解常系数微分方程的方法》(1946)等。获苏联政府多项奖励。第3080号小行星(1935)命名为"莫伊谢耶夫星"。月球上有以其名字命名的陨石坑。

范德瓦尔登(Van der Waerden, Bartel Leendert, 1903.2.2—1996.1.12) 荷兰数学家、数学史家。生于荷兰阿姆斯特丹,卒于瑞士苏黎世。1919年进入阿姆斯特丹大学学习,其间曾到格丁根和汉堡游学,成为A. E. 诺特的学生。1926年获博士学位。先后任格罗宁根大学(1927—1931)、莱比锡大学(1931—1945)、阿姆斯特丹大学(1948—1951)和苏黎世大学(1951—1972)教授。是阿姆斯特丹科学院、美国阿森科学院、德国格丁根科学院和慕尼黑科学院院士。主要贡献在代数学、代数几何学、群论方法在量子物理和数理统计中的应用等方面。传承了格丁根代数学派的传统,使 A. E. 诺特关于近世代数的思想得以传播。代表作《近世代数学》(Moderne Algebra,上、下册,1930—1931)对代数学的发展有重要影响,确定了后来代数研究的特点和方向。修订本改名为《代数学》(1955;中译本,科学出版社,第一册 1963,第二册 1976),增加了许多近代的研究成果。运用近世代数方法严格论证了代数几何学中的基本概念。还研究了古埃及、巴比伦和希腊的数学和天文学史。著有《科学的觉醒》(1950;英译本,1954)、《代数几何导论》(1939;再版 1973)、《量子力学中的群论方法》(1932;英文版 1986)和《代数学史》(1985)等。1983 年,施普林格出版社出版了他的《代数几何论文选集》。

拉姆齐,F. P.(Ramsey, Frank Plumpton, 1903.2.22—1930.1.19) 英国数学家、哲学家。生于英国剑桥,卒于伦敦。1920 年进入剑桥大学三一学院学习,1923 年获数学一等荣誉学位。1924 年任剑桥大学国王学院教员,后任该学院数学研究室主任。在数理逻辑、代数曲线论、经济学中的数学理论、概率论基础等方面都有贡献。特别是在数理逻辑方面,研究了 A. N. 怀特海和罗素合著的《数学原理》(1910—1913),认为其中的可约性公理并非自明的。为了免除对这一公理的依赖,重新解释了命题函词。1928 年证明了在一阶逻辑决策理论中的拉姆齐定理。指出了逻辑悖论间的重要差别,在其论文《论形式逻辑问题》(1930)中,运用精巧的组合定理,推进了决策问题,即寻求决定逻辑公式相容性的一般法则的研究。1930 年发表"拉姆齐理论",其结果以表述简单、证明困难而著称。还对最优税收等经济问题有论述。著有《数学基础》(1925)、《数学逻辑》(1926)等。

温特纳(Wintner, Aurel Friedrich, 1903.4.8—1958.1.15) 匈牙利—美国数学家。生于匈牙利布达佩斯,卒于美国马里兰州巴尔的摩。1920—1924 年在布达佩斯大学学习。1924—1927 年发表约 20 篇数学和天文学的研究论文。1927—1929 年在德国莱比锡大学攻读研究生,受教于数学家利赫滕斯坦,1929 年获博士学位。1930 年赴美国,在约翰斯·霍普金斯大学执教,1946 年任教授,直至去世。1944 年后任《美国数学杂志》编辑。早年曾发表一系列关于希尔月球理论的文章,首先用数学方法证明了希尔方法的收敛性。1929 年发表了《无穷矩阵的光谱理论》,第一次给出希尔伯特空间的基本性质的证明。这些性质揭示了不久发展起来的量子力学中的数学理论。主要数学贡献在经典分析方面。研究涉及概率论、解析数论、微分方程和微分几何等领域。是概率数论(数论的一个分支)理论的创始人之一。发表、出版 437 篇论文和 9 本专著。1936—1958 年的许多研究结果都是与其学生及同事 P. 哈特曼合作得到的。与 N. 维纳合作发表了一些关于概率论的文章。著作《天体力学中的分析基础》(1941)对天文学和数学的联系进行了深入分析,广为流传。

斯通,M. H.(Stone, Marshall Harvey, 1903.4.8—1989.1.9) 美国数学家。生于纽约市,卒于印度马德拉斯(今金奈)。1919 年进入哈佛大学学习,1926 年在 G. D. 伯克霍夫指导下获博士学位。1922—1946 年在哈佛大学任教,1937 年任教授。1946—1968 年在芝加哥大学任教,1952 年任数学系主任。1968—1980 年在马萨诸塞州阿姆赫斯特大学任教。曾获多所大学名誉博士学位，当选美国国家科学院、巴西科学院和秘鲁科学院院士。1943—1944 年任美国数学会主席。1952—1954 年当选国际数学联盟主席，1961—1966 年任国际数学教育委员会主席。主要贡献在拓扑学、函数逼近论和泛函分析等方面。把分析、代数及拓扑融为一体，完成了泛函分析的现代形式。有不少概念和定理用他的名字命名：在一般拓扑学中，有斯通-切赫紧化定理；在泛函分析中，有巴拿赫-斯通定理、斯通表示定理；和丹尼尔共同建立了基于序关系的抽象积分，称为丹尼尔-斯通积分。得到的希尔伯特空间酉算子的强连续半群的表示定理和谱定理是量子力学的基础。发表了大量专题研究论文，1937 年发表论文推广了魏尔斯特拉斯关于多项式一致逼近连续函数的定理，称为斯通-魏尔斯特拉斯定理。著有《希尔伯特空间中的线性变换及其在分析学中的应用》(1932)等。对中国的数学发展颇为关注，1961 年曾撰写《1949—1960 年中国大陆的数学》。1982 年获美国国家科学奖章。

丁伯根(Tinbergen, Jan, 1903.4.12—1994.6.9) 亦译廷贝亨。荷兰数学家、经济学家。生于海牙，卒于同地。1973 年诺贝尔生理学或医学奖获得者尼古拉斯·丁伯根(Nikolaas Tinbergen, 1907—1988)之兄。1921 年进入莱顿大学学习数学和理论物理。1929 年提交博士论文《物理学和经济学中的最小问题》，获博士学位。该论文描述了数学在物理学和经济学中的应用，成为数学建模的最早例子之一。1929—1945 年在海牙中央统计局任统计学家，兼任阿姆斯特丹大学教职。1930 年成为计量经济学会的创始人之一。1945 年任荷兰中央计划局局长。1933—1973 年任鹿特丹荷兰经济学院经济学教授。凭借首个宏观经济模型与挪威经济学家弗里希(R. Frisch, 1895—1973)同获 1969 年首届诺贝尔经济学奖。著有《计量经济学》(1941)、《经济政策理论》(1952)、《收入分配：分析与政策》(1975)等。

格根(Gergen, John Jay, 1903.4.17—1967.1.16) 美国数学家。生于圣保罗，卒于杜克。1925 年获明尼苏达大学学士学位。1928 年获赖斯大学博士学位，导师埃文斯。1939 年任杜克学院教授。1959 年获授美国陆军部民间服务奖章。研究调和函数、偏微分方程、复变函数、傅里叶级数等问题，得到用于傅里叶级数收敛的勒贝格—格根准则等。

科尔莫戈罗夫(Колмогоров, Андрей Николаевич, 1903.4.25—1987.10.20) 亦译柯尔莫戈罗夫。俄国—苏联数学家。生于俄国坦博夫，卒于苏联莫斯科。1920 年进入莫斯科大学数学系学习，受教于多位数学家，受 П. С. 亚历山德罗夫和斯杰潘诺夫影响较大。1925 年毕业后继续攻读研究生，1929 年在卢津指导下获哲学博士学位。1929 年到莫斯科大学数学力学研究所工作，1931 年任教授。1933—1939 年、1951—1953 年两度担任该研究所所长。1935 年获物理-数学博士学位。1939 年当选苏联科学院院士。1966 年当选苏联教育科学院院士。1954—1958 年任莫斯科大学力学和数学学院院长。1964—1966 年任莫斯科数学会主席。数学研究开始于实变函数论，在三角级数收敛性、测度论、积分概念的推广和集合上的一般算子理论等方面都得到了重要成果。1956

年研究了一个多元函数用较少个数变量的函数表示的可能性问题，得到了重要结果。1957年，他的学生阿诺尔德证明了三元函数能表示为二元函数。对于连续函数的情形，他们解决了希尔伯特第十三问题。在概率论方面，1925年后和辛钦共同把实变函数论的方法应用于概率论，建立了在测度论基础上的概率论的公理化体系，为解决希尔伯特第六问题作出重大贡献，奠定了近代概率论的基础。其代表作为《概率论基本概念》(1933；中译本，商务印书馆，1952)。1930年后着重研究应用于具有连续时间变量的马尔可夫随机过程的解析方法，发展了马尔可夫过程的理论，并把该理论应用于工程技术。在古典力学中，在他的工作基础上，阿诺尔德和莫泽完成了科尔莫戈罗夫-阿诺尔德-莫泽(KAM)理论。1954年在阿姆斯特丹国际数学家大会上作1小时大会报告。在数理逻辑、拓扑学、微分方程、泛函分析、信息论和数学语义学等方面也都有所贡献。还从事数学史、哲学、数学论证等课题的研究。创立了函数论和概率论领域的苏联学派，培养了大批数学人才。对苏联的数学教育也作出了重要贡献。曾致力于苏联中小学数学教育改革。发表500多种论著。曾任《苏联大百科全书》第2版(1949—1958)数学学科主编，并撰写大量文章。获授苏联政府各种奖励、勋章及荣誉称号。获1962年巴尔赞奖、1980年沃尔夫数学奖、1986年罗巴切夫斯基奖等。还是美、法、意、荷、联邦德国等国的科学院院士及英国皇家学会外籍会员、伦敦数学会名誉会员。1994年俄罗斯科学院设立了科尔莫戈罗夫奖。

丘奇(Church, Alonzo, 1903.6.14—1995.8.11) 美国数学家、逻辑学家、计算机科学家。生于华盛顿市，卒于俄亥俄州哈得孙。1924年毕业于普林斯顿大学，1927年获博士学位。1929—1967年在普林斯顿大学执教，1947年任数学教授，1961年兼任哲学教授。1978年当选美国国家科学院院士，还是英国科学院院士(1966)，美国文理科学院院士(1967)。主要贡献在数理逻辑和算法理论方面。1933年后和美国数学家克林用λ记号定义了λ可定义函数的概念。创建了λ微积分，对计算机科学有重要作用。他们还提出了可构造序列理论，引进了部分递归函数的概念，发展了一般递归函数理论，后又考查了能行可达序列的集合，并为寻求能行可计算函数的表述作出了努力。提出丘奇定理，扩展了1931年哥德尔给出的不完全证明。培养了包括英国数学家图灵在内的31位博士生。1936年参与创立《符号逻辑杂志》，并任评论版编辑直到1979年。著有《数理逻辑引论》(1944；修订本，1956)等。1962年在斯德哥尔摩国际数学家大会上作1小时大会报告。

米勒, F. H.(Miller, Frederic Howell, 1903.6.17—1964.1.11) 美国数学家。生于纽约。1932年获哥伦比亚大学博士学位。同年起任库珀联合学院助理教授、副教授，1943年任数学教授。是美国工程教育学会、数学学会和协会会员。研究电路和线性微分方程。著有《工程师的高等数学》(1938)、《偏微分方程》(1941)等。

霍奇(Hodge, William Vallance Douglas, 1903.6.17—1975.7.7) 英国数学家。生于苏格兰爱丁堡，卒于英国剑桥。1920年学于爱丁堡大学，1923年进入剑桥大学圣约翰学院。1950年获剑桥大学博士学位。1936—1970年任该校朗兹天文学与几何学教授。1937年获亚当斯奖。1938年当选英国皇家学会会员。主要贡献在代数几何和微分几何学等方面,其中许多概念和定理以他的名字命名,如流形、度量、簇、型、格和谱序列等。1941年后研究调和积分论,取得重要进展。1950年在坎布里奇国际数学家大会上作1小时大会报告,1958年8月在爱丁堡举行的国际数学家大会上任主席。1959年获封爵士。1957年获皇家奖章。1974年获科普利奖章。著有《代数几何方法》(1947,与佩多合著)和《调和积分的理论与应用》(1941;第2版,1952)等。

马勒(Mahler, Kurt, 1903.7.26—1988.2.25) 德国数学家。生于普鲁士莱茵兰克克雷菲尔德,卒于澳大利亚堪培拉。15岁自学数学。后入法兰克福大学深造,1929年获博士学位。1940年获英国曼彻斯特大学博士学位。1937—1962年任职于该校。1962年后任澳大利亚国立大学高等研究院教授。当选英国皇家学会(1948)、澳大利亚科学院(1965)、伦敦数学会等学术团体的成员。数学研究涉及数论的各分支,特别是在超越数的构造及分类、P进数理论和丢番图分析等方面作出贡献。例如1946年证明小数0.123 456 789 101 112 131 415 161 718 192 021 …是超越数。与外尔、C. L. 西格尔合著《数的几何》(1950),还著有《丢番图近似》(1961)等。

莫尔斯,P. M.(Morse, Philip McCord, 1903.8.6—1985.9.5) 美国物理学家、数学家。生于路易斯安那州什里夫波特,卒于马萨诸塞州康科德。1926年毕业于凯斯应用科学学院并获学士学位,1929年获普林斯顿大学物理学博士学位。1930年获奖学金,先后到慕尼黑大学和剑桥大学留学。回国后任马萨诸塞理工学院教授。1949年任美国武器系统评价小组第一研究室主任。1950年返回马萨诸塞理工学院。1956—1968年创建并领导了该学院的运筹中心。是美国运筹学会的主要领导者,曾任美国物理学会主席、美国物理研究所所长。主要贡献在运筹学方面。是第二次世界大战期间研究军事运筹学的先驱。1942年组织了美国海军反潜战运筹学小组。由于二战期间作出的贡献,1946年获美国总统授予的勋章。与金伯尔(G. E. Kimball, 1906—1967)合著的《运筹学方法》(Methods of Operations Research, 1951)是第一本以运筹学为名的专著。书中精练而系统地阐明了运筹学的研究对象、基本概念、原理和方法。该书获1968年美国运筹学会兰彻斯特奖。积极组织并参加国际运筹学的学术活动。对物理学的贡献主要在量子力学、理论物理、振动和声音、理论声学和热物理方法等方面。1929年提出了关于双原子分子的莫尔斯势函数,用以解释振动光谱。1973年获美国声学学会金质奖章。

马尔贾尼什维利(Марджанишвили, Константин Константинович, 1903.8.26—1981.2.13) 俄国—苏联数学家。生于莫斯科,卒于同地。1924年毕业于列宁格勒大学。后由人民教育委员会派往德国执行公务。1927年后在第比利斯大学任穆斯赫利什维利的助教。1934年开始一直在苏联科学院斯捷克洛夫数学研究所工作。1949年获物理-数学博士学位。1950年成为教授。1974年当选苏联科学院院士。是苏联解析数论学派的代表人物之一,主要研究数论中的哥德巴赫猜想和华林问题。还研究某些类型的非线性不定方程组的问题，取得一定成绩。代表性论文有《关于加性数论中的一个问题》(1940)和《论整数方程的一些非线性系统》(1953)等。

尼古列斯库(Nicolescu, Miron, 1903.8.27—1975.6.30) 罗马尼亚数学家。生于久尔久，卒于布加勒斯特。1924年毕业于布加勒斯特大学数学系，后就读于巴黎高等师范学校和索邦大学。1928年在蒙泰尔指导下获博士学位。1940年任布加勒斯特大学教授。1953年当选罗马尼亚科学院院士。曾任罗马尼亚数学研究所所长(1963)和科学院院长(1966)。1974年在加拿大温哥华举行的国际数学家大会上当选国际数学联盟副主席。主要贡献在实变函数论，特别是函数的几何理论方面。著有《多重调和函数》(1936)等。

德拉姆(De Rham, Georges, 1903.9.10—1990.10.9) 瑞士数学家。生于沃州罗什(Roche)，卒于洛桑。1919年随家人移居洛桑，1921年进入洛桑大学学习化学、物理和生物学，1924年转习数学。1931年在勒贝格指导下获巴黎大学理学院数学科学博士学位。1932年回国，在洛桑大学任教，1943年任教授。1936年后兼任日内瓦大学教授。1944年任瑞士数学会主席。1963—1966年任国际数学联盟主席，1966年8月任莫斯科国际数学家大会主席。1974年当选法国科学院院士。主要贡献在微分拓扑和代数拓扑学方面。著有《n维流形分析》(1931)、《调和积分》(1950，与小平邦彦合著)、《微分流形》(1955)等。

马尔可夫(小) (Марков, Андрей Андреевич[младший], 1903.9.22—1979.10.11)俄国—苏联数学家。生于俄国圣彼得堡，卒于苏联莫斯科。是俄国数学家马尔可夫(老)之子。1924年毕业于列宁格勒大学。后到列宁格勒天文研究所攻读研究生，1928年毕业。1935年获博士学位。1933—1955年在列宁格勒大学工作，1936年任教授。1959—1979年任莫斯科大学数理逻辑系主任。1939—1972年在苏联科学院斯捷克洛夫数学研究所兼职。1953年当选苏联科学院通讯院士。数学研究涉及拓扑学、拓扑代数、动力系统理论、算法理论和构造性数学等领域。最重要的贡献在构造性数学方面，创建了这一领域的科学学派。在数理逻辑和数学基础方面也做了大量工作。注重数理逻辑的实际应用，特别是在电子计算机理论中的应用。20世纪50年代在苏联科学院计算中心创建了一个数理逻辑和机器构造实验室。发表论文和著作100余种。代表性论文有《关于构造性数学的逻辑》(1972)。著有《算法理论》(1954)和《数理逻辑讲义》(1973)等。多次获苏联政府各种奖励。

德尔萨特(Delsarte, Jean Frédéric Auguste, 1903.10.19—1968.11.28) 法国数学家。生于弗米耶斯，卒于南锡。1922年进入巴黎高等师范学校。1926—1927年获梯也尔基金会资助完成了博士论文，1928年获博士学位。同年任南锡大学讲师，1936年任教授，直至退休。在南锡大学举办过多种数学讲座，如关于希尔伯特之梦、微分方程的线性变换以及关于相对论的问题等，并开设天文学的公共课程。1932年在苏黎世国际数学家大会上作特邀演讲。第二次世界大战前，与韦伊和H.嘉当进行过多次学术交流。战后将一批数学家吸引到南锡，如L.施瓦尔茨、塞尔和J.-L.利翁斯等。以庞加莱研究所为模型建立了南锡数学研究所，1945—

1949年任所长。其间还任国外众多大学客座教授。1962—1965年任日本东京“法日之家”主任。是1935年布尔巴基学派创立时期的主要成员之一。主要贡献在泛函分析方面。1934年推广了高斯平均周期函数的概念，不久又给出泰勒公式的广义推广。还是广义移位算子理论的建立者之一。著有《平均周期函数和双半径定理的专题讲座》。1971年出版了他的2卷论文集。1964年获法国科学院鲍廷奖。

戈尔茨坦(Goldstein, Sydney, 1903.12.3—1989.1.22) 英国应用数学家。生于英国赫尔，卒于美国马萨诸塞州布罗克顿。1921年在利兹大学读数学。一年后转到剑桥大学圣约翰学院，1925年以数学荣誉学位毕业并获授艾萨克·牛顿奖学金，继续进行数学研究，1927年获史密斯奖，1928年获博士学位。1929—1945年在剑桥大学圣约翰学院工作。1937年当选英国皇家学会会员。1945—1950年任曼彻斯特大学应用数学教授。1950—1955年任以色列海法航空技术学院应用数学教授。1955年后任美国哈佛大学应用数学教授。主要研究流体力学和空气动力学的现代发展，特别在数学与社会的融合方面有独到见解。1954年在阿姆斯特丹国际数学家大会上作1小时大会报告。著有《流体力学讲座》(1960)等。

冯·诺伊曼(von Neumann, John, 1903.12.28—1957.2.8) 匈牙利—美国数学家。生于匈牙利布达佩斯，卒于美国华盛顿。1921—1925年，先后在柏林大学及苏黎世工业大学学习化学，1926年获化学工程师资格。其间受到希尔伯特和外尔等数学家的影响自学数学。1926年在费耶指导下获布达佩斯大学数学博士学位。1926—1929年在柏林大学和汉堡大学任不支薪讲师，其间得到希尔伯特的指导。1930年到美国普林斯顿大学讲学，1933年任新建立的普林斯顿高等研究院终身教授。1943年任洛斯阿拉莫斯国家实验室顾问。1951—1952年任美国数学会主席。1954年任美国原子能委员会委员并移居华盛顿。在纯粹数学和应用数学方面均有卓越的建树。在1923年的论文中给出序数的新定义，后被普遍采用。1925年引进一个集合论的合理体系。在测度论方面的研究也很有价值，在论文《经典力学的算子方法》(1929)中提出独到见解。1933年首先给出希尔伯特第五问题在紧群情况下的解决方案。曾长期研究希尔伯特空间中的算子谱论。建立了“算子环”理论，称为“冯·诺伊曼代数”，为量子力学奠定了数学基础。在数学物理方面的大量成果总结在1932年出版的《量子力学的数学基础》中。第二次世界大战期间，从事与军事有关的研究工作，参与第一颗原子弹的研制。1945年起陆续为研制电子数字计算机提供了基础结构性的方案，一直沿用至今。1944年，和德国经济学家摩根斯顿(O. Morgenstern, 1902—1977)合著《对策论与经济行为》(Theory of Games and Economic Behavior)，是博弈论学科的奠基性著作。1955年撰写关于人的神经系统与计算机关系的讲稿，未及完成而卒。后以《计算机与人脑》(1958；中译本，商务印书馆，1965)的书名刊行于世。其150余篇论文收入《冯·诺伊曼文集》(6卷，1961)中。1938年获博谢纪念奖。两次获总统奖章(1947，1956)。当选多个国家科学院和学术团体的相应成员。分别在1950年和1954年的国际数学家大会上作1小时大会报告。月球上有以其名字命名的陨石坑。1990 年电气和电子工程师学会设立了冯·诺伊曼奖。

布勒洛(Brelot, Marcel Emile, 1903.12.29—1987.8.3) 法国数学家。生于卢瓦尔河畔新堡,卒于巴黎。早年学于巴黎高等师范学校。1924 年到巴黎大学攻读数学和物理,1931 年获数学科学博士学位。先后在阿尔及尔、波尔多和格勒诺布尔等大学和学院工作,1953 年任巴黎理学院讲师,1964—1970 年任高等代数和现代分析讲座教授。1960 年任法国数学会主席。主要贡献在调和与次调和函数的渐近构造理论和位势理论方面。1939 年改进了佩龙方法,称为佩龙-布勒洛方法。著有《经典位势理论基础》(1959)和《位势论教程》(英译本,1960)等。在统计学、拓扑学等方面也有重要工作。曾三次获法国科学院的奖励(1939,1945,1952)。

怀伯恩(Whyburn, GordonThomas, 1904.1.7—1969.9.8) 美国数学家。生于得克萨斯州刘易斯维尔(Lewisville),卒于弗吉尼亚州夏洛茨维尔(Charlottesville)。1925 年获得克萨斯大学化学学士学位后转向学习数学,于 1926 年、1927 年先后获该校数学硕士和博士学位后留校执教。1929—1930 年到欧洲访学。1934—1966 年任弗吉尼亚大学数学教授,曾任斯坦福等多所大学访问教授。美国国家科学院院士,美国数学会主席(1953—1954),1938 年获美国数学协会肖韦内特奖。主要贡献在拓扑学方面,发现并证明了连续统结构的关键定理,将拓扑方法应用于解决解析函数论的经典问题,著有《分析拓扑学》(1942)、《拓扑分析》(1958)等。

卡乔波利(Caccioppoli, Renato, 1904.1.20—1959.5.8) 意大利数学家。生于那不勒斯,卒于同地。最初学习工程学,后改修数学。1925 年在那不勒斯大学获得学位。1931 年任帕多瓦大学代数分析系主任,1934 年被解职,返回那不勒斯大学讲授数学分析,1943 年任数学分析系主任直至去世。1958 年当选意大利科学院院士。那不勒斯大学数学系以他的名字命名。主要贡献在复变函数、测度论和泛函分析等方面,深入研究了 n 维空间中 k 维流形积分法的一般理论、拟解析函数和抽象空间中微分方程的一般理论。建立了压缩映射下的不动点原理,称为卡乔波利—巴拿赫定理,它包含了在不同情形下逐次逼近序列收敛方法的一般形式。在微分方程稳定性方面也有一些成果。著有《维度定向集的测度和积分》(1952)等。

霍尔,P.(Hall, Philip, 1904.4.11—1982.12.30) 英国数学家。生于伦敦汉普斯特德,卒于剑桥。1922 年就读于剑桥大学国王学院,1929 年获硕士学位,1927 年成为该院研究人员。第二次世界大战期间在密码破译方面作出了贡献。1953—1967 年任纯粹数学教授。1963 年获杜宾根大学名誉理学博士学位。1951 年当选英国皇家学会会员,1955—1957 年任伦敦数学会主席。主要贡献在群论方面,发展了 P 群的理论,有限可解群的一般结构以及 P 可解群的理论。著有《非严格单群》(1963)等。

霍夫赖特尔(Hofreiter, Nikolaus, 1904.5.8—1990.1.23) 奥地利数学家。生于林茨,卒于维也纳。早年在林茨上学。1923 年就读于维也纳工业大学,1927 年获博士学位。1954 年任维也纳大学教授,1965—1966 年任该校校长。主要贡献在数论方面。成功发展了数的几何这门学科。1933

年确定了当 $n=6$ 时的所有极值二次型。还从事线性优化和数值数学方面的工作。1970 年当选奥地利科学院通讯院士。1977 年因为奥地利共和国服务而获银质荣誉勋章。

林登包姆(Lindenbaum, Adolf, 1904.6.12—1941.8) 波兰数学家、逻辑学家。生于俄属华沙(今属波兰)，卒于今立陶宛维尔纽斯附近。1922 年进入华沙大学数学系学习。1928 年在谢尔品斯基指导下获博士学位。在华沙和比亚韦斯托克工作。主要贡献在数学基础和数理逻辑方面，在集合论上做过重要工作，研究了等同于选择公理的公理，并证明了选择公理独立于 Z-F 集合论的其他公理。给出定理：每个无矛盾的理论都允许一个无矛盾的推广。该定理以他的名字命名。与塔斯基、莫斯托夫斯基合作编写了一些著作。1941 年 8 月死于枪杀。

贝尔曼特(Бермант, Анисим Фёдорович, 1904.6.27—1959.5.26) 俄国—苏联数学家。生于叶卡捷琳诺斯拉夫省尤佐夫卡(Юзовка)，卒地不详。1925 年毕业于罗斯托夫大学，后进入莫斯科大学数学力学研究所，在 M. A. 拉夫连季耶夫指导下攻读研究生，1931 年毕业。曾在莫斯科几所主要工科院校任教、任数学系主任。1933 年成为教授。1941 年获莫斯科大学物理-数学博士学位。主要从事数学分析和复变函数论的教学和研究。注重工科院校数学教学和方法论的研究，曾任苏联工科数学教学委员会主席。所著《数学分析简明教程》(1950)被广泛使用，多次再版；有中译本(2 卷，重工业出版社，1952)。

胡雷维奇(Hurewicz, Witold, 1904.6.29—1956.9.6) 波兰数学家。生于俄国罗兹(今属波兰)，卒于墨西哥梅里达。早年在罗兹学习，1926 年在 H. 哈恩指导下以论文《波莱尔定理的推广》获维也纳大学博士学位。1927—1936 年在荷兰阿姆斯特丹大学工作。1938 年移居美国，在北卡罗来纳大学任职，1945 年后在马萨诸塞理工学院工作，1948 年任教授。主要贡献在维数论方面。1935 年建立了群的同伦理论，推广了非不变测度空间上的伯克霍夫遍历理论。1950 年在坎布里奇国际数学家大会上作 1 小时大会报告。著有《维数论》(与沃尔曼[H. Wallman]合著，1941)、《常微分方程讲义》(1958)等。

嘉当，H.(Cartan, Henri Paul, 1904.7.8—2008.8.13) 法国数学家。生于南锡，卒于巴黎。数学家 É. 嘉当之子。1926 年毕业于巴黎高等师范学校，1928 年在蒙泰尔指导下获博士学位。相继在里尔大学、斯特拉斯堡大学和巴黎高等师范学校任教。1949 年任巴黎大学教授，至 1975 年退休。1965 年当选法国科学院通讯院士，1974 年成为正式院士。1967—1970 年任国际数学联盟主席。是英国皇家学会外籍会员和美国国家科学院外籍院士，以及伦敦数学会和德国数学会名誉会员。布尔巴基学派代表人物之一，其研究工作涉及现代数学的许多分支。20 世纪 20 年代开始从事单复变函数论的研究，在博士论文中证明了布洛赫猜想中的不等式并加以推广。不久转向多复变函数论，30 年代证明了“全纯域一定是伪凸域”这一重要结果。50 年代利用全新的方法把单复变函数论中的一些重要结果推广到多复变量的情形，例如改进了层和以层为系数的上同调群概念，使之成为现代多元复分析和代数几何学的基础。第二次世界大战期间主要从事位势理论研究，系统应用“能量”概念，证明了有限能量的正分布空间是完备的定理。证明了古典位势论的若干定理，并首先在齐性空间上引进了位势理论。对代数拓扑学进行了许多研究，引进“滤子”“超滤”等重要概念。1948 年在巴黎高等师范学校举办了代数拓扑学讨论班，促进了代数拓扑学的发展。1985 年应邀来中国上海参加中国数学会成立 50 周年纪念会，并做学术报告。著有《同调代数学》(与艾伦伯格合著，1956)、《一元或多元复变量解析函数的基本理论》(1963)等。其主要论著收集在《H. 嘉当全集》(3 卷，1979)中。曾两次(1950，1958)在国际数学家大会上作 1 小时大会报告。1976 年获法国国家科学研究中心金奖。1980 年获沃尔夫数学奖。1989 年获法国荣誉军团指挥官勋章。

基贝尔(Кибель, Илья Афанасьевич, 1904.10.19—1970.9.5)　俄国—苏联数学家、水力学家、气象学家。生于俄国萨拉托夫，卒于莫斯科。1925 年毕业于萨拉托夫大学。1925—1943 年在苏联地球物理观象总台工作。1935 年获博士学位。其间 1929—1941 年在列宁格勒大学水利系兼职。1943 年成为教授。1943—1958 年在中央气象研究所工作。1958—1961 年在应用地球物理研究所工作。1961 年后在气象计算中心工作。1943 年当选苏联科学院通讯院士。将微分方程理论应用于水力学和气象学研究，创建了专门研究短期天气预报的流体动力学学派，毕生致力于开发数字天气预报方法。1940 年得到解天气预报相关微分方程组的第一种有效而实用的方法，其中包括非黏性流体动力学方程(称为欧拉方程)的解法。

列维(Lewy, Hans, 1904.10.20—1988.8.23)　波兰—美国数学家。生于布雷斯劳(今波兰弗罗茨瓦夫)，卒于美国加利福尼亚州伯克利。1922 年入格丁根大学学习，是库朗的学生。1926 年获博士学位，后留校任教。1929 年后曾两次到意大利和法国访学，分别与列维-齐维塔及阿达马合作研究代数几何。1935 年移居美国，1940 年加入美国籍。先后在布朗大学和伯克利加利福尼亚大学任职，1945 年任教授，1972 年退休。第二次世界大战期间，曾到阿伯丁试验场工作。主要贡献在偏微分方程和多元复函数理论方面。利用有限差分方法发展空间双曲型方程的解的存在性理论，指出必须限制时间差分与空间差分的比，才能使差分方程收敛到微分方程。这些工作综合在 1928 年的论文《论数学物理中的偏微分方程》(与库朗、弗里德里希斯合著)中，文中给出“库朗-弗里德里希斯-列维条件”(CFL 条件)。1957 年在论文《无解的光滑线性偏微分方程的例子》中举出光滑变系数线性偏微分方程无解甚至无广义解的反例，开拓了这一方向的系统研究。对希尔伯特第十九问题及具自由边界的最小曲面问题等也有开拓性的贡献。在多复变函数论和流体动力学等领域也有建树。代表性论文还有《关于具部自由边界的最小曲面》(1951)等。1964 年当选美国国家科学院院士，是美国文理科学院院士和意大利宗座科学院外籍院士(1972)。1979 年获美国数学会斯蒂尔重大贡献奖。1985 年因在偏微分方程方面的重要贡献而获沃尔夫数学奖。

怀特海，J. H. C.(Whitehead, John Henry Constantine, 1904.11.11—1960.5.8)　亦译怀特黑德。英国数学家。生于印度马德拉斯(今金奈)，卒于美国新泽西州普林斯顿。

A. N. 怀特海之侄。先后在伊顿公学和牛津大学巴利奥尔学院学习。1929—1932年在美国普林斯顿大学学习，获哲学博士学位。1941—1945 年在英国海军部和外交部工作，从事潜艇战的运筹学和密码破译。1944 年当选英国皇家学会会员。1947 年任牛津大学数学教授。1953—1955 年任伦敦数学会主席。主要贡献在微分几何和拓扑学方面。研究并发展了由维布伦及其学生开创的微分几何研究方向。主要成果载入与维布伦合著的《微分几何基础》(1932)中，包含可微流形的第一个正确定义。在拓扑学方面，第一次给出了整体微分流形概念的严格而精确的定义，引进了流形在已知点的切空间的概念、具有自同构选出群的相伴空间的一般概念等，还以严密的组合方法发展了同伦等价理论。伦敦数学会设立了怀特海奖和高级怀特海奖。

马祖尔(Mazur Stanisław, 1905.1.1—1981.11.5) 波兰数学家。生于奥匈帝国伦贝格(今乌克兰利沃夫)，卒于波兰华沙。1923 年就读于利沃夫大学，1926 年到扬·卡齐米日大学工作和学习，1935 年在巴拿赫指导下获博士学位。随后成为巴拿赫的密切合作者和利沃夫数学学派的创始人之一。1936 年在奥斯陆国际数学家大会作特邀报告。执教于利沃夫大学和华沙大学。1952 年当选波兰科学院院士。主要从事泛函分析、可求和性理论、无限博弈和可计算函数方面的工作，对线性和非线性泛函分析中的几何方法以及巴拿赫代数的研究作出了重要贡献。以提出确定每个巴拿赫空间是否具有绍德尔基的“基问题”而闻名，并有“盖尔范德—马祖尔定理”“马祖尔—乌拉姆定理”等成果。

施尼雷尔曼(Шнирельман, Лев Генрихович, 1905.1.15—1938.9.24) 俄国—苏联数学家。生于俄国戈梅利，卒于苏联莫斯科。1921 年进入莫斯科大学学习，受教于辛钦、卢津和乌雷松等数学家。1925 年毕业留校继续深造，1929 年在卢津指导下获物理-数学博士学位。同年任新切尔卡斯克理工学院的教授、数学系主任。1930 年回到莫斯科大学任教。1933 年当选苏联科学院通讯院士，1934—1938 年在苏联科学院斯捷克洛夫数学研究所工作。1938 年因抑郁症自杀。主要贡献在加性数论、大范围变分法和代数学等方面。在加性数论方面取得了哥德巴赫猜想的重要进展。在《关于数的加性性质》(1930)中证明了任何正整数都能表示成有限个素数的和；还证明了广义华林定理。在这些研究工作的影响下，产生了数论的一个新分支——数字序列的度量理论。1927—1929年，与柳斯捷尔尼克联合撰写一系列论文，证明了：“在具有连续曲率的任何简单的闭合若尔当曲线(曲面)上，可以找到位于正方形顶点的四点。”从而解决了庞加莱于1908 年提出的关于闭测地线的问题。1938 年发表《赋范代数域中的函数》一文，建立了这一领域中的函数理论。为了确定变分问题的解数，引进了闭集畴数的重要概念，在此基础上形成了有广泛应用的柳斯捷尔尼克—施尼雷尔曼理论。还推广了库朗所提出的求最大值的极大极小方法，并在线性方程理论中得到新的应用。

卡普雷卡尔(Kaprekar, Dattatreya Ramachandra, 1905.1.17—1986) 印度数学家。生于孟买以北的小镇达哈努(Dāhānu)，卒于代奥拉利。1923 年在浦那弗格森学院接受高等教育。1929 年毕业后在代奥拉利任数学教师直至退休。1946 年发现(1949 年首次宣布)“卡普雷卡尔常数”6 174：任何一个数字不全相同的四位自然数，将其中的数字重排后求最大者和最小者的差。继续进行这一程序，最多 7 步，结果一定是 6 174。1955 年发现“卡普雷卡尔数”：一个数平方分成两部分的和恰好等于自身的自然数。如 $55^2=(30+25)^2=3\ 025$。还发现“自我数”“自除数”等，撰写了有关循环小数、幻方的文章。其工作对数论、数学教育、数学游戏等有一定价值。

齐平(Zippin，Leo，1905.1.25—1995.5.11) 美国数学家。生于纽约市，卒于纽约曼哈顿。1919 年进入费城中央高中。1922 年进入宾夕法尼亚大学学习，1929 年获博士学位，先后在得克萨斯大学、普林斯顿大学和纽约大学任职。1938 年起任教于纽约市立大学皇后学院。第二次世界大战期间曾在马里兰州阿伯丁的弹道学研究实验室工作。1951 年任皇后学院教授。美国数学会会员。1970 年当选美国文理科学院院士。研究拓扑学及拓扑群，着重于低维直觉空间的性质及其变换群。1952 年与蒙哥马利等人解决了希尔伯特第五问题。著有《拓扑变换群》(与蒙哥马利合著，1954)、《无限的用处》(1962；中译本，北京大学出版社，1985)等。

博灵(Beurling，Arne Carl-August，1905.2.3—1986.11.20) 瑞典—美国数学家。生于瑞典哥德堡，卒于美国普林斯顿。1924 年入乌普萨拉大学学习，先后获文学和哲学学士学位，1933 年在威曼指导下获数学博士学位。1933—1954 年在乌普萨拉大学任教，1937 年任教授。其间于 1948—1949 年到美国哈佛大学任客座教授。第二次世界大战期间致力于破译德军密码。1954 年定居美国，并任普林斯顿高等研究院终身研究员。1970 年当选美国文理科学院院士。是瑞典皇家科学院(1937)、丹麦皇家科学院(1951)和多个学术团体的相应成员。在广义函数、调和分析、复分析、微分方程和位势理论等方面有广泛研究，以他的名字命名的概念和术语有博灵代数、博灵因子分解、博灵-拉克斯定理和博灵-尼曼准则等。许多工作都是开创性的，被后来的数学家进一步研究。如博灵因子分解激发了对线性算子和算子代数的不变子空间的进一步研究。发表了大量论文。培养了包括卡勒松在内的多位博士生。1950 年在坎布里奇国际数学家大会上作 1 小时大会报告。多次获瑞典科学院奖励。

莱默，D. H.(Lehmer，Derrick Henry，1905.2.23—1991.5.22) 美国数学家。生于加利福尼亚州伯克利，卒于同地。1927 年获伯克利加利福尼亚大学物理学学士学位，1929 年获芝加哥大学数学硕士学位，1930 年获布朗大学数学博士学位。先后在加利福尼亚理工学院、斯坦福大学、宾夕法尼亚州利哈伊大学任职。1940 年重返伯克利加利福尼亚大学执教，1954 年任该校数学系主任。主要贡献在数论方面。引进了多维最大公约数的概念和算法。1941 年和妻子 E. 莱默证明了在 x、y、z 都与 P 互素时，方程 $x^p+y^p=z^p$ 当 $P<253,747,889$ 时没有解，推进了费马大定理的研究。1959 年使用电子计算机在更广泛的范围内肯定了关于素数分布的黎曼猜想。还建立了一种求 n 次复系数代数方程所有解的一般方法，称为莱默方法。

斯托克(Stoker，James Johnston，1905.3.2—1992.10.19) 美国数学家、物理学

家。生于宾夕法尼亚州邓巴(Dunbar)。1936 年获瑞士苏黎世工科大学数学博士学位,1945 年起任纽约大学教授,1958—1966 年任库朗数学科学研究所所长。美国国家科学院院士。研究流体动力学、振动理论、微分几何等。著有《机械和电气系统中的非线性振动》(1950)、《水波:数学理论及其应用》(1957)及《微分几何》(1969)等。

卡尔马(Kalmár, Lászlá, 1905.3.27—1976.8.2) 匈牙利数学家。生于考波什堡附近的埃德(Edde),卒于马特拉哈扎。1927 年毕业于布达佩斯大学。之后辗转于不同院校任职。1947 年任塞格德大学教授,在该校创立了数学和计算机科学基地并任首任主席。1949 年当选匈牙利科学院院士。是匈牙利数理逻辑和理论计算机科学的创始人。对数理逻辑和计算机科学中的编程语言、自动纠错、计算机的非数字应用以及计算机科学与数学逻辑之间的联系作出重要贡献,如证明了一阶谓词演算的某些类别的公式是可判定的,发现了一种原始递归算术的替代形式,称为基本递归算术等。对以上数学分支的发展起到了重要作用。1950 年获科苏特奖。1975 年获匈牙利国家奖。

莱马尼斯(Leimanis, Eižens 或 Eugene, 1905.4.10—1992.12.4) 拉脱维亚应用数学家。生于拉脱维亚瓦尔米耶拉附近的韦拜萨斯(Vecbaizas)庄园,卒于加拿大温哥华。1924 年进入拉脱维亚大学学习,1929 年获硕士学位。后游历欧洲,在莱比锡大学等校任教,并获汉堡大学博士学位,任拉脱维亚大学纯数学系高级研究员。1949 年移居加拿大,任温哥华哥伦比亚大学教授(1949—1974)。是美国、印度、伦敦等数学会会员。主要研究三体问题、代数曲线论、常微分方程、外弹道学、天体力学的周期解等。著有《耦合刚体绕不动点运动的一般问题》(1965)等。

埃雷斯曼(Ehresmann, Charles, 1905.4.19—1979.9.22) 法国数学家。生于斯特拉斯堡,卒于亚眠。1924 年进入巴黎高等师范学校学习,1927 年毕业后服兵役一年。后在摩洛哥法语中学教授数学。1930—1931 年到格丁根大学深造。1932—1934 年就读于美国普林斯顿大学。1934 年由É. 嘉当指导获巴黎大学博士学位。1934—1939 年在法国国家科学研究中心从事研究。1939 年起在斯特拉斯堡大学任教。1955 年任巴黎大学拓扑学讲座教授,至 1975 年退休。主要贡献在微分拓扑和范畴论方面。是微分拓扑学研究的开创者之一。深入研究微分流形的拓扑性质,特别描述了齐次流形经典类型的同调性,例如格拉斯曼流形和标志流形、斯蒂弗尔流形和经典群等。1941 年开始对建立纤维空间、流形、叶状结构和射流的认识作出重大贡献。1957 年后主要研究范畴论,并成为该领域研究的先驱。还把范畴概念引进到微分几何中,1958 年创办《拓扑学与范畴微分几何杂志》。发表约 140 篇文章。去世后,其遗孀编辑出版了他的 7 卷全集。培养了大批博士生,包括中国数学家严志达和吴文俊。

尼科尔斯基(Никольский, Сергей Михайлович, 1905.4.30—2012.11.9) 俄国—苏联—俄罗斯数学家。生于俄国塔利察,卒于莫斯科。1929 年毕业于第聂伯罗彼得洛夫斯克大学,并留校任助教。1931 年到莫斯科大学攻读研究生。1935 年在科尔莫戈罗夫指导下攻读博士生课程。

1940年到苏联科学院斯捷克洛夫数学研究所工作。1942年获物理-数学博士学位。1943年任教授。1947年后任莫斯科大学物理技术研究所教授。1972年当选苏联科学院院士(1991年转为俄罗斯科学院院士)。主要贡献在泛函分析、函数论、微分方程、积分方程、变分法和数值近似法等方面。发表论文100多篇,出版3本专著,编著多本教科书。著有《多复变函数逼近和嵌入定理》(1969)、《数学分析教程》(2卷,1975;中译本,人民教育出版社,1982)、《用多项式逼近实变函数》(中译本,科学出版社,1955)。1954年在阿姆斯特丹国际数学家大会上作1小时大会报告。

博苏克(Borsuk, Karol, 1905.5.8—1982.1.24)　波兰数学家。生于俄属华沙(今属波兰),卒于同地。1923年进入华沙大学学习,师从谢尔品斯基和马祖尔凯维奇。1927年获硕士学位,1930年获博士学位,后留校工作。20世纪30年代访问沃利夫,与苏格兰咖啡馆的数学家一起为《苏格兰书》贡献问题。1946年任华沙大学几何学系教授,1952—1964年任数学系主任。第二次世界大战后曾几次在美国的研究所和大学兼职、任客座教授。1952年当选波兰科学院院士。1956年任波兰科学院数学研究所副所长。是波兰华沙数学学派代表人物之一,主要贡献在拓扑学方面。发表170多篇论文。1936年发表关于同伦群的研究论文,定义了从拓扑空间X到n维球面S^n的映射类的和,建立博苏克-乌拉姆定理,由此得到的群称为博苏克上同伦群。是收缩核理论的创始人,研究了绝对收缩核理论。创立了形状理论,在组合几何方面作出贡献。著有《多维解析几何学》(1950)、《收缩核理论》(1967)和《形状理论》(1975)等。在许多国家的大学举办讲座,培养了艾伦伯格等博士生。1954年在阿姆斯特丹国际数学家大会上作1小时大会报告。

布斯曼(Busemann, Herbert, 1905.5.12—1994.2.3)　德国—美国数学家。生于柏林,卒于美国加利福尼亚州圣伊内斯(Stanta Ynez)。早年在慕尼黑、巴黎和罗马等地大学学习。1931年由库朗指导获格丁根大学博士学位,后留校任教学助理。1933年到哥本哈根大学工作。1936年移居美国,1943年入美国籍。先后在普林斯顿高等研究院、约翰斯·霍普金斯大学、伊利诺伊理工学院和史密斯女子学院任临时职务。1947年任南加利福尼亚大学教授,1964年任该校特聘教授,直到1970年退休。1964年当选丹麦皇家科学院外籍院士。主要贡献在几何学方面。1949年首先证明了欧几里得几何和几何断层扫描中的一个定理,称为布斯曼定理。引进的"布斯曼空间"在微分几何中有重要意义。在射影几何、测地线几何、凸曲面几何和几何基础等方面也发表了重要论著。著有《代数流形概论》(1939)、《测地线几何学》(1955)和《当代综合微分几何学》(1970)等。1985年获罗巴切夫斯基奖。2018年出版了他的2卷论文选集。

弗赖登塔尔(Freudenthall, Hans, 1905.9.17—1990.10.13)　德国—荷兰数学家、数学教育家。生于卢肯瓦尔德,卒于乌德勒支。1923年入柏林大学学习数学,1931年在H.霍普夫指导下获柏林大学博士学位。不久到阿姆斯特丹大学数学研究所工作,成为布劳威尔的学术助手。第二次世界大战期间曾一度被停职。1946年任荷兰乌得勒支大学教授,至1975年退休。

1951年当选荷兰皇家科学院院士。还是比利时皇家科学院的外籍院士。数学研究主要在代数拓扑学、李群理论、微分几何、数理逻辑、哲学和科学史等方面。一般拓扑学中有弗赖登塔尔列紧化，在球面同伦群中提出并证明了弗赖登塔尔定理。著有《实用数理逻辑》(1958)、《线性李群》(1968，与弗里斯[M. de Vries，1866—1934]合著)等。还对数学教育作出重要贡献。1936年在荷兰组织了“数学教育研究小组”。1954年起任荷兰数学教育委员会主席。1967—1970年任国际数学教育委员会主席，组织召开了第一届国际数学教育大会，1968年创办了《数学教育研究》期刊。发表大量关于数学教育的著述，如《作为教育任务的数学》(1972)和《数学结构的教学现象学》(1986)等。奠定了现代数学教育的理论和实践基础。2004年在丹麦哥本哈根举行的第10届国际数学教育大会上，设立并首次颁发了国际数学教育大奖——弗赖登塔尔奖。对数学史也颇多研究，特别是对几何学史。为《科学家传记辞典》(1970—1990)撰写了多篇传记。第9689号小行星(1960)以其名字命名。

曼恩(Mann，Henry Berthold，1905.10.27—2000.2.1)　奥地利—美国数学家。生于奥地利维也纳，卒于美国亚利桑那州图森(Tucson)。1935年获维也纳大学数学博士学位，1938年赴美国，1945年入美国籍。1946年获美国数学会柯尔数论奖。1946—1964年任俄亥俄州立大学数学教授，1964年后任威斯康星大学教授。1964年成为数学研究中心成员。是美国数学会会员。发展了群与半群加法的度量理论，研究组合分析、数论和数理统计等。有若干以他名字命名的定理和方法。著有《实验的分析与设计》(1949)、《基于单连续参量的随机过程理论》(1953)等。

艾伯特(Albert，Abraham Adrian，1905.11.9—1972.6.6)　美国数学家。生于芝加哥，卒于同地。1922年进入芝加哥大学学习，于1926年、1927年获学士和硕士学位，1928年由狄克森指导获博士学位。后到普林斯顿大学做博士后研究。1929—1931年任哥伦比亚大学讲师。1931年后一直在芝加哥大学工作，1941年任教授。1958—1962年任数学系主任，曾任耶鲁和普林斯顿等地多所大学客座教授。1965—1966年任美国数学会主席。主要贡献在线性结合代数理论、有限可除代数、阿贝尔变换及其同胚代数等方面，特别创立了若尔当代数理论。著有《代数结构》(1939；中译本，科学出版社，1963)及《高等代数的基本概念》(1957)等。对密码学也有突破性工作，其成果为美国在第二次世界大战期间所应用。第二次世界大战后，积极呼吁美国政府支持数学研究，获得了良好的财政支持。1943年当选美国国家科学院院士，1968年当选美国文理科学院院士。还是巴西和阿根廷科学院外籍院士。1939年获柯尔代数奖。1950年在坎布里奇国际数学家大会上作1小时大会报告。

施佩纳(Sperner，Emanuel，1905.12.9—1980.1.31)　德国数学家。生于中欧上西里西亚(今属波兰)的华尔道夫，卒于巴登-符腾堡州劳芬(Laufen)。1925年进入弗赖堡大学学习。后去汉堡大学，1928年在布拉施克指导下获博士学位。1932—1934年应中华教育文化基金会邀请赴北京，任北京大学客座教授。后在哥尼斯堡、斯特拉斯堡、弗赖堡、波恩等地执教。1954年后任汉堡大学教授，1963—1965年任该校校长。主要贡献在集合论（有施佩纳定理）、近世代数（有施佩纳代数、施佩纳格）和一般拓扑学（施佩纳空间）等方面。著有《矩阵论教程》（合著，1932）和《解析几何与代数学引论》（合著，1931—1935）。后者包括近世代数，矩阵论和射影几何等方面的内容。

沙赫（Shah, Swarupchand Mohanal, 1905.12.30—1996.4.21）　印度数学家。生于印度迪萨（Deesa）。1927年毕业于孟买弗格森学院。1942年获伦敦大学哲学博士学位，1951年获文学博士学位。1953—1958年任阿里格尔大学教授。1958—1966年任美国威斯康星等大学访问教授。1957—1959年任印度数学会杂志编辑。研究特殊的整函数和亚纯函数理论、差分方程、数论以及傅里叶级数等。

莫伊西尔（Moisil, Gngore Constantin, 1906.1.10—1973.5.21）　罗马尼亚数学家。生于罗马尼亚图尔恰，卒于加拿大渥太华。1923年在布加勒斯特大学学习数学和工程学。1931年到法国巴黎学习和工作。1932年回国在雅西大学任教，1936年任教授。1941年任布加勒斯特大学教授。1948年当选罗马尼亚科学院院士、罗马尼亚数学会主席，还曾任罗马尼亚科学院自动化委员会主席。曾获罗马尼亚数学会奖金。还研究微分方程的变换群理论及数理逻辑。著有《自动机械的代数理论》（1959）等。

凯勒，E.（Kähler, Erich, 1906.1.16—2000.5.31）　德国数学家。生于莱比锡，卒于汉堡附近的韦德尔（Wedel）。1924年进入莱比锡大学学习，1928年在利赫滕斯坦指导下获博士学位。毕业后不久到汉堡大学任布拉施克的助教。1931—1932年到意大利留学。1935年任哥尼斯堡大学教授。第二次世界大战期间被征召入伍，被俘后关押在法国战俘营，得到一些法国数学家的帮助坚持数学研究。1947年获释。1948—1958年任莱比锡大学数学系主任和讲座教授。1958—1964年任柏林工业大学教授。1964年任汉堡大学讲座教授，至1974年退休。主要从事几何学和数学物理的研究，他的工作在弦论中很有价值。1932年发表论文《关于一个非凡的埃尔米特度量》，介绍了凯勒流形的概念。该论文是凯勒几何的起点，凯勒流形和凯勒群的概念是当今弦论和时空研究的基本思想。许多研究成果汇集在1958年发表的《算术几何》中。退休后著有《庞加莱群》（1986）和《时空个体》（1992）。前者使用四元数理论定义了一个新的庞加莱群，并提出物质的一般理论必须建立在这个新的庞加莱群上的假设；后者试图重新制定时空相对论物理学的洛伦兹度量，以便摆脱纯虚构的时间变量。1976年当选汉堡数学会名誉会员。是萨克森科学院（1949）、柏林科学院（1955）、利奥波第那科学院（1957）、意大利宗座科学院（1957）和米兰文理学院（1992）的相应成员。

戈卢津（Голузин, Геннадий Михайлович, 1906.1.24—1952.1.17）　俄国—苏联数学家。生于俄国托尔若克，卒于苏联列宁格勒（今俄罗斯圣彼得堡）。1929年毕业于列宁格勒大学，并一直在该校工作。1936年在斯米尔诺夫指导下获物理-数学博士学位。1938年任教授。还在苏联科学院斯捷克洛夫数学研究所兼职。主要贡献在复变函数论方面。建立了平面区域之间的单值保角映射。在单叶函数几何理论中得到了一系列重要结果。特别是利用勒纳的方法给出了旋转定理的最后形式，精确地估计出在保角映射下曲线切线所旋转的角度(戈卢津数)。提出的两个猜想由中国数学家夏道行证明。著有《复变函数的几何理论》(1952；中译本，科学出版社，1956)和《单叶函数论中的一些问题》(1949；中译本，科学出版社，1956)等。

赖特，E. M.(Wright, Edward Maitland, 1906.2.13—2005.2.2) 英国数学家、航海学家。生于利兹附近的法恩利(Farnley)，卒于雷丁。1926年就读于牛津大学，1931年到德国格丁根大学学习一年，1932年获牛津大学哲学博士学位。1935年任阿伯丁大学数学教授。1937年当选爱丁堡皇家学会会员。1948年到苏格兰大学任教，1961年任副校长。1962年任阿伯丁大学校长。是美国、伦敦数学会成员。1977年获授爵位。研究数论、特殊函数、渐近展开、延滞微分方程等。著有《数论导引》(与哈代合著，1938)等。

弗拉索夫，B. З.(Власов, Василий Захарович, 1906.2.24—1958.8.7) 俄国—苏联力学家、数学家。生于俄国卡列叶沃，卒于莫斯科。1924年进入梅日沃伊研究所大地测量学院学习，1926年转到莫斯科高等工程建筑学院，1930年毕业。后留校教授建筑力学。1932—1951年在苏联科学院力学研究所开展科学研究。1932—1942年在军事工程学院兼职。1935年成为教授。1937年获博士学位。1943年成为莫斯科数学会会员。1953年当选苏联科学院通讯院士。1956年任莫斯科高等工程建筑学院院长。是苏联理论和应用力学全国委员会的创始成员(1956)。主要研究结构力学、弹性理论和强度理论，并发展了弹性薄壳理论。在结构复合杆计算、飞机机翼的计算，以及创建计算货车结构薄壁元素和货车壳类型的现代方法中，十分注重数学方法的应用。开发了一种初始函数方法来解决弹性理论的空间问题。两部专著获得苏联政府的奖励。1962—1964年苏联科学院出版了他的著作选集3卷。

弥永昌吉(Iyanaga, Shokichi, 1906.4.2—2006.6.1) 日本数学家。生于东京。1926年入东京帝国大学(今东京大学)学习数学，本科时在《日本数学杂志》和《东京帝国学院学报》上发表了两篇论文(1928)。1929年毕业后师从高木贞治，1931年获数学博士学位。曾留学法国和德国。1942年任东京帝国大学教授。1965年任东京大学理学院院长。是日本数学研究院院长。1975—1978年任国际数学教育委员会主席。1978年当选日本学士院院士。1980年获授法国荣誉军团勋章。著有《自由群论》、《现代数学的基本概念》、《几何引论》、《数论》(1975)等。其全集出版于1994年。主持编写《岩波数学辞典》(1954年初版)，中译本为《数学百科辞典》(科学出版社，1984)。培养了伊藤清和小平邦彦等博士生。

亚希科夫斯基(Jaśkowski, 1906.4.22—1965.10.16) 波兰数学家。生于华沙，卒于同地。1924年进入华沙大学学习，成为武卡谢维奇的学生。早年在托伦工作。1957年后到波兰科学院数学研究所工作。1959—1962年任托伦哥白尼大学校长。是波兰数学会托伦分会的创始人之一，并任首任会长。主要贡献在数理逻辑方面，被认为是自然演绎的创始人之一，还是研究直觉逻辑和自由逻辑的先驱。其中有些概念和术语以他的名字命名。著有《论艺术与自然的对称》(1952)等。

哥德尔(Gödel, Kurt, 1906.4.28—1978.1.14) 奥地利—美国数学家、逻辑学家、哲学家。生于奥匈帝国布尔诺(今属捷克),卒于美国新泽西州普林斯顿。早年在维也纳大学攻读物理、数学,并参加哲学小组活动。1930 年在哈恩指导下获博士学位。其博士论文证明了"狭谓词演算的有效公式皆可证"。后在维也纳大学工作。1938 年到美国普林斯顿高等研究院任职,1953 年任教授,至 1976 年退休。1948 年加入美国籍。发展了冯·诺伊曼和伯奈斯等人的工作,主要贡献在逻辑学和数学基础方面。20 世纪 30 年代初证明了形式数论(即算术逻辑)系统的不完备性定理:即使把初等数论形式化之后,在这个形式的演绎系统中也总可以找出一个合理的命题,在该系统中既无法证明它为真,也无法证明它为假。这一结果发表在 1931 年的论文《论〈数学原理〉及相关系统中的形式不可判定定理Ⅰ》(Über formal unentscheidbare Sätze der Principia Mathematica und verwandter Systeme Ⅰ)中,对递归论的产生和发展起了重要作用。还致力于连续统假设的研究,1930 年采用一种不同的方法得到了选择公理的相容性证明。三年后又证明了(广义)连续统假设的相容性定理,并于 1940 年发表。对公理集合论有重要影响,而且直接导致了集合和序数上的递归论的产生。还从事哲学问题的研究,热衷于用数理逻辑的方法来分析哲学问题,认为健全的哲学思想和成功的科学研究密切相关。著有《选择公理和广义连续体假设与集合论公理的一致性》(1940)。1950 年在坎布里奇国际数学家大会上作 1 小时大会报告。是美国国家科学院院士(1955)、美国文理科学院院士(1957)和英国皇家学会名誉会员(1967)。1951 年获首届爱因斯坦奖。1974 年获美国国家科学奖章。

韦伊(Weil, André, 1906.5.6—1998.8.6) 法国数学家。生于法国巴黎,卒于美国普林斯顿。1925 年毕业于巴黎高等师范学校,之后到罗马、格丁根和柏林游学。受到意大利和德国的数学学派的积极影响。1928 年在阿达马和皮卡指导下获巴黎大学博士学位。1929 年参军服役一年。1930—1932 年任印度阿里加尔穆斯林大学数学教授。1933—1940 年在斯特拉斯堡大学任教。同 H. 嘉当和德尔萨特等人交好,共同成为布尔巴基学派的早期成员。1941 年移居美国,辗转于哈佛、芝加哥及巴西圣保罗等地执教。1958 年任普林斯顿高等研究院教授,1976 年退休。是布尔巴基学派的创立者和领导者之一。主要贡献在连续群、代数几何学和数论方面。20 世纪 30 年代末,研究了拓扑群上的积分问题,完成了专著《拓扑群上的积分及其应用》(1940)。该书反映出的数学结构主义体现了布尔巴基学派的观点,开辟了群上调和分析的新领域。40 年代力图把代数几何学建立在抽象代数和拓扑学的基础上,建立了严格的代数几何学体系。1940 年证明了广义黎曼猜想。1946 年出版的《代数几何学基础》已成为该领域的经典著作。1949 年提出了关于代数方程在有限域中解的个数的韦伊猜想,1967 年又提出了关于椭圆函数与模函数关系的谷山-志村-韦伊猜想。推动了现代数论的发展。还著有《阿贝尔流形和代数曲线》(1948)和《数论基础》(1967)等。1979 年施普林格出版社出版了他的3卷全集。对数学史也很有研究，1983年出版的《数论——一种穿越历史的方法，从汉穆拉比到勒让德》，对数论的历史有详尽而深入的分析。还著有《艾森斯坦和克罗内克对椭圆函数的研究》(1976)等。是法国科学院院士、美国国家科学院外籍院士和伦敦数学会名誉会员。三次(1950，1954，1978)在国际数学家大会上作1小时大会报告。1979年获沃尔夫数学奖，1980年获美国数学会斯蒂尔奖。

鲁宾逊，G. B.(Robinson, Gilbertde Beauregard, 1906.6.3—1992.4.8) 加拿大数学家。生于安大略省多伦多，卒于同地。早年就读于圣安德鲁学院。1927年毕业于多伦多大学，获奖学金去英国留学，1931年获剑桥大学博士学位。回国后一直在多伦多大学数学系任教，1933年任教授，至1971年退休。第二次世界大战期间参与密码破译工作。1944年当选加拿大皇家学会会员。1945年成为加拿大数学会创始人之一，1953—1957年任该会主席。是《加拿大数学杂志》的创始人之一。是美国、英国和澳大利亚数学会会员。研究群的表示理论。著有《几何基础》(1940)、《对称群的表示理论》(1961)、《向量几何学》(1962)等。与惠特克(E. T. Whittaker)合作的《观测计算》(1924)的前一部分有中译本(译名《内插法》，中国科学图书仪器公司，1936)。

奥福德(Offord, Albert Cyril, 1906.6.9—2000.6.4) 英国数学家。生于伦敦，卒于牛津。1932年毕业于伦敦大学学院，获数学博士学位。后到剑桥大学圣约翰学院进行研究，1936年在哈代指导下再获该校数学博士学位。1945年任纽卡斯尔大学数学教授，次年当选爱丁堡皇家学会会员，1948年任伦敦大学教授。1952年当选英国皇家学会会员。1966年任伦敦政治经济学院新设立的数学讲座首任教授。主要贡献在开创了概率分析的研究。著有《随机代数方程的实根个数》(1938)等。

威尔克斯(Wilks, Samuel Stanley, 1906.6.17—1964.3.7) 美国数学家。生于得克萨斯州小榆树(Little Elm)，卒于新泽西州普林斯顿。高中毕业后就读于北得克萨斯州立师范学院，学习建筑和工艺美术。工作一年后入得克萨斯大学攻读数学，1928年获数学硕士学位。1929年到艾奥瓦大学，1931年获博士学位。1933年任教于普林斯顿大学，1935年成为数理统计研究所创始成员，1944年任教授并兼任数理统计系主任，1958年后任该校数学系主任。1964年当选美国文理科学院院士。主要贡献在数理统计方面。特别研究了多元分析、建立了一种常用的检验统计量，有多个以他的名字命名的定理。著有《统计推断理论》(1937)、《数理统计》(1962)、《工程统计导论》(1966)等。

迪厄多内(Dieudonné, Jean Alexandre, 1906.7.1—1992.11.29) 法国数学家。生于里尔，卒于巴黎。早年在巴黎高等师范学校就读，1931年由蒙泰尔指导获博士学位。1933—1937年任雷恩大学讲师。1937—1946年任南锡大学教授，后在巴西圣保罗大学及美国密歇根大学工作。1958年任法国高等科学研究院教授。1964—1970年任尼斯大学教授。1968年当选法国科学院院士。1972年当选伦敦数学会名誉会员。早期受布尔巴基学派的影响，参加该学派活动，后成为领导人之一。是1939年开始出版的《数学原理》丛书的主要撰稿人之一。科学研究涉及现代数学的许多分支，对抽象代数、代数几何、泛函分析和数学史均有突出贡献。对特殊空间、测度的无穷乘积、凸集等方面进行深入研究，特别对有序空间理论和线性拓扑空间理论做了大量工作，引进了双紧致空间的概念等。还研究了在特征 $p>0$ 的域上的微分学。系统研究典型群理论，是典型群的几何学的开创者，著有《典型群的几何学》(1955)。最先引入形式群理论，可换形式群理论由于他的工作而得到很大发展。形式群在代数数论与微分拓扑学等方面有重要应用。1958 年起同格罗滕迪克共同研究代数几何学，合著相关的系统著作。在正交群和酉群理论方面，发现了依赖于是否存在迷向向量的两种不同结构的情况。著有 9 卷《分析原理》(1960—1982)和《近代分析基础》(1960)等。还对数学史进行了大量研究，著有《泛函分析史》(1981)，主编《1700—1900 年的数学史概论》(1973)等。1954 年在阿姆斯特丹国际数学家大会上作 1 小时大会报告。1971 年获斯蒂尔奖。

费勒(Feller, William, 1906.7.7—1970.1.14)　南斯拉夫—美国数学家。生于奥匈帝国萨格勒布(今属克罗地亚)，卒于美国纽约市。1923 年毕业于萨格勒布大学，1926 年在库朗指导下获格丁根大学博士学位。后相继在德国基尔大学、丹麦哥本哈根大学和瑞典斯德哥尔摩大学任职。1939 年赴美国，1944 年入美国籍。先后在布朗大学和康奈尔大学任教授。1950 年后任美国普林斯顿大学数学教授。1958 年在爱丁堡国际数学家大会上作 1 小时大会报告。1960 年当选美国国家科学院院士。是克罗地亚文理科学院和丹麦皇家科学院成员。主要贡献在概率论及其应用，特别是在遗传学、物理学和经济学等方面的应用。应用科尔莫戈罗夫的测度论研究概率论，改变了马尔可夫过程和偏微分方程之间的关系。发表了一系列关于迭对数律的一般形式、递归事件的振幅理论、经验分布中的极限定理等方面的论文。研究的课题还涉及数学分析、泛函分析、几何学和微分方程等学科。特别在抛物线型的微分方程和变换的相伴半群、二阶微分算子、科尔莫戈罗夫方程的边界条件、布朗运动和扩散过程的数学理论等方面都有贡献。发表 100 余篇论文，著有《概率论及其应用导引》(第 1 卷，1957；第 2 卷，1966；中译本，科学出版社，1979)等。在数学中以他的名字命名的有：费勒过程、费勒链、费勒半群等。1969 年获美国国家科学奖章。

尤什克维奇(Юшкевич, Адольф Павлович, 1906.7.15—1993.7.17)　俄国—苏联—俄罗斯数学史家。生于俄国敖德萨(今属乌克兰)，卒于莫斯科。1929 年毕业于莫斯科大学。1930—1952 年在莫斯科高等技术学校工作。1940 年获物理-数学博士学位，同年成为教授。1941 年任该校数学系主任。1952 年到苏联科学院自然科学与技术史研究所和莫斯科大学工作(1945 年开始兼职)。1960 年当选国际科学史研究院院士，1965—1968 年任该院院长。主要研究中世纪的数学史(包括东方的数学史)、俄罗斯数学史、分析数学的历史等。发表 200 多种数学史的论著，其中有《中世纪数学史》(1961)和《1917 年前的俄国数学史》(1968)等。主编了《从古代到 19 世纪初期的数学史》(1970—1972)和 4 卷集的本国数学史教材等。1948 年后和雷布金(Г. Х. Рыбкин)共同主编《数学史研究》

论文集,该文集是国际上数学史方面最好的出版物之一。用俄语主编出版了西方一些数学家如莱布尼茨、牛顿和笛卡儿等人的传记。还为《科学家传记辞典》(1970—1990)撰写了多位数学家的传记文章,其中以欧拉的传记最为出色。其工作促进了苏联数学史研究的繁荣与发展。还积极参与和组织数学史领域的国际交流与合作,为加强东西方科学史界的联系与合作作出重要贡献。1978年获科学史界的最高奖——萨顿奖章。去世后,他的个人图书馆由后人捐赠给俄罗斯科学院。

贝肯巴克(Beckenbach, Edwin Ford, 1906.7.18—1982.9.5) 美国数学家。生于得克萨斯州达拉斯,卒于纽约州锡拉丘兹。1924年进入莱斯大学学习,1929年获硕士学位,1931年在福特指导下获博士学位。后在俄亥俄州立大学、普林斯顿大学和芝加哥大学承担博士后研究任务。1942年任得克萨斯大学副教授,1945年任洛杉矶加利福尼亚大学教授。1948年后领导该校数值分析研究所。1949—1963年任兰德公司技术顾问和普林斯顿高等研究院客座教授。与捷克数学家F. 沃尔夫(F. Wolf,1904—1989)于1951年共同创办了《太平洋数学杂志》,并任第一位编辑。是美国文理科学院和印度、法国和巴勒莫数学会的相应成员。1983年追授美国数学协会杰出服务奖。主要贡献在应用数学方面,以对不等式的研究而闻名。著有《不等式导引》(与贝尔曼合著,1961)、《应用组合数学》(1964)等。

格拉泽尔(Glaser, Walter, 1906.7.31—1960.2.3) 奥地利数学家,物理学家。生于奥匈帝国波希米亚,卒于奥地利维也纳。1930年获德国布拉格大学博士学位,1938年任维也纳大学理论物理教授,1949年任应用物理技术教授,1952年任该校应用物理研究所所长。奥地利科学院成员。著有《基础电子光学》(1952)等,另有微分方程、积分方程、向量分析、向量代数和非欧几里得几何等方面的著作。

卢卡奇(Lukacs, Eugene, 1906.8.14—1987.12.21) 匈牙利—美国数学家。生于奥匈帝国松博特海伊,卒于美国华盛顿特区。1925年在维也纳技术大学学习机械工程。不久转到维也纳大学学习数学,1930年获博士学位。1939年到美国。1945年任辛辛那提大学教授,1955年任华盛顿特区的美国天主教大学教授,直到1972年退休。是数理统计研究所和美国统计协会成员。1973年当选奥地利科学院院士。主要工作在分布表征和稳定性理论方面,1942年首次引入了特征函数理论中的微分方程方法,为数学统计学作出重要贡献。1953年加入了海军研究办公室,后成为其统计学负责人。1961—1962年任法国巴黎大学教授。曾任多种概率统计杂志编辑。著有《特征函数》(1960)、《随机收敛》(1975)、《特征函数理论的发展》(1983)等。

陶斯基-托德(Taussky-Todd, Olga, 1906.8.30—1995.10.7) 捷克—美国数学家。生于奥匈帝国奥洛莫乌茨(今属捷克),卒于美国加利福尼亚州帕萨迪纳(Pasadena)。J. 托德之妻。早年就学于维也纳大学和苏黎世大学。1930年由富特旺勒指导以代数数论方面的研究获维也纳大学博士学位。后为格丁根大学聘用参加收集、修正和出版希尔伯特著作的工作。1935年移居英格兰,任剑桥大学格顿学院研究员。1937—1944年在伦敦大学吉尔顿学院工作，1945 年移居美国，任布林莫尔学院研究员。1957 年后和 J. 托德同在加利福尼亚理工学院工作。1971 年任教授。指导了多位博士生，包括加利福尼亚理工学院第一位女性数学博士。主要以其在矩阵理论（特别是复数矩阵的计算稳定性）、代数理论、群论和数值分析方面的工作而著称。当选多个国家科学院和学术团体的相应成员，获多所院校名誉博士学位。1978 年获奥地利一等科学和艺术荣誉十字勋章。

罗伯茨（Roberts, John Henderson, 1906.9.2—1997.10.8） 美国数学家。生于得克萨斯州雷伍德（Radwood），卒于北卡罗来纳州查珀尔希尔（Chapel Hill）。1927 年毕业于得克萨斯大学，1929 年获博士学位。之后到宾夕法尼亚大学和得克萨斯大学访学、兼职。1931 年起在北卡罗来纳州杜克大学任教，1947 年任教授，1966—1968 年任数学系主任，至 1971 年退休。他在杜克大学培养了 24 位博士生。1951—1960 年任《杜克数学杂志》主编。美国数学会、数学协会会员。研究领域包括维数理论、连续变换、积分方程等。

雷利希（Rellich, Franz, 1906.9.4—1955.9.25） 德国数学家。生于奥匈帝国南蒂罗尔（今属意大利），卒于德国格丁根。先后在格拉茨大学和格丁根大学学习，1929 年在库朗指导下获格丁根大学博士学位，1942 年任德累斯顿大学数学教授。1946 年后任格丁根数学研究所所长，在研究所重建过程中发挥了重要作用。主要贡献在数学物理和泛函分析方面。首先研究了希尔伯特空间中线性算子的摄动理论，和弗里德里希斯共同使用泛函分析的方法和偏微分方程理论解决了数学物理中的重要问题，为量子力学奠定了理论基础。著有《特征值问题的摄动理论》（1969）、《常微分方程的特征值理论》（1976）等。

博亚尔斯基（Боярский, Арон Яковлевич, 1906.10.15—1985） 俄国—苏联经济统计学家、人口学家、数学家。生于俄国利耶帕亚，卒于苏联莫斯科。1926 年毕业于莫斯科大学。1927—1933 年在苏联中央统计局工作。1933—1955 年在莫斯科经济和统计学院工作。1934 年任教授。1940 年获经济学博士学位。1955 年后到莫斯科大学经济学院工作（1963—1978 年任院长）。1966 年成为国际统计学会成员。多次参加全苏人口普查工作。研究了人口普查的历史，提出了一种确定计算死亡率函数的方法和计算人口畸形年龄结构下死亡概率的公式（博亚尔斯基公式），为苏联人口统计学的发展作出贡献。数学研究主要在微分方程、数理统计和数学在经济研究中的应用等方面。出版了 250 多种科学论著，著有《数理统计理论》（1930）和《数理经济学概要》（1962）等。

盖尔丰德（Гельфонд, Александр Осипович, 1906.10.24—1968.11.7） 俄国—苏联数学家。生于俄国圣彼得堡，卒于莫斯科。1924 年进入莫斯科大学学习，1927 年毕业后继续攻读研究生，师从辛钦和斯杰潘诺夫，1930 年获物理-数学博士学位并留校工作，1931 年任教授。1933 年后兼任苏联科学院斯捷克洛夫数学研究所研究员。1939 年当选苏联科学院通讯院士。第二次世界大战期间在海军舰队总指挥部工作，是苏联海军的首席密码专家。主要数学成就在数论和复变函数论方面。在超越数论方面，于 1929 年证明：如果 α 是不等于 0 和 1 的代数数，β 为二次复代数数，则

α^β 是超越数；特别地 $e^\pi=(-1)^{-i}$，是超越数(称为盖尔丰德常数)。1934 年解决了希尔伯特第七问题，即证明了任何一个形如 α^β 的数(α 是异于 0 和 1 的代数数，β 是非有理代数数)是超越数(即不是有理系数代数方程的根)。由此得到了关于“代数数的对数的超越性”的定理(称为盖尔丰德定理)。从这一定理又直接得到了所有不等于 10^K(K 为整数)的自然数的常用对数都是超越数的结果。在数论的随机方法中，有盖尔丰德方法。在复变函数方面，研究了函数系的完备性，积分方程特征值的渐近性质，复数域的插值法等问题。著有《超越数和代数数》(1952)、《解析数论的基本方法》(与林尼克合著，1962)、《有限差分法》(1967)等。某些著作已被译为中文，如《数论》(科学出版社，1953)、《有限差分计算》(上、下册，高等教育出版社，1955—1956)、《方程式的整数解》(中国青年出版社，1955)等。

吉洪诺夫(Тихонов, Андрей Николаевич, 1906.10.30—1993.10.7)　俄国—苏联—俄罗斯数学家、地球物理学家。生于俄国格扎兹克，卒于莫斯科。1922—1927 年在莫斯科大学学习，是 П. С. 亚历山德罗夫的学生。毕业后留校工作。1930—1933 年在苏联水文气象局工作。1933 年到莫斯科大学新建的物理学院数学系任教，1936 年由 П. С. 亚历山德罗夫指导获该校物理-数学博士学位，同年任教授。1938—1971 年任物理学院数学系主任。1937—1953 年在苏联科学院地球物理研究所兼职。1953—1978 年在苏联科学院斯捷克洛夫数学研究所兼职、任副所长。1978—1989 年任苏联科学院克尔德什数学研究所所长。1966 年当选苏联科学院院士(1991 年转为俄罗斯科学院院士)。数学研究涉及面很广，从最抽象的纯粹数学领域到直接应用于生产技术的各数学分支，都作出了一定贡献。在点集拓扑学方面，引进了拓扑空间的无穷乘积(吉洪诺夫乘积)和完全正则空间(吉洪诺夫空间)的概念。20 世纪 30 年代，将布劳威尔的结果推广到局部凸拓扑线性空间中凸紧集到自身的映射上(吉洪诺夫定理)。还研究了数学物理、带小参数的微分方程、泛函分析中的各种问题等。特别在 20 世纪 60 年代地球物理学的地面核磁共振的技术中，提出的正则化方法是用一组与原问题相临近的适定问题的解去逼近原问题的解，用以解决解的稳定性问题，为反问题的求解提供了一种基本而有效的方法。获多种奖励。著有《数学物理方程》(1953)和《不适定问题的解法》(中译本，地质出版社，1979)等。

博耶(Boyer, Carl Benjamin, 1906.11.3—1976.4.26)　美国数学史家。生于宾夕法尼亚州赫勒敦(Hellertown)，卒于纽约市。1928 年毕业于哥伦比亚大学。1929 年获硕士学位。后到纽约市立大学布鲁克林学院任职，相继任讲师(1934)、副教授(1948)和教授(1952)。1939 年获哥伦比亚大学哲学博士学位。1957—1958 年任美国科学史学会副主席，1961 年当选国际科学史研究院院士。主要研究科学史和数学史。其著作《微积分概念史——对导数与积分的历史性评论》(1949；修订版，1959)内容丰富，并带有评论性的阐述，对读者了解微积分概念从古至今的逐步发展有很大帮助。该书中译本由上海人民出版社于 1977 年出版。另一著作《数学史》(与梅兹巴赫[U. C. Mezbach]合著，1968)把数学几千年的发展浓缩为一部编年史，主要追踪欧洲数学的发展,但并没有忽视中国、印度和阿拉伯文明的贡献。还著有《解析几何学史》(1956)和《彩虹:从神话到数学》(1959)等。1954年获古根海姆基金(科学史专业)奖。

莱默,E.(Lehmer, Emma Markovna Trotskaia, 1906.11.6—2007.5.7) 俄国—美国数学家。生于俄国萨马拉,卒于美国加利福尼亚州伯克利。D. H. 莱默之妻。4岁时随父亲到中国哈尔滨生活和读书。1924年去美国伯克利加利福尼亚大学求学。1928年获数学学士学位,同年与D. H. 莱默结婚。1930年获硕士学位。曾将苏联数学家庞特里亚金的《拓扑群》由俄文译为英文,1939年由普林斯顿大学出版社出版。在多所学校和阿伯丁实验场工作,写过60多篇数论论文。与D. H. 莱默一起使用计算机计算弹道学和研究数论课题,合作发表过20多篇论文,还共同成立西海岸数论会议(1969)。本人证明了斐波那契伪素数有无穷多,还得到代数数论中的互易定律(1978)。

勒雷(Leray, Jean, 1906.11.7—1998.11.10) 法国数学家。生于南特附近的尚特奈(Chanteney),卒于拉博勒。1926—1929年在巴黎高等师范学校学习,1933年由维拉指导获哲学博士学位。1936—1940年任南锡大学教授。1940—1945年被关进奥地利战俘营,其间与俘虏同伴组织"战俘学校",研究拓扑学。1945—1947年任巴黎大学教授。1947年起任法兰西学院微分方程与函数方程讲座教授,至1978年退休。1953年当选法国科学院院士。是美国国家科学院(1965)和苏联科学院(1966)外籍院士。主要贡献在代数拓扑学、泛函分析、偏微分方程和多复变函数论等方面。率先开创用拓扑和泛函方法研究微分方程的理论。20世纪30年代初,和绍德尔应用不动点定理证明了微分方程解的存在性定理。称为勒雷-绍德尔不动点方法,是研究非线性微分方程解的存在性的有力工具。1945年引入层及层的上同调,已成为多复变函数及代数几何研究的基本工具。建立了谱序列的理论,研究了李群与齐性空间拓扑。还研究微分算子理论,把F. 约翰(F. John,1910—)的结果推广到强双曲型算子的情形。著有《双曲型微分方程》(1953)和《复变量解析流形上的微积分学》(1959)等。1979年获沃尔夫数学奖。1988年获罗蒙诺索夫金质奖章。1997年施普林格出版社出版了他的3卷论文集。

霍珀(Hopper, Grace Brewster Murray, 1906.12.9—1992.1.1) 美国数学家、计算机科学家。生于纽约,卒于弗吉尼亚州阿灵顿。1928年毕业于瓦萨学院后进入耶鲁大学深造,1934年获数学博士学位。先后执教于瓦萨学院和纽约大学。1943年入伍,任中尉,分配到哈佛大学克鲁福特实验室的军械计算局工作。1944年开始在哈佛Mark I计算机团队与艾肯(H. Aiken)合作,进行编程。1949年以高级数学家的身份加入了Eckert-Mauchly计算机公司,参与合作开发UNIVAC计算机,从事编译器工作。1952年开始发表相关论文,为编译器标准化、国际化作出突出贡献,1969年被数据处理管理协会评为第一位计算机科学年度人物。是美国海军预备队的顾问和讲师,1977年任海军数据自动化司令部司令官特别顾问,1986年以海军少将军衔从海军退役。美国海军一艘导弹驱逐舰以她的名字命名,是唯一一位拥有以名字命名的战舰的数学家。耶鲁大学的一所学院以她的名字命名。1991 年获美国国家技术与创新奖章。

邓福德(Dunford, Nelson, 1906.12.12—1986.9.7) 美国数学家。生于密苏里州圣路易斯，卒于佛罗里达州萨拉索塔。1936 年获布朗大学博士学位。1943 年任耶鲁大学教授。主要贡献在泛函分析方面。得到了反映算子的谱及其函数之间关系的“谱映像定理”，称为邓福德定理。给出可和函数空间的压缩的遍历定理。研究课题还涉及巴拿赫空间、抽象积分、线性算子及其摄动、紧算子、微分算子、本征值问题和算子半群等方面。著有《线性算子》(与 J. T. 施瓦兹等合著；1958—1963)等。

佩利(Paley, Raymond Edward Alan Christopher, 1907.1.8—1933.4.7) 英国数学家。生于英国伯恩茅斯，卒于加拿大艾伯塔省班夫(Banff)。早年在伊顿公学接受教育，后就读于剑桥大学三一学院，1930 年获史密斯奖并留校工作。后到美国坎布里奇工学院和马萨诸塞理工学院工作。主要研究级数论、傅里叶积分、正交函数、调和分析中的各种课题，与李特尔伍德、齐格蒙德、波利亚、N. 维纳等都有合作。许多工作是和 N. 维纳共同完成的。在调和分析中，有佩利—维纳定理。还共同编写了专著《复数域中的傅里叶变换》(1934)。

洛埃韦(Loève, Michel, 1907.1.22—1979.2.17) 法国—美国数学家。生于奥斯曼帝国雅法(今属以色列)，卒于美国加利福尼亚州伯克利。在埃及接受了法语学校的早期教育。1936 年获学士学位后任里昂大学精算师。不久到巴黎大学继续学习数学，1941 年在 P. P. 莱维指导下获博士学位。在德国占领期间被送往拘留营，在大屠杀中幸存。1944—1946 年任巴黎大学庞加莱研究所研究员。1946—1948 年在伦敦大学工作。1948 年到美国，在哥伦比亚大学任短期客座教授后，任教于伯克利加利福尼亚大学，1955 年任首席统计学教授。主要贡献在概率论和数理统计方面。编著的《概率论》最初于 1955 年以单卷本形式出版，到第 3 版时扩充为 2 卷，并在 1978 年第 4 版中进一步扩大和修订。和法国数学家卡胡宁(K. Karhunen, 1915—1992)建立的卡胡宁-洛埃韦定理和卡胡宁-洛埃韦变换是随机过程理论中的重要结果。去世后，其遗孀于 1992 年设立了洛埃韦国际概率奖。

马格努斯，H. H. W.(Magnus, Hans Heinrich Wilhelm, 1907.2.5—1990.10.15) 德国—美国数学家。生于德国柏林，卒于美国纽约州新罗谢尔。1925 年进入杜宾根大学学习，两个学期后转到法兰克福大学，受教于 C. L. 西格尔和赫林格。毕业后于 1929—1930 年任学术助理。1931 年在德恩指导下获博士学位。1933—1938 年任法兰克福大学私人讲师。1939 年后相继任哥尼斯堡大学和格丁根大学助教、副教授。1948 年赴美国访学，1955 年加入美国籍。1950—1973 年任美国纽约大学库朗数学科学研究所教授。1973 年后任纽约理工学院教授，至 1978 年退休。主要贡献在近世代数和数学分析等方面。是组合群论的奠基人，对该理论的早期发展作出贡献。证明了“对于具有一个单定义关系的任何群，‘字的问题’是可解的”。将组合群论成功地应用于拓扑学、K 理论、李代数和结合代数、计算复杂性以及逻辑学中。对数学分析也作出了重要贡献，对数学物理中的特殊函数，有关绕射问题及其在分析中的相关课题的研究都是极富成效的。创作与合著10余部专著，有《数学物理中特殊函数的公式和定理》(合著，1943；英译本，1949)和《组合群论》(合著，1966)等。1984年，施普林格出版社出版了《马格努斯全集》。1969年获古根海姆基金奖。是格丁根科学院和美国数学会成员。1980年获纽约理工学院名誉博士学位。

考克斯特(Coxeter, Harold Scott MacDonald, 1907.2.9—2003.3.31) 英国—加拿大数学家。生于英国伦敦，卒于加拿大多伦多。1926年考入剑桥大学三一学院，1928年获数学一等荣誉学位，1931年获史密斯奖，同年在H. F. 贝克指导下获博士学位。先后在英国剑桥大学、美国普林斯顿大学工作，1936年定居加拿大多伦多，1948年任多伦多大学教授，同年当选加拿大皇家学会会员。1950年当选英国皇家学会会员。1990年当选美国文理科学院外籍院士。1997年获西尔维斯特奖章。在射影几何、多面体理论、非欧几里得几何、离散群、组合理论和其他几何分支中都有重要论著。几何学中有不少定理是用他的名字命名的。研究了几何不连续群，以考克斯特群著称。著有《非欧几里得几何》(1942；1998年第6版)、《实射影平面》(1955)、《离散群的生成元与关系》(1957，与莫泽[W. O. J. Moser]合著)、《正则多胞形》(1963)、《几何之美》(1999)等。

惠特尼(Whitney, Hassler, 1907.3.23—1989.5.10) 美国数学家。生于纽约市，卒于新泽西州普林斯顿。早年就读于耶鲁大学，1928年、1929年相继获物理学和音乐学博士学位。1932年在G. D. 伯克霍夫的指导下获哈佛大学数学博士学位。1931—1952年在哈佛大学相继任助教、讲师、副教授和教授。1952—1979年任普林斯顿大学教授和普林斯顿高等研究院研究员。主要贡献在拓扑学方面。引进了C^∞函数类的等价性定义，研究了这类函数的局部理论，得到了n个变元情形下的某些整体结果及其与实解析函数之间的关系。把流形及其以上每一点为原点的线性独立的切向量组全体总括在一起，得到纤维丛的概念。1937年发表《微分流形的拓扑性质》，证明了微分流形的嵌入定理，正式创立了微分拓扑学。还研究了n维流形的可微结构，提出了斯蒂费尔-惠特尼示性类。同年又引入上同调理论，导出同调与同伦的关系。1944年证明了任何n维流形M^n均可嵌入R^{2n}，并可浸入$R^{2n-1}(n>1)$。推动了代数拓扑学的发展。20世纪40年代首先研究微分映射的奇点，后又对奇点进行分类，开创了奇点理论。后与斯蒂费尔共同建立了可层化空间理论。在几何积分和图论方面也都有重要贡献。著有《可微流形的拓扑》(1941)、《几何积分理论》(1957)和《多元复分析》(1972)等。其主要论文汇集在1992年由施普林格出版的2卷论文集中。1945年当选美国国家科学院院士。是伦敦数学会名誉会员。在1950年坎布里奇国际数学家大会上作1小时大会报告。1976年获美国国家科学奖章，1982年获沃尔夫数学奖，1985年获斯蒂尔奖。

克赖因(Крейн, Марк Григорьевич, 1907.4.3—1989.10.17) 俄国—苏联数学家。生于乌克兰基辅，卒于苏联敖德萨(今属乌克兰)。早年自学数学，曾作为旁听生在基辅大学师范学院学习，参加了数学家格拉韦的研讨会。1924年到敖德萨，开始钻研数学，不久成为切博塔廖夫的研究生，1933年后在敖德萨、古比雪夫、哈尔科夫、基辅等地的高等学校和科研机构工作。1934年成为教授。1939年获莫斯科大学物理-数学博士学位。同年当选苏联科学院通讯院士。1954年后在敖德萨建筑工程学院工作。主要贡献在泛函分析方面，其研究课题还涉及矩阵理论、微分算子的核及矩理论、巴拿赫空间中的锥面理论、积分方程论、算子扩张理论、散射理论以及泛函分析在各方面的应用等。在具有半序结构的线性空间理论和线性非自伴算子理论等方面的工作尤为著名。将现代泛函分析思想与切比雪夫-马尔可夫学派经典理论巧妙结合，广泛应用于力学。发表约300篇论文和8部专著。培养了包括奈马克和H. H. 克拉索夫斯基在内的几十位博士生。是美国文理科学院(1968)、美国国家科学院(1979)的外籍院士和美国数学会荣誉成员。1966年在莫斯科国际数学家大会上作1小时大会报告。1978年获乌克兰科学院克雷洛夫奖。1982年获沃尔夫数学奖。

阿尔福斯(Ahlfors, Lars Valerian, 1907.4.18—1996.10.11)　芬兰—美国数学家。生于俄国赫尔辛基(今属芬兰)，卒于美国马萨诸塞州皮茨菲尔德。1924—1928年在赫尔辛基大学学习，成为林德勒夫和奈旺林纳的学生，1930年在他们的指导下获博士学位。1932—1936年任赫尔辛基大学副教授。1936年任美国哈佛大学副教授。1938年回国后相继在赫尔辛基大学和瑞士苏黎世联邦理工学院任教授。1946年再次赴美，回到哈佛大学任教授，1964年任格劳斯坦讲座教授，至1977年退休。1952年入美国籍。1962—1964年任普林斯顿高等研究院访问学者。1953年当选美国国家科学院院士。是芬兰科学院院士和瑞典、丹麦等国的皇家学会会员。主要贡献在复变函数论方面。1929年证明了当儒瓦猜想：如果整函数的阶为ρ，有限渐近值个数为n，则$n\leqslant 2\rho$。1935年建立了覆盖面理论，由此可推出奈旺林纳理论。因此获1936年首届菲尔兹奖。第二次世界大战之后，转向研究黎曼曲面，与人合作共同发展了拟保角映射理论，获得了一些重要成果。著有《复分析》(1953；第2版，1966；中译本，机械工业出版社，2005)、《拟保角映射教程》(1966)及《黎曼曲面》(合著，1960)等。曾三次(1936，1962，1978)在国际数学家大会上作1小时大会报告。1981年获沃尔夫数学奖。1982年获斯蒂尔奖。

韦夸(Векуа, Илья Нестерович, 1907.5.6—1977.12.2)　俄国—苏联数学家、力学家。生于俄国库塔伊西省苏呼米地区的舍舍列特镇(Шешелеты)，卒于苏联格鲁吉亚第比利斯。1930年毕业于第比利斯大学。1930—1933年到列宁格勒大学攻读研究生。1933—1952年在第比利斯大学工作，1940年由A. H. 克雷洛夫指导获物理-数学博士学位并任教授。后相继在莫斯科大学和苏联科学院斯捷克洛夫数学研究所工作。1959—1965年任新成立的新西伯利亚大学第一任校长。1965—1972年任第比利斯大学校长。1972—1977年任格鲁吉亚科学院院长。1946年当选格鲁吉亚科学院院士。1958年当选苏联科学院院士。为发展莫斯科数学学派和建立格鲁吉亚数学学派作出了重要贡献。研究工作涉及现代数学物理的一些新领域，包括复变量解析函数论方法的应用，力学和物理(特别是弹性理论)中出现的微分方程和积分方程的解法等。对奇异积分方程的研究取得了很大的进展，推进了椭圆型方程的一般解法和一般边值问题的研究方法，并为此设计制造了研究广义解析函数的仪器。这些工作对解决弹性薄壳理论、曲面变形理论等方面的问题都具有很大的实际意义。这些研究结果大部分收集在专著《广义解析函数》(1959；中译本，人民教育出版社，1960)中。还著有《椭圆型方程新解法》(1948；中译本，上海科学技术出版社，1963)、《张量分析基础》(1967)和《张量分析基础和协变理论》(1978)等。

叶鲁金(Еругин，Николай Павлович，1907.5.14—1990.2.12) 俄国—苏联数学家。生于俄国顿河哥萨克地区大公国村(Великокняжеская станица)，卒于苏联明斯克。1926年进入诺沃切尔卡斯克工业和农业学院，完成了两门数学课程后到列宁格勒大学继续学习，1932年毕业。1935—1957年在列宁格勒大学工作。其间于1941—1942年自愿参加列宁格勒保卫战，不幸双腿致残。1943年在В. И. 斯米尔诺夫指导下获物理-数学博士学位，1944年任教授。曾几度在苏联科学院斯捷克洛夫数学研究所兼职。1956年当选白俄罗斯科学院院士。1957年后任白俄罗斯科学院数学研究所第一任所长。主要贡献在微分方程方面。在常微分方程理论的各基本研究方向(如线性与非线性方程组的解析理论、稳定性理论、一般理论等)方面都有专著。对偏微分方程理论、微分方程近似积分法、常微分方程的应用等方面的研究也有独到之处。发表80余篇论文和4部专著。著有《隐函数》(1956)、《具周期和准周期系数的常微分方程的线性系统》(1963)和《黎曼问题》(1982)等。

赛费特(Seifert，Karl Johannes Herbert，1907.5.27—1996.10.1) 德国数学家。生于萨克森贝恩施塔特，卒于海德堡。1926年进入德累斯顿工业大学学习数学和物理。1932年在特雷法尔指导下获莱比锡大学博士学位。1934年成为教授。主要贡献在拓扑学方面。在代数拓扑中，有赛费特纤维不变量、赛费特邻域和赛费特问题等。还对纽结理论进行了大量研究。著有《拓扑学》(与特雷法尔合著，1934；中译本，商务印书馆，1949)、《大范围变分法》(与特雷法尔合著，1938；中译本，上海科学技术出版社，1963)等。

耶森(Jessen，Børge Christian，1907.6.19—1993.3.20) 丹麦数学家。生于哥本哈根，卒于同地。1925年就读于哥本哈根大学。1929年硕士毕业时已发表7篇论文(其中2篇在德国发表)。次年获博士学位。1935年任哥本哈根丹麦技术大学几何学教授。1939年当选丹麦皇家科学院成员。1942年任哥本哈根大学教授，1948年任该校数学系主任。主要贡献在函数论方面，特别研究了殆周期函数、黎曼ζ函数以及希尔伯特第三问题。和数学家齐格蒙德、马尔钦凯维奇共同推广了可和函数类。为丹麦高等教育数学教学方法和内容的改革作出巨大贡献。1954年在阿姆斯特丹国际数学家大会上作1小时大会报告。

法捷耶夫，Д. К.(Фаддеев，Дмитрий Константинович，1907.6.30—1989.10.20) 俄国—苏联数学家。生于俄国斯摩棱斯克省尤赫诺夫(Юхнов)，卒于苏联列宁格勒(今俄罗斯圣彼得堡)。Л. Д. 法捷耶夫之父。1928年毕业于列宁格勒大学。1933年后在列宁格勒大学、苏联科学院数学研究所列宁格勒分所工作。1934年任教授。1935年在德劳内指导下获物理-数学博士学位。1952—1954年任列宁格勒大学数学与力学学院院长，并长期任数学-力学学院数学系主任。1964年当选苏联科学院通讯院士。主要贡献在代数、数论、数值逼近法等方面。在代数学中，研究了伽罗瓦问题的逆问题——求在给定的基域上具有已知的伽罗瓦群的代数扩张，取得了重要结果。在同调代数、函数论和概率论等方面也做了重要工作。发表论著110多种，有《高等代数习题集》(合编；中译本，高等教育出版社，1987)、《代数学》(中译本，人民教育出版社，1956)和《线代数计算方法》(与其妻法捷耶娃[В. Н. Фаддеева]合编，1960；中译本，中国科学技术大学出版社，1965)等。还致力于数学教育，是苏联中学数学奥林匹克的创始人之一。

达文波特(Davenport, Harold, 1907.10.30—1969.6.9)　英国数学家。生于兰开夏郡亨科特(Huncoat)，卒于剑桥。1927年毕业于曼彻斯特大学，后入剑桥大学三一学院攻读研究生，在李特尔伍德的指导下于1938年获博士学位。后相继在维多利亚大学、威尔士大学和伦敦大学学院等校任教，1941年任教授。1958—1969年任剑桥大学劳斯·鲍尔纯粹数学讲座教授。1940年当选英国皇家学会会员。1964年当选瑞典皇家科学院外籍院士。1957—1959年任伦敦数学会主席。1968年获诺丁汉大学名誉博士学位。主要贡献在数论方面，把数的几何与华林问题的研究结合起来取得重要成果。深入研究了丢番图方程的解析理论和代数数论。得到的三角和的估值和有限域的特征的研究结果对近世代数理论的发展有重要影响。著有《高等算术》(1952)、《丢番图方程与不等式的解析方法》(1963)和《积性数论》(1967)等。1950年在坎布里奇国际数学家大会上作1小时大会报告。1967年获西尔维斯特奖章。

谢多夫(Седов, Леонид Иванович, 1907.11.14—1999.9.5)　俄国—苏联—俄罗斯力学家、数学家。生于俄国顿河畔罗斯托夫，卒于莫斯科。1926年进入莫斯科大学学习，1930年毕业。1930—1947年在茹科夫斯基中央空气流体动力学研究所工作。1937年获博士学位。同年任莫斯科大学教授，1953—1999年任莫斯科大学力学和数学学院力学系主任。1953年当选苏联科学院院士(1991年转为俄罗斯科学院院士)。1947—1956年在中央航空电机工程研究所兼职工作。1954年后在苏联科学院斯捷克洛夫数学研究所兼职。主要贡献在理论物理、力学和应用数学等方面。发展了在重液体表面进行刨削的数学理论，解决了物体对水和滑行的影响问题，获得了机翼不稳定运动的空气动力学公式。在此基础上推广了茹科夫斯基对任意机翼运动下的定理，建立了解决机翼轮廓流动问题的新的数学方法。获苏联政府多项奖励。其著作《具内在自由度的连续介质模型的构建》于1974年获李亚普诺夫金质奖章。

布洛诺夫斯基(Bronowski, Jacob, 1908.1.18—1974.8.22)　波兰—英国数学家、历史学家、哲学家。生于俄国罗兹(今属波兰)，卒于美国纽约东汉普顿。第一次世界大战期间随家人移居德国，1920年又移居英国伦敦。后就读于剑桥耶稣学院，多次获奖学金。1933年获剑桥大学博士学位，并入英国籍。1934—1942年在赫尔大学学院教授数学。第二次世界大战期间在内政部军事研究部门工作，利用他掌握的数学理论提高了轰炸袭击的有效性。1945

年随英国参谋长办公室访问日本，研究原子弹对长崎的影响。由此放弃了军事研究，转向科学伦理学，后又专注于生命科学。著有《科学与人类价值观》(1956)、《知识和想象力的起源》(1978)等。是 BBC 的 13 集电视纪录片《人类的崛起》(1973)系列的主持人和编剧。

库洛什(Курош, Александр Геннадиевич, 1908.1.19—1971.5.18) 俄国—苏联数学家。生于俄国斯摩棱斯克州雅尔采沃(Ярцево)，卒于苏联莫斯科。1928 年毕业于斯摩棱斯克大学。1930 年后在莫斯科大学工作，1936 年在 П. С. 亚历山德罗夫指导下获物理-数学博士学位。1937 年任教授，1949—1971 年任高等代数讲座教授。培养了 27 位博士生。是莫斯科代数学派的领导人，在近世代数的许多分支(如群、环、格等理论)都得到了重要结果。证明了关于自由积群和非结合自由展开代数的若干定理(如库洛什子群定理)。其专著《群论》(1944；中译本，人民教育出版社，1964)获切比雪夫奖，并被译为多种文字。为苏联各高等院校编著了大量高等代数教程。还著有《一般代数学讲义》(1960；中译本，上海科学技术出版社，1964)、《任意次数的代数方程》(中译本，中外出版社，1953)和《高等代数教程》(中译本，1953 年以来已由多个出版社先后出版)等。

丁哈斯(Dinghas, Alexander, 1908.2.9—1974.4.19) 希腊数学家。生于土耳其士麦那(今伊兹密尔)，卒于柏林。1922 年随父母搬到希腊雅典，1925 年进入雅典技术大学学习工程，1930 年毕业。1931 年到德国柏林大学深造数学，1936 年在 E. 施密特指导下获博士学位。1947—1949 年任德国洪堡大学教授。1949—1974 年任柏林自由大学教授、数学研究所所长。主要贡献在解析函数论，微分方程和微分几何等方面，特别是对奈旺林纳理论和次谐波函数的研究。发表 130 多种论著，如《函数论教程》(1961)与《柯西-魏尔斯特拉斯函数理论导引》(1968)。

马库舍维奇(Маркушевич, Алексей Иванович, 1908.4.2—1979.6.7) 俄国—苏联数学家、数学教育家。生于俄国奥洛内茨省彼得罗扎沃茨克(Петрозаводск)，卒于莫斯科。1930 年毕业于国立中亚大学。后到莫斯科大学攻读研究生，1934 年毕业。1935 年起在莫斯科大学任教。1944 年由 M. A. 拉夫连季耶夫指导获物理-数学博士学位。1946 年任教授。1950 年当选俄罗斯教育科学院院士，曾任该科学院副院长(1950—1958，1964—1967)。1967 年当选苏联教育科学院院士。1967—1975 年任该科学院副院长。在复变函数论、数学教育和数学史等方面均有重要贡献。特别是对函数逼近论、内插法和完备性等方面的研究，使泛函分析的方法特别是线性空间理论广泛应用于解析函数论。专著《解析函数论》(中译本，高等教育出版社，1957)和《解析函数论简明教程》(中译本，高等教育出版社，1959)流传很广。长期致力于提高苏联中学数学教师的专业水平和改进中学数学教育，多年领导着苏联教育科学院中学教材委员会的工作，并起草中学数学教学大纲，编写教科书及中学生课外读物。

克莱因，M.(Kline, Morris, 1908.5.1—1992.6.10) 美国数学家、数学教育家、数学史家。生于纽约州布鲁克林，卒于同地。1930 年毕业于纽约大学，1932 年获硕士学位，1936 年获博士学位。1936—1938 年在普林斯顿高等研究院研究拓扑学，1938年回纽约大学任文理学院教授，并在库朗的指导下研究应用数学。第二次世界大战期间以物理学家身份任职于美国陆军通信部队。1946年起任库朗数学科学研究所电磁理论研究室主任达20年之久，1952—1975年任纽约大学教授，1976年任名誉教授。主要贡献在应用数学和数学史方面。著有《数学与物理世界》(1959)和《电磁理论与几何光学》(1965)等。其数学史著作《西方文化中的数学》(1953)和《古今数学思想》(Mathematical Thought from Ancient to Modern Times，1972；中译本，上海科学技术出版社，1979—1981，2009)等影响广泛，特别是后者注重阐述一些重要数学思想和方法的来源和发展，受到广泛好评。还著有《数学：确定性的丧失》(1980；中译本，湖南科技出版社，1997)和一些数学教育方面的著作等。

埃尔温(Elfving，Erik Gustav，1908.6.25—1984.3.25)　芬兰数学家、统计学家。生于赫尔辛基，卒于同地。1926年进入赫尔辛基大学学习天文学，后转向数学学习，1934年获该校博士学位。相继任教于赫尔辛基科技大学、瑞典斯德哥尔摩大学、美国普林斯顿大学、康奈尔大学、耶鲁大学等。是国际统计学会成员、瑞典皇家科学院名誉会员。其研究涉及实验设计、概率论、统计推断及应用等方面，是现代实验优化设计理论的创始人之一。著有《线性回归理论中的最优分配》(1952)、《1828—1918年的芬兰数学史》(1981)等。

奎因(Quine，Willard Van Orman，1908.6.25—2000.12.25)　美国数学家、哲学家、逻辑学家。生于俄亥俄州阿克伦，卒于马萨诸塞州波士顿。1926年入欧伯林学院学习，1930年获数学与哲学学士学位。1932年在A. N. 怀特海指导下获哈佛大学哲学博士学位。后在哈佛大学任教，1948年任教授，主要教授哲学和数学。1956—1978年主持皮尔斯(E. Pierce，1881—1940)哲学讲座。1951年任美国哲学协会主席。1970年获哥伦比亚大学巴特勒金质奖章。是现代数理逻辑和数学基础专家，主张系统、结构式的哲学分析，即把一般哲学问题在一个系统的语言构架之内进行研究。曾在圣保罗、牛津、东京、巴黎和乌普萨拉等地讲学。著有《数理逻辑》(1940)、《集合论及其逻辑》(1963)和《悖论之道》(1966)等。

施密德(Schmid，Hermann Ludwig，1908.6.26—1956.4.16)　德国数学家。生于巴伐利亚奥格斯堡附近的格金根(Göggingen)，卒于维尔茨堡。1927年进入慕尼黑大学读书。1933年进入马堡菲利普斯大学攻读博士学位，1934年在哈塞指导下获博士学位，1935—1937年跟随哈塞到格丁根大学任其助手。1946年任东柏林洪堡大学全职教授。同年成为数学研究所创办人之一。次年参与创办《数学信息》杂志。1953年赴维尔茨堡大学任职，不久任理学院院长和大学校长。主要贡献在代数函数类域论、“高斯和”理论、微分方程论，多项式连分数理论和齐式的代数理论等方面。曾继法伊格尔之后完成《数学辞典》(1961)的编辑，该书在他去世5年后出版。

托德，J. A.(Todd，John Arthur，1908.8.23—1994.12.22)　英国数学家。生于利物浦，卒于伦敦克罗伊登(Croydon)。1925年就读于剑桥大学三一学院，1930年获史密斯奖，1932年获博士学位，导师是H. F.

贝克。后在曼彻斯特大学及剑桥大学教数学，1948年当选英国皇家学会会员。曾任伦敦数学会主席。研究代数几何、群论、代数不变量等，有以他的名字命名的多项式。著有《射影几何与解析几何》(1947)等。

庞特里亚金(Понтрягин, Лев Семёнович, 1908.9.3—1988.5.3)　俄国—苏联数学家。生于俄国莫斯科，卒于同地。13岁时因爆炸事故双目失明。在母亲的帮助下坚持学习和科学研究。1929年于莫斯科大学毕业后成为数学家П. С. 亚历山德罗夫的研究生，两年后在该校任教。1935年获物理-数学博士学位，同年任教授。1958年当选苏联科学院院士。是伦敦数学会和匈牙利科学院的荣誉成员。主要贡献在拓扑学方面。1932年发现了对偶性的一般规律，建立了连续统的特征定理。后把"有限群与其特征标群同构"的结果推广到局部紧阿贝尔群上，建立了庞特里亚金对偶定理，更新了代数拓扑学的内容。专著《连续群》(1938；中译本，科学出版社，1957)于1941年获斯大林奖金。书中阐明了连续映射理论和维数论等领域的一系列拓扑学的重要结果。对同伦论的研究也取得了重要进展(给出庞特里亚金示性类)。1962年转向研究经济管理中的数学方法——控制理论，成为最优化过程数学理论的奠基者。提出了"庞特里亚金极大值原理"(1958)。在振荡理论、代数李群理论和微分几何等方面也作出贡献。还著有《组合拓扑学基础》(1947；中译本，中国科学院出版社，1954)、《最佳过程的数学理论》(1962；中译本，上海科学技术出版社，1965)和《常微分方程》(合著，1962；中译本，上海科学技术出版社，1962)等。1966年获罗巴切夫斯基奖，还获苏联政府多种奖励。曾两次(1958，1970)在国际数学家大会上作1小时大会报告。

伊万诺夫，В. К.(Иванов, Валентин Константинович, 1908.10.1—1992.10.30)　俄国—苏联—俄罗斯数学家。生于圣彼得堡，卒于叶卡捷琳堡。1930年毕业于乌拉尔综合技术学院，后又进入列宁格勒大学学习，1938年毕业。1938—1947年在斯维尔德洛夫斯克矿业学院工作。1947年后在乌拉尔大学工作，曾任该校数学系主任30余年。1955年在索伯列夫指导下获物理-数学博士学位，1956年任教授。1955年到苏联科学院乌拉尔分院数学研究所兼职。1970年当选苏联科学院通讯院士。数学研究涉及代数学(矩阵理论)、数论、函数论(广义函数、调和函数和多复变量的整函数)、数学物理和数值逼近方法等领域。和吉洪诺夫共同解决了数学物理中的一些特殊问题。著有《不适定问题理论及其应用》(合著，1978)和《卷积中的非线性算子》(合著，1983)等。

埃尔代伊(Erdélyi, Arthur, 1908.10.2—1977.12.12)　匈牙利—英国数学家。生于匈牙利布达佩斯，卒于苏格兰爱丁堡。1926年到捷克斯洛伐克的布尔诺学习电气工程，后转向数学学习，1938年获布拉格大学博士学位。第二次世界大战爆发后到英国爱丁堡大学就职，1945年当选爱丁堡皇家学会会员。1947—1964年任美国加利福尼亚理工学院客座教授。1964年返回爱丁堡大学任数学教授。1953年当选意大利都灵科学院院士。1971年任爱丁堡数学会主席。1975年当选英国皇家学会外籍会员。主要研究特殊函数、渐近分析、奇异偏微分方程等。著有《渐近展开式》(1955)、《算子演算与广义函数》(1962)等。

索伯列夫(Соболев, Сергей Львович, 1908.10.6—1989.1.3) 俄国—苏联数学家。生于圣彼得堡,卒于莫斯科。1925—1929年在列宁格勒大学学习,师从数学家京特和B. И. 斯米尔诺夫,1929年获硕士学位。毕业后在列宁格勒地震研究所工作。1934年获物理-数学博士学位。同年到苏联科学院斯捷克洛夫数学研究所工作,1936年任教授;1939年后相继任该研究所副所长、所长。1939年当选苏联科学院院士。还在莫斯科大学任教,1952—1957年任该校数学系主任。1957年参与创建苏联科学院西伯利亚分院,并任分院院长。1960—1978年任新西伯利亚大学教授。1983年返回斯捷克洛夫数学研究所。曾参与苏联原子武器的研发工作。主要研究固体动力学和数学物理方程。在固体动力学方面,首先建立了平面波的一般理论,并阐明了曲线波的一般概念。在数学物理方程方面,建立了双曲型偏微分方程的新解法。和B. И. 斯米尔诺夫共同研究了分层介质振动的动力问题,提出用泛函不变式的方法来求解。后把现代泛函分析的方法应用于偏微分方程理论。引进了索伯列夫空间,研究这类空间的内嵌变换。1936年给出了偏微分方程广义解的概念和第一个广义函数的严格定义。借助这些概念研究了某些类型偏微分方程的边值问题。还为苏联计算数学的发展和电子计算技术的普及做了大量的工作。是苏联偏微分方程学派创始人之一,培养了大批学生。发表论著150多种,著有《数学物理方程》(1947;中译本,高等教育出版社,1958)和《泛函分析在数学物理中的应用》(1950;中译本,科学出版社,1959;英译本,1963)等。是许多国家科学院(如法国科学院、意大利宗座科学院等)和学术团体的成员,以及某些大学的名誉博士。曾任《西伯利亚数学杂志》主编。获苏联政府多项奖励。

海尔布伦(Heilbronn, HansArnold, 1908.10.8—1975.4.28) 德国—加拿大数学家。生于德国柏林,卒于加拿大多伦多。1926年入柏林大学学习。后转学弗赖堡大学和格丁根大学,1933年在兰道指导下获博士学位。同年去英国工作,1949年任教授。1951年当选英国皇家学会外籍会员。1959—1961年任伦敦数学会主席。1964年移居北美,任多伦多大学数学教授。1970年入加拿大籍。主要贡献在代数数论和解析数论方面。1934年证明了高斯关于二次域的判别式与其类数之间关系的某种猜想,并对这一结果进行了更深入的研究。发表44种论著。

吴大任(1908.12.8—1997.3.19) 中国数学家。生于天津,卒于同地。物理学家吴大猷的堂弟。1926年免试保送南开大学学习。1930年毕业于南开大学数学系,后到中山大学任教。1932年应姜立夫邀请回南开大学任教。1933年考取第一届中英庚子赔款官费留学生,到伦敦大学学习,1935年获硕士学位。后到德国汉堡大学学习,在布拉施克指导下作研究。1937年回国,先后在武汉大学、四川大学、南开大学执教。1961年任南开大学副校长。曾先后任中国数学会常务理事、副理事长、名誉理事长等。为争取和安排陈省身回国工作积极创造条件,在1985年陈省身出任南开数学研究所所长时为南开数学研究所拟定了办所宗旨:“立足南开,面向全国,放眼世界”。主要贡献在积分几何、射影几何、非欧几里得几何、圆素和球素几何及微分几何应用等方面,第一次把欧几里得空间积分几何的基本成果推广到三维椭圆空间，还证明了关于欧几里得平面和空间中的凸体弦幂积分的一系列不等式。发表研究论文及专著20余种，其中《微分几何讲义》(1959)和《空间解析几何引论》(1978)多次再版，并获国家奖励。

哈德威格(Hadwiger, Hugo, 1908.12.23—1981.10.29) 瑞士数学家。生于德国卡尔斯鲁厄，卒于瑞士伯尔尼。早年到德国柏林和汉堡留学。1936年获伯尔尼大学博士学位。1945年起任伯尔尼大学教授。曾到美国普林斯顿工作。主要贡献在几何学、组合学和密码学等方面。创立了研究与积分论有关的测度理论问题的学派。发表了大量关于曲面体的体积、表面积与等周问题及平面组合几何学等方面的论著。还从事密码研究，为瑞士陆军和空军提供服务。著有《凸体理论的过去与现在》(1955)《容度、曲面和等周测量讲义》(1957)等。2151号小行星(1977)以其名字命名。

梅施科夫斯基(Meschkowski, Herbert, 1909.2.1—1990.3.24) 德国数学家、数学史家。生于柏林附近莫比特(Moabit)，卒于柏林。1927年进入柏林大学学习数学和物理，师从E. 施密特和比伯巴赫。1931年毕业。后在文法学校任数学教师。1950年在丁哈斯指导下获柏林自由大学博士学位。之后相继任柏林自由大学和柏林教育大学教授。德国数学会成员。主要贡献在泛函分析和数学史方面。著有《大数学家的思想方法》(1961)、《具有核函数的希尔伯特空间》(1962)、《数学家辞典》(1973)、《数学问题史》(1979)、《平面几何》(1981)等。

吉田耕作(Yosida, Kôsaku, 1909.2.7—1990.6.20) 日本数学家。生于广岛，卒于东京。1931年毕业于东京帝国大学(今东京大学)理学院。1933年任教于大阪帝国大学数学系。1939年获大阪大学博士学位。先后任名古屋帝国大学(1942)、大阪大学(1953)和东京大学(1955)数学系教授。1957—1972年共任七届日本数学会主席。1971年当选日本学士院院士。1977年当选美国文理科学院院士。主要从事泛函分析研究，因建立C半群的希勒-吉田定理而闻名。著有《泛函分析》(1965)等。1967年获日本学士院奖。

巴赫曼, F.(Bachmann, Friedrich, 1909.2.11—1982.10.1) 德国数学家。生于韦尼格罗德，卒于基尔。1927年开始在明斯特大学和柏林大学求学。1934年以对算术基础，特别是对戴德金、弗雷格和罗素工作的研究获明斯特大学博士学位，导师是逻辑学家斯科尔茨(H. Scholz, 1884—1956)。1935—1939年在马堡大学任赖德迈斯特的助理。1941年后在哥尼斯堡大学和洪堡大学任私人讲师。1949年任基尔大学教授，1962—1963年任该校数学系主任，1977年退休。是德国数学协会和符号逻辑学会会员。主要贡献在数学基础、几何学和群论等方面。是基尔几何学派的领导者。研究了在对称原理基础上的几何作图法。所著《从反射概念看几何学的结构》(1959)和《n角》(与E. 史密斯合著，1970)影响甚广。

谢瓦莱(Chevalley, Claude, 1909.2.11—1984.6.28) 法国数学家。生于南非约翰内斯堡，卒于巴黎。1926年入巴黎高等师范学校，1929年毕业并取得国立中学高级教师资格。1931年获法国国家科学研究基金资助到德国学习访问，深受A. E. 诺特和E. 阿廷的影响。1933年在朱利亚指导下获巴黎大学博士学位。1937年到雷恩大学工作。1938年赴美国,先后在普林斯顿大学(1938—1948)和哥伦比亚大学(1948—1955)任教。1953—1954年到日本讲学。1955年回到法国。1957年任巴黎大学教授,至1978年退休。布尔巴基学派的创始人之一,在代数数论的许多分支都有重要工作。1936—1940年引进伊代尔概念以代替理想概念,从而将有限阿贝尔扩张的阿廷映射推广到任意阿贝尔扩张上。后该概念和与它相联系的阿代尔概念也被定义于代数数域中的代数群上,而且在其算术性质的研究中起了重要作用。在代数群方面,得到了连通的代数群对其局部正规子群的商群是完备的充要条件,给出了半单群分解为可简约的闭子群的半直积的表达式。还研究了紧群、有限单群、李群等课题,提出的"线性代数群"的概念对有限单群分类问题的研究十分重要。关于域上的半单代数群的基本定理称为谢瓦莱定理。在代数几何学方面,在1940年和韦伊共同提出了相交问题。还发展了局部环的理想理论,引进了有关拓扑概念,并把这些概念应用于相交问题。著有3卷《李群论》(1946—1955)、《代数学基本概念》(1956)、《旋子的代数理论》(1954)等。1941年获柯尔奖。1958年在爱丁堡国际数学家大会上作1小时大会报告。1967年当选伦敦数学会名誉会员。

庄圻泰(1909.3.13—1998.9.2) 中国数学家。生于山东莒县,卒于北京。1927年入清华大学学习,毕业后任数学系助教。1934年进清华大学理科研究所读研究生,师从熊庆来学习和研究亚纯函数的值分布理论。1936年被派往法国巴黎大学,在数学家瓦利龙的指导下,研究亚纯函数的正规族问题,1938年获数学博士学位。1939年回国后,任云南大学数学系副教授、教授。1946年后任北京大学数学系教授。长期从事亚纯函数的值分布与正规族理论的研究,主要贡献有:一个亚纯函数的增长性与其导数的增长性的比较;将奈旺林纳的亚纯函数理论中的第二基本定理推广到小函数的情形;亚纯函数的正规族;函数的增长性等。发表论文约30篇,出版著作6种,其中《亚纯函数的奇异方向》(1982)一书系统地论述了亚纯函数的充满圆及波莱尔方向。培养了不少数学人才,数学家杨乐、张广厚的研究工作得到过他的关心和指导。

乌拉姆(Ulam, Stanisxaw Marcin, 1909.4.13—1984.5.13) 波兰—美国数学家、核物理学家。生于奥匈帝国伦贝格(今乌克兰利沃夫),卒于美国新墨西哥州圣菲。早年在利沃夫高等理工学院学习,师从巴拿赫等数学家。1932年获硕士学位,1933年在库拉托夫斯基指导下获博士学位。1935年移居美国,1941年加入美国籍。曾在哈佛大学及麦迪逊、洛斯阿拉莫斯、加利福尼亚州以及博尔德等地的大学和实验基地任教及工作。利沃夫数学学派成员。苏格兰咖啡馆的常客,为《苏格兰书》贡献了40个问题。早期受到该学派数学思想的影响,在拓扑学、数论、集合论和泛函分析等方面都作出了贡献。如在1930年的论文中指出了W加性测度、实值可测基数和勒贝格测度之间的关系。后研究领域扩大到应用数学。1945年与冯·诺伊曼合作,首次引进并证明随机遍历定理。同年还共同提出了"使用随机数来解决确定性数学问题的模拟方法",即蒙特卡罗法，又称统计模拟法和统计实验法。1950 年参加第一颗氢弹设计中的计算工作，解决过重要甚至关键性问题。是美国导弹计划的发起人之一，美国电子计算机应用的专家、数理生物学的倡导者。1967 年成为美国总统科学顾问委员会成员。是美国国家科学院和美国文理科学院院士。向数学工作者提出若干尚未解决的数学问题，并编著成《数学问题集》(1960)。还著有《一个数学家的经历》(1976)和《科学、计算机和人》(1986)等。

斯蒂弗尔(Stiefel, Eduard Ludwig, 1909.4.21—1978.11.25) 瑞士数学家，生于苏黎世，卒于同地。1928 年进入苏黎世联邦理工学院，1931 年获数学学位。后继续深造，1935 年在 H. 霍普夫指导下获博士学位。第二次世界大战期间服役瑞士军队，任上校。1943 年任苏黎世联邦理工学院数学教授，1948 年创办应用数学研究所并任所长。以与惠特尼合作发明拓扑特征类而闻名。20 世纪 50 年代初转向数值算法，与人合作发明了一种解线性方程组的共轭梯度法。是挪威科学院名誉院士，1956 年任瑞士数学会主席，1970 年任瑞士应用数学和力学学会主席。1954 年在阿姆斯特丹国际数学家大会上作 1 小时大会报告。著有《画法几何讲义》(1947)、《数值数学导论》(1961)等。曾获赫尔辛基大学和瑞士联邦工艺学院奖章。

科克伦(Cochran, William Gemmell, 1909.7.15—1980.3.29) 苏格兰—美国数学家。生于苏格兰拉瑟格伦，卒于美国马萨诸塞州奥尔良。1931 年获格拉斯哥大学数学与物理学硕士学位，1938 年获剑桥大学硕士学位。1939 年移居美国，1946 年加入美国籍。1939—1946 年任艾奥瓦州埃姆斯大学数理统计学教授，1946—1948 年筹建北加利福尼亚大学统计研究所。后相继在约翰斯·霍普金斯大学(1949—1957)、哈佛大学(1957—1976)任职。1974 年当选美国国家科学院院士。在试验设计和抽样技术方面作出贡献。著有《实验设计》(合著，1950)、《抽样技术》(第 3 版，1977)和包含 100 多篇研究论文的《统计学稿件》(1982)等。

瓦索(Wasow, Wolfgang Richard, 1909.7.25—1993) 瑞士—美国数学家。生于瑞士沃韦(Vevey)。1933 年毕业于德国格丁根大学。1939 年去美国，1942 年获纽约大学博士学位，1944 年入美国籍。1957 年起任威斯康星大学数学教授。研究微分方程的解法(用渐近序列和有限差分逼近)。著有《偏微分方程的有限差分法》(1960，合著)、《常微分方程的渐近展开》(1966)等。

萨德(Sard, Arthur, 1909.7.28—1980) 美国数学家。生于纽约。1931 年毕业于哈佛大学，1936 年获该校博士学位。曾留学巴黎。1933—1936 年在哈佛大学任教，1937 年起在纽约大学任教。战争期间研究过应用数学。1958 年任教授。在函数空间、有效逼近、误差极小反应、样条公式等方面发表过文章。著有《线性逼近》(1963)。

麦克莱恩(MacLane, Saunders, 1909.8.4—2005.4.14) 美国数学家。生于康涅狄格州塔夫脱维尔(Taftville)，卒于加利福尼亚州旧金山。1926 年进入耶鲁大学学习，1930 年获学士学位。1931 年获芝加哥大学硕士学位，后到德国留学。1934 年在外尔和伯奈斯的指导下获格丁根大学博士学位。回国后在哈佛大学、康奈尔大学和芝加哥大学任短期教职后，于 1938—1947 年任哈佛大学教授。1947 年后任芝加哥大学教授，1952—1958年任数学系主任，1982年退休。其间1947—1948年作为古根海姆研究员前往苏黎世联邦理工学院工作。1949年当选美国国家科学院院士。1972年当选爱丁堡皇家学会名誉会员。获多所大学的名誉学位。1973—1974年任美国数学会主席。还曾任美国数学协会主席和《美国数学会通报》主编等职。1976年带领美国数学家代表团到中国进行访问和交流。主要贡献在代数学和拓扑学方面。是同调代数和范畴论的创始人之一。阐述了一类可分离的超越扩张，建立了麦克莱恩定理；与艾伦伯格长期合作研究拓扑的代数理论，于1942年联名发表了有关群扩张和同调的文章，还对同伦群和上同调群进行了系统的研究，构造出艾伦伯格-麦克莱恩空间；其专著《同调论》(1963)对同调代数思想方法的普及和发展起到了重要作用，对现代数学的发展具有很大的推动作用。1945年与艾伦伯格首次引入范畴和函子的概念，他们合作的论文为范畴论奠定了基础，1950年他还引入了阿贝尔范畴。在逻辑与可平面图，以及微分几何等方面也都有建树。还著有《近世代数概论》(与G. 伯克霍夫合著，1941)和《代数学》(与G. 伯克霍夫合著，1967)等。1941年获美国数学协会肖韦内特奖。1986年获斯蒂尔奖，1989年获美国国家科学奖章。1979年施普林格出版社出版了《麦克莱恩论文选集》。

孔福尔托（Conforto, Fabio, 1909.8.13—1954.2.24） 意大利数学家。生于奥匈帝国的利亚斯特(今属意大利)，卒于罗马。早年在米兰理工学院读书，1928年进入罗马大学。1931年毕业后到德国格丁根大学进修。1939年任罗马大学教授。1950年后到美国和欧洲多地访问。主要贡献在阿贝尔函数、代数几何、数理逻辑和泛函分析等方面。还讲授过理论力学、拓扑学和数学史的课程。在应用数学方面，研究了梁的变形，提出了地震震中的测定方法，以及振动问题和弹性理论。著有《阿贝尔函数和代数几何》(1956)及大量教科书等。

博戈柳博夫，H. H.（Боголюбов, Николай Николаевич, 1909.8.21—1992.2.13） 俄国—苏联—俄罗斯数学家、力学家、理论物理学家。生于俄国下诺夫戈罗德，卒于莫斯科。A. H. 博戈柳博夫之兄。14岁进入乌克兰科学院数学物理研究班，在H. M. 克雷洛夫的指导下学习。1928年获副博士学位，1930年获博士学位。一直在乌克兰科学院和苏联科学院兼职，并分别于1948年和1953年当选这两个科学院的院士。还在一些高等院校和其他研究所工作。1953年参与制造苏联第一枚氢弹的工作。1956—1965年任苏联杜布纳联合核子研究所理论物理实验室主任，1965—1988年任研究所所长。1965—1973年任乌克兰科学院理论物理研究所所长。1966—1992年兼任莫斯科大学物理学院量子统计和场论系主任。1983—1988年兼任苏联科学院斯捷克洛夫数学研究所所长。是多个国家科学院和学术机构的相应成员。在分析的近似方法和非线性力学方面，与H. M. 克雷洛夫共同研究了现代微分方程理论与泛函分析的交叉内容，建立了动力系统不变测度；在常微分方程方面，提出了克雷洛夫-博戈柳博夫均值法；在复变函数论方面，得到了“楔形尖点”定理。在数学物理、统计物理、量子场论、基本粒子理论等方面也做了大量工作。创建了苏联非线性力学、统计物理和量子场论方面的科学学派，为苏联科学技术的发展作出很大贡献。其12卷《科学作品集》收录了4卷《数学与非线性力学》(1925—1974)、4卷《统计力学》和4卷《量子理论》。其中《非线性振动理论中的渐近方法》(合著，1955)被译成中文(上海科学技术出版社，1963)。曾获苏联政府和各国学术机构多项奖励和荣誉。1958年在爱丁堡国际数学家大会上作1小时大会报告。1982年任华沙国际数学家大会菲尔兹奖颁奖委员会成员。

蒙哥马利(Montgomery, Deane, 1909.9.2—1992.3.15)　美国数学家，教育家。生于明尼苏达州威弗(Weaver)，卒于北卡罗来纳州查珀尔希尔(Chapel Hill)。先后获哈姆林大学硕士(1930)、艾奥瓦大学博士(1933)。1934年任普林斯顿高等研究院研究员，1941年任史密斯学院数学教授。1951年任高等研究院教授。1955年当选美国国家科学院院士，1958年当选美国文理科学院院士。1960—1963年任美国数学会主席，1974—1978年任国际数学联盟主席。1988年获美国数学会斯蒂尔终身成就奖。主要研究拓扑学与拓扑群。1952年与齐平合作证明了任意有限维局部连通的局部紧群是李群，从而解决了希尔伯特的第五问题。与齐平合著《拓扑变换群》(1955)等。

根岑(Gentzen, Gerhard KarlErich, 1909.11.24—1945.8.4)　德国数学家、逻辑学家。生于格赖夫斯瓦尔德，卒于捷克斯洛伐克布拉格。先后就学于格赖夫斯瓦尔德大学(1928)、格丁根大学(1929)、慕尼黑大学(1930)和柏林大学，1933年在伯奈斯和外尔指导下获格丁根大学数学博士学位。1934—1943年在格丁根大学任希尔伯特的助手。后到布拉格大学任教。曾创立“自然演绎”(一种比弗雷格、罗素和希尔伯特提出的系统更接近数学推理的逻辑)解决数学推理中的谓词逻辑问题，并得到古典算术体系的相容性结论。在著作《基本定理》中强化了演绎系统，完成了古典分析系统相容性证明的部分工作，给出希尔伯特—根岑定理，并由此将希尔伯特的逻辑公理计划推进到第二阶段。还著有《基础数学研究现状》(1938)等。还证明过初等数论中的一些问题。

马尔采夫(Мальцев, Анатолий Иванович, 1909.11.27—1967.7.7)　俄国—苏联数学家。生于俄国莫斯科米舍隆斯基镇(Мишеронский)，卒于苏联新西伯利亚。1931年毕业于莫斯科大学。1932—1960年在伊万诺夫师范学院工作，其间1934—1937年到莫斯科大学攻读研究生，1941年在科尔莫戈罗夫指导下获物理-数学博士学位。1942—1960年在苏联科学院斯捷克洛夫数学研究所兼职。1944年任教授。1960年后到苏联科学院西伯利亚分院数学研究所和新西伯利亚大学工作。1958年当选苏联科学院院士。数学研究涉及数理逻辑、群论、环理论、线性代数、拓扑代数、算法理论等学科。20世纪50年代初在代数系统一般理论方面的研究取得成果。50年代后期研究模型理论，60年代初又转向研究算法的可解性与不可解性问题。由于这些研究工作，于1964年获列宁奖。编著了一系列大学教科书，其中《线代数基础》(1948；中译本，高等教育出版社，1957)多次再版。

奈马克(Наймарк, Марк Аронович, 1909.12.5—1978.12.30)　俄国—苏联数

学家。生于敖德萨(今属乌克兰),卒于莫斯科。1929年进入敖德萨师范学院学习。1933年毕业后到敖德萨大学深造,师从克赖因,1936年毕业。1938—1950年任苏联科学院地震研究所和化学物理研究所研究员。1941年获苏联科学院斯捷克洛夫数学所物理-数学博士学位。1950—1954年在国防工业学院任教。1954—1962年任莫斯科物理技术研究所教授。1962年到斯捷克洛夫数学所工作,直至去世。主要贡献在泛函分析、群表示论和数学物理等方面。证明了希尔伯特空间算子自伴随代数的盖尔范德-奈马克定理,将冯·诺伊曼的光谱定理推广到局部紧群,详细分析了半单李群的无限维表示,发表了关于经典矩阵群的统一表示和盖尔范德关于经典矩阵群不可约表示的重要论文。著有《线性微分算子》(1954;中译本,科学出版社,1964)、《赋范环》(1956)、《泛函分析》(1970)和《群表示论》(1976)等。其数学贡献获得国际数学界认可,但在苏联本国没有得到应有的荣誉。

杜布(Doob, Jeseph Leo, 1910.2.27—2004.6.7) 美国数学家。生于俄亥俄州辛辛那提,卒于伊利诺伊州厄巴纳。1926年就读于哈佛大学,1932年在J. L. 沃尔什指导下获博士学位。1945年成为伊利诺伊大学教授。培养了包括哈尔莫斯、J. L. 斯内尔在内的众多博士生。美国国家科学院、美国文理科学院和法国科学院院士,1963—1964年任美国数学会主席。1979年获美国国家科学奖章,1984年获美国数学会斯蒂尔奖。主要贡献在概率论方面。深入研究了随机过程理论,建立了随机函数理论的公理结构。特别研究了马尔可夫过程理论,推动了鞅理论的发展(引进了半鞅概念并作了系统的研究)。晚年致力于探讨位势理论和马尔可夫过程理论之间的重要联系。著有《随机过程》(1953)、《测量理论》(1993)等。

沃尔福威兹(Wolfowitz, Jacob, 1910.3.19—1981.7.16) 波兰—美国数学家。生于俄属华沙(今属波兰),卒于美国佛罗里达州坦帕市(Tampa)。1920年随父母移居美国。1931年毕业于纽约大学,后在中学任教。1942年获纽约大学数学博士学位。曾任教于北卡罗来纳大学(1945—1946)和哥伦比亚大学(1946—1949)。1949年后相继任康奈尔大学、伊利诺伊大学和南佛罗里达大学教授。主要研究数理统计学和概率论,以建立沃尔福威兹不等式著称。20世纪40年代初开始与瓦尔德合作,共同发展了数理统计中的序贯分析方法,并于1948年证明了序贯概率比检验的最优性。这些研究促进了编码理论的发展。在非参数推断、统计决策理论、极大概率估计量等方面也有深入研究,特别是在渐近统计理论和信息论方面。著有《信息论中的编码理论》(1961)等。1980年施普林格出版社出版了他的《论文选集》。1979年获电气和电子工程师学会香农奖。

马尔钦凯维奇(Marcinkiewicz, Józef, 1910.3.30—1940) 波兰数学家。生于波兰比亚韦斯托克,卒于哈尔科夫。1930年进入威尔诺的斯特凡·巴托里大学学习数学和自然科学。1933年获硕士学位,1935年在齐格蒙德指导下获博士学位。先后在利沃夫、巴黎、威尔诺等地工作,任斯特凡·巴托利大学教授。第二次世界大战时从军,1940年春被谋杀。发表50多篇论文,内容涉及泛函分析、实变函数论、正交函数系、三角级数,概率论和拓扑学等方面。在多项式逼近理论中给出使内插三角多项式处处发散的连续函数的例子。还举出了在几乎所有点都有界却振动发散的傅里叶级数的例子。

柯召(1910.4.12—2002.11.8) 中国数学家。生于浙江温岭,卒于北京。1933年毕业于清华大学数学系。毕业后到南开大学数学系任教。1935年赴英国曼彻斯特大学学习,师从数学家莫德尔,1937年获博士学位。1938年回国,在四川大学任教。1949年到重庆大学任教。1953年返回四川大学,历任教授、数学研究所所长、校长、名誉校长;后任四川联合大学教授、名誉校长。曾任中国数学会副理事长、名誉理事长等职。1955年当选中国科学院物理学数学化学部学部委员,是中国数学学科首批9位学部委员之一。主要从事数论、代数学和组合数学等方面的教学与研究工作。在数论方面,在二次型表为线性型平方和的研究上取得一系列重要成果。在不定方程方面,在卡塔兰猜想的研究中取得突破,所获结果在国际上被誉为柯氏定理。在组合论方面,与人合作得出了有限集组相交的爱尔特希-柯召-拉多定理,促进了极值集合论迅速发展。在发展中国教育事业、培养科学人才方面做了大量卓有成效的工作。发表学术论文近百篇,专著多种,如《组合论》(上册,与魏万迪合著,1981)和《数论讲义》(与孙琦合著,1987)等。

吴新谋(1910.4.14—1989.4.26) 中国数学家。生于江苏江阴,卒于江苏张家港。1928年入南京中央大学算学系,受业于何鲁。1932年毕业后在江阴县立中学任教,后到清华大学数学系任助教,在熊庆来的指导下研习微分方程理论。1937年考取中法教育基金会第一届公费留学生,赴法国巴黎大学学习,师从数学家维拉研究黏性流体力学,后随阿达马研究偏微分方程理论。1947年起任法国国家科学研究中心编外研究员。1951年回国,任中国科学院数学研究所研究员,1953年领导组建了数学所微分方程组。主要学术贡献在流体力学和偏微分方程论方面,特别在黏性流体运动的稳定性问题、波动方程时向平面上柯西问题的不适定性、混合型偏微分方程理论等领域。还倡导、开拓了一系列新的研究方向,推动了中国偏微分方程理论研究的进展。强调微分方程理论与实际的结合。如为了解决长江三峡不稳定流的涌波问题与原子弹爆炸中的冲击波计算而倡导组织间断解的研究。还做了大量学术组织工作。著有《数学物理方程》(3册,1958)等。

斯廷罗德(Steenrod, Norman Earl, 1910.4.22—1971.10.14) 美国数学家。生于俄亥俄州代顿(Dayton),卒于新泽西州普林斯顿。1932年毕业于密歇根大学,1936年在莱夫谢茨指导下获普林斯顿大学博士学位。先后在芝加哥大学(1939—1942)、密歇根大学(1942—1947)和普林斯顿大学(1947年后)任职。1950年任普林斯顿大学教授。美国国家科学院院士。主要贡献在拓扑学方面,对拓扑学中许多课题都进行了深入研究,并发表了大量论著,主要有《代数拓扑基础》(与艾伦伯格合著,1952)、《纤维丛的拓扑》(1951)以及一些关于拓扑学入门的著作。1958年在爱丁堡国际数学家大会上作1小时大会报告。

巴特利特(Bartlett, Maurice Stevenson, 1910.6.18—2002.1.8) 英国统计学家。生于伦敦,卒于德文郡埃克斯茅斯(Exmouth)。

1929年获剑桥大学女王学院奖学金开始攻读数学，以一等荣誉学位毕业。不久考取统计学家威沙特(J. Wishart，1898—1956)的研究生，并在其指导下获博士学位。1933—1938年在伦敦大学学院新建的统计系工作。1938年到剑桥大学任职，第二次世界大战期间参加英国的火箭研究。1947年任曼彻斯特大学数理统计学教授。1960年任伦敦大学学院统计系主任。1967年起任牛津大学生物数学教授，至1975年退休。1961年当选英国皇家学会会员。是英国皇家统计学会会员(1966—1967年任主席)和国际统计学会会员。1993年当选美国国家科学院外籍院士。以概率统计理论，特别是统计推断理论、多变量分析和随机过程的研究而著称，对空间和时间模式的数据分析作出了突出贡献。许多统计术语以他的名字命名。还研究生物统计学和交通运输统计等方面的问题。著有《随机过程引论》(1955)、《概率统计论文集》(1962)和《空间模式的统计分析》(1976)等。两次(1952，1969)获英国皇家统计学会盖伊奖章。

科拉茨(Collatz，Lothar Otto，1910.7.6—1990.9.26)　德国数学家。生于威斯特伐利亚州阿恩斯贝格(Arnsberg)，卒于保加利亚瓦尔纳。1928年进入格赖夫斯瓦尔德大学学习。后又学于慕尼黑、格丁根、柏林等地。1935年在E. 施密特等人指导下获柏林大学博士学位。1943年任汉诺威技术大学教授，1952年任汉堡大学教授，1953年在该大学创立了应用数学研究所。主要研究泛函分析和计算数学。1937年提出“$3x+1$难题”：任取一个自然数，如果是奇数，就将此数乘3加1；如果是偶数，就除以2。继续进行这一程序，最终结果都得1。著有《微分方程的数值处理》(1951)、《泛函分析与数值数学》(1964)等。

图兰(Turán，Paul[或Pál]，1910.8.18—1976.9.26)　匈牙利数学家。生于布达佩斯，卒于同地。1930年在布达佩斯大学结识爱尔特希，开始长期合作。1935年在费耶指导下获布达佩斯大学博士学位。在培训学校任教。第二次世界大战期间被关入劳改营，1944年恢复教学。1949年任布达佩斯大学代数和数论教授。1948年当选匈牙利科学院通讯院士，1953年当选院士。多次获匈牙利政府和数学会颁发的奖励。主要贡献在数论和图论方面，创造了“素数竞赛”这个术语来描述残差类中素数分布的不规则性，并留下以他的名字命名的图和定理。1954年来中国讲学，主要讲授其专著《数学分析中的一个新方法及其应用》，中译本载《数学进展》2卷3期(1956年9月)，还特别宣读了《李善兰恒等式证明》一文。

科普曼斯(Koopmans，Tjalling Charles，1910.8.28—1985.2.26)　荷兰—美国数学家、经济学家。生于荷兰斯赫拉弗兰，卒于美国康涅狄格州纽黑文。1927年就读于乌得勒支大学，1932年获硕士学位。1936年以论文《经济学的线性回归分析》获莱顿大学博士学位。1940年移居美国，1946年入美国籍。1944年加入芝加哥大学经济研究委员会。1955年任耶鲁大学经济学教授。是美国国家科学院和美国文理科学院院士，曾任美国经济学会和计量经济学会会长。主要贡献在计算经济学和线性规划等方面。因资源优化配置理论方面的工作与坎托罗维奇共获1975年诺贝尔经济学奖。著有《经济模型构建中的识别问题》(1949)、《最优经济增长的概念》(1965)等。

许宝騄（1910.9.1—1970.12.18） 中国数学家、统计学家。字闲若，生于北京，卒于同地。1928年入燕京大学学习化学，1930年转入清华大学攻读数学。1936年赴英留学，在伦敦大学攻读研究生，同时又在剑桥大学学习。1938年在数学家内曼指导下获伦敦大学哲学博士学位，1940年获科学博士学位。同年回国，任北京大学教授，后执教于西南联合大学。1945年再次出国，应邀先后在美国伯克利加利福尼亚大学、哥伦比亚大学和北卡罗来纳大学任访问教授，1947年回国。后一直在北京大学任教授。1955年当选中国科学院物理学数学化学部学部委员，是中国数学学科首批9位学部委员之一。第四届全国政协委员。主要研究数理统计学和概率论。在多元统计分析和统计推断方面研究成果突出。发展了矩阵变换的技巧，推进了矩阵论在数理统计学中的应用。给出高斯-马尔可夫模型中方差的最优估计。揭示了线性假设的似然比检验的第一个优良性质。在概率论方面也取得许多成果，得到样本方差分布的渐近展开以及中心极限定理中误差大小的阶的精确估计，对特征函数也进行了深入的研究。1947年与罗宾斯合作提出"完全收敛"，推动了强大数律的研究工作。在教育上主张"良工示人以朴"，应把原始的、真实的思想讲解给学生，而在形式及证明方法上要力求简明。主要论著收入《许宝騄文集》(1983)和《许宝騄论文选集》(1985)。1984年，由钟开莱、徐利治和郑清水发起，设立了许宝騄统计数学奖。

雅各布森（Jacobson, Nathan, 1910.9.8—1999.12.5） 波兰—美国数学家。生于俄属华沙（今属波兰），卒于美国康涅狄格州哈姆登。1917年随父母去美国，1921年入美国籍。1930年毕业于亚拉巴马大学。1934年在韦德伯恩指导下获普林斯顿大学博士学位，后在该校、布林莫尔学院、芝加哥大学、约翰斯·霍普金斯大学任教。1949年后任耶鲁大学教授。是美国国家科学院院士，美国文理科学院院士。曾任美国数学会主席（1971—1973）。1998年获美国数学会斯蒂尔终身成就奖。主要贡献在抽象代数和偏微分方程等方面。1940年前后，开始研究非交换环的伽罗瓦理论，应用域的自表示、伽罗瓦合成等概念，建立了交换域的一般伽罗瓦理论。抽象代数中许多概念和定理以他的名字命名。著有《李代数》(1962；中译本，上海科学技术出版社）、《抽象代数学》（1953—1964，中译本，科学出版社）和《若尔当代数的结构和表示》(1968)等。

奥克斯托比（Oxtoby, John Corning, 1910.9.14—1991.1.2） 美国数学家。生于萨吉诺，卒于哈弗福德。早年在伯克利加利福尼亚大学和哈佛大学学习数学和物理。1936—1939年任哈佛大学研究院初级研究员。1939年起在布林莫尔学院任教，1948—1976年任数学系主任，1954年任全职教授，1979年退休。曾任耶鲁大学访问学者和哈弗福德学院和犹他大学客座教授。曾任《美国数学会通报》编辑。主要贡献在实变函数论和泛函分析等方面。1941年用测度论的定形化证明了G. D. 伯克霍夫和霍普夫对遍历性的等价条件所提出的预见，建立了拓扑变换是严格遍历的同胚的一个充要条件，该成果以奥克斯托比-乌拉姆定理而著称。著有《测度与范畴：拓扑空间与测度空间类比与综述》(1971)。

霍尔，M.（Hall Jr.，Marshall，1910.9.17—1990.7.4） 美国数学家。生于美国密苏里州圣路易斯，卒于英国伦敦。1932年毕业于耶鲁大学。后到英国剑桥大学三一学院进修。1936年在奥尔指导下获耶鲁大学博士学位。先后在普林斯顿高等研究院、耶鲁大学、俄亥俄州立大学执教，1948年任教授。第二次世界大战期间曾参与破译密码工作。1959年到加利福尼亚理工学院工作，1973年任教授。主要贡献在群论和组合分析等方面。在群论中，特别研究了阶为 2^n（$n \leqslant 6$）的群和阶为604 800的单群。引进了霍尔子群、霍尔有限单群的特征等概念。在组合分析中，建立了92阶的阿达马矩阵，研究了所对应的布局并证明了该矩阵所对应的参数的差集是不存在的。著有《群论》(1959)、《组合论》(1967)等。

切萨里（Cesari，Lamberto，1910.9.23—1990.3.12） 意大利—美国数学家。生于意大利波伦亚，卒于美国密歇根州安阿伯(Ann Arbor)。1933年毕业于比萨高等师范学校。后在比萨、罗马等地执教和研究。1947年任波伦亚大学数学教授。1952年任美国印第安纳州普渡大学数学教授。曾任伯克利加利福尼亚大学等校访问教授，1960年起任密歇根大学教授。1976年加入美国籍。美国数学会等多种学会会员，波伦亚科学院通讯院士。其论文涉及实函数、变分、曲面面积理论、最优控制理论、常微分和偏微分方程、数值分析及应用数学等。著有《曲面面积》(1956)及《常微分方程中的渐近状态和稳定性问题》(1959)等。

格林瓦尔德（Grünwald，Géza，1910.10.18—1942.9.16[一说1943.9.7]） 匈牙利数学家。生于布达佩斯，卒于吉尔市(今属乌克兰)。1935年获塞格德大学博士学位。后任该校教师，并在布达佩斯做过实验室数学家。发表18篇论文，主要研究二元函数的傅里叶级数求和法、埃尔米特—费耶连续函数插值多项式的收敛性和拉格朗日插值多项式的发散现象等课题，以格林瓦尔德—马尔钦凯维奇定理而闻名。

佩多（Pedoe，Daniel，1910.10.29—1998.10.27） 英国—美国数学家。生于英国伦敦，卒于美国明尼苏达州圣保罗。1937年在H. F. 贝克和霍奇指导下获剑桥大学博士学位。之后在伯明翰大学和伦敦大学任教。1952年后在苏丹喀土穆大学(1952—1959)、新加坡大学(1959—1962)、美国普渡大学(1962—1963)、明尼苏达大学(1964—1981)等校任教授或系主任。著有3卷本《代数几何学方法》(合作，1947—1953)、《优雅的数学艺术》(1957)、《几何与视觉艺术》(1983)等。有佩多不等式、佩多生锈圆规几何作图问题(1979)等成果。1968年获美国数学会福特奖。

华罗庚（1910.11.2—1985.6.12） 中国数学家。生于江苏金坛，卒于日本东京。初中毕业后自学数学。1930年在《科学》杂志上发表关于五次方程的文章被熊庆来发现，推荐到清华大学任图书管理员、助教和讲师。1934年任中华教育文化基金会乙种研究员。1936年作为访问学者到英国剑桥大学进修。1938年回国任西南联合大学教授。1946年后到苏联、美国等地访问讲学，其间曾任普林斯顿高等研究院研究员和普林斯顿大学教授。1950年回国，先后任清华大学教授，中国数学会理事长(1951—1983)，中国科学院数学研究所所长(1952—1982)，中国科学技术大学数学系主任、副校长(1958)，中国科学院应用数学研究所所长(1979),中国科学院副院长(1976)等职。1955年当选中国科学院物理学数学化学部学部委员,是中国数学学科首批9位学部委员之一。还先后当选美国国家科学院外籍院士、世界科学院(原名第三世界科学院,亦称发展中国家科学院)院士等。又获法国、美国以及香港等地大学名誉博士学位。1979年后到英、法、德、荷、美和日本等地讲学和访问。1985年6月12日在日本讲学时突发心脏病去世。在解析数论、典型群、矩阵几何学、自守函数论与多复变函数论等方面有深刻研究和开创性贡献。发表论著300多种。在数论方面,解决了高斯完整三角和的估计,对华林问题、塔利问题的结果做出了重大推进。在圆法与三角和估计法方面的结果长期居世界领先地位。著有《堆垒素数论》(1957)、《数论导引》(1957)和《数论在近似分析中的应用》(与王元合著,1978)《统筹方法平话》(1964)、《优选法平话》(1971)等。对在中国普及应用数学方法作出了重要贡献。培养了大批数学人才,包括王元、陈景润、万哲先、陆启铿、龚升等。曾获国家自然科学奖一等奖等多种奖励。中国数学会于1992年设立"华罗庚数学奖",以奖励为发展中国数学作出突出贡献的数学家。1983年,施普林格出版社出版了《华罗庚论文选集》。第364875号小行星(2008)以其名字命名。

李国平(1910.11.15—1996.2.8) 中国数学家。名海清,字幕陶。生于广东丰顺,卒于武汉。1933年毕业于中山大学数学天文系。1934—1936年赴日本东京帝国大学(今东京大学)读研究生。1937年经熊庆来推荐成为中华教育文化基金会研究员,被派往法国巴黎大学庞加莱研究所工作。1939年回国,历任四川大学教授,武汉大学教授、数学系主任、副校长、数学研究所所长,中国科学院数学计算技术研究所所长,中国科学院武汉数学物理研究所所长等职。曾任《数学物理学报》主编,《数学杂志》及《系统工程与决策》名誉主编。1955年当选中国科学院物理学数学化学部学部委员,是中国数学学科首批9位学部委员之一。主要研究函数论和数学物理。1935年起陆续发表了一批关于半(亚)纯函数方面的研究成果。在唯一性问题、有理函数表示问题、整函数论在函数序列的封闭性问题上的应用、伴随及强伴随魏尔斯特拉斯函数、复变量的闵科夫斯基-当儒瓦函数问题等方面都有突出贡献。还在解析函数逼近、准解析函数类以及数理地震学的研究方面有重要工作。中华人民共和国成立后,组建微分方程研究队伍,举办微分方程讨论班。其学生丁夏畦、王梓坤、陈希孺、沈绪榜等后都成为中国科学院院士。发表学术论文80余篇,出版专著多种。且擅诗文,著有《李国平诗词选》(1990)。

多罗德尼岑(Дородницын, Анатолий Алексеевич, 1910.12.2—1994.6.7) 俄国—苏联—俄罗斯数学家、地球物理学家、力学家。生于俄国图拉省巴希诺(Башино),卒于莫斯科。1931年毕业于格罗兹尼石油学院。后相继在列宁格勒石油地质勘探研究所、地球物理观测站和矿业学院工作。1940年进入苏联科学院力学研究所攻读研究生,1942年在科钦指导下获博士学位。1941—1961年在茹科夫斯基中央空气流体动力学研究所任高级工程师、首席工程师。1944年任教授。1944—1994年相继在苏联科学院斯捷克洛夫数学研究所、莫斯科大学和莫斯科物理和技术研究所兼职授课。1953年当选苏联科学院院士(1991年转为俄罗斯科学院院士)。1955年兼任苏联科学院计算中心主任。研究了某些类型非线性微分方程解的渐近性质;发展了复杂形状的机翼涡理论,并提出了计算超声速不对称气体流动的数值方法;开发了偏微分方程数值的积分法,得到纳维-斯托克斯方程的小参数数值解法;用数学方法描述了山脉上的气流,并创建了可压缩气体中的边界层理论等。著述甚丰,涉及常微分方程、代数学、气象学、涡翼理论、可压缩气体中的边界层理论、超声速气体动力学等方面。还对苏联电子计算技术的发展作出重要贡献。1960年后一直任苏联《计算数学和数学物理》杂志主编。多次获苏联政府各种奖励和荣誉。

伯克霍夫,G.(Birkhoff, Garrett, 1911.1.19—1996.11.22) 美国数学家、逻辑学家。生于新泽西州普林斯顿,卒于纽约州沃特米尔(Water mill)。G. D. 伯克霍夫之子。1932年毕业于哈佛大学。1932—1933年赴英国剑桥大学攻读研究生,主要学习数学物理。1936年后在哈佛大学执教,并开始与麦克莱恩合作。1969年任哈佛大学乔治·普特南纯粹数学和应用数学教授,直至1981年退休。1945年当选美国国家科学院和美国文理科学院院士。1950年任坎布里奇国际数学家大会组委会主席。1966—1968年任美国工业与应用数学学会主席。主要贡献在抽象代数、抽象积分、微分方程定性理论、一般拓扑学和流体动力学等方面。1933年开创格论研究,使其成为抽象代数的一个分支。专著《格论》(1940)多次再版。特别研究了代数系统的理论结构表示,在A. N. 怀特海工作的启发下,建立了更加一般的代数学——泛代数,在数理逻辑中有重要应用。在可结合代数方面,提出了关于李代数的伯克霍夫-维特可表示性定理。研究了一般拓扑学中的穆尔-史密斯收敛性。建立了在σ有限测度空间上定义的、在巴拿赫空间中取值的函数。按勒贝格积分的构造方法定义的积分,称为伯克霍夫积分。第二次世界大战期间主要研究水平弹道学问题,与冯·诺伊曼合著两部关于流体力学的著作。后研究方向转向集合论和数理逻辑。发表论文200余篇,培养了50多位博士生。还著有《近世代数概论》(与麦克莱恩合著,1941)和《椭圆问题的数值解》(合著,1984)等。1987年施普林格出版社出版了《G. 伯克霍夫代数与拓扑论文选集》。1978年获伯克霍夫奖。

克尔德什(Келдыш, Мстислав Всеволодович, 1911.2.10—1978.6.24) 俄国—苏联数学家、力学家。生于俄国利沃尼亚省里加(今属拉脱维亚),卒于莫斯科。1931年毕业于莫斯科大学,后在茹科夫斯基中央空气流体动力学研究所工作。1936年起在苏联科学院工作。1937年兼任莫斯科大学教授,1938年在M. A. 拉夫连季耶夫指导下获博士学位。1946年当选苏联科学院院士。1953年成为苏联科学院主席团成员,同年兼任苏联科学院应用数学研究所所长。1960—1961年任苏联科学院副院长,1961—1975年任院长。在纯粹数学、应用数学和航空动力学等领域都作出了重要贡献。建立了飞机颤振现象的数值计算方法及其气体动力管道模型,并在克服颤振过程中得到了应用。还研究了机头底轮盘的自激现象,并求得该方程的简单构造解。在空气动力学理论方面,首先研究了流线型物体在空气动力特征方面的可压缩性现象，推广了茹科夫斯基关于上升力的定理。其数学研究主要在实变函数论、复变函数论、偏微分方程、泛函分析和计算数学等方面。提出并解决了拉普拉斯方程的狄利克雷问题解的稳定性的基本课题。对于退化椭圆型方程，给出了与退化特征有关的边值问题的正确提法。在复变函数论方面，得到了拟保角映射的重要结果并把它应用于流体动力学。解决了在闭集中用多项式级数一致地逼近复变函数的问题，并研究了平均逼近度。首先证明了对于非自共轭偏微分算子的特征函数系和伴随函数系的完备性。还对计算数学和苏联计算机科学的发展作出了重要贡献，建立了原子和宇宙技术计算中的有效方法，开辟了宇宙技术的研究领域。多次获苏联政府各种奖金、勋章及荣誉称号。还是许多国家科学院及学术团体的成员。月球上有以其名字命名的陨石坑。

普加乔夫（Пугачёв, Владимир Семёнович, 1911.3.25—1998.3.25）　俄国—苏联—俄罗斯数学家。生于俄国梁赞，卒于莫斯科。1931 年毕业于茹科夫斯基空军工程学院。后留校工作至 1973 年。1932—1933 年到莫斯科大学深造，1939 年获技术科学博士学位。同年任教授。1973—1998 年在莫斯科航空学院工作。1966 年当选苏联科学院通讯院士，1981 年当选正式院士（1991 年转为俄罗斯科学院院士）。是控制系统统计理论的创始人之一，主要贡献在概率论、数理统计及其在自动化控制中的应用等方面。研究方向包括飞行动力学、航空弹道学、常微分和随机微分方程理论、随机控制、计算机科学、随机过程统计学等。著有《弹道飞行动力学》(1951)、《自动控制基础》(第 3 版，1974)、《泛函分析讲义》(1996)和《概率论和数理统计》(1979)等。1958 年获苏联政府功勋科学家称号。

博戈柳博夫，A. H.（Боголюбов, Алексей Николаевич, 1911.3.25—2004.11.1）　俄国—苏联—俄罗斯数学史家、工程师。生于俄国涅仁，卒于基辅。H. H. 博戈柳博夫之弟。1936 年毕业于哈尔科夫大学。1937—1944 年在哈尔科夫孤儿院为儿童授课。1944—1953 年被判劳改。后在乌克兰科学院数学研究所、历史研究所，以及基辅工程和建筑研究所工作。1965 年获工程技术科学博士学位。1969 年当选乌克兰科学院通讯院士。主要贡献在数学史和力学史方面。主编的 4 卷集《本国数学史》由苏联科学院和乌克兰科学院联合出版(1966—1970)，具有重要的学术价值。编著的《1917—1966 年的苏联数学活动》(1966)有一定影响。还著有许多传记作品和历史百科全书。

艾伦多弗（Allendoerfer, Carl Barnett, 1911.4.4—1974.9.29）　美国数学教育家、数学家。生于密苏里州堪萨斯城，卒于华盛顿州西雅图。1932 年毕业于哈弗福德学院。同年获罗德奖学金就读于牛津大学新学院。1937 年获普林斯顿大学数学博士学位。后在哈弗福德学院任教，其间因与韦伊一起研究微分几何中的高斯-博内定理而闻名。1948—1949 年在普林斯顿高等研究院继续研究微分几何。1951 年起任华盛顿大学教授、数学系主任(1951—1962)。曾任美国数学协会主席(1959—1960)和其月刊的编辑。美国高考数学委员会的成员。1966 年获福特奖。以在拓扑学和数学教育方面的工作而闻名。是 20 世纪 60 年代美国新数学运动的积极倡导者。著有《数学原理》(1955)、《小学教师实用算术和几何原理》(1971)等。还编制了一系列数学影视作品。去世后,美国数学协会设立了艾伦多弗奖。

索耶(Sawyer, Walter Warwick, 1911.4.5—2008.2.15) 英国数学家。生于英格兰亨廷顿郡圣埃夫茨(St. Ives),卒于加拿大安大略省多伦多。早年在剑桥大学圣约翰学院学习,1933 年获硕士学位。后在邓迪大学、曼彻斯特大学和莱斯特理工学院任教。1948 年后在非洲加纳大学、新西兰坎特伯雷学院和美国伊利诺伊大学、卫斯理大学等校任教。1965 年任加拿大多伦多大学教育学院和数学系教授,1976 年退休。以研究数学的应用和数学教育而闻名。批判美国的新数学运动,发表了多篇关于数学教育的论文。还以编辑小学数学书而闻名。出版了 11 部著作,如《数学家的喜悦》(1943)和《数学序曲》(1955)等。

李华宗(1911.5—1949.11.5) 中国数学家。生于广州,卒于香港。1929 年考入广州中山大学,就读于数学天文学系。1933 年毕业后任广西大学数学系讲师。1935 年考取中英庚子赔款官费留学资格,赴英国爱丁堡大学深造,师从数学家斯特罗伊克,研究现代微分几何学。1937 年获博士学位。后到法国巴黎大学庞加莱研究所进行研究工作,同时参加 É. 嘉当的讨论班。1938 年回国,任四川大学数学系教授。1942 年任武汉大学数学系教授。1946 年应陈省身邀请,赴上海任中央研究院数学研究所研究员。1947 年初应英国文化协会的邀请到英国剑桥大学做研究工作。1947 年秋返回上海,仍在中央研究院任研究员。学术贡献主要在微分几何、代数学和数学物理方面。1938—1948 年,在中、英、法、美、瑞士及荷兰出版的数学杂志和物理学报上发表文章 30 余篇,内容涉及微分几何学、克利福德代数、二次型的合成问题、李群和李代数、线性几何、矩阵论和量子力学等方面。

瓦伦丁(Valentine, Frederick Albert, 1911.5.8—) 美国数学家。生于俄勒冈州波特兰。1937 年在芝加哥大学由布利斯和格雷福斯(L. M. Graves, 1896—1973)指导获博士学位,博士论文为《以微分不等式作为边界条件的拉格朗日问题》。任教于洛杉矶加利福尼亚大学。主要研究变分法和最优控制、曲线理论、凸几何和离散几何等方面。著有《变分法的一个问题》(1933)、《给定长度和最小或最大惯性矩的曲线》(1934)和《凸集》(1964)等。培养了近 10 位博士生。

托德,J.(Todd, John, 1911.5.16—2007.6.21) 英国—美国数学家。生于爱尔兰唐郡的卡纳萨利(Carnacally),卒于美国加利福尼亚州帕萨迪纳(Pasadena)。陶斯基-托德之夫。早年就读于卫理公会学院,1931 年获贝尔法斯特女王大学理学学士学位。后到剑桥大学圣约翰学院攻读研究生,师从李特尔伍德。1933—1937 年在女王大学任教,1937—1947 年在伦敦国王学院任教。第二次世界大战期间在英国海军部服务。1947 年移民美国并在美国国家标准局从事应用数学研究。1953 年入美国籍,1957 年起任加利福尼亚理工学院数学教授。是美国数学会、美国计算机协会会员。1960 年起主编《数值数学》杂志。主要研究数值分析和将数学技巧应用于自动计算装置。著有《函数构造论》(1963)、《数值分析概观》(1962)等。1936 年在奥斯陆国际数学家大会上发表题为"绝对连续函数的超限叠加"的演讲。1965 年获维也纳大学名誉教授称号。

马丁(Martin, William Ted, 1911.6.4—2004.5.30) 美国数学家。生于美国阿肯色州斯普林代尔(Springdale),卒于布洛克艾兰。1930年毕业于阿肯色大学,1934年在卡迈克尔指导下获伊利诺伊大学数学博士学位。1936年后在马萨诸塞理工学院任教,1947—1968年任该校数学系主任。美国文理科学院院士,曾任美国数学协会副主席。主要贡献在拓扑学方面,以他的名字命名的有关于拓扑空间性质的马丁公理,在拓扑流形中有马丁—博特定理。著有《多复变量函数》(与博赫纳合著,1948),《函数空间的分析》(1964,与I. E. 西格尔合著)等。

维特(Witt, Ernst, 1911.6.26—1991.7.3) 德国数学家。生于德国波罗的海岛屿阿尔森(Alsen)(今属丹麦),卒于汉堡。1929年于弗赖堡大学学习数学和物理。后游学格丁根,1933年在赫格洛茨和A. E. 诺特指导下获博士学位。1939年任汉堡大学教授。曾应征入伍,战后恢复教职。研究涉及代数的不同分支,是任意域上的二次型理论的创始人。以他的名字命名了许多概念、定理及其他术语。例如,在环论中,有维特环、维特定理和维特公式;在同调代数中,有维特类、维特高同调群以及哈塞—维特不变量;在特征为零的整环中,引进了维特向量;在结合代数中,以伯克霍夫—维特定理(或称庞加莱—伯克霍夫—维特定理)著称。

席费尔(Schiffer, Menahem Max, 1911.9.24—1997.11.11) 德国—美国数学家。生于德国柏林,卒于美国加利福尼亚州帕洛阿尔托(Palo Alto)。1930年就读于柏林弗里德里希-威廉大学。1934年获耶路撒冷希伯来大学硕士学位并留校任教,1938年获该校博士学位。1946年移居美国,1955年入美国籍。1946—1949年在哈佛大学做研究工作,1950—1951年升任教授。曾在普林斯顿大学和斯坦福大学做访问教授,1952年起任斯坦福大学教授。1958年在爱丁堡国际数学家大会上作1小时大会报告。1968年当选美国文理科学院院士,1970年当选美国国家科学院院士。著有《数学物理中的核函数和椭圆型微分方程》(合著,1953)、《有限黎曼曲面的泛函》(合著,1954)、《广义相对论入门》(合著,1965)、《数学在科学中的作用》(合著,1984)等论著。

周炜良(Chow, Wei-Liang, 1911.10.1—1995.8.10) 中国—美国数学家。生于上海,卒于美国巴尔的摩。早年由家庭教师辅导自学。1924年去美国,先后在肯塔基州的阿斯伯里学院、肯塔基大学和芝加哥大学攻读经济学。1932年到德国格丁根和莱比锡大学,跟随范德瓦尔登研究代数几何,在其指导下于1936年获数学博士学位。同年回国,在中央大学短期任教。1947年经陈省身推荐来到普林斯顿大学。次年任约翰斯·霍普金斯大学副教授,1950年任教授。1955年起任该校数学系主任达11年。1959年当选中国台北"中央研究院"院士。主要贡献在代数几何方面,做了大量开创性工作。代数几何学中的许多名词和术语都以他的名字命名,包括周炜良坐标、控制论中的周炜良定理、关于解析簇的周炜良定理、周炜良簇、周炜良环、关于阿贝尔簇的周炜良定理等。

李亚普诺夫, A. A.(Ляпунов, Алексей Андреевич, 1911.10.8—1973.6.23) 俄国—苏联数学家。生于莫斯科,卒于同地。

1933年毕业于莫斯科大学。1934—1942年在苏联科学院斯捷克洛夫数学研究所工作。1939年在卢津和П. С. 诺维科夫指导下获博士学位。1942—1945年参加苏联卫国战争。1945—1952年在捷尔任斯基炮兵研究院工作。1952—1961年任莫斯科大学教授。其间于1954—1960年参与创建苏联国防部第1号计算中心,并任有关实验室负责人。1962年后在新西伯利亚大学和苏联科学院西伯利亚分院工作。创立了新西伯利亚大学理论控制论系和西伯利亚分院流体力学研究所控制论实验室,并领导该实验室直至去世。1964年当选苏联科学院通讯院士。是苏联控制论研究的奠基人之一,在苏联第一批计算机出现后开始在编程领域工作,开发的算子编程方法广为人知。发表论著205种。除计算机编程、自动化和输入语言外,还涉及描述集合论、数理统计学、数学语言学、地球物理学、数学生物学、控制论、哲学乃至数学教育领域。著有《R集》(1953)、《从一种语言到另一种语言的自动化翻译》(1956)和《控制论与自然科学》(1957)等。还关心数学教育工作,1957年开始参加《数学教育》集刊的编辑和出版。参加组织了西伯利亚地区的数学竞赛活动,主办苏联第一期控制论科学研讨班等。1996年获电气与电子工程师学会计算机先驱奖。

陈省身(Chern, Shiing-Shen, 1911.10.28—2004.12.3)　中国—美国数学家。号辛生。生于浙江嘉兴,卒于天津。1926年进入南开大学数学系,受教于姜立夫。1931年考入清华研究院,师从孙光远,1934年获硕士学位。同年赴德国汉堡大学深造,师从布拉施克,1936年获科学博士学位;旋即赴法国巴黎跟从É. 嘉当研究微分几何。1937年回国,任西南联合大学教授,并协助姜立夫主持数学研究所工作。1943年应维布伦之邀到美国普林斯顿高等研究院工作。抗日战争胜利后返回上海,领导中央研究院数学研究所。1949年后定居美国,先后任芝加哥大学和伯克利加利福尼亚大学教授。1981年在伯克利加利福尼亚大学筹建以纯粹数学研究为主的美国国家数学研究所,任第一任所长,1984年退休。先后任北京大学、南开大学和华东师范大学名誉教授。1985年在南开大学创建南开数学研究所,任首任所长。1961年当选美国国家科学院院士。1994年当选中国科学院外籍院士。研究领域包括微分几何学、拓扑学、微分方程、李群等多方面。是创立现代微分几何学的先驱。20世纪40年代结合微分几何与拓扑学的方法,完成了黎曼流形的高斯-博内一般形式和埃尔米特流形的示性类论。首次应用纤维丛概念进行微分几何的研究,引进陈氏示性类,为大范围微分几何提供了重要工具,也为整体微分几何奠定了基础。20世纪70年代后把微分几何应用于理论物理学,得到一系列重要结果。培养了大批博士生,包括吴文俊、廖山涛、丘成桐等。1970年获美国数学协会肖韦内特奖;1975年获美国国家科学奖章;1984年获斯蒂尔终身成就奖;1984年获沃尔夫数学奖;2002年获罗巴切夫斯基奖章;2004年获首届邵逸夫数学科学奖。曾三次(1950,1958,1970)在国际数学家大会上作学术报告,其中1950年和1970年为1小时大会报告。中国数学会在1986年设立陈省身数学奖。2009年,国际数学联盟设立陈省身奖。1978—1989年,施普林格出版社出版了《陈省身论文选集》(4卷)。其代表作《闭黎曼流形高斯-博内公式的一个简单的内蕴证明》(A Simple Intrinsic Proof of Gauss-Bonnet Formula for Closed Riemannian Manifolds)收入《数学中的沃尔夫奖》(与希策布鲁赫合著,2000)一书。第 29552 号小行星(2004)以其名字命名。

鲁宾逊, R. M.(Robinson, Raphael Mitchel, 1911.11.2—1995.1.27) 美国数学家。生于加利福尼亚州纳雄耐尔城(National City),卒于伯克利。J. B. 鲁宾逊之夫。高中毕业后进入伯克利加利福尼亚大学学习,分别于 1932 年、1933 年和 1934 年获学士、硕士和博士学位。1937 年在该校任教,1949 年任教授,至 1973 年退休。主要贡献在数理逻辑、集合论、几何学、数论和组合学等方面。1937 年建立了比冯·诺伊曼 1923 年公理集合论更简单的理论。1942 年后在塔斯基的指导下开始在数学基础上进行更深入的研究,以"基本不确定"概念为基础,证明了一系列数学理论的不可判定。这方面的著作有《不可判定理论》(与塔斯基等合著,1953)。还研究瓷砖平铺问题,著有《双曲平面上无法确定的平铺问题》(1978)等。

格涅坚科(Гнеденко, Борис Владимирович, 1912.1.1—1995.12.27) 俄国—苏联—俄罗斯数学家。生于俄国辛比尔斯克(今乌里扬诺夫斯克),卒于莫斯科。1930 年毕业于萨拉托夫大学。1930—1934 年在伊万诺沃纺织学院数学系任教。1934 年进入莫斯科大学攻读研究生,同时任概率论副教授。1937 年应征入伍。1942 年在辛钦和科尔莫戈罗夫指导下获博士学位。同年任教授。1945—1960 年先后在利沃夫大学、基辅大学和德国洪堡大学任职。1948 年当选乌克兰科学院院士。1960 年返回莫斯科大学,1965—1995 年任概率论系主任。主要贡献在概率论、数理统计和数学史等方面。解决了独立随机变量和的分布函数按各种可能收敛于其极限分布的条件问题。还在质量控制论和可靠性理论方面得到了某些结果。对本国数学史和概率统计发展史也有较深入的研究。参加编辑出版苏联《中学数学》杂志的工作。发表 200 多种论著,著有《俄罗斯数学史大纲》(1946)、《相互独立随机变数之和的极限分布》(与科尔莫戈罗夫合著,1949;中译本,科学出版社,1955)、《概率论教程》(1950)和《排队论概要》(与科瓦连科[И. Н. Коваленко, 1935—2019]合著,1966)等。

坎托罗维奇(Канторович, Леонид Витальевич, 1912.1.19—1986.4.7) 俄国—苏联数学家、数理经济学家。生于圣彼得堡,卒于莫斯科。1926 年入列宁格勒大学学习。1930 年毕业并留校工作,1934 年任教授,1935 年在菲赫金戈尔茨和 В. И. 斯米尔诺夫指导下获物理-数学博士学位。1940—1964 年在苏联科学院斯捷克洛夫数学研究所列宁格勒分所兼职。1958—1971 年在苏联科学院西伯利亚分院数学研究所工作。1971 年后到苏联科学技术委员会国民经济研究院工作。1964 年当选苏联科学院院士。是现代计算数学理论的创始人之一,20 世纪 30 年代初即从事函数构造论和近似分析方法研究。在泛函分析方面,引进并研究了一类半有序空间(称为坎托罗维奇空间)。还把泛函分析的理论应用于计算数学中,发展了近似方法的一般理论,建立了解算子方程的有效方法,称为"牛顿-坎托罗维奇方法"。在线性规划、程序设计、函数论、数学物理、微分方程、积分方程和变分法等方面也有所贡献。1939年发表《生产组织与计划的数学方法》(中译本,科学出版社,1959),为线性规划理论奠定了基础。还深入研究数学在经济学中的应用和经济学中的若干问题。因资源配置理论方面的研究成果与美国经济学家科普曼斯共获1975年诺贝尔经济学奖。是匈牙利、德国、美国和南斯拉夫等国科学院的外籍成员。获世界各国多所院校的名誉博士学位。发表300多种论著,还著有《概率论》(1946)、《半序空间的泛函分析》(1950)和《泛函分析与计算数学》(1956)等。其经济学研究论文收集在《最优化规划论文集》(1977;中译本,商务印书馆,1984)中。

胡世华(1912.1.28—1998.4.11) 又名胡子华。中国数学家。生于上海,祖籍浙江吴兴,卒于北京。1935年毕业于北京大学哲学系。1936—1941年在奥地利维也纳大学及德国、法国和瑞士等地研究数理逻辑、数学基础。1939年在德国逻辑学家舒尔茨(H. Scholz,1884—1956)和奥地利数学家科特(G. M. H. Köthe,1905—1989)指导下获德国明斯特大学博士学位。1941年回国后相继任中山大学、重庆中央大学、北京大学和中国科学院数学研究所副教授、教授、研究员。1963年起任中国科学院计算技术研究所研究员。1979年起兼任北京计算机学院院长、名誉院长。1985年后任中国科学院软件研究所研究员。1980年当选中国科学院数学物理学部学部委员。在数理逻辑、数学基础和计算机科学等领域取得多项开创性成果。倡导将逻辑研究与数学紧密联系,将逻辑研究与计算机设计相结合。20世纪30年代建立了拓扑空间“非完整点”的概念和理论;40—50年代建立了把较少值具有函数完全性的逻辑嵌入较多值逻辑中去的系统方法;60年代证明了几个递归函数的范式定理,提出了一般递归函数具有某种原始递归性;建立了符号串(有穷基自由半群)上的递归函数理论、算法理论;70年代研究了算法语言的描述问题,提出了“原形文法”的概念和理论;80—90年代在递归算法的基础上研究了可计算函数在证明论中的应用。在国内外刊物上发表学术论文数十篇。著有《数理逻辑基础》(合著)等。

豪约什(Hajós, György, 1912.2.21—1972.3.17) 匈牙利数学家。生于布达佩斯,卒于同地。1931—1935年就读于布达佩斯大学。1935—1949年任布达佩斯技术与经济大学助教、讲师。1938年获数学博士学位。1946年获私人讲师资格。1949—1972年在母校任几何学教授、几何系主任。1950—1951年任该校校长。1963—1972年任匈牙利数学会主席。1949—1965年先后兼任匈牙利科学院应用数学研究所两个研究室的主任。1953年当选匈牙利科学院院士。是罗马尼亚科学院通讯院士和利奥波第那科学院院士。主要贡献在群论方面。研究有限阿贝尔群的子群以及它的子集的直积分解,并将其应用于数论上。1941年使用群论工具证明了闵科夫斯基提出的猜想(建立了闵科夫斯基-豪约什定理)。在离散几何、图论、非欧几里得几何和数值分析等方面也多有建树。两次(1951,1961)获科苏特奖。

矢野健太郎(Yano, Kentaro, 1912.3.1—1993.12.25) 日本数学家。生于东京,卒于同地。1931年考入东京大学,分别于1939年获东京大学、1938年获巴黎大学科学博士学位。1940—1958年任教于东京大学,1958年起任东京理工学院数学教授。后到美国、英国、加拿大及中国香港等地任客座教授。1970年任东京工业大学理学院院长。是美国、日本、法国数学会会员。研究微分几何等，出版和发表329种论著。著有《曲率和贝蒂数》(合著，1953)、《复空间和殆复空间上的微分几何》(1965)、《李导数理论及其应用》(1957)等。

勒隆(Lelong, Pierre Jacques, 1912.3.14—2011.10.12) 法国数学家。生于巴黎，卒于同地。1934年毕业于巴黎高等师范学校。1941年在蒙泰尔指导下获巴黎高等师范学校博士学位。1946年任里尔大学教授。1954年任巴黎大学理学院教授。1959—1961年任共和国总统府总秘书处技术顾问，负责科学研究、各级教育和公共卫生。1962—1964年任法国科学研究委员会主席。1985年当选法国科学院院士。主要研究泛函分析、信息论，多复变量解析函数。著有《多元函数和正微分形式》(1968)、《多复变量的整函数》(合著，1986)等。

斯潘塞(Spencer, Donald Clayton, 1912.4.25—2001.12.23) 美国数学家。生于科罗拉多州博尔德(Boulder)，卒于该州杜兰戈。1936年毕业于马萨诸塞理工学院。1939年在李特尔伍德指导下获英国剑桥大学博士学位。1946年任斯坦福大学教授，1948年获博谢纪念奖。1953年任普林斯顿大学教授。1961年当选美国国家科学院院士，1967年当选美国文理科学院院士。与小平邦彦长期合作解决复杂流形的变形问题。1989年获美国国家科学奖章。著有《有限黎曼曲面的函数》(合著，1954)、《高等微积分》(合著，1959)等。

福尔泰(Fortet, Robert Mary, 1912.5.1—1998.7.3) 法国数学家。生于布拉扎克，卒于巴黎。1939年在巴黎大学由弗雷歇指导获博士学位。1942—1952年任卡昂大学力学教授。1952年起任巴黎大学概率论教授。著有《随机函数论》(合著，1953)、《概率论原理》(1966)等。

彼得罗夫(Петров, Георгий Иванович, 1912.5.31—1987.5.13) 俄国—苏联力学家、数学家。生于俄国阿尔汉格尔斯克省皮涅加(Пинега)，卒于莫斯科。1935年毕业于莫斯科大学物理-数学系。后到茹科夫斯基中央空气流体动力学研究所任工程师、高级工程师。1944年到苏联导弹技术研究所工作。1950年获技术科学博士学位。1952年后任莫斯科大学教授，1955—1987年任力学与数学学院空气力学和气体动力学系主任。1965—1973年任苏联科学院空间技术研究所所长。1958年当选苏联科学院院士。在流体动力学稳定性理论、超声速空气动力学和宇宙气体动力学等领域作出重要贡献。在数学方面，证明了伽辽金关于求微分方程特征值方法的收敛性问题。获苏联政府多项奖励。

图灵(Turing, Alan Mathison, 1912.6.23—1954.6.7) 英国数学家、逻辑学家。生于伦敦，卒于柴郡威姆斯洛(Wilmslow)。1931年考入剑桥大学国王学院学习。1935年当选学院研究员。1936年获史密斯奖。1936—1938年在美国普林斯顿大学学习和研究，1938年在丘奇指导下获博士学位。第二次世界大战期间在英国外交部通讯处任职，因设计能破译德军密码的机器而获得英国荣誉军官勋章。1948年任曼彻斯特大学高级讲师和曼彻斯特电子计算机计划助理主任。1951年当选英国皇家学会会员。是计算机理论和人工智能的奠基人之一。1936年发表论文《论可计算数》，解决了数理逻辑中的一个重大问题：怎样判断一种数学问题是否可计算？为了定义“可计算性”的概念，引入了一种“理想计算机”——图灵机，可以按照适当的程序写出任何可计算数，给出了一个检验可计算数的标准。在此基础上，他还论证了不可计算数的存在，突破了希尔伯特给出的结论。1945年起进行自动计算机(ACE)的设计，后在曼彻斯特大学造出样机(MADAM)。还结合计算机工作，研究了群论和黎曼ζ函数的计算。1950年后，探讨机器智能并取得重要成就。著有《计算机和智能》(Computing Machinery and Intelligence，1950)。1966年美国计算机协会设立了图灵奖，以表彰在该学科中作出重大贡献的人。

亚历山德罗夫，А. Д.(Александров，Александр Данилович，1912.8.4—1999.7.27) 俄国—苏联—俄罗斯数学家。生于俄国梁赞省沃伦(Вольнь)，卒于圣彼得堡。1933年毕业于列宁格勒大学。1933—1964年在列宁格勒大学工作，1937年任教授，1938年在德劳内指导下获物理-数学博士学位。1952—1964年任该校校长。1964年后在苏联科学院西伯利亚分院和新西伯利亚大学工作。1964年当选苏联科学院院士(1991年转为俄罗斯科学院院士)。是苏联几何学派的奠基者，开创的研究曲面度量性质的方法扩大了几何研究领域，并解决了一系列曲面理论经典问题。特别是建立了三个最一般的关于凸曲面的内蕴几何的命题，并得到一系列关于凸曲面的重要结果。如1939年证明了一组多边形构成凸多面体的充要条件；1941年证明了外尔猜想：一个二维全黎曼空间可以用闭凸曲面的形式嵌入三维欧几里得空间中。所建立的理论在微分方程和弹性膜理论中有重要应用。还研究科学史和科学哲学，主编《数学——它的内容、方法和意义》(Математика，её содержание，методы и значение，合著，1956；中译本，科学出版社，1958—1962，后多次再版)。1951年，其著作《凸曲面的内蕴几何学》(1949；中译本，科学出版社，1962)获罗巴切夫斯基奖。1958年在爱丁堡国际数学家大会上作1小时大会报告。获苏联政府各种奖励、勋章。

博厄斯(Boas，Ralph Philip，1912.8.8—1992.7.25) 美国数学家，生于华盛顿州沃拉沃拉(Wallawalla)，卒于西雅图。早年在哈佛大学学习化学，后转攻数学。1933年获硕士学位，1937年由威德指导获博士学位。第二次世界大战期间曾在洛斯阿拉莫斯国家实验室工作。先后执教于杜克大学、哈佛大学、马萨诸塞理工学院等校。1950年起任美国西北大学数学教授，至1980年退休。其间1957—1972年任数学系主任。1945—1950年担任《数学评论》执行编辑，1976—1981年担任美国《数学月刊》主编等。1959—1960年任美国数学会副主席，1973—1974年担任美国数学协会主席。主要致力于分析数学的研究，涉及傅里叶分析、积分变换和不等式等。发表论著约200种。著有《整函数》(1954)和《实变函数入门》(1960)等。曾两次获福特奖(1970、1978)。

马克(Maak，Ernst Adolf Wilhelm，1912.8.13—1992.6.6) 德国数学家。生于汉堡，卒于格丁根。学于汉堡大学和丹麦哥本哈根大学，1936年在汉堡大学由赫克指导获博士学位。1940年在海德堡大学任教。1952年任慕尼黑大学教授，1958

年任格丁根大学教授。是巴伐利亚和格丁根科学院院士。著有《殆周期函数》(1950)、《现代微积分》(1963)等。

奥利伦肖(Ollerenshaw, Kathleen Timpson, 1912.10.1—2014.8.10) 英国数学家、教育家。生于曼彻斯特,卒于曼彻斯特的迪兹伯里(Didsbury)。她自幼患耳硬化症,部分失聪。8岁因病导致几乎完全失聪。后就学于牛津大学,毕业后解决过登山路线、帆布帐篷设计等数学问题。1945年在萨默维尔学院以5篇原创论文获数学博士学位。1960年加入中央教育咨询委员会。1975年当选曼彻斯特市市长。1978年任数学及其应用研究所所长。1982年(合作)证明存在880种本质上不同的四阶幻方,成为该结果首次公开发表的分析证明。对魔方的通解等多个数学娱乐问题都有独到见解。

亨茨舍(Hantzsche[Willy] Walter, 1912.12.5—1944.3.29) 德国数学家。生于德国科瑟利茨,卒于不伦瑞克。1932—1936年在德累斯顿技术大学攻读数学和物理,1936年获哈雷大学博士学位。是空气动力学研究所成员。1939—1944年在不伦瑞克航空研究所进行研究并教学。主要研究拓扑学、应用数学、特别是气体动力学,有亨茨舍-文特流形等结果。对欧几里得空间形式也进行了拓扑研究。

格罗斯瓦尔德(Grosswald, Emil, 1912.12.15—1989.4.11) 罗马尼亚数学家。生于布加勒斯特,卒于美国宾夕法尼亚州纳伯斯(Narberth)。早年在布加勒斯特大学学习,1933年获硕士学位。后到法国巴黎和蒙彼利埃继续深造。1946年到美国。1950年在拉德马赫的指导下获宾夕法尼亚大学博士学位。相继在加拿大萨斯喀彻温大学、美国普林斯顿高等研究院和宾夕法尼亚大学任职。1968年任坦普尔大学数学教授。1980年退休后在以色列和美国几所院校任客座教授。早年研究群论、勒让德多项式和有界变差函数,后转向研究解析数论,作出突出贡献。其《数论专题》(1966;第2版,1982)涵盖的主题包括算术基本定理、同余式、二次互反定理、素数定理、费马大定理、整数分拆理论和丢番图方程等。在《贝塞尔多项式》(1978)中研究了贝塞尔函数和贝塞尔多项式之间的关系,以及广义贝塞尔多项式的各种性质。还著有《戴德金和》(与拉德马赫合著,1972)和《整数的平方和表示》(1985)等。编辑了拉德马赫的《解析数论专题》(1973)和《论文集》(1974)。1965—1968年任美国数学协会理事会成员,1970—1977年在福特奖励委员会任职。

闵嗣鹤(1913.3.8[一说3.25]—1973.10.10) 中国数学家。字彦群。生于北京,卒于同地。1929年考取北京师范大学理科预科,1931年升入数学系。1935年大学毕业后到北师大附中任教。1937年,受杨武之聘请去清华大学算学系任助教,后到西南联合大学任教。1945年考取公费留学生,在牛津大学师从蒂奇马什研究解析数论,1947年获博士学位。后到美国普林斯顿高等研究院做博士后研究。1948年回国,任清华大学数学系副教授、教授。1952年后任北京大学数学力学系教授。主要学术贡献在解析数论方面。1947年在黎曼 ζ 函数的阶估计等问题上取得突破。后又系统研究黎曼 ζ 函数的一种重要推广。除数论外,研究还涉及几何学、调和分析、微分方程、复变函数等领域。发表论文约50篇,有《闵嗣鹤论文选集》(1991)刊行。培养了许多数学专门人才，指导过陈景润、潘承洞等人，为中国数学教育事业的发展作出突出贡献。还著有《初等数论》(与严士健合著，1957)、《数论的方法》(1958)和《格点和面积》(1964)等。

爱尔特希(Erdös, Paul, 1913.3.26—1996.9.20) 亦译埃尔德什。匈牙利数学家。生于匈牙利布达佩斯，卒于波兰华沙。1930年入布达佩斯大学学习，1934年在费耶指导下获博士学位，同年去英国曼彻斯特大学从事研究工作。1938年末赴美。第二次世界大战期间，在美国、加拿大各地游学。20世纪50年代又返回欧洲。终生没有固定职业和固定住所，常年奔波于世界各地，与数学界同行探讨数学难题。1956年当选匈牙利科学院通讯院士，1962年成为正式院士，并被聘为科学院数学研究所研究教授。但仍在世界各地游学，直至去世。主要贡献在数论、组合学、概率论、集合论和数学分析等方面，特别是数论方面。1940年证明：存在无穷多个自然数n，使得

$$p_{n+1} - p_n < c\log p_n,$$

其中P_n为第n个素数，而c为欧拉常数。研究整数分拆问题，1942年用初等的函数论方法估计了n的分拆数$p(n)$的值，还提出了一个猜测：如果n个等差数列没有覆盖住自然数列，那么必存在$0<m<2^n$，m不属于上述任何一个等差数列。1949年用初等方法证明了素数定理。把概率论方法应用于数论研究，与卡茨证明了关于数论函数渐近性质的爱尔特希-卡茨定理(1940)。在组合学方面，是拉姆齐理论的奠基人之一，证明了爱尔特希-柯召-拉多定理，开拓了极值图论的研究。在数学分析及大基数组合理论方面也有贡献。发表论文1 525篇以上，以合作的论文居多；有511位数学家与其合作。1951年获美国数学会柯尔数论奖；1984年获沃尔夫数学奖。多次来华访学，是中国《数学研究与评论》(今《数学研究及应用》)杂志的学术顾问。至少获15个大学的博士学位，当选包括美国在内的8个国家的科学院的相应成员，还是英国皇家学会和其他几个科学学会的成员。1983年在华沙国际数学家大会上作1小时大会报告。第405571号小行星(2021)以其名字命名。

伊利耶夫(Iliev, Ljubomir Georgiev, 1913.4.20—2000.6.6) 保加利亚数学家。生于特尔诺沃，卒于索非亚。1938年获索菲亚大学博士学位。1941年开始在索菲亚大学任教，1952年任教授。1964—1988年任保加利亚科学院数学与信息科学研究生所长。1967年当选保加利亚科学院院士。1976年当选苏联科学院外籍院士。在解析函数论、函数逼近论、自动化理论、控制论和数学模拟等方面都取得了一定成就。著有《某类幂级数的解析不连续性和超收敛性》(1960)和《复分析及其应用》(1981)等。1951年和1969年两次获保加利亚政府季米特洛夫奖。1996年获世界计算机先锋奖。

扎内恩(Zaanen, Adriaan Cornelis, 1913.6.14—2003.4.1) 荷兰数学家。生于鹿特丹，卒于瓦瑟纳尔(Wassenaar)。1930年就读于莱顿大学，1938年获博士学位。毕业后任中学数学教师，1946年到代尔夫特技术学院(今代尔夫特理工大学)任教。1947年任荷属印度尼西亚爪哇省的万隆大学数学教授。1950年回国，先后任教于代尔夫特技术学院和莱顿大学。1988

年获授荷兰狮勋章骑士勋章。主要从事分析学研究，著有《线性分析》(1953)、《积分理论导引》(1958)等。

泰希米勒(Teichmüller, Paul Julius Oswald, 1913.6.18—1943.9.11) 德国数学家。生于德国哈尔茨山脉的北豪森(Nordhausen)，卒于苏联第聂伯河地区的波尔塔瓦(Poltava)(今属乌克兰)。1931年在格丁根大学学习数学，1935年在哈塞指导下获博士学位。1938年在柏林大学执教。1939年应征入伍，1940年参与密码工作。1943年随部队进攻苏联，同年战死。主要贡献在几何函数理论，发表有30多篇论文。他将拟保角映射和微分几何方法引入复分析中，奠定了泰希米勒空间理论的基础。2007—2020年欧洲数学会出版了7卷本《泰希米勒理论手册》。

菲利普斯(Phillips, Ralph Saul, 1913.6.23—1998.11.23) 美国数学家。生于加利福尼亚州奥兰克，卒于加利福尼亚州蒙堤圣利诺(Monte Sereno)。1935年毕业于洛杉矶加利福尼亚大学。1939年获密歇根大学博士学位。先后在华盛顿大学(1940—1941)和哈佛大学(1941—1942)任讲师，1942年到马萨诸塞理工学院辐射实验室工作，负责雷达技术的大部分理论研究和实践工作。从而完成著作《伺服机制理论》(1947)。1945年后在南加利福尼亚大学和洛杉矶加利福尼亚大学任教。1960年起任斯坦福大学教授，至1998年退休。1971年当选美国文理科学院院士。主要数学贡献在泛函分析和偏微分方程方面。1940年利用邓福德和佩蒂斯(B. J. Pettis)关于可和函数空间 L 上线性泛函的某些结果，得到一个在泛函分析中有重要应用的定理："每一个从空间 L 到自身的线性算子如果是弱完全连续的，则这个算子的平方算子是完全连续的。"还发展了线性算子的半群理论，在收缩半群中引进半标量积的概念。算子半群中的基本定理以他的名字命名。还研究了对偶半群的性质。1961年后与P. D. 拉克斯合作20年，发展了声学散射理论，得到了散射理论同自守函数的联系以及调和分析的新结果。后又(与人合作)研究自守函数与数论，以及和几何有关的问题。在对称空间的谱理论、凸线性拓扑空间中的积分法、散逸型算子和抛物型偏微分方程等方面也有突出贡献。关于拉马努金图的研究(与人合作)对组合学和计算机科学也产生很大影响。著有《泛函分析与半群》(与希勒合著，1957；中译本，上海科学技术出版社，1964)和《自同构函数的散射理论》(与P. D. 拉克斯合著，1977)等。1997年获美国数学会斯蒂尔奖。

瑟凯法尔维-纳吉，B.(Szökefalvi-Nagy, Bèla, 1913.7.29—1998.12.21) 匈牙利数学家。生于罗马尼亚克卢日-纳波卡，卒于匈牙利塞格德。G. 瑟凯法尔维-纳吉之子。1936年毕业于塞格德大学，后留校工作，1937年获博士学位，1948年任教授。曾两度任塞格德大学理学院院长。与其F. 老师里斯、哈尔合作共同推动了赛格德大学的数学研究，对匈牙利数学学派的发展作出贡献。1953年后任匈牙利数学会主席。1956年当选匈牙利科学院院士。1970年起任匈牙利科学院塞格德分院院长。主要贡献在函数逼近论和泛函分析等方面，特别对希尔伯特空间算子的扩张理论的研究成果显著。与里斯合著《泛函分析讲义》(1952；中译本，科学出版社，第1卷，1963，第2卷，1980)。1953年因此书获科苏特奖。还著有《希尔伯特空间线性变换的谱表示》(1942)、《实函数和函数级数》(1954)和《希尔伯特空间中算子的调和分析》(合著,1967)等。长期任匈牙利科学院数学委员会成员和主席、任塞格德大学学术委员会成员和主席。曾任匈牙利《数学科学学报》等杂志的主编。是苏联、爱尔兰等多个国家科学院的相应成员,获多所大学的名誉博士学位。1979 年获苏联科学院罗蒙诺索夫奖章。获匈牙利共和国国家奖和十字勋章等奖励。去世后,匈牙利波尔约数学研究所设立了瑟凯法尔维-纳吉奖章。

伊什林斯基(Ишлинский, Александр Юльевич, 1913.8.6—2003.2.7) 俄国—苏联—俄罗斯力学家、数学家。生于莫斯科,卒于同地。1935 年毕业于莫斯科大学数学系。1943 年获物理-数学博士学位。1945 年任教授。1935—1955 年先后在莫斯科大学、乌克兰科学院数学研究所和基辅大学工作。1955 年回到莫斯科大学,1956—2003 年任应用力学系主任。1965 年后兼任苏联科学院力学研究所所长。1948 年当选乌克兰科学院院士。1960 年当选苏联科学院院士。是波兰和捷克斯洛伐克科学院的外籍院士。1970 年当选全苏科学技术学会主席。在普通力学、弹性理论、塑性理论、振动和回转理论,以及应用数学等方面做了大量工作。其研究特点是基本理论原理和工程直觉相结合,并在严格的数学方法的基础上巧妙地解决复杂的实际问题,以得到新成果。在数学领域,研究了高阶非线性微分方程组,在具有随机系数的微分方程理论的研究中取得了重要结果。领导建立了苏联仪器制造业的力学数学学派。发表 200 多篇论文,出版 10 部专著。获苏联和俄罗斯政府多项奖励和荣誉称号。

盖尔范德(Gelfand, Izrail Moiseyevich, 1913.9.2—2009.10.5) 俄国—苏联—美国数学家。生于敖德萨省红奥克诺(Красные Окны),卒于美国新泽西州新不伦瑞克(New Brunswick)。早年在乌克兰的犹太学校学习。1930 年随父迁居莫斯科,后自学数学。1932 年进入莫斯科大学学习、参加研究活动,1935 年获副博士学位。1939 年后在苏联科学院斯捷克洛夫数学研究所工作,1940 年获物理-数学博士学位,1941—1990 年在莫斯科大学兼职,1943 年任教授。1953 年当选苏联科学院通讯院士。1966—1970 年任莫斯科数学会主席。获多所大学的名誉博士学位,是多个国家科学院的相应成员。1954 年、1962 年和 1970 年三次在国际数学家大会上作 1 小时大会报告。1984 年当选苏联科学院院士。1989 年定居美国,在哈佛大学和马萨诸塞理工学院短期任客座教授。1990—2009 年在新泽西州罗格斯大学任教。研究遍及众多数学分支,特别是在泛函分析、群表示论、代数拓扑学、微分方程及应用数学等方面。是巴拿赫代数赋范环理论的创始人之一。运用代数方法,引进极大理想子环空间,给出元素在其上的表示的概念,将线性算子谱论研究引向深入。研究了对理论物理具有重大意义的连续群的酉表示,广义函数理论及其在微分方程中的应用,线性拓扑空间理论,光谱分析的逆问题和量子力学等。建立了一个专门研究数学方法在生物学中应用的学派,研究生物学、神经生理学和医学中的数学方法。还对超几何函数、广义随机过程理论、计算数学等分支做出突出贡献。发表 800 多篇科学论文,出版约 30 本专著。编著线性代数、广义函数和变分法等方面的著作，如《一次代数学》(中译本，商务印书馆，1953)、《广义函数 1：广义函数及其运算》(与希洛夫合著，1958；中译本，科学出版社，1965)和《广义函数 4：调和分析的某些应用》(中译本，科学出版社，1984)等。1978 年获首届沃尔夫数学奖。1989 年获京都奖。1994 年获麦克阿瑟奖。2005 年获斯蒂尔终身成就奖。

戈德斯坦(Goldstine，Herman Heine，1913.9.13—2004.6.16)　美国数学家、计算机科学家。生于伊利诺伊州芝加哥，卒于宾夕法尼亚州布林莫尔(Bryn Mayr)。1933 年获芝加哥大学数学学士学位，1936 年获该校博士学位。先后执教于芝加哥大学和密歇根大学。1942 年从军进行弹道学研究。1943 年参与第一台电子数值积分器和计算机(ENIAC)研制。1946 年任普林斯顿大学高等研究院电子计算机项目副主任。著有《计算机：从帕斯卡到冯·诺伊曼》(1972)、《16—19 世纪的数值分析史》(1977)、《从 17 世纪到 19 世纪的微积分史》(1980)等。是美国国家科学院、美国文理科学院院士和美国哲学学会成员。1985 年获美国国家科学奖章。

艾伦伯格(Eilenberg，Samuel，1913.9.30—1998.1.30)　波兰—美国数学家。生于俄属华沙(今属波兰)，卒于美国纽约市。1930 年入华沙大学学习，1934 年获硕士学位。1936 年由库拉托夫斯基和博苏克指导获博士学位。1939 年赴美国，1948 年加入美国籍。1940—1946 年在密歇根大学任教，1946—1947 年任印第安纳大学教授，1947 年起任哥伦比亚大学教授，至 1981 年退休。20 世纪 50 年代初加入布尔巴基学派。主要研究代数拓扑学、同调代数及抽象自动机理论。是现代代数拓扑学的主要创建者。1944 年定义了奇异(上)同调群。1945 年与斯廷罗德提出(上)同调群的公理系统，并合著《代数拓扑基础》(1952)。1940—1954 年与麦克莱恩合作研究同调群与同伦群的关系，所定义的艾伦伯格-麦克莱恩空间，是同伦论的重要工具，还发展了群的上同调理论，该理论和李代数上同调理论一起形成了同调代数的重要组成部分。与 H. 嘉当合著的《同调代数学》(1956)是该学科的经典著作。和麦克莱恩共同创立了范畴论，合作的论文首先给出了范畴、函子和自然变换等概念，奠定了该学科的基础。还独立引进阻碍理论，并与 E. H. 穆尔提出艾伦伯格-穆尔光谱序列。20 世纪 70 年代后，研究抽象自动机理论，著有《自动机，语言和机器》(2 卷，1974—1976)。美国国家科学院和美国文理科学院院士。1958 年在爱丁堡国际数学家大会上作 1 小时大会报告。1972 年成为伦敦数学会名誉会员。1986 年获沃尔夫数学奖。1987 年获斯蒂尔奖。

施瓦尔茨，M.-H.(Schwartz，Marie-Hélène，1913.10.27—2013.1.5)　法国数学家。生于巴黎，卒于同地。是数学家 P. P. 莱维的女儿和 L. 施瓦尔茨的妻子。1934 年就读于巴黎高等师范学校。1954 年任巴黎大学助教。1964 年到里尔大学理学院执教，直至 1981 年退休。主要从事复变量函数、阿尔福斯理论、庞加莱-霍普夫定理和具有奇点的空间特征值的研究。著有《解析函数与光束理论》(1966)、《陈氏分类与分析集》(2000)等。

莫斯托夫斯基(Mostowski，Andrzej，1913.11.1—1975.8.22)　波兰数学家。生于奥匈帝国伦贝格(今乌克兰利沃夫)，卒于加拿大温哥华。1939 年在库拉托夫斯基和塔斯基指导下获华沙大学博士学位。1942 年在“地下华沙大学”任教，1947 年任华沙大学教授。1948 年任波兰科学院数学研究所数学基础部门的负责人。1952 年获波兰国家奖。1963 年当选波兰科学院院士。主要贡献在逻辑学和数学基础等方面，主要是在递归函数理论基础和不可判定性方面取得一定成果。著有《数理逻辑》(1948)、《集合论》(与库拉托夫斯基合著，1952)等。

卡斯泰尔诺沃，E.(Castelnuovo, Emma, 1913.12.12—2014.4.13) 意大利数学家、数学教育家。生于罗马，卒于同地。数学家 G. 卡斯泰尔诺沃之女。1936 年毕业于罗马大学数学系。1938 年在罗马的犹太学校教犹太学生。1945 年在罗马的一所中学任教师，直到 1979 年退休。在数学教育中寻找一种旨在让学生积极参与的教学方式，提出几何中的动态模式以及用于发现和强化重要数学概念的可视化能力的想法，并在 1970 年代推出的意大利中学新课程中加入了概率元素。1979—1981 年任国际数学教学研究和改进委员会主席。著有《中学直观几何》(1948)、《佛罗伦萨数学教学法》(1963)等。国际数学教育委员会 2013 年在她 100 岁生日时以她的名字设立奖项，以表彰其在数学教育实践中的杰出成就。

迪亚斯(Dias, Cândido Lima da Silva, 1913.12.31—1998.9.15) 巴西数学家。生于圣保罗莫科卡(Mococa)，卒于圣保罗。1932 年就读于圣保罗理工学院，1934 年到圣保罗大学攻读数学课程，1942 年获该校博士学位。1946 年任新成立的工业工程学院微积分教授。后又在圣保罗大学(1947)、美国哈佛大学(1948.3)、芝加哥大学(1948.7)、普林斯顿大学(1949)等校任教。1951 年任巴西国家科学技术委员会数学研究部主任。任职期间成立了应用与纯数学研究所。1960 年创办圣保罗大学数学研究所并任首任所长。主要从事数学分析、微分方程、非线性解析泛函研究，著有《关于解析泛函的概念》(1942)等。

小松勇作(Komatsu Yusaku, 1914.1.2—2004.7.30) 日本数学家、生物学家。生于石川县金泽，卒地不详。1937 年毕业于金泽医学院，后转入东京大学数学系学习，1945 年获博士学位，1949 年任东京技术大学教授。主要研究函数论和数理生物学。以保角映射理论等研究而闻名。著有《数理生物学概论》、《无理数和极限》(1948)、《解析概论》(1962)和《变分学》(1947)等。

诺伊曼，H.(Neumann, Hanna, 1914.2.12—1971.11.14) 德国—英国—澳大利亚数学家。生于德国柏林兰克维茨(Lankwitz)，卒于加拿大渥太华。她先后就读于柏林大学(1932)、格丁根大学(1936)。1938 年移居英国，1944 年在陶斯基-托德指导下获牛津大学博士学位。先后在英国赫尔大学、曼彻斯特科学技术学院任教。1963 年移居澳大利亚，1970 年任澳大利亚教育学院研究员。主要研究群论，著有《群簇》(1967)。

德格罗特(De Groot, Johannes, 1914.5.7—1972.9.11) 荷兰数学家。生于哈勒尔斯韦尔，卒于鹿特丹。1933 年就读于格罗宁根大学，1942 年获博士学位。1948 年任代尔夫特技术学院(今代尔夫特理工大学)数学教授。1952 年任阿姆斯特丹大学数学教授，1964 年任该校理学院院长。1969 年当选荷兰皇家科学院院士。主要贡献在代数、分析学和拓扑学方面。对拓扑学在荷兰的发展产生了深远的影响。发表约90篇论文,著有《论连续函数的扩展》(1942)等。

施瓦茨(Schwarz, Stefan, 1914.5.18—1996.12.6) 斯洛伐克数学家。生于奥匈帝国瓦赫河畔新城(今属斯洛伐克),卒于斯洛伐克布拉迪斯拉发。1932年就读于布拉格大学。1937年以关于多项式在有限域上的可约性的论文获博士学位。第二次世界大战期间曾被抓进集中营。1947年任布拉迪斯拉发的斯洛伐克技术大学教授。1966年任斯洛伐克科学院数学研究所所长。捷克斯洛伐克科学院院士(1952,1965—1970年任院长)和斯洛伐克科学院院士(1953)。主要贡献在近世代数方面,是半群理论的创始人之一。以拓扑半群方面的著作《半群理论》(1943)闻名。

比洛(Bilo, Julien Eugene Charles, 1914.5.21—2006.12.18) 比利时数学家。生于奥斯坦德,卒于同地。1934年毕业于比利时根特大学。后在根特的中学和师范学校讲授数学。1943—1964年在根特皇家美术学院任教,1956年任教授,曾任高等几何学院系主任。1945年获根特大学博士学位。1952年任高等几何教授。1960年当选比利时科学院通讯院士。1960—1962年任比利时数学会副主席。主要研究高等几何和数学教学法。在射影几何领域和几何学的基础研究方面做了一些开创性工作。编写了关于复射影几何基础和射影四元数公理等方面的著作。

贝尔斯(Bers, Lipman, 1914.5.22—1993.10.29) 亦译伯斯。拉脱维亚—美国数学家。生于俄国里加(今属拉脱维亚),卒于美国纽约州新罗谢尔(New Rochelle)。早年在苏黎世、拉脱维亚等地的大学学习。1938年在勒纳指导下获布拉格大学博士学位。1940年赴美国,1949年加入美国籍。1945—1951年在锡拉丘兹大学任教。1951—1964年任纽约大学库朗数学科学研究所教授。1964年任哥伦比亚大学教授,1972年后任戴维斯数学教授,至1984年退休。1961年当选美国文理科学院院士。1965年当选美国国家科学院院士,曾领导美国国家科学院数学所。1975—1977年任美国数学会主席。1984年成为伦敦数学会名誉会员。以研究数学分析、复变函数论(伪解析函数)和偏微分方程而著称。特别对拟保角映射进行了深入研究,并把它应用于椭圆型偏微分方程理论(特别是关于流体问题)和黎曼面的参模问题。研究了与拟保角映射和黎曼面的模密切相关的课题——有限生成的克莱因群,建立了有关的面积定理。还积极倡导并组建了“中学数学研究小组”。曾多次到苏联各地讲学。著有《伪解析函数理论》(1953)、《多复变量引论》(1964)、《偏微分方程》(与谢克特合著,1964)和《黎曼曲面空间》(1958)等。1975年获斯蒂尔奖。

皮特(Pitt, Harry Raymond, 1914.6.3—2005.10.8) 英国数学家。生于斯塔福德郡西布罗米奇(West Bromwich),卒于德比。1932年就读于剑桥大学。后由哈代指导读研究生,1938年获剑桥大学博士学位。第二次世界大战期间服役三年,设计了攻击德国U型潜艇的概率和运筹方法。1945年任贝尔法斯特女王大学数学教授。1950年任诺丁汉大学数学教授。1957年当选英国皇家学会会员。1964—1978年任雷丁大学副校长,1978年获封爵士。

1984—1985 年任英国皇家学会数学及其应用研究所所长。主要从事分析与概率研究。著有《陶伯定理》(1958)、《积分、测度与概率》(1963)等。

科兹洛夫(Козлов, Владимир Яковлевич, 1914.6.28—2007.3.5) 俄国—苏联—俄罗斯数学家。生于莫斯科,卒于同地。1937 年毕业于莫斯科大学。1940—1951 年在苏联红军装甲坦克和机械化兵军事学院工作。1951 年获物理-数学博士学位,同年到莫斯科大学工作,1952 年任力学数学系教授。1966 年当选苏联科学院通讯院士(1991 年转为俄罗斯科学院通讯院士)。主要贡献在实变函数和泛函分析等方面。以研究希尔伯特空间正交函数系理论和算子理论而闻名。引进了函数测度和函数积分的概念。证明了可以构造这样的三角级数,使它的某个部分和序列处处收敛于零(或者趋于无穷大)。1953 年开始进行与加密密钥制造质量相关的数字分析的科学研究,在政府和军事通信的加密保护方面发挥了重要作用。

段学复(1914.7.29—2005.2.6) 中国数学家。生于陕西华县,卒于北京。1932 年入清华大学数学系学习。1936 年毕业后留校任助教。1940 年赴加拿大多伦多大学读研究生,1941 年获硕士学位。后进入美国普林斯顿大学数学系攻读,1943 年在布饶尔和谢瓦莱指导下获博士学位。1945—1946 年在普林斯顿高等研究院从事研究工作,曾任外尔的助手。1946 年回国,任清华大学数学系教授、代理系主任、系主任。1952—1981 年任北京大学数学(力学)系主任。1955 年当选中国科学院物理学数学化学部学部委员,是中国数学学科首批 9 位学部委员之一。在有限群的模表示论对于单群和线性群的研究方面取得重要结果。1944 年发表论文《论阶恰含某素数的一次幂的有限群》,解决了 10 000 阶以下的有限单群的分类问题,文中所证明的定理称为“布饶尔-段定理”。在代数李代数与代数李群方面所做的研究是现代代数群理论的早期开拓性工作。在研究有限 p 群的计数定理方面,推广了库拉科夫定理。20 世纪 70 年代开始研究有限群对一类组合问题的应用,为有关部门的实际工作提供了计算方法。为中国数学教育的发展和人才培养做了大量工作。发表约 30 篇学术论文,并出版多种论著。1999 年北京大学出版社出版了《段学复文集》。

卡茨(Kac, Mark, 1914.8.3—1984.10.26) 波兰—美国数学家。生于俄属克热梅涅茨(今属乌克兰),卒于美国加利福尼亚。1937 年获利沃夫的扬·卡西米尔大学博士学位,导师是斯坦因豪斯。1938 年赴美国,1943 年入美国籍。先后任教于约翰斯·霍普金斯大学、康奈尔大学、洛克菲勒大学,1947 年任教授。美国文理科学院院士(1959)、美国国家科学院院士(1965)。主要贡献在概率论及其应用方面。著有《概率论及其在物理学中的有关问题》(1959)、《概率、分析和数论中的统计独立性》(1959)、《数学与逻辑·回顾和展望》(与乌拉姆合著,1968;中译本,高等教育出版社,2022)等。两度获美国数学协会肖韦内特奖(1950,1968)。

樊𰋀(Fan, Ky, 1914.9.19—2010.3.22) 中国—美国数学家。生于浙江杭州。卒于美国加利福尼亚州圣巴巴拉。1932 年在其姑父冯祖荀引导下考入北京大学数学系学习,1936 年毕业后留校任教。1938 年考取庚子赔款赴法留学生,次年到巴黎师从弗雷歇。1941 年获巴黎大学科学博士学位。后在法国国家科学研究中心工作。与弗雷歇合著《组合拓扑学引论》(1946)。1945 年后到美国,先后在普林斯顿高等研究院、圣母大学、西北大学、加利福尼亚大学任教。1964 年当选中国台北"中央研究院"院士,1978—1984 年任该院数学研究所所长。早年翻译德文著作《解析几何与代数》及《理想数论初步》,并与孙树本合著《数论》。数学研究主要涉及非线性分析、不动点理论、凸分析、集值分析、数理经济学、对策论、线性算子理论和矩阵论等方面。有很多以他的名字命名的定理、引理、等式和不等式。1989 年后多次来中国大陆访问讲学。是多所大学名誉博士和名誉教授,任多种数学杂志编委。培养 22 名博士生。发表学术论文百余篇,出版著作多种。

宾,R. H.(Bing, R. H., 1914.10.20—1986.4.28)　美国数学家。生于得克萨斯州奥克伍德,卒于该州奥斯汀。1935 年毕业于得克萨斯州立师范学院。1938 年获得克萨斯大学硕士学位,1945 年获该校博士学位。1947 年任威斯康星大学教授。先后执教和工作于得克萨斯大学、威斯康星大学、弗吉尼亚大学和普林斯顿高等研究院。1963—1964 年任美国数学协会主席,1965 年当选美国国家科学院院士。1967—1969 年任美国国家研究委员会数学部主席,1974 年获美国数学协会杰出数学服务奖。1980 年当选美国文理科学院院士。主要从事几何拓扑学和连续统理论研究,著有《3 维流形的几何拓扑》(1983)等。

加德纳(Gardner, Martin, 1914.10.21—2010.5.22)　美国数学科普作家。生于俄克拉荷马州塔尔萨(Talsa),卒于该州诺曼(Norman)。早年在芝加哥大学攻读哲学,1936 年毕业后从事新闻工作。第二次世界大战期间参加海军舰队,战后返回新闻界,并在美国哲学杂志当编辑。长期任美国科普杂志《科学美国人》"数学游戏"专栏作家,发表的科普文章几乎遍及数学的每一个分支。撰写和编辑了 100 多本书(包括小册子),发表了许多科普文章和评论。著有《啊哈!灵机一动》(1978;中译本,科学出版社,1981)、《啊哈!原来如此》(1982;中译本,科学出版社,2008)等。1987 年获斯蒂尔奖。第 2587 号(1980)小行星命名为"加德纳星"。

丹齐格(Dantzig, George Bernard, 1914.11.8—2005.5.13)　美国数学家。生于俄勒冈州波特兰,卒于加利福尼亚州斯坦福。1936 年毕业于马里兰大学,后进入密歇根大学攻读研究生。1937 年成为美国劳工统计局的统计员。不久进入伯克利加利福尼亚大学,跟随统计学家内曼攻读博士学位。后因美国空军组建统计控制中心的需要而中止研究生学业,作为文职人员加入空军。1946 年回到伯克利加利福尼亚大学获博士学位。后成为美国空军审计长的数学顾问。1952 年转到兰德公司任职。20 世纪 60 年代后任斯坦福大学教授。主要贡献在线性规划方面。1947 年首次提出线性规划的名称,创立的线性规划和单纯形法在经济学、环境科学和统计学中有重要应用。还研究整数规划和非线性规划,提出对称的对偶性概念,并研究了对偶规划问题。著有《线性规划与推广》(1963)。1976 年获马里兰大学名誉博士学位。是美国国家科学院、美国文理科学院和美国工程院的院士。美国工业与应用数学学会和数学规划学会联合设立以他的名字命名的国际奖,奖励在线性规划方面的开创性工作,1982年首次颁奖。

塞沃列罗(Cebollero, Pedro Abellanas, 1914.11.20—1999.7.29) 西班牙数学家。生于萨拉戈萨,卒于马德里。1935年毕业于萨拉戈萨大学。1941年获博士学位。1942—1949年任萨拉戈萨大学解析几何和拓扑学系主任,大力推动数学教育改革。1949年任马德里康普顿斯大学教授。对西班牙数学的进步作出重要贡献,是西班牙数学家年会的创建者和推动者,组织了西班牙皇家数学学会的数学奥林匹克竞赛。著有《数学元素》(1958)、《几何基础》(1961)、《物理学家与工程师的数学》(1963)等。

布鲁克(Bruck, Richard Hubert, 1914.12.26—1991.12.18) 加拿大—美国数学家。生于加拿大安大略省彭布罗克(Pembroke),卒地不详。早年在多伦多大学学习,1940年在布饶尔指导下获博士学位。后赴美国,到威斯康星大学麦迪逊分校任教,1942年任教授,1967年后任杰出研究教授。1948年入美国籍。1963年任澳大利亚堪培拉大学富布赖特讲师。是美国数学会、伦敦数学会会员。主要贡献在代数学、射影几何和组合学等方面。以1949年与赖瑟合作的论文《某些有限射影平面的不存在性》而闻名,文中讨论了有限投影平面所存在的可能的阶数,其结果称为布鲁克-赖瑟定理。著有《二进制概述》(1958)等。1956年因欧几里得几何基础的最新研究而获肖韦内特奖。1962年在斯特拉斯堡国际数学家大会上作学术报告。

罗宾斯(Robbins, Herbert, 1915.1.12—2001.2.12) 美国数学家、统计学家。生于宾夕法尼亚州纽卡斯尔,卒于新泽西州普林斯顿。早年在哈佛大学学习,在H. M. 莫尔斯的影响下对数学发生兴趣,1935年获学士学位,1938年获博士学位。先后在纽约大学、北加利福尼亚大学等校任教,1953年任哥伦比亚大学数理统计学教授,至1997年退休。是美国国家科学院和美国文理科学院的院士。曾任美国统计学会主席。主要贡献在概率论与数理统计学方面。统计学中许多领域由他首创,如经验贝叶斯方法、随机逼近、序贯试验设计等都由他开创并做出奠基性工作。在序贯分析、随机过程的最佳停时、统计在法律上的应用等方面也作出贡献。与库朗合著的《什么是数学?》(1941)多次再版(直到2012年)。中译本名为《数学是什么》(湖南教育出版社,1985)。发表论文130余篇,施普林格出版社出版了他的论文选集。

林尼克(Линник, Юрий Владимирович, 1915.1.21—1972.6.30) 俄国—苏联数学家。生于基辅省白采尔科维(Белая Церковь),卒于列宁格勒(今俄罗斯圣彼得堡)。1938年毕业于列宁格勒大学,1940年获该校物理-数学博士学位,同年到苏联科学院数学研究所列宁格勒分所工作。1944年任列宁格勒大学教授。1964年当选苏联科学院院士。数学研究涉及数论、概率论和数理统计等学科。在各学科中都创立了一些有效的新方法。如二次型和整数矩阵理论中的各态历经方法;L-级数理论中的凝集方法,用这种方法解决了一系列典型的数论问题,特别是给出了具有大差数的算术级数中的最小素数的估计,取得了关于哥德巴赫问题的新进展。即给出维诺格拉多夫定理(每一个足够大的自然数都能表示成三个素数之和)的新证明。还得到了“每一个足够大的自然数都能表示成两个素数与 2 的某次方幂之和的形式”的结果，这里 2 的指数小于某个绝对常数。在解析数论中，提出离差法，在专著《二元加法问题中的离差法》(1961)中作了系统论述。创立的“大筛法”是数论中的新方法。在概率论和数理统计方面的研究课题有：关于独立随机变量和非均匀马尔可夫链的极限定理、无限可除性规律和最重要分布类型的复合假设检验理论等。借助新的解析工具在大偏差概率的研究中取得重要进展。著有《最小二乘法和处理观察数据的数理统计理论基础》(1958)、《概率规律的展开》(1960)、《解析数论的基本方法》(与盖尔丰德合著，1962)和《数理统计的特征问题》(与拉奥合著，英文版 1973)等。

利什内罗维奇(Lichnerowicz, André, 1915.1.21—1998.12.11) 法国数学家。生于阿利埃省波旁拉尔尚博(Bourbon-l'Archambault)，卒于巴黎。1933—1936 年学于巴黎高等师范学校。1939 年在达尔穆瓦指导下获巴黎科学学院博士学位。1941 年任斯特拉斯堡大学教授，1949 年任巴黎大学教授，1952 年任法兰西学院教授。1959 年任法国数学会主席。1966 年任法国数学教学改革委员会主席。1963 年当选法国科学院院士。是意大利科学院院士，西班牙马德里科学院院士以及许多其他学术机关和学会成员。主要贡献在曲线和曲面的微分几何学、变换群和张量分析等方面。1954 年在阿姆斯特丹国际数学家大会上作 1 小时大会报告。著有《线性代数与分析》(1947，英文版 1967)、《引力相对论和电磁学理论》(1955)等。

汉明(Hamming, Richard Wesley, 1915.2.11—1998.1.7) 美国数学家、计算机科学家。生于美国伊利诺伊州芝加哥，卒于加利福尼亚州蒙特雷市(City of Monterey)。相继在芝加哥大学(1937 年获学士学位)、内布拉斯加大学(1939 年获硕士学位)和伊利诺伊大学厄巴纳-香槟分校学习。1942 年在特吉津斯基(W. Trjitzinsky, 1901—1973)的指导下以偏微分方程边值理论的研究论文获博士学位。1945 年参加洛斯阿拉莫斯实验室的曼哈顿计划，对 IBM 计算机进行编程，为参加该项目的物理学家提供数据。1946—1976 年在贝尔电话实验室工作。退休后到加利福尼亚州蒙特雷的海军研究生院任职，任计算机科学兼职教授，并致力于教学和撰写书籍。主要贡献在计算机科学和电信方面，发明一种能纠错的编码，称“汉明码”。是美国计算机协会的创立人之一，曾任该组织主席。1968 年获图灵奖。1980 年当选美国国家工程院院士。为表彰其贡献，1988 年电气和电子工程师学会设立汉明奖章。

肖凯(Choquet, Gustave, 1915.3.1—2006.11.14) 法国数学家。生于法国北部瓦朗谢讷附近的索莱姆(Solesmes)，卒于里昂。1946 年获巴黎大学科学博士学位。1950 年任巴黎大学教授，1960 年起兼任巴黎理工科大学教授。1976 年当选法国科学院院士，是美国数学会、法国数学会会员。发表 160 多篇论文，涉及位势论、泛函分析、实函数、容量理论和积分表示论等方面。著有《分析教程》(1964)、《分析讲义》(1969)、《数学分析的拓扑和度量工具》(1969)等。

施瓦尔茨，L.(Schwartz, Laurent, 1915.3.5—2002.7.4) 法国数学家。生于巴黎，卒于同地。数学家 M.- H. 施瓦尔茨的丈夫。1937 年毕业于巴黎高等师范学校。后服兵役参加了第二次世界大战。1940

年退伍后在斯特拉斯堡大学继续学习，1943年由瓦利龙指导获理学博士学位。1945年后相继任南锡大学、巴黎大学、巴黎综合工科学校和巴黎第七大学教授。1972年当选法国科学院通讯院士，1974年当选院士。获比利时、联邦德国、巴西、印度等国家的学术荣誉。数学研究受到布尔巴基学派的影响。主要贡献是创立了广义函数(分布)论，该理论已成为泛函分析的重要分支，不仅提供用于数学物理的形式方法的数学基础，也是研究现代数学特别是分析数学的有力工具。1945年在前人大量研究工作的基础上，利用拓扑线性空间的理论推广了广义函数的概念，建立了广义函数的完整理论。运用该理论研究了理论物理中的有关问题，得到基本粒子理论的数学公式。在局部凸向量空间、核定理和向量值分布以及有关的其他泛函分析问题的研究中作出贡献，如引进一般泛函空间的对偶性原理等。后转向任意拓扑空间上拉东测度理论的研究。在偏微分方程和概率论等方面也多有建树。著有《分布论》(即《广义函数论》，2卷，1950—1951)和《物理科学中的数学》(修订版，1966)等。1950年在坎布里奇国际数学家大会上作1小时大会报告，并在此次大会上获菲尔兹奖。

小平邦彦(Kodaira, Kunihiko, 1915.3.16—1997.7.26)　日本数学家。生于东京，卒于山梨县甲府市。1941年毕业于东京大学，后留校工作。1949年在弥永昌吉指导下获东京大学理学博士学位。同年赴美任普林斯顿高等研究院研究员。后在普林斯顿大学、哈佛大学、约翰斯·霍普金斯大学以及斯坦福大学任教。1967年返回日本，任东京大学理学院教授，1975年退休后任学习院大学教授。1965年当选日本学士院院士。是美国国家科学院(1975)和格丁根科学院(1974)外籍院士。1979年成为伦敦数学会名誉会员。是日本代数几何流派的奠基人之一。主要贡献在代数几何学和群论方面。推广了代数几何学中的一条中心定理——黎曼-罗赫定理，还证明了狭义凯莱流形是代数流形和小平邦彦消没定理。1956年起与斯潘塞合作，把黎曼的模数理论推广到高维复结构的变形理论上，形成一个系统的理论。后又把它推广到由一类复可递的连续伪群所定义的结构的变形理论上。20世纪50年代末转向研究紧复解析曲面的结构及分类，用一个不变量(小平维数)把曲面分为有理曲面、椭圆曲面和 K_3 曲面等，并且每类都可建立一个极小模型。他的工作推动了20世纪60年代以来代数几何学的发展。晚年致力于教育事业。著有《现代数学引论》(与弥永昌吉合著，1961)等。论文收集在1975年出版的3卷全集中。1954年获菲尔兹奖，1957年获日本学院奖和文化勋章。1985年获沃尔夫数学奖。2019年日本数学会设立小平邦彦奖。

察茨基斯(Zatzkis, Henry, 1915.4.7—2007.8.15)　德国—美国数学家。生于德国霍尔茨明登(Holzminden)，卒于美国加利福尼亚州圣莫尼卡。1934—1937年学于海德堡大学。1940年到美国，1946年入美国籍。1942年毕业于俄亥俄州立大学。1949年获印第安纳大学硕士学位。1950年获锡拉丘兹大学博士学位。1953年任数学教授。参与编写《物理学基本公式》(1955)、《国际应用数学辞典》(1960)等。

王湘浩(1915.5.5—1993.5.4)　中国数学家。生于河北安平，卒于辽宁大连。

1937 年毕业于北京大学，后在西南联合大学任教，并成为江泽涵的研究生。1946 年到美国普林斯顿大学留学，在 E. 阿廷的指导下攻读学位，1947 年获硕士学位，1949 年获博士学位，论文是《关于格伦瓦尔定理》。同年回国，历任北京大学副教授、教授，东北人民大学教授、数学系主任，吉林大学教授、计算机科学系主任、副校长。1955 年当选中国科学院物理学数学化学部学部委员，是中国数学学科首批 9 位学部委员之一。曾任中国计算机学会副理事长兼人工智能专业委员会主任、全国高校人工智能研究会会长等职。主要从事代数数论和赋值论、人工智能等方面的教学与研究，取得多项重要成果。在博士论文中纠正了格伦瓦尔定理的错误，重新证明了迪克逊猜想。50 年代得到了柯西半单循环的亚直接和表示，并讨论了与此相关的拟赋值环问题。还证明了代数数域上单纯代数换位子群与其么模子群相等。提出利用“保 n 项关系”的方法解决多值逻辑中函数集的完备性问题。在定理机器证明和计算机代数方面，推广了归结原理，并推广且改进了文森特定理。为吉林大学数学系和计算机科学系的建设和发展作出了关键性贡献。晚年到辽宁师范大学兼职，致力于高等师范院校数学教育改革。业余研究《红楼梦》中的疑难问题。

哈特曼（Hartmann, Philip, 1915.5.16—2015.8.28） 美国数学家。生于马里兰州巴尔的摩。1938 年获约翰斯·霍普金斯大学博士学位。相继任纽约昆斯学院讲师、副教授，约翰斯·霍普金斯大学教授。曾任温特纳的助手。主要贡献在微分方程理论、希尔伯特空间和微分几何等方面。著有《常微分方程》(1964)等。

图基（Tukey, John Wilder, 1915.6.16—2000.7.26） 美国统计学家。生于马萨诸塞州新贝德福德(New Bedford)，卒于新泽西州普林斯顿。本科和硕士学化学，1937 年到普林斯顿大学攻读数学，1939 年获博士学位。1945 年加入贝尔实验室。1950 年起任普林斯顿大学教授。1965 年任普林斯顿统计系首任系主任。1960—1963 年为美国总统科学顾问团成员。美国国家科学院院士。1973 年获美国国家科学奖章。研究统计学、点集拓扑、炮火控制设备等。著有《拓扑学中可数性与收敛性》(1940)、《通讯工程观点下的功率谱测量》(1958)、《数据分析的未来》(1962)等。

谢弗（Schafer, Alice Turner, 1915.6.18—2009.9.27） 美国数学家。生于弗吉尼亚州里士满，卒于马萨诸塞州列克星敦。1936 年获里士满大学学士学位，1939 年获奖学金到芝加哥大学进行研究生学习。获博士学位后在康涅狄格学院、密歇根大学、道格拉斯学院、宾夕法尼亚州费城德雷塞尔理工学院等校任教。后回到康涅狄格学院任教授。主要从事射影微分几何和抽象代数(群论)研究。1962 年任马萨诸塞州韦尔斯利私立女子学院数学系主任，其教育创新之一是 1976 年的一项教育实验，旨在防止学生对数学产生恐惧。1971 年成为数学界女性协会的创始成员之一，倡导女性全面参与数学。1973 年任该协会第二任主席。1990 年协会设立了以她的名字命名的数学奖。1998 年获美国数学协会数学杰出贡献奖。

梅，K. O.（May, Kenneth Ownsworth, 1915.7.8—1977.12.1） 美国数学家、数学史家。生于美国俄勒冈州波特兰，卒于加拿大多伦多。1937 年获伯克利加利福尼亚大学硕士学位。后在法国巴黎和苏联学习和访问。第二次世界大战期间参军服役。1946 年回母校提交博士论文《就业的数学理论》，获博士学位。同年任明尼苏达州卡尔顿学院数学教授，在数理经济学方面发表一系列论文。1950 年转向数学教育，1960 年代转向数学史。1966 年任多伦多大学教授。其主要工作是在《科学传记词典》(1972)中撰写了关于高斯的文章。是《国际数学史》(1974)杂志的创始人之一，并任首期编辑。

伊藤清(Ito，Kiyosi，1915.9.7—2008.11.10)　日本数学家。生于日本三重县稻部郡(今稻部市)，卒于京都。1935—1938 年在东京大学数学系学习。1939—1943 年在政府财政部统计局工作。1943—1952 年任名古屋大学副教授，1945 年在弥永昌吉指导下获理学博士学位。1952—1979 年任京都大学教授。1979—1985 年任学习院大学理学院教授。曾多次到美国普林斯顿大学、斯坦福大学、康奈尔大学、明尼苏达大学等校访问与工作。研究工作主要在概率论方面，特别是随机分析学领域。1944 年率先对布朗运动引进随机积分，从而建立随机微积分或随机分析。1951 年引进计算随机微分的伊藤公式，后推广成一般的变元替换公式，是随机分析的基础定理。定义多重维纳积分和复多重维纳积分。发展一般马尔可夫过程的随机微分方程理论。是最早研究流形上扩散过程的学者之一，由此得到随机微分的链式法则以及随机平行移动的概念。对一般马尔可夫过程的鞅论方向、位势方向以及其他各种推广，也都有贡献。其理论应用于很多不同领域，包括自然科学和经济学，例如金融数学中期权定价用的布莱克—斯科尔斯模型就是应用了伊藤公式建立起来的。培养的许多学生成为概率论领域的专家。日本学士院院士。是法国、俄罗斯和美国等国家科学院的外籍成员。1987 年因在概率论方面的奠基性工作而获沃尔夫数学奖。1987 年，施普林格出版社出版了《伊藤清论文选集》。2006 年获首届高斯奖。

巴希勒尔(Bar-Hillel，Yehoshua，1915.9.8—1975.9.25)　以色列数学家、逻辑学家、语言学家。生于奥地利维也纳，卒于耶路撒冷。幼时在柏林度过，1933 年移居巴勒斯坦。第二次世界大战期间加入英国军队，失去一只眼睛。1950 年由弗伦克尔指导获芝加哥大学哲学博士学位。后跟随导师研究数学。还是卡纳普的主要弟子。1952 年组织了第一届国际机器翻译会议。1953 年返回以色列，在希伯来大学哲学系任教至 1975 年。1963 年当选以色列科学院院士，还是巴伐利亚科学院的成员。主要研究一般语言理论的逻辑、数学结构、数理语言学、自动翻译、信息检索和定义理论等。与弗伦克尔合作的专著《集合论基础》强调把数理逻辑的思想方法应用于数学基础的各个研究方向的重要性。在著作《语言与信息》(1964)中给出巴希勒尔引理。1966—1969 年主持国际科学史与哲学联盟的科学逻辑、方法论和哲学分部的工作。

洛奇(Lorch，Lee Alexander，1915.9.20—2014.2.28)　美国数学家。生于美国纽约市，卒于加拿大多伦多。1935 年毕业于康奈尔大学数学系。1941 年在萨斯指导下获辛辛那提大学博士学位。第二次世界大战期间服役三年。1946 年到纽约城市学院任教，后被辞退。1950 年到纳什维尔菲斯克大学任教，1955 年遭解雇。1959 年移民加拿大，先后在埃德蒙顿的阿尔伯塔大学和多伦多约克大学执教。1968 年当选加拿大皇家学会会员。1990 年获美国国家科学院民权奖。主要贡献在分析学,2003 年获国际分析、应用和计算学会终身名誉会员资格。获纽约城市大学和菲斯克大学名誉学位。2007 年获美国数学协会杰出数学贡献奖。

尼文(Niven, Ivan Morton, 1915.10.25—1999.5.9) 加拿大—美国数学家。生于加拿大温哥华,卒于美国俄勒冈州尤金。1936 年赴美国,1938 年在狄克森指导下获芝加哥大学博士学位。1942 年入美国籍。先后在俄勒冈大学等校任教,1950 年任教授。《美国数学月刊》编辑,美国数学会中学数学研究出版委员会主席。主要研究数论,以对华林问题的研究而闻名。著有《无理数》(1956)、《数论导引》(合著,1960)和《有理数和无理数》(1961)等。

海因斯(Heins, Maurice Haskell, 1915.11.19—2015.6.4) 美国数学家。生于波士顿。学于哈佛大学,1939 年获硕士学位,1940 年在 J. L. 沃尔什指导下获博士学位。1940—1942 年在普林斯顿高等研究所任教。后在布朗大学、伊利诺伊大学、芝加哥大学、马里兰大学等校任教。1958 年成为教授。美国科学促进会(1956)、美国数学会(2012)、美国文理科学院(1956)、法国数学会成员。主要研究解析函数论和黎曼曲面。著有《解析函数》(1960)、《复变函数的经典理论》(1962)、《黎曼曲面上的哈代类》(1969)等。

哈尔莫斯(Halmos, Paul Richard, 1916.3.3—2006.10.2) 美国数学家。生于匈牙利布达佩斯,卒于美国加利福尼亚州洛斯加托斯。早年在布达佩斯接受教育,13 岁移居美国。1934 年毕业于美国伊利诺伊大学,1938 年在杜布指导下获该校博士学位。先后任教于该校、普林斯顿高等研究院、锡拉丘兹大学、芝加哥大学、密歇根大学等。主要贡献在泛函分析、遍历理论、测度论、布尔代数等方面。著有《有限维向量空间》(1942)、《测度论》(1950;中译本,科学出版社,1980)、《遍历理论教程》(1956)等。1983 年获美国数学会斯蒂尔奖。1993 年获美国数学协会杰出教师奖。有自传体著作《我要作数学家》(1985;中译本,江西教育出版社,1999)。

香农(Shannon, Claude Elwood, 1916.4.30—2001.2.24) 美国数学家、工程师。生于密歇根州皮托斯基(Petoskey),卒于马萨诸塞州梅德福(Medford)。1936 年毕业于密歇根大学,获电气工程和数学两个学士学位。1939 年成为马萨诸塞理工学院研究人员,1940 年获数学博士学位。1940—1956 年在美国贝尔公司数学实验室工作。1956 年后任马萨诸塞理工学院教授,至 1978 年退休。1956 年当选美国国家科学院和美国文理科学院院士。主要贡献在信息论和控制论方面。早年把符号逻辑命题演算中的“真”和“假”与电路中的 1 和 0 二进制值之间的关系进行比较研究,创造了广泛应用于表示计算机信息量的单位“比特”。1948 年发表《通信的数学理论》(A Mathematical Theory of Communication),成为信息论的奠基性论文。给出的关于无记忆信道的香农定理已成为信息论的基本定理。首次把电信上的莫尔斯码和印刷电码等编码问题归结为数学上的编码问题。在信息论方面的奠基性工作大大促进了离散自动机的一般原理、概率图表理论和控制系统论的发展。还把概率运算应用于语音学研究。著有

《信息论的数学基础》(1976)和《自动机研究》(与约翰·麦卡锡[John McCarthy, 1927—2011]合著,1956)等。获多所大学名誉博士学位。1955年获富兰克林研究所巴兰坦奖章。1966年获美国国家科学奖章、电气和电子工程师学会荣誉勋章。1972年获哈维奖。1985年获首届京都奖。2004年入选美国国家发明家名人堂。电气和电子工程师学会信息理论协会1972年设立香农奖,旨在表彰对信息理论领域持续而深远的贡献,香农本人是第一位获奖者。

萨里奥(Sario, Leo Reino, 1916.5.18—2009.8.15) 芬兰—美国数学家。生于芬兰列克萨,卒于美国加利福尼亚州圣莫尼卡。1948年获芬兰赫尔辛基大学博士学位。曾在瑞士苏黎世大学和法国巴黎大学学习。1950年移居美国,1955年入美国籍。1950—1952年为普林斯顿大学访问学者,1952—1954年任哈佛大学研究员。1954年起在加利福尼亚大学任教,1958年任教授。美国数学会和法国数学会会员。建立黎曼曲面的分类理论,引入边界及边界分量的容量,发展了解析映射的值分布理论。著有《黎曼曲面》(合著,1960)、《值分布理论》(合著,1960)等。

拉萨尔(La Salle, Joseph Pierre, 1916.5.28—1983) 美国数学家。生于宾夕法尼亚州斯泰特科利奇(State College)。1937年毕业于路易斯安娜州立大学,1941年获加利福尼亚理工学院博士学位。1958—1964年任巴尔的摩高等研究院数学中心负责人,1964年后任布朗大学动力系统教授及负责人。主要研究现代控制理论、微分方程的稳定性理论和动力系统等。著有《近代苏联的数学贡献》(1962)、《关于非线性微分方程和力学的国际研究论文集》(1963)、《微分方程与动力系统》(合著,1967)等。

塞登伯格(Seidenberg, Abraham, 1916.6.2—1988.5.3) 美国数学家。生于美国华盛顿特区,卒于意大利米兰。曾就读于马里兰大学。1943年在扎里斯基指导下获约翰斯·霍普金斯大学博士学位。1945年起在伯克利加利福尼亚大学任教,1958年任数学教授。曾任墨西哥大学和哈佛大学访问教授。贡献涉及交换代数、代数几何、微分代数和数学史。著有《射影几何学讲义》(1962)、《代数曲线理论基础》(1968)等。发表《古希腊几何学》(1959)、《玛雅数码中的零》(1986)和《球体的体积》(1988)等数学史论文。

西蒙(Simon, Herbert Alexander, 1916.6.15—2001.2.9) 中文名司马贺。美国行为科学家、数学家。生于威斯康星州密尔沃基,卒于宾夕法尼亚州匹兹堡。1936年毕业于芝加哥大学,1943年获该校政治学博士学位。曾在芝加哥大学和加利福尼亚大学工作。1942—1949年任芝加哥工学院政治学教授,1949年起任匹兹堡卡内基理工学院教授,兼教心理学和计算机科学。在决策论、人工智能、心理学、教育学、社会学和经济学等方面作出贡献,撰写了27本书和近1 000篇论文。是美国文理科学院(1959)、美国国家科学院(1967)院士。著有《行政行为》(1947)、《人类事务中的理性》(1983)等。1975年获图灵奖。因在决策和管理的数学方法方面的贡献获1978年诺贝尔经济学奖。1994年当选中国科学院外籍院士。

林家翘(Lin, Chia-Chiao, 1916.7.7—2013.1.13) 中国—美国数学家、物理学

家、天文学家。生于中国北京,卒于同地。1937年毕业于清华大学物理系。后到加拿大多伦多大学就读,1941年获硕士学位,1944年获美国加利福尼亚理工学院航空学博士学位。先后在清华大学、加利福尼亚理工学院和布朗大学任教。1953年任马萨诸塞理工学院教授,1987年退休。是美国国家科学院(1962)和美国文理科学院院士(1951)、北京大学名誉教授。历任美国工业与应用数学学会主席、美国数学会应用数学委员会主席。曾获美国数学会应用数学奖(1976)和美国物理学会流体力学奖(1979)等。主要贡献在应用数学、流体力学和天体物理学等方面。1944年解决了流体运动稳定性中两个平行板间的流动稳定性问题,推进了微分方程渐近理论的研究,并提出湍流谱相似性的普遍理论。1964年完成星系旋涡结构的密度波理论,成功解释了许多天文观测现象。提倡应用数学,积极推动应用数学教育。根据他的建议,马萨诸塞理工学院始设应用数学部。后不断撰文,从理论上论证应用数学是一门独立的学科。培养了不少应用数学人才。1972年后多次回中国进行学术访问,邀请众多美国专家来华讲学,也接受多位学者去马萨诸塞理工学院深造。1990年具体指导成立了中国的工业数学和应用数学学会,以推动中国应用数学走向世界。著有《流体动力学稳定性理论》(1955)和《自然科学中确定性问题的应用数学》(合著,1974;中译本,科学出版社,1986)等。1994年当选中国科学院外籍院士。

斯通,A. H.(Stone, Arthur Harold, 1916.9.30—2000.8.6) 英国—美国数学家。生于伦敦。就读于剑桥大学三一学院。曾在曼彻斯特大学和罗切斯特大学工作。后到美国普林斯顿大学深造,1941年在莱夫谢茨指导下获博士学位。主要贡献在拓扑学方面。研究了剖分空间的可度量性,不可分波莱尔集,直积空间的仿紧性等课题。1948年证明了:度量空间的直积空间$\Pi_\lambda X_\lambda$是正规的(或仿紧的)充要条件是:非紧的X_λ最多只有可数个。斯通度量化定理以他的名字命名。

马利(Muhly, Harry Townsend, 1916.10.10—1966.12.22) 美国数学家。生于巴尔的摩。1940年由扎里斯基指导获约翰斯·霍普金斯大学博士学位。在普林斯顿大学、美国海军学院等校工作。1955年任艾奥瓦大学数学教授。研究交换代数。著有《平面与球面三角学》(合著,1946)、《数学的基本概念》(1961)等。

古德(Good, Irving John, 1916.12.9—2009.4.5) 英国—美国数学家。生于英国伦敦,卒于美国弗吉尼亚州雷德福(Radford)。1938年以数学一等荣誉学位毕业于剑桥大学耶稣学院,后随哈代继续研究。1940年获史密斯奖,1941年获博士学位。第二次世界大战期间与图灵合作参与布莱切利公园的密码破译工作。1948—1959年为政府通讯总部工作。1967年移居美国,任美国弗吉尼亚理工大学和州立大学统计学研究教授。1985年当选美国文理科学院院士。2002年获美国国会荣誉勋章。著有《可测函数的近似局部单调性》(1940)、《有界积分变换》(1948)、《概率论基础及其应用》(1983)等。

莫斯特勒(Mosteller, Charles Frederick, 1916.12.24—2006.7.23) 美国统计学家。生于西弗吉尼亚州克拉克斯堡(Clarksburg),卒于该州福尔斯彻奇(Falls Church)。1938年毕业于卡内基学院。1945年在威尔克斯和图基指导下获普林斯顿大学博士学位。1951 年任哈佛大学教授。1957 年在哈佛大学创建统计系并任第一任系主任。美国国家科学院、美国哲学学会和美国文理科学院成员，任美国统计协会(1967)、美国科学促进会(1980)主席。撰写了 50 多本书和 350 多篇论文，有 200 多位合著者。著有《学习的随机模型》(合著，1955)、《推理与争议作家：联邦党人》(合著，1964)、《数据分析与回归》(合著，1977)等。

吉尔曼(Gillman，Leonard，1917.1.8—2009.4.7)　美国数学家、钢琴家。生于俄亥俄州克利夫兰，卒于得克萨斯州奥斯汀。1938 年获纽约茱莉亚(Juilliard)音乐学院的钢琴文凭。1940 年开始修读数学专业，1945 年获哥伦比亚大学硕士学位，1953 年以博弈论论文获该校博士学位。先后在普渡大学、普林斯顿高等研究院工作，1960 年任罗切斯特大学教授和系主任。1969 年任得克萨斯大学奥斯汀分校教授和系主任。1987 年任美国数学协会主席。著有《连续函数的环》(合著，1960)、《你需要数学》(1967)、《写好数学：作者手册》(1987)等。两次(1994、2003)因研究集合论中的公理化方法获美国数学协会福特奖，1999 年获美国数学协会杰出数学奖。

程民德(1917.1.24—1998.11.26)　中国数学家。生于江苏苏州，卒于北京。1940 年毕业于浙江大学数学系，后在浙江大学、北京大学从事教学和研究。1947 年赴美国，1949 年在博赫纳指导下获普林斯顿大学博士学位。1950 年回国，任清华大学副教授、教授。1952 年到北京大学任教。曾任北京大学数学研究所所长、北京市数学会理事长。1980 年当选中国科学院数学物理学部学部委员。主要学术贡献在实分析、调和分析、逼近论、模式识别与图像处理等方面。1950 年开始多元调和分析研究，对多元傅里叶级数的几种求和法和唯一性问题得到系统的结果。为此引入广义多重拉普拉斯运算的概念，并得到重要性质。在中国首先开展函数逼近论的研究。与陈永和合作，开创了多重三角逼近研究，彻底解决了临界阶以上博赫纳-里斯逼近问题。70 年代以后，从高维沃尔什变换及其在图像频带压缩中的应用入手，开始研究模式识别与图像处理，证明了收敛定理、取样定理和沃尔什变换的优越性等。与学生合著的《图像识别导论》(1983)是中国这一方向的第一本专著。为中国培养科学人才、发展教育事业作出重要贡献。1985 年与徐利治创办国际性英文数学杂志《逼近论及其应用》，并任主编。

希洛夫(Шилов，Георгий Евгеньевич，1917.2.3—1975.1.17)　俄国—苏联数学家。生于伊万诺沃，卒于莫斯科。1938 年毕业于莫斯科大学。1946—1950 年在莫斯科大学工作。1951 年在盖尔范德指导下获莫斯科大学物理-数学博士学位。1951—1954 年在基辅大学工作，1952 年任教授。1954 年后返回莫斯科大学工作。在可换巴拿赫赋范环理论、广义函数、偏微分方程论等方面的研究具有重要意义。在经典分析、傅里叶级数、几何学、数学史和数学方法论等方面也作出一定贡献。许多研究是与盖尔范德合作完成的。著有《数学分析专门教程》(1961；中译本，高等教育出版社，1965)、《广义函数 1：广义函数及其运算》(与盖尔范德合著，1958；中译本，科学出版社，1965)和《向量分析讲义》(1954；中译本，高等教育出版社，1957)等。

卡普兰斯基(Kaplansky，Irving，1917.3.

22—2006.6.25） 加拿大—美国数学家。生于加拿大安大略省多伦多，卒于美国加利福尼亚州洛杉矶谢尔曼。1938 年毕业于多伦多大学，1940 年获硕士学位后赴美国。1941 年在麦克莱恩指导下获哈佛大学博士学位。1955 年入美国籍，任教于哈佛大学、芝加哥大学等校。1984 年退休后任伯克利加利福尼亚大学数学科学研究所所长。是美国国家科学院和美国文理科学院院士、伦敦数学会名誉会员。数学研究涉及近世代数的各分支，特别对赋范环理论和阿贝尔群论作出重要贡献（一些定理、术语以他的名字命名）。著有《阿贝尔无限群》（1954）、《现代数学教程：李代数》（多卷集，1963）和《微分代数引论》（1957）等。

埃克曼（Eckmann，Beno，1917.3.31—2008.11.25） 瑞士数学家。生于伯尔尼，卒于苏黎世。1939 年获苏黎世联邦理工学院硕士学位，后师从 H. 霍普夫，1941 年获博士学位。1942—1948 年任洛桑大学数学教授。1948—1984 年任苏黎世联邦理工学院数学教授，1964 年后任该院数学研究所所长，1984 年退休后获名誉教授称号。1962—1963 年任瑞士数学会主席。曾到美国和欧洲各国访问，任多所大学的客座教授。主要贡献在代数拓扑学（同伦与同调论）、代数学（群论等）和微分几何学等方面。1977 年在苏黎世联邦理工学院组织了一个同调代数及范畴论学术讨论会。在群论方面，引进了拓扑群$\{x_n\}$的元素的均匀分布序列。对现代拓扑学与代数学的发展很有影响。有不少术语是以他的名字命名的，如卡拉比-埃克曼流形、埃克曼-希尔顿对偶性、埃克曼-夏皮罗引理等。著有《同伦和上同调》（1965）等。1962 年在斯德哥尔摩国际数学家大会上作 1 小时大会报告。2008 年获爱因斯坦奖章。

列昂季耶夫（Леонтьев，Алексей Фёдорович，1917.4.9—1987.4.14） 俄国—苏联数学家。生于俄国下诺夫哥罗德省雅科夫采沃镇（Яковцево），卒于苏联巴什基尔共和国乌法。1939 年毕业于高尔基大学。后攻读研究生。1942—1954 年在母校任教，1948 年在盖尔丰德指导下获物理-数学博士学位，1949 年任教授。1954—1962 年任莫斯科电力工程学院数学系主任。1962—1971 年在苏联科学院斯捷克洛夫数学研究所工作，兼任莫斯科经济学院教授。1970 年当选苏联科学院通讯院士。1971 年后到苏联科学院巴什基尔分院和巴什基尔大学工作，在那里创建了一个关于复变函数理论研究的学派。主要贡献在函数论（复数域内函数的近似法和插值法）、狄利克雷级数理论及其推广、无穷阶微分方程等方面。著有《狄利克雷多项式级数及其推广》（1951）和《幂级数》（1976）等。培养了多位理科博士。

舍曼（Sherman，Seymour，1917.4.30—1977.6.5） 美国数学家。生于纽约市，卒于印第安纳州布卢明顿。1936 年毕业于康奈尔大学，1940 年获博士学位。1952—1953 年于南加利福尼亚大学任教，后历任宾夕法尼亚、韦恩州立大学和印第安纳大学等校教授。1964 年起任《数学和力学杂志》编辑。研究微分方程、数值分析、数字和模拟计算等。发表约 50 篇论文。

洛伦茨，E. N.（Lorenz，Edward Norton，1917.5.23—2008.4.16） 美国数学家、气象学家。生于康涅狄格州西哈特福德，卒于马萨诸塞州坎布里奇。1938 年毕业于达特茅斯学院。1940 年获哈佛大学数学硕士学位。1943 年获马萨诸塞理工学院气象学专业硕士学位，1948 年以论文《将流体动力学和热力学方程应用于大气模型的方法》获该校科学博士学位。1962 年任该校气象学教授。以发现混沌现象（1961）而著称，1963 年在《大气科学杂志》上发表《确定性非周期流》（Deterministic Nonperiodic Flow），提出“洛伦茨方程”和“洛伦茨吸引子”。1972 年提出“蝴蝶效应”，概括了混沌理论的精髓。是美国文理科学院院士（1961）和美国国家科学院院士（1975）。著有《混沌的本质》（1993）等。获克拉福德奖（1983）、京都奖（1991）和罗蒙诺索夫金质奖章（2004）。

塞尔伯格（Selberg，Atle，1917.6.14—2007.8.6） 挪威—美国数学家。生于挪威朗厄松，卒于美国新泽西州普林斯顿。1935 年进入奥斯陆大学学习，1939 年获硕士学位，1943 年获博士学位。1942—1947 年任奥斯陆大学研究员，后当选挪威科学与文学学院院士。1947 年移居美国，在锡拉丘兹大学短期任教后进入普林斯顿高等研究院，1951 年任普林斯顿大学教授，至 1987 年退休。20 世纪 90 年代加入美国国籍。是丹麦皇家科学院和美国文理科学院院士。主要贡献在数论和函数论方面。在 1942 年完成的博士论文《论黎曼 ζ 函数的零点》中，率先证明 ζ 函数的非平凡零点有正密率。推进了黎曼猜想的研究。1949 年和爱尔特希同时用初等方法证明了素数分布定理。为此引进塞尔伯格不等式，它的意义已超过了这个定理本身的证明。改进布伦筛法，建立塞尔伯格筛法，还改进了筛选函数的上界，推进了对一系列数论问题，特别是哥德巴赫猜想的研究。20 世纪 50 年代后转向研究自守函数论，得出塞尔伯格迹公式。1956 年写出《弱对称黎曼空间中的调和分析和不连续群及其对于狄利克雷级数的应用》一文，开拓了一个新的研究方向。60 年代起转向连续群的离散子群。和韦伊在 1960 年提出了“塞尔伯格猜想”——除去一个例外，格子群都是算术群。该猜想后被苏联数学家马尔古利斯解决。1950 年由于在数论研究上的贡献而获菲尔兹奖。1962 年在斯德哥尔摩国际数学家大会上作 1 小时大会报告。1986 年获沃尔夫数学奖。2002 年获挪威文理科学院贡纳鲁斯奖章。其论文集分 2 卷出版（1989、1991）。

瓦兰德（Валландер，Сергей Васильевич，1917.6.21—1975.6.19） 俄国—苏联力学家、数学家。生于俄国红谢洛，卒于列宁格勒（今俄罗斯圣彼得堡）。1939 年毕业于列宁格勒大学并留在该校研究生院工作。苏联卫国战争期间到空军服役。1946 年后返回列宁格勒大学，1950 年任教授，1952—1956 年任列宁格勒大学副校长，1965—1973 年任该校数学力学系主任。1959 年获物理-数学博士学位。1966 年当选苏联科学院通讯院士。是力学和控制过程领域的专家，在气体动力学、涡轮机理论、高超音速空气动力学和稀释气体空气动力学等方面都有重要著作。数学贡献主要在偏微分方程、积分方程和函数方程等方面。

德西本塔尔（De Siebenthal，Jean Emmanuel，1917.6.26—） 瑞士数学家。生于瑞士洛桑。1942 年毕业于洛桑大学，1951 年在施蒂费尔和霍普夫指导下获苏黎世联邦理工学院数学博士学位。1954 年任教授。著有《CMS 代数教程》（1950）、《画法几何教程》（1960）等。

平尼（Pinney，Edmund Joy，1917.8.19—

2000.12.19） 美国数学家。生于华盛顿州西雅图，卒于加利福尼亚州奥林达（Orinda）。1939年毕业于加利福尼亚理工学院，1942年获博士学位。1959年任教授，至1988年退休。数学研究涉及线性和非线性常微分方程、偏微分方程以及积分方程等方面。著作《常微分方程》(1958)处理了一类出现在控制理论、工程和经济学时滞问题中的方程。还对求解弗雷德霍姆积分方程中的变分法理论作出了重要贡献。著有关于电磁理论、流体动力学等方面的著作。

赫维茨（Hurwicz, Leonid, 1917.8.21—2008.6.24） 波兰—美国经济学家、数学家。生于俄国莫斯科，卒于美国明尼苏达州明尼阿波利斯。1938年毕业于华沙大学，获法学硕士学位。1939年移居美国，在哈佛大学和芝加哥大学学习。1941年任马萨诸塞理工学院研究助理。1942—1946年任考尔斯委员会研究员。1946年任艾奥瓦州立大学经济学副教授。1951年任明尼苏达大学经济学和数学教授，1961年任统计系主任，2008年任经济学名誉教授。其间还在美国和亚洲几所大学任客座教授。先后获6所大学的博士学位。1965年当选美国文理科学院院士。1974年当选美国国家科学院院士。1977年任美国经济学会杰出院士。1990年获美国国家科学奖章。主要贡献在数理经济学方面，20世纪50年代与阿罗(1972年获诺贝尔经济学奖)合作研究非线性规划。以其在博弈论和机制设计方面的工作而闻名，是最早认识到对策论(亦称博弈论)价值的经济学家之一，也是对策论应用的先驱。首创激励相容的概念，展示了如何通过激励相容机制设计来达到预期的结果。2007年因其在机制设计方面的开创性工作而与E. 马斯金（E. Maskin，1950—）和R.迈尔森（R. Myerson，1951—）同获诺贝尔经济学奖。代表作有《资源分配过程研究》(与阿罗合著，1978)和《社会目标与社会组织》(合著，1987)等。

莫伊谢耶夫，Н. Н.（Моисеев, Никита Николаевич, 1917.8.23—2000.2.29） 俄国—苏联—俄罗斯数学家、力学家。生于莫斯科，卒于同地。1941年毕业于莫斯科大学数学系。1942年参加苏联卫国战争，在部队任高级技术员和前线工程师。1948年起先后在莫斯科鲍曼高等技术学校（1948—1950）、罗斯托夫大学（1950—1955）任教。1955年在门绍夫等人指导下获物理-数学博士学位。1956年任教授。1956—1961年在莫斯科物理技术研究所工作。1961年到苏联科学院计算中心工作，1983年其领导开发的核战争后果的数学模型——核冬天获得成功。1966年当选苏联科学院通讯院士，1984年当选院士（1991年转为俄罗斯科学院院士）。主要贡献在普通力学和应用数学方面。特别把复变函数理论应用于气体动力学和流体动力学。在最优控制理论中的数值方法、分层系统理论、模拟建模、设计自动化、环境问题等跨学科研究方面也有重要成果。著有《非线性力学的渐近方法》(1969)和《最优系统理论中的数值方法》(1971)等。还编著出版了多部大学教科书和大量科普书籍。

加藤敏夫（Kato, Tosio, 1917.8.25—1999.10.2） 日本数学家。生于日本栃木县鹿沼市，卒于美国加利福尼亚州奥克兰。1941年毕业于东京帝国大学（今东京大学）物理系，1951年获东京大学博士学位，

1958年任该校物理学教授。1954年后多次访问美国。1962年赴美国伯克利加利福尼亚大学任教授。主要从事偏微分方程、数学物理和泛函分析。专著《线性算子的摄动理论》(1966)建立了泛函分析的重要分支,与理论物理有密切联系,包含了作者及其学派的许多研究成果。1970年在尼斯国际数学家大会上作1小时大会报告。1980年获维纳应用数学奖。

罗森菲尔德(Розенфельд, Борис Абрамович, 1917.8.30—2008.4.5) 俄国—苏联—俄罗斯数学家、数学史家。生于彼得格勒(今俄罗斯圣彼得堡),卒于美国宾夕法尼亚州斯泰特科利奇(State College)。1939年毕业于莫斯科大学。1943—1955年在莫斯科技术大学和阿塞拜疆大学任教,1950年任教授。1947年获物理-数学博士学位。1955年后在莫斯科多所高等学校工作。1964年任苏联科学院自然科学和技术史研究所首席研究员,至1990年退休。1990年移居美国。1990—1995年任宾夕法尼亚州立大学教授,讲授李群几何学和数学史。早年研究复数和超复数代数上的几何及其应用,后转向数学史的研究。发表了400多篇研究论文和多部专著。特别研究了中世纪中东和近东国家的数学和自然科学史,对那些从未发表过的科学手稿进行了深入的研究。如将卡西的《算术之钥》和《圆周论》从阿拉伯文译成俄文(1956)。2003年在伊斯坦布尔出版《伊斯兰世界的数学家、天文学家和其他学者及其著作(7世纪至19世纪)》。2007年完成阿波罗尼奥斯经典论文的翻译和评注。1971年当选国际科学史研究院院士。

岩泽健吉(Iwasawa, Kenkichi, 1917.9.11—1998.10.26) 日本数学家。生于群马县新宿村,卒于东京。1937年就读于东京帝国大学(今东京大学),1945年获理学博士学位。1950年赴美国工作。任普林斯顿数学教授直至1986年退休。主要贡献在近世代数、代数拓扑、数论、泛函分析和微分几何等方面。在É. 嘉当工作的基础上建立了基本的半单群的岩泽分解,已成为研究半单李群的基本工具。推进了用拓扑群的性质来刻画李群的希尔伯特第五问题的研究。引进了代数数域的几种函数,并用调和分析的方法研究其性质。在局部域中,研究了关于正规剩余符号的显式公式。还研究了全序格论。获日本学士院奖(1962)、美国数学会柯尔奖(1962)等。著有《代数函数论》(1952)等。

钟开莱(Chung, Kai-Lai, 1917.9.19—2009.6.2) 中国—美国数学家。生于上海,祖籍浙江杭州。卒于菲律宾罗哈斯。1936年入清华大学物理系,不久转入数学系,师从华罗庚和许宝騄。1940年毕业于西南联合大学数学系,1942年研究生毕业后留系任助教。1944年考取第六届庚子赔款公费留美奖学金,1945年底赴美国留学,在普林斯顿大学师从克拉默尔攻读概率论,1947年获该校博士学位。50年代任教于美国多所大学,并任法国、意大利等国大学的客座教授。60年代后任斯坦福大学数学系教授、系主任、退休后任名誉教授。主要贡献在概率论方面,在布朗运动(常用于预测股票市场的无规则运动)和马尔可夫链的一般数学理论中做出了深入和基础性的研究。和爱尔特希共同导出了可依赖事件发生概率的下限的不等式,称为钟-爱尔特希不等式。与普林斯顿大学概率论专家辛勒(E. Çinlar, 1941—)共同创办的讨论概率论难题的系列讲习班定期在美国的各大学举办。著有10余部概率论专著，如《初等概率论》(2010，第4版)。

严志达(1917.11.1—1999.4.30) 中国数学家。生于江苏南通，卒于天津。1936年考入清华大学物理系，后转入数学系，1941年毕业于西南联合大学。1941—1946年任云南大学助教。1946年考取公费留学，到法国斯特拉斯堡大学学习，1949年在埃雷斯曼指导下获法国国家科学博士学位。1949—1952年在法国国家科学研究中心任职。1952年回国到南开大学任教，直至退休。1993年当选中国科学院数学物理学部院士。主要贡献在李群、李代数、微分几何和齿轮啮合理论等方面。是中国最早从事微分与积分几何研究的学者之一，1939年与陈省身合作建立了积分几何运动的基本公式——陈—严公式，成为积分几何的经典理论之一。在法国留学期间，对李群的拓扑性质、曲面丛的几何及二次外微分型等价问题进行了深入研究，得到不少重要结果。如把李群表示理论用于研究李群与齐性空间的拓扑性质，由此算出了特殊单李群和一些齐性空间的贝蒂数。1952—1965年对对称空间、实半单李群和实半单李代数进行了深入系统的研究。1959年提出了实单纯李代数的分类及其角图表示，大大简化了以往的同类工作，解决了É.嘉当提出的关于非紧致对称空间的分类问题。类似的结果直到1965年才被外国数学家重新得到。1972年开始从事齿轮啮合理论的研究，用微分几何工具建立一套有效解决齿轮啮合所遇到的各种问题的方法，建立了该理论的数学基础，推动了锥齿轮的研究。1978年后继续从事李群和微分几何的研究，并在实半单李代数的实表示理论研究上获得成果。发表学术论文40余篇，出版《李群与微分几何》(1960)、《半单纯李代数表示论》(1963)和《李群及其李代数》(1985)等多部专著。

普罗特(Protter, Murray Harold, 1918.2.13—2008.5.1) 美国数学家、教育家。生于纽约布鲁克林，卒于加利福尼亚州伯克利。1946年获布朗大学博士学位。1958年任伯克利加利福尼亚大学数学教授。美国数学会和美国工业与应用数学学会成员。以其微积分畅销教科书而闻名。并有偏微分方程及流体动力学方面的贡献。著有《现代数学分析》(1964)、《极大值原理》(合著，1967)等。

布思比(Boothby, William Munger, 1918.4.1—2021.2.14) 美国数学家。生于密歇根州底特律，卒于田纳西州纳什维尔(Nashville)。1940年毕业于密歇根大学。第二次世界大战期间任美国空军飞行员。战后回密歇根大学攻读研究生，1949年获博士学位。1948年起在西北大学任教，其间于1950—1951年赴瑞士进行博士后研究。1959年到华盛顿大学任教，1962年任教授，1988年退休。兼任普林斯顿高等研究院(1961—1962)和瑞士日内瓦大学的研究员(1965—1966)。美国数学会、伦敦数学会和美国工业与应用数学学会等科学团体成员。主要研究微分几何学、拓扑学和几何控制论。1958年与王宪钟合作论文《论切触流形》，证明了紧正则切触流形允许有一个正则切触度量结构的充要条件是其底流形是霍奇流形。对李群的齐性空间也有深入研究。著有《微分流形与黎曼几何引论》(1975)。

王宪钟(Wang, HsienChung, 1918.4.18—1978.6.25) 中国—美国数学家。生于中国北京，卒于美国纽约市。1936年考

入清华大学物理系，后转入西南联合大学数学系，师从陈省身。1941年获学士学位，并考取清华大学研究生，1944年获硕士学位。1945年获英国文化委员会奖学金，赴英国留学，随曼彻斯特维多利亚大学拓扑学家纽曼（M. Newman，1897—1984）研究拓扑学，1948年获博士学位。随后回国，任中央研究院数学研究所副研究员。1949年赴美国，相继在路易斯安那州立大学、普林斯顿大学、亚拉巴马工学院、华盛顿大学和西北大学任副教授、教授，1960年任古根海姆研究员。1966—1978年任康奈尔大学数学系教授。1964年当选中国台北"中央研究院"院士。20世纪40年代初开始发表学术论文，首选课题是射影微分几何学，使用李群的理论和方法解决了道路几何学中的重要问题。后专攻代数拓扑学，给出的关于全空间、纤维空间、基空间同调的一个序列称为"王序列"。40年代末转向李群和拓扑群的研究，在具有齐次复结构的闭流形、李群的旁空间的几何性质、可解李群的离散子群等方面都取得了重要成果。发表论文39篇。1958年在爱丁堡国际数学家大会上作学术报告。

奥布霍夫（Обухов， Александр Михайлович， 1918.5.5—1989.12.3） 苏联数学家、地球物理学家。生于萨拉托夫，卒于莫斯科。早年在萨拉托夫大学学习，其间1939—1940年兼任莫斯科地球物理观测站高级观测员。随后又进入莫斯科大学数学系学习。1941年在莫斯科国立大学数学和力学研究所工作。1941—1955年在苏联科学院地球物理研究所工作。1948年获物理和数学科学博士学位。1956年创建了苏联科学院大气物理研究所并任首任所长（1956—1989），其间在莫斯科大学兼职。1970年当选苏联科学院院士。主要贡献在大气物理学方面。应用概率论和数理统计方法解决了大气物理学中的各种问题，发展了湍流的统计理论，提出了气象场正交分解的统计方法。著有《湍流底微结构》（合著；中译本，中国科学院出版社，1953）、《大气环流的统计描述》（合著，1964）和《湍流和大气动力学》（1988）等。曾获苏联政府多项奖励。

费曼（Feynman， Richard Phillips， 1918.5.11—1988.2.15） 美国理论物理学家、数学家。生于纽约市，卒于加利福尼亚州洛杉矶。高中毕业后进入马萨诸塞理工学院，主修数学、电力工程和物理学，1939年毕业。1942年获普林斯顿大学理论物理学博士学位。1943—1945年在洛斯阿拉莫斯实验室参与研制原子弹的工作。1945—1950年任康奈尔大学理论物理教授，1950年后任加利福尼亚理工学院教授。美国国家科学院院士。1954年获爱因斯坦奖。1962年获劳伦斯奖。由于对量子电动力学的发展所作的贡献获1965年诺贝尔物理学奖。1979年获美国国家科学奖章。在数学领域主要研究量子力学中的路线积分法。编著了一系列高等学校教科书，力图使用现代术语来叙述经典物理学。著有《费曼物理学讲义》（1963—1964；中译本，上海科学技术出版社，1982）和《量子力学与路线积分》（与希布斯[A. R. Hibbs]合著，1966）等。

吉赫曼（Гихман， Иосиф Ильич， 1918.5.26—1985.7.30[一说9.30]） 俄国—苏联数学家。生于基辅省乌曼（Умань），卒于乌克兰基辅。1939年毕业于基辅大学。1941—1945年参加苏联卫国战争。1947—1965年在基辅大学工作，1956年在H. H. 博戈柳博夫指导下获物理-数学博士学位,1959年任教授。1965年当选乌克兰科学院通讯院士。1965年后在顿涅茨克大学和乌克兰科学院顿涅茨克应用数学和力学研究所工作。主要贡献在概率论和数理统计方面。引进并研究了一般随机微分方程,得到了随机方程的均值原理。还研究了非线性随机振动。与斯科罗霍德(A. B. Скороход[1930—])合著有《随机过程论导引》(1965)和《随机微分方程》(1968)等。

安德森,T. W.(Anderson, Theodore Wilbur, 1918.6.5—2016.9.17) 美国数理统计学家。生于明尼苏达州明尼阿波利斯,卒于加利福尼亚州斯坦福。1939年毕业于西北大学,1942年、1945年先后获普林斯顿大学硕士和博士学位。1946—1967年任哥伦比亚大学教授,其间在普林斯顿大学和芝加哥大学兼职。1967—1988年任斯坦福大学数理统计与经济学教授。1949年成为美国统计协会会员。1974年当选美国文理科学院院士。1950—1952年任《数理统计年鉴》编辑。1962年任数理统计研究所所长。所著《多元统计分析导论》(1958;中译本,人民邮电出版社,2010)系统阐述了多元统计中的基本课题,如假设检验、方差分析、回归分析、因子分析、主成分分析等,并更大程度地运用了极大似然方法等。还著有《时间序列的统计分析》(1971)等。

采莱(Czele, Tibor, 1918.6.21—1955.4.5) 匈牙利数学家。生于德布勒森,卒于塞格德。早年在布达佩斯技术大学学习机械工程。1937年转向数学和物理。1941年完成论文《关于有向完全图的组合学研究》。后被迫从军。1946年以该论文获博士学位。1952年任德布勒森大学教授,同年获科苏特奖。主要贡献在组合数学和抽象代数,特别是阿贝尔群和环论方面。著有《代数导论》(1953)等。

怀特海,G. W.(Whitehead, George William, 1918.8.2—2004.4.12) 亦译怀特黑德。美国数学家。生于伊利诺伊州布卢明顿。1941年在斯廷罗德指导下获芝加哥大学博士学位。先后任教于普林斯顿、布朗等大学。1949年起任教于马萨诸塞理工学院,1957年任教授。美国国家科学院院士和美国文理科学院院士。以在代数拓扑方面的工作而闻名,发明了J-同态,是最早系统地计算球体同伦群的数学家之一。著有《同伦论》(1966)等。

约翰逊,K. C. G.(Johnson, Katherine Coleman Goble, 1918.8.26—2020.2.24) 非裔美国数学家。生于西弗吉尼亚州格林布赖尔县白硫磺泉镇,卒于弗吉尼亚州纽波特纽斯(Newport News)。1932年就读于西弗吉尼亚州立大学,1937年获数学和法语双学位。后在多所学校任教。1953年入职美国国家航空咨询委员会(NACA)(1958年改组为美国国家航空和航天局[NASA])从事航天数学研究,发表20余篇相关论文,为将第一位美国宇航员送入太空并安全返回(1961)的计算作出了巨大贡献。获美国宇航局月球轨道器奖和三个美国宇航局特别成就奖。1997年被美国国家技术协会评为年度数学家。获纽约州立大学的名誉法学博士学位和马里兰州国会学院和弗吉尼亚州旧道明大学的名誉科学博士学位。2015年获总统自由勋章。2019年获授国会金质奖章。2021年入选美国全国女性名人堂。

西格尔,I. E.(Segal, Irving Ezra, 1918.9.13—1998.8.30) 美国数学家。生于纽

约布朗克斯，卒于马萨诸塞州列克星敦。1937年在普林斯顿大学获乔治·B·卡文顿数学奖。1940年在希勒指导下获耶鲁大学博士学位。第二次世界大战期间曾参与马里兰州阿伯丁试验场弹道学研究。1948年执教于芝加哥大学，1957年任该校教授。1960年任马萨诸塞理工学院数学系教授，直至去世。美国文理科学院(1971)、美国国家科学院(1973)院士。1981年获洪堡研究奖。主要从事理论量子力学研究。著有《相对论物理学的数学问题》(1963)、《数学宇宙学与银河系外天文学》(1976)、《代数和构造量子场论导论》(合著，1992)等。

鲁宾逊，A.(Robinson, Abraham, 1918.10.6—1974.4.11)　德国—美国数学家。生于德国西里西亚省瓦尔登堡(今属波兰)，卒于美国康涅狄格州纽黑文。1933年随全家从德国移民到巴勒斯坦。1936—1939年在耶路撒冷希伯来大学学习。1939年获硕士学位后到巴黎大学深造。由于德军入侵于1940年逃往伦敦，加入自由法国空军，并在皇家飞机机构研究中心从事机翼形状的研究。战后在伦敦、多伦多和耶路撒冷工作。1949年获伦敦大学博士学位。1962年任美国洛杉矶加利福尼亚大学数学和哲学教授。1967年起任耶鲁大学终身教授。1972年当选美国文理科学院院士。1973年获布劳威尔奖章。1974年追授为美国国家科学院院士。曾多次在国际数学家大会上作学术报告。把数学工具应用于空气动力学和流体动力学，研究飞机机翼理论，取得有效的成果。在纯粹数学领域，开创了模型理论，以建立非标准分析而闻名。20世纪60年代运用现代数理逻辑的概念和方法，研究莱布尼茨和17世纪其他数学家的无穷小元素的概念，把“无穷小”和“无穷大”作为“数”引入实数结构，用模型论的方法建立了包括经典数学分析(亦称标准分析)在内的非标准分析。许多标准分析的证明通过非标准分析的方法达到实质性的明朗化。1966年出版专著《非标准分析》(Non-standard Analysis，中译本，科学出版社，1980)。发表130篇论文，出版9本著作。还著有《机翼理论》(1956)和《模型论与代数元数学引论》(1963)等。1979年出版了他的论文选集(3卷)。

戈特沙尔克(Gottschalk, Walter Helbig, 1918.11.3—2004.2.15)　美国数学家。生于弗吉尼亚州林奇堡，卒于罗得岛州普罗维登斯。在弗吉尼亚大学完成了本科和研究生的学习，1944年在赫德伦(G. A. Hedlund, 1904—1993)指导下获该校数学博士学位。1947—1948年在普林斯顿高等研究院工作。之后任教于宾夕法尼亚大学，1954—1958年任该校数学系主任。1963年后任卫斯理大学教授。美国数学会、美国工业与应用数学学会和美国科学促进会会员。与赫德伦合著《拓扑动力学》(1955)，成为该学科的创始人之一。

莫伊兹(Moise, Edwin Evariste, 1918.12.22—1998.12.18)　美国数学家、教育家。生于路易斯安那州新奥尔良，卒于纽约市。1940年毕业于杜兰大学。第二次世界大战期间在海军作战部长办公室任密码分析员和日语翻译。1947年获得克萨斯大学数学博士学位。曾在密歇根大学任教。1960年后在哈佛大学任教育和数学教授。曾任美国数学协会主席、美国数学会副主席、美国文理科学院院士，以及国际数学教育委员会执行委员会成员。主要研究拓扑学和数学教育改革。著有《从高观点看初等几何》(1963)、《初等数学的数系》(1966)、《分析与拓扑学入门教程》(1982)等。

关肇直(1919.2.13—1982.11.12) 中国数学家。生于天津,祖籍广东南海,卒于北京。1941年毕业于燕京大学数学系,后历任燕京大学、北京大学数学系助教、讲师。1947年赴法国留学,师从弗雷歇在巴黎大学庞加莱研究所工作。1949年回国参与组建中国科学院,1949—1952年任中国科学院编译出版局编审。1952年参与筹建中国科学院数学研究所,1952—1979年历任该所副研究员、研究员、副所长。1979年参与创建中国科学院系统科学研究所,并任所长。还兼任北京师范大学、北京大学、中国人民大学、中国科学技术大学等校教授,曾任北京市数学会理事长、中国数学会秘书长。1980年当选中国科学院数学物理学部学部委员。主要学术成就在泛函分析和控制理论方面,特别是在非线性泛函分析、中子迁移理论等领域获得重要成果。1956年首次从实质上提出了单调算子理论。同年利用泛函分析工具,在很广的条件下,证明了激光理论中一类非对称核的线性积分方程非零本征值的存在。1964年用希尔伯特空间与不定度规空间中自伴算子的谱理论严格处理了包括平板几何的中子迁移方程奇异本征函数的问题。1974年与王康宁共同提出了用线性算子紧扰动的理论处理弹性振动的镇定问题。在现代控制理论研究中,对分布参数系统的镇定、能控性、能观测性等方面作出突出贡献。在人造卫星测轨、导弹制导及潜艇控制等项目中也做了一系列重要工作。与人合作的关于飞行器弹性控制理论的研究获国家自然科学奖二等奖。著有《泛函分析讲义》(1958)、《拓扑空间概论》(1958)和《线性控制系统的能控性和能观测性》(合著,1975)等。

萨马尔斯基(Самарский, Александр Андреевич, 1919.2.19—2008.2.11) 俄国—苏联—俄罗斯数学家。生于叶卡捷琳诺斯拉夫省斯维斯图纳(今属乌克兰),卒于莫斯科。1937年进入莫斯科大学学习,受教于吉洪诺夫。其间参加苏联卫国战争。1943年返回学校继续学习,1945年毕业,后攻读研究生课程。1948年后在莫斯科大学和苏联科学院应用数学研究所工作。1957年由吉洪诺夫指导获莫斯科大学物理-数学博士学位。1959年任教授。1976年当选苏联科学院院士(1991年转为俄罗斯科学院院士)。主要贡献在偏微分方程和数值逼近方法等方面,许多研究是和吉洪诺夫合作完成的。研究了大量与数学物理有关的偏微分方程问题,如提出了解抛物型方程的分步法,研究柯西问题和拟线性系统,建立解的分离原则等。在数值近似法中,编制了具光滑系数和具不连续系数的微分方程的齐次差分图表。其工作应用于电子计算技术,解决了科学技术领域的各种实际问题。在数学建模理论方面也有重要贡献。发表了500多篇科学文章,出版30多种教科书和专著,著有《数学物理方程》(与吉洪诺夫合著,1951)、《差分方案理论》(1977)和《数值方法简介》(1982)等。

波戈列洛夫(Погорелов, Алексей Васильевич, 1919.3.3—2002.12.17) 俄国—苏联—俄罗斯数学家。生于库尔斯克省科罗查(今属俄罗斯别尔哥罗德省),卒于莫斯科。1937年进入哈尔科夫大学数学系学习,后在空军工程学院学习,1945年毕业并到茹科夫斯基中央空气流体动力学研究所工作。1947 年到哈尔科夫大学工作。1948 年在 A. Д. 亚历山德罗夫指导下获物理-数学博士学位。1950 年任教授。1959—1960 年在乌克兰科学院数学研究所工作，1960 年后转到该院低温物理技术研究所。1961 年当选乌克兰科学院院士。1976 年当选苏联科学院院士（1991 年转为俄罗斯科学院院士）。主要研究大范围几何问题。完全解决了一般凸曲面的单值确定性问题，证明了关于等距闭曲面的等式、全曲率为 2π 的无穷阶凸曲面的等式和在某些补充条件下曲率小于 2π 的无穷阶凸曲面的等式。还解决了任意黎曼空间中二维黎曼流形的浸入问题，其主要研究结果收录在专著《黎曼空间中某些“大范围”几何问题》（1957）中。1959 年又解决了一般凸曲面的无穷小变形问题。1960 年后转向研究力学问题，特别是非线性薄壳理论方面的问题。1973 年解决了在任何二维连续平面上的希尔伯特第四问题。编著了大量高等学校教科书，其中《微分几何讲义》有中译本（高等教育出版社，1959）。1959 年获罗巴切夫斯基奖。

阿伦斯，R. F.（Arens，Richard Friedrich，1919.4.24—2000.5.3） 美国数学家。生于德国伊瑟隆，卒于美国加利福尼亚州洛杉矶。1925 年移民到美国，1937 年就读于美国洛杉矶加利福尼亚大学，1940 年到哈佛大学深造。1945 年在 G. 伯克霍夫指导下以论文《变换空间的拓扑》获博士学位。1947 年后长期在洛杉矶加利福尼亚大学工作，1957 年任教授。曾多次到普林斯顿高等研究院做访问学者。1950 年在坎布里奇国际数学家大会上作学术报告。主要研究泛函分析，还涉及拓扑代数、巴拿赫代数、经典场理论和微分几何等方面。拓扑学中有多个术语以他的名字命名，如在其著作《拓扑学的反例》（1970）中有三个不同的拓扑空间称为阿伦斯空间。1965—1979 年任《太平洋数学杂志》编辑。

布莱克韦尔（Blackwell，David，1919.4.24—2010.7.8） 美国数学家、统计学家。生于伊利诺伊州森特勒利亚，卒于加利福尼亚州伯克利。高中毕业后进入伊利诺伊大学学习，分别于 1938 年、1939 年和 1941 年获数学学士、硕士和博士学位。后到普林斯顿高等研究院进行博士后研究。1944—1954 年在霍华德大学任教，1947 年任教授。1954 年在阿姆斯特丹国际数学家大会上作特邀演讲。同年在其博士生导师杜布的推荐下任伯克利加利福尼亚大学客座教授，1955 年任新成立的统计学系教授，1957 年任统计学系主任并成为该校第一位非洲裔终身教授，1988 年退休。1965 年当选美国国家科学院院士，1968 年当选美国文理科学院院士。1978 年任美国统计协会副主席。主要贡献在博弈论、概率论、信息理论和贝叶斯统计等方面，特别研究序贯分析、马尔科夫链、对策论与统计决策等。统计推断理论中有关于无偏估计量的拉奥-布莱克韦尔定理。出版了近 100 种关于动态编程、博弈论和数理统计的专著和教科书。著有《对策论与统计决策》（合著，1954）。1979 年获美国运筹与管理学会冯·诺伊曼理论奖。2014 年被追授美国国家科学奖章。

吴文俊（1919.5.12—2017.5.7） 中国数学家。祖籍浙江嘉兴，生于上海，卒于北京。1940 年毕业于上海交通大学，1949 年在法国斯特拉斯堡大学由埃雷斯曼指导获法国国家科学博士学位。两年后回国，任北京大学数学系教授、中国科学院数学研究所研究员。1957 年增选为中国科学院物理学数学化学部学部委员。1983 年任中国科学院系统科学研究所名誉所长。曾任中国数学会理事长(1984—1987)、名誉理事长,中国科学院数学物理学部副主任、主任等职。主要学术成就在拓扑学、数学机械化和中国数学史方面。早年从事拓扑学研究,为拓扑学做出了奠基性工作。其示性类和示嵌类研究称为“吴公式”“吴示性类”“吴示嵌类”。还在拓扑不变量、代数流形等问题上有创造性工作。1956 年因在拓扑学中的示性类与示嵌类方面的成就获中国国家自然科学奖一等奖。用在拓扑学方面取得的成果解决了电子器件中的布线问题。20 世纪 70 年代初开始研究中国古代数学史,撰述弘扬中国古代数学思想的文章。提出中国古算的机械化特点,揭示了以解方程和创造算法见长的中国古代数学对世界数学主流的影响。1986 年在伯克利国际数学家大会上作关于中国数学史的报告。70 年代后期致力于数学机械化的研究。提出了利用机器证明与发现几何定理的新方法,称为“吴方法”。1990 年获世界科学院数学奖,次年当选该院院士。1993 年获陈嘉庚科学奖。2000 年获首届中国国家最高科技奖。2006 年获邵逸夫数学科学奖。还曾获多种其他奖项。著有《几何定理机器证明的基本原理》(1984)、《数学机械化》(2003)、《吴文俊文集》(1986)和《力学在几何中的一些应用》(2002)等。主编《中国数学史大系》(10 卷)等。第 7683 号小行星(2010)以其名字命名。

沃尔什,J. E.(Walsh, John Edward, 1919.5.28—1972.8.24) 美国数学家。生于科罗拉多州大章克申,卒于都柏林。早年在圣母大学学习数学,1941 年获学士学位。1944 年获洛杉矶加利福尼亚大学硕士学位。1947 年获普林斯顿大学博士学位。先后在洛克希德飞机制造公司、兰德公司等任研究员。1958 年起在系统发展公司任职。曾执教于南加利福尼亚大学、斯坦福大学等校,1962 年任教授。美国运筹学会会员(1967—1968 年任主席)、美国统计协会等学会会员。研究应用非参数统计、数理统计、生物统计、运筹学等。在其《非参数统计手册》(3 卷,1962—1965)中给出了以他的名字命名的沃尔什异常值测试。编著有《数值分析引论》(1967)等。

贝特曼,P. T.(Bateman, Paul Trevier, 1919.6.6—2012.12.26) 美国数学家。生于宾夕法尼亚州费城,卒于伊利诺伊州厄巴纳。早年在宾夕法尼亚大学学习,1946 年在拉德马赫指导下获博士学位。后在耶鲁大学和普林斯顿高等研究院做博士后研究,1950 年到伊利诺伊大学厄巴纳-香槟分校数学系任职,1958 年起任教授、系主任(1965—1980),退休后任名誉教授。是美国数学会会员和伦敦数学会外籍会员,《数学评论》编辑委员会成员。主要研究数论及有关的分析和代数问题,提出与素数密度和梅森素数有关的一些猜想。把兰道的《初等数论》译成英文作为数论课程的教科书。指导了 20 名博士生。著有《解析数论入门导引》(合著,2004)等。

博克斯(Box, George Edward Pelham, 1919.10.18—2013.3.28) 英国—美国统计学家。生于英格兰肯特郡格雷夫森德,卒于美国威斯康星州麦迪逊。早年进入伦敦大学学院攻读化学。不久参军服役,任英国陆军工程师。战后返回学校改学数理统计学,1947 年获学士学位。1948—1956

年任帝国化学工业公司统计师。1952年获伦敦大学学院哲学博士学位。1956年赴美国，领导普林斯顿统计技术研究小组，1960年任威斯康星大学统计学教授。1961年获科学博士学位。1980年任维拉斯统计学研究教授，1992年退休。是英国皇家统计学会会员、美国统计协会主席和国际统计学会会员。主要研究统计程序强度、预测生产过程的时间和控制等，发明了推动生产过程中设计实验的反应曲面方法。1953年提出稳健统计，研究当总体假定稍有变动及记录数据有失误时，统计方法的适应性问题。著有《实验者统计学》(第2版，2005)、《时间序列分析：预测与控制》(合著，1970)和《统计分析中的贝叶斯推断》(合著，1973)等。1963年获美国化学工程师协会奖。1968年获休哈特奖章，1972年获威尔克斯纪念奖，1993年获盖伊金质奖章。

卢萨诺夫(Русанов, Виктор Владимирович, 1919.11.2—2011.9.30)　俄国—苏联—俄罗斯数学家。生于俄国维亚特卡，卒于莫斯科。1939年进入列宁格勒大学数学力学系学习。1941年参加卫国战争。1943年毕业于列宁格勒空军学院。后被派往军队服役。1948年进入茹科夫斯基空军工程学院附属学院任教。1954年后在苏联科学院应用数学研究所工作。1968年获物理和数学科学博士。1977年当选苏联科学院通讯院士(1991年转为俄罗斯科学院通讯院士)。还在莫斯科大学兼职任教，1970年后任教授。主要贡献在计算和应用数学和数学物理方面，特别研究空气流体动力学问题中的数值方法。建立了气体动力学一般三维非平稳方程的特征理论，并开发了研究气体空间流动的方法；通过超音速气体流动对钝体周围空间流动期间跨音速气体流动区的结构进行了数值建模；解决了任意维差分方程的边值问题，计算出拟椭圆型、双曲型、双曲型拟线性偏微分方程组的差分表。除出版空气动力学方面的专著外，还编著了《应用数学的历史和方法论》。

鲁宾逊，J. B.(Robinson, Julia Bowman, 1919.12.8—1985.7.30)　美国数学家。生于密苏里州的圣路易斯，卒于加利福尼亚州奥克兰。R. M. 鲁宾逊之妻。16岁时进入圣地亚哥州立大学学习，1939年转到伯克利加利福尼亚大学，1940年、1941年分别获该校学士和硕士学位。1948年在塔斯基指导下获博士学位。1948—1976年在伯克利加利福尼亚大学进行数学研究和教学工作，1976年任数学系教授。1976年当选美国国家科学院院士。1978年当选美国数学会副会长，1983—1984年任该学会第一位女会长。其主要数学成就是对解决希尔伯特第十问题作出了突破性的工作。1959年与戴维斯(M. Davis, 1928—2023)和普特南(H. Putnam, 1926—2016)证明了一个辅助定理，为1970年解决希尔伯特第十问题作出关键性贡献。还利用数论方法来解决数理逻辑的问题。深入研究了博弈论中的某些课题。曾捐资支持《哥德尔全集》的出版。1983年获麦克阿瑟奖。

廖山涛(1920.1.4—1997.6.6)　中国数学家。生于湖南衡山，卒于北京。1942年毕业于西南联合大学数学系。1950年赴美国芝加哥大学攻读研究生，1952年在陈省身指导下获博士学位。后在普林斯顿大学和高等研究院工作。1956年回国，任北京大学数学系教授。1986年获世界科学院首次颁发的数学奖,同时当选该院院士。1991年当选中国科学院数学物理学部学部委员。早年从事代数拓扑学的研究,引进特异上同调群间的一种乘法运算,研究周期变换空间与不动点集间的联系。60年代初转向常微分方程动力系统研究,相继提出与国际上流行的方法有所不同的"典范方程组"和"阻碍集"两大基本理论,由此形成独具特色的研究体系,取得了一系列国际一流成果。如首先注意并研究了李亚普诺夫指数的重要概念;证明了 C^1 封闭定理,以及某类常微系统簇收缩周期轨道的有限性;特别是借助其阻碍集的理论,在 C^1 稳定性猜测上取得了突破性进展。曾获国家自然科学奖一、二等奖。1995年获何梁何利基金奖。著有《微分动力系统的定性理论》等。

布恩(Boone, William Werner, 1920.1.16—1983.9.14) 美国数学家。生于俄亥俄州辛辛那提,卒于伊利诺伊州厄巴纳。毕业于辛辛那提大学,1952年在丘奇指导下获普林斯顿大学博士学位。曾执教于普林斯顿大学、拉特格斯大学等校。历任普林斯顿高等研究院研究员(1954—1956,1964—1966)、格丁根大学客座教授(1967)。1960年起任伊利诺伊大学教授。主要贡献在代数学和数理逻辑等方面,特别对有限表现群的字问题有重要研究。1958年用与苏联数学家 П. С. 诺维科夫不同的方法证明了字的判定问题一般不可解。后又连续发表论文,改进和简化其结果和方法。著有《字问题:群论中的判定问题》(合著,1973)。

休伊特(Hewitt, Edwin, 1920.1.20—1999.6.21) 美国数学家。生于华盛顿州斯诺霍米什埃弗里特,卒于该州西雅图。16岁获哈佛大学奖学金入学。1942年在 M. H. 斯通指导下获该校博士学位。后从军,工作或任教于普林斯顿高等研究院、布林莫尔学院和芝加哥大学,1954年起任华盛顿大学数学教授。1975—1977年任美国国家数学委员会主席。主要贡献在拓扑学、泛函分析和数论方面。在拓扑空间理论中,首先引进了实紧空间同胚的条件,还研究了幂等测度,改进了紧连通阿贝尔群的部分结果。著有《抽象调和分析》(合著,1963—1970)、《实分析与抽象分析。实变函数理论的现代研究》(1965)等。

巴切勒(Batchelor, George Keith, 1920.3.8—2000.3.30) 澳大利亚应用数学家、流体动力学家。生于澳大利亚墨尔本,卒于英国剑桥。1937年进入墨尔本大学学习数学和物理,1940年、1941年先后获学士和硕士学位。第二次世界大战期间,在澳大利亚航空研究实验室研究发动机的流体动力学问题。1947年任剑桥大学三一学院研究员,1948年获英国剑桥大学博士学位,1951年获亚当斯奖。1964年起任剑桥大学应用数学教授,并创建剑桥大学应用数学与理论物理系,任系主任。1959年当选美国文理科学院外籍荣誉院士。是波兰、法国和英国不同学术机构的相应成员。1956年创立了《流体力学杂志》并长期任编辑。主要研究流体运动,特别是湍流运动分析。强调数学研究的物理背景和健全的实验依据。获包括皇家奖章(1988)在内的多种奖励。还获法国、丹麦、瑞典等国多所大学的名誉博士学位。国际理论和应用力学联盟设立巴切勒奖,奖励流体动力学方面的杰出研究成果。

沃罗维奇(Ворович, Иосиф Израилевич-Гиршевич, 1920.6.21—2001.9.6) 俄国—

苏联—俄罗斯力学家、数学家。生于戈梅利州斯塔罗杜布，卒于俄罗斯顿河畔罗斯托夫。1937年进入莫斯科大学数学系学习。1941年参加卫国战争。1944年毕业于茹科夫斯基空军工程学院。1950年后在罗斯托夫大学工作，1959年由普加乔夫和伊什林斯基指导获物理-数学博士学位，1960年任教授，1971年任力学和应用数学研究所所长。1990年当选苏联科学院院士(1991年转为俄罗斯科学院院士)。主要研究连续介质的力学和弹性理论中的数学问题，在函数论、泛函分析和数值逼近等方面也作出一定贡献。广泛应用拓扑方法和非线性泛函分析的变分方法来研究片层和薄壳问题。还研究了薄壳理论中的不稳定性问题，其实质是求解希尔伯特空间中某类微分方程。证明了这些方程解的存在性，并给出了近似积分法。发表300多篇论文和14部专著。

西科尔斯基(Sikorski, Roman, 1920.7.11—1983.9.12) 波兰数学家。生于姆什乔努夫，卒于华沙。1949年在莫斯托夫斯基指导下获华沙大学自然科学和数学科学博士学位。1952年任华沙大学数学分析系特聘教授，1957年任华沙大学教授。兼任波兰科学院数学科学研究所所长(1956—1977)。1962年当选波兰科学院院士。主要贡献在布尔代数、数理逻辑和广义函数等方面，有若干以他名字命名的数学名词。获多种奖项。著有《布尔代数》(1960)、《元数学》(合著，1963)、《微积分：多变量函数》(1967)等。

马西(Massey, William Schumacher, 1920.8.23—2017.6.17) 美国数学家。生于伊利诺伊州格兰维尔，卒于康涅狄格州哈姆登。学于布雷德利大学(1937—1939)，芝加哥大学(1941—1942)。1949年在斯廷罗德指导下获普林斯顿大学博士学位。1950—1960年在布朗大学任教，1960年后任耶鲁大学数学教授。在代数拓扑，特别是同伦论、纤维空间论、上同调论、微分流形等方面作出贡献。著有《代数拓扑引论》(1967)、《同调和上同调理论》(1978)、《奇异同调理论》(1980)等。

贝尔曼(Bellman, Richard Ernest, 1920.8.26—1984.3.19) 美国数学家。生于纽约市，卒于加利福尼亚州洛杉矶。1941年毕业于纽约大学布鲁克林学院。第二次世界大战期间服兵役，复员后于1946年由莱夫谢茨指导获普林斯顿大学博士学位。先后在南加利福尼亚大学、兰德公司、斯坦福大学任职。1950年后，与人合作共同发现许多要求作出最佳决策的问题是由多个阶段的一连串部分决策构成的。由此创立动态规划。1957年发表专著《动态规划》，标志着这一数学新分支的诞生。在考虑动态优化问题时首次提出“维数灾难”这一术语，用来描述当(数学)空间维度增加时，分析和组织高维空间(通常有成百上千维)因体积指数增加而遇到各种问题的场景。还把动态规划的方法应用于变分法、自动控制、近似理论和运筹学等方面，并解决了大量工程技术问题。在微分方程和变分法方面也有重要工作，建立的函数方程和不等式有着广泛应用。1967年成为《数学生物科学》杂志的创始编辑，1985年该杂志以他的名义设立贝尔曼数学生物科学奖。1970年获首届维纳应用数学奖。1979年获电气和电子工程师学会荣誉勋章。1983年当选美国国家科学院院士。美国文理科学院院士，美国国家工程院院士。发表600多篇论文，出版近40种著作。还著有

《微分方程解的稳定性理论》(1953；中译本，科学出版社，1957)、《不等式引论》(与贝肯巴克合著)、《应用动态规划》(1962)和《差分微分方程》(合著，1963)等。1966年在莫斯科国际数学家大会上作1小时大会报告。

巴克(Buck, Robert Creighton, 1920.8.30—1998.2.1) 美国数学家。生于俄亥俄州辛辛那提，卒于威斯康星州。早年在辛辛那提大学学习，1942年获硕士学位。1947年获哈佛大学博士学位，后在布朗大学任助教。1950年到威斯康星大学麦迪逊分校执教，1954年任教授，1964—1966年任数学系主任，1990年退休。曾任美国数学会副会长和美国数学协会副主席以及美国大学本科教学大纲委员会主席(1959—1963)等职。还在国防分析研究所兼职6年。主要致力于近似理论、复分析、拓扑代数、运筹学和数学史等方面的研究。关于巴比伦数学史的研究论文获福特奖。1962年在斯德哥尔摩召开的国际数学家大会作学术报告。著有《高等微积分》(1956)和《解析函数的多项式展开》(1958)等。

冯康(1920.9.9—1993.8.17) 中国数学家。生于江苏南京，卒于北京。1944年毕业于重庆中央大学物理系。1944—1951年先后在(重庆)复旦大学、清华大学和中国科学院数学研究所工作。1951—1953年在苏联科学院斯捷克洛夫数学研究所工作。回国后历任中国科学院数学研究所、计算技术研究所副研究员、研究员。1978年任中国科学院计算中心主任。1980年当选中国科学院数学物理学部学部委员。曾兼任中国科学技术大学、北京大学等校教授。是中国计算数学的奠基人和开拓者。20世纪60年代早期独立于西方创立和发展了具有重要意义的解椭圆型微分方程的“有限元计算法”并奠定其数学基础，在国际上首创间断有限元函数空间的嵌入理论，并提出自然边界元法。20世纪80年代初提出基于辛几何计算哈密顿体系的方法，开创了哈密顿体系计算方法的新领域。在国际上产生广泛影响。在纯粹数学领域也有突出贡献。在代数拓扑学方面，解决了最小殆周期拓扑群的结构问题；在泛函分析方面，在中国最早介绍并倡导广义函数理论这一研究方向，并提出广义函数的对偶关系定理，建立了广义的梅林变换。曾任《计算数学》《数值计算与计算机应用》和《计算数学学报》三个中国一级计算数学杂志主编。先后获1978年全国科学大会重大成果奖、国家自然科学奖一等奖、二等奖、国家科技进步奖二等奖及中国科学院自然科学奖一等奖等。1983年在华沙国际数学家大会上作学术报告。中国科学院于1994年9月设立了冯康科学计算奖。

拉奥(Rao, Calyampudi Radhakrishna, 1920.9.10—2023.8.22) 印度—美国数学家、统计学家。生于印度马德拉斯省哈达格利(Hadagali)，卒于纽约州布法罗。1940年以数学一等学位毕业于安得拉大学。1941年开始发表统计研究的论文。1943年获统计学硕士学位，并任印度统计研究所技术员。到1946年已发表关于实验设计、线性模型、多变量分析和概率分布等方面的论文近30篇。1948年由费希尔指导获剑桥大学国王学院博士学位。后任印度统计研究所所长。1978年到美国，任匹兹堡大学教授，1982年成立多变量分析中心，并继续任兼职教授。1988年任宾夕法尼亚州立大学埃伯利统计学讲座教授，退休后为名誉教授。是宾夕法尼亚大学多变量统计中心的创始主任。对统计理论和多变量统计方法及其应用作出开创性贡献，对统计学、经济学、遗传学、人类学、地质学、国家规划、人口学、生物测量学和医学等多个领域产生深远影响。以他的名字命名的概念和术语有克拉默尔-拉奥不等式、费希尔-拉奥定理、拉奥-布莱克韦尔定理、拉奥距离、拉奥的正交阵列和拉奥的分数测试等。撰写(或合著)14 本著作，发表 400 多篇研究论文。培养了约 50 名博士生。是美国国家科学院和美国文理科学院院士，以及英国皇家学会、印度国家科学院、立陶宛科学院和世界科学院的相应成员。获 19 个国家的大学的 38 个名誉博士学位。获美国国家科学奖章(2001)、印度国家科学院拉马努金奖(2003)、印度科学奖(2010)、英国皇家统计学会盖伊金质奖章(2011)和国际统计学奖(2023)等。著有《生物识别研究的高级统计方法》(1952)、《线性统计推理及其应用》(1965)和《数学统计的特征问题》(1973，与林尼克合著)等。

卡尔德伦(Calderón，Alberto Pedor，1920.9.14—1998.4.16)　亦译卡尔德龙。阿根廷—美国数学家。生于阿根廷门多萨，卒于美国伊利诺伊州芝加哥。1947 年毕业于布宜诺斯艾利斯大学工程学院。1948 年赴美学习，1950 年在齐格蒙德指导下获芝加哥大学博士学位。1950—1953 年任俄亥俄州立大学访问学者。1954—1955 年在普林斯顿高等研究院工作。1955 年后相继在马萨诸塞理工学院、芝加哥大学等校任副教授、教授。1985 年退休。主要贡献在分析学及偏微分方程理论方面。20 世纪 50 年代初同齐格蒙德建立卡尔德伦-齐格蒙德理论，发展了基本的实变理论工具，建立奇异积分算子的演算法，使之成为研究偏微分方程的主要工具。1958 年证明了高维不具有重特征的偏微分方程柯西问题解的唯一性，进而得出一系列存在性、唯一性证明。继而把奇异积分算子的演算推广到换位子积分的估计以及非线性算子的领域。证明李普希茨曲线上的柯西积分在 L^2 上的有界性，由此可推出复分析的当儒瓦猜想。引入一系列硬分析工具，特别是插值不等式以及卡尔德伦恒等式，后者对数值分析及信号处理有重要意义；通过引入卡尔德伦算子把边值问题简化为伪微分方程求解问题。在动力系统及遍历理论方面也有贡献。是美国国家科学院院士，还是西班牙、拉丁美洲、法国和其他国家科学院的外籍院士。1978 年在赫尔辛基国际数学家大会上作 1 小时大会报告。1979 年获博谢纪念奖。1989 年获沃尔夫数学奖，同年获美国数学会斯蒂尔重大贡献奖。1991 年获美国国家科学奖章。还获多所大学的名誉博士学位。

徐利治(1920.9.23—2019.3.11)　中国数学家。原名徐泉涌。生于江苏沙州(今张家港市)，卒于北京。1940 年考入西南联合大学数学系，受业于华罗庚和许宝騄。1945 年毕业后留校任华罗庚的助教。1946 年随清华大学迁回北平(现北京)，任助教。1949 年获英国文化委员会奖学金，赴英国阿伯丁大学和剑桥大学进修。1951 年任清华大学数学系副教授，兼任北京师范大学数学系副教授。1952 年同王湘浩、江泽坚等人在东北人民大学(现吉林大学)组建了数学系，并任数学系副主任。1954 年起创办函数逼近论讨论班，在东北人民大学数学系创办计算数学专业。1956 年任教授。1980年起在吉林大学、大连工学院、华中工学院三校兼职。1981年创建大连工学院应用数学科学研究所,任第一任所长。同年创办《数学研究与评论》杂志,任第一任主编。学术成就涵盖渐近分析、函数逼近、组合分析、数学方法论和数学教育等领域。特别在高维渐近积分定理、高尔德-徐反演公式与大范围收敛迭代法等方面的研究受到国际数学界广泛认可。给出的广义兰道多项式算子称为“兰道-徐氏多项式”。是中国数学方法论研究领域的开拓者,1983年所著的《数学方法论选讲》宣告中国数学方法论流派的诞生。发表论著260余种。

雷埃布(Reeb, Georges Henri, 1920.11.12—1993.11.6) 法国数学家。生于下莱茵省萨韦尔讷,卒于斯特拉斯堡。1948年获斯特拉斯堡大学博士学位,其关于叶形理论的论文与中国数学家吴文俊关于球丛空间结构示性类的博士论文合成单行本于1952年出版。1952年任格勒诺布尔约瑟夫傅里叶大学教授。1954—1963年在普林斯顿高等研究院工作。1966年参与创办斯特拉斯堡大学高等数学研究所并在次年任所长。1967年任法国数学会主席。在微分拓扑、微分几何、拓扑动力学和非标准分析方面作出重要贡献。著有《微分方程》(合著,1964)、《非标准分析》(合著,1989)等。

科丁顿,E. A.(Coddington, Earl Alexander, 1920.12.16—1991.11.11) 美国数学家。生于华盛顿,卒于洛杉矶。1948年获约翰斯·霍普金斯大学博士学位,后留校任教。1959年任洛杉矶加利福尼亚大学数学教授。与N.莱文森(N. Levinson, 1912—1975)合著的《常微分方程理论》(1955)被广泛使用。

巴兰金(Barankin, Edward William, 1920.12.18—1985.5.1) 美国数学家、统计学家。生于宾夕法尼亚州费城,卒于加利福尼亚州奥克兰。1941年获普林斯顿大学硕士学位,1946年获伯克利加利福尼亚大学数学博士学位。1946—1947年在普林斯顿高等研究院任外尔的助理,1947—1955年任伯克利加利福尼亚大学数学教授,1955—1985年任该校统计学教授。曾任新墨西哥大学数学研究所客座教授。美国数学会会员。1956年获古根海姆基金奖。主要贡献在随机过程理论、运筹学、程序设计、线性空间理论和科学哲学等方面。早期关于充分统计量理论的工作在当时受到高度重视。1950年左右研制出一种新的、相当复杂的随机过程和行为理论。后转向过程理论。其工作在日本受到重视,并在几个日本统计期刊上发表论文。1975年任东京统计学研究所名誉会员。著有《关于渐近正态、有效估计量:Ⅰ》(1951)、《二次规划》和《应用于线性规划和统计假设检验理论的线性方程组》(1951)等。

扎德(Zadeh, Lotfi Aliasker, 1921.2.4—2017.9.6) 美国数学家。生于阿塞拜疆巴库,卒于美国加利福尼亚州伯克利。1942年毕业于伊朗德黑兰大学。1944年到美国。1946年获马萨诸塞理工学院硕士学位。1947年进入哥伦比亚大学,1949年获博士学位,后留校任教,1957年任教授。还在普林斯顿高等研究院、伯克利加利福尼亚大学、马萨诸塞理工学院等校从事研究和教学工作。美国国家工程院院士。曾任《数学分析应用》《计算机与系统科学》《统计物理学》和《国际模糊集合与系统》等杂志编辑。早期从事系统学研究。与他人合著《线性系统论》(1963)和《系统论》(1968)等。其主要贡献是开创了模糊数学的研究。20世纪60年代提出要用数学的手段和方法去处理那些为经典数学所拒绝研究的模糊现象。1965年在《信息与控制》杂志上发表论文《模糊集合》,标志着模糊数学的创立。后又发表了一系列论著,对模糊数学的一些基本理论及其应用做了深入探讨,使该学科得到迅速发展,并在决策论、系统信息、图像识别、人工智能,乃至语言、逻辑、医学、生物学等方面得到广泛应用。1973年获电气和电子工程师学会荣誉勋章。是多个国家学术团体的相应成员,获不同国家20余所大学的名誉博士学位。

奥霍齐姆斯基(Охоцимский, Дмитрий Евгеньевич, 1921.2.26—2005.12.8) 俄国—苏联—俄罗斯力学家、数学家。生于莫斯科,卒于同地。1939年进入莫斯科大学数学系学习,其间曾参加卫国战争一年,1945年毕业。1946年发表了关于导弹优化飞行的论文,用原始的方法发现变分问题的解析解,蕴含了稍晚出现的庞特里亚金的优化控制原理。1945—1966年在苏联科学院斯捷克洛夫数学研究所工作,1958年在克尔德什指导下获得物理-数学博士学位。1966年后到苏联科学院应用数学研究所工作。1961年起兼任莫斯科大学教授。1960年当选苏联科学院通讯院士(1991年转为俄罗斯科学院院士)。主要贡献是把最佳控制理论应用于力学,特别是太空飞行动力学和飞行装置的操纵系统方面。是苏联太空飞行动力学学派的创始人,领导了苏联太空飞行动力学各个方向的全面发展,特别对苏联太空弹道有关项目贡献突出。参加并领导了苏联月球第3号探测器轨迹的选择和计算。在天体力学,机器人技术和机电一体化等领域发表了200多篇论文,出版3部专著,著有《航天器进入大气层时的控制算法》(合著,1975)等。曾获苏联政府多项奖励和荣誉。

雷尼(Rényi, Alfréd, 1921.3.30—1970.2.1) 匈牙利数学家。生于布达佩斯,卒于同地。1940年就读于布达佩斯大学,学习数学和物理。1945年在F. 里斯指导下获塞格德大学博士学位。1946—1947年到苏联做博士后,主要研究哥德巴赫猜想,1947年证明了每个大于2的偶数都可以表示为一个质数与一个复合数的和,但复合数的质因子个数不超过某个定值。回国后任教于布达佩斯大学,1952年任教授。1950年创立了匈牙利科学院数学研究所,现以他的名字命名。1956年当选匈牙利科学院院士。在概率论、组合学、图论等领域有贡献,著有《概率演算》(1954)、《数学对话》(1967)等。

王浩(1921.5.20—1995.5.13) 中国—美国数理逻辑学家、数学家、哲学家。生于中国山东济南,祖籍山东德州,卒于美国纽约市。1939年入西南联合大学数学系学习,1943年获学士学位。后入清华大学研究生院哲学部学习,师从金岳霖,1945年获硕士学位。1946年入美国哈佛大学哲学系深造,师从奎因,1948年获博士学位。1949年任哈佛大学研究员。1950—1951年在瑞士苏黎世联邦理工学院数学研究所跟随伯奈斯做博士后研究。1953—1954年在巴勒斯公司任研究工程师。1954年以洛克菲勒基金会研究员的身份去英国。1956—1961年在牛津大学工作。1961年重返哈佛大学,任数理逻辑和应用数学的讲座教授。1967—1991 年任洛克菲勒大学逻辑学教授。美国文理科学院院士。英国科学院外籍院士。1972 年后多次回中国访问讲学。先后任北京大学和清华大学名誉教授。在形式公理化方法、计算机理论与自动定理证明、判定问题与铺砖理论等领域都做了开创性工作。例如,提出与图灵机等价但具有实际计算机功能的 B 机和 W 机理论,称为"王氏机";1958 年设计的计算机程序,可用来自动证明《数学原理》(罗素与 A. N. 怀特海合著)中的 350 条数学定理;证明了一阶逻辑中的 AEA 公式类不可判定性的难题。为此提出一种新的不对称砖的铺砖理论,称为"王氏砖",有广泛应用。20 世纪 70 年代后转向哲学研究,关于哥德尔的生平及工作的评论有很大影响。著有《数理逻辑概论》(科学出版社,1962)、《从数学到哲学》(1974)、《超越分析哲学》(1985;中译本,清华大学出版社,2010)和《对库尔特·哥德尔的反思》(1987)等。1983 年获国际人工智能联合会自动定理证明的首届里程碑奖。

亚年科(Яненко, Николай Николаевич, 1921.5.22—1984.1.16) 俄国—苏联数学家、力学家。生于俄国新尼古拉耶夫省古比雪夫,卒于苏联新西伯利亚。1942 年毕业于托木斯克大学。曾参加苏联卫国战争。1953 年起先后在苏联科学院数学研究所、西伯利亚分院计算中心和新西伯利亚大学工作。1954 年获物理-数学博士学位。1960 年任教授。1970 年当选苏联科学院院士。数学研究涉及多维欧几里得空间的几何、黎曼度量问题和计算数学等方面。著有《解决数学物理多维问题的分步法》(1967)和《拟线性方程组及其在气体动力学中的应用》(合著,1985)等。

德布勒(Debreu, Gérard, 1921.7.4—2004.12.31) 亦译德布鲁。法国—美国数理经济学家。生于法国北部加来,卒于巴黎第 12 区。早年在巴黎高等师范学校和巴黎理学院学习。1950 年移居美国,在芝加哥大学考尔斯委员会从事数理经济学研究。1956 年回法国获巴黎大学数学博士学位。后在芝加哥大学、耶鲁大学任教,1962 年起任伯克利加利福尼亚大学经济学教授,1971 年任美国经济学会主席,1975 年加入美国籍。主要贡献在经济学方面。20 世纪 50 年代初与阿罗各自独立地严格证明了一般经济均衡的存在性,开创了经济均衡理论研究的新时期。1959 年发表专著《价值理论》,被公认为现代数理经济学的奠基之作。该书首次把严格的数学公理化引入经济学,对经济学研究有深刻影响。获 1983 年诺贝尔经济学奖。在数学上也有不少建树。1974 年在温哥华国际数学家大会上作题为《经济均衡的数学理论的四个方向》的 1 小时大会报告,涉及测度论、组合论、代数拓扑、微分拓扑、大范围分析等多方面的数学问题。1976 年获法国荣誉军团军官勋章。

希尔绍夫(Ширшов, Анатолий Илларионович, 1921.8.8—1981.2.28) 俄国—苏联数学家。生于俄国新尼古拉耶夫省科利万,卒于苏联新西伯利亚。1939 年进入托木斯克大学学习。1942 年后参加卫国战争。战后曾在卢甘斯克中学任教。1949 年毕业于卢甘斯克师范学院。1950 年进入莫斯科大学攻读研究生,1953 年毕业。1953—1960 年在莫斯科大学工作。1958 年获物理-数学博士学位,同年任教授。1960 年后任苏联科学院西伯利亚分院数学研究所副所长。1964 年当选苏联科学院通讯院士。主要贡献在代数、数学逻辑、数论、投影几何等方面。在非结合代数、联想环理论、替代环和若尔当环理论、代数算法问题等方面均取得了研究成果。还编制了有关定型嵌入定理结果的一般图表。

斯帕尼尔(Spanier, Edwin Henry, 1921.8.8—1996.10.11)　美国数学家。生于华盛顿特区,卒于亚利桑那州斯科茨代尔。1941年毕业于明尼苏达大学,1947年在斯廷罗德指导下获密歇根大学博士学位。1948—1959年在芝加哥大学任教,1959年任伯克利加利福尼亚大学数学教授。1950年与陈省身联合发表《纤维丛的同调结构》,开始研究纤维空间的同调群。著有《代数拓扑》(1966)等。

阿罗(Arrow, Kenneth Joseph, 1921.8.23—2017.2.21)　美国数学家、经济学家。生于纽约市,卒于加利福尼亚州帕洛阿尔托。1940年毕业于纽约市立学院,1941年获哥伦比亚大学数学硕士学位,1942—1946年在美国陆军服役。1946—1949年在哥伦比亚大学攻读博士研究生,同时任芝加哥大学副教授和考尔斯委员会副研究员。1951年获哥伦比亚大学哲学博士学位。1949年后任斯坦福大学、哈佛大学教授。1979年回斯坦福大学任经济学教授,至1991年退休。是美国国家科学院和美国文理科学院院士。先后获芝加哥大学、纽约大学、维也纳大学等校的名誉博士学位。曾任美国经济计量学会、美国管理科学学会和美国经济学会主席。1985—1986年任国际经济学联合会主席。主要贡献是用数学工具研究经济问题,运用数学工具,在一般均衡理论、不确定性条件下如何进行最优决策、社会选择理论等方面作出了突出贡献。1957年获美国经济学会颁发的克拉克奖。1972年获诺贝尔经济学奖。2004年获美国国家科学奖章。所著《社会选择与个人价值》(Social Choice and Individual Values, 1951)首次运用数理逻辑的分析工具,对社会决策和社会民主程序设计之间的关系做了形式化的深入考察,所得出的“不可能性定理”(即不可能从个人偏好顺序推导出群体偏好顺序)在西方经济学界曾引起轰动。1983—1985年哈佛大学出版社出版了他的6卷本论文集:《社会选择和正义》《一般平衡》《确定性和不确定性下的个人选择》《信息经济学》《生产和资本》和《应用经济学》。

格利森(Gleason, Andrew Mattei, 1921.11.4—2008.10.17)　美国数学家。生于加利福尼亚州弗雷斯诺,卒于马萨诸塞州坎布里奇。毕业于扬克斯的罗斯福高中,获耶鲁大学奖学金入学。1942年毕业后加入美国海军任密码破译员。1946年执教于哈佛大学,1957年任该校教授。1969年任霍利斯数学和自然哲学教授。是美国国家科学院院士和美国哲学学会会员,曾任美国数学会会长。1996年获美国数学协会“数学杰出贡献奖”。主要贡献是1952年给出了希尔伯特第五问题的完整解决方案,并因此获美国科学促进会纽科姆克利夫兰奖。著有《抽象分析基础》(1966)、《普特南数学竞赛》(合著,1980)等。

纳赫宾(Nachbin, Leopoldo, 1922.1.7—1993.4.3)　巴西数学家。生于累西腓,卒于里约热内卢。1943年毕业于里约热内卢工程学院土木工程系,后进入里约热内卢大学数学系学习。1948年赴美国,成为访问芝加哥大学的第一批巴西学者之一。多次获古根海姆基金奖,在L.施瓦尔茨指导下获博士学位。受到布尔巴基学派数学思想的深刻影响。是巴西数学学派的创始人和巴西科学院院士。1963 年后在美国纽约州罗切斯特大学任数学教授。其主要贡献在调和分析、泛函分析、拓扑学、拓扑向量空间、逼近论和无限维同调论等方面。以他的名字命名的有纳赫宾空间、纳赫宾定理、纳赫宾逼近问题等。1962 年在斯德哥尔摩国际数学家大会上作特邀演讲。在数学教育、期刊编辑、国际交流、创建美洲大陆学术机构等方面也做了大量工作。获 1982 年的奥赛科学奖，成为第一位获该奖项的数学家。1983 年当选新成立的拉丁美洲科学院院士。著有《拓扑与顺序》(1965)和《代数学导论》(1971)等。

布斯连科（Бусленко, Николай Пантелеймонович，1922.2.15—1977.2.28） 苏联数学家。生于基辅地区勒日舍夫，卒于莫斯科。1941—1945 年参加卫国战争。1952 年在炮兵学院毕业后到苏联国防部第一计算中心工作，1956 年任数学建模系主任。1960 年获工程技术科学博士学位。1962 年任教授。1966 年当选苏联科学院通讯院士。1968—1977 年主持苏联无线电工业部自动化设备研究所实验室的工作。1972—1977 年在莫斯科石化和天然气工业研究所应用数学和计算机工程系工作。曾任苏联科学院学术委员会主席团成员。主要研究计算机科学。对计算机复合系统模拟的研究以及用机器方法对大系统所进行的定量和定性研究取得了重要成果。是苏联科学院《程序设计》杂志的创建者和编辑。著有《计算机排队系统的建模》(1961)和《计算机生产过程的建模》(1964)等。

拉克斯，A. C.（Lax，Anneli Cahn，1922.2.23—1999.9.24） 波兰—美国数学家。P. D. 拉克斯的妻子。生于波兰卡托维兹，卒于美国纽约市。1935 年曾在德国柏林学习。后随家人移居美国，1942 年获阿德菲大学学士学位。1955 年在库朗指导下以《论多特征偏微分方程的柯西问题》论文获博士学位。1961 年获纽约华盛顿广场学院终身教职，指导过多位博士研究生。1976—1999 年任美国数学协会《新数学图书馆系列》编辑。在改变数学教学法、探索数学与更多课程的联系、理解语言和数学之间的“相互作用”方面作出贡献，1977 年获波利亚奖。1995 年获美国数学协会杰出服务奖。

博利舍夫（Большев, Логин Николаевич，1922.3.6—1978.8.29） 苏联数学家。生于莫斯科，卒于同地。1940 年中学毕业即参加卫国战争，获多项嘉奖。1946 年进入莫斯科大学数学系，师从科尔莫戈罗夫学习数学。1951 年毕业后留校工作并继续深造。1960 年后兼任苏联科学院斯捷克洛夫数学研究所研究员。1966 年获物理-数学博士学位。1969 年任莫斯科大学教授。1974 年当选苏联科学院通讯院士。主要研究概率论、数理统计及其应用。构建的基本概率分布渐近展开理论广泛用于理论和应用研究。和 H. B. 斯米尔诺夫共同编制的《数理统计用表》1983 年被列为苏联物理-数学文献的标准版本而广泛使用。还参加了 1962 年出版的《俄英数学术语词典》和《英俄数学术语词典》的编辑工作。1987 年出版了他的概率论与数理统计论文选集。

珀利斯（Perlis，Alan Jay，1922.4.1—1990.2.7） 美国计算机科学家。生于宾夕法尼亚州匹兹堡，卒于康涅狄格州纽黑文。1943 年获卡内基理工学院（后更名为卡内基梅隆大学)化学学士学位。1950 年获马萨诸塞理工学院数学博士学位。1956 年到卡内基理工学院任教,历任数学系主任和计算机科学系第一任系主任。1971 年任耶鲁大学计算机科学系主任。1977 年当选美国国家科学院院士。主要贡献在计算机科学方面。研究程序设计,特别是高水平机器语言程序和编译程序等课题,是 ALGOL 语言的发明者之一。曾任美国电子计算机协会第一任主席,1958—1962 年任该学会杂志的主编。1966 年因在新一代编程技术和编译器构造方面的贡献获首届图灵奖。

斯坦贝格(Steinberg, Robert, 1922.5.25—2014.5.25) 美国数学家。生于罗马尼亚比萨拉比亚索罗卡(今摩尔多瓦),卒于美国加利福尼亚州洛杉矶。出生不久随父母定居加拿大。1948 年在布饶尔指导下获多伦多大学数学博士学位。同年移居美国。曾任耶鲁大学、洛杉矶加利福尼亚大学教授。1985 年当选美国国家科学院院士。主要研究群的谢瓦莱分类理论(把代数、分析和数论结合起来而形成的一种理论)。著有《谢瓦莱群教程》(1968)、《代数群中的共轭类》(1974)等。近世代数中若干概念和公式是以他的名字命名的。如在代数群的分类理论中,有斯坦贝格类型群;在代数 K 理论中,有斯坦贝格群和斯坦贝格符号;在李代数中,有斯坦贝格公式等。1966 年在莫斯科数学大会上作特邀演讲。

戈伦斯坦(Gorenstein, Daniel, 1923.1.1—1992.8.26) 美国数学家。生于马萨诸塞州波士顿,卒于该州马撒葡萄园岛。1943 年毕业于哈佛大学后向军事人员教授数学。1950 年在扎里斯基指导下获哈佛大学博士学位。先后执教于克拉克大学、康奈尔大学、东北大学和普林斯顿高等研究院。1969 年任罗格斯大学教授,1975—1981 年任该校数学系主任。主要贡献是在 1972 年给出有限单群的分类的总体计划,是建立和指导分类项目的主要人物。1978 年在赫尔辛基国际数学家大会上作 1 小时大会报告。1987 年当选美国国家科学院和美国文理科学院院士。1989 年获斯蒂尔奖。主要贡献在有限单群方面,其中一些定理和算法以他的名字命名。著有《有限群》(1968)、《有限单群:分类介绍》(1982)、《有限单群分类》(合著,1994)等。

弗拉基米罗夫(Владимиров, Василий Сергеевич, 1923.1.9—2012.11.3) 苏联—俄罗斯数学家。生于彼得格勒省佳戈列沃,卒于莫斯科地区奥金佐夫斯基区。1941—1945 年参加卫国战争。1948 年毕业于列宁格勒大学后一直在苏联科学院数学研究所工作。1960 年获物理-数学博士学位,1965 年任教授。1970 年当选苏联科学院院士(1991 年转为俄罗斯科学院院士)。研究工作涉及数学物理和函数论等领域。建立了位移方程的数值积分法和单速度位移方程的新变分原理。和 H. H. 博戈柳博夫共同得出把多复变函数应用于量子力学的方法,以及联系多复变函数论和广义函数论两个领域的有关定理。研究了多复变函数、解析函数对在管状域中的共轭问题,阐明了在楔锥上接管状形域中的具有非负虚部的正则函数类的各种性态。1970 年用自己的研究结果构造了多元线性被动系统。著有《多复变函数论方法》(1964)、《数学物理方程》(1967)和《数学物理中的广义函数》(1976)等。

周毓麟(1923.2.12—2021.3.2) 中国数学家。生于上海,原籍浙江镇海,卒于北京。1945年毕业于上海大同大学数学系,获理学硕士。1946年起在中央研究院数学研究所工作,在陈省身指导下从事流形和拓扑学研究。1949年后在清华大学、北京大学任教,1954年赴苏联留学,1957年获莫斯科大学物理-数学副博士学位。回国后在北京大学任教。1960年调到核工业部第九研究所工作。1991年当选中国科学院数学物理学部学部委员。早年从事流形和拓扑学研究,发表多篇关于同伦论与流形拓扑不变量的论文。20世纪50年代中期转向偏微分方程研究。其二阶拟线性抛物型方程第二边值问题整体解的存在性研究工作和关于渗流方程的工作,具有开创性成果。在研究偏微分方程理论的同时,进行有限差分方法理论的研究,使得两种理论融为一体,建立了新的体系。1960年后主要研究核武器的数学模拟和物理过程的数学模拟,为中国第一颗原子弹的研制成功和中国氢弹原理的突破及战略武器的设计作出重要贡献。曾任中国计算数学学会理事长、名誉理事长。1997年获华罗庚数学奖,2006年获苏步青应用数学奖特别奖。作为主要参加者之一的研制集体获国家自然科学奖一等奖和国家科技进步奖特等奖。发表120余篇学术论文。

希尔顿(Hilton, Peter John, 1923.4.7—2010.11.6) 英国—美国数学家。生于英国伦敦,卒于美国纽约宾汉普顿(Binghampton)。1940年获奖学金就学于牛津大学女王学院。第二次世界大战期间参与密码破译工作。1948年获牛津大学硕士学位,1950年在J. H. C. 怀特海指导下获该校博士学位。1952年又获剑桥大学博士学位。先后在英国、瑞士等国工作。1962年移居美国,任多所大学教授。主要贡献在代数拓扑、同调代数和范畴论等方面。著有《同伦论导引》(1953)、《同调论,代数拓扑导论》(1960,合著)等。

卡拉比(Calabi, Eugenio, 1923.5.11—2023.9.25) 意大利—美国数学家。生于意大利米兰,卒于美国宾夕法尼亚州布林莫尔。1939年定居美国。毕业于马萨诸塞理工学院。1950年在博赫纳指导下获普林斯顿大学数学博士学位。1960—1964年任明尼苏达大学教授。1964年在宾夕法尼亚大学数学系任教,1967年任该校数学教授。主要研究微分几何和偏微分方程及其应用。1991年因在微分几何方面的工作获斯蒂尔奖。以他的名字命名的有卡拉比猜想和卡拉比-丘流形等。著有《霍普夫最大值原理的扩展及其在黎曼几何中的应用》(1958)、《欧几里得球体表面的最小浸没》(1967)等。

波莱尔, A.(Borel, Armand, 1923.5.21—2003.8.11) 亦译博雷尔。瑞士—法国数学家。生于瑞士拉绍德封,卒于美国新泽西州普林斯顿。1947年毕业于瑞士苏黎世联邦理工学院,1952年由勒雷指导获巴黎大学博士学位。曾任教于苏黎世联邦理工学院、日内瓦大学、芝加哥大学,并曾在巴黎的国家科学研究中心工作。1952年后在普林斯顿高等研究院工作,1957年任研究院终身教授。早年受到H. 霍普夫和斯蒂弗尔,以及H. 嘉当的影响开始从事数学研究,成为现代代数群理论的创始人之一。主要贡献在代数拓扑学、代数几何学、代数群和李群、微分几何学等方面。1976年当选美国文理科学院院士,1987年当选美国国家科学院院士。是芬兰科学与人文学院、法国科学院院士，美国哲学学会会员。曾获布劳威尔奖章。1991 年获斯蒂尔奖。1992 年获巴尔赞奖。1962 年在斯德哥尔摩国际数学家大会上作 1 小时大会报告。1983 年，德国施普林格出版社出版了他的著作全集，收集了他在 1948—1982 年几乎所有的科学论文。

沙法列维奇（Шафаревич, Игорь Ростиславович, 1923.6.3—2017.2.19） 苏联—俄罗斯数学家。生于乌克兰日托米尔，卒于莫斯科。17 岁作为校外生毕业于莫斯科大学。19 岁获物理-数学副博士学位。1943 年起在苏联科学院斯捷克洛夫数学研究所工作。1953 年获物理-数学博士学位，同年任教授。1958 年当选苏联科学院通讯院士，1991 年当选俄罗斯科学院院士。主要研究代数学、代数几何学和代数数论。1954 年证明了在任何代数数域上都存在无穷多个按照预先给定的伽罗瓦群分解的代数扩张（即伽罗瓦理论的逆问题）。发现了对偶性问题的一般规律。1962 年提出了“沙法列维奇猜想”：对给定亏数 g 和给定数域 K 上的有限素数集合 S，最多只存在 K 上的亏数为 g 的曲线的有限个同构类，它们在 S 之外具有好的约化。该猜想在 1983 年由德国数学家法尔廷斯证明。对广义互反律、类域论中的泰特问题以及 K_3 曲面的模空间等课题的研究也富有成效。是美国国家科学院和英国皇家学会的外籍成员。曾获巴黎大学名誉博士学位。著有《数论》（合著，1964）和《代数几何》（1968）等。1988 年，施普林格出版社出版了他的数学论文集。1962 年在斯德哥尔摩国际数学家大会上作 1 小时大会报告。

切尔诺夫（Chernoff, Herman, 1923.7.1—） 美国数学家、统计学家。生于纽约市。曾就读于纽约城市学院。第二次世界大战期间服务过美国海军。战后进入布朗大学从事应用数学的学习和研究，1948 年在瓦尔德指导下获该校博士学位。曾执教于芝加哥、伊利诺伊等大学，1956 年起任斯坦福大学统计学教授。是美国统计学会会员（曾任主席）、美国文理科学院院士（1974）、美国国家科学院院士（1980）。研究大样本理论、实验的最优设计等。著有《初等决策论》（合著，1959）、《顺序分析与最优设计》（1972）等。

莫斯托（Mostow, George Daniel, 1923.7.4—2017.4.4） 美国数学家。生于马萨诸塞州波士顿，卒于康涅狄格州哈姆登。1940 年进入哈佛大学学习，1946 年获硕士学位，1948 年在 G. 伯克霍夫指导下获博士学位。1952—1961 年执教于约翰斯·霍普金斯大学。1961—1999 年任耶鲁大学数学系教授，退休后任名誉教授。还兼任普林斯顿高等研究院研究员。因在李代数理论领域的研究成果而闻名，发现和研究过的格刚性现象命名为莫斯托刚性。建立了连续群与离散群之间，或拓扑和几何之间的深刻联系。其刚性方法和技巧在数学的许多相关领域产生影响并开创了新的研究方向，如几何群论、低维拓扑、连接遍历理论和李群等。其研究成果成为刚性研究的重要理论基础，在瑟斯顿等人的研究工作中发挥关键作用。在离散子群方面的研究也有很大影响。特别是关于非算术格的二维和三维复双曲空间的工作，导致许多相关方向的研究和发展。曾任《美国数学杂志》《数学纪事》和《美国数学会汇刊》等杂志编辑。1974 年当选美国国家科学院院士。1987—1988 年任美国数学会主席。1993年获斯蒂尔奖。2013年获沃尔夫数学奖。

格雷南德(Grenander, Ulf, 1923.7.23—2016.5.12) 瑞典统计学家、数学家。生于瑞典韦斯特维克,卒于美国罗得岛州普罗维登斯。1950年获斯德哥尔摩大学博士学位。1957—1958年及1966年后任布朗大学教授。1966年当选瑞典皇家科学院院士。1996年当选美国国家科学院院士。著有《平稳时间序列的统计分析》(1957;中译本,上海科学技术出版社)、《关于代数结构的概率》(1963)、《一般模式理论》(1994)等。

赖瑟(Ryser, Herbert John, 1923.7.28—1985.7.12) 美国数学家。生于密尔沃基,卒于加利福尼亚州帕萨迪纳。1945年毕业于威斯康星大学,1948年获该校博士学位。曾任教于普林斯顿高等研究院、俄亥俄州立大学和锡拉丘兹大学,1962年任锡拉丘兹大学教授。1967年起任加利福尼亚理工学院教授。研究领域包括近世代数、矩阵理论、有限几何、组合数学。著有《组合数学》(1963)、《组合矩阵理论》(合著,1991)等。

凯勒, J. B.(Keller, Joseph Bishop, 1923.7.31—2016.9.7) 美国数学家。生于新泽西州帕特森,卒于加利福尼亚州斯坦福。1943年毕业于纽约大学,1946年获硕士学位,1948年由库朗指导获博士学位。后在纽约大学库朗数学科学研究所任助理教授,1952年任副教授,1956年任教授,1967—1973年任数学系主任。1979年起任斯坦福大学数学及机械工程讲座教授,1993年后任名誉教授。主要研究应用数学,特别是各种波动现象的数学理论,例如流体力学、固体力学、量子力学、统计力学中各种波(包括声波、光波及电磁波)的传播、发射及散射理论。引入凯勒-马斯洛夫指标、凯勒-卢比诺夫公式和波在随机介质中的传播理论等。在数学方法上,发展了几何衍射方法、奇异微扰方法、渐近展开理论以及分岔理论。由此导致大量应用,包括雷达信号检测、天线设计、船体设计乃至生命科学理论,如建立血管破裂、菌群生长以及癌产生的数学模型等。是美国国家科学院院士、美国文理科学院院士、英国皇家学会外籍会员。曾主持美国数学会的吉布斯讲座、美国工业与应用数学学会的冯·诺伊曼讲座等。1988年获美国国家科学奖章,1996年获内莫斯数学奖,1997年获沃尔夫数学奖。

莱维克(Le Veque, William Judson, 1923.8.9—2007.12.1) 美国数学家。生于科罗拉多州博尔德,卒于华盛顿班布里奇岛。1944年毕业于科罗拉多大学,1947年获康奈尔大学博士学位。1960年任密歇根大学数学教授。美国、英国数学会及美国数学协会会员。曾任美国数学会执行董事。研究丢番图近似和概率数论。著有《数论中的论题》(1956)、《初等数论》(1962)、《数论基础》(1977)等。

阿波斯托尔(Apostol, Tom Mike, 1923.8.20—2016.5.8) 美国数学家。生于犹他州赫尔珀,卒于加利福尼亚州帕萨迪纳。1940年进入犹他大学学习,1944年获学士学位,1946年获华盛顿大学数学硕士学位,1948年由D. H. 莱默指导获伯克利加利福尼亚大学数学博士学位。后相继任教于伯克利加利福尼亚大学、马萨诸塞理工学院和加利福尼亚理工学院,1962年起任加利福尼亚理工学院教授。主要研究初等数论和解析数论。其著作《数学分析》

(1957)和《分析与线性代数》(1967)等是广为使用的大学教科书。还积极探索高中数学教育,创制高中数学视频教学,用于帮助教师讲授数学原理。在加利福尼亚理工学院设计并推广了一种解决各种微积分问题的视频教学法。2001 年当选希腊雅典科学院院士。1998 年获美国数学协会埃文斯奖,后又多次获该学会的福特奖。是美国数学会、美国科学促进会会员。

格卢什科夫(Глушков, Виктор Михайлович, 1923.8.24—1982.1.30) 苏联数学家。生于顿河罗斯托夫,卒于莫斯科。1948 年毕业于罗斯托夫大学,1948—1956 年在乌拉尔林学院工作。1956 年后在乌克兰科学院工作,1962 年任该院副院长,同年兼任该院控制论研究所所长。1955 年获物理-数学博士学位,1957 年任教授。1964 年当选苏联科学院院士。1970 年当选利奥波第那科学院外籍院士,还是保加利亚和波兰等国科学院的外籍院士。主要贡献在自动机理论、群论和拓扑代数方面。研究了具有极值条件的拓扑代数系统,探明了不可换局部紧群的局部结构。和学生共同研究了自动机器和半群之间的关系,在自动机的代数理论方面作出了贡献。探索了自动机的自动组织系统和自动教学系统的研究方法。研究了数字自动机理论和小型电子计算机的结构,得到重要结果,为计算机技术在生产和经济领域的应用开辟了道路。著有《数字自动机的构成》(1962)、《控制论导引》(1964)等。和库罗什等人的几篇论文被译成中文《四十年来的苏联数学:一般代数学、域和多项式论、线性代数、李群论》(1964,科学出版社)。获苏联和保加利亚等国多项奖励和荣誉。1996 年获电气和电子工程师学会计算机工程先驱勋章。

托姆(Thom, René, 1923.9.2—2002.10.25) 法国数学家。生于蒙贝利亚尔,卒于伊维特河畔比尔(Bures-sur-Yvette)。1946 年毕业于巴黎高等师范学校。在斯特拉斯堡大学由 H. 嘉当指导完成博士论文,1951 年获巴黎大学博士学位。1951—1952 年在普林斯顿大学研究生院进修。1954—1963 年在斯特拉斯堡科学院任教。1963—1990 年任法国高等科学研究所终身教授。早年受布尔巴基学派的影响,后形成了自己对数学的独到见解。主要贡献在微分拓扑学和突变理论。20 世纪 50 年代初期对高维流形的分类理论进行深入研究,创立了配边理论。由于在这方面的开创性工作而获 1958 年的菲尔兹奖,同时在爱丁堡国际数学家大会上作 1 小时大会报告。还研究流形上的示性类、组合的庞特里亚金类、纤维空间中的谱序列、三角剖分问题等。提出“托姆复形”,建立了微分流形的大范围理论中的基本定理等。后发展一套全新的理论——奇点理论。研究了从 R^n 到 R^n 映射的奇点分类问题。在奇点理论的基础上创立了突变理论。1972 年出版《结构稳定性与形态发生》一书;1979 年出版了《生物学中的突变理论》,书中首次提出描述突变现象的数学模型,标志着突变理论的正式诞生。1970 年获首届布劳威尔奖章。1990 年成为伦敦数学会名誉会员。

博特(Bott, Raoul, 1923.9.24—2005.12.20) 匈牙利—美国数学家。生于匈牙利布达佩斯,卒于美国加利福尼亚州圣迭戈。1938 年移居加拿大,第二次世界大战期间曾加入加拿大军队。1945 年和 1946 年在麦吉尔大学获电子工程专业的学士和硕士学位。后转学数学。1947 年赴美,1959 年入美国籍。1949 年获卡内基梅隆大学博士学位。后相继在普林斯顿高等研究院和密歇根大学从事研究和教学。1959—1999年任哈佛大学教授。是微分几何学领域的领袖人物之一，在拓扑学和微分几何学上作出了开创性贡献。在研究李群和齐性空间的拓扑过程中，得出了博特周期性定理，从而促进 K 理论的发展。在此基础上引入了莫尔斯-博特函数、博特-陈形式，对阿蒂亚-辛格指标定理做了奠基性工作。1994—1995年出版了他的论文集(4卷)，著有《$K(x)$教程》(1969)和《代数拓扑中的微分形式》(合著，1982)等。1958年和1970年，两次在国际数学家大会上作学术报告。1964年获美国数学会的维布伦几何奖，1987年获美国国家科学奖章，1990年获斯蒂尔奖。2000年获沃尔夫数学奖。2005年当选伦敦数学会外籍会员。

斯坦顿(Stanton, Ralph Gordon, 1923.10.21—2010.4.21)　加拿大数学家。生于安大略省兰贝斯。1944年获西安大略大学数学和物理学学士学位。1948年在布饶尔指导下获多伦多大学博士学位。1946—1957年在该校任教，1957年到滑铁卢大学任教，帮助建立了滑铁卢大学数学学院。1960年成为该校第一位研究生院院长。1970年调至曼尼托巴大学计算机系，先后任系主任、教授、特聘教授。著有《科技数值法》(1961)、《代数与向量几何》(1965)等。

哈里什-钱德拉(Harish-Chandra, 1923.10.23—1983.10.16)　印度—美国数学家、物理学家。生于印度北方邦坎普尔，卒于美国新泽西州普林斯顿。1939年进入阿拉哈巴德大学学习。1943年获硕士学位后到加罗尔印度科学研究所师从物理学家霍米·巴巴(Homi J. Bhabha, 1909—1966)继续深造。1945年到剑桥大学成为P. A. M. 狄拉克的研究生，1947年获博士学位。1947—1963年先后访问美国普林斯顿大学、哈佛大学和哥伦比亚大学并从事研究工作。其间深受数学家外尔、E. 阿廷和谢瓦莱影响，研究兴趣从物理学转向数学。1963年开始在普林斯顿高等研究院工作，1968年任冯·诺伊曼教授。主要贡献在代数学，特别是群表示论及其调和分析方面。将无限维群表示理论从数学和物理学的一个普通交叉课题转化为当代数学的核心问题。1973年当选英国皇家学会外籍会员。是印度国家科学院(1975)和美国国家科学院(1981)院士。1954年获柯尔代数奖。1974年获拉马努金奖。两次(1954，1966)在国际数学家大会上作1小时大会报告。著有《半单李群上的自守形式》(1968)和《还原 p-进群的调和分析》(1970)等。1984年出版了他的4卷论文集。

基尔米斯特(Kilmister, Clive William, 1924.1.3—2010.5.2)　英国数学家、数学史家。生于埃塞克斯郡埃平，卒于东萨塞克斯郡刘易斯。1944年毕业于剑桥大学英王学院，同时在皇家炮兵部队服役。1944—1947年在普莱西公司开发雷达。后继续深造。1948年获伦敦玛丽女王学院硕士学位，1950年以《四元数在波张量演算中的应用》论文获该校博士学位。1966年任教授。1971年成为英国数学史学会创始成员，1974—1976年任该学会第二任主席。1979—1980年任英国数学协会主席。1981—1983年任英国科学哲学学会主席。主要研究应用数学、数学史、数学哲学和数学教学。著有《爱丁顿的统计理论》(1962)、《拉格朗日动力学》(1967)、《语言、逻辑和数学》(1967)等。

基弗(Kiefer, Jack Carl, 1924.1.25—1981.8.10) 美国数理统计学家。生于俄亥俄州辛辛那提,卒于加利福尼亚州伯克利。早年在马萨诸塞理工学院学习工程与经济,1952年以统计学方面的论文获哥伦比亚大学博士学位。1951年后执教于康奈尔大学,1973年当选该校第一任怀特教授。1979年任伯克利加利福尼亚大学教授。1969—1970年任美国数理统计研究会会长。1972年、1975年先后当选美国文理科学院和美国国家科学院院士。在数理统计方面卓有成就,是最优化设计方面的开创者。在他的100多种论著中,近一半属于最优化设计方面。终生倡导统计决策理论,并用它解决了一系列实际问题。早年对"斐波那契寻优法"(即"优选法")中的"0.618法"的论文《最大值的序贯极小极大搜索》(1953)提出了许多解决实际问题的方法,在中国曾由华罗庚推广,产生很大影响。提出的最优化准则、随机化设计等在数理统计中很有影响。还撰写了关于决策理论、库存理论、随机近似、排队论、非参数推理、序列分析和条件推理等各种课题的论文。1980年曾来中国讲学,执行"美国伯克利加利福尼亚大学-中国北京大学交流计划"。

克林根贝格(Klingenberg, Wilhelm, 1924.1.28—2010.10.14) 德国数学家。生于梅克伦堡的罗斯托克,卒于波恩的罗特根(Röttgen)。1950年获基尔大学博士学位。先后执教于汉堡大学和格丁根大学,曾在普林斯顿高等研究院工作。1966年任波恩大学教授。以其几何著作,特别是以他的名字命名的有关球的理论而闻名。著有《大范围黎曼几何学》(与格罗莫尔[D. G-romoll]、迈尔[W. Meyer]合著,1968)、《黎曼几何》(1982)等。

赖纳(Reiner, Irving, 1924.2.8—1986.10.28) 美国数学家。生于纽约布鲁克林,卒于伊利诺伊州厄巴纳。1944年毕业于布鲁克林学院,1947年在B. W. 琼斯指导下获康奈尔大学博士学位。曾任普林斯顿高等研究院研究员(1947—1948,1954—1956)。先后任伊利诺伊、巴黎等大学教授。主要贡献在近世代数的各分支。著有《有限群和结合代数的表示论》(与柯蒂斯[C. W. Curtis]合著,1962)、《表示理论的方法,应用于有限群和阶》等。曾与华罗庚合作发表过三篇论文(1949—1952)。

梁宗巨(1924.2.27—1995.11.20) 中国数学史家。生于广西百色,原籍广东新会,卒于大连。1942年考入复旦大学化学系,课余自学高等数学和天文学。1946年毕业后曾任教于广西西江学院、广州培正中学、辽东师专等校。1953年调任大连师范专科学校(今辽宁师范大学)。历任副教授、教授。曾任全国数学史学会副理事长、中国科学技术史学会副理事长。曾任第七、八届全国政协委员。长期从事数学和数学史的教学和研究。1993年获曾宪梓教育基金会高等师范院校教师奖一等奖。主要贡献在数学史研究方面,先后发表论文数十篇,著述(包括主编)近10部,包括《世界数学史简编》、《数学历史典故》、《世界数学通史》(上册)、《数学家传略辞典》、《中学数学实用辞典》和《自然科学发展大事记(数学卷)》等。其中,《世界数学史简编》填补了国内世界数学史研究方面的空白,在学术界引起较大反响。

安德烈奥蒂(Andreotti, Aldo, 1924.3.14—1980.2.21) 意大利数学家。生于佛罗伦萨,卒于比萨。1942年入比萨高等师范学院学习数学，其间曾到瑞士躲避战乱，1947年毕业。后在罗马和巴黎继续深造。1951年任都灵大学几何教授，后到德国任格丁根大学高斯讲座教授。两次到美国普林斯顿高等研究院做访问学者(1951，1957)。1959年起任比萨大学教授。在法、美、意等国都举办过数学研讨会，并是这些国家数学会的会员。主要研究代数几何、多复变函数和偏微分算子理论等，其中一些定理和概念以他的名字命名。发表了100余种论著，著有《亚纯函数的解析和代数相关性》(1971)、《复分析九讲》(1974)和《偏微分算子的复形》(1975)等。

罗森利希特(Rosenlicht, Maxwell Alexander, 1924.4.15—1999.1.22) 美国数学家。生于布鲁克林，卒于夏威夷。1947年毕业于哥伦比亚大学，1950年在扎里斯基指导下获哈佛大学博士学位。1958年起任伯克利加利福尼亚大学教授。其间兼任意大利罗马大学、荷兰莱顿大学和美国哈佛大学的客座教授。1960年获美国数学会柯尔奖。在代数学、代数几何学、微分代数学，特别是代数群理论方面有贡献。著有《分析导论》(1968)等。

辛格(Singer, Isadore Manua, 1924.5.4—2021.2.11) 美国数学家。生于密歇根州底特律，卒于马萨诸塞州博克斯伯勒(Boxborough)。1944年毕业于密歇根大学，从军三年后进入芝加哥大学深造，1950年以论文《无界算子的李代数》获该校博士学位。1956年起在马萨诸塞理工学院任教，1959年起任教授。曾任加利福尼亚大学、哥伦比亚大学、伯克利加利福尼亚大学教授。美国国家科学院和美国文理科学院院士，1970—1972年任美国数学会副主席。1982—1988年任美国国家科学院科学与公共政策委员会主席、白宫科学委员会成员。1980年代初期在伯克利加利福尼亚大学与陈省身等人共同创立了美国数学科学研究所。在微分几何、泛函分析及代数几何等方面均有贡献，留下若干以他名字命名的定理和猜想。特别是和阿蒂亚把黎曼—罗赫定理推广到多维紧复流形的情形。1974年在温哥华国际数学家大会上作1小时大会报告。1983年获美国国家科学奖章。1992年获美国数学会杰出公共服务奖。2004年与阿蒂亚一起获阿贝尔奖。著有《量子场论、超对称和枚举几何》(合著，2006)等。

邓肯(Dynkin, Eugene Borisovich, 1924.5.11—2014.11.14) 苏联—美国数学家。生于苏联列宁格勒(今俄罗斯圣彼得堡)，卒于美国纽约州伊萨卡。11岁时全家被流放到哈萨克斯坦。1940年获准入莫斯科大学，1948年在科尔莫戈罗夫指导下获博士学位。同年任科尔莫戈罗夫的助教，1954年任教授。1954—1968年任莫斯科大学校长。1968—1976年任苏联科学院研究员。1977年移居美国并加入美国籍，任康奈尔大学教授。1985年当选美国国家科学院院士。主要贡献在代数学和概率论等方面。1950年前主要研究李代数，以独立发现邓肯图(一种与单李代数相联系的某种用以分类的图形)而著称。20世纪50年代后转向概率论，是50年代后苏联研究马尔可夫过程的代表人物之一，培养了多布鲁申、西奈等数学家。独立地证明了强马尔可夫性、击中时间的可测性等。应用半群理论刻画马尔可夫过程，由此得出表示泛函期望值的邓肯公式。1962年在斯德哥尔摩国际数学家大会上作1小时大会报告。20世纪90年代初对“超过程”

理论作出重大贡献,把它与非线性偏微分方程解的性质联系起来研究,获得许多重要结果。1993年获斯蒂尔奖。著有《马尔可夫过程理论》(1961)、《数学问题:选集》(1969)和《马尔可夫过程及相关分析问题》(1982)等。

里歇特(Richert, Hans-Egon, 1924.6.2—1993.11.25) 德国数学家。生于汉堡,卒于布劳施泰因。1950年获汉堡大学博士学位。先后任教于格丁根大学、锡拉丘兹大学和马堡大学,1972年任乌尔姆大学教授。德国数学协会和美国数学会会员。主要致力于解析数论的研究,著有《筛法》(合著,1974)一书,其中首次提到"陈(景润)氏定理"。

富克斯, L.(Fuchs, László, 1924.6.24—) 匈牙利—美国数学家。生于布达佩斯。1947年获布达佩斯大学博士学位。1954年获匈牙利科学院数学博士学位。1953年获科苏特奖。次年成为数学教授。后赴美在迈阿密大学和杜兰大学任职,1977—1979年任杜兰大学数学系主任。1990年当选匈牙利科学院外籍院士,研究抽象代数和交换群理论。著有《阿贝尔群》(1958)、《偏序代数系统》(1963)、《估值域模块》(合著,1985)等。

塔卡奇(Takács, Lajos Ferenc, 1924.8.21—2015.12.4) 匈牙利—美国数学家。生于匈牙利毛格洛德(Maglod),卒于美国俄亥俄州林德赫斯特。布达佩斯工科大学博士(1948),匈牙利科学院数学博士(1957)。1950—1958年任职于匈牙利科学院数学研究所。1959年去美国,1965年入美国籍,1966年成为数学教授。是英国皇家统计学会、美国数学会会员。研究概率及随机过程的理论与应用,著有《排队论导引》(1962)及《随机过程论中的组合方法》(1967)等。

斯普林杰(Springer, George, 1924.9.3—2019.2.18) 美国数学家、计算机科学家。生于克利夫兰,卒于马萨诸塞州牛顿市。1946年获布朗大学硕士学位,1949年获哈佛大学博士学位。曾任教于马萨诸塞理工学院、西北大学、堪萨斯大学。1964年起任印第安纳大学数学教授,1987年起任计算机科学教授。曾到德国维尔茨堡大学及明斯特大学做访问教授。研究复变函数论。在单叶函数、拉普拉斯方程、拟保型映射等方面发表过文章。著有《黎曼曲面入门》(1957)、《方案与编程艺术》(合著,1989)等。

克拉索夫斯基, H. H.(Красовский, Николай Николаевич, 1924.9.7—2012.4.4) 苏联—俄罗斯力学家、数学家。生于苏联斯维尔德洛夫斯克,卒于俄罗斯叶卡捷琳堡。1949年毕业于乌拉尔综合技术学院,并留校工作。1957年获物理-数学博士学位。1959—1970年在乌拉尔大学工作,1965—1970年任应用数学系主任。1968年当选苏联科学院院士(1991年转为俄罗斯科学院院士)。1970—1977年任苏联科学院乌拉尔分院数学和力学研究所所长。主要研究力学和控制过程中的数学方法。制定并证明了非线性系统运动稳定性的新标准,建立了一些稳定性和稳定性基本定理的李亚普诺夫函数的存在性。是优化控制理论的创始人之一。使用函数分析方法,发展了一种最优控制理论,该理论允许为存在最优解制定有效条件。开发了具有一定干扰的观测任务的最小最大方法,在随机方案的最佳控制方面取得了一些基本结果,并开发了控制系统的最佳稳定理论。提出了一种原始的位置差分游戏概念，即一种极端瞄准的方法。在微分方程、泛函分析、变分法和数值近似方法等方面也有一定贡献。著有《运动稳定性理论的某些问题》(1959)、《运动控制理论》(1968)和《位置差分游戏》(合著，1974)等。

王柔怀(1924.10.30—2001.11.5)　中国数学家。生于四川自贡，卒于吉林长春。1941年考入武汉大学数学系。1945年毕业后相继在华西大学、自贡工业专科学校和东北工学院任教。1954年调入东北人民大学(今吉林大学)，历任副教授、教授、数学研究所副所长。1988年任美国洛杉矶加利福尼亚大学数学系兼职教授。主要从事微分方程的教学和研究，是吉林大学数学系常微分方程和偏微分方程两个方向的奠基人。20世纪50年代前期主要从事常微分方程定性理论的研究。1958年后转到偏微分方程方面。60年代初期建立了一般抛物边值问题的绍德尔型理论及椭圆和抛物边值问题的 L_p 估计；在拟微分算子与傅里叶积分算子、抛物型蒙日-安培方程等方面均有出色的工作。在偏微分方程主流发展方向上带领学生取得一系列成果。80年代后在完全非线性方程理论这一方向上开展了一系列深入研究。发表了多篇研究论文，编写了一批教材，与伍卓群合著的《常微分方程讲义》于1987年获国家教委优秀教材一等奖。还领导和组织了多项国内外重大的偏微分方程学术活动。1987年获国家自然科学奖三等奖。

芒代尔布罗，B. B.(Mandelbrot，Benot B.，1924.11.20—2010.10.14)　法国—美国数学家。生于波兰华沙，卒于美国马萨诸塞州坎布里奇。数学家S. 芒代尔布罗的侄子。1945年进入巴黎综合工科学校学习，受教于朱利亚和P. P. 莱维。1947年到美国加利福尼亚理工学院留学。1949—1958年在法国国家科学研究中心工作。1952年获巴黎大学数学科学博士学位，后到普林斯顿高等研究院做博士后研究。1958年移居美国，进入美国国际商用机器公司(IBM)沃森研究中心。在该公司长期任研究员，退休后成为荣誉研究员。1962年任哈佛大学兼职教授。1999年获耶鲁大学终身教职。研究范围包括数学物理、信息理论、经济学、流体力学和金融数学等学科。主要成就是创立了分形几何。1951年开始分析一些稀有、奇特且具有非自然、非本能特性的现象的共同性质，如自相似性(线性、非线性，抑或统计学意义上的)、尺度不变性以及(通常的)非整数豪斯多夫维数等，将它们聚为同类并抽象为可用的基本工具，从而大大拓宽了科学理论对“不光滑”的真实世界的应用。提出“分形”一词用于描述这类现象的结构，并在著作《分形对象：形、机遇与维数》(Les Objets fractals：Forme，hasard et dimension，1975)中阐述了自己的观点。从分形学角度给出奥伯斯佯谬(夜黑佯谬)的一种新的解释。1979年开始研究分形集之一——在复平面上一定变换下具有不变性的朱利亚集合。利用公式 $f_c(z)=z^2+c$ 反复迭代，在计算机上作出了朱利亚集合的图形。在研究朱利亚集合的拓扑结构是怎样依赖于复参数 μ 的同时，提出了后来以他的名字命名的芒代尔布罗集合。1982年在《大自然的分形几何学》一书中发展并更新了自己的理论，使分形几何学得以进入主流数学的研究范畴。还强调分形思想可用于构造实际可行的模型，来模拟真实世界中的很多“粗糙的”现象。

曾获多种荣誉和奖励，如法国荣誉军团骑士、军官勋章，以及沃尔夫物理学奖和富兰克林奖章等。

亚布隆斯基（Яблонский, Сергей Всеволодович, 1924.12.6—1998.5.26） 苏联—俄罗斯数学家。生于莫斯科，卒于同地。1942—1945年参加卫国战争。1950年毕业于莫斯科大学，后进入研究生院继续深造。1953年后在苏联科学院应用数学研究所工作。1962年获物理-数学博士学位。1963年任莫斯科大学教授。1968年当选苏联科学院通讯院士。主要贡献在数理逻辑（逻辑代数和描述集合论）、控制系统理论和电子计算机技术方面。解决了K-值逻辑的完备性问题，为多值逻辑理论的进一步发展奠定了基础。著有《离散数学导论》(1979)和《数学控制论基础》等。

奥采尔（Aczél, János Dezső, 1924.12.26—2020.1.1） 匈牙利—加拿大数学家。生于匈牙利布达佩斯，卒于加拿大安大略省滑铁卢。1943—1947年在布达佩斯大学学习数学和物理，师从费耶和F.里斯，1947年获布达佩斯大学数学博士学位。后相继在塞格德大学、重工业技术大学和科苏特大学任职。1965年赴加拿大，任滑铁卢大学数学教授，1993年后任名誉教授。1990年后获五所大学的名誉博士（其中两所来自匈牙利）学位。1971年当选加拿大皇家学会会员。1990年当选匈牙利科学院院士。2008年成为汉堡数学会名誉会员。是数学杂志《数学方程》的创始人和名誉主编。主要从事函数方程的研究，开创了函数方程的现代理论，给出了几何、概率论和信息论中的一些一般性定理及应用。对有序连续群、半群、拟群等也有研究。著有《函数方程及其应用讲义》(1961)、《几何对象理论的函数方程》（与戈拉布合著，1960）等。

斯内尔（Snell, James Laurie, 1925.1.15—2011.3.19） 美国数学家。生于伊利诺伊州惠顿，卒于新罕布什尔州汉诺威。1947年毕业于伊利诺伊大学，1951年在杜布指导下获该校博士学位。1954年起任教于新罕布什尔大学，1962年任教授。1965—1966年任巴黎大学交换教授。1992年创办专栏《偶发新闻》，以"审查与现实世界中的概率和统计有关的新闻和期刊文章"，特别是用于媒体报道中的统计失误。1996年成为美国统计学会会员。著有《有限数学导论》（合著，1957），描述了概率论、线性代数在社会学、遗传学、心理学、人类学和经济学中的应用；另有《有限马尔可夫链》（合著，1960）、《概率故事》（合著，2011）等。

尼伦伯格（Nirenberg, Louis, 1925.2.28—2020.1.26） 加拿大—美国数学家。生于加拿大安大略省哈密尔顿，卒于美国纽约市。1945年毕业于加拿大麦吉尔大学。后赴美国，在纽约大学学习，1947年获硕士学位，1949年由斯托克指导获博士学位。后一直在纽约大学工作，1957年任教授，1999年退休。多次来到中国。是北京大学、南开大学及浙江大学的名誉教授。以分析学中一系列工作著称。例如解决了长期没有解决的韦尔问题、正曲率曲面等度量嵌入等问题。与人合作得出一般线性椭圆型方程组的先验估计以及有界平均振动函数方面的结果。独立于科恩引进伪微分算子，得出一般线性偏微分方程的可解性条件。在非线性偏微分方程理论方面也有出色的工作，例如在蒙日-安培型方程解的光滑性、纳维-斯托克斯方程的奇异集合、非线性椭圆方程的解的对称性等方面。解决了许多大范围微分几何问题,例如建立了关于近复结构的纽兰德-尼伦伯格定理。1959年获博谢纪念奖,1982年获瑞典皇家科学院首次颁发的克雷福德奖,1994年获斯蒂尔奖,1995年获美国国家科学奖章等,2010年获陈省身奖,2015年获阿贝尔奖。1962年在斯德哥尔摩国际数学家大会上作1小时大会报告。

泰特,J. T.(Tate, John Torrence, 1925.3.13—2019.10.16) 亦译塔特。美国数学家。生于明尼苏达州明尼阿波利斯,卒于马萨诸塞州列克星敦。1946年获哈佛大学数学学士学位。1950年由E. 阿廷指导获普林斯顿大学博士学位。1950—1954年任普林斯顿大学研究助理、讲师,1953—1954年在哥伦比亚大学做访问学者。1954—1990年在哈佛大学任职,1959年任教授。1990年起任得克萨斯大学奥斯汀校区数学系教授。2009年退休后任哈佛大学名誉教授。是布尔巴基学派的成员之一,在代数数论、算术几何和代数几何方面都作出了贡献。将调和分析的方法应用于研究数论中重要的L函数。与E. 阿廷重新构建了类域论。把代数几何方法引入算术,成为算术代数几何的先驱。研究了代数K理论与伽罗瓦上同调的关系,同时引入了“刚性解析空间”。在椭圆曲线及模函数这一与费马大定理相关领域有经典论著,特别对其中重要的有关猜想进行了深入研究。是美国国家科学院院士(1969)、法国科学院外籍院士(1992)、伦敦数学会名誉会员(1999)。1970年在尼斯国际数学家大会上作1小时大会报告。1956年获柯尔奖,1995年获斯蒂尔奖,2003年获沃尔夫数学奖,2010年获阿贝尔奖。2016年马祖尔(B. Mazur,1937—)和塞尔编辑出版了他的2册论文集(第1册[1951—1975];第2册[1976—2006])。

博尔强斯基(Болтянский, Владимир Григорьевич, 1925.4.26—2019.4.16) 苏联—俄罗斯数学家。生于莫斯科,卒于墨西哥瓜纳华托。1948年毕业于莫斯科大学,后留校攻读研究生。1951年到苏联科学院斯捷克洛夫数学研究所工作,1955年在庞特里亚金指导下获物理-数学博士学位。1951年后在莫斯科大学兼职,1959年任教授。1956年后在苏联教育科学院工作。1968年当选俄联邦(1993年改为俄罗斯)教育科学院通讯院士。在拓扑学和拓扑方法上得到了一些重要结果,研究了组合几何问题和希尔伯特第三问题相关的课题。在控制论中,深入探讨了最优控制问题,并论证了动态规划方法在最优控制理论中的应用(1966)。对常微分方程理论和数学教育科学也有一定贡献。发表学术论著220多种。著有《优化控制的数学方法》(1969)、《离散系统的优化管理》(1973)和《希尔伯特第三问题》(1977)等。一些著作已被译为中文,如《什么是微分法?》(商务印书馆,1957)和《图形的大小相等和组成相等》(商务印书馆,1959)等。

马尔丘克(Марчук, Гурий Иванович, 1925.6.8—2013.5.24) 苏联—俄罗斯数学家。生于俄联邦格拉切夫斯基区彼得罗-赫索内茨,卒于莫斯科。1942年进入列宁格勒大学学习,1943—1945年到军队服役,1949年毕业。1949—1953年攻读研究生。1953—1962年在奥布宁斯克物理动力学研究所工作。1957年获博士学位。1962年转到苏联科学院西伯利亚分院工作,1969—1957年任该院副主席,1975—

1980年任主席。1968年当选苏联科学院院士(1991年转为俄罗斯科学院院士)。1980—2003年任莫斯科物理技术研究所数学建模系主任。2004—2013年任莫斯科大学计算技术和建模系主任。主要贡献在原子动力学,大气和海洋物理学和天气预报中的流体动力学方法等方面。在数学方面,主要研究计算数学和应用数学。建立了一种与计算核反应堆临界参数有关方程的数值解法。深入研究了短期天气预报方法中的数学理论。得到了解自动化控制系统有关问题的新方法。1970年在尼斯国际数学家大会上作1小时大会报告。发表350多篇论文,涉及核反应堆的计算方法、大气和海洋物理学、环境、免疫学和医学问题的数学建模等。是保加利亚、捷克斯洛伐克和波兰等国科学院的外籍院士。

普拉哈尔(Prachar, Karl, 1925.10.29—1994.11.27) 奥地利数学家。生于维也纳。毕业于维也纳大学,1947年获该校博士学位,后任该校教授。主要贡献在解析数论方面,研究了素数的分布问题,1957年建立了有关的定理。其专著《素数分布》(1957)总结了这方面的大量研究结果。

罗特,K. F.(Roth, Klaus Friedrich, 1925.10.29—2015.11.10) 德国—英国数学家。生于德国布雷斯劳(今波兰弗罗茨瓦夫),卒于苏格兰因弗内斯。9岁时全家移居英国。1945年毕业于剑桥大学彼得豪斯学院。1946年入伦敦大学攻读研究生,1948年获硕士学位。1950年获博士学位后留校任教,1961年任数学教授。1966年后任伦敦帝国学院讲座教授,至1988年退休。1956年和1965年两次到美国马萨诸塞理工学院任访问教授。主要从事数论研究,受数学家达文波特的影响探讨解析数论中的难题。1952年证明了具有正密度的整数子集必定有无穷多长度为3的等差数列,这是塞迈雷迪定理的第一个非平凡情形。1955年发表《对于代数数的有理逼近》一文,将创立30多年的有关定理发展成为图埃-西格尔-罗特定理,大大促进了有关问题的进展。1958年在爱丁堡国际数学家大会上作1小时大会报告,并获该年度的菲尔兹奖。1960年当选英国皇家学会会员。还研究哥德巴赫猜想,1965年与意大利数学家邦别里改进了大筛法,得出大筛法不等式,从而证明了命题{1,3}。1983年获德·摩根奖章,1991年获西尔维斯特奖章。

赖特,F. B.(Wright, Fred Boyer, 1925.12.14—2006.4.28) 美国数学家。生于弗吉尼亚州罗阿诺克,卒于北卡罗来纳州查珀尔希尔。1945年毕业于纽约舒伊勒堡的海军军官学校,完成服役后继续深造。1953年在卡普兰斯基指导下以论文《算子代数中的理想》获芝加哥大学博士学位。先后任教于图兰大学、新奥尔良大学,1962年任数学教授。美国、伦敦数学会会员。在遍历理论、布尔代数、算子环等方面取得了一定成就。著有《遍历理论》(1963)等。

哈耶克(Hájek, Jaroslav, 1926.2.4—1974.6.10) 捷克数学家。生于波希米亚(今捷克共和国)波杰布拉迪(Podebrady),卒于布拉格。1949年获捷克技术大学统计工程学位。1954年获捷克斯洛伐克科学院数学研究所博士学位。后在捷克斯洛伐克科学院数学研究所工作,1966年任查尔斯大学数学与物理学院教授,并在美国伯克利加利福尼亚大学、密歇根州立大学和佛罗里达州立大学等校长期访问和研究。在非参数方法及其渐近理论、秩检验理论和数理统计方面得到一些重要结果。和希达克共同编著《秩检验理论》(1967)。积极参加本国数理统计研究所的组建工作。当选国际统计学会会员。还著有《非参数统计教程》(1969)等。

罗杰斯,H.(Rogers, Hartley Jr., 1926.3.30—2015.7.17) 美国数学家。生于纽约布法罗,卒于马萨诸塞理工学院。1946年毕业于耶鲁大学,1952年在丘奇指导下获普林斯顿大学博士学位。1955年在剑桥大学任教,1956年起在马萨诸塞理工学院任教,1964年任教授。美国数学会和数学协会会员。1963年任《符号逻辑学报》编辑。因开发了多变量微积分课程而闻名,其明确目标是为物理学研究提供坚实的数学基础。研究逻辑和概率特别是递归函数论。著有《递归函数和有效可计算性理论》(1967)。

松阪辉久(Matsusaka, Teruhisa, 1926.4.5—2006.3.4) 日本—美国数学家。生于日本京都。学于京都大学,1952年获该校博士学位。1954—1957年在美国芝加哥大学访学。1961年后在马萨诸塞州的布兰代斯大学任数学教授,1984—1986年任系主任,1994年退休。是美国、日本数学会会员。1966年当选美国文理科学院院士。主要研究代数几何,著有《*Q*簇理论》(1964)等。

拉克斯,P. D.(Lax, Peter David, 1926.5.1—) 匈牙利—美国数学家。A. C. 拉克斯的丈夫。生于匈牙利布达佩斯。1941年举家移民美国,1945—1946年在洛斯阿拉莫斯国家实验室工作。1946年进入纽约大学,1949年由弗里德里希斯指导获博士学位。1951年到纽约大学执教,1958年任教授。1963年任库朗数学科学研究所计算及应用数学中心主任。1972—1980年任研究所所长。是美国国家科学院和美国文理科学院院士,还是匈牙利、法国和苏联等国科学院院士,以及莫斯科数学会和伦敦数学会的相应成员。主要贡献在偏微分方程、数值分析和计算、散射理论、泛函分析以及流体力学等方面。对奇异积分算子和具有振荡初始值的柯西问题的研究预示了后来伪微分算子和傅里叶积分算子的工作。与菲利普斯关于散射理论的研究导致同自守函数论的联系与调和分析的新结果。在双曲守恒定律方程组的黎曼问题、拉克斯激波条件以及熵在激波理论中的作用等方面有突出的贡献。对KdV方程(科尔泰沃赫-德弗里斯方程)的认识推动了完全可积方程组的理论以及与其他领域的联系。著有《散射理论》(合著,1967)、《自守函数的散射理论》(1976)和《泛函分析》(2002)等。获多个国家大学的名誉学位。1983年在华沙国际数学家大会上作1小时大会报告。1974年获美国数学协会肖韦内特奖。1975年获维纳应用数学奖,1986年获美国国家科学奖章,1987年获沃尔夫数学奖,1992年获斯蒂尔奖,2005年获阿贝尔奖。

谷超豪(1926.5.15—2012.6.24) 中国数学家、教育家。生于浙江温州,卒于上海。胡和生的丈夫。1948年毕业于浙江大学数学系,后留校任教。1953年转到复旦大学工作。1957年赴苏联莫斯科大学数学系进修,1959年获该校物理-数学科学博士学位,成为莫斯科大学历史上第一位中国籍博士。1960年后历任复旦大学数学系教授、系主任、数学研究所所长、副校长,中国科学技术大学校长。1999年任温州大学校长。1980年当选中国科学院数学物理学部学部委员。1994年当选国际高等学校科学院院士。主要从事偏微分方程、微分几何学、数学物理等方面的研究与教学。在一般空间微分几何学、齐性黎曼空间、无限维变换拟群、双曲型和混合型偏微分方程、规范场理论、调和映射和孤立子理论等方面都取得系统的研究成果。例如,研究解决了超声速机翼绕流等问题,其成果比国外早十多年;在正对称方程组和混合型方程研究方面,首次取得了高维、高阶混合型方程的系统理论;在规范场的数学结构方面取得一系列成果;在高维时空的孤立子理论的研究中取得重要进展等。发表学术论文130多篇,专著10余种。培养了包括李大潜、洪家兴和陈恕行等在内的一批数学人才。获全国科学大会奖、国家自然科学奖二等奖等。多次获国家教委科技进步奖一等奖、何梁何利基金奖等。1995年获华罗庚数学奖,2009年获国家最高科学技术奖。2009年,第171448号小行星以其名字命名。

凯梅尼(Kemeny, John George, 1926.5.31—1992.12.26) 匈牙利裔美国数学家、哲学家。生于匈牙利布达佩斯,卒于美国新罕布什尔州埃特纳。1940年随父亲到美国。1943年就读于普林斯顿大学,学习数学和哲学,1949年在丘奇指导下获该校博士学位。读博期间曾任爱因斯坦的数学助理。是冯·诺伊曼的学生。1953年任达特茅斯大学数学系教授,后任系主任(1955—1967)和该校校长(1970—1981)。1967年当选美国文理科学院院士。与库尔茨(T. Kurtz)是计算机BASIC语言的共同发明者(1964),合著《BASIC编程》(1967)。另与斯内尔(J. L. Snell)等人共同编写了《有限数学导引》(1957),论述了数理逻辑、"离散"的概率论、矩阵运算、对策论、数理经济学和其他问题。还著有《马尔科夫有限链》(合著,1966)等。1984年获纽约科学院奖,1986年获电气和电子工程师学会计算机奖章。

贝尔热(Berge, Claude Jacques, 1926.6.5—2002.6.30) 亦译伯格。法国数学家,生于巴黎,卒于同地。早年曾学习文学,后到巴黎大学攻读数学,1950年开始发表数学论文。1953年由利什内罗维奇指导获数学博士学位。1952年到法国国家科学研究院工作,1954年成为研究员。还兼任巴黎大学统计研究所教授、罗马国际计算中心研究员等职。1955年后到美国多所大学访问,1957年任普林斯顿大学教授,曾到印度、菲律宾、中国和加拿大等国的大学访问交流。是法国数学会、美国数学会、国际计量经济学会等机构成员。在图论,组合数学和拓扑学等方面作出贡献。提出两个关于"完美图"的猜想,推进了相关的研究。图论中有以他的名字命名的最优定理和引理。著有《n个玩家的博弈理论》(1957)、《图论及其应用》(1958)、《多元函数拓扑空间》(1959)、《完美图》(1963)和《组合原理》(1968)等。1993年获欧拉奖。

萨蒂(Saaty, Thomas L., 1926.7.18—2017.8.14) 美国数学家。生于伊拉克摩苏尔,后入美国籍。1949年获美国天主教大学物理学硕士学位。1953年在希勒指导下获耶鲁大学数学博士学位。相继任普林斯顿大学、宾夕法尼亚大学沃顿商学院(1969—1979)、匹兹堡大学教授。主要贡献在图论、质量管理、最优化问题、排队论、统计学、运筹学的数学方法、非线性数学等方面,撰写了超过35本书和350篇论文,1973年,其关于四色问题的论文《格思里四色猜想的十三种色彩变化》获福特奖。2000 年获国际多目标决策协会金奖。

罗森布拉特(Rosenblatt, Murray, 1926.9.7—2019.10.9) 美国数学家、统计学家。生于纽约市,卒地不详。曾就读于纽约城市学院。1949 年在卡茨指导下获康奈尔大学博士学位。曾任教于康奈尔大学、芝加哥大学及印第安纳大学。1959—1964 年任布朗大学教授。1964 年起任圣地亚哥加利福尼亚大学数学教授。是美国数理统计协会、美国数学会及美国工业和应用数学学会会员,1984 年当选美国国家科学院院士。著有《平稳时间序列的统计分析》(合著,1956)、《随机过程》(1962)等。

布雷默曼(Bremermann, Hans-Joachim, 1926.9.14—1996.2.21) 德国—美国数学家、生物物理学家。生于德国不来梅,卒于美国加利福尼亚州伯克利。1951 年获德国明斯特大学博士学位。1952 年到美国斯坦福大学和哈佛大学做博士后研究。后相继在普林斯顿高等研究院和华盛顿大学工作。1959 年后到伯克利加利福尼亚大学任职,1966 年任数学和生物物理学教授,1991 年退休。1965 年入美国籍。主要贡献在量子场论、多复变函数以及数据处理等方面。20 世纪 80 年代将数学理论应用于生物学,从事生物学数学模型研究,特别是进化和遗传的研究,以寄生虫-宿主相互作用模型而闻名。著有《广义函数、复变函数和傅里叶变换》(1965)等。1962 年在斯德哥尔摩国际数学家大会上作学术报告。

塞尔(Serre, Jean-Pierre, 1926.9.15—) 法国数学家。生于东比利牛斯山脉巴日。1945—1948 年在巴黎高等师范学校学习。1951 年由 H. 嘉当指导获巴黎大学博士学位。后相继在法国国家科学研究中心和南锡大学工作。1956 年任法兰西学院代数几何学讲座教授,至 1994 年退休。其间曾多次到美国普林斯顿高等研究院和哈佛大学访学。1973 年成为伦敦数学会名誉会员,1974 年当选英国皇家学会外籍会员。1977 年当选法国科学院院士。还是许多国家科学院的成员。1982 年当选国际数学联盟执委会副主席。1948 年加入布尔巴基学派。在拓扑学、代数几何学、数论以及复分析、交换代数学和群论等领域都有重要贡献。1949—1954 年在 H. 嘉当的指导下,在代数拓扑学方面进行了深入研究,发展了纤维丛的概念,提出一般纤维空间概念。利用谱序列等工具解决了纤维、底空间、全空间的同调关系问题,并由此证明了同伦论中最重要的一般结果:除了已知的两种情形之外,球面的同伦群都是有限群。1954 年后转向代数几何学和复解析几何学等领域。1955 年提出塞尔猜想。为把黎曼-罗赫定理推广到高维代数簇做出重要工作。1955 年发表《凝聚代数层》和《代数几何与解析几何》两篇论文。在前一篇论文里,利用"层"的理论研究多复变函数论,后又将其应用于代数几何学的研究。在后一篇论文里,发现了代数几何学与解析几何学之间的平行性。20 世纪 60 年代中期又转向数论研究,在证明韦伊猜想中起到很大作用。由于在代数拓扑学方面的贡献,27 岁时获 1954 年的菲尔兹奖,保持获奖时年龄最低的纪录。1985 年获巴尔赞奖,1995 年获斯蒂尔奖,2000 年获沃尔夫数学奖,2003 年获首届阿贝尔奖。1962 年在斯德哥尔摩国际数学家大会上作 1 小时大会报告。还获雅典大学、剑桥大学、伦敦大学、牛津大学等 10 余所大学的名誉学位。1986年，施普林格出版社出版了3卷本《塞尔论文集》。

塞林，J. B.（Serrin，James Burton，1926.11.1—2012.8.23） 美国数学家。生于伊利诺伊州芝加哥，卒于明尼苏达州明尼阿波利斯。1947年毕业于西部密歇根学院。1951年以论文《求解四个自由边界问题的流的存在唯一性》获印第安纳大学博士学位。曾在普林斯顿大学和马萨诸塞理工学院任教。1954年起在明尼苏达大学任教，1959年任教授，1964年任该校数学学院院长。1973年获美国数学会的伯克霍夫应用数学奖。1980年当选美国国家科学院院士，1984年当选美国文理科学院院士。从事非线性分析、偏微分方程、变分学、流体力学、连续介质力学和热力学的研究。著有《纳维-斯托克斯方程的初值问题》和《经典热力学基础》(1975)等。

伯克霍尔德（Burkholder，Donald Lyman，1927.1.19—2013.4.14） 美国数学家、教育家，生于内布拉斯加州，卒于伊利诺伊州厄巴纳。1946年就读于印第安纳州里士满的厄勒姆学院。毕业后于1950年到威斯康星大学攻读研究生。1953年到北卡罗来纳大学查珀尔希尔分校从事社会统计学研究，1955年获统计学博士学位。后到伊利诺伊大学厄巴纳-香槟分校数学系任教，1964年任教授。1998年退休后任该校名誉教授。1992年当选美国国家科学院和美国文理科学院院士。是美国科学促进会、美国数学会、美国统计学会会员。对概率论、随机过程和遍历理论都作出了突出贡献，特别推进了杜布对鞅理论的研究，并以建立关于鞅算子的不等式而闻名。把概率论和数理统计的研究应用于泛函分析和傅里叶分析等方面。1964—1967年任《数理统计年刊》编辑。1970年在国际数学家大会上作学术报告。

永田雅宜（Nagata，Masayoshi，1927.2.9—2008.8.27） 日本数学家。生于爱知县大布市，卒于京都。1947年在名古屋大学学习数学。1950年毕业后留校任教。1953年转到京都大学，1957年任副教授，1963年任教授。主要从事交换代数研究。1958年证明了存在其不变式所构成的环不具有有限个整基的群，从而给出希尔伯特第十四问题的否定解答。曾获中日文化奖(1961)、松永奖(1970)和日本学院奖(1986)。著有《代数几何》(与中井喜和合著，1957)和《局部环》(1962)等。

休恩菲尔德（Shoenfield，Joseph Robert，1927.5.1—2000.11.15） 美国数学家、逻辑学家。生于密歇根州底特律，卒于北卡罗来纳州达勒姆。1953年获密歇根大学博士学位。1952年起在杜克大学任教，1970—1973年任该校数学学院院长。1972—1976年任符号逻辑协会主席。主要贡献在数理逻辑、数学基础方面。给出了在策梅罗—弗伦克尔(ZF)公理体系与集合论无矛盾的假设下，冯·诺伊曼—伯奈斯—哥德尔系统相对无矛盾性定理的最严格的一种证明。还研究了解析集的单值化问题，得到了一些结果。著有《数理逻辑》(1967)、《递归理论》(1993)等。

陆启铿（1927.5.17—2015.8.31） 中国数学家。生于广东佛山，卒于北京。幼年即双腿残疾，靠半工半读于1950年毕业于中山大学数学系，并留校任助教。1951年由华罗庚推荐到中国科学院数学研究所工作，历任助理研究员(1954)、副研究员(1962)、研究员(1978)。1980年任数学研究所副所长，代华罗庚主持工作。1980年当选中国科学院数学物理学部学部委员和学部常委。主要贡献在多复变函数论和数学物理等方面,以对施瓦兹引理及一些解析不变量、典型域的调和函数论、典型流形与典型域的研究而闻名。证明了常曲率的有界域解析等价于单位超球,并由此提出"陆启铿猜想"。对勒雷建立的柯西-凡塔皮耶公式进行了拓展,研究物理规范场与数学主纤维丛上的联络的关系,证明了杨振宁的规范场的积分定义等价于沿一曲线的平行移动等。20 世纪 70 年代进行了数学、物理学、天文学三个学科的综合研究。80 年代后期在对称空间热核、格林核以及近代数学物理等方面进行研究。1992 年获首届华罗庚数学奖,2001 年获何梁何利基金奖。著有《多复变数函数引理》《典型流形与典型域》《微分几何学及其在物理学中的应用》等。培养了中国第一支多复变领域的研究队伍。

兰格,S.(Lang, Serge, 1927.5.19—2005.9.12) 法国—美国数学家。生于法国巴黎附近的圣日耳曼昂莱,卒于美国加利福尼亚州伯克利。1940 年随家人逃亡美国。1946 年毕业于加利福尼亚理工学院,获学士学位。1951 年在 E. 阿廷指导下获普林斯顿大学博士学位。先后任教于普林斯顿大学和芝加哥大学,1955 年任哥伦比亚大学教授,1972 年就职于耶鲁大学。多次获美国数学会和其他学术机构的奖励。1985 年当选美国国家科学院院士。主要贡献在近世代数和数论方面。如似代数闭包、代数簇的同余阿廷 L 函数、高维代数流形理论等。给出了关于定义在有限域上的多元函数域的非分歧阿贝尔扩张的定理,推广了关于丢番图方程整数解个数的西格尔定理。著有《阿贝尔簇》(1959)、《丢番图几何学》(1962)、《微分流形引论》(1962)、《代数学》(1965)、《线性代数》(1966)、《超越数引论》(1966)和《做数学之美妙》(1985;中译本,四川大学出版社,2001)等。

斯温纳顿-戴尔(Swinnerton-Dyer, Peter, 1927.8.2—2018.12.16) 英国数学家。生于诺森伯兰郡庞蒂兰,卒地不详。1945 年进入剑桥大学三一学院学习,获学士学位后,在李特尔伍德的指导下研究数学,1952 年获硕士学位。1979—1983 年任剑桥大学三一学院研究员,1983 年后任荣誉研究员。1973—1983 年任剑桥大学圣凯瑟琳学院院长。1979—1981 年任剑桥大学副校长。1981 年获巴斯大学名誉博士学位。1989 年起任剑桥大学资助委员会首席执行官。1967 年当选英国皇家学会会员。1987 年获大英帝国勋章。1989 年当选欧洲科学院院士。2006 年获西尔维斯特奖章。主要贡献在数论和代数几何方面,20 世纪 60 年代上半叶与伯奇提出椭圆曲线理论中重要的伯奇—斯温纳顿-戴尔猜想。著有《阿贝尔簇的解析理论》(1974)和《代数数论概要》(2001)等。

赫尔加森(Helgason, Sigurdur, 1927.9.30—) 冰岛—美国数学家。生于冰岛阿克雷里。学于冰岛大学及哥本哈根大学。1954 年在博赫纳指导下获美国普林斯顿大学博士学位。后在该校及芝加哥大学任教,1960 年任普林斯顿大学教授,1965 年任马萨诸塞理工学院教授。1970 年当选美国文理科学院院士。2012 年加入美国数学会。主要贡献在微分几何和微分方程方面。1966—1973 年,证明了关于球的傅里叶变换的佩利—维纳定理,并把这个结果应用到对称空间中,得到相应定理。研究积分几何学，推广了拉东变换。著有《微分几何与对称空间》(1962)、《对称空间的几何分析》(1994)等。1988年获斯蒂尔奖。

李迪(1927.10.6—2006.11.30)　中国数学史家、科学技术史家。生于吉林伊通，卒于呼和浩特。1954年毕业于东北师范大学数学专修科，并留校任教。1956年支边调到内蒙古师范学院数学系任教，历任副教授、教授，内蒙古师范大学科学史研究所所长。曾任中国数学会数学史分会副理事长。20世纪50年代末开始学习和研究数学史，并逐渐把研究领域扩展到科技史的众多方向上。在中国数学史、天文学史和科学仪器史方面研究成果显著。在物理学史、地学史、医学史、机械史、中外科技交流史、科学通史等许多方面均有重要工作。在对中国传统数学著作目录和版本的研究和整理方面作出重要贡献。20世纪80年代初开始研究中国少数民族科技史，创办了不定期出版物《中国少数民族科技史研究》。多次主办或主持中国数学史、中国科学史、中国少数民族科技史、东亚科学史、汉字文化圈数学史等方面的国内和国际会议。发表论文近400篇，著作(包括与他人合作)20余种，主编著作和论文集等40多种，还参与组织编写《中国数学史大系》并任副主编。2002年当选国际科学史研究院通讯院士，2005年当选东亚科学技术与医学史学会终身名誉会员。

武兴(Wussing, Hans, 1927.10.15—2011.4.26)　德国数学家、数学史家。生于瓦尔德海姆，卒于莱比锡。1944年应征入伍，曾被俘。1947年就读于莱比锡大学，后边教学边研究，1957年以论文《关于有限群的嵌入》获该校博士学位。1967年任莱比锡大学数学和自然科学史教授，1967—1987年任德意志民主共和国国家科学史委员会主席。1971年成为国际科学史学会通讯会员，1981年成为正式会员。1974—1990年任《国际数学史杂志》编辑。著有包括哥白尼、牛顿、高斯在内的多种数学家、科学家传记和《著名数学家传》(合著，1975)、《数学史讲座》(1989)等，获包括1993年肯尼斯·奥·梅奖在内的数学史和科学史的多项荣誉。

希策布鲁赫(Hirzebruch, Friedrich Ernst Peter, 1927.10.17—2012.5.27)　德国数学家。生于威斯特伐利亚省哈姆，卒于波恩。1945—1949年在明斯特大学学习。1949—1950年到苏黎世理工大学师从H. 霍普夫学习代数拓扑学及代数几何学。1950年由本克指导获明斯特大学博士学位。后相继在埃尔兰根大学、美国普林斯顿高等研究院和普林斯顿大学工作。1956年起任波恩大学教授。1957年开始在波恩大学举办年度“数学研讨会”，聚集各国精英数学家，极大地推动了数学研究的开展和交流。1980年创建马普数学研究所并任所长，直至1995年退休。研究涉及拓扑学、代数几何学和复流形等多个领域。在微分流形方面，引入符号差，证明它可表为庞特里亚金示性数的和；引入乘法序列，证明高维黎曼-罗赫定理；同A. 波莱尔等人系统发展了示性类理论，证明了一系列重要定理，并应用于李群及齐性空间的研究，证明复流形的比例性定理；在格罗滕迪克工作的基础上，和阿蒂亚率先发展代数K理论，用拓扑方法证明戴德金互反律，证明了米尔诺怪球面可以是奇点邻域的边缘。著有《代数几何中的拓扑新方法》(1956)。1970年后，研究重点转向希尔伯特模曲面，作出一些贡献。指导了52名博士生。曾任《数学纪事》等杂志编辑。是德国多个科学院的院士，还是美国国家科学院，巴黎、俄罗斯、荷兰皇家等科学院的外籍院士。1962年和1990年任德国数学会会长。1991—1994年任首届欧洲数学会主席。1958年在爱丁堡国际数学家大会上作1小时大会报告。1988年获沃尔夫数学奖，1990年获罗巴切夫斯基奖，1999年获爱因斯坦奖章，2004年获康托尔奖章等。1987年施普林格出版社出版了《希策布鲁赫论文集》。

万哲先（1927.11.7—2023.5.30） 中国数学家。生于山东淄川，卒于北京。1944年起先后在西南联合大学和清华大学数学系学习。1948年毕业于清华大学并留校任教。1950年入中国科学院数学研究所筹备处工作。先后任助理研究员、副研究员，1978年任研究员，1984年调入中国科学院系统科学研究所。1991年当选中国科学院数学物理学部学部委员。主要从事代数学和组合数学等领域的研究，主要贡献在典型群、矩阵几何、有限几何、编码学和密码学等方面。解决了典型群结构和自同构方面的一系列难题。1958年对解决运输问题的图上作业法给出理论证明并进行了推广。证明了对称矩阵几何及哈密尔顿矩阵几何的基本定理。1963年与华罗庚合作出版专著《典型群》，为典型群的中国学派作出突出贡献。还是中国有限几何研究的创始人，与学生合作出版专著《有限几何与不完全区组设计的一些研究》（1966）。是中国最早从事编码学和密码学研究的数学家之一。运用代数方法研究卷积码。在图论、李代数等方面亦有贡献。1986年获中国科学院科技进步奖一等奖，1995年获华罗庚数学奖，1997年获中国科学院自然科学奖一等奖。

谷山丰（Taniyama，Yutaka，1927.11.12—1958.11.17） 日本数学家。生于东京以北的小镇骑西，卒于东京。1953年毕业于东京大学，留校继续研究。1955年在东京和日光举行的代数数论研讨会上提出一个猜想，认为椭圆曲线与模曲线之间存在联系。该猜测经志村五郎等人进一步精确化而形成“谷山-志村猜想”：有理数域上的所有椭圆曲线均是模曲线。它的证明导致了费马大定理的证明。合著有《现代数论》（1957）。

巴特尔（Bartle，Robert Gardner，1927.11.20—2003.9.18） 美国数学家。生于密苏里州堪萨斯城，卒于密歇根州安阿伯。1951年获芝加哥大学博士学位。1955—1990年在伊利诺伊大学数学系任教，1971年任系主任。1990—1999年在东密歇根大学任教。1976—1978年和1986—1990年任美国《数学评论》执行总编。主要贡献在泛函分析方面，在线性算子、谱理论和积分理论上均有建树。以编著本科生和研究生教材而闻名。著有《实分析基础》（1964）、《积分基础》（1966）和《现代积分理论》（2000）等。

境正一郎（Sakai，Shôichirô，1928.1.2—） 日本数学家。生于日本鹿沼。1953年毕业于东北大学并获学士学位。1961年获该校博士学位。1960—1964年任早稻田大学教员。1962—1964年到耶鲁大学做访问学者。1964年到美国宾夕法尼亚大学任教，1966—1979年任教授。1979年回日本，任日本大学教授。1992年获日本数学会秋季奖。是美国数学会外籍会员。主要研究领域是泛函分析和数学物理。研究算子代数、W^*-代数的特征化、

第一型的 C^*-代数、W^*-代数的求导运算等方面的问题。著有《W^*-代数的理论》(1962)。其著作《C^*-代数和 W^*-代数》(1991)被广泛使用,英文版(2009)已成为施普林格出版社经典数学系列教材之一。该书对冯·诺伊曼的代数理论给出全面而详细的介绍,几乎包含该科目的所有基本结果。其中阐述的两种代数的关系称为境定理。还著有《动力系统中的算子代数,C^*-代数中的无界导数理论》(1991)等。

克内泽尔,M.(Kneser, Martin, 1928.1.21—2004.2.16) 德国数学家。生于格赖夫斯瓦尔德,卒于格丁根。父亲 H. 克内泽尔和祖父 A. 克内泽尔也是数学家。1945 年起在杜宾根、格丁根和柏林等大学学习。1950 年在 E. 施密特指导下获柏林洪堡大学博士学位。1951 年任明斯特大学教学助理。1952—1958 年任海德堡大学私人讲师。1959—1963 年任慕尼黑大学教授。1963—1993 年任格丁根大学教授。1966 年当选利奥波第那科学院院士。1967 年当选格丁根科学院院士。主要研究二次型和代数群的理论。还研究图论,1955 年所研究的图以他的名字命名。还给出了代数基本定理的简化证明。1962 年在斯德哥尔摩国际数学家大会上作学术演讲。1981 年获高斯奖章。

德乔治(De Giorgi, Ennio, 1928.2.8—1996.10.25) 意大利数学家。生于普利亚大区莱切,卒于比萨。1950 年毕业于罗马大学,同年在皮科内指导下获博士学位。1951 年起在罗马计算应用学院工作。1958 年任梅西纳大学教授。1959 年起任比萨高等师范学校讲座教授。主要贡献在偏微分方程、变分法和最小曲面等方面。1957 年在非线性椭圆型方程的正则性问题上取得突破,对于多变元二阶散度型方程,由系数的可测有界性推出解的赫尔德连续性,由此得出一系列简化及推广,从而解决了希尔伯特第十九问题。1968 年把上述工作推广到联立方程组的情形。1960 年建立极小超曲面的正则性理论,发表了几何测度论并证明关键的紧性定理,由此推出极小超曲面在一个余维数至少为 2 的闭子集之外是解析的。与邦别里等人一起解决了伯恩斯坦关于 8 维最小曲面的问题。在变分法方面,1968 年首先给出椭圆型变分问题具有不连续解的例子。20 世纪 80 年代开始研究变分法中不同于自由边值问题的自由不连续问题,得出一些存在性定理。当选宗座科学院、法国科学院和美国国家科学院等科学院的成员。1990 年获沃尔夫数学奖。1966 年和 1983 年两次在国际数学家大会作学术报告。2006 年施普林格出版社出版了他的论文选集。

卡勒松(Carleson, Lennart Axel Edvard, 1928.3.18—) 瑞典数学家。生于斯德哥尔摩。1947 年毕业于乌普萨拉大学,1950 年在博灵指导下获该校博士学位。1950—1951 年在美国哈佛大学做博士后研究,后回乌普萨拉大学任教。1954—1955 年任斯德哥尔摩大学教授。1955—1993 年任乌普萨拉大学教授。1956—1979 年任瑞典《数学学报》编辑。1968—1984 年任米塔-列夫勒研究所所长。1978—1982 年任国际数学联盟主席。1986 年兼任美国洛杉矶加利福尼亚大学教授。在傅里叶分析、复分析、拟保角映射及动力系统理论等方面均有重要贡献。1952 年发表的关于各种函数的唯一性集理论是该领域的重大突破。1958 年及 1962 年关于插值及日冕问题的研究解决了日冕猜想,并引出卡勒松测度、日冕构造等一系列新概念和新方法。1965 年证明卢津猜想成立,并于 1966 年在莫斯科国际数学家大会上作 1 小时大会报告。1972 年证明对于二维情形,任意阶的博赫纳-里斯均值都在 L^p ($4/3 \leqslant p \leqslant 4$)上有界。1974 年证明 R^3 的拟共形自映射可扩张成 R^4 的拟共形自映射,其方法经改进后已推广到高维。20 世纪 80 年代,与人合作引进研究映射 $x \to (1-ax^2)$ 的混沌行为的新方法,并于 1988 年证明映射 $(x, y) \to (1+y-ax^2, bx)$ 对于非空(甚至正测度)参数集均展示"奇异吸引子"。1966 年当选瑞典科学院院士,还是苏联、丹麦、挪威、芬兰、匈牙利等国家科学院的外籍院士,以及美国数学会等多个学会的成员。1984 年获斯蒂尔奖,1992 年获沃尔夫数学奖,2003 年获西尔维斯特奖章,2006 年获阿贝尔奖。著有《特殊集问题精选》(1967)和《复动力学》(合著,1993)等。

格罗滕迪克(Grothendieck, Alexandre, 1928.3.28—2014.11.13) 亦译格罗唐迪克。法国数学家。生于德国柏林,后迁居法国,卒于圣利济耶。早年没有接受系统的正规教育,第二次世界大战后进入巴黎高等师范学校和法兰西学院听课,师从迪厄多内和 L. 施瓦尔茨,受到布尔巴基学派的影响。20 世纪 60 年代任巴黎高等科学研究所终身教授。主要贡献在泛函分析和代数几何学方面。系统地研究了拓扑向量空间理论,引进"核空间""张量积"等概念。20 世纪 50 年代中期转向代数几何学的研究。1957 年推广黎曼-罗赫定理,建立了广义黎曼-罗赫定理。建立起一套抽象的庞大体系,并运用有关的概念和工具解决了许多著名的猜想和难题。其工作标志着现代抽象代数几何学的扩张和更新。著有《代数几何基础》(1962)和《抽象代数簇的上同调理论》(1958)等。1958 年在爱丁堡国际数学家大会上作 1 小时大会报告。曾获 1966 年的菲尔兹奖,但拒绝领奖。1988 年又拒领瑞典皇家科学院的克雷福德奖。

克罗韦尔(Crowell, Richard Henry, 1928.4.6—2006.8.6) 美国数学家。生于宾夕法尼亚州东北部,卒于达特茅斯。1949 年获哈佛大学文学学士学位;1950—1951 年到荷兰阿姆斯特丹进修;1953 年和 1955 年先后获普林斯顿大学硕士和博士学位。1955—1956 年任普林斯顿大学研究助理。1956—1958 年任马萨诸塞理工学院讲师。1958 年到达特茅斯学院任教,1967—1993 年任教授。1973—1979 年任数学系主任。1986—1989 年任数学和计算机科学系主任。1993 年任名誉教授。是美国数学会和美国数学协会成员。主要贡献在矢量微积分和拓扑学方面。著有《矢量函数的微积分》(1962)和《纽结理论导引》(与福克斯[R. H. Fox, 1913—1973]合著,1963)等。

佐藤干夫(Sato, Mikio, 1928.4.18—2023.1.9) 日本数学家。生于东京,卒于京都。1949 年进入东京大学学习,1952 年获理学学士学位。后在大阪大学和东京大学任教,1963 年获博士学位。1970 年后任京都大学数理解析研究所教授,1987—1991 年任该研究所所长,1992 年退休。以代数分析学和数学物理学的眼光开创了数学的若干基本分支,在多个领域都有开创性工作,例如准齐性向量空间和伯恩斯坦-佐藤多项式,以建立超函数理论而闻名。发现了可供刻画在余切丛上超函数的奇异性结构之用的微局部分析学。由于此研究方法涉及同调代数，故名代数分析。在数论方面有关于 L 函数的佐藤-泰特猜想。在日本创立了代数分析学学派，以他为核心的数理解析研究所成为世界级的研究中心。1983 年在华沙国际数学家大会上作 1 小时大会报告。1993 年当选美国国家科学院外籍院士。1969 年获朝日奖，1987 年获藤原奖，1997 年获肖克数学奖，2003 年获沃尔夫数学奖。

利翁斯，J.-L.（Lions，Jacques-Louis，1928.5.2—2001.5.17） 法国数学家。生于滨海阿尔卑斯省格拉斯，卒于巴黎。1950 年毕业于巴黎高等师范学校，1954 年在 L. 施瓦尔茨指导下获南锡大学科学博士学位。先后任南锡大学、巴黎科学学院和巴黎理工大学数学教授。1973 年当选法兰西学院和法国科学院院士。1979 年任国立信息与自动化研究所主任。获很多奖项和荣誉称号。1991—1995 年任国际数学联盟主席，提议将 2000 年定为世界数学年。主要贡献在数学分析和数理方程方面。研究的课题有巴拿赫空间的内插法、函数空间中某些控制问题和巴拿赫空间的微分算子等。著有《非齐次边界问题及其应用》（合著，3 卷，1968—1970）、《科学技术的数学分析和数值方法》（合著）。

梅尔格良（Мергелян，Сергей Никитович，1928.5.19—2008.8.20） 苏联—俄罗斯数学家。生于苏联克里米亚辛菲罗波尔，卒于美国洛杉矶。1947 年毕业于埃里温大学。后进入莫斯科大学研究生班，1948 年获物理-数学博士学位。1949 年起先后在埃里温大学、莫斯科大学、亚美尼亚科学院计算中心工作。1953 年当选苏联科学院通讯院士（1991 年转为俄罗斯科学院通讯院士）。1956 年当选亚美尼亚科学院院士。1971 年后任亚美尼亚科学院副院长。研究方向受到克尔德什等人的影响。研究用多项式逼近复变函数的最佳逼近理论问题，特别是完全解决了能用一致收敛的多项式级数表示的函数的特征。还在多项式加权一致逼近、平均逼近、调和函数理论和位势理论等方面得到重要结果。

丁夏畦（1928.5.25—2015.5.11） 中国数学家。生于湖南益阳（今桃江），卒于北京。1951 年毕业于武汉大学数学系，随后分配到中国科学院数学研究所工作，1978 年任研究员。1985—1994 年任中国科学院武汉数学物理研究所所长，后任中国科学院应用数学研究所研究员。1991 年当选中国科学院数学物理学部学部委员。数学研究涉及偏微分方程、函数空间、数论、数理统计、调和分析和数值分析等方面，尤专长于偏微分方程和函数空间的研究。20 世纪 50 年代中期，他关于两根蜕形线的混合型偏微分方程的研究结果为国内外许多学者所引用。在线性椭圆型方程组的研究中，合作提出一个关于常系数椭圆型方程组狄利克雷问题的唯一性的充分必要条件。研究索伯列夫空间嵌入定理，发现并纠正了国外有关著作中的错误，建立了 *Ba* 空间理论，解决了强非线性变分问题和强非线性抛物型方程的初边值问题等。在数论方面也有贡献。还将经典的硬分析与最新的非线性泛函分析方法相结合，进行了大量的困难估计研究，解决了“等熵气流整体解研究”中的著名难题。1978 年获全国科学大会奖，1988 年获中国科学院科技进步奖一等奖，1989 年获国家自然科学奖二等奖，2000 年获华罗庚数学奖和何梁何利基金奖等。在国内外数学杂志上发表学术论文百余篇，出版专著和科普读物多种。

曾任《应用数学学报》和《数学物理学报》等杂志的主编。

纳什(Nash, John Forbes, 1928.6.13—2015.5.23) 美国数学家、经济学家。生于西弗吉尼亚州布卢菲尔德,卒于新泽西州米德尔塞克斯县门罗(Monroe)镇。1945年进入卡内基理工学院学习。1948年获硕士学位后进入普林斯顿大学攻读博士研究生,1950年以论文《非合作对策》获博士学位。在博士论文中提出一个重要概念——纳什均衡,成为对策论中的一项重要突破,广泛运用在经济学、计算机科学、演化生物学、人工智能、会计学、政策和军事理论等方面。后到马萨诸塞理工学院任职,开始微分几何和偏微分方程等课题的研究,发表了关于实代数流形、黎曼流形的嵌入问题和偏微分方程的连续解等方面的重要论文。1958年患精神疾病。在非发病期的1966年发表论文证明他的等距嵌入定理及纳什-莫泽隐函数方法可推广到实解析的情形。20世纪90年代后对一些主要的未解决问题产生研究兴趣。后任普林斯顿大学教授。因其在非合作对策论中均衡分析方面的开创性工作与另两位数学家同获1994年诺贝尔经济学奖。1999年获斯蒂尔奖,2015年获阿贝尔奖。

胡和生(1928.6.20—) 中国数学家。生于上海,祖籍江苏南京。谷超豪的妻子。1945年考入上海交通大学数学系,不久转入大夏大学数理系,1950年毕业。随后考取浙江大学研究生,师从苏步青。1952年毕业后任中国科学院数学研究所实习研究员、助理研究员。1956年调入复旦大学数学系,从事教学与科研工作。长期任该系数学研究所微分几何教研室主任。是以苏步青为首的微分几何科研梯队的重要成员。1980年任教授,1991年当选中国科学院数学物理学部学部委员,成为该学部第一位女学部委员。曾任中国数学会副理事长。2003年当选世界科学院院士。长期从事微分几何研究。早期研究超曲面的变形理论、常曲率空间的特征等问题,发展和改进了法国数学家É.嘉当等人的工作。1960—1965年研究齐次黎曼空间运动群问题,得到确定黎曼空间运动群空隙性的一般方法,解决了意大利数学家富比尼提出的困难问题。1979年把规范场的作用量与调和映照的作用量耦合起来,得出了有质量的规范场的一种生成方法。20世纪80年代开始,把现代的孤立子理论和微分几何联系起来,发展了孤立子理论中的达布变换方法,并将其应用于调和映照、常曲率曲面构造和线汇理论等问题。1987年,首次提出并研究得到了黑洞外杨-米尔斯方程解的刘维尔型定理,这是对弯曲时空规范场研究的突破。先后发表论文、专著等70余种,代表作有《微分几何学》(与苏步青合著)、《孤立子理论与应用》(与谷超豪等合著)等。曾获国家自然科学奖。2002年获授诺特讲席。

哈肯(Haken, Wolfgang, 1928.6.21—2022.10.2) 德国—美国数学家。生于德国柏林,卒于美国伊利诺伊州尚佩恩。1953年获基尔大学博士学位。1962年移居美国,执教于伊利诺伊大学厄巴纳-香槟分校,1965年任教授。主要贡献是与同事K. I. 阿佩尔合作,在1976年使用计算机证明了“四色猜想”。成果发表于次年,并以《每张平面地图都可只用四种颜色染色》(1989)一书出版。两人于1979年被美国数学会和数学规划学会授予富尔克森奖。1978年在赫尔辛基举行的国际数学家大会上发表演讲。

莫泽(Moser, Jürgen Kurt, 1928.7.4—1999.12.17) 德国—美国数学家。生于普鲁士哥尼斯堡,卒于瑞士苏黎世。1946年进入格丁根大学学习,师从雷利希和C. L. 西格尔,1952年获博士学位。毕业后曾任西格尔的助教。1953年移民美国,任纽约大学富布赖特研究员,后任助理教授。1957—1960年任马萨诸塞理工学院副教授。1966—1980年任纽约大学库朗数学科学研究所教授,1967—1970年任该所所长。1980年后任瑞士苏黎世理工大学教授,1982—1995年任该校数学研究所所长。1983—1986年任国际数学联盟主席。主要贡献在数学分析、动力系统、天体力学和几何学等方面。20世纪50年代开始研究动力系统理论,在发展科尔莫戈罗夫-阿诺尔德-莫泽(KAM)理论中起了重要作用,该理论即接近完全可积的哈密顿系统的稳定性理论,在科学上有广泛应用。在偏微分方程理论方面,证明的椭圆型及抛物型方程的哈纳克不等式已成为非线性偏微分方程的基本工具。还在复几何、辛几何及微分几何方面有许多贡献,在分析方法上也有重大改进。是美国、德国、芬兰和瑞典等国科学院的院士。著有《哈密顿系统讲义》(1968)、《动力系统的稳定和随机运动》(1973)和《可积哈密顿系统和谱理论》(1983)等。1968年获伯克霍夫奖,1969年获美国国家科学院的沃森奖章,1984年获布劳威尔奖章,1992年获康托尔奖章,1995年获沃尔夫数学奖。1998年在柏林国际数学家大会上作1小时大会报告。

罗伊登(Royden, Halsey Lawrence, 1928.9.26—1993.8.22) 美国数学家。生于亚利桑那州菲尼克斯,卒于加利福尼亚州洛斯阿尔托斯希尔斯。1948年毕业于斯坦福大学,1951年在阿尔福斯指导下获哈佛大学博士学位。1951年起在斯坦福大学任教,1958年任教授。1973—1981年任斯坦福大学人文与科学学院院长。美国数学会、数学协会会员。在复变函数论、黎曼曲面、保角映射、几何基础等方面有所贡献。著有《实分析》(1963)和《斯坦福大学数学史》(1989)等。

瓦尔加(Varga, Richard Steven, 1928.10.9—2022.2.25) 美国数学家。生于俄亥俄州克利夫兰,卒地不详。1950年毕业于凯斯理工学院。1954年在J. L. 沃尔什指导下获哈佛大学博士学位,1954—1960年任贝蒂斯原子能实验室、威斯汀豪斯电气公司的数学研究人员。1960年起任凯斯理工学院数学教授。1969年任肯特州立大学数学教授。后任该校数学研究所所长、研究室主任等职,2006年退休后任该校名誉教授。曾任《计算数学》等杂志编委,《数值分析电子交易》杂志主编。研究线性代数和数字计算机上偏微分方程的有效数值解法等(这种方程源起于中子反应堆的设计等问题)。著有《矩阵迭代分析》(1962;中译本,上海科学技术出版社,1966)、《数值分析中的泛函分析与近似理论》(1971)等。

卡尔加波洛夫(Каргаполов, Михаил Иванович, 1928.11.9—1976.2.20) 苏联数学家。生于库尔甘州朱拉夫列夫斯基,卒于新西伯利亚。1951年毕业于乌拉尔大学。1953年进入彼尔姆大学高等代数和几何系继续深造,1954—1960年在该校任教。1960年到苏联科学院西伯利亚分院数学研究所工作。1963年获博士学位,

1965年任教授。1967年后转到新成立的新西伯利亚大学工作，1967—1976年任该校代数和数理逻辑系主任，1969—1976年任该校副校长。1967—1976年任《代数与逻辑》杂志主编，是《西伯利亚数学期刊》和《数学笔记》杂志编辑委员会成员。1966年当选苏联科学院通讯院士。主要数学贡献在代数学方面。研究了无限离散群的性质，包括一般可解群和有序群，以及算法问题等，得到一些重要结果。著有《群论基础》(第3版，1982)。

皮亚捷茨基-夏皮罗(Piatetski-Shapiro, Ilya, 1929.3.30—2009.2.21) 苏联—以色列数学家。生于莫斯科，卒于以色列特拉维夫。1951年毕业于莫斯科大学。1954年获莫斯科教育学院副博士学位，1959年在沙法列维奇指导下获苏联科学院斯捷克洛夫数学研究所博士学位。1958—1972年在苏联科学院应用数学研究所工作，1964—1972年兼任莫斯科大学教授。1976年移居以色列，同年起任以色列特拉维夫大学教授。1978年当选以色列科学与人文学院院士。1977年起兼任美国耶鲁大学教授。1984年加入美国数学会。主要贡献在自守函数论、数论、代数几何学、复几何及无限维群表示理论等方面。特别在自同构形式和 L 函数等领域影响深远。对应用科学，包括细胞生物学、地球物理学、自动机和同构网络到数字计算机等方面也有突出贡献。多次在国际数学家大会上作学术报告(1966年作1小时大会报告)。1981年获以色列数学奖。1990年获沃尔夫数学奖。著有《庞加莱级数的算术和频谱分析》(合著，1990)等。

阿蒂亚(Atiyah, Michael Francis, 1929.4.22—2019.1.11) 英国数学家。生于伦敦汉普斯特德，卒于苏格兰爱丁堡。1945年进入剑桥大学三一学院学习，1952年获学士学位，1955年在霍奇指导下获博士学位。后在剑桥大学任研究员和讲师。1961年转到牛津大学任教，1963—1969年任萨维尔几何学教授。1969年任美国普林斯顿高等研究院教授。1973年返回牛津大学，任英国皇家学会数学研究所研究教授和圣凯瑟琳学院研究员。1992年任牛顿数学科学研究所第一任所长。研究领域包括代数学、代数几何学、拓扑学、分析学以及理论物理学等。最重要的贡献是与美国数学家辛格合作证明了阿蒂亚-辛格指标定理(1962)，推广了代数几何学中的黎曼-罗赫定理。还为代数 K 理论的发展作出了突出贡献。1959年与人合作，把 K-函子推广到紧拓扑空间上，得出了与拓扑学上同调群非常类似的 K 群，因此 K 理论称为广义上同调论。利用 K 理论研究了流形的浸入问题。还与人合作把莱夫谢茨的不动点定理推广到包括椭圆复形的情形，使不动点定理得到广泛应用。还研究并解决了李群表示论、与规范场有关的代数几何学中的若干问题，把不动点原理推广到一般形式。著有《数学的统一性》(The Unity of Mathematics, 1978)和《K 理论》(1967)等。1962年当选英国皇家学会会员，1990—1995年任英国皇家学会会长，1968年获皇家奖章，1988年获科普利奖章；1974—1976年任伦敦数学会主席，1980年获德·摩根奖章。当选多个国家二十几个科学院的外籍成员，获不同国家几十所大学的名誉研究员和名誉学位。1966年在莫斯科国际数学家大会上作1小时大会报告，并在这次大会上获菲尔兹奖。1987年获费萨尔国王国际奖。2004

年获阿贝尔奖。

王梓坤(1929.4.30—) 中国数学家。生于湖南零陵,籍贯江西吉安。1952年毕业于武汉大学数学系。1952—1984年在南开大学任教,1977年任教授。1955年考取苏联莫斯科大学数学系研究生,师从多布鲁申,开始专攻概率论。1958年获该校副博士学位。1984年后历任北京师范大学教授、校长,汕头大学数学研究所所长。1988年获澳大利亚麦考瑞大学名誉科学博士学位。1991年当选中国科学院数学物理学部学部委员。是中国概率论研究的先驱和学术带头人之一。彻底解决了生灭过程的构造问题,创造了极限过程的概率构造方法,并求出了生灭过程泛函的分布;在国际上最先引进多参量奥恩斯坦-乌伦贝克过程(简记为OUP)并取得系统成果;得到马尔可夫过程的零一律,求出了有关布朗运动及对称稳定过程的若干精确分布;在中国最早研究随机泛函分析,得到广义函数空间中随机元的一些极限定理;创造多种统计预报方法及随机模拟的数学方法等。1984年同北京师范大学的教授向国家领导人建议设立新时代的教师节,提出"尊师重教"的呼吁,为中国教师地位的改善起到积极的推动作用。科普著作《科学发现纵横谈》和《科海泛舟》有广泛影响。先后发表学术论文数十篇,科普文章数十篇,出版专著9种。代表作有《随机过程论》《概率论基础及其应用》《布朗运动与位势》《生灭过程与马尔科夫链》等。曾获全国科学大会奖、国家自然科学奖、国家教委科学技术进步奖、何梁何利基金奖等多种奖励。1990年被中国科普作家协会授予"建国以来成绩突出的科普作家"称号。

谢元作(Jock Hoe, 1929.7.6—2016.7.29) 新西兰数学史家。生于蒂库伊蒂,卒于克赖斯特彻奇。父母是中国广东移民。1947年进入奥塔哥大学学习数学。1950年到惠灵顿的维多利亚大学深造。1953年赴剑桥大学科珀斯克里斯蒂学院研究数理统计。后在法国巴黎和新西兰惠灵顿等地任教和研究。1976年以论文《13世纪末的中国数学》获巴黎第七大学博士学位。主要贡献是将朱世杰的《四元玉鉴》译成法文并作详细注释。著有《四元玉鉴中的多项式方程组》(1977)等。

多布鲁申(Добрушин, Роланд Львович, 1929.7.20—1995.11.12) 苏联—俄罗斯数学家。生于苏联列宁格勒(今俄罗斯圣彼得堡),卒于莫斯科。1947年入莫斯科大学数学系学习。1952年毕业后成为科尔莫戈罗夫的研究生。1955年获副博士学位并留校工作。1962年以论文《信息论与编码》获博士学位。1967年到苏联科学院信息传输问题研究所工作,同时兼任莫斯科物理与技术学院教授。1991—1995年任莫斯科大学教授。1993年当选美国国家科学院外籍院士,1995年当选欧洲科学院院士。是美国文理科学院名誉院士。主要贡献在概率论及其应用方面。研究香农发现的长信息密码中误差概率的临界点现象发生的一般条件,从而发现了信息稳定性的概念。20世纪60年代中期将统计力学引入概率论中,建立了描述统计力学现象的概率论概念和理论。如引进规范场和吉布斯随机场的概念,并用来研究统计力学所关心的最重要现象之一——相变。对伊辛模型及其二维和更高维修正中相变的存在性给出简洁的证明,并进而研究这些模型中纯相集的结构。为现代平衡统计物理学奠定了基础。70年代中期着重研究排队理论和网络理论中的若干问题，取得有影响的成果。还是一位教育家，培养了大量人才，中国数学家王梓坤是他早期的研究生。

雷纳(Rayner，Margaret Eva，1929.8.21—2019.3.31) 英国数学家、数学教育家、数学史家。生于斯塔福德郡塔姆沃思，卒于牛津。1947年就读于伦敦大学韦斯特菲尔德(Westfield)学院。1960年以论文《不稳定热流中的某些问题》获牛津大学博士学位。在圣希尔达学院执教直至退休，曾任该校副校长和数学协会主席。1972年与佩恩(L. Payne)共同发表等周不等式中的“佩恩—雷纳不等式”。后又在微分方程研究中有所贡献。1980年在第四届国际数学教育大会上发表演讲《微积分必不可少吗?》。1990年获大英帝国勋章。

基什(Kiss，Elemér，1929.8.25—2006.8.23) 匈牙利数学家、数学史家。生于罗马尼亚布拉索夫，卒于罗马尼亚特尔古穆列什。1951年毕业于波尔约大学，后到高中任教。1961年到塔尔古穆列什师范学院数学系任教。1974年以代数研究论文获波尔约大学博士学位。1976—1985年任该校数学系主任。主要贡献是数学史，特别是对非欧几里得几何创始人J. 波尔约的研究，指出其在数论和代数方面的成就。著作《波尔约宝箱中的数学宝石》(1999)获匈牙利科学院和波尔约基金会颁发的奖项。2001年当选匈牙利科学院院士。还著有《J. 波尔约的新面孔》(2006)等。

达科斯塔(Da Costa，Newton Carneiro Affonso，1929.9.16—) 巴西数学家、逻辑学家、哲学家。生于巴西巴拉那州库里蒂巴。就读于库里蒂巴拉那联邦大学，学习工程和数学。1961年以拓扑空间和连续函数的论文获该校博士学位。1965年任教授。曾任巴西逻辑协会主席和圣保罗大学数学研究所所长。著有《拓扑空间与连续函数》(1959)、《形式系统的不一致性》(1963)、《经典与非经典逻辑》(1997)等。

格林鲍姆(Grünbaum，Branko，1929.10.2—2018.9.14) 南斯拉夫—美国数学家。生于南斯拉夫奥西耶克，卒于美国华盛顿州西雅图。1948—1949年学于萨格勒布大学，1957年获以色列耶路撒冷希伯来大学博士学位。1958年任美国普林斯顿高等研究院研究员。1966年任华盛顿大学教授，后在华盛顿大学等校任教。对几何学的若干分支作出了贡献。发表200多篇论文。著有《凸多胞形》(合著，1967)、《点与线的配置》(2009)等。

普罗霍罗夫(Прохоров，Юрий Васильевич，1929.12.15—2013.7.16) 苏联—俄罗斯数学家。生于莫斯科，卒于同地。1949年莫斯科大学毕业后到苏联科学院斯捷克洛夫数学研究所工作。1952年后回到莫斯科大学，1956年由科尔莫戈罗夫指导获物理-数学博士学位，1958年任教授。1972年当选苏联科学院院士(1991年转为俄罗斯科学院院士)。主要贡献在概率论和数理统计学方面。在概率论方面，给出了强大数定律的充分条件，即随机过程论中某种(在函数空间和许多其他空间中)分布的弱收敛性的充要条件。在数理统计学方面，提出分布类的特征问题，把概率论的方法应用于大负荷条件下质量管理体系的研究。撰写了一系列有关理论物理中的数学方法和控制过程理论方面的论著。两度任《概率论及其应用》杂志主编(1967—1987，1992—2013)，以及《苏联科学院通报》和《苏联大百科全书》(第3版)编委。1995—

2013年主持全俄随机方法和经济数学方面的大型研讨会。

龚升(1930.1.16—2011.1.10) 中国数学家。生于江苏川沙(今属上海浦东新区),卒于北京。1950年毕业于上海交通大学数学系。1950—1958年在中国科学院数学研究所工作。20世纪50年代初,师从陈建功和华罗庚学习几何函数论、多复变函数论。1958—1984年历任中国科学技术大学数学系副教授、教授、系副主任。1984—1989年任中国科学技术大学副校长、研究生院院长、数学研究所所长等职。20世纪50年代末至60年代中期,研究典型群上的调和分析和多复变数的奇异积分。1963年前后发现了多复变数的奇异积分与经典的卡尔德伦-齐格蒙德奇异积分的重要差异,发展了一套与国外同类研究不同的新的研究方法。70年代末又将这项工作系统化、完整化,完成专著《多复变数的奇异积分》。20世纪80年代末开始进行多复变数几何函数论的系统研究,用李群、李代数的表示理论以及微分几何的工具来研究多复变数问题,得到系统而完整的结果。早年在比伯巴赫猜想的研究上也取得了重要成果。发表学术论文80余篇,出版专著9种,包括《典型群上的调和分析》《比贝尔勃赫猜想》《简明复分析》《简明微积分》等。曾获国家自然科学奖三等奖、中国科学院自然科学奖一等奖等。2002年获华罗庚数学奖。

乌尔班尼克(Urbanik, Kazimierz, 1930.2.5—2005.5.29) 波兰数学家。生于克热梅涅茨(今属乌克兰),卒于弗罗茨瓦夫。1952年毕业于弗罗茨瓦夫大学并留校工作,1956年获博士学位,1960年任副教授,1964年任教授。1965年当选波兰科学院通讯院士(1973年转为正式院士)。1966年在莫斯科国际数学家大会作特邀演讲。1967—1996年任弗罗茨瓦夫大学数学研究所所长,1975—1981年任该校校长。1980年创办《概率论与数学统计》杂志并任总编辑(1980—2005)。是波兰数学学派的重要成员。主要贡献在一般拓扑学、测度论、概率论、数理统计学和泛函分析等方面。在概率论方面的工作包括对紧群中随机变量的研究、可测性与连通性之间的联系、广义卷积和可分解半群等。还研究了多变量广义随机过程、信息理论、泛代数和泛函分析。发表了180多篇论文。指导了17名博士研究生。曾获多种奖励,包括波兰科学院巴拿赫奖章、利奥波德二世勋章和军官十字勋章等。

志村五郎(Shimura, Goro, 1930.2.23—2019.5.3) 日本数学家。生于日本静冈县,卒于美国新泽西州普林斯顿。1958年获东京大学数学博士学位。1961年任大阪大学教授。1964—1999年任普林斯顿大学教授。主要贡献是在20世纪50年代末,将谷山丰1955年提出的猜想进一步精确化而形成“谷山-志村猜想”:有理数域上的所有椭圆曲线均是模曲线。其证明导致了1995年费马大定理的证明。著有《自守函数和数论》(1968)、《初等狄利克雷级数和模形式》(2007)等。1977年获柯尔数论奖,1996年获美国数学会的斯蒂尔数学奖。

谢克特(Schechter, Martin, 1930.3.10—2021.6.7) 美国数学家。生于费城,卒于以色列耶路撒冷。1957年在尼伦伯格指导下获纽约大学博士学位。1958—1966年在该校任教,1965年后任数学教授。1966—1983年在叶史瓦大学任教。后到尔湾加利福尼亚大学任教。著有《偏微分方程》(与贝尔斯合著,1964)、《泛函分析原理》(1971)、《非线性分析导论》(2004)等。还在偏微分方程某种类型的边值问题的解、相关估计的证明、关于某类算子定理、函数空间、巴拿赫空间的插值法等方面发表过论著。

王元(1930.4.15—2021.5.14) 中国数学家。生于浙江兰溪,卒于北京。1952年毕业于浙江大学,后到中国科学院数学研究所工作。1978年任研究员;1980—1984年任数论研究室主任;1980年当选中国科学院数学物理学部学部委员;1984—1987年任数学研究所所长;1988—1991年任中国数学会理事长。曾任《数学学报》主编(1984—1988)。在华罗庚的指引下开始科学生涯,主要研究哥德巴赫猜想,证明了命题{3,4}和{2,3}。在陈景润证明了命题{1,2}后,与潘承洞等共同简化了陈氏定理的证明。与华罗庚用数论方法进行高维数值积分的研究,被国际学术界誉为“华-王方法”。在代数数域上的丢番图分析领域堆垒素数论与丢番图不等式组等方面取得突出成果。研究论文汇集在《王元文集》和《王元论哥德巴赫猜想》中。还著有《华罗庚》和《华罗庚的数学生涯》等。1982年与陈景润、潘承洞同获国家自然科学奖一等奖,1990年获陈嘉庚科学奖,2000年获华罗庚数学奖,2008年获国家自然科学奖二等奖。

贝利(Baily, Walter Lewis, 1930.7.5—2013.1.15) 美国数学家。生于宾夕法尼亚州韦恩斯堡,卒于伊利诺伊州诺斯布鲁克。1948年入马萨诸塞理工学院学习,1952年毕业并获学士学位。后进入普林斯顿大学,1953年获硕士学位,1955年在小平邦彦的指导下获博士学位。后任普林斯顿大学和马萨诸塞理工学院讲师,兼任贝尔电话实验室数学家。1957年任芝加哥大学助理教授,1963年任教授,2005年后为名誉教授。是美国数学会、日本数学会的会员。主要研究抽象代数学,包括代数群、模形式和数论理论在自守形式中的应用等方面。特别对于作用于埃尔米特对称空间的算术群的轨道空间的紧化(称为贝利-波莱尔紧化)、曲线的模、阿贝尔族的模等问题有较深入的工作。1962年在斯德哥尔摩国际数学家大会上作特邀报告。著有《由不连续的复分析自同构群组成的复分析流形的商》(1955)等。

斯梅尔(Smale, Stephen, 1930.7.15—) 美国数学家。生于密歇根州弗林特。1952年毕业于密歇根大学。1957年在博特指导下获博士学位。1961年任哥伦比亚大学教授,1964—1995年任伯克利加利福尼亚大学教授。1995年后任中国香港城市大学和芝加哥丰田理工学院教授。早期的数学研究在微分拓扑学方面。证明了微分拓扑学中最重要的定理之一——大于4维的广义庞加莱猜想(1960),并提出了混沌概念的先声——斯梅尔马蹄铁。因此获1965年的维布伦几何奖和1966年的菲尔兹奖。1960年后转向微分动力系统理论的研究,1967年发表的论文《微分动力系统》标志着该理论的诞生,因此成为现代抽象动力系统理论的创始人之一。20世纪60年代后转向应用数学,研究力学、统计力学、湍流和生物学中的许多问题。在数理经济学方面获得许多新方法,在运筹学方面也有新的突破。1998年列出21世纪的18个数学问题,沿袭了1900年的希尔伯特提出的数学问题。其中有一部分也来自希尔伯特数学问题，包括还未解决的雅可比猜想和黎曼猜想。另一著名工作是证明了球面能够外翻的斯梅尔悖论。即如果容许球面穿过自己，则球面内壁能够翻到外面而不折皱。著有《复杂性与实际计算》（合著，1998）和《微分方程、动力系统和混沌导论》（合著，第3版，2013）等。其3卷论文集于2000年出版。两次（1966，1986）在国际数学家大会上作1小时大会报告。2007年获沃尔夫数学奖。

蒂茨（Tits，Jacques Léon，1930.8.12—2021.12.5） 比利时—法国数学家。生于比利时布鲁塞尔地区于克勒，卒于巴黎。早年入布鲁塞尔大学学习，1950年以关于射影群的研究论文获博士学位。1950—1956年相继到瑞士苏黎世理工大学、美国普林斯顿高等研究院和意大利罗马大学访问。1956—1964年在布鲁塞尔的几所大学任教，1962年任教授。1964—1974年在波恩大学任教。1974年加入法国籍，并到法兰西学院任教。主要研究群论及其与几何的相互关系。20世纪50年代同A. 波莱尔发展了线性代数群理论，由此独立地创造了沟通代数、拓扑和几何的蒂茨建构理论，并通过该理论建立了关于群与几何学更一般的、不同于C. F. 克莱因观点的关系。还得到相关的分类定理。在有限单群理论方面，通过改变谢瓦莱的方法，独立地得出一些新的李型单群，并建立了代数群与有限单群的一般关系。60年代初得到任意域上半单或可约群的结构定理。还在考克斯特群、李群、微分几何以及卡茨—穆迪代数等方面作出贡献。两次（1962，1974）在国际数学家大会上作1小时大会报告。1979年当选法国科学院院士，是多个国家学术团体和科学院的相应成员。1976年获法国科学院大奖、1993年获沃尔夫数学奖、1996年获康托尔奖章、2008年获阿贝尔奖。1995年获法国荣誉军团骑士勋章。还获多所大学的荣誉学位。

夏道行（1930.10.20—） 中国数学家。生于江苏泰州。1950年毕业于山东大学数学系，后考取浙江大学数学系研究生，师从陈建功。毕业后到复旦大学数学系任教，1956年任副教授。1957—1958年被派往苏联莫斯科大学数学系进修。1978年任复旦大学数学研究所副所长、教授。1980年起，在国内外多个研究所和大学兼任教授和访问学者。1980年当选中国科学院数学物理学部学部委员。1982年后到美国工作，1984年任范德堡大学终身教授。主要研究泛函分析、复变函数及数学物理等方面。在函数论方面，证明了苏联数学家戈卢津的两个猜想，建立了“拟共形映照的参数表示法”，得到一些有用的不等式和称为“夏道行函数”的一些性质。在泛函分析方面，建立了局部可乘凸线性拓扑代数的表示理论，关于拟不变测度的调和分析和关于亚正规算子的模型与谱理论。在现代数学物理方面，关于带不定尺度的散射问题的研究，关于规范场的场论与规范势的研究等都有很深入的结果。发表科学论文数十篇。专著《无限维空间上的测度和积分论》和《线性算子谱理论（Ⅰ）》等有很大影响。曾获全国科学大会奖和国家自然科学奖等奖项。

费特（Feit，Walter，1930.10.26—2004.7.29） 奥地利—美国数学家。生于奥地利维也纳，卒于美国康涅狄格州布兰福德。1939年随家人逃亡英国，1946年移居美国。1947年进入芝加哥大学学习，1951年获硕士学位。1953年在康奈尔大学任教。

1955年获密歇根大学博士学位。1964年后任耶鲁大学教授。主要成就是与J. G. 汤普森共同证明了费特-汤普森定理,即所有奇数阶的有限群都是可解的(即伯恩塞德猜想)。还研究低维有限矩阵群。著有《有限群的表示理论》(1982)和《有限群的特征》(1967)等。1970年在尼斯国际数学家大会上作1小时大会报告。1965年获柯尔奖,同年当选美国国家科学院和美国文理科学院院士。曾任国际数学联盟副主席。

阿韦(Avez, Andrew, 1930.10.27—) 法国数学家。生于蒙鲁日。1963年获巴黎大学数学博士学位,1967年起任巴黎大学数学教授。是法国数学会、美国数学会会员。研究涉及广义相对论、微分几何(调和空间、保角映射、爱因斯坦空间)及经典系统的遍历理论等。著有《动力系统的遍历理论》(1966)、《经典力学中的遍历问题》(与阿诺尔德合著,1967)等。

亚当斯, J. F.(Adams, John Frank, 1930.11.5—1989.1.7) 英国数学家。生于伦敦郊区的伍尔维奇(Woolwich),卒于布兰普顿。1956年获剑桥大学三一学院博士学位。先后在三一学院、牛津大学和曼彻斯特大学执教。1970—1989年任剑桥大学朗兹天文学和几何学讲座教授。1964年当选英国皇家学会会员。1985年当选美国国家科学院外籍院士。主要贡献在代数拓扑学方面。特别是把同伦论发展成为代数拓扑学的主要分支之一。对霍普夫不变量为1的问题和向量场问题所作的解答是拓扑学史上的重大事件。引进的亚当斯谱序列已成为稳定同伦论中重要的研究工具。是代数 K 理论的创始人之一,引进 K 理论中的亚当斯运算并进行深入研究,从而计算出球面向量场的数目,并证明不存在霍普夫不变量为1的元。还提出了一个关于 $K(Z)$ 的商群 $J(Z)$ 的重要猜想(称为亚当斯猜想,已被证明),由此引导出拓扑空间局部化和完备化理论。著有《稳定同伦论》(1964)、《代数拓扑:学生指南》(1972)和《稳定同伦理论和广义同调》(1974)等。1966年在莫斯科国际数学家大会上作1小时大会报告。是高级怀特海奖的第一位获奖者(1974)。1982年获西尔维斯特奖章。他的2卷论文集于1992年出版。

贝内什(Beneš, Václav Eduard, 1931.1.1—) 捷克—美国数学家。生于比利时布鲁塞尔。1942年移居美国,入美国籍。毕业于哈佛大学,1953年在凯梅尼指导下获普林斯顿大学数理逻辑学博士学位,1953—1987年任贝尔电话实验室研究员。20世纪80年代在哥伦比亚大学兼职。1990年当选电气与电子工程师学会会员。还是美国数学会、工业与应用数学学会会员。以对随机过程、排队论和控制论以及电信交换机设计的贡献而闻名,特别在卡尔曼滤波器理论研究上有突出贡献。以他的名字命名的有贝内什网络和贝内什方法。著有《排队论中的一般随机过程》(1963)、《连接网络和电话流量的数学理论》(1965)等。

斯坦(Stein, Elias Menachem, 1931.1.13—2018.12.23) 比利时—美国数学家。生于比利时安特卫普,卒于美国新泽西州萨默维尔。1940年随家人流亡美国,在纽约市接受教育。1951年毕业于芝加哥大学并获学士学位。1952年加入美国籍。1955年由齐格蒙德指导获芝加哥大学博士学位。1955—1962年先后任教于马萨诸塞理工学院和芝加哥大学。1962—1963年在普林斯顿高等研究院从事研究工作。1963—2018年在普林斯顿大学任教，2000年后为本科生开设分析系列讲座。1974年当选美国国家科学院院士，1982年当选美国文理科学院院士。是多维欧氏调和分析的创立者之一。对奇异积分作出了奠基性的贡献，证明了奇异积分算子的 L^p 可积性。在总结和综述方面也取得突出成绩，许多著作成为影响学科发展的重要参考文献。著有《普林斯顿分析讲义》（合著，2003—2011）、《与李特尔伍德-佩利理论相关的调和分析》（1970）、《欧几里得空间的傅里叶分析导论》（合著，1971）、《群表示的解析延拓》（1971）和《复分析》（2003）等。两次（1970，1986）在国际数学家大会上作1小时大会报告。1993年获首届肖克数学奖，1999年获沃尔夫数学奖。2002年获斯蒂尔终身成就奖。2005年获伯格曼奖。培养了50多位博士生，包括获菲尔兹奖的费弗曼和陶哲轩。

霍尔曼德（Hörmander，Lars Valter，1931.1.24—2012.11.25） 瑞典数学家。生于布莱金格省米耶尔比，卒于隆德。1948年进入隆德大学学习。1955年在M.里斯和拉斯加丁（Lars Gårding，1919—2014）指导下获博士学位，1957—1963年任斯德哥尔摩大学教授。1963年后相继任美国斯坦福大学和普林斯顿高等研究院教授。1968年任隆德大学教授，至1996年退休。主要研究偏微分方程和多复变函数论。博士论文研究常系数线性偏微分方程，得出局部 C^∞ 解存在的条件。后又研究复系数线性偏微分方程局部可解性条件。1959年得到了变系数偏微分方程解的存在性、唯一性及正则性的有关结果。因这项工作获1962年菲尔兹奖。在多复变函数论方面，证明了加权 L^2 空间伪凸域上齐次柯西-黎曼方程的存在定理，引进关于微分算子的凸性理论，进而引进更广意义下的凸性。在散射理论、非线性双曲型方程和隐函数定理等方面也有重要工作。是瑞典皇家科学院院士，美国国家科学院和丹麦科学院的外籍院士。1970年在尼斯国际数学家大会上作1小时大会报告。1987—1990年任国际数学联盟副主席。1988年获沃尔夫数学奖。2006年获斯蒂尔奖。1983—1985年出版的4卷《线性偏微分算子分析》被认为是线性偏微分算子领域的经典文献。还著有《多复变函数论导引》（1966）和《非线性双曲微分方程讲义》（2003）等。

米尔诺（Milnor，John Willard，1931.2.20—） 美国数学家。生于新泽西州奥兰治。1951年毕业于普林斯顿大学并获学士学位，后继续攻读研究生，1954年在福克斯（R. H. Fox，1913—1973）指导下获博士学位。后留校任教，1956年任教授。1962年任普特南讲座教授。1968—1970年任马萨诸塞理工学院教授。1970—1990年任普林斯顿高等研究院教授。1989年后任纽约州立大学石溪分校数学研究所所长。主要贡献在微分拓扑学与代数拓扑学方面。1956年证明在7维球面上存在28种微分结构，由此开创了微分拓扑学的新纪元。对更高维的球面，也与人合作得到重要结果。提出的换球术已成为研究高维流形的基本方法。还研究并奠定了复配边理论与自旋配边理论的基础。1964年证明了微分流形的切丛以及庞特里亚金示性类不是拓扑不变量。在代数拓扑学方面，于1961年首先举出主猜想的反例，从而否定了这个猜想。在复动力学、代数 K 理论和复超曲面的奇点理论等方面也做了开创性工作。著有《微分拓扑学》(1958)、《莫尔斯理论》(1963)、《代数 K 理论导引》(1971)和《单复变量动力学》(1999)等。1994—2010 年,陆续出版了他的 5 卷论文集。是美国国家科学院和美国文理科学院的院士。1962 年在斯德哥尔摩国际数学家大会上获菲尔兹奖,同时作 1 小时大会报告。1966 年获美国国家科学奖章。1982 年和 2011 年两度获斯蒂尔奖。1989 年获沃尔夫数学奖。2011 年获阿贝尔奖。

博罗夫科夫(Боровков, Александр Алексеевич, 1931.3.6—) 苏联—俄罗斯数学家。生于莫斯科。1954 年毕业于莫斯科大学数学系。1960 年后在苏联科学院西伯利亚分院数学研究所和新西伯利亚大学工作。1963 年获物理-数学博士学位。1965 年任教授。1966 年当选苏联科学院通讯院士,1990 年成为正式院士(1991 年转为俄罗斯科学院院士)。主要贡献在概率论方面。研究极限定理和概率问题解的渐近表达式,首先建立了一类最重要事件(与具无限减小跳跃的随机过程有关)的概率的渐近展开式。主要著作有《概率论教程》(1972)、《排队论中的渐近方法》(1980)和《随机过程的遍历性和稳定性》(1999)等。多次获苏联政府奖励和各种科学奖,如获 2015 年的科尔莫戈罗夫奖。

广中平佑(Hironaka, Heisuke, 1931.4.9—) 日本数学家。生于日本山口县。1954 年毕业于日本京都大学理学部,后进入研究院,1956 年获硕士学位。1957 年到美国哈佛大学学习,1959 年在扎里斯基指导下获博士学位。后相继在布兰代斯大学和哥伦比亚大学任教。1968 年任哈佛大学教授,1992 年任名誉教授。1975 年回日本,兼任京都大学数学科学研究所教授,1983—1985 年任研究所所长。1996—2002 年任日本山口大学校长。直接继承和发展了扎里斯基在代数几何学方面的成果。1964 年运用新工具,分析了各种情形,用多步归纳法完全解决了任何维数的代数簇的奇点解消问题,建立了相应定理。后又把这一结果向一般的复流形推广,对于一般奇点理论也有重要贡献。因此获 1970 年的菲尔兹奖。还获 1970 年的日本学院奖和 1975 年的日本文化奖。是日本学士院、美国文理科学院以及法国、俄罗斯、韩国和西班牙等科学院的相应成员。著有《特征零域上代数簇奇点的解消》(1963)、《无限近奇点理论导引》(1974)、《最大切触理论》(1975)和《几何奇点理论》(2004)等。

叶尔绍夫, А. П.(Ершов, Андрей Петрович, 1931.4.19—1988.12.8) 苏联数学家。生于莫斯科,卒于同地。1954 年毕业于莫斯科大学数学系,师从 А. А. 李亚普诺夫。1954—1959 年在苏联科学院计算中心工作。1959 年到苏联科学院西伯利亚分院计算中心工作。1962 年后在新西伯利亚大学工作。1968 年获物理-数学博士学位,1969 年任教授。1984 年当选苏联科学院院士。主要贡献在程序设计和计算数学方面。是程序设计理论和自动化方面的专家,以李亚普诺夫-叶尔绍夫算法著称。领导设计了一系列关于电子计算机数据保障系统的方案。著有《理论程序设计概论》(1977)和《信息学和计算机科学基础》(1985)等。

豪伊瑙尔(Hajnal, András, 1931.5.13—

2016.7.30） 匈牙利数学家。生于布达佩斯，卒于同地。1949 年就读于布达佩斯大学，学习数学，毕业后到塞格德大学深造。1956 年回布达佩斯大学任职，1962 年获数学博士学位。1976 年当选匈牙利科学院院士。1994 年在美国新泽西州新不伦瑞克市的罗格斯大学任离散数学和理论计算机科学中心主任，并任数学系教授直至 2004 年退休。1956 年开始与爱尔特希长期合作，共同撰写了 60 多篇论文，内容涉及集合论，尤其是组合集合论、集合论拓扑学和组合学。是欧洲集合论学会名誉主席，被视为组合集合论的创始人之一。著有《集合论》（合著，1999）等。

门德尔森（Mendelson，Elliott，1931.5.24—2020.5.7） 美国数学家、逻辑学家。生于纽约市，卒地不详。毕业于哥伦比亚大学。1955 年获康奈尔大学博士学位。执教于芝加哥、哈佛、哥伦比亚等大学，是纽约城市大学皇后学院和纽约市立大学研究生中心的数学教授，哈佛大学研究员协会会员。研究公理化集合论和数理逻辑、特别是选择公理和限制公理。著有《数理逻辑导论》（1964）、《数字系统与分析基础》（1973）、《博弈论及其应用导论》（2004）等。

维图什金（Витушкин，Анатолий Георгиевич，1931.6.25—2004.5.9）苏联—俄罗斯数学家。生于莫斯科，卒于同地。1943 年进入图拉苏沃罗夫军事学校学习，1945 年因意外事故双目失明，1949 年以金牌获得者从军校毕业。同年进入莫斯科大学数学系学习，1954 年毕业后加入科尔莫戈罗夫的研究团队。1957 年在科尔莫戈罗夫指导下获物理-数学博士学位。1956 年后一直在苏联科学院斯捷克洛夫数学研究所工作。1976 年当选苏联科学院通讯院士，1991 年当选院士，同年转为俄罗斯科学院院士。主要贡献在实分析和复分析、函数论、数值逼近法、电子计算机和集合论等方面。著有《论多维变体》（1955）、《制表问题复杂性的评估》（1959）和《有限频谱和录音问题的信号编码》（1974）等。1974 年在温哥华国际数学家大会上作 1 小时大会报告。2003 年因“近似理论中的分析能力”获科尔莫戈罗夫奖。

彭罗斯（Penrose，Roger，1931.8.8—）英国数学家。生于埃塞克斯郡科尔切斯特（Colchester）。1945 年就读于伦敦大学学院，1957 年在 J. A. 托德指导下以代数几何方面的论文获剑桥大学博士学位。1966 年任伦敦伯贝克学院应用数学教授，1972 年当选英国皇家学会会员，1973 年任牛津大学数学教授。主要研究欧几里得空间中流形嵌入和宇宙学中黎曼张量的几何理论，引入了扭量理论，试图将相对论和量子理论结合起来。1978 年在赫尔辛基国际数学家大会上作 1 小时大会报告。1988 年获沃尔夫物理学奖。1998 年当选美国国家科学院外籍院士。因对“黑洞”存在的预测获 2020 年诺贝尔物理学奖。代表作是《旋量和时空》（2 卷，合著，1987—1988）。他的《皇帝新脑：关于计算机、思想和物理定律》（1989；中译本《皇帝新脑》，湖南科技出版社，2007）获 1990 年罗纳-普朗克科学图书奖。与霍金合作出版《时空的本质》（1996）。1994 年因对科学的贡献而被封为爵士。

伯奇（Birch，Bryan John，1931.9.25—）英国数学家，生于特伦特河畔伯顿（Burton-upon-Trent）。早年在什鲁斯伯里学校和剑桥大学三一学院学习，其间受到达文波特的影响。1958 年获剑桥大学三一学院博士学位。后执教于曼彻斯特大学和牛津大学。1983 年到美国普林斯顿高等研究院作访问学者。1972 年当选英国皇家学会会员。还是剑桥哲学会、伦敦数学会、美国数学会会员。1966 年任《拓扑学》(1962 年创刊)杂志编辑。主要贡献在数论和代数几何等方面。特别对丢番图方程、椭圆函数和模函数进行了较深入的研究。1965 年与斯温纳顿-戴尔提出了椭圆曲线理论中重要的伯奇—斯温纳顿-戴尔猜想：对有理数域上的任一椭圆曲线，其 L 函数在 $s=1$ 处的化零阶等于此曲线上有理点构成的阿贝尔群的秩。该猜想是数论领域的一个开放性问题，被广泛认为是最具挑战性的数学问题之一，已列入千禧年大奖七大难题之中。1971 年引进模块化符号，进一步研究赫克代数的性质。还对代数 K 理论进行深入研究，和 J. T. 泰特共同提出了伯奇-泰特猜想。1993 年获高级怀特海奖，2007 年获德·摩根奖章，2020 年获西尔维斯特奖章。1977 年编辑出版了达文波特的论文集。

贡恰尔(Гончар, Андрей Александрович, 1931.11.21—2012.10.10) 苏联—俄罗斯数学家。生于苏联列宁格勒(今俄罗斯圣彼得堡)，卒于莫斯科。1954 年毕业于莫斯科大学。1957 年后在莫斯科大学和苏联科学院斯捷克洛夫数学研究所工作。1964 年获物理-数学博士学位。1966 年任教授。1987 年当选苏联科学院院士(1991 年转为俄罗斯科学院院士)，1976—2012 年任科学院数学部主席团成员。1991—1998 年任俄罗斯科学院副院长。主要贡献在函数论，特别是函数逼近论和位势论等方面。研究了函数结构的性质，以及这些性质之间的关系。还研究了用有理函数逼近实变函数或复变函数(对这些函数的极点分布不作任何限制)的速度等问题。著有《有理分数逼近速度与函数性质》(1968)、《复变量函数逼近理论》(1970)和《解析函数的平衡分布和有理逼近速度》(1987)等。

冈宁(Gunning, Robert Clifford, 1931.11.27—) 美国数学家。生于科罗拉多州朗蒙特(Longmont)。1952 年毕业于科罗拉多州立大学，1953 年获普林斯顿大学硕士学位，1955 年在博赫纳指导下获该校博士学位。先后执教于芝加哥大学和普林斯顿大学，1966 年任普林斯顿大学数学教授。1959—1960 年在剑桥大学研究数学。曾任多所名校的客座教授。是美国和法国数学会会员。2003 年获普林斯顿大学杰出教学奖。著有《模形式讲义》(1962)、《黎曼曲面讲义》(1966)、《分析导论》(2018)等。

森多夫(Sendov, Blagovest Hristov, 1932.2.8—2020.1.19) 保加利亚数学家、外交官、政治家。生于保加利亚阿塞诺夫格勒(Asenovgrad)。1956 年毕业于索非亚大学，1963 年获博士学位。1957—1962 年在索非亚大学任教。后任该校校长，保加利亚科学院院长。1995—1997 年任保加利亚国民议会主席。2000 年当选塞尔维亚科学与艺术学院院士。2004—2009 年任保加利亚驻日本大使。研究豪斯多夫度量近似理论，在与数学和计算机科学相关的领域发表了 200 多篇论文。著有《计算机》(合著，1966)等。

马特洛索夫(Матросов, Владимир Мефодьевич, 1932.5.8—2011.4.17) 苏联—俄罗斯力学家、数学家。生于苏联阿尔泰边疆区施蓬诺沃，卒于莫斯科。1956

年毕业于喀山航空学院，后留校工作。1968—1972年任高等数学系主任。1968年获博士学位。1970年任教授。1972年创建控制论系，并任系主任至1975年。1975年到苏联科学院西伯利亚分院动力研究所工作。1987年当选苏联科学院院士（1991年转为俄罗斯科学院院士）。1975—1991年兼任伊尔库斯克大学数学系主任。主要贡献在理论力学，特别是非线性动力系统方面。提出了非线性动力系统的李亚普诺夫向量函数法，建立了控制论抽象理论的基本概念，研究了非线性系统的各种动力性质。著有《系统数学理论中的比较方法》（1980）和《矢量函数的李亚普诺夫方法：非线性系统动力学性质分析》（2001）等。

卢帕诺夫（Лупанов，Олег Борисович，1932.6.2—2006.5.3）　苏联—俄罗斯数学家。生于苏联列宁格勒（今俄罗斯圣彼得堡），卒于莫斯科。1955年毕业于莫斯科大学。后到苏联科学院应用数学研究所工作，1993年任该研究所首席研究员。1958年在A. A. 李亚普诺夫和亚布隆斯基指导下获博士学位。1959年后在莫斯科大学执教，1967年任教授，1980—2006年任力学数学系主任。1981—2006年创建并领导了该校离散数学系。2002年后任名誉教授。1972年当选苏联科学院通讯院士。2003年当选俄罗斯科学院院士。主要贡献在离散数学、控制论和数理逻辑等方面。在控制系统理论和算法理论的应用等方面做了大量工作。推广了亚布隆斯基的研究结果，对综合控制系统的数学理论进行了卓有成效的研究。还研究机器人和机器人逻辑，为特殊逻辑代数函数（“局部编码原理”）合成电路建立了最简单方法。著有《控制系统复杂性的渐近估计》（1984）等。1966年获罗蒙诺索夫奖。

康纳（Conner，Pierre Euclide Jr.，1932.6.27—2018.2.3）　美国数学家。生于得克萨斯州休斯敦，卒于路易斯安那州新奥尔良。1955年以论文《黎曼流形上的微分形式的格林和诺伊曼问题》获普林斯顿大学博士学位。20世纪60年代任弗吉尼亚大学教授，70年代任路易斯安那州立大学教授。主要研究代数拓扑和微分拓扑（尤其是协边理论）。著有《可微周期映射》（1964）、《协边对K理论的关系》（1966）、《周期映射研究》（1966）等。

拉夫连季耶夫，M. M.（Лаврентьев，Михаил Михайлович，1932.7.21—2010.7.16）　苏联—俄罗斯数学家。生于莫斯科，卒于俄罗斯新西伯利亚。M. A. 拉夫连季耶夫之子。1955年毕业于莫斯科大学数学系，后继续攻读研究生，1957年在索伯列夫指导下获物理-数学博士学位。1957年后一直在苏联科学院西伯利亚分院数学研究所工作。1962年任教授。1968年当选苏联科学院通讯院士，1981年当选正式院士（1991年转为俄罗斯科学院院士）。主要贡献在复变函数论、偏微分方程、数值近似方法和力学中的数学方法等方面。是数学物理中不适定问题理论的创始人之一。在地球构造理论的微分方程问题及其相关问题的研究中得到了重要结果。著有《微分方程的条件适定问题》（1973）和《数学物理与分析中的不适定问题》（合著，1980）等。获苏联和俄罗斯政府多项奖励。

怀特赛德（Whiteside，Derek Thomas，1932.7.23—2008.4.22）　英国数学史家。生于布莱克浦，卒于伯克郡沃金厄姆。1951年获国家奖学金进入布里斯托尔大学学习。毕业后服两年兵役。1956 年到剑桥大学开始数学史研究，1958 年专攻牛顿手稿研究，其博士论文于 1961 年发表在新创办的期刊《精密科学史档案》第 1 卷。1963 年任剑桥大学惠普尔科学史博物馆研究助理。1969 年任美国康涅狄格州耶鲁大学伍德沃德客座教授。1975 年当选英国科学院院士。1987 年任剑桥大学纯数学和数理统计系数学史和精密科学教授。编辑出版了 8 卷本的牛顿未发表的论著集(1964—1981)。获国际科学史学院柯瓦雷奖(1968)和萨顿奖章(1977)等。

德·布朗基(de Branges, Louis, 1932.8.21—) 法国-美国数学家。生于法国巴黎塞纳河畔讷伊(Neuilly-sur-Seine)。1949—1953 年在马萨诸塞理工学院学习，获学士学位后到康奈尔大学深造，1957 年获博士学位。后到宾夕法尼亚州伊斯顿地区的拉法耶特学院任教。1959 年后相继在普林斯顿高等研究院和纽约大学库朗数学科学研究所工作。1963 年任普渡大学数学系副教授，1964 年任教授。主要贡献在泛函分析、傅里叶级数、丢番图分析和算子理论等方面，特别对整函数、希尔伯特空间和黎曼假设等有深入研究。在 1984 年以证明比伯巴赫猜想而闻名(从此比伯巴赫猜想改称德·布朗基定理)。1985 年发表论文《比伯巴赫猜想的证明》。没有引用更新颖的方法，却在最广泛的范围内证明了这个重要猜想。因此于 1986 年在伯克利国际数学家大会上作 1 小时大会报告，并获奥斯特罗夫斯基奖(1989)和斯蒂尔奖(1994)。2004 年后致力于黎曼猜想的证明，发表大量论文。2015 年在普渡大学的个人网页上贴出了关于黎曼猜想的证明。还著有《整函数的希尔伯特空间》(1968)和《Γ 函数的量子化》(1994)等。

巴斯(Bass, Hyman, 1932.10.5—) 美国数学家。生于得克萨斯州休斯敦。1955 年获普林斯顿大学学士学位，1959 年获芝加哥大学博士学位。1959—1998 年任哥伦比亚大学数学系教授，后任名誉教授。还在密歇根大学、普林斯顿高等研究院、伯克利加利福尼亚大学和犹他大学兼职。1982 年当选美国国家科学院院士。1983 年当选美国文理科学院院士。2002 年当选世界科学院院士。1992—2000 年在美国国家科学院主持数学科学教育委员会工作。1999—2006 年任国际数学教育委员会主席。2001—2002 年任美国数学会主席。以对代数学的研究和对数学教育的贡献而闻名。20 世纪 60 年代初期，创立了代数 K 理论，该理论在代数几何和拓扑学中起着重要作用。引入了 K_1，并与他人合作大范围地研究了 K_0 和 K_1。著有《代数 K 理论》(1968)等。还研究交换代数与代数几何、代数群、群论的几何方法和有限图上的 ζ 函数等。1975 年获柯尔代数奖，2006 年获美国国家科学奖章。撰写了许多关于数学教育的论文，如《从国家角度看教育改革》(1994)和《作为教育者的数学家》(1997)等。指导了 20 多位博士生，华裔数学家谭子元和林节玄是他培养的博士生。

阿佩尔，K. I.(Appel, Kenneth Ira, 1932.10.8—2013.4.19) 美国数学家。生于纽约市布鲁克林，卒于新罕布什尔州多佛。1953 年获纽约皇后学院数学学士学位。服役两年后进入密歇根大学攻读研究生，1959 年获博士学位。在普林斯顿国防分析研究所工作两年后，任伊利诺伊大学厄巴纳分校助理教授，讲授数学，并从事群论和可计算论的研究。1993 年任新罕布什尔大学数学系主任。主要贡献是与哈肯合作，在 1976 年使用计算机证明了“四色猜想”。成果发表于次年，并以《每张平面地图都可四种着色》(1989)一书出版。两人于 1979 年获美国数学会和数学规划学会富尔克森奖。

汤普森，J. G.(Thompson, John Griggs, 1932.10.13—) 美国数学家。生于堪萨斯州渥太华。1955 年毕业于耶鲁大学。1959 年在麦克莱恩指导下获芝加哥大学博士学位，后在哈佛大学、芝加哥大学任教。1968 年赴英国，任剑桥大学丘吉尔学院研究员，1971—1993 年任剑桥大学劳斯·鲍尔纯粹数学讲座教授。1993 年返回美国，任佛罗里达大学教授。1971 年当选美国国家科学院院士，1998 年当选美国文理科学院院士。还是英国皇家学会与意大利科学院的外籍成员。以对有限群论的研究而著称。1963 年与美国数学家费特共同肯定地证明了代数学中的伯恩塞德猜想，即“除了只含素数个元素的循环群外，一切有限单群都是含偶数个元素的”。证明论文发表在 1963 年的《太平洋数学杂志》上，题为《奇数阶群是可解的》。1966 年又解决了弗罗贝尼乌斯猜想。1968 年发表了关于“局部子群皆可解的不可解有限群”的 6 篇论文，已成为有限单群理论的重要文献。由于在有限群论方面的贡献获 1970 年的菲尔兹奖。后又从希尔伯特不可约定理出发，构造数域的伽罗瓦群，取得这一领域的重大进展。1966 年在莫斯科国际数学家大会上作 1 小时大会报告。1992 年获沃尔夫数学奖，2000 年获美国国家科学奖章，2008 年获阿贝尔奖。还获多项其他国际奖项，如西尔维斯特奖章及庞加莱金质奖章等。

弗里德曼，A.(Friedman, Avner, 1932.11.19—) 以色列—美国数学家。生于以色列佩塔提克瓦。1954 年获希伯来大学硕士学位、1956 年获博士学位。同年移居美国。1963 年入美国籍。1962 年后相继在美国西北大学、普渡大学和明尼苏达大学任教。1994—2001 年任明尼苏达州工业数学中心主任。2002 年后任俄亥俄州立大学教授和数学生物科学研究所的创始主任。是美国文理科学院院士(1987)和美国国家科学院院士(1993)，美国工业和应用数学学会会员(2009)和美国数学会会员(2012)。1993—1994 年任美国工业和应用数学学会会长。主要研究领域是偏微分方程，涉及解的可微性和渐近状态，抛物型方程的自由边界问题等。对工业中出现的数学模型、随机过程和控制理论等方面也多有建树。发表 500 多篇论文，出版了 25 本书。代表作有《广义函数和偏微分方程》(1963)、《现代分析基础》(1970)和《随机微分方程和应用》(2 卷，1975—1976)等。1988—1998 年编辑出版了《工业问题中的数学》系列丛书。指导了近 30 名博士生。

张奠宙(1933—2018.12.20) 中国数学家、数学史家、数学教育家。生于浙江奉化，卒于上海市。1950 年考取大连工学院(今大连理工大学)造船系，因数学成绩突出转入应用数学系，次年并入东北师范大学数学系。1954 年就读于华东师范大学数学分析研究生班，1956 年毕业后留校任教并研究泛函分析。1981 年成为数学史学会创始会员，开创中国近代数学史研究。1986 年任教授。1995 年任国际数学教育委员会执行委员，1999 年当选国际欧亚科学院院士。国家普通高中数学课程标准研制组组长。著有《实变函数与泛函分析基础》(合著,1983)、《中国近现代数学的发展》(1999)、《20 世纪数学经纬》(2002)、《陈省身传》(合作,2004)、《数学教育研究导引》(主编,1994)、《数学教育学概论》(主编,2004)等。1995 年获全国优秀教师奖章。1997 年获全国教师奖(曾宪梓奖)一等奖。2017 年被聘为国家教育名师。去世后,华东师范大学教育发展基金会设立"张奠宙数学教育奖",2021 年在第 14 届国际数学教育大会上进行了首届颁奖。

郭仲衡(1933.3.2—1993.9.22) 中国数学家、力学家。生于广东广州,籍贯广东中山。卒于北京。1951 年考入清华大学航空系学习。1953 年赴波兰留学,先后就读于华沙大学、华沙工业大学和波兰科学院。1960 年获华沙工业大学硕士学位,1963 年获波兰科学院博士学位。同年回国到北京大学任教,1979 年任数学系教授。1988 年当选波兰科学院外籍院士,1991 年当选中国科学院数学物理学部学部委员。主要贡献在应用数学、非线性连续介质力学、张量分析、力学的数学原理和方法等方面。在博士论文中提出应力率的正确定义,得到国际学术界认可。20 世纪 70 年代末期,结合工程问题开展应用数学研究,在非线性弹性理论的应用中作出贡献。发表 100 多篇学术论文,出版 9 种专著和译著。获德国洪堡基金会奖学金、波兰科学院一等学术奖和中国国家自然科学奖等奖项。

陈景润(1933.5.22—1996.3.19) 中国数学家。生于福建福州,卒于北京。1953 年于厦门大学数学系毕业后到北京任中学教师。1954 年回厦门大学任图书资料员。其间写出数论方面的论文,受到华罗庚的赏识。1957 年调入中国科学院数学研究所工作。1977 年任中国科学院数学研究所研究员。1978 年后在多所院校兼职,并任《数学季刊》主编。1980 年当选中国科学院数学物理学部学部委员。主要贡献在解析数论方面。20 世纪 50 年代对圆内格点问题、球内格点问题、华林问题等作出了重要推进。60 年代对筛法及有关问题进行了深入研究。1966 年证明了"每一个充分大的偶数都能够表示为一个素数及一个不超过两个素数的乘积之和",简称命题{1,2},成为哥德巴赫猜想研究上的里程碑。其证明过程又经过几年的补充修改,于 1973 年在《中国科学》上以《大偶数表为一个素数及一个不超过二个素数的乘积之和》为题正式发表,受到世界数学界的瞩目。得出的定理称为"陈氏定理"。后又发表了《1+2 系数估计的进一步改进》(1978),继续推进了有关问题的研究。1982 年与王元、潘承洞同获国家自然科学奖一等奖,1992 年获首届华罗庚数学奖。发表学术论文 70 余篇,著有《初等数论》等。第 7681 号小行星(1999)命名为"陈景润星"。

石钟慈(1933.12.5—2023.2.13) 中国数学家。生于浙江鄞县(今宁波),卒于北京。1951 年考入浙江大学数学系,次年转入复旦大学数学系,1955 年毕业后到中国科学院数学研究所工作。1956—1960 年被派往苏联科学院斯捷克洛夫数学研究所学习计算数学,回国后到中国科学院计算技术研究所工作。其间积极参与冯康领导的中国计算数学专业的创建。1965 年调入中国科学技术大学数学系,参与建立该系的计算数学专业。曾任该校数学系和计算中心主任。1987 年调回中国科学院计算技术研究所。1991 年当选中国科学院数学物理学部学部委员。主要从事计算数学的理论和应用研究。20 世纪 50 年代末，建立了一种将变分原理和摄动理论相结合的新算法，并算出氦原子最低能态的良好近似值；研究了矩阵特征值的定位问题，得到精度很高的上、下界估计公式。70 年代中期后，从事有限元的理论研究和应用，首创的样条有限元广泛应用于实际计算并引发了大量后继工作；研究非协调元的收敛性，证明国际上流行的一种检验方法既非必要也不充分，并提出新的判别准则；其工作推动了有限元方法的发展。在国内外著名数学期刊上发表研究论文 60 余篇，代表作有《第三种科学方法：计算机时代的科学计算》、《弹性结构的数学理论》（与冯康合作）和《有限元方法》等。曾任中国计算数学学会理事长、中国数学会副理事长。1987 年获中国科学院科技进步奖一等奖，2000 年获何梁何利基金奖，2003 年获华罗庚数学奖，2006 年获首届苏步青应用数学奖等。

波默伦克（Pommerenke，Christian，1933.12.17—）　丹麦数学家。生于哥本哈根。1954—1958 年在格丁根大学学习，1959 年在 C. L. 西格尔指导下获博士学位。1958 年任格丁根大学教学助理，1963 年获私人讲师资格。后到美国密歇根大学和哈佛大学任教。1965—1967 年任伦敦帝国学院客座讲师。1967 年后任柏林技术大学复分析教授，退休后任名誉教授。主要致力于复变函数，特别是非等价函数理论的研究。1985 年简化了美国数学家德·布朗基对比伯巴赫猜想的证明。代表作有《单叶函数》（合著，1975）和《保角映射的边界性质》（1992）等。

陈希孺（1934.2.11—2005.8.8）　中国数学家。生于湖南长沙，卒于北京。1956 年毕业于武汉大学数学系，后到中国科学院数学研究所工作，1957—1958 年赴波兰留学。1960 年到中国科学技术大学任教。1980 年任教授，1986 年调入中国科学院研究生院工作。1984—1986 年任中国数学会概率统计学会理事长。1993—2005 年任中国现场统计研究会理事长。1997 年当选中国科学院数学物理学部院士。2002 年当选国际数理统计学会会士。主要从事线性模型、U-统计量、参数估计与非参数密度、回归估计和判别等方面课题的研究。在最小一、二乘和 M 估计相合性，渐近正态性，线性表示和误差方差估计等问题研究中获得本质性的进展。长期任《中国科学院研究生院学报》《应用概率统计》主编。发表论文 130 多篇，出版专著、教科书以及科普读物 10 余种。1984 年获中国科学院科技成果奖一等奖，1991 年获国家自然科学奖三等奖，1998 年获中国科学院自然科学奖一等奖。

法捷耶夫，Л. Д.（Фаддеев，Людвиг Дмитриевич，1934.3.23—2017.2.26）　苏联—俄罗斯数学家、理论物理学家。生于苏联列宁格勒（今俄罗斯圣彼得堡），卒于同地。Д. K. 法捷耶夫之子。1956 年毕业于列宁格勒大学并留校工作，1963 年获物理-数学博士学位。后到苏联科学院斯捷克洛夫数学研究所列宁格勒分所工作，1967 年任教授。1976—2000 年任该研究所所长。1968—1973 年兼任列宁格勒大学数学力学系教授。1988—1992 年任新建立的欧拉国际数学研究所分所所长。1976 年当选苏联科学院院士（1991 年转为俄罗斯科学院院士），2007 年当选中国科学院外籍院士。是美国、法国、瑞典等国科学院的外籍院士。1987—1990 年任国际数学联盟主席。数学研究涉及与量子力学和量子场论有关的各种问题，特别在自同构函数论和连续光谱的摄动理论方面作出重要贡献。用数学观点对三体问题的量子理论进行了精辟论述，导出并研究了有关的积分方程(称为法捷耶夫方程)。还研究了具有无穷阶不变群的量子场论，推动了量子群的发明。发表 200 余篇论文和 5 部专著。1987 年 10 月曾到中国访问。获苏联和俄罗斯政府多项奖励。还获狄拉克奖章(1990)、普朗克奖章(1996)、庞加莱奖(2006)、邵逸夫数学科学奖(2008)和罗蒙诺索夫金质奖章(2014)等。

科恩(Cohen, Paul Joseph, 1934.4.2—2007.3.23)　美国数学家。生于新泽西州朗布兰奇，卒于加利福尼亚州帕洛阿尔托。1954 年毕业于芝加哥大学并获硕士学位，1958 年在齐格蒙德指导下获博士学位。1959 年后历任普林斯顿高等研究院博士后研究员、斯坦福大学数学系助授、副教授、教授(1964)，2004 年退休。1967 年当选美国国家科学院院士。是美国文理科学院院士。主要贡献在数学基础方面。1963 年末和 1964 年初，接连发表两篇题为《连续统假设的独立性》的论文，证明了连续统假设的独立性，即用集合论的公理化体系无法证明该假设是否正确。在证明中创造了一种新方法——力迫法，在集合论中得到广泛应用。其工作使连续统假设成为一种既不能被证明，又不能被推翻的现代逻辑工具。在分析学和连续群方面也有突出贡献。著有《集合论与连续统假设》(1966)。1964 年获博谢纪念奖。1966 年获菲尔兹奖。1967 年获美国国家科学奖章。

潘承洞(1934.4.14—1997.12.27)　中国数学家。生于江苏苏州，卒于山东济南。1956 年毕业于北京大学数学力学系并留校工作，不久考取闵嗣鹤的研究生。1961 年毕业后到山东大学数学系工作。1978 年任教授。历任山东大学数学系主任、数学研究所所长、副校长、校长等职。1991 年当选中国科学院数学物理学部学部委员。曾任山东省科协主席、中国数学会副理事长等职。主要从事解析数论的研究，尤以研究哥德巴赫猜想而闻名。20 世纪 50 年代首先得到关于算术数列中最小素数的上界的定量估计。60 年代后主要从事哥德巴赫猜想的研究，首先确定命题{1，C}中 C 的具体数值，证明了命题{1，5}和{1，4}成立。70 年代在简化陈氏定理{1，2}时提出并证明一条新的均值定理，是对邦别里定理的重要推广与发展。为最终解决哥德巴赫猜想，提出完全不同于经典“圆法”的一个新途径，其误差项比“圆法”简单明确，便于直接处理。用分析方法对小区间上素变数指数和的估计进行处理，提出了估计这种和的一种新方法，使表大奇数为三个几乎相等的素数之和得到更精确的结果。1982 年与陈景润、王元同获国家自然科学奖一等奖。

阿廷，M.(Artin, Michael, 1934.6.28—)　美国数学家。生于德国汉堡。E. 阿廷之子。1937 年随父母到美国。1955 年获普林斯顿大学文学学士学位。1960 年在扎里斯基指导下获哈佛大学博士学位。后任哈佛大学讲师，20 世纪 60 年代初与格罗滕迪克到法国高等科学研究所工作。1963 年后到马萨诸塞理工学院数学系工作，1966 年任教授，同年在莫斯科国际数学家大会上作 1 小时大会报告。在代数学与代数几何学领域作出重要贡献，主要成就包括逼近定理、交换代数与非交换代数，在解决沙法列维奇-泰特猜想中的工作以及为推广"概形"而创建的"代数空间"概念等。在代数簇的变形理论方面也有重大贡献。2002年获斯蒂尔奖。2005年获哈佛大学百年奖。2013年获沃尔夫数学奖。2016年获美国国家科学奖章。是美国国家科学院和美国文理科学院院士，美国科学促进协会、美国工业与应用数学学会和美国数学会会员（1991—1992年任会长）。著有《艾达尔同伦》（合著，1969）、《概形的拓扑理论和艾达尔上同调》（1972）和《代数学》（1991）等。

陆汝钤（1935.2.15—） 中国数学家、计算机科学家。生于上海。1959年毕业于德国耶拿大学数学系并获学士学位。同年进入中国科学院数学研究所工作，1983年任研究员。1987—1990年任数学研究所副所长。1991—1994年任数学研究所学术委员会主任。2000年任复旦大学计算机学院教授。1999年当选中国科学院信息技术科学部院士。2017年当选首批中国人工智能学会会士。早年从事多复变函数论研究，后转向人工智能，是中国人工智能研究的开拓者之一，在知识工程和基于知识的软件工程方面做了系统、创造性的工作。倡导并主持完成了以软件的机械化生成和移植为目标的系列软件计划（XR计划），推动了当时国产机软件缺乏问题的解决。先后发表论文200余篇，出版中英文专著多种，代表作有《人工智能》和《计算系统的形式语义》等。1983年获中国科学院重大成果奖一等奖，1992年获中国科学院科技进步奖一等奖，1993年获国家科技进步奖二等奖，2003年获华罗庚数学奖。2014年获中国计算机学会终身成就奖。2018年获吴文俊人工智能最高成就奖。

陆家羲（1935.6.10—1983.10.31） 中国数学家。生于上海，卒于内蒙古包头。1961年毕业于吉林师范大学（今东北师范大学）物理系，并到内蒙古包头钢铁学院任教，不久调到包头市教育局教研室，后在包头的几所中学任物理教师，直至去世。主要贡献是解决了组合数学中的"柯克曼女生问题"和施泰纳系列问题。1966年前已解决"柯克曼女生问题"，但相关论文未能获得应有评价和及时发表，1971年两位外国学者率先发文被数学界公认解决了该问题。1979—1981年研究施泰纳系列问题。设计了一系列递归构造，用6篇论文、50多个定理和引理证明了施泰纳三元系大集定理。其结果分两次于1983年和1984年在美国《组合论》杂志上发表。1984年《数学学报》发表了其于1979年写成的论文《可分解平衡不完全区组设计的存在性理论》。1989年其《关于不相交施泰纳三元系大集》系列论文获国家自然科学奖一等奖。

布尔巴基（Bourbaki，Nicolas，1935.7—） 法国数学家组织布尔巴基学派的笔名。布尔巴基学派于20世纪30年代在法国形成，借用19世纪一个法国将军的名字尼古拉·布尔巴基为集体的笔名，发表数学论文和有关数学基础问题的专著。数学家韦伊、迪厄多内、H. 嘉当、谢瓦莱、德尔萨特、L. 施瓦尔茨、塞尔、格罗滕迪克等曾是其成员。认为数学是结构的科学，有三类基本结构：代数结构、次序结构和拓扑结构。以此为基础，从集合和函数出发，运用公理化的方法系统地阐述现代数学。其代表作《数学原理》自1939年起已陆续出版40

卷，被译为英、日、俄等多种文字。书中坚持严格的公理化原则，并创造使用许多名词术语(其中大多数被广泛接受)。以“分析的基本结构”为理论基础，内容包括集合论、代数学、一般拓扑学、实变函数论、拓扑向量空间、积分论，还有李群与李代数、交换代数、谱理论、微分流形与解析流形等。学派成员还发表500多篇文章，综述当代数学各领域的重大成果，对现代数学的发展产生很大影响。

林群(1935.7.15—)　中国数学家。生于福建连江。1956年毕业于厦门大学数学系，随即分配到中国科学院数学研究所工作，1983年任研究员。1993年当选中国科学院数学物理学部学部委员，1999年当选世界科学院院士。第九、十届全国人大代表。2015年当选美国工业与应用数学学会会士。主要贡献在计算数学方面，长期研究偏微分方程的求解问题，致力于寻找高效率、高性能的有限元算法。提出“有限元外推法”，使特征值的误差可通过外推而减少。20世纪80年代早期，以他为首的研究群体提出了有限元特征值的误差展开法，在国内外引出了一些后续工作，得到的部分成果应用于核反应堆物理计算和核燃料管理。在工程计算中发现了“超收敛”不是个别点的现象，而是一个整体现象。早年的工作获1978年全国科学大会奖。其“有限元外推技术”获1989年中国科学院自然科学奖一等奖。2001年获捷克科学院“数学科学成就”荣誉奖，2004年获何梁何利基金奖，2015年获华罗庚数学奖。代表作有《微分方程数值解法基础教程》和《微积分快餐》等。

西奈(Синай, Яков Григорьевич, 1935.9.21—)　苏联—俄罗斯数学家。生于莫斯科。是卡甘的外孙。1953年进入莫斯科大学学习，受教于切塔耶夫和邓肯。1957年毕业后又考取科尔莫戈罗夫的研究生，1960年获副博士学位，1964年获博士学位。毕业后留校工作，1971年任教授。1971年起任苏联科学院理论物理研究所研究员。1991年当选俄罗斯科学院院士。1993年起兼任美国普林斯顿大学教授。是美国国家科学院、美国文理科学院、匈牙利科学院外籍院士、伦敦数学会名誉会员。主要研究统计物理学中的数学问题，特别在遍历理论、动力系统和统计力学的应用等方面有突出贡献。著有《遍历理论概要》(1973)和《相变理论》(1980)等。2010年斯普林格出版社出版了他的2卷论文选集。1990年在京都国际数学家大会上作1小时大会报告。1997年获沃尔夫数学奖。2002年获内莫斯数学奖，2009年获庞加莱奖，2013年获斯蒂尔奖，2014年获阿贝尔奖。

弗斯滕伯格(Furstenberg, Hillel, 1935.9.29—)　美国—以色列数学家。生于德国柏林。1939年随家人移居美国。先后进入玛莎犹太学校和耶西瓦大学学习，1955年获硕士学位。1958年在博赫纳指导下获得普林斯顿大学博士学位。后在马萨诸塞理工学院和明尼苏达大学任职。1965年定居以色列，任希伯来大学爱因斯坦数学学院教授，至2003年退休。是以色列科学与人文科学院(1974)院士和美国国家科学院(1989)外籍院士。精于概率论，1955年出版专著《调和分析与概率论》。在遍历理论方法和拓扑动力系统方面有重要贡献。将遍历思想应用于数论和组合数学，并将概率论思想应用于李群及离散子群。引领了随机矩阵乘积理论的研究，率先证明了随机矩阵乘积的极限与李群结构定理之间的紧密联系。发展了遍历理论中的动态嵌入的基本概念，并将其应用于组合数学。在拓扑动力系统方面，引进全新技术证明了极小 distal 流的结构定理，使该领域发生了变革。其关于负常曲率曲面上极限圆流是唯一遍历的定理是李群作用所定义的动力系统理论的主要内容。在齐次空间上随机过程的研究方面，引进了平稳方法，并定义了群的“弗斯滕伯格边界”的概念。关于群上随机游走的渐近行为的研究，对该领域中诸如李群中格的研究和李群作用的上闭链等后续工作产生持久影响。许多研究成果都包含在其专著《遍历理论和组合数论中的循环》(1981)中。1993 年获以色列精密科学奖和哈维奖。2007 年获沃尔夫数学奖。2010 年在海得拉巴国际数学家大会上作 1 小时大会报告。2020 年获阿贝尔奖。

张恭庆(1936.5.29—)　中国数学家。生于上海。1959 年毕业于北京大学数学力学系并留校任教，1983 年任教授。1988 年任北京大学数学研究所所长。1996—1999 年任中国数学会理事长。1991 年当选中国科学院数学物理学部学部委员，1994 年当选世界科学院院士。第八至十届全国人大代表。主要贡献在泛函分析、偏微分方程和实分析等方面。早年师从关肇直研究泛函分析。20 世纪 70 年代中期，从应用问题出发，开始了带间断非线性项的偏微分方程的理论研究，并将其转化为集值映射的不动点问题，和姜伯驹一起解决了这类问题。80 年代后，在临界点理论与非线性微分方程的多重解方面，系统地建立和发展了孤立临界点无穷维莫尔斯理论。在自由边界问题方面，把一大类数理方程自由边界问题抽象成带间断非线性项的偏微分方程，并发展了集值映射拓扑度和不可微泛函的临界点理论等。多次获各种科学奖励，如 1987 年获国家自然科学奖二等奖和首届陈省身数学奖，1993 年获世界科学院数学奖，1995 年获何梁何利基金奖，2009 年获华罗庚数学奖等。1994 年在苏黎世国际数学家大会上作学术报告。已发表论著 50 余种，其专著《临界点理论及其应用》(1986)颇有影响。

朗兰茨(Langlands, Robert, 1936.10.6—)　加拿大数学家。生于不列颠哥伦比亚省新威斯敏斯特。1953 年入不列颠哥伦比亚大学学习，1957 年获学士学位，1958 年获硕士学位。后赴美国，进入耶鲁大学，1960 年在伊奥内斯库-图尔切萨(C. Ionescu-Tulcea，1923—2021)指导下获博士学位。1960—1967 年在普林斯顿大学任教。1967—1972 年在耶鲁大学任教，1972 年起任普林斯顿高等研究院教授，2007 年任名誉教授。在数论、代数几何、非交换调和分析、自守形式理论的跨学科领域进行了深入研究，得出把数论、代数几何与群表示论统一起来的“朗兰茨纲领”(Langlands program)。该纲领在 1967 年由他给韦伊的信件中作为构想提出，推广了阿贝尔类域论、赫克理论、自守函数论以及可约群的表示理论等。还为秩大于 1 的可约群构造了艾森斯坦级数的解析理论。证明了特殊情形的阿廷猜想，特别指出对于典型群，有“基底变换”现象。是加拿大皇家学会会员(1972)、英国皇家学会(1981)和美国数学会(2012)外籍会员。著有《艾森斯坦级数满足的泛函方程》(1976)《GL(2)的基底变换》(1980)等。1978 年在赫尔辛基国际数学家大会上作 1 小时大会报告。1982年获柯尔数论奖，1988年获美国国家科学院首届数学奖，1996年获沃尔夫数学奖，2005年获斯蒂尔奖，2007年获邵逸夫数学科学奖，2018年获阿贝尔奖。还获多所大学的名誉博士学位。

张广厚（1937.1.22—1987.1.26） 中国数学家。生于河北唐山，卒于北京。1956年考入北京大学数学力学系，毕业后又考入中国科学院数学研究所，师从熊庆来读研究生，1966年毕业后留所工作。1979年任研究员。主要贡献在解析函数论方面。和杨乐合作，解决了函数值分布论中亚纯函数奇异方向分布规律的问题，在普遍条件下获得了亏值总数的准确结果。这些成果称为"杨-张定理"和"杨-张不等式"。更为突出的成果是在亏值和奇异方向这两个基本概念间建立了紧密的联系，第一次沟通了长期以来被视为分割的两个研究领域。还独自深入地研究了亏值、渐近值和奇异方向三个概念的关系。著有《整函数和亚纯函数理论——亏值、渐近值和奇异方向》(1986)。1978年获全国科学大会重大科技成果奖，1982年与杨乐同获国家自然科学奖二等奖。

马宁（Манин, Юрий Иванович, 1937.2.16—2023.1.7） 苏联—俄罗斯数学家。生于苏联辛菲罗波尔。1953年进入莫斯科大学数学系学习，大学期间开始跟随沙法列维奇研究代数几何。1958年毕业并留校工作。1961—1992年在苏联科学院斯捷克洛夫数学研究所工作，1963年获数学物理学博士学位。1965—1992年兼任莫斯科大学教授。1967年到法国访问，深受格罗滕迪克代数几何思想的影响。1992—1993年任美国马萨诸塞理工学院教授。1993—2005年在德国马普数学研究所任职。2002年后任美国西北大学教授。1991年当选俄罗斯科学院通讯院士。还是荷兰皇家科学院、格丁根科学院和美国文理科学院的外籍院士。主要贡献在代数几何学、数论和数学物理等方面。以衔接现代数学与数学物理学的一位重要数学家而著称。在超几何学和twistor理论等方面也有一定贡献。还编著了数理逻辑学方面的标准教科书。在《数学与物理》(1979)一书中，阐述了他对现代数学与现代物理学相互关系的精辟看法。已发表300余篇论文，30多部著作。代表作还有《线性代数和几何学》(合著，1986)、《同调代数方法》(2卷，合著，1988—1989)和《现代数论导引》(2005)等。1978年在赫尔辛基国际数学家大会上作1小时大会报告。1987年获布劳威尔奖章，1994年获美国西北大学首届内莫斯数学奖，1999年获瑞典皇家科学院肖克数学奖，2002年获康托尔奖章，2010年获波利亚奖等。培养了30多名博士生。

福勒（Fowler, David Herbert, 1937.4.28—2004.4.13） 英国数学家、数学史家。生于开夏郡布莱克本，卒于沃里克郡沃里克。早年在罗索学校接受教育。1955年进入剑桥大学凯斯学院学习数学。1961年任曼彻斯特大学数学讲师。1967年到新建的华威大学任教，兼任该校数学研究中心负责人。1975年开始研究古希腊数学史，注重数学复原、对可用资料的评估、对古希腊已有资料的仔细考证等。著有《实分析导论》(1973)、《欧几里得原本第二卷与欧多克索斯之前的比理论》(1980)、《柏拉图学院的数学：新复原》(1987)等。还将法国数学家托姆的《结构稳定性与形态发生》一书译成英语。

芒福德(Mumford, David Bryant, 1937.6.11—) 英国—美国数学家。生于英国西萨塞克斯郡沃思。16岁时考入哈佛大学,1957年获学士学位后留校工作。1961年在扎里斯基指导下获博士学位,1967年任教授,1981—1984年任数学系主任,1987—1992年任麦克阿瑟研究员。1996年任布朗大学应用数学系教授,2007年任名誉教授。1995—1998年任国际数学联盟主席。20世纪50年代末至80年代初主要研究代数几何,特别是代数曲线、代数曲面、阿贝尔族的分类和参模理论。采纳希尔伯特的不变式理论,将其应用于格罗滕迪克阐述的新几何问题中,创造性地应用不变式理论研究参模的整体结构,导致许多新结果,并由此产生一门新学科——几何不变式理论。1965年出版专著《几何不变式论》,由此掀起研究代数几何的新高潮。对代数曲面的分类、θ函数代数理论的发展作出重要贡献。还研究费马大定理,证明了费马方程即使有解,也是很稀少的。1983年后转向应用数学的研究。还著有《代数曲面上的曲线》(1966)、《阿贝尔簇》(1970)和《视觉信号的统计描述》(1995)等。1975年当选美国国家科学院院士。1991年当选意大利宗座科学院院士。1995年当选伦敦数学会名誉会员。1974年获菲尔兹奖,1987年获麦克阿瑟奖。2006年获邵逸夫数学科学奖,2007年获斯蒂尔奖,2008年获沃尔夫数学奖,2010年获美国国家科学奖章。2002年在北京国际数学家大会上作1小时大会报告。

阿诺尔德(Арнольд, Владимир Игоревич, 1937.6.12—2010.6.3) 苏联—俄罗斯数学家。生于苏联敖德萨(今属乌克兰),卒于法国巴黎。1959年毕业于莫斯科大学。1961年后在莫斯科大学工作,1963年在科尔莫戈罗夫指导下获博士学位,1965年任教授。后又兼任苏联科学院斯捷克洛夫数学研究所(1986年任首席研究员)和法国巴黎第九大学的教授(1993—2005)。1996—2010年任莫斯科数学会主席。主要贡献在微分方程、泛函分析和实变函数论等方面。1957年继承科尔莫戈罗夫的研究工作,否定地解决了连续函数情形下的希尔伯特第十三问题。根据其结果,每一个三元连续函数都能表示为二元连续函数的叠加。在动力系统稳定性方面也作出了重要贡献,解决了太阳系的稳定性问题,在发展可积哈密顿系统稳定性的科尔莫戈罗夫-阿诺尔德-莫泽(KAM)理论中起了重要作用。在突变论、拓扑学、代数几何学、遍历理论、天体力学等方面也有贡献。20世纪60年代末研究奇点理论,并取得重大成果。1983年当选美国国家科学院外籍院士。1990年当选苏联科学院院士(1991年转为俄罗斯科学院院士)。两次(1974,1983)在国际数学家大会上作1小时大会报告。发表400多篇论文,出版多部教科书及专著。著有《经典力学中的数学方法》(1974)、《常微分方程》(1975)和《突变理论》(1984)等。1982年获首届瑞典皇家科学院克雷福德奖,1992年获罗巴切夫斯基奖,2001年获沃尔夫数学奖,2008年获邵逸夫数学科学奖等。还获多所大学的荣誉学位。第10031号小行星(1981)命名为“阿诺尔德星”。

姜伯驹(1937.9.4—) 中国数学家。生于天津,祖籍浙江温州。姜立夫之子。1957年毕业于北京大学数学力学系并留校任教,1983年任教授。1985—1992年兼任南开数学研究所副所长。1995—1998年任北京大学数学科学学院首任院长。1980年当选中国科学院数学物理学部学部委员。1985年当选世界科学院院士。1989—1997年任北京数学会理事长。早年在江泽涵的指导下开始拓扑学研究。在不动点理论和低维拓扑学方面取得重要成果。20世纪60年代,在不动点理论中尼尔森数的计算方面取得突破性进展,所创方法在国外称为"姜子群""姜空间"。80年代,在中国最先研究并介绍低维流形,运用低维拓扑学的理论和方法,证明曲面自同胚的最少不动点数等于尼尔森数;还以辫群为工具发现与高维情形相反,曲面自映射的最少不动点数一般不等于尼尔森数,全面解决了尼尔森不动点猜想。1987年获国家自然科学奖二等奖,1989年获陈省身数学奖,1996年获何梁何利基金奖,2002年获华罗庚数学奖。专著《尼尔森不动点理论讲座》(1983)列入《当代数学丛书》在美国出版。

李大潜(1937.11.10—) 中国数学家。生于江苏南通。1957年毕业于复旦大学数学系并留校任教,1980年任教授。1995年当选中国科学院数学物理学部院士。第八届全国人大代表。1997年当选世界科学院院士。还是法国科学院(2005)、欧洲科学院(2007)和葡萄牙科学院(2008)的外籍院士。曾任中国数学会副理事长、中国工业与应用数学学会理事长和复旦大学研究生院院长。先后被聘为近20种国内外数学杂志的主编或编委。主要从事数学的基础理论与应用的研究。对一般形式的二变量拟线性双曲组的各类边值问题和自由边界问题以及广义黎曼问题,建立了完整的局部解理论,在物理、力学等领域的多种类型的双曲问题方面都有应用。后又引入了"弱线性退化"的概念,获得有关整体解的系统成果,首次揭示了边界耗散项的存在对拟线性双曲组解的整体正规性的积极影响。在完全非线性波动方程经典解的整体存在性与生命跨度估计问题方面,取得了完整的结果,提出了处理这类问题的简明而统一的整体迭代法。对偏微分方程提出了一类新型的边值问题,即等值面边界问题,并建立了完整的理论。在一系列理论研究的基础上,对各种电阻率测井建立了统一的数学模型。在拟线性双曲-抛物耦合方程组的理论及应用、分布参数系统最优控制及自然电位测井的数学方法等方面,也取得重要成果。在国内外重要数学杂志上已发表论文190余篇,出版多种专著及教材,其中4种英文专著分别在美国、英国及法国出版。曾获国家自然科学奖二等奖(1982)、国家教委科技进步奖一等奖、何梁何利基金奖(2005)、华罗庚数学奖(2007)、苏步青奖(2015)等多项奖励。

钟家庆(1937.12.4—1987.4.12) 中国数学家。生于安徽安庆,卒于美国纽约市。1962年毕业于北京大学数学力学系,并考取华罗庚的研究生。1964年随华罗庚转到中国科学技术大学,1969年调入清华大学。1978年到中国科学院数学研究所工作。1981年任副研究员。1983年到美国普林斯顿高等研究院工作一年。不久任研究员,并任中国科学院数学研究所函数论室主任。1986年应邀先后在美国哈佛大学和哥伦比亚大学工作。主要致力于复分析和微分几何的研究。在紧黎曼流形第一特征值的估计研究中获得了最佳结果。与美国数学家莫毅明合作证明了"一个具非负全纯双截曲率的正里奇曲率的紧凯勒流形全纯同构于一个紧的埃尔米特对称空间”。1987年获首届陈省身数学奖,并获国家自然科学奖二等奖。为纪念他的科学贡献,1988年起设立“钟家庆数学奖”,奖励中国优秀的数学专业硕士和博士研究生。

康韦(Conway, John Horton, 1937.12.26—2020.4.11) 英国数学家。生于利物浦,卒于美国新泽西州新不伦瑞克。早年进入剑桥大学凯斯学院学习,1959年毕业后在达文波特指导下开始数学研究,1962年获博士学位,并任学院的讲师。1985年任美国普林斯顿大学数学系冯·诺伊曼讲座教授。主要贡献在群论和数学游戏方面。曾发现一个(存在于想象中的)24维空间中的几何对象,并由此建立“康韦群”理论。和诺顿(S. P. Nortor,1952—2019)提出了“魔群月光猜想”(由博切斯证明),推进了群论的研究。在数学游戏方面,以发明“生命游戏”而闻名:对只有“生”与“死”两种状态的细胞的逻辑世界进行研究,建立一些简单的游戏规则,由此产生大量的不同模式。该游戏拓宽了元胞自动机的研究。还研究把一堆球安排进8维空间的最佳方式,其结果被应用于计算机数据编码。1981年当选英国皇家学会会员。1992年当选美国文理科学院外籍院士。著有《数字和游戏》(1976)、《数学游戏的赢家之路》(合著,2卷,1982)和《关于四元数和八元数》(合著,2003)等。1994年在苏黎世国际数学家大会上作1小时大会报告。1987年获伦敦数学协会首届波利亚奖。1998年获内莫斯数学奖。2000年获美国数学会斯蒂尔数学博览会奖。

克努特(Knuth, Donald Ervin, 1938.1.10—) 美国数学家、计算机科学家。生于威斯康星州密尔沃基。中文名为高德纳,是1977年访问中国时起的。1956年进入克利夫兰的凯斯理工学院攻读物理学。一年后因对计算机产生兴趣而改学数学。1960年毕业时,因成绩优异及在计算机方面对学校的贡献,被破例同时授予学士和硕士学位。后进入加利福尼亚理工学院研究生院学习,1963年在M. 霍尔指导下获博士学位,并留校工作。1969年到斯坦福大学任教,1992年在该校退休,成为名誉教授。1972—1973年任奥斯陆大学客座教授。是计算机算法、程序设计技术的先驱和计算机排版系统TEX和METAFONT的发明者。因这些成就和大量影响深远的著作而闻名。1963年获博士学位后着手写作《计算机程序设计艺术》(The Art of Computer Programming)系列(计划出7卷),至1973年共出版了前3卷。因此获1974年图灵奖。该著作堪称计算机科学理论与技术的经典巨著。在写作过程中,又设计完成了对整个西文印刷行业带来革命性变革的排版软件和字型设计软件。1983年推出第一个“作文式程序设计”(亦译“文化程序设计”)。提出计算机科学技术中的两个基本概念:“算法”和“数据结构”。1979年获美国国家科学奖章,1986年获斯蒂尔奖,1995年获冯·诺伊曼奖,1996年获日本京都先进技术奖等。是美国文理科学院院士(1973)、美国国家科学院院士(1975)和美国工程院院士(1981)。主要著作还有《电脑与排版》(5卷,1984—2000)、《具体数学》(1988;中译本,机械工业出版社,2002)、《用于算法分析的数学》(合著,1990)等。

诺维科夫,C. П.(Новиков, Сергей Петрович, 1938.3.20—) 苏联—俄罗斯

数学家。生于苏联高尔基城(今俄罗斯下诺夫哥罗德)。П. С. 诺维科夫之子。1960年毕业于莫斯科大学,并考取苏联科学院斯捷克洛夫数学研究所研究生,1963年毕业后留所工作。1964年获副博士学位,1965年在波斯特尼科夫(М. М. Постников,1927—2004)指导下获博士学位。1966年回莫斯科大学工作,同年任教授,并当选苏联科学院通讯院士,1981年当选院士(1991年转为俄罗斯科学院院士)。1971年任科学院理论物理研究所数学系主任,1984年后任斯捷克洛夫数学研究所几何与拓扑系主任。1985—1996年任莫斯科数学会主席。1996年后在美国马里兰大学任职。1994年当选美国国家科学院外籍院士。1996年当选意大利宗座科学院院士。是多个国家科学机构、学术团体以及大学的名誉成员。主要贡献在微分拓扑学方面。首先用同伦论来解决配边理论问题,反过来又用配边理论解决同伦论问题。推动了同伦论的发展,使配边理论成为现代拓扑学的重要方向之一。1964年证明了一般流形上的叶状结构存在封闭的紧叶,得到叶状结构理论的一个重要结果。最突出的贡献是在1965年证明了微分流形有理庞特里亚金示性类的拓扑不变性,还对5维及5维以上单连通光滑流形进行微分同胚的分类。引入高阶符号差并提出诺维科夫猜想,推动了其后拓扑学的发展。1971年后转向研究与物理学相关的数学问题,他的工作引起数学界与物理学界的重视。发表160多种论文和专著,代表作有《微分几何与拓扑学基础》(合著,1987)、《拓扑学》(第2版,2002)、《现代几何学》(合著,1979)和《现代几何结构与场》(合著,2005)等。培养了30余位博士生。1970年获菲尔兹奖。1978年在赫尔辛基国际数学家大会上作1小时大会报告。1981年获罗巴切夫斯基奖,2005年获沃尔夫数学奖。

希阿雷(Ciarlet, Philippe G., 1938.10.14—) 法国数学家。生于巴黎。早年在巴黎综合工科学校和国立路桥学校学习。1966年由瓦尔加指导获美国凯斯理工学院工科博士学位,1971年由J.L.利翁斯指导获巴黎大学数学科学博士学位。1966—1973年在中央路桥研究所工作。1974—2002年任巴黎第六大学教授。其间1967—1985年兼任综合工科学校讲师,1978—1987年任国立路桥学校教授。2002—2011年任中国香港城市大学讲座教授。1991年当选法国科学院院士,2000年当选法国工程院院士。还是罗马尼亚和印度等国科学院的外籍院士。2009年当选中国科学院外籍院士。2012年成为美国数学会资深会员。把数学分析的方法应用于力学和现代工程的研究。主要成就有:为有效求解流体力学及固体力学中的一系列重要问题,对建立有限元素法的理论基础作出了基本的贡献。1978年出版的专著《椭圆问题的有限元方法》已成为该领域的经典专著。对在现代工业中经常出现的弹性薄体(板、壳及其组合体),创造性地应用渐近分析的方法建立了数学模型,提出了希阿雷板理论或希阿雷薄壳理论。在偏微分方程和微分几何学方面也有重要工作,如对经典微分几何所做的基础性拓展工作,使在曲面上的科恩不等式得以建立。专著还有《微分几何导论及其在弹性力学中的应用》(2005)和3卷《数学弹性》(1988—2000)等。十分关心中国数学的发展和人才的培养,对中国应用数学的学科建设和发展作出持续性贡献。1994年任复旦大学名誉教授。1981 年获庞斯列奖，1989 年获法国科学院大奖，1999 年、2012 年获法国荣誉军团骑士、军官勋章。

格里菲斯(Griffiths, Phillip, 1938.10.18—) 美国数学家。生于北卡罗来纳州罗利。1959 年毕业于维克森林大学并获理学学士学位，1962 年在斯潘塞的指导下获普林斯顿大学博士学位。1962—1967 年在伯克利加利福尼亚大学任教，其间开始与中国数学家陈省身的长期合作。相继任普林斯顿大学、哈佛大学和杜克大学教授。1991—2003 年任普林斯顿高等研究院院长。1999—2006 年任国际数学联盟秘书长。在代数几何领域作出重要贡献，是霍奇理论和模理论中霍奇结构变分理论的主要开拓者，推动了复微分几何上的大量研究工作。在偏微分方程、复分析等方面也多有建树。发表多篇高水平的论文，出版 10 余部著作，包括《代数几何原理》(1978)、《外微分系统与变分法》(1983)和《代数曲线导论》(1989)等。关于代数与解析几何、微分几何、几何函数论和偏微分方程等方面的教科书广受欢迎。1970 年在尼斯国际数学家大会上作 1 小时大会报告。在国际数学联盟秘书长任职期间，积极支持北京举办 2002 年国际数学家大会。是美国国家科学院(1979)、美国文理科学院(1995)院士和美国数学会资深会员(2012)。1971 年和 2014 年两度获斯蒂尔奖，1979 年获格丁根科学院海涅曼奖，2008 年获沃尔夫数学奖和布劳威尔奖章，2014 年获陈省身奖。还获多所大学的名誉博士学位。

梅耶尔(Meyer, Yves F., 1939.7.19—) 法国数学家。生于巴黎。1957 年考入巴黎高等师范学校。1963—1966 年在斯特拉斯堡大学任教，1967 年获该校博士学位。1966—1980 年任巴黎第十一大学教授。1980—1986 年任巴黎综合工科学校教授。1985—1995 年任巴黎第九大学教授。1995—1999 年在法国科学研究中心任高级研究员。1999—2003 年在卡尚高等师范学院任教授，2004 年后任名誉教授。1993 年当选法国科学院院士。还是美国国家科学院、美国文理科学院和美国数学会的外籍成员。是小波分析理论的创始人之一。在数论，算子理论和调和分析方面也作出基础性贡献。著有《代数数与调和分析》(1972)和《小波和算子》(1993)等。多次(1970，1983，1990)在国际数学家大会上作特邀演讲。2010 年获高斯奖。2017 年因小波分析理论获阿贝尔奖。

贝克，A.(Baker, Alan, 1939.8.19—2018.2.4) 英国数学家。生于伦敦，卒于剑桥。早年在伦敦大学学院学习，1961 年获一等荣誉学位后到剑桥大学三一学院深造，成为达文波特的研究生，1964 年获博士学位。后一直任三一学院研究员。1972 年获亚当斯奖。1974—2006 年兼任数学教授，2006 年后任名誉教授。1973 年当选英国皇家学会会员。主要贡献在数论方面，解决了数论中十几个历时已久的困难问题，范围涉及超越数论、不定方程和代数数论等方面。20 世纪 60 年代得到了一系列有关代数数对数的线性型定理。推广了盖尔丰德-施耐德定理，对解决希尔伯特第七问题作出重要贡献。在不定方程方面，对于二元方程，肯定地解决了希尔伯特第十问题，建立了一种有效的计算方法。还确定了方程 $y^2=x^3+k\ (k\neq 0)$ 的整数解的上下界等。在二次数域方面，断定类数为 1 的虚二次数域只有 9 个。1970 年在尼斯国际数学家大会上获菲尔兹奖，并作1小时大会报告。其专著《超越数理论》(1975)享有盛誉，还著有《数论简介》(1984)和《对数形式与丢番图几何》(合著，2007)等。2012年成为美国数学会会员。是印度和匈牙利等国科学院外籍院士。

杨乐(1939.11.10—2023.10.22) 中国数学家。生于江苏南通，卒于北京。1962年毕业于北京大学数学系，后考入中国科学院数学研究所读研究生，师从熊庆来。1966年毕业后留所工作。1979年任研究员。1987—1994年任中国科学院数学研究所所长。1992—1995年任中国数学会理事长。1998—2003年任中国科学院数学与系统科学研究院首任院长。1980年当选中国科学院数学物理学部学部委员，并任该学部副主任。长期从事复分析领域的研究，在函数模分布论、辐角分布论、正规族等方向取得了一系列重要成果，形成了系统的贡献。一部分重要论文曾和张广厚合作，1965—1977年合作发表了8篇解析函数方面的重要论文，研究成果称为“杨-张定理”和“杨-张不等式”。对于亚纯函数，他首先引进了亏函数的概念，并从建立关于亏函数的总展布关系入手，得到重要的结果；对全纯函数与亚纯函数的正规族理论也有许多研究工作，建立了新的正规定则；还获得了亚纯函数在涉及重值时的普遍与精确的亏量关系等。20世纪70年代中期以来，发表研究论文50余篇(其中约15篇与张广厚合作完成)，其专著《值分布论及其新研究》(1982)已成为该领域的权威性文献。1982年与张广厚同获国家自然科学奖二等奖，1997年获华罗庚数学奖和陈嘉庚科学奖。1998年获何梁何利基金奖和全国科学大会奖。2022年获世界华人数学家大会(ICCM)数学贡献奖。

瓦拉德汉(Varadhan, Sathamangalam Ranga Iyengar Srinivasa, 1940.1.2—) 印度—美国数学家。生于印度马德拉斯(今金奈)。1955年进入马德拉斯大学学习，1959年获统计学学士学位，1960年获硕士学位。后到加尔各答印度统计研究所工作。1963年在拉奥指导下获博士学位。1963—1966年在美国库朗数学科学研究所做博士后研究。后继续在研究所任教，1972年任教授。曾两度任研究所主任(1980—1984，1992—1994)。以对概率论的基础性贡献而著称。对随机微分方程引入了鞅解的新概念，从而能够证明以前无法通过纯解析方法处理的方程解的存在性、唯一性和其他重要性质。建立的大偏差理论为澄清复杂随机系统中出现的各种现象提供了统一而有效的方法，已成为现代概率论的基石。1988年当选美国文理科学院院士，还是美国国家科学院、世界科学院院士和英国皇家学会外籍会员。两次(1994，2010)在国际数学家大会上作1小时大会报告。1994年获伯克霍夫奖，1996年获斯蒂尔奖。2007年获阿贝尔奖。2010年获美国国家科学奖章。

帕里斯(Palis, Jacob, 1940.3.15—) 巴西数学家。生于巴西乌贝拉巴。1957年进入巴西大学学习工程学，1962年毕业。1964年赴美国留学，在伯克利加利福尼亚大学攻读数学，1968年由斯梅尔指导获博士学位。后回到巴西在里约热内卢联邦大学任教。1973年成为巴西国家纯粹和应用数学研究所终身教授，1993—2003年任该研究所所长。1970年当选巴西科学院院士，2007—2016年任院长。是世界科学院院士，2006—2012年任院长。是美国、法国和挪威等 15 个国家科学院的相应成员。2013 年当选中国科学院外籍院士。主要贡献在微分方程动力系统方面,特别是对微分方程解的整体稳定性、分歧理论、吸引子和混沌系统等方面均有深入的研究。证明了低维类梯度动力系统是稳定的,创造了稳定叶片的概念,其方法在该领域后续研究中有重要影响。与斯梅尔合作,把所得到的结果推广到所有维数,进一步提出稳定性猜想。这些猜想一直是该领域进一步研究的课题。与合作者在动力系统的分歧理论上也做了有持续影响的工作。80 年代早期开始对同宿接触展开研究,得到一些有价值的结果。主要专著有《动力系统的几何理论》(1982;有西班牙语、俄语和中译本)和《同宿分岔、分形维数和无穷多吸引子的双曲性和敏感混沌动力学》(合著,1983)等。1999—2002 年任国际数学联盟主席。任职期间积极支持和帮助中国数学会申办 2002 年北京国际数学家大会,大会期间促成了阿贝尔奖的设立。还为世界科学院与中国科学院的合作和交流作出贡献,多次参加中国的各大院所的科学活动。积极培养青年研究人才,指导了来自 10 多个国家的 40 多位博士生。获世界科学院数学奖(1988)、巴西科学技术奖(1990)、巴西科技大十字勋章(1994)、法国荣誉军团骑士勋章(2005)和巴尔赞奖(2010)等。

奎伦(Quillen, Daniel, 1940.4.22—2011.4.30) 美国数学家。生于新泽西州奥兰治,卒于北佛罗里达盖恩斯维尔。早年在纽瓦克学院就读,1962 年获硕士学位后进入哈佛大学深造,1964 年在博特指导下获博士学位。后获马萨诸塞理工学院的教职。1968—1969 年访问法国高等科学研究所,深受格罗滕迪克的影响。1969—1970 年任普林斯顿高等研究院访问学者,其间又受到阿蒂亚的直接影响。20 世纪 70 年代再次访问法国,任高等科学研究所古根海姆研究员。1984—2006 年任牛津大学莫德林学院数学讲座教授。早年研究用微分几何学方法解微分方程的问题,后转向代数学和拓扑学。把拓扑与代数结合起来,使代数问题转变成更一般的拓扑问题,再利用拓扑方法解决代数问题。在同伦理论、复配边理论与形式群理论、同调代数、代数 K 理论等方面都取得了成果。20 世纪 60 年代中期证明了"模 p 上同调环的维数与这个有限群的最大交换 p 子群的阶数是相等的"。由此解决了一系列有限域上的典型群的问题。在这些工作的基础上,于 1970 年证明了 K 理论中的亚当斯猜想,1976 年证明了塞尔猜想。是美国国家科学院院士。著有《同伦代数》(1967)和《高阶代数 K 理论》(1974)等。1974 年在温哥华国际数学家大会上作 1 小时大会报告。1975 年获柯尔代数奖,1978 年获菲尔兹奖。

叶尔绍夫,Ю. Л.(Ершов, Юрий Леонидович, 1940.5.1—) 苏联—俄罗斯数学家。生于苏联新西伯利亚。1963 年毕业于新西伯利亚大学,后到苏联科学院西伯利亚分院数学研究所工作(2003—2011 年任研究所所长)。1966 年在马尔采夫指导下获物理-数学博士学位。1967 年后在新西伯利亚大学兼职,1968—2002 年任教授,1973—1976 年任力学与数学学院院长,1985—1993 年任校长。1970 年当选苏联科学院通讯院士。1991 年成为俄罗斯科学院院士。主要贡献在代数学、数论和数理逻辑等方面。特别研究了算法理论和模型论。在谱系理论和命数法理论中也得到了重要的结果。著有《编号理论》(1977)、《可解性问题和结构设计模型》(1980)和《数理逻辑》(合著,1987)等。

塞迈雷迪(Szemerédi, Endre, 1940.8.21—) 匈牙利—美国数学家。生于布达佩斯。1960年进入匈牙利罗兰大学学习,1965年获硕士学位。后到匈牙利科学院数学研究所工作。1967年到苏联莫斯科大学,师从盖尔范德攻读研究生,1970年获博士学位。回国后任科学院数学研究所教授,并在美国几所院校和研究所任客座教授。1986年移居美国,任美国罗格斯大学计算机科学教授。还是普林斯顿高等研究院的成员。主要研究组合数学与理论计算机科学。在离散数学、理论计算机科学、算术组合、重合几何等方面共(包括合作)发表200余篇学术论文。1975年证明了爱尔特希和图兰的著名猜想:若一个正整数序列有正的上密度,则包含任意长的等差数列。这一结果现称塞迈雷迪定理。在组合数学和图论中还有其他定理、问题和不等式以他的名字命名。1987年当选匈牙利科学院院士;2010年当选美国国家科学院院士,同年获布拉格查理大学名誉博士学位。2008年获肖克数学奖和斯蒂尔奖。2012年获阿贝尔奖,以表彰其在离散数学和理论计算机科学方面的杰出贡献,以及对堆垒数论和遍历理论产生的深远影响。

刘应明(1940.10.8—2016.7.15) 中国数学家,生于福建福州,卒于四川成都。1963年毕业于北京大学数学力学系。后任教于四川大学数学系,1983年任教授。1989—2005年任四川大学副校长兼研究生院院长。1984年任国际模糊系统协会理事,1995—2003年任中国数学会副理事长。1995年当选中国科学院数学物理学部院士。多次任国际学术会议主席或副主席。主要研究拓扑学和模糊性数学,在代数拓扑、一般拓扑和不分明拓扑的研究中取得重要成果。在模糊信息处理方面的研究成果推动了中国模糊技术的产业化。还对多值逻辑进行了深入研究。曾获全国科学大会奖、国家自然科学奖、国家教委科技进步奖等奖项。2005年获授国际模糊系统协会"模糊研究员"称号,同年获何梁何利基金奖。2015年获华罗庚数学奖。

邦别里(Bombieri, Enrico, 1940.11.26—) 意大利数学家。生于米兰。18岁开始发表科学论文,1962年给出了素数定理新的初等证明。1963年在G. 里奇(G. Ricci,1904—1973)的指导下获米兰大学博士学位。1966—1974年任比萨大学教授。1974—1977年任比萨高等师范学校教授。1977年移民美国,任普林斯顿高等研究院教授,1984—2011年任冯·诺伊曼讲座教授。2011年后任名誉教授。1963—1965年,与英国数学家达文波特合作,研究素数分布理论。1965年发表关于大筛法的论文,给出的邦别里中值公式是研究哥德巴赫猜想和孪生素数猜想的有效工具。1967年转向解析函数论研究,对单叶函数的比伯巴赫猜想产生了浓厚的兴趣,并得到重要结果。后与人合作研究极小曲面问题。发现当$n=7$时,$n+1$维欧氏空间中一类n维极小曲面可以有一个奇点。后不断转向新的领域,在偏微分方程、复分析、有限群论等方面也都取得重要成果。著有《解析数论中的大筛法》(1974)等。1974年在温哥华国际数学家大会上获菲尔兹奖,并作1小时大会报告。1976年当选宗座科学院院士。1977年成为伦敦数学会名誉会员。1984年当选法国科学院院士。1996年当选美国国家科学院院士。1980年获巴尔赞奖,2010年获费萨尔国王国际奖。2020年获克雷福德数学奖。

沙利文(Sullivan, Dennis Parnell, 1941.2.12—) 美国数学家。生于密歇根州休伦港。1963年获莱斯大学学士学位。1966年在布罗德(W. Browder,1934—)指导下获普林斯顿大学博士学位。后相继在马萨诸塞理工学院、伯克利加利福尼亚大学和普林斯顿高等研究院任职。1974—1997年任法国高等科学研究所常任研究员。1981年任纽约市立大学研究生院爱因斯坦讲座教授。2004—2010年任纽约州立大学石溪分校兼职教授。主要研究代数几何、几何拓扑与拓扑动力系统。与奎伦共同建立了有理同伦论,提出关于空间分类的沙利文猜想;与布罗德、C. П. 诺维科夫合作发现了高维流形的分类方法;与人合作证明了瑟斯顿关于黎曼映射逼近的猜想等。代表作有论文《凯勒流形的实同伦理论》(合作,1975)和专著《拓扑学中的无限小计算》(1977)等。1974年在温哥华国际数学家大会上作1小时大会报告。1983年当选美国国家科学院院士,1991年当选美国文理科学院院士。1971年获维布伦几何奖,1981年获嘉当奖,1994年获费萨尔国王国际奖,2004年获美国国家科学奖章,2006年获斯蒂尔奖,2010年获沃尔夫数学奖。2022年获阿贝尔奖。

严加安(1941.12.6—) 中国数学家。生于江苏邗江。1964年毕业于中国科技大学数学系,后分配到中国科学院数学研究所工作。1973—1975年在法国斯特拉斯堡大学高等数学研究所进修,1980年调到新成立的中国科学院应用数学研究所工作,1985年任研究员。1998年后在中国科学院数学与系统科学研究院工作。1994—1998年任中国数学会概率统计学会理事长。1999年当选中国科学院数学物理学部院士。2010年当选国际数理统计学会会士。在概率论、鞅论、随机分析和白噪声分析等领域取得多项重要成果。1992年获中国科学院自然科学奖一等奖,1993年获国家自然科学奖二等奖,2006年获何梁何利基金奖。2007年获华罗庚数学奖。2002年8月在北京国际数学家大会上作学术报告。代表作有《鞅与随机积分引论》和《测度与积分》等。

霍金(Hawking, Stephen William, 1942.1.8—2018.3.14) 英国物理学家、宇宙学家、数学家。生于牛津,卒于剑桥。1962年毕业于牛津大学,获自然科学学位。次年患运动神经元疾病,导致长期与轮椅为伴。1966年在物理学家D.夏马(D.W.S. Sciama,1926—1999)指导下获博士学位。1974年当选英国皇家学会会员。1975年任剑桥大学教授,1977年后相继任引力物理学讲座教授和卢卡斯数学教授。其间曾任美国加利福尼亚理工学院客座教授。1992年当选美国国家科学院外籍院士。2002年参加北京国际数学家大会。主要研究宇宙论和黑洞,设计新的数学技术证明了广义相对论的奇性定理和黑洞面积定理,提出了黑洞蒸发理论和无边界的霍金宇宙模型,在统一20世纪物理学的两大基础理论——爱因斯坦相对论和普朗克量子力学方面作出贡献。所著《时间简史》(1988)成为风靡世界的畅销书。2007年出版《上帝创造整数》(中译本,湖南科学技术出版社,2019),编评了数学史上17位数学家的31部经典著作。与疾病的斗争和科学上的贡献得到世人的高度称赞。获爱因斯坦奖章(1979)和沃尔夫物理学奖(1988)等众多奖项。

乌伦贝克(Uhlenbeck, Karen, 1942.8.24—) 美国数学家。生于美国俄亥俄州克利夫兰。1964年获密歇根大学学士学位,1968年获布兰戴斯大学数学博士学位。后相继在马萨诸塞理工学院、伯克利加利福尼亚大学和厄巴纳-香槟大学任职,1976年后任芝加哥伊利诺伊大学教授。退休后任得克萨斯大学奥斯汀分校名誉数学教授。1985年当选美国文理科学院院士,1986年当选美国国家科学院院士。2012年当选美国数学会会员,同年获普林斯顿大学名誉博士学位。在偏微分方程、规范场论和可积系统方面均有开创性成果,并深刻影响了分析学、几何学和物理学。1990年在京都国际数学家大会上作1小时大会报告。2000年获美国国家科学奖章。2007年获斯蒂尔奖。2019年获阿贝尔奖,是第一位获该奖的女性。2023年当选英国皇家学会外籍会员。

格罗莫夫(Gromov, Mikhael Leonidovich, 1943.12.13—) 苏联—法国数学家。生于苏联博克西托戈尔斯克。1965年毕业于列宁格勒大学,1969年获副博士学位,1973年获博士学位,其间在列宁格勒大学做研究工作。1974年赴美国,在纽约州立大学石溪分校任教。1982年起任法国高等科学研究所常任研究员。1992年加入法国国籍。1991—1996年兼任美国马里兰大学教授,1996年后任纽约大学库朗数学科学研究所教授。主要贡献在微分几何学、拓扑学、群论与偏微分方程等领域。在微分几何领域,引进一系列具有创造性的概念,导致许多经典难题获得解决。早年研究黎曼流形的浸入及嵌入问题,发展了纳什等人的工作。引入格罗莫夫不变量联系几何与拓扑,用截面曲率的下界来估计黎曼流形的贝蒂数。用几何方法解决具有多项式增长的群的问题,给出的双曲群的构造使离散群理论发生革命性变化。1985年发表论文《辛流形中的伪全纯曲线》,使辛几何和辛拓扑成为当时研究的热门课题。还引入刻画辛刚性的不变量。为解决几何中的分析问题,引入一系列独创性概念,如同伦原理、层的柔性等。还与人合作解决一系列算术格问题。著有《黎曼和非黎曼空间的度量结构》(1999)和《双曲群》(2002)等。1986年在伯克利国际数学家大会作1小时大会报告。1997年当选法国科学院院士。是美国国家科学院、英国皇家学会等多个科学院和学术团体的外籍成员。曾获维布伦几何奖(1981)、嘉当奖(1984)、沃尔夫数学奖(1993)、罗巴切夫斯基奖章(1997)、斯蒂尔奖(1997)、巴尔赞奖(1999)、京都奖(2002)、内莫斯数学奖(2004)和阿贝尔奖(2009)等。

阿施巴赫(Aschbacher, Michael George, 1944.4.8—) 美国数学家。生于阿肯色州小石城。1966年获加利福尼亚理工大学学士学位。1969年由布鲁克指导获威斯康星大学博士学位。1970年进入加利福尼亚理工学院数学系工作,1976年任教授。1978—1979年在普林斯顿高等研究院做访问学者。主要成就是对有限群的研究,是20世纪70—80年代有限单群分类研究的领军人物。有限单群类似于整数中的素数,是有限群结构的基石。找出所有的有限单群的问题称为有限单群分类问题。著有《零星群》(1994)和《拟薄群的分类》(合著,2004)等。1990 年当选美国国家科学院院士,1992 年当选美国文理科学院院士。还是美国数学会会员。1980 年获柯尔代数奖,2011 年获肖克数学奖,2012 年获斯蒂尔数学博览会奖和沃尔夫数学奖。

阿瑟(Arthur, James Greig, 1944.5.18—) 加拿大数学家。生于安大略省哈密尔顿。1962 年毕业于上加拿大学院,1967 年获多伦多大学硕士学位,1970 年在朗兰茨指导下获美国耶鲁大学博士学位。执教于耶鲁大学、杜克大学和多伦多大学(讲座教授),并曾四次在普林斯顿高等研究院做访问学者。1981 年当选加拿大皇家学会会员,1992 年当选英国皇家学会会员。1998 年在柏林国际数学家大会作特邀报告。2003 年当选美国文理科学院外籍名誉院士。是美国数学会和加拿大数学会会员。主要贡献在迹公式以及约化群的自守形式理论方面。推广了塞尔柏格迹公式,称为阿瑟-塞尔伯格迹公式,是研究朗兰茨纲领的重要工具。2015 年获沃尔夫数学奖。2017 年获斯蒂尔终生成就奖。

德利涅(Deligne, Pierre, 1944.10.3—) 比利时数学家。生于布鲁塞尔的埃特贝克(Etterbeek)。早年进入布鲁塞尔自由大学就读。1965 年到巴黎高等师范学校深造,受教于格罗滕迪克和塞尔。1968 年由格罗滕迪克指导获布鲁塞尔自由大学博士学位,后任该校教授。1970 年任法国高等科学研究所常任研究员。1984 年任普林斯顿高等研究院教授。主要从事代数几何学的研究,1966—1978 年完成近 50 篇重要论文。其突出成就是证明韦伊猜想,1973 年和 1974 年发表题为《论韦伊猜想》的两篇论文,以简洁的证明解决了这一代数几何的中心问题,得到 J-函数理论中的"韦伊-德利涅定理"。对希尔伯特第二十一问题、霍奇理论、模理论、伽罗瓦表示和朗兰茨猜想,以及代数群的表示等方面也有较深入的研究。1974 年在温哥华国际数学家大会上作 1 小时大会报告。1978 年当选法国科学院和美国文理科学院的成员。获 1974 年的庞加莱金质奖章、1978 年的菲尔兹奖、1988 年的克雷福德奖、2004 年的巴尔赞奖、2008 年的沃尔夫数学奖和 2013 年的阿贝尔奖等。

迪亚克尼斯(Diaconis, Persi Warren, 1945.1.31—) 美国数学家、统计学家。生于纽约市。自幼喜爱魔术。1971 年获纽约大学城市学院数学系学士学位,1974 年获哈佛大学数理统计博士学位。1981 年任哈佛大学教授。1989 年当选美国文理科学院院士,1995 年当选美国国家科学院院士。2012 年当选美国数学会会员。主要从事组合数学和统计学研究。著有《概率和统计中的群表示》(1988)。在 1998 年柏林国际数学家大会上以《从洗牌到楼房中的游走模型:现代马尔可夫链理论介绍》为题作 1 小时大会报告。所著《神奇数学:伟大魔术的数学思想》(合著,2012)揭示了纸牌魔术的秘密及其蕴含的数学思想。2013 年获欧拉图书奖,同年获圣安德鲁斯大学名誉博士学位。

丁伟岳(1945.4.26—2014.11.11) 中国数学家。生于上海,卒于北京。1968 年毕业于北京大学数学系。1978 年考取中国科学院数学研究所研究生,师从王光寅。1982 年获硕士学位,并留在数学研究所工作。1986 年获博士学位。1988 年任研究员。1997 年当选中国科学院数学物理学部院士。推广了庞加莱-伯克霍夫定理,并将其应用于常微分方程周期解的存在性问题;在尼伦伯格问题研究上也取得突破性进展,首次证明该问题有解的充分条件,这一结果与其他一系列相关研究有力地推进了具共形不变性的半线性椭圆方程的理论;在调和映射的存在性问题和热流方法、凯勒-爱因斯坦度量的存在性等一系列重要问题上也获得了有国际影响的结果。还与合作者提出并研究了凯勒流形上的薛定谔流。1989 年获国家自然科学奖二等奖,1993 年获陈省身数学奖,2011 年获何梁何利基金奖。2002 年在北京国际数学家大会上作题为《论薛定谔流》的学术报告。

谢拉赫(Shelah, Saharon, 1945.7.3—) 以色列数学家。生于耶路撒冷。1964 年毕业于特拉维夫大学。1967 年、1969 年先后获希伯来大学硕士、博士学位。后在美国普林斯顿大学和洛杉矶大学任教。1974 年任希伯来大学教授。1977 年后相继任威斯康星大学、伯克利加利福尼亚大学、密歇根大学和加拿大西蒙菲莎大学客座教授。1986 年起任新泽西州罗格斯大学客座教授。对数理逻辑中的模型论和公理集合论作出重要贡献。用逻辑方法解决了一系列纯数学难题,涉及群论、拓扑学、测度论、巴拿赫空间、组合学等方面。发表 1 000多篇数学论文(其中 220 多篇是合作完成)。是以色列科学院院士、美国文理科学院外籍院士。1986 年在伯克利国际数学家大会上作 1 小时大会报告。1977 年获爱尔特希奖,1992 年获波利亚奖,1998 年获以色列数学研究奖,1999 年获日本数学会奖,2001 年获沃尔夫数学奖,2011 年获以色列埃梅特奖,2013 年获斯蒂尔奖。2018 年获肖克数学奖。

诺尔(Knorr, Wilbur Richard, 1945.8.29—1997.3.18) 美国数学史家。生于纽约州里士满希尔,卒于加利福尼亚州帕洛阿尔托。1968 年获哈佛大学硕士学位。1973 年以论文《不可公度的前欧几里得理论》获该校博士学位。1980 年任教于斯坦福大学,1990 年任该校教授。主要研究古希腊数学史,著有《欧几里得原本的演变:不可公度量及其对早期希腊几何意义的研究》(1975)、《中世纪力学传统的古代渊源》(1982)等。

马尔古利斯(Margulis, Gregori Aleksandrovich, 1946.2.24—) 苏联—美国数学家。生于莫斯科。1962 年进入莫斯科大学学习,受教于盖尔范德。1967 年毕业后留校攻读研究生,1970 年在西奈的指导下获博士学位。后到莫斯科信息传输问题研究所工作,1986 年任高级研究员。1988—1991 年,多次到德国、法国和美国的研究所和大学访问。1991 年定居美国,任耶鲁大学教授。2001 年当选美国国家科学院院士,2012 年成为美国数学会会员。主要成就是证明关于李群的离散子群的塞尔伯格猜想。从多年致力于此的美国数学家莫斯托的工作中得到启示,综合运用代数、数论和分析的近代成果,从 1968 年开始发表有关论文,取得初步进展。后继续深入研究,在 1974 年彻底证明这个猜想。因此获 1978 年的菲尔兹奖。在组合学、微分几何、遍体理论、数论和动力系统等方面也有深入研究。著有《半单李群的离散子群》(1991)等。1990 年在京都国际数学家大会上作 1 小时大会报告。还获罗巴切夫斯基奖(1996)、沃尔夫数学奖(2005)和阿贝尔奖(2020)等。

文兰(1946.3.14—) 中国数学家。生于甘肃兰州。1969 年毕业于北京大学数学力学系。1978 年考取北京大学数学系研究生，师从廖山涛，1981 年获硕士学位。毕业后到山东大学数学系任教。1986 年获美国西北大学博士学位，后在美国芝加哥州立大学和得克萨斯大学任教。1988—1990 年在北京大学从事博士后研究。1990 年后在北京大学工作，历任副教授、教授。1999 年当选中国科学院数学物理学部院士。2004—2007 年任中国数学会理事长。2005 年当选世界科学院院士。主要从事微分动力系统方面的研究，是中国动力系统研究的学术带头人。在 C^1 封闭引理、非扩张双曲吸引子、C^1 连接引理、稳定性猜测、星号猜测、帕里斯猜想等动力系统的若干基本问题研究中做了具有国际影响的工作。1998 年获陈省身数学奖，2011 年获华罗庚数学奖。

卢斯蒂格（Lusztig，Gheorghe，1946.5.20—） 罗马尼亚—美国数学家。生于罗马尼亚蒂米什瓦拉。1968 年毕业于布加勒斯特大学。同年秋季到英国华威大学和牛津大学访问，与阿蒂亚和辛格探讨数学问题。1969—1971 年在美国普林斯顿高等研究院从事数学研究。1971 年由阿蒂亚和布劳德（W. Browder，1934—）指导获普林斯顿大学博士学位。1971—1978 年在英国华威大学工作，1974 年任教授。1978 年任马萨诸塞理工学院数学系讲座教授，1999—2009 年任诺伯特·维纳教授。1990 年在京都国际数学家大会上作 1 小时大会报告。在代数、代数几何和表示论方面作出基础性贡献，特别以表示理论方面的研究而闻名，研究与代数群密切相关的对象，如有限还原群、赫克代数、p-阳性群、量子群和外尔群等。著有《有限域 GL_n 上的离散序列》、《量子群概览》（1993）和《不等参数的赫克代数》（2003）等。1983 年当选英国皇家学会会员。1985 年获美国数学会柯尔代数奖。1991 年当选美国文理科学院院士，1992 年当选美国国家科学院院士。1999 年获布劳威尔奖章。2008 年获美国数学会斯蒂尔奖。2014 年获邵逸夫数学科学奖。2022 年获沃尔夫数学奖。

瑟斯顿（Thurston，William，1946.10.30—2012.8.21） 美国数学家。生于华盛顿，卒于纽约州罗切斯特。1967 年毕业于佛罗里达州萨拉索塔的新学院。后到伯克利加利福尼亚大学攻读研究生，1972 年获博士学位。1974 年任普林斯顿大学教授。1991 年回到伯克利加利福尼亚大学任数学教授，1993 年任数学科学研究所所长。1996 年后到美国戴维斯加利福尼亚大学兼职。2003 年任康奈尔大学数学与计算机教授。主要贡献是对低维拓扑的研究。博士论文讨论了三维流形上的叶状结构，继而对一般流形上叶状结构的存在、性质及其分类进行深入研究，得出更普遍的结果：n 维紧致流形上存在一个光滑的 $n-1$ 维叶状结构的充要条件是这个流形的欧拉示性数等于零。同时给出一个更一般的分类定理。1976 年后转向研究三维流形的拓扑学，提出一个重要的几何化猜想（亦称瑟斯顿猜想），认为任何空间都可还原成少数几个基本的图形。指出庞加莱猜想只是几何化猜想的一个特例。借助电子计算机，基本完成了三维封闭流形的拓扑分类。著有《三维几何和拓扑》（1997）等。1978 年在赫尔辛基国际数学家大会上作 1 小时大会报告。1983 年当选美国国家科学院院士。1976 年获维布伦几何奖，1979 年获沃特曼奖，1983 年获菲尔兹奖，2012 年获斯蒂尔奖。

埃利亚什伯格（Eliashberg, Yakov Matveevich, 1946.12.11—） 苏联—美国数学家。生于苏联列宁格勒(今俄罗斯圣彼得堡)。1972年在列宁格勒大学获博士学位。毕业后到科米共和国赛克特夫卡尔国立大学任教。1988年移居美国，1989年起任斯坦福大学数学教授。主要从事拓扑学研究，在辛拓扑和接触拓扑方面作出突出贡献。著有《h-原理导论》(合著，2002)、《仿射复流形的辛几何》(合著，2012)等。2001年获维布伦几何奖。2002年当选美国国家科学院院士。2006年在马德里国际数学家大会作1小时大会报告。2016年获克拉福德数学奖。2020年获沃尔夫数学奖。2021年当选美国文理科学院院士。

柏原正树（Kashiwara Masaki, 1947.1.30—） 日本数学家。生于茨城县结城市。1969年毕业于东京大学理学部数学科。1971年获东京大学硕士学位。同年任京都大学数理解析研究所助教，追随佐藤干夫从事代数分析学的创立和研究，1974年在其指导下获京都大学博士学位。1978年任京都大学数理解析研究所助教，1984年任教授。2001—2003年、2007—2009年两度任京都大学数理解析研究所所长。主要贡献在代数分析、微局部分析、D模理论、霍奇理论、层理论和表示理论等方面。1978年在赫尔辛基国际数学家大会上作1小时大会报告。2002年当选法国科学院外籍院士。2007年当选日本学士院院士。2018年获陈省身奖和京都数学奖。著有《代数分析的基础》(合著，1980；英译本，1986)和《D-模和微局部微积分》(英译本，2003)等。

孔涅（Connes, Alan, 1947.4.1—） 法国数学家。生于瓦尔省德拉吉尼昂。1965年进入巴黎高等师范学校学习，1970年毕业。1970—1974年在法国国家研究中心工作。1973年获高等师范学校博士学位，导师是迪克斯米尔(J. Dixmier, 1924—)。1976—1980年任巴黎第六大学讲师、教授。1981—1984年任法国国家研究中心主研究员。1984—2017年任法兰西学院教授。主要从事算子代数研究。其博士论文对于Ⅲ型冯·诺伊曼代数的分类作出重要突破。引进新的不变量，将Ⅲ型代数分为子类，进一步把这些代数归结为Ⅱ型代数及其自同构，然后按外自同构进行系统归类，从根本上解决了冯·诺伊曼留下的代数分类问题。是非交换几何的创始人，著有《非交换几何》(1994)。1978年在赫尔辛基国际数学家大会上作1小时大会报告。在1975年以后的五年中连续获法国国家级科学奖。1983年获菲尔兹奖、2001年获克雷福德奖、2004年获法国国家科学研究中心金奖。1982年当选法国科学院院士。还是丹麦皇家科学院、挪威科学与文学学院、俄罗斯科学院、美国国家科学院和英国皇家学会等科学院和学会的外籍成员。获多所大学的名誉博士学位。

马志明（1948.1.25—） 中国数学家。生于四川成都。1975年到重庆师范学院数学系学习，1978年毕业后考取中国科技大学研究生，1981年获硕士学位。1984年获中国科学院应用数学研究所博士学位。后留所工作，历任研究员、副所长、所长，中国科技大学数学系主任。1995年当选中国科学院数学物理学部院士，1998年当选世界科学院院士。2000—2003年和2008—2011年两度任中国数学会理事长，2002年任北京国际数学家大会组委会主席，2006年当选国际数学联盟副主席。

2007年当选国际数理统计学会会士；2011年任中国科学技术大学数学科学学院首任院长；2011—2014年任中国概率统计学会理事长；2018年任南开大学统计与数据科学学院首任院长。主要从事概率论与随机分析领域相关的研究。与人合作建立了拟正则狄氏型与右连续马尔可夫过程一一对应的新框架，证明了维纳空间的容度与所选取的可测范数无关；在奇异位势理论、费曼积分、薛定谔方程的概率解、随机线性泛函的积分表现、无处拉东光滑测度等方面获得多项研究成果。1994年在苏黎世国际数学家大会上作学术报告。获中国科学院自然科学奖一等奖(1992)、国家自然科学奖二等奖(1993)、陈省身数学奖(1995)、何梁何利基金奖(1999)、华罗庚数学奖(2005)等。

罗瓦兹(Lovász, László, 1948.3.9—) 匈牙利数学家。生于布达佩斯。1971年获匈牙利罗兰大学自然科学博士学位。1971—1975年在罗兰大学工作。1975—1982年在匈牙利赛格德大学工作。1977年获匈牙利科学院数学科学博士学位。1982年重返罗兰大学，创建计算机科学系，1983年任系主任。1987年后相继在美国普林斯顿大学、耶鲁大学和微软研究院任职。2006年返回匈牙利，任罗兰大学数学研究所所长至2011年。2007—2010年任国际数学联盟主席。2014—2020年任匈牙利科学院院长。主要贡献在组合数学和计算机科学方面。解决了完美图猜想、M. 克内泽尔猜想和提高香农五边形的容量等艰深问题。其算法思想——包括椭球方法在组合优化中的应用、格子基约简算法、拟阵奇偶性算法以及对体积计算的改进，都对理论计算机科学产生了深远影响。1990年在京都国际数学家大会上作1小时大会报告。已发表250多篇论文和出版9部著作。代表作有《组合学》(1977)、《数、图和凸性的算法理论》(1986)和《几何算法与组合优化》(合著，1988)等。1979年获波利亚奖，1985年获匈牙利国家奖，1993年获布劳威尔奖章，1999年获沃尔夫数学奖和计算机科学领域的克努特奖，2010年获京都奖，2021年获阿贝尔奖。还获多所大学名誉博士学位。

弗里德曼，H. M.(Friedman, Harvey Martin, 1948.9.23—) 美国数理逻辑学家。生于伊利诺伊州芝加哥。1964年高中未毕业就以优异成绩被推荐入马萨诸塞理工学院学习，1967年在没有高中、本科和硕士毕业证书情形下由G. 萨克斯(G. E. Sacks, 1933—2019)指导获博士学位。同年任斯坦福大学哲学助理教授。1973—1977年任美国纽约州立大学教授。1977年后任俄亥俄州立大学数学教授，还兼任计算机科学系、哲学系和音乐系教授。1987—2012年任该校杰出教授，2012年后为名誉教授。主要贡献在集合论和递归论等方面，特别是对公理化递归论有重要研究。20世纪80年代早期，发展了前人的工作，证明了后来以他的名字命名的弗里德曼定理。还证明他的定理与皮亚诺算术是独立的。这就给出一个十分具体的算术定理，它在皮亚诺算术中既不能被证明，也不能被否定，从而使哥德尔不完全性定理具体化、显式化。他的工作开辟了数理逻辑的一个新方向。1984年获沃特曼奖。2013年获根特大学名誉博士学位。

卡法雷利(Caffarelli, Luis Ángel, 1948.12.8—) 阿根廷数学家。生于布宜诺斯艾利斯。1968年和1972年先后获布宜诺斯艾利斯大学硕士和博士学位。后在美国明尼苏达大学、芝加哥大学、纽约大学和普林斯顿大学任教授，1986—1996 年任普林斯顿高等研究院教授。后任得克萨斯大学奥斯汀分校讲座教授。主要贡献在偏微分方程及其应用方面。1977 年在《数学学报》（瑞典）上发表《高维自由边界的正则性》，奠定了他在自由边界问题和非线性偏微分方程组研究的地位。对完全非线性椭圆方程发展了几个正则性结果，包括安培方程。1982 年与尼伦伯格和罗伯特·科恩（Robert V. Kohn，1953—）合作完成纳维-斯托克斯方程组的弱解正则性的部分结果。后又转向积分微分方程的研究。1991 年当选美国国家科学院院士。1994 年当选宗座科学院院士。2012 年成为美国数学会会员。已发表 200 多篇学术论文。专著有《完全非线性椭圆方程》（合著，1995）和《自由边界问题的几何解法》（合著，2005）。1984 年获博谢纪念奖。2003 年获阿根廷康奈克斯奖。2005 年获肖克数学奖。2009 年获斯蒂尔奖，2012 年获沃尔夫数学奖。2018 年获邵逸夫数学科学奖。还获巴黎高等师范学院和马德里自治大学等多所大学的名誉博士学位。2023 年获阿贝尔奖。

丘成桐（Yau，Shing-Tung，1949.4.4—）中国—美国数学家。生于广东汕头，原籍中国广东蕉岭。后全家移居香港。1966 年入香港中文大学数学系，1969 年提前修完四年课程，被美国伯克利加利福尼亚大学录取为研究生。在陈省身的指导下，于 1971 年获博士学位。后在纽约州立大学、斯坦福大学等校任教。1980—1984 年任普林斯顿高等研究院教授。1988 年任哈佛大学教授。1991 年入美国籍。主要贡献在微分几何和偏微分方程方面。其最有影响且最重要的工作是关于“卡拉比猜想”的证明。在 1976 年用强有力的偏微分方程估计解决了这一问题。同时还独立证明了第一陈类为负的紧凯勒流形上凯勒-爱因斯坦度量的存在性。对此问题提出丘成桐猜想：每一陈类为正的高维空间上的“凯勒-爱因斯坦度量”的存在性问题可转化为代数几何的稳定性问题。1978 年在赫尔辛基国际数学家大会上作 1 小时大会报告。1978—1979 年又与舍恩应用微分几何方法，构造极小曲面，运用非线性方程的技巧，证明了广义相对论中的正质量猜想。对蒙日-安培方程理论也有深入研究。已发表 500 多篇论文，出版数十部专著、教材和热门书籍。2010 年开始主编《数学与人文》丛书，截至 2022 年已出版 32 辑。1981 年获维布伦几何奖，1983 年获菲尔兹奖。1985 年获麦克阿瑟奖。1994 年获克雷福德奖。1997 年获美国国家科学奖章。2010 年获沃尔夫数学奖，是继陈省身之后第二位获沃尔夫数学奖的华人。1993 年当选美国国家科学院院士。1995 年当选中国科学院外籍院士。还是多个国家科学院和学术团体的成员和多所大学的名誉博士和教授。

费弗曼（Fefferman，Charles Louis，1949.4.18—） 美国数学家。生于华盛顿。1963 年入马里兰大学学习，1966 年到普林斯顿大学攻读研究生。1969 年在斯坦指导下获博士学位。1971 年任芝加哥大学教授，成为美国历史上最年轻的教授。1974 年回普林斯顿大学任教授，1984 年任普林斯顿大学赫伯特·琼斯教授，1999—2002 年任数学系主任。1979 年当选美国国家科学院院士。主要从事古典分析研究。1970 年将三角级数的收敛问题推广到多变量的情形，并找到一些反例。1973 年发现三角级数收敛与奇异积分算子有密切的内在关系，由此推动了整个研究领域的发展。在偏微分方程方面，给出非退化线性偏微分方程局部可解性的一个充分必要条件，从而使这类方程的可解性问题得到圆满解决。还在多复变函数论方面有重要贡献。1974 年证明一个具有光滑边界的严格伪凸区域到另外一个同样区域的双全纯映射可以光滑地延拓到边界上。研究还涉及数学物理、流体动力学、神经网络、金融数学和光谱分析等领域。1974 年在温哥华国际数学家大会上作 1 小时大会报告。2009 年成为伦敦数学会名誉会员。1971 年获塞勒姆奖，1976 年获沃特曼奖，1978 年获菲尔兹奖，2017 年获沃尔夫数学奖。

舍恩(Schoen, Richard Melvin, 1950.10.23—) 美国数学家。生于俄亥俄州塞莱纳。1972 年毕业于代顿大学。同年进入斯坦福大学读研究生，成为丘成桐的学生，并开始两人的长期合作。1977 年获博士学位。1978 年任纽约大学助理教授。1980 年任伯克利加利福尼亚大学教授。1988 年当选美国文理科学院院士，1989 年获美国数学会博谢纪念奖。1991 年当选美国国家科学院院士。主要贡献在微分几何和几何分析方面。1979 年与丘成桐一起在《关于广义相对论中正质量猜想的证明》中证明了广义相对论中的基本正质量定理。两人还合著《微分几何讲义》(1994)和《谐波映射讲义》(1997)等。1986 年和 2010 年两次在国际数学家大会作 1 小时大会报告。2017 年获沃尔夫数学奖、霍普夫奖、罗巴切夫斯基奖章和肖克数学奖。

森重文(Mori, Shigefumi, 1951.2.23—) 日本数学家。生于名古屋。1973 年毕业于京都大学，1975 年获硕士学位，1978 年获博士学位。导师是永田雅宜。1975—1980 年任京都大学助教，1980 年后历任名古屋大学讲师、副教授、教授。其间曾在美国哈佛大学、普林斯顿高等研究院、哥伦比亚大学和德国马普数学研究所任客座教授。1990—2016 年任京都大学数理解析研究所教授，2011—2014 年任该研究所所长。是日本学士院院士。2014 年当选国际数学联盟主席。主要研究代数几何学。1978 年给出光滑完全不可约 n 维代数簇是有理簇的充分必要条件，并证明对特征大于零的代数闭域也成立。1987 年又完成了三维代数簇的分类问题。他的分类称为森重文纲领或极小模型纲领。因此获日本学术界最高奖——日本学士院奖以及文化勋章，还获美国数学会柯尔代数奖。1990 年在京都国际数学家大会上作 1 小时大会报告，并在大会上获菲尔兹奖。著有《高维复几何》(合著，1988)和《代数簇的双有理几何》(合著，1998)等。

弗里德曼，M.(Freedman, Michael, 1951.4.21—) 美国数学家。生于加利福尼亚州洛杉矶。1968 年进入伯克利加利福尼亚大学学习，后在普林斯顿大学继续深造，1973 年在布劳德(W. Browder, 1934—)指导下获博士学位。后任伯克利加利福尼亚大学数学系讲师。1973—1975 年兼任普林斯顿高等研究院研究人员。1976 年在美国圣地亚哥加利福尼亚大学任教，1982 年任教授，1985 年任该校数学讲座教授。1997 年后加入芭芭拉加利福尼亚大学微软研究团队，从事量子计算的数学理论和物理基础的研究。主要贡献在微分拓扑学、偏微分方程和相对论等方面。1981年证明四维流形拓扑的庞加莱猜想,其证明利用了英国数学家唐纳森的结果,不仅刻画了球面,而且给出紧单连通拓扑四维流形的完全分类。由此得到许多前所未知的这类流形的例子,以及已知流形之间的同胚映射等。其工作推进了微分拓扑学的发展。其相关论文《四维流形的拓扑》于1982年发表。1986年获菲尔兹奖和维布伦几何奖。是美国国家科学院和美国文理科学院院士,以及美国数学会资深会员。1984年获麦克阿瑟基金奖,1987年获美国国家科学奖章。

威顿(Witten, Edward, 1951.8.26—)美国数学物理学家。生于马里兰州巴尔的摩。早年在约翰斯·霍普金斯大学学习历史和语言学,后转入布兰代斯大学,1971年获学士学位。1976年在D. 格罗斯(D. Gross,1941—)指导下获普林斯顿大学物理学博士学位。后历任哈佛大学初级研究员、普林斯顿大学教授和普林斯顿高等研究院数学物理学教授。主要贡献在数学物理方面。早期研究电磁学,但很快就对现代数学物理学中的超弦理论产生兴趣。对摩尔斯理论、超对称性和纽结理论作出重大贡献。还探讨了量子场论与二维、三维流形的微分拓扑之间的关系。与物理学家N. 赛博格(N. Seiberg,1956—)合作建立了一组偏微分方程,大大简化了唐纳森对四维流形分类的方法。使用微分几何、代数学、复变函数,尤其是量子群这样的新型数学工具发展了新型的数学物理。1981年给出广义相对论中正质量定理的简洁证明,对纯数学研究产生重大影响。1991年提出以他的名字命名的威顿猜想——代数曲线上模空间的相交数的生成函数满足KdV方程(科尔泰沃赫-德弗里斯方程)。该猜想后由孔采维奇证明(1992)。两次(1986,2002)在国际数学家大会上作1小时大会报告。已出版350余种论著,内容涉及量子场论、弦理论、拓扑和几何形状的相关领域。1990年获菲尔兹奖,还获麦克阿瑟基金奖(1982)、爱因斯坦奖章(1985)、内莫斯数学奖(2000)、克雷研究奖(2001)、美国国家科学奖章(2002)、庞加莱奖(2006)和克雷福德奖(2008)等。是美国国家科学院、美国文理科学院和美国数学会的成员。2006年当选意大利宗座科学院外籍院士。还当选多个国家科学院和学术团体的相应成员,获多所大学的名誉博士学位。

琼斯, V. F. R.(Jones, Vaughan Frederick Randal, 1952.12.31—2020.9.6)新西兰数学家。生于新西兰吉斯伯恩,卒于美国田纳西州纳什维尔。1969年进入奥克兰大学学习,分别于1972年、1973年获学士、硕士学位。1979年在A. 海夫利格(A. Haefliger,1929—2023)指导下获日内瓦大学博士学位。1980年赴美国,相继在洛杉矶加利福尼亚大学和宾夕法尼亚大学任教。1985—2011年任伯克利加利福尼亚大学教授。2011年后任范德堡大学教授。1990年当选英国皇家学会外籍会员。是美国文理科学院(1993)和美国国家科学院(1999)外籍院士。2002年成为伦敦数学会名誉会员。获多所大学名誉博士学位。主要贡献在冯·诺伊曼代数、有限群的分类、拓扑学中的纽结理论、量子群以及李单代数的表示等方面。由于对冯·诺伊曼代数连续维数理论的研究,引进了指标的定义,发现了指标之间的间隙,进而建立了琼斯指标定理。在对有限群的研究中,得到一个以辫子群的不变量构成的多项式，称为琼斯多项式。其工作表明了辫子群与统计力学的深刻关系，从而推动了后者的发展。1990年在东京国际数学家大会上获菲尔兹奖，并作1小时大会报告。1991年获新西兰皇家学会卢瑟福奖章。著有《有限群在超有限型II_1因子上的作用》(1980)、《考克斯特图与代数塔》(合著，1989)和《子因素和结》(1991)等。

怀尔斯(Wiles, Andrew, 1953.4.11—) 英国数学家。生于剑桥。1974年毕业于牛津大学默顿学院。后进入剑桥大学卡莱尔学院攻读博士学位。1977—1980年任学院初级研究员，1980年由J. H. 科茨(J. H. Coates, 1945—)指导获博士学位。1981年到美国普林斯顿高等研究院任研究员。1982年起任普林斯顿大学教授，其间1985—1986年到法国访学，1988—1990年在牛津大学兼任皇家学会研究教授。1994—2002年任普林斯顿大学尤金·希金斯讲座教授。2012年返回牛津大学任皇家学会研究员。1989年当选英国皇家学会会员。1996年当选美国国家科学院外籍院士。主要研究数论及相关领域。最大贡献是证明了费马大定理。在此之前，于1977年和J. H. 科茨共同证明伯奇—斯温纳顿-戴尔猜想的特殊情形；1984年和马祖尔(B. Mazur, 1937—)一起证明了岩泽理论中的主猜想。在此基础上，于1994年通过证明半稳定的椭圆曲线的谷山-志村-韦伊猜想，从而完全证明费马大定理。1994年在苏黎世国际数学家大会上作1小时大会报告。1995年获奥斯特洛夫斯基奖、肖克数学奖和费马奖；1997年获美国数学会柯尔数论奖，同年获1906年沃尔夫斯科尔(P. F. Wolfskehl, 1856—1906)为解决费马大定理而设置的10万马克奖金。1996年获沃尔夫数学奖和美国国家科学院数学奖。在1998年国际数学家大会上，因已超过菲尔兹奖获奖年龄，获颁一枚菲尔兹银质奖章。2000年获授大英帝国骑士勋章。1999年获克雷研究奖。2005年获邵逸夫数学科学奖。2016年获阿贝尔奖。第9999号小行星(1999)以其名字命名。

萨纳克(Sarnak, Peter Clive, 1953.12.18—) 南非—美国数学家。生于南非约翰内斯堡。1975年毕业于南非金山大学，获理学学士学位。1980年在科恩的指导下获美国斯坦福大学博士学位。1980—1983年在纽约大学库朗数学科学研究所任助教、副教授。1984—1987年任斯坦福大学副教授。1987—1991年任加利福尼亚理工学院教授。1991年后任普林斯顿大学教授，1996—1999年任数学系主任，2002年接替怀尔斯任尤金·希金斯讲座教授。2007年后任普林斯顿高等研究院终身教授。2002年当选美国国家科学院院士和英国皇家学会外籍会员。在分析学、解析数论、几何和组合数学等方面都有深入并具原创性的工作，特别是研究拉马努金图及其在组合数学和计算机科学中的应用。著有《数论、分析和数学物理中的一些问题》(2000)和《初等数论、群论和拉马努金图》(合著，2003)等。1998年在柏林国际数学家大会上作1小时大会报告。2014年获沃尔夫数学奖。还获波利亚奖(1998)、奥斯特洛夫斯基奖(2001)、美国数学会的科南特奖(2003)和柯尔数论奖(2005)、西尔维斯特奖章(2019)等。获希伯来大学(2010)和芝加哥大学(2015)名誉博士学位。2021年获伦敦数学会名誉会员称号。

德林菲尔德（Drinfeld，Vladimir Gershonovich，1954.2.14—） 苏联—乌克兰—美国数学家。生于苏联哈尔科夫。其父也是数学家。受父亲的影响从小热爱数学，中学时就发表了第一篇论文。1969年进入莫斯科大学数学系学习，受教于马宁和皮亚捷茨基-夏皮罗等人。1974年毕业后继续攻读研究生，1977年毕业，1978年获副博士学位。后在乌法的巴什基尔大学教授数学。1981年回到哈尔科夫，1985年在乌克兰科学院低温物理技术研究所任职。1988年在斯捷克洛夫数学研究所获博士学位。1992年当选乌克兰科学院通讯院士。1999年移居美国，任美国芝加哥大学教授。2008年当选美国文理科学院院士。2016年当选美国国家科学院院士。还是法国科学院的外籍院士。数学研究涉及数论、代数几何学、动力系统、量子群及其表示论等方面，特别在跨数论、调和分析等学科的“朗兰茨纲领”和量子群两个领域有突出贡献。证明了函数域上$n=2$情形的朗兰茨猜想，建立了函数域上阿贝尔簇的复乘理论以及所谓德林菲尔德理论。还在量子群理论的研究中得到重要结果。著有《手性代数》（与贝林松合著，2004）和《代数几何与数论》（合著，2006）等。1990年获菲尔兹奖。2018年获沃尔夫数学奖。

布尔甘（Bourgain，Jean，1954.2.28—2018.12.22） 比利时数学家。生于奥斯坦德，卒于邦海登。1977年获布鲁塞尔自由大学博士学位，后留校任教，1981—1985年任教授。1985—2006年任美国伊利诺伊大学厄巴纳-香槟分校杜布数学教授。1985—1995年兼任法国高等科学研究所教授。1994—2018年任美国普林斯顿高等研究院教授，其间2012—2014年到伯克利加利福尼亚大学做访问学者。2009年当选瑞典皇家科学院外籍院士。是法国科学院和波兰科学院外籍院士。主要贡献在现代分析领域。包括巴拿赫空间几何、复分析、实分析、调和分析、各态遍历理论、偏微分方程、组合学和数论等方面。发表500余篇论文（包括部分合作论文）和多部专著。任《数学年鉴》《杜克数学杂志》等10余种期刊的编委。1994年在苏黎世国际数学家大会上获菲尔兹奖，并作1小时大会报告。还获嘉当奖（1990）、邵逸夫数学科学奖（2010）、克雷福德奖（2012）和斯蒂尔奖（2018）等。

法尔廷斯（Faltings，Gerd，1954.7.28—） 德国数学家。生于盖尔森基兴-布尔市（Gelsenkirchen-Buer）。1972年进入明斯特大学学习数学和物理，1978年获数学博士学位，后到哈佛大学做博士后研究。1981年取得教师资格。1982—1984年任伍珀塔尔大学教授。1985—1994年任普林斯顿大学教授。1994—2018年任马普数学研究所研究员，1995年后任所长。主要贡献在代数几何和数论等方面。因在1983年发表的论文《数域上阿贝尔簇的有限性定理》中证明莫德尔猜想而闻名。首先在以往工作的基础上，特别是利用格罗滕迪克发展的代数几何理论，证明了泰特猜想和沙法列维奇猜想，然后利用代数几何和数论的有关工具证明了莫德尔猜想。因此在1986年伯克利国际数学家大会上获菲尔兹奖，并作1小时大会报告。在阿贝尔的参模空间和算术曲面的黎曼-罗赫定理以及p进霍奇理论等方面也有突出的贡献。还为怀尔斯证明费马大定理作出相应的贡献。著有《阿贝尔变种的退化》（与翟敬立合著，1990）和《算术黎曼-罗赫定理讲义》(1992)等。1991年当选格丁根科学院通讯院士。1992年成为利奥波第那科学院成员。2014年当选欧洲科学院院士。2016年成为英国皇家学会外籍会员。2018年当选美国国家科学院院士。1996年获莱布尼茨奖,2014年获费萨尔国王国际奖,2015年获邵逸夫数学科学奖,2017年获康托尔奖章。

多贝西(Daubechies, Ingrid, 1954.8.17—) 比利时物理学家、数学家。生于比利时豪特哈伦-海尔赫特伦(Houthalen-Helchteren)。早年进入布鲁塞尔自由大学攻读物理学,1975年获学士学位后继续深造,1980年获博士学位。后留校工作,1985年任副教授。1986年到纽约大学库朗数学科学研究所任客座研究员。1987—1994年加入贝尔实验室。1991—1994年任罗格斯大学教授。1994年后在普林斯顿大学工作,2004年任教授。2011年转到杜克大学任数学与计算机科学系教授。她主要贡献在小波理论方面,特别在图像压缩、数字艺术修复和形态学方面有很多开创性的研究。1993年当选美国文理科学院院士。1998年当选美国国家科学院院士。1999年当选荷兰文理科学院外籍院士。2011—2014年任国际数学联盟主席。还是美国加强研究生教育多样性委员会成员,该组织旨在帮助女性获得数学高级学位。1994年获斯蒂尔奖。2000年获美国国家科学院数学奖。2023年获沃尔夫数学奖。代表作有《小波十讲》(1992)。1994年在苏黎世国际数学家大会上作1小时大会报告。

劳勒(Lawler, Gregory, 1955.7.14—) 美国数学家。1976年毕业于弗吉尼亚大学,获学士学位。1979年获普林斯顿大学博士学位。执教于杜克大学(1979—2001)、康奈尔大学(2001—2006)和芝加哥大学。主要从事概率论研究,以在Schramm-Loewner演化方面的工作而闻名。是美国文理科学院院士(2005)和美国国家科学院院士(2013)。在北京国际数学家大会(2002)作特邀演讲,在里约热内卢国际数学家大会(2018)上作1小时大会报告。2006年获波利亚奖。2019年获沃尔夫数学奖。

泽尔曼诺夫(Zelmanov, Efim Isaakovich, 1955.9.7—) 苏联—美国数学家。生于苏联哈巴罗夫斯克(今属俄罗斯)。1977年毕业于新西伯利亚大学并获硕士学位,后留校任教。1980年在希尔绍夫等人指导下获博士学位。1980—1987年在苏联科学院新西伯利亚数学研究所工作。1985年在列宁格勒大学完成博士后研究后任研究员,1986年任首席研究员。1987年到美国,1990—1994年任美国威斯康星大学麦迪逊分校教授,其间兼任芝加哥大学教授。1995—2002年任耶鲁大学教授。2002年任圣地亚哥加利福尼亚大学讲座教授,并兼任韩国高等研究院教授。主要贡献在代数学方面。早期研究若尔当代数,发展了若尔当代数的结构理论,把有限维若尔当代数的理论推广到无限维。1980年代解决了李代数理论中的一个难题。在变换群和有限群方面也有重要贡献。1990年利用李代数理论解决了狭义伯恩塞德问题,因此获1994年度菲尔兹奖。多次(1983,1990,1994)在国际数学家大会上作特邀演讲。著有《奇指数群狭义伯恩塞德问题的解》(1990)和《偶指数群狭义伯恩塞德问题的解》(1991)等。2001年当选美国国家科学院院士。2008年当选美国文理科学院院士。2012 年成为美国数学会会员。2021 年当选中国科学院外籍院士。还获多所大学的名誉博士学位。

利翁斯，P.-L.（Lions，Pierre-Louis，1956.8.11—） 法国应用数学家。生于滨海阿尔卑斯省格拉斯。J. L. 利翁斯之子。1977 年毕业于巴黎高等师范学校。1979 年获巴黎第六大学博士学位。1979—1981 年任法国国家科学研究中心研究助理。1981—2003 年任巴黎第九大学教授。1992—2001 年兼任巴黎综合工科学校教授。2002 年任法兰西学院偏微分方程讲座教授。2014 年后任芝加哥大学客座教授。1991—1994 年任国际数学联盟主席。主要贡献在偏微分方程和变分法方面。1983 年与美国数学家克兰德尔（M. G. Crandall，1940—）合作发表论文《哈密顿-雅可比方程的黏性解》(1983)，对非线性偏微分方程中的哈密顿-雅可比方程的“黏性解”进行研究，取得重要成果。该成果适用于卫星摄影、医疗图像、电视电话、数据电视等方面的数据图像处理，可用来重组受损图像，从分析图像边界、周边或其某一区域的几何特征来提取信息等。（合作）发表了大量研究论文和多部专著、教科书。1994 年在苏黎世国际数学家大会上作 1 小时大会报告。是法国科学院和欧洲科学院院士。1992 年获安培奖。1994 年获菲尔兹奖。2014 年获法国荣誉军团指挥官勋章。获英国赫瑞-瓦特大学和中国香港城市大学等校名誉博士学位。

威格德森（Wigderson，Avi，1956.9.9—） 以色列数学家、计算机科学家。生于以色列海法。1980 年毕业于以色列理工学院，后进入普林斯顿大学攻读研究生，1983 年以计算复杂性方面的研究论文获计算机科学博士学位。1986 年到耶路撒冷希伯来大学计算机科学研究所任职，1992—1995 年任研究所所长。1999 年开始主持普林斯顿高等研究院计算机科学和离散数学研究项目。2003 年放弃希伯来大学的职位，任普林斯顿高等研究院的全职教授。2013 年当选美国国家科学院院士。2018 年成为美国计算机协会会士。主要从事计算复杂性理论、平行算法、图论、密码学、分布式计算和神经网络等研究。1994 年获奈旺林纳奖。2009 年获哥德尔奖。2019 年获高德纳奖。2021 年获阿贝尔奖。

约科茨（Yoccoz，Jean-Christophe，1957.5.29—2016.9.3） 法国数学家。生于巴黎，卒于同地。1977 年毕业于巴黎高等师范学校。1979—1981 年在法国国家科学研究中心工作。1981—1983 年到巴西服兵役。1985 年在 M. 赫尔曼（M. Herman，1942—2000）指导下获巴黎综合工科学校博士学位。1987—1996 年任巴黎第十一大学教授，兼任法国大学研究所研究员，1997 年后任法兰西学院教授。1994 年当选法国科学院和巴西科学院院士。2004 年当选世界科学院通讯院士。是布尔巴基学派成员，主要研究动力系统。将动力系统分为稳定和混乱两大类进行研究。主要成果是，当系统的状态在小范围的扰动下，成功确定其在较大范围内的稳定性。为此创立了约科茨拼图法，将空间切成小块，以便在不忽视整体稳定性的情况下研究它们变化，为稳定性定理的有效性给出了准确的界限。其研究不仅推动了 KAM 理论的进展，也促进了芒代尔布罗分形，特别是朱利亚集的研究。著有《1 维度中的小分隔符》(1995)等。1988 年获塞勒姆奖，1994 年在苏黎世国际数学家大会上获菲尔兹奖，并在大会上作1小时大会报告。获法国荣誉军团骑士（1995）和军官（2011）勋章。1998年获巴西国家科学勋章。

贝林松（Beilinson, Alexander, 1957.6.13—） 苏联—俄罗斯—美国数学家。生于莫斯科。1988年在马宁指导下获莫斯科兰道理论物理研究所博士学位。1987—1993年任该研究所研究员。1988—1998年任美国马萨诸塞理工学院教授。后任芝加哥大学教授。主要研究表示论、代数几何和数学物理。1999年获奥斯特罗夫斯基奖，2018年获沃尔夫数学奖，2020年获邵逸夫数学科学奖。著有《手性代数》（与德林费尔德合著，2004）等。2017年当选美国国家科学院院士。

唐纳森（Donaldson, Simon, 1957.8.20—） 英国数学家。生于剑桥。1979年毕业于剑桥大学彭布罗克学院，获数学学士学位。1980年到牛津大学伍斯特学院攻读研究生，得到N.希钦（N. Hitchin, 1946—）和阿蒂亚的指导，1983年获哲学博士学位。1983—1985年任牛津大学万灵学院初级研究员。1983—1984学年在普林斯顿高等研究院从事研究。1985年任牛津大学沃利斯数学教授。1999年任伦敦帝国理工学院数学教授。2014年任美国纽约大学石溪分校西蒙斯几何和物理研究中心常任教授。1986年当选皇家学会会员，1992年获皇家奖章。2000年当选美国国家科学院外籍院士。2010年当选瑞典皇家科学院外籍院士。2012年成为美国数学会会员。同年获封爵士。主要贡献在微分几何方面。得到四维流形拓扑的一系列重要研究成果。研究生二年级时完成论文《自对偶连接与光滑四维流形拓扑》（1983），得出存在"怪异"四维空间的理论，即与标准四维欧氏空间拓扑同胚但不微分同胚的微分流形。用瞬子作为一般四维流形上的一种新几何工具，发现了全新的现象，使数学物理与代数几何学结合起来，因此获1986年的菲尔兹奖。著有《四维流形的几何》（合著，1990）和《杨-米尔斯理论中的弗洛尔同调群》（2002）等。1986年和2018年两次在国际数学家大会上作1小时大会报告。1984年获怀特海奖，1994年获克雷福德奖，2006年获费萨尔国王国际奖，2008年获内莫斯数学奖，2009年获邵逸夫数学科学奖，2014年获数学突破奖，2019年获维布伦几何奖，2020年获沃尔夫数学奖。

麦克马伦（McMullen, Curtis Tracy, 1958.5.21—） 美国数学家。生于加利福尼亚州伯克利。1980年毕业于马萨诸塞州威廉姆斯学院，后到剑桥大学进修。1980—1985年在国际商业机器公司（IBM公司）沃森研究中心从事组合学研究和计算机编程。1985年在沙利文指导下获哈佛大学博士学位。后到马萨诸塞理工学院和普林斯顿高等研究院做博士后研究。1987—1992年任普林斯顿大学助教、教授，1990—1998年任伯克利加利福尼亚大学教授。1998年起任哈佛大学数学系教授，2017—2020年任系主任。主要贡献在动力系统、双曲几何和算法理论等领域。在博士论文中就得到数值算法理论方面的重要成果，还解决了五次多项式求根的迭代算法问题；对瑟斯顿几何化问题和重整化问题作出贡献；解决了测度大于零的朱利亚集的存在性问题。精于计算机编程，攻读研究生期间曾与芒福德合作用计算机程序计算克莱因群，也曾协助广中平佑计算一个特殊集合的分形维数。已发表近百篇论文和3部专著。代表作有博士论文《有理映射族与迭代寻根算法》(1987)和专著《复动力学与重整化》(1994)等。1991年获塞勒姆奖,1998年获菲尔兹奖,并在柏林国际数学家大会上作1小时大会报告。2011年获洪堡奖。1998年当选美国文理科学院院士,2007年当选美国国家科学院院士,2012年成为美国数学会资深会员。获多所大学的名誉博士学位。

勒加尔(Le Gall, Jean-François, 1959.11.15—) 法国数学家。生于莫尔莱,1978年进入巴黎高等师范学校学习。1982年获巴黎第六大学博士学位。1983—1988年在该校实验室工作。1988—2006年任巴黎第六大学教授,2006年后任巴黎第十一大学教授。2013年当选法国科学院院士。主要研究领域包括布朗运动、列维过程、超过程及其与偏微分方程、布朗蛇、随机树、分支过程、随机聚结等的联系和随机平面图。著有《空间分支过程、随机蛇和偏微分方程》(1999)、《布朗运动、鞅和随机微积分》(2016)等。1986年获罗洛戴维森奖,1997年获洛埃夫奖,2005年获费马奖。2019年获沃尔夫数学奖。

博切斯(Borcherds, Richard, 1959.11.29—) 英国数学家。生于南非开普敦。出生不久随家人迁居英国伯明翰。1981年获剑桥大学学士学位,1983年由康韦指导获博士学位。1983—1996年任剑桥大学三一学院研究员,1993—1996年兼任美国伯克利加利福尼亚大学教授,1996年起任剑桥大学理论数学和数理统计系的研究教授。2000年当选美国文理科学院外籍院士。2014年当选美国国家科学院外籍院士。还是英国皇家学会会员。主要贡献在格论、数论、群论无穷维代数和数学物理等方面。最著名的工作是1992年用物理学中的弦论思想证明“魔群月光猜想”成立。还发现该猜想与李代数和量子场论等问题相关。后又对月光理论提出10个问题,对这一领域的研究起到推动作用。已发表30余篇论文,代表作有《巨大的月光和怪异的李超代数》(1992)。1992年获欧洲数学会奖和怀特海奖,1998年获菲尔兹奖。

高尔斯(Gowers, Timothy, 1963.11.20—) 英国数学家。生于威尔特郡莫尔伯勒。1990年获剑桥大学博士学位。1991—1995年在伦敦大学学院数学系从事研究工作,后任剑桥大学三一学院的研究员。1998年任剑桥大学劳斯·鲍尔纯粹数学讲座教授。2020年任法兰西学院组合数学讲座教授。1999年当选英国皇家学会会员。主要贡献在泛函分析的巴拿赫空间理论和组合数学领域。运用组合数学的方法,在巴拿赫空间中塑造了一系列完全不具备对称性的结构,推翻了巴拿赫在20世纪20年代提出的“超平面猜想”——无穷维空间不一定与它的超平面同构。1995年获怀特海奖,1996年获欧洲数学会奖,1998年获菲尔兹奖。重视数学的普及,编著多部科普著作。其《数学:非常简短的介绍》(2002)为普通读者描述了现代数学概貌。还编辑《普林斯顿数学之友》(2008),追溯了现代数学各个分支和概念的发展。因此获得美国数学协会2011年欧拉图书奖。

孔采维奇(Kontsevich, Maxim Lvovich, 1964.8.25—) 苏联—俄罗斯—法国数学家。生于莫斯科附近的希姆基(Химки)。1980—1985年在莫斯科大学数学系学习,毕业后进入莫斯科信息传输问题研究所工作。1990年到德国马普数学研究所访问。1992年在美国数学家扎盖尔(D. B. Zagier,1951—)的指导下获德国波恩大学的博士学位。1993年任伯克利加利福尼亚大学教授。1999年加入法国国籍后任法国高等科学研究所教授,并任美国新泽西州立大学客座教授。2002年当选法国科学院院士。还是美国国家科学院外籍院士。研究领域涉及纽结理论、量子化和镜像对称理论、数学物理、拓扑学及代数几何学等方面。在博士论文《曲线模空间与矩阵艾里函数的交叉理论》(1992)中证明威顿猜想。还著有《形式(非)交换辛几何》(1993)和《格罗莫夫-威顿类、量子上同调和枚举几何》(与马宁合著,1994)等。1994年在苏黎世国际数学家大会上作1小时大会报告。1992年获欧洲数学会奖,1997年获庞加莱奖,1998年获菲尔兹奖,2008年获克雷福德奖,2012年获邵逸夫数学科学奖,2014年获数学突破奖。

沃耶沃斯基(Voevodsky, Vladimir Aleksandrovich, 1966.6.4—2017.9.30) 苏联—俄罗斯—美国数学家。生于苏联莫斯科,卒于美国普林斯顿。1989年获莫斯科大学学士学位,1992年获美国哈佛大学博士学位。先后到哈佛大学和德国马普数学研究所任职。1996年到美国西北大学工作,2002年获普林斯顿高等研究院终身教授职位。主要贡献在代数几何和数学基础方面。受到格罗滕迪克的数学思想的影响,致力于代数几何与拓扑学的融合。主要成就是发展了新的代数簇上同调理论,证明了米尔诺猜想——这个猜想是代数K理论中最主要的问题。这一结果引出了包括伽罗瓦上同调论、二次型和复代数簇的上同调论等一系列领域的重要成果。使得在拓扑学中发展起来的有力工具能够应用于代数簇的研究。在数学基础、概率论和数学生物学方面也有一定建树。著有《抽象代数簇的奇异同调性》(合著,1996)和《循环、传递和动力同源理论》(合著,2000)等。1998年在柏林国际数学家大会上作1小时大会报告。2002年获菲尔兹奖。

佩雷尔曼(Перельман, Григорий Яковлевич, 1966.6.13—) 苏联—俄罗斯数学家。生于列宁格勒(今圣彼得堡)。1982年进入列宁格勒国立大学数学力学系。1989年在A. Д. 亚历山德罗夫等人指导下获得博士学位。后进入斯捷克洛夫数学研究所工作,1990年成为该所的高级研究员。20世纪90年代初期移居美国,其间解决了多个数学难题,引起美国数学界的关注。1996年返回斯捷克洛夫数学研究所工作。最著名的工作是证明了庞加莱猜想。于2002—2003年在arXiv(专门刊登数学和物理预印本论文的网站)上发表《里奇流的熵公式及其几何应用》(2002)和《里奇流与三维流形的手术》(2003)等3篇论文的预印本。经同行评审和争议,2006年国际数学界确认他证明了庞加莱猜想。曾获1996年的欧洲数学会奖、2006年的菲尔兹奖、2010年的千禧年数学大奖,以及2011年当选俄罗斯科学院院士的推荐等,但均拒绝接受。

拉福格(Lafforgue, Laurent, 1966.11.6—) 法国数学家。生于法国上塞纳省安东尼。1986年毕业于巴黎高等师范学校。1994年在数学家洛蒙(G. Laumon,1952—)的指导下获巴黎第十一大学博士学位。1990年任法国国家科学研究中心助理研究员,同时在巴黎第十一大学数学系工作。2000年任研究中心主任,不久任法国高等科学研究所终身教授。主要贡献在数论和分析学领域。推广数学家德林费尔德的方法，证明朗兰茨猜想在特征为正的代数曲线函数域 GL_n 上成立，从而证明了与函数域情形相应的整体朗兰茨纲领，在数论与分析两大领域之间建立起新的联系。因此获 2002 年的菲尔兹奖。代表作有《格拉斯曼手术》(2003)。2002 年在北京国际数学家大会上作 1 小时大会报告。2003 年当选法国科学院院士，同年获法国荣誉军团骑士勋章。

维尔纳(Werner, Wendelin, 1968.9.23—) 德国—法国数学家。生于德国科隆。1977 年加入法国籍。1987—1991 年就读于巴黎高等师范学校。1993 年在巴黎第六大学由勒加尔指导获博士学位。1991—1997 年在法国国家科学研究中心工作。1997—2013 年任巴黎第十一大学的数学教授。2005—2013 年任巴黎高等师范学校兼职教授。2008 年当选法国科学院院士。还是利奥波第那科学院院士和剑桥大学凯斯学院的名誉研究员。主要研究概率论，特别是自回避随机游走和平面布朗运动。发展了一个新的基本概念以认识物质系统出现的新问题，并提出新的几何学见解，对数学和物理学产生重要影响。和劳勒、施拉姆(O. Schramm, 1961—)在 1999 年解决了芒代尔布罗猜想，证明平面布朗运动包络的豪斯多夫维数为 4/3。他们三人在 2006 年共同获得波利亚奖。同年他又获菲尔兹奖，是第一位以概率论研究而获菲尔兹奖的数学家。著有《概率论与统计学讲座》(合著，2004)等。2000 年获欧洲数学会奖，2001 年获费马奖。2020 年当选伦敦皇家学院外籍院士。

奥昆科夫(Okounkov, Andrei Yuryevich, 1969.7.26—) 苏联—俄罗斯—美国数学家。生于莫斯科。1995 年获莫斯科国立大学博士学位，师从盖尔范德的学生基里洛夫(A. Кириллов, 1936—)。后任俄罗斯科学院信息传输问题研究所研究员。1996 年移居美国。曾在普林斯顿高等研究院、芝加哥大学、伯克利加利福尼亚大学、普林斯顿大学和哥伦比亚大学任职。2011 年任伯克利加利福尼亚大学陈省身客座教授。2012 年当选美国国家科学院院士。2016 年当选美国文理科学院院士。研究领域涉及几何学、表示论、组合学和概率论等学科及其之间的相互关系，特别是数学和数学物理的交叉领域。2000 年获斯隆研究奖，2001 年获帕克基金奖，2004 年获欧洲数学会奖，2006 年获菲尔兹奖。2018 年在里约热内卢国际数学家大会上作 1 小时大会报告。2023 年当选中国科学院外籍院士。

林登施特劳斯(Lindenstrauss, Elon, 1970.8.1—) 以色列数学家。生于耶路撒冷。其父也是数学家。1991 年获希伯来大学数学与物理学学士学位，1995 年获数学硕士学位。后在以色列服兵役，其间获得以色列国防奖。1999 年在数学家 B. 韦斯(Weiss, 1941—)指导下获希伯来大学博士学位。后前往美国，在普林斯顿高等研究院、斯坦福大学和克雷数学研究所工作。2004—2009 年任普林斯顿大学教授。2009 年任希伯来大学爱因斯坦数学研究所教授。主要从事动力系统、人体工程学理论及其在数论中的应用研究。2003 年获塞勒姆奖，2004 年获欧洲数学会奖，2008 年获布鲁诺纪念奖，2009 年获爱尔特希奖和费马奖；2010 年获菲尔兹奖，成为第一位获菲尔兹奖的以色列人。

斯米尔诺夫,C. K.(Смирнов, Станислав Константинович, 1970.9.3—) 苏联—俄罗斯数学家。生于列宁格勒(今圣彼得堡)。1992年获圣彼得堡大学学士学位,后留学美国。1996年获加利福尼亚理工学院博士学位。曾在美国耶鲁大学、德国马普数学研究所、美国普林斯顿高等研究院工作。1998年前往斯德哥尔摩瑞典皇家理工学院从事研究工作。2003年到瑞士日内瓦大学任教。2013年当选欧洲科学院院士。主要贡献在复分析、动力系统和概率论方面,给出统计物理学中渗流和平面模型的共形不变性的证明。2001年获塞勒姆奖和克雷研究奖,2002年获戴维森奖,2004年获欧洲数学会奖,2010年因在统计物理学方面的理论研究而获得菲尔兹奖。

吴宝珠(Ngô, Báo Châu, 1972.11.15[一说6.28]—) 越南—法国数学家。生于越南河内市。1987年进入国立河内大学附属高中的数学专修班。1990年进入巴黎高等师范学校就读。大学期间跟随巴黎第十一大学的数学家洛蒙(G. Laumon, 1952—)做研究,1997年获博士学位。1998年任法国国家科学研究中心研究员,并在巴黎第十三大学任职。2005年任巴黎第十一大学教授。2010年任美国芝加哥大学教授。2020年任法兰西学院讲座教授。长期致力于研究朗兰茨纲领,在2008年证明了朗兰茨纲领的基本引理,因此获2010年的菲尔兹奖。2009年底,其论文《李代数的基本引理》被美国《时代周刊》列为当年十大科学发现之一。2010年加入法国籍。在2010年海得拉巴国际数学家大会上作1小时大会报告。2012年获法国荣誉军团骑士勋章。还是美国数学会会员(2012),伦敦数学会名誉会员(2021)。

维拉尼(Villani, Cédric, 1973.10.5—) 法国数学家。生于布里夫拉盖亚尔德。1992—1996年在巴黎高等师范学校学习,毕业后留校任助教。1998年由P.-L.利翁斯指导获巴黎第九大学博士学位。2000—2010年任里昂高等师范学校教授。2009—2017年任庞加莱研究所所长。2013年当选法国科学院院士。研究涉及偏微分方程、黎曼几何和数学物理学等领域,特别把最优传输理论应用于微分几何。还对线性兰道阻尼及玻尔兹曼方程收敛到平衡状态给出了证明。曾于2011年和2013年两次到中国做学术访问。2008年获欧洲数学会奖,2009年获庞加莱奖和费马奖,2010年获菲尔兹奖。2016年当选意大利宗座科学院院士。

巴尔加瓦(Bhargava, Manjul, 1974.8.8—) 加拿大—美国数学家。生于加拿大安大略省哈密尔顿。在美国纽约州长岛长大。1996年毕业于哈佛大学数学系并获学士学位。大学时期以有关数论的研究成果获1996年的德·摩根奖章。2001年在怀尔斯指导下获普林斯顿大学数学博士学位。后在普林斯顿高等研究院和哈佛大学做访问学者,2003年任普林斯顿大学终身教授。2010年任荷兰莱顿大学斯蒂尔杰斯数论教授。还兼任印度塔塔基础研究所、孟买理工学院和海得拉巴大学教授。2012年成为美国数学会会员,2013年当选美国国家科学院院士。2019年当选英国皇家学会外籍会员。主要研究方向为数的几何理论。将高斯关于二元二次型的基本定理推广到更高次的情形,扩展了数学家研究这些基本数学对象的方法;简化了关于正定二次型表示的康韦 15 定理的证明，并推广了其结果。对阶乘函数也有研究。还与人合作证明关于椭圆曲线的伯奇—斯温纳顿-戴尔猜想。2014 年获菲尔兹奖。还获其他多种奖励，如 2005 年获拉马努金奖和克雷研究奖，2008 年获柯尔数论奖，2011 年获费马奖，2012 年获印孚瑟斯数学奖等。

陶哲轩(Tao, Terence, 1975.7.17—) 华裔澳大利亚数学家。出生于澳大利亚阿德莱德。1996 年在斯坦指导下获普林斯顿大学博士学位。1996 年后任教于美国洛杉矶加利福尼亚大学数学系，1999 年任教授。2007 年当选澳大利亚科学院通讯院士，同年又当选英国皇家学会外籍会员，2009 年当选美国文理科学院外籍院士。数学研究涉及调和分析、偏微分方程、组合数学、解析数论、代数几何、表示论等领域。最重要的突破性工作是 2004 年与剑桥大学的格林(B. J. Green, 1977—)共同证明了存在无穷多组任意长的素数等差数列。还为多个长期未解决的数学猜想提供了阶段性的证明。还在介于数学和信息科学之间的新方向——压缩感知理论方面作出突破性研究。已发表 250 多篇研究论文和 17 部著作。获多项数学大奖，如塞勒姆奖(2000)、博谢纪念奖(2002)、克雷研究奖(2003)、菲尔兹奖(2006)、麦克阿瑟基金奖(2006)、沃特曼奖(2008)、内莫斯数学奖(2010)、费萨尔国王国际奖(2010)、波利亚奖(2010)、克雷福德奖(2012)、皇家奖章(2014)和数学突破奖(2015)等。

海尔(Hairer, Martin, 1975.11.14—) 奥地利—英国数学家。生于瑞士日内瓦。1994 年进入日内瓦大学学习，1998 年获理学学士学位，2001 年在 J.-P. 埃克曼(J.-P. Eckmann, 1944—)指导下获物理学博士学位。曾在纽约大学库朗数学科学研究所任职。后移居英国。2006—2014 年任法国图卢兹大学客座教授。2014—2017 年任华威大学雷吉乌斯讲座教授。后任伦敦帝国理工学院数学教授。还在多所大学任客座教授。2014 年当选英国皇家学会会员。2015 年当选美国数学会会员、奥地利科学院和德国国家科学院院士。主要贡献在随机分析，特别是随机偏微分方程方面，为这些方程建立了一套正则性结构理论。因此获 2014 年的菲尔兹奖。还获其他多项奖励，如怀特海奖(2008)、英国皇家学会沃尔夫森研究优异奖(2009)、费马奖(2013)、数学突破奖(2020)和费萨尔国王国际奖(2022)等。

莫扎坎尼(Mirzakhani, Maryam, 1977.5.12—2017.7.14) 伊朗数学家。生于伊朗德黑兰，卒于美国加利福尼亚州斯坦福。1999 年获德黑兰谢里夫理工大学学士学位。后到美国哈佛大学深造，在麦克马伦的指导下于 2004 年获博士学位。同年任克雷数学研究所研究员和普林斯顿大学教授，并定居美国。2008 年后任斯坦福大学教授。主要贡献在黎曼曲面的几何学方面，特别是对黎曼面模空间理论的研究。2014 年，由于"对黎曼曲面及其模空间的动力学和几何学的突出研究"而获菲尔兹奖，成为第一位获此奖项的女性。2016 年当选美国国家科学院院士。2020 年被追授数学突破奖。

比尔卡尔(Birkar, Caucher, 1978.7—) 伊朗数学家。生于库尔德斯坦省马里文县。早年在德黑兰大学学习数学。本科的最后一年移居英国。2004 年获诺丁汉大学博士学位。2007 年到剑桥大学任教，

2015年任教授。2019年当选英国皇家学会外籍会员。2021年任中国清华大学长聘教授。主要研究现代双有理几何,对多项式方程的内在规律亦有研究,揭示了无数的不同项式可通过有限数量的特征项来定义。2010年因对代数几何的贡献而获利华休姆数学和统计学奖。2016年获美国数学会摩尔奖。2018年获怀特海奖。同年因"证明法诺簇的有界性以及对最小模型程序的贡献"获菲尔兹奖。

阿维拉(Avila, Artur, 1979.6.29—) 巴西—法国数学家。生于巴西里约热内卢。高中未毕业就获巴西国家数学研究所的奖学金,进入里约热内卢联邦大学学习,获得学士学位后即开始攻读博士研究生,2001年获巴西国家数学研究所博士学位,导师是德梅洛(Welington de Melo,1946—2016)。不久移居法国巴黎师从约科茨做博士后研究。2003年任法国国家科学研究中心研究员,2008年任研究室主任。2009—2018年在巴黎第七大学和巴西国家数学研究所兼任(各半年)教授。2018年后任苏黎世大学教授。2013年当选巴西科学院院士。2019年当选美国国家科学院外籍院士。主要研究动力系统和谱理论。特别是动力系统中的混沌理论。主要贡献是明确了有一大类动力体系最后一定会落入两种状态之一,即要么演化成稳定状态,要么演化成混沌随机状态。2010年在海得拉巴国际数学家大会上作1小时大会报告。2014年获菲尔兹奖和法国荣誉军团骑士勋章。还获多项重大奖励,如塞勒姆奖(2006)、欧洲数学会奖(2008)、世界科学院数学奖(2013)等。

文卡特什(Venkatesh, Akshay, 1981.11.21—) 澳大利亚数学家。生于印度新德里。2岁时随家人移居西澳大利亚的珀斯。13岁就读于西澳大利亚大学,1997年获数学一等荣誉学位毕业。2002年在萨纳克指导下获美国普林斯顿大学博士学位。后在马萨诸塞理工学院获得博士后职位。2005—2006年任职于普林斯顿高等研究院,2006年后相继在库朗数学研究所(2006—2008)和斯坦福大学(2008—2018)任职。2018年任普林斯顿高等研究院终身教授。主要贡献在综合解析数论、齐次动力学、拓扑学和表示论等方面。2007年获塞勒姆奖,2008年获拉马努金奖。2017年获奥斯特洛夫斯基奖。2018年获菲尔兹奖。

许埈珥(Huh, June, 或 Heo, Jun-i, 1983.6.9—) 韩国—美国数学家。生于美国加利福尼亚州斯坦福,后随父母回到韩国。2002年考入首尔大学学习,24岁时在日本数学家广中平佑指导下攻读数学硕士学位。2009年赴美国深造,2014年获密歇根大学博士学位。后在普林斯顿高等研究院从事研究工作,2017年起任客座教授。2019—2020年任斯坦福大学教授。2021年后任普林斯顿大学教授。将霍奇理论引入了组合学,证明了关于几何格和拟阵的猜想,以及强梅森猜想,发展了洛伦兹多项式理论。2019年获数学新视野奖。2021年获韩国湖岩科学奖。2022年获菲尔兹奖。

菲加利(Figalli, Alessio, 1984.4.2—) 意大利数学家。生于罗马。2006年获比萨大学硕士学位。2007年获法国里昂高等师范学校博士学位。同年任法国国家科学研究中心研究员。2008年任巴黎综合工科学校阿达玛教授。2009年到美国得克萨斯大学奥斯汀分校任职,2011年任该校教授。2016 年任苏黎世联邦理工学院教授。主要研究变分法、偏微分方程和最优传输理论等。获 2015 年的 Stampacchia 奖章和 2017 年的 Feltrinelli 数学奖。2018 年因“对最优运输理论的贡献,及其在偏微分方程、度量几何和概率中的应用”获菲尔兹奖。著有《最佳运输和行动最小化措施》(2008)、《蒙日-安培方程及其应用》(2017)等。

维亚佐夫斯卡娅(Вязовская, Марина Сергеевна, 1984.12.2—) 乌克兰数学家。生于基辅。先后于基辅大学、德国凯泽斯劳滕工业大学和波恩大学获学士、硕士、博士学位。2013 年到柏林的数学学院和洪堡大学从事博士后研究。后到美国普林斯顿高等研究院做访问学者。2018 年起任瑞士洛桑联邦理工学院教授。2016 年解决了 8 维空间的球体堆积问题,后又与其他数学家合作解决了 24 维空间的相关问题。推进了傅里叶分析中的有关极值问题和插值问题的研究。2022 年获菲尔兹奖,成为该奖第二位女性获奖者。还获塞勒姆奖(2016)、数学新视野奖(2018)、欧洲数学会奖(2020)和费马奖(2019)等。

迪米尼-科潘(Duminil-Copin, Hugo, 1985.8.26—) 法国数学家。生于沙特奈-马拉布里(Châtenay-Malabry)。早年就读于巴黎高等师范学院和巴黎第十一大学。2008 年到日内瓦大学学习和工作,2012 年在 C. K. 斯米尔诺夫的指导下获博士学位,2014 年任教授。主要贡献在概率论方面,解决了统计物理学中长期存在的相变概率理论问题,特别是在三维和四维两种情形。2016 年获欧洲数学会奖。2017 年获数学新视野奖。2018 年在里约热内卢国际数学家大会上作特邀演讲。2022 年获菲尔兹奖。

梅纳德(Maynard, James, 1987.6.10—) 英国数学家。生于英格兰埃塞克斯郡切姆斯福德。毕业于剑桥大学女王学院,获学士与硕士学位。后到牛津大学贝利奥尔学院深造,2013 年获博士学位。后在牛津大学、加拿大蒙特利尔大学从事博士后研究。2017 年起任牛津大学研究教授,同时任圣约翰学院研究员。主要贡献在数论方面。2013 年用一种新方法证明张益唐的素数定理并大幅改进了其结果,证明存在无穷多对间隙小于 600 的素数对,即 $\liminf_{n\to\infty}(p_{n+1}-p_n)\leqslant 600$。2014 年后又证明关于素数的两个猜想。获拉马努金奖(2014)、怀特海奖(2015)、欧洲数学会奖(2016)、柯尔数论奖(2020)等奖项。2022 年获菲尔兹奖。

朔尔策(Scholze, Peter, 1987.12.11—) 德国数学家。生于德累斯顿。就读于波恩大学,5 个学期内获学士和硕士学位。2012 年获博士学位。2013 年任波恩大学正教授,是德国最年轻的正教授。2014 年任美国伯克利加利福尼亚大学教授。2018 年任波恩马普数学研究所所长。主要研究算术几何的纯局部方面,例如 p 进类完美空间及其应用等。2017 年当选利奥波第那科学院院士。2013 年获拉马努金奖,2014 年获克莱研究奖,2015 年获柯尔代数奖、奥斯特洛夫斯基奖和费马奖。2016 年获德国研究基金会莱布尼茨奖。同年拒绝了 10 万美元的“科学突破奖新视野数学奖”。2018 年因“变换算术代数,在代数几何中发起的革命”获菲尔兹奖。2019 年获德意志联邦共和国大十字勋章。

附　录

1. 重要数学奖简介及历届获奖情况

1.1 菲尔兹奖

简介

由加拿大数学家菲尔兹提议设立的国际性数学奖，是国际数学界最有影响力的奖项之一。每四年一次在国际数学家大会上颁发。每次奖励 2～4 位在数学领域作出卓越贡献且年龄不超过 40 岁的数学家。1936 年首次颁奖。

历届获奖情况

年份	获　奖　者	主要研究领域
1936	阿尔福斯(L. V. Ahlfors，芬兰—美国)	复分析
	道格拉斯(J. Douglas，美国)	极小曲面
1950	施瓦尔茨(L. Schwartz，法国)	分布理论，泛函分析，概率论
	塞尔伯格(A. Selberg，挪威—美国)	解析数论，抽象调和分析
1954	小平邦彦(Kunihiko Kodaira，日本)	代数几何
	塞尔(J.-P. Serre，法国)	代数拓扑，代数几何
1958	托姆(R. Thom，法国)	代数拓扑，微分拓扑
	罗特(K. F. Roth，德国—英国)	解析数论
1962	米尔诺(J. W. Milnor，美国)	微分拓扑，代数拓扑
	霍尔曼德(L. V. Hörmander，瑞典)	偏微分方程
1966	阿蒂亚(M. F. Atiyah，英国)	代数几何，代数拓扑
	科恩(P. J. Cohen，美国)	连续统假设，抽象调和分析

续 表

年份	获 奖 者	主要研究领域
1966	格罗滕迪克(A. Grothendieck,法国)	代数几何,泛函分析,同调代数
	斯梅尔(S. Smale,美国)	微分拓扑,微分动力系统
1970	贝克(A. Baker,英国)	超越数论,代数数论
	广中平佑(Heisuke Hironaka,日本)	代数几何,奇点理论
	诺维科夫(С.П. Новиков,苏联—俄罗斯)	微分拓扑,代数拓扑,孤立子理论
	汤普森(J. G. Thompson,美国)	有限群论
1974	邦别里(E. Bombieri,意大利)	解析数论,极小曲面,有限群论
	芒福德(D. B. Mumford,英国—美国)	代数几何
1978	德利涅(P. Deligne,比利时)	代数几何,调和分析,多复变函数
	费弗曼(C. Fefferman,美国)	调和分析,多复变函数
	马尔古利斯(G. A. Margulis,苏联—美国)	李群的离散子群
	奎伦(D. Quillen,美国)	代数 K 理论
1983	孔涅(A. Connes,法国)	算子代数
	瑟斯顿(W. P. Thurston,美国)	低维拓扑,叶状结构
	丘成桐(Shing-Tung Yau,中国—美国)	微分几何,偏微分方程,相对论
1986	唐纳森(S. Donaldson,英国)	微分拓扑
	弗里德曼(M. Freedman,美国)	四维庞加莱猜想
	法尔廷斯(G. Faltings,德国)	莫德尔猜想
1990	德林菲尔德(V. Drinfeld,苏联—乌克兰—美国)	量子群
	琼斯(V. F. R. Jones,新西兰—美国)	纽结理论
	森重文(Shigefumi Mori,日本)	代数几何
	威顿(E. Witten,美国)	超弦理论
1994	布尔甘(J. Bourgain,比利时)	偏微分方程
	利翁斯(P.-L. Lions,法国)	非线性偏微分方程

续 表

年份	获 奖 者	主要研究领域
1994	约科茨(J.-C. Yoccoz,法国)	复动力系统
	泽尔曼诺夫(E. Zelmanov,苏联—美国)	有限群
1998	博切斯(R. Borcherds,英国)	李代数,自守形式
	高尔斯(T. Gowers,英国)	巴拿赫空间理论,组合学
	孔采维奇(M. Kontsevich,苏联—俄罗斯—法国)	数学物理,代数几何,拓扑学
	麦克马伦(C. T. McMullen,美国)	复动力系统,双曲几何
2002	拉福格(L. Lafforgue,法国)	算术代数几何
	沃耶沃斯基(V. Voevodsky,苏联—俄罗斯—美国)	代数几何
2006	陶哲轩(Terence Tao,澳大利亚)	调和分析,解析数论,表示论,组合学
	佩雷尔曼(Г.Я. Перельман,苏联—俄罗斯)	庞加莱猜想证明
	维尔纳(W. Werner,德国—法国)	概率论,数学物理
	奥昆科夫(A. Y. Okounkov,俄罗斯—美国)	概率论,表示论与代数几何
2010	林登施特劳斯(E. Lindenstrauss,以色列)	遍历理论及数论应用
	吴宝珠(Ngo Bao Chau,越南—法国)	自守型理论基本引理证明
	斯米尔诺夫(С. К. Смирнов,苏联—俄罗斯)	统计物理
	维拉尼(C. Villani,法国)	波尔兹曼方程
2014	阿维拉(A. Avila,巴西—法国)	混沌理论和动力系统
	巴尔加瓦(M. Bhargava,加拿大—美国)	几何数论
	海尔(M. Hairer,奥地利—英国)	随机偏微分方程理论
	莫扎坎尼(M. Mirzakhani,伊朗)	黎曼曲面及其模空间的动力学和几何学
2018	比尔卡尔(C. Birkar,伊朗)	双有理几何,法诺簇的有限性,极小模型纲领
	菲加利(A. Figalli,意大利)	最优运输理论及其在偏微分方程,度量几何和概率论方面的应用

续 表

年份	获 奖 者	主要研究领域
2018	朔尔策(P. Scholze,德国)	代数几何
	文卡特什(A. Venkatesh,澳大利亚)	计数,自守形式的等分布,数论,表示论,局部对称空间以及遍历理论
2022	迪米尼-科潘(H. D.-Copin,法国)	概率论
	许埈珥(J. Huh,韩国—美国)	组合几何
	梅纳德(J. Maynard,英国)	数论
	维亚佐夫斯卡娅(M.C. Вязовская,乌克兰)	组合几何

1.2 沃尔夫数学奖

简介

沃尔夫奖的一个奖项。沃尔夫奖是国际上最有影响力的科学奖之一。1976 年,由德国化学家沃尔夫及其家族捐款设立沃尔夫基金会,总部设在以色列。每年给在农业、化学、数学、医学、物理学和艺术方面有杰出成就者颁奖。1978 年首次颁奖。

历届获奖情况

年份	获 奖 者	主要研究领域
1978	盖尔范德(I. M. Gelfand,俄国—苏联—美国)	泛函分析,群表示论
	西格尔(C. L. Siegel,德国)	数论,多复变函数,天体力学
1979	勒雷(J. Leray,法国)	偏微分方程拓扑方法
	韦伊(A. Weil,法国)	数论,代数几何
1980	嘉当(H. Cartan,法国)	代数拓扑,复变函数,同调代数
	科尔莫戈罗夫(A. H. Колмогоров,俄国—苏联)	概率论,调和分析,动力系统
1981	阿尔福斯(L. V. Ahlfors,芬兰—美国)	复变函数论
	扎里斯基(O. Zariski,俄国—苏联—美国)	代数几何

续 表

年份	获 奖 者	主要研究领域
1982	惠特尼(H. Whitney,美国)	代数拓扑
	克赖因(М.Г. Крейн,俄国—苏联)	泛函分析及其应用
1984	陈省身(Shiing-Shen Chern,中国—美国)	整体微分几何
	爱尔特希(P. Erdös,匈牙利)	数论,组合论,概率论
1985	小平邦彦(Kunihiko Kodaira,日本)	代数几何
	列维(H. Lewy,波兰—美国)	偏微分方程
1986	艾伦伯格(S. Eilenberg,波兰—美国)	代数拓扑,同调代数
	塞尔伯格(A. Selberg,挪威—美国)	数论,调和分析,离散群
1987	拉克斯(P. D. Lax,匈牙利—美国)	偏微分方程及应用
	伊藤清(Kiyosi Itô,日本)	概率论,随机分析
1988	霍尔曼德(L. Hörmander,瑞典)	偏微分方程
	希策布鲁赫(F. Hirzebruch,德国)	拓扑学,代数几何
1989	卡尔德伦(A. P. Caldron,阿根廷—美国)	调和分析,偏微分方程
	米尔诺(J. W. Milnor,美国)	微分拓扑
1990	德乔治(E. de Giorgi,意大利)	偏微分方程,变分法
	皮亚捷茨基—夏皮罗(I. Piatetski-Shapiro,苏联—以色列)	自守函数论,群表示论
1992	卡勒松(L. Carleson,瑞典)	函数论
	汤普森(J. G. Thompson,美国)	有限群论
1993	格罗莫夫(M. Gromov,苏联—法国)	大范围微分几何及辛几何
	蒂茨(J. Tits,比利时—法国)	代数群及其他类群的结构理论
1995	莫泽(J. K. Moser,德国—美国)	哈密顿系统,非线性微分方程
1996	朗兰茨(R. Langlands,加拿大)	调和分析,自守形式,数论
	怀尔斯(A. Wiles,英国)	费马大定理证明

续 表

年份	获 奖 者	主要研究领域
1997	凯勒(J. Keller,美国)	波动理论
	西奈(Я. Г. Синай,苏联—俄罗斯)	遍历理论
1999	罗瓦兹(L. Lovász,匈牙利)	离散数学,计算机科学
	斯坦(E. M. Stein,比利时—美国)	调和分析
2000	博特(R. Bott,匈牙利—美国)	拓扑学,微分几何
	塞尔(J.-P. Serre,法国)	代数拓扑,代数几何
2001	阿诺尔德(В.И. Арнольд,苏联—俄罗斯)	动力系统,微分方程,奇点理论
	谢拉赫(S. Shelah,以色列)	数理逻辑
2003	佐藤干夫(Mikio Sato,日本)	代数分析与数学物理
	泰特(J. Tate,美国)	代数数论
2005	马尔古利斯(G. A. Margulis,苏联—美国)	代数学,数论,组合学和测度论
	诺维科夫(С.П. Новиков,苏联—俄罗斯)	代数拓扑学,微分拓扑及数学物理
2007	斯梅尔(S. Smale,美国)	微分拓扑
	弗斯滕伯格(H. Furstenberg,美国—以色列)	概率论,遍历理论
2008	德利涅(P. R. Deligne,比利时)	混合霍奇理论,韦依猜想
	格里菲斯(P. A. Griffiths,美国)	霍奇结构,阿贝尔积分,复微分几何
	芒福德(D. B. Mumford,英国—美国)	代数几何
2010	丘成桐(Shing-Tung Yau,中国—美国)	几何分析
	沙利文(D. Sullivan,美国)	代数拓扑学,共形动力学
2012	阿施巴赫(M. Aschbacher,美国)	有限群,代数群
	卡法雷利(L. A. Caffarelli,阿根廷)	非线性偏微分方程理论
2013	莫斯托(G. Mostow,美国)	几何与李群理论
	阿廷(M. Artin,美国)	代数几何

续　表

年份	获　奖　者	主要研究领域
2014	萨纳克(P. Sarnak,南非—美国)	数论及相关交叉学科
2015	阿瑟(J. Arthur,加拿大)	可约群的迹公式与自守表示论
2017	舍恩(R. Schoen,美国)	几何分析,偏微分方程与微分几何的联系
	费弗曼(C. Fefferman,美国)	多复变函数,偏微分方程与次椭圆问题
2018	贝林松(A. Beilinson,苏联—俄罗斯—美国)	几何与数学物理的交叉
	德林菲尔德(V. Drinfeld,苏联—乌克兰—美国)	几何与数学物理的交叉
2019	劳勒(G. Lawler,美国)	概率论,布朗运动
	勒加尔(J. F. La Gall,法国)	随机过程理论
2020	埃利亚什伯格(Y. Eliashberg,苏联—美国)	微分几何与拓扑学
	唐纳森(S. Donaldson,英国)	微分几何与拓扑学
2022	卢斯蒂格(G. Lusztig,罗马尼亚—美国)	几何表示理论与代数群
2023	多贝西 (Ingrid Daubechies,比利时)	小波理论和应用谐波分析

1.3　阿贝尔奖

简介

为纪念挪威数学家阿贝尔诞辰 200 周年,挪威政府于 2002 年设立的国际性数学奖。每年颁发给杰出的数学家。2003 年首次颁奖。

历届获奖情况

年份	获　奖　者	主要研究领域
2003	塞尔(J.-P. Serre,法国)	代数拓扑,代数几何
2004	阿蒂亚(M. F. Atiyah,英国)	代数几何,代数拓扑,阿蒂亚—辛格指标定理
	辛格(I. M. Singer,美国)	阿蒂亚—辛格指标定理
2005	拉克斯(P. D. Lax,匈牙利—美国)	双曲线型偏微分方程

续 表

年份	获 奖 者	主要研究领域
2006	卡勒松(L. Carleson,瑞典)	调和分析,光滑动力系统
2007	瓦拉德汉(S. Varadhan,印度—美国)	概率论
2008	汤普森(J. G. Thompson,美国)	有限群论
	蒂茨(J. Tits,比利时—法国)	现代群论
2009	格罗莫夫(M. Gromov,苏联—法国)	现代几何学
2010	泰特(J. Tate,美国)	数论
2011	米尔诺(J. W. Milnor,美国)	拓扑,几何,代数
2012	塞迈雷迪(E. Szemerédi,匈牙利—美国)	离散数学,理论计算机科学,堆垒数论,遍历理论
2013	德利涅(P. Deligne,比利时)	代数几何,数论,表示论
2014	西奈(Я. Г. Синай,苏联—俄罗斯)	动力系统,遍历性理论,数学物理
2015	纳什(J. Nash,美国)	非线性偏微分方程
	尼伦伯格(L. Nirenberg,加拿大—美国)	非线性偏微分方程
2016	怀尔斯(A. Wiles,英国)	费马大定理
2017	梅耶尔(Y. Meyer,法国)	小波分析
2018	朗兰茨(R. Langlands,加拿大)	朗兰茨纲领
2019	乌伦贝克(K. Uhlenbeck,美国)	几何偏微分方程,规范理论,可积系统
2020	弗斯滕伯格(H. Furstenberg,美国—以色列)	概率论,遍历理论
	马尔古利斯(G. A. Margulis,苏联—美国)	代数学,数论,组合学和测度论
2021	罗瓦兹(L. Lovász,匈牙利)	理论计算机科学,离散数学
	威格德森(A. Wigderson,以色列)	理论计算机科学,离散数学
2022	沙利文(D. P. Sullivan,美国)	拓扑学和动力系统
2023	卡法雷利(Luis A. Caffarelli,阿根廷)	非线性偏微分方程的正则性理论

1.4 奈旺林纳奖(算盘奖章)

简介

为纪念芬兰数学家奈旺林纳对数学和计算机科学所作的贡献,由国际数学联盟于1981年设立的国际性数学奖。奖励在信息科学方面作出杰出成就的数学家。每四年在国际数学家大会颁发一次。得奖者必须在获奖当年不超过40岁。1982年首次颁奖。2018年国际数学联盟把奈望林纳奖重新命名为算盘奖章。

历届获奖情况

年 份	获 奖 者
1982	塔简(R. Tarjan,美国)
1986	瓦利安特(L. Valiant,英国)
1990	拉兹博洛夫(A. A. Разборов,苏联—俄罗斯)
1994	威格德森(A. Wigderson,以色列)
1998	肖尔(P. W. Shor,美国)
2002	苏丹(M. Sudan,印度)
2006	克莱因伯格(J. Kleinberg,美国)
2010	斯皮尔曼(D. A. Spielman,美国)
2014	库特(S. Khot,印度)
2018	达斯卡拉基斯(C. Daskalakis,希腊)

国际数学联盟算盘奖章获奖情况

年 份	获 奖 者
2022	布雷弗曼(M. Braverman,以色列)

1.5 陈省身奖

简介

为纪念数学家陈省身,由国际数学联盟及陈省身奖基金会于2009年6月设立的国际数学奖。授予“凭借数学领域的终身成就获得最高赞誉的人”。在每四年举行一次的国际数学家大会上颁发。2010年首次颁奖。

历届获奖情况

年 份	获 奖 者	主要研究领域
2010	尼伦伯格(L. Nirenberg,加拿大—美国)	几何分析
2014	格里菲斯(P. A. Griffiths,美国)	复微分几何,霍奇结构
2018	柏原正树(Masaki Kashiwara,日本)	D-Module 理论
2022	梅热(B. Mazur,美国)	拓扑学,算术几何,数论

1.6 陈省身数学奖

简介

为纪念数学家陈省身对世界数学的发展作出的杰出贡献,奖励中国中青年数学工作者对发展中国数学事业所取得的成就,由中国数学会于 1986 年设立的奖项。奖励范围为在数学领域作出突出成果的中国中青年数学家。1987 年首次颁奖。

历届获奖情况

颁奖时间	获奖者	主要研究领域
1987	钟家庆	复流形、复分析
	张恭庆	临界点理论
1989	李邦河	微分拓扑
	姜伯驹	不动点理论
1991	肖 刚	代数几何
	冯克勤	代数数论
1993	丁伟岳	非线性偏微分方程及其在微分几何中的应用
	忻元龙	微分几何,特别是调和映射
1995	洪家兴	偏微分方程及其在几何中的应用
	马志明	狄氏型、马氏过程及随机分析

续 表

颁奖时间	获奖者	主要研究领域
1998	文　兰	微分动力系统
	王建磐	代数群与量子群
2000	王诗宬	三维拓扑学
	龙以明	非线性哈密顿系统和率几何
2002	李嘉禹	几何分析
	周向宇	多复变
2003	张伟平	微分几何
	巩馥洲	随机分析
2005	段海豹	代数拓扑、微分拓扑与代数几何
	席南华	代数群与量子群
2007	吉　敏	偏微分方程及变分问题
	宗传明	数的几何
2009	张继平	有限群模表示论
	沈维孝	一维实和复动力系统理论
2011	袁亚湘	非线性优化计算
	陈永川	组合数学及其应用
2013	孙笑涛	代数几何
	叶向东	动力系统、遍历理论与连续统理论
2015	陈志明	偏微分方程
	傅吉祥	复几何
2017	戴彧虹	运筹优化
	朱小华	微分几何、几何分析

续 表

颁奖时间	获奖者	主要研究领域
2019	吴 臻	随机控制
	张 平	微局部分析、非线性偏微分方程
2021	田 野	数论 、算术代数几何
	黄 文	动力系统
2023	陈兵龙	微分几何分析
	刘若川	算术几何与代数数论

1.7 华罗庚数学奖

简介

为纪念中国数学家华罗庚对中国数学事业作出的卓越贡献，激励中国数学家在发展中国数学事业中作出突出贡献，促进中国数学的发展，由中国数学会与湖南教育出版社于 1992 年设立的奖项。奖励范围为在数学领域作出杰出学术成就的中国数学家。1992 年首次颁奖。

历届获奖情况

颁奖时间	获奖者	主要研究领域
1992	陈景润	数论
	陆启铿	多元复变函数论
1995	谷超豪	微分几何，偏微分方程，数学物理
	万哲先	代数学和组合论
1997	杨 乐	复分析
	周毓麟	理论数学与应用数学
2000	王 元	数论
	丁夏畦	偏微分方程，函数空间

续　表

颁奖时间	获奖者	主要研究领域
2002	姜伯驹	拓扑学
	龚　升	多复变函数论,抽象调和分析,复分析
2003	陆汝钤	多元复变函数论
	石钟慈	有限元理论
2005	马志明	概率论与随机分析
	姜礼尚	偏微分方程
2007	严加安	随机分析,金融数学研究
	李大潜	偏微分方程,最优控制理论,有限元法理论
2009	张恭庆	非线性泛函分析,非线性偏微分方程理论研究
	李邦河	微分拓扑,低维拓扑的量子不变量,非标准分析和广义函数
2011	文　兰	微分动力系统
	彭实戈	随机控制,金融数学,概率统计
2013	钱　敏	数学物理,随机过程
2015	林　群	计算数学,有限元分析
	刘应明	拓扑学
2017	侯振挺	概率论
	龙以明	哈密尔顿动力系统,辛几何
2019	洪家兴	偏微分方程及其几何应用
	冯克勤	代数数论和数论应用
2021	陈恕行	偏微分方程及其应用
	王斯雷	调和分析与偏微分方程
2023	徐宗本	数学与信息科技的交叉融合研究

1.8 苏步青奖

简介

以中国数学家苏步青的名字命名，由国际工业与应用数学联合会于2003年设立的国际数学奖。是以中国数学家命名的第一个国际性数学大奖。旨在奖励在数学领域对经济腾飞和人类发展的应用方面作出杰出贡献的个人。每四年颁发一次。2007年首次颁奖。

历届获奖情况

年　份	获　奖　者	主要研究领域
2007	斯特朗(Gilbert Strang，美国)	有限元理论、线性代数、矩阵理论
2011	伦古(Edward Lungu，博茨瓦纳)	数学生物学
2015	李大潜(中国)	偏微分方程理论及应用研究
2019	依诺(Giulia di Nunno，意大利)	随机分析
2023	佩雷斯(Jose Mario Martinez Perez，巴西)	大规模优化

1.9 苏步青应用数学奖

简介

以中国数学家苏步青的名字命名，由中国工业与应用数学学会于2003年设立的奖项。奖励在应用数学研究及推动应用数学发展方面作出杰出贡献的个人。每两年颁发一次。2006年首次颁奖。

历届获奖情况

<table>
<tr><th>年　份</th><th>获奖者</th><th>主要研究领域</th></tr>
<tr><td rowspan="3">2006</td><td>周毓麟(特别奖)</td><td>核科学中的数学</td></tr>
<tr><td>彭实戈</td><td>随机控制、金融数学</td></tr>
<tr><td>石钟慈</td><td>有限元理论</td></tr>
<tr><td rowspan="2">2008</td><td>张关泉</td><td>数值方法</td></tr>
<tr><td>徐宗本</td><td>非线性算子理论、智能信息处理</td></tr>
</table>

续 表

年 份	获奖者	主要研究领域
2010	李大潜	偏微分方程、最优控制理论
	王小云	密码数学问题
2012	崔俊芝	有限元方法
	姜礼尚	偏微分方程
2015	曾庆存	气候和环境预测与调控
2016	应隆安	偏微分方程
	袁亚湘	非线性优化计算方法
2018	郭 雷	控制论与系统理论
	孙家昶	高性能软件与算法库研究
2020	江 松	可压缩流体力学中的数学
2022	黄鸿慈	计算数学、有限元理论

2. 本辞典提及的 1771 年以前出生的数学家

姓 名	生 卒 年
泰勒斯(Thales of Miletus)	约前 624—约前 547
毕达哥拉斯(Pythagoras)	约前 560—前 480,一说约前 569—约前 475
希波克拉底(Hippocrates of Chios)	约前 470—约前 410
柏拉图(Plato)	前 427—前 347
亚里士多德(Aristotle)	前 384—前 322
欧几里得(Euclid)	约前 330—前 275
阿基米德(Archimedes)	前 287—前 212
阿波罗尼奥斯(Apollonius of Perga)	约前 262(一说前 240)—约前 190
丢番图(Diophantus of Alexandria)	约 200—约 284
帕普斯(Pappus of Alexandria)	约 290—约 350
普罗克洛斯(Proclus)	411.2.8—485.4.17
辛普利休斯(Simplicius)	约 490—约 560
花拉子米(al-Khowārizmī,Mohammed ibn Mūsā)	约 780—约 850
班努穆萨兄弟(Banū Mūsa)	9 世纪
奈里济(al-Nayrīzī,Abu'l 'Abbās al-Fadl ibn Hātim)	约 865—约 922
凯拉吉(al-Karaji 或 al-Karkbi)	953.4.13—约 1029
杰拉德(克雷莫纳的)(Gerard of Cremona)	1114—1187
斐波那契(Fibonacci,Leonardo)	约 1170—约 1250
李冶	1192—1279
萨克罗博斯科(Sacrobosco,Johannes de)	约 1195—约 1256

续 表

姓 名	生 卒 年
秦九韶	1208—约 1261
约丹努斯(Jordanus de Nemore,或 Jordanus Nemorarius)	1225—1260
朱世杰	1300 年前后
布拉德沃丁(Bradwardine,Thomas)	约 1295—1349. 8.26
卡西(al-Kāshī,Ghiyāth al-Din Jamshid Mas'ūd)	约 1380—1429.6.22
雷格蒙塔努斯(Regiomontanus, Johann Müller)	1436.6.6—1476.7.6
达·芬奇(Leonardo da Vinci)	1452.4.15—1519.5.2
费罗(Ferro,Scipione del)	1465.2.6—1526.11.5
哥白尼(Kopernik,Mikolaj,或 Nicolaus Copernicus)	1473.2.19—1543.5.24
塔尔塔利亚(Tartaglia,Nicolo)	1499—1557.12.13
卡尔达诺(Cardano,Girolamo)	1501.9.24—1576.9.21
费拉里(Ferrari,Ludovico)	1522.2.2—1565.10.5
邦贝利(Bombelli,Rafael)	1526.1—1572
韦达(Viète 或 Vieta,François)	1540—1603.12.13
纳皮尔(Napier,John)	1550—1617.4.4
利玛窦(Ricci,Matteo)	1552.10.6—1610.5.11
布里格斯(Briggs,Henry)	1561.2—1630.1.26
徐光启	1562.4.24—1633.11.8
伽利略(Galilei,Galileo)	1564.2.18—1642.1.8
开普勒(Kepler,Johannes)	1571.12.27—1630.11.15
笛卡儿(Descartes,René du Perron)	1596.3.31—1650.2.11
卡瓦列里(Cavalieri,[Francesco] Bonaventura)	1598—1647.11.30
费马(Fermat,Pierre de)	1601.8.17—1665.1.12

续 表

姓 名	生 卒 年
托里拆利(Torricelli,Evangelista)	1608.10.15—1647.10.25
沃利斯(Wallis,John)	1616.12.3—1703.10.28
斯吕塞(Sluse 或 Sluze,René-François Walter de)	1622.7.2—1685.3.19
帕斯卡(Pascal,Blaise)	1623.6.19—1662.8.19
惠更斯(Huygens,Christiaan)	1629.4.14—1695.7.8
莫尔(Mohr,Georg)	1640.4.1—1697.1.26
关孝和(Seki,Takakazu)	约 1642.3—1708.10.24
牛顿(Newton,Isaac)	1643.1.4—1727.3.31
莱布尼茨(Leibniz,Gottfried Wilhelm)	1646.7.1—1716.11.14
雅各布・伯努利(Jacob Bernoulli)	1654.12.27—1705.8.16
哈雷(Halley,Edmond 或 Edmund)	1656.11.8—1742.1.14
棣莫弗(De Moivre,Abraham)	1667.5.26—1754.11.27
约翰・伯努利(Johann Bernoulli)	1667.8.6—1748.1.1
萨凯里(Saccheri,Girolamo)	1667.9.5—1733.10.25
梅钦(Machin,John)	1680.11.30—1751.6.9
明安图	约 1692—1763
丹尼尔・伯努利(Daniel Bernoulli)	1700.2.9—1782.3.17
欧拉(Euler,Léonard)	1707.4.15—1783.9.18
比丰(Buffon, Georges Louis Leclerc Comte de)	1707.9.7—1788.4.16
克莱罗(Clairaut,Alexis Claude)	1713.5.7—1765.5.17
达朗贝尔(D'Alembert,Jean le Rond)	1717.11.17—1783.10.29
戴震	1724.1.19—1777.7.2

续 表

姓 名	生 卒 年
兰伯特(Lambert,Johann Heinrich)	1728.8.26—1777.9.25
拉朗德(Lalande,Joseph Jérôme le François de)	1732.7.11—1807.4.4
拉格朗日(Lagrange,Joseph Louis)	1736.1.25—1813.4.10
兴登堡(Hindenburg,Carl Friedrich)	1741.7.13—1808.3.17
蒙日(Monge,Gaspard)	1746.5.9—1818.7.28
拉普拉斯(Laplace,Pierre-Simon)	1749.3.23—1827.3.5
李潢	1749—1812
德朗布尔(Delambre,Jean-Baptiste Joseph)	1749.9.19—1822.8.19
勒让德(Legendre,Adrien-Marie)	1752.9.18—1833.1.10
卡诺,L. N. M. (Carnot, Lazare Nicolas Marguérite)	1753.5.13—1823.8.2
富斯(Fuss,Nicolaus)	1755.1.30—1826.1.4
焦循	1763—1820
阮元	1764.2.21—1849.11.27
拉克鲁瓦(Lacroix,Sylvestre François)	1765.4.28—1843.5.24
鲁菲尼(Ruffini,Paolo)	1765.9.22—1822.5.10
普法夫(Pfaff,Johann Friedrich)	1765.12.22—1825.4.21
傅里叶(Fourier,Jean Baptiste Joseph)	1768.3.21—1830.5.16
华莱士(Wallace,William)	1768.9.23—1843.4.28
李锐	1769—1817

主要参考文献

1. GILLISPIE C C. Dictionary of Scientific Biography，18vol.[M]. New York：Charles Scribner's Sons，1970—1990.(后扩充为 Complete Dictionary of Scientific Biography，26vol.，2008.电子书 https://libraries.indiana.edu/databases/scibio)
2. ПРОХОРОВ А М. Большая советская энциклопедия. 30 томах [М] 3-ий Изд. Москва：издательством «Советская энциклопедия»，1981.
3. ALLEN G DEBUS. World Who's Who in Science：A Biographical Dictionary of Notable Scientists from Antiquity to the Present[M]. New York：Science Press，1968.
4. БОРОДИН А И，БУГАЙ А С. Биографический словарь деятелей в области математики[М]. Киев：Радянська школа，1979.
5. WUSSING H，ARNOLD W. Biographien bedeutender Mathematiker[M]. Koeln：Aulis Verlag，1985.
6. CATTELL J M. American Men of Science[M]. New York：Science Press，1906—1971.(1971 年后扩充到包括女性的 American Men and Women of Science. 41st ed，2023.)
7. 圣安德鲁斯大学. 数学家传记在线数据库[DB/OL]. https://mathshistory.st-andrews.ac.uk/Biographies/.
8. 北达科他州立大学.数学谱系项目(The Mathematical Genealogy Project)[DB/OL]. 1997—2023.
9. BELL E T. The Development of Mathematics[M]. 2nd ed. New York：McGraw Hill Book Company，1945.
10. BOURBAKI N. Éléments d'histoire des mathématiques[M]. Paris：Hermann，1960.
11. BOYER C B. A History of Mathematics[M]. New York：John Wiley & Sons Inc，1968.
12. CAJORI F. A History of Mathematics[M]. London：The Macmillan Company，1924.
13. SMITH D E. History of Mathematics[M]. New York：Dover Publications，1958.
14. DIEUDONNÉ J. Abrégé d'histoire des mathématiques：1700—1900[M]. Paris：Hermann，1978.

15. EVES H. An Introduction to the History of Mathematics[M]. Holt：CBS College Publishing，1983. 6nd ed. Saunders College Pub.，1990 .[中译本]数学史概论. 李文林，译. 哈尔滨：哈尔滨工业大学出版社，2009.
16. КОЛМОГОРОВ А Н，ЮЩКЕВИЧ А П. Математика XIX века[M]. Москва：Наука，1978—1987.
17. NEWMAN J R. The World of Mathematics[M]. New York：Simon and Schuster，1956.
18. SANFORD V. A Short History of Mathematics[M]. Boston：Houghton Mifflin Harcourt，1930.
19. ВИНОГРАДОВ И М. Математическая энциклопедия. в пяти томах[M]. Москва：издательством «Советская энциклопедия»，1977—1985.
20. РЫБНИКОВ К А. История математики в двух томах[M]. Москва：Изд МГУ，1960—1963.
21. ЮШКЕВИЧ А П. Математика в её истории：Избранные труды[M]. Москва：Янус，1996.
22. KLINE M. Mathematical Thought from Ancient to Modern Times[M]. New York：Oxford University Press，1972.[中译本]古今数学思想. 张理京，张锦炎，江泽涵，等译. 上海：上海科学技术出版社，2009.
23. 梁宗巨. 数学家传略辞典[M]. 济南：山东教育出版社，1989.
24. 吴文俊. 世界著名数学家传记(上、下册)[M]. 北京：科学出版社，1995.
25. 程民德. 中国现代数学家传[M]. 5 卷. 南京：江苏教育出版社，1994—2002.
26. 张奠宙. 现代数学家传略辞典[M]. 南京：江苏教育出版社，2001.
27. 邓宗琦. 数学家辞典[M]. 武汉：湖北教育出版社，1990.
28. 李文林. 数学史概论(第四版)[M]. 北京：高等教育出版社，2021.
29. 杜瑞芝. 数学史辞典新编[M]. 济南：山东教育出版社，2017.
30. 阿西莫夫(美). 古今科技名人辞典[M]. 北京：科学出版社，1988.
31. 中国大百科全书总编辑委员会《数学》编辑委员会. 中国大百科全书：数学[M]. 北京：大百科全书出版社，第一版，1988;2004 年再版.
32.《数学百科全书》编译委员会. 数学百科全书[M]. 5 卷. 北京：科学出版社，1994.
33. 日本数学会. 数学百科辞典[M]. 马忠林，等译. 北京：科学出版社，1984.
34. 新华通讯社译名室. 世界人名翻译大辞典(上、下册)[M]. 北京：中国对外翻译出版公司，2007.
35. 新华社编辑. 英语姓名译名手册[M]. 北京：商务印书馆，1989.
36. 新华社编辑. 俄语姓名译名手册[M]. 北京：商务印书馆，1982.
37. 新华通讯社译名室. 法语姓名译名手册[M]. 北京：商务印书馆，1996.
38. 新华通讯社译名室. 德语姓名译名手册[M]. 北京：商务印书馆，修订版 1999.

39. 新华通讯社译名室. 意大利语姓名译名手册[M]. 北京：商务印书馆，修订版 2012.
40. 周定国. 世界地名翻译大辞典[M]. 北京：中国对外翻译出版社，2008.
41. 王元.数学大辞典[M].2 版.北京：科学出版社，2017.
42. 齐玉霞. 英汉数学词汇[M]. 2 版. 北京：科学出版社，1982.
43. 齐玉霞. 汉英数学词汇[M]. 北京：科学出版社，1986.
44. 科学出版社名词室.新英汉数学词汇[M].北京：科学出版社，2002.
45. 希尔伯特 D.几何基础[M]. 江泽涵，朱鼎勋，译. 北京：科学出版社，1987.
46. 罗素 B A W.西方哲学史[M]. 何兆武，李约瑟，等译. 北京：商务印书馆，1983.
47. 柯朗 R，罗宾 H.. 什么是数学[M]. 左平，张饴慈，译. 上海：复旦大学出版社，2012.
48. 亚历山大洛夫 A Д，等. 数学：它的内容、方法和意义[M]. 3 卷. 孙小礼，秦元勋，王元，等译. 北京：科学出版社，1984.
49. 阿蒂亚 M.数学的统一性[M]. 袁向东，译. 南京：江苏教育出版社，1995.
50. 洛伦兹 E N.混沌的本质[M]. 刘式达，刘式适，严中伟，译. 北京：气象出版社，1997.
51. 西蒙·辛格. 费马大定理[M]. 薛密，译. 上海：上海译文出版社，1998.
52. 梁宗巨，等. 世界数学通史[M]. 沈阳：辽宁教育出版社，1995—2001.
53. KATZ V J. 数学史通论(第二版)[M].李文林，邹建成，胥鸣伟，等译.北京：高等教育出版社，2004.
54. 梁宗巨. 自然科学发展大事记：数学卷[M]. 沈阳：辽宁教育出版社，1994.
55. 吴文俊. 中国数学史论文集：1—4 集[M]. 济南：山东教育出版社，1985—1996.
56. 中国科学院自然科学史研究所近现代科学史研究室. 20 世纪科学技术简史[M]. 北京：科学出版社，1985.
57. 任南衡，张友余. 中国数学会史料[M]. 南京：江苏教育出版社，1995.
58. 杨乐，李忠. 中国数学会 60 年[M]. 长沙：湖南教育出版社，1996.
59. 欧阳绵，白苏华，等. 数学文献检索与利用[M]. 南京：江苏教育出版社，1987.
60. 吴文俊. 中国数学史大系[M]. 10 卷. 北京：北京师范大学出版社，1998—2001.
61. 郭书春.中国科学技术史：数学卷[M].北京：科学出版社，2010.
62. 张奠宙. 二十世纪数学史话[M]. 北京：知识出版社，1984.
63. 刘秋华.二十世纪中外数学思想交流[M].北京：科学出版社，2010.
64. 胡作玄，邓明立.20 世纪数学思想[M].济南：山东教育出版社，1999.
65. 张奠宙.20 世纪数学经纬[M].上海：华东师范大学出版社，2002.
66. 张奠宙.中国现代数学史略[M].南宁：广西教育出版社，1993.
67. 胡作玄. 布尔巴基学派的兴衰[M]. 北京：知识出版社，1984.
68. 张奠宙，王善平.陈省身传[M].天津：南开大学出版社，2004.
69. 王元.华罗庚传[M].北京：开明出版社，1994.
70. 中国科学院自然科学史研究所数学史组，中国科学院数学研究所数学史组. 数学史译文集[M]. 上海：上海科学技术出版社，1981.

71. 中国科学院自然科学史研究所数学史组,中国科学院数学研究所数学史组. 数学史译文集续集[M]. 上海：上海科学技术出版社,1985.
72. Historia Mathematica[J]. New York：Academic Press，1974—.
73. The Mathematical Intelligencer[J]. New York：Springer Verlag，1979—.
74. Archive for History of Exact Sciences[J]. Berlin：Springer Verlag，1960—.
75. Mathematical Reviews[J]. Providence：AMS，1940—.
76. Историко математические исследования[J]. Москва：ГИТТЛ(物理、数学和技术文献出版社),1948—.
77. Успехи Математических Наук[J]. Москва：Московским математическим обществом иАН СССР,1944—1991(АН Укр ,1991—).
78. Isis[J]. Chicago：University of Chicago Press，1912—.
79. American Mathematical Monthly[J]. Washington：MAA，1894—.
80. American Mathematical Society. Notices of the American Mathematical Society[J]. Providence：AMS，1953—.
81. 中国科学院数学与系统科学研究院. 数学译林[J]. 北京：《数学译林》编辑部,1980—.
82. 中国数学会. 中国数学会通讯[J]. 北京：中国数学会，1983—.
83. 全国数学史学会,中国数学会数学史分会,中国科学技术史学会数学史专业委员会. 数学史通讯[J].北京：中国数学会,1994—.

索　引

1. 词目音序索引

1. 词目按汉语拼音音序排列,同音字按笔画排列。

2. 词目中的非汉字部分不列入排序。参加排序的汉字完全相同时,按照外文字母(英文字母、俄文字母等)顺序排列。

3. 词目后面的数字表示该词目在辞典正文中的页码。

A

C

D

E

F

G

H

J

L

M

N

X

Y

Z

2. 词目外文索引

1. 本索引分两表排列，表(一)为拉丁字母，表(二)为斯拉夫字母。

2. 词目为人名，名字列于姓后，以逗号相隔。先按姓的拉丁字母或斯拉夫字母次序排列。同姓者，再按名字的字母次序排列。

3. 词目后面的数字表示该词目在辞典正文中的页码。

表(一)

A

C

D

E

F

G

H

I

J

L

M

N

O

P

Q

R

S

T

U

V

W

X

Y

Z

表(二)

А

Б

В

Г

Д

Е

Ж

М

Н

О

П

Ф

Х

Ч

Ш

Ю

Я

图书在版编目(CIP)数据

数学家辞典 / 杜瑞芝编著. —上海：上海辞书出版社，2024
ISBN 978-7-5326-6121-3

Ⅰ.①数… Ⅱ.①杜… Ⅲ.①数学家-生平事迹-世界 Ⅳ.①K816.11

中国国家版本馆 CIP 数据核字(2023)第 170821 号

数学家辞典

杜瑞芝　编著

责任编辑　董　放　周天宏　静晓英
特约编辑　陈为众
装帧设计　王铁颀
责任印制　曹洪玲

出版发行　上海世纪出版集团
上海辞书出版社®(www.cishu.com.cn)
地　　址　上海市闵行区号景路 159 弄 B 座(邮政编码：201101)
印　　刷　上海盛通时代印刷有限公司
开　　本　720 毫米×1000 毫米　1/16
印　　张　37
字　　数　767 000
版　　次　2024 年 1 月第 1 版　2024 年 1 月第 1 次印刷
书　　号　ISBN 978-7-5326-6121-3/K·1250
定　　价　298.00 元